U0006650

百衲本二十四史

漢書

四部叢刊史部

上海涵芬樓借常熟
瞿氏鐵琴銅劍樓藏
北宋景祐刊本景印
原書板匡高營造尺
六寸八分寬五寸正

《百衲本二十四史》新版刊印序

《百衲本二十四史》是近百年來校考最精良、版本最珍貴、蒐羅最廣泛的二十四史，先父王雲五先生於一九七六年〈重印補校百衲本二十四史序〉中已有論證。

一八九七年商務印書館在上海創立，創館元老張元濟先生於一九〇二年正式主持商務印書館編譯所，將商務帶入「出版好書、匡輔教育」的出版之路。一九二一年(民國十年)王雲五先生經胡適先生推薦，接替主持商務印書館編譯所，並於一九三〇年兼任總經理，與張元濟先生共同為商務印書館的百年大業作出貢獻。

張元濟先生入館後，積極蒐購民間珍貴藏書，一方面用來印製、廣泛發行，另一方面也為成立「涵芬樓」藏書室(後來開放為「東方圖書館」)預作準備。當年他並積極向各公私立圖書館商借影印各種版本的二十四史，逐一比較補正缺漏，然後在一九三〇年開始付印，至一九三七年全部出齊。校印工程之艱鉅與可貴，從他所撰寫的《校史隨筆》可以了解。

商務涵芬樓所珍藏的二十四史及各種珍貴版本，可惜在一九三二年日本發動淞滬戰爭時，被日軍炸毀，化為灰燼。《百衲本二十四史》的傳印，就顯得格外有意義。

王雲五先生於一九六四年在臺重新主持臺灣商務印書館，與當時總編輯楊樹人教授，依據臺北故宮博物院和中央圖書館珍藏的宋元版本，修補校正《百衲本二十四史》，並於一九七六年重版印行。

《百衲本二十四史》初印至今，已經八十年，雖經在臺補正重版，舊書均已售完，而各界索購者絡繹不絕，不得已先以隨需印刷供應，但仍然供不應求。

為了適應讀者的需要，本公司由副董事長施嘉明先生、總編輯方鵬程先生和舊書重印小組一起規劃，決定放大字體，以十八開精裝本重印《百衲本二十四史》，每種均加印目錄頁次，讓讀者方便查考，也讓我們與《百衲本二十四史》共同邁向百年大慶。值此付印前夕，特為之序。

臺灣商務印書館董事長王學哲謹序

二〇一〇年三月二十五日

漢書一百二十卷

漢班固撰，其妹班昭續成之，始末具《後漢書》本傳。

是書歷代寶傳，咸無異論。惟《南史》劉之遴傳云，鄱陽嗣王範，得班固所撰《漢書》真本，獻東宮，皇太子令之遴與張纘、到溉、陸襄等參校異同。之遴錄其異狀數十事，以今考之，則語皆謬妄。

據之遴云，古本《漢書》，稱永平十年五月二十日己酉郎班固上，而今本無上書年月日子。案固自永平受詔修《漢書》，至建初中乃成。又班昭傳云，八表并天文志未竟而卒，和帝詔昭就東觀藏書踵成之。是此書之次第續成，事隔兩朝，撰非一手。之遴所見古本，既有紀表志傳，乃云總於永平中表上，殆不考成書之年月也。

之遴又云，古本敘傳，號為中篇，今本為敘傳。又今本敘傳，載班彪事行，而古本云彪自有傳。夫古書敘皆載於卷末，固自述作書之意，故謂之敘。追溯祖父之事迹。故謂之傳。後代史家，皆沿其例。之遴謂原作中篇，文繫篇末，中字竟何義也。

至云彪自有傳，語尤荒誕。彪在光武之世，舉茂才為徐令，以病去官，後數應三公之召，實為東漢之人，惟附於敘傳，故可於況伯斿穉之後，詳其生平。若自為一傳，列於西漢，則斷限之謂何，奚不考敘傳所云起元高祖，終於孝平王莽之誅乎。

之遴又云，今本紀及表志列傳，不相合為次，而古本相合為次，總成三十八卷。案固自言紀表志傳凡百篇，篇即卷也，是不為三十八卷之明證。又言述紀十二、述表八、述志十、述列傳七十，是各為次第之明證。且《隋志》作一百十五卷，今本作一百二十卷，皆以卷帙太重，故析為子卷。（今本紀分一子卷、表分二子卷、志分八子卷、傳分九子卷）。若併為三十八卷，則卷帙更重，古書著之竹帛，殆恐不可行也。

之遴又云，今本外戚在西域後，古本次帝紀下。又今本高五子、文三王、景十三王、孝武六子、宣元六王、雜在諸傳中。古本諸王，悉次外戚下、在陳項傳上。夫紀表志傳之序，固自言之，如之遴所述，則傳次於紀，而表志反在傳後。且諸王既以代相承，宜總題諸王傳，何以敘傳作高五王傳第八、文三王傳第十七、景十三王傳第二十三、武五子傳第三十三、宣元六王傳第五十耶？且《漢書》始改《史記》之項羽本紀、陳勝世家為列傳，自應居列傳之首，豈得移在諸王之後。其述外戚傳第六十七、元后傳第六十八、王莽傳第六十九，明以王莽之勢成於元后，史家微意寓焉。若移外戚傳次於本紀，是惡知史法哉。

之遴又引古本述云，淮陰毅毅仗劍周章邦之傑子，實惟彭英化為侯王，雲起龍驤。然今芮尹江湖句，有張晏注。是晏所見者，即是今本。況之遴傳所云獻太子者，謂昭明太子也。《文選》載《漢書》述贊云，信惟餓隸，布實黥徒，越亦狗盜，芮尹江湖，雲起龍驤，化為侯王，與今本同。是昭明亦知之遴所謂古本者。不足信矣。

自漢張霸始撰偽經，至梁人於《漢書》，復有偽撰古本。然一經考證，紕繆顯然。顏師古註，本冠以指例六條，歷述諸家，不及之遴所說，蓋當時已灼知其偽。李延壽不訊端末，遽載於史，亦可云愛奇嗜博，茫無裁斷矣。

固作是書。有受金之謗，劉知幾《史通》尚述之。然《文心雕龍》史傳篇曰，徵賄鬻筆之愆，公理辨之究矣，是無其事也。又有竊據父書之謗，然韋賢翟方進元后三傳，俱稱司徒掾班彪曰。顏師古注發例，於韋賢傳曰，漢書諸贊，皆固所為，其有叔皮先論述者，固亦顯以示後人，而或者謂固竊盜父名。觀此可以免矣，是亦無其事也。

師古注條理精密，實為獨到，然唐人多不用其說。故猗覺寮雜記稱師古注《漢書》，魁梧音悟，票姚皆音去聲。杜甫用魁梧票姚，皆作平聲。楊巨源詩，請問漢家誰第一，麒麟閣上識酇侯，亦不用音贊之說。殆貴遠賤近，自古而然歟。要其疏通證明，究不愧班固功臣之目。固不以一二字之出入，病其大體矣。（摘字景印《文淵閣四庫全書總目》史部卷四十五，二一一〇頁）

重印補校百衲本二十四史序

百衲本者何？彙集諸種善本，有闕卷闕頁，復多方蒐求，以事配補，有如僧衣之補綴多處者也。

我國正史彙刻之存於今者，有汲古閣之十七史，有南北監之二十一史。清高宗初立，成明史，命武英殿開雕，至四年竣工；繼之者二十一史。其後又詔增劉昫唐書，與歐宋新唐書並行，越七年遂成武英殿二十三史。及四庫開館，諸臣復據永樂大典及太平御覽，冊府元龜等書，哀輯薛居正舊五代史，得旨刊布，以四十九年奏進；於是二十四史之名以立。

武英殿本以監本為依據。清高宗製序，雖有監本殘闕，併勅校讎之言，始意未嘗不思成一善本也。惟在事諸臣，既未能廣蒐善本，復不知慎加校勘，佚者未補，譌者未正，甚或彌縫缺乏，以譌亂真，誠可惜也。

本館前輩張菊生先生，以多年之時力，廣集佳槧，審慎校讎，自民十九年開始景印，迄二十六年甫竟全功。雖中經一二八之劫，抱書而走，亂定掇拾需時，然景印之初，海宇清寧，亦緣校讎精審，多費時日。嘗聞菊老葺印初稿，悉經手勘，朱墨爛然，盈闌溢幅，點畫纖細，鉤勒不遺，與同人共成校勘記，多至百數十冊，文字繁冗，尚待董理。爰取原稿若干條，集為校史隨筆，而付梓焉。

就隨筆所記，殿本訛闕殊多。分史言之，則史記正義多遺漏，漢書正文注文均有錯簡，三國志卷第淆亂，宋書誤註為正文，南齊書地名脫誤，北齊書增補字句均據北史，而仍與北史有異同。魏書考證有誤，舊唐書有闕文，訂正錯簡亦有小誤，唐書有衍文，舊五代史遜於嘉業堂劉氏刊本，元史有衍文及闕文，且多錯簡，重出之傳，亦未刪盡。綜此諸失，殿本二十四史不如衲史遠矣，況善本精美，古香古色，尤非殿本所能望其項背。

茲將百衲本二十四史據以景印之版本列述於後：

史　記　宋慶元黃善夫刊本。

漢　書　北宋景祐刊本，瞿氏鐵琴銅劍樓藏。

後漢書　宋紹興刊本，原闕五卷半，以北平國立圖書館元覆宋本配補。

三國志　宋紹熙刊本，日本帝室圖書寮藏，原闕魏志三卷，以涵芬樓藏宋紹興刊本配補。

晉　書　宋本，海寧蔣氏衍芬草堂藏，原闕載記三十卷，以江蘇省立圖書館藏宋本配補。

宋書　宋蜀大字本，北平國立圖書館吳興劉氏嘉業堂藏，闕卷以涵芬樓藏元明遞修本配補。
南齊書　宋蜀大字本，江安傅氏雙鑑樓藏。
梁書　宋蜀大字本，北平國立圖書館及日本靜嘉堂文庫藏，闕卷以涵芬樓藏元明遞修本配補。
陳書　宋蜀大字本，北平國立圖書館及日本靜嘉堂文庫藏。
魏書　宋蜀大字本，北平國立圖書館江安傅氏雙鑑樓吳興劉氏嘉業堂及涵芬樓藏。
北齊書　宋蜀大字本，北平國立圖書館藏，闕卷以涵芬樓藏元明遞修本配補。
周書　宋蜀大字本，吳縣潘氏范硯樓及自藏，闕卷以涵芬樓藏元明遞修本配補。
隋書　元大德刊本，闕卷以北平國立圖書館江蘇省立圖書館藏本配補。
南史　元大德刊本，北平國立圖書館及自藏。
北史　元大德刊本，北平國立圖書館及自藏。
舊唐書　宋紹興刊本，常熟鐵琴銅劍樓藏，闕卷以明聞人詮覆宋本配補。
新唐書　北宋嘉祐刊本，日本岩崎氏靜嘉堂文庫藏，闕卷以北平國立圖書館江安傅氏雙鑑樓藏宋本配補。
舊五代史　原輯永樂大典有注本，吳興劉氏嘉業堂刻。
五代史記　宋慶元刊本，江安傅氏雙鑑樓藏。
宋史　元至正刊本，北平國立圖書館藏，闕卷以明成化刊本配補。
遼史　元至正刊本。
金史　元至正刊本，北平國立圖書館藏，闕卷以涵芬樓藏元覆本配補。
元史　明洪武刊本，北平國立圖書館及自藏。
明史　清乾隆武英殿原刊本，附王頌蔚編集考證攟逸。

上開版本之搜求補綴，在彼時實已盡最大之能事。惟今者善本時有發見，前此認為業已失傳者，漸集於一隅，尤以中央圖書館及故宮博物院在抗戰期內，故家遺族，前此秘藏不宣，因播遷而割愛者不在少數；盡量收購，寄存盟邦，以策安全。近年悉數運回，使臺灣成為善本之總匯。百衲本後漢書原據本館前涵芬樓所藏宋紹興本影印，益以北平圖書館及日本靜嘉堂文庫殘本之配備，當時堪稱人間瑰寶；且志在存真，對其中未盡完善之處一仍其舊。然故宮博物院近藏宋福唐郡庠覆景祐監刊元代修補本及中央圖書館所藏錢大昕手跋北宋刊本與宋慶元間建安劉元起刊本，各有其長處。本館總編輯楊樹人教授特據以覆校百衲本原刊，計修正原影本因配補殘本而致首尾不貫者五處，其中重複者四處，共圈刪衍文三十六字，補足脫漏一處，缺文二字，原板存留墨丁四十六處，補正五十二字。另有顯屬雕刻錯誤者若干字，亦酌為改正。於是宋刊原面目，大致可復舊觀矣。又前漢書原景本闕漏目錄全份，亦據故宮博物院珍藏宋福唐郡庠覆景祐監刊元代修補本補印十有四頁，以成全璧。校書如掃落葉，愈掃愈落，礙難悉數掃清，然多費一番心力，對於鑽研史籍者，定可多一番裨益。區區之意，當為讀者所樂聞，亦可稍慰本館前輩張菊老在天之靈，喜其繼起有人也。

本館衲史原以三十二開本連史紙印製，訂為八百二十冊，流行雖廣，以中經多難，存者無多，臺省尤感缺乏，各國亦多訪購，爰應各方之需求，改訂為十六開大本，縮印二頁為一面，字體較縮本四部叢刊初編為大，用上等印書紙精印精裝，訂為四十一鉅冊，以便檢閱，經重版數次。茲為謀普及，再縮印為二十四開本五十八冊，字體仍甚清晰，而售價不及原印十六開本之半，莘莘學子，多有購置之力，誠不負普及之名矣。付印有日，謹述概要。

中華民國六十五年雙十節王雲五識

股東會全體股東獻禮

本公司董事長王岫廬（雲五）先生，學界巨擘，社會棟樑，歷任艱巨，功在國家。一生繫中國文化出版之命脈，惠澤士林。本公司三度罹國難而得復興。咸賴　先生之大力。每次復興，莫不聲光煥發，蔚為奇蹟。民國五十二年冬，　先生退出政壇。次年秋重主本公司，謀慮擘劃，晨夕辛勞，不取分文之酬，而甘之如飴；蓋純出於愛護本公司與宏揚文化之心願。無　先生之犧牲精神與卓越領導，不能有今日之商務書館，已為識者之定評。今歲欣逢　先生八秩華誕，社會同慶。股東會同人本崇功報德之念，群思有以祝賀。　先生謙辭至再至三，當以恭敬不如從命，爰於五十六年股東會議席上全體決議，利用重印之百衲本二十四史，作為　華誕獻禮。要不過體認先生造福文化界之功績，聊表嵩祝悃誠於萬一耳。

臺灣商務印書館股份有限公司
股東會全體股東　謹啟

中華民國五十六年四月十五日

前漢書上

帝紀十二卷

年表八卷

志十卷

列傳七十卷

前漢書下

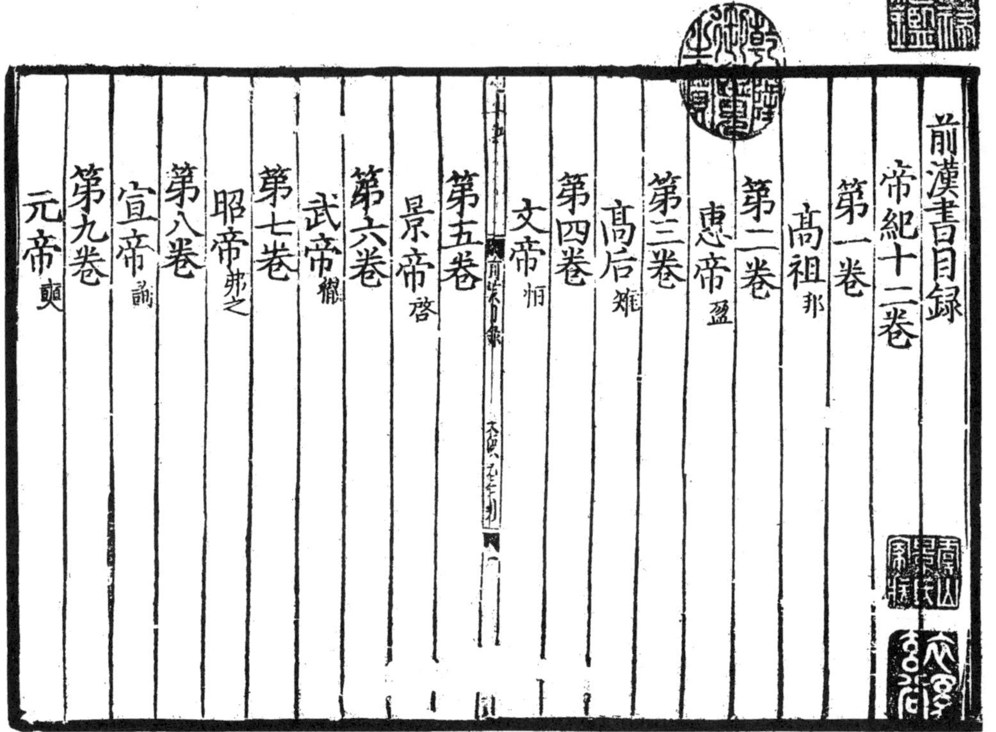

前漢書目録

帝紀十二卷

年表八卷

路温舒
第二十二卷
竇嬰　田蚡　灌夫
韓安國
第二十三卷 景十三王
河間獻王德　臨江哀王閼
臨江閔王榮　魯恭王餘
江都易王非　膠西王端
中山靖王勝　長沙定王發
廣川惠王越　膠東康王寄
趙敬肅王彭祖　清河哀王乘
常山憲王舜
第二十四卷
李廣孫陵　蘇建子武
第二十五卷
衛青　霍去病
第二十六卷
董仲舒
第二十七卷
司馬相如上　司馬相如下

第二十八卷
公孫弘　卜式　兒寬
第二十九卷
張湯子安世　安世子延
第三十卷
杜周子延年　延年子緩　緩弟欽
第三十一卷
張騫　李廣利
第三十二卷
司馬遷
第三十三卷
戾太子　武五子
齊懷王閎　燕刺王旦
廣陵王胥　昌邑王髆
第三十四卷上
嚴助　朱買臣　吾丘壽王
主父偃　徐樂
第三十四卷下
嚴安　終軍　王褒
賈捐之
第三十五卷

東方朔

第三十六卷

公孫賀（子敬聲） 劉屈氂 車千秋

王訢 楊敞（弟惲） 蔡義

陳萬年（子咸） 鄭弘

第三十七卷

楊王孫 胡建 朱雲

梅福 云敞

第三十八卷

霍光 金日磾（子安上）

第三十九卷

趙充國 辛慶忌

第四十卷

傅介子 常惠 鄭吉

甘延壽 陳湯 段會宗

第四十一卷

雋不疑 疏廣 于定國

薛廣德 平當 彭宣

第四十二卷

王吉 貢禹 龔勝

龔舍（傳上兩龔是也） 鮑宣

第四十三卷

韋賢（子玄成）

第四十四卷

魏相 丙吉

第四十五卷

眭弘（息隨反） 夏侯始昌 夏侯勝

京房 翼奉 李尋

第四十六卷

趙廣漢 尹翁歸 韓延壽

張敞 王尊 王章

第四十七卷

蓋寬饒 諸葛豐 劉輔

鄭崇 孫寶 毋將隆

何並

第四十八卷

蕭望之（子育 咸 由）

第四十九卷

馮奉世

第五十卷（宣元六王）

淮陽王欽　楚孝王囂　東平思王宇
中山哀王竟　定陶共王康　中山孝王興
第五十一卷
匡衡　張禹　孔光
馬宮
第五十二卷
王商　史丹　傅喜
第五十三卷
薛宣　朱博
第五十四卷

翟方進
第五十五卷
谷永　杜鄴
第五十六卷
何武　王嘉　師丹
第五十七卷
揚雄上　揚雄下
第五十八卷　儒林
丁寛　施讎　孟喜
梁丘賀　京房　費直

高相　伏生　歐陽生
林尊　夏侯勝　周堪
張山拊　孔安國　申公
王式　轅固　后蒼
韓嬰　趙子　毛公
孟卿　胡毋生　嚴彭祖
顔安樂　瑕丘江公　房鳳
第五十九卷　循吏
文翁　王成　黄霸
朱邑　龔遂　召信臣

第六十卷　酷吏
郅都　甯成周陽　趙禹
義縱　王温舒　尹齊
楊僕　咸宣　田廣明
田延年　嚴延年　尹賞
第六十一卷　貨殖
范蠡　子贛　白圭
猗頓　烏氏臝　巴寡婦清
蜀卓氏　程鄭　孔氏
丙氏　刁間　師史

任氏

第六十二卷　游俠

朱家　楚田仲　劇孟　王孟　郭解

萬章　樓護　陳遵

原涉

第六十三卷　佞幸

鄧通　趙談　韓嫣

李延年　石顯　淳于長

張放　董賢

第六十四卷

匈奴上　匈奴下

第六十五卷

西南夷　南粤王　閩粤王

朝鮮

第六十六卷

西域上　西域下

第六十七卷

外戚上　外戚下

第六十八卷

元后

第六十九卷

王莽上　王莽中　王莽下

第七十卷

叙傳上　叙傳下

西漢十二帝起高祖元年乙未盡王莽地皇四年癸未合二百三十九年

十二帝紀一十三卷

八表八卷

十志一十八卷

七十列傳七十九卷

前漢目録終

高紀第一上 師古曰紀理也統理衆事而繫之年月者也

漢書一

秘書監上護軍琅邪縣開國子顏師古注

高祖 荀悅曰諱邦字季邦之字曰國張晏曰禮謚法無以為功最高而為漢帝之太祖故特起名焉師古曰邦之字曰國者臣下所避以相代也 沛豐邑中陽里人也 應劭曰沛縣也豐其鄉也孟康曰後沛為郡而豐為縣師古曰沛者本秦泗水郡之屬縣豐者沛之聚邑耳方言高祖所生故舉其本稱以說之也此下言縣鄉邑告諭之故知邑繫於縣也 姓劉氏 母媼 文穎曰幽州及漢中皆謂老嫗為媼孟康曰媼母別名音烏老反師古曰媼女老稱也孟音是矣史家不詳著高祖母之姓氏無得記之故取當時相呼稱號而言也其下王媼之屬意義皆同至如皇甫謐等妄引讖記好奇騁博強為高祖父母名字皆非正史所說蓋無取焉寧有劉媼本姓存史遷肯不詳載即理而言斷可知矣他皆類此 嘗息大澤之陂 師古曰蓄水曰陂蓋於澤陂隄塘之上休息而寢寐也陂音彼皮反 夢與神遇 師古曰遇會也不期而會曰遇 是時雷電晦冥 師古曰晦冥皆謂暗也言大雷電而雲霧晝暗 父太公往視則見交龍於上已而有娠 應劭曰娠動懷任之意左傳曰邑姜方娠孟康曰娠音身漢史身多作娠古今字也師古曰孟說是也漢書皆以娠為任身字邑姜方震自為震動之字不作娠 遂產高祖 高祖為人隆準而龍顏 服虔曰準音拙應劭曰隆高也準頰權準也顏額顙也李斐曰準鼻也文穎曰音準的之準晉灼曰戰國策云眉目準頞權衡史記秦始皇蜂目長準李說文音是也師古曰頞權準頞字豈當借準為之服音應說皆失之 美須髯 師古曰在頤曰須在頰曰髯髯人占反 左股有七十二黑子 師古曰今中國通呼為黶子吳楚俗謂之誌誌者記也 寬仁愛人意豁如也 師古曰豁然開大之貌音呼活反 常有大度不事家人生產作業及壯試吏 應劭曰試用補吏 為泗上亭長 師古曰秦法十里一亭亭長者主亭之吏也亭謂停留行旅宿食之館 廷中吏無所不狎侮 師古曰廷中郡府廷之中廷音定他皆類此 好酒及色常從王媼武負貰酒 如淳曰武姓也俗謂老大母為阿負師古曰劉向列女傳云魏曲沃負者魏大夫如耳之母也此則古語謂老母為負耳王媼

王家之媼也武負武家之母也貰賒也李登呂忱並音式制反而今之讀者謂與射同乃引地名射陽其字作貰以為證驗此說非也假令地名為射自是假借亦猶鲖陽音紂蓮勺音酌當時所呼別有意義豈得即定其字以為五音乎 時飲醉臥武負王媼見其上常有怪高祖每酤留飲酒讎數倍 如淳曰讎亦售也 及見怪歲竟此兩家常折券棄責 師古曰以簡牘為契券既不徵索故折毀之棄其所負 高祖常繇咸陽 應劭曰繇者役也文穎曰咸陽今渭城是也師古曰咸陽秦所都繇讀曰傜古通用字 縱觀秦皇帝 師古曰縱放也天子出行放人令觀觀音工喚反 喟然大息曰嗟乎大丈夫當如此矣 師古曰喟歎息貌大息善其歎息之大喟音丘位反 單父人呂公 孟康曰單音善父音甫師古曰地理志山陽縣也 善沛令辟仇從之客因家焉 師古曰與沛令相善因辟仇亡匿初就為客後遂家沛也仇讎也音求 沛中豪桀吏聞令有重客皆往賀 師古曰以禮物相慶曰賀 蕭何為主吏 孟康曰主吏功曹也 主進 文穎曰主賦斂禮進為之帥也鄭氏曰主賦斂禮錢也師古曰進者會禮之財也字本作贐又作費又作賮音皆同耳古字假借故轉而為進賮又音才忍反陳遵傳云陳遂與宣帝博數負進帝後詔云可以償博進未其進辭有別解然而所賭者之財疑充會食義又與此通 令諸大夫曰進不滿千錢坐之堂下 師古曰令號令也大夫客之貴者總稱耳 高祖為亭長素易諸吏 師古曰素故也謂舊時也易輕也弋豉反 乃紿為謁曰賀錢萬 應劭曰紿欺也師古曰為謁者書刺自言爵里若今參見尊貴而通名也蓋當時自陳姓名并列賀錢數耳紿音徒在反 實不持一錢謁入呂公大驚起迎之門 師古曰以其錢多故特禮之 呂公者好相人見高祖狀貌因重敬之引入坐上坐 師古曰上坐尊處也今於尊處坐上坐音才卧反次下亦同 蕭何曰劉季固多大言少成事高祖因狎侮諸客遂坐上坐無所詘 師古曰詘曲橈也音丘勿反 酒闌 文穎曰闌言希也謂飲酒者半罷半在謂之闌 呂公因目固留高

祖 師古曰不欲對坐者顯言故動目而留之 竟酒後呂公曰臣少好相人 張晏曰古人相與語多自稱臣自卑下之道也若今人相與言自稱僕也 相人多矣無如季相願季自愛臣有息女願為箕帚妾 師古曰息生也言己所生之女 酒罷呂媼怒呂公曰公始常欲奇此女與貴人 師古曰奇異也謂顯而異之而嫁於貴人 沛令善公求之不與何自妄許與劉季呂公曰此非兒女子所知卒與高祖 師古曰卒終也 呂公女即呂后也生孝惠帝魯元公主 服虔曰元長也食邑於魯韋昭曰元謚也師古曰公主惠帝之姊也以其最長故號曰元呂后謂高帝曰張王以魯元故不宜有謀齊悼惠王尊魯元公主為大后當時並已謂之元不得為謚也韋說失之 高祖嘗告歸之田 服虔曰告音如嗥呼之嗥李斐曰休謁之名吉曰告凶曰寧孟康曰古者名吏休假曰告告又音嚳漢律吏二千石有予告有賜告予告者在官有功最法所當得也賜告者病滿三月當免天子優賜其告使得帶印綬將官屬歸家治病至成帝時郡國二千石賜告不得歸家至和帝時予賜皆絕師古曰告者請謁之言謂請休耳或謂之謝謝亦告也假為嗥嚳二音並無別義固當依本字以讀之左氏傳曰韓獻子告老禮記曰若不得謝漢書諸云謝病皆同義 呂后與兩子居田中有一老父過請飲呂后因餔之 師古曰餔食之餔屈原曰餔其糟是也以食食人亦謂之餔國語曰國中童子無不餔也呂氏春秋曰下壺飧以餔之是也父本請飲后因食之故言餔也餔音必胡反 老父相后曰夫人天下貴人也令相兩子見孝惠帝曰夫人所以貴者乃此男也 師古曰言因有此男故大貴 相魯元公主亦皆貴老父已去高祖適從旁舍來呂后具言客有過相我子母皆大貴高祖問曰未遠乃追及問老父老父曰鄉者夫人兒子皆以君 如淳曰言并得君之貴相也以或作似師古曰如說非也言夫人及兒子以君之故因得貴耳不當作似也鄉讀曰嚮 君相貴不可言高祖乃謝曰誠如

父言不敢忘德 師古曰誠實也 及高祖貴遂不知老父處高祖為亭長乃以竹皮為冠令求盜之薛治 應劭曰以竹始生皮作冠今鵲尾冠是也求盜者亭卒舊時亭有兩卒一為亭父掌開閉埽除一為求盜掌逐捕盜賊薛魯國縣也有作冠師故往治之文穎曰高祖居貧志大取其約省與眾有異韋昭曰竹皮筠也今南夷取竹幼時績以為帳師古曰之往也竹皮筍皮謂筍上所解之籜耳非竹筠也今人亦往往為筍皮巾古之遺制也韋說失之籜音託 時時冠之 師古曰愛珍此冠休息之暇則冠之 及貴常冠所謂劉氏冠也 師古曰後遂號為劉氏冠者即此冠也後詔曰爵非公乘以上不得冠劉氏冠者即此冠 高祖以亭長為縣送徒驪山 應劭曰秦始皇葬於驪山故郡國送徒士往作文穎曰在新豐南項氏曰故驪戎國也 徒多道亡自度比至皆亡之 師古曰度音徒各反比音必寐反他皆類此 到豐西澤中亭止飲 師古曰豐邑之西其亭在澤中因以為名 夜皆解縱所送徒 師古曰縱放也 曰公等皆去吾亦從此逝矣 師古曰逝往也 徒中壯士願從者十餘人高祖被酒 師古曰被加也被酒者為酒所加被音皮義反 夜徑澤中 師古曰徑小道也言從小道而行於澤中過故其下曰有大蛇當徑 令一人行前 師古曰行案行也音胡更反 行前者還報曰前有大蛇當徑願還高祖醉曰壯士行何畏乃前拔劍斬蛇蛇分為兩道開行數里醉因臥後人來至蛇所有一老嫗夜哭人問嫗何哭嫗曰人殺吾子人曰嫗子何為見殺嫗曰吾子白帝子也化為蛇當道今者赤帝子斬之 應劭曰秦襄公自以居西主少昊之神作西畤祠白帝至獻公時櫟陽雨金以為瑞又作畦畤祠白帝赤帝堯後謂漢也殺之者明漢當滅秦也 故哭人乃以嫗為不誠 師古曰謂所言不實 欲苦之 蘇林曰欲困苦辱之師古曰今書苦字或作笞笞擊也音丑之反 嫗因忽不見 師古曰見音胡電反他皆類此 後

人至高祖覺師古曰覺謂寢寐而寤也音功効反告高祖高祖乃心獨喜自負應劭曰負恃也諸從者日益畏之秦始皇帝嘗曰東南有天子氣於是東游以猒當之師古曰猒塞也音一涉反高祖隱於芒碭山澤間應劭曰芒屬沛國碭屬梁國二縣之界有山澤之固故隱其間蘇林曰芒音忙遽之忙碭音唐師古曰碭亦音宕所言屬沛國梁國者皆是注釋之人據見在所屬非必本時所稱號境界他皆類此呂后與人俱求常得之高祖怪問呂后呂后曰季所居上常有雲氣故從往常得季師古曰言隨雲氣所在而求得之高祖又喜沛中子弟或聞之多欲附者秦二世元年應劭曰始皇欲以一至萬示不相襲始者一故稱二世秋七月陳涉起蘄蘇林曰蘄音機縣名屬沛國至陳自立為楚王李奇曰秦滅楚楚人怨秦故涉因民之欲自稱楚王從民望也遣武臣張耳陳餘略趙地師古曰凡言略地者皆謂行而取之用功力少八月武臣自立為趙王郡縣多殺長吏以應涉九月沛令欲以沛應之掾主吏蕭何曹參曰師古曰曹參為掾蕭何為主吏君為秦吏今欲背之帥沛子弟恐不聽願君召諸亡在外者師古曰時苦秦虐政賦役煩多故有逃亡辟吏可得數百人因以劫眾師古曰劫謂威脅之眾不敢不聽乃令樊噲召高祖師古曰噲音快高祖之眾已數百人矣於是樊噲從高祖來沛令後悔恐其有變乃閉城城守師古曰城守者守其城也守音狩他皆類此欲誅蕭曹蕭曹恐踰城保高祖師古曰保安也就高祖以自安高祖乃書帛射城上與沛父老曰天下同苦秦久矣今父老雖為沛令守諸侯並起今屠沛師古曰屠

謂破取城邑誅殺其人如屠六畜然沛令共誅令擇可立立之以應諸侯即室家完師古曰完全也不然父子俱屠無為也父老乃帥子弟共殺沛令開城門迎高祖欲以為沛令高祖曰天下方擾諸侯並起師古曰擾亂也今置將不善一敗塗地師古曰一見破敗即肝腦塗地吾非敢自愛恐能薄師古曰能謂材也能本獸名形似熊足似鹿為物堅中而強力故人謂有賢材者皆為能不能完父兄子弟師古曰鄉邑之人老及長者父兄之行少及幼者子弟之黨故總而言之此大事願更擇可者蕭曹等皆文吏自愛恐事不就師古曰就成也後秦種族其家師古曰誅及種族也盡讓高祖諸父老皆曰平生所聞劉季奇怪當貴且卜筮之莫如劉季最吉高祖數讓眾莫肯為師古曰數音所角反他皆類此高祖乃立為沛公孟康曰楚舊僭稱王其縣宰為公陳涉為楚王沛公起應涉故從楚制稱曰公祠黃帝祭蚩尤於沛廷應劭曰黃帝戰於阪泉以定天下蚩尤亦古天子好五兵故祠祭之求福祥也臣瓚曰孔子三朝記云蚩尤庶人之貪者非天子也管仲曰割盧山發而出水金從之出蚩尤受之以作劍戟也師古曰瓚所引者同是大戴禮出用兵篇而非三朝記也其餘則如應說沛廷沛縣之廷而釁鼓應劭曰釁祭也殺牲以血塗鼓釁呼為釁臣瓚曰禮記及大戴禮有釁廟之禮皆無祭事師古曰許慎云釁血祭也然則凡殺牲以血祭者皆為釁安在其無祭事乎又古人新成鐘鼎亦必釁之豈取釁呼為義應氏之說亦未允也呼音火亞反旗幟皆赤師古曰幟幖也音式志反旗旂之屬即總稱焉史家字或作識或作志音義皆同由所殺蛇白帝子所殺者赤帝子故也於是少年豪吏如蕭曹樊噲等皆為收沛子弟得三千人是月項梁與兄子羽起吳田儋與從弟榮橫起齊服虔曰儋音負擔之擔師古曰音丁甘反自立為齊王韓廣自立為燕王

魏咎自立爲魏王陳涉之將周章西入關至戲應劭曰章字文陳人也戲弘農湖縣西界也孟康曰水名也蘇林曰在新豐東南三十里師古曰戲在新豐東今有戲水驛其水本出藍田北界橫嶺一此而北流入渭孟蘇說是東越鄭及華陰數百里黙然始至湖西界小應說大失之矣戲音許宜反秦將章邯距破之蘇林曰邯音酒酣之酣師古曰音下甘反秦二年十月文穎曰十月秦正月始皇即位周火德以五勝之法勝火者水秦文公獲黑龍此水德之瑞於是更名河爲德水十月爲正月謂建亥之月水得位故以爲歲首沛公攻胡陵鄧展曰屬山陽章帝元和元年改爲胡陸方與鄭氏曰音房預屬山陽郡還守豐秦泗川監平將兵圍豐文穎曰泗川今沛郡也高祖更名沛秦時御史監郡若今刺史平其名也師古曰泗川郡川字或爲水其實一也二日出與戰破之令雍齒守豐十一月沛公引兵之薛秦泗川守壯兵敗於薛如淳曰秦并天下爲三十六郡置守尉監此四川有監有守壯其名也走至戚鄭氏曰音憂戚之戚如淳曰音將毒反師古曰東海之縣也讀如本字沛公左司馬得殺之師古曰得者司馬之名沛公還軍亢父鄭氏曰亢音人相抗苔父音甫屬任城郡至方與趙王武臣爲其將所殺十二月楚王陳涉爲其御所殺魏人周市略地豐沛使人謂雍齒曰豐故梁徙也文穎曰晉大夫畢萬封魏今河東河北縣是也其後爲秦所逼徙都今魏郡魏縣是也至文侯孫惠王畏秦復徙都大梁今陳留浚儀縣大梁亭是也故世或言魏惠王或言梁惠王至孫假爲秦所滅轉東徙於豐故曰豐故梁徙也臣瓚曰史記及世本畢萬居魏昭子徙安邑文侯亦居之汲郡古文云惠王之六年自安邑遷于大梁師古曰魏不常都於魏魏郡魏縣瓚說是也其他即如文氏之釋今魏地已定者數十城齒今下魏魏以齒爲侯守豐師古曰封爲侯因令守豐不下且略豐雍齒雅不欲屬沛公蘇林曰雅素也及魏招之即反爲魏守豐師古曰爲音于僞反沛公攻豐不能取沛公還之沛怨雍齒與豐

子弟畔之正月張耳等立趙後趙歇爲趙王鄭氏曰歇音遏絕之遏蘇林曰歇音毒歇師古曰依本字以讀之不當借音東陽甯君秦嘉立景駒爲楚王文穎曰秦嘉東陽郡人爲甯君景駒楚族景氏駒名也晉灼曰東陽縣也臣瓚曰陳勝傳云凌人秦嘉然即嘉非東陽人嘉初起於郯號大司馬又不爲甯君東陽甯君自一人秦嘉又一人師古曰東陽甯君及秦嘉二人是也東陽者爲其所屬縣名甯君者姓甯時號爲君在留師古曰留縣名沛公往從之道得張良遂與俱見景駒請兵以攻豐時章邯從陳別將如淳曰從陳涉將也涉在陳其將相別在他許皆稱陳師古曰從謂追討也尚書曰夏師敗績湯遂從之司馬尼將兵北定楚地如淳曰尼章邯司馬師古曰尼古夷字屠相師古曰相縣也至碭東陽甯君沛公引兵西與戰蕭西師古曰蕭縣之西不利還收兵聚留二月攻碭三日拔之師古曰拔者克城邑而取之言若拔樹木并得其根收碭兵得六千人

與故合九千人三月攻下邑拔之師古曰下邑縣名還擊豐不下四月項梁擊殺景駒秦嘉止薛沛公往見之項梁益沛公卒五千人五大夫將十人蘇林曰五大夫第九爵名以五大夫爲將凡十人沛公還引兵攻豐拔之雍齒奔魏五月項羽拔襄城還項梁盡召別將師古曰別將謂小將別在他所者六月沛公如薛師古曰如往也他皆類此與項梁共立楚懷王孫心爲楚懷王應劭曰六國爲秦所并楚最無罪爲百姓所思故求其後立爲楚懷王以祖謚爲號順民望也章邯破殺魏王咎齊王田儋於臨濟師古曰破其軍而殺其身七月大霖雨師古曰雨三日以上爲霖沛公攻亢父章邯圍田榮於東阿沛公與項梁共救田榮大破章邯東阿田榮歸沛公項

羽追北服虔曰師敗曰北韋昭曰古背字也背去而走也師古曰北陰幽之處故謂退敗奔走者爲北老子曰萬物向陽而
負陰許慎說文解字云北乖也史記樂書曰紂爲朝歌北鄙之音朝歌者不時北者敗也鄙者陋也是知北則訓乖訓敗無勞借音韋昭之徒
並爲妄矣至城陽攻屠其城軍濮陽東復與章邯戰又破
之章邯復振李奇曰振整也如淳曰振起也收散卒自振迟而起晉灼曰左氏云振廢滯如說是也守濮
陽環水文穎曰決水以自環守爲固也張晏曰依河水以自環繞作壘師古曰文說是也環音宦沛公項羽去
攻定陶八月田榮立田儋子市爲齊王定陶未下
沛公與項羽西略地至雍丘與秦軍戰大敗之斬
三川守李由應劭曰三川今河南郡也由李斯子韋昭曰有河洛伊故曰三川也還攻外黃外
黃未下項梁再破秦軍有驕色宋義諫不聽秦益
章邯兵九月章邯夜銜枚擊項梁定陶師古曰銜枚者止言語讙

囂欲令敵人不知其來也周官有銜枚氏枚狀如箸橫銜之繣結於項繣者結礙也絜繞也蓋爲結細而繞項也繣音獲絜音頡大
破之殺項梁時連雨自七月至九月沛公項羽方
攻陳留聞梁死士卒恐乃與將軍呂臣引兵而東
徙懷王自盱台都彭城鄭氏曰音煦怡師古曰煦音許于反呂臣軍彭城
東項羽軍彭城西沛公軍碭魏咎弟豹自立爲魏
王後九月文穎曰即閏九月也時律歷廢不知閏謂之後九月如淳曰時因秦以十月爲歲首至九月則歲終後九月即
閏月師古曰文說非也若以律歷廢不知閏者則當徑謂之十月不應有後九月蓋秦之歷法應置閏者總致之於歲末觀其此意當取左
傳所謂歸餘於終耳何以明之據漢書表及史記漢未改秦歷之前迄至高后文帝屢書後九月是知故然非歷廢也懷王并
呂臣項羽軍自將之以沛公爲碭郡長蘇林曰長如郡守也韋昭
曰秦名曰守是時改曰長封武安侯將碭郡兵以羽爲魯公封長

安侯呂臣爲司徒其父呂青爲令尹應劭曰天子曰師尹諸侯曰令尹時
去六國尚近故置令尹臣瓚曰諸侯之卿唯楚稱令尹其餘國稱相時立楚之後故置官司皆如楚舊也師古曰瓚說得之章邯
已破項梁以爲楚地兵不足憂乃渡河北擊趙王
歇大破之歇保鉅鹿城秦將王離圍之趙數請救
懷王乃以宋義爲上將項羽爲次將范增爲末將
北救趙初懷王與諸將約先入定關中者王之師古
曰約要也謂言契也自函谷關以西總名關中當是時秦兵彊常乘勝逐北諸
將莫利先入關師古曰不以入關爲利言畏秦也獨羽怨秦破項梁奮
勢晉灼曰憤激也願與沛公西入關懷王諸老將皆曰項羽
爲人慓悍禍賊師古曰慓疾也悍勇也禍賊者好爲禍害而殘賊也慓音頻妙反又匹妙反悍音胡且反

嘗攻襄城襄城無噍類如淳曰噍音祚笑反無復有活而噍食者也青州俗呼無孑遺爲無噍類
所過無不殘滅且楚數進取如淳曰楚謂陳涉數進取多所攻取也師古曰楚者總言
楚兵陳涉項梁皆是前陳王項梁皆敗孟康曰前陳王陳涉也師古曰孟說非也此言前者陳王及項
梁皆敗今須得長者往非謂涉爲前陳王也安有後陳王乎不如更遣長者扶義而西
師古曰扶助也以義自助也扶字或作杖杖亦倚任之意告諭秦父兄秦父兄苦其主
久矣今誠得長者往毋侵暴宜可下項羽不可遣
獨沛公素寬大長者卒不許羽而遣沛公西收陳
王項梁散卒乃道碭孟康曰道由碭至陽城與杠里孟康曰二縣名
也師古曰杠音江攻秦軍壁破其二軍　秦三年十月齊將
田都畔田榮將兵助項羽救趙沛公攻破東郡尉

於成武孟康曰尉郡都尉也師古曰本謂之郡尉至景帝時乃改曰都尉十一月項羽殺宋義并其兵渡河自立爲上將軍諸將黥布等皆屬十二月沛公引兵至栗韋昭曰沛郡縣遇剛武侯應劭曰楚懷王將也功臣表棘蒲剛侯陳武武一姓柴剛武侯冒爲剛侯武魏將也孟康曰功臣表柴武以將軍起薛至霸上入漢中非懷王將又非魏將也例未有稱謚者師古曰史失其名姓唯識其爵號不知誰也不當改剛武侯爲剛侯武應氏以爲懷王將又云魏將無所據矣奪其軍四千餘人并之與魏將皇欣武滿軍合攻秦軍破之故齊王建孫田安師古曰建齊襄王子也立四十四年爲秦兵所擊以兵降秦秦虜之遷建於河內遂餓死下濟北從項羽救趙羽大破秦軍鉅鹿下虜王離走章邯師古曰章邯敗破而走二月沛公從碭北攻昌邑遇彭越越助攻昌邑未下沛公西過高陽文穎曰聚邑名屬陳留圉臣瓚曰陳留傳在雍丘西南酈食其爲里監門服虔曰音歷異基蘇林曰監門門卒也曰諸將過此者多吾視沛公大度乃求見沛公沛公方踞牀使兩女子洗師古曰踞反企也洗洗足也踞音據洗音先典反酈生不拜長揖曰師古曰長揖者手自上而極下足下必欲誅無道秦不宜踞見長者於是沛公起攝衣謝之延上坐食其說沛公襲陳留臣瓚曰輕行無鐘鼓曰襲沛公以爲廣野君以其弟商爲將將陳留兵三月攻開封未拔師古曰開封縣名屬滎陽西與秦將楊熊會戰白馬師古曰白馬亦縣名屬東郡又戰曲遇東文穎曰地名也蘇林曰曲音齲遇音顒師古曰齲音丘羽反大破之楊熊走之滎陽師古曰西走也二世使使斬之以徇師古曰徇行示也司馬法曰斬以徇言使人將行徧示衆士以爲戒四

月南攻潁川屠之因張良遂略韓地文穎曰河南新鄭南至潁川南北皆韓地也以良累世相韓故因之時趙別將司馬卬師古曰卬音五剛反方欲渡河入關沛公乃北攻平陰孟康曰縣名也屬河南魏文帝改曰河陰絕河津南戰雒陽東軍不利從轘轅臣瓚曰險道名也在緱氏東南師古曰直渡曰絕轘音環至陽城收軍中馬騎六月與南陽守齮戰犨東師古曰犨縣名也齮音蟻犨音昌由反破之略南陽郡南陽守走保城守宛師古曰宛南陽之縣也音於元反沛公引兵過宛西師古曰未拔宛城而兵過宛城西出張良諫曰沛公雖欲急入關秦兵尚衆距險師古曰依險阻而自固以距敵今不下宛宛從後擊彊秦在前此危道也於是沛公乃夜引軍從他道還偃旗幟遲明圍宛城三帀服虔曰欲天疾明也文穎曰遲未也天未明之頃已圍其城矣晉灼曰文說是也師古曰文晉二家得其大意耳此言圍城事畢然後天明明遲於事故曰遲明變爲去聲音丈二反漢書諸言遲某事者義皆類此史記遲字作邌亦徐緩之意也音黎南陽守欲自剄鄭氏曰剄音姑鼎反以刀割頸爲剄其舍人陳恢曰文穎曰主殿內小吏官名也蘇林曰藺相如爲宦者令舍人韓信爲侯亦有舍人師古曰舍人親近左右之通稱也後遂以爲私屬官號恢音口迴反死未晚也乃踰城見沛公曰臣聞足下約先入咸陽者王之今足下留守宛宛郡縣連城數十其吏民自以爲降必死故皆堅守乘城師古曰乘登也謂上城而守也春秋左氏傳曰授兵登陴今足下盡日止攻士死傷者必多引兵去宛必隨足下前則失咸陽之約後有彊宛之患爲足下計莫若約降師古曰共爲要約許其降也封其守因使止守師古曰封其郡守爲侯即令守其郡引

其甲卒與之西諸城未下者聞聲爭開門而待足
下足下通行無所累師古曰累音力瑞反沛公曰善七月南陽
守齮降封為殷侯封陳恢千戶引兵西無不下者
至丹水高武侯鰓襄侯王陵降蘇林曰鰓音魚鰓之鰓晉灼曰功臣表戚鰓也
王陵安國侯王陵也韋昭曰漢封王陵為安國侯初起兵時在南陽南陽有穰縣疑襄當為穰而無禾字省耳臣瓚曰時韓成封穰侯
江夏有襄是陵所封也師古曰戚鰓初從即為郎以都尉守蘄拔非至丹水乃降也此自一人耳不知其姓王陵亦非安國侯者晉說非也韋氏
改襄為穰者蓋亦穿鑿也還攻胡陽遇番君別將梅鋗蘇林曰番音婆張章番陽
縣韋昭曰吳芮初為番令故號曰番君鋗音呼玄反與偕攻析酈蘇林曰酈音蹢躅之蹢如淳曰音持益反師古曰析
酈二縣名蘇如兩音並同耳析縣今內鄉縣酈即菊潭縣也皆降所過毋得鹵掠應劭曰鹵與虜同師
古曰毋止之辭也音與無同他皆類此掠音力向反謂略奪也秦民喜遣魏人甯昌使秦

是月章邯舉軍降項羽羽以為雍王瑕丘申陽下
河南服虔曰瑕丘縣名申姓陽名也文穎曰姓瑕丘字申陽臣瓚曰項羽傳瑕丘公申陽是瑕丘縣公也師古曰文說非也此申陽即項
羽所封河南王者司何云姓瑕丘乎八月沛公攻武關應劭曰武關秦南關通南陽文穎曰武關在析西百
七十里入秦秦相趙高恐乃殺二世使人來欲約分王
關中師古曰自與沛公中分關中之地沛公不許九月趙高立二世兄
子子嬰為秦王子嬰誅滅趙高遣將將兵距嶢關
應劭曰嶢音堯嶢山之關文穎曰在上洛北藍田南武關之西沛公欲擊之張良曰秦兵
尚彊未可輕願先遣人益張旗幟於山上為疑兵
師古曰益多也多張旗幟過其人數令敵疑有多兵使酈食其陸賈往說秦將啗以
利師古曰啗者本謂食啗耳音徒敢反以食餧人令其啗食音則改變為徒濫反今言以利誘之取食為譬他皆類此秦將

果欲連和沛公欲許之張良曰此獨其將欲叛恐
其士卒不從不如因其怠懈擊之沛公引兵繞嶢
關踰蕢山鄭氏曰蕢音蒯蘇林曰蕢音蒯師古曰蘇音是也丘怪反擊秦軍大破之
藍田南遂至藍田又戰其北秦兵大敗元年冬
十月如淳曰張倉傳云以高祖十月至霸上故因秦以十月為歲首五星聚于東井應劭曰東
井秦之分野五星所在其下當有聖人以義取天下占見天文志沛公至霸上應劭曰霸上地名在長安東三
十里古曰滋水秦穆公更名霸師古曰霸水上故曰霸上即今所謂霸頭秦王子嬰素車白馬
係頸以組應劭曰子嬰不敢襲帝號但稱王耳素車白馬喪人之服組者天子黻也係頸者言欲自殺也師古曰此組
謂綬也所以帶璽也黻音弗封皇帝璽符節應劭曰璽信也古者尊卑共之左傳襄公在楚季武子使公冶
問璽書追而與之秦漢尊者以為信羣下乃避之師古曰符謂諸所合符以為契者也節以毛為之上下相重取象竹節因以為名將命者持
之以為信降軹道旁蘇林曰亭名也在長安東十三里師古曰軹音秪軹道亭在霸成觀西四里諸將或

言誅秦王沛公曰始懷王遣我固以能寬容且人
已服降殺之不祥乃以屬吏師古曰屬委也音之欲反遂西入咸
陽欲止宮休舍師古曰舍息也於殿中休息也一曰舍謂屋舍也樊噲張良諫乃
封秦重寶財物府庫還軍霸上蕭何盡收秦丞相
府圖籍文書十一月召諸縣豪桀曰父老苦秦苛
法久矣師古曰苛細也音何誹謗者族耦語者棄市應劭曰秦法禁民聚語耦
對也師古曰族謂誅及其族也棄市者取刑人於市與衆棄之吾與諸侯約先入關者王之
吾當王關中與父老約法三章耳殺人者死傷人
及盜抵罪服虔曰隨輕重制法也李奇曰傷人有曲直盜臧有多少罪名不可豫定故凡言抵罪未知抵何罪也師古曰抵

至也當也服虔曰二說意並得之自外諸家皆妄解釋故不取也抵音丁禮反餘悉除去秦法吏民皆按堵如故應劭曰按按次第堵牆堵也師古曰言不遷動也堵音覩凡吾所以來為父兄除害非有所侵暴毋恐且吾所以軍霸上待諸侯至而定要束耳師古曰要亦約乃使人與秦吏行至縣鄉邑告諭之師古曰軍中遣人與秦吏相隨徧至諸縣鄉邑而告諭也秦民大喜爭持牛羊酒食獻饗軍士沛公讓不受曰倉粟多不欲費民民又益喜唯恐沛公不為秦王或說沛公曰秦富十倍天下地形彊今聞章邯降項羽羽號曰雍王王關中即來沛公恐不得有此可急使守函谷關文穎曰是時關在弘農縣衡嶺今移東在河南穀城縣師古曰今桃林縣南有洪溜澗水即古所謂函谷也其水北流入河夾河

之岸尚有舊關餘跡焉穀城即新安毋內諸侯軍稍徵關中兵以自益距之沛公然其計從之十二月項羽果帥諸侯兵欲西入關關門閉聞沛公已定關中羽大怒使黥布等攻破函谷關遂至戲下沛公左司馬曹毋傷聞羽怒欲攻沛公使人言羽曰沛公欲王關中令子嬰相珍寶盡有之欲以求封亞父范增說羽曰如淳曰亞次也尊敬之次父猶管仲為仲父沛公居山東時貪財好色今聞其入關珍物無所取婦女無所幸此其志不小吾使人望其氣皆為龍成五色此天子氣急擊之勿失於是饗士旦日合戰師古曰饗謂飲食也旦日明旦也是時羽兵四十

萬號百萬沛公兵十萬號二十萬師古曰兵家之法不言實數皆增之力不敵會羽季父左尹項伯素善張良師古曰伯者其字也名纏夜馳見張良具告其實欲與俱去毋特俱死文穎曰特獨也無為獨與沛公俱死蘇林曰特但也師古曰蘇說是也但空也空死而無成名良曰臣為韓王送沛公不可不告亡去不義乃與項伯俱見沛公沛公與伯約為婚姻曰吾入關秋豪無所敢取文穎曰言秋豪乃成好擧盛而言也師古曰豪成之時端極纖細適足論小非言其盛籍吏民封府庫待將軍師古曰籍謂為簿籍所以守關者備他盜也日夜望將軍到豈敢反邪願伯明言不敢背德項伯許諾即夜復去戒沛公曰旦日不可不早自來謝項伯還具以沛公

言告羽因曰沛公不先破關中兵公豈能入乎服虔曰豈音愷猶未應得入也師古曰服說非也豈讀曰詎詎猶豈也且人有大功擊之不祥不如因善之羽許諾沛公旦日從百餘騎見羽鴻門孟康曰在新豐東十七里舊大道北下坂口名謝曰臣與將軍勠力攻秦師古曰勠力并力也音力竹反又力周反將軍戰河北臣戰河南不自意先入關能破秦與將軍復相見師古曰言意不自謂得然今者有小人言令將軍與臣有隙師古曰隙謂間隙言乖離不合羽曰此沛公左司馬曹毋傷言之不然籍何以生此羽因留沛公飲范增數目羽擊沛公師古曰動目以諭之羽不應范增起出謂項莊曰君王為人不忍師古曰莊項羽從弟汝入以劍舞因擊

沛公殺之不者汝屬且爲所虜莊入爲壽師古曰凡言爲
壽謂進爵於尊者而獻無疆之壽壽畢曰軍中無以爲樂請以劍舞
因拔劍舞項伯亦起舞常以身翼蔽沛公樊噲聞
事急直入怒甚羽壯之賜以酒噲因譙讓羽師古曰譙
讓以辭相責也譙音才笑反有頃沛公起如廁招樊噲出置車
官屬師古曰置留也不以自隨獨騎樊噲靳彊滕公紀成步
從間道走軍晉灼曰紀成紀通父也服虔曰走音奏師古曰間空也投空隙而行不公顯也走謂趣向也服音是
矣凡此之類音義皆同使張良留謝羽羽問沛公安在師古曰安在何在也
他皆類此曰聞將軍有意督過之師古曰督謂視責也脫身去間
至軍師古曰脫免也不敢謁辭苟自免而去間行以至軍也脫音他活反故使臣獻璧羽受
之又獻玉斗范增怒撞其斗起曰吾屬今爲沛
公虜矣師古曰撞音丈江反沛公歸數日羽引兵西屠咸陽殺
秦降王子嬰燒秦宮室所過殘滅秦民大失望羽
使人還報懷王懷王曰如約師古曰謂令沛公王關中羽怨懷王
不肯令與沛公俱西入關而北救趙後天下約乃
曰懷王者吾家所立耳非有功伐何以得專主約
師古曰積功曰伐春秋左氏傳曰大夫稱伐本定天下諸將與籍也春正月
如淳曰以十月爲歲首而正月更爲三時之月服虔曰漢正月也師古曰凡此諸月號皆太初正歷之後記事者追改之非當時本稱也以十
月爲歲首即謂十月爲正月今此眞正月當時謂之四月耳他皆類此陽尊懷王爲義帝實
不用其命二月羽自立爲西楚霸王文穎曰史記貨殖傳曰淮以北沛陳

汝南南郡爲西楚彭城以東東海吳廣陵爲東楚衡山九江江南豫章長沙爲南楚羽欲都彭城故自稱西楚孟康曰舊名江陵爲南楚吳
爲東楚彭城爲西楚師古曰孟說是也王梁楚地九郡都彭城背約更立
沛公爲漢王王巴蜀漢中四十一縣都南鄭師古曰即今之
梁州南鄭縣三分關中立秦三將章邯爲雍王都廢丘孟康
曰縣名今槐里是韋昭曰即周時犬丘懿王所都秦欲廢之更名廢丘司馬欣爲塞王韋昭曰在
長安東名桃林塞師古曰取河華之固爲阨塞耳非桃林也塞音先代反都櫟陽蘇林曰櫟音藥師古曰即
今之櫟陽縣是其地董翳爲翟王文穎曰本上郡秦所置項羽以董翳爲王更名爲翟都高奴師古
曰今在鄜州界楚將瑕丘申陽爲河南王都洛陽趙將司馬
卬爲殷王都朝歌師古曰即今之朝歌縣也當陽君英布爲九江
王都六師古曰六者縣名本古國皐陶之後懷王柱國共敖爲臨江王應劭
曰柱國上卿官也若相國矣共敖其姓名也孟康曰本南郡改爲臨江國師古曰共音龔都江陵師古曰即今之荊州江陵縣
番君吳芮爲衡山王都邾文穎曰邾音朱縣名屬江夏故齊王建孫
田安爲濟北王徙魏王豹爲西魏王都平陽徙燕
王韓廣爲遼東王燕將臧荼爲燕王鄭氏曰荼音塗之荼如淳曰音舒
師古曰鄭音是也音大胡反都薊師古曰薊即幽州薊縣徙齊王田市爲膠東王
齊將田都爲齊王都臨菑師古曰今在青州徙趙王歇爲代
王趙相張耳爲常山王漢王怨羽之背約欲攻之
丞相蕭何諫乃止服虔曰稱丞相者録事追言之夏四月諸侯罷戲下
各就國師古曰戲謂軍之旌麾也音許宜反亦讀曰麾先是諸侯從項羽入關者各帥其軍聽命於羽今既受封爵各使就
國故總言罷戲下也一說云時從項羽在戲水之上故言罷戲下此說非也項羽見高祖於鴻門已過戲矣又入秦燒秦宮室不復在戲也漢書

通以戲爲麾字義見齊田灌嬰傳羽使卒三萬人從漢王楚子諸侯人
之慕從者數萬人文穎曰楚子猶言楚人也諸侯人猶言侯國人從杜南入蝕中師古
曰李奇曰蝕音力在杜南如淳曰蝕入漢中道川谷名張良辭歸韓漢王送至襃中師古
曰即今梁州之襃縣也舊曰襃中言居襃谷之中隋室諱忠改爲襃內因說漢王燒絕棧道師古
曰棧即閣也今謂之閣道以備諸侯盜兵亦視項羽無東意如淳曰視音示
師古曰言令羽知漢王更無東出之意也漢書多以視爲示古通用字漢王既至南鄭諸將及
士卒皆歌謳思東歸師古曰謳齊歌也謂齊聲而歌或曰齊地之歌謳音一侯反多道
亡還者師古曰未至南鄭在道即亡歸韓信爲治粟都尉亦亡去蕭何
追還之因薦於漢王曰必欲爭天下非信無可與
計事者於是漢王齊戒設壇場師古曰齊讀曰齋築土而高曰壇除地爲場

拜信爲大將軍問以計策信對曰項羽皆約而王
君王於南鄭師古曰上王音于放反是遷也如淳曰秦法有罪遷徙之於蜀漢吏卒
皆山東之人日夜企而望歸師古曰企謂舉足而竦身及其鋒而
用之可以有大功天下已定民皆自寧不可復用
師古曰寧安也各安其處不如決策東向因陳羽可圖師古曰圖謂謀而取之
三秦易并之計應劭曰章邯爲雍王司馬欣爲塞王董翳爲翟王分王秦地故曰三秦漢王
大說師古曰說讀曰悅遂聽信策部署諸將師古曰分部而署置留蕭何
收巴蜀租給軍糧食五月漢王引兵從故道孟康曰縣名屬
武都出襲雍雍王邯迎擊漢陳倉雍兵敗還走戰好
畤孟康曰畤音止神靈之所止也好畤縣名屬右扶風師古曰即今雍州好畤縣又大敗走廢丘漢

王遂定雍地東如咸陽引兵圍雍王廢丘而遣諸
將略地田榮聞羽徙齊王市於膠東而立田都爲
齊王大怒以齊兵迎擊田都都走降楚六月田榮
殺田市自立爲齊王時彭越在鉅野師古曰鉅野澤名因以爲縣今屬鄆
州衆萬餘人無所屬榮與越將軍印因令反梁地越
擊殺濟北王安榮遂并三齊之地服虔曰齊與濟北膠東燕王
韓廣亦不肯徙遼東秋八月臧荼殺韓廣并其地
塞王欣翟王翳皆降漢初項梁立韓後公子成爲
韓王張良爲韓司徒羽以良從漢王韓王成又無
功故不遣就國與俱至彭城殺之及聞漢王并關

中而齊梁畔之羽大怒乃以故吳令鄭昌爲韓王
距漢令蕭公角擊彭越蘇林曰蕭公角號也孟康曰蕭令也時令皆稱公師古曰孟說是也
越敗角兵時張良徇韓地蘇林曰徇音巡撫其民人也孟康曰徇略也師古曰孟說
是音辭峻反遺羽書曰漢欲得關中如約即止不敢復
東羽以故無西意而北擊齊九月漢王遣將軍薛
歐王吸出武關師古曰歐音烏垢反吸音翕因王陵兵如淳曰王陵亦聚黨數千人居
南陽從南陽迎太公呂后於沛羽聞之發兵距之陽
夏鄭氏曰音假借之假師古曰即今亳州陽夏縣不得前　二年冬十月項羽使
九江王布殺義帝於郴文穎曰郴縣名屬桂陽如淳曰郴音綝師古曰說者或以爲史記本
紀及漢注云衡山臨江王殺之江中謂漢書言黥布殺之爲錯然今據史記黥布傳四月陰令九江王等行擊義帝其八月布使將追殺之郴

又與漢書項羽英布傳相合且定則衡山臨江與布同受羽命而殺之者布也非班氏之錯郴綝二字並音丑林反陳餘亦怨羽獨不王己從田榮藉助兵師古曰藉借也以擊常山王張耳耳敗走降漢漢王厚遇之陳餘迎代王歇還趙歇立餘爲代王張良自韓閒行歸漢漢王以爲成信侯漢王如陝師古曰陝今陝州陝縣也音式冉反鎮撫關外父老師古曰鎮安也撫慰也河南王申陽降置河南郡使韓太尉韓信擊韓韓王鄭昌降十一月立韓太尉信爲韓王漢王還歸都櫟陽使諸將略地拔隴西以萬人若一郡降者封萬戶師古曰若者豫及之辭言以萬人或以一郡降者皆封萬戶繕治河上塞晉灼曰鼂錯傳秦北攻胡築河上塞師古曰繕補也故秦苑囿園池令民得田之師古曰養鳥獸曰苑苑有垣曰囿囿所以種植謂之園田謂耕作也囿音有春正月羽擊田榮城陽榮敗走平原平原民殺之齊皆降楚楚焚其城郭齊人復畔之諸將拔北地虜雍王弟章平赦罪人二月癸未令民除秦社稷立漢社稷施恩德賜民爵臣瓚曰爵者祿位民賜爵有罪得以減也蜀漢民給軍事勞苦復勿租稅二歲師古曰復者除其賦役也音方目反其下並同關中卒從軍者復家一歲舉民年五十以上有脩行能帥衆爲善置以爲三老鄉一人擇鄉三老一人爲縣三老與縣令丞尉以事相教復勿繇戍師古曰繇讀曰傜以十月賜酒肉三月漢王自臨晉渡河師古曰臨晉縣名其地居河之西濱東臨晉境今列國時秦所名也即今之同州朝邑

縣界也魏王豹降將兵從下河內虜殷王卬置河內郡至脩武陳平亡楚來降漢王與語說之師古曰說讀曰悅使參乘監諸將南渡平陰津蘇林曰在河陰至洛陽新城三老董公遮說漢王曰臣聞順德者昌逆德者亡兵出無名事故不成蘇林曰名者伐有罪故曰明其爲賊敵乃可服應劭曰爲音無爲之爲布告天下言項羽殺義帝明其爲賊亂舉兵征之乃可服也鄧氏曰爲音人相爲之爲師古曰應說是也項羽爲無道放殺其主師古曰殺讀曰弒諸弒君者其例皆同天下之賊也夫仁不以勇義不以力李奇曰彼有仁我不能以勇服彼有義我能以力服文穎曰以用也己有仁天下歸之可不用勇而天下自服己有義天下奉之可不用力而天下自定師古曰爲義帝發喪此爲行仁義不用勇力文說是也三軍之衆爲之素服以告之諸侯爲此東伐師古曰爲並音于僞反四海之內莫不仰德此三王之舉也師古曰三王夏殷周也言以德義取天下則可比蹤於三王漢王曰善非夫子無所聞於是漢王爲義帝發喪袒而大哭如淳曰袒亦如禮袒踊也師古曰袒謂脫衣之袖也音徒旱反哀臨三日師古曰衆哭曰臨音力禁反發使告諸侯曰天下共立義帝北面事之今項羽放殺義帝江南大逆無道寡人親爲發喪兵皆縞素師古曰縞白素也音工老反悉發關中兵收三河士韋昭曰河南河東河內也南浮江漢以下願從諸侯王服虔曰漢名王爲諸侯王師古曰服說非也當時漢未有此稱號直言諸侯及王耳自謙言隨諸侯王之後也擊楚之殺義帝者夏四月田榮弟橫收得數萬人立榮子廣爲齊王羽雖聞漢東既擊齊欲遂破之而

後擊漢漢王以故得劫五諸侯兵（應劭曰雍翟塞殷韓也如淳曰塞翟魏殷河南
也韋昭曰塞翟韓殷魏也雍時已敗師古曰諸家之說皆非也張良遺羽書云漢欲得關中如約即止不敢復東東謂出關之東今羽聞漢東之
時漢固已得三秦矣五諸侯者謂常山河南韓魏殷也此年十月常山王張耳降河南王申陽降韓王鄭昌降三月魏王豹降虜殷王卬皆在
漢東之後故知謂此爲五諸侯時雖未得常山之地據功臣表云張耳棄國與大臣歸漢則亦有士卒也又叔孫通傳云二年漢王從五諸侯入
彭城爾時雍王猶在廢丘被圍即非五諸侯之數也尋此紀文昭然可曉前賢注釋並失指趣）東伐楚到外黃
彭越將三萬人歸漢漢王拜越爲魏相國令定梁
地漢王遂入彭城收羽美人貨賂置酒高會（服虔曰大
會羽聞之令其將擊齊而自以精兵三萬人從魯
也）出胡陵至蕭晨擊漢軍大戰彭城靈壁東（孟康曰故小縣在彭
城南）睢水上（師古曰睢音雖）大破漢軍多殺士卒睢水爲之不

流（師古曰殺人盛多壅流於睢水）圍漢王三帀大風從西北起折木發
屋揚砂石晝晦（師古曰晦暗也）楚軍大亂而漢王得與數十
騎遁去過沛使人求室家室家亦已亡不相得漢
王道逢孝惠魯元載行楚騎追漢王漢王急推墮
二子滕公下收載遂得脫（鄭氏曰滕公夏侯嬰也師古曰脫音他活反）審食
其從太公呂后間行反遇楚軍（師古曰此審食其及武帝時趙食其諸只皆與酈
食其同音異基而近代學者酈則爲異基審則爲食基趙則食其非也同是人名更無別義就中辯駁何所據依且荀悅漢紀三者並爲
異基字斷可知矣太公呂后避楚軍乃反與之相遇而見拘執）羽常置軍中以爲質諸侯
見漢敗皆亡去塞王欣翟王翳降楚殷王卬死呂
兄周呂侯（蘇林曰以姓名侯也晉灼曰外戚表周呂令武侯澤也呂縣名封於呂以爲國師古曰周呂封名令武其

謚也蘇云以姓名侯非也）將兵居下邑（師古曰縣名也）漢王從之稍收士卒
軍碭漢王西過梁地至虞（師古曰即今宋州虞城縣）謂謁者隨何
曰公能說九江王布使舉兵畔楚項王必留擊之
得留數月吾取天下必矣隨何往說布果使畔楚
五月漢王屯滎陽蕭何發關中老弱未傅者悉詣
軍（服虔曰傅音附孟康曰古者二十而傅三年耕有一年儲故二十三而後役之如淳曰律年二十三傅之疇官各從其父疇學之高
不滿六尺二寸以下爲罷癃漢儀注云民年二十三爲正一歲爲衛士一歲爲材官騎士習射御騎馳戰陳又曰年五十六衰老乃得免
爲庶民就田里今老弱未嘗傅者皆發之未二十三爲弱過五十六爲老師古曰傅著也言著名籍給公家徭役也服音是）韓信
亦收兵與漢王會兵復大振與楚戰滎陽南京索
間破之（應劭曰京縣名今有大索小索亭晉灼曰音冊師古曰音求索之索）築甬道屬河（應劭曰恐

敵鈔輜重故築垣牆如街巷也鄭氏曰甬音踊師古曰屬聯也音之欲反）以取敖倉粟（孟康曰敖地名在滎陽西北山
上臨河有大倉）魏王豹謁歸視親疾（師古曰謁請也親謂母也）至則絕河津
反爲楚（師古曰斷其津濟以距漢軍）六月漢王還櫟陽壬午立太
子赦罪人令諸侯子在關中者皆集櫟陽爲衛引
水灌廢丘廢丘降章邯自殺雍州定八十餘縣置
河上渭南中地隴西上郡（服虔曰河上即左馮翊也渭南京兆也中地右扶風也師古曰凡新
置五郡）令祠官祀天地四方上帝山川以時祠之興關
中卒乘邊塞（李奇曰乘守也師古曰乘登也登而守之義與乘城同）關中大飢米
斛萬錢（師古曰一斛直萬錢）人相食令民就食蜀漢秋八月
漢王如滎陽謂酈食其曰緩頰往說魏王豹（張晏曰緩頰徐

（言引辭喻也）能下之以魏地萬戶封生（師古曰生猶言先生他皆類此）食其往豹不聽漢王以韓信爲左丞相與曹參灌嬰俱擊魏食其還漢王問魏大將誰也對曰柏直王曰是口尚乳臭不能當韓信（師古曰乳臭言其幼少）騎將誰也曰馮敬曰是秦將馮無擇子也雖賢不能當灌嬰步卒將誰也曰項它（師古曰它字與他同並音徒何反）曰不能當曹參吾無患矣九月信等虜豹傳詣滎陽定魏地置河東太原上黨郡信使人請兵三萬人願以北舉燕趙東擊齊南絕楚糧道漢王與之 三年冬十月韓信張耳東下井陘擊趙（服虔曰井陘山名在常山今爲縣師古曰陘音形）斬陳餘獲趙王歇置常山代郡甲戌晦日有食之十一月癸卯晦日有食之隨何既說黥布布起兵攻楚楚使項聲龍且攻布（韋昭曰且音子閭反）布戰不勝十二月布與隨何間行歸漢漢王分之兵與俱收兵至成皐項羽數侵奪漢甬道漢軍乏食與酈食其謀橈楚權（服虔曰橈弱也師古曰音女教反其字從木）食其欲立六國後以樹黨（師古曰樹立也）漢王刻印將遣食其立之以問張良良發八難漢王輟飯吐哺（師古曰輟止也哺口中所含食也飯音扶晚反哺音步）曰豎儒（師古曰言其賤劣無智若童豎也）幾敗乃公事（師古曰幾近也乃汝也公漢王自謂也幾音鉅依反）令趨銷印（師古曰趨讀曰促促速也他皆類此）又間陳平乃從其計與平黃金四萬斤以間

跡楚君臣（師古曰間音居莧反次下反間其音亦同）夏四月項羽圍漢滎陽漢王請和割滎陽以西者爲漢亞父勸項羽急攻滎陽漢王患之陳平反間既行羽果疑亞父亞父大怒而去發病死五月將軍紀信曰事急矣臣請誑楚可以間出（師古曰間出投間隙私出若言間行微行耳紀信詐爲漢王而王出西門遁是私出也）於是陳平夜出女子東門二千餘人楚因四面擊之紀信乃乘王車黃屋左纛（李斐曰天子車以黃繒爲蓋裏纛毛羽幢也在乘輿車衡左方上注之蔡邕曰以犛牛尾爲之如斗或在騑頭或在衡應劭曰雉尾爲之在左騑當鑣上師古曰纛音毒又徒到反應說非也）曰食盡漢王降楚楚皆呼萬歲之城東觀以故漢王得與數十騎出西門遁令御史大夫周苛魏豹樅公守滎陽（應劭曰樅公者不知其名故曰公蘇林曰音樅木之樅師古曰音千容反）羽見紀信問漢王安在曰已出去矣羽燒殺信而周苛樅公相謂曰反國之王難與守城（師古曰謂豹先已經畔漢）因殺魏豹漢王出滎陽至成皐自成皐入關收兵欲復東轅生說漢王（文穎曰轅姓生謂諸生）曰漢與楚相距滎陽數歲漢常困願君王出武關項王必引兵南走（師古曰走亦謂趨嚮也音奏次後亦同）王深壁令滎陽成皐間且得休息使韓信等得輯河北趙地（師古曰輯與集同謂和合也詩序曰勞來還定安集之春秋左氏傳曰群臣輯睦他皆類此）連燕齊君王乃復走滎陽如此則楚所備者多力分漢得休息復與之戰破之必矣漢王從其計出軍

宛葉間師古曰葉縣名古葉公之國音式涉反宛縣葉縣之間也與黥布行收兵羽聞
漢王在宛果引兵南漢王堅壁不與戰是月彭越
渡睢師古曰過睢水也睢音雖與項聲薛公戰下邳破殺薛公羽
使終公守成皋而自東擊彭越漢王引兵北擊破
終公復軍成皋六月羽已破走彭越師古曰破之而令遁走聞
漢復軍成皋乃引兵西拔滎陽城生得周苛羽謂
苛為我將以公為上將軍封三萬戶周苛罵曰若
不趨降漢今為虜矣師古曰若汝也趨讀曰促若非漢王敵也羽
亨周苛師古曰亨謂煑而殺之音普庚反他皆類此并殺樅公而虜韓王信遂
圍成皋漢王跳如淳曰跳音逃謂走也史記作逃晉灼曰跳獨出意也師古曰晉說是也音徒彫反獨與

滕公共車出成皋玉門張晏曰成皋北門北渡河宿小脩武
晉灼曰在大脩武城東自稱使者晨馳入張耳韓信壁而奪之
軍乃使張耳北收兵趙地秋七月有星孛于大角
李奇曰孛彗類也是謂妖星所以除舊布新也師古曰孛音步內反漢王得韓信軍復大振
八月臨河南鄉師古曰鄉讀曰嚮軍小脩武欲復戰郎中鄭
忠說止漢王高壘深塹勿戰漢王聽其計使盧綰
劉賈將卒二萬人騎數百蘇林曰綰音以繩綰結物之綰師古曰音烏板反渡白
馬津入楚地佐彭越燒楚積聚師古曰所畜軍糧芻稾之屬也積音子賜反聚
音才諭反復擊破楚軍燕郭西師古曰燕縣名古南燕國攻下睢陽外黃
十七城九月羽謂海春侯大司馬曹咎曰謹守成

皋即漢王欲挑戰慎勿與戰李奇曰挑音徒了反臣瓚曰挑戰擿嬈敵求戰也古謂之
致師師古曰李奇瓚說是擿音他曆反嬈音乃了反勿令得東而已我十五日必定
梁地復從將軍師古曰從就也羽引兵東擊彭越漢王使
酈食其說齊王田廣罷守兵與漢和四年冬十月
韓信用蒯通計襲破齊齊王亨酈生東走高密項
羽聞韓信破齊且欲擊楚使龍且救齊漢果數挑
成皋戰楚軍不出使人辱之數日大司馬咎怒渡
兵汜水張晏曰汜水在濟陰界如淳曰汜音祀左傳曰鄙在鄭地汜臣瓚曰高祖攻曹咎於成皋咎渡汜水而戰今成皋城東
汜水是也師古曰瓚說得之此水不在濟陰也鄙在鄭地汜釋者又云在襄城則非此也此水舊讀音凡今彼鄉人呼之音祀士卒
半渡漢擊之大破楚軍盡得楚國金玉貨賂大司

馬咎長史欣皆自剄汜水上漢王引兵渡河復取
成皋軍廣武孟康曰於滎陽築兩城相對名為廣武城在敖倉西三室山上就敖倉食
羽下梁地十餘城聞海春侯破乃引兵還漢軍方
圍鍾離昧於滎陽東師古曰昧音莫葛反其字從本末之末聞羽至盡走
險阻師古曰走音奏羽亦軍廣武與漢相守丁壯苦軍旅老
弱罷轉餉師古曰罷讀曰疲轉運餉饋也音式向反漢王羽相與臨廣武之
間而語羽欲與漢王獨身挑戰漢王數羽曰師古曰數責其
罪也音所具反吾始與羽俱受命懷王曰先定關中者王之
羽負約王我於蜀漢罪一也羽矯殺卿子冠軍自
尊罪二也如淳曰卿者卿大夫之號子者子男之爵冠軍人之首也文穎曰卿子時人相褒尊之辭猶言公子也時上將

故言冠軍師古曰矯託也託懷王命而殺之也卿子冠軍文說是也羽當以救趙還報李奇曰前受命於懷王往救趙當還反報而擅劫諸侯兵入關罪三也懷王約入秦無暴掠羽燒秦宮室掘始皇帝冢收私其財罪四也師古曰掘而發之收取其財以私自有也掘音其勿反又彊殺秦降王子嬰罪五也詐阬秦子弟新安二十萬王其將李奇曰章邯等爲王罪六也皆王諸將善地而徙逐故主令臣下爭畔逆罪七也出逐義帝彭城自都之奪韓王地并王梁楚多自與罪八也使人陰殺義帝江南罪九也夫爲人臣而殺其主殺其已降爲政不平主約不信天下所不容大逆無道罪十也吾以義兵從諸侯誅殘賊使刑餘罪人擊公師古曰言輕賤也何苦乃與公挑戰羽大怒伏弩射中漢王漢王傷胸乃捫足曰虜中吾指師古曰捫摸也傷胸而捫足者以安衆也捫音門中音竹仲反漢王病創臥張良彊請漢王起行勞軍以安士卒師古曰行音下更反其下亦同毋令楚乘勝漢王出行軍疾甚因馳入成皋十一月韓信與灌嬰擊破楚軍殺楚將龍且追至城陽虜齊王廣齊相田橫自立爲齊王奔彭越漢立張耳爲趙王漢王疾瘉師古曰瘉與愈同愈差也西入關至櫟陽存問父老置酒梟故塞王欣頭櫟陽市師古曰梟縣首於木上留四日復如軍軍廣武關中兵益出而彭越田橫居梁地

往來苦楚兵絕其糧食韓信已破齊使人言曰齊邊楚師古曰邊共爲邊界權輕不爲假王恐不能安齊漢王怒欲攻之張良曰不如因而立之使自爲守春二月遣張良操印立韓信爲齊王師古曰操持也音千高反秋七月立黥布爲淮南王八月初爲筭賦如淳曰漢儀注民年十五以上至五十六出賦錢人百二十爲一筭爲治庫兵車馬北貉燕人來致梟騎助漢應劭曰北貉國也梟健也張晏曰梟勇也若六博之梟也師古曰貉在東北方三韓之屬皆貉類也音莫客反漢王下令師古曰令敎命也下音胡嫁反他皆類此軍士不幸死者吏爲衣衾棺斂師古曰棺音工喚反斂音力贍反與作衣衾而斂尸於棺轉送其家師古曰轉傳送也四方歸心焉師古曰以仁愛故項羽自知少助食盡韓信又進兵擊楚羽患之漢遣陸賈說羽請太公羽弗聽漢復使侯公說羽羽乃與漢約中分天下割洪溝以西爲漢應劭曰在滎陽東南二十里文穎曰於滎陽下引河東南爲鴻溝以通宋鄭陳蔡曹衛與濟汝淮泗會於楚即今官渡水也以東爲楚九月歸太公呂后軍皆稱萬歲乃封侯公爲平國君師古曰以其善說能平和邦國羽解而東歸漢王欲西歸張良陳平諫曰今漢有天下太半韋昭曰凡數三分有二爲太半有一分爲少半而諸侯皆附楚兵罷食盡師古曰罷讀曰疲此天亡之時不因其幾而遂取之鄭氏曰幾微也師古曰幾危也此養虎自遺患也漢王從之

高紀第一上

高紀第一下　　班固　　漢書一

祕書監上護軍琅邪縣開國子顏師古注

五年冬十月漢王追項羽至陽夏南［師古曰夏音工雅反已解於上］止軍與齊王信魏相國越期會擊楚至固陵［晉灼曰即固始也師古曰後改爲固始耳地理志固始屬淮陽］不會楚擊漢軍大破之漢王復入壁深壍而守謂張良曰諸侯不從柰何良對曰楚兵且破未有分地［李奇曰信越等未有益地之分師古曰分音扶問反］其不至固宜［師古曰理宜然也］君王能與共天下可立致也［師古曰共有天下之地割而封之］齊王信之立非君王意信亦不自堅［師古曰因信自請爲假王乃立之耳故曰非君王意］彭越本定梁地始君王以魏豹故拜越爲相

國今豹死越亦望王而君王不早定今能取睢陽以北至穀城皆以王彭越［師古曰睢音雖］從陳以東傅海與齊王信［師古曰傅讀曰附］信家在楚其意欲復得故邑能出捐此地以許兩人［師古曰捐棄也音弋全反］使各自爲戰則楚易散也於是漢王發使使韓信彭越至皆引兵來十一月劉賈入楚地圍壽春漢亦遣人誘楚大司馬周殷殷畔楚以舒屠六［如淳曰以舒之衆屠破六縣師古曰六者縣名即上所謂九江王都六者也後屬廬江郡］舉九江兵迎黥布並行屠城父［如淳曰並行並擊也師古曰城父縣名父音甫］隨劉賈皆會十二月圍羽垓下［應劭曰垓音該李奇曰沛洨縣聚邑名也師古曰洨音衡交反］羽夜聞漢軍四面皆楚歌［應劭曰楚歌者雞鳴歌也漢已略得其地故楚歌者多雞鳴時歌也師古曰楚歌者爲楚人之歌猶言吳歈越吟耳若以雞鳴爲歌曲之名於理則可不得云雞鳴時也高祖令戚夫人楚舞自爲作楚歌豈亦雞鳴時乎］知盡得楚地羽與數百騎走是以兵大敗灌嬰追斬羽東城［晉灼曰九江縣］楚地悉定獨魯不下漢王引天下兵欲屠之爲其守節禮義之國乃持羽頭示其父兄魯乃降初懷王封羽爲魯公及死魯又爲之堅守故以魯公葬羽於穀城［師古曰即濟北穀城］漢王爲發喪哭臨而去［師古曰臨音力禁反］封項伯等四人爲列侯賜姓劉氏［師古曰皆羽之族先有功於漢者］諸民略在楚者皆歸之漢王還至定陶馳入齊王信壁奪其軍初項羽所立臨江王共敖前死子尉嗣立爲王不降遣

盧綰劉賈擊虜尉春正月追尊兄伯號曰武哀侯［應劭曰兄伯早亡追謚之］下令曰楚地已定義帝亡後欲存卹楚衆以定其主齊王信習楚風俗更立爲楚王［師古曰更改也］王淮北都下邳魏相國建城侯彭越勤勞魏民卑下士卒［師古曰言安輯魏地保其人衆也下音胡稼反］常以少擊衆數破楚軍其以魏故地王之號曰梁王都定陶又曰兵不得休八年萬民與苦甚［如淳曰與音相干與之與師古曰音弋庶反］今天下事畢其赦天下殊死以下［如淳曰死罪之明白也左傳曰斬其木而弗殊韋昭曰殊斬刑也師古曰殊絕也異也言其身首離絕而異處也］於是諸侯上疏曰楚王韓信韓王信淮南王英布梁王彭越故衡山王吳芮［張晏曰[illegible]元年項羽

立芮爲衡山王後又奪之地謂之番君是以曰故趙王張敖燕王臧荼昧死再拜言
張晏曰秦以爲人臣上書當言昧犯死罪而言漢遂遵之大王陛下應劭曰陛者升堂之陛王者必有執兵陳於階陛之側羣
臣與至尊言不敢指斥故呼在陛下者而告之因卑以達尊之意也若今稱殿下閣下侍者執事皆此類也先時秦爲亡道
天下誅之大王先得秦王定關中於天下功最多存
亡定危救敗繼絕以安萬民功盛德厚又加惠於諸
侯王有功者使得立社稷地分已定而位號比儗亡上
下之分師古曰言大王與臣等並稱王是爲比類相儗無尊卑之差別也地分音扶問反大王功德之著於
後世不宣師古曰言位號不殊則功德之著明者不宣於後也昧死再拜上皇帝尊號
漢王曰寡人聞帝者賢者有也師古曰言賢德之人乃可有帝號虛言亡
實之名非所取也今諸侯王皆推高寡人將何以處

之哉諸侯王皆曰大王起於細微滅亂秦威動海內
又以辟陋之地師古曰辟讀曰僻自漢中行威德誅不義立有
功平定海內功臣皆受地食邑非私之也大王德施
四海諸侯王不足以道之居帝位甚實宜願大王以
幸天下晉灼曰漢儀注民臣被其德以爲僥倖也師古曰倖者吉而免凶可慶幸也故福喜之事皆稱爲幸而死罪之不幸漢王
曰諸侯王幸以爲便於天下之民則可矣於是諸侯
王及太尉長安侯臣綰等三百人師古曰綰盧綰也與博士稷
嗣君叔孫通孟康曰稷嗣邑名謹擇良日二月甲午上尊號漢王
即皇帝位于氾水之陽張晏曰在濟陰界取其氾愛弘大而潤下也師古曰據叔孫通傳曰爲皇帝於定陶則此
水在濟陰是也音敷劍反尊王后曰皇后太子曰皇太子追尊先媼曰

昭靈夫人詔曰如淳曰詔告也自秦漢以下唯天子獨稱之故衡山王吳芮與子
二人兄子一人從百粵之兵服虔曰非一種若今言百蠻也以佐諸侯誅
暴秦有大功諸侯立以爲王項羽侵奪之地謂之番
君師古曰番音蒲何反其以長沙豫章象郡桂林南海立番君芮
爲長沙王臣瓚曰茂陵書象郡治臨塵去長安萬七千五百里文穎曰桂林今鬱林也師古曰桂林今之桂州境界左右皆是其地非鬱林也
又曰故粵王亡諸世奉粵祀秦侵奪其地使其社稷
不得血食師古曰祭者尚血腥故曰血食也諸侯伐秦亡諸身帥閩中兵以
佐滅秦如淳曰閩音緡應劭曰音文飾之文師古曰閩越今泉州建安是其地也其人本蛇種故其字從虫如音是也虫音許尾反項
羽廢而弗立今以爲閩粵王王閩中地勿使失職帝
乃西都洛陽夏五月兵皆罷歸家詔曰諸侯子在

關中者復之十二歲師古曰復音方目反其歸者半之師古曰各已還其本土者復六歲也
民前或相聚保山澤不書名數師古曰保守也安也守而安之以避難也名數謂戶籍也今
天下已定令各歸其縣復故爵田宅師古曰復還也音扶目反吏以
文法教訓辨告勿笞辱師古曰辨告者分別義理以曉諭之民以飢餓自賣
爲人奴婢者皆免爲庶人軍吏卒會赦其亡罪而亡
爵及不滿大夫者皆賜爵爲大夫如淳曰軍吏卒會赦得免罪及本無罪而無爵級者皆賜爵爲大夫師
古曰大夫第五爵也故大夫以上賜爵各一級師古曰就加之也級等也
其七大夫以上皆令食邑臣瓚曰秦制列侯乃得食邑今七大夫以上皆食邑所以寵之也師古曰七
大夫公大夫也爵第七故謂之七大夫非七大夫已下皆復其身及戶勿事
應劭曰不輸戶賦也如淳曰事謂役使也師古曰復其身及一戶之內皆不徭賦也復音扶目反又曰七大夫公乘以

上皆高爵也（師古曰公乘第八爵）諸侯子及從軍歸者甚多高爵吾數詔吏先與田宅及所當求於吏者亟與（師古曰亟急也音居力反）爵或人君上所尊禮（師古曰爵高有國邑者則自君其人故云或人君也上謂天子）久立吏前曾不為決（師古曰有訴訟及陳請者不早為決斷）甚亡謂也（師古曰亡故）異日秦民爵公大夫以上令丞與亢禮（應劭曰言從公大夫以上民與令丞亢禮亢禮者長揖不拜師古曰異日猶言往日也亢者當也言高下相當無所卑屈不獨謂揖拜也）今吾於爵非輕也吏獨安取此（師古曰於何得此輕爵之法也）且法以有功勞行田宅（蘇林曰行音行酒之行猶付與也）今小吏未嘗從軍者多滿（如淳曰多自滿足也）而有功者顧不得（師古曰顧反也言若人反顧然）背公立私守尉長吏教訓甚不善（師古曰守郡守也尉郡尉也長吏謂縣之令長）其令諸吏善遇高爵稱吾意（師古曰稱副也）且廉問有不如吾詔者以重論之（師古曰廉察也廉字本作規其音同耳）帝置酒雒陽南宮上曰（如淳曰蔡邕云上者尊位所在也但言上不敢言尊號耳）通侯諸將（應劭曰舊曰徹侯避武帝諱曰通侯通亦徹也通者言其功德通於王室也張晏曰後改為列侯列者見序列）毋敢隱朕（如淳曰朕我也蔡邕曰古者上下共之咎繇與帝舜言稱朕屈原曰朕皇考至秦獨以為尊稱漢遂因之而不改也）皆言其情吾所以有天下者何項氏之所以失天下者何高起王陵對曰（張晏曰詔使高官者起故陵先對孟康曰姓高名起臣瓚曰漢帝年紀高帝時有信平侯臣陵都武侯臣起襯相郎吉高帝時奉書者將軍臣陵臣起師古曰張說非也若言高官者起則丞相蕭何太尉盧綰及張良陳平之屬時皆在陵上陵不得先對也）陛下嫚而侮人（師古曰嫚易也讀與慢同）項羽仁而敬人然陛下使人攻城略地所降下者因以與之與天下同利也項羽妬賢嫉能有功者害之賢者疑之戰勝而不與人功得地

而不與人利此其所以失天下也上曰公知其一未知其二夫運籌帷幄之中決勝千里之外吾不如子房填國家撫百姓給餉餽不絕糧道吾不如蕭何（師古曰填與鎮同鎮安也餽亦餉字）連百萬之衆戰必勝攻必取吾不如韓信三者皆人傑吾能用之（師古曰傑言桀然獨出也）此吾所以取天下者也項羽有一范增而不能用此所以為我禽也羣臣說服（師古曰說讀曰悅）初田橫歸彭越項羽已滅橫懼誅與賓客亡入海上恐其久為亂遣使者赦橫曰橫來大者王小者侯（師古曰大者謂其長率即橫身也小者其徒屬也）不來且發兵加誅橫懼乘傳詣雒陽（如淳曰律四馬高足為置傳四馬中足為馳傳四馬下足為乘傳一馬二馬為軺傳急者乘一乘傳師古曰傳者若今之驛古者以車謂之傳車其後又單置馬謂之驛騎傳音張戀反）未至三十里自殺上壯其節為流涕發卒二千人以王禮葬焉戍卒婁敬求見說上曰陛下取天下與周異而都雒陽不便不如入關據秦之固上以問張良良因勸上是日車駕西都長安（師古曰凡言車駕者謂天子乘車而行不敢指斥也是日即其日也諸言是日者皆言從善之速也長安本秦之鄉名高祖作都焉）拜婁敬為奉春君（張晏曰春歲之始也以婁敬發事之始故號曰奉春君也）賜姓劉氏六月壬辰大赦天下秋七月燕王臧荼反上自將征之九月虜荼詔諸侯王視有功者立以為燕王荊王臣信等十人（如淳曰荊亦楚也賈逵曰秦莊襄王名楚故改諱荊遂行於世晉灼曰詩曰奮伐荊楚自秦之先故以稱荊也師古曰晉說是）

也左傳又云荆尸而舉亦巳久矣 皆曰太尉長安侯盧綰功最多請立
以爲燕王使丞相噲將兵平代地利幾反上自擊
破之利幾者項羽將羽敗利幾爲陳令降上侯之
潁川上至雒陽舉通侯籍召之 蘇林曰都以侯籍召之 而利幾
恐反 師古曰普召通侯而利幾自以項羽將故恐懼而反也 後九月徙諸侯子關中
治長樂宮 六年冬十月令天下縣邑城 張晏曰皇后公主所食曰邑令各自築其城也師古曰縣之與邑皆令築城 人告楚王信謀反上問左右
左右爭欲擊之用陳平計乃僞遊雲夢 韋昭曰在南郡之華容也 師古曰夢讀如本字又音莫風反
十二月會諸侯于陳楚王信迎謁因
執之詔曰天下既安豪桀有功者封侯新立未能

盡圖其功 師古曰新立言新即帝位也圖謂謀而賞之 身居軍九年或未習
法令或以其故犯法 韋昭曰言未習知法令而犯之者有司因以故犯法之罪罪之故帝愍焉師古曰此說非也言以未習法令之故不知避罪遂致犯刑帝原其本情故加憐之 大者死刑吾甚憐之其赦
天下田肯賀上曰甚善陛下得韓信又治秦中 師古曰治謂都之也秦中謂關中秦地也 秦形勝之國也 張晏曰得形勢之勝便也 帶河阻山
縣隔千里 鄭氏曰縣音懸師古曰此本古之縣字耳後人轉用爲州縣字乃更加心以別之非當借音他皆類此 持
戟百萬秦得百二焉 應劭曰言河山之險與諸侯相縣隔絕千里也所以能禽諸侯者得天下之利百二也李斐曰河山之險由地勢高順流而下易故天下於秦縣隔千里也持戟百萬秦得百二焉蘇林曰百二得百中之二二萬人也秦地險固二萬人足當諸侯百萬人也師古曰縣隔千里李應得之秦得百二蘇說是也 地埶便利其以下兵
於諸侯譬猶居高屋之上建瓴水也 如淳曰瓴盛水瓶也居高屋之上而

憣瓴水言其向下之勢易也建音蹇蘇林曰瓴讀曰鈴師古曰如蘇音說皆是建音居偃反 夫齊東有琅邪即
墨之饒 師古曰二縣近海財用之所出 南有泰山之固西有濁河之
限 晉灼曰齊西有平原河水東北過高唐高唐即平原也孟律號黃河故曰濁河也 北有勃海之利
地方二千里持戟百萬縣隔千里之外齊得十二
焉 應劭曰齊得十之二耳故愍王稱東帝後復歸之卒爲秦所滅者利鈍之勢異也李斐曰齊有山河之限地方二千里是與天下縣隔也設有持戟百萬之衆齊得十中之二焉百萬十分之二亦二十萬也但文相避故言東西秦其勢敵也蘇林曰十二得十中之二二十萬人當百萬言齊雖固不如秦二萬乃當百萬也晉灼曰案文殺義蘇說是也師古曰蘇晉之釋得其意也秦得百二者二萬人當諸侯百萬人也齊得十二者二十萬人當諸侯百萬也所以言縣隔千里之外者除去秦地而齊乃與諸侯計利便也 此東西秦
也非親子弟莫可使王齊者上曰善賜金五百斤
上還至雒陽赦韓信封爲淮陰侯甲申始剖符封

功臣曹參等爲通侯 師古曰剖破也與其合符而分授之也剖音普口反 詔曰齊古
之建國也今爲郡縣其復以爲諸侯 師古曰爲國以封諸侯王 將
軍劉賈數有大功及擇寬惠脩絜者王齊荆地春
正月丙午韓王信等奏請以故東陽郡鄣郡吳郡
五十三縣立劉賈爲荆王 文穎曰東陽今下邳也鄣郡今丹陽也吳郡本會稽也韋昭曰鄣郡今故鄣縣也後郡徙丹陽轉以爲縣故謂之故鄣也師古曰鄣音章 以碭郡薛郡郯郡三十
六縣立弟文信君交爲楚王 文穎曰薛郡今魯國是也郯郡今東海郡也師古曰郯音談 壬子以雲中鴈門代郡五十三縣立兄宜信侯
喜爲代王以膠東膠西臨菑濟北博陽城陽郡七
十三縣立子肥爲齊王以太原郡三十一縣爲韓

國徙韓王信都晉陽上已封大功臣二十餘人其
餘爭功未得行封上居南宮從復道上如淳曰復音複上下有道故謂之複見諸將往往耦語以問張良良曰陛下與此屬
共取天下今已爲天子而所封皆故人所愛所誅
皆平生仇怨今軍吏計功以天下爲不足用徧封師古曰言有功者多而土地少而恐以過失及誅故相聚謀反耳上曰
爲之奈何良曰取上素所不快師古曰言有舊嫌者也計群臣
所共知最甚者一人先封以示群臣三月上置酒
封雍齒因趣丞相急定功行封師古曰趣讀曰促罷酒群臣
皆喜曰雍齒且侯吾屬亡患矣上歸櫟陽五日一

朝太公太公家令說太公曰天亡二日土亡二王
皇帝雖子人主也太公雖父人臣也奈何令人主
拜人臣如此則威重不行後上朝太公擁彗李奇曰爲恭也
如今卒持帚也師古曰彗者所以埽也音似歲反迎門郤行師古曰郤退而行也音丘略反上大驚下
扶太公太公曰帝人主奈何以我亂天下法於是
上心善家令言師古曰晉太子庶子劉寶云善其發悟已心因得尊崇父號非善其令父敬己賜黃
金五百斤夏五月丙午詔曰人之至親莫親於父
子故父有天下傳歸於子子有天下尊歸於父此
人道之極也前日天下大亂兵革並起萬民苦殃
朕親被堅執銳師古曰被堅謂甲冑也執銳謂利兵也被音皮義反自帥士卒犯危

難平暴亂立諸侯偃兵息民天下大安此皆太公
之教訓也諸王通侯將軍群卿大夫已尊朕爲皇
帝而太公未有號今上尊太公曰太上皇師古曰太上極尊之稱也皇君也天子之父故號曰皇不預治國故不言帝也秋九月匈奴圍韓王信於馬
邑信降匈奴　七年冬十月上自將擊韓王信於
銅鞮師古曰縣名也鞮音丁奚反斬其將信亡走匈奴與其將曼丘
臣王黃師古曰姓曼丘名臣也曼丘毋丘本一姓也語有緩急耳曼音萬共立故趙後趙
利爲王師古曰故趙六國時趙也收信散兵與匈奴共距漢上從
晉陽連戰乘勝逐北至樓煩會大寒士卒墮指者
什二三師古曰十人之中二三墮指遂至平城爲匈奴所圍七日用

陳平祕計得出應劭曰陳平使畫工圖美女閒遣人遺閼氏云漢有美女如此今皇帝困厄欲獻之閼氏畏其奪己寵因謂單于曰漢天子亦有神靈得其土地非能有也於是匈奴開其一角得突出鄭氏曰以計鄙陋故祕不傳師古曰應氏之說出桓譚新論蓋譚以意測之事當然耳非記傳所說也使樊噲留定代地十二月上
還過趙不禮趙王是月匈奴攻代代王喜弃國自
歸雒陽赦爲合陽侯辛卯立子如意爲代王春令
郎中有罪耐以上請之應劭曰輕罪不至于髡完其耏鬢故曰耏古耏字從彡髮膚之意也杜林以爲法度之字皆從寸後改如是言耐罪已上皆當先請也耐音若能如淳曰耐猶任也任其事也師古曰依應氏之說耏當音而如氏之解則音乃代反其義亦兩通耏謂頰旁毛也彡毛髮貌也音所廉反又先廉反而功臣侯表宣曲侯通耏爲鬼薪則應氏之說斯爲長矣民
產子復勿事二歲師古曰勿事不役使也二月至長安蕭何治
未央宮立東闕北闕前殿武庫太倉師古曰未央殿雖南嚮而上書奏

事謁見之徒皆詣北闕公車司馬亦在北焉是則以北闕爲正門而又有東門東闕至於西南兩面無門闕矣蓋蕭何初立未央宮以厭勝之術理宜然乎上見其壯麗甚怒謂何曰天下匈匈勞苦數歲成敗未可知師古曰匈匈讙擾之意是何治宮室過度也何曰天下方未定故可因以就宮室師古曰就成也且夫天子以四海爲家非令壯麗亡以重威且亡令後世有以加也上說師古曰說讀曰悅自櫟陽徙都長安置宗正官以序九族夏四月行如雒陽師古曰如往也八年冬上東擊韓信餘寇於東垣孟康曰眞定也師古曰垣音袁還過趙趙相貫高等恥上不禮其王陰謀欲弒上上欲宿心動問縣名何曰柏人上曰柏人者迫於人也去弗宿十一月令士卒從軍死者爲槥服虔曰槥音衞應劭曰小棺也今謂之櫝歸其縣縣給衣衾棺葬具如淳曰棺音貫謂棺斂之服也臣瓚曰初以槥致其尸於家縣官更給棺衣更斂之也金布令曰不幸死死所爲櫝傳歸所居縣賜以衣棺也師古曰初爲槥櫝至縣更給衣及棺備其葬具耳不勞改讀音爲貫也金布者令篇名若今言倉庫令也祠以少牢長吏視葬十二月行自東垣至師古曰至京師春三月行如雒陽令吏卒從軍至平城及守城邑者如淳曰平城左右諸城能堅守也皆復終身勿事師古曰復音方目反爵非公乘以上毋得冠劉氏冠文穎曰即竹皮冠也賈人毋得衣錦繡綺縠絺紵罽操兵乘騎馬師古曰賈人坐販賣者也綺文繒也即今之細綾也絺細葛也紵織紵爲布及疏也罽織毛若今毼及氍毹之類也操持也兵凡兵器也乘駕車也騎單騎也賈音古絺音丑知反紵音佇罽音居例反操音千高反秋八月吏有罪未發覺者赦之九月行自雒

前漢紀一下　十一　沈

陽至淮南王梁王趙王楚王皆從　九年冬十月淮南王梁王趙王楚王朝未央宮置酒前殿上奉王巵應劭曰飲酒禮器也古以角作受四升古巵字作觗晉灼曰音支師古曰巵飲酒圓器也今尚有之爲太上皇壽師古曰進酒而獻壽也已解於上曰始大人常以臣亡賴應劭曰賴者恃也晉灼曰許慎云賴利也無利入於家也或曰江淮之閒謂小兒多詐狡獪爲亡賴師古曰晉說是也獪音工外反不能治產業不如仲力服虔曰力勤力也今某之業所就孰與仲多師古曰就成也與亦如也殿上羣臣皆稱萬歲大笑爲樂十一月徙齊楚大族昭氏屈氏景氏懷氏田氏五姓關中與利田宅師古曰利謂便好也屈音九勿反十二月行如雒陽貫高等謀逆發覺逮捕高等師古曰逮捕謂事相連及者皆捕之也一曰在道守禁相屬不絕若今之傳送囚耳并捕趙王敖下獄詔敢有隨王罪三族張晏曰父母兄弟妻子也如淳曰父族母族妻族也師古曰如說是也郎中田叔孟舒等十人自髡鉗爲王家奴師古曰鉗以鐵束頸也音其炎反從王就獄王實不知其謀春正月廢趙王敖爲宣平侯徙代王如意爲趙王王趙國丙寅前有罪殊死已下皆赦之二月行自雒陽至賢

臣田叔孟舒等十人召見與語漢廷臣無能出其右者師古曰古者以右爲尊言材用無能過之者故云不出其右也他皆類此上說師古曰說讀曰悅盡拜爲郡守諸侯相夏六月乙未晦日有蝕之

十年冬十月淮南王燕王荊王梁王楚王齊王長沙王來朝夏五月太上皇后崩如淳曰王陵傳楚取太上皇呂后爲質又項羽歸太

前漢紀一下　十二　信

公呂后不見歸媼也又上五年追尊母媼爲昭靈夫人高后時乃追尊爲昭靈后耳漢儀注高帝母兵起時死小黃北後小黃作陵廟以此二者推之不得有太上皇后崩也太子奇曰高祖後母也晉灼曰五年追尊先媼曰昭靈夫人言追尊則明其已亡史記十年春無事七月太上皇崩葬櫟陽宮明此長夏五月太上皇后崩八字也又漢儀注先媼已葬陳留小黃師古曰如晉二說皆得之無此太上皇后也諸家之說更有異端適爲煩穢不足采也

秋七月癸卯太上皇崩葬萬年師古曰三輔黃圖云高祖初居櫟陽故太上皇因在櫟陽十年太上皇崩葬其北原起萬年邑置長丞也赦櫟陽囚死罪已下臣瓚曰萬年陵在櫟陽縣界故特赦之八月令諸侯王皆立太上皇廟于國都九月代相國陳豨反鄧展曰東海人名豨曰豨師古曰豨音許豈反上曰豨嘗爲吾使甚有信師古曰爲音于僞反代地吾所急故封豨爲列侯以相國守代今乃與王黃等劫掠代地吏民非有罪也能去豨黃來歸者皆舍之師古曰去謂棄離之而來也上自東至邯鄲上喜曰豨不南據邯鄲而阻漳水吾知其亡能爲矣趙相周昌奏常山二十五城亡其二十城請誅守尉師古曰守者郡守尉者郡尉也上曰守尉反乎對曰不上曰是力不足亡罪上令周昌選趙壯士可令將者白見四人師古曰白於天子而召見也上嫚罵曰師古曰嫚者深汙也豎子能爲將乎四人慙皆伏地上封各千戶以爲將左右諫曰從入蜀漢伐楚賞未徧行今封此何功上曰非汝所知陳豨反趙代地皆豨有吾以羽檄徵天下兵未有至者師古曰檄者以木簡爲書長尺二寸用徵召也其有急事則加以鳥羽插之示速疾也魏武奏事云今邊有警輒露檄插羽檄音胡歷反今計唯獨邯鄲中兵耳吾何愛四

千戶不以慰趙子弟皆曰善又求樂毅有後乎師古曰樂毅戰國時燕將也得其孫叔封之樂鄉號華成君問豨將皆故賈人上曰吾知與之矣師古曰與如也言能如之何也乃多以金購豨將師古曰購設賞募也音搆豨將多降十一年冬上在邯鄲豨將侯敞將萬餘人游行王黃將騎千餘軍曲逆文潁曰今中山蒲陰是也張春將卒萬餘人度河攻聊城師古曰即今博州聊城縣漢將軍郭蒙與齊將擊大破之太尉周勃道太原入定代地師古曰道由太原也至馬邑馬邑不下攻殘之師古曰殘謂多所殺戮也豨將趙利守東垣高祖攻之不下卒罵上怒城降卒罵者斬之諸縣堅守不降反寇者復租三歲春正月淮陰侯韓信謀反長安夷三族將軍柴武斬韓王信於參合師古曰代之縣也上還雒陽詔曰代地居常山之北與夷狄邊趙乃從山南有之遠數有胡寇難以爲國頗取山南太原之地益屬代師古曰少割以益之不盡取也頗音普我反後皆類此代之雲中以西爲雲中郡則代受邊寇益少矣王相國通侯吏二千石擇可立爲代王者燕王綰相國何等三十三人皆曰子恆賢知溫良請立以爲代王都晉陽如淳曰文紀言都中都又文帝過太原復晉陽中都二歲似遷都於中都也大赦天下二月詔曰欲省賦甚師古曰意甚欲省賦斂也今獻未有程師古曰程法式也吏或多賦以爲獻而諸侯王

尤多民疾之師古曰諸侯王賦其國中以為獻物又多於郡故百姓疾苦之令諸侯王通侯常以十月朝獻及郡各以其口數率師古曰率計也人歲六十三錢以給獻費又曰蓋聞王者莫高於周文伯者莫高於齊桓師古曰伯讀曰霸皆待賢人而成名今天下賢者智能豈特古之人乎師古曰特獨也患在人主不交故也士奚由進師古曰奚何也今吾以天之靈賢士大夫定有天下以為一家欲其長久世世奉宗廟亡絕也賢人已與我共平之矣而不與吾共安利之可乎賢士大夫有肯從我游者吾能尊顯之布告天下使明知朕意御史大夫昌下相國臣瓚曰周昌也為趙相御史大夫是趙堯耳相國

酇侯下諸侯王臣瓚曰茂陵書何封國在南陽酇音贊師古曰瓚說是也而或云何封沛郡酇縣音才何反非也案地理志南陽酇縣云侯國沛酇縣不云侯國也又南陽酇者本是春秋時陰國所謂遷陰于下陰者也今為襄州陰城縣縣有酇城城西見有蕭何廟彼土又有筑水筑水之陽古曰筑陽縣與酇側近連接據何本傳何薨之後子祿無嗣高后封何夫人同為酇侯小子延為筑陽侯孝文罷同更封延為酇侯是知何封酇國兼得筑陽此明驗也但酇字別有鄼音是以沛之鄼縣史記漢書作酇字明其音同也班固泗水亭碑以蕭何相國所封與何同韻於義無爽然其封邑實在南陽非沛縣也且地理志云王莽改沛酇曰贊治然則沛酇亦有贊音酇鄼相亂無所取信也說者又引江統徂淮賦以為證此乃統之謬不可考覈亦猶潘岳西征以陜之曲沃為成師所居耳斯例甚多不可具載御史中執法下郡守晉灼曰中執法中丞也其有意稱明德者必身勸為之駕文穎曰有賢者郡守身自往勸勉令至京師駕車遣之遣詣相國府署行義年蘇林曰行狀年紀也有而弗言覺免年老癃病勿遣師古曰癃疲病也音隆三月梁王彭越謀反夷三族師古曰夷平也謂盡誅除之詔曰擇可以為梁王淮陽王者燕王

綰相國何等請立子恢為梁王子友為淮陽王罷東郡頗益梁罷潁川郡頗益淮陽夏四月行自雒陽至今豐人徙關中者皆復終身應劭曰太上皇思欲歸豐高祖乃更築城寺市里如豐縣號曰新豐徙豐民以充實之師古曰徙豐人所居即今之新豐古城是其處復音方目反五月詔曰粵人之俗好相攻擊前時秦徙中縣之民南方三郡如淳曰中縣之民中國縣民也秦始皇略取陸梁地以為桂林象郡南海郡故曰三郡使與百粵雜處李奇曰欲以介其間使不相攻擊也會天下誅秦南海尉它居南方長治之晉灼曰長音長吏之長師古曰它古佗字也書本亦或作他並音徒何反它者南海尉之名也姓趙長治謂為之長帥而治理之也甚有文理中縣人以故不耗減師古曰耗損也音火到反粵人相攻擊之俗益止俱賴其力今立它為南粵王

使陸賈即授璽綬師古曰即就也就其所居而立之它稽首稱臣六月令士卒從入蜀漢關中者皆復終身師古曰復音方目反秋七月淮南王布反上問諸將滕公言故楚令尹薛公有籌策上召見薛公言布形埶上善之封薛公千戶詔王相國擇可立為淮南王者群臣請立子長為王上乃發上郡北地隴西車騎巴蜀材官及中尉卒三萬人應劭曰材官有材力者張晏曰材官騎士習射御騎馳戰陳常以八月太守都尉令長丞會都試課殿最水處則習船邊郡將萬騎行障塞光武時省韋昭曰中尉即執金吾也為皇太子衛軍霸上布果如薛公言東擊殺荊王劉賈劫其兵度淮擊楚楚王交走入薛上赦天下死罪以下皆令從

軍徵諸侯兵上自將以擊布十二年冬十月上
破布軍于會缶孟康曰音儈保邑也名屬沛國蘄縣蘇林曰缶音甀晉灼曰蘄縣鄉名也師古曰會音工外
反缶音文瑞反蘇音是也此字本作甀而轉寫者誤爲缶字耳音保非也黥布傳則正作甀字此足明其不作缶也布走令
別將追之上還過沛留置酒沛宮悉召故人父老
子弟佐酒應劭曰助行酒發沛中兒得百二十人敎之歌酒
酣師古曰酣洽也胡甘反上擊筑鄧展曰筑音竹應劭曰狀似琴而大頭安弦以竹擊之故名曰筑師古曰今筑形似
瑟而細頸也自歌曰大風起兮雲飛揚威加海內兮歸故
鄉安得猛士兮守四方令兒皆和習之師古曰和音胡卧反上
乃起舞忼慨傷懷師古曰忼音口朗反慨音口代反泣數行下師古曰泣目中淚也
謂沛父兄曰游子悲故鄉師古曰游子行客也悲謂顧念也吾雖都關

中萬歲之後吾魂魄猶思沛且朕自沛公以誅暴
逆遂有天下其以沛爲朕湯沐邑師古曰凡言湯沐邑者謂以其賦稅供湯
沐之具也復其民世世無有所與師古曰復音方目反與讀曰豫沛父老諸
母故人日樂飲極歡道舊故爲笑樂師古曰言日日樂飲也樂並音來各
反十餘日上欲去沛父兄固請上曰吾人衆多父
兄不能給乃去沛中空縣皆之邑西獻如淳曰獻牛酒也師古曰
之往也皆往邑西競有所獻故縣中空無人上留止張飲三日張晏曰張帷帳也師古曰張音竹亮
反沛父兄皆頓首曰沛幸得復豐未得唯陛下哀
矜上曰豐者吾所生長極不忘耳師古曰極至也至念之不忘也吾特
以其雍齒故反我爲魏沛父兄固請之迺幷復豐

比沛漢別將擊布軍洮水南北蘇林曰洮音兆皆大破之追
斬布番陽師古曰番音蒲何反周勃定代斬陳豨於當城韋昭曰代
郡縣也詔曰吳古之建國也日者荊王兼有其地師古
曰日者猶往日也今死亡後朕欲復立吳王其議可者長沙
王臣等言師古曰臣者長沙王之名吳芮之子也今書本或臣下有芮字者妄加也沛侯濞重
厚服虔曰濞音滂濞師古曰音普懿反請立爲吳王已拜上召謂濞曰
汝狀有反相因拊其背曰漢後五十年東南有亂
豈汝邪應劭曰高祖有聰略反相徑可知至於東南有亂克期五十占者所知也若秦始皇東巡以厭氣後劉項起東南疑
當如此耳如淳曰度其貯積足用爲難又吳楚世不賓服師古曰應說是也拊謂摩循之然天下同姓
一家汝愼毋反濞頓首曰不敢十一月行自淮南

還過魯以大牢祠孔子十二月詔曰秦皇帝楚隱
王師古曰陳勝也魏安釐王師古曰昭王之子也釐讀曰僖漢書傳謚及福禧字例多爲釐齊愍王
師古曰宣王之子爲淖齒所殺趙悼襄王師古曰孝成王之子皆絕亡後其與秦始
皇帝守冢二十家楚魏齊各十家趙及魏公子亡
忌各五家師古曰亡忌即信陵君也令視其冢復亡與它事師古曰復
音方目反與讀曰豫陳豨降將言豨反時燕王盧綰使人之豨
所陰謀師古曰之往也上使辟陽侯審食其迎綰師古曰辟音必亦反食其
音異基綰稱疾食其言綰反有端春二月使樊噲周
勃將兵擊綰詔曰燕王綰與吾有故愛之如子聞
與陳豨有謀吾以爲亡有故使人迎綰綰稱疾不

來謀反明矣燕吏民非有罪也賜其吏六百石以上爵各一級與綰居去來歸者赦之師古曰先與綰居今能去之來歸漢者赦其罪加爵亦一級詔諸侯王議可立爲燕王者長沙王臣等請立子建爲燕王詔曰南武侯織亦粵之世也立以爲南海王文穎曰高祖五年以象郡桂林南海長沙立吳芮爲長沙王象郡桂林南海屬尉佗佗未降遣虛奪以封芮耳後佗降漢十一年更立佗爲南越王自王三郡芮唯得長沙桂陽零陵耳今以織爲南海王復遣奪佗一郡織未得王之三月詔曰吾立爲天子帝有天下十二年于今矣與天下之豪士賢大夫共定天下同安輯之師古曰輯與集同其有功者上致之王次爲列侯下乃食邑師古曰謂非列侯而特賜食邑者而重臣之親或爲列侯皆令自致吏得賦斂女子公主如淳曰公羊傳曰天子嫁女於諸侯必使諸侯同姓者主之故謂之公主百官表列侯所食曰國皇后公主所食曰邑帝姊妹曰長公主諸王女曰翁主師古曰如說得之天子不親主婚故謂之公主諸王即自主婚故其女曰翁主翁者父也言父主其婚也亦曰王主言王自主其婚也高祖答項羽曰吾翁即若翁也楊雄方言云周晉秦隴謂父曰翁臣瓚王楙或云公者比於上爵或云主者婦人尊稱皆失之爲列侯食邑者皆佩之印賜大第室孟康曰有甲乙次第故曰第也吏二千石徙之長安受小第室入蜀漢定三秦者皆世世復吾於天下賢士功臣可謂亡負矣其有不義背天子擅起兵者與天下共伐誅之師古曰擅專也音上戰反他皆類此布告天下使明知朕意上擊布時爲流矢所中行道疾疾甚呂后迎良醫醫入見上問醫曰疾可治於是上嫚罵之曰吾以布衣提三尺取天下師古曰三尺劍也下韓安國傳所云

三尺亦同而流俗書本或云提三尺劍劍字後人所加耳此非天命乎命乃在天雖扁鵲何益韋昭曰泰山盧人也名越人魏桓侯時醫也臣瓚曰史記云齊勃海人也魏無桓侯師古曰瓚說是也扁音步典反遂不使治疾賜黃金五十斤罷之呂后問曰陛下百歲後蕭相國既死誰令代之上曰曹參可問其次曰王陵可然少戇師古曰戇愚也古音下紺反今則竹巷反陳平可以助之陳平知有餘然難獨任周勃重厚少文然安劉氏者必勃也可令爲太尉呂后復問其次上曰此後亦非乃所知也師古曰乃汝也言自此之後汝亦終矣不復知之盧綰與數千人居塞下候伺幸上疾愈自入謝師古曰冀得上疾愈自入謝以爲己身之幸也夏四月甲辰帝崩于長樂宮臣瓚曰帝年四十二即位即位十二年壽五十三

盧綰聞之遂亡入匈奴呂后與審食其謀曰諸將故與帝爲編戶民師古曰編戶者言列次名籍也編音鞭北面爲臣心常鞅鞅師古曰鞅鞅不滿足也音於亮反他皆類此今乃事少主非盡族是天下不安師古曰族謂族誅之是亦此也以故不發喪人或聞以語酈商酈商見審食其曰聞帝已崩四日不發喪欲誅諸將誠如此天下危矣陳平灌嬰將十萬守滎陽樊噲周勃將二十萬定燕代此聞帝崩諸將皆誅必連兵還鄉以攻關中師古曰鄉讀曰嚮還嚮猶言反嚮內嚮也大臣內畔諸將外反亡可蹻足待也文穎曰蹻猶翹也如淳曰蹻音如今作樂蹻行之蹻晉灼曰許慎云蹻舉足小高也音矯師古曰晉說是也審食其入言之乃以丁未發喪大赦天

下五月丙寅葬長陵臣瓚曰自崩至葬凡二十三日長陵在長安北四十里已下蘇林曰下音晝日之下鄭氏曰已下棺也師古曰蘇音鄭說是也下音胡亞反皇太子羣臣皆反至太上皇廟羣臣曰帝起細微撥亂世反之正師古曰反還也還之於正道平定天下爲漢太祖功最高上尊號曰高皇帝師古曰尊號謚也初高祖不修文學而性明達好謀能聽自監門戍卒見之如舊初順民心作三章之約天下既定命蕭何次律令韓信申軍法張蒼定章程如淳曰章歷數之章術也程者權衡丈尺斗斛之平法也師古曰程法式也叔孫通制禮儀陸賈造新語又與功臣剖符作誓如淳曰謂功臣表誓曰使黃河如帶太山若厲國乃滅絕丹書鐵契金匱石室如淳曰金匱猶金縢也師古曰以金爲匱以石爲室重緘封之保慎之義藏之宗廟雖日不暇給規摹弘遠矣鄧展曰若畫工規摹物之摹韋昭曰正員之器曰規摹者如畫工未施采事摹之矣師古曰取喻規摹謂立制垂範也給足也日不暇是言衆事繁多常汲汲也

贊曰春秋晉史蔡墨有言陶唐氏既衰荀悅曰唐者帝堯有天下號陶發聲者也韋昭曰陶唐皆國名猶湯稱殷商矣臣瓚曰堯初居於唐後居陶故曰陶唐也師古曰三家之說皆非也許慎說文解字云陶丘再成也在濟陰夏書曰東至陶丘陶丘有堯城堯嘗居之後居於唐故堯號陶唐氏斯得之矣其後有劉累學擾龍事孔甲應劭曰擾馴也能順養得其嗜欲也孔甲夏天子也師古曰擾音繞又音饒范氏其後也師古曰晉司空士蔿之孫士會爲晉大夫食采於范因號范氏而大夫范宣子亦曰祖自虞以上爲陶唐氏師古曰范宣子即士會之孫士匄也在夏爲御龍氏師古曰即劉累也在商爲豕韋氏師古曰豕韋國名在東郡白馬縣東南在周爲唐杜氏師古曰唐杜二國名也殷末豕韋徙國於唐周成王滅唐遷之於杜爲杜伯杜伯之子隰叔奔晉士會即隰叔之玄孫也唐太原晉陽縣也杜京兆杜縣也晉主夏盟爲范氏范氏爲晉士師師古曰言晉爲霸主諸夏之盟而范氏爲晉正卿魯文公世奔秦師古曰文公六年晉襄公卒士會與先蔑如秦逆公子雍欲以爲嗣七年以秦師納雍後而趙宣子立靈公與秦師戰敗之于令狐先蔑奔秦士會從之歸于晉其處者爲劉氏師古曰文十三年晉人使魏壽餘以魏畔誘士會而納之秦人歸其帑其處者留在秦者既無官邑而乃復劉累之姓也劉向云戰國時劉氏自秦獲於魏文穎曰六國時秦伐魏劉氏隨軍爲魏所獲故得復居魏也師古曰春秋之後周室卑微諸侯强盛交相攻伐故總謂之戰國秦滅魏遷大梁師古曰秦昭王伐魏魏惠王亡秦安邑東徙大梁更號曰梁非始皇滅六國之時都于豐故周市說雍齒曰豐故梁徙也是以頌高祖云漢帝本系出自唐帝降及于周在秦作劉涉魏而東遂爲豐公晉灼曰涉猶入也豐公蓋太上皇父其遷日淺

墳墓在豐鮮焉師古曰鮮少也音先淺反及高祖即位置祠祀官則有秦晉梁荊之巫應劭曰先人所在之國悉致祠巫祝博求神靈之意也文穎曰巫掌神之位次者也范氏世仕於晉故祠祀有晉巫范會支庶留秦爲劉氏故有秦巫劉氏隨魏都大梁故有梁巫後徙豐豐屬荊故有荊巫也世祠天地綴之以祀豈不信哉師古曰綴言不絕也由是推之漢承堯運德祚已盛斷蛇著符旗幟上赤協于火德自然之應得天統矣孟康曰十一月天統物萌色赤故云得天統也臣瓚曰漢承堯緒爲火德秦承周以火代木得天之統序故云得天統漢初因秦正至太初元年始用夏正不用十一月爲正也師古曰瓚說得之

高紀第一下

惠紀第二　班固　漢書二

秘書監上護軍琅邪縣開國子顏師古注

孝惠皇帝，荀悅曰諱盈之字曰滿應劭曰禮謚法柔質慈民曰惠師古曰孝子善述父之志故漢家之謚自惠帝已下皆稱孝也臣下所避以滿字代盈者則知帝諱盈也他皆類此高祖太子也。母曰呂皇后。帝年五歲，高祖初為漢王。二年，立為太子。十二年四月，高祖崩。五月丙寅，太子即皇帝位，尊皇后曰皇太后。賜民爵一級。師古曰帝初嗣位為恩惠也中郎、郎中滿六歲爵三級，四歲二級。蘇林曰中郎省中郎也外郎滿六歲二級。蘇林曰外郎散郎也中郎不滿一歲一級。外郎不滿二歲賜錢萬。張晏曰不滿一歲謂不滿四歲之一歲作郎三歲也不滿二歲謂不滿六歲之二歲作郎四歲也師古曰此說非也直謂作郎未經一歲二歲耳宦官尚食比郎中。應劭曰宦官閹寺也尚主也舊有五尚尚冠尚帳尚衣尚席亦是如淳曰主天子物曰尚主文書曰尚書又有尚符璽郎也漢儀注省中有五尚而內官婦人有諸尚也謁者、執楯、執戟、武士、騶比外郎。應劭曰執楯執戟親近陛衛也武士力士也高祖使武士縛韓信是也騶騎騶也師古曰騶本廄之御騶也後又令為騎因謂騎騶耳太子御驂乘賜爵五大夫，舍人滿五歲二級。師古曰武士騶以上皆帶劍侍從天子之人也舍人以上太子之官屬賜給喪事者，二千石錢二萬，六百石以上萬，五百石、二百石以下至佐史五千。如淳曰律有斗食佐史韋昭曰若今曹史書佐也師古曰自五百石以下至於佐史皆賜五千又言二百石者容[illegible]等也視作斥上者，將軍四十金，服虔曰斥上壙上也如淳曰斥開也開土地為冢壙故以開[illegible]書之鄭氏曰四十金四十斤金也晉灼曰近上二千石賜錢二萬此言四十金實金也下凡言黃金真金也不言黃謂錢也食貨志黃金一斤直萬錢師古曰諸賜言黃金者皆與之金不言黃者一金與萬錢也二千石二十金，六百石以

上六金，五百石以下至佐史二金。減田租，復十五稅一。鄧展曰漢家初十五稅一儉於周十稅一也中間廢今復之也如淳曰秦作阿房之宮收太半之賦遂行至此乃復十五而稅一師古曰鄧說是復音房目反爵五大夫、吏六百石以上及宦皇帝而知名者有罪當盜械者，皆頌繫。文穎曰言皇帝者以別仕諸王國也張晏曰時諸侯治民新承六國之後咸慕鄉邑或貪逸豫樂仕諸侯今特為京師作優裕法也如淳曰知名謂宦人教帝書學有可表異者也盜者逃也恐其逃亡故著械也頌者容也言見寬容但處曹吏舍不入陛牢也師古曰諸家之說皆非也宦皇帝而知名者謂雖非五大夫爵六百石吏而早事惠帝特為所知故亦優之所以云及耳非謂凡在京師異於諸王國亦不必在於宦人教書學也左官之律起自武帝此時未有禮記曰宦學事師謂凡仕宦非閹寺也盜械者凡以罪著械皆得稱焉不必逃亡也據山海經貳負之臣相柳之尸皆云盜械其義是也古者頌與容同五大夫第九爵也上造以上及內外公孫耳孫有罪當刑及當為城旦舂者，皆耐為鬼薪白粲。應劭曰上造爵滿十六者也內外公孫謂王侯內外孫也耳孫者玄孫之子也言去其曾高益遠但耳聞之也今以上造有功勞內外孫有骨血屬姻施德布惠故事從其輕也城旦者旦起行治城舂者婦人不豫外徭但舂作米皆四歲刑也今皆就鬼薪白粲取薪給宗廟為鬼薪坐擇米使正白為白粲皆三歲刑也李斐曰耳孫曾孫也晉灼曰耳孫玄孫之曾孫也諸侯王表在八世師古曰上造第二爵名也內外公孫謂宗室侯王之孫也耳孫諸說不同據平紀及諸侯王表說梁孝王玄孫之耳孫耳音仍又匈奴傳說握衍朐鞮單于云烏維單于耳孫以此參之李云曾孫是也然漢書諸處又皆云曾孫非一不應雜兩稱而言據爾雅曾孫之子為玄孫玄孫之子為來孫來孫之子為昆孫昆孫之子為仍孫從己而數是為八葉則與晉說相同仍耳聲相近蓋一號也但班氏唯存古名而計其葉數則錯也鏈音連民年七十以上若不滿十歲有罪當刑者，皆完之。孟康曰不加肉刑髡鬄也師古曰若預及之言也謂七十以上及不滿十歲以下皆完之也鬄音他計反又曰：吏所以治民也，能盡其治則民賴之，故重其祿，所以為民也。師古曰為音于偽反今吏六百石以上父母妻子與同居，及故吏嘗

佩將軍都尉印將兵及佩二千石官印者家唯給軍賦他無有所與（師古曰同居謂父母妻子之外若兄弟及兄弟之子等見與同居業者若今言同籍及同財也無有所與與讀曰豫）令郡諸侯王立高廟（師古曰諸郡及諸侯王國皆立廟也今書本郡下或有國字者流俗不曉妄加之）

元年冬十二月趙隱王如意薨民有罪得買爵三十級以免死罪（應劭曰一級直錢二千凡爲六萬若今贖罪入三十疋縑矣師古曰令出買爵之錢以贖罪）賜民爵戶一級春正月城長安

二年冬十月齊悼惠王來朝獻城陽郡以益魯元公主邑尊公主爲太后（如淳曰張敖子偃爲魯王故公主得爲太后師古曰此說非也蓋齊王憂不得脫故從內史之言請尊公主爲齊太后以母禮事之用悅媚呂太后耳若魯元以子爲魯王自合稱太后何待齊王尊之乎據張耳傳高后元年魯元太后薨後六年宣平侯敖薨呂太后立敖子偃爲王以母爲太后故也是則偃因母爲齊王太后而得王非母因偃乃爲大后也）春正月癸酉有兩龍見蘭陵家人井中（師古曰家人言庶人之家也）乙亥夕而不見隴西地震夏旱郃陽侯仲薨（師古曰高帝之兄吳王濞父也）秋七月辛未相國何薨（師古曰蕭何也）

三年春發長安六百里內男女十四萬六千人城長安三十日罷（鄭氏曰城一面故速罷）以宗室女爲公主嫁匈奴單于夏五月立閩越君搖爲東海王（應劭曰搖越王句踐之苗裔也帥百越之兵助高祖故封東海在吳郡東南濱海云師古曰即今泉州是其地）六月發諸侯王列侯徒隷二萬人城長安秋七月都廄災南越王趙佗稱臣奉貢（師古曰佗音徒何反）

四年冬十月壬寅立皇后張氏（師古曰張敖之女也史記及漢書無名字皇甫謐作帝王世紀皆爲惠帝張后及孝文薄后已下別制名焉至於舊史之徒亦立名字何從而得之乎雖欲示博而不知陷於穿鑿）春正月舉民孝弟力田者復其身（師古曰弟者言能以順道事其兄也弟音徒計反復音方目反）三月甲子皇帝冠赦天下省法令妨吏民者除挾書律（應劭曰挾藏也張晏曰秦律敢有挾書者族）長樂宮鴻臺災宜陽雨血秋七月乙亥未央宮凌室災（師古曰凌室藏冰之室也豳詩七月之篇曰納于凌陰）丙子織室災（師古曰主織作繒帛之處）

五年冬十月靁桃李華棗實春正月復發長安六百里內男女十四萬五千人城長安三十日罷夏大旱秋八月己丑相國參薨（師古曰曹參也）九月長安城成賜民爵戶一級（師古曰家長受也）

六年冬十月辛丑齊王肥薨令民得賣爵女子年十五以上至三十不嫁五筭（應劭曰國語越王句踐令國中女子年十七不嫁者父母有罪欲人民繁息也漢律人出一筭筭百二十錢唯賈人與奴婢倍筭今使五筭罪謫之也孟康曰或云復之也師古曰應說是）夏六月舞陽侯噲薨（師古曰樊噲也）起長安西市修敖倉

七年冬十月發車騎材官詣滎陽（師古曰車常擬軍興者若近代之戍車也騎常所養馬并其人使行充騎若今武馬及所養者主也材官解在高紀）太尉灌嬰將春正月辛丑朔日有蝕之夏五月丁卯日有蝕之既（師古曰既盡也）秋八月戊寅帝崩于未央宮（臣瓚曰帝年十七即位即位七年壽二十四）九月辛丑葬安陵（臣瓚曰自崩至葬凡二十四日安陵在長安北三十五里師古曰三輔黃圖云去長陵十里）

贊曰孝惠內修親親外禮宰相優寵齊悼趙隱恩敬篤矣師古曰篤厚也聞叔孫通之諫則懼然蘇林曰諫復道乘衣冠道也師古曰懼讀曰瞿瞿然失守皃音居具反納曹相國之對而心說蘇林曰對修高帝制度蕭何法也師古曰說讀曰悅可謂寬仁之主遭呂太后虧損至德師古曰謂殺趙王及戚夫人因以憂疾不聽政而崩悲夫

惠紀第二

高后紀第三　　漢書三

班固　秘書監上護軍琅邪縣開國子顏師古注

高皇后呂氏，荀悅曰諱雉之字曰野雞應劭曰禮婦人從夫謚故稱高也師古曰呂后名雉字娥姁故臣下諱雉也姁音許于反 生惠帝，佐高祖定天下，父兄及高祖而侯者三人。師古曰父謂臨泗侯呂公也兄謂周呂侯澤建成侯釋之 惠帝即位，尊呂后爲太后。太后立帝姊魯元公主女爲皇后，無子，取後宮美人子名之以爲太子。惠帝崩，太子立爲皇帝，年幼，太后臨朝稱制，師古曰天子之言一曰制書二曰詔書制書者謂爲制度之命也非皇后所得稱今呂太后臨朝行天子事斷決萬機故稱制詔 大赦天下。迺立兄子呂台、產、祿、台子通四人爲王，蘇林曰台音胞胎 封諸呂六人爲列侯，語在外戚傳。

元年春正月，詔曰：「前日孝惠皇帝言欲除三族辠、妖言令，師古曰罪之重者戮及三族過誤之語以爲妖言今謂重酷皆除之 議未決而崩，今除之。」二月，賜民爵，戶一級。初置孝弟力田二千石者一人。師古曰特置孝弟力田官而尊其秩欲以勸厲天下令各敦行務本 夏五月丙申，趙王宮叢臺災。師古曰連聚非一故名叢臺蓋本六國時趙王故臺也在邯鄲城中 立孝惠後宮子強爲淮陽王，如淳曰外戚恩澤侯表曰皆呂氏子也以孝惠子侯晉灼曰漢注名長韋昭曰今陳留郡 不疑爲恆山王，如淳曰今常山也因避文帝諱改曰常 弘爲襄城侯，朝爲軹侯，師古曰軹音只 武爲壺關侯。秋，桃李華。

二年春，詔曰：「高皇帝匡飭天下，師古曰匡正也飭整也飭讀與勑同其字從力 諸有功者皆受分地爲列侯，師古曰分音扶問反 萬民大安，莫不受休德。師古曰休美也音虛虯反他皆類此 朕思念至於久遠而功名不著，亡以尊大誼，施後世。今欲差次列侯功以定朝位，師古曰以功之高下爲先後之次 臧于高廟，世世勿絕，嗣子各襲其功位。其與列侯議定奏之。」丞相臣平言：師古曰陳平 「謹與絳侯臣勃、師古曰周勃 曲周侯臣商、師古曰酈商 潁陰侯臣嬰、師古曰灌嬰 安國侯臣陵等議：師古曰王陵 列侯幸得賜餐錢奉邑，應劭曰餐與飧同諸侯四時皆得賜餐錢文穎曰飧邑中更名算錢如今長吏食奉自復除錢即租奉也韋昭曰孰食曰飧酒肴曰錢粟米曰奉稅租奉祿正所食也四時得閒賜是爲飧錢飧小食也師古曰餐與飧同一字耳音千安反飧所謂吞食物也餐錢賦錢也奉邑本所食邑也奉音扶用反 陛下加惠，以功次定朝位，如淳曰在上功臣侯表有第一第二之次 臣請臧高廟。」奏可。春正月乙卯，地震，羌道、服虔曰縣有蠻夷曰道師古曰羌道屬隴西郡 武都道山崩。師古曰武都道屬武都郡 夏六月丙戌晦，日有蝕之。秋七月，恆山王不疑薨。行八銖錢。應劭曰本秦錢質如周錢文曰半兩重如其文即八銖也漢以其太重更鑄莢錢今民間名榆莢錢是也民患其太輕至此復行八銖錢

三年夏，江水、漢水溢，流民四千餘家。師古曰水所漂沒也 秋，星晝見。

四年夏，少帝自知非皇后子，出怨言，皇太后幽之永巷。如淳曰列女傳周宣姜后脫簪珥待罪永巷後改爲掖庭師古曰永長也本謂宮中之長巷也 詔曰：「凡有天下治萬民者，蓋之如天，容之如地；上有驩心以使百姓，百姓欣然以事其上，驩欣交通而天下治。今皇帝疾久不已，迺失惑惛亂，不能繼嗣奉宗廟

守祭祀不可屬天下師古曰屬委也音之欲反其議代之羣臣皆
曰皇太后爲天下計所以安宗廟社稷甚深頓首
奉詔五月丙辰立恒山王弘爲皇帝晉灼曰史記惠帝元年子不疑爲常
山王子山爲襄城侯二年常山王不疑薨以弟襄城侯山爲常山王更名義丙辰立常山王義爲帝義更名弘漢書一之書弘以爲
正也師古曰即元年所立弘爲襄城侯者晉說是也
五年春南粵王尉佗自稱南武帝韋昭曰生以武爲號不稽古也師古曰此說非
也成陽曰吾武甚因自號武王佗言武帝亦猶是耳何謂其不稽古乎秋八月淮陽王彊薨九
月發河東上黨騎屯北地
六年春星晝見夏四月赦天下秩長陵令二千石
應劭曰長陵高祖陵尊之故增其令秩也六月城長陵張晏曰起縣邑故築城也師古曰此說非也黃圖云長陵
城周七里百八十步因爲殿垣門四出及便殿掖庭諸官寺皆在中是即就陵爲城非止謂邑居也匈奴寇狄道攻
阿陽師古曰狄道屬隴西阿陽天水之縣也今流俗書本或作河陽者非也行五分錢應劭曰所謂莢錢者
七年冬十二月匈奴寇狄道略二千餘人春正月
丁丑趙王友幽死于邸己丑晦日有蝕之既以梁
王呂産爲相國趙王祿爲上將軍立營陵侯劉澤
爲琅邪王夏五月辛未詔曰昭靈夫人太上皇妃
也武哀侯宣夫人高皇帝兄姊也如淳曰皆追諡號諡不稱
其議尊號丞相臣平等請尊昭靈夫人曰昭靈后
武哀侯曰武哀王宣夫人曰昭哀后六月趙王恢
自殺秋九月燕王建薨南越侵盜長沙遣隆慮

侯竈將兵擊之應劭曰竈姓周高祖功臣也隆慮今林慮也後避殤帝諱故改之師古曰慮音廬
八年春封中謁者張釋卿爲列侯孟康曰宦官也如淳曰百官表謁者掌賓讚
受事灌嬰爲中謁者後常以閹人爲之諸官加中者多閹人也諸中官宦者令丞皆賜爵
關內侯食邑如淳曰列侯出關就國關內侯但爵耳其有加異者與之關內之邑食其租稅宦紀曰德武食邑也師古
曰諸中官凡閹人給事於中者皆是也宦者令丞宦者署之令丞夏江水漢水溢流萬餘家
秋七月辛巳皇太后崩于未央宮遺詔賜諸侯王
各千金將相列侯下至郎吏各有差大赦天下上
將軍祿相國産顓兵秉政師古曰顓讀與專同自知背高皇帝
約師古曰非劉氏而王非有功而侯恐爲大臣諸侯王所誅因謀作亂
時齊悼惠王子朱虛侯章在京師以祿女爲婦知
其謀迺使人告兄齊王令發兵西章欲與太尉勃
丞相平爲內應以誅諸呂齊王遂發兵又詐琅邪
王澤發其國兵并將而西産祿等遣大將軍灌嬰
將兵擊之嬰至滎陽使人諭齊王與連和待呂氏
變而共誅之師古曰變謂發動也太尉勃與丞相平謀以曲周
侯酈商子寄與祿善使人劫商令寄紿說祿師古曰紿誑也
曰高帝與呂后共定天下劉氏所立九王呂氏所
立三王皆大臣之議事已布告諸侯王諸侯王以
爲宜今太后崩帝少足下不急之國守藩師古曰適之往也
爲上將將兵留此爲大臣諸侯所疑何不速歸將

軍印以兵屬太尉師古曰屬音之欲反請梁王亦歸相國印與
大臣盟而之國齊兵必罷大臣得安足下高枕而
王千里此萬世之利也祿然其計使人報產及諸
呂老人或以爲不便計猶豫師古曰猶獸名也爾雅曰猶如麂善登木此獸性多疑慮常
居山中忽聞有聲即恐有人且來害之每豫上樹久之無人然後敢下須臾又上如此非一故不決者稱猶豫焉一曰隴西俗謂犬子爲猶犬隨
人行每豫在前待人不得又來迎候故云猶豫也麂音几未有所決祿信寄與俱出游
過其姑呂嬃張晏曰嬃音須師古曰呂后妹嬃怒曰汝爲將而棄軍
呂氏今無處矣師古曰言見誅滅無處所也處字或作類言無種類也迺悉出珠玉
寶器散堂下曰無爲它人守也八月庚申平陽侯
窋行御史大夫事師古曰窋曹參子也音竹出反見相國產計事郎

高后紀三　五

中令賈壽使從齊來因數產師古曰數責之也音數具反曰王不早
之國今雖欲行尚可得邪具以灌嬰與齊楚合從
欲誅諸呂告產師古曰齊楚俱在山東連兵西向欲誅諸呂亦猶六國爲從以敵秦故言合從也從音子容反平陽侯
窋聞其語馳告丞相平太尉勃勃欲入北軍不得
入襄平侯紀通尚符節張晏曰紀通信子也尚主也今符節令也臣瓚曰紀信焚死不見其後功臣
表云紀通紀成之子以成死事故封侯師古曰瓚說是也迺令持節矯內勃北軍師古曰矯詐也詐以
天子之命也勃復令酈寄典客劉揭說祿應劭曰典客今大鴻臚也師古曰揭音竭
曰帝使太尉守北軍欲令足下之國急歸將印辭
去不然禍且起祿遂解印屬典客師古曰屬音之欲反而以兵
授太尉勃勃入軍門行令軍中曰爲呂氏右袒爲

劉氏左袒師古曰袒脫衣袖而肉袒也左右者偏脫其一耳袒音徒旱反軍皆左袒勃遂將
北軍然尚有南軍丞相平召朱虛侯章佐勃勃令
章監軍門令平陽侯告衛尉毋內相國產殿門產
不知祿已去北軍入未央宮欲爲亂殿門弗內徘
徊往來師古曰徘徊猶彷徨不進之意也徘音裴平陽侯馳語太尉勃勃尚
恐不勝未敢誦言誅之鄧展曰誦言公言也迺謂朱虛侯章曰
急入宮衛帝章從勃請卒千人入未央宮掖門師古
曰非正門而在兩旁若人之臂掖也見產廷中餔時遂擊產產走天大風從
官亂莫敢鬭者逐產殺之郎中府吏舍廁中如淳曰百官表
郎中令掌宮殿門戶故其府在宮中後轉爲光祿勳章已殺產帝令謁者持節勞章

高后紀三　六

師古曰慰問之章欲奪節謁者不肯章迺從與載因節信馳
斬長樂衛尉呂更始師古曰因謁者所持之節用爲信也章與謁者同車故爲門者所信得入長樂宮
還入北軍復報太尉勃勃起拜賀章曰所患獨產
今已誅天下定矣辛酉斬呂祿笞殺呂嬃分部悉
捕諸呂男女無少長皆斬之師古曰分音扶問反大臣相與陰
謀以爲少帝及三弟爲王者皆非孝惠子復共誅
之尊立文帝語在周勃高五王傳
贊曰孝惠高后之時海內得離戰國之苦君臣俱
欲無爲故惠帝拱己師古曰垂拱而治高后女主制政不出
房闥師古曰闥宮中小門音他曷反而天下晏然刑罰罕用民務稼

𥙮衣食滋殖師古曰滋益也殖生也

高后紀第三

文紀第四　班固　漢書四

秘書監上護軍琅邪縣開國子顏師古注

孝文皇帝荀悅曰諱恒之字曰常應劭曰諡法慈惠愛民曰文高祖中子也母曰薄
姬如淳曰姬音怡衆妾之摠稱漢官儀曰姬妾數百外戚傳亦曰幸姬戚夫人臣瓚曰漢秩祿令及茂陵書姬並內官也秩比二千石位次
婕妤下在八子上師古曰姬者本周之姓貴於衆國之女所以婦人美號皆稱姬焉故左氏傳曰雖有姬姜無棄蕉萃妾亦大國女後因總謂衆
妾為姬史記云高祖居山東時好美姬是也若姬是官號不應云幸姬戚夫人且外戚傳備列后妃諸官無姬職也如云衆妾總稱則近之
不當音怡宜依字讀耳瓚說謬也高祖十一年誅陳豨定代地立子恒
為代王都中都十七年秋高后崩張晏曰代王之十七年也諸呂
謀為亂欲危劉氏丞相陳平大尉周勃朱虛侯劉
章等共誅之謀立代王語在高后紀高五王傳大

臣遂使人迎代王郎中令張武等議皆曰漢大臣
皆故高帝時將習兵事多謀詐其屬意非止此也
師古曰言常有異志也屬意猶言注意也屬音之欲反特畏高帝呂太后威耳今已
誅諸呂新喋血京師服虔曰喋音蹀屣履之蹀如淳曰殺人流血滂沱為喋血師古曰喋音大頰反
本字當作蹀蹀謂履涉之耳以迎大王為名實不可信願稱疾無往
以觀其變中尉宋昌進曰羣臣之議皆非也夫秦
失其政豪傑並起人人自以為得之者以萬數然
卒踐天子位者劉氏也師古曰卒終也天下絕望一矣高帝
王子弟地犬牙相制所謂盤石之宗也師古曰犬牙言地形如犬之牙
交相入也天下服其彊二矣漢興除秦煩苛約法令施德

惠師古曰約省也人人自安難動搖三矣夫以呂太后之嚴
立諸呂為三王擅權專制然而太尉以一節入北
軍一呼師古曰呼叫也音火故反他皆類此士皆袒左為劉氏畔諸呂卒
以滅之此乃天授非人力也今大臣雖欲為變百
姓弗為使師古曰為音于僞反其黨寧能專一邪內有朱虛東
牟之親外畏吳楚淮南琅邪齊代之彊方今高帝
子獨淮南王與大王大王又長賢聖仁孝聞於天
下故大臣因天下之心而欲迎立大王大王勿疑
也代王報太后計猶豫未定卜之兆得大橫應劭曰龜
曰兆筮曰卦卜以荆灼龜文正橫也占曰大橫庚庚余為天王夏啓以光

服虔曰庚庚橫貌也李奇曰庚庚其繇文也占謂其繇也張晏曰先是五帝官天下老則禪賢至夏啓始傳嗣能光先君之業文帝亦襲
父迹言似啓也師古曰繇音丈救反本作籀籀書也謂讀卜詞代王曰寡人固已為王又何
王乎卜人曰所謂天王者乃天子也於是代王乃
遣太后弟薄昭見太尉勃勃等具言所以迎立王
者師古曰說所以迎代王之意也昭還報曰信矣無可疑者代王笑謂
宋昌果如公言乃令宋昌驂乘師古曰乘車之法尊者居左御者居中又有一人處
車之右以備傾側是以戎事則稱車右其餘則曰驂乘驂者三也蓋取三人為名義耳張武等六人乘六
乘傳張晏曰傳車六乘也師古曰傳音張戀反詣長安至高陵止而使宋昌
先之長安觀變昌至渭橋蘇林曰在長安北三里丞相已下皆
迎昌還報代王乃進至渭橋羣臣拜謁稱臣代王

下拜太尉勃進曰願請閒師古曰閒容也猶今言中閒也請容暇之頃當有所陳不欲於衆顯論也他皆類此宋昌曰所言公公言之所言私王者無私太尉勃乃跪上天子璽代王謝曰至邸而議之師古曰郡國朝宿之舍在京師者率名邸邸至也言所歸至也音丁禮反他皆類此閏月己酉入代邸群臣從至上議曰丞相臣平太尉臣勃大將軍臣武服虔曰柴武御史大夫臣蒼文穎曰張蒼宗正臣郢文穎曰劉郢朱虛侯臣章東牟侯臣興居典客臣揭蘇林曰劉揭也師古曰揭音竭再拜言大王足下子弘等皆非孝惠皇帝子師古曰不詳其有爵位故揔謂之子不當奉宗廟臣謹請陰安侯蘇林曰高帝兄伯妻羹頡侯毋丘嫂也晉灼曰若蕭何夫人封爲酇侯也頃王后蘇林曰高帝兄仲妻也仲名喜爲代王後廢爲郃陽侯子濞爲吳王故追謚爲頃王如淳曰王子侯表曰合陽侯喜以子濞爲王追謚爲頃王頃王后封陰安侯時呂須爲林光侯蕭何夫人亦爲酇侯又宗室侯表此時無陰安侯知其爲頃王后也案漢祠令陰安侯高帝嫂也師古曰諸謚爲傾者漢書例作頃字讀皆曰傾琅邪王文穎曰劉澤也列侯吏二千石議大王高皇帝子宜爲嗣願大王即天子位代王曰奉高帝宗廟重事也寡人不佞師古曰不佞不材也不足以稱師古曰稱副也音尺孕反其下皆同願請楚王計宜者蘇林曰楚王名交高帝弟也寡人弗敢當群臣皆伏固請代王西鄉讓者三南鄉讓者再如淳曰讓群臣也或曰賓主位東西面君臣位南北面故西鄉坐三讓不受群臣猶稱宜乃更南鄉坐示變即君位之漸也師古曰鄉讀曰嚮丞相平等皆曰臣伏計之大王奉高祖宗廟最宜稱雖天下諸侯萬民皆以爲宜臣等爲宗廟社稷計不敢忽師古曰忽怠忘也願大王幸聽臣

等臣謹奉天子璽符再拜上代王曰宗室將相王列侯以爲其宜寡人寡人不敢辭遂即天子位群臣以次侍師古曰各依職位使太僕嬰東牟侯興居先清宮應劭曰舊典天子行幸所至必遣靜室令先案行清淨殿中以虞非常奉天子法駕迎代邸如淳曰法駕者侍中驂乘奉車郎御屬車三十六乘皇帝即日夕入未央宮夜拜宋昌爲衛將軍領南北軍張武爲郎中令行殿中師古曰行謂案行也音下更反還坐前殿下詔曰制詔丞相太尉御史大夫閒者諸呂用事擅權師古曰閒者猶言中閒之時也他皆倣此謀爲大逆欲危劉氏宗廟賴將相列侯宗室大臣誅之皆伏其辜朕初即位其赦天下賜民爵一級女子百戶牛酒蘇林曰男賜爵女子賜牛酒師古曰賜爵者謂一家之長得之也女子謂賜爵者之妻也率百戶共得牛若干頭酒若干石無定數也酺五日服虔曰酺音蒲文穎曰音步漢律三人以上無故羣飲酒罰金四兩今詔橫賜得令會聚飲食五日也師古曰酺之爲言布也王德布於天下而合聚飲食爲酺服音是也字或作脯音義同元年冬十月辛亥皇帝見于高廟遣車騎將軍薄昭迎皇太后于代詔曰前呂產自置爲相國呂祿爲上將軍擅遣將軍灌嬰將兵擊齊欲代劉氏嬰留滎陽與諸侯合謀以誅呂氏呂產欲爲不善丞相平與太尉勃等謀奪產等軍朱虛侯章首先捕斬產太尉勃身率襄平侯通持節承詔入北軍典客揭奪呂祿印其益封太尉勃邑萬戶賜金五千斤丞相平將軍嬰

邑各三千戸金二千斤朱虛侯章襄平侯通邑各
二千戸金千斤封典客揭為陽信侯賜金千斤十
二月立趙幽王子遂為趙王徙琅邪王澤為燕王
呂氏所奪齊楚地皆歸之盡除收帑相坐律令應劭
曰帑子也秦法一人有罪并其室家今除此律師古曰帑讀與奴同假借字也正月有司請蚤建太
子師古曰蚤古以為早晚字也所以尊宗廟也詔曰朕既不德上帝
神明未歆饗也天下人民未有慊志應劭曰慊音篋慊滿也師古曰
慊快也今縱不能博求天下賢聖有德之人而嬗天
下焉晉灼曰嬗古禪字而曰豫建太子是重吾不德也師古曰重謂增
益也音直用反他皆類此謂天下何師古曰猶言何以稱天下之望其安之師古曰安猶徐也言不宜汲汲
耳有司曰豫建太子所以重宗廟社稷不忘天下
也上曰楚王季父也春秋高閱天下之義理多矣
如淳曰閱猶更歷也明於國家之體吳王於朕兄也淮南王弟
也皆秉德以陪朕文穎曰陪輔也豈為不豫哉諸侯王宗室
昆弟有功臣多賢及有德義者若舉有德以陪朕
之不能終是社稷之靈天下之福也今不選舉焉
而曰必子師古曰必將傳位於子人其以朕為忘賢有德者而專
於子非所以憂天下也朕甚不取師古曰不取猶言不用此為善也有
司固請曰古者殷周有國治安皆且千歲師古曰治安言治理
而且安寧也治音丈吏反有天下者莫長焉師古曰言上古已來國祚長久無及殷周者也用此道

也師古曰所以能興者以承嗣相傳故也立嗣必子所從來遠矣高帝始
平天下建諸侯為帝者太祖諸侯王列侯始受國
者亦皆為其國祖子孫繼嗣世世不絶天下之大
義也故高帝設之以撫海內師古曰設置立也謂立此法也今釋宜建
師古曰釋捨也宜建適嗣而更選於諸侯宗室非高帝之志也更議
不宜師古曰不當更議子啓最長文穎曰景帝名敦厚慈仁請建以為
太子上乃許之因賜天下民當為父後者爵一級
師古曰雖非己生正嫡但為後者即得賜爵封將軍薄昭為軹侯師古曰軹音只三月有
司請立皇后皇太后曰立太子母竇氏為皇后詔
曰方春和時草木群生之物皆有以自樂而吾百
姓鰥寡孤獨窮困之人或阽於死亡服虔曰阽音反坫之坫孟康曰阽音
屋檐之檐如淳曰阽近邊欲墮之意師古曰服孟二音並通而莫之省憂師古曰省視也為民父
母將何如其議所以振貸之師古曰振起也為給貸之令其存立也諸振救振贍其義皆
同今流俗作字從貝者非也自別有訓貸音吐戴反又曰老者非帛不煖非肉不飽
師古曰煖温也音乃短反今歲首不時使人存問長老師古曰存省視也又無
布帛酒肉之賜將何以佐天下子孫孝養其親今
聞吏稟當受鬻者或以陳粟師古曰稟給也鬻淖糜也給米使為糜鬻也陳久舊
也小雅甫田之詩曰我取其陳鬻音之六反淖音女教反豈稱養老之意哉具為令師古曰使
其備為條制有司請令縣道師古曰或縣或道皆用此制也有蠻夷曰道年八十已上
賜米人月一石肉二十斤酒五斗其九十已上又

賜帛人二疋絮三斤〔師古曰絮綿也〕賜物及當禀鬻米者長吏閱視丞若尉致〔師古曰長吏縣之令長也若者豫及之詞致者送至也或丞或尉自致之也〕不滿九十嗇夫令史致二千石遣都吏循行〔蘇林曰取其都吏有德也如淳曰律說都吏今督郵是也閑惠曉事即爲文無害都吏師古曰如說是也行音下孟反〕不稱者督之〔師古曰循行有不如詔意者二千石察視責罰之〕刑者及罪有耐以上不用此令〔蘇林曰一歲爲罰作二歲刑以上爲耐之耐能任其罪也師古曰刑爲先被刑也有罪在吏未決者也言八十九十之人雖合加賜其中有被刑罪者不在此賜物令條中也〕楚元王交薨四月齊楚地震二十九山同日崩大水潰出〔師古曰旁決曰潰上涌曰出〕六月令郡國無來獻施惠天下諸侯四夷遠近驩洽乃脩代來功〔師古曰自代來時有功者〕詔曰方大臣誅諸呂迎朕朕狐疑皆止朕〔師古曰狐之爲獸其性多疑每渡冰河且聽且渡故言疑者而稱狐疑〕唯中尉宋昌勸朕朕已得保宗廟以尊昌爲衛將軍〔師古曰尊高也高其官秩〕其封昌爲壯武侯諸從朕六人皆至九卿〔師古曰張武等〕又曰列侯從高帝入蜀漢者六十八人益邑各三百戶吏二千石以上從高帝潁川守尊等十人食邑六百戶淮陽守申屠嘉等十人五百戶衛尉足等十人四百戶封淮南王舅趙兼爲周陽侯齊王舅駟鈞爲靖郭侯〔如淳曰邑名也六國時齊有靖郭君靖音靜師古曰外戚恩澤侯表云鄔侯駟鈞以齊王舅侯今此云靖郭蓋初封靖郭後改爲鄔乎鄔音一戶反又音於庶反〕故常山丞相蔡兼爲樊侯　二年冬十月丞相陳平薨詔曰朕聞古者諸侯建國千餘各守其

地以時入貢民不勞苦上下驩欣靡有違德今列侯多居長安邑遠〔師古曰所食之邑去長安遠〕吏卒給輸費苦而列侯亦無繇教訓其民〔師古曰繇讀與由同〕其令列侯之國爲吏及詔所止者遣太子〔李奇曰爲吏謂爲卿大夫者詔所止特以恩愛見留〕十一月癸卯晦日有食之詔曰朕聞之天生民爲之置君以養治之人主不德布政不均則天示之災以戒不治〔師古曰治音直吏反〕乃十一月晦日有食之適見于天〔師古曰適讀曰謫責也音張革反見音胡電反〕災孰大焉〔師古曰災莫大於此〕朕獲保宗廟以微眇之身託于士民君王之上天下治亂在予一人唯二三執政猶吾股肱也朕下不能治育群生上以累三光之明〔師古曰三光日月星也累音力瑞反〕其不德大矣令至其悉思朕之過失〔師古曰令謂此詔書〕及知見之所不及匄以啓告朕〔師古曰匄音蓋匄亦乞也啓開也言以過失開告朕躬是則於朕爲恩惠也商書說命曰啓乃心沃朕心〕及舉賢良方正能直言極諫者以匡朕之不逮〔師古曰匡正也逮及也不逮者意慮所不及〕因各敕以職任務省繇費以便民〔師古曰省減也音所領反繇音傜〕朕既不能遠德故憪然念外人之有非〔蘇林曰憪寢視不安皃也孟康曰憪猶介然也非姦非也師古曰孟說是也憪音下板反〕是以設備未息今縱不能罷邊屯戍又飭兵厚衛〔師古曰飭整也音敕〕其罷衛將軍軍太僕見馬遺財足〔師古曰遺留也財與纔同纔少也太僕見在之馬今當減留纔足充事而已〕餘皆以給傳置〔師古曰傳音張戀反置者置傳驛之所因名置也他皆類此〕春正

月丁亥詔曰夫農天下之本也其開籍田應劭曰古者天子耕籍田千畝為天下先籍者帝王典籍之常也韋昭曰籍借也借民力以治之以奉宗廟且以勸率天下使務農也臣瓚曰景帝詔曰朕親耕后親桑為天下先本以躬親為義不得以假借為稱也籍謂蹈籍也師古曰瓚說是也國語曰宣王即位不籍千畝虢文公諫斯則籍非假借明矣朕親率耕以給宗廟粢盛師古曰黍稷曰粢在器曰盛粢音咨民謫作縣官及貸種食未入入未備者皆赦之師古曰種者五穀之種也食者所以為糧食也貸音吐戴反種音之勇反三月有司請立皇子為諸侯王詔曰前趙幽王幽死朕甚憐之已立其太子遂為趙王遂弟辟彊師古曰辟彊言辟御彊梁者亦猶辟兵辟非耳辟音必亦反彊音其良反一說辟讀曰闢彊讀曰疆闢疆言開土地也賈誼書曰衛侯朝於周周行人問其名衛侯曰辟疆行人還之曰啟疆辟疆天子之號也諸侯弗得用更其名曰燬則其義兩說並通他皆類此及齊悼惠王子朱虛侯章東牟侯興

居有功可王乃遂立辟彊為河間王章為城陽王興居為濟北王因立皇子武為代王參為太原王揖為梁王五月詔曰古之治天下朝有進善之旌應劭曰旌幡也堯設之五達之道令民進善也如淳曰欲有進者立於旌下言之誹謗之木服虔曰堯作之橋交午柱頭應劭曰橋梁邊板所以書政治之愆失也至秦去之今乃復施也師古曰應說是也所以通治道而來諫者也今法有誹謗訞言之罪師古曰高后元年詔除妖言之令今此又有訞言之罪是則中間曾重復設此條也訞與妖同是使眾臣不敢盡情而上無由聞過失也將何以來遠方之賢良其除之民或祝詛上以相約而後相謾師古曰謾欺也初為要約共行祝詛後相欺誣中道而止輒言其事也謾音慢又音莫連反吏以為大逆其有他言吏又以為誹謗此細

民之愚無知抵死師古曰抵觸也亦至也朕甚不取自今已來有犯此者勿聽治九月初與郡守為銅虎符竹使符應劭曰銅虎符第一至第五國家當發兵遣使者至郡合符符合乃聽受之竹使符皆以竹箭五枚長五寸鐫刻篆書第一至第五張晏曰符以代古之圭璋從簡易也師古曰與郡守為符者謂各分其半右留京師左以與之使音所吏反詔曰農天下之大本也民所恃以生也而民或不務本而事末故生不遂師古曰衣食乏絕致有夭喪故不遂其生朕憂其然故今茲親率群臣農以勸之其賜天下民今年田租之半師古曰免不收之三年冬十月丁酉晦日有食之十一月丁卯晦日有食之詔曰前日詔遣列侯之國辭未行丞相朕之所重其為朕率列侯之國遂免丞相勃遣就國

十二月太尉潁陰侯灌嬰為丞相罷太尉官屬丞相夏四月城陽王章薨淮南王長殺辟陽侯審食其師古曰殺之於其家五月匈奴入居北地河南為寇師古曰北地郡之北黃河之南即白羊所居上幸甘泉如淳曰蔡邕云天子車駕所至民臣以為僥幸故曰幸見令長三老官屬親臨軒作樂賜以食帛越巾佩帶之屬民爵有級數或賜田租之半故因謂之幸也師古曰甘泉在雲陽本秦林光宮遣丞相灌嬰擊匈奴匈奴去發中尉材官屬衛將軍軍長安上自甘泉之高奴師古曰之往也高奴上郡之縣因幸太原見故群臣皆賜之舉功行賞諸民里賜牛酒師古曰里別率賜之復晉陽中都民三歲租師古曰復音方目反留游太原十餘日濟北王興居聞帝之代欲自擊匈奴乃反發兵欲襲滎陽

於是詔罷丞相兵以棘蒲侯柴武爲大將軍臣瓚曰漢帝年紀爲陳武此云柴武爲有二姓將四將軍十萬衆擊之祁侯繒賀爲將軍軍滎陽秋七月上自太原至長安詔曰濟北王背德反上詿誤吏民師古曰詿亦誤也音掛爲大逆濟北吏民兵未至先自定及以軍城邑降者皆赦之復官爵與王興居去來者赦之師古曰雖始與興居共反今棄之去而來降者亦赦八月虜濟北王興居自殺赦諸與興居反者　四年冬十二月丞相灌嬰薨夏五月復諸劉有屬籍家無所與師古曰復音方目反與音豫賜諸侯王子邑各二千戶秋九月封齊悼惠王子七人爲列侯絳侯周勃有罪逮詣廷尉詔獄作顧成廟服虔曰廟在長安城南文帝作還顧見城故名之應劭曰文帝自爲廟制度卑狹若顧望而成猶文王靈臺不日成之故曰顧成賈誼曰因顧成之廟爲天下太宗與漢無極如淳曰身存而爲廟若尚書之顧命也景帝廟號德陽武帝廟號龍淵昭帝廟號徘徊宣帝廟號樂游元帝廟號長壽成帝廟號陽池師古曰以還顧見城因即爲名於義無取又書本不作城郭字應說近之　五年春二月地震夏四月除盜鑄錢令應劭曰聽於民鑄也更造四銖錢應劭曰文帝以五分錢太輕小更作四銖錢文亦曰半兩今民間半兩錢最輕小者是也　六年冬十月桃李華十一月淮南王長謀反廢遷蜀嚴道死雍師古曰遷於蜀郡之嚴道行至扶風雍在道而死也　七年冬十月令列侯太夫人夫人諸侯王子及吏二千石無得擅徵捕如淳曰列侯之妻稱夫人列侯死子復爲列侯乃得稱太夫人子不爲列侯不得稱也夏四月赦天下六月癸酉未央宮東闕罘罳災如淳曰東闕與其兩

旁罘罳皆災也晉灼曰東闕之罘罳獨災也師古曰罘罳謂連闕曲閣也以覆重刻垣墉之處其形罘罳然一曰屏也罘音浮　八年夏封淮南厲王長子四人爲列侯有長星出于東方文穎曰孛彗長三星其占略同然其形象小異孛星光芒短其光四出蓬蓬孛孛也彗星光芒長參參如埽彗長星光芒有一直指或竟天或十丈或三丈或二丈無常也大法孛彗星多爲除舊布新火災長星多爲兵革事　九年春大旱　十年冬行幸甘泉將軍薄昭死鄭氏曰昭殺漢使者文帝不忍加誅使公卿從之飲酒欲令自引分昭不肯使群臣喪服往哭之乃自殺有罪故言死如淳曰一說昭與文帝博不勝當飲酒侍郎酌爲昭少一侍郎遣呵之時此郎下沐昭使人殺之是以文帝使自殺師古曰外戚恩澤侯表云坐殺漢使者鄭說是也　十一年冬十一月行幸代春正月上自代還夏六月梁王揖薨匈奴寇狄道　十二年冬十二月河決東郡春正月賜諸侯王女邑各二千戶二月出孝惠皇帝後宮美人令得嫁三月除關無用傳張晏曰傳信也若今過所也如淳曰兩行書繒帛分持其一出入關合之乃得過謂之傳也李奇曰傳棨也師古曰張說是也古者或用棨或用繒帛棨者刻木爲合符也傳張戀反棨音啓詔曰道民之路在於務本朕親率天下農十年于今而野不加辟師古曰辟讀曰闢闢開也歲一不登民有飢色師古曰登成也言五穀一歲不成則衆庶飢餓是無蓄積故也是從事焉尚寡而吏未加務師古曰從事從農事也吾詔書數下歲勸民種樹師古曰樹謂蓺殖也而功未興是吏奉吾詔不勤而勸民不明也且吾農民甚苦而吏莫之省師古曰省視也將何以勸焉其賜農民今年租稅之半又曰孝悌天下之大順也力田爲生之本也三老衆民之師也廉吏民

之表也朕甚嘉此二三大夫之行令萬家之縣云無應令師古曰無孝悌力田之人可應察舉之令豈實人情是吏舉賢之道未備也其遣謁者勞賜三老孝者帛人五匹悌者力田二匹廉吏二百石以上率百石者三匹師古曰自二百石已上每百石加三匹及問民所不便安而以戶口率置三老孝悌力田常員師古曰計戶口之數以率之增置其員廣教化也令各率其意以道民焉師古曰道讀曰導　十三年春二月甲寅詔曰朕親率天下農耕以供粢盛皇后親桑以奉祭服其具禮儀師古曰令立耕桑之禮制也　夏除祕祝應劭曰祕祝之官移過于下國家諱之故曰祕也語在郊祀志五月除肉刑法語在刑法志六月詔曰農天下

之本務莫大焉今廑身從事晉灼曰廑古勤字而有租稅之賦是謂本末者無以異也李奇曰本農也末賈也言農與賈俱出租無異也故除田租其於勸農之道未備其除田之租稅賜天下孤寡布帛絮各有數　十四年冬匈奴寇邊殺北地都尉卬師古曰功臣表云缾侯孫單以父北地都尉卬力戰死事文帝十四年封與此正合然則卬姓孫而徐廣乃云姓段說者因曰段會宗卽卬之玄孫無所據也會宗漢書自有傳班固不云是卬後何從而知之乎遣三將軍軍隴西北地上郡中尉周舍爲衞將軍郎中令張武爲車騎將軍軍渭北車千乘騎卒十萬人上親勞軍勤兵申敎令師古曰申謂約束之賜吏卒自欲征匈奴羣臣諫不聽皇太后固要上乃止文穎曰要勒也哀痛視誓之言於是以東陽侯張相

如爲大將軍建成侯董赫內史欒布皆爲將軍擊匈奴匈奴走春詔曰朕獲執犧牲珪幣以事上帝宗廟十四年于今歷日彌長以不敏不明師古曰敏材識捷疾而久撫臨天下朕甚自媿師古曰媿古愧字其廣增諸祀墠場珪幣師古曰築土爲壇除地爲場幣祭神之帛昔先王遠施不求其報望祀不祈其福右賢左戚先民後己師古曰以賢爲上然後及親也至明之極也今吾聞祠官祝釐如淳曰釐福也賈誼傳受釐坐宣室是也師古曰釐本字作禧假借用耳同音僖皆歸福於朕躬不爲百姓朕甚媿之夫以朕之不德而專鄉獨美其福百姓不與焉師古曰與音預是重吾不德也師古曰重音直用反其令祠官致敬無有所祈

十五年春黃龍見於成紀師古曰成紀隴西縣上乃下詔議郊祀公孫臣明服色新垣平設五廟文穎曰公孫臣魯人也應劭曰新垣平趙人也師古曰五廟卽下渭陽五帝之廟也語在郊祀志夏四月上幸雍始郊見五帝赦天下脩名山大川嘗祀而絕者有司以歲時置禮九月詔諸侯王公卿郡守舉賢良能直言極諫者上親策之傅納以言師古曰傅讀曰敷陳其言而納用之語在鼂錯傳師古曰錯音千故反　十六年夏四月上郊祀五帝于渭陽韋昭曰在渭城師古曰郊祀志云在長安東北非渭城也韋說謬五月立齊悼惠王子六人淮南厲王子三人皆爲王秋九月得玉杯應劭曰新垣平詐令人獻之刻曰人主延壽令天下大酺明年改元

後元年張晏曰新垣平候日再中以爲吉祥故改元年以求延年之祚也冬十月新垣平詐
覺謀反師古曰以詐事發覺自恐被誅因謀反也夷三族春三月孝惠皇后
張氏薨張晏曰后黨於呂氏廢處北宮故不曰崩詔曰間者數年比不登
師古曰比猶頻也又有水旱疾疫之災朕甚憂之愚而不明
未達其咎意者朕之政有所失而行有過與師古曰與讀曰
歟音弋於反下皆類此乃天道有不順地利或不得人事多失
和鬼神廢不享與何以致此將百官之奉養或廢
無用之事或多與何其民食之寡乏也夫度田非
益寡而計民未加益師古曰度謂量計之音徒各反以口量地其於
古猶有餘而食之甚不足者其咎安在無乃百姓

前漢紀四　十五　沈仁

之從事於末以害農者蕃師古曰末謂工商之業也蕃亦多也音扶元反爲酒
醪以靡穀者多師古曰醪汁滓酒也靡散也醪音來高反靡音糜六畜之食焉者
衆與細大之義吾未能得其中師古曰中音竹仲反其與丞相
列侯吏二千石博士議之有可以佐百姓者率意
遠思無有所隱也　二年夏行幸雍棫陽宮蘇林曰棫
音域張晏曰秦昭王所作也晉灼曰黃圖在扶風六月代王參薨匈奴和親詔曰
朕既不明不能遠德使方外之國或不寧息夫四
荒之外不安其生師古曰戎狄荒服故曰四荒言其荒忽去來無常也爾雅曰觚竹北戶西王母日下謂之四
荒封圻之内勤勞不處師古曰圻亦畿字王畿千里不處者不獲安居二者之咎
皆自於朕之德薄而不能達遠也間者累年匈奴

並暴邊境多殺吏民邊臣兵吏又不能諭其内志
以重吾不德師古曰諭曉告也重音直用反夫久結難連兵中外之國
將何以自寧今朕夙興夜寐勤勞天下憂苦萬民
爲之惻怛不安師古曰惻痛也怛恨也怛音丁曷反未嘗一日忘於心故
遣使者冠蓋相望結徹於道韋昭曰使車往還故徹如結也以諭朕志
於單于師古曰單于匈奴天子之號也單音蟬今單于反古之道師古曰反還也計社
稷之安便萬民之利新與朕俱棄細過偕之大道
師古曰偕亦俱也之往也趣也結兄弟之義以全天下元元之民師古曰元元善
意也和親以定始于今年　三年春二月行幸代
四年夏四月丙寅晦日有食之五月赦天下免官

前漢紀四　十六　沈仁

奴婢爲庶人行幸雍　五年春正月行幸隴西三
月行幸雍秋七月行幸代　六年冬匈奴三萬騎
入上郡三萬騎入雲中以中大夫令免爲車騎將
軍屯飛狐如淳曰在代郡師古曰中大夫官名其人姓令名免耳此諸將軍下至徐厲皆書姓而徐廣以爲中大夫令是官
名此說非也據百官表景帝初改衛尉爲中大夫令文帝時無此官而中大夫是郎中令屬官秩比二千石故楚相蘇
意爲將軍屯句注應劭曰山險名也在鴈門陰館師古曰句音章句之句將軍張武屯
北地河内太守周亞夫爲將軍次細柳服虔曰在長安西北如淳
曰長安細柳倉在渭北近石徼張揖曰在昆明池南今有柳市是也臣瓚曰一宿曰宿再宿曰信過信爲次師古曰匈奴傳云置三將軍軍長安
西細柳渭北棘門霸上此則細柳不在渭北揖說是也宗正劉禮爲將軍次霸上祝茲
侯徐厲爲將軍次棘門孟康曰在長安北秦時宮門也如淳曰三輔黃圖棘門在橫門外也以

備胡夏四月大旱蝗（師古曰蝗即螽也食苗為災今俗呼為簸蝩蝗音胡光反蝩音鍾）令諸侯無入貢弛山澤（師古曰弛解也解而不禁與衆庶同其利）減諸服御損郎吏員發倉庾（應劭曰水漕倉曰庾胡公曰在邑曰倉在野曰庾）以振民民得賣爵　七年夏六月己亥帝崩于未央宮（臣瓚曰帝年二十三即位即位二十三年壽四十六也）遺詔曰朕聞之蓋天下萬物之萌生靡不有死（師古曰始生者曰萌）死者天地之理物之自然奚可甚哀（師古曰奚何也）當今之世咸嘉生而惡死厚葬以破業重服以傷生吾甚不取且朕既不德無以佐百姓今崩又使重服久臨（師古曰臨哭也音力禁反下云服臨當臨者皆音並同也）以罹寒暑之數（師古曰罹遭也音離）哀人父子傷長老之志損其飲食絕

鬼神之祭祀以重吾不德（師古曰重音直用反）謂天下何朕獲保宗廟以眇眇之身託于天下君王之上（師古曰眇眇猶言細末也）二十有餘年矣賴天之靈社稷之福方內安寧（臣瓚曰方四方也內中也猶云中外　師古曰此說非也直謂方之內耳）靡有兵革（師古曰靡無也）朕既不敏常畏過行以羞先帝之遺德（師古曰過行行有過失也羞謂忝辱也行音下更反）惟年之久長懼于不終今乃幸以天年得復供養于高廟朕之不明與嘉之其奚哀念之有（如淳曰得卒天年已善矣　晉灼曰若以朕不明當嘉善朕之儉約何哀念之有也　師古曰如晉之說非也與讀曰歟音弋於反帝自言或者豈朕見之不明乎以不可喜為嘉耳然朕自謂得終天年供養高廟為可嘉之事無所哀念也今俗語猶然其意可曉矣）其令天下吏民令到出臨三日皆釋服（師古曰令謂此詔文也）無禁取婦嫁

女祠祀飲酒食肉自當給喪事服臨者皆無踐（伏儼曰踐翦也謂無斬衰也孟康曰踐跣也晉灼曰漢語作跣跣徒跣也師古曰孟晉二說是也）絰帶無過三寸無布車及兵器（應劭曰無以布衣車及兵器也　服虔曰不施輕車介士也　師古曰應說是也）無發民哭臨宮殿中殿中當臨者皆以旦夕各十五舉音禮畢罷非旦夕臨時禁無得擅哭臨以下（師古曰為下棺也音義與高紀同）服大紅十五日小紅十四日纖七日釋服（服虔曰皆當言大功小功布也纖細布衣也　應劭曰紅者中祥大祥以紅為領緣纖者禫也凡三十六日而釋服矣此以日易月也　晉灼曰漢書例以紅為功也　師古曰紅與功同服晉二說是也此喪制者文帝自率己意創而為之非有取於周禮也何為以日易月乎三年之喪其實二十七月豈有三十六月之文禫又無七月也應氏既失之於前而近代學者因循謬說未之思也）它不在令中者皆以此令比類從事（師古曰言此詔中無文者皆以類比而行事）布告天下使

明知朕意霸陵山川因其故無有所改（應劭曰因山為藏不復起墳山下川流不遏絕也就其水名以為陵號）歸夫人以下至少使（應劭曰夫人以下有美人良人八子七子長使少使皆遣歸家重絕人類）令中尉亞夫為車騎將軍屬國悍為將屯將軍（師古曰典屯軍以備非常）郎中令張武為復土將軍（如淳曰主穿壙填瘞事也　師古曰穿壙出土下棺已而實之又即以為墳故云復土復反還也音扶目反）發近縣卒萬六千人發內史卒萬五千人臧郭穿復土屬將軍武（師古曰即張武也）賜諸侯王以下至孝悌力田金錢帛各有數乙巳葬霸陵（師古曰自崩至葬凡七日也霸陵在長安東南）

贊曰孝文皇帝即位二十三年宮室苑囿車騎服御無所增益有不便輒弛以利民（師古曰弛廢也弛音式爾反）嘗欲

作露臺召匠計之直百金上曰百金中人十家之產也師古曰中謂不富不貧吾奉先帝宮室常恐羞之何以臺為師古曰今新豐縣南驪山之頂有露臺鄉極為高顯猶有文帝所欲作臺之處身衣弋綈如淳曰弋皂也賈誼曰身衣皂綈師古曰弋黑色也綈厚繒綈音大奚反所幸慎夫人衣不曳地帷帳無文繡以示敦朴為天下先治霸陵皆瓦器不得以金銀銅錫為飾因其山不起墳南越尉佗自立為帝召貴佗兄弟以德懷之佗遂稱臣與匈奴結和親後而背約入盜令邊備守不發兵深入恐煩百姓吳王詐病不朝賜以几杖群臣袁盎等諫說雖切常假借納用焉蘇林曰假音休假借音以物借人之借張武等受賂金錢覺更加賞賜以媿其心專務以德化民是以海內殷富興於禮義斷獄數百幾致刑措應劭曰措置也民不犯法無所刑也師古曰斷獄數一百者言普天之下死罪人不過數百幾近也音巨衣反烏呼仁哉

文紀第四

景紀第五　班固　漢書五

秘書監上護軍琅邪縣開國子顏師古注

孝景皇帝荀悅曰諱啓之字曰開應劭曰禮謚法布義行剛曰景文帝太子也母曰竇皇后後七年六月文帝崩丁未太子即皇帝位尊皇太后薄氏曰太皇太后皇后曰皇太后九月有星孛于西方元年冬十月詔曰蓋聞古者祖有功而宗有德應劭曰始取天下者爲祖高帝稱高祖是也始治天下者爲宗文帝稱太宗是也師古曰應說非也祖始也始受命也宗尊也有德可尊制禮樂各有由歌者所以發德也舞者所以明功也高廟酎張晏曰正月旦作酒八月成名曰酎酎之言純也至武帝時因八月嘗酎會諸侯廟中出金助祭所謂酎金也師古曰酎三重釀醇酒也味厚故以薦宗廟酎音直救反奏武德文始五行

之舞孟康曰武德高祖所作也文始舜舞也五行周舞也武德者其舞人執干戚文始舞執羽籥五行舞冠冕衣服法五行色見禮樂志孝惠廟酎奏文始五行之舞孝文皇帝臨天下通關梁不異遠方張晏曰孝文十二年除關不用傳令遠近若一除誹謗去肉刑賞賜長老收恤孤獨以遂群生師古曰遂成也達也減耆欲不受獻師古曰耆讀曰嗜罪人不帑蘇林曰刑不及妻子師古曰帑讀與孥同不誅亡罪不私其利也除宮刑出美人重絕人之世也朕既不敏弗能勝識師古曰敏材智速疾也勝識盡知之此皆上世之所不及而孝文皇帝親行之師古曰上世謂古昔之帝王也德厚侔天地利澤施四海師古曰侔等也音牟靡不獲福明象乎日月而廟樂不稱朕甚懼焉師古曰稱副也音尺孕反其爲孝文皇帝廟爲昭

德之舞師古曰昭明也以明休德師古曰休美也然后祖宗之功德施于萬世永永無窮朕甚嘉之其與丞相列侯中二千石禮官具禮儀奏丞相臣嘉等奏曰師古曰申屠嘉陛下永思孝道立昭德之舞以明孝文皇帝之盛德皆臣嘉等愚所不及臣謹議世功莫大於高皇帝德莫盛於孝文皇帝高皇帝廟宜爲帝者太祖之廟孝文皇帝廟宜爲帝者太宗之廟天子宜世世獻祖宗之廟郡國諸侯宜各爲孝文皇帝立太宗之廟諸侯王列侯使者侍祠天子所獻祖宗之廟張晏曰王及列侯歲時遣使詣京師侍祠助祭如淳曰若光武廟在章陵南陽太守稱使者往祭是也不使侯王祭者諸侯不得祖天子凡

臨祭宗廟皆爲侍祭師古曰張說是也既云天子所獻祖宗之廟非謂郡國之廟也請宣布天下制曰可春正月詔曰間者歲比不登民多乏食夭絕天年朕甚痛之郡國或磽陿無所農桑毄畜師古曰磽謂磽埆瘠薄也陿謂偏隘也毄謂食養之畜謂收羖也磽音苦交反陿音狹毄古繫字或地饒廣薦草莽水泉利而不得徙如淳曰莊周云麋鹿食薦一曰草稠曰薦深曰莽其議民欲徙寬大地者聽之夏四月赦天下賜民爵一級遣御史大夫青翟至代下與匈奴和親文穎曰姓嚴諱青翟臣瓚曰此陶青也莊青翟乃自武帝時人此紀誤師古曰後人傳習不曉妄增翟字耳非本作紀之誤五月令田半租秋七月詔曰吏受所監臨以飲食免重受財物賤買貴賣論輕師古曰帝以爲當時律條吏受所監臨賂遺飲食即坐免官爵於法太重而受所監臨財物及賤買貴賣者論決

太輕故令更議改之廷尉與丞相更議著令蘇林曰著音著幘之著師古曰蘇音非也著音著作之著音竹筯反廷尉信謹與丞相議曰師古曰丞相申屠嘉吏及諸有秩受其官屬所監所治所行所將師古曰行謂按察也音下更反其與飲食計償費勿論師古曰計其所費而償其直勿論罪也它物若買故賤貴故貴皆坐臧為盜沒入臧縣官師古曰它物謂非飲食者吏遷徙免罷受其故官屬所將監治送財物奪爵為士伍免之李奇曰有爵者奪之使為士伍有位者免官也師古曰此說非也謂奪其爵令為士伍又免其官職即今律所謂除名也謂之士伍者言從士卒之伍也無爵罰金二斤令沒入所受有能捕告畀其所受臧師古曰畀與也以所受之臧與捕告者也畀音必寐反 二年冬十二月有星孛于西南令天下男子年二十始傅

師古曰舊法二十三今此二十更為異制也傅讀曰附解在高紀春三月立皇子德為河間王閼為臨江王師古曰閼音一曷反餘為淮陽王非為汝南王彭祖為廣川王發為長沙王夏四月壬午太皇太后崩服虔曰文帝母薄太后也六月丞相嘉薨封故相國蕭何孫係為列侯師古曰係音胡計反秋與匈奴和親 三年冬〻十二月詔曰襄平侯嘉晉灼曰紀通子也功臣表襄平侯紀通以父功侯孝景三年康侯相夫嗣推其封薨正與此合豈更名嘉乎子恢說不孝謀反欲以殺嘉大逆無道晉灼曰恢說言嘉知反情而實不知也師古曰此解非也恢說有私怨於其父而自謀反欲令其父坐死也說讀曰悅其赦嘉為襄平侯及妻子當坐者復故爵如淳曰律大逆不道父母妻子同產皆棄市今赦其餘子不與恢說謀者復其故爵論恢說及妻子如法春正月淮陽王

宮正殿災吳王濞膠西王卬楚王戊趙王遂濟南王辟光師古曰辟音壁又音闢其義兩通菑川王賢膠東王雄渠皆舉兵反大赦天下遣太尉亞夫師古曰周亞夫大將軍竇嬰將兵擊之斬御史大夫晁錯以謝七國晉灼曰錯音錯置之錯師古曰晁古朝字二月壬子晦日有蝕之諸將破七國斬首十餘萬級追斬吳王濞於丹徒膠西王卬楚王戊趙王遂濟南王辟光菑川王賢膠東王雄渠皆自殺夏六月詔曰迺者吳王濞等為逆起兵相脅詿誤吏民吏民不得已師古曰已止也言不得止而從之非本心也今濞等已滅吏民當坐濞等及逋逃亡軍者皆赦之楚元王子蓺等

與濞等為逆師古曰蓺音藝朕不忍加法除其籍毋令汙宗室立平〻陸侯劉禮為楚王續元王後孟康曰禮元王子也立皇子端為膠西王勝為中山王賜民爵一級 四年春復置諸關用傳出入應劭曰文帝十二年除關無用傳至此復用傳以七國新反備非常夏四月己巳立皇子榮為皇太子徹為膠東王六月赦天下賜民爵一級秋七月臨江王閼薨十月戊戌晦日有蝕之 五年春正月作陽陵邑張晏曰景帝作陵起邑 夏募民徙陽陵賜錢二十萬遣公主嫁匈奴單于 六年冬〻十二月雷霖雨秋九月皇后薄氏廢 七年冬〻十一月庚寅晦日有蝕之春正月廢皇太

子榮為臨江王二月罷太尉官夏四月乙巳立皇后王氏丁巳立膠東王徹為皇太子賜民為父後者爵一級　中元年夏四月赦天下賜民爵一級封故御史大夫周苛周昌孫子為列侯師古曰封苛之孫及昌之子也苛昌皆嘗為御史大夫而從昆弟也故揔言之　二年春二月令諸侯王薨列侯初封及之國大鴻臚奏謚誄策應劭曰皇帝延諸侯王賓王諸侯皆屬大鴻臚故其薨奏其行迹賜與謚及哀策誄文也臣瓚曰景帝此年已置大鴻臚而百官表云武帝太初元年更以大行為大鴻臚與此錯師古曰誄者述其德行之文音力水反　列侯薨及諸侯太傅初除之官大行奏謚誄策如淳曰凡言除者除故官就新官也晉灼曰禮有大行人小行人主謚官故以此名之臣瓚曰大行是官名掌九儀之制以賓諸侯者師古曰大鴻臚者本名典客後改曰大鴻臚大行令者本名行人即典客之屬官也後改曰大行令故事之尊重

者遣大鴻臚而輕賤者遣大行也據此紀文則景帝已改典客為大鴻臚改行人為大行矣而百官公卿表乃云景帝中六年更名典客為大行令武帝太初元年更名大行令為大鴻臚更名行人為大行令當是表誤　王薨遣光祿大夫弔襚祠賵應劭曰衣服曰襚祠飲食也車馬曰賵師古曰襚音遂賵音芳鳳反視喪事因立嗣子列侯薨遣太中大夫弔祠視喪事因立嗣其薨葬國得發民輓喪穿復土治墳無過三百人畢事師古曰輓謂引車也畢事畢葬事也輓音晩　匈奴入燕改磔曰棄市應劭曰先謂諸死刑皆磔於市今改曰棄市自非妖逆不復磔也師古曰磔謂張其尸也棄市殺之於市也謂之棄市者取刑人於市與衆棄之也磔音竹客反勿復磔三月臨江王榮坐侵太宗廟地徵詣中尉自殺夏四月有星孛于西北立皇子越為廣川王寄為膠東王秋七月更郡守為太守郡尉為都尉師古曰更謂改

其號九月封故楚趙傅相內史前死事者四人子文穎曰楚相張尚太傅趙夷吾趙相建德內史王悍此四人各諫其王無使反不聽皆殺之故封其子皆為列侯甲戌晦日有蝕之　三年冬十一月罷諸侯御史大夫官師古曰所以抑損其權　春正月皇太后崩文穎曰景帝母竇太后以帝崩後六年乃亡凡立五十一年武帝建元六年乃崩今此言皇太后崩誤耳孟康曰此太后薄史記無也臣瓚曰王琳云景帝薄后以此年死疑是也當言廢后而言太后誤也師古曰孟說是也廢后死不書又不言崩瓚說為謬　夏旱禁酤酒師古曰酤謂賣酒也音工護反　秋九月蝗有星孛于西北戊戌晦日有蝕之立皇子乘為清河王　四年春三月起德陽宮臣瓚曰是景帝廟也帝自作之諱不言廟故言宮西京故事云景帝廟為德陽　御史大夫綰奏禁馬高五尺九寸以上齒未平不得出關服虔曰綰衛綰也馬十歲齒下平　夏蝗秋

赦徒作陽陵者死罪欲腐者許之蘇林曰宮刑其創腐臭故曰腐也如淳曰腐宮刑也丈夫割勢不能復生子如腐木不生實師古曰如說是腐音輔　十月戊午日有蝕之　五年夏立皇子舜為常山王六月赦天下賜民爵一級秋八月己酉未央宮東闕災更名諸侯丞相為相師古曰亦所以抑黜之令異於漢朝　九月詔曰法令度量所以禁暴止邪也獄人之大命死者不可復生吏或不奉法令以貨賂為市朋黨比周師古曰比音頻寐反以苛為察以刻為明令亡罪者失職朕甚憐之師古曰職常也失其常理也有罪者不伏罪姦法為暴甚亡謂也諸獄疑若雖文致於法而於人心不厭者輒讞之師古曰厭服也音一贍反讞平議也音魚列反

六年冬十月行幸雍郊五時十二月改諸官名定
鑄錢僞黃金棄市律應劭曰文帝五年聽民放鑄律尚未除先時多作僞金僞金終不可成而
徒損費轉相誑燿窮則起爲盜賊故定其律也孟康曰民先時多作僞金故其語曰金可作世可度費損甚多而終不成民亦稍知
其意犯者希因此定律也師古曰應說是春三月雨雪師古曰雨音于具反夏四月梁王
薨分梁爲五國立孝王子五人皆爲王五月詔曰
夫吏者民之師也車駕衣服宜稱師古曰稱其官也音尺孕反吏六
百石以上皆長吏也張晏曰長大也六百石位大夫亡度者或不吏服
出入閭里與民亡異令長吏二千石車朱兩轓應劭
曰車耳反出所以爲之藩屏翳塵泥也二千石雙朱其次乃偏其左轓以簟爲之或用革如淳曰轓音反小車兩屏也師古曰據許愼李登
說轓車之蔽也左氏傳云以藩載欒盈即是有鄣蔽之車也言車耳反出非矣轓音甫元反𨊻音方遠反千石至

六百石朱左轓車騎從者不稱其官衣服下吏出
入閭巷亡吏體者二千石上其官屬三輔舉不如
法令者應劭曰京兆尹左馮翊右扶風共治長安城中是爲三輔師古曰時未有京兆馮翊扶風之名此三輔者謂主爵中
尉及左右內史也應說失之皆上丞相御史請之先是吏多軍功車
服尚輕故爲設禁又惟酷吏奉憲失中迺詔有司
減笞法定箠令語在刑法志師古曰箠音止蘂反六月匈奴入
鴈門至武泉入上郡取苑馬如淳曰漢儀注太僕牧師諸苑三十六所分布北邊西邊
以郎爲苑監官奴婢三萬人養馬三十萬頭師古曰武泉雲中之縣也養鳥獸者通名爲苑故謂牧馬處爲苑吏卒戰
死者二千人秋七月辛亥晦日有蝕之　後元年
春正月詔曰獄重事也人有智愚官有上下獄疑

者讞有司有司所不能決移廷尉有令讞而後不
當讞者不爲失師古曰假令讞訖其理不當所讞之人不爲罪失欲令治獄者務
先寬三月赦天下賜民爵一級中二千石諸侯相
爵右庶長如淳曰雖有尊官未必有高爵故數有賜爵師古曰右庶長第十一爵也夏大酺五日
民得酤酒五月地震秋七月乙巳晦日有蝕之條
侯周亞夫下獄死　二年冬十月省徹侯之國晉灼
曰文紀遣列侯之國今省之師古曰省音所領反春匈奴入鴈門太守馮敬與戰
死發車騎材官屯師古曰屯鴈門春以歲不登禁內郡食馬
粟沒入之師古曰食讀曰飤沒入者沒入其馬夏四月詔曰雕文刻鏤傷
農事者也錦繡纂組害女紅者也應劭曰纂今五采屬綷是也組者今綬紛

絛是也臣瓚曰許愼云纂赤組也師古曰瓚說是也綷會也會五綵者今謂之錯綵非纂組也紅讀曰功綷音子內反絛音土牢反農事
傷則飢之本也女紅害則寒之原也夫飢寒並至
而能亡爲非者寡矣朕親耕后親桑以奉宗廟粢
盛祭服爲天下先不受獻減太官省繇賦師古曰省音所領反繇讀曰徭
欲天下務農蠶素有畜積以備災害師古曰畜讀曰蓄彊毋
攘弱衆毋暴寡師古曰攘取也音人羊反老耆以壽終幼孤得遂
長師古曰遂成也今歲或不登民食頗寡其咎安在或詐僞
爲吏張晏曰以詐僞人爲吏也臣瓚曰律所謂矯枉以爲吏者也師古曰二說並非也直謂詐自稱吏耳吏以貨
賂爲市漁奪百姓侵牟萬民李奇曰牟食苗根蟲也侵牟食民比之蟊賊也師古曰漁
言若漁獵之爲也縣丞長吏也姦法與盜盜甚無謂也李斐曰姦

法因法作姦也文穎曰與盜謂盜者當治而知情反佐與之是則共盜無異也師古曰與盜盜者共盜為盜耳其令二千石各脩其職不事官職耗亂者丞相以聞請其罪師古曰耗不明也讀與眊同音莫報反布告天下使明知朕意五月詔曰人不患其不知患其為詐也不患其不勇患其為暴也不患其不富患其亡猒也其唯廉士寡欲易足今訾筭十以上迺得官服虔曰訾萬錢筭百二十七也應劭曰古者疾吏之貪衣食足知榮辱限訾十筭迺得為吏十筭十萬也賈人有財不得為吏廉士無訾又不得官故減訾四筭得官矣師古曰訾讀與貲同它皆類此廉士筭不必衆有市籍不得官無訾又不得官朕甚愍之訾筭四得官亡令廉士久失職貪夫長利師古曰長利長獲其利秋大旱　三年春正月詔曰農天下之

本也黃金珠玉飢不可食寒不可衣以為幣用不識其終始師古曰幣者所以通有無易貴賤也間歲或不登意為末者衆農民寡也其令郡國務勸農桑益種樹可得衣食物師古曰樹殖也吏發民若取庸采黃金珠玉者坐臧為盜韋昭曰發民用其民取庸用其資以顧庸二千石聽者與同罪皇太子冠賜民為父後者爵一級甲子帝崩于未央宮臣瓚曰帝年三十二即位即位十六年壽四十八遺詔賜諸侯王列侯馬二四師古曰馬八匹也吏二千石黃金二斤吏民戶百錢出宮人歸其家復終身師古曰復音方目反二月癸酉葬陽陵臣瓚曰自崩及葬凡十日陽陵在長安東北四十五里

贊曰孔子稱斯民三代之所以直道而行也師古曰此論語載孔子之辭也言此今時之人亦夏殷周之所馭以政化淳壹故能直道而行傷今不然信哉周秦之敝罔密文峻而姦軌不勝師古曰不可勝漢興掃除煩苛與民休息至于孝文加之以恭儉孝景遵業五六十載之間至於移風易俗黎民醇厚師古曰黎衆也醇不澆雜周云成康漢言文景美矣

景紀第五

武紀第六　班固　漢書六

秘書監上護軍琅邪縣開國子顏師古注

孝武皇帝荀悅曰諱徹之字曰通應劭曰禮謚法威彊叡德曰武景帝中子也母曰王美人師古曰外戚傳美人比二千石視少上造年四歲立爲膠東王七歲爲皇太子母爲皇后十六歲後三年正月景帝崩張晏曰武帝以景帝元年生七歲爲太子爲太子十歲而景帝崩時年十六矣師古曰後三年景帝後三年也甲子太子即皇帝位尊皇太后竇氏曰太皇太后皇后曰皇太后三月封皇太后同母弟田蚡勝皆爲列侯蘇林曰蚡音馳鼠之馳師古曰蚡亦馳鼠字也音扶粉反建元元年師古曰自古帝王未有年号始起於此冬十月詔丞相御史列侯中二千石二千石諸侯相舉賢良方正直言極諫之士丞相綰師古曰衛綰也奏所舉賢良或治申商韓非蘇秦張儀之言應劭曰申不害韓昭侯相也衛公孫鞅爲秦孝公相封於商号商君韓非韓諸公子非名也蘇秦爲關東從長張儀爲秦昭王相爲衡說以抑諸侯李奇曰申不害書執衛商鞅爲法賞不失卑刑不諱尊然深刻無恩德韓非兼行申商之術師古曰從音子容反亂國政請皆罷奏可春二月赦天下賜民爵一級年八十復二算九十復甲卒張晏曰二算復二口之算也復甲卒不豫革車之賦也師古曰復音方目反行三銖錢師古曰新壞四銖造此錢也重如其文見食貨志夏四月己巳詔曰古之立教鄉里以齒朝廷以爵扶世導民莫善於德然即於鄉里先耆艾奉高年古之道也師古曰六十曰耆五十曰艾今天下孝子順孫願自竭盡以承其親外迫公事內乏資財是以孝

心闕焉朕甚哀之民年九十以上有受鬻法師古曰給米粟以爲糜鬻鬻音之六反爲復子若孫令得身帥妻妾遂其供養之事師古曰若者豫及之辭也有子即復子無子即復孫也遂申也復音方目反五月詔曰河海潤千里其令祠官脩山川之祠爲歲事孟康曰爲歲祈也於此造之歲以爲常故曰爲歲事也師古曰歲以爲常是也總致敬耳非止祈農曲加禮如淳曰祭祀有所加益赦吳楚七國帑輸在官者應劭曰吳楚七國反時其首事者妻子沒入爲官奴婢武帝哀焉皆赦遣之也師古曰帑讀與孥同秋七月詔曰衛士轉置送迎二萬人鄭氏曰去故置新常二萬人其省萬人罷苑馬以賜貧民師古曰養馬之苑舊禁百姓不得芻牧采樵今罷之議立明堂遣使者安車蒲輪束帛加璧徵魯申公師古曰以蒲裹輪取其安二年冬十月御史大夫趙綰坐請毋奏事太皇太后及郎中令王臧皆下獄自殺應劭曰禮婦人不豫政事時帝已自躬省萬機王臧儒者欲立明堂辟雍太后素好黃老術非薄五經因欲絕奏事太后太后怒故殺之丞相嬰太尉蚡免師古曰竇嬰田蚡春二月丙戌朔日有蝕之夏四月戊申有如日夜出初置茂陵邑應劭曰武帝自作陵也師古曰本槐里縣之茂鄉故曰茂陵三年春河水溢于平原大飢人相食師古曰河溢之災損害田賜徙茂陵者戶錢二十萬田二頃初作便門橋蘇林曰去長安四十里服虔曰在長安西北茂陵東師古曰便門長安城北面西頭門即平門也古者平便皆同字於此道作橋跨渡渭水以趨茂陵其道易直即今所謂便橋是其處也便讀如本字秋七月有星孛于西北濟川王明坐殺太傅中傅廢遷防陵應劭曰中傅官者也師古曰防陵漢中縣也今謂之房州閩越圍東甌應劭曰高祖五年立無諸爲閩越王惠帝立搖爲東海王都東甌故号

東甌師古曰甌音一侯反東甌告急遣中大夫嚴助持節發會稽兵浮海救之未至閩越走兵還九月丙子晦日有蝕之　四年夏有風赤如血六月旱秋九月有星孛于東北　五年春罷三銖錢行半兩錢師古曰又新鑄作也置五經博士夏四月平原君薨服虔曰王皇后之母武帝外祖母五月大蝗秋八月廣川王越清河王乘皆薨　六年春二月乙未遼東高廟災四月壬子高園便殿火師古曰凡言便殿便室便坐者皆非正大之處所以就便安也園者於陵上作之既有正寢以象平生正殿又立便殿為休息閑宴之處耳說者不曉其意乃解云便殿便室是正名斯大惑矣尋石建韋玄成孔光等傳其義可知便讀如本字上素服五日五月丁亥大皇太后崩秋八月有星孛于東方長

竟天閩越王郢攻南越遣大行王恢將兵出豫章大司農韓安國出會稽擊之未至越人殺郢降兵還　元光元年臣瓚曰以長星見故爲元光冬十一月初令郡國舉孝廉各一人師古曰孝謂善事父母者廉謂清廉有廉隅者衛尉李廣爲驍騎將軍屯雲中中尉程不識爲車騎將軍屯鴈門六月罷夏四月赦天下賜民長子爵一級復七國宗室前絕屬者師古曰此等宗室前坐七國反故絕屬今加恩赦之更令上屬籍於宗正也復音扶目反五月詔賢良曰朕聞昔在唐虞畫象而民不犯應劭曰二帝但畫衣冠異章服而民不敢犯也師古曰白虎通云畫象者其衣服象五刑也犯墨者蒙巾犯劓者以赭著其衣犯髕者以墨蒙其髕象而畫之犯宮者扉犯大辟者布衣無領墨謂以墨黥其面也劓截其鼻也髕去膝蓋骨也宮割其陰也扉草屨也劓音牛冀反字或作劓其音同耳髕音頻忍反扉音扶味反日月所燭莫不率俾師古曰燭照也率循也俾使也言皆循其貢職而可使也周之成康刑錯不用師古曰錯置也音千故反德及鳥獸教通四海海外肅昚晉灼曰東夷傳今挹婁國是也在夫餘之東北千餘里大海之濱師古曰周書序云成王既伐東夷肅昚來賀即謂此北發渠搜服虔曰地名也應劭曰禹貢析支渠搜屬雍州在金城河關之西西戎也晉灼曰王恢傳北發月支可得而臣似國名也地理志朔方有渠搜縣臣瓚曰孔子三朝記云北發渠搜南撫交阯此舉北以南爲對也禹貢渠搜在雍州西北渠搜在朔方師古曰北發非國名也言北方即可徵發渠搜而役屬之瓚說近是氐羌徠服師古曰徠古往來之字也氐音丁奚反星辰不孛日月不蝕山陵不崩川谷不塞麟鳳在郊藪河洛出圖書嗚虖何施而臻此與師古曰虖讀曰呼嗚呼歎辭也臻至也今朕獲奉宗廟夙興以求夜寐以思師古曰夙早起也寐夜久方寐也若涉淵水未知所濟猗與偉與師古曰猗

美也偉大也與辭也言美而且大也與讀曰歟音弋於反何行而可以章先帝之洪業休德師古曰章明也洪大也休美也上參堯舜下配三王師古曰三王夏殷周朕之不敏不能遠德師古曰言德不及遠也此子大夫之所睹聞也師古曰子者人之嘉稱大夫舉官稱也志在優賢故謂之子大夫也睹古覩字賢良明於古今王事之體受策察問咸以書對著之于篇師古曰篇謂竹簡也朕親覽焉於是董仲舒公孫弘等出焉秋七月癸未日有蝕之　二年冬十月行幸雍祠五時師古曰五畤帝之時也春詔問公卿曰朕飾子女以配單于金幣文繡賂之甚厚單于待命加嫚侵盜亡已師古曰待命謂承詔命也嫚與慢同邊境被害朕甚閔之今欲舉兵攻之何如大行王恢建議宜擊夏六月御史大夫韓

安國爲護軍將軍衛尉李廣爲驍騎將軍太僕公孫賀爲輕車將軍大行王恢爲將屯將軍太中大夫李息爲材官將軍將三十萬衆屯馬邑谷中誘致單于欲襲擊之單于入塞覺之走出六月軍罷將軍王恢坐首謀不進下獄死師古曰首爲此謀而反不進擊匈奴輜重秋九月令民大酺五日

三年春河水徙從頓丘東南流入勃海師古曰頓丘丘名因以爲縣本衛地也地理志屬東郡今則在魏州界焉夏五月封高祖功臣五人後爲列侯河水決濮陽氾郡十六師古曰濮陽東郡之縣也水所氾及凡十六郡界也氾音敷劒反發卒十萬救決河起龍淵宮服虔曰宮在長安西作銅飛龍故以冠名也如淳曰三輔黃圖云有龍淵宮今長安城西有其處溝洫志救河決亦起龍淵宮於其傍孟康曰在西平界其水可用淬刀劒特堅利古龍淵之劒取於此水師古曰黃圖云龍淵廟在茂陵東不言宮也此言救決河起龍淵宮即宮不在長安之西矣又漢章帝賜尚書韓稜龍淵劒孟說是也淬音千內反

四年冬魏其侯竇嬰有罪棄市師古曰以黨灌夫也春三月乙卯丞相蚡薨夏四月隕霜殺草五月地震赦天下

五年春正月河間王德薨夏發巴蜀治南夷道又發卒萬人治鴈門阻險師古曰所以爲固用止匈奴之寇秋七月大風拔木乙巳皇后陳氏廢捕爲巫蠱者皆梟首八月螟師古曰食苗心之蟲也音莫經反徵吏民有明當世之務習先聖之術者縣次續食令與計偕師古曰計者上計簿使也郡國每歲遣詣京師上之偕者俱也令所徵之人與上計者俱來而縣次給之食後世訛誤因承此語遂總謂上計爲計偕闕曬不詳妄爲解說云秦漢謂諸侯朝使曰計偕偕次也晉代有計偕簿又改偕爲階失之彌遠致誤後學

六年冬初筭商車李奇曰始稅商賈車船令出筭春穿漕渠通渭如淳曰水轉運曰漕師古曰音才到反匈奴入上谷殺略吏民遣車騎將軍衛青出上谷騎將軍公孫敖出代輕車將軍公孫賀出雲中驍騎將軍李廣出鴈門青至龍城應劭曰匈奴單于祭天大會諸國名其處爲龍城獲首虜七百級廣敖失師而還詔曰夷狄無義所從來久間者匈奴數寇邊境故遣將撫師古者治兵振旅因遭虜之方入將吏新會上下未輯晉灼曰入猶還也不得已而用兵言師不踰時也入或作人因其習俗士地之宜而教草之也師古曰晉說非也詔言古者出則治兵入則振旅素練其衆不虧戎律今之出師因遭逢虜方入爲害而將吏新會上下未和故校尉棄軍而奔北也輯與集同代郡將軍敖鴈門將軍廣所任不肖師古曰肖似也不肖者言無所象類謂不材之人也校尉又背義妄行棄軍而北少吏犯禁文穎曰少吏小吏也用兵之法不勤不教將率之過也教令宣明不能盡力士卒之罪也將軍已下廷尉使理正之師古曰下謂以身付廷尉也理法也言以法律處正其罪下音胡稼反他皆類此而又加法於士卒二者並行非仁聖之心朕閔衆庶陷害欲刷恥改行師古曰刷除也音所劣反復奉正義厥路亡繇師古曰一陷重刑無因復從正道也繇讀與由同其赦鴈門代郡軍士不循法者師古曰循從也由也夏大旱蝗六月行幸雍秋匈奴盜邊遣將軍韓安國屯漁陽

元朔元年應劭曰朔蘇也孟軻曰后來其蘇蘇息也言萬民品物大繁息也師古曰朔猶始也言更爲初始也蘇息之息非息生義應說失之冬十一月詔曰公卿大夫所使總方略壹統類廣

教化美風俗也夫本仁祖義褒德祿賢勸善刑暴師古曰本仁祖義謂以仁義爲本始五帝三王所繇昌也師古曰五帝伏羲神農黃帝堯舜也三王夏殷周也繇讀與由同朕夙興夜寐嘉與宇內之士臻於斯路師古曰天地四方爲宇臻至也故旅耆老復孝敬師古曰旅耆言老者加惠於耆老之人若賓旅也復孝敬者謂優復孝弟之人也復音方目反選豪俊講文學師古曰講謂和習之稽參政事祈進民心師古曰祈求也深詔執事興廉舉孝庶幾成風紹休聖緒師古曰休美也緒業也言紹先聖之休緒也故下言昭先帝聖緒夫十室之邑必有忠信三人並行厥有我師師古曰論語稱孔子云十室之邑必有忠信如丘者焉又曰三人行必有我師焉擇其善者而從之其不善者而改之故詔引焉今或至闔郡而不薦一人師古曰闔閉也總一郡之中故云闔郡是化不下究而積行之君子雍於上

前漢紀六　七　逢

聞也師古曰究竟也言見壅遏不得聞達於天子也雍讀曰壅二千石官長紀綱人倫師古曰謂郡之守尉縣之令長將何以佐朕燭幽隱勸元元師古曰燭照也元元善意厲蒸庶師古曰蒸衆也崇鄉黨之訓哉且進賢受上賞蔽賢蒙顯戮古之道也其與中二千石禮官博士議不舉者罪有司奏議曰古者諸侯貢士壹適謂之好德服虔曰適得其人再適謂之賢賢三適謂之有功迺加九錫應劭曰一曰車馬二曰衣服三曰樂器四曰朱戶五曰納陛六曰虎賁百人七曰鈇鉞八曰弓矢九曰秬鬯此皆天子制度尊之故事事錫與但數少耳張晏曰九錫經本無文周禮以爲九命春秋說有之臣瓚曰九錫備物伯者之盛禮齊桓晉文猶不能備今三進賢便受之似不然也當受進賢之一賜尚書大傳云三適謂之有功賜以車服弓矢是也師古曰據列九錫應說是也進賢一錫瓚說是也不貢士壹則黜爵再則黜地三而黜爵地畢矣李奇曰爵地俱削盡夫附

下罔上者死附上罔下者刑與聞國政而無益於民者斥師古曰與讀曰豫斥謂棄逐之在上位而不能進賢者退此所以勸善黜惡也今詔書昭先帝聖緒令二千石舉孝廉所以化元元移風易俗也不舉孝不奉詔當以不敬論張晏曰謂其不詔勸求士報國不察廉不勝任也當免張晏曰當率身化下今親宰牧而無賢人爲不勝任也奏可十二月江都王非薨春三月甲子立皇后衛氏詔曰朕聞天地不變不成施化陰陽不變物不暢茂師古曰暢通也易曰通其變使民不倦應劭曰黃帝堯舜祖述伏羲神農結繩耒耜以日中爲市交易之業因其所利變而通之使民知之不苦倦也師古曰此易下繫之辭也言通物之變故能樂其器用不懈倦也詩云九變復貫知言之選應劭曰逸

前漢紀六　八　張珪

詩也陽數九人君當陽言變政復禮合於先王舊貫知言之選選善也孟康曰貫道也選數也極天之變而不失道者知言之數也臣瓚曰先王創制易教以救流弊也是以三王之教有文有質九數之多也師古曰貫事也選擇也論語曰仍舊貫此言文質不同寬猛殊用循環復舊擇善而從之瓚說近之也朕嘉唐虞而樂殷周據舊以鑒新師古曰追觀舊跡以知新政而爲鑒戒其赦天下與民更始諸逋貸及辭訟在孝景後三年以前皆勿聽治師古曰逋亡也久負官物亡匿不還者皆謂之逋逋音布胡反秋匈奴入遼西殺太守入漁陽鴈門敗都尉殺略三千餘人遣將軍衛青出鴈門將軍李息出代獲首虜數千級東夷薉君南閭等服虔曰穢貊在辰韓之北高句麗沃沮之南東窮于大海晉灼曰薉古穢字師古曰南閭者薉君之名口二十八萬人降爲蒼海郡魯王餘長沙王發皆薨　二年冬賜淮

南王菑川王几杖毋朝師古曰淮南王安菑川王志皆武帝諸父列也故賜几杖焉春正月詔曰梁王城陽王親慈同生文穎曰願慈愛也願以邑分弟其許之諸侯王請與子弟邑者朕將親覽使有列位焉於是藩國始分而子弟畢侯矣匈奴入上谷漁陽殺略吏民千餘人遣將軍衛青李息出雲中至高闕師古曰山名也一曰塞名也在朔方之北遂西至符離師古曰幕北塞名也獲首虜數千級收河南地置朔方五原郡三月乙亥晦日有蝕之夏募民徙朔方十萬口又徙郡國豪傑及訾三百萬以上于茂陵秋燕王定國有罪自殺　三年春罷蒼海郡三月詔曰夫刑罰所以防

姦也內長文所以見愛也晉灼曰長音長吏之長張晏曰長文長文德也師古曰語言有文德者即親內而崇長之所以見仁愛之道見謂顯示也音胡電反以百姓之未洽于教化朕嘉與士大夫日新厥業祗而不解師古曰解讀曰懈其赦天下夏匈奴入代殺太守入鴈門殺略千餘人六月庚午皇太后崩秋罷西南夷城朔方城令民大酺五日　四年冬〻行幸甘泉夏匈奴入代定襄上郡殺數千人　五年春大旱大將軍衛青將六將軍兵十餘萬人出朔方高闕獲首虜萬五千級夏六月詔曰蓋聞導民以禮風之以樂師古曰風教也詩序曰上以風化下今禮壞樂崩朕甚閔焉故詳延天下方聞之士咸

薦諸朝師古曰詳悉也延引也方道也聞博聞也言悉引有道博聞之士而進於朝也禮記曰隆禮由禮謂之有方之士又曰博聞強識而讓謂之君子一曰方謂方正也其令禮官勸學講議洽聞舉遺興禮以為天下先師古曰舉遺逸之文而興禮學太常其議予博士弟子崇鄉黨之化以厲賢材焉師古曰為博士置弟子既得崇化於鄉黨又以獎厲賢材之人丞相弘請為博士置弟子員師古曰公孫弘學者益廣秋匈奴入代殺都尉　六年春二月大將軍衛青將六將軍兵十餘萬騎出定襄斬首三千餘級還休士馬于定襄雲中鴈門赦天下夏四月衛青復將六將軍絕幕應劭曰幕沙幕匈奴之南界也臣瓚曰沙土曰幕直度曰絕師古曰應瓚二說皆是也而說者或云是塞外地名非矣幕者即今之突厥中磧耳李陵歌曰經千里兮渡沙幕大克獲前將軍趙

信軍敗降匈奴右將軍蘇建亡軍獨身脫還贖為庶人六月詔曰朕聞五帝不相復禮三代不同法所繇殊路而建德一也師古曰復因也音扶目反繇讀與由同蓋孔子對定公以徠遠臣瓚曰論語及韓子皆言葉公問政於孔子孔子荅以悅近徠遠今云定公與二書異哀公以論臣如淳曰韓非云哀公問政仲尼曰政在選賢景公以節用如淳曰韓非云齊景公問政仲尼曰政在節財非期不同所急異務也李奇曰期更也非要當必不同所急異務不得不然今中國一統而北邊未安朕甚悼之日者大將軍巡朔方征匈奴斬首虜萬八千級諸禁錮及有過者咸蒙厚賞得免減罪師古曰有罪者或被釋免或得減輕今大將軍仍復克獲師古曰仍頻也斬首虜萬九千級受爵賞而欲移

賣者無所流馳應劭曰馳音移言軍吏士斬首虜爵級多無所移與今爲置武功賞官爵多者分與父兄子弟及賣與他人也師古曰此說非也許慎說文解字云馳物之重次第也此詔言欲移賣爵者無有差次不得流行故爲置官級也馳音弋賜反今俗猶謂凡物一重爲一馳也其議爲令有司奏請置武功賞官以寵戰士

元狩元年應劭曰獲白麟因改元曰元狩也冬十月行幸雍祠五時獲白麟師古曰麟麕身牛尾馬足黃色圜蹄一角角端有肉作白麟之歌十一月淮南王安衡山王賜謀反誅黨與死者數萬人十二月大雨雪民凍死師古曰雨音于具反夏四月赦天下丁卯立皇太子賜中二千石爵右庶長師古曰第十一等爵民爲父後者一級詔曰朕聞咎繇對禹曰在知人知人則哲惟帝難之師古曰尚書咎繇謨載咎繇之辭也帝謂堯也蓋君者心也民猶支體支

體傷則心憯怛師古曰憯痛也怛悼也憯音千感反怛音丁曷反日者淮南衡山脩文學流貨賂兩國接壤怵於邪說服虔曰怵音裔應劭曰狃怵也如淳曰怵音怵惕見誘怵於邪說也師古曰作怵者非如說云見誘怵其義是也而音怵惕又非也怵或體訹字耳訹者誘也音如戌亥之戌南越傳曰不可怵好語入朝諸如此例音義同耳今俗猶云相謏怵而說者或改爲鉥導之鉥蓋穿鑿也謏音先誘反鉥音述而造篡弑此朕之不德詩云憂心慘慘念國之爲虐師古曰小雅正月之詩也慘慘憂戚之貌已赦天下滌除與之更始朕嘉孝弟力田哀夫老眊孤寡鰥獨師古曰眊古耄字八十曰耄耄老稱也一曰眊不明之貌或匱於衣食甚憐愍焉其遣謁者巡行天下存問致賜師古曰致送至也行音下更反曰皇帝使謁者師古曰謁者令使者宣詔書之文賜縣三老孝者帛人五匹鄉三老弟者力田帛人三匹年九十以上及鰥寡孤獨帛人二匹絮三斤八十以上米人三石有冤失職使者以聞師古曰職常也失職者失其常業及常理也縣鄉即賜毋贅聚如淳曰贅會也令勿擅徵召贅聚三老孝弟力田也師古曰即就也各遣就其所居而賜之勿會聚也贅音之銳反五月乙巳晦日有蝕之匈奴入上谷殺數百人

二年冬十月行幸雍祠五時春三月戊寅丞相弘薨遣驃騎將軍霍去病出隴西至皐蘭應劭曰在隴西白石縣塞外河名也孟康曰山闕名也師古曰皐蘭山名也霍去病傳云過焉支山千有餘里合短兵鏖皐蘭下則此山也非河名也白石縣在金城又不屬隴西應說並失之鏖音烏曹反斬首八千餘級夏馬生余吾水中應劭曰在朔方北也南越獻馴象應劭曰馴者教能拜起周章從人意也師古曰馴音巡謂擾也應說是也能言鳥師古曰即鸚鵡也今隴西及南海並有之萬震南州異物志云有三種一種白一種

青一種五色交州以南諸國盡有之白及五色者其性尤慧解蓋謂此也隋開皇十八年林邑國獻白鸚鵡時以爲異是歲貢士咸試賦之聖皇馭歷屢有茲獻上以幽遐勞費撫慰弗受將軍去病公孫敖出北地二千餘里過居延師古曰居延匈奴中地名也韋昭以爲張掖縣失之張掖所置居延縣者以安處所獲居延人而置此縣斬首虜三萬餘級匈奴入鴈門殺略數百人遣衛尉張騫郎中令李廣皆出右北平廣殺匈奴三千餘人盡亡其軍四千人獨身脫還及公孫敖張騫皆後期當斬贖爲庶人江都王建有罪自殺膠東王寄薨秋匈奴昆邪王殺休屠王師古曰昆音下門反屠音儲并將其衆合四萬餘人來降置五屬國以處之師古曰凡言屬國者存其國號而屬漢朝故曰屬國以其地爲武威酒泉郡師古曰武威今涼州也酒泉今

三年春有星孛于東方夏五月赦天下立膠東康王少子慶為六安王封故相國蕭何曾孫慶為列侯秋匈奴入右北平定襄殺略千餘人遣謁者勸有水災郡種宿麥師古曰秋冬種之經歲乃熟故云宿麥舉吏民能假貸貧民者以名聞師古曰貸音吐戴反減隴西北地上郡戍卒半發謫吏穿昆明池如淳曰食貨志以舊吏弄法故謫使穿池更發有貲者為吏也臣瓚曰西南夷傳有越巂昆明國有滇池方三百里漢使求身毒國而為昆明所閉今欲伐之故作昆明池象之以習水戰在長安西南周回四十里食貨志又曰時越欲與漢用船戰遂乃大脩昆明池也師古曰謫吏吏有罪者罰而役之滇音顛四年冬有司言關東貧民徙隴西北地西河上郡會稽凡七十二萬五千口縣官衣食振業用度不足請收銀錫造白金及皮幣以足用應劭曰時國用不足以白鹿皮為幣朝覲以薦璧又造銀錫為白金見食貨志初算緡錢李斐曰緡絲也以貫錢也一貫千錢出算二十也臣瓚曰茂陵書諸賈人末作貰貸置居邑儲積諸物及商以取利者雖無市籍各以其物自占率緡錢二千而一算此緡錢是儲錢也故隨其用所施施於利重者其算亦多也師古曰謂有儲積錢者計其緡貫而稅之李說為是緡音武巾反春有星孛于東北夏有長星出于西北大將軍衛青將四將軍出定襄將軍去病出代各將五萬騎步兵踵軍後數十萬人師古曰踵躡也猶言躡其踵青至幕北圍單于斬首萬九千級至闐顏山乃還鄧展曰音填塞之填去病與左賢王戰斬獲首虜七萬餘級封狼居胥山乃還師古曰登山祭天築土為封刻石紀事以彰漢功兩軍士死者數萬人前將軍廣後將軍食其皆後期廣自

殺食其贖死如淳曰李廣傳引兵與右將軍食其合軍出東道又曰廣自剄右將軍下吏當死贖為庶人霍去病傳亦云趙食其為右將軍平陽侯襄為後將軍此紀為誤也師古曰傳寫者誤以右為後食其音異基五年春三月甲午丞相李蔡有罪自殺文穎曰李廣從弟坐侵陵壖地天下馬少平牡馬匹二十萬如淳曰貴平牡馬賈欲使人競畜馬罷半兩錢行五銖錢徙天下姦猾吏民於邊師古曰猾狡也音乎八反六年冬十月賜丞相以下至吏二千石金千石以下至乘從者帛晉灼曰乘騎諸從者也師古曰流俗書本乘上或有公字非也後人妄加之蠻夷錦各有差雨水亡冰師古曰雨音于具反夏四月乙巳廟立皇子閎為齊王旦為燕王胥為廣陵王師古曰於廟中策命之初作誥服虔曰詔敕王如尚書諸誥也李斐曰今敕封拜諸侯王策文亦是也見武五子傳六月詔曰日者有司以幣輕多姦李奇曰幣錢也輕者若一馬直二十萬是為幣輕而物重也重難得則用不足而姦生農傷而末眾師古曰末謂工商也又禁兼并之塗李奇曰謂大家兼役小民富者兼役貧民欲平之也文穎曰兼井者食祿之家不得治產兼取小民之利商人雖富不得復兼畜田宅作客耕農也師古曰李說是故改幣以約之李奇曰更去半兩錢行五銖錢皮幣以檢約姦邪稽諸往古制宜於今師古曰稽考也音工奚反廢期有月應劭曰禁半兩錢及餘幣物禁之有期月而民未悉從也如淳曰期音朞自往年二月至今十四月朞有餘月矣師古曰如說是而山澤之民未諭師古曰未諭者未曉告示之意夫仁行而從善義立則俗易意奉憲者所以導之未明與師古曰與讀曰歟將百姓所安殊路而撟虔吏因乘勢以侵蒸庶邪孟康曰虔固也撟稱上命以貨賄用為固尚書曰敚攘矯虔韋昭曰凡稱詐為矯強取為虔左傳曰虔劉我邊垂師古曰撟與矯同其字從手撟託也虔固也妄託上命而堅固為邪惡者也蒸眾也何紛

賊其擾也師古曰擾煩也今遣博士大等六人分循行天下師古曰諸大也行音下更反存問鰥寡廢疾無以自振業者貸與之師古曰貸音土戴反諭三老孝弟以為民師舉獨行之君子徵詣行在所如淳曰蔡雍云天子以天下為家自謂所居為行在所言今雖在京師行所在至耳師古曰此說非也天子或在京師或出巡狩不可豫定故言行在所耳不得亦謂京師為行也朕嘉賢者樂知其人廣宣厥道士有特招使者之任也李奇曰設士有殊才異行當特招者任在使者分別之詳問隱處亡位及冤失職師古曰無位不被任用也冤屈也失職失其常業也姦猾為害野荒治苛者舉奏師古曰野荒言田畝不闢也治苛為政尚細刻郡國有所以為便者上丞相御史以聞秋九月大司馬驃騎將軍去病薨元鼎元年應劭曰得寶鼎故因是改元夏五

月赦天下大酺五日得鼎汾水上濟東王彭離有罪廢徙上庸應劭曰春秋時庸國二年冬十一月御史大夫張湯有罪自殺十二月丞相青翟下獄死師古曰莊青翟春起柏梁臺服虔曰用百頭梁作臺因名焉師古曰三輔舊事云以香柏為之今書字皆作柏服說非三月大雨雪師古曰雨音于具反夏大水關東餓死者以千數秋九月詔曰仁不異遠義不辭難師古曰遠近如一是為仁也不憚艱難是為義也今京師雖未為豐年山林池澤之饒與民共之今水潦移於江南迫隆冬至朕懼其飢寒不活江南之地火耕水耨應劭曰燒草下水種稻草與稻並生高七八寸因悉芟去復下水灌之草死獨稻長所謂火耕水耨方下巴蜀之粟致之江陵遣博士中等分循行師古

曰行音下更反諭告所抵無令重困師古曰抵至也重音直用反吏民有振救飢民免其戹者具舉以聞三年冬徙函谷關於新安應劭曰時樓船將軍楊僕數有大功恥為關外民上書乞徙東關以家財給其用度武帝意亦好廣闊於是徙關於新安去弘農三百里以故關為弘農縣十一月令民告緡者以其半與之孟康曰有不輸稅令民得告言以半與之正月戊子陽陵園火夏四月雨雹師古曰雨音于具反關東郡國十餘飢人相食常山王舜薨子敫嗣立有罪廢徙房陵四年冬十月行幸雍祠五畤賜民爵一級女子百戶牛酒行自夏陽東幸汾陰師古曰夏陽馮翊之縣也汾陰屬河東汾音扶云反十一月甲子立后土祠于汾陰脽上蘇林曰脽音誰如淳曰脽者河之東岸特堆掘長四五里廣二里餘高十

餘丈汾陰縣治脽之上后土祠在縣西汾在脽之北西流與河合師古曰二說皆是也脽者以其形高起如人尻脽故以名云一說此臨汾水之上地本名鄈音與葵同彼鄉人呼葵音如誰故轉而為脽字耳故漢舊儀云葵上禮畢行幸滎陽還至洛陽詔曰祭地冀州服虔曰后土祠在汾陰汾陰本冀州地也周時乃分為并州爾雅曰兩河閒曰冀州瞻望河洛巡省豫州觀于周室邈而無祀師古曰邈遠絶之意詢問耆老迺得孽子嘉紹其封嘉為周子南君臣瓚曰汲冢古文謂衛將軍文子為子南彌牟其後有子南固子南勁紀年勁朝于魏後惠成王如衛命子南為侯秦并六國衛最後亡疑嘉是衛後故氏子南而稱君也初元五年為周承休侯元始四年為鄭公建武十三年封於觀為衛公師古曰子南其封邑之號以為周後故總言周子南君瓚說非也例不先言姓而後稱君且自嘉已下皆姓姬氏著在史傳以奉周祀春二月中山王勝薨夏封方士欒大為樂通侯位上將軍六月得寶鼎后土祠旁秋馬生渥洼水中李斐曰南陽新野有暴利

長當武帝時遭刑屯田燉煌界數於此水旁見羣野馬中有奇者與凡馬異來飲此水利長先作土人持勒靽於水旁後馬玩習久之代土人持勒靽收得其馬獻之欲神異此馬云從水中出蘇林曰洼音窐曲之窐師古曰渥音握洼音於佳反作寶鼎天馬之歌立常山憲王子商爲泗水王

五年冬十月行幸雍祠五畤遂踰隴應劭曰隴隴阪坂也師古曰即今之隴山阺音丁禮反登空同應劭曰山名也西臨祖厲河而還李斐曰音嗟賴十一月辛巳朔旦冬至立泰畤于甘泉天子親郊見師古曰祠太一也見音胡電反朝日夕月應劭曰天子春朝日秋夕月朝日以朝夕月以夕臣瓚曰漢儀郊泰畤皇帝平旦出竹宮東向揖日其夕西南向揖月便用郊日不用春秋也師古曰春朝朝日秋暮夕月蓋常禮也郊泰畤而揖日月此又別儀詔曰朕巳眇身託于王侯之上師古曰眇細末也德未能綏民師古曰綏安也民或飢寒故巡祭后土巳祈豐年冀州脽壤

廼顯文鼎獲薦於廟師古曰得鼎祠旁祠在脽上故云脽壤壤謂土也文鼎言其有刻鏤之文渥洼水出馬朕其御焉戰戰兢兢懼不克任思昭天地內惟自新詩云四牡翼翼巳征不服親省邊垂用事所極李斐曰極至也所至者輒祭也師古曰逸詩也望見泰一脩天文襢文穎曰襢祭也晉灼曰襢古禪字也臣瓚曰此年初祭太畤於甘泉此祭天於太襢也祭天則天文從故曰脩天文襢也師古曰文晉二說是也朝日夕月即天文襢之謂也辛卯夜若景光十有二明易曰先甲三日後甲三日應劭曰先甲三日辛也後甲三日丁也言王者齊戒必自新臨事必自丁寧師古曰此易蠱卦之辭朕甚念年歲未咸登師古曰登謂百穀成飭躬齋戒師古曰飭整也讀與敕同丁酉拜況于郊師古曰況賜也辛夜有光是先甲三日也丁日拜況是後甲三日也故詔引易文夏四月南越王相呂嘉反殺漢使者及其王王太后

赦天下丁丑晦日有蝕之秋鼃蝦蟇鬭師古曰鼃黽也似蝦蟇而長腳其色青音下媧反蝦音遐蟇音麻黽音莫幸反遣伏波將軍路博德出桂陽下湟水樓船將軍楊僕出豫章下湞水鄭氏曰湞音檉孟康曰湞音貞蘇林曰湞音檉柱之檉師古曰蘇音是也音丈庚反歸義越侯嚴爲戈船將軍出零陵下離水張晏曰嚴故越人降爲歸義侯越人於水中負人船又有蛟龍之害故置戈於船下因以爲名也臣瓚曰伍子胥書有戈船以載干戈因謂之戈船也離水出零陵師古曰以樓船之例言之則非爲載干戈也此蓋船下安戈戟以禦蛟鼉水蟲之害張說近之甲爲下瀨將軍下蒼梧服虔曰甲故越人歸漢者也臣瓚曰瀨湍也吳楚謂之瀨中國謂之磧伍子胥書有下瀨船師古曰瀨音賴皆將罪人江淮巳南樓船十萬人越馳義侯遺應劭曰亦越人也別將巴蜀罪人發夜郎兵下牂柯江咸會番禺如淳曰音潘禺尉佗所都師古曰即今之廣州九月列侯坐

獻黃金酎祭宗廟不如法奪爵者百六人丞相趙周下獄死服虔曰因八月獻酎祭宗廟時使諸侯各獻金來助祭也如淳曰漢儀注諸侯王歲以戶口酎黃金於漢廟皇帝臨受獻金金少不如斤兩色惡王削縣侯免國臣瓚曰食貨志南越反時卜式上書願死之天子下詔褒揚布告天下天下莫應列侯以百數莫求從軍至酎飲酒少府省金而列侯坐酎金失侯者百餘人而表云趙周坐爲丞相知列侯酎金輕下獄自殺然則知其輕而不糾擿之也師古曰酎三重釀醇酒也音丈救反樂通侯欒大坐誣罔要斬西羌衆十萬人反與匈奴通使攻故安圍枹罕鄧展曰枹音鈇罕音漢師古曰枹罕金城之縣也罕讀如本字匈奴入五原殺太守六年冬十月發隴西天水安定騎士及中尉河南河內卒十萬人遣將軍李息郎中令徐自爲征西羌平之行東將幸緱氏師古曰河南縣也緱音工侯反至左邑桐鄉師古曰左邑河東之縣也桐鄉

其鄉名也聞南越破以為聞喜縣春至汲新中鄉師古曰汲河內縣新中其鄉名得呂嘉首以為獲嘉縣馳義侯遺兵未及下上便令征西南夷平之師古曰便音頻面反遂定越地以為南海蒼梧鬱林合浦交阯九眞日南珠厓儋耳郡應劭曰二郡在大海中崖岸之邊出眞珠故曰珠厓儋耳者種大耳渠率自謂王者耳尤緩下肩三寸張晏曰異物志二郡在海中東西千里南北五百里珠崖言珠若崖矣儋耳之云鏤其頰皮上連耳匡分為數支狀似雞腸累耳下垂臣瓚曰茂陵書珠崖郡治瞫都去長安七千三百一十四里儋耳去長安七千三百六十八里領縣五師古曰儋音丁甘反字本作瞻瞫音審定西南夷以為武都牂柯越嶲沈黎文山郡孟康曰嶲音髓本邛都服虔曰今蜀郡北部都尉所治本笮都也臣瓚曰茂陵書沈黎治笮都去長安三千三百三十五里領縣二十一應劭曰文山今蜀郡岷山本冉駹是也秋東越王餘善反攻殺漢將吏遣橫海將軍韓說中尉王溫舒出會稽師古曰說讀曰悅樓船將軍楊僕出豫章擊之又遣浮沮將軍公孫賀出九原臣瓚曰浮沮井名在匈奴中去九原二千里見漢輿地圖師古曰沮音子閭反匈河將軍趙破奴出令居臣瓚曰匈河水名在匈奴中去令居千里見匈奴傳師古曰令音鈴皆二千餘里不見虜而還迺分武威酒泉地置張掖敦煌郡師古曰敦音徒門反徙民以實之

元封元年應劭曰始封泰山故改年冬十月詔曰南越東甌咸伏其辜西蠻北夷頗未輯睦師古曰輯與集同集和也朕將巡邊垂擇兵振旅躬秉武節置十二部將軍親帥師焉行自雲陽北歷上郡西河五原出長城北登單于臺至朔方臨北河勒兵十八萬騎旌旗

徑千餘里威震匈奴遣使者告單于曰南越王頭已縣於漢北闕矣單于能戰天子自將待邊不能亟來臣服師古曰亟急也音居力反何但亡匿幕北寒苦之地為匈奴讋焉師古曰讋失氣也音之涉反還祠黃帝於橋山應劭曰在上郡周陽縣有黃帝冢迺歸甘泉東越殺王餘善降詔曰東越險阻反覆為後世患遷其民於江淮間遂虛其地春正月行幸緱氏詔曰朕用事華山至于中嶽文穎曰嵩高也在潁川陽城縣獲駮麃見夏后啓母石應劭曰啓生而母化為石文穎曰在嵩高山下師古曰啓夏禹子也其母塗山氏女也禹治鴻水通轘轅山化為熊謂塗山氏曰欲餉聞鼓聲乃來禹跳石誤中鼓塗山氏往見禹方作熊慚而去至嵩高山下化為石方生啓禹曰歸我子石破北方而啓生事見淮南子景帝諱啓今此詔云啓母蓋史追書之非當時文翌日親登嵩高應劭曰翌明也御史乘屬在廟旁吏卒咸聞呼萬歲者三服虔曰乘同乘屬官屬也如淳曰漢儀注御史亦有屬晉灼曰天子出御史除二人為乘曹讀車駕荀悅曰萬歲山神稱之也應劭曰嵩高縣有上中下萬歲里師古曰乘屬如晉二說是也乘音食證反登禮罔不答師古曰罔無也言登禮於神無不答應其令祠官加增太室祠韋昭曰嵩高山有太室少室之山山有石室故以名云禁無伐其草木以山下戶三百為之奉邑名曰崇高師古曰謂之崇者示尊崇之奉音扶用反獨給祠復亡所與師古曰復音方目反與讀曰預行遂東巡海上夏四月癸卯上還登封泰山孟康曰王者功成治定告成功於天封崇也助天之高也刻石紀號有金策石函金泥玉檢之封焉應劭曰封者壇廣十二丈高二丈階三等封於其上示增高也刻石紀績也立石三丈一尺其辭曰事天以禮立身以義事親以孝育民以仁四守之內莫不為郡縣四夷八蠻咸來貢職與天無極人民蕃息天祿永得尚玄酒而俎生魚下禪梁父祀地主示增廣此古制也武帝封廣丈二尺高九尺其下則有牒書祕語在郊

祀志降坐明堂臣瓚曰郊祀志初天子封太山太山東北阯古時有明堂處則此所坐者也明年秋乃作明堂耳
詔曰朕以眇身承至尊師古曰眇微細也兢兢焉惟德菲
薄不明于禮樂師古曰菲亦薄也音斆尾反又音扉故用事八神文穎曰武帝祭太一
幷祭名山於太壇西南開除八通鬼道故言用事八神也一曰八方之神遭天地況施應劭曰況賜也施與也言
天地神靈乃賜我瑞應著見景象屑然如有聞臣瓚曰聞呼萬歲者三是也震
于怪物欲止不敢遂登封泰山至于梁父然後升
禮肅然服虔曰增天之高歸功於天禪闡也廣土地也肅然山名也在梁父張晏曰天高不可及於大山上立封又禪而祭
之冀近神靈也師古曰父讀曰甫自新嘉與士大夫更始其以十月爲
元封元年行所巡至博奉高蛇丘歷城梁父鄭氏曰蛇音移
民田租逋賦貸已除師古曰逋賦未出賦者也逋貸官以物貸之而未還也貸音吐戴反加

年七十以上孤寡帛人二匹四縣無出今年筭師古
曰自博至梁父凡五縣今云四縣毋出筭者奉高一縣素以供神非筭限也賜天下民爵一級女
子百戶牛酒行自泰山復東巡海上至碣石文穎曰在遼西
絫縣絫縣今罷屬臨榆此石著海旁師古曰碣碣然特立之皃也音其列反自遼西歷北邊九原
歸于甘泉秋有星孛于東井又孛于三台齊王閎薨
二年冬十月行幸雍祠五畤春幸緱氏遂至東
萊夏四月還祠泰山至瓠子臨決河服虔曰瓠子隄名也在東
郡白馬蘇林曰在鄄城以南濮陽以北廣百步深五丈命從臣將軍以下皆負薪塞
河隄作瓠子之歌赦所過徒賜孤獨高年米人四
石還作甘泉通天臺長安飛廉館應劭曰飛廉神禽能致風氣者也明帝永
平五年至長安迎取飛廉幷銅馬置上西門外名平樂館董卓悉銷以爲錢晉灼曰身似鹿頭如爵有角而蛇尾文如豹文師古曰通天臺者言此臺高上通於天也漢舊儀云高三十丈望見長安城朝鮮王攻殺遼東都尉迺募
天下死罪擊朝鮮六月詔曰甘泉宮內中產芝九
莖連葉應劭曰芝芝草也其葉相連如淳曰瑞應圖王者敬事耆老不失舊故則芝草生師古曰內中謂後庭之室也故云
不異下房上帝博臨不異下房賜朕弘休師古曰上帝天也博廣也弘大也休
美也言天廣臨不以下房爲幽側而隔異之賜以此芝是大美也其赦天下賜雲陽都百戶
牛酒晉灼曰雲陽甘泉黃帝以來祭天圓丘處也武帝常以避暑有宮觀故稱都也師古曰此說非也都謂縣之所居在宮側者耳
賜不徧其境內故指稱其都非謂天子之都也若以有宮觀稱都則非止雲陽矣作芝房之歌秋作明
堂于泰山下遣樓船將軍楊僕左將軍荀彘將應
募罪人擊朝鮮應劭曰樓船者時欲擊越非水不至故作大船上施樓也又遣將軍郭

昌中郎將衛廣發巴蜀兵平西南夷未服者以爲
益州郡三年春作角抵戲應劭曰角者角技也抵者相抵觸也文穎曰名此樂爲角
抵者兩兩相當角力角技藝射御故名角抵蓋雜技樂也巴俞戲魚龍蔓延之屬也漢後更名平樂觀師古曰抵者當也非謂抵觸文說是也
三百里內皆觀夏朝鮮斬其王右渠降師古曰右渠朝鮮王名
以其地爲樂浪臨屯玄菟眞番郡臣瓚曰茂陵書臨屯郡治東𨻶縣去長安
六千一百三十八里十五縣眞番郡治霅縣去長安七千六百四十里十五縣師古曰樂音洛浪音郎番音普安反𨻶音弋支反霅音丈甲反
樓船將軍楊僕坐失亡多免爲庶人左將軍荀彘
坐爭功棄市師古曰棄市殺之於市也解在景紀秋七月膠西王端薨
武都氐人反分徙酒泉郡師古曰不盡徙四年冬十月
行幸雍祠五畤通回中道應劭曰回中在安定高平有險阻蕭關在其北通治至長安也

孟康曰回中在北地有山險武帝故宮如淳曰三輔黄圖云回中宮在汧汧也師古曰回中在安定北通蕭關應說是也而云治道至長安非也瓚曰回中道道以出蕭關孟如二家皆失之矣回中宮在汧者或取安定回中爲名耳非今所通道 遂北出蕭關 如淳曰匈奴傳入朝那蕭關蕭關在安定朝那縣也 歴獨鹿鳴澤 服虔曰獨鹿山名也鳴澤澤名也皆在涿郡遒縣北界也 自代而還幸河東春三月祠后土詔曰朕躬祭后土地祇見光集于靈壇一夜三燭 服虔曰燭音注師古曰燭謂照也讀如本字 幸中都宮殿上見光 師古曰中都在太原 其赦汾陰夏陽中都死罪以下賜三縣及楊氏皆無出今年租賦 師古曰楊氏河東縣邑名 夏大旱民多暍死 如淳曰暍音謁師古曰中熱而死也 秋以匈奴弱可遂臣服廼遣使說之單于使來死京師匈奴寇邊遣拔胡將軍郭昌屯朔方 五年冬

行南巡狩至于盛唐 文穎曰案地理志不得疑當在廬江左右縣名也韋昭曰在南郡師古曰韋說是 望祀虞舜于九疑 應劭曰舜葬蒼梧九疑山名今在零陵營道文穎曰九疑山半在蒼梧半在零陵如淳曰舜葬九疑九疑在蒼梧馮乘縣故或云舜葬蒼梧也師古曰文說是也疑音疑其山九峯形勢相似故曰九疑山 登灊天柱山 應劭曰灊音若潛南嶽霍山在灊灊縣名屬廬江文穎曰天柱山在灊縣南有祠晉灼曰灊音岑師古曰灊音與潛同應說是 自尋陽浮江親射蛟江中獲之 師古曰許慎云蛟龍屬也郭璞說其狀云似蛇而四脚細頸頸有白癭大者數圍卵生子如一二斛瓮能吞人也 舳艫千里 李斐曰舳船後持柂處也艫船前頭刺櫂處也言其船多前後相銜千里不絶也師古曰舳音軸艫音盧 薄樅陽而出 服虔曰縣名屬廬江師古曰樅音千松反 作盛唐樅陽之歌遂北至琅邪並海 師古曰並讀曰傍傍依也音步浪反 所過禮祠其名山大川春三月還至太山增封甲子祠高祖于明堂以配上帝因朝諸侯王列侯

受郡國計 師古曰計若今之諸州計帳也 夏四月詔曰朕巡荆陽輯江淮物 如淳曰輯合也物猶神也郊祀志所祭祀事也師古曰輯與集同 會大海氣 韋昭曰會合海神之氣并祭之 以合泰山 師古曰集江淮之神會大海之氣合致於太山然後修封撫祭饗也 上天見象增修封禪 師古曰見謂顯示也 其赦天下所幸縣毋出今年租賦賜鰥寡孤獨帛貧窮者粟還幸甘泉郊泰畤 大司馬大將軍青薨初置刺史部十三州 師古曰漢舊儀云初分十三州假刺史印綬有常治所以秋分行部御史爲駕四封乘傳到所部郡國各遣一史迎之界上所察六條 名以文武欲盡詔曰蓋有非常之功必待非常之人故馬或奔踶而致千里 師古曰踶蹋也奔走也奔踶者乘之即奔立則踶人也踶音徒計反 士或有負俗之累而立功名 晉灼曰負俗謂被世譏論也師古曰累音力瑞反 夫泛駕之馬 師古曰泛覆也音方勇反字本作覂後通用耳覆駕者言馬有逸氣而不循軌轍也 斥弛之士 如淳曰斥音拓弛廢也士行有卓異不入俗檢而見斥逐者也師古曰斥者斥落無檢局也弛者放廢不遵禮度也斥音土各反弛音式爾反 亦在御之而已 師古曰在人所以制御之 其令州郡察吏民有茂材異等 應劭曰舊言秀才避光武諱稱茂才異等者超等軼群不與凡同也師古曰茂美也 可爲將相及使絶國者 師古曰絶遠之國謂聲教之外 六年冬行幸回中春作首山宮 應劭曰首山在上郡於其下立宮廟也文穎曰在河東蒲坂界師古曰尋此下詔文及依地理志文說是 三月行幸河東祠后土詔曰朕禮首山昆田出珍物化或爲黄金 應劭曰昆田首山之下田也武帝祠首山故神爲出珍物化爲黄金 祭后土神光三燭其赦汾陰殊死以下賜天下貧民布帛人一匹益州昆明反赦京師亡命令從軍遣

拔胡將軍郭昌將吕擊之夏京師民觀角抵于上
林平樂館秋大旱蝗　太初元年應劭曰初用夏正以正月爲歲首故改年
爲太初也冬十月行幸泰山十一月甲子朔旦冬至祀
上帝于明堂乙酉柏梁臺災十二月禪高里伏儼曰山名在
泰山下師古曰此高字自作高下之高而死人之里謂之蒿里或呼爲下里者也字即爲蓬蒿之蒿或者既見太山神靈之府高里山又在其
旁即誤以高里爲蒿里混同一事文學之士共有此謬陸士衡尚不免況其餘乎今流俗書本此高字有作蒿者妄加增耳
上東臨教海望祠蓬萊春還受計于甘泉師古曰受郡國所上
計簿也若今之諸州計帳　二月起建章宮文穎曰越巫名勇謂帝曰越國有火災即復大起宮室以厭勝
之故帝作建章宮師古曰在未央宮西今長安故城西俗所呼貞女樓者即建章宮之闕也　夏五月正曆以
正月爲歲首師古曰謂以建寅之月爲正也未正歷之前謂建亥之月爲正今此言以正月爲歲首者史追正其

月名　色上黃數用五張晏曰漢據土德土數五故用五謂印文也若丞相曰丞相之印章諸鄉及守相印
文不足五字者以之足之　定官名協音律遣因杅將軍公孫敖服虔
曰匈奴地名因所征以名將軍也師古曰杅音羽俱反　築塞外受降城秋八月行幸
安定遣貳師將軍李廣利張晏曰貳師大宛城名　發天下讁民
西征大宛師古曰庶人之有罪讁者也大宛國名宛音於元反　蝗從東方飛至敦
煌　二年春正月戊申丞相慶薨師古曰石慶也　三月行
幸河東祠后土令天下酺五日膢五日祠門戶比
臘如淳曰膢音樓漢儀注立秋貙膢伏儼曰膢音劉貙劉殺也蘇林曰膢祭名也貙虎屬常以立秋日祭獸王者亦以此日出貙還以祭
宗廟故有貙膢之祭也師古曰續漢書作貙劉膢劉義各通耳臘者冬至後臘祭百神也膢音來盍反　夏四月詔
曰朕用事介山祭后土皆有光應文穎曰介山在河東皮氏縣東南其山特

立周七十里高三十里　其赦汾陰安邑殊死以下五月籍吏民
馬補車騎馬師古曰籍者總入籍錄而取之　秋蝗遣浚稽將軍趙破
奴應劭曰浚稽山在武威塞北匈奴常所以爲障蔽師古曰浚音峻稽音雞　二萬騎出朔方擊
匈奴不還冬十二月御史大夫兒寬卒師古曰兒音五兮反
三年春正月行東巡海上夏四月還修封泰山禪
石閭應劭曰石閭山在太山下阯南方方士言仙人閭也　遣光祿勳徐自爲築五
原塞外列城晉灼曰地理志從五原稒陽縣北出石門鄣即得所築城師古曰稒音固　西北至
盧朐服虔曰匈奴地名張晏曰山名師古曰張說是也朐音劬　游擊將軍韓說將兵屯
之師古曰說讀曰悅　彊弩都尉路博德築居延秋匈奴入定
襄雲中殺略數千人行壞光祿諸亭障應劭曰光祿勳徐自爲所

築列城今匈奴從此往壞敗也師古曰漢制每塞要處別築爲城置人鎮守謂之候城此即障也音之亮反　又入張掖
酒泉殺都尉　四年春貳師將軍廣利斬大宛
王首獲汗血馬來應劭曰大宛舊有天馬種蹋石汗血汗從前肩髆出如血號一日千里師古曰蹋石
者謂蹋石而有跡言其蹏堅利　作西極天馬之歌秋起明光宮師古曰三輔黃圖云
在城中元后傳云成都侯商避暑借明光宮蓋謂此　冬行幸回中徙弘農都尉治武
關稅出入者以給關吏卒食　天漢元年應劭曰時頻年苦旱
故改元爲天漢以祈甘雨師古曰大雅有雲漢之詩周大夫仍叔所作也以美宣王遇旱災修德勤政而能致雨故依以爲年號也　春
正月行幸甘泉郊泰畤三月行幸河東祠后土匈
奴歸漢使者使使來獻夏五月赦天下秋閉城門
大搜臣瓚曰漢帝年紀六月禁蹹傷七月閉城門大搜則搜索蹹傷者也李奇曰搜索巫蠱也師古曰時巫蠱未起瓚說是也

踰侈者踰法度而奢侈也發謫戍屯五原　二年春行幸東海還幸回中夏五月貳師將軍三萬騎出酒泉與右賢王戰于天山晉灼曰在西域近蒲類國去長安八千餘里師古曰即祁連山也匈奴謂天爲祁連祁音巨夷反今鮮卑語尚然斬首虜萬餘級又遣因杅將軍出西河騎都尉李陵將步兵五千人出居延北與單于戰斬首虜萬餘級陵兵敗降匈奴秋止禁巫祠道中者文穎曰始漢家於道中祠排禍咎移之於行人百姓以其不經今止之也師古曰文說非也祕祝移過文帝久已除之今此總禁百姓巫覡於道中祠祭者耳大搜臣瓚曰搜謂索姦人也晉灼曰搜巫蠱也師古曰瓚說是渠黎六國使使來獻臣瓚曰渠黎西域胡國名泰山琅邪羣盜徐𣪠等阻山攻城師古曰阻山者依山之險以自固也道路不通遣直指使者暴勝之等衣繡

衣杖斧分部逐捕師古曰杖斧持斧也謂建持之以爲威也分音扶問反刺史郡守吕下皆伏誅冬十一月詔關都尉曰今豪桀多遠交依東方羣盜其謹察出入者　三年春二月御史大夫王卿有罪自殺初榷酒酤如淳曰榷音較應劭曰縣官自酤榷賣酒小民不復得酤也韋昭曰以木渡水曰榷謂禁民酤釀獨官開置如道路設木爲榷獨取利也師古曰榷者步渡橋爾雅謂之石杠今之略彴是也禁閉其事總利入官而下無由以得有若渡水之榷因立名焉韋說如音是也酤音工護反彴音酌三月行幸泰山修封祀明堂因受計還幸北地祠常山瘞玄玉鄧展曰瘞埋也師古曰爾雅曰祭地曰瘞薶薶其物者示歸於地也瘞音於例反夏四月赦天下行所過毋出田租秋匈奴入鴈門太守坐畏愞棄市如淳曰軍法行逗留畏愞者要斬愞音如掾反師古曰又音乃館反　四年春正月朝諸侯王于甘泉宮發天下七科謫張晏曰吏有罪一亡命二贅壻三賈人四故有市籍五父母有市籍六大父母有市籍七凡七科也及勇敢士遣貳師將軍李廣利將六萬騎步兵七萬人出朔方因杅將軍公孫敖萬騎步兵三萬人出鴈門游擊將軍韓說師古曰說讀曰悅步兵三萬人出五原強弩都尉路博德步兵萬餘人與貳師會廣利與單于戰余吾水上連日敖與左賢王戰不利皆引還夏四月立皇子髆爲昌邑王孟康曰髆音博晉灼曰許慎以爲肩髆字秋九月令死罪入贖錢五十萬減死一等　太始元年應劭曰言盪滌天下與民更始故以冠元春正月因杅將軍敖有罪要斬徙郡國吏民豪桀于茂陵雲

陵師古曰此當言雲陽而轉寫者誤爲陵耳茂陵帝自所起而雲陽甘泉所居故總使徙豪桀也鉤弋趙倢伃死葬雲陽至昭帝即位始尊爲皇太后而起雲陵武帝時未有雲陵夏六月赦天下　二年春正月行幸回中三月詔曰有司議曰往者朕郊見上帝西登隴首獲白麟吕饋宗廟渥洼水出天馬泰山見黃金師古曰見音胡電反宜改故名今更黃金爲麟趾褭蹏吕協瑞焉應劭曰獲白麟有馬瑞故改鑄黃金如麟趾褭蹏以協嘉祉也古有駿馬名要褭赤喙黑身一日行萬五千里也師古曰既云宜改故名又曰更黃金爲麟趾褭蹏是即舊金雖以斤兩爲名而官有常形制亦由今時吉字金挺之類矣武帝欲表祥瑞故特改鑄爲麟足馬蹏之形以易舊法耳今人往往於地中得馬蹏金金甚精好而形制巧妙褭音奴了反因吕班賜諸侯王秋旱九月募死罪入贖錢五十萬減死一等御史大夫杜周卒　三年春正月行幸甘泉

宮饗外國客二月令天下大酺五日行幸東海獲赤鴈作朱鴈之歌幸琅邪禮日成山孟康曰禮日拜日也如淳曰祭日於成山也師古曰成山在東萊不夜縣斗入海郊祀志作盛山其音同登之罘晉灼曰地理志東萊腄縣有之罘山祠師古曰罘音浮腄音直瑞反浮大海山稱萬歲冬賜行所過戶五千錢鰥寡孤獨帛人一匹　四年春三月行幸泰山壬午祀高祖于明堂以配上帝因受計癸未祀孝景皇帝于明堂甲申修封丙戌禪石閭夏四月幸不其如淳曰其音基不其山名因以爲縣應劭曰東萊縣也祠神人于交門宮應劭曰神人蓬萊仙人之屬也晉灼曰琅邪縣有交門宮武帝所造若有鄉坐拜者師古曰如有神之髣象嚮祠坐而拜也漢注云神並見且自且黑且大且小鄉坐三拜鄉讀曰嚮坐音才卧反作交門之歌夏五月還幸建章宮大置酒赦天下秋七月趙有蛇從郭外入邑與邑中蛇群鬭孝文廟下服虔曰趙所立孝文廟也邑中蛇死冬十月甲寅晦日有蝕之十二月行幸雍祠五時西至安定北地　征和元年應劭曰言征伐四夷而天下和平春正月還行幸建章宮三月趙王彭祖薨冬十一月發三輔騎士大搜上林閉長安城門索文穎曰簡車馬數軍實也臣瓚曰搜謂索姦人也上林苑周數百里故發三輔車騎入大搜索也漢帝年記發三輔騎士大搜長安上林中閉城門十五日待詔北軍征官多餓死然即皆搜索非數軍實也師古曰文說非也索音山客反十一日迺解巫蠱起　二年春正月丞相賀下獄死夏四月大風發屋折木閏月諸邑公主陽石公主師古曰諸邑琅邪縣也以封公主故謂之邑陽石北海縣也二公主皆衛皇后之女

也陽字或作羊皆坐巫蠱死夏行幸甘泉秋七月按道侯韓說使者江充等師古曰即上游擊將軍韓說也掘蠱太子宮壬午太子與皇后謀斬充以節發兵與丞相劉屈氂大戰長安師古曰屈音丘勿反又音其勿反氂音力之反死者數萬人庚寅太子亡師古曰謂逃匿也皇后自殺初置城門屯兵更節加黃旄應劭曰時太子亦發節以戰故加其上黃以別之御史大夫暴勝之司直田仁坐失縱勝之自殺仁要斬八月辛亥太子自殺于湖師古曰湖縣名也即今虢州閿鄉湖城二縣皆其地癸亥地震九月立趙敬肅王子偃爲平干王匈奴入上谷五原殺略吏民　三年春正月行幸雍至安定北地匈奴入五原酒泉殺兩都尉三月遣貳師將軍廣利將七萬人出五原御史大夫商丘成二萬人出西河重合侯馬通四萬騎出酒泉成至浚稽山師古曰音峻雞與虜戰多斬首通至天山虜引去因降車師皆引兵還廣利敗降匈奴夏五月赦天下六月丞相屈氂下獄要斬妻梟首鄭氏曰妻作巫蠱夫從坐但要斬也師古曰屈氂亦坐與貳師將軍謀立昌邑王秋蝗九月反者公孫勇胡倩發覺皆伏辜師古曰倩音千見反　四年春正月行幸東萊臨大海二月丁酉隕石于雍二師古曰雍扶風之縣也二者石之數聲聞四百里三月上耕于鉅定服虔曰地名也近東海應劭曰齊國縣也晉灼曰案地理志應說是還幸泰山脩封　庚寅祀于明堂癸巳禪石閭

夏六月還幸甘泉秋八月辛酉晦日有蝕之　後元元年春正月行幸甘泉郊泰畤遂幸安定昌邑王髆薨二月詔曰朕郊見上帝(師古曰見音胡電反次下光景並見亦同)巡于北邊見群鶴留止以不羅罔靡所獲獻(如淳曰時春也非用畢罔時故無所獲也)薦于泰畤光景並見其赦天下夏六月御史大夫商丘成有罪自殺(師古曰坐於廟中醉而歌)侍中僕射莽何羅與弟重合侯通謀反(孟康曰征和三年言重合侯馬通今此言莽明德馬后惡其先人有反易姓莽師古曰莽音莫戶反)侍中駙馬都尉金日磾奉車都尉霍光騎都尉上官桀討之(師古曰磾音丁奚反)秋七月地震往往涌泉出　二年春正月朝諸侯王于甘泉宮賜宗室二月行幸盩厔五柞宮(晉灼曰盩厔扶風縣也張晏曰有五柞樹因以名宮也師古曰盩音張流反厔音竹乙反)乙丑立皇子弗陵為皇太子(張晏曰昭帝也後但名弗以二名難諱故)丁卯帝崩于五柞宮(臣瓚曰帝年十七即位即位五十四年壽七十一)入殯于未央宮前殿三月甲申葬茂陵(臣瓚曰自崩至葬凡十八日茂陵在長安西北八十里也)

贊曰漢承百王之弊高祖撥亂反正文景務在養民至于稽古禮文之事猶多闕焉孝武初立卓然罷黜百家(師古曰百家謂諸子雜說違背六經)表章六經(師古曰六經謂易詩書春秋禮樂也)遂疇咨海內舉其俊茂(師古曰疇誰也咨謀也言謀於衆人誰可為事者也)與之立功興太學修郊祀改正朔定歷數(師古曰正音之成反佗皆類此)協音律作詩樂建封禪禮百神紹周後號令文章煥焉可述後嗣得遵洪業而有三代之風(師古曰三代夏殷周)如武帝之雄材大略不改文景之恭儉以濟斯民雖詩書所稱何有加焉(師古曰美其雄材大略而非其不恭儉)

武紀第六

昭紀第七　班固　漢書七

祕書監上護軍琅邪縣開國子顏師古注

孝昭皇帝（荀悅曰諱弗之字曰不應劭曰禮謚法聖聞周達曰昭）武帝少子也母曰趙倢伃（師古曰倢接幸也伃美貌也故以名宮中婦官倢音接伃音余字或並從女）本以有奇異得幸（師古曰謂望氣者言有奇女天子氣及召見手指拳上自披之即時伸）及生帝亦奇異（文穎曰十四月乃生）語在外戚傳武帝末戾太子敗燕王旦廣陵王胥行驕嫚（師古曰行音下更反）後元二年二月上疾病（師古曰疾甚曰病）遂立昭帝為太子年八歲以侍中奉車都尉霍光為大司馬大將軍受遺詔輔少主明日武帝崩戊辰太子即皇帝位謁高廟帝姊鄂邑公主（應劭曰鄂縣名屬江夏公主所食曰邑師古曰鄂音五各反）益湯沐邑為長公主（師古曰帝之姊妹則稱長公主儀比諸王又以供養天子故益邑也）共養省中（伏儼曰蔡邕云本為禁中門閤有禁非侍御之臣不得妄入行道豹尾中亦為禁中孝元皇后父名禁避之故曰省中師古曰省察也言入此中皆當察視不可妄也共讀曰供音居用反養音弋亮反他皆類此）大將軍光秉政領尚書事車騎將軍金日磾左將軍上官桀副焉夏六月赦天下秋七月有星孛于東方濟北王寬有罪自殺賜長公主及宗室昆弟各有差追尊趙倢伃為皇太后起雲陵（文穎曰倢伃先葬於雲陽是以就雲陽為起雲陵）冬匈奴入朔方殺略吏民發軍屯西河左將軍桀行北邊（師古曰行音下更反）始元元年春二月黃鵠下建章宮太液池中（如淳曰謂之液者言天地和液之氣為也臣瓚曰時漢用土德服色尚黃鵠色皆白而今更黃以為土德之瑞故紀之也太液池言承陰陽津液以作池也師古曰如瓚之說皆非也黃鵠大鳥也一舉千里者非白鵠也太液池者言其津潤所及廣也鵠音胡篤反）公卿上壽賜諸侯王列侯宗室金錢各有差己亥上耕于鉤盾弄田（應劭曰時帝年九歲未能親耕帝籍鉤盾宦者近署故往試耕為戲弄也臣瓚曰西京故事弄田在未央宮中師古曰弄田謂宴游之田天子所戲弄耳非為昭帝年幼創有此名）益封燕王廣陵王及鄂邑長公主各萬三千戶夏為太后起園廟雲陵益州廉頭姑繒牂柯談指同並二十四邑皆反（蘇林曰皆西南夷別種名也師古曰並音伴）遣水衡都尉呂破胡募吏民及發犍為蜀郡犇命擊益州大破之（應劭曰舊時郡國皆有材官騎士以赴急難今夷反常兵不足以討之故權選取精勇聞命奔走故謂之奔命李斐曰平居發者二十以上至五十為甲卒今者五十以上六十已下為奔命奔命言急也師古曰應說是也犇古奔字耳犍音虔又音鉅言反）有司請河內屬冀州河東屬并州（文穎曰本屬司州師古曰蓋屬京師司隸所部）秋七月赦天下賜民百戶牛酒大雨渭橋絕八月齊孝王孫劉澤謀反欲殺青州刺史雋不疑（師古曰雋音材兗反又音辭兗反）發覺皆伏誅遷不疑為京兆尹賜錢百萬九月丙子車騎將軍日磾薨閏月遣故廷尉王平等五人（師古曰前為此官今不居者皆謂之故也）持節行郡國（師古曰行音下更反）舉賢良問民所疾苦冤失職者冬無冰

二年春正月大將軍光左將軍桀皆以前捕斬反虜重合侯馬通功封光為博陸侯桀為安陽侯以宗室毋在位者舉茂材劉辟彊劉長樂皆為光祿大夫辟彊守長樂衛尉（師古曰長樂宮之衛尉也）三月遣使者振貸貧民毋種食者（師古曰貸音吐戴反其下並同）秋八月詔曰

往年災害多今年蠶麥傷所振貸種食勿收責毋令民出今年田租冬發習戰射士詣朔方調故吏將屯田張掖郡師古曰調謂發選也故吏前爲官職者令其部率習戰射士於張掖爲屯田也調音徒釣反將音子亮反三年春二月有星孛于西北秋募民徙雲陵賜錢田宅冬十月鳳皇集東海遣使者祠其處十一月壬辰朔日有蝕之　四年春三月甲寅立皇后上官氏文穎曰上官桀孫安之女赦天下辭訟在後二年前皆勿聽治孟康曰武帝後二年夏六月皇后見高廟賜長公主丞相將軍列侯中二千石以下及郎吏宗室錢帛各有差徙三輔富人雲陵賜錢戶十萬秋七月詔曰比歲不登

民匱於食師古曰匱空也流庸未盡還師古曰流庸謂去其本鄉而行爲人庸作往時令民共出馬其止勿出諸給中都官者且減之師古曰中都官京師諸官府冬遣大鴻臚田廣明擊益州廷尉李种坐故縱死罪弃市師古曰縱謂容放之种音冲　五年春正月追尊皇太后父爲順成侯夏陽男子張延年師古曰夏陽馮翊之縣詣北闕自稱衞太子誣罔要斬夏罷天下亭母馬及馬弩關應劭曰武帝數伐匈奴再擊大宛馬死略盡乃令天下諸亭養母馬欲令其蕃孳又作馬上弩機關今悉罷之孟康曰舊馬高五尺六寸齒未平弩十石以上皆不得出關今不禁也師古曰亭母馬應說是馬弩關孟說是也六月封皇后父驃騎將軍上官安爲桑樂侯師古曰樂音來各反詔曰朕以眇身獲保宗廟師古曰眇微也戰戰栗栗夙興夜寐修古帝王之事通

保傅傳孝經論語尚書未云有明文穎曰賈誼作保傅傳在禮大戴記言能通讀之也晉灼曰帝自謂通保傅傳未能有所明也臣瓚曰帝自謂雖通舉此四書皆未能有所明此帝之謙也師古曰晉瓚之說皆非也帝自言雖通保傅傳而孝經論語尚書猶未能明也其令三輔太常舉賢良各二人郡國文學高第各一人賜中二千石以下至吏民爵各有差罷儋耳眞番郡師古曰儋耳本南越地眞番本朝鮮地皆武帝所置也番音普安反秋大鴻臚廣明軍正王平擊益州師古曰廣明田廣明斬首捕虜三萬餘人獲畜產五萬餘頭　六年春正月上耕于上林二月詔有司問郡國所舉賢良文學民所疾苦議罷鹽鐵榷酤應劭曰武帝時以國用不足縣官悉自賣鹽鐵酤酒昭帝務本抑末不與天下爭利故罷之移中監蘇武蘇林曰移音移廄名也應劭曰移地名監其官也掌鞌韋馬鷹犬射獵之具如淳曰移爾雅唐棣

移也移園之中有馬廄也師古曰蘇音如說是前使匈奴留單于庭十九歲迺還奉使全節以武爲典屬國如淳曰以其久在外國知邊事故令典主諸屬國師古曰典屬國本秦官漢因之掌歸義蠻夷屬官有九譯令後省并大鴻臚賜錢百萬夏旱大雩不得舉火臣瓚曰不得舉火抑陽助陰也秋七月罷榷酤官令民得以律占租如淳曰律諸當占租者家長身各以其物占占不以實家長不身自書皆罰金二斤沒入所不自占物及賈錢縣官也師古曰占謂自隱度其實定其辭也占音章贍反下又言占名數其義並同今猶謂獄訟之辨曰占皆其意也蓋武帝時賦斂繁多律外而取今始復舊賣酒升四錢以邊塞闊遠取天水隴西張掖郡各二縣置金城郡詔曰鉤町侯毋波服虔曰鉤音左傳射兩軥之軥應劭曰町音若挺西南夷也毋波其名也今牂牁鉤町縣是也師古曰音劬挺率其君長人民擊反者斬首捕虜有功其立毋波爲鉤町王大鴻臚廣明將率有功賜

晉關內侯食邑 元鳳元年春 應劭曰三年中鳳皇比下東海海西樂鄉於是以冠元焉 長公主共養勞苦復以藍田益長公主湯沐邑泗水戴王前薨以毋嗣國除後宮有遺腹子煖 師古曰煖音許遠反 相內史不奏言上聞而憐之立煖爲泗水王相內史皆下獄 三月賜郡國所選有行義者涿郡韓福等五人帛人五十匹遣歸詔曰朕閔勞以官職之事 鄧展曰閔哀韓福等不忍勞役以官職之事 其務修孝弟以教鄉里令郡縣常以正月賜羊酒有不幸者賜衣被一襲祠以中牢 師古曰幸者吉而免凶也故死謂之不幸一襲一稱也猶今言一副也中牢即少牢謂羊豕也 武都氐人反 師古曰氐音丁奚反 遣執金吾馬適建龍頟侯韓增 師古曰姓馬名適建也龍頟漢書本或作雒字功臣侯表云弓高壯侯韓頹當子說封龍頟侯元鼎五年坐酎金免後元元年說弟子增紹封龍頟侯而荀悅漢紀龍頟皆爲頟字崔浩曰頟音洛今河間龍頟村與弓高相近然此既地名無別指義各依書字而讀之斯則通矣讀音女交反 大鴻臚廣明將三輔太常徒皆免刑擊之 蘇林曰是時太常主諸陵縣治民也 夏六月赦天下秋七月乙亥晦日有蝕之既八月改始元爲元鳳九月鄂邑長公主燕王旦與左將軍上官桀桀子票騎將軍安御史大夫桑弘羊皆謀反伏誅初桀安父子與大將軍光爭權欲害之詐使人爲燕王旦上書言光罪 時上年十四 張晏曰武帝崩時八歲即位於今七歲今年十五師古曰此云初桀安子父與大將軍爭權詐爲燕王上書蓋追道前年事耳非今歲也張說失之 覺其詐後有譖光者上輒怒曰大將軍國家忠臣

先帝所屬 師古曰屬音之欲反 敢有譖毀者坐之光由是得盡忠語在燕王霍光傳冬十月詔曰左將軍安陽侯桀票騎將軍桑樂侯安御史大夫弘羊皆數以邪枉干輔政 師古曰枉曲也以邪曲之事而干求也 大將軍不聽而懷怨望與燕王通謀置驛往來相約結燕王遣壽西長孫縱之等 蘇林曰壽西姓也長名也孫縱姓縱之名 賂遺長公主丁外人謁者杜延年大將軍長史公孫遺等交通私書 服虔曰外人主之所幸也晉灼曰漢語字少君師古曰此杜延年自別一人非下諫大夫也 共謀令長公主置酒伏兵殺大將軍光徵立燕王爲天子大逆毋道故稻田使者燕倉先發覺 如淳曰特爲諸稻田置使者假與民收其稅入也 以告大司農敞 師古曰楊敞也 敞告諫大夫延年 師古曰杜延年杜周之子 延年以聞丞相徵事任宮手捕斬桀 文穎曰徵事丞相官屬位差尊掾屬也如淳曰時宮以時事召詩詔丞相府故曰丞相徵事張晏曰漢儀法徵事比六百石皆故吏二千石不以臧罪免者爲徵事絳衣奉朝賀正月師古曰張說是也 丞相少史王壽誘將安入府門 如淳曰漢儀注丞相太尉大將軍史秩四百石武帝又置丞相少史秩四百石 皆已伏誅吏民得以安封延年倉宮壽皆爲列侯又曰燕王迷惑失道前與齊王子劉澤等爲逆抑而不揚望王反道自新 師古曰所爲邪辟違失正道欲其旋反而歸正故云反道 今迺與長公主及左將軍桀等謀危宗廟王及公主皆自伏辜其赦王太子建公主子文信及宗室子與燕王上官桀等謀反父母同產當坐者皆免爲庶人其吏

爲桀等所詿誤未發覺在吏者除其罪師古曰其罪未發未爲吏所執持者
二年夏四月上自建章宮徙未央宮大置酒賜郎
從官帛及宗室子錢人二十萬吏民獻牛酒者賜
帛人一匹六月赦天下詔曰朕閔百姓未贍師古曰贍足也
前年減漕三百萬石師古曰減省轉漕所以休力役也頗省乘輿馬及
苑馬師古曰乘輿馬謂天子所自乘以駕車輿者他皆類此以補邊郡三輔傳馬張晏
曰驛馬也師古曰傳音張戀反其令郡國毋斂今年馬口錢文穎曰往時有馬口出斂錢今
省如淳曰所謂租及六畜也三輔太常郡得以叔粟當賦如淳曰百官表太常主諸陵別
治其縣爵秩如三輔郡矣元帝永光五年令各屬在所郡也師古曰諸應出賦筭租稅者皆聽以叔粟當錢物也叔豆也三年

春正月泰山有大石自起立上林有柳樹枯僵自
起生師古曰僵偃也謂樹枯死偃臥在地者也僵音紀良反罷中牟苑賦貧民師古曰在滎陽
詔曰迺者民被水災頗匱於食朕虛倉廩師古曰倉新穀所藏也廩穀所振入也使使者振困乏其止四年毋漕三年以前
所振貸非丞相御史所請邊郡受牛者勿收責應劭
曰武帝始開三邊徙民屯田皆與犂牛後丞相御史復間有所請令敕自上所賜與勿收責丞相所請乃令其顧稅耳夏四月
少府徐仁廷尉王平左馮翊賈勝胡皆坐縱反者
仁自殺平勝胡皆要斬冬遼東烏桓反以中郎將
范明友爲度遼將軍應劭曰當度遼水往擊之故以度遼爲官號將北邊七郡
郡二千騎擊之四年春正月丁亥帝加元服
如淳曰元服謂初冠加上服也師古曰如氏以爲衣服之服此說非也元首也冠者首之所著故曰元服其下汲黯傳序云上正元服是知謂冠爲元

元服見于高廟賜諸侯王丞相大將軍列侯宗室下
至吏民金帛牛酒各有差賜中二千石以下及天
下民爵毋收四年五年口賦如淳曰漢儀注民年七歲至十四出口賦錢人二十三二十錢
以食天子其三錢者武帝加口錢以補車騎馬三年以前逋更賦未入者皆勿收
如淳曰更有三品有卒更有踐更有過更古者正卒無常人皆當迭爲之一月一更是爲卒更也貧者欲得顧更錢者次直者出錢顧之月二千是謂
踐更也天下人皆直戍邊三日亦名爲更律所謂繇戍也雖丞相子亦在戍邊之調不可人人自行三日戍又行者當自戍三日不可往便還因便
住一歲一更諸不行者出錢三百入官官以給戍者是爲過更也律說卒踐更者居也居更縣中五月乃更也後從尉律卒踐更一月休十一月也
食貨志曰月爲更卒已復爲正一歲屯戍一歲力役三十倍於古此漢初因秦法而行之也後遂改易有謫乃戍邊一歲耳逋未出更錢者也師古
曰更音工衡反令天下酺五日甲戌丞相千秋薨師古曰田千秋夏四
月詔曰度遼將軍明友前以羌騎校尉將羌王侯

君長以下擊益州反虜後復率擊武都反氐今破
烏桓斬虜獲生有功師古曰既斬反虜又獲生口也俘取曰獲其封明友爲
平陵侯平樂監傅介子持節使師古曰持節而爲使誅斬樓蘭
王安歸首縣北闕封義陽侯五月丁丑孝文廟正
殿火上及羣臣皆素服發中二千石將五校作治
六日成師古曰率領五校之士以作治也校音下教反太常及廟令丞郎吏皆劾
大不敬會赦太常轑陽侯德免爲庶人文穎曰轑音料德江德也轑陽
在魏郡清淵師古曰會六月赦耳史終言之六月赦天下五年春正月廣陵
王來朝益國萬一千戶賜錢二千萬黃金二百斤
劒二安車一乘馬二駟師古曰四八匹也夏大旱六月發三輔

及郡國惡少年吏有告劾亡者屯遼東 如淳曰告者為人所告也劾者為人所劾也師古曰惡少年謂無賴子弟也告劾亡者謂被告劾而逃亡
秋罷象郡分屬鬱林牂柯冬十一月大雷十二月庚戌丞相訢薨 師古曰王訢也訢亦欣字
六年春正月募郡國徒築遼東玄菟城夏赦天下
詔曰夫穀賤傷農 師古曰糴多而錢少是為傷也 今三輔太常穀減賤 鄭氏曰減音減少之減
其令以叔粟當今年賦 應劭曰太常掌諸陵園皆徙天下豪富民以充實之後悉為縣故與三輔同賦 右將軍張安世宿衛忠謹封富平侯烏
桓復犯塞遣度遼將軍范明友擊之 元平元年
春二月詔曰天下以農桑為本日者省用罷不急
官 師古曰謂非要職者 減外繇 師古曰繇讀曰傜 耕桑者益衆而百姓未
能家給 師古曰給足也家家自給足是為家給也 朕甚愍焉其減口賦錢有
司奏請減什三上許之甲申晨有流星大如月衆
星皆隨西行夏四月癸未帝崩于未央宮 臣瓚曰帝年九歲即
位即位十三年壽二十二師古曰帝年八歲即位明年改元改元之後凡十三年年二十一 六月壬申葬平陵 臣瓚曰自崩至葬凡四十九日平陵在長安西北七十里
贊曰昔周成以孺子繼統而有管蔡四國流言之
變 師古曰四國謂管蔡商奄也流放也武王崩成王幼弱周公攝政四國乃流言曰公將不利於孺子遂致雷風之異成王既見金縢之冊乃不疑周公事見豳詩及周書大誥 孝昭幼年即位亦有燕蓋上官逆亂之
謀成王不疑周公孝昭委任霍光各因其時以成
名大矣哉承孝武奢侈餘敝師旅之後海內虛耗

戶口減半 師古曰耗損也音火到反減讀為減省之減 光知時務之要輕繇薄
賦與民休息 師古曰繇讀曰傜 至始元元鳳之間匈奴和親
百姓充實舉賢良文學問民所疾苦議鹽鐵而罷
榷酤尊號曰昭不亦宜乎

孝昭紀第七

宣紀第八　　班固　　漢書八

秘書少監上護軍琅邪縣開國子顏師古注

孝宣皇帝（荀悅曰諱詢字次卿詢之字曰謀應劭曰謚法聖善周聞曰宣）武帝曾孫戾太子孫也（韋昭曰以違戾擅發兵故謚曰戾臣瓚曰太子誅江充以除讒賊而事不見明後武帝覺寤遂族充家宣帝不得以加惡謚也董仲舒書曰有其功無其意謂之戾有其功有其意謂之罪師古曰瓚說是也）太子納史良娣（服虔曰史姓也良娣官也師古曰太子有妃有良娣有孺子凡三等娣音次第之弟）生史皇孫（師古曰以外家姓稱之故曰史皇孫）皇孫納王夫人生宣帝號曰皇曾孫生數月遭巫蠱事太子良娣皇孫王夫人皆遇害語在太子傳曾孫雖在襁褓（李奇曰襁絡也以繒布為之絡負小兒綵小兒大藉也孟康曰綵小兒被也師古曰襁即今之小兒繃也綵孟說是也襁音居丈反綵音保繃音補耕反）猶坐收繫郡邸獄（如淳曰謂諸郡邸置獄也師古曰據漢舊儀郡邸獄治天下郡國上計者屬大鴻臚此蓋巫蠱獄繁收繫者眾故曾孫寄在郡邸獄）而邴吉為廷尉監（師古曰監者廷尉之官屬）治巫蠱於郡邸憐曾孫之亡辜（李奇曰復作者女徒也謂輕罪男子守邊一歲女子軟弱不任守復令作於官亦一歲故謂之復作徒也孟康曰復音服謂弛刑徒也有赦令詔書去其鉗釱赭衣更犯事不從徒加與民為例故當復為官作滿其本罪年月日律名為復作也師古曰孟說是也趙徵卿淮陽人胡組渭城人皆女徒也）使女徒復作淮陽趙徵卿渭城胡組更乳養（二人更遞乳養曾孫而邴吉傳云郭徵卿紀傳不同未知孰是更音工衡反）私給衣食視遇甚有恩巫蠱事連歲不決至後元二年武帝疾往來長楊五柞宮（師古曰長楊五柞二宮並在盩厔皆以樹名之帝往來二宮之間也柞字或作莋其音同）望氣者言長安獄中有天子氣上遣使者分條中都官獄（師古曰中都官凡京師諸官府也）繫者輕重皆殺之內謁者令郭

穰夜至郡邸獄（師古曰百官表云內者署屬少府續漢書志云掌宮中布張諸褻物丁孚漢官云令秩千石蓋當時權為此使）吉拒閉使者不得入曾孫賴吉得全因遭大赦吉迺載曾孫送祖母史良娣家語在吉及外戚傳後有詔掖庭養視上屬籍宗正（應劭曰掖庭宮人之官有令丞官者為之詔勑掖庭養視之始令宗正著其屬籍）時掖庭令張賀嘗事戾太子思顧舊恩（師古曰顧念也）哀曾孫奉養甚謹以私錢供給教書既壯為取暴室嗇夫許廣漢女（應劭曰暴室宮人獄也今曰薄室許廣漢坐法腐為官者作嗇夫也師古曰暴室者掖庭主織作染練之署故謂之暴室取暴曬為名耳或云薄室者薄亦暴也今俗語亦云薄曬蓋暴室職務既多因為置獄主治其罪人故往往云暴室獄耳然本非獄名應說失之矣嗇夫者暴室屬官亦猶縣鄉之嗇夫也曬音所懈反又音所智反）曾孫因依倚廣漢兄弟及祖母家史氏（師古曰倚音於綺反）受詩於東海澓中翁（服虔曰澓音馥師古曰東海人姓澓字中翁也澓音房福反中讀曰仲）高材好學然亦喜游俠（師古曰喜音許吏反）鬬雞走馬具知閭里姦邪吏治得失數上下諸陵（師古曰諸陵皆據高敞地為之縣即在其側帝每周游往來諸陵縣去則上來則下故言上下諸陵）周徧三輔（師古曰游行皆至其處）常困於蓮勺鹵中（如淳曰為人所困辱也蓮勺縣有鹽池縱廣十餘里其鄉人名為鹵中蓮音輦勺音灼師古曰如說是也鹵者鹹地也今在櫟陽縣東其鄉人謂此中為鹵鹽池也）尤樂杜鄠之間（師古曰二縣之間也杜屬京兆鄠屬扶風鄠音扈）率常在下杜（孟康曰在長安南師古曰率者總計之言也下杜即今之杜城）時會朝請舍長安尚冠里（文穎曰以屬弟尚親故歲時隨宗室朝會也如淳曰春曰朝秋曰請師古曰舍止也尚冠者長安中里名帝會朝請之時即於此里中止息請音才姓反）身足下有毛臥居數有光燿（師古曰遍身及足下皆有毛）每買餅所從買家輒大讎（師古曰讎讀曰售）亦以是自怪元平元年

四月昭帝崩毋嗣大將軍霍光請皇后徵昌邑王六月丙寅王受皇帝璽綬尊皇后曰皇太后癸巳光奏王賀淫亂請廢語在賀及光傳秋七月光奏議曰禮人道親親故尊祖尊祖故敬宗太宗毋嗣擇支子孫賢者為嗣孝武皇帝曾孫病已師古曰蓋以夙遭屯難而多病苦故名病已欲其速差也後以為鄙更改諱詢有詔掖庭養視至今年十八師受詩論語孝經操行節儉慈仁愛人可以嗣孝昭皇帝後奉承祖宗子萬姓師古曰天子以萬姓為子故云子萬姓奏可遣宗正德至曾孫尚冠里舍洗沐賜御府衣太僕以軨獵車奉迎曾孫文穎曰軨獵小車前有曲輿不衣也近世謂之軨獵車也孟康曰今之載獵車也前有曲軨特高大獵時立其中格射禽獸李奇曰蘭輿輕車也師古曰文李二說皆是時未備天子車駕故且取其輕便耳非籍高大也孟說失之軨音鈴就齊宗正府庚申入未央宮見皇太后封為陽武侯師古曰先封侯者不欲立庶人為天子也已而羣臣奏上璽綬即皇帝位謁高廟八月己巳丞相敞薨師古曰楊敞也九月大赦天下十一月壬子立皇后許氏賜諸侯王以下金錢至吏民鰥寡孤獨各有差皇太后歸長樂宮長樂宮初置屯衛　本始元年春正月募郡國吏民訾百萬以上徙平陵文穎曰昭帝陵遣使者持節詔郡國二千石謹牧養民而風德化師古曰以德化被於下故云風也詩序曰上以風化下大將軍光稽首歸政上謙讓委任焉論

定策功益封大將軍光萬七千戶車騎將軍光祿勳富平侯安世萬戶李斐曰居光祿位以車騎官號尊之無車騎官屬詔曰故丞相安平侯敞等居位守職與大將軍光車騎將軍安世建議定策以安宗廟功賞未加而薨其益封敞嗣子忠及丞相陽平侯義師古曰蔡義度遼將軍平陵侯明友師古曰范明友前將軍龍雒侯增師古曰韓增太僕建平侯延年師古曰杜延年太常蒲侯昌師古曰蘇昌諫大夫宜春侯譚師古曰王譚當塗侯平師古曰功臣表云魏不害以捕反者胡倩功封當塗侯其子聖以定策功益封凡二千二百戶今此紀言當塗侯平與表乖錯未知孰是或者有二名乎杜侯屠耆堂蘇林曰姓復陸其祖父復陸支本匈奴胡也歸義為屬國王從驃騎有功乃更封也長信少府關內侯勝師古曰夏侯勝邑戶各有差封御史大夫廣明為昌水侯師古曰田廣明後將軍充國為營平侯師古曰趙充國大司農延年為陽城侯師古曰田延年少府樂成為爰氏侯師古曰史樂成光祿大夫遷為平丘侯師古曰王遷賜右扶風德師古曰周德典屬國武師古曰蘇武廷尉光師古曰李光宗正德師古曰楚元王之曾孫劉辟強子大鴻臚賢師古曰韋賢詹事畸蘇林曰畸音踦隻之踦師古曰宋畸也音居宜反光祿大夫吉師古曰邴吉京輔都尉廣漢師古曰趙廣漢也三輔郡皆有都尉如諸郡左輔都尉治高陵右輔都尉治郿京輔都尉治華陰灌廿爵皆關內侯德武食邑張晏曰舊關內侯無邑也以蘇武守節外國劉德宗室俊彥故特令食邑夏四月庚午地震詔內郡國舉文學高第各一人韋昭曰中國為內郡緣邊有夷狄障塞者為外郡武帝時內郡舉方正北邊二十三郡舉勇猛士五月鳳皇集膠

東千乘赦天下賜吏二千石諸侯相下至中都官宦吏六百石爵各有差如淳曰中都官宦吏奄人為吏者也晉灼曰凡職在京師者也師古曰二說皆非也中都官謂在京師諸官也宦吏諸奄官也自左更至五大夫師古曰左更第十二爵也五大夫第九爵也更音工衡反賜天下人爵各一級孝者二級女子百戶牛酒租稅勿收六月詔曰故皇太子在湖未有號謚師古曰湖縣名也死於湖因即葬焉歲時祠其議謚置園邑語在太子傳秋七月詔立燕剌王太子建為廣陽王師古曰剌音來曷反立廣陵王胥少子弘為高密王

二年春以水衡錢為平陵徙民起第宅應劭曰水衡與少府皆天子私藏耳縣官公作當仰給司農今出水衡錢言宣帝即位為異政也晉灼曰食貨志初大司農管鹽鐵官布多故置水衡欲以主鹽鐵及揚可告緡上林財物眾乃令水衡主上林上林三官主鑄錢也

大司農陽城侯田延年有罪自殺師古曰坐增僦直而自入夏五月詔曰朕以眇身奉承祖宗夙夜惟念孝武皇帝躬履仁義選明將討不服匈奴遠遁平氐羌昆明南越百蠻鄉風師古曰鄉讀曰嚮也款塞來享應劭曰款叩也皆叩塞門來服從也如淳曰款寬也請除守塞者自保不為寇害也故曰款五原塞師古曰應說是也此孔說夷狄來賓之事非呼韓邪保塞意建太學修郊祀定正朔協音律封泰山塞宣房蘇林曰隄名在東郡界李斐曰決河上宮名也張晏曰瓠子隄名師古曰蘇張二說皆是符瑞應寶鼎出白麟獲功德茂盛不能盡宣而廟樂未稱師古曰稱副也其議奏有司奏請宜加尊號六月庚午尊孝武廟為世宗廟奏盛德文始五行之舞應劭曰宣帝復采昭德之舞為盛德舞以尊世宗廟也諸帝廟皆常奏文始四時五行舞也天子世世獻武帝巡狩所幸之郡國皆立廟賜民爵一級女子百戶牛酒又匈奴數侵邊又西伐烏孫烏孫昆彌及公主因國使者上書師古曰昆彌烏孫王之號也國使者漢朝之使也言昆彌願發國精兵擊匈奴唯天子哀憐出兵以救公主秋大發興調關東輕車銳卒師古曰調謂發選也銳利也言其勇利也調音徒釣反選郡國吏三百石伉健習騎射者皆從軍師古曰伉強也音口浪反御史大夫田廣明為祁連將軍應劭曰祁連匈奴中山名也諸將分部廣明值此山因以為號也師古曰祁音上夷反後將軍趙充國為蒲類將軍應劭曰蒲類匈奴中海名也在敦煌北晉灼曰匈奴傳有蒲類澤師古曰晉說是也雲中太守田順為虎牙將軍及度遼將軍范明友前將軍韓增

凡五將軍兵十五萬騎校尉常惠持節護烏孫兵咸擊匈奴

三年春正月癸亥皇后許氏崩戊辰五將軍師發長安夏五月軍罷祁連將軍廣明虎牙將軍順有罪下有司皆自殺晉灼曰田千秋子也廣明坐逗留順坐增虜獲校尉常惠將烏孫兵入匈奴右地大克獲封列侯大旱郡國傷旱甚者民毋出租賦三輔民就賤者且毋收事盡四年晉灼曰不給官役也師古曰收謂租賦也事謂役使也盡本始四年而止六月己丑丞相義薨師古曰蔡義

四年春正月詔曰蓋聞農者興德之本也今歲不登已遣使者振貸困乏其令太官損膳省宰師古曰膳具食也食之善者也宰為屠殺也省減也漢儀注大宰令屠者七十

二人宰二百人樂府減樂人使歸就農業丞相以下至都官
令丞師古曰都官令丞京師諸署之令丞上書入穀輸長安倉助貸貧民民以
車船載穀入關者得毋用傳師古曰傳傳符也欲穀之多故不問其出入也傳音張戀反三月乙
卯立皇后霍氏賜丞相以下至郎吏從官金錢帛各有
差赦天下夏四月壬寅郡國四十九地震或山崩水出詔
曰蓋災異者天地之戒也朕承洪業奉宗廟託于士民之
上未能和羣生迺者地震北海琅邪壞祖宗廟朕甚
懼焉丞相御史其與列侯中二千石博問經學之士有以
應變師古曰謂禦塞災異也輔朕之不逮毋有所諱令三輔太常內郡
國舉賢良方正各一人律令有可蠲除以安百姓條奏被地

震壞敗甚者勿收租賦大赦天下上以宗廟墮素服避正
殿五月師古曰墮者毀也音火規反五月鳳皇集北海安丘淳于師古曰二縣皆屬北海郡秋廣
川王吉有罪廢遷上庸自殺　地節元年應劭曰以先者地震山崩水出於是改元
曰地節欲令地得其節春正月有星孛于西方三月假郡國貧民田師古曰權以給
之不常與夏六月詔曰蓋聞堯親九族以和萬國師古曰尚書堯典云克明俊德以親九族九族既睦
平章百姓百姓昭明協和萬邦故詔引之朕蒙遺德奉承聖業惟念宗室屬未盡
而以罪絕若有賢材改行勸善其復屬使得自新師古曰復音扶目反
冬十月楚王延壽謀反自殺十二月癸亥晦日有食之　二年
春三月庚午大司馬大將軍光薨詔曰大司馬大將軍博
陸侯師古曰尊之故不名宿衛孝武皇帝三十餘年輔孝昭皇帝十

有餘年遭大難躬秉義率三公諸侯九卿大夫定萬世
策以安宗廟天下蒸庶咸以康寧師古曰蒸庶衆人也康安也功德茂盛
朕甚嘉之復其後世疇其爵邑張晏曰律非始封十減二疇者等也言不復減也師古曰復音方目
反世世毋有所與師古曰與讀曰豫功如蕭相國夏四月鳳皇集
魯羣鳥從之師古曰今流俗書本此下云戊申立皇太子而後年又有立皇太子事此蓋以元紀云元帝二歲宣帝即位八歲爲皇太子故後人妄於此書加之舊本無也據疏廣及景吉傳並地節三年立皇太子此即明驗而或者妄爲臆說乖於實矣大赦天下五月光祿大
夫平丘侯王遷有罪下獄死上始親政事又思報大將軍
功德迺復使樂平侯山領尚書事師古曰霍山光之兄孫而令羣臣得
奏封事以知下情五日一聽事自丞相以下各奉職奏事
以傅奏其言應劭曰敷陳也各自奏陳其言然後試之以官考其功德也師古曰傅讀曰敷考試功能侍中

尚書功勞當遷及有異善厚加賞賜至于子孫終
不改易師古曰言各久其職事也樞機周密品式備具上下相安
莫有苟且之意也　三年春三月詔曰蓋聞有功
不賞有罪不誅雖唐虞猶不能以化天下今膠東
相成勞來不怠師古曰王成也勞來者言慰勉而招延之也小雅鴻鴈之詩序曰勞來還定安集之勞音盧到
反來音盧代反流民自占八萬餘口師古曰占者謂自隱度其戶口而著名籍也占音之贍反治有
異等師古曰政治異於常等其秩成中二千石賜爵關內侯又
曰鰥寡孤獨高年貧困之民朕所憐也前下詔假
公田貸種食師古曰貸音吐戴反其加賜鰥寡孤獨高年帛二
千石嚴敎吏謹視遇毋令失職師古曰職常也失職謂失其常業也令內

郡國舉賢良方正可親民者夏四月戊申立皇太子大赦天下賜御史大夫爵關內侯中二千石爵右庶長張晏曰自公孫弘後丞相常封列侯第二十等爵故賜御史大夫爵關內侯第十九等爵也右庶長第十一等爵也師古曰張說非也此以立皇太子國之大慶故特賜御史大夫及中二千石爵耳非常制也天下當為父後者爵一級賜廣陵王黃金千斤諸侯王十五人黃金各百斤列侯在國者八十七人黃金各二十斤冬十月詔曰迺者九月壬申地震朕甚懼焉有能箴朕過失師古曰箴戒也及賢良方正直言極諫之士以匡朕之不逮師古曰匡正也毋諱有司李奇曰諱避也雖有司在顯職皆言其過勿避之朕既不德不能附遠是以邊境屯戍未息今復飭兵重屯

久勞百姓師古曰飭讀與勑同飭整也非所以綏天下也其罷車騎將軍右將軍屯兵又詔池籞未御幸者假與貧民蘇林曰折竹以繩緜連禁禦使人不得往來律名為籞服虔曰籞在池水中作室可用棲鳥鳥入中則捕之應劭曰池者陂池也籞者禁苑也臣瓚曰籞者所以養鳥也設為藩落周覆其上令鳥不得出猶苑之畜獸池之畜魚也師古曰蘇應二說是郡國宮館勿復修治流民還歸者假公田貸種食師古曰貸音吐戴反種五穀種也音之勇反且勿算事師古曰不出算賦及給傜役十一月詔曰朕既不逮導民不明師古曰不逮者意慮不及也反側晨興念慮萬方不忘元元唯恐羞先帝聖德師古曰羞謂忝辱也故並舉賢良方正以親萬姓歷載臻茲然而俗化闕焉師古曰多歷年載迄至于今傳曰孝弟也者其為仁之本與師古曰論語載有若之言與讀曰歟其令郡

國舉孝弟有行義聞於鄉里者各一人十二月初置廷尉平四人秩六百石省文山郡并蜀師古曰以其縣道隸蜀郡四年春二月封外祖母為博平君故酇侯蕭何曾孫建世為侯詔曰導民以孝則天下順今百姓或遭衰絰凶災師古曰衰音千回反而吏繇事使不得葬師古曰繇讀曰傜事謂役使之傷孝子之心朕甚憐之自今諸有大父母父母喪者勿繇事使得收斂送終盡其子道夏五月詔曰父子之親夫婦之道天性也雖有患禍猶蒙死而存之師古曰蒙冒也誠愛結於心仁厚之至也豈能違之哉自今子首匿父母妻匿夫孫匿大父母皆

勿坐師古曰凡首匿者言為謀首而藏匿罪人其父母匿子夫匿妻大父母匿孫罪殊死皆上請廷尉以聞立廣川惠王孫文為廣川王秋七月大司馬霍禹謀反詔曰迺者東織室令史張赦應劭曰舊時有東西織室織作文繡郊廟之服令史其主者吏使魏郡豪李竟文穎曰有權埶豪右大家報冠陽侯霍雲謀為大逆如淳曰報白也師古曰此說非也謂張赦因李竟傳言於霍雲與共謀反耳非告白其罪也赦既為織室令史身在京師不須令李竟發之據霍禹傳其事明矣朕以大將軍故抑而不揚冀其自新今大司馬博陸侯禹與母宣成侯夫人顯及從昆弟冠陽侯雲樂平侯山師古曰據霍光傳雲山皆去病之孫則於禹為從昆弟子行也今此紀言從昆弟蓋轉寫者脫子字耳當言從昆弟子也諸姊妹壻度遼將軍范明友長信少府鄧廣漢中

郎將任勝騎都尉趙平長安男子馮殷等晉灼曰漢語字子都
謀爲大逆顯前又使女侍醫淳于衍進藥殺共哀
后師古曰殺讀曰弑共讀曰恭謀毒太子欲危宗廟逆亂不道咸伏
其辜諸爲霍氏所詿誤未發覺在吏者皆赦除之
八月己酉皇后霍氏廢九月詔曰朕惟百姓失職
不贍遣使者循行郡國問民所疾苦師古曰行音下更反吏或
營私煩擾不顧厥咎朕甚閔之今年郡國頗被水災
已振貸師古曰貸音他戴反鹽民之食而賈咸貴師古曰賈讀曰價其下亦同衆
庶重困師古曰更增其困也重音直用反其減天下鹽賈又曰令甲死
者不可生文穎曰蕭何承秦法所作爲律令律經是也天子詔所增損不在律上者爲令令甲者前帝第一令也如淳

曰令有先後故有令甲令乙令丙師古曰如說是也甲乙者若今之第一第二篇耳刑者不可息李斐曰息滅也若黥
劓者雖欲改過其創瘢不可復滅也師古曰息謂生長也言劓刖臏割之徒不可更生長亦猶謂子爲息耳李說非也此先帝之
所重而吏未稱師古曰稱副也今繫者或以掠辜若飢寒瘐
死獄中蘇林曰瘐病也囚徒病律名爲瘐如淳曰律囚以飢寒而死曰瘐師古曰瘐病是也此言囚或以掠笞及飢寒及疾病而死
如說非矣瘐音庾字或作瘉其音亦同何用心逆人道也朕甚痛之其令
郡國歲上繫囚以掠笞若瘐死者所坐名縣爵里師古曰名其人名也縣所屬縣也爵其身之官爵里所居邑里也
丞相御史課殿最以聞師古曰凡言殿最者殿後也課居後也最凡要之首也課居先也殿音丁見反十二月清河王年有罪
廢遷房陵　元康元年春以杜東原上爲初陵
更名杜縣爲杜陵徙丞相將軍列侯吏二千石訾

百萬者杜陵三月詔曰迺者鳳皇集泰山陳留甘
露降未央宮朕未能章先帝休烈師古曰章明也休美也烈業也協
寧百姓承天順地調序四時獲蒙嘉瑞賜茲祉福
夙夜兢兢靡有驕色內省匪解永惟罔極師古曰省視也永長
也惟思也罔無也極中也帝言內自視察不敢惰息長思政道恐無其中也解讀曰懈書不云乎鳳皇來
儀庶尹允諧師古曰虞書益稷之篇曰簫韶九成鳳皇來儀擊石拊石百獸率舞庶尹允諧言奏樂之和鳳皇以
其容儀來下百獸相率舞蹈是乃衆官之長信皆和輯故神人交暢其赦天下徒賜勤事吏中
二千石以下至六百石爵自中郎吏至五大夫師古
曰賜中郎吏爵得至五大夫自此以上每爲等級而高賜也五大夫第九爵也一曰二千石至五大夫自此以下而差降佐史以
上二級民一級女子百戶牛酒加賜鰥寡孤獨三

老孝弟力田帛所振貸勿收夏五月立皇考廟益
奉明園戶爲奉明縣師古曰奉明園即皇考史皇孫之所葬也本名廣明後追改也復高
皇帝功臣絳侯周勃等百三十六人家子孫令奉
祭祀師古曰復音方目反次下亦同世世勿絕其毋嗣者復其次秋
八月詔曰朕不明六藝鬱于大道孟康曰鬱不通也是以陰
陽風雨未時其博舉吏民厥身修正通文學明
於先王之術宣究其意者各二人師古曰究盡也中二千
石各一人冬置建章衛尉　二年春正月詔曰書
云文王作罰刑茲無赦師古曰周書康誥之辭也言文王作法罰其有亂常違教者則刑之無赦
釋也今吏修身奉法未有能稱朕意朕甚愍焉其赦

天下與士大夫厲精更始李斐曰令吏已修身奉法矣但不能稱上意耳故赦之師古曰言文王作罰有犯之者皆刑無赦今我意有所閔閔吏修身奉法矣而未稱其任故特赦之與更始耳李說非也 二月乙丑立皇后王氏師古曰王奉光女 賜丞相以下至郎從官錢帛各有差 三月以鳳皇甘露降集賜天下吏爵二級民一級女子百戶牛酒鰥寡孤獨高年帛 夏五月詔曰獄者萬民之命所以禁暴止邪養育群生也能使生者不怨死者不恨則可謂文吏矣今則不然用法或持巧心析律貳端深淺不平師古曰析分也謂分破律條妄生端緒以出入人罪 增辭飾非以成其罪奏不如實上亦亡繇知師古曰上者天子自謂也繇讀與由同也 此朕之不明吏之不稱四方

黎民將何仰哉二千石各察官屬勿用此人吏務平法或擅興繇役飾廚傳稱過使客韋昭曰廚謂飲食傳謂傳舍言修飾意氣以稱過使而已師古曰使人及賓客來者稱其意而遣之令過去也稱音尺孕反過者過度之過也 越職踰法以取名譽譬猶踐薄冰以待白日豈不殆哉師古曰殆危也 今天下頗被疾疫之災朕甚愍之其令郡國被災甚者毋出今年租賦又曰聞古天子之名難知而易諱也今百姓多上書觸諱以犯罪者朕甚憐之其更諱詢諸觸諱在令前者赦之師古曰令謂令詔書 冬京兆尹趙廣漢有罪要斬 三年春以神爵數集泰山賜諸侯王丞相將軍列侯二千石金郎從官帛各

有差賜天下吏爵二級民一級女子百戶牛酒鰥寡孤獨高年帛 三月詔曰蓋聞象有罪舜封之應劭曰象者舜弟也日以殺舜爲事舜爲天子猶封之於有鼻之國 骨肉之親粲而不殊師古曰粲明也殊絕也當明於仁恩不離絕也 其封故昌邑王賀爲海昏侯又曰朕微眇時御史大夫丙吉中郎將史曾史玄長樂衛尉許舜侍中光祿大夫許延壽皆與朕有舊恩及故掖庭令張賀輔導朕躬修文學經術恩惠卓異厥功茂焉詩不云乎無德不報師古曰大雅抑之詩也言受人之德必有報也 封賀所子弟子侍中中郎將彭祖爲陽都侯如淳曰賀張安世兄有一子早死故以彭祖爲子師古曰所子者言養弟子以爲子 追賜賀謚曰陽都哀侯吉曾

玄舜延壽皆爲列侯故人下至郡邸獄復作師古曰謂胡組郭徵卿之輩也徵音扶目反 嘗有阿保之功臣瓚曰阿倚保養也 皆受官祿田宅財物各以恩深淺報之 夏六月詔曰前年夏神爵集雍晉灼曰漢注大如鷃爵黃喉白頸黑背腹斑文也師古曰鷃音晏 今春五色鳥以萬數飛過屬縣師古曰三輔諸縣也 翱翔而舞欲集未下其令三輔毋得以春夏擿巢探卵彈射飛鳥師古曰擿音佗狄反射音食亦反 具爲令 立皇子欽爲淮陽王 四年春正月詔曰朕惟耆老之人髮齒墮落血氣衰微亦亡暴虐之心今或罹文法拘執囹圄不終天命朕甚憐之自今以來諸年八十以上非誣告殺傷人佗皆勿坐

師古曰誣告人及殺傷人皆如舊法其餘則不論 遣太中大夫彊等十二人循行天下 師古曰行音下更反 存問鰥寡覽觀風俗察吏治得失舉茂材異倫之士三月河東霍徵史等謀反誅三月詔曰迺者神爵五采以萬數集長樂未央北宮高寢甘泉泰畤殿中及上林苑朕之不逮寡于德厚屢獲嘉祥非朕之任其賜天下吏爵二級民一級女子百戶牛酒加賜三老孝弟力田帛人二匹鰥寡孤獨各一匹秋八月賜故右扶風尹翁歸子黃金百斤以奉其祭祀又賜功臣適後 師古曰適讀曰嫡承嗣者也或子或孫不拘後裔故揔言後也 黃金人二十斤丙寅大司馬衛將軍安

世薨比年豐穀石五錢 師古曰比頻也 神爵元年 應劭曰前年神爵集于長樂宮故改年 春正月行幸甘泉郊泰畤三月行幸河東祠后土詔曰朕承宗廟戰戰栗栗惟萬事統未燭厥理 師古曰惟思也統緒也燭照也 迺元康四年嘉穀玄稷降于郡國 服虔曰玄稷黑粟也 神爵仍集 師古曰仍頻也 金芝九莖產于函德殿銅池中 服虔曰金芝色像金也如淳曰函亦含也銅池承霤也晉灼曰以銅作池也師古曰函德殿名也銅池承霤是也以銅為之函讀與含同 九真獻奇獸 蘇林曰白象也晉灼曰漢注駒形麟色牛角仁而愛人師古曰非白象也晉說是矣 南郡獲白虎威鳳為寶 服虔曰威鳳鳳鳥名也晉灼曰鳳之有威儀者也與尚書鳳皇來儀同意師古曰晉說是 朕之不明震于珍物 服虔曰震驚也蘇林曰震動也珍物瑞應也師古曰蘇說是也獲珍物而心感動也 飭躬齋精祈為百姓 師古曰飭與勅同為音于偽反 東濟大河

天氣清靜神魚舞河幸萬歲宮神爵翔集 服虔曰萬歲宮在東郡平陽縣今有津晉灼曰黃圖汾陰有萬歲宮是時幸河東師古曰晉說是 朕之不德懼不能任其以五年為神爵元年賜天下勤事吏爵二級民一級女子百戶牛酒鰥寡孤獨高年帛所振貸物勿收行所過毋出田租西羌反發三輔中都官徒弛刑 李奇曰弛廢也謂若今徒解鉗釱赭衣置任輸作也師古曰中都官京師諸官府也漢儀注長安中諸官獄三十六所弛刑李說是也若今徒囚但不枷鎖而責保散役之耳弛音式爾反 及應募佽飛射士 服虔曰周時度江越人在船下負船將覆之佽飛入水殺之漢因以材力名官如淳曰呂氏春秋荊有茲非得寶劍於干將渡江中流兩蛟繞舟茲非拔寶劍赴江刺兩蛟殺之荊王聞之仕以執圭後世以為勇力之官茲佽音相近臣瓚曰本秦左弋官也武帝改曰佽飛官有一令九丞在上林苑中結矰繳以弋鳧鴈歲萬頭以供祀宗廟許慎曰佽便利也便利矰繳以弋鳧鴈故曰佽飛詩曰抉拾既佽者也師古曰取古勇力人以名官熊渠之類是也亦因取

其便利輕疾若飛故號佽飛弋鳧鴈事自使佽飛為之非取飛鳥為名瓚說失之佽音次 羽林孤兒 應劭曰天有羽林大將軍之星林諭若林木之盛羽羽翼鷙擊之意故以名武官焉如淳曰百官表取從軍死事者之子養羽林官教以五兵號曰羽林孤兒少壯令從軍漢儀注羽林從官七百人 胡越騎三河潁川沛郡淮陽汝南材官金城隴西天水安定北地上郡騎士羌騎詣金城夏四月遣後將軍趙充國彊弩將軍許延壽擊西羌六月有星孛于東方即拜酒泉太守辛武賢為破羌將軍 師古曰即就也就酒泉而拜之不徵入 與兩將軍並進 師古曰兩將軍即趙充國許延壽 詔曰軍旅暴露轉輸煩勞其令諸侯王列侯蠻夷王侯君長當朝二年者皆毋朝 師古曰朝來年之正月 秋賜故大司農朱邑子黃金百斤以奉祭祀後將軍充國

言屯田之計語在充國傳　二年春二月詔曰迺
者正月乙丑鳳皇甘露降集京師群鳥從以萬數
朕之不德屢獲天福祗事不怠其赦天下夏五月
羌虜降服斬其首惡大豪楊玉酋非首文穎曰羌胡名大帥爲酋如中
國言魁非首其名也如淳曰酋音酒酋勳師古曰文說失矣酋者自是
魁帥之稱而此酋不當其義也蓋首惡者唱首爲惡也大豪者魁帥也
楊玉及酋非皆人名言斬此二人之首級耳既已言大豪不當重
言酋且趙充國傳又云酋非楊玉首此其明驗也酋音才由反
置金城屬國以處降羌秋匈奴日逐王先賢撣鄭氏
曰撣音纏束之纏晉灼曰音田師古曰鄭音是也將人衆萬餘來降使都護西域
騎都尉鄭吉迎日逐破車師皆封列侯九月司隸
校尉蓋寬饒有罪下有司自殺匈奴單于遣名

王奉獻師古曰名王者謂有大名以別諸小王也賀正月始和親師古曰賀來歲之正月
三年春起樂游苑師古曰三輔黃圖云在杜陵西北又關中記云宣帝立廟於曲池之北號樂游案其處則
今之所呼樂游廟者是也其餘基尚可識焉蓋本爲苑後因立廟乎樂音來各反三月丙午丞相相
薨師古曰魏相秋八月詔曰吏不廉平則治道衰今小
吏皆勤事而奉祿薄師古曰奉音扶用反其下亦同欲其毋侵漁百
姓難矣如淳曰漁奪也謂奪其利便也晉灼曰許慎云捕魚之字也師古曰漁者若言漁獵也晉說是也其益
吏百石以下奉十五如淳曰律百石奉月六百韋昭曰若食一斛則益五斗　四年
春二月詔曰迺者鳳皇甘露降集京師嘉瑞並見
修興泰一五帝后土之祠祈爲百姓蒙祉福師古曰爲音于
偽反鸞鳳萬舉蜚覽翺翔集止于旁師古曰萬舉猶言舉以萬數也蜚古

飛字也言鸞鳳飛翔覽觀都邑也齋戒之暮神光顯著薦鬯之夕神光
交錯師古曰鬯香酒所以祭神或降于天或登于地或從四方來
集于壇上帝嘉嚮海內承福師古曰嚮讀曰饗其赦天下賜
民爵一級女子百戶牛酒鰥寡孤獨高年帛夏四
月潁川太守黃霸以治行尤異秩中二千石如淳曰太守雖
號二千石有千石八百石居者有功德茂異乃得滿秩霸得中二千
石九卿秩也晉灼曰此直謂二千石增秩爲中二千石耳不謂滿不
滿也師古曰如說非也霸舊已二千石矣今增爲中二千石以寵異之
此與地節三年增膠東相王成秩其事同耳漢制秩二千石者一歲得
一千四百四十石實不滿二千石也其云中二千石者一
歲得二千一百六十石舉成數言之故曰中二千石中者滿也賜爵關內侯
黃金百斤及潁川吏民有行義者爵人二級力田
一級貞婦順女帛令內郡國舉賢良可親民者

各一人五月匈奴單于遣弟呼留若王勝之來朝
師古曰呼留若者王之號也勝之其人名冬十月鳳皇十一集杜陵十一月
河南太守嚴延年有罪弃市十二月鳳皇集上林
五鳳元年應劭曰先者鳳皇五至因以改元云春正月行幸甘泉郊泰時
皇太子冠皇太后賜丞相將軍列侯中二千石帛
人百匹大夫人八十匹夫人六十匹又賜列侯嗣子
爵五大夫男子爲父後者爵一級夏赦徒作杜陵
者冬十二月乙酉朔日有蝕之左馮翊韓延壽有
罪弃市　二年春三月行幸雍祠五時夏四月己
丑大司馬車騎將軍增薨師古曰韓增秋八月詔曰夫

婚姻之禮人倫之大者也酒食之會所以行禮樂
也今郡國二千石或擅爲苛禁禁民嫁娶不得具
酒食相賀召由是廢鄉黨之禮令民亡所樂非所
以導民也詩不云乎民之失德乾餱以愆師古曰小雅伐木之
詩也餱食也愆過也言人無恩德不相飲食則闕乾餱之事爲過惡也乾音干餱音侯勿行苛政冬十
一月匈奴呼遬累單于帥衆來降師古曰遬古速字累音力追反封
爲列侯十二月平通侯楊惲師古曰惲音於吻反坐前爲光祿
勳有罪免爲庶人不悔過怨望大逆不道要斬
三年春正月癸卯丞相吉薨師古曰丙吉也三月行幸河
東祠后土詔曰往者匈奴數爲邊寇百姓被其害

朕承至尊未能綏安匈奴虛閭權渠單于請求和
親病死右賢王屠耆堂代立骨肉大臣立虛閭權
渠單于子爲呼韓邪單于擊殺屠耆堂諸王並自
立分爲五單于更相攻擊師古曰更音工衡反死者以萬數畜
產大耗什八九師古曰耗損也言十損其八九也耗音呼到反人民飢餓相燔燒
以求食師古曰燔焚也音扶元反因大乖亂單于閼氏服虔曰閼氏音焉支子
孫昆弟及呼遬累單于名王右伊秩訾且渠當戶
以下師古曰伊秩訾且渠當戶皆匈奴官号也訾音子移反且音子余反將衆五萬餘人來降
歸義單于稱臣使弟奉珍朝賀正月北邊晏然靡
有兵革之事朕飭躬齋戒師古曰飭與敕同郊上帝祠后土

神光並見或興于谷燭燿齊宮十有餘刻師古曰燭亦照也刻者以漏言時也
甘露降神爵集已詔有司告祠上帝宗廟三
月辛丑鸞鳳又集長樂宮東闕中樹上張晏曰門外闕丙衛馬之裏樹也
飛下止地文章五色留十餘刻吏民並觀朕之
不敏懼不能任婁蒙嘉瑞獲茲祉福師古曰婁古屢字書不
云乎雖休勿休祗事不怠師古曰周書呂刑之辭言雖見褒美勿自以爲有德美當敬於事無怠墮也
公卿大夫其勗焉師古曰勗勉也減天下口錢赦殊死以
下賜民爵一級女子百戶牛酒大酺五日加賜鰥
寡孤獨高年帛置西河北地屬國以處匈奴降者
四年春正月廣陵王胥有罪自殺匈奴單于稱臣

遣弟谷蠡王入侍服虔曰谷音鹿韋昭曰蠡音如麗師古曰谷服音是也蠡音落奚反以邊塞
亡寇減戍卒什二大司農中丞耿壽昌奏設常平
倉以給北邊應劭曰壽昌奏令邊郡穀賤時增賈而糴穀貴時減賈而糶名曰常平倉見食貨志省
轉漕賜爵關內侯夏四月辛丑晦日有蝕之詔曰
皇天見異以戒朕躬是朕之不逮吏之不稱也師古曰稱副也
以前使使者問民所疾苦復遣丞相御史掾二
十四人循行天下師古曰行音下更反舉冤獄察擅爲苛禁深
刻不改者　甘露元年春正月行幸甘泉郊泰畤匈
奴呼韓邪單于遣子右賢王銖婁渠堂入侍師古曰銖音殊婁音力于反
二月丁巳大司馬車騎將軍延壽薨文穎曰許延壽

夏四月黃龍見新豐丙申太上皇廟火甲辰孝文廟火上素服五日冬匈奴單于遣弟左賢王朝賀

二年春正月立皇子囂爲定陶王（師古曰囂音敖）詔曰迺者鳳皇甘露降集黃龍登興醴泉滂流枯槁榮茂（師古曰槁口老反）神光竝見咸受禎祥（師古曰禎正也祥福也禎音貞）其赦天下減民筭三十（師古曰一筭減錢三十也）賜諸侯王丞相將軍列侯中二千石金錢各有差賜民爵一級女子百戶牛酒鰥寡孤獨高年帛夏四月遣護軍都尉祿將兵擊珠崖秋九月立皇子宇爲東平王冬十二月行幸萯陽宮（應劭曰宮在鄠秦文王所起伏儼曰在扶風李斐曰萯音倍師古曰應說李音是也）屬玉觀（服虔曰以玉飾因名焉在扶風李奇曰屬玉音鸀鳿鳥其上有此鳥因以爲名晉灼曰屬玉水鳥似鵁鶄以名觀也師古曰晉說是也屬音之欲反）匈奴呼韓邪單于款五原塞（師古曰款叩也）願奉國珍朝三年正月（師古曰欲於甘露三年正月行朝禮）詔有司議咸曰聖王之制施德行禮先京師而後諸夏先諸夏而後夷狄詩云率禮不越遂視既發相土烈烈海外有截（文穎曰遂徧也發行也言契能使其民率禮不越法度徧承視其教令奉順而行也相土契孫也烈烈威也截整齊也威武之盛烈烈然四海之外率服整齊也師古曰此商頌長發之詩）陛下聖德充塞天地光被四表（師古曰四表四方之外也）匈奴單于鄉風慕義（師古曰鄉讀曰嚮）舉國同心奉珍朝賀自古未之有也單于非正朔所加王者所客也禮儀宜如諸侯王稱臣昧死再拜位

次諸侯王下詔曰蓋聞五帝三王禮所不施不及以政（師古曰言荒外之人非禮所設者政刑亦不及）今匈奴單于稱北藩臣朝正月朕之不逮德不能弘覆其以客禮待之位在諸侯王上

三年春正月行幸甘泉郊泰畤匈奴呼韓邪單于稽侯狦來朝（應劭曰狦音若訕李奇曰狦音山師古曰稽音古奚反狦音刪又音先安反）贊謁稱藩臣而不名賜以璽綬冠帶衣裳安車四馬黃金錦繡繒絮使有司道單于（師古曰道讀曰導導引也）先行就邸長安宿長平上自甘泉宿池陽宮上登長平阪（如淳曰阪名也在池陽南上原之阪有長平觀去長安五十里師古曰涇水之南原即今所謂眭城阪）詔單于毋謁（師古曰不拜見也）其左右當戶之羣皆列觀（孟康曰左右當戶匈奴官名）蠻夷君長王侯迎者數萬人夾道陳上登渭橋咸稱萬歲單于就邸置酒建章宮饗賜單于觀以珍寶（師古曰觀示也）二月單于罷歸遣長樂衛尉高昌侯忠（晉灼曰功臣表董忠）車騎都尉昌（晉灼曰韓昌）騎都尉虎（文穎曰不知姓晉灼曰百官表唯記三輔郡以上若此皆不見姓無從知之）將萬六千騎送單于單于居幕南保光祿城（孟康曰前光祿徐自爲所築城）詔北邊振穀食郅支單于遠遁（師古曰郅音質）匈奴遂定詔曰迺者鳳皇集新蔡群鳥四面行列皆鄉鳳皇立以萬數（師古曰行音胡郎反鄉讀曰嚮）其賜汝南太守帛百匹新蔡長吏三老孝弟力田鰥寡孤獨各有差賜民爵二級毋出今年租三月

己丑丞相霸薨（文穎曰黄霸） 詔諸儒講五經同異太子太傅蕭望之等平奏其議上親稱制臨決焉廼立梁丘易大小夏侯尚書穀梁春秋博士冬烏孫公主來歸（應劭曰楚王女解憂） 四年夏廣川王海陽有罪廢遷房陵冬十月丁卯未央宮宣室閣火 黄龍元年（應劭曰先是黄龍見新豐因以冠元焉師古曰漢注云此年二月黄龍見廣漢郡故改年然則應說非也見新豐者於此五載矣） 春正月行幸甘泉郊泰畤匈奴呼韓邪單于來朝禮賜如初二月單于歸國詔曰蓋聞上古之治君臣同心舉措曲直各得其所（師古曰措置也音千故反） 是以上下和洽海內康平其德弗可及已（師古曰已語終辭） 朕既不明數申詔

公卿大夫務行寬大（師古曰申束也謂約束之） 順民所疾苦（師古曰民所疾苦則順其意也） 將欲配三王之隆明先帝之德也今吏或以不禁姦邪為寬大縱釋有罪為不苛或以酷惡為賢皆失其中（師古曰中音竹仲反） 奉詔宣化如此豈不繆哉方今天下少事繇役省減兵革不動而民多貧盜賊不止其咎安在上計簿具文而已（師古曰雖有其文而實不副也簿音步戶反其下亦同） 務為欺謾以避其課（師古曰謾誑言也音慢又音莫連反） 三公不以為意朕將何任（師古曰言無所委任） 諸請詔省卒徒自給者皆止（應劭曰時有請云詔使出者省卒徒以其直自給不復取官粟假借有違入於官非舊章也故絕之張晏曰先是武帝以用度不足冝有以益官者或奉使求不受奉祿自省其徒衆以取其直者或自給於是姦吏緣此為利所得多於本祿故絕之如淳曰是時有所省卒徒而姦臣有請之以自給官府者先時聽與之今更毋之不復聽也師古曰應張二說是也） 御史察計簿疑非實者按之使真偽毋相亂三月有星孛于王良閣道入紫宮（蘇林曰皆星名） 夏四月詔曰舉廉吏誠欲得其真也吏六百石位大夫有罪先請秩祿上通足以效其賢材自今以來毋得舉（韋昭曰吏六百石者不得復舉為廉吏也） 冬十二月甲戌帝崩于未央宮（臣瓚曰帝年十八即位即位二十五年壽四十三） 癸巳尊皇太后曰太皇太后（師古曰於此已書尊太皇太后元紀之首又重書之歟為尊太皇太后及皇太后宜同一時則元紀為是而此紀誤重之）

贊曰孝宣之治信賞必罰（師古曰有功必賞有罪必罰） 綜核名實政事文學法理之士咸精其能至于技巧工匠器械

自元成間鮮能及之（師古曰械者器之總名也一曰有盛為械無盛為器鮮少也言少有能及之者鮮音先踐反） 亦足以知吏稱其職民安其業也遭值匈奴乖亂推亡固存（李奇曰推亡者若紂爲無道天下苦之有滅亡之形周武遂推而滅之固存者譬如鄭國以道蒞民上下一心勢必能存因就而堅固之今匈奴內自奮擊有亡故宣帝能朝呼韓邪而固存之走郅支單于使遠遁是謂推亡也師古曰尚書仲虺之誥曰推亡固存邦乃其昌言有亡道者則推而滅之有存道者則輔而固之王者如此國乃昌盛故此贊引之） 信威北夷（師古曰信讀為申古通用字一說恩信及威並著北夷） 單于慕義稽首稱藩功光祖宗業垂後嗣可謂中興侔德殷宗周宣矣（師古曰侔等也殷之高宗及周宣王也）

孝宣紀第八

元紀第九　　漢書九

班固

秘書監上護軍琅邪縣開國子顏師古注

孝元皇帝荀悅曰諱奭之字曰盛應劭曰謚法行義悅民曰元師古曰奭音式亦反宣帝太子也母曰共哀許皇后張晏曰禮婦人從夫謚閔其見殺故兼二謚師古曰共讀曰恭宣帝微時生民間年二歲宣帝即位八歲立為太子師古曰宣帝即位之明年改元曰本始本始凡四年而改元曰地節地節三年立皇太子若初即位年二歲則立為太子時年九歲矣又宣帝以元平元年七月即位而外戚傳云許后生元帝數月宣帝立為帝見則即位時太子未必二歲也參校前後衆文此紀進退為錯壯大柔仁好儒見宣帝所用多文法吏以刑名繩下晉灼曰刑家名家也太史公曰法家嚴而少恩名家儉而善失真師古曰晉說非也劉向別錄云申子學號刑名刑名者以名責實尊君卑臣崇上抑下宣帝好觀其君臣篇繩謂彈治之耳大臣楊惲蓋寬饒等坐刺譏辭語為罪而誅師古曰惲音於吻反嘗侍燕從容言師古曰從音千容反陛下持刑太深宜用儒生宣帝作色曰師古曰作動也意怒故動色漢家自有制度本以霸王道雜之柰何純任德教用周政乎師古曰鄉周之政且俗儒不達時宜好是古非今使人眩於名實師古曰眩亂視也音胡眄反不知所守何足委任迺歎曰亂我家者太子也繇是疏太子而愛淮陽王師古曰繇讀與由同曰淮陽王明察好法宜為吾子而王母張倢伃尤幸上有意欲用淮陽王代太子然以少依許氏俱從微起故終不背焉黃龍元年十二月宣帝崩癸巳太子即皇帝位謁高廟尊皇太后曰太皇太后蘇林曰上官后皇后曰皇太后文穎曰邛成王皇后母養元帝者也

春正月辛丑孝宣皇帝葬杜陵臣瓚曰自崩至葬凡二十八日杜陵在長安南五十里也

初元元年

賜諸侯王公主列侯黃金吏二千石以下錢帛各有差大赦天下三月封皇太后兄侍中中郎將王舜為安平侯丙午立皇后王氏以三輔太常郡國公田及苑可省者振業貧民師古曰振起之令有作業貲不滿千錢者賦貸種食師古曰賦給與之也貸假也貸音土戴反種音之勇反封外祖父平恩戴侯同產弟子中常侍許嘉為平恩侯奉戴侯後文穎曰戴侯許廣漢夏四月詔曰朕承先帝之聖緒獲奉宗廟戰戰兢兢閒者地數動而未靜懼於天地之戒不知所繇師古曰繇與由同方田作時朕憂蒸庶之失業師古曰蒸衆也臨遣光祿大夫褒等十二人應劭曰自臨面約勑乃遣之循行天下師古曰行音下更反存問耆老鰥寡孤獨困乏失職之民師古曰失職失其常業延登賢俊招顯側陋因覽風俗之化相守二千石誠能正躬勞力師古曰相者諸侯王相也守郡守也宣明教化以親萬姓則六合之內和親庶幾虖無憂矣書不云乎股肱良哉庶事康哉師古曰虞書益稷之辭也言君能任賢股肱之臣皆得良善則衆事安寧布告天下使明知朕意又曰關東今年穀不登民多困乏其令郡國被災害甚者毋出租賦江海陂湖園池屬少府者以假貧民師古曰湖深水勿租賦賜

宗室有屬籍者馬一匹至二駟師古曰二駟八匹三老孝者帛五匹弟者力田三匹鰥寡孤獨二匹吏民五十戶牛酒師古曰以五十戶爲率共賜之六月以民疾疫令大官損膳減樂府員省苑馬以振困乏秋八月上郡屬國降胡萬餘人亡入匈奴九月關東郡國十一大水飢或人相食轉旁郡錢穀以相救詔曰間者陰陽不調黎民飢寒無以保治師古曰保安也惟德淺薄不足以充入舊貫之居應劭曰言己德淺薄不足以充舊貫舊貫者常居也師古曰論語稱閔子騫云仍舊貫帝自謙言不足充入先帝之居室故引以爲言也其令諸宮館希御幸者勿繕治師古曰繕補也太僕減穀食馬水衡省肉食獸師古曰減謂損其數省者全去之

二年春正月行幸甘泉郊泰畤賜雲陽民爵一級女子百戶牛酒立弟竟爲清河王三月立廣陵厲王太子霸爲王詔罷黃門乘輿狗馬師古曰黃門近署也故親幸之物屬焉水衡禁囿宜春下苑孟康曰宮名也在杜縣東晉灼曰史記云葬二世杜南宜春苑中師古曰宜春下苑即今京城東南隅曲池是少府佽飛外池如淳曰漢儀注佽飛具矰繳以射鳧鴈給祭祀是故有池也嚴籞池田蘇林曰嚴飾池上之屋及其地也晉灼曰嚴籞射苑也許慎曰嚴弋射者所蔽也池田苑中田也師古曰晉說是假與貧民詔曰蓋聞賢聖在位陰陽和風雨時日月光星辰靜黎庶康寧考終厥命師古曰考老也言得壽考終其天命今朕恭承天地託于公侯之上明不能燭德不能綏災異並臻連年不息乃二月戊午地震于隴西郡毀落太上皇廟殿辟木飾壞敗豲道縣城郭官寺及民室屋壓殺人衆師古曰豲道屬天水凡府庭所在皆謂之寺豲音桓壓音烏狎反山崩地裂水泉涌出天惟降災震驚朕師師古曰師衆也治有大虧咎至於斯夙夜兢兢不通大變深惟鬱悼未知其序師古曰鬱不通之意也序次也間者歲數不登元元困乏不勝飢寒以陷刑辟朕甚閔之郡國被地動災甚者無出租賦赦天下有可蠲除減省以便萬姓者條奏毋有所諱丞相御史中二千石舉茂材異等直言極諫之士朕將親覽焉夏四月丁巳立皇太子賜御史大夫爵關內侯中二千石右庶長師古曰第十一爵天下

當爲父後者爵一級列侯錢各二十萬五大夫十萬師古曰五大夫第九爵六月關東飢齊地人相食秋七月詔曰歲比災害民有菜色師古曰五穀不收人但食菜故其顏色變惡慘怛於心師古曰慘痛也怛悼也已詔吏虛倉廩開府庫振救賜寒者衣今秋禾麥頗傷一年中地再動北海水溢流殺人民陰陽不和其咎安在公卿將何以憂之其悉意陳朕過靡有所諱師古曰悉意盡意也靡無也冬詔曰國之將興尊師而重傅故前將軍望之傅朕八年道以經書厥功茂焉師古曰茂美也道讀曰導其賜爵關內侯食邑八百戶朝朔望十二月中書令弘恭石顯等譖望之令自殺

三年春令諸侯相位在郡守下師古曰此諸侯謂諸侯王也珠厓郡山南縣反博謀群臣待詔賈捐之以爲宜棄珠厓救民飢饉師古曰穀不孰爲飢蔬不孰爲饉蔬菜也乃罷珠厓夏四月乙未晦茂陵白鶴館災詔曰迺者火災降於孝武園館朕戰栗恐懼不燭變異咎在朕躬師古曰燭照也群司又未肯極言朕過以至於斯將何以寤焉百姓仍遭凶阨無以相振師古曰仍頻也加以煩擾虖苛吏拘牽虖微文不得永終性命師古曰永長也朕甚閔焉其赦天下夏旱立長沙煬王弟宗爲王鄭氏曰煬音供養之養也封故海昏侯賀子代宗爲侯六月詔曰蓋聞安民之道本繇陰陽

師古曰繇與由同閒者陰陽錯謬風雨不時朕之不德庶幾群公有敢言朕之過者今則不然媮合苟從未肯極言師古曰媮與偷同朕甚閔焉惟烝庶之飢寒遠離父母妻子勞於非業之作衛於不居之宮師古曰不急之事故云非業也恐非所以佐陰陽之道也其罷甘泉建章宮衛令就農百官各省費師古曰費用之物務減省條奏毋有所諱有司勉之毋犯四時之禁丞相御史舉天下明陰陽災異者各三人於是言事者衆或進擢召見人人自以得上意師古曰人人各自以當天子之意四年春正月行幸甘泉郊泰畤三月行幸河東祠后土赦汾陰徒賜民爵一

級女子百戶牛酒鰥寡高年帛行所過無出租賦五年春正月以周子南君爲周承休侯文穎曰姓姬名延其祖父姬嘉本周後武帝元鼎四年封爲周子南君令奉周祠師古曰承休國在潁川位次諸侯王三月行幸雍祠五畤夏四月有星孛于參詔曰朕之不逮序位不明師古曰逮及也言官人之位失其次序衆僚久虗應劭曰虗音曠師古曰虗古曠字曠空也不得其人則職事空廢未得其人元元失望上感皇天陰陽爲變咎流萬民朕甚懼之迺者關東連遭災害飢寒疾疫夭不終命詩不云乎凡民有喪匍匐救之師古曰邶國谷風之詩也言見人有喪禍之事則當盡力以救之匍音步扶反匐音步得反其令大官毋日殺師古曰不得日日宰殺所具各減半師古曰食具也乘輿秣馬無乏正事

而已師古曰秣養也粟秣食之也正事謂供郊祀蒐狩之事非游田者也秣音末罷角抵上林宮館希御幸者齊三服官李斐曰齊國舊有三服之官春獻冠幘縰爲首服紈素爲冬服輕綃爲夏服凡三如淳曰地理志曰齊冠帶天下胡公曰服官主作文繡以給袞龍之服地理志襄邑亦有服官師古曰齊三服官李說是也縰與纚同音山爾反即今之方目紗也紈素今之絹也輕綃今之輕紗也襄邑自出文繡非齊三服也北假田官李斐曰主假賃見官田與民收其假稅也故置田農之官晉灼曰匈奴傳秦始皇渡河據陽山北假中王莽傳五原北假膏壤殖穀北假地名師古曰晉說是也鹽鐵官常平倉博士弟子毋置員以廣學者賜宗室子有屬籍者馬一匹至二駟三老孝者帛人五匹弟者力田三匹鰥寡孤獨二匹吏民五十戶牛酒省刑罰七十餘事除光祿大夫以下至郎中保父母同產之令應劭曰舊時相保一人有過皆當坐之師古曰特爲郎中以上除此令者所以優之也同產謂兄弟也令從

官給事宮司馬中者得爲大父母父母兄弟通籍 應劭曰從官謂宦者及虎賁羽林大醫大官是也司馬中者宮內門也司馬主武兵禁之意也籍者爲二尺竹牒記其年紀名字物色縣之宮門案省相應乃得入也師古曰應說非也從官親近天子常侍從者皆是也故此下云科弟郎從官司馬門者宮之外門也衛尉有八屯衛候司馬主衛士徼巡宿衛每面各二司馬故謂宮之外門爲司馬門 冬十二月丁未御史大夫貢禹卒衛司馬谷吉使匈奴不還 師古曰即衛尉八屯衛司馬

永光元年春正月行幸甘泉郊泰畤赦雲陽徒賜民爵一級女子百戶牛酒高年帛行所過毋出租賦二月詔丞相御史舉質樸敦厚遜讓有行者光祿歲以此科弟郎從官 師古曰始令丞相御史舉此四科人以擢用之而見在郎及從官又令光祿每歲依此科考校定其弟高下用知其人賢否也 三月詔曰五帝三王任賢使能以登至平而今不治者豈斯民異哉 師古曰言今所治人即五帝三王之衆庶 咎在朕之不明亡以知賢也是故王人在位 服虔曰壬人佞人也 而吉士雍蔽 師古曰吉善也大雅卷阿之詩曰藹藹王多吉士雍讀曰壅 重以周秦之弊民漸薄俗 師古曰爲薄俗所漸染也重音直用反 去禮義觸刑法豈不哀哉繇此觀之元元何辜 師古曰繇讀與由同 其赦天下令厲精自新各務農畝無田者皆假之貸種食如貧民 師古曰此皆謂遇赦新免罪者也故云如貧人 賜吏六百石以上爵五大夫勤事吏二級民一級女子百戶牛酒鰥寡孤獨高年帛是月雨雪 師古曰雨音于具反 隕霜傷麥稼秋罷 如淳曰當言罷其事爛脫失之晉灼曰或無稼字或稼字在秋下稼或作臧或作霖五行志永光元年三月隕霜殺桑九月二日隕霜殺稼天下大饑言傷麥稼秋罷是也師古曰晉說得之秋者謂秋時所收穀稼也今俗猶謂黍豆之屬爲雜稼云秋罷者言至秋時無所收

二年

春二月詔曰蓋聞唐虞象刑而民不犯 師古曰象刑解在武紀 殷周法行而姦軌服 師古曰軌與宄同亂在外曰姦在內曰軌 今朕獲承高祖之洪業託位公侯之上夙夜戰栗永惟百姓之急未嘗有忘焉然而陰陽未調三光晻昧 師古曰晻與暗同又音烏感反 元元大困流散道路盜賊並興有司又長殘賊失牧民之術是皆朕之不明政有所虧咎至於此朕甚自恥爲民父母若是之薄謂百姓何 師古曰言何以撫臨百姓 其大赦天下賜民爵一級女子百戶牛酒鰥寡孤獨高年三老孝弟力田帛又賜諸侯王公主列侯黃金中二千石以下至中都官長吏各有差吏六百石以上爵五大夫勤事吏各二級三月壬戌朔日有蝕之詔曰朕戰戰栗栗夙夜思過失不敢荒寧 師古曰荒廢也不敢廢事而自寧 惟陰陽不調未燭其咎婁敕公卿日望有效 師古曰婁古屢字其後亦同 至今有司執政未得其中 師古曰中音竹仲反 施與禁切未合民心 師古曰施惠徧薄禁令煩苛 暴猛之俗彌長和睦之道日衰百姓愁苦靡所錯躬 師古曰錯置也音千故反 是以氛邪歲增侵犯太陽 師古曰氛惡氣也邪者言非正氣也太陽日也 正氣湛掩日以奪光 師古曰湛讀與沈同湛掩者見掩而湛沒 迺壬戌日有蝕之天見大異以戒朕躬 師古曰見顯示 朕甚悼焉其令內郡

國舉茂材異等賢良直言之士各一人夏六月詔曰間者連年不收四方咸困元元之民勞於耕耘又亡成功困於饑饉亡以相救朕為民父母德不能覆而有其刑甚自傷焉其赦天下秋七月西羌反遣右將軍馮奉世擊之八月以太常任千秋為奮威將軍別將五校並進師古曰別領五校之兵而與右將軍並進三年春西羌平軍罷三月立皇子康為濟陽王夏四月癸未大司馬車騎將軍接薨師古曰王接冬十一月詔曰迺者已丑地動中冬雨水大霧師古曰中讀曰仲雨音于具反盜賊並起吏何不以時禁各悉意對師古曰時禁謂月令所當禁斷者也悉盡也冬復鹽

鐵官博士弟子員師古曰復音扶目反以用度不足民多復除師古曰復音方目反無以給中外繇役四年春二月詔曰朕承至尊之重不能燭理百姓婁遭凶咎加以邊竟不安師旅在外師古曰婁讀曰屢竟讀曰境賦斂轉輸元元騷動窮困亡聊犯法抵罪夫上失其道而繩下以深刑朕甚痛之其赦天下所貸貧民勿收責三月行幸雍祠五時夏六月甲戌孝宣園東闕災戊寅晦日有蝕之詔曰蓋聞明王在上忠賢布職則群生和樂方外蒙澤今朕晻于王道師古曰晻讀與暗同夙夜憂勞不通其理靡瞻不眩靡聽不惑師古曰靡無也眩視亂也音胡眄反是以政令多還民心未得

李奇曰還反也易曰渙汗其大號言王者發號施令如汗出不可復反邪說空進事亡成功此天下所著聞也公卿大夫好惡不同師古曰愛憎各異也或緣姦作邪侵削細民元元安所歸命哉迺六月晦日有蝕之詩不云虖今此下民亦孔之哀師古曰小雅十月之交之詩也孔甚也言災異既多百姓甚可哀愍自今以來公卿大夫其勉思天戒慎身修永以輔朕之不逮師古曰虞書咎繇謨云慎厥身修思永言當慎修其身思為長久之道故此詔云慎身修永也今流俗書本永上有職字者後人不曉妄加之耳直言盡意無有所諱九月戊子罷衛思后園服虔曰戾太子母也及戾園冬十月乙丑罷祖宗廟在郡國者諸陵分屬三輔師古曰先是諸陵總屬太常今各依其地界屬三輔以渭城壽陵亭部原上為初陵服虔曰元帝所置陵也未有名故曰初

詔曰安土重遷黎民之性師古曰重難也骨肉相附人情所願也頃者有司緣臣子之義奏徙郡國民以奉園陵令百姓遠棄先祖墳墓破業失產親戚別離人懷思慕之心家有不自安之意是以東垂被虛耗之害關中有無聊之民師古曰耗損也音呼到反非久長之策也詩不云虖民亦勞止迄可小康惠此中國以綏四方師古曰大雅民勞之詩也止語助也迄至也康安也言人勞已久至此可以小安逸之施惠京師以及四遠也今所為初陵者勿置縣邑使天下咸安土樂業亡有動搖之心布告天下令明知之又罷先后父母奉邑應劭曰先后為其父母置邑守冢以奉祭祀既以久遠又非典制故罷之師古曰奉邑奉音扶用反五年春正月

行幸甘泉郊泰畤三月上幸河東祠后土秋潁川
水出流殺人民吏從官縣被害者與告晉灼曰從官猶從役從軍
也臣瓚曰告休假也師古曰晉說非也從官即上侍從之官也言凡爲吏爲從官其本縣有被害者皆與休告士卒遣歸
冬上幸長楊射熊館師古曰射音食亦反布車騎大獵十二月
乙酉毀太上皇孝惠皇帝寢廟園　建昭元年春
三月上幸雍祠五畤秋八月有白蛾群飛蔽日從
東都門至枳道如淳曰三輔黃圖長安城東面北頭門號曰宣平城門其外郭曰東都門也師古曰蛾成蠶若
今之蠶蛾類也音五何反枳音只枳道解在高紀冬河間王元有罪廢遷房陵罷
孝文太后孝昭太后寢園　二年春正月行幸甘泉
郊泰畤三月行幸河東祠后土益三河大郡太守

前漢紀九　十一　唯庸

秩戶十二萬爲大郡夏四月赦天下六月立皇子
興爲信都王閏月丁酉太皇太后上官氏崩冬十
一月齊楚地震大雨雪師古曰雨音于具反樹折屋壞淮陽王
舅張博魏郡太守京房坐窺道諸侯王以邪意漏
泄省中語師古曰道讀曰導博要斬房棄市　三年夏令三
輔都尉大郡都尉秩皆二千石六月甲辰丞相玄
成薨師古曰韋玄成秋使護西域騎都尉甘延壽副校尉陳
湯師古曰言延壽及湯本充西域之使故先言使而後序其官職及姓名橋發戊己校尉屯田
吏士及西域胡兵攻郅支單于師古曰橋與矯同矯託也實不奉詔詐以上命發兵
故言矯發也戊己校尉者鎮安西域無常治處亦猶甲乙等各有方位而戊與己四季寄王故以名官也時有戊校尉又有己校尉一說戊己

位在中央今所置校尉處三十六國之中故曰戊己也郅音質冬斬其首傳詣京師縣蠻夷
邸門師古曰縣古懸字也蠻夷邸若今鴻臚客館　四年春正月以誅郅支
單于告祠郊廟赦天下群臣上壽置酒以其圖書
示後宮貴人服虔曰討郅支之圖書也或曰單于土地山川之形書也師古曰或說非夏四月詔
曰朕承先帝之休烈師古曰休美也烈業也夙夜栗栗懼不克
任間者陰陽不調五行失序百姓饑饉惟烝庶之
失業臨遣諫大夫博士賞等二十一人循行天下
師古曰行音下更反存問耆老鰥寡孤獨乏困失職之人舉茂
材特立之士相將九卿其帥意毋怠使朕獲觀教
化之流焉六月甲申中山王竟薨藍田地沙石雍

前漢紀九　十二　陳先

霸水安陵岸崩雍涇水水逆流孟康曰安陵岸惠帝陵旁涇水岸也師古曰雍讀曰
壅　五年春三月詔曰蓋聞明王之治國也明好
惡而定去就崇敬讓而民興行故法設而民不犯
令施而民從今朕獲保宗廟兢兢業業匪敢解怠
師古曰兢兢慎也業業危也解讀曰懈德薄明晻教化淺微師古曰晻讀與暗同傳不
云虖百姓有過在予一人師古曰論語載殷湯伐桀告天下之文也言君天下者當任其
憂責其赦天下賜民爵一級女子百戶牛酒三老孝
弟力田帛又曰方春農桑興百姓勠力自盡之時
也故是月勞農勸民無使後時師古曰勞農謂慰勉之勞音來到反今不
良之吏覆案小罪師古曰覆音方目反徵召證案興不急之事

以妨百姓使失一時之作亡終歲之功公卿其明察申救之 師古曰申重也一曰約束之耳 夏六月庚申復戾園 壬申晦日有蝕之 秋七月庚子復太上皇寢廟園原廟 文穎曰高祖已自有廟在長安城中惠帝更於渭北作廟謂之原廟爾雅曰原者再再作廟也晉灼曰原本也始祖之廟故曰本也師古曰文說是

昭靈后武哀王昭哀后衞思后園 師古曰昭靈后高祖母也武哀王高祖兄也昭哀后高祖姊也衞思后戾太子母也

竟寧元年 應劭曰虖韓邪單于願保塞邊竟得以安寧故以冠元也師古曰據如應說竟讀為境古之用字境竟同但此詔云邊垂長無兵革之事竟者終極之言言永安寧也既無兵革中外安寧豈止境上若依本字而讀義更弘通也 春正月匈奴虖韓邪單于來朝詔曰匈奴郅支單于背叛禮義既伏其辜虖韓邪單于不忘恩德鄉慕禮義 師古曰鄉讀曰嚮 復修朝賀之禮願保塞傳之無窮邊垂長無兵革之事其改元為竟寧賜單于待詔掖庭王檣為閼氏 應劭曰郡國獻女未御見須命於掖庭故曰待詔王檣王氏女名檣字昭君文穎曰本南郡秭歸人也蘇林曰閼氏音焉支如漢皇后也師古曰秭音姊 皇太子冠賜列侯嗣子爵五大夫 師古曰第九爵 天下為父後者爵一級二月御史大夫延壽卒 師古曰即繁延壽也繁音蒲河反 三月癸未復孝惠皇帝寢廟園孝文太后孝昭太后寢園夏封騎都尉甘延壽為列侯賜副校尉陳湯爵關內侯黃金百斤夏五月壬辰帝崩于未央宮 臣瓚曰帝年二十七即位即位十六年壽四十三 毀太上皇孝惠孝景皇帝廟罷孝文孝昭太后昭靈后武哀王昭哀后寢園秋七月丙戌葬

渭陵 臣瓚曰自崩及葬凡五十五日渭陵在長安北五十六里也

贊曰臣外祖兄弟為元帝侍中 應劭曰元成帝紀皆班固父彪所作臣則彪自說也外祖金敞也如淳曰班固外祖樊叔皮也師古曰應說是 語臣曰元帝多材藝善史書 應劭曰周宣王太史籀所作大篆 鼓琴瑟吹洞簫 如淳曰簫之無底者 自度曲被歌聲 應劭曰自隱度作新曲因持新曲以為歌詩聲也荀悅曰被聲能播樂也臣瓚曰度曲謂歌終更授其次謂之度曲西京賦曰度曲未終雲起雪飛張衡舞賦亦曰度終復位次受二八師古曰應荀二說皆是也度音大各反被音皮義反 分刌節度 蘇林曰刌度也知曲之終始節度也韋昭曰刌切也謂能分切句絕為之節制也師古曰韋說是也刌音千本反 窮極幼眇 師古曰幼眇讀曰要妙 少而好儒及即位徵用儒生委之以政貢薛韋匡迭為宰相 師古曰貢禹薛廣德韋賢匡衡迭互而為丞相也迭音大結反 而上牽制文義優游不斷 師古曰為文義所牽制故不斷決 孝宣之業衰焉然寬弘盡下出於恭儉號令溫雅有古之風烈

元紀第九

成帝紀第十　　班固　　漢書十

秘書監上護軍琅邪縣開國子顏師古注

孝成皇帝荀悅曰諱驁字太孫驁之字曰俊應劭曰謚法安民立政曰成師古曰驁音五到反元帝太子也母曰王皇后元帝在太子宮生甲觀畫堂應劭曰甲觀在太子宮甲地主用乳生也畫堂畫九子母如淳曰甲觀觀名畫堂堂名三輔黃圖云太子宮有甲觀師古曰甲者甲乙丙丁之次也元后傳言見於丙殿此其例也而應氏以爲在宮之甲地謬矣畫堂但畫飾耳豈必九子母乎霍光止畫室中是則宮殿中通有彩畫之堂室爲世嫡皇孫宣帝愛之字曰太孫常置左右年三歲而宣帝崩元帝即位帝爲太子壯好經書寬博謹慎初居桂宮師古曰三輔黃圖桂宮在城中近北宮非太子宮上嘗急召太子出龍樓門張晏曰門樓上有銅龍若白鶴飛廉之爲名也不敢絕馳道應劭曰馳道天子所行道也若今之中道師古曰絕橫度也西至直城門晉灼曰黃圖西出南頭第二門也得絕乃度還入作室門上遲之問其故以狀對上大說師古曰說讀曰悅乃著令令太子得絕馳道云師古曰言云者此舉著令之文其後幸酒樂燕樂晉灼曰幸酒好酒也樂燕沈讌也師古曰幸酒晉說是也樂燕樂者論語稱孔子云損者三樂樂驕樂樂逸遊樂燕樂損矣燕樂燕私之樂也上樂讀如本字又音五孝反下樂音來各反今流俗本無下樂字後人不曉輒去之上不以爲能而定陶恭王有材藝母傅昭儀又愛幸上以故常有意欲以恭王爲嗣賴侍中史丹護太子家輔助有力上亦以先帝尤愛太子故得無廢竟寧元年五月元帝崩六月己未太子即皇帝位謁高廟尊皇太后曰太皇太后皇后曰皇太后以元舅侍中衛

尉陽平侯王鳳爲大司馬大將軍領尚書事乙未有司言乘輿車牛馬禽獸皆非禮不宜以葬奏可七月大赦天下　建始元年春正月乙丑皇曾祖悼考廟災文穎曰宣帝父史皇孫廟立故河間王弟上郡庫令良爲王如淳曰漢官北邊郡庫官之兵器所藏故置令有星孛于營室罷上林詔獄師古曰漢舊儀云上林詔獄主治苑中禽獸宮館事屬水衡二月右將軍長史姚尹等使匈奴還去塞百餘里暴風火發燒殺尹等七人賜諸侯王丞相將軍列侯王太后公主王主張晏曰天子女曰公主秩比公也王主王之女也師古曰王主則翁主也王自主婚故曰王主吏二千石黃金宗室諸官吏千石以下至二百石及宗室子有屬籍者三老孝弟力田鰥寡孤獨錢帛各有差吏民五十戶牛酒詔曰迺者火災降於祖廟有星孛于東方始正而虧如淳曰言始即帝之正而有彗星之虧也咎孰大焉師古曰孰誰也有大於此者誰也書云惟先假王正厥事師古曰商書高宗肜日載武丁之臣祖乙之辭也假至也言先古至道之君遭遇災變則正其行事修德以應之羣公孜孜帥先百寮輔朕不逮師古曰孜孜不怠之意崇寬大長和睦凡事恕己毋行苛刻師古曰恕者仁也仁己之心以度於物其大赦天下使得自新封舅諸吏光祿大夫關內侯王崇爲安成侯應劭曰百官表諸吏得舉法案劾職如御史中丞武帝初置皆兼官所加或列侯將軍卿大夫爲之無員也賜舅王譚商立根逢時爵關內侯夏四月黃霧四塞博問公卿大夫無有所諱六月

有青蠅無萬數師古曰言其極多雖欲以萬數計之而不可得故云無萬數 集未央宮
殿中朝者坐服虔曰公卿已下朝會坐也晉灼曰內朝臣之朝坐也師古曰朝臣坐之在宮殿中者也服說是矣
坐音才卧反 秋罷上林宮館希御幸者二十五所 八月有
兩月相承晨見東方服虔曰相承在上下也應劭曰案京房易傳云君弱如婦爲陰所乘則兩月出 九
月戊子流星光燭地長四五丈委曲蛇形貫紫宮
十二月作長安南北郊罷甘泉汾陰祠是日大風
拔甘泉畤中大木十韋以上師古曰韋與圍同 郡國被災什
四以上毋收田租師古曰什四謂田畝所收十損其四 二年春正月罷
雍五畤 辛巳上始郊祀長安南郊 詔曰迺者徙泰
畤后土于南郊北郊朕親飭躬郊祀上帝師古曰飭整也讀與勑同

皇天報應神光並見三輔長無共張繇役之勞師古曰共音居用反張音竹亮反謂供具張設他皆類此
赦奉郊縣長安長陵應劭曰天郊在長安城南地郊在長安城北長陵界中二縣有奉郊之勤故一切並赦之
及中都官耐罪徒師古曰中都官京師諸官府 減天下賦錢筭四十孟康曰本筭百二十今減四十爲八十 閏月以渭
城延陵亭部爲初陵 二月詔三輔內郡舉賢良方
正各一人師古曰內郡謂非邊郡 三月北宮井水溢出 辛丑上始祠
后土于北郊 丙午立皇后許氏師古曰許嘉女 罷六廏技巧
官服虔曰倡技巧者也師古曰謂巧蓺之技耳非倡樂之技也 夏大旱 東平王宇有罪削
樊亢父縣師古曰樊及亢父東平之二縣也亢音抗父音甫 秋罷太子博望苑文穎
曰武帝爲衛太子作此苑令受賓客也 以賜宗室朝請者師古曰請音才性反 減乘輿

廏馬 三年春三月赦天下徒賜孝弟力田爵二
級諸逋租賦所振貸勿收 秋關內大水 七月虒上
小女陳持弓聞大水至走入橫城門闌入尚方掖
門服虔曰虒音斯應劭曰虒上地名在渭水邊陳姓也持弓名也無符籍妄入宮曰闌掖門者正門之傍小門也如淳曰橫音光三輔
黃圖北面西頭第一門師古曰掖門在兩傍言如人臂掖也 至未央宮鉤盾中吏民驚上
城 九月詔曰迺者郡國被水災流殺人民多至千
數京師無故訛言大水至師古曰訛僞言 吏民驚恐奔走乘
城師古曰乘登也 殆苛暴深刻之吏未息元元冤失職者衆
遣諫大夫林等循行天下師古曰行音下更反 冬十
二月戊申朔日有蝕之夜地震未央宮殿中 詔曰

蓋聞天生衆民不能相治爲之立君以統理之 君
道得則草木昆蟲咸得其所師古曰昆衆也昆蟲言衆蟲也又許愼說文云二虫爲
蚰讀與昆同謂蟲之總名兩義並通而鄭康成以昆蟲爲明蟲失之矣虫音許尾反 人君不德讁見天地
師古曰言天地見變所以責之 災異婁發以告不治師古曰婁古屢字也治音丈吏反 朕涉
道日寡舉錯不中師古曰中當也音竹仲反 乃戊申日蝕地震朕
甚懼焉 公卿其各思朕過失明白陳之女無面從
退有後言師古曰虞書益稷之篇云帝曰予違汝弼汝無面從退有後言謂我有違道汝當正之無得對面則順從唯唯
退後則有謗讟之言也故此詔引之 丞相御史與將軍列侯中二千石及
內郡國舉賢良方正能直言極諫之士詣公車朕
將覽焉 越嶲山崩 四年春罷中書宦官臣瓚曰漢

初中人有中謁者令孝武加中謁者令爲中書謁者令置僕射宣帝時任中書官弘恭爲令石顯爲僕射元帝即位數年恭死顯代爲中書令專權用事至成帝乃罷其官初置尚書員五人師古曰漢舊儀云尚書四人爲四曹常侍尚書主丞相御史事二千石尚書主刺史二千石事戶曹尚書主庶人上書事主客尚書主外國事成帝置五人有三公曹主斷獄事夏四月雨雪師古曰雨音于具反五月中謁者丞陳臨殺司隸校尉轅豐於殿中應劭曰豐爲長安令治有能名擢拜司隸臨素與豐有怨見其尊顯畏爲已害拜訖未出使人刺殺秋桃李實大水河決東郡金隄師古曰金隄者河隄之名今在滑州界冬十月御史大夫尹忠以河決不憂職自殺河平元年春三月詔曰河決東郡流漂二州師古曰兗州豫州之地校尉王延世隄塞輒平其改元爲河平賜天下吏民爵各有差夏四月己亥晦日有蝕之既詔曰朕獲保宗廟戰戰栗栗未能奉稱師古曰謂不副先帝之業傳曰男教不修陽事不得則日爲之蝕天著厥異辜在朕躬公卿大夫其勉悉心以輔不逮師古曰悉盡也逮及也百寮各修其職惇任仁人退遠殘賊師古曰惇厚也遠離也遠音于萬反陳朕過失無有所諱大赦天下六月罷典屬國幷大鴻臚秋九月復太上皇寢廟園二年春正月沛郡鐵官冶鐵飛語在五行志夏六月封舅譚商立根逢時皆爲列侯三年春二月丙戌犍爲地震山崩師古曰犍音其言反又其連反雍江水水逆流師古曰雍音壅其下皆同秋八月乙卯晦日有蝕之光祿大夫劉向校中祕書師古曰言中以別外謁

者陳農使使求遺書於天下師古曰言令陳農爲使而使之求遺書也上使音所吏反下使讀如本字四年春正月匈奴單于來朝赦天下徒賜孝弟力田爵二級諸逋租賦所振貸勿收二月單于罷歸國三月癸丑朔日有蝕之遣光祿大夫博士嘉等十一人行舉瀕河之郡師古曰巡行而舉其狀也瀕水厓也瀕河言傍河也行音下更反瀕音頻又音賓傍音步浪反水所毀傷困乏不能自存者財振貸師古曰財與裁同謂量其等差而振貸之其爲水所流壓死不能自葬令郡國給槥櫝葬埋師古曰槥櫝謂小棺槥音衞櫝音讀已葬者與錢人二千避水它郡國在所冗食之文穎曰冗散廩食使生活不占著戶給役使也如淳曰散著人間給食之官償其直也師古曰文說是也冗音如勇反食讀曰飤謹遇以文理無令失職師古曰勿使失其常理舉惇厚有行能直言之士壬申長陵臨涇岸崩雍涇水夏六月庚戌楚王囂薨山陽火生石中改元爲陽朔師古曰應說非也朔始也以火生石中言陽氣之始陽朔元年應劭曰時陰盛陽微故改元曰陽朔欲陽之蘇息也春二月丁未晦日有蝕之三月赦天下徒冬京兆尹王章有罪下獄死二年春寒詔曰昔在帝堯立羲和之官應劭曰尚書堯典曰乃命羲和羲氏和氏世掌天地之官命以四時之事令不失其序故書云黎民於蕃時雍應劭曰黎衆也時是也雍和也言衆民於是變化用是大和也師古曰此虞書堯典之辭也今尚書作變而此紀作蕃兩說並通蕃音扶元反明以陰陽爲本也今公卿大夫或不信陰陽薄而小之師古曰謂爲輕小之事也所奏請多違時政李奇曰時政月

令也 傳以不知周行天下 如淳曰在位者皆不知陰陽時政轉轉相因故令後人遂不知也師古曰如説非也言遞相因循以所不知之事施設教命周徧天下 而欲望陰陽和調豈不謬哉其務順四時月令三月大赦天下五月除吏八百石五百石秩 李奇曰除八百就六百除五百就四百 秋關東大水流民欲入函谷天井壺口五阮關者勿苛留 應劭曰天井在上黨高都壺口在壺關五阮在代郡如淳曰阮音近捲反師古曰苛細刻也阮音其遠反苛音何 遣諫大夫博士分行視 師古曰行音下更反 八月甲申定陶王康薨九月奉使者不稱 師古曰不副上意 詔曰古之立太學將以傳先王之業流化於天下也儒林之官四海淵原宜皆明於古今温故知新通達國體 師古曰温厚也謂厚積於故事也 故謂之

博士否則學者無述焉為下所輕非所以尊道德也工欲善其事必先利其器 師古曰論語載孔子之言也故此詔引焉 丞相御史其與中二千石二千石雜舉可充博士位者使卓然可觀 師古曰卓然高遠之貌也 是歳御史大夫張忠卒 師古曰史不記其月故書之於歳末其下王駿亦同 三年春三月壬戌隕石東郡八夏六月潁川鐵官徒申屠聖等百八十人殺長吏盜庫兵自稱將軍經歴九郡遣丞相長史御史中丞逐捕以軍興從事皆伏辜 師古曰逐捕之事須有發興皆依軍法 秋八月丁巳大司馬大將軍王鳳薨 四年春正月詔曰夫洪範八政以食為首 師古曰洪範尚書篇名箕子為周武王所説洪大也範法也八政一曰食蓋王政之所先故以為首 斯誠家給刑錯之本也 師古曰言倉廩充盈則家家自足人不犯禁無所用刑也 先帝劭農 蘇林曰劭音翹精異之意也晉灼曰劭勸勉也師古曰晉説是也其字從力音時召反 薄其租税寵其強力 師古曰謂優寵力田之人 令與孝弟同科 師古曰謂毎同薦舉及加賜也 間者民彌惰怠鄉本者少趨末者衆將何以矯之 師古曰鄉讀曰嚮矯正也 方東作時 應劭曰東作耕也師古曰春位在東耕者始作故曰東作虞書堯典曰平秩東作 其令二千石勉勸農桑出入阡陌致勞來之 師古曰阡陌田間道也南北曰阡東西曰陌蓋秦時商鞅所開也勞來勸勉之意也勞音郎到反來音郎代反 書不云乎服田力嗇乃亦有秋 應劭曰農夫服田厲其膂力乃有秋收也師古曰此商書盤庚之辭 其勗之哉 二月赦天下 秋九月壬申東平王宇薨 閏月壬戌御史大夫于永卒 師古曰于定國子 鴻嘉元年春

二月詔曰朕承天地獲保宗廟明有所蔽德不能綏刑罰不中衆冤失職趨闕告訴者不絶是以陰陽錯謬寒暑失序 師古曰序次也 日月不光百姓蒙辜朕甚閔焉 師古曰蒙被也 書不云乎即我御事罔克耆壽咎在厥躬 文穎曰此尚書文侯之命篇中辭也言我周家用事者無能有耆老賢者使國危亡罪咎在其用事者也師古曰咎在厥躬平王自謂故帝引之以自責耳文氏乃云咎在用事斯失之矣 方春生長時臨遣諫大夫理等 師古曰天子自臨敕而遣 舉三輔三河弘農冤獄公卿大夫部刺史明申敕守相稱朕意焉其賜天下民爵一級女子百戸牛酒加賜鰥寡孤獨高年帛逋貸未入者勿收壬午行幸初陵赦作徒 師古曰徒人之在陵作役者 以

新豐戲鄉爲昌陵縣師古曰戲水之鄉也音許宜反奉初陵賜百戶牛酒上始爲微行出張晏曰於後門出從期門郎及私奴客十餘人白衣組幘單騎出入市里不復警蹕若微賤之所爲故曰微行冬黃龍見眞定師古曰本趙國東垣縣也高祖十一年更名眞定二年春行幸雲陽三月博士行飲酒禮有雊蜚集于庭歷階升堂而雊師古曰蜚古飛字也歷階謂以次而登也後集諸府又集承明殿師古曰在未央宮中詔曰古之選賢傅納以言明試以功師古曰傅讀曰敷敷陳也令其陳言而省納之乃試以事也故官無廢事下無逸民師古曰逸遺也敎化流行風雨和時百穀用成衆庶樂業咸以康寧朕承鴻業十有餘年數遭水旱疾疫之災黎民婁困於飢寒師古曰婁古屢也而望禮義之興豈不難

哉朕既無以率道師古曰道讀曰導帝王之道日以陵夷師古曰陵丘陵也夷平也言其頹替若丘陵之漸平也又曰陵遲亦言如丘陵之逶遲稍卑下也他皆類此意廼招賢選士之路鬱滯而不通與師古曰與讀曰歟將舉者未得其人也其舉敦厚有行義能直言者冀聞切言嘉謀匡朕之不逮夏徙郡國豪桀貲五百萬以上五千戶于昌陵賜丞相御史將軍列侯公主中二千石冢地第宅師古曰並於昌陵賜之六月立中山憲王孫雲客爲廣德王三年夏四月赦天下令吏民得買爵賈級千錢師古曰賈讀曰價大旱秋八月乙卯孝景廟闕災冬十一月甲寅皇后許氏廢廣漢男子鄭躬等六十餘

人攻官寺篡囚徒師古曰逆取曰篡盜庫兵自稱山君四年春正月詔曰數敕有司務行寬大而禁苛暴訖今不改一人有辜舉宗拘繫農民失業怨恨者衆傷害和氣水旱爲災關東流冗者衆師古曰冗散失其事業也冗音人勇反青幽冀部尤劇朕甚痛焉未聞在位有惻然者孰當助朕憂之師古曰孰誰也已遣使者循行郡國師古曰行音下更反被災害什四以上民貲不滿三萬勿出租賦逋貸未入皆勿收流民欲入關輒籍內師古曰錄其名籍而內之所之郡國謹遇以理師古曰之往也務有以全活之思稱朕意秋勃海淸河河溢被災者振貸之冬廣漢鄭躬等黨

與寖廣師古曰寖古浸字浸漸也犯歷四縣衆且萬人拜河東都尉趙護爲廣漢太守發郡中及蜀郡合三萬人擊之或相捕斬除罪師古曰賊黨相捕斬而來者赦其本罪旬月平遷護爲執金吾賜黃金百斤　永始元年春正月癸丑太官凌室火師古曰藏冰之室戊午戾后園闕火夏四月封婕妤趙氏父臨爲成陽侯五月封舅曼子侍中騎都尉光祿大夫王莽爲新都侯六月丙寅立皇后趙氏師古曰趙飛燕也即上所謂婕妤趙氏大赦天下秋七月詔曰朕執德不固謀不盡下師古曰言不博謀於羣下過聽將作大匠萬年師古曰過誤也萬年解萬年也言昌陵三年可成作治五年中陵

司馬殿門內尚未加功 如淳曰陵中有司馬殿門如生時制也臣瓚曰天子之藏壙中無司馬殿門也此謂陵上寢殿及司馬門也時皆未作之故曰尚未加功師古曰中陵陵中正寢也司馬殿門內瓚說是也 天下虛秏 師古曰秏損也音呼到反 百姓罷勞 師古曰罷讀曰疲 客土踈惡 服虔曰取他處土以增高爲客土也 終不可成朕惟其難怛然傷心 師古曰怛悲也 夫過而不改是謂過矣 師古曰論語載孔子之言故詔引之 其罷昌陵及故陵勿徙吏民令天下毋有動搖之心立城陽孝王子俚爲王 如淳曰俚音里 八月丁丑太皇太后王氏崩 師古曰宣帝王皇后也 二年春正月己丑大司馬車騎將軍王音薨二月癸未夜星隕如雨乙酉晦日有蝕之詔曰乃者龍見于東萊日有蝕之天著變異以顯朕郵 師古曰郵與尤同謂

過也 朕甚懼焉公卿申敕百寮深思天誡有可省減便安百姓者條奏所振貸貧民勿收又曰關東比歲不登 師古曰比頻也 吏民以義收食貧民入穀物助縣官振贍者已賜直 如淳曰賜之爵復租賦以爲直師古曰此說非也收食貧人謂收取而養食之助縣官振贍謂出物以助郡縣之官也已賜直謂官賜其所費直也今方更加爵及免賦耳食讀曰飤 其百萬以上加賜爵右更 師古曰第十四爵也更音工行反 欲爲吏補三百石其吏也遷二等 師古曰先已爲吏則遷二等 三十萬以上賜爵五大夫 師古曰第九爵也 吏亦遷二等民補郎十萬以上家無出租賦三歲萬錢以上一年冬十一月行幸雍祠五畤十二月詔曰前將作大匠萬年知昌陵卑下不可

爲萬歲居奏請營作建置郭邑妄爲巧詐積土增高多賦斂繇役興卒暴之作 師古曰卒讀曰猝謂急也 卒徒蒙辜死者連屬 師古曰屬音之欲反 百姓罷極天下匱竭 師古曰罷讀曰疲匱空也竭盡也 常侍閎前爲大司農中丞數奏昌陵不可成 師古曰閎王閎也 侍中衞尉長數白宜早止徙家反故處 師古曰長淳于長也 朕以長言下閎章 如淳曰以衞尉長數白罷故因下閎請奏罷作之章師古曰下音胡稼反 公卿議者皆合長計首建至策閎典主省大費 師古曰司農中丞主錢穀領庸故云典主 民以康寧閎前賜爵關內侯黃金百斤其賜長爵關內侯食邑千戶閎五百戶萬年佞邪不忠毒流衆庶海內怨望至今不息雖蒙赦令

不宜居京師其徙萬年敦煌郡是歲御史大夫王駿卒 師古曰王吉之子也 三年春正月己亥晦日有蝕之詔曰天災仍重朕甚懼焉 師古曰仍頻也重音直用反 惟民之失職 師古曰失其常業也 臨遣太中大夫嘉等循行天下 師古曰行音下更反 存問耆老民所疾苦其與部刺史舉惇樸遜讓有行義者各一人冬十月庚辰皇太后詔有司復甘泉泰畤汾陰后土雍五畤陳倉陳寶祠 師古曰陳寶祠在陳倉 語在郊祀志十一月尉氏男子樊並等十三人謀反 師古曰尉氏陳留之縣 殺陳留太守劫略吏民自稱將軍徒李譚等五人共格殺並等皆封爲列侯十二月山陽鐵

官徒蘇令等二百二十八人攻殺長吏盜庫兵自稱將軍經郡國十九殺東郡太守汝南都尉遣丞相長史御史中丞持節督趣逐捕 師古曰趣讀曰促 汝南太守嚴訢捕斬令等 師古曰訢與欣同令即蘇令 遷訢為大司農賜黃金百斤 四年春正月行幸甘泉郊泰畤神光降集紫殿大赦天下賜雲陽吏民爵女子百戶牛酒鰥寡孤獨高年帛三月行幸河東祠后土賜吏民如雲陽行所過無出田租夏四月癸未長樂臨華殿未央宮東司馬門皆災 師古曰東面之司馬門也 六月甲午霸陵園門闕災出杜陵諸未嘗御者歸家詔曰迺者地震

京師火災婁降 師古曰婁古屢字 朕甚懼之有司其悉心明對厥咎 師古曰悉盡也 朕將親覽焉又曰聖王明禮制以序尊卑異車服以章有德雖有其財而無其尊不得踰制故民興行 師古曰行音下更反 上義而下利 師古曰以義為上以利為 下方今世俗奢僭罔極 師古曰罔無也極中也一曰止也 靡有厭足公卿列侯親屬近臣四方所則 師古曰則法也 未聞脩身遵禮同心憂國者也或迺奢侈逸豫務廣第宅治園池多畜奴婢被服綺穀 師古曰被音皮義反 設鐘鼓備女樂車服嫁娶葬埋過制吏民慕效寖以成俗 師古曰寖漸也 而欲望百姓儉節家給人足豈不難哉詩不云乎赫赫師

尹民具爾瞻 師古曰小雅節南山之詩也赫赫盛貌也師尹尹氏為太師之官也言居位甚高備為衆庶所瞻仰 其申敕有司以漸禁之 師古曰謂約束也 青綠民所常服且勿止 師古曰然則禁紅紫之屬 列侯近臣各自省改 師古曰省視也視而改之論語稱曾子曰吾日三省吾身 司隸校尉察不變者秋七月辛未晦日有蝕之 元延元年春正月己亥朔日有蝕之三月行幸雍祠五畤夏四月丁酉無雲有雷聲光燿燿四面下至地昏止赦天下秋七月有星孛于東井詔曰迺者日蝕星隕謫見于天大異重仍 師古曰仍頻也重音直用反 在位默然罕有忠言今孛星見于東井朕甚懼焉公卿大夫博士議郎其各悉心惟思變意明

以經對無有所諱與內郡國舉方正能直言極諫者各一人 師古曰令公卿與內郡國各舉一人 北邊二十二郡舉勇猛知兵法者各一人封蕭相國後喜為酇侯冬十二月辛亥大司馬大將軍王商薨是歲昭儀趙氏害後宮皇子 師古曰趙飛燕之妹 二年春正月行幸甘泉郊泰畤三月行幸河東祠后土夏四月立廣陵孝王子守為王冬行幸長楊宮從胡客大校獵 如淳曰合軍聚衆有幡校擊鼓也周禮校人掌王田獵之馬故謂之校獵師古曰如說非也此校謂以木自相貫穿為闌校耳校人職云六廄成校是則以遮闌為義也校獵者大為闌校以遮禽獸而獵取也軍之幡旗雖有校名本因部校此無豫也 宿萯陽宮 師古曰萯音倍 賜從官

三年春正月丙寅蜀郡岷山崩 師古曰岷音武巾反 雍江三

日江水竭二月封侍中衛尉淳于長爲定陵侯三月行幸雍祠五時　四年春正月行幸甘泉郊泰時二月罷司隸校尉官三月行幸河東祠后土甘露降京師賜長安民牛酒　綏和元年春正月大赦天下二月癸丑詔曰朕承太祖鴻業奉宗廟二十五年德不能綏理宇內百姓怨恨者衆不蒙天祐至今未有繼嗣天下無所係心觀于往古近事之戒禍亂之萌皆由斯焉師古曰萌始生曰萌定陶王欣於朕爲子慈仁孝順可以承天序繼祭祀其立欣爲皇太子封中山王舅諫大夫馮參爲宜鄉侯益中山國

三萬戶以慰其意師古曰以不得繼統爲帝之後恐其怨恨賜諸侯王列侯金天下當爲父後者爵三老孝弟力田帛各有差又曰蓋聞王者必存二王之後所以通三統也師古曰天地人是爲三統二王之後并已爲三昔成湯受命列爲三代師古曰夏殷周是爲三代而祭祀廢絕考求其後莫正孔吉臣瓚曰無若孔吉最正也其封吉爲殷紹嘉侯三月進爵爲公及周承休侯皆爲公地各百里行幸雍祠五時夏四月以大司馬票騎大將軍爲大司馬文穎曰王根也罷將軍官御史大夫爲大司空封爲列侯益大司馬大司空奉如丞相如淳曰律丞相大司馬大將軍奉錢月六萬御史大夫奉月四萬也秋八月庚戌中山王興薨

冬十一月立楚孝王孫景爲定陶王定陵侯淳于長大逆不道下獄死廷尉孔光使持節賜貴人許氏藥飲藥死師古曰即前所廢皇后許氏也十二月罷部刺史更置州牧秩二千石　二年春正月行幸甘泉郊泰時二月壬子丞相翟方進薨三月行幸河東祀后土丙戌帝崩于未央宮臣瓚曰帝年二十即位即位二十六年壽四十五師古曰即位明年乃改元耳壽四十六皇太后詔有司復長安南北郊四月己卯葬延陵臣瓚曰自崩至葬凡五十四日延陵在扶風去長安六十二里

贊曰臣之姑充後宮爲婕好晉灼曰班彪之姑也父子昆弟侍帷幄數爲臣言成帝善修容儀升車正立不內顧不疾言不親指師古曰不內顧者謂儼然端嚴不回眄也不疾言者爲輕肆也不親指者爲惑下也此三句者本論語鄉黨篇述孔子之事故班氏引之以美成帝今論語云車中不內顧不疾言不親指內顧者說者以爲前視不過衡軛旁視不過輢轂與此不同輢音於綺反

臨朝淵嘿尊嚴若神可謂穆穆天子之容者矣師古曰禮記云天子穆穆諸侯皇皇大夫濟濟士蹌蹌故此贊引之博覽古今容受直辭公卿稱職奏議可述師古曰稱職克當其任也可述言有文采遭世承平上下和睦然湛于酒色師古曰湛讀曰耽趙氏亂內外家擅朝言之可爲於邑師古曰於邑短氣貌讀如本字又於音烏邑又音烏合反他皆類此建始以來王氏始執國命哀平短祚莽遂篡位蓋其威福所由來者漸矣

成紀第十

哀紀第十一　班固　漢書十一

秘書監上護軍琅邪縣開國子顏師古注

孝哀皇帝荀悅曰諱欣之字曰喜應劭曰恭仁短折曰哀元帝庶孫定陶恭王子也母曰丁姬年三歲嗣立爲王長好文辭法律師古曰年長而好之元延四年入朝盡從傅相中尉師古曰三官皆從王入朝時成帝少弟中山孝王亦來朝獨從傅上怪之以問定陶王對曰令諸侯王朝得從其國二千石傅相中尉皆國二千石故盡從之上令誦詩通習能說師古曰說其義他日問中山王獨從傅在何法令不能對令誦尚書又廢師古曰中止之及賜食於前後飽起下韤係解師古曰食而獨在後飽及起又韤係解也韤音武伐反成帝由此以爲不能而賢定陶王數稱其材時王祖母傅太后隨王來朝私賂遺上所幸趙昭儀及帝舅票騎將軍曲陽侯王根昭儀及根見上亡子亦欲豫自結爲長久計皆更稱定陶王師古曰更音工衡反勸帝以爲嗣成帝亦自美其材爲加元服而遣之師古曰爲之冠時年十七矣明年使執金吾任宏守大鴻臚持節徵定陶王立爲皇太子謝曰臣幸得繼父守藩爲諸侯王材質不足以假充太子之宮師古曰謙不敢言爲太子故云假充若言非正陛下聖德寬仁敬承祖宗奉順神祇宜蒙福祐子孫千億之報師古曰大雅假樂之

詩曰千祿百福子孫千億言成王宜衆宜人天所保佑求得福祿故子孫衆多也十萬曰億故此謝書引以爲言臣願且得留國邸旦夕奉問起居俟有聖嗣歸國守藩書奏天子報聞後月餘立楚孝王孫景爲定陶王奉恭王祀所以奬厲太子專爲後之誼師古曰奬勸使也語在外戚傳綏和二年三月成帝崩四月丙午太子即皇帝位謁高廟尊皇太后曰太皇太后皇后曰皇太后大赦天下賜宗室王子有屬者馬各一駟師古曰有屬謂親未盡尚有服者吏民爵百戶牛酒三老孝弟力田鰥寡孤獨帛太皇太后詔尊定陶恭王爲恭皇五月丙戌立皇后傅氏師古曰傅晏女詔曰春秋母以子貴尊定陶太后曰恭皇太后丁姬曰恭皇后各置左右詹事食邑如長信宮中宮應劭曰成帝母王太后居長信宮李奇曰傅姬如長信丁姬如中宮也師古曰中宮皇后之宮追尊傅父爲崇祖侯丁父爲襃德侯師古曰傅父傅太后之父丁父丁太后之父封舅丁明爲陽安侯舅子滿爲平周侯追謚滿父忠爲平周懷侯皇后父晏爲孔鄉侯皇太后弟侍中光祿大夫趙欽爲新成侯六月詔曰鄭聲淫而亂樂師古曰鄭國有溱洧之水男女亟於其間聚會故俗亂而樂淫聖王所放師古曰放弃也論語稱孔子曰放鄭聲其罷樂府曲陽侯根前以大司馬建社稷策益封二千戶師古曰王根也建議立哀帝爲太子太僕安陽侯舜輔導有舊恩益封五百戶師古曰王舜及丞相孔光大司空氾鄉侯

何武益封各千戶（師古曰汜音凡）詔曰河閒王良喪太后三年爲宗室儀表（師古曰儀表者言爲禮儀之表率）益封萬戶又曰制節謹度以防奢淫爲政所先百王不易之道也（師古曰言爲常法不可改易）諸侯王列侯公主吏二千石及豪富民多畜奴婢田宅亡限與民爭利百姓失職重困不足（師古曰失職失其常分也重音直用反）其議限列（師古曰令條列而爲限禁）有司條奏王列侯得名田國中列侯在長安及公主名田縣道關內侯吏民名田皆無得過三十頃（如淳曰名田國中者自其所食國中也旣收其租稅又自得有私田三十頃名田縣道者令甲諸侯在國名田他縣罰金二兩今列侯有不之國者雖遙食其國租稅復自得田於他縣道公主亦如之不得過三十頃）諸侯王奴婢二百人列侯公主百

人關內侯吏民三十人年六十以上十歲以下不在數中賈人皆不得名田爲吏（如淳曰市井子孫不得爲吏見食貨志）犯者以律論諸名田畜奴婢過品皆沒入縣官齊三服官諸官織綺繡難成害女紅之物皆止無作輸（如淳曰紅亦工也其所作已成未成皆止無復作皆輸所近官府也師古曰如說非也謂未成者不作已成者不輸耳）除任子令及誹謗詆欺法（應劭曰任子令者漢儀注吏二千石以上視事滿三年得任同產若子一人爲郎不以德選故除之師古曰任者保也詆誣也音丁禮反）掖庭宮人年三十以下出嫁之官奴婢五十以上免爲庶人禁郡國無得獻名獸益吏三百石以下奉（師古曰奉音扶用反）察吏殘賊酷虐者以時退有司無得舉赦前往事博士弟子父母死予寧

三年（師古曰寧謂處家持喪服）秋曲陽侯王根成都侯王況皆有罪根就國況免爲庶人歸故郡詔曰朕承宗廟之重戰戰兢兢懼失天心閒者日月亡光五星失行郡國比比地動（師古曰比比猶言頻頻也）迺者河南潁川郡水出流殺人民壞敗廬舍朕之不德民反蒙辜朕甚懼焉已遣光祿大夫循行舉籍（師古曰舉其名籍也行音下更反）賜死者棺錢人三千（師古曰賜錢三千以充棺）其令水所傷縣邑及他郡國災害什四以上民貲不滿十萬皆無出今年租賦（師古曰什四謂十分損四）　建平元年春正月赦天下侍中騎都尉新成侯趙欽成陽侯趙訢皆有罪免爲庶人

（師古曰訢欽皆趙昭儀之兄）徙遼西太皇太后詔外家王氏田非冢塋皆以賦貧民（師古曰塋冢域也賦給與也塋音營）二月詔曰蓋聞聖王之治以得賢爲首其與大司馬列侯將軍中二千石州牧守相舉孝弟惇厚能直言通政事延于側陋可親民者各一人（師古曰言有孝弟惇厚直言通政事之人雖在側陋可延致而任者皆令舉之）三月賜諸侯王公主列侯丞相將軍中二千石中都官郎吏金錢帛各有差冬中山王太后媛（師古曰馮奉世之女也媛音援）弟宜鄉侯馮參有罪皆自殺　二年春三月罷大司空復御史大夫（師古曰復音扶目反此下皆同）夏四月詔曰漢家之制推親親以顯尊尊（師古曰天子之至親當極尊號）定陶恭皇

之號不宜復稱定陶尊恭皇太后曰帝太后稱永信宮恭皇后曰帝太后稱中安宮立恭皇廟于京師赦天下徒罷州牧復刺史六月庚申帝太后丁氏崩上曰朕聞夫婦一體詩云穀則異室死則同穴師古曰詩王風大車之篇也穀生也穴冢壙也昔季武子成寢杜氏之殯在西階下請合葬而許之師古曰季武子魯大夫季孫宿也成寢新爲寢室也事見禮記檀弓附葬之禮自周興焉師古曰禮記稱孔子曰合葬非古也自周公以來未之有改也郁郁乎文哉吾從周師古曰論語稱孔子曰周監於二代郁郁乎文哉吾從周言周觀視夏殷之禮而損益之典文大備吾從周禮也郁郁文章貌孝子事亡如事存帝太后宜起陵恭皇之園遂葬定陶發陳留濟陰近郡國五萬人穿復土師古曰爲冢壙也復音扶目反待詔夏賀良等言赤精子之讖應劭曰諸以材技徵召未有正官故曰待詔夏姓也賀良名也高祖感赤龍而生自謂赤帝之精良等因是作此讖文漢家歷運中衰當再受命宜改元易號詔曰漢興二百載歷數開元皇天降非材之佑應劭曰哀帝自言不才天降之佑漢國再獲受命之符朕之不德曷敢不通夫基事之元命必與天下自新師古曰基始也元大也始爲大事之命謂改制度也又曰更受天之大命其大赦天下以建平二年爲太初元年號曰陳聖劉太平皇帝李斐曰陳道也言得神道聖者劉也如淳曰陳舜後王莽陳之後謬語以明莽當篡立而不知韋昭曰敷陳聖劉之德也師古曰如韋二說是也漏刻以百二十爲度師古曰舊漏晝夜共百刻今增其二十此本齊人甘忠可所造今賀良等重言遂施行之事見李尋傳七月以渭城西北原上永陵亭

部爲初陵勿徙郡國民使得自安八月詔曰待詔夏賀良等建言改元易號增益漏刻可以永安國家朕過聽賀良等言師古曰過誤也冀爲海內獲福卒亡嘉應皆違經背古不合時宜六月甲子制書非赦令也皆蠲除之如淳曰悔前赦令不蒙其福故收令還之臣瓚曰改元易號大赦天下以求延祚而不蒙福哀帝悔之故更下制書諸非赦罪事皆除之謂改制易號令皆復故也師古曰如釋非也瓚說是矣非赦令也猶言自非赦令耳也語終辭也而讀者不曉輒改也爲他字失本文也賀良等反道惑衆下有司皆伏辜丞相博御史大夫玄孔鄉侯晏有罪師古曰博朱博玄趙玄晏傅晏博自殺玄減死二等論晏削戶四分之一語在博傳三年春正月立廣德夷王弟廣漢爲廣平王癸卯帝太太后所居桂宮正殿火三月己酉丞相當薨師古曰平當有星孛于河鼓夏六月立魯頃王子郚鄉侯閔爲王蘇林曰郚音魚縣名也屬東海師古曰又音吾冬十一月壬子復甘泉泰畤汾陰后土祠罷南北郊東平王雲雲后謁安成恭侯夫人放文穎曰共侯王崇王太后弟皆有罪雲自殺謁放弃市　四年春大旱關東民傳行西王母籌師古曰西王母元后壽考之象行籌又言執國家籌策行於天下經歷郡國西入關至京師民又會聚祠西王母或夜持火上屋李奇曰皆陰爲陽之象擊鼓號呼相驚恐師古曰呼音火故反二月封帝太太后從弟侍中傅商爲汝昌侯太后同母弟子侍中鄭業爲陽信

侯三月侍中駙馬都尉董賢光祿大夫息夫躬南陽太守孫寵皆以告東平王封列侯語在賢傳夏五月賜中二千石至六百石及天下男子爵六月尊帝太太后爲皇太太后秋八月恭皇園北門災冬詔將軍中二千石舉明兵法有大慮者師古曰慮謂策謀思慮

元壽元年春正月辛丑朔日有蝕之詔曰朕獲保宗廟不明不敏宿夜憂勞未皇寧息師古曰皇暇也惟陰陽不調元元不贍師古曰贍足也未睹厥咎婁敕公卿庶幾有望師古曰望其屬精爲治婁古屢字至今有司執法未得其中師古曰中音竹仲反或上暴虐假埶獲名溫良寬柔陷於亡滅

是故殘賊彌長和睦日衰百姓愁怨靡所錯躬師古曰錯置也音千故反迺正月朔日有蝕之厥咎不遠在余一人公卿大夫其各悉心勉帥百寮師古曰悉盡也寮官也敦任仁人黜遠殘賊師古曰敦厚也遠音于萬反期於安民陳朕之過失無有所諱其與將軍列侯中二千石舉賢良方正能直言者各一人大赦天下丁巳皇太太后傅氏崩三月丞相嘉有罪下獄死師古曰王嘉秋九月大司馬票騎將軍丁明免孝元廟殿門銅龜蛇鋪首鳴如淳曰門鋪首作龜蛇之形而鳴呼也師古曰門之鋪首所以銜環者也鋪音普胡反

二年春正月匈奴單于烏孫大昆彌來朝二月歸國單于不說師古曰說讀曰悅語在匈奴傳夏四月壬辰晦日有蝕之五月正三公官分職大司馬衛將軍董賢爲大司馬丞相孔光爲大司徒御史大夫彭宣爲大司空封長平侯正司直司隸造司寇職師古曰司直司隸漢舊有之但改正其職掌而司寇舊無今特創置故云造也事未定六月戊午帝崩于未央宮臣瓚曰帝年二十即位即位六年壽二十五師古曰即位明年乃改元壽二十六秋九月壬寅葬義陵臣瓚曰自崩至葬凡百五日義陵在扶風去長安四十六里

贊曰孝哀自爲藩王及充太子之宮文辭博敏幼有令聞師古曰博廣也敏疾也令善也聞名也睹孝成世祿去王室權柄外移是故臨朝婁誅大臣欲彊主威以則武宣師古曰則法也

雅性不好聲色時覽卞射武戲應劭曰卞射皮卞而射也蘇林曰手搏爲卞角力爲武戲也晉灼曰甘延壽傳試卞爲期門師古曰蘇晉二說是即位痿痺蘇林曰痿音萎枯之萎如淳曰痿音頹踒弩弓病兩足不能相過曰痿師古曰痿亦痺病也音人隹反痺音必寐反頹踒者弩名事見晉令頹音煩踒音甤末年寖劇師古曰寖漸也饗國不永哀哉師古曰永長也

哀紀第十一

平紀第十二　班固　漢書十一

祕書監上護軍琅邪縣開國子顏師古注

孝平皇帝 荀悅曰諱衎之字曰樂應劭曰布綱治紀曰平師古曰衎音口旱反 元帝庶孫中山孝王子也母曰衛姬年三歲嗣立爲王元壽二年六月哀帝崩太皇太后詔曰大司馬賢年少不合衆心 師古曰董賢 其上印綬罷賢即日自殺新都侯王莽爲大司馬領尚書事秋七月遣車騎將軍王舜大鴻臚左咸使持節迎中山王 師古曰爲使而持節也使音所吏反 辛卯貶皇太后趙氏爲孝成皇后退居北宮哀帝皇后傅氏退居桂宮 師古曰北宮及桂宮皆在城中而非未央宮中也 孔鄉侯傅晏少

府董恭等皆免官爵徙合浦 師古曰恭董賢之父 九月辛酉中山王即皇帝位謁高廟大赦天下帝年九歲太皇太后臨朝大司馬莽秉政百官總己以聽於莽 師古曰聚束曰總音揔 詔曰夫赦令者將與天下更始誠欲令百姓改行絜己全其性命也往者有司多舉奏赦前事累增罪過誅陷亡辜殆非重信慎刑洒心自新之意也 師古曰洒濯也音先禮反 及選舉者其歷職更事有名之士則以爲難保 師古曰更經也難保者言己嘗有罪過不可保也更音工衡反 廢而弗舉甚謬於赦小過舉賢材之義 師古曰論語云仲弓問政孔子對曰赦小過舉賢材故此詔引之 諸有臧及內惡未發而薦舉者勿案驗

師古曰有臧謂以臧貨致罪 令士厲精鄉進 師古曰鄉讀曰嚮 不以小疵妨大材 師古曰疵病也 自今以來有司無得陳赦前事置奏上 師古曰置立也置奏上謂立文奏而上陳也上音時掌反 有不如詔書爲虧恩以不道論定著令布告天下使明知之 元始元年春正月越裳氏重譯獻白雉一黑雉二 師古曰越裳南方遠國也譯謂傳言也道路絕遠風俗殊隔故累譯而後通 詔使三公以薦宗廟羣臣奏言大司馬莽功德比周公賜號安漢公及太師孔光等皆益封語在莽傳賜天下民爵一級吏在位二百石以上一切滿秩如眞 如淳曰諸官吏初除皆試守一歲迺爲眞食全奉平帝即位故賜眞師古曰此說非也時諸官有試守者特加非常之恩令如眞耳非凡除吏皆當試守也一切者權時之事非經常也猶如以刀切物苟取整齊不顧長短縱橫故言一切他皆放此

立故東平王雲太子開明爲王故桃鄉頃侯子成都爲中山王封宣帝耳孫信等三十六人皆爲列侯太僕王惲等二十五人 師古曰惲音於吻反 前議定陶傅太后尊號守經法不阿指從邪右將軍孫建爪牙大臣大鴻臚咸前正議不阿 師古曰左咸 後奉節使迎中山王 師古曰謂奉持節而爲使 及宗正劉不惡執金吾任岑中郎將孔永尚書令姚恂沛郡太守石詡 師古曰岑音士林反恂音荀詡音況羽反 皆以前與建策東迎即位 師古曰帝本在中山出關而迎故曰東迎與讀曰豫 奉事周密勤勞賜爵關內侯食邑各有差賜帝徵即位所過縣邑吏二千石以下至佐史爵

各有差又令諸侯王公列侯關內侯亡子而有孫若子同產子者皆得以爲嗣師古曰子同產子者謂養昆弟之子爲子者公列侯嗣子有罪耐以上先請宗室屬未盡而以罪絕者復其屬師古曰復音扶目反其爲吏舉廉佐史補四百石如淳曰宗室爲吏及舉廉及佐史皆補四百石師古曰此說非也言宗室爲吏者皆令舉廉各從本秩而依廉吏遷之爲佐史者例補四百石天下吏比二千石以上年老致仕者參分故祿以一與之終其身師古曰參三也遣諫大夫行三輔師古曰行音下更反舉籍吏民張晏曰舉錄賦斂之籍而償之以元壽二年倉卒時橫賦斂者償其直師古曰卒讀曰猝橫音胡孟反義陵民冢不妨殿中者勿發如淳曰陵上有宮牆象生制度爲殿屋故曰殿中師古曰此說非也殿中謂壙中象正殿處天下吏民亡得

置什器儲偫師古曰軍法五人爲伍二伍爲什則共其器物故通謂生生之具爲什器亦猶今之從軍及作役者十人爲火共畜調度也儲積也偫具也偫音丈紀反二月置羲和官秩二千石外史閭師秩六百石應劭曰周禮閭師掌四郊之民時其徵賦也班教化禁淫祀放鄭聲乙未義陵寢神衣在柙中丙申旦衣在外牀上文穎曰哀帝陵也衣在寢中今自出在牀上師古曰柙匱也音狎寢令以急變聞師古曰非常之事故云急變用太牢祠夏五月丁巳朔日有蝕之大赦天下公卿將軍中二千石舉敦厚能直言者各一人六月使少府左將軍豐師古曰甄豐賜帝母中山孝王姬璽書拜爲中山孝王后賜帝舅衛寶寶弟玄爵關內侯賜帝女弟四人號皆曰君食邑各二千戶封

周公後公孫相如爲褒魯侯孔子後孔均爲褒成侯奉其祀追謚孔子曰褒成宣尼公罷明光宮及三輔馳道天下女徒已論歸家顧山錢月三百如淳曰已論者罪已定也令甲女子犯罪作如徒六月顧山遣歸說以爲當於山伐木聽使入錢顧功直故謂之顧山應劭曰舊刑鬼薪取薪於山以給宗廟今使女徒出錢顧薪故曰顧山也師古曰如說近之謂女徒論罪已定並放歸家不親役之但令一月出錢三百以顧人也爲此恩者所以行太皇太后之德施惠政於婦人復貞婦鄉一人師古曰復音方目反鄉一人取其尤最者置少府海丞果丞各一人師古曰海丞主海稅也果丞掌諸果實也大司農部丞十三人部一州勸農桑太皇太后省所食湯沐邑十縣屬大司農常別計其租入以贍貧民秋九月赦天下徒以中山苦陘縣爲中山孝王后湯沐邑師古曰陘音形二年春黃支國獻犀牛應劭曰黃支在日南之南去京師三萬里師古曰犀狀如水牛頭似豬而四足類象黑色一角當額前鼻上又有小角

詔曰皇帝二名通于器物孟康曰平帝本名箕子更名曰衎箕用器也故云通于器物令更名合於古制師古曰更改也使太師光奉太牢告祠高廟夏四月立代孝王玄孫之子如音爲廣宗王江都易王孫盱台侯宮爲廣川王師古曰盱音許于反台音怡廣川惠王曾孫倫爲廣德王封故大司馬博陸侯霍光從父昆弟曾孫陽宣平侯張敖玄孫慶忌絳侯周勃玄孫共舞陽侯樊噲玄孫之子章皆爲列侯復爵師古曰共讀曰恭復音扶福反賜故曲周侯酈商等後玄孫酈明友等百一十三

人爵關內侯食邑各有差郡國大旱蝗青州尤甚民流亡安漢公四輔三公卿大夫吏民爲百姓困乏獻其田宅者二百三十人張晏曰王莽爲太傅孔光爲太師王舜爲太保甄豐爲少傅是爲四輔莽復兼大司馬馬宮爲司徒王崇爲司空是爲三公以口賦貧民師古曰計口而給其田宅遣使者捕蝗民捕蝗詣吏以石斗受錢師古曰量蝗多少而賞錢天下民貲不滿二萬及被災之郡不滿十萬勿租稅民疾疫者舍空邸第爲置醫藥師古曰舍止也賜死者一家六尸以上葬錢五千四尸以上三千二尸以上二千罷安定呼池苑以爲安民縣師古曰中山之安定也池音大河反起官寺市里募徙貧民縣次給食至徙所賜田宅什器假與犂牛種食師古曰種音之勇反又起五里於長安城中如淳曰民居之里宅二百區以居貧民秋舉勇武有節明兵法郡一人詣公車九月戊申晦日有蝕之赦天下徒使謁者大司馬掾四十四人持節行邊兵師古曰行音下更反遣執金吾候陳茂假以鉦鼓晉灼曰百官表執金吾屬官有兩丞候司馬應劭曰將帥乃有鉦鼓今茂官輕兵少又但往諭曉之耳所以假鉦鼓者欲重其威也鉦者鐃也似鈴柄中上下通師古曰鉦音征鐃音女交反募汝南南陽勇敢吏士三百人諭說江湖賊成重等二百餘人皆自出送家在所收事如淳曰賊雖自出得還其家而已不得復除尚當役作之也師古曰如說非也言身既自出又各送其家人詣本屬縣邑從賦役耳重徙雲陽服虔曰重成香兩也作賊長帥故徙之也賜公田宅冬中二千石舉治獄

平歲一人文穎曰吏治獄平端也三年春詔有司爲皇帝納采安漢公莽女師古曰婚禮有納采問名之禮謂采擇其可娶者語在莽傳又詔光祿大夫劉歆等雜定婚禮四輔公卿大夫博士郎吏家屬皆以禮娶親迎立軺併馬服虔曰軺音謠立乘小車也併馬驪駕也師古曰新定此制也併音步鼎反夏安漢公奏車服制度吏民養生送終嫁娶奴婢田宅器械之品立官稷及學官如淳曰郊祀志曰已有官社未有官稷遂立官稷於官社之後臣瓚曰漢初除秦社稷立漢社稷其後又立官社配以夏禹而不立官稷至此始立官稷及光武之後但有官社不立官稷師古曰瓚說皆未盡也初立官稷於官社之後是爲一處今更創置建於別所不相從也郡國曰學縣道邑侯國曰校校學置經師一人鄉曰庠聚曰序張晏曰聚邑落名也師古曰聚小於鄉聚音才喩反序庠置孝經師一人陽陵任橫等自稱將軍盜庫兵攻官寺出囚徒大司徒掾督逐皆伏辜安漢公世子宇與帝外家衞氏有謀宇下獄死誅衞氏　四年春正月郊祀高祖以配天宗祀孝文以配上帝改殷紹嘉公曰宋公周承休公曰鄭公詔曰蓋夫婦正則父子親人倫定矣前詔有司復貞婦歸女徒師古曰復音方目反誠欲以防邪辟師古曰辟讀曰僻全貞信及眊悼之人師古曰八十曰眊七年曰悼眊者老稱言其昏暗也悼者未成爲人於其死亡可哀悼也眊音莫報反刑罰所不加聖王之所制也惟苛暴吏多拘繫犯法者親屬婦女老弱搆怨傷化百姓苦之師古曰搆結也其明敕百僚婦女非身犯

法及男子年八十以上七歲以下家非坐不道詔所名捕它皆無得繫 張晏曰名捕謂下詔特所捕也 其當驗者即驗問 師古曰就其所居而問 定著令 二月丁未立皇后王氏大赦天下遣太僕王惲等八人置副假節分行天下覽觀風俗 師古曰行音下更反 賜九卿已下至六百石宗室有屬籍者爵自五大夫已上各有差 師古曰五大夫第九爵 賜天下民爵一級鰥寡孤獨高年帛夏皇后見于高廟加安漢公號曰宰衡 應劭曰周公爲太宰伊尹爲阿衡采伊周之尊以加莽 賜公大夫人號曰功顯君封公子安臨皆爲列侯安漢公奏立明堂辟廱 應劭曰明堂所以正四時出教化明堂上圜下方八窻四達布政之宮在國之陽上八窻法八風四達法四時九室法九州十二重法十二月三十六戶法三十六旬七十二牖法七十二候孝經曰宗祀文王於明堂以配上帝上帝謂五時帝太昊之屬黃帝曰合宮有虞曰總章殷曰陽館周曰明堂辟廱者象璧圜雍之以水象教化流行 尊孝宣廟爲中宗孝元廟爲高宗天子世世獻祭冬置西海郡徙天下犯禁者處之梁王立有罪自殺分京師置前煇光後丞烈二郡更公卿大夫八十一元士官名位次 師古曰更改也 及十二州名分界郡國所屬罷置改易天下多事吏不能紀冬大風吹長安城東門屋瓦且盡 五年春正月祫祭明堂 應劭曰禮五年而再殷祭壹禘壹祫祫祭者毀廟與未毀廟之主皆合食於太祖師古曰祫音洽 諸侯王二十八人列侯百二十人宗室子九百餘人徵助祭 師古曰徵召也 禮畢皆益戶

賜爵及金帛增秩補吏各有差詔曰蓋聞帝王以德撫民其次親親以相及也昔堯睦九族舜惇敘之 師古曰虞書堯典云昔在帝堯克明峻德以親九族九族既睦平章百姓咎繇謨曰惇敘九族庶明勵翼言堯能明峻德之士而任用之以睦高祖玄孫之親迺令百姓平和章明舜又厚敘此親使衆庶皆明其教而自勉勵翼戴上命也故此詔引之 朕以皇帝幼年且統國政 師古曰朕者太皇太后自稱也 惟宗室子皆太祖高皇帝子孫及兄弟吳頃楚元之後 師古曰吳頃謂高帝之兄仲也初爲代王後廢爲合陽侯而子濞封爲吳王故追謚仲爲吳頃王頃讀曰傾 漢元至今十有餘萬人雖有王侯之屬莫能相糾 師古曰糾謂禁察也 或陷入刑罪教訓不至之咎也傳不云乎君子篤於親則民興於仁 師古曰此論語載孔子之辭也言上能厚於親屬則下皆化之起爲仁行也以論語傳聖人之言故謂之傳他皆類此 其爲宗室自太上皇以來族親各以世氏郡國置宗師以糾之致教訓焉二千石選有德義者以爲宗師考察不從教令有冤失職者宗師得因郵亭書言宗伯請以聞 晉灼曰宗伯宗正也師古曰郵行書舍也言爲書以付郵亭令送至宗伯也郵音尤 常以歲正月賜宗師帛各十匹羲和劉歆等四人使治明堂辟廱 師古曰爲使者而典其事 令漢與文王靈臺周公作洛同符 師古曰文王築靈臺周公成雒邑言與之符合 太僕王惲等八人使行風俗 師古曰行音下更反 宣明德化萬國齊同皆封爲列侯徵天下通知逸經古記天文曆筭鍾律小學史篇方術本草及以五經論語孝經爾雅教授者在所爲駕一封軺

傳如淳曰律諸當乘傳及發駕置傳者皆持尺五寸木傳信封以御史大夫印章其乘傳參封之參三也有期會累封兩端端各兩封凡四封也乘置馳傳五封之兩端各二中央一也軺傳兩馬再封之一馬一封也師古曰以一馬駕軺車而乘傳音張戀反遣詣京師至者數千人閏月立梁孝王玄孫之耳孫音爲王冬十二月丙午帝崩于未央宮臣瓚曰帝年九歲即位即位五年壽十四師古曰漢注云帝春秋益壯以母衛太后故怨不悅莽自知益疏篡殺之謀由是生因到臘日上椒酒置藥酒中故翟義移書云莽鴆殺孝平皇帝大赦天下有司議曰禮臣不殤君皇帝年十有四歲宜以禮斂加元服師古曰斂音力贍反奏可葬康陵臣瓚曰在長安北六十里詔曰皇帝仁惠無不顧哀師古曰言帝平生多所顧念哀憐每疾一發氣輒上逆害於言語故不及有遺詔其出媵妾皆歸家得嫁如孝文時故事師古曰媵妾謂從皇后俱來者媵之言送也媵音食證反

又音孕

贊曰孝平之世政自莽出褒善顯功以自尊盛觀其文辭方外百蠻亡思不服師古曰大雅文王有聲之詩曰自西自東自南自北無思不服言武王於鎬京行辟雍之禮自四方來觀者皆感其德化心無不歸服故此贊引之休徵嘉應頌聲並作師古曰休美也徵證也至乎變異見於上民怨於下莽亦不能文也如淳曰不可復文飾也

平紀第十二

異姓諸侯王表第一　班固　漢書十三

祕書監上護軍琅邪縣開國子顏　師古　注

昔詩書述虞夏之際舜禹受禪師古曰古禪字音上扇反積德累功洽於百姓攝位行政考之于天師古曰謂在璿璣玉衡以齊七政考之于天知已合天心不也經數十年然後在位殷周之王乃繇禼稷師古曰繇讀與由同脩仁行義歷十餘世至于湯武然後放殺師古曰殺讀曰弒秦起襄公章文繆獻師古曰言秦之初大起於襄公始為諸侯至文公繆公獻公更為章著也襄公莊公之子文公襄公之子也繆公德公之少子獻公靈公之子也孝昭嚴稍蠶食六國師古曰孝謂孝公也即獻公之子昭謂昭襄王即惠王之子武王之弟也嚴謂莊襄王即昭襄王之孫孝文王之子也後漢避明帝諱以莊為嚴故漢書姓及謚本作莊皆易為嚴也它皆類此蠶食謂漸吞滅之如蠶食葉也百有餘載至始皇廼并天下以德若彼用力如此其囏難也師古曰囏古艱字也秦既稱帝患周之敗以為起於處士橫議諸侯力爭四夷交侵以弱見奪服虔曰言因橫議而敗也應劭曰孟軻云聖王不作諸侯恣行處士橫議師古曰處士謂不官於朝而居家者也橫音胡孟反次下橫發其音亦同也於是削去五等應劭曰周制五等公侯伯子男五等爵墮城銷刃應劭曰壞其堅城恐復阻以害己也聚天下之兵鑄以為銅人十二不欲令民復逆命也古者以銅為兵師古曰墮音火規反箝語燒書應劭曰禁民聚語畏其謗己箝緘也箝與鉗同晉灼曰許慎云箝籋也師古曰晉說是也謂箝籋其口不聽妄言也即所謂禁耦語者也箝音其占反籋音躡內鉏雄俊外攘胡粵師古曰攘卻也粵古越字用壹威權為萬世安師古曰令威權壹歸於己然十餘年閒猛敵橫發乎不虞師古曰虞度也意所不度謂之不虞適戍彊於五伯師古曰適讀曰謫謫戍謂陳勝吳廣也伯讀曰霸五霸謂昆吾大彭豕韋齊桓晉文也謫音陟厄反閭閻偪於戎狄

應劭曰周禮二十五家為閭閻音鹽門閭外旋下䧟謂之步簷也閭閻民陳勝之屬言其逼秦甚於戎狄師古曰閭里門也閻里中門也陳勝吳廣本起閭左之戍故揔言閭閻應劭說非也閭左解在陳勝傳偪音逼嚮應憯於謗議服虔曰憯音慘應劭曰秦法誹謗者族今陳勝奮臂大呼天下莫不嚮應憯應之害更憯烈於所謗議也師古曰嚮音響應者如響之應聲憯痛也服音是也奮臂威於甲兵鄉秦之禁適所以資豪桀而速自斃也師古曰鄉讀曰嚮謂曩時也秦禁謂墮城銷刃箝語燒書之屬是也是以漢亡尺土之階繇一劍之任五載而成帝業師古曰繇讀與由同任用也事也書傳所記未嘗有焉何則古世相革皆承聖王之烈師古曰烈謂餘烈也今漢獨收孤秦之弊鐫金石者難為功摧枯朽者易為力師古曰鐫琢石也音子全反其埶然也故據漢受命譜十八王月而列之天下一統迺以年數應劭曰譜音補項羽為西楚霸王為天下主命立十八王王高祖於蜀漢漢元年諸王畢封各就國始受命之元故以冠表焉張晏曰時天下未定參錯變易不可以年紀故列其月五年誅籍乃以年紀焉訖于孝文異姓盡矣

漢　元年	一月	應劭	諸王始	受封	二月	王同時
楚	西楚	霸王	項籍	始為	天下	受命
分為衡山	王吳	芮始	故番	君師	古曰	董晉
分為臨江	王共	敖始	故楚	柱國	師古	曰共
分為九江	王英	布始	故楚	將		
趙　常山	王張	耳始	故趙	將		
分為代	王趙	歇始	故趙	王		
齊　臨菑	王田	都始	故齊	將		
分為濟北	王田	安始	故齊	將		
分為膠東	王田	市始	故齊	王		
雍　分關中	王章	邯始	故秦	將		
塞　分關中	王司	馬欣	始故	秦長	史	
翟　分關中	王董	翳始	故秦	都尉		
燕	王臧	荼始	故燕	將師	古曰臧音	大胡
分為遼東	王韓	廣始	故燕	王		
魏	王魏	豹始	故魏	王		
分為殷	王司	馬卬	始故	趙將		
韓	王韓	成始	故韓	王		
分為河南	王申	陽始	故楚	將		

稱一月趙歇起巳二年七月能爲代王比皆以月數六行題都上云		二月	三月	四月	五月	六月	七月	八月	九月	十月	十一月
立十八王		都二彭城				六	七	八	九	十	十一
蒲何 反		都二郴				六	七	八	九	十	十一
讀曰 恭		都二江陵				六	七	八	九	十	十一
		都二六				六	七	八	九	十	十一
		都二襄國				六	七	八	耳降 九 漢	代王歇還王趙	三十七
	二十七	都二十八代				三十二	三十三	三十四	歇復 三十五 趙王	歇以陳餘爲代王號成安君	二
		都二臨菑		田榮擊 四 都降楚	王田榮始 五 故齊相	二	三	四	五	六	七
		都二博陽				田榮擊殺安 六					
	二十	都二十一即墨	二十二	二十三	田榮擊殺市屬齊 二十四						
		都二廢丘				六	邯守廢丘漢圍之	八	九	漢拔我隴西 十	十一
		都二櫟陽				六	欣降 七 漢	屬漢爲渭南河上郡			
		都二高奴				六	翳降 七 漢	屬漢爲上郡			
反		都無薊				六			九	十	十一
	三十	都三十一無終	三十二	三十三	三十四	三十五	臧荼擊殺廣 三十六 屬燕				
	十九	都二十平陽	二十一	二十二	二十三	二十四	二十五	二十六	二十七	二十八	二十九
		都二朝歌	三	四	五	六	七	八	九	十	十一
	二十二	都二十三陽翟				項籍誅成 二十七	王鄭昌始項王立之	二	三	王韓信始漢立之	二
		都二雒陽				六	七	八	陽降 九 漢	屬漢爲河南郡	

十二月	二年		一月	二月	項王三萬人破漢五十六萬 三月	四月	五月	六月	七月	八月	九月
十二	二年		一月	二	三	四	五	六	七	八	九
十二	二年		一月	二	三	四	五	六	七	八	九
十二		十三		十四	十五	十六	十七	十八	十九	二十	二十一
十二	二年		一月	二	三	四	五	六	七	八	九
三十八		三十九		四十	四十一	四十二	四十三	四十四	四十五	四十六	四十七
三		四		五	六	七	八	九	十	十一	十二
項籍擊榮走平原民殺之		項籍復立故齊王田假爲王	二	田榮弟橫反城陽擊假假奔楚楚殺假	王廣始故田榮子橫立之	二	三	四	五	六	七
						二	三				
漢拔我北地 十二	二年		一月	二	三	四	漢殺邯廢丘屬漢 五 爲隴西北地中地郡				
十二	二年		一月	二	三	四	五	六	七	八	九
三十		三十一		豹降漢 三十二	從漢伐楚 三十三	豹歸 三十四 叛漢	三十五	三十六	三十七	漢將韓信擊豹 三十八 虜豹	屬漢爲河東上黨郡
十二		三十三		卬降漢 十四	屬漢爲河內郡						
三		四		五	從漢伐楚 六	七	八	九	十	十一	十二

前漢年表一　五

十月	十一月	十二月	二年	一月	二月	三月	四月	五月	六月	七月	八月	九月	十月	十一月
十	十一	十二	三年	一月	二	三	四 圍漢榮陽	五	六	七	八	九	十	十一 漢將韓信擊殺龍且
十	十一	十二	三年	一月	二	三	四	五	六	七	八	九	十	十一
二十二	二十三	二十四		二十五	二十六	二十七	二十八	二十九	三十	三十一	子尉嗣為王	二	三	四
十		齊漢												
漢誠四十八歐														復趙王張耳始漢立之
二十三	屬漢為太原郡													漢將信擊殺二十一[illegible]
八	九	十		十一	十二	十三	十四	十五	十六	十七	十八	十九	二十	
十	十一	十二	三年	一月	二	三	四	五	六	七	八	九	十	十一
二年一月	二	三		四	五	六	七	八	九	十	十一	十二	三年一月	二

何立

前漢年表一　六

十二月	四年一月	二月	三月	四月	五月	六月	七月	八月	九月	五年即皇帝位	六年	七年	八年
十二	四年一月	二	三	四	五	六	七	八	九	漢誅籍 正月韓信始王	十二月信廢為侯		
十二	四年一月	二	三	四	五	六	七	八	九	西徙長沙 十月			
五	六	七	八	九	十	十一	十二	十三	十四	十二月 屬漢 [illegible]			
						更為淮南王	義帝[illegible]之	二	一月	二年	三	四	五
二	三	四	五	六	七	八	九	十	十一	十二月 乙丑 以太原為國	子敖嗣為王 王韓信始 九月反廢	二	三 敖廢為侯
	齊	王韓信始漢立之	二	三	四	五	六	七	八	徙韓信王楚			
十二	四年一月	二	三	四	五	六	七	八	九反誅豪	後九月 王敖 [illegible] 太原		二	三	四
									置梁國	王彭越 [illegible]	二	三	四
三	四	五	六	七	八	九	十	十一	十二	四年	廢五 [illegible]		
									置長沙國	二月乙未 王英布始 [illegible]	皇子[illegible]嗣	二	三

何立

年	魯		淮陽		常山		呂										燕		梁(越)		長沙
九年				六													五		五		四
十年				七													六		越反，六，誅		五
十一年				布反，八，誅													綰反，降匈奴				六
十二年																					七
孝惠元年																					八
二年																					哀王回嗣
三年																					二
四年																					三
五年																					四
六年																					五
七年	初置魯國		初置淮陽國		復置常山國		初置呂國														六
高后元年	四月，王張偃始，高后外孫		四月辛卯，王強始，高后所詐立孝惠子		四月辛卯，王不疑始，高后所詐立孝惠子		四月辛卯，王台始，高后兄子														七
二年	二		二		不疑薨，謚曰哀王，無子。七月癸巳，王義立，孝惠子，故襄城侯		台薨，謚曰肅王。子嘉嗣爲王														恭王右嗣
三年	三		三	二	二	二	二														二
四年	四		四		義立爲帝。五月丙辰，王朝始，孝惠子，故軹侯	三	三														三

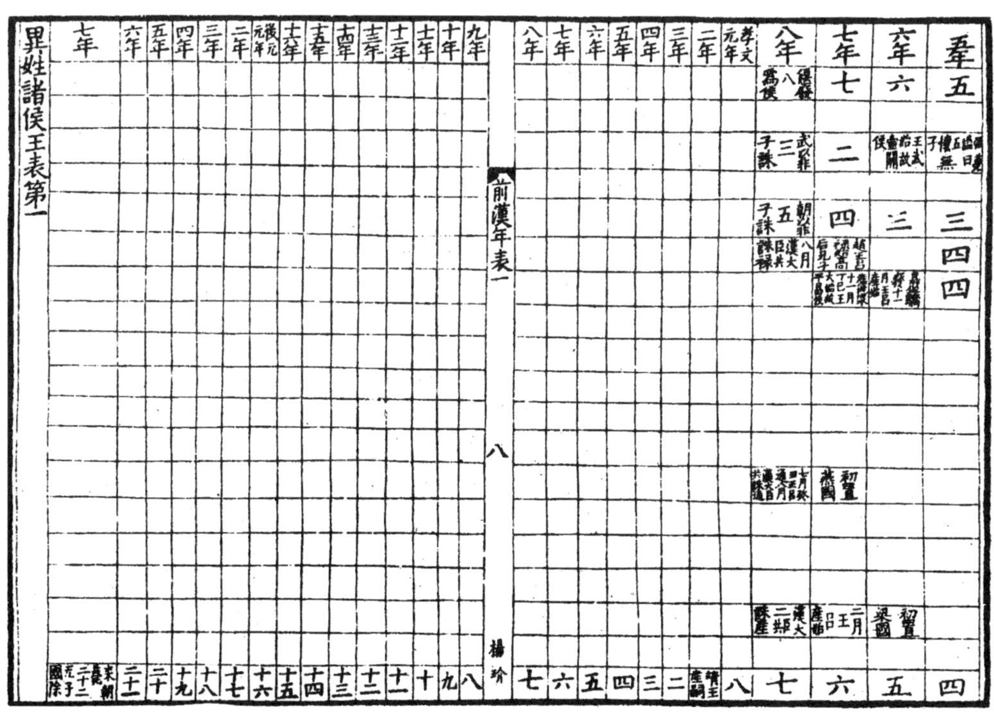

年	魯	淮陽	常山	呂		燕	梁	長沙
高后五年	五	[illegible]薨，謚曰懷王，無子	三	四	四			四
六年	六	王武始，孝惠子，故壺關侯	三		[illegible]十一月[illegible]產			五
七年	七	二	四	嘉廢，[illegible]高后兄子	[illegible]十一月丁巳，王太始，[illegible]平昌侯	初置燕國	初置梁國	六
八年	偃廢。八。爲侯	武以非子，三，誅	朝以非子，五，誅	八月，漢大臣共誅祿		七月[illegible]，王通始[illegible]，九月，漢大臣共誅通	二月丁巳，王產始，[illegible]漢大臣共誅產	七
孝文元年								八
二年								靖王著嗣
三年								二
四年								三
五年								四
六年								五
七年								六
八年								七
九年								八
十年								九
十一年								十
十二年								十一
十三年								十二
十四年								十三
十五年								十四
十六年								十五
後元年								十六
二年								十七
三年								十八
四年								十九
五年								二十
六年								二十一
七年								來朝，薨，二十二，無子，國除

異姓諸侯王表第一

諸侯王表第二　班固　漢書十四

祕書監上護軍琅邪縣開國子顏　師古　注

昔周監於二代 師古曰監視也二代夏殷也 三聖制法 師古曰三聖謂文王武王及周公也 立爵五等 師古曰公侯伯子男 封國八百同姓五十有餘周公康叔建於魯衛各數百里太公於齊亦五侯九伯之地 臣瓚曰禮記王制云五國以爲屬屬有長二百一十國以爲州州有伯師古曰五侯五等諸侯也九伯九州之伯也伯長也 詩載其制曰介人惟藩大師惟垣大邦惟屏大宗惟翰懷德惟寧宗子惟城毋俾城壞毋獨斯畏 師古曰大雅板之詩也介善也藩籬也屏蔽也垣牆也翰幹也懷和也俾使也以善人爲之藩籬謂封周公康叔於魯衛以太師爲垣牆謂封太公於齊也大邦以爲屏蔽謂成國諸侯也大宗以爲楨幹謂王之同姓也能和其德則天下安寧分建宗子則列城堅固城不可使壞宗不可使單獨單獨隳壞則畏懼斯至 所以親親賢賢褒表功德 師古曰親賢俱封功德並建 關諸盛衰深根固本爲不可拔者也故盛則周邵相其治致刑錯衰則五伯扶其弱與共守 師古曰伯讀曰霸此五霸謂齊桓宋襄晉文秦穆吳夫差也 自幽平之後日以陵夷 師古曰陵夷言如山陵之漸平夷謂頹替也 至虖阸區河洛之間 應劭曰阸者狹也區者踦區也西迫強秦東有韓魏數見侵暴踦區不安也師古曰阸音於解反區音區 分爲二周 師古曰謂東西二周也 有逃責之臺被竊鈇之言 服虔曰周赧王負責無以歸之王迫責急乃逃於此臺後人因以名之劉德曰洛陽南宮謻臺是也應劭曰竊鈇謂出至路邊竊取人鈇也師古曰應說非也鈇鉞王者以爲威用斬戮也言周室衰微政令不行於天下雖有鈇鉞無所用之是謂私竊藏之耳被音皮義反鈇音膚謻音移又直移反 然天下謂之共王 如淳曰雖至微弱猶共以爲之主 彊大弗之敢傾 師古曰言諸侯雖彊大者不敢傾滅周也 歷載八百餘年數極德盡既於王赧 師古曰既亦盡也赧謚也一曰名也音女版反 降爲庶人用天年終號位已絕於天下尚猶枝葉相持莫得居其虛位海內無主三十餘年 師古曰秦昭襄王五十二年周初亡五十六年而卒孝文王立一年而卒莊襄王立四年而卒子政立二十六年而乃并天下自號始皇帝是爲三十六年無主也 秦據埶勝之地騁狙詐之兵 應劭曰狙伺也因間伺隙出兵也狙音若蛆師古曰音千絮反 蠶食山東壹切取勝 師古曰蠶食解在異姓諸侯王表壹切解在平紀也 因矜其所習自任私知姍笑三代盪滅古法 師古曰姍古訕字也訕謗也音所諫反又音刪 竊自號爲皇帝而子弟爲匹夫內亡骨肉本根之輔外亡尺土藩翼之衛陳吳奮其白挺 應劭曰白挺大杖也孟子書曰可使制挺以撻秦楚是也師古曰挺音徒鼎反 劉項隨而斃之故曰周過其歷秦不及期國埶然也 應劭曰武王克商卜世三十卜年七百今乃三十六世八百六十七歲此謂過其歷者也秦以謚法少恐後世相襲自稱始皇子曰二世欲以一迄萬今至子而亡此之爲不及期也

漢興之初海內新定同姓寡少懲戒亡秦孤立之敗於是剖裂疆土立二等之爵 項羽曰漢封功臣大者王小者侯也 功臣侯者百有餘邑尊王子弟大啓九國 師古曰九國之數在下也 自鴈門以東盡遼陽爲燕代 師古曰遼陽遼水之陽也 常山以南大行左轉度河濟漸于海爲齊趙 師古曰太行山名也左轉亦謂自太行而東也漸入也一曰浸也行音胡剛反漸音子廉反亦讀如本字 穀泗以往奄有龜蒙爲梁楚 晉灼曰水經云泗水出魯卞縣臣瓚曰穀在彭城泗之下流爲穀水師古曰奄覆也龜蒙二山名 東帶江湖薄會稽爲荊吳 文穎曰即今吳也高帝六年爲荊國十年更名吳師古曰荊吳同是一國也 北界淮瀕略廬衡爲淮南 師古曰瀕水涯也音頻又音賓廬衡二山名也 波漢之陽亘九嶷

爲長沙鄭氏曰波音陂澤之陂孟康曰亘竟也音古贈反師古曰波漢之陽者循漢水而往也水北曰陽波音彼皮反又音彼義反九嶷山名有九峯在零陵營道嶷音疑諸侯比境周帀三垂外接胡越師古曰比謂相接次也三垂謂北東南也比音頻寐反天子自有三河東郡潁川南陽師古曰三河河東河南河內也自江陵以西至巴蜀北自雲中至隴西與京師內史凡十五郡公主列侯頗邑其中師古曰十五郡中又往往有列侯公主之邑而藩國大者夸州兼郡連城數十師古曰夸音跨宮室百官同制京師可謂撟枉過其正矣師古曰撟與矯同枉曲也正曲曰撟言撟秦孤立之敗而大封子弟過於强盛有失中也雖然高祖創業日不暇給孝惠享國又淺高后女主攝位而海內晏如師古曰晏如安然也亡狂狡之憂卒折諸呂之難成太宗之業者亦賴

之於諸侯也然諸侯原本以大末流濫以致溢小者淫荒越法大者睽孤橫逆以害身喪國師古曰易睽卦九四爻辭曰睽孤見豕負塗睽孤乖剌之意睽音工攜反故文帝采賈生之議分齊趙景帝用鼂錯之計削吳楚武帝施主父之冊下推恩之令使諸侯王得分戶邑以封子弟不行黜陟而藩國自析自此以來齊分爲七師古曰謂齊城陽濟北濟南淄川膠西膠東也趙分爲六師古曰謂趙平原眞定中山廣川河閒也梁分爲五師古曰謂梁濟川濟東山陽濟陰也淮南分爲三師古曰謂淮南衡山廬江皇子始立者大國不過十餘城長沙燕代雖有舊名皆亡南北邊矣如淳曰長沙之南更置郡燕代以北更置緣邊郡其所有饒利兵馬器械三國皆失之也景遭七國之難抑損諸

侯減黜其官師古曰謂改丞相曰相省御史大夫廷尉少府宗正博士損大夫謁者諸官長丞員等也武有衡山淮南之謀作左官之律服虔曰仕於諸侯爲左官絕不得使仕於王侯也應劭曰人道上右今舍天子而仕諸侯故謂之左官也師古曰左官猶言左道也皆僻左不正應說是也漢時依上古法朝廷之列以右爲尊故謂降秩爲左遷仕諸侯爲左官也設附益之法張晏曰律鄭氏說封諸侯過限曰附益或曰阿媚王侯有重法也師古曰附益者蓋取孔子云求也爲之聚斂而附益之之義也皆背正法而厚於私家也諸侯惟得衣食稅租不與政事師古曰與讀曰豫至於哀平之際皆繼體苗裔親屬疏遠師古曰言非始封之君皆其後裔也故於天子益疏遠矣生於帷牆之中不爲士民所尊埶與富室亡異而本朝短世國統三絕師古曰謂成哀平皆早崩又無繼嗣是故王莽知漢中外殫微本末俱弱師古曰殫盡也音單亡所忌憚生其姦心因母后之權假伊周之

稱顓作威福廟堂之上不降階序而運天下師古曰序謂東西廂顓與專同詐謀既成遂據南面之尊分遣五威之吏馳傳天下班行符命漢諸侯王厥角𩕄首應劭曰厥者頓也角者額角也稽首首至地也言王莽漸漬威福日久亦值漢之單弱王侯見莽篡弒莫敢怨望皆頓角稽首至地而上其璽綬也晉灼曰厥猶豎也叩頭則額角豎師古曰應說是也𩕄音口禮反與稽同奉上璽韍惟恐在後師古曰韍音弗璽之組也或廼稱美頌德以求容媚豈不哀哉是以究其終始彊弱之變明監戒焉

號謚	屬	始封	子	孫	曾孫	玄孫	六世	七世張晏曰禮服盡於玄孫故以世數名也

國・王	屬	始封						
楚元王交	高帝同父少弟[illegible]	六年正月丙午立二十三年薨	孝文二年夷王郢客嗣四年薨	六年王戊嗣二十一年孝景三年反誅				
			孝景元年文王禮以元王子平陸侯紹封三年薨	七年安王道嗣二十二年薨	元朔元年襄王注嗣十二年薨	元鼎元年節王純嗣十六年薨	天漢元年王延壽嗣三十二年地節元年謀反誅	
代王喜	高帝兄	正月壬子立七年為匈奴所攻棄國自歸廢為郃陽侯孝惠二年薨	高祖十二年十月辛丑王濞以故代王子沛侯立四十二年孝景三年反誅					
齊悼惠王肥	高帝子	正月壬子立十三年薨	孝惠七年哀王襄嗣十二年薨	孝文二年文王則嗣十四年薨亡後				
			孝文十六年孝王將閭以悼惠王子楊虛侯紹封十一年薨	孝景四年懿王壽嗣二十二年薨	元光四年厲王次昌嗣五年薨亡後			
			城陽 孝文二年二月乙卯景王章以悼惠王子朱虛侯立三年薨	四年共王喜嗣八年徙淮南四年復還凡三十三年薨	孝景後元年頃王延嗣二十六年薨	元狩六年敬王義嗣九年薨	元封三年惠王武嗣十一年薨	天漢四年荒王順嗣四十六年薨
			甘露三年戴王恢嗣八年薨　八世	九世　永光元年孝王景嗣二十四年薨	十世　[illegible]			
			濟北 二月乙卯王興居以悼惠王子東牟侯立二年謀反誅					
			濟北 十六年四月丙寅王志以悼惠王子安都侯立十一年孝景四年徙菑川[illegible]三十五年薨	元光六年靖王建嗣二十年薨	元封二年頃王遺嗣三十五年薨	元平元年思王終古嗣二十八年薨	初元三年考王尚嗣六年薨	永光四年孝王横嗣三十一年薨
			元延四年懷王友嗣[illegible]年薨　八世	建平[illegible]　九世　[illegible]年殺				
			濟南 四月丙寅王辟光以悼惠王子扐侯立十一年反誅 [illegible]					
			菑川 四月丙寅王賢以悼惠王子武城侯立十一年反誅					

國・王	屬	始封			
			膠西 四月丙寅王卬以悼惠王子平昌侯立十一年反誅		
			膠東 四月丙寅王雄渠以悼惠王子白石侯立十一年反誅		
荊王賈	高帝從父弟	六年正月丙午立六年為英布所殺無後			
淮南厲王長	高帝子	十一年十月庚午立二十三年孝文六年謀反廢徙蜀死雍	孝文十六年四月丙寅王安以厲王子阜陵侯立四十二年元狩元年謀反自殺		
			衡山 四月丙寅王賜以厲王子陽周侯立[illegible]年反自殺		
			濟北 四月丙寅貞王勃以厲王子安陽侯立[illegible]孝景[illegible]徙濟北十一年薨	孝景六年式王胡嗣五十四年薨	天漢四年王寬嗣十一年後二年謀反自殺
趙隱王如意	高帝子	九年四月辛丑立四年為呂太后所殺無後			
代王	高帝子	十一年正月丙子立十七年為帝			
趙共王恢	高帝子	十一年三月丙午[illegible]為高后所[illegible]自殺			
趙幽王友	高帝子	十一年三月[illegible]十四年為高后所殺	孝文元年[illegible]王遂以幽王子嗣二十六年孝景三年反誅		
			河間 孝文二年三月甲寅文王辟彊以幽王子立十三年薨	十五年哀王福嗣一年薨亡後	
燕靈王建	高帝子	十一年二月甲子立十五年薨高后殺其子			
燕敬王澤	高帝從祖昆弟	高后七年以營陵侯立為琅邪王三年孝文元年徙燕二年薨	三年康王嘉嗣二十六年薨	孝景五年王定國嗣二十四年[illegible]禽獸行自殺	

號諡名	屬	始封	子	孫	曾孫	玄孫	六世	七世
梁懷王揖	文帝子	二年二月乙卯立，十年薨，亡後。						
右高祖十文吳隨父凡十二人（師古曰吳王濞從其父代王喜在此表中故十二人也）								
梁孝王武	文帝子	二月乙卯立為代王，三年徙淮陽，十二年徙梁，三十五年薨。	孝景後元年，恭王買嗣，七年薨。	建元五年，平王襄嗣，四十年薨。	太始元年，貞王毋傷嗣，十一年薨。	始元二年，敬王定國嗣，四十年薨。	初元四年，夷王遂嗣，六年薨。	永光五年，荒王嘉嗣，十五年薨。
		陽朔元年，王立嗣，二十七年，元始中坐[illegible]廢，遷漢中，自殺。元始二年，王音[illegible]以孝王玄孫之曾孫紹封，五年，王莽篡位，貶為公，明年廢。八世						
		濟川[illegible]以桓邑侯立，七年，建元三年坐[illegible]廢[illegible]						
		濟東[illegible]五月丙戌以孝王子立，二十九年坐殺人，廢遷上庸。						
		山陽[illegible]五月丙戌以孝王子立，九年薨，亡後。						
		濟陰[illegible]五月丙戌以孝王子立，一年薨，亡後。						
代孝王參	文帝子	二月乙卯立為太原王，三年更為代王，十七年薨。	孝文後三年，恭王登嗣，二十九年薨。	元光二年，王義嗣，十九年，徙清河，三十八年薨。	太始三年，頃王陽嗣，二十五年薨。	地節元年，王年嗣，四年，坐[illegible]廢遷房陵[illegible]	元始二年，王如意以[illegible]紹封[illegible]王莽篡位[illegible]	
右孝文三人齊城陽濟北濟南菑川膠西膠東趙河間淮								
南衡山十二人隨父凡十五人								
河間獻王德	景帝子	二年三月甲寅立，二十六年薨。	元光六年，共王不周嗣，四年薨。	元朔四年，剛王基嗣，十二年薨。	元鼎四年，頃王授嗣，十七年薨。	天漢四年，孝王慶嗣，四十三年薨。	五鳳四年，王元嗣，十七年，建昭元年坐[illegible]廢遷房陵。	建始元年正月丁亥，惠王良以孝王子紹封，二十七年薨。
								建平二年，王尚嗣，十四年，王莽篡位，貶為公，明年廢。

號諡名	屬	始封	子	孫	曾孫	玄孫	六世	七世
臨江哀王閼（師古曰閼音一曷反）	景帝子	二年三月甲寅立，三年薨，亡後。						
魯共王餘	景帝子	三月甲寅立為淮陽王，二年徙魯，二十八年薨。	元朔元年，安王光嗣，四十年薨。	後元元年，孝王慶忌嗣，三十七年薨。	甘露三年，頃王封嗣，二十八年薨。	陽朔二年，文王睃嗣，十九年薨，亡後。師古曰睃音子緣反		
					建平三年六月辛卯，王閔以頃王子郚鄉侯紹封，十二年，王莽篡位，貶為公，明年廢。			
					[illegible]師古曰[illegible]			
江都易王非（師古曰諡法好更故舊曰易）	景帝子	三月甲寅立為汝南王，二年徙江都，二十七年薨。	元朔二年，王建嗣，六年，元狩二年謀反，自殺。	[illegible]廣陵[illegible]				
趙敬肅王彭祖	景帝子	三月甲寅立為廣川王，四年徙趙，六十三年薨。	征和元年，頃王昌嗣，十九年薨。	本始元年，懷王尊嗣，五年薨，亡後。				
				[illegible]	元康元年，共王充嗣，五十六年薨。	元延二年，王隱嗣，十[illegible]年，王莽篡位，貶為公，明年廢。		
			征和二年[illegible]王[illegible]嗣[illegible]子立[illegible]二年薨。	[illegible]				
長沙定王發	景帝子	三月甲寅立，二十八年薨。	元朔二年，戴王庸嗣，二十七年薨。	[illegible]	始元四年，刺王建德嗣，三十四年薨。	黃龍元年，煬王旦嗣，二年薨，亡後。		
						初元四年，孝王宗以刺王子紹封，三年薨。	永光二年，繆王魯人嗣，四十八年薨。	[illegible]二年王[illegible]王莽篡位[illegible]
膠西于王端	景帝子	三年六月乙巳立，四十七年，元封三年薨，亡後。						
中山靖王勝	景帝子	六月乙巳立，四十二年薨。	元鼎五年，哀王昌嗣，一年薨。	元封元年，康王昆侈嗣，二十一年薨。[illegible]	征和四年，頃王輔嗣，[illegible]三年薨。	始元元年，憲王福嗣，十七年薨。	地節元年，懷王脩嗣，十五年薨，亡後。	鴻嘉二年八月，王雲客以[illegible]父[illegible]廣德[illegible]弟子紹封，一年薨，亡後。
								廣平　建平三年正月，王[illegible]以[illegible]紹封，十三年，王莽篡位，貶為公，明年廢。

號諡名	屬	始封	子	孫	曾孫	玄孫	六世	七世
膠東王	景帝子	四年四月乙巳立三年為皇太子						
臨江閔王榮	景帝子	七年十一月乙酉以故皇太子立三年坐侵廟壖地為宮自殺						
廣川惠王越	景帝子	中二年四月乙巳立十三年薨	建元五年繆王齊嗣四十四年薨	[illegible]	[illegible]	[illegible]		
膠東康王寄	景帝子	中二年四月乙巳立二十八年薨	元狩三年哀王賢嗣十四年薨	元封五年戴王通平嗣二十四年薨	始元四年頃王音嗣[illegible]	河平元年共王授嗣十四年薨	永始三年王殷嗣[illegible]王莽篡位貶為公明年廢	
六安			元狩二年七月壬子共王慶以膠東康王少子立三十八年薨	始元四年夷王祿嗣十一年薨	本始元年繆王定嗣二十四年薨	甘露四年頃王光嗣二十七年薨	王育嗣王莽篡位貶為公明年廢	
清河哀王乘	景帝子	中三年三月丁酉立十二年薨亡後						
常山憲王舜	景帝子	中五年三月丁巳立三十二年薨	元鼎三年王勃嗣坐憲王喪服姦廢徙房陵					
真定			元鼎三年頃王平以憲王子紹封二十五年薨	征和四年烈王偃嗣十八年薨	本始三年孝王申嗣三十三年薨	建昭元年安王雍嗣十六年薨	陽朔二年共王普嗣十五年薨	綏和二年王楊嗣十六年王莽篡位貶為公明年廢
泗水			元鼎三年思王商以憲王少子立十一年薨	太初二年哀王安世嗣一年薨亡後	三年戴王賀以思王子紹封二十二年薨	元鳳元年三月勤王煖嗣三十九年薨	永光三年戾王駿嗣三十一年薨	元延三年王靖嗣十九年王莽篡位貶為公明年廢

右孝景十四人，楚、濟川、濟東、山陽、濟陰五人隨父，凡十九人。師古曰：此表列諸王次第與本傳不同者，本傳因母氏之次而盡言所生，表則敍其昆弟長幼之序，諸國王封時年月在後，故不同也。它皆類此。

號諡名	屬	始封
齊懷王閎	武帝子	元狩六年四月乙巳立八年薨亡後

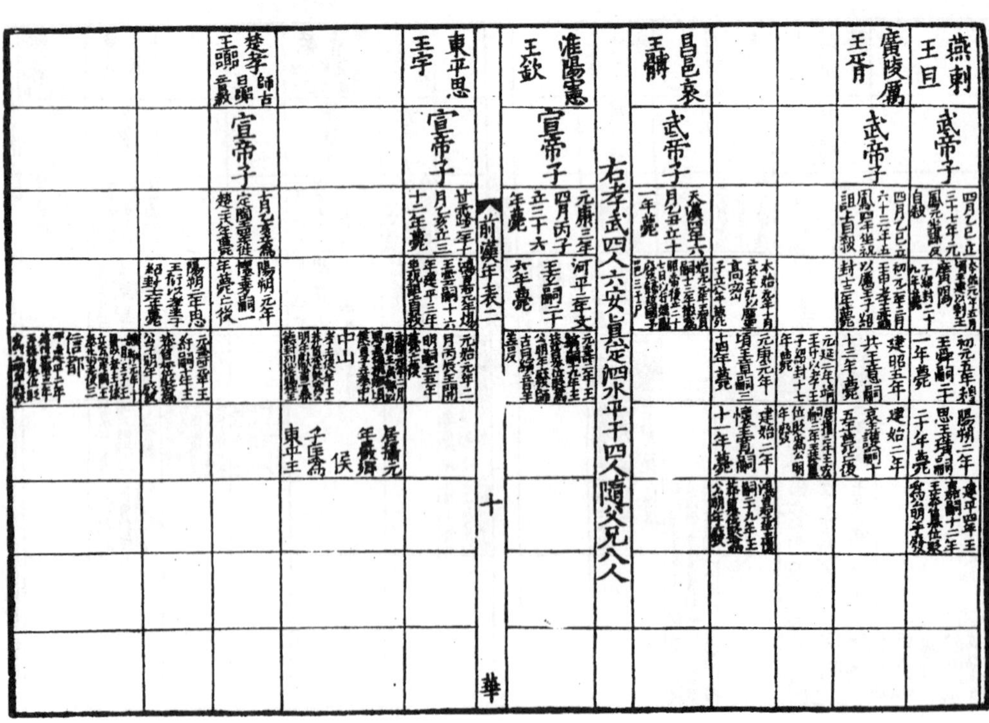

號諡名	屬	始封	子	孫	曾孫	玄孫
燕剌王旦	武帝子	四月乙巳立三十七年元鳳元年謀反自殺	本始元年五月廣陽頃王建以剌王子紹封二十九年薨	初元五年穆王舜嗣二十一年薨	陽朔二年思王璜嗣二十年薨	建平四年王嘉嗣十二年王莽篡位貶為公明年廢
廣陵厲王胥	武帝子	四月乙巳立六十三年五鳳四年坐祝詛自殺	初元二年四月孝王霸以厲王子紹封十三年薨	建昭五年共王意嗣三年薨	建始二年哀王護嗣十五年薨亡後	
				元延二年王守以孝王子紹封十七年薨	居攝二年王宏嗣[illegible]王莽篡位貶為公明年廢	
高密			本始元年哀王弘以廣陵王子立十六年薨	元康元年頃王章嗣三十三年薨	建始二年懷王寬嗣十一年薨	鴻嘉二年王慎嗣二十九年王莽篡位貶為公明年廢
昌邑哀王髆	武帝子	天漢四年六月乙丑立十一年薨	始元元年王賀嗣十二年徵為昭帝後立二十七日以行淫亂廢歸故國予邑三千戶			

右孝武四人，六安、真定、泗水、平干四人隨父，凡八人。

號諡名	屬	始封	子	孫	曾孫
淮陽憲王欽	宣帝子	元康三年四月丙子立三十六年薨	河平二年文王玄嗣二十六年薨	元始元年王縯嗣[illegible]王莽篡位貶為公明年廢	
東平思王宇	宣帝子	甘露二年十月乙亥立三十二年薨	鴻嘉元年煬王雲嗣十六年建平三年坐祝詛自殺	元始元年王開明以煬王子紹封三年薨	居攝元年嚴鄉侯信子匡為東平王
中山				[illegible]	
楚孝王囂	宣帝子	甘露二年十月乙亥立以定陶王徙楚二十八年薨	陽朔元年懷王芳嗣一年薨亡後	陽朔二年思王衍以孝王子紹封二十一年薨	元壽元年王紆嗣[illegible]王莽篡位貶為公明年廢
信都				[illegible]	

號謚名	屬							
中山哀王竟	宣帝子	初元二年二月丁巳立為清河王三年徙中山十三年薨亡後						

右孝宣四人燕王繼絕高密隨父凡六人

號謚名	屬							
定陶共王康	元帝子	永光三年三月立為濟陽王八年徙山陽八年河平四年四月徙定陶凡十九年薨	陽朔三年王欣嗣十四年綏和元年為皇太子					
中山孝王興	元帝子	建昭二年六月乙亥立為信都王十五年陽朔二年徙中山凡三十年薨	綏和二年王箕子嗣六年元壽二年立為皇帝					

右孝元二人廣陵繼絕凡三人孝成時河間廣德定陶三國孝哀時廣平一國孝平時東平中山廣德廣世廣宗五國皆繼絕

諸侯王表第二

王子侯表卷第三上　　漢書十五

班固

祕書監上護軍琅邪縣開國子顏師古注

大哉，聖祖之建業也！後嗣承序，以廣親親。至于孝武，以諸侯王畺土過制，或替差失軌，而子弟為匹夫，師古曰疋亦匹字也　替古僭字也軌法也 輕重不相準，於是制詔御史：「諸侯王或欲推私恩分子弟邑者，令各條上，朕且臨定其號名。」自是支庶畢侯矣。詩云「文王孫子，本支百世」，師古曰大雅文王之詩也本本宗也支支子也言文王有明德故天祚之子孫嫡者為天子支庶為諸侯皆不絕也 信矣哉！師古曰侯所食邑皆書其郡縣於下其有不書者史失之也或但言某人嗣及直書薨不具年月皆闕文也

號謚名	屬	始封位次	子	孫	曾孫	玄孫
頡羹侯信 服虔曰頡音[illegible]羹之羹師古曰音[illegible]反	帝兄子	七年中封，十三年，高后元年，有罪，削爵為關內侯。師古曰不記月日故云七年中也				
合陽侯喜	帝兄，為代王，匈奴攻代，棄國，廢為侯。	八年九月丙午封，七年，孝惠二年薨。以子為王，謚曰頃王。	沛 十一年十二月癸巳，侯濞以帝兄子封，十二年，為吳王。			
德哀侯廣		十二年十一月庚辰以兄子封，一百二十，七年八月薨。	高后三年，頃侯通嗣，二十四年薨。	孝景六年，康侯齕嗣，二十四年薨。師古曰齕音紇，下亦同	元鼎四年，侯何嗣，五年，坐酎金免。	元康四年，廣玄孫長安大夫猛詔復家。師古曰大夫第五爵也復音方目反
			亡	元壽二年五月甲子，侯勳以廣玄孫之孫長安公乘紹封，千戶。七世 九年王莽篡位絕 師古曰[illegible]		
右高祖						
上邳侯郢客	楚元王子	二年五月丙午封，二百二十八，七年為楚王。				
朱虛侯章	齊悼惠王子	五月丙申封，八年，孝文二年，為城陽王。				
東牟侯興居	齊悼惠王子	六年四月丁酉封，四年，為濟北王。				
右高后						

前漢年表三上　一　陳忠

號謚名	屬	始封位次	子	孫	曾孫	玄孫
管共侯罷軍 師古曰[illegible]下皆類此	齊悼惠王子	四年五月甲寅封，二年薨。	六年，侯戎奴嗣，二十年，孝景三年，反，誅。			
氏丘共侯寧國	齊悼惠王子	五月甲寅封，十一年薨。	十五年，侯偃嗣，十一年，孝景三年，反，誅。			
營平侯信都	齊悼惠王子	五月甲寅封，十一年薨。	十四年，侯廣嗣，十一年，孝景三年，反，誅。			
楊丘共侯安	齊悼惠王子	五月甲寅封，十二年薨。	十六年，侯偃嗣，十一年，孝景四年，坐出國界，削為司寇。			
楊虛侯將閭	齊悼惠王子	五月甲寅封，十二年，為齊王。				
朸侯辟光 師古曰朸音力[illegible]	齊悼惠王子	五月甲寅封，十二年，為濟南王。				
安都侯志	齊悼惠王子	五月甲寅封，十二年，為濟北王。				
平昌侯卬	齊悼惠王子	五月甲寅封，十二年，為膠西王。				
武成侯賢	齊悼惠王子	五月甲寅封，十二年，為菑川王。				
白石侯雄渠	齊悼惠王子	五月甲寅封，十二年，為膠東王。				
阜陵侯安	淮南厲王子	八年五月丙午封，八年，為淮南王。				
安陽侯勃	淮南厲王子	五月丙午封，八年，為衡山王。				
陽周侯賜	淮南厲王子	五月丙午封，八年，為廬江王。				
東城哀侯良	淮南厲王子	五月丙午封，七年薨，亡後。				
右孝文						
平陸侯禮	楚元王子	元年四月乙巳封，三年，為楚王。				
休侯富	楚元王子	四月乙巳封，三年，以兄子楚王戊反，免。三年，侯富更封紅侯，六年薨，謚曰懿。	七年，懷侯登嗣，一年薨。	中元年，敬侯嘉嗣，二十四年薨。	元朔四年，哀侯章嗣，一年薨，亡後。	
沈猶夷侯歲 師古曰沈音審	楚元王子	四月乙巳封，二十年薨。	建元五年，侯受嗣，十八年，元狩五年，坐為宗正聽謁不具宗室，削爵為司寇。師古曰受為宗正人有私請求者受聽許之故於宗室之中事有不具而受獲罪			

前漢年表三上　二　陳忠

宛朐侯埶 師古曰埶音藝	楚元王子	四月乙巳封三年反誅					
棘樂敬侯調	楚元王子	三年八月壬子封十六年薨	建元三年恭侯慶嗣十五年薨	元朔五年侯建嗣十六年元鼎五年坐酎金免			
乘氏侯買	梁孝王子	中五年五月丁卯封一年為梁王					
桓邑侯明	梁孝王子	五月丁卯封一年為濟川王					
右孝景							
茲侯明	河閒獻王子	元光五年正月壬子封四年元朔三年坐殺人自殺					
安成思侯蒼	長沙定王子	六年七月乙巳封十三年薨	元鼎元年節侯自當嗣	侯壽光嗣五鳳二年坐與姊亂下獄病死			豫章
宜春侯成	長沙定王子	七月乙巳封十七年元鼎五年坐酎金免					
句容哀侯黨 師古曰句讀曰章句之句	長沙定王子	七月乙巳封二年薨亡後					會稽
容陵侯福	長沙定王子	七月乙巳封十七年元鼎五年坐酎金免					
杏山侯成	楚安王子	後九月壬戌封十七年元鼎五年坐酎金免					
浮丘節侯不害	楚安王子	後九月壬戌封十一年薨	元鼎五年侯霸嗣六年元狩五年坐酎金免				沛
廣戚節侯將	魯共王子	元朔元年十月丁酉封薨	侯始嗣元鼎五年坐酎金免				
丹陽哀侯敢	江都易王子	十二月甲辰封六年元狩元年薨亡後					無湖
盱台侯蒙之	江都易王子	十二月甲辰封十六年元鼎五年坐酎金免					
胡孰頃侯胥行	江都易王子	正月丁卯封十六年薨	元鼎五年侯聖嗣坐知人脫亡名數以為保殺人免 師古曰脫亡名數謂不占戶籍也以此人為庸保而又別殺人也				丹陽
秣陵終侯纏	江都易王子	正月丁卯封元鼎四年薨亡後					

何立

淮陵侯定國	江都易王子	正月丁卯封十六年元鼎五年坐酎金免				淮陵
張梁哀侯仁	梁共王子	二年五月乙巳封十三年薨	元鼎四年侯順嗣二十三年征和三年為奴所殺			
龍丘侯代	菑川懿王子	五月乙巳封十五年元鼎五年坐酎金免				琅邪
劇原侯錯	菑川懿王子	五月乙巳封十七年薨	元鼎二年孝侯廣昌嗣	戴侯胥嗣	質侯吉嗣	節侯鄉嗣
			六世 侯勝容嗣			
懷昌夷侯高遂	菑川懿王子	五月乙巳封二年薨	四年胡侯延年嗣	節侯勝時嗣	侯可置嗣	
平望夷侯賞	菑川懿王子	五月乙巳封七年薨	元狩三年原侯楚人嗣三十六年薨	太始三年敬侯光嗣十四年薨	神爵四年頃侯起嗣	孝侯均嗣
			五世 侯且嗣			
臨衆敬侯始昌	菑川懿王子	五月乙巳封三十一年薨	太始元年康侯革生嗣八年薨	元鳳二年頃侯廣平嗣薨	原侯農嗣	節侯禹嗣 臨原
			六世 釐侯賢嗣	七世 侯商嗣王莽篡位絕		
葛魁節侯寬	菑川懿王子	五月乙巳封八年薨	元狩四年侯戚嗣五年元鼎三年坐縛家吏恐猲受賕棄市 師古曰猲謂以威力脅人也賕枉法以財相謝猲音呼葛反賕音求			
益都敬侯胡	菑川懿王子	五月乙巳封薨	原侯廣嗣	侯直嗣元鳳三年坐非廣子免		
平的戴侯強 師古曰的音丁歷反	菑川懿王子	五月乙巳封十七年薨	元狩元年思侯中時嗣三十年薨	太始三年節侯福嗣十三年薨	神爵四年頃侯阜嗣	釐侯利親嗣
			六世 侯宣嗣			
劇魁夷侯黑	菑川懿王子	五月乙巳封十七年薨	元狩元年思侯招嗣三年薨	四年康侯德嗣	孝侯利親嗣	釐侯嬰嗣
			五世 侯豹嗣			
壽梁侯守	菑川懿王子	五月乙巳封十五年元鼎五年坐酎金免				壽樂
平度康侯行	菑川懿王子	五月乙巳封四十七年薨	元鳳元年節侯慶忌嗣二年薨	四年質侯帥軍嗣	頃侯欽嗣	孝侯宗嗣
			六世 侯嘉嗣			

何立

宜成康侯偃	菑川懿王子	五月乙巳封十一年薨	元鼎五年侯福嗣十七年太初元年坐殺弟棄市			平原
臨朐夷侯奴 師古曰朐音劬	菑川懿王子	五月乙巳封四十一年薨	戴侯乘嗣	節侯賞嗣	孝侯信嗣	安侯禕嗣 師古曰禕音猗 東海
			六世侯岑嗣			
雷侯豨	城陽共王子	五月甲戌封十五年元鼎五年坐酎金免				東海
東莞侯吉	城陽共王子	五月甲戌封五年痼病不任朝免				
辟土節侯壯 師古曰辟音闢	城陽共王子	五月甲戌封三年薨	五年侯明嗣十二年元鼎五年坐酎金免			東海
尉文節侯丙	趙敬肅王子	六月甲午封五年薨	元狩元年侯犢嗣十二年元鼎五年坐酎金免			南郡
封斯戴侯胡傷	趙敬肅王子	六月甲午封二十五年薨	太初三年原侯如意嗣五十三年薨	甘露四年孝侯宮嗣	侯仁嗣	
榆丘侯受福	趙敬肅王子	六月甲午封十五年元鼎五年坐酎金免				
襄嚵侯建 師古曰嚵音士咸反	趙敬肅王子	六月甲午封十五年元鼎五年坐酎金免				廣平
邯會衍侯仁	趙敬肅王子	六月甲午封薨	哀侯慧嗣	後元年勤侯賀嗣二十五年薨	甘露五年原侯張嗣	釐侯康嗣
			六世節侯重嗣	七世懷侯[illegible]嗣薨		
朝節侯義	趙敬肅王子	六月甲午封十三年薨	元鼎三年戴侯祿嗣	侯固城嗣五鳳四年坐[illegible]免		
東城侯遺	趙敬肅王子	六月甲午封十二年元狩元年坐為孺子所殺 師古曰孺子妾之號也				
陰城思侯蒼	趙敬肅王子	六月甲午封十七年太初元年薨嗣子有罪不得代				
廣望節侯忠	中山靖王子	六月甲午封三十年薨	天漢四年頃侯中嗣十三年薨	始元三年思侯何齊嗣	恭侯遂嗣	侯閣嗣
將梁侯朝平	中山靖王子	六月甲午封十五年元鼎五年坐酎金免				涿
新館侯未央	中山靖王子	六月甲午封十五年元鼎五年坐酎金免				涿
陸城侯貞	中山靖王子	六月甲午封十五年元鼎五年坐酎金免				涿
新處侯嘉	中山靖王子	六月甲午封十五年元鼎五年坐酎金免				涿

蒲領侯嘉	廣川惠王子	三年十月癸酉封有罪絕				東海
西熊侯明	廣川惠王子	十月癸酉封薨亡後				
棗彊侯晏	廣川惠王子	十月癸酉封薨亡後				
畢梁侯嬰	廣川惠王子	十月癸酉封十九年太初四年坐首匿罪人為鬼薪				魏
房光侯殷	河間獻王子	十月癸酉封十一年元鼎元年坐貸子錢不占租取息過律會赦免 師古曰以子錢出貸人律合收租匿不占取息利又多 占音之贍反				魏
距陽憲侯匄	河間獻王子	十月癸酉封十四年薨	元鼎五年侯渡嗣二年坐酎金免 師古曰渡音蓋			
蔞安節侯退 師古曰蔞音力于反	河間獻王子	十月癸酉封十六年薨	元封元年釐侯譽嗣二十三年薨	後元年康侯益壽嗣三十三年薨	五鳳元年安侯充世嗣三十三年薨	畢侯遺嗣二十年建始四年薨亡後
阿武戴侯豫	河間獻王子	十月癸酉封二十四年薨	太初三年敬侯宣嗣二十年薨	始元二年節侯信嗣二十三年薨	神爵元年釐侯嬰齊嗣	頃侯黃嗣
			六世侯[illegible]嗣王莽篡位絕			
參戶節侯免	河間獻王子	十月癸酉封四十六年薨	元鳳元年敬侯嚴嗣	頃侯元嗣	孝侯利親嗣	侯度嗣
州鄉節侯禁	河間獻王子	十月癸酉封十二年薨	元鼎二年思侯齊嗣	元封六年憲侯惠嗣	釐侯商嗣	恭侯伯嗣
			六世侯[illegible]嗣王莽篡位絕			
平城侯禮	河間獻王子	十月癸酉封六年元狩三年坐恐猲取雞以令買償免 師古曰恐猲取人雞依令買償 以價直止免侯又犯故[illegible]也 猲音[illegible]				
廣侯順	河間獻王子	十月癸酉封十四年元鼎五年坐酎金免				勃海
蓋胥侯讓 師古曰[illegible]	河間獻王子	十月癸酉封十四年元鼎五年坐酎金免				魏
陰安康侯不害	濟北貞王子	十月癸酉封十一年薨	元鼎三年哀侯秦客嗣三年薨亡後			魏
榮關侯騫	濟北貞王子	十月癸酉封坐殺人會赦免				茌平 師古曰茌音仕疑反
周望康侯何	濟北貞王子	十月癸酉封八年薨	元狩五年侯當時嗣六年元鼎五年坐酎金免			

陪繚侯則	濟北貞王子	十月癸酉封，十一年薨。	元鼎二年，侯邑嗣，五年坐酎金免。			平原
前侯信 師古曰：字或作[illegible]	濟北貞王子	十月癸酉封，四年，元鼎五年坐酎金免。				平原
安陽侯樂	濟北貞王子	十月癸酉封，三十八年薨。	後元年，糠侯延年嗣，十七年薨。	本始二年，康侯記嗣，十五年薨。	五鳳元年，安侯戚嗣。	良侯得嗣，[illegible] 平原
五據侯臒丘 師古曰：據音劫。又音矍	濟北式王子	十月癸酉封，十四年，元鼎五年坐酎金免。				泰山
富侯龍	濟北式王子	十月癸酉封，十六年，元狩元年坐使奴殺人，下獄瘐死。				
平侯遂	濟北式王子	十月癸酉封，四年，元狩元年坐知人盜官母馬為臧，會赦，復作。師古曰：有人盜馬，遂知而為藏，會赦，猶復作為徒役也。復音扶目反。				
羽康侯成	濟北式王子	十月癸酉封，六十年薨。	地節三年，恭侯係嗣。	侯棄嗣，王莽篡位絕。		
胡毋侯楚	濟北式王子	十月癸酉封，十四年，元鼎五年坐酎金免。				泰山
離石侯綰	代共王子	正月壬戌封，後更為涉侯，坐上書謾，耐為鬼薪。師古曰：謾，欺誑也，音漫，又莫連反。				

前漢年表三上　七

郈侯順	代共王子	正月壬戌封，三十五年，天漢元年坐殺人及奴凡十六人，以捕匈奴千騎免。師古曰：[illegible]殺人以當之。				
利昌康侯嘉	代共王子	正月壬戌封，五十二年薨。	元鳳五年，戴侯樂嗣，十二年薨。	元康三年，頃侯萬世嗣。	節侯光祿嗣。	刺侯殷嗣
			六世 侯拔嗣，王莽篡位絕。			
藺侯罷軍	代共王子	正月壬戌封，後更為武原侯，坐酎金免。				西河
臨河侯賢	代共王子	正月壬戌封，後更為高俞侯，坐酎金免。				
濕成侯忠 師古曰：濕音它合反	代共王子	正月壬戌封，後更為端氏侯，薨，亡後。				
土軍侯郢客 師古曰：土軍，西河之縣，字或作上軍，非	代共王子	正月壬戌封，後更為鉅乘侯，坐酎金免。				
皋狼侯遷	代共王子	正月壬戌封，薨，亡後。				臨淮
千章侯遇	代共王子	正月壬戌封，後更為夏丘侯，坐酎金免。				平原
博陽頃侯就	齊孝王子	三月乙卯封，薨。	侯終古嗣，元鼎五年坐酎金免。			濟南

沈

寧陽節侯恬	魯共王子	三月乙卯封，五十二年薨。	元鳳六年，安侯慶忌嗣，十八年薨。	五鳳元年，康侯信嗣。	孝侯邑嗣	侯方嗣
瑕丘節侯政	魯共王子	三月乙卯封，五十三年薨。	元平元年，思侯國嗣，四年薨。	本始四年，孝侯湯嗣，十年薨。	神爵二年，煬侯奉義嗣。	釐侯遂成嗣
			六世 侯駒嗣			
公丘夷侯順	魯共王子	三月乙卯封，三十年薨。	[illegible]	地節四年，煬侯延壽嗣，九年薨。	五鳳元年，思侯賞嗣。	侯元嗣，王莽篡位絕。
郁狼侯騎 師古曰：狼音浪	魯共王子	三月乙卯封，十四年，元鼎五年坐酎金免。				
西昌侯敬	魯共王子	三月乙卯封，十四年，元鼎五年坐酎金免。				
陸地侯義	中山靖王子	三月乙卯封，十四年，元鼎五年坐酎金免。				辛處
邯平侯順	趙敬肅王子	四月甲辰封，十四年，元鼎五年坐酎金免。				廣平
武始侯昌	趙敬肅王子	四月甲辰封，三十四年為趙王。				魏
為氏節侯賀	趙敬肅王子	四月甲辰封，十八年薨。	元封三年，思侯安意嗣，十七年薨。	始元六年，康侯千秋嗣，十六年薨。	元康元年，孝侯漢彊嗣。	侯酆嗣，王莽篡位絕。

前漢年表三上　八

易安侯平	趙敬肅王子	四月甲辰封，二十年薨。	元封五年，康侯種嗣。	侯德嗣，始元元年坐殺人免。		鄗 師古曰：鄗音呼各反
路陵侯童	長沙定王子	四年三月乙丑封，四年，元狩二年坐[illegible]				南陽
攸輿侯則	長沙定王子	三月乙丑封，二十二年，太初元年坐篡死罪囚，棄市。				南陽
茶陵節侯訢 師古曰：茶音塗。訢音欣	長沙定王子	三月乙丑封，十年薨。	元鼎二年，哀侯湯嗣，十一年，太初元年薨，亡後。			桂陽
建成侯拾	長沙定王子	三月乙丑封，[illegible]年，元鼎[illegible]年坐使行人奉璧皮薦賀元年十月不會，免。師古曰：[illegible]				
安衆康侯丹	長沙定王子	三月乙丑封，三十年薨。	元封六年，節侯山拊嗣，三十八年薨。師古曰：拊音方于反。	地節三年，懷侯毋妨嗣。	釐侯[illegible]嗣	侯歆嗣 師古曰：歆音其禁反，又其錦反
			侯崇嗣，居攝元年舉兵，為莽所滅。			
			侯寵，建武二年以崇從父弟紹封。	建武十三年，侯松嗣。		今見 師古曰：作表時見為侯也
葉平侯喜 師古曰：葉音式涉反	長沙定王子	三月乙丑封，十二年，元鼎五年坐酎金免。				

號謚名	屬	始封	子	孫	曾孫	玄孫
利鄉侯嬰	城陽共王子	三月乙丑封五年元狩三年有罪免				
有利侯釘 師古曰音丁又音鼎	城陽共王子	三月乙丑封三年元狩元年坐遺淮南王書稱臣棄市				東海
東平侯慶	城陽共王子	三月乙丑封五年元狩三年坐與姊姦下獄病死				東海
運平侯記	城陽共王子	三月乙丑封十三年元鼎五年坐酎金免				東海
山州侯齒	城陽共王子	三月乙丑封十三年元鼎五年坐酎金免				
海常侯福	城陽共王子	三月乙丑封十三年元鼎五年坐酎金免				琅邪
騶丘敬侯寬	城陽共王子	三月乙丑封六年薨	元狩四年原侯報德嗣	侯毋害嗣本始二年坐使人殺兄棄市		
南城節侯貞	城陽共王子	三月乙丑封四十二年薨	始元四年戴侯猛嗣三十二年薨	神爵元年元侯萬嗣二年薨	四年釐侯充國嗣	頃侯遂嗣
			六世 侯友嗣王莽篡位絕			
廣陵虒侯表 晉灼曰虒音斯	城陽共王子	三月乙丑封七年薨	元狩五年侯成嗣六年元鼎五年坐酎金免			
杜原侯皐	城陽共王子	三月乙丑封十二年元鼎五年坐酎金免				
臨樂敦侯光 師古曰敦字或作敫音工弔反又作敦字	中山靖王子	四月甲午封二十年薨	元封六年憲侯建嗣	列侯固嗣	五鳳三年節侯萬年嗣	侯廣嗣王莽篡位絕
東野戴侯章	中山靖王子	四月甲午封薨	侯中時嗣太初四年薨亡後			
高平侯嘉	中山靖王子	四月甲午封十三年元鼎五年坐酎金免				平原
廣川侯頗	中山靖王子	四月甲午封十三年元鼎五年坐酎金免				
重侯擔 師古曰擔音丁甘反	河間獻王子	四月甲午封四年元狩元年坐不使人為秋請免 師古曰請音才性反				平原
被陽敬侯燕 師古曰被音皮義反燕音一見反	齊孝王子	四月乙卯封十三年薨	元鼎五年穰侯偃嗣十六年薨	始元二年頃侯壽嗣	孝侯定嗣	節侯閎嗣
			六世 侯虞嗣王莽篡位絕			
定敷侯越	齊孝王子	四月乙卯封十二年薨	元鼎四年思侯德嗣五年薨	元封四年憲侯福嗣	恭侯湯嗣	定侯乘嗣王莽篡位絕
稻夷侯定	齊孝王子	四月乙卯封薨	簡侯陽都嗣	太始三年戴侯咸嗣四年薨	甘露元年頃侯閎嗣	侯永嗣王莽篡位絕

號謚名	屬	始封	子	孫	曾孫	玄孫
山原侯國	齊孝王子	四月乙卯封二十五年薨	天漢三年康侯棄嗣十四年薨	始元三年安侯守嗣三十三年薨	侯發嗣	[illegible]
繁安夷侯忠	齊孝王子	四月乙卯封十八年薨	元封四年安侯守嗣	節侯壽嗣	元鳳五年頃侯嘉嗣	孝侯光嗣
			六世 侯起嗣			
柳康侯陽已	齊孝王子	四月乙卯封薨	敬侯罷師嗣	于侯自為嗣	安侯捐嗣	繆侯軻嗣
			六世 侯守嗣王莽篡位絕			
雲夷侯信	齊孝王子	四月乙卯封十四年薨	元鼎六年侯歲發嗣	太始二年康侯遂嗣	釐侯終古嗣	侯得之嗣王莽篡位絕
牟平共侯渫 師古曰渫音先列反	齊孝王子	四月乙卯封五年薨	元狩三年敬侯奴嗣二十五年薨	太始三年戴侯吏生嗣二十九年薨	地節四年康侯建嗣一年薨	元康元年孝侯齕嗣
			六世 釐侯威嗣	七世 侯隆嗣王莽篡位絕		
柴原侯代	齊孝王子	四月乙卯封三十四年薨	征和二年節侯應之嗣二十七年薨	元康二年敬侯賢嗣	三年康侯齊嗣	恭侯真如嗣薨亡後
柏暢戴侯終古	趙敬肅王子	五年十一月辛酉封薨	侯朱嗣始元三年薨亡後			中山
歊安侯延年 師古曰歊音許驕反	趙敬肅王子	十一月辛酉封十二年元鼎五年坐酎金免				
乘丘節侯將夜	中山靖王子	三月癸酉封十一年薨	元鼎四年戴侯德嗣	侯外人嗣元康四年坐為子時與後母亂免		
高丘哀侯破胡	中山靖王子	三月癸酉封八年元鼎元年薨亡後				
柳宿夷侯蓋	中山靖王子	三月癸酉封四年薨	元狩三年侯蘇嗣八年元鼎五年坐酎金免			
戎丘侯讓	中山靖王子	三月癸酉封十二年元鼎五年坐酎金免				
樊輿節侯脩	中山靖王子	三月癸酉封三十六年薨	後元年煬侯過倫嗣	思侯異眾嗣	頃侯士生嗣	侯自子嗣王莽篡位絕
曲成侯萬歲	中山靖王子	三月癸酉封十三年元鼎五年坐酎金免				涿
安郭于侯傅富	中山靖王子	三月癸酉封薨 五百二十戶	釐侯偃嗣	侯崇嗣元康元年坐首匿亡者免		涿
安險侯應	中山靖王子	三月癸酉封十三年元鼎五年坐酎金免				
安道侯恢	中山靖王子	三月癸酉封十三年元鼎五年坐酎金免				

夫夷敬侯義	長沙定王子	三月癸酉封，十二年薨	元朔五年節侯禹嗣五十八年薨	五鳳三年頃侯奉宗嗣	釐侯慶嗣	懷侯福嗣
			六世 侯禹嗣王莽篡位絕			
春陵節侯買	長沙定王子	六月壬子封四年薨	元狩二年戴侯熊渠嗣五十六年薨	元康元年孝侯仁嗣	侯敞嗣	建武二年立敞子祉為城陽王
都梁敬侯定	長沙定王子	六月壬子封八年薨	元鼎元年頃侯傒嗣師古曰傒音胡禮反	節侯弘嗣	原侯順懷嗣	煬侯容嗣
			六世 侯代人嗣王莽篡位絕			
洮陽靖侯狩燕	長沙定王子	六月壬子封七年元狩六年薨亡後				
泉陵節侯賢	長沙定王子	六月壬子封五十年薨	本始四年戴侯真定嗣三十二年薨	黃龍元年頃侯慶嗣	侯骨嗣王莽篡位絕	
終弋侯廣置	衡山賜王子	六年四月丁丑封十二年元鼎五年坐酎金免				汝南
麥侯昌	城陽頃王子	元鼎元年四月戊寅封五年坐酎金免				琅邪
鉅合侯發	城陽頃王子	四月戊寅封五年坐酎金免				平原
昌侯差	城陽頃王子	四月戊寅封五年坐酎金免				琅邪
蕢侯方 [illegible]	城陽頃王子	四月戊寅封五年坐酎金免				
雩殷侯澤 [illegible]	城陽頃王子	四月戊寅封六十二年薨	神爵元年夷侯舞嗣	頃侯闔嗣		侯永嗣王莽篡位絕
原洛侯敢	城陽頃王子	四月戊寅封二十六年征和三年坐殺人棄市				琅邪
挾術侯昆景	城陽頃王子	四月戊寅封十六年天漢元年薨亡後				琅邪
挾釐侯霸	城陽頃王子	四月戊寅封三十五年薨	始元五年康侯成嗣二十年薨	神爵五年節侯賢嗣	頃侯恩嗣	孝侯眾嗣薨亡後
扐節侯讓	城陽頃王子	四月戊寅封薨	侯興嗣為人所殺			平原
文成侯光	城陽頃王子	四月戊寅封五年坐酎金免				東海
校侯雲 師古曰校音效	城陽頃王子	四月戊寅封五年坐酎金免				
庸侯餘	城陽頃王子	四月戊寅封有罪死				琅邪

翟侯壽	城陽頃王子	四月戊寅封五年坐酎金免				東海
鱣侯應 師古曰鱣音竹連反	城陽頃王子	四月戊寅封五年坐酎金免				襄賁 師古曰賁音奔又音肥
彭侯強	城陽頃王子	四月戊寅封五年坐酎金免				東海
瓡節侯息 師古曰瓡即執字也又音孤	城陽頃王子	四月戊寅封五十五年薨	元鳳四年質侯守嗣七年薨			
虛水康侯禹	城陽頃王子	四月戊寅封三十八年薨	地節元年恩侯爵嗣七年薨	五鳳四年侯敞嗣王莽篡位絕		
東淮侯類	城陽頃王子	四月戊寅封五年坐酎金免				北海
拘侯賢	城陽頃王子	四月戊寅封五年坐酎金免				千乘
淯侯不疑 師古曰淯音育	城陽頃王子	四月戊寅封五年坐酎金免				東海
陸元侯何	菑川靖王子	七月辛卯封薨	原侯賈嗣	[illegible]		壽光
廣饒康侯國	菑川靖王子	七月辛卯封五十年薨	地節三年共侯坊嗣十四年薨師古曰坊音方	甘露元年侯[illegible]嗣王莽篡位絕		
缾敬侯成 師古曰缾音步丁反	菑川靖王子	七月辛卯封五十四年薨	地節二年頃侯龍嗣十年薨	元康三年原侯融嗣	侯閔嗣王莽篡位絕	
俞閭煬侯毋害 師古曰俞音輸	菑川靖王子	七月辛卯封四十四年薨	地節三年原侯況嗣十年薨	五鳳元年侯[illegible]嗣十三年初元三年薨亡後師古曰[illegible]		
甘井侯光	廣川繆王子	七月乙酉封二十五年征和二年坐殺人棄市				鉅鹿
襄隄侯聖 師古曰隄音丁奚反	廣川繆王子	七月乙酉封二十年地節四年坐奉酎金斤八兩少四兩免	[illegible]			鉅鹿
皋虞煬侯建 師古曰煬音弋向反後皆類此	膠東康王子	元封元年五月丙午封九年薨	太初四年[illegible]侯定嗣四年薨	本始二年節侯表嗣	釐侯勳嗣	頃侯顯嗣
			六世 侯樂嗣王莽篡位絕			
魏其煬侯昌	膠東康王子	五月丙午封十七年薨	本始四年原侯光嗣二十五年薨	甘露三年孝侯禹嗣	質侯蟜嗣師古曰蟜音矯	侯嘉嗣王莽篡位絕
祝茲侯延年	膠東康王子	五月丙午封坐棄印綬出國免				琅邪
高樂康侯 師古曰史失其名也	齊孝王子	不得封年薨亡後				濟南

號諡名	屬	始封	子	孫	曾孫	玄孫
[illegible]侯則 [illegible]	廣川惠王子	不得封年 坐酎金免				東海
沂陵侯喜 師古曰沂音牛衣反	廣川惠王子	不得封年 坐酎金免				東海
沈陽侯自爲	河閒獻王子	不得封年				勃海
𨻳北侯寬	趙敬肅王子	不得封年 元鳳三年爲故所殺				魏
南䜌侯佗 [illegible]師古曰[illegible]音力[illegible]反	趙敬肅王子	不得封年 征和二年坐酎金免				鉅鹿
南陵侯慶	趙敬肅王子	不得封年 後三年坐爲沛郡太守橫恣罔上下獄病死				臨淮
鄗侯舟 師古曰鄗音呼各反	趙敬肅王子	不得封年 征和四年坐祝𧩂上要斬 師古曰𧩂古詛字也音側[illegible]反				常山
安檀侯福	趙敬肅王子	不得封年 後三年坐爲常山太守祝𧩂上訊未竟病死 師古曰訊謂考問之				魏
爰戚侯當	趙敬肅王子	不得封年 後三年坐[illegible]殺				濟南
栗節侯樂	趙敬肅王子	征和元年封 二十七年薨	地節四年煬侯忠嗣	質侯終根嗣	侯況嗣	
洨夷侯周舍 師古曰洨音爻	趙敬肅王子	元年封薨	孝侯恩嗣	節侯遷嗣	哀侯勳嗣	侯承嗣
猇節侯起 [illegible]	趙敬肅王子	元年封十三年薨	元鳳元年夷侯充國嗣二年薨	神爵三年恭侯廣明嗣	釐侯固嗣	侯鉅鹿嗣
揤裴戴侯道 [illegible]	趙敬肅王子	元年封十二年薨	元鳳元年哀侯眞嗣	頃侯章嗣	釐侯昌嗣	東海 侯發嗣
澎侯屈釐 [illegible]	中山靖王子	二年三月丁巳封 三年坐爲丞相祝𧩂要斬				

右孝武

王子侯表卷第三上

王子侯表第三下

漢書十五

秘書監上護軍琅邪縣開國子顏師古注

孝元之世亡王子侯者盛衰終始豈非命哉元始之際王莽擅朝僞襃宗室侯及王之孫焉師古曰王之孫亦得封侯謂承鄉侯閎以下是也居攝而愈多非其正故弗錄師古曰王莽所封故不以為正也旋踵亦絕悲夫

號謚姓名	屬	始封	子	孫	曾孫	玄孫
松茲戴侯霸	六安共王子	元始五年六月辛丑封二十二年薨	神爵二年恭侯始嗣	頃侯纏嗣師古曰纏音丈涉反	侯均嗣王莽篡位絕凡百八十一人師古曰此下云免絕者皆是也	
溫水侯安國	膠東哀王子	六月辛丑封十年本始二年坐上書為妖言會赦免				
蘭旗頃侯臨朝	魯安王子	六月辛丑封二十二年薨	神爵二年節侯去疾嗣七年薨	甘露元年釐侯嘉嗣	侯位嗣絕	
容丘戴侯方山	魯安王子	六月辛丑封	頃侯未央嗣	侯昭嗣絕		
良成頃侯文德	魯安王子	六月辛丑封	共侯舜嗣	釐侯原嗣	戴侯元嗣	侯閔嗣絕
蒲領煬侯祿	清河綱王子	六年五月乙卯封	哀侯推嗣亡後			
			元延三年節侯不識以推弟	侯京嗣免		
南曲煬侯遷	清河綱王子	五月乙卯封三十年薨	甘露三年節侯江嗣	侯尊嗣免		
高城節侯梁	長沙頃王子	六月乙未封	質侯昇嗣	頃侯請士嗣	侯馮嗣免	
成獻侯喜	中山康王子	元鳳五年十一月庚子封十五年薨	神爵元年頃侯得疪嗣師古曰疪音才斯反	煬侯蒲嗣師古曰蒲音普等反	哀侯貞嗣建平元年薨亡後	涿郡
新市康侯吉	廣川繆王子	十一月庚子封二十五年薨	甘露二年頃侯義嗣	侯欽嗣		堂陽
洹陽侯仁	城陽慧王子	六年十二月乙亥封十年元康元年坐役使附落免師古曰有聚落來附者輒役使之非法制也				東海
陽武侯	孝武皇帝曾孫	元平元年七月庚申封即日即皇帝位				
右孝昭十二						
朝陽荒侯聖	廣陵厲王子	本始元年七月壬子封	思侯廣德嗣	侯安國嗣免		濟南
平曲節侯曾	廣陵厲王子	七月壬子封十九年五鳳四年坐祝詛上免後復封	釐侯臨嗣	侯農嗣免		東海
南利侯昌	廣陵厲王子	七月壬子封五年地節二年坐賊殺人免				汝南
安定戾侯賢	燕剌王子	七月壬子封	頃侯延年嗣	侯昱嗣免		鉅鹿
東襄愛侯寬	廣川繆王子	三年四月重封	侯使親嗣建昭元年薨亡後			信都
宣處節侯章	中山康王子	三年六月甲辰封四年薨	地節三年原侯眾嗣薨亡後			
脩市原侯寅	清河綱王子	四年四月乙丑封三年薨	地節三年頃侯千秋嗣	釐侯元嗣	侯雲嗣免	勃海
東昌趮侯成師古曰趮即古躁字也	清河綱王子	四月己丑封	頃侯親嗣	節侯霸嗣	侯祖嗣免	
新鄉侯豹	清河綱王子	四月乙丑封四年薨	地節四年釐侯步可嗣	煬侯真嗣	侯佟嗣元始五年上書言王莽宜居攝篡位賜姓王師古曰佟音徒冬反	
脩故侯福	清河綱王子	四月乙丑封五年元康元年坐首匿群盜棄市				清河
東陽節侯弘	清河綱王子	四月己丑封十年薨	神爵元年釐侯終嗣	頃侯遵始嗣	哀侯封親嗣	侯伯造嗣免
新昌節侯慶	燕剌王子	五月癸丑封	頃侯稱嗣	哀侯未央嗣薨亡後		涿
				元延元年釐侯騎以未央弟紹封師古曰騎音丁了反	侯益昌嗣免	
邯蓋節侯偃師古曰邯音寒蓋音海	趙頃王子	地節二年四月癸卯封九年薨	神爵三年釐侯勝嗣	頃侯度嗣	侯定嗣免	魏
樂陽繆侯說	趙頃王子	四月癸卯封	孝侯宗嗣	頃侯崇嗣	侯鎮嗣免	常山
桑中戴侯廣漢	趙頃王子	四月癸卯封	節侯縱嗣	頃侯敬嗣亡後		
				元延二年侯舜以敬弟紹封九年免		
張侯嵩	趙頃王子	四月癸卯封八年神爵二年坐賊殺人上書要上下獄瘐死師古曰要上者怙親而不服罪也				常山
景成侯雍	河間獻王子	四月癸卯封六年薨	元康四年頃侯歐嗣	釐侯禹嗣	節侯福嗣免	勃海
平隄嚴侯招師古曰隄音丁奚反	河間獻王子	四月癸卯封一年薨	三年繆侯榮嗣	節侯曾昌嗣	釐侯育嗣	鉅鹿侯延始嗣免
樂鄉憲侯佟	河間獻王子	四月癸卯封九年薨	神爵三年節侯捌嗣	頃侯鄧嗣	釐侯勝嗣	鉅鹿侯地緒嗣免
高郭節侯曕師古曰曕音一蓋反	河間獻王子	四月癸卯封薨	孝侯長嗣	頃侯非嗣師古曰非且斐	共侯稱嗣	哀侯霸嗣薨亡後

號諡名	屬	始封	子	孫	曾孫	玄孫	郡
			[illegible]侯發嗣免				元延二年侯[illegible]以[illegible]弟紹封師古曰闕鄚之縣也音莫
樂望孝侯光	膠東戴王子	四年三月甲寅封	釐侯林嗣	侯起嗣免			北海
成康侯饒	膠東戴王子	二月甲寅封	侯新嗣免				北海
柳泉節侯強	膠東戴王子	二月甲寅封 十七年薨	黃龍元年孝侯建嗣	煬侯萬年嗣	侯永昌嗣免		南陽
復陽嚴侯延年 師古曰復音伏	長沙頃王子	元康元年正月癸卯封	煬侯漢嗣	侯道嗣免			南陽
鍾武節侯度	長沙頃王子	正月癸卯封	孝侯宣嗣	哀侯[illegible]嗣[illegible]			
		元延二年節侯[illegible]以[illegible]叔父紹封					
高城節侯梁	長沙頃王子	正月癸卯封	質侯景嗣	頃侯請士嗣	侯馮嗣免		
宣陽侯賜	六安夷王子	二年五月丙戌封二十八年建始二年坐上書歸印綬免 八百戶					
海昏	昌邑哀	三年四月壬子以昌邑王封四年神爵	初元三年釐	原侯保	侯會邑嗣		豫章
侯賀	王子	三年薨坐故行淫辟不得置後師古曰辟讀曰僻	侯代宗以賀子紹封	世嗣	免建武後封		
曲梁安侯敬	平干頃王子	七月壬子封	節侯時光嗣	侯[illegible]嗣免			魏郡
遽鄉侯宣	眞定列王子	四年三月甲寅封二年薨亡後					常山
新利侯偃	膠東戴王子	神爵元年四月癸巳封十一年甘露四年坐上書自稱侯免復更封[illegible]建始三年又上書[illegible]免 四百戶					
樂信頃侯強	廣川繆王子	三年四月戊戌封	孝侯何嗣	節侯賀嗣	侯涉嗣免		鉅鹿
昌成節侯元	廣川繆王子	四月戊戌封 四年薨	五鳳三年頃侯齒嗣	釐侯應嗣	質侯江嗣 建平三年薨亡後		信都
廣鄉孝侯明	平干頃王子	七月壬申封	節侯安嗣	釐侯[illegible]嗣	侯充國嗣免		鉅鹿
成鄉質侯慶	平干頃王子	七月壬申封 九百戶	節侯[illegible]嗣 鴻嘉三年薨亡後				廣平
			元延二年侯[illegible]以[illegible]紹封九年免				
平利節侯世	平干頃王子	四年三月癸丑封	質侯嘉嗣	釐侯禹嗣	侯旦嗣免		魏郡
平鄉孝侯[illegible]	平干頃王子	三月癸丑封	節侯成嗣	侯陽嗣免			魏郡

號諡名	屬	始封	子	孫	曾孫	玄孫	郡
[illegible]節侯梁	平干頃王子	三月癸丑封 薨亡後					平原
成陵節侯元	平干頃王子	三月癸丑封 四百一十戶	侯[illegible]嗣[illegible]				廣平
西[illegible]節侯[illegible]	廣川戴王子	三月乙亥封七年薨	甘露三年孝侯廣嗣	哀侯官嗣	侯敞嗣免		鉅鹿
歷鄉康侯必勝	廣川繆王子	七月壬子封 五年薨	甘露元年頃侯長壽嗣	繆侯官嗣	侯東之嗣免		鉅鹿
陽城愍侯田	平干頃王子	七月壬子封	節侯賢嗣	釐侯說嗣	侯報嗣免		
祚陽侯仁	平干頃王子	五鳳元年四月乙未封十二年初元五年坐擅興繇賦削爵一級為關內侯九百一十戶					廣平
武陶節侯朝	廣川繆王子	七月壬午封	孝侯弘嗣	節侯勳嗣	侯京嗣免		鉅鹿
陽興侯昌	河間孝王子	十二月癸巳封二十六年建始二年坐朝私留它縣使庶子殺人棄市 千三百五十戶					涿郡
利鄉孝侯安	中山頃王子	甘露元年三月壬辰封	戴侯遂嗣	侯國嗣免			常山
都鄉孝侯景	趙頃王子	三年十月辛未封	侯溱嗣免師古曰溱音臻				東海
昌慮康侯弘 師古曰慮音廬	魯孝王子	四年閏月丁亥封	釐侯奉世嗣	侯蓋嗣免			泰山
平邑侯敞	魯孝王子	閏月丁亥封二年初元元年坐殺一家二人棄市					東海
山鄉節侯綰	魯孝王子	閏月丁亥封	侯丘嗣免				東海
建陵靖侯遂	魯孝王子	閏月丁亥封一年薨	黃龍元年節侯魯嗣	侯連文嗣免			東海
合陽節侯平	魯孝王子	閏月丁亥封 千一百六十戶	孝侯安上嗣建始元年薨亡後				東海
東安孝侯強	魯孝王子	閏月丁亥封	侯拔嗣免				東海
承鄉節侯當 師古曰承音證	魯孝王子	閏月丁亥封 二千七百戶	侯德天嗣鴻嘉三年坐恐猲國人受財臧五百以上免				東海
建陽節侯咸	魯孝王子	閏月丁亥封	孝侯霸嗣	侯並嗣免			東海
高鄉節侯休	城陽惠王子	十一月壬申封	頃侯興嗣	侯革始嗣免			琅邪
茲鄉孝侯弘	城陽荒王子	十一月壬申封	頃侯昌嗣	節侯應嗣	侯宇嗣免		琅邪
藉陽侯顯	城陽荒王子	十一月壬申封十六年建昭四年坐恐猲國[illegible]					東海

		民取財物免六百戶					
都平愛侯丘	城陽荒王子	十一月壬申封	恭侯訢嗣	侯堪嗣免			東海
東原侯山	城陽荒王子	十一月壬申封	節侯蒻嗣	侯妾得嗣薨亡後			琅邪
箕愿侯文師古曰愿音願	城陽荒王子	十一月壬申封	節侯瞵嗣師古曰瞵音鄰	侯褒嗣免			琅邪
高廣節侯勳	城陽荒王子	十一月壬申封	哀侯賀嗣	質侯福嗣	侯吴嗣免		琅邪
即來節侯佼師古曰佼音狡	城陽荒王子	十一月壬申封	侯欽嗣免				琅邪

右孝宣

膠鄉敬侯漢	高密哀王子	初元元年三月丁巳封七百四十戶	節侯成嗣陽朔四年薨亡後				琅邪
桃陽侯良	廣川繆王子	三月封	共侯敞嗣	侯狗嗣免			鉅鹿
安平釐侯習	長沙孝王子	三月封	侯喜嗣免				鉅鹿
陽山節侯宗	長沙孝王子	三月封	侯賀奴嗣免				桂陽
廣釐侯談	城陽荒王子	三月封九百一十戶	侯成嗣永光二年坐強與人妻姦免				琅邪
昆山節侯光	城陽荒王子	三月封	侯儀嗣免				琅邪
折泉節侯根	城陽荒王子	三月封	侯詡嗣免				琅邪
博石頃侯鼎	城陽荒王子	三月封	侯獲嗣免				琅邪
要安節侯勝	城陽荒王子	三月封	哀侯守嗣薨亡後				琅邪
房山侯勇	城陽荒王子	三月封五十六年免					琅邪
式節侯憲	城陽荒王子	三月封三百戶	哀侯霸嗣建始元年薨亡後				泰山
			元延元年侯萌以霸弟紹封十九年免				
臨鄉頃侯雲	廣陽頃王子	五年六月封	侯交嗣免				涿
西鄉頃侯容	廣陽頃王子	六月封	侯景嗣免				涿
陽鄉思侯發	廣陽頃王子	六月封	侯度嗣免				涿
益昌頃侯嬰	廣陽頃王子	永光三年三月封	共侯政嗣	侯福嗣免			涿
羊石頃侯回	膠東頃王子	三月封	共侯成嗣	侯順嗣免			北海

石鄉煬侯理	膠東頃王子	三月封	侯建國嗣免				北海
新城節侯根	膠東頃王子	三月封	侯霸嗣免				北海
上鄉侯歙師古曰歙音翕	膠東頃王子	三月封三十九年免					北海
于鄉節侯定	泗水勤王子	三月封	侯聖嗣免				東海
就鄉節侯瑋	泗水勤王子	三月封七年薨亡後					東海
石山節侯玄	城陽戴王子	三月封	釐侯喜嗣免				
都陽節侯音	城陽戴王子	三月封	侯閎嗣免				
參封侯嗣	城陽戴王子	三月封	侯殷嗣免				
伊鄉頃侯遷	城陽戴王子	三月封薨亡後					
襄平侯豐	廣陽厲王子	五年三月封四十七年免					
貰鄉侯平師古曰貰音式制反	梁敬王子	建昭元年正月封四年病狂自殺					
樂侯義	梁敬王子	正月封四年坐使人殺人髡為城旦					
中鄉侯延年	梁敬王子	正月封四十六年薨					
鄭頃侯罷軍	梁敬王子	正月封	節侯駿嗣	侯良嗣免			
黃節侯順	梁敬王子	正月封	釐侯甲嗣元壽二年薨亡後				濟陰
平樂節侯遷	梁敬王子	正月封	侯寶嗣免				
菑鄉釐侯就	梁敬王子	正月封	侯嘉喜嗣免				濟南
東鄉節侯方	梁敬王子	正月封	侯護嗣免				沛
陵鄉侯訢	梁敬王子	正月封十七年建始二年坐使人傷家丞又貸穀息過律免師古曰以穀貸人而多取其息也					沛
溧陽侯欽師古曰溧音栗	梁敬王子	正月封	侯畢嗣免				沛
釐鄉侯固師古曰釐音力之反	梁敬王子	正月封二十一年鴻嘉四年坐[illegible]印綬免四百二十三戶					沛
高柴節侯發	梁敬王子	正月封	釐侯賢嗣	侯隱嗣免			沛
臨都節侯未央	梁敬王子	正月封	侯息嗣免				

號謚名	屬	始封	子	孫	曾孫	玄孫
高宥侯舜	梁敬王	正月封	釐侯始嗣	侯便翁嗣免		
北鄉侯譚	菑川孝王子	四年六月封，四十三年免				
蘭陵節侯宜	廣陵孝王子	五年十二月封	共侯譚嗣	侯便强嗣免		
廣平節侯德	廣陵孝王子	十二月封	侯德嗣免			
博鄉節侯交	六安繆王子	竟寧元年四月丁卯封	侯就嗣免			
栒鄉戴侯買	趙哀王子	四月丁卯封	頃侯霸嗣	侯譚嗣免		
安鄉孝侯喜	趙哀王子	四月丁卯封	釐侯胡嗣	侯合衆嗣免		
廣釐侯便	菑川孝王子	四月丁卯封	節侯護嗣	侯牢嗣免		齊
平節侯服	菑川孝王子	四月丁卯封	侯嘉嗣免			齊

右孝元

號謚名	屬	始封	子	孫	曾孫	玄孫
昌鄉侯憲	膠東頃王子	建始二年五月封，三十年，坐使家丞封上印紱免				
頃陽侯共	膠東頃王子	正月封，三十九年免				
樂陽侯獲	膠東頃王子	正月封，三十九年免				
平城釐侯邑	膠東頃王子	正月封	節侯珍嗣	侯理嗣免		
密鄉頃侯林	膠東頃王子	正月封	孝侯欽嗣	侯敞嗣免		
樂都煬侯訢	膠東頃王子	正月封	繆侯臨嗣	侯延年嗣免		
甲梁侯都	高密頃王子	正月封，三十九年免				
膠東侯恬 師古曰恬音甘林反	高密頃王子	正月封，三十九年免				
武鄉侯慶	高密頃王子	正月封	侯勁嗣免			
成鄉釐侯安	高密頃王子	正月封	侯德嗣免			
麗茲共侯賜	高密頃王子	正月封	侯放嗣免			
寶梁懷侯强	河間孝王子	正月封，四年薨，亡後				
廣戚煬侯勳	楚孝王子	河平三年十二月乙亥封	侯顯嗣	子嬰，居攝元年為孺子，王莽篡位，為定安公，莽敗死		
陰平釐侯回	楚孝王子	陽朔二年二月丙午封	侯詩嗣免			

號謚名	屬	始封	子	孫	曾孫	玄孫
			承鄉 元始元年二月丙午侯閔以孝王孫封八年免			
樂平侯訢	淮陽憲王子	閏六月壬午封，病狂易免。師古曰：狂易者，病狂而改易其本性也。元壽二年，更封共鄉侯	外黃 元始元年二月丙辰侯圉以憲王孫封八年免			
			高陽 二月丙辰侯並以憲王孫封八年免			
			平陸 二月丙辰侯寵以憲王孫封八年免			
郚鄉侯閔 師古曰郚音吾，又音吾	魯頃王子	四年四月甲寅封，十七年，建平三年為魯王	郚鄉 侯延以頃王孫封八年免			
建鄉釐侯康	魯頃王子	四月甲寅封	侯昌嗣免			
安丘侯常	高密頃王子	鴻嘉元年正月癸巳封，二十八年免				
栗鄉頃侯護	東平思王子	四月辛巳封	侯玄成嗣免			
		金鄉 元始元年二月丙辰侯不害以思王孫封八年免				
		平通 二月丙辰侯且以思王孫封八年免				
		西安 二月丙辰侯漢以思王孫封八年免				
		湖鄉 二月丙辰侯開以思王孫封八年免				
		重鄉 二月丙辰侯少柏以思王孫封八年薨				
桑丘侯頃	東平思王子	四月辛巳封	陽興 二月丙辰侯寄生以思王孫封八年免			
			陵陽 二月丙辰侯嘉以思王孫封八年免			
			高樂 二月丙辰侯修以思王孫封八年免			
			平邑 二月丙辰侯閔以思王孫封八年免			
			平纂 二月丙辰侯況以思王孫封八年免			
			合昌 二月丙辰侯輔以思王孫封八年免			
			伊鄉 二月丙辰侯開以思王孫封八年免			

			就鄉 二月丙辰侯不害以思王孫封八年免				
			膠鄉 二月丙辰侯武以思王孫封八年免				
			宜鄉 二月丙辰侯恢以思王孫封八年免				
			昌城 二月丙辰侯豐以思王孫封八年免				
			樂安 二月丙辰侯禹以思王孫封八年免				
桃鄉頃侯宣	東平思王子	二年正月戊子封	侯立嗣免				
新陽頃侯永	魯頃王子	五月戊子封	侯級嗣免				
陵石侯慶	膠東共王子	四年六月乙巳封二十五年免					
祁鄉節侯賢	梁夷王子	永始二年五月乙亥封	侯富嗣免				
富陽侯萌	東平思王子	三年三月庚申封二十三年免					
曲鄉頃侯閎	梁荒王子	六月辛卯封十七年薨	侯雲嗣免				濟南
桃山侯欽	城陽孝王子	四年五月戊申封二十一年免					
昌陽侯霸	泗水戾王子	五月戊申封二十一年免					
臨安侯閔	膠東共王子	五月戊申封二十一年免					
徐鄉侯炔 師古曰炔音桂字或作抉	膠東共王子	元延元年正月癸卯封二十一年王莽建國元年舉兵欲誅莽死					齊
臺鄉侯晗 師古曰晗音含	菑川孝王子	二年正月癸卯封十八年免					
西陽頃侯並	東平思王子	四月甲寅封	侯偃嗣免				東萊
堂鄉哀侯恢	膠東共王子	綏和元年五月丙午封三年薨亡後					
安國侯吉	趙共王子	六月丙寅封十六年免					
梁鄉侯交	趙共王子	六月丙寅封十六年免					
襄鄉項侯福	趙共王子	六月丙寅封	侯章嗣免				
容鄉釐侯彊	趙共王子	六月丙寅封	侯弘嗣免				
遽鄉侯國 師古曰遽音求勝[illegible]反	趙共王子	六月丙寅封十六年免					

廣昌侯賀	河間孝王子	六月丙寅封十六年免					
都安節侯普	河間孝王子	六月丙寅封	侯晉嗣免				
樂平侯永	河間孝王子	六月丙寅封十六年免					
方鄉侯常得	廣陽惠王子	六月丙寅封十六年免					
庸鄉侯宰	六安頃王子	三年七月庚子封十五年免					
右孝成							
南昌侯宇	河間惠王子	建平二年五月丁酉封十三年免					
嚴鄉侯信	東平煬王子	五月丁酉封四年坐父大逆免元始元年復封六年王莽居攝二年東郡太守翟義舉兵立信為天子兵敗死					
武平侯璜	東平煬王子	五月丁酉封四年坐父大逆免元始元年復封居攝二年舉兵死					
陵鄉侯曾	楚思王子	四年十二月丁卯封王莽六年舉兵欲誅莽死					
武安侯慢 師古曰慢音蔓	楚思王子	三月丁卯封二年元壽二年坐使奴殺人免元始元年復封十年免					
湘鄉侯昌	長沙王子	五月丙午封十一年免					
方樂侯嘉	廣陵繆王子	元壽元年五月乙卯封十一年免					
宜禾節侯得	河間孝王子	二年四月丁酉封	侯恢嗣免				
富春侯玄	河間孝王子	四月丁酉封十年免					
右孝哀							
陶鄉侯恢	東平煬王子	元始元年二月丙辰封八年免					
釐鄉侯褒	東平煬王子	二月丙辰封八年免					
昌鄉侯且	東平煬王子	二月丙辰封八年免					
新鄉侯鯉	東平煬王子	二月丙辰封八年免					
部鄉侯光	楚思王子	二月丙辰封八年免					
新城侯武	楚思王子	二月丙辰封八年免					

宜陵侯豐	楚思王子	二月丙辰封八年免				
堂鄉侯護	楚思王子	二月丙辰封八年免				
成陵侯由	楚思王子	二月丙辰封八年免				
成陽侯衆	楚思王子	二月丙辰封八年免				
復昌侯休	楚思王子	二月丙辰封八年免				
安陸侯平	楚思王子	二月丙辰封八年免				
梧安侯譽	楚思王子	二月丙辰封八年免				
朝鄉侯充	楚思王子	二月丙辰封八年免				
扶鄉侯普	楚思王子	二月丙辰封八年免				
方城侯宣	廣陽繆王子	二年四月丁酉封七年免				
當陽侯益	廣陽思王子	四月丁酉封七年免				
廣城侯疌 師古曰疌音仟二反	廣陽思王子	四月丁酉封七年免				
春城侯允	東平煬王子	四月丁酉封七年免				
昭陽侯賞	長沙剌王子	五年閏月丁酉封三年免				
承陽侯景 師古曰景音丞字或作丞	長沙剌王子	閏月丁酉封四年免				
信昌侯廣	眞定共王子	閏月丁酉封四年免				
呂鄉侯尚	楚思王子	閏月丁酉封四年免				
李鄉侯殷	楚思王子	閏月丁酉封四年免				
宛鄉侯隆	楚思王子	閏月丁酉封四年免				
壽泉侯承	楚思王子	閏月丁酉封四年免				
杏山侯遵	楚思王子	閏月丁酉封四年免				

右孝平

王子侯表第三卷下

高惠高后文功臣表第四　班固　漢書十六

秘書監上護軍琅邪縣開國子顏　師古　注

自古帝王之興曷嘗不建輔弼之臣所與共成天功者乎師古曰天功天下之功業也虞書舜典曰欽哉惟時亮天功也漢興自秦二世元年之秋楚陳之歲師古曰謂陳涉自稱楚王時也初以沛公總帥雄俊三年然後西滅秦立漢王之號五年東克項羽即皇帝位八載而天下迺平始論功而定封訖十二年侯者百四十有三人時大城名都民人散亡戶口可得而數裁什二三師古曰裁與纔同十分之內纔有二三也是以大侯不過萬家小者五六百戶封爵之誓曰使黃河如帶泰山若厲國以永存爰及苗裔應劭曰封爵之誓國家欲使功臣傳祚無窮也帶衣帶也厲砥厲石也河當何時如衣帶山當何時如厲石言如帶厲國猶永存以及後世之子孫也於是申以丹書之信重以白馬之盟師古曰丹書解在高紀白馬之盟謂刑白馬歃其血以為盟也又作十八侯之位次孟康曰唯作元功蕭曹等十八人位次耳高后乃詔作位次下竟師古曰謂蕭何曹參張敖周勃樊噲酈商奚涓夏侯嬰灌嬰傅寬靳歙王陵陳武王吸薛歐周昌丁復蟲達從第一至十八也高后二年復詔丞相陳平盡差列侯之功錄弟下竟臧諸宗廟副在有司師古曰副貳也其列侯功籍已藏於宗廟副貳之本又在有司始未嘗不欲固根本而枝葉稍落也故逮文景四五世間流民既歸戶口亦息列侯大者至三四萬戶小國自倍師古曰自倍者謂舊五百戶今者至千也曹參初封萬六百戶至後嗣侯宗免時有戶二萬三千是為戶口蕃

息故也它皆類此富厚如之師古曰言其貲財亦稍富厚各如戶口之多也子孫驕逸忘其先祖之艱難多陷法禁隕命亡國或云子孫訖于孝武後元之年靡有孑遺耗矣孟康曰耗音毛無有毛米在者也師古曰孟音是也而解非也孑然獨立貌言無有獨存者至於耗盡也今俗語猶謂無為耗音毛罔亦少密焉服虔曰法罔差益密也故孝宣皇帝愍而錄之乃開廟臧覽舊籍詔令有司求其子孫咸出庸保之中師古曰庸賣功庸也保可安信也皆賃作者也並受復除或加以金帛師古曰復音方目反用章中興之德降及孝成復加卹問稍益衰微不絕如綫晉灼曰綫今線縷字也音先戰反善乎杜業之納說也曰昔唐以萬國致時雍之政師古曰雍和也堯典云黎萌於變時雍故杜業引之也虞夏以之多羣后饗共己之治師古曰羣后謂諸侯也恭己無為也孔子曰無為而治者其舜也歟夫何為哉共己正南面而已共讀曰恭湯法三聖殷氏大平師古曰三聖謂堯舜禹三人也周封八百重譯來賀師古曰重譯謂越裳氏也是以內恕之君樂繼絕世隆名之主安立亡國師古曰以立亡國之後為安泰也至於不及下車德念深矣張晏曰謂武王入殷未及下車封黃帝之後於薊虞舜之後於陳也成王察牧野之克顧羣后之勤知其恩結於民心功光于王府也故追述先父之志錄遺老之策高其位大其寓師古曰寓謂啓士所居也愛敬飭盡命賜備厚師古曰飭謹也讀與敕同大孝之隆於是為至至其沒也世主歎其功無民而不思所息之樹且猶不伐師古

曰謂召伯止於甘棠之下而聽訟人思其德不伐其樹召南甘棠之詩是也況其廟乎是以燕齊之祝與周並傳子繼弟及歷載不墮師古曰弟代兄位謂之及也墮毀也音火規反豈無刑辟繇祖之竭力故支庶賴焉師古曰言國家非無刑辟而功臣子孫得不陷罪辜而能長存者思其先人之力令有嗣續也繇讀與由同迹漢功臣亦皆割符世爵受山河之誓存以著其號亡以顯其魂賞亦不細矣百餘年間而襲封者盡或絕失姓或乏無主朽骨孤於墓苗裔流於道生為愍隸死為轉屍應劭曰死不能葬故屍流轉在溝壑之中師古曰愍隸者言為徒隸可哀愍之也以往況今甚可悲傷師古曰況譬也聖朝憐閔詔求其後四方忻忻靡不歸心出入數年而不省察恐議者不思大義設言虛亡則厚德掩息遴柬布章晉灼曰詩傳云遴難行也柬古簡字也簡少也言今難行封則得繼絕者少若然此必布聞彰於天下也師古曰遴讀與吝同非所以視化勸後也師古曰視讀與示同三人為眾雖難盡繼宜從尤功孟康曰言人三為眾雖難盡繼取其功尤高者一人繼之於名為眾矣服虔曰尤功封重者一人也師古曰孟說是也於是成帝復紹蕭何哀平之世增脩曹參周勃之屬得其宜矣以綴續前記究其本末并序位次盡于孝文以昭元功之侯籍師古曰籍謂名錄也高紀所云通侯籍也

號謚姓名	平陽懿侯曹參			信武肅侯靳歙師古曰歙音翕	
侯狀戶數	以中涓從起沛至霸上侯以將軍入漢以假左丞相定魏齊以右丞相侯萬六百戶師古曰中涓親近之臣若謁者舍人之類也涓絜也主居中掃絜也涓音工玄反			以中涓從起宛朐入漢以騎都尉定三秦擊項籍別定江漢侯五千三百戶以將軍攻豨布	
始封	六年十二月甲申封			十二月甲申封九年薨	
位次	孟康曰曹參位第二而表在首蕭何位第一而表在十三表以封前後故也			十一	
子	孝惠六年靖侯窋嗣二十九年薨	元鼎二年侯宗嗣二十四年征和二年坐與中人姦闌入宮掖門入財贖完為城旦戶二萬三千　六世	建武二年侯宏以本始子舉兵佐軍紹封　十世	高后六年侯亭嗣二十一年孝文後三年坐事國人過律免師古曰事謂役使之也	元康四年歙玄孫之子長安上造安漢詔復家　六世
孫	孝文後四年簡侯奇嗣七年薨	元康四年參玄孫之孫杜陵公乘喜詔復家孟康曰諸復家皆世世無所與得傳同產子　七世	侯曠嗣　十一世　今見	孫	
曾孫	孝景四年夷侯時嗣二十三年薨	八世		曾孫	
玄孫	元光五年共侯襄嗣十六年薨	元壽二年五月甲子侯本始以參玄孫之玄孫杜陵公士紹封千戶元始元年益滿二千戶　九世		玄孫	

汝陰文侯夏侯嬰	以令史從降沛為太僕常奉車竟定天下及全孝惠魯元侯六千九百戶	十二月甲申封三十年薨	八	孝文九年夷侯竈嗣七年薨	十六年共侯賜嗣三十一年薨	元光二年侯頗嗣十八年元鼎二年坐尚公主與父御奸自殺	玄孫
				六世 元康四年嬰玄孫之子長安大夫信詔復家			
清河定侯王吸	以中涓從起豐至霸上為騎郎將入漢以將軍擊項籍侯二千二百戶	十二月甲申封二十三年薨	十四	孝文元年哀侯彊嗣七年薨	八年孝侯伉嗣二十二年薨師古曰伉音口浪反又音工郎反	孝景五年哀侯不害嗣十九年元光二年薨亡後	元康四年吸玄孫長安大夫充國詔復家
				元壽二年八月詔賜吸代後者爵關內侯不言世			
陽陵景侯傅寬	以舍人從起橫陽至霸上為騎將入漢定三秦屬淮陰定齊為齊丞相侯二千六百戶	十二月甲申封十二年薨	侯次自武忠侯師古曰十十箇漢書舊號姓名與史記不同者衆則具載矣	孝惠六年頃侯清嗣二十二年薨	孝文十五年共侯明嗣二十二年薨	孝景四年侯偃嗣三十一年元狩元年坐與淮南王謀反誅	玄孫
				六世	元康四年寬玄七世孫之孫長陵官大夫昌詔復家		
廣嚴侯召歐師古曰召讀曰邵歐音烏后反它皆類此	以中涓從起沛至霸上為連敖入漢以騎將定燕趙得燕將軍侯二千二百戶	十二月甲申封二十三年薨	二十八	孝文二年戴侯勝嗣九年薨	十一年共侯嘉嗣十二年孝文後七年薨亡後	曾孫	元康四年歐玄孫安陵大夫不識詔復家
廣平敬侯薛歐	以舍人從起豐至霸上為郎入漢以將軍擊項籍將鍾離眛侯四千五百戶	十二月甲申封十四年薨	十五	高后元年靖侯山嗣二十六年薨	孝文後三年侯澤嗣孝景中三年有罪免中五年澤復封平棘侯二十二年薨謚曰節侯	元朔四年侯穰嗣三年元狩元年坐受淮南王賂稱臣在赦前免	元康四年歐玄孫長陵大夫去病詔復家
博陽嚴侯陳濞	以舍人從碭以刺客將入漢以都尉擊項羽滎陽絕甬道殺追卒	十二月甲申封三十年薨	十九	孝文帝三年侯始嗣九年坐謀殺人會赦免	孫	元康四年濞曾孫茂陵公乘壽詔復家	
				塞 孝景中五年始復封塞侯後元年有罪免			
堂邑安侯陳嬰	以自定東陽為將屬項梁為楚柱國四歲項羽死屬漢定豫章浙江都漸定自為王壯息侯六百戶復相楚元王十二年師古曰漸水名在丹陽黟縣南蠻中嬰既定諸地而都之時又有壯息者稱王嬰復討平也	十二月甲申封六年薨	八十六	高后五年共侯祿嗣十八年薨	孝文二年侯午嗣尚館陶公主四十八年薨	元光六年侯季須嗣十三年元鼎元年坐母公主卒未除服姦兄弟爭財當死自殺	
					隆慮 孝景中五年侯蟜以長公主子侯[illegible]		

				元康四年平玄孫六世之子[illegible]陵公士[illegible]詔復家			
曲逆獻侯陳平	以故楚都尉漢王二年初起修武為都尉以護軍中尉出奇計定天下侯五千戶	十二月甲申封二十七年薨	四十七	孝文三年共侯買嗣二年薨	五年簡侯悝嗣二十二年薨	孝景五年侯何嗣二十三年元光五年坐略人妻棄市戶萬六千	
				元康四年平玄孫六世之子長安[illegible]大夫[illegible]詔復家	元始二年詔賜平代後者爵關內侯不言世		
留文成侯張良	以廐將從起下邳以韓申都下韓入武關設策降秦王嬰解上與項羽之隙請漢中地常為計謀侯萬戶師古曰韓申都即韓王信也楚漢春秋作信都古信申同字	正月丙午封十六年薨	[illegible]	高后三年侯不疑嗣十年孝文五年坐與門大夫殺故楚內史贖為城旦師古曰門大夫侯之屬官也	孫	曾孫	玄孫
				元康四年良玄孫六世之子陽陵公乘千秋詔復家			
射陽侯劉纏師古曰即項伯也射音弋石反賞者後人改也	兵初起與諸侯共擊秦為楚左令尹漢王與項羽有隙於鴻門項伯纏解難以破羽降漢侯	正月丙午封九年孝惠三年薨嗣子睢有罪不得代					
酇文終侯蕭何師古曰酇音贊	以客初從入漢為丞相守蜀及關中給軍食佐定諸侯為法令宗廟侯八千戶	正月丙午封九年薨	一	孝惠三年哀侯祿嗣六年薨亡後高后二年封何夫人祿母同為酇侯孝文元年罷			
				筑陽 高后二年定侯延以何少子封孝文元年更為酇二年薨師古曰筑音逐	煬侯遺嗣一年薨亡後		
					武陽 五年侯則以何孫遺弟紹封二十年有罪免戶二萬六千		
					孝景二年侯嘉以則弟紹封二千戶七年卒	中二年侯勝嗣二十一年坐不齋耐為隸臣師古曰謂當侍祠而不齋也	
						酇 元狩三年共侯慶以何曾孫紹封二千四百戶三年薨	六年侯壽成嗣十年坐為太常犧牲瘦免
							地節四年安侯建世以何玄孫紹封[illegible]十四年薨

號謚姓名	侯狀戶數	始封	位次	子	孫	曾孫	玄孫
				甘露二年 六世 [illegible]嗣 永始元年七月癸卯釐侯喜以何玄孫之子南䜌長紹封三年薨 師古曰䜌音力全反[illegible]	侯獲嗣永始元年坐使奴殺人減死完為城旦 七世 永始四年質侯尊嗣五年薨	八世 綏和元年質侯章嗣元始元年益封滿二千戶十三年薨	九世 王莽居攝元年侯禹嗣建國元年更為蕭鄉侯莽敗絕
絳武侯周勃	以中涓從起沛至霸上侯定三秦食邑為將軍入漢定隴西擊項籍守嶢關定泗水東海侯八千一百戶	正月丙午封十三年薨	四	孝文十二年侯勝之嗣六年有罪免 條 後二年侯亞夫以勃子紹封十八年有罪免 師古曰條音[illegible]	元朔五年侯建德嗣十二年元鼎五年坐酎金免	元康四年勃曾孫槐里公乘廣漢詔復家	元始二年侯共以勃玄孫紹封千戶
				平曲 孝景後元年共侯堅以勃子紹封十九年薨			
舞陽武侯樊噲	以舍人起沛從至霸上為侯入漢定三秦為郎中騎將擊項籍斬韓信侯五千戶	正月丙午封十三年薨	五	孝惠七年侯伉嗣九年高后八年坐呂氏誅 師古曰伉音口浪反又音岡 孝文元年荒侯市人以噲子紹封二十九年薨	孝景七年侯它廣嗣中六年坐非子免	元康四年噲曾孫長陵不更勝客詔復家 師古曰不更爵名勝客其人名	玄孫
				六世 元始二年侯章以噲玄孫之子紹封千戶			
曲周景侯酈商	以將軍從起岐攻長社以南別定漢中及蜀定三秦擊項籍侯四千八百戶	正月丙午封二十二年薨	六	孝文元年侯寄嗣三十二年有罪免戶萬八千 繆 孝景中三年靖侯堅紹封 六世 元康四年商玄孫之子長安公士共詔復家	元光四年康侯遂成嗣 元始二年詔賜商代後者[illegible]爵關內侯	懷侯世宗嗣	元鼎二年侯終根嗣二十九年後二年坐祝詛上要斬
潁陰懿侯灌嬰	以中涓從起碭至霸上為昌文君入漢定三秦食邑以車騎將軍屬淮陰定齊淮南及下邑殺項籍侯五千戶	正月丙午封二十六年薨	九	孝文五年平侯何嗣二十八年薨	孝景中三年侯彊嗣十三年有罪免戶八千四百戶 臨汝 元光二年侯賢以嬰孫紹封九年 元朔五年坐子傷人首匿免千戶	元康四年嬰曾孫長安官首匿詔復家 師古曰官首爵名匿其人名也	元壽二年八月詔賜嬰代後者誼爵關內侯

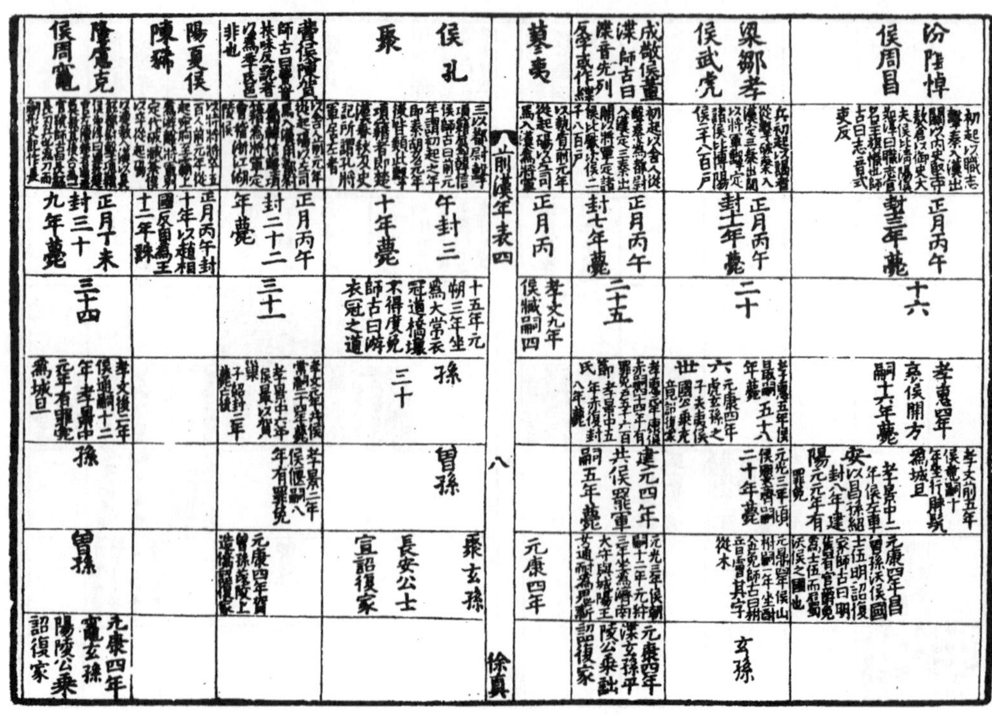

號謚姓名	侯狀戶數	始封	位次	子	孫	曾孫	玄孫
汾陰悼侯周昌	初起以職志擊秦入漢出關以內史堅守敖倉以御史大夫侯比清陽侯 師古曰職志官名主旗幟 師古曰志音式吏反	正月丙午封三年薨	十六	孝惠四年哀侯開方嗣十六年薨	孝文前五年侯意嗣十年坐行賕髡為城旦 安陽 孝景中二年侯左車以昌孫紹封八年建元元年有罪免	元康四年昌曾孫沃侯國士伍明詔復家 師古曰明先有官爵免為士伍而居蜀沃侯之國也	
梁鄒孝侯武虎	兵初起以謁者從擊破秦入漢定三秦出關以將軍擊定諸侯比博陽侯二千八百戶	正月丙午封十一年薨	二十	孝惠五年侯最嗣五十六年薨 六世 元康四年虎玄孫之子夫夷侯國公乘光[illegible]詔復家	元光三年頃侯嬰齊嗣二十年薨	元鼎五年侯山柎嗣一年坐酎金免 師古曰柎音[illegible]其字從木	玄孫
成敬侯董渫 師古曰渫音先列反字或作緤	初起以舍人從擊秦為都尉入漢定三秦出關以將軍定諸侯比厭次侯二千八百戶	正月丙午封七年薨	二十五	孝惠元年康侯赤嗣四十四年有罪免戶五千六百 節氏 孝景中五年赤復封八年薨	建元四年共侯罷軍嗣五年薨	元光三年侯朝嗣十二年元狩三年坐為濟南太守與城陽王女通耐為鬼薪	元康四年渫玄孫平陵公乘詘詔復家
蓼夷侯孔藂	以執盾前元年從起碭以左司馬入漢為將軍三以都尉擊項羽屬韓信侯 師古曰前元年謂初起之年即秦胡亥元年後皆類此擊項籍者即楚漢春秋及史記所謂孔將軍居左者	正月丙午封三十年薨	三十	孝文九年侯臧嗣四十五年元朔三年坐為太常衣冠道橋壞不得度免 師古曰游衣冠之道	孫	曾孫	元康四年藂玄孫長安公士宣詔復家
費侯陳賀 師古曰費音扶味反說者以為季氏邑非也	以舍人前元年從起碭以左司馬入漢用都尉屬韓信擊項羽有功為將軍定會稽浙江湖陽侯	正月丙午封二十二年薨	三十一	孝文元年共侯常嗣二十四年薨 巢 孝景中六年侯最以賀子紹封二年薨	孝景二年侯偃嗣八年有罪免	元康四年賀曾孫茂陵上造修詔復家	
陽夏侯陳豨	以特將將卒五百人前元年從起宛朐至霸上為侯以游擊將軍別定代已破臧荼侯	正月丙午封十年以趙相國反自為王十一年誅					
隆慮克侯周竈	以卒從起碭以連敖入漢以長鈹都尉擊項籍有功侯 師古曰[illegible]長鈹刀而劍形史記作長	正月丁未封三十九年薨	三十四	孝文後二年侯通嗣十二年孝景中元年有罪免為城旦	孫	曾孫	元康四年竈玄孫陽陵公乘詔復家

故侯丁復 師古曰復音扶目反	以趙將從起鄴至霸上以樓煩將入漢定三秦别降翟王屬悼武王殺龍且彭城為大司馬破羽軍葉拜為將軍忠臣侯七千八百戶	正月戊申封 十九年薨	十七	高后六年趮侯甯嗣十二年薨 師古曰趮古躁字也	孝文十年侯安城嗣十五年孝景二年有罪免戶萬七千	元康四年復曾孫臨沂公士賜詔復家	
陽信胡侯呂青	以漢五年用令尹初從功比堂邑侯千戶	正月壬子封 十年薨	八十七	孝惠四年頃侯臣嗣十八年薨	孝文十四年懷侯義嗣二年薨 十六年侯談嗣三十五年元鼎五年坐酎金免	九年惠侯它嗣十九年薨	孝景五年共侯善嗣五年薨 元康四年十二月青玄孫長陵大夫陽詔復家
東武貞侯郭蒙	以戶衛起薛屬悼武王破秦軍杠里楊熊軍曲遇入漢為城將定三秦以都尉擊項羽將軍擊黥布侯二千戶 師古曰城將將築城之兵也	正月戊午封 十九年薨	四十一	高后六年侯它嗣三十一年孝景六年有罪棄市戶萬一百	孫	曾孫	元康四年蒙玄孫茂陵公士廣漢詔復家
汁防肅侯雍齒 如淳曰汁音什防音方	以趙將前三年從定諸侯二千五百戶功比平定侯齒故沛豪有力與上有隙故晚從	正月戊午封 九年薨	五十七	孝惠三年荒侯鉅鹿嗣三十八年薨	孝景三年侯野嗣十年	終侯桓嗣 不得年元鼎五年坐酎金免	元康四年玄孫長安上造章詔復家
棘蒲剛侯陳武	以將軍前元年率將二千五百人起薛別救東阿至霸上二歲十月入漢擊齊歷下軍田既侯	三月丙申封 三十八年孝文後元年薨子奇反誅不代	十三	子	孫	元康四年武曾孫雲陽上造嘉詔復家	
都昌嚴侯朱軫	以舍人前元年從起沛以隊帥先降翟王虜章邯侯	三月庚子封 十四年薨	二十三	高后元年剛侯率嗣十五年薨	孝文八年夷侯詘嗣十六年薨	孝景元年共侯偃嗣十二年薨	三年侯辟彊嗣五年中元年薨亡後 元康四年軫玄孫昌陵公士先詔復家
武彊嚴侯嚴不職	以舍人從起沛以郎將入漢還擊項籍屬丞相甯侯用將軍擊黥布侯	三月庚子封 二十年薨	三十三	高后七年簡侯嬰嗣十九年薨	孝文後二年侯青翟嗣四十七年元鼎二年坐為丞相建御史大夫湯不直自殺 師古曰以獄逮之意而不直也	元康四年不職曾孫長安公乘仁詔復家	
貰齊侯合傅胡害 師古曰貰音式制反	以越戶將從破秦入漢定三秦以都尉擊項籍侯六百戶功比臺侯	三月庚子封 二年薨	三十六	八年共侯方山嗣二十年薨 元壽二年八月詔賜胡害為後者爵大上造	孝文元年煬侯赤嗣十一年薨	十二年康侯遺嗣四十四年薨	元朔五年侯倩嗣八年元鼎元年坐殺人棄市 元康四年胡害玄孫茂陵公士出詔復家

沈信

海陽齊信侯搖毋餘	以越隊將從破秦入漢定三秦以都尉擊項籍侯千七百戶	三月庚子封 九月薨	三十七	孝惠三年哀侯昭襄嗣九年薨 元康四年毋餘玄孫之子不更未央詔復家	高后五年康侯建嗣三十年薨 元壽二年八月詔賜毋餘代後者爵關內侯	孝景四年哀侯省嗣年薨亡後	玄孫
南安嚴侯宣虎	以河南將軍漢王三年降晉陽以重將破臧荼侯九百戶 師古曰重將主將輜重也重音直用反	三月庚子封 三十年薨	六十三	孝文九年共侯戎嗣十一年薨	後四年侯千秋嗣十一年孝景中元年坐傷人免 戶二千一百	元康四年虎曾孫南安簪褭護詔復家	
肥如敬侯蔡寅	以魏太僕漢王三年初從以車騎將軍破龍且及彭城侯千戶	三月庚子封 二十四年薨	六十六	孝文三年嚴侯戎嗣十四年薨	後元年侯奴嗣七年孝景元年薨亡後	元康四年寅曾孫肥如大夫福詔復家	
曲成圉侯蟲達	以西城戶將三十七人從起碭至霸上為執金吾五年為二隊將屬周呂侯入漢定三秦以都尉破項籍陳下侯四千戶以將軍擊燕代	三月庚子封 二十二年薨	十八 [illegible] 夜侯恒	孝文元年侯捷嗣八年有罪免 十四年捷復封 十八年復免戶九千三百 孝景中五年侯捷復封五年薨	建元二年侯皋柔嗣二十四年元鼎二年坐為汝南太守知民不用赤側錢為賦為鬼薪 師古曰赤側解在食貨志 [illegible]	曾孫	元康四年達玄孫茂陵公乘宣詔復家
河陽嚴侯陳涓	以卒前元年起碭從以二隊將入漢擊項羽以郎將迎左丞相軍以擊諸侯以丞相定齊地侯	三月庚子封 二十二年薨	二十九	孝文元年侯信嗣三年坐不償人責過六月免	孫	曾孫	元康四年涓玄孫郎丘公士元詔復家
淮陰侯韓信	初以卒從項梁 [illegible]	六年封 五年十一年坐謀反誅					
芷侯耏跖 師古曰耏音而 [illegible]	以門尉前元年初起碭至霸上為武定君入漢還定三秦以都尉擊項羽功侯	六年封三 年薨亡後		九年侯昭嗣四年有罪免 孝景三年昭以故列侯將兵擊吳楚復封 張	侯申嗣元朔六年坐尚南宮公主不敬免 師古曰景帝女也		

沈信

號謚姓名	侯狀戶數	始封	位次	子	孫	曾孫	玄孫
敬市侯閻澤赤	以執盾初起從入漢為河上守遷為殷相擊項籍侯千戶功比平定侯	四月癸未封三年薨	五十五	九年夷侯無害嗣三十六年薨 六世 元康四年赤玄孫之子長安士章詔復家	孝文後四年戴侯續嗣八年薨	孝景五年侯穀嗣四十五年元鼎五年坐酎金免	
柳丘齊侯戎賜	以連敖從起薛以二隊將入漢定三秦以都尉破項籍軍為將軍侯千戶	八月丁亥封十八年薨	三十九	高后五年定侯安國嗣三十年薨	孝景四年敬侯嘉成嗣七年薨	後元年侯角嗣有罪免戶三千	元康四年賜玄孫長安公士光詔復家
魏其嚴侯周止	以舍人從起沛以郎中入漢為周信侯定三秦遷為郎騎將破項籍東城侯千戶	六月丁亥封十八年薨	三十四	高后五年侯簡嗣二十九年孝景三年謀反誅戶三千	孫	曾孫	元康四年止玄孫長陵不更廣世詔復家
祁穀侯繒賀	以執盾漢王三年初起從晉陽以連敖擊項籍漢王敗走賀方將軍擊楚追騎以故不得進漢王顧謂賀祁子留彭城用執圭東擊項籍急絕彭城侯千四百戶師古曰謂之祁王者許以為王也[illegible]之名也	六月丁亥封三十三年薨	五十一	孝文十二年頃侯胡嗣十七年薨	孝景六年侯它嗣十九年元光三年坐射擅罷免師古曰方大射而擅自罷也	曾孫	元康四年賀玄孫長陵公大夫賜詔復家
平悼侯工師喜	初以舍人從擊破秦以郎中入漢以將軍定諸侯守雒陽功侯比費侯賀千三百戶	六月丁亥封六年薨	三十二 位次曰聊城侯	十二年靖侯執嗣三十一年薨	孝文十六年侯執嗣十九年坐[illegible]會赦免戶二千三百		
魯侯奚涓	以舍人從起沛至咸陽為郎中入漢以將軍定諸侯四千八百戶功舉陽侯死軍事	六年侯涓亡子封母底為重平侯十九年薨	七				
城父嚴侯尹恢	初以謁者從入漢以將軍擊定諸侯以右丞相備守淮陽功比厭次侯侯二千戶	六年封九年薨	二十六	孝惠三年侯開方嗣高后三年奪侯為關內侯 六世 元康四年恢玄孫之子新豐簪褭[illegible]詔復家	孫	曾孫	玄孫
任侯張越	以騎都尉漢五年從起東垣擊燕代屬雍齒有功為車騎將軍	六年封十六年高后三年坐匿死罪免戶七百五十					

號謚姓名	侯狀戶數	始封	位次	子	孫	曾孫	玄孫
棘丘侯襄	以執盾隊史前元年從起碭破秦治粟內史入漢以上郡守擊定西魏地功侯	六年封十四年高后四年有罪免戶九百七十					
河陵頃侯郭亭	以連敖前元年從起單父以塞路入漢還定三秦屬周呂侯以都尉擊項籍功侯師古曰塞路者主遮塞要路以備敵寇也	七月庚寅封二十四年薨	二十七	孝文三年惠侯歐嗣二十一年薨	孝景二年勝侯客嗣八年有罪免		
					中六年靖侯南延居紹封十五年薨	元光六年侯則嗣十七年元鼎五年坐酎金免	元康四年亭玄孫茂陵公乘賢詔復家
昌武靖信侯單究	初以舍人從以郎入漢定三秦以郎騎將軍擊諸侯侯九百戶功比魏其侯	七月庚寅封十三年薨	四十五	孝惠六年惠侯如意嗣四十三年薨	孝景中元四年侯賈成嗣十六年薨	元光五年侯德嗣四年元朔三年坐傷人二旬內死棄市戶六百	玄孫
				六世	七世 元康四年究玄孫之孫陽陵公乘方年詔復家		
高宛制侯丙猜	初以客從入漢定三秦以中尉破項籍侯千六百戶比斥丘侯	七月戊戌封七年薨	四十一	孝惠元年簡侯得嗣三十三年薨	孝文十五年孝侯武嗣二十三年薨	建元元年侯信嗣三年坐出入屬車間免戶三千二百師古曰天子出行陳列屬車而輒至於其間	
				六世	七世 元康四年猜玄孫之孫高宛大夫[illegible]詔復家	八世 元始二年猜玄孫之曾孫內[illegible]詔賜爵關內侯	
宣曲齊侯丁義	以卒從起留以騎將入漢定三秦破籍軍滎陽為郎騎將破鍾離眜軍固陵侯六百七十戶	七月戊戌封三十二年薨	四十三	孝文十一年侯通嗣十七年有罪為鬼薪[illegible]孝景中五年[illegible]十一年有罪免	孫	元康四年義曾孫陽安公士年詔復家	
終陵齊侯華毋害	以越將從起留入漢定三秦擊臧荼侯七百四十戶從攻馬邑及布	七月戊戌封三十五年薨	四十六	孝文四年恭侯勃嗣十七年薨	後四年侯祿嗣七年孝景四年坐出界耐為司寇戶千五百	元康四年曾孫杜陵大夫告詔復家	
東茅敬侯劉到	以舍人從起碭至霸上以二隊入漢定三秦以都尉擊項籍破臧荼侯捕韓王信為將軍益邑千戶	八月丙辰封二十四年薨	四十八	孝文三年侯吉嗣十二年十六年坐[illegible]免師古曰[illegible]使之員數也	孫	元康四年到曾孫鯛陽公乘咸詔復家師古曰鯛音紂	

號諡姓名	侯狀戶數	始封	位次	子	孫	曾孫	玄孫
斥丘懿侯唐厲	以舍人初從起豐以左司馬入漢以亞將攻籍卻敵為東郡都尉破籍武成為漢中尉擊布為斥丘侯千戶師古曰初為成武侯後更封斥丘也	八月丙辰封二十年薨	四十	孝文九年共侯朝嗣十三年薨	後六年侯賢嗣四十三年薨	元鼎二年侯尊嗣二年坐酎金免 元康四年厲曾孫長安公士廣意詔復家	
臺定侯戴野	以舍人從起碭用隊率入漢以都尉擊籍籍死轉擊臨江屬將軍賈功侯以將軍擊燕代	八月甲子封二十五年薨	三十五	孝文四年侯午嗣二十二年孝景三年坐謀反誅	孫	曾孫	元康四年野玄孫長陵上造安昌詔復家
安國武侯王陵	以自聚黨定南陽漢王還擊項籍以兵屬從定天下侯五千戶	八月甲子封二十一年薨	十二	高后八年哀侯忌嗣一年薨	孝文元年終侯斿嗣三十九年薨	建元元年安侯辟方嗣二十年薨	元狩三年侯定嗣八年元鼎五年坐酎金免
							元康四年陵玄孫長安公乘良詔復家
樂成節	以中涓騎從起碭為騎將入漢定三秦侯為	八月甲子封	四十	孝文五年夷侯馬從嗣十八年薨	孝文後七年武侯吾客嗣四十三年薨	元鼎二年侯義嗣三年坐	玄
侯丁禮	正奉侯以都尉擊籍屬灌嬰殺龍且更為樂成侯千戶	二十六年薨	二	六世	元康四年禮玄孫之七世孫長安公士高詔復家	言五利侯不道棄市戶千四百	孫
辟陽幽侯審食其	以舍人初起侍呂后孝惠沛三歲十月呂后入楚食其從一歲侯	八月甲子封二十五年為淮南王長所殺	五十九	孝文四年侯平嗣二十一年孝景二年坐謀反自殺		元康四年食其曾孫長陵公乘非詔復家	
鄒成制侯周緤 師古曰鄒音陪又音普肯反緤音息列反	以舍人從起沛至霸上入漢定三秦食邑池陽擊項籍滎陽絕甬道從度平陰遇韓信軍襄國楚漢約分鴻溝以緤為信戰不利不敢離上侯三千三百戶	八月甲子封二十七年薨	二十三	侯昌嗣有罪免 鄲 孝景中元年康侯應以昌弟紹封一年薨 師古曰鄲沛之縣也音多[illegible]	孝景中二年侯仲居嗣三十四年元鼎二年坐為太常收赤側錢不收斂[illegible]民巧法刑之不便又[illegible]	元康四年緤曾孫長安公士高詔賜黃金十斤復家死亡子復免	長沙 元始元年緤玄孫護以詔書沛為後復爵同產弟子死亡子絕
安平敬侯鄂秋	以謁者漢王三年初從定諸侯有功秋舉蕭何功因故侯二千戶師古曰先以合食邑因就封之也事見蕭何傳	八月甲子封十二年薨	六十一	孝惠三年簡侯嘉嗣九年薨 元康四年秋玄孫之 六世 子[illegible]大夫[illegible]詔復家	高后八年頃侯應嗣十四年薨	孝文十四年煬侯寄嗣二十五年薨	孝景後三年侯但嗣十九年元狩元年坐與淮南王安通遺王書稱臣盡力棄市

號諡姓名	侯狀戶數	始封	位次	子	孫	曾孫	玄孫
北平文侯張蒼	以客從起陽武至霸上為常山守得陳餘為代相徙趙相侯為計相四歲淮南相十四歲千二百戶如淳曰計相官名但知計會	八月丁丑封五十五年薨	六十五	孝景前六年康侯奉嗣八年薨 元康四年蒼玄孫之 六世 子長安公士益宗詔復家	後元年侯類嗣七年建元五年坐臨諸侯喪後免	曾孫	玄孫
高胡侯陳夫乞	以卒從起杠里入漢以都尉擊籍將軍定燕千戶	六年封二十五年薨	八十二	孝文五年殤侯程嗣薨亡後			元康四年夫乞玄孫長陵公乘勝之詔復家
厭次侯爰類	以慎將元年從起留入漢以都尉守廣武功侯師古曰以謹慎為將也	六年封十二年薨	二十四	孝文元年侯賀嗣五年謀反誅 元康四年類玄孫之子 六世 陽陵公士世詔復家	孫 元始二年類玄孫之孫萬 七世 [illegible]關內侯	曾孫	玄孫
平皋煬侯劉它 師古曰它音徒何反	漢六年以碭郡長初從功比戴侯侯五百八十戶實項氏親賜姓師古曰皋音大又音第	七年十月癸亥封十年薨	百二十一	孝惠五年共侯遠嗣二十四年薨 六世	孝景元年節侯光嗣十六年薨 元康四年它玄孫之孫長安[illegible]勝之詔復家 七世	建元元年侯勝嗣二十八年元鼎五年坐酎金免	玄孫
復陽剛侯陳胥	以卒從起薛以將軍入漢以右司馬擊項籍侯千戶	七年十月甲子封三十一年薨	四十九	孝文十一年共侯嘉嗣十八年薨 元始元年胥玄孫之子 六世 傳詔賜爵[illegible]	孝景六年康侯拾嗣二十三年薨	元朔元年侯彊嗣七年元狩二年坐父拾非嘉子免 元康四年胥曾孫陽陵[illegible]詔復家	玄孫
陽河齊侯其石	以中謁者從入漢以郎中騎從定諸侯侯五百戶功比高胡侯	十一月甲子封三年薨	八十三	十年侯安國嗣五十一年薨 元康四年石玄孫之子長安官大夫益壽詔復家 六世	孝景中四年侯午嗣三十三年薨	元鼎四年共侯章更封埤山師古曰埤音卑又音婢十三年薨	元封元年侯仁嗣征和三年坐祝詛要斬
柏至靖侯許盎	以駢憐從起昌邑以說衛入漢以中尉擊籍侯千戶師古曰駢憐二馬曰駢駢憐猶今兩騎為軍翼也說讀曰稅稅衛謂軍行初舍止之時主為衛也	十月戊辰封十四年高后元年有罪免三年復封六年薨	五十八	孝文元年簡侯祿嗣十四年薨	十五年侯昌嗣三十二年薨	元光二年侯安如嗣十三年薨	元狩三年侯福嗣五年元鼎二年坐為姦為鬼薪
				元康四年盎玄孫之子長安公士建詔復家 六世			

國名	功狀	封	位次	子	孫	曾孫	玄孫
中水嚴侯呂馬童	以郎騎將漢元年從好畤，以司馬擊龍且，復共斬項籍，侯，五百戶	正月己酉封，三十年薨	百一	孝文十年，夷侯瑕嗣，二十三年薨	十二年，共侯青肩嗣，二十二年薨	建元六年，靖侯德嗣，一年薨	元光元年，侯宜城嗣，二十二年，元鼎五年坐酎金免
				六世	七世 元康四年，馬童玄孫之孫長安公士建明詔復家		
杜衍嚴侯王翥 如淳曰翥音直師古曰音之庶反	以中郎騎漢王二年從起下邳，屬淮陰侯，從灌嬰共斬項羽，侯，千七百戶	正月己酉封，十八年薨	百二	高后六年，共侯福嗣，七年薨。孝景後元年，侯郢人以翥子紹封，十二年薨	孝文五年，侯市臣嗣，七年薨。元光四年，侯定國嗣，十三年，元狩五年有罪免	十二年，侯舍嗣，二十四年有罪，為鬼薪，戶三千四百。元康四年，翥曾孫長安大夫樂詔復家	
赤泉嚴侯楊喜	以郎中騎漢王二年從起杜，屬淮陰，後從灌嬰共斬項籍，侯，千九百戶	正月己酉封，十三年，高后元年有罪免，二年復封，十八年薨	百三	孝文十二年，定侯殷嗣，十五年薨	孝景四年，侯毋害嗣，六年，坐詐紿人臧六百免。臨汝 中五年，毋害復封，十二年，元光二年有罪免	曾孫	元康四年，喜玄孫茂陵不更孟嘗詔賜黃金十斤，復家
				六世 子嘅代復	七世 子譚代	八世 子兼代，永始元年賜帛百疋	元始二年求復不得
朝陽齊侯華寄	以舍人從起薛，以連敖入漢，以都尉擊項羽，復攻韓王信，侯，千戶	三月壬寅封，十二年薨	六十九	高后元年，文侯要嗣，二十二年薨	孝文十四年，侯當嗣，三十九年，元朔二年坐教人上書枉法，耐為鬼薪，戶五千	曾孫	元康四年，寄玄孫奉明大夫定國詔復家
棘陽嚴侯杜得臣	以卒從起胡陵，入漢，以郎將迎左丞相軍，擊項籍，侯，千戶	七月丙申封，二十六年薨	八十一	孝文六年，侯但嗣，四十三年薨	元光四年，懷侯武嗣，七年，元朔五年薨，亡後		
涅陽嚴侯呂勝	以騎士漢王二年從出關，以郎中擊項羽，共斬項羽，侯，千五百戶，比杜衍侯	七年封，二十五年，孝文五年薨，子成實非子，不得代	百四		孫	曾孫	玄孫
				六世 元康四年，勝玄孫之子涅陽不更忠詔復家			
平棘懿侯林摯	以客從起亢父，斬章邯所置蜀守，用燕相侯，千戶	七年封，二十四年薨	六十四	孝文五年，侯辟彊嗣，有罪，為鬼薪		元康四年，摯曾孫項圉大夫賞詔復家，死亡子，絕	
深澤齊侯趙將夕	以趙將漢王三年降，屬淮陰侯，定趙齊楚，以擊平城功，侯，七百戶	八年十月癸丑封，十三年，高后元年有罪免，二年復封，二年薨	九十八	孝文後二年，戴侯頭嗣，八年薨	孝景三年，侯脩嗣，七年，有罪，耐為司寇	曾孫	元康四年，將夕玄孫茂陵上造延世詔復家
					東 中五年，夷侯胡以頭子紹封，三十年，元朔五年薨，亡後		

國名	功狀	封	位次	子	孫	曾孫	玄孫
埻頃侯溫疥 師古曰埻音[illegible]又音句疥音介	以燕將軍漢王四年從破曹咎，為燕相，告燕王荼反，侯，以燕相國定盧奴，千九百戶	十月丙辰封，二十五年薨	九十一	孝文六年，文侯仁嗣，十七年薨	後七年，侯何嗣，七年，孝景四年薨	曾孫	元康四年，疥玄孫長安公士福詔復家
歷簡侯程黑	以趙衛將軍漢王三年從起盧奴，擊項羽敖倉下，為將軍攻臧荼，有功，封千戶	十月癸酉封，十四年薨	九十二	高后三年，孝侯釐嗣，二十三年薨	孝文後元年，侯竈嗣，十四年，孝景中元年有罪	曾孫	玄孫
				六世 元康四年，黑玄孫之子長安[illegible]詔復家	元始五年，詔賜黑代後者爵關內侯		
武原靖侯衞胠 師古曰胠音去劫反又音怯	以梁將軍初從擊韓信、陳豨、黥布，功，侯，二千八百戶，比高陵侯	十二月丁未封，八年薨	九十三	孝惠四年，共侯寄嗣，三十七年薨	孝景三年，侯不害嗣，十二年，後二年坐葬過律免	曾孫	元康四年，胠玄孫[illegible]公乘詔復家
槀祖侯陳鍇 師古曰槀音工老反鍇音口駭反	高帝七年為將軍，從擊代陳豨，有功，侯，六百戶	十二月丁未封，七年薨	百二十四	孝惠三年，懷侯嬰嗣，十九年薨	孝文七年，共侯應嗣，十四年薨	後五年，侯安嗣，三十一年薨	元狩三年，侯千秋嗣，元鼎五年坐酎金免
				六世 元康四年，鍇玄孫之子[illegible]詔復家			
宋子惠侯許瘛 師古曰瘛音充制反	以漢三年用趙右林將初擊定諸侯，五百四十戶，功比歷侯。師古曰林將主林士之將也	二月丁卯封，四年薨	九十九	十二年，共侯留嗣，二十五年薨	孝文十年，侯九嗣，二十二年，孝景中二年坐寄使匈奴買塞外禁物免	曾孫	玄孫
				六世	七世 元康四年，瘛玄孫之孫宋子大夫適詔復家		
猗氏敬侯陳遬 師古曰遬古速字	以舍人從起豐，入漢，以都尉擊項羽，侯，千一百戶	三月丙戌封，十一年薨	五十 位次曰長陵侯	孝惠七年，靖侯交嗣，三十四年薨	孝景三年，頃侯差嗣，一年薨，亡後	元康四年，遬曾孫猗氏大夫朝詔賜黃金十斤，復家	
清簡侯室中同	以弩將初起，從入漢，以都尉擊項羽、代，侯，比彭侯，千戶	三月丙戌封，五年薨	七十一	孝惠元年，頃侯聖嗣，二十二年薨	孝文八年，康侯鮒嗣，五十二年薨	元狩三年，共侯古嗣，七年薨	元鼎四年，侯生嗣，一年，坐酎金免
							元康四年，同玄孫[illegible]武詔復家
彊圉侯留肦	以客吏初起，從入漢，以都尉擊項羽、代，侯，比彭侯，千戶	三月丙戌封，三年薨	七十二	十一年，戴侯章復嗣，二十九年薨	孝文三年，侯服嗣，二年，有罪免	元康四年，肦曾孫長安大夫定詔復家	
彭簡侯秦同	以卒從起薛，以弩將入漢，以都尉擊項羽、代，侯，千戶	三月丙戌封，二十二年薨	七十	孝文三年，戴侯執嗣，二十三年薨	孝景三年，侯武嗣，十一年，後元年有罪免	曾孫	元康四年，同玄孫[illegible]公士壽王詔復家

吳房嚴侯楊武	以郎中騎將漢元年從起下邽，擊陽夏，以騎都尉斬項籍，侯，七百戶	三月辛卯封，三十二年薨	九十四	孝文十三年，侯去疾嗣，二十五年，孝景後三年，有罪，耏爲司寇	元康四年，武孫霸陵公乘談詔賜黃金十斤，復家。亡子，絕		談兄孫爲人復，亡子，絕
甯嚴侯魏遫	以舍人從碭入漢，以都尉擊臧荼，功，侯，千戶	四月辛卯封，三十五年薨	七十八	孝文十六年，共侯連嗣，八年薨	孝文後元年，侯指嗣，三年，坐出國界，免	曾孫	元康四年，遫玄孫長安公士都詔復家
昌圉侯旅卿	以齊將漢王四年從韓信起無鹽，定齊，擊項籍及韓王信於代，侯，千戶	六月戊申封，三十四年薨	百九	孝文十五年，侯通嗣，十一年，孝景三年，坐謀反，誅	孫	曾孫	元康四年，卿玄孫昌造光詔賜黃金十斤，復家
				子賜代死，亡子，絕。六世有回產子，元始二年求不得			
共嚴侯旅罷師（師古曰：共音恭，罷師音皮，又讀曰彼）	以齊將漢王四年從淮陰侯起，擊項籍，又攻韓王信於平城，有功，侯，千二百戶	六月壬子封，二十六年薨	百一十四	孝文七年，惠侯黨嗣，八年薨	十五年，懷侯高嗣，五年薨，亡子	元康四年，罷師曾孫霸陵簪裊信詔復家	
閼氏節侯馮解散	以代太與漢王三年降，爲雁門守，以將軍擊代反寇，侯，千戶。師古曰：大與，主祿之官	六月壬子封，四年薨	一百	十二年，共侯它嗣，一年薨，亡後	孝文二年，文侯遺以它遺腹子嗣，十四年薨	十六年，共侯勝之嗣，十三年薨	孝景六年，侯平嗣，三十九年，元鼎五年，坐酎金免
安丘懿侯張說（師古曰：說讀曰悅）	以卒從起方與，屬魏豹，二歲五月，以執盾入漢，以司馬擊項羽，以將軍定代，侯，二千戶	七月癸酉封，三十二年薨	六十七	孝文十三年，共侯奴嗣，十三年薨	孝景三年，敬侯執嗣，一年薨	四年，康侯新嗣，二十一年薨	元狩元年，侯拾嗣，九年，元鼎四年，坐入上林謀盜鹿，又搏揜，完爲城旦。師古曰：搏揜，謂搏擊而揜取其物，搏或作博，一曰博，六博也，揜意錢之屬也，皆謂戲而取人財也
				元康四年，說玄孫六世之子陽陵上造舜詔復家			
襄平侯紀通	父城以將軍從擊破秦，入漢，定三秦，功比平定侯，戰好畤死，事子侯	九月丙午封，五十二年薨	六十六	孝景中三年，康侯相夫嗣，十九年薨	元朔元年，侯夷吾嗣，九年，元封元年薨，亡後		元康四年，通玄孫長安簪裊萬年詔復家
龍陽敬侯陳署	以卒從漢王元年起霸上，以謁者擊項籍，斬曹咎，侯，千戶	九月己未封，十八年薨	八十四	高后七年，侯堅嗣，十八年，孝文後元年，有罪，免			
平嚴侯張瞻師	以趙騎將漢王五年從擊諸侯，比吳房侯，千五百戶	九年十二月壬寅封，八年薨	九十五	孝惠五年，康侯憚嗣，二十七年薨。師古曰：憚音亶	孝景四年，侯寄嗣	侯安國嗣，不得年，元狩元年爲人所殺	玄孫
				元康四年，瞻師玄孫六世孫之子敬上造建城詔復家			
陸量侯須無（如淳曰：秦始皇本紀所謂陸梁地也）	詔以爲列侯，自置吏，令長受令長沙王	三月丙戌封，三年薨	百三十七	十二年，共侯桑嗣，十四年薨	孝文後三年，康侯慶忌嗣，五年薨	孝景元年，侯冉嗣，四十四年，元鼎五年，坐酎金免	
						元康四年，無曾孫鄜陽東譚詔復家。師古曰：東譚，武功爵第六級	

高景侯周成	父苛以內史從擊破秦，爲御史大夫，入漢，圍取諸侯，堅守滎陽，功比辟陽侯。苛以死事，子侯	四月戊寅封，三十九年，孝文後五年，謀反，下獄死	六十	子	孝景中元年，繩侯應以成孫紹封	侯平嗣，元狩四年，坐爲太常不繕園屋，免	元康四年，成玄孫長安公大夫賜詔復家
離侯鄧弱	四月戊寅封。師古曰：楚漢春秋亦有離侯，成帝時光祿大夫滑堪日旁占驗曰鄧弱以長沙將兵侯						
義陵侯吳郢	以長沙柱國侯，千五百戶	九月丙子封，七年薨	百三十四	孝惠七年，侯種嗣，十年，高后七年薨，亡後			
宣平武侯張敖	嗣父耳爲趙王，坐相貫高等謀反，廢王爲侯	九年封，十七年薨	三（師古曰：張耳及敖並無大功，蓋以魯元之故，呂后曲升之也）	高后二年，侯偃爲魯王，孝文元年復爲侯，十五年薨，諡曰共	六年，哀侯歐嗣，十七年薨	孝景中三年，侯生嗣，十四年，有罪，免	
						元光三年，睢陵侯廣國以偃孫弟紹封，十八年薨	元鼎三年，侯昌嗣，十二年，太初二年，坐爲太常乏祠，免。師古曰：乏祠，闕也
							元始二年，侯慶忌以敖玄孫紹封，千戶
					信都 高后八年四月丁酉，侯侈以魯元太后子封，孝文元年以非正免 樂昌 四月丁酉，侯受以魯元太后子封，元年免		元康四年，耳玄孫長陵公乘遂詔復家
東陽武侯張相如	高祖六年爲中大夫，以河間守擊陳豨，力戰，功，侯，千三百戶	十一年十二月癸巳封，三十二年薨	百一十八	孝文十六年，共侯殷嗣，五年薨	後五年，戴侯安國嗣，六年薨	孝景四年，哀侯彊嗣，十三年，建元元年薨，亡後	玄孫
				元康四年，相如玄孫之子（六世）茂陵公乘宣詔復家			
慎陽侯樂說（如淳曰：慎音震。師古曰：音真，字本作滇，其後誤作慎耳。說讀曰悅）	淮陰侯韓信舍人，告信反，侯，二千戶	十二月甲寅封，五十一年薨	百三十一	孝景中六年，靖侯願嗣，四年薨	建元元年，侯買之嗣，二十二年，元狩五年，坐鑄白金弃市	曾孫	玄孫
				元康四年，說玄孫六世之子長安公士通詔復家			
開封愍侯陶舍	以右司馬漢王五年初從，以中尉擊燕，定代，侯，二千戶	十二月丙辰封，一年薨	百一十五	十二年，夷侯青嗣，四十八年薨	孝景中三年，節侯偃嗣，十七年薨	元光五年，侯睢嗣，十八年，元狩五年，坐酎金免	
				六世	元康四年，舍玄孫七世孫之孫長安公士某詔復家		
禾成孝侯	以卒漢王五年初從，以郎	正月己未封	百一十七	孝文五年，懷侯	孫	元康四年，昔曾孫霸	

前漢年表四　十九

公孫昔	堂陽哀侯孫赤	祝阿孝侯高邑	長脩平侯杜恬	江邑侯	趙堯	營陵侯劉澤	土軍式侯宣義		廣阿懿侯任敖	須昌貞侯趙衍
中[illegible]代擊陳豨侯千九百戶	以中涓從起沛以郎入漢以將軍擊項籍為惠侯坐守滎陽降楚免後復來以郎擊籍為上黨守擊陳豨侯八百戶	以客從起齧桑以上隊將入漢以將軍定魏太原破井陘屬淮陰侯以缾降晉陽以將軍擊韓信陳豨侯千八百戶如淳曰齧桑邑名	以漢王二年用御史初從出關以內史擊諸侯攻項籍以廷尉死事侯千九百戶	以漢五年為御史用奇計徙御史	大夫周昌為趙相代昌為御史大夫從擊陳豨功侯六百戶	漢三年為郎中擊項羽以將軍擊陳豨得王黃侯從昆弟萬二千戶	高祖六年為中地守以廷尉擊陳豨侯千一百戶就國後為燕相		以客從起沛為御史守豐二歲擊項籍為上黨守陳豨反堅守侯千八百戶後遷為御史大夫	以謁者漢王元年初起漢中雍軍塞渭上計欲還衍言從它道道通後為河間守陳豨反誅都尉相如功侯千四百戶
二十一年薨	正月己未封九年薨	正月己卯封二十一年薨	正月丙戌封四年薨	十一月封	高后元年有罪免	十一月封十五年高后七年為琅邪王	二月丁亥封十七年薨		二月丁亥封十九年薨	二月己丑封三十二年薨
	七十七	七十四	百八　位次曰信平侯			八十八	百二十二　位次曰信成侯		八十九	百七
衛嗣九年薨	高后元年侯德嗣四十三年孝景中六年有罪免	孝文五年侯成嗣十四年後三年坐事國人過律免	孝惠三年懷侯中嗣十七年薨				孝惠六年孝侯莫如嗣三十五年薨	元康四年義玄孫之玄孫[illegible]不更寄詔復家	孝文三年夷侯敬嗣一年薨	孝文十六年戴侯福嗣四年薨
	孫	孫	孝文五年侯意嗣十七年有罪免				孝景三年康侯平嗣十九年薨		四年敬侯但嗣卌年薨	後四年侯不害嗣八年孝景五年有罪免
陵公乘廣意詔復家	元康四年赤曾孫霸陵公乘明詔復家	曾孫	陽平　孝景中五年侯相夫以恬孫紹封三十七年元封三年坐為太常與大樂令中可當鄭舞人擅繇[illegible]闌出入關				建元六年侯生嗣八年元朔二年坐與人妻姦免		建元五年侯越人嗣二十一年元鼎二年坐為太常廟酒酸免	曾孫
		元康四年邑玄孫長陵上造弘詔復家					玄孫		元康四年敖玄孫廣阿簪裊定詔復家	玄孫

楊玢

前漢年表四　二十

	臨轅堅侯戚鰓		汲紹侯公上不害	甯陵夷侯呂臣	汾陽嚴侯靳彊	戴敬侯秘彭祖　師古曰今[illegible]秘姓讀如秘書[illegible]音讀非也		衍簡侯翟盱　師古曰盱音況于反	平州共侯昭涉掉尾　師古曰昭涉姓也掉尾名也[illegible]		中牟共侯單右車
	初從為郎以都尉守蘄城以中尉侯五百戶		高祖六年為太僕擊代豨有功侯千二百戶為趙太僕	以舍人從起留以郎入漢破曹咎成皋為都尉擊陳豨功侯千戶	以郎中騎千人前三年從起櫟陽擊項羽以中尉破鍾離昧功侯	以卒從起沛以卒開沛城門為太公僕以中廄令擊陳豨功侯千一百戶		以漢王二年為燕令以都尉下楚九城堅守燕侯九百戶	漢四年以燕相從擊項籍還擊臧荼侯千戶		以卒從起沛入漢以郎擊布功侯二千三百戶始高祖微時有急給高祖一馬故得侯
	二月乙酉封六年薨		二月乙酉封三年薨	二月辛亥封二十七年薨	三月辛亥封十一年薨	三月癸酉封十一年薨		七月己丑封十二年薨	八月甲辰封十八年薨		十二年十月乙未封二十三年薨
	百一十六		百二十三	七十三	九十六	百二十六		百三十	百一十一		百二十五
六世	孝惠五年夷侯觸龍嗣三十七年薨	六世	孝惠三年夷侯武嗣二十七年薨	孝文十一年戴侯射嗣十六年薨	高后三年共侯解嗣三十三年薨	高后三年共侯悼嗣十二年薨	六世	高后四年祗侯山嗣十年薨	孝文二年戴侯種嗣三年薨		孝文八年敬侯繒嗣五年薨
元康四年[illegible]七世孫長安[illegible]步昌詔復家	孝景四年共侯忠嗣十六年薨	元始二年[illegible]七世之孫少詔賜爵關內侯	孝文十四年康侯通嗣二十七年薨	孝景四年惠侯始嗣十七年薨	孝景五年康侯胡嗣十二年絕不得狀	孝文八年夷侯安國嗣三十八年薨	七世　元康四年彭祖玄孫之子陽陵大夫政詔復家	六年節侯嘉嗣三十四年薨	五年懷侯它人嗣四年薨		十三年戴侯終根嗣三十七年薨
	建元四年侯賢嗣二十五年元鼎五年坐酎金免		建元二年侯廣德嗣九年元光五年坐妻精大逆棄市	曾孫	江鄒　元鼎五年侯石以彊曾孫紹封九年太始四年坐為太常行幸離宮道橋苦惡大僕敬聲繫以謁聞赦免	元朔五年安侯安期嗣十二年薨		[illegible]	九年孝侯馬童嗣二十九年薨		元光五年侯舜嗣十八年元鼎五年坐酎金免
	[illegible]		元康四年不害玄孫安陵五大夫常詔復家	元康四年臣玄孫長陵公大夫得詔復家	元康四年彊玄孫長安公乘忠詔復家	元鼎五年侯蒙嗣二十五年後元年坐祝詛上大逆要斬		元康四年盱玄孫陽陵公乘光詔復家	孝景後二年侯昧嗣二十四年元狩五年坐行馳道中免	[illegible]	玄孫

陳浩

				元康四年□玄孫之子陽陵不更充國詔復家 六世			
邵嚴侯黃極忠 師古曰：邵音鄔己反	以臨江將，已而為漢擊臨江王及諸侯，破布，封千戶	十月戊戌封，二十七年薨	百十三	孝文十二年，夷侯榮成嗣，九年薨	後元五年，共侯明嗣，三十五年薨	元朔五年，侯遂嗣，八年，元鼎元年，坐掩搏奪公主馬，髡為城旦。師古曰：搏字或作摶，已解於上	
				元康四年極忠玄孫之子郃陽公乘□詔復家 六世	元始五年，賜極忠代後者爵關內侯		
博陽節侯周聚	以卒從起豐，以□率入漢，擊項籍，為□有功，為將軍，布反，定吳郡，侯	十月辛丑封，二十四年薨	五十三	孝文九年，侯遬嗣，十五年，孝景□年有罪，奪爵一級	孫	曾孫；元康四年，聚曾孫長陵公乘禹詔復家	
陽羨定侯靈常；下相嚴侯冷耳 以客從起沛，入漢用兵，擊破齊田解軍，以楚丞相堅守彭城，距布軍，功侯二千戶。師古曰：冷音零；高陵圉侯王周	以荊令尹漢五年初從擊鍾離眛及陳公利幾，破之，徙為漢中大夫，從至陳，取韓信，還為中尉，從擊布，侯二千戶；以騎司馬漢王元年從起廢丘，以都尉破田橫、龍且，追籍至東城，以將軍擊布，九百戶	十一月己酉封，十八年薨；十一月壬寅封，十四年薨；十二月丁亥封，十年薨	一百九；八十五；九十二	高后七年，共侯賀嗣，八年薨；孝文三年，侯勝嗣，二十三年；孝景三年，坐謀反誅；孝文□年，侯弓嗣，六年薨	孫；孝文十二年，侯行嗣，十二年，孝景三年，謀反，誅	曾孫	元康四年，常玄孫南和大夫橫詔復家；元康四年，耳玄孫長安公士安詔復家
期思康侯賁赫 師古曰：賁音肥	淮南王英布中大夫，告反，侯二千戶	十二月癸卯封，三十九年，孝文十四年薨，亡後	百三十二	子	孫	曾孫	元康四年，赫玄孫壽春大夫充詔復家
戚圉侯季必 師古曰：漢表作季必，今此作[illegible]，表傳不同，當有誤也	以騎都尉漢二年初起櫟陽，攻破廢丘，因擊項籍，屬韓信，破齊，攻臧荼，遷為將軍，擊韓信，侯千五百戶	十二月癸卯封，十六年薨	九十	孝文元年，齊侯長嗣，三年薨	四年，踐侯瑕嗣，三十八年薨	建元三年，侯信成嗣，二十一年，元狩[illegible]	元康四年，必玄孫長安公士賈之詔復家
穀陽定侯馮谿	以卒從漢王二年起柘，擊籍，定代，為將軍，功侯	正月乙丑封，三十二年薨	百五	孝文十年，共侯熊嗣，十八年薨	孝景三年，隱侯卬嗣，三年薨	五年，獻侯解中嗣，十年薨	建元四年，侯偃嗣
				元康四年谿玄孫之子穀陽不更□同詔復家 六世			
嚴敬侯許倩 師古曰：倩音千見反	以卒從起□，以郎中擊籍、陳豨，侯六百戶	正月乙丑封，四十年薨	百十二	孝景二年，殤侯恢嗣，六年薨	建元二年，煬侯則嗣，九年薨	元光五年，節侯廣嗣，三年薨	元朔二年，侯廣宗嗣，十五年，元鼎五年，坐酎金免

				元康四年猜玄孫之子平□公士任詔復家 六世			
成陽定侯奚意	以魏郎漢王二年從起陽武，擊項籍，屬魏豹，豹反，[illegible]以大尉定代，侯六百戶	正月乙酉封，二十六年薨	百十	孝文十一年，侯信嗣，二十九年，建元元年有罪，耐為鬼薪	孫	元康四年，意曾孫陽陵公乘通詔復家	
桃安侯劉襄	以客從漢王二年從起定陶，以大謁者擊布，侯千戶，為淮南守，項氏親也，賜姓	三月丁巳封，七年，孝惠七年有罪免，十年復封，十六年薨	百三十五	孝文十年，懿侯舍嗣，二十二年薨	建元元年，厲侯由嗣，十三年薨	元朔二年，侯自為嗣，十五年，元鼎五年，坐酎金免	玄孫
				元康四年襄玄孫之子長安上造益壽詔復家 六世			
高粱共侯酈疥	以父食其從破秦，以列侯入漢，還定諸侯，常使約和諸侯，說齊王，死事，子侯	二月丙寅封，六十三年薨	六十六	元光三年，侯勃嗣	侯平嗣，元狩元年，坐詐衡山王取金免	曾孫	元康四年，食其玄孫陽陵公乘賜詔復家
紀信匡侯陳倉	以中涓從起豐，以騎將入漢，以將軍擊項籍，後攻盧綰，侯七百戶	六月壬辰封，十年薨	八十	高后三年，夷侯開嗣，二十二年薨	孝文後三年，侯陽嗣，八年，孝景二年反，誅	曾孫	玄孫
				元康四年□玄孫之子長安公士千秋詔復家 六世			
景嚴侯王競	以車司馬漢元年初從起高陵，屬劉賈，以都尉從擊[illegible]，侯五百戶	六月壬辰封，七年薨	百六	孝惠七年，戴侯真粘嗣，十九年薨。師古曰：粘音[illegible]	孝文十一年，侯[illegible]嗣，二十二年，孝景[illegible]有罪	曾孫	元康四年，競玄孫長安公士昌詔復家
張節侯毛釋之	以郎中騎從，以郎將入漢，從擊諸侯，侯七百戶	六月壬辰封，二十六年薨	七十九	孝文十二年，侯慶嗣，二年薨	十三年，侯舜嗣，二十二年，孝景中六年有罪免	曾孫	元康四年，釋之玄孫長安公士[illegible]詔復家
煮棗端侯革朱	以越連敖從起薛，別以將入漢，擊諸侯，以都尉侯九百戶	六月壬辰封，七年，孝惠七年薨[illegible]	七十五	孝文二年，康侯式以朱子紹封，二十一年薨	孝中二年，侯昌嗣，二年有罪免	曾孫	元康四年，朱玄孫陽陵大夫奏詔復家
鄢陵嚴侯朱濞	以卒從起豐，以騎將入漢，以都尉擊項籍、臧荼，侯七百戶	十二月封，十一年薨	五十二	高后四年，共侯慶嗣，十三年，孝文七年薨，亡後		元康四年，濞曾孫陽陵公□詔復家	
菌嚴侯張平	以中涓前元年從起單父，不入關，以擊籍、布、燕王綰，得南陽，侯二千七百戶	十二月封，十二年薨	四十八	高后五年，侯勝嗣，□年，孝文四年有罪免		曾孫	玄孫
				元康四年平玄孫之子長安公士□詔復家 六世			

右高祖百四十七人，周呂、建成二人在外戚，羹頡、合陽、沛、德四人在王子，凡百五十三人。

號諡姓名	侯狀戶數	始封	位次	子	孫	曾孫	玄孫
便頃侯吳淺	以父長沙王功侯二千戶	元年九月癸卯封三十七年薨	百三十三	孝文後七年共侯信嗣六年薨	孝景六年侯廣志嗣	侯千秋嗣元鼎五年坐酎金免	元康四年淺玄孫長陵上造編長樂詔復家
軑侯黎朱蒼 師古曰軑音大又音第	以長沙相侯七百戶	二年四月庚子封八年薨	百二十	高后三年孝侯豨嗣二十一年薨	孝文十六年彭祖嗣二十四年薨	侯扶嗣元封元年坐為東海太守行過擅發卒為衞當斬會赦免	玄孫 江夏
				元康四年蒼玄[illegible]六世孫之二千首陵[illegible]詔復家			
平都孝侯劉到	以齊將高祖三年降定齊侯千戶	五年六月乙亥封十三年薨	百一十	孝文三年侯成嗣三十五年孝景後二年有罪免		元康四年到曾孫長安公乘如意詔復家	

右孝惠三人

號諡姓名	侯狀戶數	始封	位次	子	孫	曾孫	玄孫
南宮侯張買	以父越人為高祖騎將從軍以中大夫侯	元年四月丙寅封	侯生嗣孝武初有罪為隸臣 萬六千六百戶				北海
梧齊侯陽城延	以軍匠從起郟入漢後為少府作長樂未央宮築長安城先就侯五百戶 師古曰郟潁川之縣也	四月乙酉封六年薨	七十六	七年敬侯去疾嗣三十四年薨	孝景中二年靖侯偃嗣十五年薨	元光三年侯戎奴嗣十四年元狩五年坐使人殺季父棄市戶三千三百	玄孫
				元康四年延六世[illegible]詔復家			
平定敬侯齊受	以卒從起留以家車吏入漢以梟騎都尉擊項籍得樓煩將用齊丞相侯 師古曰家車吏主家車之吏非軍國所用	四月乙酉封九年薨	五十四	孝文二年齊侯市人嗣四年薨	六年共侯應嗣四十一年薨亡後	元光二年康侯延居嗣八年薨 十四年	元鼎二年侯昌嗣二年元鼎二年有罪免
							元康四年受玄孫安平大夫安德詔復家
博成敬侯馮無擇	以悼武王郎中兵初起從高祖起豐攻雍丘擊項籍力戰奉衞悼武王出滎陽侯 師古曰悼武王即呂后兄周呂侯呂澤也高后追尊曰悼武王	四月己丑封三年薨		四年侯代嗣八年坐呂氏誅			
沅陵頃侯吳陽 師古曰沅音元	以父長沙王功侯	七月丙申封二十五年薨	百三十六	孝文後二年頃侯福嗣十七年薨	孝景中六年哀侯周嗣薨亡後		
中邑貞侯朱進	以執矛從入漢以中尉破曹咎用呂相侯六百戶 師古曰曹咎項羽之將也	四年四月丙申封二十二年薨		孝文後二年侯悼嗣二十一年孝景後三年有罪免			
樂平簡侯衞毋擇	以隊卒從起沛屬皇訢以郎吏擊陳餘用衞尉侯六百戶	四月丙申封三年薨		六年共侯勝嗣四十一年薨	孝景後三年侯侈嗣六年建元六年坐買田宅不法有請賕吏免		

號諡姓名	侯狀戶數	始封	位次	子	孫	曾孫	玄孫
山都貞侯王恬啟	漢五年為郎中柱下令以衞將軍擊陳豨用梁相侯 師古曰柱下令主柱下書史也	四月丙申封八年薨		孝文四年惠侯中黃嗣二十三年薨	孝景四年敬侯觸龍嗣二十三年薨	元狩五年侯當嗣八年元封元年坐闌入甘泉上林免	
祝茲夷侯徐厲	以舍人從沛以郎中入漢[illegible]常山丞相侯	四月丙申封十一年薨		孝文七年康侯悼嗣二十九年薨	孝景中六年侯偃嗣九年建元六年有罪免		
成陰夷侯周信	以卒從起單父為呂后舍人度呂后[illegible]功用河南守侯五百戶	四月丙申封十六年薨		孝文十二年侯勃嗣十五年有罪免			
俞侯呂它	以連敖從高祖破秦入漢以都尉定諸侯功比朝陽侯[illegible]	四月丙申封四年坐呂氏誅					
醴陵侯越	以卒從漢王二年起櫟陽以卒吏擊項籍為河內都尉用長沙相侯六百戶	四月丙申封八年孝文四年有罪免					

右高后十二人扶柳襄城軹壺關昌平贅其騰昌成腄祝茲

建陵十一人在恩澤外戚洨沛信都樂昌東平五人隨父上

郅朱虛東牟三人在王子凡三十一人 師古曰腄音直瑞反 洨音交又音下交反

號諡姓名	侯狀戶數	始封	位次	子	孫	曾孫	玄孫
陽信夷侯劉揭	高祖十二年為郎以典客奪趙王呂祿印閉殿門止呂產等入共尊立孝文帝侯二千戶	元年十一月辛丑封十四年薨		十五年侯中意嗣十四年孝景六年有罪免			
壯武侯宋昌	以家吏從高祖起山東以都尉從守滎陽食邑以代中尉勸代王入驂乘至代邸王卒為帝功侯千四百戶	四月辛亥封二十三年孝景中四年有罪奪爵一級為關內侯					
樊侯蔡兼	以睢陽令從高祖初起阿以韓家子還定北地用常山相侯千二百戶 [illegible]	六月丙寅封十四年薨		十五年康侯客嗣十八年薨	孝景中三年共侯平嗣二十一年薨	元朔二年侯辟方嗣元鼎四年坐搏揜完為城旦	
泒陵康侯魏駟 [illegible]	以陽陵君侯	七年三月丙寅封十一年薨亡後					
南鄭侯起 師古曰鄭音[illegible]自說者[illegible]鄭非也	以信平君侯	[illegible]					

國名	侯狀戶數	始封	子	孫	曾孫	玄孫	
黎頃侯召奴 師古曰召平之子也召讀曰邵	以父齊相侯	十年四月癸丑封十一年薨	後五年侯澤嗣三十五年薨	元朔五年侯延嗣十九年元封六年坐不出持馬要斬戶千八百 師古曰時發馬給軍匿而不出也			
鉼侯孫單 師古曰鉼音步丁反	父卬以北地都尉匈奴入力戰死事子侯	十四年三月丁巳封十二年孝景前三年坐反誅					
弓高壯侯韓隤當	以匈奴相國降侯故韓王子	十六年六月丙子封		不得子嗣侯者年名	元朔五年侯則嗣薨亡後		營陵
					龍頟 元朔五年四月丁未侯說以都尉擊匈奴得王侯十二年元鼎五年坐酎金免 師古曰頟音其文反		
					按道 元封元年五月己卯侯說以橫海將軍擊東越侯十九年征和二年為衛太子所殺	延和三年侯興嗣四年坐祝詛上要斬	齊
						後元元年侯曾以興弟紹封龍頟三十二年薨	五鳳元年思侯寶嗣陽嘉元年薨亡後
							元封元年節侯共以曾孫從父昆弟紹封
				[illegible]侯敞璧 恭敗絕			
襄城哀侯韓嬰	以匈奴相國降侯二千戶韓王信太子之子	六月丙子封七年薨		後七年侯釋之嗣三十二年元朔四年坐詐疾不從耐為隸臣			魏
故安節侯申屠嘉	孝文二年舉淮陽守從高祖功食邑五百戶用丞相侯	後二年四月丁巳封七年薨		孝景前三年侯共嗣二十二年薨	清安 元狩三年侯臾更封五年元鼎元年坐為九江太守受故官送免		

右孝文十人軹鄔周陽三人在外戚管氏營丘營平陽

虛楊丘朸安都平昌武成白石阜陵安陽陽周東城十四人

在王子凡二十七人 師古曰鄔音一戶反又於庶反今書本有郟字者誤

高惠高后文功臣侯表卷第四

景武昭宣元成功臣表第五　班固　漢書十七

祕書監上護軍琅邪縣開國子顏師古注

昔書稱「蠻夷帥服」，師古曰：舜典之辭也。言王者德澤廣被，則四夷相率而降服也。詩云「徐方既倈」，師古曰：大雅常武之詩曰「王猷允塞，徐方既倈」，言周之王道信能充實，則徐方淮夷並來朝也。倈，古來字。春秋列潞子之爵，許其慕諸夏也。應劭曰：潞子離狄內附，春秋嘉之，稱其爵列諸夏也。師古曰：潞音路。漢興至于孝文時，乃有弓高、襄城之封，師古曰：弓高侯穨當、襄城侯桀龍，皆從匈奴來降而得封也。雖自外倈，本功臣後。故至孝景始欲侯降者，丞相周亞夫守約而爭。應劭曰：景帝欲封王皇后兄信，亞夫封高祖之約，非功臣不侯也。師古曰：景帝欲封匈奴降者徐盧等，而亞夫爭之，以為不可。今表所稱蓋謂此耳，不列王信事也，應說失之。帝黜其議，初開封賞之科，師古曰：不從亞夫之言，竟封也。又有吳楚之事。武興胡越之伐，將帥受爵，應本約矣。師古曰：應高祖非有功不得侯之約。後世承平，頗有勞臣，輯而序之，續元功次云。師古曰：輯與集同。元功謂佐興其帝業者也。

號諡姓名	功狀戶數	始封	子	孫	曾孫	玄孫
俞侯欒布 師古曰：俞音輸	以將軍吳楚反擊齊侯	六年四月丁卯封，六年薨	中六年，侯賁嗣，二十二年，元狩六年坐為太常雍犧牲不如令，免。師古曰：雍，右扶風縣也，五畤祠在焉			
建陵哀侯衞綰	以將軍擊吳楚用中尉侯	四月丁卯封，二十一年薨	元光五年，侯信嗣，十八年，元鼎五年坐酎金免			
建平敬侯程嘉	以將軍擊吳楚用江都相侯	四月丁卯封，十八年薨	元光二年，節侯橫嗣，一年薨	三年，侯回嗣，四年薨，亡後		
平曲侯公孫渾邪 師古曰：渾音胡溫反，字或作昆，又作混，其音同	以將軍擊吳楚用隴西太守侯	四月己巳封，五年，中四年有罪免	南奅 元朔五年四月丁卯，侯賀以將軍擊匈奴得王侯，十二年，元鼎五年坐酎金免。太初二年，侯賀復以 師古曰：奅音普孝反			
			葛繹 丞相封三年，延和二年以子敬聲有罪下獄死。師古曰：延亦征字也			
江陽康侯蘇息	以將軍擊吳楚用趙相侯	中二年懿侯盧嗣，六年薨	建元二年，侯朋嗣，十六年薨	元朔六年，侯雕嗣，十二年，元鼎五年坐酎金免		
遽侯橫 師古曰：史失其姓，它皆類此	父建德以趙相不聽王遂反死事，子侯，千一百七十戶	中二年四月乙巳封，六年，後二年有罪棄市				
新市侯王棄之	父悍以趙內史王遂反不聽死事，子侯	四月乙巳封，八年薨	殤侯始昌嗣，元光四年為人所賊殺			
商陵侯趙周	父夷吾以楚太傅王戊反不聽死事，子侯	四月乙巳封，三十六年，元鼎五年坐為丞相知列侯酎金輕，下獄自殺				
山陽侯張當居	父尚以楚相王戊反不聽死事，子侯	四月乙巳封，二十四年，元朔五年坐為太常擇博士弟子故不以實，完為城旦				

安陵侯于軍	以匈奴王降侯千五百五十戶	中三年十一月庚子封十三年元光六年薨亡後					
桓侯賜	以匈奴王降侯千五百五十戶	十二月丁丑封					
遒侯陸彊 師古曰遒即遒縣	以匈奴王降侯千五百七十戶	十二月丁丑封	侯則嗣孝武後元年坐祝詛上要斬				
容城侯徐盧	以匈奴王降侯七百戶	十二月丁丑封七年薨	建元元年康侯綽嗣十四年薨	元朔三年侯光嗣坐祝詛上要斬			
易侯僕黥 師古曰黥音鉅	以匈奴王降侯千一百十戶	十二月丁丑封後三年薨亡後					
范陽靖侯范代	以匈奴王降侯六千二百戶	十二月丁丑封十四年薨	元光二年懷侯德嗣四年薨亡後			元始二年代玄孫之孫賜爵關內侯	
翕侯邯鄲	以匈奴王降漢	十二月丁丑封十四年薨					內黃
亞谷簡侯盧它之	以匈奴東胡王降侯千戶故燕王綰子	中五年四月丁巳封七年薨	後元五年侯種嗣七年薨	建元五年康侯偏嗣七年薨	元狩元年侯賀嗣[illegible]坐受衡山王[illegible]		
塞侯直不疑	以御史大夫前將兵擊吳楚功侯	後元年八月封六年薨	建元四年康侯堅嗣十二年薨	元朔四年侯相如嗣[illegible]五年坐酎金免			

右孝景十八人平陸休沈猷紅宛朐棘樂乘氏桓邑八人在王子魏其蓋二人在

外戚隆慮一人隨父凡二十九人 師古曰據楚元王傳云休侯富免侯後更封為紅侯而王子侯表但云休侯[illegible]無紅邑其數止七人然此表乃以休及紅[illegible]

翕侯趙信	以匈奴相國降侯元朔二年屬車騎將軍擊匈奴益封千六百八十戶	元光四年十月壬午封六年元朔六年為右將軍擊匈奴兵敗降匈奴					內黃
持轅侯樂	以匈奴都尉降侯六百五十戶	元朔二年[illegible]封十二年元鼎元年薨亡後					南陽
親陽侯月氏 師古曰氏音支	以匈奴相降侯六百八十戶	元朔二年十月癸巳封五年坐謀反入匈奴要斬					舞陽
若陽侯猛	以匈奴相降侯五百三十戶	十月癸巳封五年坐謀反入匈奴要斬					平氏
平陵侯蘇建	以都尉從車騎將軍青擊匈奴功侯元朔五年用游擊將軍從大將軍益封凡一千一百戶	三月丙辰封六年坐為前將軍與翕侯信俱敗獨身脫來歸當斬贖罪免					武當
岸頭侯張次公	以都尉從車騎將軍擊匈奴從大將軍益封凡二千戶	五月己巳封五年元狩元年坐與淮南王女陵姦及受財物免					皮氏
涉安侯於單	以匈奴單于太子降侯	三年四月丙子封五月薨亡後					
昌武侯趙安稽	以匈奴王降侯以昌武侯從驃騎將軍擊左王益封	四年七月庚申封二十一年薨	太初元年侯充國嗣四年薨亡後				舞陽
襄城侯桀龍 師古曰此龍字桀龍匈奴名耳而說者以為龍樊非也	以匈奴相國降侯四百戶	七月庚申封三十三年與浞野侯俱戰死事	太初二年侯病已嗣十五年後二年坐祝詛上下獄瘐死				襄垣

安樂侯李蔡	以將軍再擊匈奴得王侯二千戶	四月乙巳封五年元狩五年坐以丞相侵賣園陵道壖地自殺					昌
合騎侯公孫敖	以護軍都尉三從大將軍擊匈奴至右王庭得王侯元朔六年從大將軍益封九千五百戶	以元朔五年四月丁未封至元狩元年坐將兵擊匈奴與驃騎將軍期後畏懦當斬贖罪免 師古曰懦音乃喚反又音而掾反					高城
軹侯李朔 師古曰軹音只	以校尉三從大將軍擊匈奴至右王庭得王虜閼氏功侯	四月乙卯封六年有罪當免					西安
從平侯公孫戎奴	以校尉三從大將軍擊匈奴至右王庭為雁行上石山先登侯千一百戶	四月乙卯封二年元狩二年坐為上黨太守發兵擊匈奴不以聞免					樂昌
隨城侯趙不虞	以校尉三從大將軍擊匈奴攻辰吾先登石累侯七百戶	四月乙卯封三年元狩二年坐為定襄都尉匈奴敗太守以聞非實免					千乘
博望侯張騫	以校尉從大將軍擊匈奴知道水及前使絕國大夏侯	三年三月甲辰封[illegible]二年坐以將軍擊匈奴畏懦當斬贖罪免					
眾利侯郝賢 師古曰郝音呼各反又式亦反	以上谷太守四從大將軍擊匈奴首虜千級以上侯千一百戶	五月壬辰封二年元狩二年坐為上谷太守入戍卒財物計謾免					姑莫
潦悼侯王援訾	以匈奴趙王降侯五百六十戶	元狩元年七月壬午封一年薨亡後					舞陽

從票侯趙破奴 師古曰票音頻妙反	以司馬再從票騎將軍擊匈奴得兩王千騎侯二千戶	五月丁丑封五年坐酎金免[illegible]					
宜冠侯高不識	以校尉從票騎將軍擊匈奴得王功侯千二百戶故匈奴歸義	五月庚戌封四年元鼎元年坐擊匈奴增首不以實當斬贖罪免					昌
煇渠忠侯僕朋 師古曰煇音許韋反	以校尉從票騎將軍擊匈奴得王侯故匈奴歸義	二年二月乙丑封八年薨	元鼎[illegible]侯雷電嗣[illegible]				魯陽
下麾侯謼毒尼 師古曰謼音呼與呼同	以匈奴王降封七百戶	六月乙亥封九年薨	元鼎五年煬侯伊即軒嗣 師古曰軒音居言反	[illegible]			猗氏
漯陰定侯昆邪 師古曰漯音吐合反	以匈奴昆邪王將眾十萬降侯萬戶	三年七月壬午封四月薨	元鼎元年魏侯蘇嗣十年元封五年薨亡後				平原
煇渠慎侯應庇 師古曰庇音疋	以匈奴王降侯	七月壬午封五年元鼎二年薨亡後					魯陽
河綦康侯烏犁	以匈奴右王與渾邪降侯六百戶	七月壬午封六年薨	[illegible]				濟南
常樂侯稠雕	以匈奴大當戶與渾邪降侯五百七十戶 師古曰當戶匈奴官名也	七月壬午封十八年薨	太初二年侯廣漢嗣十年大始元年薨亡後				濟南

邳離侯路博德	以右北平太守從驃騎將軍擊左王得重會期虜首萬二千七百人侯千六百戶 [illegible]	四年六月丁卯封十五年太初元年坐見知子犯逆不道罪免				朱虛
義陽侯衛山	以北地都尉從驃騎將軍擊左王得王侯千一百戶	六月丁卯封十二年太初四年坐教人誣告衆利侯當時棄市罪獄未斷病死				平氏
杜侯復陸支	以匈奴歸義因淳王從驃騎將軍擊左王以少破多捕虜二千一百侯千三百戶	六月丁卯封五年薨	元鼎三年侯偃嗣	侯屠耆嗣	侯宣平嗣	侯福嗣河平四年坐非子免 重平
衆利侯伊即軒 師古曰軒音居言反	以匈奴歸義樓剸王從驃騎將軍擊右王手自劍合侯千一百戶 [illegible]	六月丁卯封十四年薨	元封六年侯當時嗣	侯輔宗嗣始元五年薨亡後為諸縣		
湘成侯敞屠洛	以匈奴符離王降侯千八百戶	六月丙子封七年元鼎五年坐酎金免				陽成
散侯董舍吾	以匈奴都尉降侯千一百戶	六月丙子封十七年薨	大初三年侯安漢嗣	侯賢嗣征和二年坐祝詛上下獄病死		陽成
臧馬康侯延年	以匈奴王降侯八百七十戶	六月丙子封五年薨亡後				朱虛
膫侯次公 師古曰膫音遼	以匈奴歸義王降侯七百九十戶	元鼎四年六月丙午封五年坐酎金免				舞陽
術陽侯建德	以南越王兄越高昌侯侯三千戶	元鼎四年封四年坐使南海逆不道誅				下邳
龍侯摎廣德 師古曰摎音居求反	父樂以校尉擊南越死事子侯六百七十戶	三月壬午封六年坐酎金免				
成安侯韓延年	父千秋以校尉擊南越死事子侯千三百八十戶	三月壬午封七年元封六年坐為太常行大行令事留外國書一月乏興入穀贖完為城旦 [illegible]				郟 師古曰音夾
昆侯渠復絫 師古曰絫音力追反	以屬國大首渠擊匈奴侯	五月戊戌封	侯乃始嗣地節四年薨亡後			鉅鹿
騏侯駒幾 師古曰騏音其	以屬國騎擊匈奴捕單于兄侯五百二十戶	五月壬子封	侯晉嗣	侯宗嗣陽朔二年薨亡後		北屈
			元延元年三月己未侯 [illegible] 以渠弟紹封五百五十戶			
梁期侯任破胡	以屬國都尉間出擊匈奴 [illegible] 侯	五年辛巳封	侯當千嗣太始四年坐賣馬一匹賈錢十五萬過平臧五百以上免			
瞭侯畢取	以南越將降侯五百一十戶	六年三月乙酉封	侯奉義嗣後二年坐祝詛上要斬			南陽
將梁侯楊僕	以樓船將軍擊南越推鋒卻敵侯	[illegible]				
安道侯揭陽定	以南越揭陽令聞漢兵至自定降侯六百戶	三月乙酉封	侯當時嗣延和四年坐殺人棄市			南陽
隨桃侯趙光	以南越蒼梧王聞漢兵至降侯三千戶	四月癸亥封	侯昌樂嗣 [illegible]			[illegible]
湘成侯監居翁	以南越桂林監聞漢兵破番禺諭甌駱民四十餘萬降侯八百三十戶	五月壬申封	侯益昌嗣五鳳四年坐為九真太守盜使人出買犀奴婢臧百萬以上不道誅			堵陽

海常嚴侯蘇弘	以伏波司馬得南越王建德侯	七月乙酉封七年太初元年薨亡後				
外石侯吳陽	以故東越衍侯佐繇王斬餘善功侯千戶	元封元年正月壬午封九年薨	大初四年侯首嗣 [illegible] 坐祝詛上要斬			濟陽
下鄜侯左將黃同 師古曰鄜音孚	以故甌駱左將斬西于王功侯七百戶	四月封	侯奉漢嗣 [illegible] 坐祝詛上要斬			南陽
繚嫈侯劉福 師古曰繚音遼嫈音於耕反	以校尉從橫海將軍擊南越侯	四月乙卯封二年有罪免				
蓆兒嚴侯轅終古 師古曰蓆音御	以軍卒斬東越徇北將軍侯	閏月癸卯封二十年大初四年薨亡後				
開陵侯建成	以故東粵建成侯與繇王斬餘善侯二千戶	閏月癸卯封	侯祿嗣延和二年坐為太子所使 [illegible]			臨淮
臨蔡侯孫都	以南粵郎聞漢兵破番禺為伏波得南越相呂嘉侯千戶	閏月癸卯封	侯寬嗣大初元年坐 [illegible]			河內
東城侯居服	以故東粵繇王斬東粵王餘善侯萬戶	閏月癸卯封二十年延和三年 [illegible]				九江
無錫侯多軍	以東粵將軍漢兵至棄軍降侯千戶	元年封	侯 [illegible]			會稽
涉都侯喜	以父棄故南海守漢兵至以城邑降子侯二千四十戶	元年封八年大初二年薨亡後				南陽
平州侯王唊 師古曰唊音頰	以朝鮮將漢兵至降侯千四百八十戶	三年四月丁卯封四年薨亡後				梁父
荻苴侯韓陶 師古曰荻音狄苴音子余反	以朝鮮相將漢兵至降侯五百四十戶 [illegible]	四月丁卯封十九年延和二年薨 [illegible] 終身不得嗣				勃海
澅清侯參	以朝鮮尼谿相使人殺其王右渠來降侯	六月丙辰封十一年天漢二年坐匿朝鮮亡虜下獄病死				齊
騠茲侯稽谷姑 師古曰騠音大奚反	以小月氏右苴王將衆降侯千九百戶	四年十一月丁未封二年大初元年薨亡後				琅邪
浩侯王㤥	以故中郎將將兵捕得車師王侯	正月甲申封 [illegible]				
瓡讘侯扜者	以小月氏王將軍衆千騎降侯七百六十戶	正月乙酉封二年薨	六月侯勝嗣五年天漢二年薨 [illegible] 所幸封不得嗣			河東
幾侯張路	以朝鮮王子漢兵圍朝鮮降侯	三年癸未封六年使朝鮮謀反格死				河東
涅陽康侯最	以父朝鮮相路人漢兵至首先降道死子侯	三月壬寅封五年大初元年薨亡後				齊
海西侯李廣利	以貳師將軍擊大宛斬王侯八千戶	[illegible]				
新時侯趙弟	以貳師將軍騎士斬郁成王首侯 師古曰郁成西域國名也	[illegible]	四月己巳封十一年			齊

侯號	功狀戶數	始封	子	孫	曾孫	玄孫	郡
承父侯續相如	以使西域發外王子弟誅斬扶樂王首虜二千五百人侯千一百五十戶	太始三年五月封五年延和四年四月癸亥坐賊殺軍吏謀入蠻夷祝詛上要斬					東萊
開陵侯成娩	以故匈奴介和王將兵擊車師不得封年		侯順嗣	質侯襃嗣薨亡後			
				元延二年六月乙未釐侯級以襃兄弟紹封千二百戶	侯參嗣王莽敗絕		
秺侯商丘成 如淳曰秺音妒	以大鴻臚擊衛太子力戰亡它意侯二千一百二十戶	延和二年七月癸巳封四年後二年坐為詹事侍孝文廟醉歌堂下曰出居安能鬱鬱大不敬自殺					濟陰
重合侯莽通	以侍郎發兵擊反者如侯侯四千八百七十戶	七月癸巳封四年後二年坐發兵與衛尉潰等謀反要斬					勃海
德侯景建	以長安大夫從莽通共殺如侯得少傅石德侯三千七百二十五戶	七月癸巳封四年後二年坐共莽通謀反要斬					濟南
題侯張富昌	以山陽卒與李壽共得衛太子侯八百五十一戶	九月封四年後二年四月甲戌為人所賊殺					鉅鹿
邘侯李壽	以新安令史得衛太子侯一百五十戶	九月封三年坐為衛尉居守擅出長安界送海西侯至高橋又使吏謀殺方士不道誅					河內
轑陽侯江喜 師古曰轑音聊	以圉尉史捕反者故城父令公孫勇侯千一百一十戶	三年十一月封	六年侯仁嗣永光四年坐使家丞上書還印綬隨子免				清河
當塗侯魏不害	以圉守尉捕淮陽反者公孫勇等侯八百戶	十一月封薨	愛侯聖嗣	刺侯賜嗣	戴侯向嗣	侯□嗣王莽敗絕	九江
蒲侯蘇昌	以圉小史捕反者故越王子鄒起侯千二十六戶	十一月封	侯夷吾嗣建昭三年坐婢自贖為民後略以為婢免				琅邪
丞父侯孫王	以告反者太原白義等侯千一百五十戶	四年三月乙酉封三年始元六年坐殺人會赦免					東萊
右孝武七十五人武安周陽長平冠軍平津周子南樂通牧丘富民九人在外戚恩澤中							
南奅龍頟宜春陰安發干五人隨父凡八十九人王子不在其中							
秺敬侯金日磾	以駙馬都尉發覺侍中莽何羅反侯二千二百一十八戶	始元二年侯丙子封一日薨	始元二年哀侯賞嗣四十二年薨亡後	孫	元始四年侯當以日磾曾孫紹侯千戶王莽敗絕		
建平敬侯杜延年	以諫大夫告左將軍桀等反侯二千戶以太僕與大將軍光定策益封二千三百六十戶	元鳳元年七月甲子封二十八年薨	甘露二年孝侯緩嗣十九年薨	竟寧元年荒侯業嗣二十四年薨	元始二年侯輔嗣	侯宪嗣建武中以先降梁王不得代 師古曰梁王劉永也	濟陽
宜城戴侯燕倉	以假稻田使者先發覺左將軍桀等反謀告大司農敞侯六百七十戶	七月甲子封六年薨	元平元年刺侯安嗣四十一年薨	竟寧元年釐侯尊嗣十年薨	陽朔二年陽侯武嗣	侯級嗣	濟陰
			六世侯舊嗣王莽敗絕				
弋陽節侯任宮	以故丞相徵事手捕反者左將軍桀侯九百一十五戶	七月甲子封三十二年薨	初元二年剌侯千秋嗣二十二年薨	河平三年原侯惲嗣二年薨	陽朔元年孝侯岑嗣二十四年薨	元始元年侯固嗣更始元年為兵所殺	
商利侯王山壽	以丞相少史誅反者騎將軍安入丞相府侯九百十五戶	七月甲子封十四年元康元年坐為代郡太守故劾十人罪不直免					徐
成安嚴侯郭忠	以張掖屬國都尉匈奴入寇與戰斬黎汙王侯七百二十四戶	三年二月癸丑封七年薨	本始三年愛侯遷嗣四年薨	元康元年刻侯賞嗣四十一年薨	陽朔三年侯長嗣 師古曰郯音□	釐侯萬嗣薨亡後	潁川
			六世 元始元年侯□以忠玄孫之子紹封王莽敗絕				

侯號	功狀戶數	始封	子	孫	曾孫	玄孫	郡
平陵侯范明友	以校尉擊反氐後以將軍擊烏桓獲王虜首六千二百侯與大將軍光定策益封凡二千九百二十戶	四年七月乙巳封十一年地節四年坐謀反誅					武當
義陽侯傅介子	以平樂廄監使誅樓蘭王斬首侯七百五十九戶	七月乙巳封十三年元康元年薨嗣子有罪不得代			元始四年侯長以介子曾孫紹封更始元年為兵所殺		平氏
右孝昭八人博六安陽宜春安平富平陽平六人在恩澤外戚桑樂一人隨父凡十五人							
長羅壯侯常惠	以校尉光祿大夫持節將烏孫兵擊匈奴獲名王首虜三萬九千級侯二千八百五十戶	本始四年四月癸巳封二十四年薨	初元二年嚴侯成嗣十六年薨	建始三年愛侯郎嗣五年薨	河平四年侯翁嗣四十九年建武四年薨亡後		陳留
爰戚靖侯趙長平	以平陵大夫告楚王延壽反侯千五百三十戶	地節二年四月癸卯封十七年薨	節侯訢嗣	永始四年侯牧嗣四十年建武四年以先降梁王免			
博成侯張章	以長安男子先發覺大司馬禹等謀反以告期門董忠以聞侯三千九百一十二戶	四年八月乙丑封九年薨	五鳳元年侯建嗣十二年建昭四年坐尚陽邑公主與婢姦主旁數醉罵主免				淮陰
高昌壯侯董忠	以期門受張章言霍禹謀反告左曹楊惲侯千一百七十九戶	八月乙丑封十九年薨	初元二年煬侯宏嗣四十一年建始元年坐□□免至孫得封故國二千戶	元壽元年侯武嗣二年坐父宏前為佞邪免	建武二年五月己巳侯永紹封		千乘
平通侯楊惲	以左曹中郎將受董忠言霍禹謀反以告侍中金安上侯二千五百戶	八月乙丑封十年五鳳二年坐為光祿勳誹謗政治免					博陽
都成敬侯金安上	以侍中中郎將受楊惲言霍氏謀反傳言上內霍氏禁闥侯千七百七十七戶	八月乙丑封十一年薨	五鳳三年夷侯常嗣二年薨亡後	元始元年侯欽以安上孫紹封為王莽所誅	元始元年戴侯湯嗣王莽敗絕		
合陽愛侯梁喜	以平陽大夫告霍徵史子家監迺始等故侍郎鄭尚時謀反侯千五百戶	元康四年二月壬午封四十二年薨	建始二年侯放嗣	元始五年侯萌以喜曾孫紹封千戶王莽敗絕			平原
安遠繆侯鄭吉	以校尉光祿大夫將兵迎日逐王降又破車師侯坐法削戶二百定七百九十戶	神爵三年四月壬戌封十一年薨	初元元年侯光嗣八年永光三年薨亡後	居攝元年侯永以吉曾孫紹封千戶王莽敗絕			慎
歸德靖侯先賢撣 師古曰撣音纏	以匈奴單于從兄日逐王率衆降侯二千二百五十戶	四月戊戌封二十六年薨	竟寧元年煬侯富昌嗣二年薨	建始二年侯諷嗣五十六年薨	建武二年侯襄嗣	侯霸嗣永平十四年有罪免	汝南
信成侯王定	以匈奴烏桓屠驁子左大將軍率衆降侯千六百戶後坐弟謀反削百五戶 師古曰驁音莫白反	五鳳二年九月癸巳封十二年薨	初元五年侯讓嗣三年永光三年薨亡後	元始五年侯揚以定孫紹封千戶			
義陽侯厲溫敦	以匈奴謼遬累單于率衆降侯千五百戶 師古曰謼音呼遬音速累音力追反	三年二月甲子封四年坐子伊細王謀反削爵為關內侯食邑千戶					
右孝宣十一人陽都營平平丘昌水陽城爰氏扶陽高平陽城博陽邛成將陵							
建成西平平恩平昌樂陵平臺樂昌博望樂成二十一人在恩澤外戚樂平							
冠陽鄿周子南君四人隨父凡三十六人							
義成侯甘延壽	以使西域騎都尉討郅支單于斬王以下千五百級侯四百戶孫遷益封凡二千戶	竟寧元年四月戊辰封九年薨	陽朔元年煬侯建嗣十九年薨	建平二年節侯遷嗣居攝二年更為誅郅支侯十四年薨	建國二年侯相嗣建武四年為兵所殺		
駟望忠侯冷廣 師古曰冷音零	以陽陵公士告男子馬政謀反侯千八百戶 師古曰□音□合反	鴻嘉元年正月辛丑封薨	侯何齊嗣王莽敗絕				
延鄉節侯李譚	以尉氏男子捕得反者樊竝侯千戶	永始四年七月己巳封十三年薨	元始元年侯貫嗣王莽敗絕				琅邪
新山侯積忠	以捕得反者樊竝侯千戶	十一月乙酉封					

童鄉釐侯鍾祖	以捕得反者侯千戶	七月己酉封五年薨	元始五年侯汶嗣王莽敗絕
樓虛侯訾順	以捕得反者侯千戶	七月己酉封	

右孝元一人安平平恩扶陽三人隨父陽平樂安二人在恩澤外戚凡六人孝成五人安昌高陽安陽成陽高陵定陵𨚗紹嘉宜鄉汜鄉博山十人在恩澤外戚武陽博陽贊騏龍頟關陵樂陵博望樂成安平平阿成都紅陽曲陽高平十五人隨父凡三十人師古曰頟字或作額

景武昭宣元成功臣侯表卷第五

外戚恩澤侯表第六　班固　漢書十八

祕書監上護軍琅邪縣開國子顏　師古　注

自古受命及中興之君必興滅繼絕脩廢舉逸然後天下歸仁四方之政行焉師古曰論語孔子陳帝王之法云審法度脩廢官四方之政行焉興滅國繼絕世舉逸民天下之人歸心焉故此序引之也傳稱武王克殷追存賢聖至乎不及下車師古曰禮記云武王克殷未及下車而封黃帝之後於薊封帝堯之後於祝封帝舜之後於陳此其事也世代雖殊其揆一也高帝撥亂誅暴庶事草創日不暇給然猶脩祀六國求聘四皓過魏則寵無忌之墓適趙則封樂毅之後師古曰高紀十二年詔云秦皇帝楚隱王魏安釐王齊愍王趙悼襄王皆絕無後其與秦皇帝守冢二十家楚魏齊各十家趙及魏公子無忌各五家張良傳高帝謂四人曰吾求公公避逃我今公何自從吾兒游乎又高紀十年求樂毅有後乎得其孫叔封之樂鄉號華成君也楚魏齊趙皆舊六國故總云六國四皓須眉皓白故謂之四皓稱號在王貢兩龔鮑傳及其行賞而授位也爵以功為先後官用能為次序後嗣共己遵業舊臣繼踵居位師古曰共讀曰恭至乎孝武元功宿將略盡會上亦興文學進拔幽隱公孫弘自海瀕而登宰相師古曰海瀕謂近海之地瀕音頻又音賓於是寵以列侯之爵又疇咨前代詢問耆老初得周後復加爵邑自是之後宰相畢侯矣元成之間晚得殷世以備賓位漢興外戚與定天下侯者二人服虔曰呂后兄周呂侯澤建成侯釋之師古曰與讀曰豫言豫其功也故誓曰非劉氏不王若有亡功非上所置而侯者天下共誅之是以高后欲王諸呂王陵廷爭孝景將侯王氏脩侯犯色師古曰脩音條卒用廢黜是後薄昭竇嬰上官衛霍之侯以功受爵其餘后父據春秋褒紀之義應劭曰春秋天子將納后於紀紀本子爵也故先褒為侯言王者不取於小國帝舅緣大雅申伯之意應劭曰申伯周宣王元舅也為邑於謝後世欲光寵外親者緣申伯之恩援此義以為諭也寖廣博矣師古曰寖漸也是以別而敘之

號謚姓名	侯狀戶數	始封	子	孫	曾孫	玄孫
臨泗侯呂公	以漢王后父賜號	元年封四年薨高后元年追尊曰呂宣王				
周呂令武侯澤	以客從入漢定三秦將兵下碭漢王敗彭城往從之佐定天下	六年正月丙戌封三年薨	侯台嗣高祖九年更封為酈侯四年高后元年為呂王二年薨謚曰肅王追尊令武曰悼武王	三年王嘉嗣坐驕廢　腄師古曰是發　侯通以肅王子六年四月丁酉封八年為燕王九月反誅　東平侯庀通弟八年五月丙辰封九月反誅師古曰庀匹履反		
			洨侯產台弟高后元年四月辛卯封六年為呂王七年為梁王八年反誅師古曰洨音爻			

建成康侯釋之	以客從擊秦，漢王入漢，使釋之歸豐衛大上皇	六年四月丙戌封，九年薨	孝惠二年，侯則嗣，七年有罪免。則弟種，高后元年四月乙酉封，奉呂宣王國，七年更爲不其侯，八年反誅			
			漢陽 侯祿，種弟，高后元年五月丙寅封，六年爲趙王，[illegible]誅			

右高祖三人

扶柳侯呂平	以皇太后姊長姁子侯。師古曰：平既呂氏所生，不當姓呂，蓋更承母姓也。姁音況于反，又音況羽反	元年四月丙寅封，八年反誅				
襄城侯義	以孝惠子侯	四月辛卯封，三年爲常山王				
軹侯朝	以孝惠子侯	四月辛卯封，四年爲常山王				
壺關侯武	以孝惠子侯	四月辛卯封，六年爲淮陽王				
昌平侯大	以孝惠子侯	二月癸未封，七年爲呂王				
贅其侯呂勝	以皇太后昆弟子淮陽丞相侯	四月丙申封，八年反誅				
滕侯呂更始	以舍人郎中十二歲以都尉屯霸上，用楚丞相侯	四月丙申封，八年反誅				
呂成侯呂忿	以皇太后昆弟子侯	四月丙申封，八年反誅				
祝茲侯呂瑩 師古曰：瑩音榮，又音烏縈反	以皇太后昆弟子侯	八年四月丁酉封，九月反誅				
建陵侯張釋，寺人	以大謁者勸王諸呂侯	四月丁酉封，九月免				

右高后十人，五人隨父，凡十五人

軹侯薄昭	高祖十年爲郎，從軍，十七年以中大夫迎帝於代，以車騎將軍迎皇太后，侯，萬戶	元年正月乙巳封，十年坐殺使者自殺	十一年，易侯戎奴嗣，三十年薨	建元二年，侯梁嗣		
鄔侯駟鈞 師古曰：鄔音一戶反，又音於度反	以齊王舅侯	四月辛未封，六年坐濟北王興居舉兵反弗救，免				
周陽侯趙兼	以淮南王舅侯	四月辛未封，六年有罪免				

右孝文三人

章武景侯竇廣國	以皇太后弟侯，萬一千戶	孝文後七年六月乙卯封，七年薨	孝景七年，共侯定嗣，十八年薨	元光三年，侯常坐嗣，十年，元狩元年坐謀殺人未殺免			
南皮侯竇彭祖	以皇太后兄子侯	六月乙卯封，二十一年薨	建元六年，夷侯良嗣，五年薨	元光五年，侯桑林嗣，十八年，元鼎五年坐酎金免			
魏其侯竇嬰	以將軍屯滎陽，扞破吳楚七國，侯，皇太后昆弟子	三年六月乙巳封，二十三年，元光四年有罪棄市					
蓋靖侯王信	以皇后兄侯	中五年五月甲戌封，二十五年薨	元光三年，頃侯充嗣	侯受嗣，元鼎五年坐酎金免			

右孝景四人

武安侯田蚡	以皇太后同母弟侯	孝景後三年三月封，十年薨	元光四年，侯恬嗣，五年，元朔三年坐衣襜褕入宮不敬免。師古曰：衣襜褕，謂著之也。襜褕，直裾禪衣。衣音於既反，襜音昌占反，褕音踰				
周陽懿侯田勝	以皇太后同母弟侯	三月封，十二年薨	元光六年，侯祖嗣，八年，元狩二年坐當歸軹侯宅不與，免				
長平烈侯衛青	以將軍擊匈奴取朔方侯，後破右賢王，益封，又封三子，皇后弟	元朔二年三月丙辰封，二十三年薨	宜春侯伉，五年四月丁未以青功封，元鼎元年坐矯制不害免。太初元年嗣侯，五年，闌入宮完爲城旦				
			陰安侯不疑，四月丁未以青功封，十一年，元鼎五年坐酎金免				
			發干侯登，四月丁未以青功封，十一年坐酎金免	元康四年，詔賜青孫錢五十萬，復家	永始元年，青曾孫玄以長安公乘爲侍郎	元始四年，賜青玄孫賞爵關內侯	
平津獻侯公孫弘	以丞相詔所褒侯，三百七十三戶	元朔三年十一月乙丑封，六年薨	元狩三年，侯度嗣，十三年，元封四年坐爲山陽太守詔徵鉅野令史成不遣，完爲城旦				高城
冠軍景桓侯霍去病	以校尉擊匈奴侯，後以將軍破祁連，迎昆邪王，益封，皇后姊子	六年四月壬申封，七年薨	元鼎元年，哀侯嬗嗣，七年薨，亡後。師古曰：嬗音上戰反 南陽	樂平侯山，地節元年四月癸巳以從祖祖父大將軍光功封，三千戶，四年坐謀反誅			東郡
				冠陽侯雲，四月戊申以大將軍光功封，三千八百戶，四年坐謀反誅			南陽
周子南君姬嘉	以周後詔所襃侯，三千戶	元鼎四年十一月丁卯封，六年薨	元封四年，君買嗣，二十四年薨	始元四年，君當嗣，十六年，地節三年坐使奴殺家丞，弃市	元康元年三月丙戌，君延年以當弟紹封，初元五年正月癸巳更封爲周承休侯，位次諸侯王，二十九年薨，謚曰考	建昭三年，質侯安嗣，四年薨	陽朔二年，釐侯世嗣，八年薨 長社

			六世 永始二年侯賞嗣，綏和元年進爵為公，[illegible]	七世 天鳳元年公常嗣，建武二年五月戊辰更為周承休侯	八世 五年侯武嗣，十三年更為衛公	觀
樂通侯欒大	以方術詔所褒侯，二千戶	四年四月乙巳封，五年坐誣罔上要斬				高平
牧丘恬侯石慶	以丞相及父萬石積行侯	五年九月丁丑封，十年薨	太初三年，侯德嗣，二年，天漢元年坐為太常失法罔上，祠不如令，完為城旦			平原
富民定侯車千秋	以丞相侯，八百戶，以遺詔益封，凡千六百戶	征和四年六月丁巳封，十二年薨	元鳳四年，侯順嗣，六年，本始三年坐為虎牙將軍擊匈奴，詐增鹵獲，自殺			蘄
右孝武九人，三人隨父，凡十二人						
博陸宣成侯霍光	以奉車都尉捕反者莽何羅侯，二千三百五十戶，後以大將軍益封，凡萬七千二百戶	始元二年正月壬寅封，十七年薨	地節二年四月癸巳，侯禹嗣，四年，謀反要斬		元始二年四月乙酉，侯陽以光從父昆弟曾孫紹封，三千戶，王莽篡位，絕	北海 河間 東郡 師古曰：光初封食北海河間，後益封又食東郡。
安陽侯上官桀	以騎都尉捕反者侯，二千三百戶，女孫為皇后	正月壬寅封，五年，元鳳元年反誅		桑樂侯上官安 始元五年，以皇后父車騎將軍侯，千五百戶，二年反誅		蕩陰 師古曰：桀所食也。千乘 師古曰：安所食也。
宜春敬侯王訢	以丞相侯，與大將軍光定策益封，坐法削，定五百六十戶	元鳳四年二月乙丑封，一年薨	元鳳六年，康侯譚嗣，四十五年薨	建始二年，孝侯咸嗣，十八年薨	元延元年，釐侯章嗣，十八年薨	建平三年，侯強嗣，二十六年，更始元年為兵所殺 汝南
安平敬侯楊敞	以丞相侯，七百戶，與大司馬大將軍光定策益封，子忠凡五千五百四十七戶	六年二月乙丑封，一年薨	元平元年，頃侯忠嗣，十一年薨	元康三年，侯譚嗣，九年，五鳳四年坐為典屬國，季父惲有罪，譚言誹，免		汝南
富平敬侯張安世	以右將軍光祿勳輔政勤勞侯，以車騎將軍與大將軍光定策益封，凡萬三千六百四十戶	十一月乙丑封，十三年薨	元康四年，愛侯延壽嗣，十一年薨。陽都 元康三年三月乙未，侯彭祖以世父故掖庭令賀有舊恩，封千六百戶，四年，神爵二年為小妻所殺	甘露三年，繆侯勃嗣，四年薨。師古曰：自勃以下至純，皆延壽之嗣也。	初元二年，共侯臨嗣，十五年薨	思侯放嗣，三十六年薨 平原
			六世 建平元年，侯純嗣，王莽建國四年更為張鄉侯，建武中為武始侯			今見
陽平節侯蔡義	以丞相侯，以御史大夫與大將軍光定策益封，凡七百戶	元平元年九月戊戌封，三年，本始三年薨，亡後				

右孝昭六人，一人桑樂侯隨父，凡七人

營平壯侯趙充國	以後將軍與大將軍光定策功侯，千二百七十九戶	本始元年八月辛未封，二十二年薨	甘露三年，質侯弘嗣，二十二年薨	建始四年，孝侯欽嗣，七年薨	陽朔二年，侯岑嗣，十二年，元延三年坐父欽詐以長安女子王君俠子為嗣，免，戶二千九百四十四	濟南
平丘侯王遷	以光祿大夫與大將軍光定策功侯，千二百五十三戶	八月辛未封，五年，地節二年坐平尚書聽請受臧六百萬，自殺。師古曰：律，諸為人請求於吏以枉法，而事已行，為聽行者，皆為司寇。師古曰：有私請求而聽受之。				肥城
昌水侯田廣明	以鴻臚擊反武都氐，賜爵關內侯，以左馮翊與大將軍光定策侯，二千七百戶	八月辛未封，三年，坐為祁連將軍擊匈奴不至期，自殺				於陵
陽城侯田延年	以大司農與大將軍光定策功侯，二千四百五十三戶	八月辛未封，二年，坐為大司農盜都內錢三千萬，自殺。如淳曰：天子錢藏中都內，又曰大內。				濟陽
爰氏肅侯便樂成 師古曰：杜周傳作	以少府與大將軍光定策功侯，二千三	八月辛未	本始三年康侯	地節元年，哀侯臨嗣，二年	元始五年閏月丁酉，侯鳳以樂成曾孫	單
史樂成，霍光傳作便樂成，今此云爰，便三者不同，疑表誤	百二十七戶	封，一年薨	輔嗣，三年薨	薨，亡子，絕	紹封千戶，王莽敗，絕	父
扶陽節侯韋賢	以丞相侯，七百一十一戶	三年六月甲辰封，十年薨	神爵元年，共侯玄成嗣，十年，有罪削為關內侯，永光二年二月丁酉復以丞相侯，六年薨	建昭三年，頃侯寬嗣	元延元年，釐侯育嗣	侯沈嗣，元始中戶千四百二十，王莽敗，絕 蕭
平恩戴侯許廣漢	以皇太子外祖父昌成君侯，五千六百戶	地節三年四月戊申封，七年薨，亡後	初元元年，共侯嘉以廣漢弟子中常侍紹侯，二十年薨	河平二年，嚴侯況嗣	鴻嘉二年，質侯旦嗣，十九年薨	建國四年，侯敞嗣，王莽敗，絕
高平憲侯魏相	以丞相侯，八百一十三戶	地節三年六月壬戌封，八年薨	神爵三年，侯弘嗣，六年，甘露元年坐酎宗廟騎至司馬門不敬，削爵一級為關內侯			柘
平昌節侯王無故	以帝舅關內侯侯，六千戶	四年二月甲寅封，九年薨	五鳳元年，考侯接嗣，十六年薨	永光三年，釐侯臨嗣，二十五年薨	鴻嘉元年，侯獲嗣，三十八年，建武五年 [illegible] 師古曰 [illegible]	
樂昌共侯王武	以帝舅關內侯侯，六千戶	二月甲寅封，十四年薨	甘露三年，戾侯商嗣，二十七年薨	河平四年，侯安嗣，十七年，元始三年為王莽所殺		汝南
陽城繆侯劉德	以宗正關內侯與大將軍光定策侯，[illegible] 四十戶	四年三月甲辰封，十年薨	五鳳二年，節侯安民嗣，八年薨	初元元年，釐侯慶忌嗣，[illegible] 邑嗣，十二年薨	居攝元年，侯颯嗣，王莽敗，絕。師古曰：颯音立。	汝南

樂陵安侯史高	以悼皇考舅子侍中關內侯與發覺霍氏謀反侯千三百戶師古曰與讀曰豫	八月乙丑封二十四年薨	永光元年頃侯術嗣十一年薨	建始三年康侯崇嗣四年薨亡後元延元年六月侯淑以崇弟紹封亡後	元始四年侯岑以高曾孫紹封王莽敗絕		
		武陽頃侯丹	[illegible]戶七年薨	[illegible]嗣十三年薨	元壽二年侯獲嗣更始元年爲兵所殺		郯
邛成共侯王奉光	以皇后父關內侯侯二千七百五十戶	元康二年五月癸未封十八年薨	初元二年侯敞嗣十八年薨	鴻嘉元年侯勳嗣十四年建平三年坐選舉不以實免	元始元年侯堅固以奉光曾孫紹封王莽敗絕		濟陰
		安平夷侯舜	[illegible]十三年薨	建昭四年剛侯[illegible]嗣十四年薨	陽朔四年懷侯[illegible]	元始五年懷侯[illegible]王莽敗絕	
將陵哀侯史曾	以悼皇考舅子侍中中郎將關內侯有舊恩侯千二百戶	三月乙未封五年神爵四年薨亡後					
平臺康侯史玄	以悼皇考舅子中郎將關內侯有舊恩侯千二百戶	三月乙未封二十五年薨	[illegible]	[illegible]亡後			常山
博望頃侯許舜	以皇太子外祖父弟中常侍關內侯有舊恩侯千五百戶	三月乙未封四年薨	甘露[illegible]侯敞嗣八年薨	[illegible]十六年薨	河平四年釐侯[illegible]嗣薨亡後	元延[illegible]	

樂成敬侯許延壽	以皇太子外祖父弟[illegible]侯二千五百戶	[illegible]封十三年薨	甘露[illegible]嗣六年薨	[illegible]嗣九年薨			平氏
博陽定侯丙吉	以御史大夫關內侯有舊恩功德侯千三百戶	元康三年二月乙未封八年薨	五鳳三年[illegible]	永光[illegible]侯昌嗣	元始[illegible]		南頓
建成定侯黃霸	以丞相侯六百[illegible]戶	五鳳三年二月甲申封四年薨	甘露三年忠侯賞嗣[illegible]	[illegible]侯輔嗣[illegible]王莽敗絕			沛
西平安侯于定國	以丞相侯六百六十戶	甘露三年五月甲申封十年薨	永光四年頃侯永嗣二十三年薨	鴻嘉[illegible]侯恬嗣[illegible]始元年絕			臨淮

右孝宣二十人一人陽都侯隨父凡二十一人

陽平頃侯王禁	以皇后父侯二千[illegible]四百戶	初元元年三月癸卯封二十年薨	永光二年敬侯鳳嗣[illegible]	陽朔[illegible]年釐侯襄嗣九年薨	建平四年康侯岑嗣[illegible]更始元年爲兵所殺		東郡
		安成共侯崇	[illegible]	建始三年[illegible]十九年薨	侯奉世嗣[illegible]王莽敗絕		汝南

		平阿安侯譚	河平二年六月乙亥以皇太后弟關內侯侯二千[illegible]百戶十一年薨	永始元年刺侯仁嗣十九年爲王莽所殺	元始四年侯述嗣建武二年薨絕		沛
		成都景成侯商	六月乙亥以皇太后弟關內侯侯二千戶以大司馬益封二千戶十六年薨	元延二年侯況嗣四年坐山陵未成置酒歌舞免			山陽
				元始[illegible]年侯邑以況弟紹封王莽篡位爲隆信公[illegible]俱死			
		紅陽荒侯立	六月乙亥封以皇太后弟關內侯侯二千一百戶三十年薨	元始四年侯柱嗣王莽敗絕	武[illegible]建武二年以父丹[illegible]曾孫爲將軍戰死孫[illegible]		南陽
		曲陽煬侯根	六月乙亥以皇太后弟關內侯侯二千[illegible]以大司馬益封[illegible]二十一年薨	建平元年侯涉嗣王莽篡位爲直道公爲兵所殺			九江
		高平戴侯逢時	六月乙亥以皇太后弟關內侯侯三千戶十八年薨	元延四年侯置嗣王莽敗絕			臨淮
			新都	永始元年五月乙未以帝舅曼子封[illegible]	[illegible]新都[illegible]		南
			侯莽	千侯千五百戶後篡位誅	賞都[illegible]陽王[illegible]		陽
樂安侯匡衡	以丞相侯六百四十七戶	建昭三年七月癸亥封七年建始四年坐顓地免					僮

右孝元二人一人安平侯隨父凡三人

安昌節侯張禹	以丞相侯六百一十七戶益戶四百	河平四年六月丙午封二十年薨	建平二年侯宏嗣十八年更始元年爲兵所殺				汝南
高陽侯薛宣	以丞相侯千九十戶	鴻嘉元年四月庚辰封[illegible]					東莞
安陽敬侯王音	以皇太后從弟大司馬車騎將軍侯千六百戶子舜益封	六月己巳封五年薨	永始二年侯舜嗣王莽篡位爲安新公	建國三年公匡嗣更號和新公與莽俱死			
成陽節侯趙臨	以皇后父侯二千戶	永始元年四月乙亥封五年薨	元延二年侯訢嗣建平元年坐弟昭儀絕繼嗣免徙遼西				新息

		新成侯欽	綏和二年五月壬辰以皇太后弟子封[illegible]建平元年坐[illegible]繼嗣免徙遼西				穰
高陵共侯翟方進	以丞相侯千戶哀帝即位益子宣五百戶	永始二年十一月壬子封八年薨	綏和二年侯宣嗣三年居攝元年弟東郡太守義舉兵欲討莽莽滅其宗				琅邪
定陵侯淳于長	以侍中衛尉言昌陵不可成侯千戶皇太后姊子	元延三年三月丙午封三年綏和元年坐大逆下獄死					汝南
殷紹嘉侯孔何齊	以殷後孔子世吉適子侯千六百七十戶後大月進爵為公地方百里建平二年益戶九百三十二 師古曰適讀曰嫡孔吉之嫡子也	綏和元年二月甲子封八年元始二年更為宋公					沛
宜鄉侯馮參	以中山王舅侯千戶	綏和元年二月甲子封建平元年坐中山太后祝詛自殺					
氾鄉侯何武 師古曰氾音凡	以大司空侯千戶哀帝即位益千戶	四月乙丑封十年元始三年為莽所殺陽諡曰剌	元始四年侯況嗣建國四年薨				南陽
博山簡烈侯孔光	以丞相侯千戶元始元年益萬戶	三年三月丙戌封二十年建平二年坐東嚻免元壽元年五月乙卯復以丞相侯六年薨	元始五年侯放嗣王莽敗絕				順陽

右孝成十人安成平阿成都紅陽曲陽高平新都武陽侯八人隨父凡十八人

陽安侯丁明	以帝舅侯五千戶	綏和二年四月壬寅封七年元始元年為王莽殺					
孔鄉侯傅晏	以皇后父侯三千戶又益三千戶	四月壬寅封六年元壽二年坐亂妻妾免徙合浦					夏丘
平周侯丁滿	以帝舅子侯千七百三十九戶	五月乙丑封元始三年坐非正免					湖陽
高樂節侯師丹	以大司馬關內侯侯二千三十六戶	綏和二年七月庚午封一年建平元年坐漏泄免元始三年二月癸巳更為義陽侯二月薨	侯[illegible]嗣王莽敗絕				新野 東海
高武侯傅喜	以帝祖母皇太后從父弟大司馬侯三千三十戶	建平元年正月丁酉封十五年薨	建國二年侯勁嗣王莽敗絕				杜衍
揚鄉侯朱博	以丞相侯二千五十戶上書以故事不過千戶還千五十戶	建平二年四月乙亥封八月坐誣罔自殺					湖陵
新甫侯王嘉	以丞相侯千六十八戶	建平三年四月丁酉封三年元壽二年下獄死	元始四年侯崇以嘉子紹封王莽敗絕				新野
汝昌侯傅商	以皇太太后從父弟封千戶後以奉先侯祀益封凡五千戶	四年二月癸卯封一年元壽元年坐外附諸侯免	元壽二年五月侯昌以商子紹奉祀封八年坐非正免				陽穀

陽新侯鄭業	以皇太太后同母弟子侯千戶	八月辛卯封二年元壽二年坐非正免					新野
高安侯董賢	以侍中駙馬都尉告東平王雲侯千戶後益封二千戶	建平四年八月辛卯封二年元壽二年坐為大司馬不合眾心免自殺					朱扶
方陽侯孫寵	以騎都尉告東平王雲祝詛反逆侯千戶	八月辛卯封二年元壽二年坐前[illegible]免徙合浦					龍亢
宜陵侯息夫躬	以博士弟子因董賢告東平王王后祝詛反謀侯千戶	八月辛卯封二年元壽二年坐祝詛下獄死					杜衍
長平頃侯彭宣	以大司空侯二千七十四戶	元壽元年五月甲子封四年薨	元始四年節侯[illegible]嗣十四年薨	天鳳五年侯業嗣王莽敗絕			濟南

右孝哀十三人新成新都平陽營陵德五人隨父凡十八人

扶德侯馬宮	以大司徒侯二千戶	元始元年二月丙辰封王莽篡位為太子師卒官					贛榆
扶平侯王崇	以大司空侯二千戶	二月丙辰封三年為傅婢所毒薨					臨淮
廣陽侯甄豐	以左將軍光祿勳定策安宗廟侯五千三百六十五戶	二月癸巳封王莽篡位為廣新公後為王莽所殺					南陽
承陽侯甄邯 師古曰邯音酣	以侍中奉車都尉定策安宗廟功侯二千四百戶	二月癸卯封王莽篡位為承新公					汝南

褒魯節侯公子寬	以周公世魯頃公玄孫之玄孫奉周祀侯千戶	六月丙午封薨	十一月侯相如嗣更姓公孫氏後更為姬氏				南陽平
褒成侯孔均	以孔子世適孫成烈君霸曾孫奉孔子祀侯二千戶	六月丙午封					瑕丘
防鄉侯平晏	以長安少府與劉歆孔永孫遷四人使治明堂辟雍得萬國驩心功侯各千戶	五年閏月丁丑封王莽篡位為就新公					
紅休侯劉歆	以侍中羲和與平晏同功侯	閏月丁酉封王莽篡位為國師公後為莽所誅					
寧鄉侯孔永	以侍中吾官中郎將與平晏同功侯	閏月丁酉封王莽篡位為大司馬					
定鄉侯孫遷	以常侍謁者與平晏同功侯	閏月丁酉封					
常鄉侯王惲 師古曰惲音於粉反	以大僕與閻遷陳崇等八人使行風俗齊同萬國功侯各千戶	閏月丁酉封					
望鄉侯閻遷	以鴻臚與王惲同功侯	閏月丁酉封					
南鄉侯陳崇	以大司徒司直與王惲同功侯	閏月丁酉封					

邑鄉侯李翕	以水衡都尉與王惲同功侯	閏月丁酉封			
亭鄉侯郝黨	以中郎將與王惲同功侯	閏月丁酉封			
章鄉侯謝殷	以中郎將與王惲同功侯	閏月丁酉封			
蒙鄉侯逯普 師古曰逯音錄字或作逯二姓皆有之	以騎都尉與王惲同功侯	閏月丁酉封 王莽篡位為大司馬			
盧鄉侯陳鳳	以中郎將與王惲同功侯	閏月丁酉封			
成武侯孫建	以強弩將軍有折衝之威侯	閏月丁酉封 王莽篡位為成新公			
明統侯侯輔	以騎都尉明為人後疏之義侯	閏月丁酉封			
破胡侯陳馮	以父湯前為副校尉封討郅支單于侯千四百戶	七月丙申封			
討狄侯王勳	以前為軍假丞手斬郅支單于首侯千戶	七月丙申封			

右孝平二十二人 邛成博陸宣平紅舞陽秺樂陵都成新甫爰氏合陽義陽章鄉信成隨桃褒新賞都十七人隨父繼世凡三十九人 師古曰據功臣表及王子侯表平帝時無紅侯唯周勃玄孫恭以元始二年紹封絳侯疑紅字當為絳轉寫者誤耳又功臣表作童鄉侯今此作章鄉二表不同亦當有誤也

外戚恩澤侯表卷第六

百官公卿表七上

師古曰漢制三公號稱萬石其俸月各三百五十斛穀其稱中二千石者月各百八十斛二千石者百二十斛比二千石者百斛千石者九十斛比千石者八十斛六百石者七十斛比六百石者六十斛四百石者五十斛比四百石者四十五斛三百石者四十斛比三百石者三十七斛二百石者三十斛比二百石者二十七斛一百石者十六斛

漢書十九

班固

祕書監上護軍琅邪縣開國子顏師古注

易敘宓羲神農黃帝作教化民應劭曰宓羲氏始作八卦神農氏爲耒耜黃帝氏作衣裳神而化之使民宜之師古曰見易下繫宓音伏字本作虙轉寫訛謬耳而傳述其官師古曰春秋左氏傳載郯子所說也以爲宓羲龍師名官應劭曰師者長也以龍紀其官長故爲龍師春官爲青龍夏官爲赤龍秋官爲白龍冬官爲黑龍中官爲黃龍張晏曰庖羲將興神龍負圖而至因以名師與官也神農火師火名應劭曰火德也故爲炎帝春官爲大火夏官爲鶉火秋官爲西火冬官爲北火中官爲中火張晏曰神農有火星之瑞因以名師與官也黃帝雲師雲名應劭曰黃帝受命有雲瑞故以雲紀事也由是而言故春官爲青雲夏官爲縉雲秋官爲白雲冬官爲黑雲中官爲黃雲張晏曰黃帝有景雲之應因以名師與官也

少昊鳥師鳥名應劭曰金天氏黃帝子青陽也張晏曰少昊之立鳳鳥適至因以名官鳳鳥氏爲歷正玄鳥司分伯趙司至青鳥司啟丹鳥司閉師古曰玄鳥燕也伯趙伯勞也青鳥鶬鴳也丹鳥鷩雉也自顓頊以來爲民師而命以民事應劭曰顓頊氏代少昊者也不能紀遠始以職事命官也春官爲木正夏官爲火正秋官爲金正冬官爲水正中官爲土正師古曰自此以上皆郯子之辭也有重黎句芒祝融后土蓐收玄冥之官然已上矣應劭曰少昊有四叔重爲句芒該爲蓐收脩及熙爲玄冥顓頊氏有子曰黎爲祝融共工氏有子曰句龍爲后土故有五行之官皆封爲上公祀爲貴神師古曰上謂其事久遠也脉音該書載唐虞之際命羲和四子應劭曰堯命四子分掌四時之教化也張晏曰四子謂羲仲羲叔和仲和叔也師古曰事見虞書堯典順天文授民時咨四岳以舉賢材揚側陋師古曰四嶽分主四方諸侯者十有二牧柔遠能邇應劭曰牧州牧也師古曰柔安也能善也邇近也禹作司空平水土師古曰空穴也古人穴居主穿土爲穴以居人也棄作后稷播百穀應劭曰棄臣名也后主也爲此稷官之主也師古曰播謂布種也

卨作司徒敷五教應劭曰五教父義母慈兄友弟恭子孝也師古曰卨音先列反咎繇作士正五刑應劭曰士獄官之長張晏曰五刑謂墨劓剕宮大辟也師古曰咎音皋繇音弋昭反墨鑿其額而涅以墨也劓割鼻也剕去髕骨也宮陰刑也大辟殺之也垂作共工利器用應劭曰垂臣名也爲共工理百工之事也師古曰共讀曰龔益作朕虞育草木鳥獸應劭曰益伯益也虞掌山澤禽獸官名也師古曰朕古益字也虞度也主商度山川之事伯夷作秩宗典三禮應劭曰伯夷臣名也典天神地祇人鬼之禮也師古曰秩次也宗尊也主尊神之禮可以次序也夔典樂和神人應劭曰夔臣名也師古曰夔音鉅龜反龍作納言出入帝命應劭曰龍臣名也納言如今尚書管王之喉舌也師古曰自此以上皆堯典之文夏殷亡聞焉師古曰言夏殷置官事不見於書傳也禮記明堂位曰夏后氏官百殷二百蓋言其大數而無職號統屬也周官則備矣師古曰事見周書周官篇及周禮也天官冢宰地官司徒春官宗伯夏官司馬秋官司寇冬官司空是爲六卿師古曰冢宰掌邦治司徒掌邦教宗伯掌邦禮司馬掌邦政司寇掌邦禁司空掌邦土也各有徒屬職分用於百事師古曰言百者舉大數也分音扶問反

太師太傅太保是爲三公應劭曰師訓也傅覆也保養也師古曰傅相也蓋參天子坐而議政無不總統故不以一職爲官名又立三少爲之副少師少傅少保是爲孤卿與六卿爲九焉記曰三公無官言有其人然後充之師古曰不必備員有德者乃處之舜之於堯伊尹於湯周公召公於周是也或說司馬主天司徒主人司空主土是爲三公四岳謂四方諸侯自周衰官失而百職亂戰國並爭各變異秦兼天下建皇帝之號張晏曰五帝自以德不及三皇故自去其皇號三王又以德不及五帝自損稱王秦自以德褒二行故兼稱之立百官之職漢因循而不革

師古曰華改也明簡易隨時宜也其後頗有所改王莽篡位
慕從古官而吏民弗安亦多虐政遂以亂亡故略
表舉大分師古曰分音扶問反以通古今備溫故知新之義云師古
曰論語稱孔子曰溫故而知新可以為師矣溫猶厚也言厚蓄故事多識於新則可為師
相國丞相應劭曰丞者承也相者助也皆秦官金印紫綬掌丞天子助
理萬機秦有左右荀悅曰秦本次國命卿二人是以置左右丞相無三公官高帝即位置一丞相
十一年更名相國綠綬孝惠高后置左右丞相文帝二年復
置一丞相有兩長史秩千石哀帝元壽二年更名
大司徒武帝元狩五年初置司直秩比二千石掌
佐丞相舉不法

太尉秦官應劭曰自上安下曰尉武官悉以為稱金印紫綬掌武事武帝建
元二年省元狩四年初置大司馬應劭曰司馬主武也諸武官亦以為號以
冠將軍之號師古曰冠者加於其上共為一官也宣帝地節三年置大司
馬不冠將軍亦無印綬官屬成帝綏和元年初賜
大司馬金印紫綬置官屬祿比丞相去將軍哀帝
建平二年復去大司馬印綬官屬冠將軍如故元
壽二年復賜大司馬印綬置官屬去將軍位在司
徒上有長史秩千石
御史大夫秦官應劭曰侍御史之率故稱大夫云臣瓚曰茂陵書御史大夫秩中二千石位上卿銀
印青綬掌副丞相有兩丞秩千石一曰中丞在殿

中蘭臺掌圖籍祕書外督部刺史內領侍御史員
十五人受公卿奏事舉劾按章成帝綏和元年更
名大司空祿比丞相置長史如中丞官職如故哀
帝建平二年復為御史大夫元壽二年復為大司
空御史中丞更名御史長史侍御史有繡衣直指
服虔曰指事而行無阿私也師古曰衣以繡者尊寵之也出討姦猾治大獄武帝所制
不常置
太傅古官高后元年初置金印紫綬後省八年復
置後省哀帝元壽二年復置位在三公上
太師太保皆古官平帝元始元年皆初置金印紫

綬太師位在太傅上太保次太傅
前後左右將軍皆周末官秦因之位上卿金印紫
綬漢不常置或有前後或有左右皆掌兵及四夷
有長史秩千石
奉常秦官掌宗廟禮儀有丞景帝中六年更名太
常應劭曰常典也掌典三禮也師古曰太常王者旌旗也畫日月焉王有大事則建以行禮官主奉持之故曰奉常也後改曰太常尊大之義也
屬官有太樂太祝太宰太史太卜太醫六令丞
又均官都水兩長丞服虔曰均官主山陵上稾輸入之官也如淳曰律都水治渠隄水門三輔黃圖云三輔皆有都水也
又諸廟寢園食官令長丞有廱太宰太祝令
丞文穎曰廱主熟食官如淳曰五時在廱故特置太宰以下諸官師古曰如說是雍右扶風之縣也太宰即是具食之官不當復置饔人也

五時各一尉又博士及諸陵縣皆屬焉景帝中六
年更名太祝為祠祀武帝太初元年更曰廟祀初
置太卜
博士秦官掌通古今秩比六百石員多至數十人
武帝建元五年初置五經博士宣帝黃龍元年稍
增員十二人元帝永光元年分諸陵邑屬三輔王
莽改太常曰秩宗
郎中令秦官臣瓚曰主郎內諸官故曰郎中令掌宮殿掖門戶有丞武
帝太初元年更名光祿勳應劭曰光者明也祿者爵也勳功也如淳曰胡公曰勳之言閽也閽
者古主門官也光祿主宮門師古曰應說是也屬官有大夫郎謁者皆秦官又期

門羽林皆屬焉服虔曰與期門下以微行後遂以名官師古曰羽林亦宿衛之官言其如羽之疾如林之多也一說羽所以為王者羽翼也大夫掌論議有太中大夫中大夫諫大
夫皆無員多至數十人武帝元狩五年初置諫大
夫秩比八百石太初元年更名中大夫為光祿大
夫秩比二千石太中大夫秩比千石如故郎掌守
門戶出充車騎有議郎中郎侍郎郎中皆無員多
至千人議郎中郎秩比六百石侍郎比四百石郎
中比三百石中郎有五官左右三將秩皆比二千
石郎中有車戶騎三將如淳曰主車曰車郎主戶衛曰戶郎漢儀注郎中令主郎中左右車將主左右車郎左右戶將主左右戶郎也秩皆比千石謁者掌賓讚受事員七

十人秩比六百石有僕射應劭曰謁請也僕主也秩比千石期
門掌執兵送從武帝建元三年初置比郎無員多
至千人有僕射秩比千石平帝元始元年更名虎
賁郎師古曰賁讀與奔同言如猛獸之奔置中郎將秩比二千石羽林
掌送從次期門武帝太初元年初置名曰建章營
騎後更名羽林騎又取從軍死事之子孫養羽林
官教以五兵號曰羽林孤兒師古曰五兵謂弓矢殳矛戈戟也羽林有
令丞宣帝令中郎將騎都尉監羽林秩比二千石
僕射秦官自侍中尚書博士郎皆有古者重武官
有主射以督課之軍屯吏騶宰永巷宮人皆有取
其領事之號孟康曰皆有僕射隨所領之事以為號也若軍屯吏則曰軍屯僕射永巷則曰永巷僕射

衛尉秦官掌宮門衛屯兵師古曰漢舊儀云衛尉寺在宮內胡廣云主宮闕之門內衛士於周垣下為區廬區廬者若今之仗宿屋矣有丞景帝初更名中大夫令後元年
復為衛尉屬官有公車司馬衛士旅賁三令丞師古曰漢官儀云公車司馬掌殿司馬門夜徼宮中天下上事及闕下凡所徵召皆總領之令秩六百石旅眾也賁與奔同言為奔走之任也衛士
三丞又諸屯衛候司馬二十二官皆屬焉長樂建
章甘泉衛尉皆掌其宮師古曰各隨所掌之宮以名官職略同不常置
太僕秦官應劭曰周穆王所置也蓋大御眾僕之長中大夫也掌輿馬有兩丞屬官
有大廄未央家馬三令各五丞一尉師古曰家馬者主供天子私用非大祀戎事軍國所須故謂之家馬也又車府路軨騎馬駿馬四令丞伏儼曰主乘輿

路車又主凡小車軨今之小馬車曲輿也師古曰軨音零又龍馬閑駒橐泉騊駼承華五
監長丞如淳曰橐泉廄在橐泉宮下騊駼野馬也師古曰閑闌養馬之所也故曰閑駒騊駼出北海中其狀如馬非野馬也騊音徒高反駼
音塗又邊郡六牧師菀令各三丞師古曰漢官儀云牧師諸菀三十六所分置北邊西邊分
養馬三十萬頭又牧橐昆蹏令丞應劭曰橐橐佗昆蹏好馬名也蹏音啼如淳曰爾雅曰昆蹏研善升甗者也因
以為廄名師古曰牧橐言牧養橐佗也昆蹏名也蹏研者謂其蹏下平也善升甗者謂山形如甑而能升之也甗即古跡字耳研音五見反甗音言又
牛偃反皆屬焉中太僕掌皇太后輿馬不常置也武
帝太初元年更名家馬為挏馬應劭曰主乳馬取其汁挏治之味酢可飲因以名官
也如淳曰主乳馬以韋革為夾兜受數斗盛馬乳挏取其上肥因名曰挏馬禮樂志丞相孔光奏省樂官七十二人給大官挏馬酒今梁州亦名馬
酪為馬酒晉灼曰挏音挺挏之挏師古曰晉音是也挏音徒孔反初置路軨
廷尉秦官應劭曰聽獄必質諸朝廷與眾共之兵獄同制故稱廷尉師古曰廷平也治獄貴平故以為號掌刑辟

有正左右監秩皆千石景帝中六年更名大理武
帝建元四年復為廷尉宣帝地節三年初置左右
平秩皆六百石哀帝元壽二年復為大理王莽改
曰作士
典客秦官掌諸侯歸義蠻夷有丞景帝中六年更
名大行令武帝太初元年更名大鴻臚應劭曰郊廟行禮讚九賓鴻聲
臚傳之也屬官有行人譯官別火三令丞如淳曰漢儀注別火獄令官主治改火之
事及郡邸長丞師古曰主諸郡之邸在京師者也武帝太初元年更名
行人為大行令初置別火王莽改大鴻臚曰典樂
初置郡國邸屬少府中屬中尉後屬大鴻臚

宗正秦官應劭曰周成王之時彤伯入為宗正也師古曰彤伯為宗伯不謂之宗正掌親屬有丞平
帝元始四年更名宗伯屬官有都司空令丞如淳曰律司空
主水及罪人賈誼曰輸之司空編之徒官內官長丞師古曰律曆志主分寸尺丈也又諸公主家令
門尉皆屬焉王莽并其官於秩宗初內官屬少府
中屬主爵後屬宗正
治粟內史秦官掌穀貨有兩丞景帝後元年更名
大農令武帝太初元年更名大司農屬官有太倉
均輸平準都內籍田五令丞孟康曰均輸謂諸當所有輸於官者皆令輸其地土所饒平其
所在時價官更於佗處賣之輸者既便而官有利也斡官鐵市兩長丞如淳曰斡音筦或作斡斡主也主均輸之
事所謂斡鹽鐵而榷酒酤也晉灼曰此竹箭斡之官長也均輸自有令師古曰如說近是也縱作斡讀當以斡持財貨之事耳非謂箭斡也又郡

國諸倉農監都水六十五官長丞皆屬焉騪粟都
尉服虔曰騪音搜狩之搜搜索也武帝軍官不常置王莽改大司農曰
羲和後更為納言初斡官屬少府中屬主爵後屬大司農
少府秦官掌山海池澤之稅以給共養應劭曰名曰禁錢以給私
養自別為藏少者小也故稱少府師古曰大司農供軍國之用少府以養天子也共音居用反養音弋亮反有六
丞屬官有尚書符節大醫大官湯官導官樂府若
盧考工室左弋居室甘泉居室左右司空東織西
織東園匠十二官令丞服虔曰若盧詔獄也鄧展曰舊洛陽兩獄一名若盧主受親戚婦女如淳曰若
盧官名也藏兵器品令曰若盧郎中二十人主弩射漢儀注有若盧獄令主治庫兵將相大臣臣瓚曰冬官為考工主作器械也師古曰太官主膳食湯
官主餅餌導官主擇米若盧如說是也左弋地名東園匠主作陵內器物者也又胞人都水均官三長

丞師古曰胞人主掌宰割者也胞與庖同 又上林中十池監師古曰三輔黃圖云上林中池上籞五所而此云十池監未詳其數 又中書謁者黃門鉤盾尚方御府永巷內者宦者七官令丞師古曰鉤盾主近苑囿尚方主作禁器物御府主天子衣服也 諸僕射署長中黃門皆屬焉師古曰中黃門謂奄人居禁中在黃門之內給事者也 武帝太初元年更名考工室為考工左弋為佽飛居室為保宮甘泉居室為昆臺永巷為掖廷佽飛掌弋射有九丞兩尉太官七丞昆臺五丞樂府三丞掖廷八丞宦者七丞鉤盾五丞兩尉成帝建始四年更名中書謁者令為中謁者令初置尚書員五人有四丞河平元年省東織更名西織為織室綏和二年

哀帝省樂府王莽改少府曰共工

中尉秦官掌徼循京師如淳曰所謂遊徼徼循禁備盜賊也師古曰徼謂遮繞也徼音工釣反 有兩丞候司馬千人師古曰候及司馬及千人皆官名也屬國都尉云有丞候千人西域都護云司馬候千人各二人凡此千人皆官名也 武帝太初元年更名執金吾應劭曰吾者禦也掌執金革以禦非常師古曰金吾鳥名也主辟不祥天子出行職主先導以禦非常故執此鳥之象因以名官 屬官有中壘寺互武庫都船四令丞如淳曰漢儀注有寺互都船獄令治水官也 都船武庫有三丞中壘兩尉又式道左右中候候丞及左右京輔都尉尉丞兵卒皆屬焉應劭曰式道凡三候車駕出還式道候持麾至宮門門乃開師古曰式表也 初寺互屬少府中屬主爵後屬中尉自太常至執金吾秩皆中二千石丞皆千石

太子太傅少傅古官屬官有太子門大夫應劭曰員五人秩六百石 庶子應劭曰員五人秩六百石 先馬張晏曰先馬員十六人秩比謁者如淳曰前驅也國語曰句踐親為夫差先馬先或作洗也 舍人

將作少府秦官掌治宮室有兩丞左右中候景帝中六年更名將作大匠屬官有石庫東園主章左右前後中校七令丞如淳曰章謂大材也舊將作大匠主材吏名章曹掾師古曰今所謂木鍾者蓋章聲之轉耳東園主章掌大材以供東園大匠也 又主章長丞師古曰掌凡大木也 武帝太初元年更名東園主章為木工成帝陽朔三年省中候及左右前後中校五丞

詹事秦官應劭曰詹省也給也臣瓚曰茂陵書詹事秩真二千石 掌皇后太子家有丞師古曰皇后太子各置詹事事隨其所在以名官 屬官有太子率更家令丞僕

中盾衛率廚廄長丞張晏曰太子稱家故曰家令臣瓚曰茂陵中書太子家令秩八百石應劭曰中盾主周衛徼道秩四百石如淳曰漢儀注衛率主門衛秩千石師古曰掌知漏刻故曰率更自此以上太子之官也更音工衡反 又中長秋私府永巷倉廄祠祀食官令長丞諸宦官皆屬焉師古曰自此以上皆皇后之官 成帝鴻嘉三年省詹事官并屬大長秋師古曰省皇后詹事總屬長秋也 長信詹事掌皇太后宮景帝中六年更名長信少府張晏曰以太后所居宮為名也居長信宮則曰長信少府居長樂宮則曰長樂少府也 平帝元始四年更名長樂少府

將行秦官應劭曰皇后卿也 景帝中六年更名大長秋師古曰秋者收成之時長者恒久之義故以為皇后官名 或用中人或用士人師古曰中人奄人也

典屬國，秦官，掌蠻夷降者。武帝元狩三年昆邪王降，師古曰：昆音下門反。復增屬國，置都尉、丞、候、千人。屬官，九譯令。成帝河平元年省并大鴻臚。

水衡都尉，應劭曰：古山林之官曰衡。掌諸池苑，故稱水衡。張晏曰：主都水及上林苑，故曰水衡。主諸官，故曰都。有卒徒武事，故曰尉。師古曰：衡，平也，主平其稅入。武帝元鼎二年初置，掌上林苑，有五丞。屬官有上林、均輸、御羞、禁圃、輯濯、鍾官、技巧、六廄、辯銅九官令丞。如淳曰：御羞，地名也，在藍田，其土肥沃，多出御物可進者，揚雄傳謂之御宿。三輔黃圖御羞、宜春皆苑名也。輯濯，船官也。鍾官，主鑄錢官也。辯銅，主分別銅之種類也。師古曰：御宿則今長安城南御宿川也，不在藍田。羞、宿聲相近，故或云御羞，或云御宿耳。羞者，珍羞所出；宿者，止宿之義。輯讀與楫同，音集。濯音直孝反，皆所以行船也。漢舊儀云天子六廄，未央、承華、騊駼、騎馬、輅軨、大廄也，馬皆萬匹。據此表，太僕屬官以有大廄、未央、輅軨、騎馬、騊駼、承華，而水衡又云六廄技巧官，是則技巧之徒供六廄者，其官別屬水衡也。又衡官、水司空、都水、農倉，又甘泉上林、都水七官長丞皆屬焉。上林有八丞十二尉，均輸四丞，御羞兩丞，都水三丞，禁圃兩尉，甘泉上林四丞。成帝建始二年省技巧、六廄官。王莽改水衡都尉曰予虞。初，御羞、上林、衡官及鑄錢皆屬少府。

內史，周官，秦因之，掌治京師。景帝二年分置左內史、師古曰：地理志云武帝建元六年置左右內史，而此表云景帝二年分置，表志不同，又據史記，知志誤矣。右內史，武帝太初元年更名京兆尹，張晏曰：地絕高曰京。左傳曰：莫之與京。十億曰兆。尹，正也。師古曰：京，大也。兆者，衆數。言大衆所在，故云京兆也。屬官有長安市、廚兩令丞，又都水、鐵官兩長丞。左內史更名左馮翊，張晏曰：馮，輔也。翊，佐也。屬官有廩犧令丞尉。師古曰：廩主藏穀，犧主養牲，皆所以供祭祀也。又左都水、鐵官、雲壘、長安四市四長丞皆屬焉。

主爵中尉，秦官，掌列侯。景帝中六年更名都尉，武帝太初元年更名右扶風，張晏曰：扶，助也。風，化也。治內史右地。屬官有掌畜令丞。如淳曰：尹翁歸傳曰豪彊有論罪，輸掌畜官，使斫莝。東方朔曰：益為右扶風畜牧之所在也。又有都水、鐵官、廄、廱廚四長丞皆屬焉。如淳曰：五時在廱，故有廱廚。與左馮翊、京兆尹是為三輔，服虔曰：皆治在長安城中。師古曰：三輔黃圖云京兆在尚冠前街東入，故中尉府。馮翊在太上皇廟西入，右扶風在夕陰街北入，故主爵府。長安以東為京兆，長陵以北為左馮翊，渭城以西為右扶風也。皆有兩丞。列侯更屬大鴻臚。元鼎四年更置三輔都尉、都尉丞各一人。自太子太傅至右扶風，皆秩二千石，丞六百石。

護軍都尉，秦官，武帝元狩四年屬大司馬，成帝綏和元年居大司馬府比司直，哀帝元壽元年更名司寇，平帝元始元年更名護軍。

司隸校尉，周官，師古曰：以掌徒隸而巡察，故云司隸。武帝征和四年初置。持節，從中都官徒千二百人，師古曰：中都官，京師諸官府也。捕巫蠱，督大姦猾。師古曰：督謂察視也。後罷其兵。察三輔、三河、弘農。元帝初元四年去節。成帝元延四年省。綏和二年，哀帝復置，但為司隸，冠進賢冠，屬大司空，比司直。

城門校尉掌京師城門屯兵，有司馬、師古曰：八屯各有司馬也。十

二城門候師古曰門各有候籯望之署小苑東門候亦其比也中壘校尉掌北軍
壘門內外掌西域師古曰掌北軍壘門之內而又外掌西域屯騎校尉掌騎
士步兵校尉掌上林苑門屯兵越騎校尉掌越騎
如淳曰越人內附以為騎也晉灼曰取其材力超越也師古曰宣紀言佽飛射士胡越騎又此有胡騎校尉如說是長水校尉
掌長水宣曲胡騎師古曰長水胡名也宣曲觀名胡騎之屯於宣曲者又有胡騎校
尉掌池陽胡騎不常置師古曰胡騎之屯池陽者也射聲校尉掌
待詔射聲士服虔曰工射者也冥冥中聞聲則中之因以名也應劭曰須詔所命而射故曰待詔射也虎賁
校尉掌輕車凡八校尉皆武帝初置有丞司馬師古
曰自中壘以下凡八校尉城門不在此數中自司隸至虎賁校尉秩皆二千石
西域都護加官宣帝地節二年初置以騎都尉諫

大夫使護西域三十六國有副校尉秩比二千石
丞一人司馬候千人各二人戊己校尉元帝初元
元年置師古曰甲乙丙丁庚辛壬癸皆有正位唯戊己寄治耳今所置校尉亦無常居故取戊己為名也有戊校尉有己校尉一說戊己居中鎮覆四方今所置校尉亦處西域之中撫諸國也有丞司馬各一人候五人秩
比六百石
奉車都尉掌御乘輿車駙馬都尉掌駙馬師古曰駙副馬也非
正駕車皆為副馬一曰駙近也疾也皆武帝初置秩比二千石侍中左右
曹諸吏散騎常侍皆加官應劭曰入侍天子故曰侍中晉灼曰漢儀注諸吏給事中日上朝謁
平尚書奏事分為左右曹魏文帝合散騎中常侍為散騎常侍也所加或列侯將軍卿大夫
將都尉尚書太醫太官令至郎中亡員如淳曰將謂郎將以下也自列
侯下至郎中皆得有散騎及中常侍加官是時散騎及常侍各自一官亡員也多至數十人侍中中常
侍得入禁中諸曹受尚書事諸吏得舉法散騎騎
並乘輿車師古曰並音步浪反騎而散從無常職也給事中亦加官師古曰漢官解詁云掌侍
從左右無員常侍中所加或大夫博士議郎掌顧問應對位次
中常侍中黃門有給事黃門位從將大夫皆秦制
爵一級曰公士師古曰言有爵命異於士卒故稱公士也二上造師古曰造成也言有成命於上
也三簪褭師古曰以組帶馬曰褭簪褭者言飾此馬也褭音乃了反四不更師古曰言不豫更卒之事
也更音工衡反五大夫師古曰列位從大夫六官大夫七公大夫師古曰加官公者示稍尊
也八公乘師古曰言其得乘公家之車也九五大夫師古曰大夫之尊也十左庶長
十一右庶長師古曰庶長言為衆列之長也十二左更十三中更十四

右更師古曰更言主領更卒部其役使也更音工衡反十五少上造十六大上造
師古曰言皆主上造之士也十七駟車庶長師古曰言乘駟馬之車而為衆長也十八大庶
長師古曰又更尊也十九關內侯師古曰言有侯號而居京畿無國邑二十徹侯師古曰言其爵位上通於天子
皆秦制以賞功勞徹侯金印紫綬避武帝
諱曰通侯或曰列侯改所食國令長名相又有家
丞門大夫庶子
諸侯王高帝初置師古曰蔡邕云漢制皇子封為王其實諸侯也周末諸侯或稱王而漢天子自以皇帝為稱故以王號加之總名諸侯王也金璽盭綬如淳曰盭音戾盭綠也以綠為質晉灼曰盭草名也出琅邪平昌縣似艾可染綠因以為綬名也師古曰晉說是也璽之言信也古者印璽通名今則尊卑有別漢舊儀云諸侯王黃金璽橐佗鈕文曰璽謂刻云某王之璽
掌治其國有太傅輔王內史治國民中尉掌武職

丞相統衆官羣卿大夫都官如漢朝景帝中五年令諸侯王不得復治國天子爲置吏改丞相曰相省御史大夫廷尉少府宗正博士官大夫謁者郎諸官長丞皆損其員武帝改漢內史爲京兆尹中尉爲執金吾郎中令爲光祿勳故王國如故損其郎中令秩千石改太僕曰僕秩亦千石成帝綏和元年省內史更令相治民如郡太守中尉如郡都尉

監御史秦官掌監郡漢省丞相遣史分刺州不常置武帝元封五年初置部刺史掌奉詔條察州師古曰漢官典職儀云刺史班宣周行郡國省察治狀黜陟能否斷治冤獄以六條問事非條所問即不省一條強宗豪右田宅踰制以強陵

弱以衆暴寡二條二千石不奉詔書遵承典制倍公向私旁詔守利侵漁百姓聚斂爲姦三條二千石不卹疑獄風厲殺人怒則任刑喜則淫賞煩擾刻暴剝截黎元爲百姓所疾山崩石裂訞祥訛言四條二千石選署不平苟阿所愛蔽賢寵頑五條二千石子弟恃怙榮勢請託所監六條二千石違公下比阿附豪強通行貨賂割損正令也秩六百石員十三人成帝綏和元年更名牧秩二千石哀帝建平二年復爲刺史元壽二年復爲牧

郡守秦官掌治其郡秩二千石有丞邊郡又有長史掌兵馬秩皆六百石景帝中二年更名太守

郡尉秦官掌佐守典武職甲卒秩比二千石有丞秩皆六百石景帝中二年更名都尉

關都尉秦官農都尉屬國都尉皆武帝初置

縣令長皆秦官掌治其縣萬戶以上爲令秩千石至六百石減萬戶爲長秩五百石至三百石皆有丞尉秩四百石至二百石是爲長吏師古曰吏理也主理其縣內也百石以下有斗食佐史之秩師古曰漢官名秩簿云斗食月奉十一斛佐史月奉八斛也一說斗食者歲奉不滿百石計日而食一斗二升故云斗食也是爲少吏大率十里一亭亭有長十亭一鄉鄉有三老有秩嗇夫游徼三老掌教化嗇夫職聽訟收賦稅游徼徼循禁賊盜縣大率方百里其民稠則減稀則曠鄉亭亦如之皆秦制也列侯所食縣曰國皇太后皇后公主所食曰邑有蠻夷曰道凡縣道國邑千五百八十七鄉六千六

百二十二亭二萬九千六百三十五凡吏秩比二千石以上皆銀印青綬師古曰漢舊儀云銀印背龜鈕其文曰章謂刻曰某官之章也光祿大夫無師古曰無印綬秩比六百石以上皆銅印黑綬大夫博士御史謁者郎無師古曰大夫以下亦無印綬其僕射御史治書尚符璽者有印綬比二百石以上皆銅印黃綬師古曰漢舊儀云六百石四百石至二百石以上皆銅印鼻鈕文曰印謂鈕但作鼻不爲蟲獸之形而刻文云某官之印成帝陽朔二年除八百石五百石秩綏和元年長相皆黑綬哀帝建平二年復黃綬吏員自佐史至丞相十三萬二百八十五人

百官公卿表第七卷上

百官公卿表七下

師古曰此表中記公卿姓名不具及但舉其官而無名或言若干年不載遷免死者皆史之闕文不可得知也

班固 漢書十九

秘書監上護軍琅邪縣開國子顏師古注

官	高帝元年	二	三	四	五	六	七	八	九	十	十一	十二
相國 丞相 大司徒 大師 大傅 大保	沛相蕭何為丞相								丞相何遷為相國			
大尉 大司馬					大尉盧綰後九月為燕王						絳侯周勃為大尉官省	
御史大夫 大司空	內史周苛為御史大夫[illegible]三年死			中尉周昌為御史大夫十年遷為趙相						符璽御史趙堯為御史大夫十年免		
列將軍												
奉常 大常							博士叔孫通為奉常三年徙為大子大傅					大子大傅叔孫通復為奉常
郎中令 光祿勳					郎中令王恬啓							
衛尉 中大夫令						將軍酈商為衛尉					衛尉王氏	
大僕	滕令夏侯嬰為大僕					汲侯公上不害為大僕						
廷尉 大理					廷尉義渠					中地守宣義為廷尉		廷尉育
典客 大行令 大鴻臚					廣平侯薛歐為典客師古曰歐一后反							
宗正 治粟內史 大司農	執盾襄為治粟內史											
中尉 執金吾 少府	[illegible]中尉[illegible]師古曰[illegible]音式[illegible]反				[illegible]十二年[illegible]						中尉[illegible]	
水衡都尉 主爵都尉 右扶風												
左內史 左馮翊 右內史 京兆尹	內史周苛遷				殷內史杜恬							

官	孝惠元年	二	三	四	五	六	七	高后元年	二	三	四	五	六	七	八	孝文元年
相國 丞相		七月辛未相國何薨七月癸巳齊相曹參為相國			八月己丑相國參薨	十月己巳安國侯王陵為右丞相曲逆侯陳平為左丞相		十一月甲子右丞相陵為大傅左丞相平為右丞相[illegible]食其為左丞相[illegible]張相						七月辛巳左丞相[illegible]為大傅[illegible]	九月丙戌[illegible]丞相[illegible]免	十月辛亥右丞相平為左丞相大尉勃為右丞相[illegible]大將軍[illegible]為[illegible]代中尉[illegible]東[illegible]為[illegible]將軍
大尉						絳侯周勃為大尉十年遷										
御史大夫								上黨守任敖為御史大夫三年免			平陽侯曹窋為御史大夫五年免				淮南丞相張蒼為御史大夫四年遷	
列將軍																
奉常							奉常免師古曰名亡逸							奉常根		
郎中令																郎中令張武
衛尉	營陵侯劉澤為衛尉															
大僕																
廷尉			長脩侯杜恬為廷尉			土軍侯宣義為廷尉								廷尉圍		河南守吳公為廷尉
典客							[illegible]陽侯[illegible]食其為典客一年遷							典客劉揭		
宗正									上邳侯劉郢客為宗正七年為楚王							
中尉																
水衡都尉																
內史																

徐高

前漢年表七下 三

- 二：[illegible] / 奉常饒 / 衛尉足
- 三：[illegible] / 中郎將張釋之為廷尉 [illegible] 四年遷
- 四：[illegible] 正月 [illegible] 御史大夫 [illegible] / 御史大夫圍
- 五：
- 六：
- 七：典客馮敬為御史大夫 / 典客靚 師古曰靚 [illegible] 同
- 八：大僕 [illegible]
- 九：
- 十：廷尉昌 廷尉嘉
- 十一：
- 十二：王常 昌閭
- 十三：
- 十四：中尉周舍 / 內史董赤
- 十五：廷尉宜昌
- 十六：淮陽守申屠嘉為御史大夫二年遷
- 後元年：廷尉信
- 二：[illegible] / 八月庚午開封侯陶青為御史大夫七年遷
- 三：
- 四：
- 五：

前漢年表七下 四

- 六：奉常信
- 七：
- 孝景元年：大中大夫周仁為郎中令 [illegible] / 廷尉歐 師古曰歐 [illegible] / 平陸侯劉禮為宗正二年為楚王 / 中尉嘉 / 中大夫朝錯為左內史一年遷
- 二：六月丞相 [illegible] 八月丁 [illegible] / 八月丁巳左內史朝錯為御史大夫 / 奉常 [illegible]
- 三：中尉周亞夫為太尉五年遷省 / 正月壬子錯有罪要斬 / 故詹事竇嬰為大將軍 / 故吳相 [illegible] 為奉常 / 廷尉勝 / 德侯劉通為宗正三年薨 / [illegible] 四年為太子太傅
- 四：御史大夫介 / 南皮侯竇彭祖為奉常
- 五：安丘侯張歐為奉常 / [illegible]
- 六：[illegible]
- 七：六月乙巳 [illegible] / 大僕劉舍為御史大夫三年遷 / 鄲侯蕭勝為奉常 / 濟南太守郅都為中尉三年免
- 中元年：廷尉福
- 二：中尉
- 三：九月戊戌 [illegible] 御史大夫 [illegible] 為丞相 / 太子太傅 [illegible] 為御史大夫四年遷 / [illegible] 侯 [illegible] 為奉常
- 四：
- 五：[illegible] / 少府神 / 主爵都尉不疑

年	1	2	3	4	5	6	7	8	9	10	11	12	13	14
六					奉常利更爲大常		中大夫令直不疑爲衛尉		廷尉瑕更爲大理			[illegible]		
後元年	七月丙午丞相舍免八月壬辰御史大夫衞綰爲丞相		八月壬辰衛尉直不疑爲御史大夫三年免			郎中令賀								
二											大農令惠	中尉廣意	主爵都尉敦	
三					柏至侯許昌爲太常二年遷									
孝武建元元年	[illegible]	武安侯田蚡爲太尉	[illegible]			郎中令王臧[illegible]		[illegible]		大行令光		[illegible]		[illegible]
二	[illegible]	[illegible]	[illegible]		[illegible]	郎中令石建[illegible]			大理信	大行令過期				內史石慶
三											[illegible]			內史石編
四			[illegible]						廷尉[illegible]					[illegible]
五									廷尉武	大行令王恢				
六	[illegible]		[illegible]		太常定		[illegible]		廷尉彭		大農令彭		[illegible]	
元光元年					太常王臧		[illegible]							
二														內史[illegible]
三														
四	[illegible]		[illegible]		[illegible]									

年	1	2	3	4	5	6	7	8	9	10	11	12	13	14
五									廷尉翟公		詹事鄭當時爲大農令十二年免	故御史大夫韓安國爲中尉一年遷		[illegible]
六					大常周[illegible]		中尉韓安國爲衛尉二年爲將軍			大行令丘		中大夫趙禹爲中尉		
元朔元年														
二					蓼侯孔臧爲大常三年坐南陵橋壞衣冠道絕免									
三			左內史公孫弘爲御史大夫二年遷				衛尉蘇建		中大夫張湯爲廷尉五年遷			少府[illegible]李息		[illegible]
四											宗正劉棄	少府產		[illegible]
五	十一月乙丑丞相澤免御史大夫公孫弘爲丞相		四月丁未河東大守[illegible]爲御史大夫		山陽侯張當居爲大常坐選子弟不以實免							中尉[illegible]	主爵都尉李蔡	[illegible]史五年免
六					[illegible]	[illegible]								
元狩元年			樂安侯李蔡爲御史大夫一年遷							大行令李息	宗正劉受	中尉司馬安	[illegible]	左內史[illegible]
二	三月戊寅丞相弘薨壬辰御史大夫李蔡爲丞相													
三			三月壬辰廷尉張湯爲御史大夫六年有罪自殺	冠軍侯霍去病爲驃騎將軍			衛尉張騫		廷尉李友 廷尉安 廷尉禹			中尉霸	主爵都尉[illegible]其二年爲將軍	
四				大將軍衛青爲大司馬大將軍 票騎將軍霍去病爲大司馬票騎將軍	戚侯李信成爲大常二年坐縱丞相李蔡侵道免						沈猷侯劉受爲宗正[illegible]	河內大守王溫舒爲中尉五年遷	中尉[illegible]楊僕[illegible]主爵都尉	定襄大守義縱爲右內史二年下獄棄市

五

三月甲午丞相蔡有罪自殺乙卯太子少傅武彊侯莊青翟爲丞相

郎中令李敢

衛尉充國三年坐齋不謹棄市

廷尉司馬安

六

九月大司馬去病薨

俞侯欒賁爲太常坐犧牲不如令免

郎中令徐自爲十三年爲光祿勳

大農令王天

右內史正[illegible]

元鼎元年

[illegible]侯王信爲大常

廷尉霸

右內史蘇[illegible]

二

二月壬辰丞相青翟有罪自殺三月辛亥太子大傅趙周爲丞相

三月辛亥太子大傅石慶爲御史大夫三年遷

[illegible]

中郎將張騫爲大行令一年卒

大農令孔僅

少府當四年下獄死

水衡都尉張罷

三

[illegible]

中尉王溫舒爲廷尉一年復爲中尉

關都尉尹齊爲中尉一年抵罪

四

睢陵侯張廣國爲大常

故少府趙禹爲廷尉四年以老免爲燕相

宗正劉安國

大農令[illegible]容

廷尉王溫舒爲中尉二年免

水衡都尉豹

右內史[illegible]中大夫[illegible]三年遷

五

九月辛巳丞相周下獄死丙申御史大夫石慶爲丞相

平曲侯周建德爲太常[illegible]

衛尉路博德

六

[illegible]式爲御史大夫一年貶爲太子太傅

大農令張成

少府[illegible]爲中尉

元封元年

左內史兒寬爲御史大夫八年卒

水衡都尉閻奉[illegible]

二

御史中丞杜周爲廷尉十一年免

[illegible]中尉[illegible]少府三年徙

三

四

酇侯蕭壽成爲大常坐犧牲不如令論

水衡都尉[illegible]少府王[illegible]爲右內史[illegible]三年免

五

大將軍青薨

成安侯韓延年爲大常二年坐留外國使人入粟贖論

六

少府德有罪自殺右輔都尉王溫舒行中尉事三年族

太初元年

睢陵侯張昌爲大常二年坐乏祠論

郎中令更爲光祿勳

大鴻臚壺充國

中尉

故左內史咸宣爲右扶風三年下獄自殺

京兆尹[illegible]左馮翊殷周

二

正月戊寅丞相慶薨閏月丁丑太僕公孫賀爲丞相

侍中公孫敬聲爲大僕十二年下獄死

大鴻臚商丘成十二年遷

少府王偉

中尉

三

正月膠東太守延廣爲御史大夫

牧丘侯石德爲大常三年坐[illegible]論

[illegible]

四

天漢元年

濟南太守琅邪王卿爲御史大夫二年有罪自殺

大司農桑弘羊四年貶爲搜粟都尉

二

新畤侯趙弟爲大常五年坐[illegible]論

故廷尉杜周爲執金吾一年遷

三

二月執金吾杜周爲御史大夫四年卒

廷尉吳尊

四

[illegible]

左馮翊賈勝胡

太始元年

廷尉郭居

大司農

二

少府充國

水衡都尉守

三

三月光祿大夫[illegible]暴勝之爲御史大夫[illegible]

容城侯唯徐光爲大常[illegible]定[illegible]

直指使[illegible]

	四	征和元年	二	三	四	後元元年	二	孝昭始元元年	二	三
			正月丞相賀下獄死三月丁巳涿郡太守劉屈氂為左丞相	六月壬寅丞相屈氂下獄要斬	六月丁巳大鴻臚田千秋為丞相					
							二月丁卯侍中奉車都尉光祿大夫霍光為大司馬大將軍			
[illegible]			十月大鴻臚商丘成為御史大夫四年坐祝詛自殺				二月乙卯搜粟都尉桑弘羊為御史大夫七年坐謀反誅			
							侍中駙馬都尉金日磾為車騎將軍一年薨太僕上官桀為左將軍七年坐謀反誅			
	江鄒侯靳石為太常四年坐[illegible]免				[illegible]轑陽侯江德為太常十一年坐祝詛誅		[illegible]為太常六年坐[illegible]免			
			光祿勳韓說為太子所殺		光祿勳[illegible]			尚書令張安世為光祿勳六年遷		
				衛尉李壽為衛尉三年坐[illegible]免		守衛尉不害	守衛尉遺	水衡都尉王莽稚叔為衛尉三年遷		
							太僕并左將軍			
		廷尉常	廷尉信	廷尉意				司隸校尉雒陽李仲季主為廷尉四年坐縱反者下獄弃市		
				高廟郎田千秋為大鴻臚一年遷	大鴻臚戴仁[illegible]					
									光祿大夫劉辟彊為宗正數月卒	
		光祿大夫公孫遺守少府					執金吾郭廣意免	執金吾河東馬適建子孟任職六年坐使人下獄自殺		雲中太守徐仁為少府十二年坐縱反者自殺
					京輔都尉[illegible]遷			水衡都尉呂辟胡五年為雲中太守		
			京兆尹于己衍坐大逆誅			京兆尹建坐祝詛要斬		[illegible]京兆尹五年病免		

四	五	六	元鳳元年	二	三	四	五	六	元平元年
						正月甲戌丞相千秋薨三月乙丑御史大夫王訢為丞相	十二月庚戌丞相訢薨	十一月乙丑御史大夫楊敞為丞相	八月己巳丞相敞薨九月戊戌御史大夫蔡義為丞相
			九月庚午右扶風王訢為御史大夫三年遷			三月乙丑大司農楊敞為御史大夫二年遷		十一月少府蔡義為御史大夫一年遷	九月戊戌左馮翊田廣明為御史大夫三年為祁連將軍
衛尉王莽為右將軍[illegible]上官安為車騎將軍三年反誅			光祿勳張安世為右將軍光祿勳六年遷						右將軍張安世為車騎將軍光祿勳七年遷水衡都尉趙充國為後將軍水衡都尉光祿大夫韓增為前將軍十三年遷
		轑陽侯江德為太常四年坐廟郎夜飲失火免			中郎將范明友為度遼將軍衛尉十二年遷	蒲侯蘇昌為太常十一年坐籍霍山書泄祕書免師古曰以祕書借霍山			
大鴻臚田廣明為衛尉五年遷			光祿勳并右將軍						
					衛尉并將軍				
	王平子心為廷尉四年坐縱反者下獄弃市		諫大夫杜延年為太僕十五年免						
					廷尉夏國		[illegible]	廷尉李光四年免	
							詹事韋賢為大鴻臚四年為長信少府		
		大將軍長史楊敞為大司農四年遷	大中大夫劉德為宗正數月免		青州刺史劉德為宗正二十二年薨	河內太守平原趙彭祖為大司農三年卒		河東太守田延年為大司農四年有罪自殺	
			執金吾壺信		光祿大夫蔡義為少府三年遷		沛郡太守李壽為執金吾	[illegible]成為少府四年卒	執金吾延壽
			中郎將趙充國為水衡都尉六年遷					右扶風周德	
		守京兆尹樊福	左馮翊賈勝胡二年坐縱謀反者弃市		衛尉田廣明為左馮翊四年遷	京兆尹彭祖			左馮翊武

本始元年	二	三	四	地節元年	二	三	四	元康元年	二	三	四
		[illegible]丞相				五月甲申丞相賢[illegible]免六月壬辰御史大夫魏相為丞相					
					三月庚午大司馬光薨	[illegible]					八月丙[illegible]
		六月甲辰大司農魏相為御史大夫四年遷				六月辛丑太子太傅丙吉為御史大夫八年遷					
					侍中中郎將霍禹為右將軍一年遷						
							[illegible]				[illegible]年病免
						度遼將軍衛尉范明友為光祿勳一年坐謀反誅					
								北海太守張延壽為太僕[illegible]病免			
		廷尉[illegible]義		[illegible]于定國為廷尉十七年遷							
	[illegible]		山陽太守[illegible]為大鴻臚								
	[illegible]	大司農[illegible]				大司農[illegible]	[illegible]四年卒				
	[illegible]	少府[illegible]	[illegible]		執金吾郅元	執金吾[illegible]延年		[illegible]	執金吾廣意		[illegible]
		光祿大夫[illegible]為水衡都尉二年遷	[illegible]安相朱山拊為右扶風一年下獄死	[illegible]為右扶風[illegible]	潁川太守[illegible]為右扶風三年		勃海太守龔遂為水衡都尉	[illegible]			[illegible]
守京兆[illegible]相成		潁川太守趙廣漢為京兆尹[illegible]	[illegible]			左馮翊[illegible]官	潁川太守韓延壽為左馮翊	守京兆尹彭城太守遺	少府蕭望之為左馮翊三年遷	守京兆尹潁川太守[illegible]故官	

神爵元年	二	三	四	五鳳元年	二	三	四	甘露元年	二	三	四	黃龍元年	孝元初元元年
		三月丙午丞相相薨四月戊戌御史大夫丙吉為丞相			[illegible]	[illegible]丞相				三月己丑丞相霸薨五月甲午御史大夫于定國為丞相			
前將軍韓增為大司馬車騎將軍					八月壬午太子太傅[illegible]為御史大夫一年遷			二月己[illegible]大司馬[illegible]				[illegible]	
		三月甲[illegible]為御史大夫三[illegible]				六月辛酉西河太守杜延年為御史大夫三年[illegible]免			五月己[illegible]廷尉于定國為御史大夫二年遷	五月甲午太僕陳萬年為御史大夫七年卒			
	後將軍充國				衛尉韋玄成為太常二年免						[illegible]	[illegible]	
								[illegible]大常二年病免		雁門大守建平侯杜緩為大常七年坐盜賊多免			
中郎將楊惲為諸吏光祿勳五年免					衛尉弘								光祿勳[illegible]并將軍
	衛尉忠			河內大守韋玄成為衛尉二年遷	右扶風陳萬年為大僕五年遷						衛尉順		平昌侯王接為衛尉五年遷
大僕戴長樂五年免										[illegible]大僕二[illegible]	[illegible]中大僕七年遷		
									執金吾[illegible]為廷尉三年遷		中山相[illegible]為廷尉	廷尉[illegible]延年	
[illegible]二年遷		少府[illegible]為大鴻臚		大司農[illegible]為大鴻臚									大鴻臚[illegible]十一年
大司農[illegible]四年遷				大司農延	宗正劉丁								[illegible]
	南陽大守[illegible]為執金吾	光祿大夫[illegible]為少府				執金吾[illegible]三年遷					執金吾平		[illegible]
[illegible]右扶風[illegible]年遷											右扶風武		水衡都尉
[illegible]三年免		東郡大守韓延壽為左馮翊二年下獄[illegible]市		守左馮翊勃海大守[illegible]	守左馮翊五原大守延壽				守左馮翊[illegible]郎		京兆尹成	左馮翊常	太原大守陳遂為京兆尹一年遷

徐淨

二	三	四	五	永光元年	元年	二	三	四	五	竟寧元年
				十二月戊[illegible]實丞相大司馬	[illegible]免	二月丁[illegible]御史大夫[illegible]				
					高陽侯[illegible]七月辛[illegible]御史大夫[illegible]遷		四月[illegible]			
			六月辛酉長信少府[illegible]御史大夫[illegible]			二月丁酉[illegible]大夫五年[illegible]				
	執金吾[illegible]右將軍[illegible]五年遷						[illegible]中郎將[illegible]遷			
		弋陽侯任千秋[illegible]			大僕金賞為光祿勳一年卒					
光祿勳賞	光祿大夫周堪為光祿勳[illegible]河東太守				衛尉雲					太子少傅匡衡為光祿勳一年遷
					故中郎將衛尉丙顯為大僕十年免					
京兆尹陳遂為廷尉三年卒		[illegible]								
					大司農慶忌					
大司農充郎					侍中中大夫歐陽地餘少府五年卒	光祿大夫非調為大司農[illegible]	宗正劉[illegible]			
[illegible]遷	丞相司直淮陽[illegible]右扶風四年遷	少府延二年免				右扶風[illegible]五年	水衡都尉福			尚書令[illegible]右扶風
京兆尹[illegible]左馮翊[illegible]免		京兆尹成	河南太守劉彭祖為左馮翊二年遷太子太傅			隴西太守[illegible]左馮翊[illegible]	[illegible]			

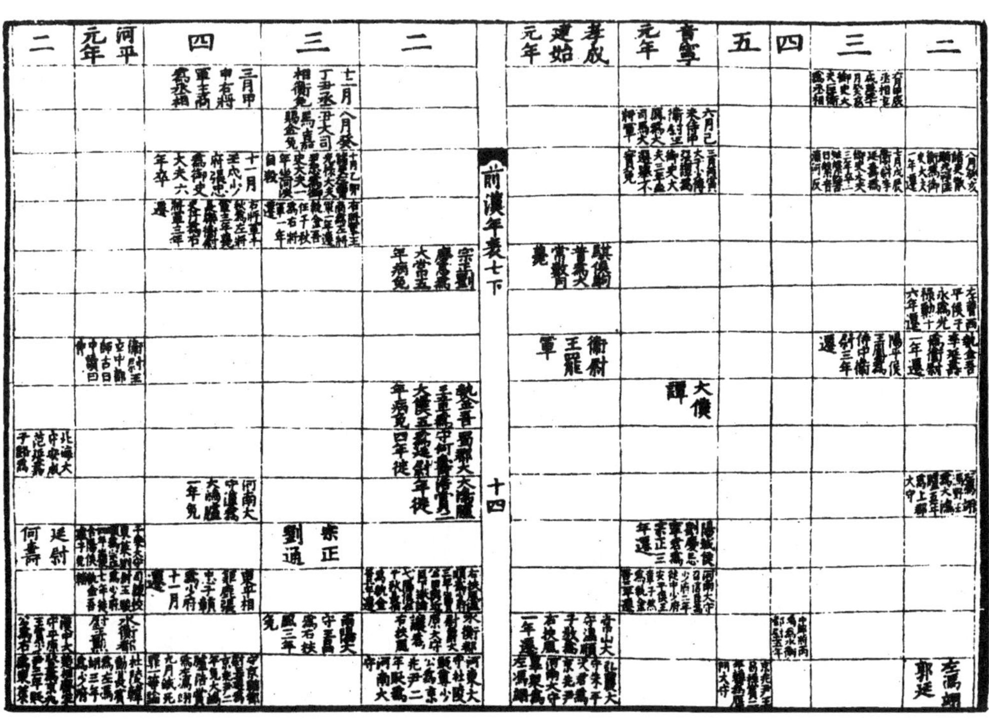

二	三	四	五	竟寧元年	孝成建始元年	二	三	四	河平元年	二
	[illegible]						十一月丁丑丞相衡免[illegible]	三月甲申右將軍[illegible]		
				六月己[illegible]			八月癸[illegible]			
	[illegible]			三月[illegible]			十月乙[illegible]	十一月壬戌少府張忠為御史大夫六年卒		
							[illegible]	[illegible]		
					宗正劉[illegible]大常[illegible]免	宗正劉慶忌為大常五年病免				
	[illegible]									
	[illegible]				衛尉王罷軍				衛尉[illegible]	
				大僕譚		執金吾[illegible]四年徙				
										北海太守[illegible]
	[illegible]							河南太守[illegible]一年免		
				[illegible]年遷			宗正劉通		[illegible]	廷尉何壽
				[illegible]		[illegible]		[illegible]十一月遷	[illegible]	
		[illegible]		[illegible]一年遷		[illegible]	右扶風[illegible]三年免		水衡都尉[illegible]	[illegible]
左馮翊郭延		[illegible]	[illegible]	[illegible]		河南太守[illegible]		[illegible]	[illegible]	[illegible]

前漢年表七下　十五

	三	四	陽朔元年	二
		閏月壬戌丞相商免六月丙午諸吏光祿大夫張禹爲丞相		
				四月癸卯侍中大僕王音爲御史大夫一年遷
	右將軍[illegible]爲左將軍三年[illegible]大僕王[illegible]章爲右將軍			
	[illegible]			
			侍中水衡都尉金敞爲衛尉四年卒	
	侍中中郎將王音爲大僕三年遷			[illegible]
廷尉八年卒				
		[illegible]爲大鴻臚三年[illegible]長樂衛尉		大鴻臚勳
爲大司農			常山大守劉武成爲宗正四年卒	
	右曹光祿大夫辛慶忌爲執金吾四年貶雲中太守			
扶風三年免		侍中奉車都尉金敞爲水衡都尉一年遷	水衡都尉順河內大守甄尊爲右扶風三年遷	
都尉未[illegible]語下獄自殺	光祿大夫武爲左馮翊	司隸校尉王章爲京兆尹一年下獄死	[illegible]三年遷	

三	四	鴻嘉元年	二	
		三月[illegible]丞相[illegible]御史大夫[illegible]爲丞相		
八月丁巳大司馬[illegible]九月甲子御史大夫王音爲大司馬車騎將軍				
十一月丁卯諸吏光祿勳于永爲御史大夫二年卒		[illegible]少府[illegible]京兆尹王駿爲御史大夫五年卒		
		光祿勳辛慶忌爲右將軍		
		[illegible]		
右將軍[illegible]光祿勳[illegible]	[illegible]年遷			右將軍[illegible]
		陽平侯王[illegible]爲衛尉五年徙		
右扶風[illegible]大僕	[illegible]年遷			
			左馮翊趙增壽爲廷尉五年貶爲常山都尉	
		大鴻臚慎		
		[illegible]		
護西域騎都尉韓立爲執金吾五年[illegible]	左馮翊[illegible]少府[illegible]月遷	[illegible]		
左曹水衡都尉河內[illegible]	[illegible]			張掖大守[illegible]
	王駿爲京兆尹一年遷	[illegible]	[illegible]	[illegible]

前漢年表七下　十六　宋庠

三	四	永始元年	二	三
			十一月[illegible]	
			正月乙巳大司馬[illegible]二月丁酉特進[illegible]侯王商爲大司馬衛將軍	
			[illegible]	
				右將軍辛慶忌爲左將軍三年卒光祿勳[illegible]爲右將軍一年卒
光祿勳[illegible]四年遷[illegible]將軍			[illegible]月遷	少府師丹爲光祿勳二年遷侍中光祿大夫
			大僕逢信爲衛尉二年免	
			衛尉王襃爲大僕三年病免	
				琅邪大守陳慶爲廷尉一年爲長信少府
			長信少府平當爲大鴻臚三年遷	
				朔方大守劉[illegible]爲宗正[illegible]
	[illegible]皇后宮	南陽大守陳咸爲少府二年免	御史大夫翟方進爲執金吾一月遷	[illegible]
[illegible]爲右扶風四年免		水衡都尉[illegible]三年[illegible]長免		東平大傅彭宣爲右扶風一年遷
[illegible]京兆尹三年遷			[illegible]一年遷	河內大守杜陵[illegible]孫寶爲左馮翊三年遷

	四	元延元年	二	三
	十一月庚申大司馬商賜金安車駟馬免	[illegible]		
	執金吾廉襃爲右將軍五年免	執金吾尹岑爲右將軍二年薨		廷尉朱博爲後將軍二年免
	鄭侯蕭育爲大常六年薨			
		[illegible]	[illegible]月病免	[illegible]
	侍中水衡都尉淳于長爲衛尉三年免			
		[illegible]二年免		[illegible]大僕二年徙
	右扶風彭宣爲廷尉三年以王國人爲大原大守		光祿大夫朱博爲廷尉一年遷	沛郡大守何武爲廷尉二年遷
			大山大守[illegible]爲大鴻臚數月遷	九江大守王[illegible]爲大鴻臚三年遷
大守	會稽大守劉[illegible]爲宗正[illegible]爲大司農三年卒			大司農免
[illegible]執金吾一年遷	[illegible]爲執金吾一年遷	左馮翊[illegible]爲執金吾		
	[illegible]	侍中光祿大夫[illegible]水衡都尉三年卒		[illegible]自殺
	司隸校尉何武爲京兆尹一年貶爲楚內史	廣陵大守王建[illegible]爲左馮翊四年免	廣漢大守孫寶爲京兆尹二年免	

	四	綏和元年	二
			三月壬子丞相方進薨三月丙戌左將軍孔光爲丞相
		四月丁丑大司馬票騎將軍[illegible]爲大司馬	十一月丁卯大司馬莽賜金安車駟馬免庚午左將軍師丹爲大司馬四月徙
		三月戊午廷尉何武爲御史大夫四月乙卯爲大司空一年免	十月癸酉大司馬丹爲大司空一年免
		廷尉孔光爲左將軍一年遷執金吾王咸爲右將軍一年遷	[illegible]
			安丘侯劉常爲大常四年病賜金百斤安車駟馬免就國
		[illegible]大司農許商爲光祿勳四月遷	大司農彭宣爲光祿勳六月遷[illegible]自殺
		成陽侯趙訢君衞爲衞尉六月侍中光祿大夫司農趙玄爲衞尉一月爲中少府	[illegible]
		駙馬都尉王舜爲大僕二年免	
		御史大夫孔光爲廷尉九月遷少府龐眞爲廷尉二年爲長信少府	
			執金吾謝堯爲大鴻臚三年徙
	北地大守谷永爲大司農一年免	侍中光祿大夫許商爲大司農數月遷大原大守彭宣爲大司農一年遷	大司農河東梁相子夏一年遷
		[illegible]	[illegible]
守鴻臚大山大守蕭育爲右扶風三年免		[illegible]爲水衞都尉二年爲[illegible]相	故大僕[illegible]爲右扶風一年免
		[illegible]京兆尹一年爲淮陽相[illegible]琅邪[illegible]左[illegible]免	[illegible]

前漢年表七下

十七

孝哀建平元年	二	三
	四月乙未丞相光免御史大夫朱博爲丞相八月甲戌有罪自殺十二月甲寅御史大夫平當爲丞相	三月己酉丞相當薨四月丁酉御史大夫王嘉爲丞相
四月丁酉侍中光祿大夫[illegible]爲大司馬	三月丁卯大司馬喜免陽安侯丁明爲大司馬衞將軍	
十月壬午京兆尹朱博爲大司空	四月戊午[illegible]年遷	四月丁酉河南太守王崇爲御史大夫九月貶
右將軍彭宣爲左將軍一年坐[illegible]免	光祿勳丁望爲左將軍卒執金吾公孫祿爲右將軍一年遷	右將軍公孫祿爲左將軍三年免執金吾蟜望爲右將軍一年遷
	衞尉望爲光祿勳一月遷光祿大夫平當爲光祿勳四月遷	少府賈延爲光祿勳二年遷
	少府賈延爲衞尉十一月遷故官執金吾孫雲爲衞尉三年遷	
	城門校尉丁憲子尉爲大僕四年遷	
大司農梁相爲廷尉二年貶爲東海都尉		左馮翊方賞爲廷尉四年徙
	大鴻臚雲陽畢申世叔五年徙	
大司農左咸二年徙		御史大夫王崇爲大司農三年遷
	衞尉賈延爲少府一年遷[illegible]中郎將潁川公孫祿中子爲執金吾師古曰中讀曰仲	[illegible]
	侍中水衞都尉[illegible]爲扶風一年遷	光祿大夫[illegible]扶風二年遷
司隸校尉[illegible]二年遷		潁川大守[illegible]將軍

四	元壽元年	（二）
	三月丙午丞相嘉下獄死七月丙午御史大夫孔光爲丞相	
	[illegible]	九月己卯大司馬明免十一月[illegible]爲大司馬衞將軍
三月丁卯諸吏散騎光祿勳賈延爲御史大夫一年遷	五月乙卯諸吏光祿大夫孔光爲御史大夫二月遷七月丙午汜鄉侯何武爲御史大夫二月免	八月辛卯光祿大夫彭宣爲御史大夫
諸吏散騎光祿大夫王安爲右將軍一年遷	御史大夫何武爲前將軍二年免	
逢平侯林棻爲大常二年貶爲上黨都尉		
	詹事馬宮爲光祿勳二年遷	
	少府[illegible]爲衞尉二月爲光祿大夫右扶風弘[illegible]衞尉[illegible]遷	
[illegible]宗正更名容		
[illegible]	[illegible]	
[illegible]一年遷	[illegible]中讀曰仲	光祿大夫[illegible]爲右扶風

前漢年表七下

十八

二	孝平元始元年	二
五月甲子丞相光爲大司徒[illegible]馬宮爲大司徒	三月丙辰[illegible]	
五月甲子[illegible]爲大司馬	二月丙辰大司馬莽遷	
五月甲子[illegible]大司空		四月丙午[illegible]
[illegible]		[illegible]
[illegible]也		[illegible]
[illegible]年遷	侍中奉車都尉甄邯子心爲光祿勳三年遷	
[illegible]		
[illegible]年遷		
[illegible]		
復土將軍左咸爲大鴻臚		大鴻臚[illegible]
衞尉弘譚爲大司農	中郎將[illegible]咸爲大司農一年卒	光祿大夫孫寶爲大司農
光祿大夫[illegible]三月遷	少府宗伯鳳君李中郎將任岑爲執金吾一年卒	[illegible]
[illegible]大守	[illegible]一年遷	[illegible]
[illegible]一年遷	[illegible]	

	三	四	五
			四月乙未大師光祿[illegible]為大司馬八月壬年免十二月丙午[illegible]少府平晏為大司[illegible]
病免四月丁酉少府左將軍[illegible]豐為大司空			
光祿勳[illegible]為右將軍光祿勳			執金吾王駿為步兵將軍
太常二月[illegible]為越騎校尉	城門校尉劉[illegible]子張為大常二年徙為宗伯		
			大僕惲為光祿勳
	南[illegible]令潁川鍾元[illegible]為大理		
仁二			大鴻臚左咸
農[illegible]月免		宗正[illegible]伯一年免	[illegible]伯大司[illegible]尹
晉[illegible]二年卒	執金吾[illegible]三年遷		
衛尉大司馬[illegible]三[illegible]		將作大匠[illegible]免為右扶[illegible]七年[illegible]免[illegible]內侯	[illegible]扶風
	左馮翊匡咸子期	京兆尹[illegible]左為翊沛孫信子儒	[illegible]左馮翊

前漢年表七下　十九

百官公卿表第七卷下

古今人表第八

師古曰但次古人而不表今人者其書未畢故也

班固 漢書二十

秘書監上護軍琅邪縣開國子顏師古注

自書契之作先民可得而聞者經傳所稱唐虞以上帝王有號謚輔佐不可得而稱矣文穎曰言遠經傳不復稱序也師古曰契謂刻木以記事自唐虞以上帝王有号見於經而其臣佐不可得而稱記也而諸子頗言之雖不考虖孔氏然猶著在篇籍歸乎顯善昭惡勸戒後人故博采焉孔子曰若聖與仁則吾豈敢師古曰此孔子自謙不敢當聖與仁也又曰何事於仁必也聖乎師古曰言能博施於人而濟衆者非止稱仁乃爲聖人也未知焉得仁師古曰言智者雖能利物猶不及仁者所濟遠也生而知之者上也學而知之者又其次也困而不學民斯爲下矣師古曰困謂有所不通也又曰中人以上可以語上也師古曰言中庸之漸於訓誨可以知上智之所知也唯上智與下愚不移師古曰言上智不染於惡下愚雖教無成自此已上皆見論語凡引此者蓋班氏自述所表先聖後仁及智愚之次皆依於孔子者也傳曰譬如堯舜禹稷禼與之爲善則行師古曰傳謂解說經義者也鯀讙兜欲與爲惡則誅師古曰鯀檮杌也讙兜渾敦也可與爲善不可與爲惡是謂上智桀紂龍逢比干欲與之爲善則誅師古曰關龍逢桀之臣也王子比干紂之臣也皆直諫而死也于莘崇侯與之爲惡則行師古曰于莘桀之勇人也崇侯紂之佞臣也可與爲惡不

可與爲善是謂下愚齊桓公管仲相之則霸豎貂輔之則亂師古曰豎貂即寺人貂也可與爲善可與爲惡是謂中人因茲以列九等之序究極經傳繼世相次總備古今之略要云張晏曰老子玄默仲尼所師雖不在聖要爲大賢文伯之母達於禮典動爲聖人所歎言爲後世所則而在第四田單以即墨孤城復強齊之大魯連之博通忽於榮利藺子申威秦王退讓廉頗乃在第五大姬巫怪好祭鬼神陳人化之國多淫祀寺人孟子違於大雅以保其身既被宮刑怨刺而作乃在第三嫪毐上烝昏亂禮度惡不忍聞乃在第七其餘差違紛錯不少略舉揚較以起失謬獨馳騖於數千歲之中旁貫諸子事業未究而尋遇竇氏之難使之然乎師古曰六家之論輕重不同百行所存趣捨難壹張氏輒申所見掎摭班史然其所論又自差錯且年代久遠墳典隳亡學者舛駁師論分異是以表載古人名氏或與諸書不同今則特有發明用暢厥言自女媧以下帝鴻以前諸子傳記互有舛駁敍說不同無所取正大要知其古帝之号而已諸人士見於史傳彰灼可知者無待解釋其閒幽昧者時復及焉

等	人	
上上	聖人	大昊帝宓羲氏張晏曰大昊有天下號也作罔罟田漁以備犧牲故曰宓羲氏師古曰宓音伏字本作虙其音同耳
上中	仁人	女媧氏師古曰媧音古蛙反又音瓜 共工氏師古曰共讀曰龔此下皆類此 容成氏 大廷氏師古曰廷讀曰庭 柏皇氏
上下	智人	
中上		
中中		
中下		
下上		
下中		
下下	愚人	

	中央氏							
	栗陸氏							
	驪連氏							
	赫胥氏							
	尊盧氏							
	沌渾氏 師古曰沌音大本反渾音胡本反							
	昊英氏							
	有巢氏							
	朱襄氏							
	葛天氏							
	陰康氏							
	亡懷氏 師古曰亡讀曰無下皆類此							
	東扈氏							
	帝鴻氏							
炎帝神	悉諸 炎帝師							
農氏 張晏曰以火德王故號曰炎帝作耒耜故曰神農	少典 炎帝妃生黃帝							
	列山氏							
	歸臧氏							
黃帝軒	方雷氏							蚩尤
轅氏	黃帝妃生玄囂是為青陽							
張晏曰以	絫祖 黃帝妃生							
土德王故	昌意 師古曰絫力追反	黃帝史						
號黃帝作	彤魚氏							
軒冕之服	黃帝妃生夷鼓							
故謂之軒	嫫母 黃帝妃生蒼林 師古曰嫫音謨							
轅	[illegible]							
	封鉅 黃帝師							

	大填 黃帝師							
	大山稽							
	黃帝師							
	力牧							
	風后							
	鬼臾區							
	師古曰即鬼容區也							
	臾容聲相近							
	封胡							
	孔甲							
	岐伯							
	泠淪氏							
	應劭曰淪音鯤始造							
	十二律者師古曰音倫							
少昊帝	五鳥							
金天氏	五鳩							
張晏曰以金德王故號曰金天	昌僕							
	昌意妃生顓頊							
顓頊帝	女祿							九黎
高陽氏	顓頊妃生老童							
	嬌極							
	老童妃生重黎							
	吳回							
	后土							
	蓐收							
	玄冥							
	熙							
	柱							
	帥味							
	允格							

臺駘 師古曰駘音胎
窮蟬 顓頊子生敬康
大款 顓頊師
栢夷
亮父 顓頊師 師古曰父讀曰甫下皆同
緑圖 顓頊師
僑極 玄囂孫子生帝嚳

帝嚳高辛氏 張晏曰少昊以前天下之號象其德顓頊以來天下之號因其名高陽高辛皆所興地名也顓頊與嚳皆以字為號上古質故也

姜原 帝嚳妃生弃
簡逷 帝嚳妃生卨 師古曰逷音他歷反即簡狄也
陳豐 帝嚳妃生帝堯 師古曰即陳鋒是也
娵訾 帝嚳妃生帝摯
祝融
陸終 祝融子
女潰 陸終妃生六子一曰昆吾二曰參胡三曰彭祖四曰會人五曰曹姓六曰季連
廖叔安 師古曰左氏傳作飂同音力周反又力搜反
丹人
赤松子

帝嚳師
栢招 帝嚳師
句望 敬康子生蟜牛 師古曰句音鉤蟜音矯
帝摯

帝堯陶唐氏 張晏曰翼善傳聖曰堯

女皇 堯妃散宜氏女
羲仲
羲叔
和仲
和叔
倉舒
隤敳 師古曰隤音頹敳音五來反
檮戭 師古曰檮音疇戭音演
大臨
尨降 師古曰降音下江反
咎繇
仲容
叔達
栢奮
仲堪
叔獻
季仲
栢虎
仲熊

朱 堯子
閼伯
實沈
女志 鯀妃有莘氏女生禹 師古曰莘音所巾反

共工
讙兜
三苗
鯀
黃幢

叔豹　季熊 師古曰即左氏傳所謂季貍者也　尹壽 堯師　被衣 師古曰被音披　方回　王兒 師古曰兒音五奚反　齧缺　許繇 師古曰即許由也　巢父　子州支父

帝舜有虞氏 張晏曰仁聖盛明曰舜。舜之言充也

娥皇 舜妃　女罃 師古曰罃即女英也，罃誤　姑人 師古曰姑音其乙反　禼　垂　朱斨　柏譽 師古曰譽音弋於反

敤手 舜妹。師古曰敤音口果反，俗書敤字者　董父　石戶之農　北人亡擇　雒陶　續身　柏陽　東不訾　秦不虛 師古曰雒陶以下皆舜之友也　身或作耳

鼓叟 瞽牛子，生舜　象 舜弟　商均 舜子

帝禹夏后氏

柏益　龍　夔　女趫 禹妃塗山氏女，生啓。師古曰趫音丘遙反　啓 禹子　相土子根圉 昌若子

虞或作字，並見尸子　昭明 禼子　奚仲　相土 昭明子　六卿　不窋 弃子。師古曰窋音竹出反

[illegible]

昌若 相土子　根圉 昌若子　有扔君 師古曰扔音仍

中康 太康弟。師古曰中讀曰仲，下皆類此　相 中康子

后夔　玄妻

太康 啓子，昆弟五人，號五觀　羲和 師古曰即廢時亂日，胤往征之者也

有扈氏 師古曰即與啓戰于甘者　羿

少康 相子　二姚 少康妃　芬 師古曰音紛　芒 槐子

靡　女艾　冥　根圉子　垓 冥子　師古曰音該　微 垓子

武羅　柏因　熊髡　庬圉 師古曰武羅以下四人皆羿之賢臣也。庬音尨　虞后氏　杼 少康子 師古曰杼音大呂反　槐 杼子

后緡 相妃，生少康

斟灌氏　斟尋氏 師古曰二國夏同姓諸侯，羿所滅也

逢門子 師古曰有窮君也　殪 師古曰殪音許冀反　柏封叔

韓浞 師古曰羿之相也。浞音七角反　奡 師古曰音五到反，捷詞所謂澆者也

公劉 鞠子
泄 不降 劉絫 師古曰古累字 關龍逢
鞠 不窋子 扃 不降弟師古曰扃音工熒反 廑 師古曰廑音勤又音覲
報丁 微子 報乙 報丙 主壬 主癸
孔甲 不降子 皐 師古曰皐墓在殽者也 發 韋 師古曰豕韋彭姓 鼓 師古曰即顧國己姓 昆吾 師古曰[illegible]姓國也三者皆湯所誅也
癸 發子是爲桀 末嬉 桀妃 于辛 雅侈 葛伯 師古曰湯所征

帝湯殷商氏 師古曰禹湯皆字三王去唐之文從高古之質故夏殷之王皆以名爲號也
有莘氏 湯妃生大丁師古曰[illegible] 大丁 伊尹 咎單 師古曰湯臣主土地之官也單音善下皆類此 大甲 大丁子
仲虺 師古曰湯左相也 老彭 義伯 中伯 師古曰義仲湯之二臣 卞隨 務光
虞公遂 逢公 栢陵 費昌 師古曰費音扶味反 終古 夏大史令 外丙 大丁弟 中壬 外丙弟 沃丁 大甲子
慶節 公劉子
皇僕 慶節子 差弗 皇僕子師古曰差音楚宜反
尹諧 師古曰湯所録見孔子家語

大戊 雍己弟 巫咸 師古曰大戊之臣也 祖乙 河亶甲子
伊陟 師古曰伊尹子也 臣扈 師古曰亦湯臣 外壬 中丁弟 河亶甲 外壬弟 巫賢
大庚 沃丁弟 小甲 大庚弟 雍己 小甲弟 孟獻 [illegible] 中衍 中丁 大戊弟 祖辛 祖乙子
毀隃 [illegible]子師古曰隃音[illegible] 公非 毀隃子 辟方 公非子 師古曰辟音[illegible]

盤庚 陽甲弟 武丁 小乙子 傅說 師古曰說讀曰悅武丁相也
大彭 豕韋 陽甲 祖丁子 小辛 盤庚子 小乙 小辛弟 祖己
沃甲 祖辛弟 祖丁 祖辛子 南庚 沃甲子 劉姓 豕韋
高圉 辟方子 夷竢 高圉子師古曰竢古俟字 亞圉 高圉子 雲都 亞圉弟 公祖 亞圉子

甘盤 師古曰武丁師也
大王 亶父 公祖子
姜女 大王妃
大伯
中雍
王季
大任 王季妃生文王
微子 紂兄
箕子
比干
伯夷
叔齊

孝已
祖伊
大師摯
亞飯干 師古曰飯音扶晚反
三飯繚 師古曰繚音來雕反
四飯缺

祖庚 武丁子
膠鬲
微中
商容
師涓 師古曰涓音王玄反
梅伯
邢侯

甲 祖庚弟
馮辛 甲子
庚丁 馮辛弟

武乙 庚丁子
大丁 武乙子
乙 大丁子

辛 乙子是為紂
妲己 紂妃師古曰妲音丁葛反
費中 師古曰費音扶味反
飛廉
惡來
左強

文王 周氏
武王 文王子

大姒 文王妃
大顛
閎夭
散宜生
南宮适 師古曰大顛以下文王之四友也
祭公 師古曰祭音側介反
師尚父
畢公 文王子
大師疵

鼓方叔
播鞀武 師古曰鞀音[illegible]馬反
少師陽
擊磬襄 師古曰自師摯以下八人皆紂時奔走分散而去鄭玄以為周平王時人非也
虢中
虢叔 師古曰中叔二人皆文王弟也
粥熊 師古曰文王師也粥音弋六反
辛甲
周任
史扁 師古曰扁音翩
向摯
盼大史
邑姜 武王妃
大姬 武王[illegible]
曹叔
振鐸 文王子

鬼侯
伯達
伯适 師古曰适音[illegible]闊反
中突
中忽 師古曰忽與忽同
叔夜
叔夏
季隨
季騧 師古曰伯達以下周之八士也騧音瓜
成叔武 文王子
霍叔
凱 文王子
檀伯達 師古曰武王臣
蘇忿生 師古曰武王司寇蘇公

伯邑考 文王子
楚熊麗 鬻熊子 師古曰[illegible]
虞侯
芮侯 師古曰二國[illegible]質成於文王者
吳周章 中雍曾孫
杜伯
楚熊狂 [illegible]子

芮伯 師古曰周同姓之國在圻內者當武王時作旅巢命
巢伯 師古曰南方遠國武王克商而來朝

周公文王子

少師強　成王誦　武王子　召公周同姓　史佚

毛叔　鄭文王子　虞閼父　陳胡　公滿舜後　衞康　叔封文王子　聃季載　文王子　君陳　芮伯　師古曰周司徒也　市白師古曰周宗伯也尚書作彤伯　毛公　師古曰周司空也　師氏　師古曰周大夫也　龍臣　師古曰周武賁氏也尚書作武臣　中桓　南宮髦　師古曰二人亦周大夫也

滕叔　繡文王子　原公文王子　郜子　文王子師古曰郜音告　雍子文王子　酆侯文王子　郇侯　文王子師古曰郇音荀　唐叔　虞武王子　應侯　武王子　右史　戎夫　祝雍　邢叔　商子

虞中　周章弟　杞東　樓公禹後　邘侯　武王子　韓侯武王子　齊丁　公伋師尚父子　魯公　伯禽　周公子　凡伯　周公子　蔣侯　周公子　邢侯　茅侯　周公子　胙侯　周公子　祭侯　周公子師古曰祭音側介反　晉侯　燮子　秦旁　皋女防子

季勝　惡來弟　秦女　防惡來子　楚子　繹熊狂子　孟會　季勝子　蔡中　胡　叔度子　衞康叔　封子　陳申　公滿子

祿父紂子　管叔　鮮文王子　蔡叔文王子

植雖非賢其名尊自芮伯以下皆見周書顧命　康王釗　成王子師古曰釗音之遙反又音遼反　穆王滿　昭王子　呂侯　師古曰穆王司徒也　君牙　師古曰穆王司徒也　伯冏　師古曰穆王大僕也冏音居永反　祭公　謀父　師古曰祭音側介反

楚熊　艾繹子　宋微中　啓子　魯考公　伯禽子　齊乙公　丁公子　晉武公　燮子　秦大几　旁皋子　魯煬公　考公子　師古曰煬音弋向反　齊癸公乙公子　秦大雒　大几子　楚熊　盤艾子　衞嗣伯　孝伯子　衞疌　嗣伯子　秦非子　大駱子

蔡伯　胡子　楚熊　亶艾子　宋公稽　仲子　衞孝伯　康伯子　陳柏公　申公弟　陳孝公　造父衞父師古曰造音千到反　徐隱王　師古曰即偃王也　鉛陵　卓子　楚熊　錫盤子　宋愍公　共公子

蔡侯　宮伯子　衡父　孟增子　共王　伊扈穆王子

祭公　辛繇　靡　師古曰靡讀與由同　魯幽公　煬公子　齊哀公　癸公子

昭王瑕　康王子　房后　師古曰昭王后也

			窋毋		衛靖伯	晉成侯	密康公	宋煬公
					疌子	武侯子	懿王堅	愍公弟
						陳慎侯	穆王子詩作師古曰	齊胡公
					楚摯	孝侯子	政道缺衰怨刺之詩	哀公弟
					紅渠子	蔡厲侯	始作也	魯魏公
						宜侯子		幽公弟
				秦嬴		魯厲公	孝王	楚熊
				非子子	衛貞伯	魏公子	辟方	摯
					靖伯子		共王弟	渠子
						晉厲侯	師古曰辟音辟	宋厲公
				秦侯	魯獻公	成侯子		愍公子
				嬴子	厲公弟		夷王摺	
						衛頃侯	懿王子師古曰摺音燮	齊獻公
					燕惠公	貞伯子		胡公弟
		宋弗			邵公九世			
		父何				楚熊	齊武	
		愍公子			宋釐公	延摯弟	公獻公	
			共伯和		厲公子師古曰釐讀	蔡武侯	杞題公	
		商良夫	師古曰共國名也伯		曰僖下皆類此	厲侯子	東樓子	厲王胡
			爵也和共伯之名也		曹夷伯	衛釐公	曹幽伯	夷王子
			共音恭而遷史以為	史伯	振鐸六世	頃公子	夷伯子	衛巫
			周召二公行政號曰	宋父何子	魯慎公	楚熊勇	陳幽公	
			共和無所據也	秦中	獻公子	延子	慎公子	楚熊
				伯子	齊文公	晉靖侯	齊厲公	嚴
				魯武公	厲公弟	厲侯子	武公子	勇子
				慎公弟	晉釐侯	郳顏	魯懿	
				秦嚴公	靖侯子	夏父	公武公子	
				仲子	楚熊	蔡夷		伯御
			嘉父		紃嚴弟	侯	叔術	魯懿公兄子
				楚熊	師古曰紃音巡	武侯子	盱	

			譚大夫	霸嚴子		楚熊		
		召虎	寺人		衛武	咢紃子		衛共
			孟子		公釐公子	陳釐		伯釐公子
		方叔				公幽子		
			伯陽					
		南中	父	宋世	宋惠	晉獻		
	周宣	中山	史伯	子士	公釐公子	侯釐侯子		
	王靖	父				晉繆		
	厲王子	申伯	師服		燕釐	侯		
		尹吉父		蔡夷	侯十世	獻侯子		
		韓侯		侯		齊成公		
		蹶父		奄父	宋戴公	文公子		
		師古曰蹶音居衛反		造父六世孫	惠公子	魯孝公		
		張中		鄭桓		楚公子		
		程伯		公友		陳武公	曹戴伯	晉殤公
		休父	虢文			釐公子	幽子	繆公弟
		師古曰休音許虯反	公			蔡釐		幽王
						侯夷侯子		官涅宣王子
						燕頃		襃姒
						侯十一世		虢石父
							曹惠	
						齊嚴	伯	皇父
						侯成侯子	戴伯子	卿士
								司徒
						陳夷		皮師古曰即十月
						公武公子		之交詩所謂番維司
								徒是也
								大宰
						陳平公		家伯
						夷公弟		膳夫

秦襄公 嚴子 文子 辛有

楚若敖 咢子 晉文侯仇 繆侯子 趙叔

帶 奄父 宋武公 戴公子 衛嚴公 武公子 陳文公 平公子 宋宣公 武公子 楚蚡冒 霄子 師古曰蚡音扶粉反

魯惠公 孝公子 秦文公 襄公子

楚霄敖 若敖子 鄭武公 桓公子 燕哀侯 十二世 燕鄭侯 十三世 蔡共侯 釐公子 齊釐公 嚴公子

晉昭侯 文侯子 潘父 曹桓公 繆公子 蔡戴侯 侯公子

中衍 師古曰即所謂中衍鳥身人言也 內史 掫子 師古曰掫音側求反 趣馬 蹶 師古曰蹶音居衛反趣音千後反 師氏 萬 師古曰萬讀與踽同音九禹反 申侯

平王宜臼 曹繆公 惠公子 曲沃桓叔 晉文侯弟 晉孝侯 昭侯子

宋孔父 大金子 衛太子伋 公子壽

臧哀伯

宋大金 考父子 臧釐伯 石碏 師古曰碏音千若反

楚武王 蚡冒弟 鄧曼 楚武王夫人 魯施父

宋繆公和 宣公弟 蔡桓侯封人 宣侯子 邾儀父 潁考叔 鄭公

子呂 曹嚴公亦姑 桓公子 師古曰即射姑也 秦憲公 文公子 宋嚴

燕繆侯 十四世 陳桓侯鮑 文侯子 展亡駭 宋司徒皇父

司空 牛父 公子穀生 彤班 師古曰彤音而 桓王林 平王孫泄父子 衛宣公晉 桓公子 虞公

蔡宣侯 戴侯子 鄭嚴公寤生 武公子 叔段 晉鄂侯

孝侯子 宰咺 師古曰咺音許遠反 宋殤公 宣公子 華督 師古曰華音下化反 蔡哀侯 桓侯弟 晉哀侯 鄂侯子

曲沃嚴伯 桓叔子 魯隱公 惠公子 公子翬 師古曰翬音暉 衛桓公完 嚴公子 公子州吁

芮伯 魯桓公 惠公子 夫人文姜 彭生 陳厲公 桓公 弟

一	二	三	四	五	六	七	八	九
					公馮		子	
				關伯	繆公子	虞叔	晉小	
				比	燕宣		子侯	
				熊率	公		哀侯子	
			隨季	且比	十五世	楚瑕	秦出	
			良	師古曰率音力出反	觀丁	丘	公曼	
				且子余反	父	隨少		
				鄭祭	遂章	師	鄭厲	
				足	師古曰遂音子璲反		公突	
				楚文			嚴公子	
			魯申	王	嚴王	魯嚴	夫人	
			繻	武王子	佗	公同	哀姜	長狄
			楚保		桓王子	桓公子		僑如
			申	騅甥	鄧祁			
			王子	聃甥	侯			
			成父	師古曰聃音乃甘反	衛惠			
					公朔			
				養甥	宣公子			
					公子			
				謝丘	黔牟	鄭昭		
				章	左公	公忽	周公	
				辛甲	子泄	厲公兄	黑肩	
					潘和	高渠		
			齊寺		秦武	彌	連稱	齊襄
			人費		公	鄭子		公兒
			師古曰即徒人費也	石之	出公兄	亹	管至	
			費音祕	紛如	燕桓	昭公弟	父	公子
				師古曰紛音扶云反	侯	右公	雍人	亡知
			王青		十六世	子職	廩	
			二友	齊桓	齊公	王子	鮒里	

一	二	三	四	五	六	七	八	九
					公小	子糾	克	乙
			鮑叔		白		紀侯	宋愍
			牙	高傒	襄公弟	魯公	紀季	公捷
				師古曰傒音奚		孫隱		嚴公子
			召忽		蕭叔	顓孫	齊伯	南宮
			師古曰召讀曰邵		大心	師古曰顓音止專反	氏	萬
							寺人	子游
			隰朋		石祁	曹釐	貂	猛獲
				王子	子	公夷	易牙	南宮
			甯戚	成父		嚴公子	常之	牛
					原繁	宋桓	巫	鄭子
			宋仇	賓須		公禦	師古曰嬰桓時人也	嬰齊
			牧	亡		說 [illegible]	見呂覽	子[illegible]子
				麥丘		古曰說讀曰悅	衛公	傅瑕
			魯曹	人			子開	晉愍
			劇	輪邊			方	侯
			師古曰劇音居衛反	師古曰輪扁也扁音		秦德	釐王	哀侯弟
				翩		公	胡齊	曲沃
				平陵		武公弟	嚴王子	武公
			楚粥	老		秦宣	陳宣	嚴公子
			拳	愚公		公子[illegible]	公杵	王子
							臼嚴公弟	積
				陳公				蔿國
				子完	息嬀		息侯	
				佗子		燕嚴	惠王	邊柏
						侯	毋涼	
				虢史	虢叔	十七世		楚杜
				嚚		鄭文	鄭高	敖 文王子
						公棲	克	師古曰[illegible]
				周內		子厲公	公孫	

			史過	魯欒		素	陳大	
				孫	彊鉏	陳轅	子御	
		宰孔				濤塗	寇	
			召伯			楚申	魯公	
		魯公		廖	秦成	侯	子牙	
		子季	楚屈		公	魯公	圉人	
		友	完	齊中	宣公弟	子般	犖	
			師古曰屈音九勿反	孫湫	曹昭	魯閔	公子	
		魯公		師古曰湫音子小反	公班	公啓	慶父	
		子奚			釐公子作詩	嚴公子	卜齮	
		斯		許夫			師古曰齮音崎	
				人	衛戴		衛懿	
		衛弘		先丹	公		公	
		甯		本	黔牟子		惠公子	
		師古曰甯音演	卜偃	羊舌	趙夙		晉獻	

		荀息	辛廖	大夫		史華	公	
			師古曰廖音聊	史蘇	畢萬	龍滑	武公子	晉驪
		宋公	梁餘	魯釐	畢公後	奚齊	優施	姬
		子目	子養	公	士蔿	卓子	梁五	
		夷	罕夷		臣猛	師古曰卓音敕角反	東關	
			申生	楚逢	足		五	
		宮之	狐突	伯	井伯	趙孟	虞公	
		奇		衛甯	衛文	夙子生衰師古曰衰	爲晉所滅大王	
			秦繆	嚴子	公	音楚危反	後	
		百里	公	富辰	戴公弟	蔡繆	虢公	
		奚	成公弟	晉輿	宋襄	公	爲晉所滅王季	
			秦繆	芮	公		後	
			夫人	慶鄭	桓公子	許釐	鄭子	
		奄息	公孫	韓簡	蔡嚴	公	華	
			枝	鄭叔	侯		曹共	

		中行	繇余	詹	穆侯子	襄王	公	
		師古曰行音戶郎反	師古曰繇音由	皇武	燕襄	鄭	昭公子	
		鍼虎	蹇叔	子	公		惠后	王子
		師古曰鍼音其	燭之	釐負	十八世	晉惠		帶
		炎反	武	羈妻	梁卜	公		
			內史	曹豎	招父	獻公子	梁伯	
			叔興	侯獳	師古曰招音上遙反	里克		
			卜徒	師古曰獳音乃侯反				
			父		衛元	虢射		楚成
			禽息	楚子	咺	宋襄		王惲
			王廖	王	師古曰咺音許遠反	公	晉懷	師古曰左傳作頵音於
			師古曰廖音聊	鬬宜		成公子	公	倫反
				申	叔武		惠公子	潘崇
			晉文	成大				
	甯武		公	心	鍼嚴	齊孝	衛成	

	子	狐偃	獻公子	欒悼	子	公	公	
		趙衰	夫人	子		桓公子	文公子	
		師古曰衰音楚危反	姜氏	晉李			曹共	
			魏犫	離	倉葛		公	
		衰妻	畢萬子	寺人		鄭子	昭公子	
		介子	顛頡	披	鄭繆	臧	齊公	
		推	胥臣	曹文	公蘭		子無	
		推母	賈佗	公壽	文公子		詭	
			師古曰佗音徒	共公子	石㚟		師古曰左氏傳	
			何反	燕桓	師古曰㚟音丑略反		作無虧	
		郤縠	董因	公十九世			齊昭	
		舟之	豎頭		陳繆		公	
		僑	須	秦康	公		孝公子	
		荀林	齊國	公	宣公子			
		父	嚴子	繆公子		周頃		

先軫	周內	晉襄	陳共	王王		
狼瞫	史叔	公	公	臣		
師古曰瞫音審	服	文公子	繆公子			
陽處	孟明	朱文	魯文	夏父		
父	視	公	公	不忌		
甯嬴	西乞					
史駢	術	宋子	周匡	宋昭		
師古曰駢音步千反	士會	哀	王班	公		
	繞朝	邾子		胥甲		
鄭弦	石癸	玃且		父		
高		師古曰玃音居碧反且音子余反	齊君	狐射		
	公孫		舍	姑		楚繆
叔仲	壽		昭公子	師古曰射音夜		王商
惠伯	蕩意	魯公	單伯	魯宣		臣
宋方	諸	孫敖	魯叔	公		

叔嘉	公冉	蔡文	孫得		邴歜	齊懿
子	務人	公	臣		師古曰歜音觸	公商
	卜楚	嚴公子	秦共		閻職	人
樂豫	丘	單襄	公			
	晉趙	子	康公子		晉趙	晉靈
董狐	盾	靈輒	晉成		穿	公夷
	衰子	祁彌	公黑			皐
	鉏麑	明	臀			襄公子
	宋伯	師古曰祁音上尸反	靈公弟			
	夏叔		秦桓			
	子	鄭子	公			
	鬭伯	良	共公子	周定	鄭靈	陳靈
	比	士良	衞穆	王楡	公	公
令尹	楚嚴	子	公速			
子文	王	泄冶		宋文	公子	夏姬

	穆王子	孔達	逢大	公鮑		孔寧
	王孫	王子	夫	昭公弟	子公	儀行
	滿	伯參	王札	翟豐		父
楚蔿	蔿尹	師古曰參音驂	子	舒		
賈	克黃	晉解	魯公	召伯	晉先	
申叔	魏顆	陽	子歸	師古曰召讀曰邵	穀	
時	師古曰顆音口果反	荀尹	生		楚子	
			申舟	毛伯	越	
孫叔	五參	箕鄭	齊惠	少師		
敖	陳應		公	慶		
		公子	懿公弟	士豐		
	申公	雍	陳成	鄭襄		
	申培	秦景	公	公堅		
	師古曰培音陪	公	靈公子	靈公子		
	欒伯	桓公子	燕宣	衞繆		

	優孟	楚鄭	公	公		
	鄭公	公	二十世	成公子		
	子弃	鍾儀	曹宣	周簡		
	疾	楚共	公廬	王夷		
	子反	王	文公子	定王子	穀陽	
		嚴王子	吳壽	魯成	豎	
		晉郤	夢	公		
		克	中雍後十五世	宣公子		
	逢丑	辟司	師古曰辟音莫	齊頃		
	父	徒妻	風反	公		
	賓媚	師古曰辟讀曰壁		惠公子		
	人		鄭悼	衞定		
	范文	荀罃	公 襄公子	公 繆公子	鄭公	
	子 士燮		申公	衞子	子班	
		鄭賈	巫臣	良夫	曹成	

何立

			臧宣	人		中叔	公負	
		曹劌	叔	伯宗	王孫	于奚	鍚	
		時		伯宗	閱	宋共	宣公弟	
		師古曰即曹欣時也	韓獻	妻		公瑕	屠顏	
		欣音許其反	子厥	秦醫	燕昭	文公子	賈	
				緩	公	晉景	師古曰即屠岸賈也音工下反	
			程嬰	桑田	二十一世	公		
				巫	趙朔	成公子	宋蕩	
			羊舌	呂相	盾子	宋平	子	
					郤犨	公	晉厲	
				郤至	郤錡	成公子	公	
			公孫		師古曰錡音蟻	叔孫	景公子	
			杵臼		中行	僑如		
					偃	公子		
			劉康	姚句	胥童	偃		

前漢年表八　二十五　徐真

			公	耳	欒書	長魚		
			單襄	師古曰句音鉤	羊魚	矯		
			公	呂錡	鮑嚴			
			苗賁	養由	子韋			
			皇	基	向于			
			叔嬰	叔山	鄭成			
			齊	舟	公綸			
			宋華	臣句	師古曰綸音工頑反	羊斟	宋魚	
			元	須	左傳作輪音工頓反		石	
			孟獻	師古曰句音其于反				
			子		燕武		慶克	
			樂正	鮑國	公		國佐	
			求	晉解	訏			
			牧中	狐	鄭廖			
			晉悼	祁午				

			公周	韓亡	楊干			
				忌	子服			
			鄭唐	銅鞮	佗			
				伯華	叔梁			
			楚工		紇		楚公	
			尹襄		師古曰紇音下結反	靈王	子申	
			祁奚			泄心		
			羊舌	魯丘	秦堇	簡王子	公子	
			職	慶	父	魯襄	壬夫	
			魏絳	衛柳	狄斯	公	鄭釐	
			張老	壯	彌		公	
			籍偃	師古曰壯讀曰莊	士鞅	齊靈	成公子	
			汝齊			公環		程鄭
				吳諸	尹公	頃公子	子駟	
			宋子	樊	佗	衛獻		西鉏

前漢年表八　二十六　徐真

			罕	齊晏	庾公	公衍	孫蒯	吾
				桓子	差	定公子		
			向戌	楚子	公孫		朱庶	
			范宣	囊	丁		其	
			子勻士	鄭師	無終	衛殤	鄭尉	
				慧	子嘉	公炎炎	止	
			晉邢	衛大	父	獻公弟		
			蒯	叔儀	姜戎	師古曰春秋作		
			齊殖	公子	駒支	作剽	衛甯	
			綽	鱄	楚令	孫文	喜	
			鄭游	曹武	尹子	子林父		
			販	公勝	南			
			師古曰販音普板反	成公子	觀起	福陽		
				鄭簡	師古曰觀音工喚反	子妘姓		
			齊杞	公嘉		師古曰即偪陽		

1	2	3	4	5	6	7	8	9
			梁	釐公子	燕文	妘音云		
		魯季	殖妻	晉陽	公	楚屈		
	范武	文子	華州		二十三世	建		
	子		師古曰即蔡周	罕	魯國	魯臧		
	師古曰據今春秋說		祝佗		歸父	堅		
	范武子即士會也而		父	行人	鄭公	宋華		
	此重見宜列人乎未	樂王	師古曰佗音徒何反	子貟	孫夏	臣	巢牛	
	詳其說	鮒		師古曰貟音云		晉叔	臣	
			申蒯	子朱	燕懿	魚		
	晉叔	楚申	陳不	楚鍼	公	齊崔	宋伊	
	向	叔豫	占	舉	二十四世	杼	戾	
	向毋		士鞅	師古曰即椒舉	楚康	慶封		
	師古曰向讀曰	齊大	衛右	遠奄	王	慶嗣	吳餘	
	鄉	史三	宰穀	趙武	共王子	吳遏	祭	
	蘧伯	人	臣	裯子		壽夢子	師古曰祭音側	
	王	南史	厚成子	鬷蔑		晉平	介反	
	吳季	氏	衛公	師古曰鬷音子		公彪	景王	
	札	陳文	子荊	公反		悼公子	貴	
	鄭子	子	絳老	鄭子	晉亥	齊陳	靈王子	齊嚴
	產	卞嚴	人	皮	唐	桓子	魯昭	公光
	晏平	子	史趙			衛襄	公稠	靈公子
	仲		士文		秦醫	公惡	師古曰稠音直	楚夾
		臧文	伯		和	獻公子	流反	敖
仲尼	大子	中	鄭卑		晉船		晉昭	康王子
	晉		諶		人固	曹平	公夷	蔡景
		宰我	師古曰卑音脾諶音諶		來	公	公平子	侯
	左丘				師古曰即固來	武公子	燕惠	
	明	子貢	行人		也		公	蔡靈
			子羽		舟人	北燕	二十五世	侯
	顏淵	冉有	馮簡		清涓	伯款	陳公	陳哀

前漢年表八　二十七　張珪

1	2	3	4	5	6	7	8	9
			子		師古曰蛸音工		子招	公弱
	閔子	季路	子大		玄反		周儋	成公子
	騫		叔		魯謝	陳惠	桓伯	吳餘
		子游	衛北	劉定	息	公	魯南	昧
	冉伯		宮文	公	鄭定	哀公子	蒯	餘祭弟
	牛	子夏	子		公	鄭孔	莒子	師古曰昧音秣
			魯叔	公孫	簡公子	張	庚輿	宋寺
	仲弓	曾子	孫豹	楚	燕悼	周原	晉頃	人柳
			狐丘	公孫	公	伯魯	公	魯堅牛
		子張	子林	黑	二十六世		昭公子	楚靈
				韓宣	遠啓		宋元	王圍
		曾皙	晉趙	子厥	彊		公佐	晉邢
			文子	魯叔	申子		平公子	侯
		子賤	孟釐	孫昭	文豐		蔡平	雍子
				子	左史		侯	
		南容	子	楚薳罷	倚相		景侯子	楚公
		師古曰南宮縚也字	孟懿	師古曰罷讀曰疲	申亡		樊頃	子比
		子容	子	吳厥	宇		子	
		公冶	南宮	由	申亥		司徒	觀從
		長	敬叔	師古曰厤由即疋由	亡字子		醜	師古曰觀音工
		公西	師古曰南宮适	衛史	晉籍		子鼂	奐反
		華	鄭子	鼂	談		賓猛	
		有若			子鉏		師古曰即賓孟	周悼
		漆彫	老子	師曠	商		也	王猛
		啓			周史		蔡悼	景王子
		澹臺			大弢		侯	
		滅明	南榮	胥蒯			靈侯孫	
		師古曰澹音大	疇		蜎子	齊景	梁丘	
		甘反	師古曰即南榮疇	子服	師古曰蜎音一	公杵	據	
		樊遲	遲也赫音直值反	惠伯	充反	臼	曹植	

前漢年表八　二十八　珪

		巫馬		晉荀		嚴公弟	公	
		期		吳	孝成		平公子	
		司馬		裨竈	子		南宮	鄙王
		牛			齊虞		極	丐
		子羔	公伯	里析	人		頓子	景王子
		原憲	寮		越石	裔款		悼王兄
		顏路	公肩	梓慎	父		胡子	
		商瞿	子		栢常	許男	髡	
		師古曰瞿音劬		申須	騫		沈子	起平
		季次	子石		燕子		逞	王棄
		公良		林旣	于		陳夏	疾
			隰成				齧	靈王弟
			子	北郭	魏獻		魯季	費亡
		顏刻	琴牢	騷	子		平子	極
				逢於	綽孫	燕共	宋樂	曹聲
				何	司馬	公	大心	公
				司馬	彌牟	二十七世		悼公弟
				穰苴			季公	
				師古曰穰音人	司馬		鳥	吳僚
				羊反苴音子余	篤		公叔	餘昧子
				反	魏戊		務人	師古曰僚音聊
				楚伍		楚太		
				奢	智徐	子建	寺人	曹隱
				伍尚	吾		僚柤	公通
					孟丙		師古曰柤音樝	平公弟
						燕平	加反	
				魯師	成鱄	公	臧昭	
				已	師古曰鱄音上兗	二十八世	伯	
					反		厚昭	
					鬭役	專諸	伯	

				子家			師古曰[illegible]	
				羈	彼寬	秦哀	伯也	吳夫
			楚子			公	吳王	槩
			西	吳孫	楚司	景公子	闔廬	師古曰夫音扶
			公子	武	馬子	楚昭		槩音工代反
			閭	申包	胥	王		徐子
			五子	胥	沈尹	平王子	楚鄭	章禹
			胥		戌	鍾建	定	
			江上	蔡墨	衛彪		越王	衛靈
			丈人		傒		允常	公元
				楚史	師古曰傒音奚	鄭獻	夏少康後	襄公子
			史魚	皇		公蠆	闞且	南子
				王孫	萇弘	定公子	師古曰且音子	
			公叔	由于			余反	蒯聵
			文子		員公	宋景	魯定	師古曰蒯音五
				鑪金	辛	公兜	公	怪反
			中叔	師古曰鑪音盧	師古曰員讀曰	欒	宋昭	宋朝
			圉	屠羊	鄖	元公子	公	
			祝佗	說	王孫	宋中	邾嚴	彌子
			師古曰佗音徒	師古曰說讀曰	章	幾	公	瑕
			何反	悅	楚石		夷射	雍渠
			王孫	莫敖	耆	齊高	姑	黎且子師古曰
			賈	大心	劉文	張	師古曰射音夜	且音子余反
			公父	蒙穀	公卷		楚囊	
			文伯		師古曰卷音其	榮駕	瓦	
			母	陳逢	專反	鵞		
				滑		師古曰駕音加	唐成	
			衛公	司馬	季康		公	季桓
			子逞	狗	子			子
				師古曰[illegible]		秦惠	蔡昭	

范蠡

觀射 父 [師古曰龓音工奐反] 鳴犢 竇犨 越句 踐 允常子 [師古曰句音鉤] 大夫 種 后庸

[巨也見魯悼子] 顏辟 由 大夫 選 陳司 城貞 子 顓燭 鄒 [師古曰即顓涿聚子也] 郵亡 邮 王良 栢樂 陽城 胥渠 扁鵲 董安 于 田饒 仇汜 欒聲

公父 文伯 東野 畢 周舍 田果 行人 燭過 燕簡 公 [二十九世] 嚴先 生 [師古曰即殺陶朱公兒者也]

公 哀公孫 鄭聲 公勝 獻公子 趙簡 子 武子孫 韓悼 子 宣子子 齊國 夏 桑掩 胥 魯哀 公

侯 悼侯弟 晉定 公 頃公子 陳懷 公 惠公子 滕悼 公 許幼 莒郊 公 邾悼 公 頓子 胡子 薛襄 子 小邾 子 齊悼

曹靖 公路 聲公子 范吉 射 [師古曰射音食亦反] 中行 寅 [師古曰行音胡郎反] 杞隱 公 悼公子 杞釐 公 隱公子 曹伯 陽 [為宋所滅] 公孫 彊

趙昌

朱張 少連

葉公 子高 達巷 黨人

諸稽 到 苦成 皐如 計然 儀封 人 長沮 [師古曰沮音子余反] 桀溺 丈人

期 [師古曰即縣鄖也鄖或作郢] 楚芊 尹文 [師古曰芊音于具反] 隰斯 彌 市南 熊宜 僚 大陸 子方 嚴善 魯大 師 公明 賈 陳亢 [師古曰亢音岡又音抗] 子服 景伯 林放

秦悼 公 惠公弟 燕獻 公 [三十世] 楚白 公勝 屈固 檀弓 公儀 中子 皐魚 顏亡 父 顏喻 倫

齊晏 孺子 [師古曰即安孺子也] 高昭 子 楚惠 王章 昭王子 申鳴 孔文 子 大叔 疾 陳轅 頻 蔡成 公 昭公子 齊平 公難 簡公子 厥黨

公陽 生 鮑牧 田恒 陳乞子 諸御 鞅 衛大 叔遺 衛出 公輒 渾良 夫 [師古曰渾音下昆反] 孔悝 石乞 狐黶 [師古曰即孟黶] 衛簡 公蒯 聵

田乞 [完六世孫] 齊簡 公壬 子我 子行

趙昌

孟之反　大連　顏丁　顏柳　周豐　采桑羽　樂正子春　石[illegible]

何賁 師古曰賁音[illegible]　楚狂接輿　師襄子　師己　賓牟賈　公肩瑕 師古曰即公肩假也　衛視夷 師古曰即式夷也見呂氏春秋　史留　豫讓　青荓子 師古曰荓音步

陳司敗　陳子禽　陽膚　尾生高 師古曰即微生高也　申棖　師冕 師古曰即師冕　鄭戴　勝之　南郭惠子　姑布子卿　宋子　韋　公輸般　離朱　陳大宰喜　吳行人儀

顏夷　陳弃疾　工尹商陽　齊禽敖 師古曰即黔敖也　餓者　陳子　元　陳尊已　秦厲共公　悼公子　鄭共公丑　哀公弟

童子 師古曰即闕黨童子也　華子成 師古曰即棘子成也　周元王赤　敬王子　晉出公　定公子　公之魚　宋桓魋　匡人　貞定王　元王子

原壤　叔孫武叔　衛公孫朝　尾生晦 師古曰即微生畝也晦古畝字　互鄉童子　茀肸 師古曰即佛肸也佛音弼　公山不狃 師古曰即公山不擾也狃音人九反　杞愍公　釐公子　杞釐公　師古曰此不當書釐公字誤也

衛侯起　石國　陽虎　陳愍公 為楚所滅　吳王夫差

子服子　惠子　公扈皮　段干木　田子方　甯越

丁反　趙襄子　簡子子　知過 師古曰即知果　鮑焦　墨翟　禽屈釐 師古曰即禽滑釐者是也屈音其勿反又音丘勿反　我子　田俅子 師古曰俅音求　隨巢子　胡非子　魏文侯　桓子孫　李克

鄭駟乙　粲 師古曰鄭人所傳也[illegible]　燕考公 三十一世　魏桓子 獻子曾孫　韓康子 貞子子　高赫　原過　任章　中山武公 周桓公子　韓武子 康子子　公季成　司馬庾　司馬喜

晉定公 昭公孫　田襄子 悼子子　魯悼公 出公子　燕成公 三十二世　秦躁公 厲公子 師古曰躁音千到反　趙獻侯 襄子兄孫　趙桓

晉哀公忌　智伯　齊宣公 平公子　蔡元侯 聲侯子　衛悼公 出公叔子　衛敬公 悼公子　西周桓公 考王弟　魯元公 悼公子　周威公 桓公孫

鄭哀公易 聲公子　蔡聲侯產 成侯子　蔡侯齊 為楚所滅　杞簡公春 為楚所滅　思王叔襲 定王子　周考哲王嵬 思王弟　秦懷公 躁公立　衛懷公 敬公弟　周威烈王 考王子　鄭幽

大宰語

子思

大史屠黍 翟黃 任座師古曰座音才戈反 李悝師古曰悝音口回反 趙倉堂 屈侯鮒 西門豹 公儀休 泄柳 申詳

魏成子 躬吾君 牛畜 荀訢 徐越 魯穆公元公子 費惠公師古曰費音祕 顏敢 王慎 長息 公明

司馬期 趙公 中達 田大公和 秦簡公厲公子 韓景侯虔武侯子 孫子 南宮邊 列子

子襄子弟 楚簡王惠王子 燕愍公三十三世 樂陽師古曰即樂羊也 趙烈侯獻侯子 燕釐公三十四世 秦惠公簡公子 趙武公列侯弟 韓列侯景侯子

東周惠公威公子 秦靈公懷公孫 衛慎公敬公子 晉列侯幽公子 宋悼公昭公子 楚悼王聲王子

公共公子 宋昭公景公子 晉幽公懿公子 楚聲王簡王子 元安王驩威烈王子 鄭繻公駘師古曰繻音須駘音臺

鄭相駟子陽 齊康

王寘

孟子

趙良

高 嚴仲子 聶政 聶政姊 孟勝 徐弱 白圭 鄒忌 孫臏師古曰臏音頻忍反 田忌 大史儋 商鞅

魏武侯文侯子 列侯子 陽成君 大監突 徐子 齊威王田桓侯子 章子 大成午

吳起 韓文侯 趙敬侯列侯子 魏惠王武王子 齊桓侯和子 趙成侯敬侯子 燕桓公三十五世 秦獻公靈公子 趙肅侯成侯子 秦孝公

韓相俠絫 宋休公悼公子 晉孝公列公子 秦出公惠公子 楚肅王 悼王子 韓懿侯哀侯子 魯共公繆公子 龐涓師古曰涓音工玄反 宋辟公休公子 衛聲公慎公子 楚唐

侯 文侯子 韓哀 周夷烈王喜元安王子

公爲田氏所滅 鄭康公乙爲韓所滅 晉靖公任伯爲韓魏所滅

		獻公子	蕺	
申子	甘龍	韓昭侯		
	杜摯	懿侯子		
		燕文	衛成	
	子桑	公	公	周顯
	子	桓公子	釐公子	聖王
屈宜		三十六世		扁
咎	被雍	安陵	楚宣	夷烈王子
		繵	王	師古曰扁
鐸椒	昭奚	師古曰繵即纏	肅王子	音篇
	恤	字也		宋剔
鄭敖	江乙	蘇秦		成君
子華	沈尹	張儀	魯康	辟公子
	華	齊宣	公	嚴蹻
史舉		王辟		師古曰蹻音居

	馮赫	彊		略反
閭丘	淳于	威王子	魯景	
光	髡	靖郭	公	
	昆辯	君	康公子	
	師古曰齊人也請郭		唐尚	
	君所善見戰國策而	於陵		
	呂覽作劇貌辯	子中		
	司馬	秦惠	楚威	
	錯	王	王	
	犀首	孝王子		
閭丘	公中	魏襄	衛平	
卬	用	王	公	
顏歜	史起	惠王子	成公子	
師古曰歜音觸	蕩疑	韓宣	衛嗣	慎靚
王升	師古曰即蕩疑	王	君	王

		尹文	也	昭王子	平公子	顯王子	
		子	魏哀	燕易	魯平	越王	
		番君	王	王	公	無彊	
		唐易	襄王子	三十七世	景公子	句踐十世	
		子	韓襄	周昭	燕王	為楚所滅	
		如耳	王	文君	噲		
			宣王子	赧王	三十八世		
		西周	蘇代	延	子之		
屈原		武公		慎靚王子	楚懷		夫人
			蘇厲	馬犯	王		鄭袖
		陳軫		周景	威王子		
	昭廷	占尹	宋遺	令尹	靳尚		
漁父		應豎	上官	子椒			
			大夫	子蘭	魏昭		
		秦武	烏獲		王		

		王	軋子	孟說	哀王子	趙武	
		惠王子	厭子	師古曰說讀曰悅	魯愍	靈王	
	樗里	任鄙	師古曰聚字也		公	肅侯子	
	子	公羊	沈子	戚子	平公子	李兌	
	師古曰樗音丑於反	子	師古曰魯人也	根牟	楚頃	田不	
		穀梁	善春秋	子	襄王	禮	
肥義		子	北宮	申子	懷王子	代君	
		萬章	子	慎子	衛懷	章	
		告子	魯子	嚴周	君	齊愍	
	甘戊	薛居	公扈	惠施	嗣君子	王	
		州	子	公孫	齊襄	宣王子	
	滕文	樂毋	尸子	龍	王	淖齒	宋君
	公	子	捷子	魏公	愍王子	師古曰淖音女	偃
		高子	鄒衍	子牟		教反字或作卓	為齊所滅
		仲梁	田駢	狐爰			

公孫丑 樂毅 廉頗 虞卿 朱英 王翦

魯仲連 藺相如 孫卿

子 孔穿 子思玄孫 王歜 師古曰歜音觸 燕昭王三十九世 噲子 郭隗 白起 田單 趙奢 縮高 公孫弘 師古曰齊人也孟嘗君所使見戰國策 侯嬴 平原君 毛遂 蒙恬

惠盎 王孫賈 宋王 嚴辛 范雎 蘇不釋 葉陽君 涇陽君 安陵君 唐雎 孟嘗君 魏公子 朱亥 春申君 秦孝文王 昭襄王子 華陽夫人 秦嚴襄王

師古曰即狐盎也齊人見戰國策 唐勒 景瑳 師古曰瑳音子何反即景差反 秦昭襄王 武王弟 穰侯 趙惠文王 武靈王弟 陳筮 雍門周 范座 師古曰座音才戈反 左師 觸龍 龐煖 師古曰煖音許元反又許遠反 楚考烈王 頃襄王子 韓桓惠王

燕惠王四十世 昭王子 韓釐王 襄王子 魏安釐王 昭王子 燕武成王 惠王子 趙孝成王 惠文王子 燕孝王四十二世 李園 魯頃公 為楚所滅 魏景湣王

騎劫 趙括 韓王安 為秦所滅 趙王遷 為秦所滅 楚幽王

楚王

孔襄 孔鮒弟子

韓非 燕將渠 樂間 高漸離

文王子 呂不韋 淳于越 李牧 燕大子丹 鞠武 師古曰鞠音居六反 荆軻 樊於期 孔鮒 孔穿孫

釐王子 衛元君 懷君弟 秦始皇 李斯 秦武陽 項梁 秦子嬰 項羽 陳勝 吳廣

安釐王子 趙悼襄王 孝成王子 衛君角 為秦所滅 董翳 司馬欣

孝烈王子 燕栗腹 劇辛 代王嘉 為秦所滅 秦二世胡亥

負芻 為秦所滅 燕王喜 為秦所滅 魏王假 為秦所滅 齊王建 為秦所滅 趙高 閭樂

古今人表第八

律歷志第一上 師古曰志記也積記其事也春秋左氏傳曰前志有之 班固 漢書二十一

秘書監上護軍琅邪縣開國子顏師古注

虞書曰乃同律度量衡 師古曰虞書舜典也同謂齊等 所以齊遠近立民信也自伏羲畫八卦由數起 師古曰言萬物之數因八卦而起也 至黃帝堯舜而大備三代稽古法度章焉 師古曰三代夏殷周也稽考也考於古事 周衰官失孔子陳後王之法曰謹權量審法度修廢官舉逸民四方之政行矣 師古曰此論語載孔子述古帝王之政以示後世權謂斤兩也量斗斛也法度丈尺也逸民謂有德而隱處者 漢興北平侯張蒼首律歷事 師古曰首謂始定也 孝武帝時樂官考正 師古曰更質正其事 至元始中王莽秉政欲燿名譽徵天下通知

鍾律者百餘人使羲和劉歆等典領條奏言之最詳故刪其僞辭取正義著于篇 師古曰班氏自云作志取劉歆之義也自此以下訖於用竹爲引者事之宜也刪其辭焉 一曰備數二曰和聲三曰審度四曰嘉量五曰權衡參五以變錯綜其數稽之於古今効之於氣物和之於心耳考之於經傳咸得其實靡不協同數者一十百千萬也所以算數事物順性命之理也書曰先其算命 師古曰逸書也言王者統業先立算數以命百事也 本起於黃鍾之數始於一而三之三三積之 孟康曰黃鍾子之律也子數一泰極元氣含三爲一是以一數變而爲三也 歷十二辰之數十有七萬七千一百四十七而五數備矣 孟康曰初以子一乘丑三餘則轉因其成數以三乘之歷十二辰得是積數也五行陰陽變化之數備於此也 其算法用竹徑一分長六寸二百七十一枚而成六觚爲一握 蘇林曰六觚六角也度角至角其度一寸面容二分算九枚相因之數有十正面之數實九其表六九五十四算中積凡得二百七十一枚 徑象乾律黃鍾之一而長象坤呂林鍾之長 張晏曰林鍾長六寸韋昭曰黃鍾管九寸十分之一得其一分也 其數以易大衍之數五十其用四十九成陽六爻得周流六虛之象也 孟康曰以四十九成陽六爻爲乾乾之策數二百一十六以成六爻是爲周流六虛之象也 夫推歷生律 張晏曰推歷十二辰以生律呂也 制器規圜矩方權重衡平準繩嘉量 張晏曰準水平量知多少故曰嘉 探賾索隱鉤深致遠莫不用焉 師古曰賾亦深也索求也 度長短者不失豪氂 孟康曰豪兔豪也十豪爲氂師古曰氂音大各反 量多少者不失圭撮 應劭曰圭自然之形陰陽之始也四圭曰撮三指撮之也孟康曰六十四黍爲圭師古曰撮音倉括反 權輕重者不失黍絫 孟康曰絫音蠡應劭曰十黍爲絫十絫爲銖師古曰絫孟音來戈反此字讀亦音纍絫之纍

紀於一協於十長於百大於千衍於萬其法在算術宣于天下小學是則職在太史羲和掌之 聲者宮商角徵羽也所以作樂者諧八音蕩滌人之邪意全其正性移風易俗也 八音土曰塤 應劭曰世本暴辛公作塤師古曰燒土爲之其形銳上而平底六孔吹之塤音許元反字或作壎其音同耳 匏曰笙 應劭曰世本隨作笙師古曰匏瓠也列管瓠中施簧管端 皮曰鼓 師古曰鼓者郭也言郭張皮而爲之 竹曰管 孟康曰禮樂器記管漆竹長一尺六孔尚書大傳西王母來獻白玉琯漢章帝時零陵文學奚景於泠道舜祠下得白玉琯古以玉作不但竹也 絲曰絃石曰磬金曰鍾木曰柷 師古曰柷與敔同敔始也樂將作先鼓之故謂之柷

狀如𥫗桶中有椎連底動之令左右擊音昌六反五聲和八音諧而樂成商之爲言章也物成孰可章度也師古曰度音大各反角觸也物觸地而出戴芒角也宮中也居中央暢四方唱始施生爲四聲綱也徵祉也物盛大而緐祉也羽宇也物聚臧宇覆之也夫聲者中於宮觸於角祉於徵章於商宇於羽故四聲爲宮紀也協之五行則角爲木五常爲仁五事爲貌商爲金爲義爲言徵爲火爲禮爲視羽爲水爲智爲聽宮爲土爲信爲思以君臣民事物言之則宮爲君商爲臣角爲民徵爲事羽爲物唱和有象故言君臣位事之體也五

聲之本生於黃鐘之律九寸爲宮或損或益以定商角徵羽九六相生陰陽之應也律十有二陽六爲律陰六爲呂律以統氣類物一曰黃鐘二曰太族師古曰族音千豆反其下並同三曰姑洗四曰蕤賓五曰夷則六曰亡射師古曰亡讀曰無射音亦石反呂以旅陽宣氣一曰林鐘二曰南呂三曰應鐘四曰大呂五曰夾鐘六曰中呂師古曰中讀曰仲有三統之義焉其傳曰黃帝之所作也黃帝使泠綸師古曰泠音零綸音倫也自大夏之西應劭曰大夏西戎之國也昆侖之陰取竹之解谷孟康曰解脫也谷竹溝也取竹之脫無溝節者也一說昆侖之北谷名也晉灼曰谷名是也生其竅厚均者應劭曰生者治也竅孔也孟康曰竹孔與內薄厚等也晉灼曰取谷中之

竹生而肉孔外內厚薄自然均者截以爲筩不復加削刮也師古曰晉說是也斷兩節閒而吹之以爲黃鐘之宮師古曰黃鐘之宮律之最長也制十二筩以聽鳳之鳴師古曰筩音大東反其雄鳴爲六雌鳴亦六比黃鐘之宮而皆可以生之是爲律本師古曰比合也可以生之謂上下相生也故謂之律本比音頻寐反至治之世天地之氣合以生風天地之風氣正十二律定孟康曰律得風氣而成聲風和乃律調也臣瓚曰風氣正則十二月之氣各應其律不失其序黃鐘黃者中之色君之服也鐘者種也天之中數五韋昭曰一三在上七九在下五爲聲聲上宮五聲莫大焉地之中數六韋昭曰二四在上八十在下六爲律律有形有色色上黃五色莫盛焉故陽氣施種於黃泉孳萌萬物師古曰孳讀與滋同滋益也萌始生爲六氣元也以黃色名元氣律者著宮聲也宮以九唱六孟康曰黃鐘陽九林鐘陰六言陽唱陰和變動不居周流六虛始於子在十一月大呂呂旅也言陰大旅助黃鐘宣氣而牙物也位於丑在十二月太族族奏也言陽氣大奏地而達物也師古曰奏進也位於寅在正月夾鐘言陰夾助太族宣四方之氣而出種物也位於卯在二月姑洗洗絜也言陽氣洗物辜絜之也孟康曰辜必也必使之絜也位於辰在三月中呂言微陰始起未成著於其中旅助姑洗宣氣齊物也位於巳在四月蕤賓蕤繼也賓導也言陽始導陰氣使繼養物也位於

午在五月林鐘林君也言陰氣受任助蕤賓君主種物使長大楙盛也師古曰種物種生之物楙古茂字也種音之勇反位於未在六月夷則則法也言陽氣正法度而使陰氣夷當傷之物也師古曰夷亦傷位於申在七月南呂南任也言陰氣旅助夷則任成萬物也位於酉在八月亡射射厭也言陽氣究物而使陰氣畢剝落之終而復始亡厭已也位於戌在九月應鐘言陰氣應亡射該臧萬物而雜陽閡種也孟康曰閡臧塞也陰雜陽氣臧塞為萬物作種也晉灼曰外閉曰閡師古曰閡音胡待反下言該於亥音訓並同也位於亥在十月三統者天施地化人事之紀也李奇曰統緒也十一月乾之初九陽氣

伏於地下始著為一萬物萌動鍾於太陰故黃鍾為天統律長九寸九者所以究極中和為萬物元也易曰立天之道曰陰與陽師古曰易說卦之辭六月坤之初六陰氣受任於太陽繼養化柔萬物生長楙之於未令種剛彊大故林鍾為地統律長六寸六者所以含陽之施楙之於六合之內令剛柔有體也立地之道曰柔與剛師古曰此亦說卦之辭也乾知太始坤作成物師古曰此上繫之辭正月乾之九三萬物棣通孟康曰棣謂通意也師古曰棣音替族出於寅人奉而成之仁以養之義以行之令事物各得其理寅木也為仁其聲商也為義故太

族為人統律長八寸象八卦宓戲氏之所以順天地通神明類萬物之情也師古曰宓讀與伏同立人之道曰仁與義師古曰此說卦之辭在天成象在地成形師古曰此上繫之辭后以裁成天地之道輔相天地之宜以左右民師古曰此泰卦象辭也后君也謂王者也左右助也左讀曰佐右讀曰佑此三律之謂矣是為三統其於三正也黃鍾子為天正師古曰正音之成反下皆類此林鍾未之衝丑為地正太族寅為人正三正正始是以地正適其始紐於陽東北丑位易曰東北喪朋迺終有慶孟康曰未在西南陽也陰而入陽為失其類也師古曰此坤卦彖辭荅應之道也及黃鍾為宮則太族姑洗林鍾南呂皆以正聲應無有忽微

孟康曰忽微若有若無細於髮者也謂正聲無有殘分也不復與它律為役者同心一統之義也非黃鍾而它律雖當其月自宮者則其和應之律有空積忽微孟康曰十二月之氣各以其月之律為宮非五音之正則聲有高下差降空積若鄭氏分一寸為數千不得其正此黃鍾至尊亡與並也易曰參天兩地而倚數師古曰易說卦之辭也倚立也參謂奇也兩謂耦也七九陽數六八陰數天之數始於一終於二十有五其義紀之以三故置一得三又二十五分之六凡二十五置終天之數得八十一以天地五位之合終於十者乘之為八百一十分應歷一統孟康曰十九歲為一章一統凡八十一章千五百三十九歲之章數黃鍾之實也繇此之義師古曰繇

讀與由同由用也起十二律之周徑孟康曰律孔徑三分參天之數也圍九分終天之數也地之數始於二終於三十其義紀之以兩故置一得二凡三十置終地之數得六十以地中數六乘之為三百六十分當期之日林鐘之實孟康曰林鐘長六寸圍六分以圍乘長得積三百六十分也師古曰期音基謂十二月為一期也人者繼天順地序氣成物統八卦調八風理八政正八節諧八音舞八佾監八方被八荒以終天地之功故八八六十四其義極天地之變以天地五位之合終於十者乘之為六百四十分以應六十四卦大族之實也孟康曰大族長八寸圍八分為積六百四十分也書曰天功人其代之師古曰虞書咎繇謩也言聖人

象天造化之代而行之天兼地人則天故以五位之合乘焉唯天為大唯堯則之之象也師古曰則法也論語稱孔子曰大哉堯之為君也唯天為大唯堯則之美帝堯能法天而行化地以中數乘者陰道理內在中餽之象也師古曰餽字與饋同易家人卦六二爻辭曰无攸遂在中饋言婦人之道取象於陰無所必遂但居中主饋食而已故云然三統相通故黃鐘林鐘太族律長皆全寸而亡餘分也天之中數五地之中數六而二者為合六為虛五為聲周流於六虛虛者爻律夫陰陽登降運行列為十二而律呂和矣太極元氣函三為一孟康曰元氣始起於子未分之時天地人混合為一故子數獨一也師古曰函讀與含同後皆類此也極中也元始也行於十二辰始動於子參之於丑得三又

參之於寅得九又參之於卯得二十七又參之於辰得八十一又參之於巳得二百四十三又參之於午得七百二十九又參之於未得二千一百八十七又參之於申得六千五百六十一又參之於酉得萬九千六百八十三又參之於戌得五萬九千四十九又參之於亥得十七萬七千一百四十七此陰陽合德氣鐘於子化生萬物者也故孳萌於子紐牙於丑引達於寅冒茆於卯師古曰茆謂叢生也音莫保反振美於辰已盛於巳咢布於午蘇林曰咢音愕也昧薆於未師古曰薆蔽也音愛申堅於申留孰於酉畢入於戌該閡

於亥出甲於甲奮軋於乙師古曰軋音於黠反明炳於丙大盛於丁豐楙於戊理紀於己斂更於庚悉新於辛懷任於壬陳揆於癸故陰陽之施化萬物之終始既類旅於律呂又經歷於日辰而變化之情可見矣玉衡杓建天之綱也如淳曰杓音猋斗端星也孟康曰斗在天中周制四方猶宮聲處中為四聲綱也師古曰杓音必遙反日月初躔星之紀也孟康曰躔舍也二十八舍列在四方日月行焉起於星紀而又周之猶四聲為宮紀也晉灼曰下言斗綱之端連貫營室織女之紀指牽牛之初以紀日月故曰星紀五星起其初日月起其中是謂天之綱紀也師古曰躔踐也音直連反綱紀之交以原始造設合樂用焉律呂唱和以育生成化歌奏用焉指顧取象然後陰陽萬物靡不條鬯該成師古曰條達也鬯與暢同故以

成之數忖該之積孟康曰成之數者謂黃鍾之法數該之積為黃鍾變生十二辰積實之數也忖除也言以法數除積得九寸即黃鍾之長也言該者該衆律之數也師古曰忖音千本反如法為一寸則黃鍾之長也孟康曰得一寸則所謂得九寸也言一者張法辭參分損一下生林鍾張晏曰黃鍾長九寸以二乘九得十八以三除之得林鍾六寸其法率如此推當算乃解晉灼曰蔡邕律歷記凡陽生陰曰下陰生陽曰上也參分林鍾益一上生太族參分太族損一下生南呂參分南呂益一上生姑洗參分姑洗損一下生應鍾參分應鍾益一上生蕤賓參分蕤賓損一下生大呂參分大呂益一上生夷則參分夷則損一下生夾鍾參分夾鍾益一上生亡射參分亡射損一下生中呂陰陽相生自黃鍾始而左旋八八為伍孟康曰從子數辰至未得八下生林鍾數未至寅得八上生太族律上下相生皆以此為率伍耦也八八為耦其法皆用銅職在大樂太常掌之

度者分寸尺丈引也所以度長短也師古曰度音大各反下皆類此本起黃鍾之長以子穀秬黍中者孟康曰子北方北方黑謂黑黍也師古曰此說非也子穀猶言穀子耳秬即黑黍無取北方為號也中者不大不小也言取黑黍穀子大小中者率為分寸也秬音鉅一黍之廣度之九十分黃鍾之長一為一分十分為寸十寸為尺十尺為丈十丈為引而五度審矣其法用銅高一寸廣二寸長一丈而分寸尺丈存焉用竹為引高一分廣六分長十丈其方法矩高廣之數陰陽之象也孟康曰高一分廣六分一為陽六為陰也分者自三微而成著可分別

也寸者忖也尺者蒦也師古曰蒦音約丈者張也引者信也師古曰信讀曰伸言其長夫度者別於分忖於寸蒦於尺張於丈信於引引者信天下也職在內官師古曰內官署名也百官表云內官長丞初屬少府中屬主爵後屬宗正廷尉掌之師古曰法度所起故屬廷尉也量者龠合升斗斛也師古曰龠音藥合音閤所以量多少也師古曰量音力張反本起於黃鍾之龠用度數審其容師古曰因度以生量也其容謂其中所容受之多少也以子穀秬黍中者千有二百實其龠以井水準其槩孟康曰槩欲其直故以水平之井水清清則平也師古曰槩所以槩平斗斛之上者也音工代反又音工內反十龠為合十合為升十升為斗十斗為斛而五量嘉矣師古曰嘉善也其法用銅方尺而圜其外旁有庣焉

鄭氏曰庣音條桑之條庣過也算方一尺所受一斛過九氂五豪然後成斛今尚方有王莽時銅斛制盡與此同師古曰庣不滿之處也音吐彫反其上為斛其下為斗孟康曰其上謂仰斛也其下謂覆斛之底受一斗左耳為升右耳為合龠其狀似爵以縻爵祿晉灼曰縻散也上三下二參天兩地圜而函方左一右二陰陽之象也其圜象規其重二鈞備氣物之數合萬有一千五百二十孟康曰三十斤為鈞鈞萬一千五百二十銖聲中黃鍾始於黃鍾而反覆焉孟康曰反斛聲中黃鍾覆斛亦中黃鍾之宮宮為君也臣瓚曰仰斛受一斛覆底受一斗故曰反覆焉師古曰覆音芳目反君制器之象也龠者黃鍾律之實也躍微動氣而生物也合者合龠之量也升者登合之量也斗者聚升之量也斛者角斗平多少之量

也夫量者躍於龠合於合登於升聚於斗角於斛也職在太倉大司農掌之師古曰米粟之量故在太倉也・衡權者衡平也權重也衡所以任權而均物平輕重也其道如底師古曰底平也謂以底石厲物令平齊也底音指以見準之正繩之直左旋見規右折見矩其在天也佐助旋機斟酌建指以齊七政師古曰七政日月五星也故曰王衡論語云立則見其參於前也孟康曰權衡量三等爲參在車則見其倚於衡也又曰齊之以禮此衡在前居南方之義也權者銖兩斤鈞石也所以稱物平施知輕重也本起於黃鐘之重一龠容千二百黍重十二銖兩之爲兩二十四銖爲兩十六兩爲斤三十斤爲鈞四鈞爲石忖爲十八易十有八變之象也孟康曰忖度也度其義有十八也黃鐘龠銖兩鈞斤石凡七與下十一象爲十八也張晏曰象易三揲蓍而成一爻十八變具六爻而成卦五權之制以義立之以物鈞之其餘小大之差以輕重爲宜圜而環之令之肉倍好者孟康曰謂爲鍾之形如鐶也如淳曰體爲肉孔爲好師古曰鍾者稱之權也音直垂反又音直睡反周旋無端終而復始無窮已也銖者物繇忽微始至於成著可殊異也師古曰繇讀與由同由從也兩者兩黃鐘律之重也李奇曰黃鐘之管重十二銖兩十二得二十四也二十四銖而成兩者二十四氣之象也斤者明也三百八十四銖易二篇之爻陰陽變動之象也十六兩成斤者四

時乘四方之象也鈞者均也陽施其氣陰化其物皆得其成就平均也權與物均重萬一千五百二十銖當萬物之象也四百八十兩者六旬行八節之象也孟康曰六甲爲六旬一歲有八節六甲周行成歲以六乘八節得之三十斤成鈞者一月之象也石者大也權之大者也始於銖兩於兩明於斤均於鈞終於石物終石大也四鈞爲石者四時之象也重百二十斤者十二月之象也終於十二辰而復於子黃鐘之象也孟康曰稱之數始於銖終於石石重百二十斤象十二月銖之重本取於子律黃鐘一龠容千二百黍爲十二銖故曰復於子黃鐘之象也千九百二十兩者陰陽之數也三百八十四爻五行之象也四萬六千八十銖者萬一千五百二十物歷四時之象也而歲功成就五權謹矣權與物鈞而生衡孟康曰謂錘與物鈞所稱適停則衡平也衡運生規規圜生矩矩方生繩繩直生準韋昭曰立準以望繩以水爲平準正則平衡而鈞權矣是爲五則規者所以規圜器械令得其類也矩者矩方器械令不失其形也規矩相須陰陽位序圜方乃成準者所以揆平取正也繩者上下端直經緯四通也準繩連體衡權合德百工繇焉以定法式師古曰繇讀與由同由用也輔弼執玉以翼天子師古曰翼助也詩云尹氏大師秉國之鈞四方是維天子是毗俾民不迷

師古曰小雅節南山之詩也言尹氏居太師之官執持國之權量維制四方輔翼天子使下無迷惑也咸有五象其義一也以陰陽言之大陰者北方北伏也陽氣伏於下於時爲冬冬終也物終臧乃可稱水潤下知者謀謀者重故爲權也大陽者南方南任也陽氣任養物於時爲夏夏假也物假大乃宣平火炎上禮者齊齊者平故爲衡也少陰者西方西遷也陰氣遷落物於時爲秋秋䊵也師古曰䊵音子由反物䊵斂乃成孰金從革改更也義者成成者方故爲矩也少陽者東方東動也陽氣動物於時爲春春蠢也物蠢生迺動運木曲直仁者生生者圜故爲規也

中央者陰陽之內四方之中經緯通達迺能端直於時爲四季土稼嗇蕃息師古曰蕃多也息生也蕃音扶元反信者誠誠者直故爲繩也五則揆物有輕重圜方平直陰陽之義四方四時之體五常五行之象厥法有品各順其方而應其行職在大行鴻臚掌之師古曰平均曲直齊一遠近故在鴻臚書曰予欲聞六律五聲八音七始詠以出內五言女聽師古曰虞書益稷篇所載舜與禹言予者帝舜也言以律呂和五聲施之八音合之成樂七者天地四時人之始也順以歌詠五常之言聽之則順乎天地序乎四時應人倫本陰陽原情性風之以德感之以

樂師古曰以德化之以樂動之詩序曰上以風化下莫不同乎一唯聖人爲能同天下之意故帝舜欲聞之也今廣延羣儒博謀講道修明舊典同律審度嘉量平衡鈞權正準直繩立于五則備數和聲以利兆民貞天下於一同海內之歸師古曰貞正也易下繫之辭曰天下之動貞夫一者也言皆以一爲正也又曰天下同歸而殊塗一致而百慮言塗雖殊其歸則同慮雖百其致則一也故志引之云爾凡律度量衡用銅者名自名也師古曰取銅之名以合於同也所以同天下齊風俗也銅爲物之至精不爲燥溼寒暑變其節不爲風雨暴露改其形介然有常有似於士君子之行師古曰介然特異之意是以用銅也用竹爲引者事之宜也李奇曰引長十丈高一分廣六分唯竹篾柔而

堅爲宜耳曆數之起上矣傳述顓頊命南正重司天火正黎司地臣瓚曰南正司天則北正當司地不得言火正也古文火字與北相似故遂誤耳師古曰此說非也班固幽通賦云玄黎醇耀於高辛是則黎爲火正也其後三苗亂德二官咸廢師古曰三苗國名縉雲氏之後爲諸侯者即饕餮也二官重黎也而閏餘乖次孟康曰以歲之餘日爲閏故曰閏餘次十二次也史推歷失閏則斗建與月差錯也孟陬殄滅孟康曰正月爲孟陬歷紀廢絕閏餘乖錯不與正歲相值謂之殄滅也攝提失方孟康曰攝提星名隨斗柄所指建十二月若歷誤春三月當指辰而乃指巳是爲失方也堯復育重黎之後使纂其業故書曰迺命羲和欽若昊天歷象日月星辰敬授民時歲三百有六旬有六日以閏月定四時成歲允釐百官衆功皆美師古曰此皆虞書堯典之辭也欽敬若順也昊天言天氣廣大也星四方之中星也辰日月所會也羲氏和氏重黎之後以其世掌天地

故堯允命之使敬順昊天歷象星辰之分節敬記天時以授下人也匝四時凡三百六十六日而定一歲十二月月三十日正三百六十日則餘六日矣又除小月六日是爲歲有餘十二日未盈三歲便得一月則置閏焉以定四時之氣節成一歲之歷象則能信理百官衆功皆美也其後以授舜曰咨爾舜天之歷數在爾躬舜亦以命禹師古曰事見論語堯曰篇至周武王訪箕子師古曰訪箕子謂誡殷之後箕子言大法九章而五紀明歷法孟康曰歲月日星辰是謂五紀也師古曰大法九章即洪範九疇也其四曰協用五紀也故自殷周皆創業改制咸正歷紀服色從之順其時氣以應天道三代既沒五伯之末史官喪紀疇人子弟分散李奇曰同類之人俱明歷者也如淳曰家業世世相傳爲疇師古曰如說是也或在夷狄故其所記有黃帝顓頊夏殷周及魯歷戰國擾攘秦兼天下未皇暇也

亦頗推五勝孟康曰五行相勝秦以周爲火用水勝之而自以獲水德乃以十月爲正色上黑師古曰獲水德謂有黑龍之瑞漢興方綱紀大基庶事草創襲秦正朔以北平侯張蒼言用顓頊歷比於六歷踈闊中最爲微近然正朔服色未覩其眞而朔晦月見弦望滿虧多非是至武帝元封七年漢興百二歲矣大中大夫公孫卿壺遂大史令司馬遷等言歷紀壞廢宜改正朔是時御史大夫兒寬明經術師古曰兒音五奚反上迺詔寬曰與博士共議今宜何以爲正朔服色何上寬與博士賜等議皆曰帝王必改正朔易服色所以明受命於天也創業

變改制不相復師古曰復重也因也音扶目反次下亦同推傳序文則今夏時也臣等聞學褊陋不能明陛下躬聖發憤昭配天地師古曰躬聖者言身有聖德也發憤謂念正朔未定也昭明也臣愚以爲三統之制後聖復前聖者二代在前也今二代之統絕而不序矣唯陛下發聖德宣考天地四時之極則順陰陽以定大明之制爲萬世則於是迺詔御史曰迺者有司言歷未定廣延宣問以考星度未能讎也師古曰讎相當蓋聞古者黃帝合而不死名察發斂定清濁起五部建氣物分數應劭曰言黃帝造歷得仙名節會察寒暑致啓分發斂至定清濁起五部五部金木水火土也建氣物分數皆敘歷之意也孟康曰合作也黃帝作歷歷終而復始無窮已也故曰不死名春夏爲發秋

冬爲斂清濁謂律聲之清濁也五部謂五行也天有四時分爲五行也氣二十四氣也物萬物也分歷數之分也晉灼曰蔡邕天文志渾天名察發斂以行日月以步五緯臣瓚曰黃帝聖德與神靈合契升龍登仙故曰合而不死題名宿度候察進退史記曰名察宿度謂三辰之度吉凶之驗也然則上矣書缺樂弛朕甚難之師古曰弛廢也音式爾反依違以惟未能修明師古曰依違不決之意也惟思也其以七年爲元年李奇曰改元封七年爲太初元年遂詔卿遂遷與侍郎尊大典星射姓等師古曰姓射名姓也議造漢歷迺定東西立晷儀下漏刻以追二十八宿相距於四方舉終以定朔晦分至躔離弦望應劭曰躔徑也離遠也臣瓚曰案離歷也日月之所歷也節侯曰日月或歷度大迺以前歷上元泰初四千六百二十七歲至於元封七年復得閼逢攝提格之歲中冬孟康曰言復得者上元泰初時亦是閼逢之歲歲在甲曰閼逢在寅曰攝提格此爲甲寅

之歲也師古曰中讀曰仲十一月甲子朔旦冬至日月在建星李奇曰古
以建星為宿今以牽牛為宿孟康曰建星在牽牛間晉灼曰賈逵論太初歷冬至日在牽牛初者牽牛中星也古歷皆在建星建星即斗
星也太初歷四分法在斗二十六度史官舊法冬夏至常不及太初歷五度四分法在斗二十一度與行事候法天度相應太歲
在子已得太初本星度新正姓等奏不能為算師古
曰姓即射姓也願募治歷者更造密度各自增減以造漢太
初歷迺選治歷鄧平及長樂司馬可酒泉候宜君
師古曰可者司馬之名也宜君亦候之名也候官號也故曰東南一尉西北一候侍郎尊及與民間
治歷者凡二十餘人方士唐都巴郡落下閎與焉
晉灼曰三人姓名也史記歷書唐都分天部而巴郡落下閎運算推歷師古曰姓唐名都方術之士也姓落下名閎巴郡人也都與閎凡
二人言三人非也與讀曰豫都分天部孟康曰謂分部二十八宿為距度而閎運算轉

歷其法以律起歷曰律容一龠積八十一寸則一
日之分也孟康曰黃鐘律長九寸圍九分以圍乘長得積八十一寸也與長相終律長九
寸百七十一分而終復師古曰復音扶目反三復而得甲子夫
律陰陽九六爻象所從出也故黃鐘紀元氣之謂
律律法也莫不取法焉與鄧平所治同於是皆觀
新星度日月行更以算推如閎平法法一月之日
二十九日八十一分日之四十三先籍半日名曰陽
歷不籍名曰陰歷所謂陽歷者先朔月生陰歷者
朔而後月迺生平曰陽歷朔皆先旦月生以朝諸
侯王羣臣便迺詔遷用鄧平所造八十一分律歷

罷廢尤踈遠者十七家復使校歷律昏明宦者淳
于陵渠復覆大初歷晦朔弦望皆最密日月如合
璧五星如連珠孟康曰謂大初上元甲子夜半朔旦冬至時七曜皆會聚斗牽牛分度夜盡如合璧連珠也師
古曰言其應候不差也陵渠奏狀遂用鄧平歷以平為大史丞
後二十七年元鳳三年大史令張壽王上書言歷
者天地之大紀上帝所為傳黃帝調律歷漢元年
以來用之今陰陽不調宜更歷之過也師古曰更改也詔下
主歷使者鮮于妄人詰問壽王不服妄人請與治
歷大司農中丞麻光等二十餘人雜候日月晦朔
弦望八節二十四氣鈞校諸歷用狀奏可詔與丞

相御史大將軍右將軍史各一人雜候上林清臺
課諸歷踈密凡十一家以元鳳三年十一月朔旦
冬至盡五年十二月各有第壽王課踈遠案漢元
年不用黃帝調歷壽王非漢歷逆天道非所宜言
大不敬有詔勿劾復候盡六年大初歷第一即墨
徐萬且長安徐禹治大初歷亦第一師古曰且音子余反壽王
及待詔李信治黃帝調歷課皆踈闊又言黃帝至
元鳳三年六千餘歲丞相屬寶長安單安國安陵
桮育治終始蘇林曰桮音布回反師古曰姓桮名育也單音善言黃帝以來三
千六百二十九歲不與壽王合壽王又移帝王錄

舜禹年歲不合人年壽王言化益爲天子代禹師古曰化益即伯益驪山女亦爲天子在殷周閒皆不合經術壽
王歷迺大史官殷歷也壽王猥曰安得五家歷師古曰猥曲也又妄言大初歷虧四分日之三去小餘七百
五分以故陰陽不調謂之亂世劾壽王吏八百石
古之大夫服儒衣誦不詳之辭作祅言欲亂制度
不道奏可壽王候課比三年下師古曰比頻也下下獄也音胡稼反終不
服再劾死更赦勿劾師古曰更經也音工衡反遂不更言誹謗益
甚竟以下吏故歷本之驗在於天自漢歷初起盡
元鳳六年三十六歲而是非堅定至孝成世劉向

總六歷列是非作五紀論向子歆究其微眇師古曰眇細也音莫小反又讀曰妙他皆類此作三統歷及譜以說春秋推法密要
故述焉師古曰自此以下皆班氏所述劉歆之說也夫歷春秋者天時也列
人事而目以天時傳曰民受天地之中以生所謂命
也師古曰此春秋左傳周大夫劉康公之言也中謂中和之氣也是故有禮誼動作威儀之
則以定命也能者養以之福不能者敗以取禍師古曰之往也往就福也自此以上皆劉康公辭故列十二公二百四十二年之事以陰陽
之中制其禮故春爲陽中萬物以生秋爲陰中萬物以
成是以事舉其中禮取其和歷數以閏正天地之中以
作事厚生皆所以定命也易金火相革之卦曰湯

武革命順乎天而應乎人師古曰離下兌上故云金火相革此革卦彖辭又曰
治歷明時師古曰此革卦象辭所以和人道也周道既衰幽
王既喪天子不能班朔魯歷不正以閏餘一之歲
爲蔀首孟康曰當以閏盡歲爲蔀首今失正未盡一歲便以爲蔀首也蔀音部師古曰音剖又音部故春秋
刺十一月乙亥朔日有食之於是辰在申孟康曰辰謂斗建也
瓚曰日月之會爲辰師古曰事在襄二十七年而司歷以爲在建戌史書建亥
哀十二年亦以建申流火之月爲建亥張晏曰周之十二月夏之
十月也再失閏當爲八月建酉而云建申誤也仲尼曰火猶西流司歷過也劉歆徒以詩七月流火爲喻不知八月火猶西流也而
怪蟄蟲之不伏也自文公閏月不告朔至此百有餘
年莫能正歷數故子貢欲去其餼羊孔子愛其禮

師古曰餼生牲也禮人君每月告朔於廟有祭事故用牲子貢見其禮廢而欲去其羊孔子曰賜也汝愛其羊我愛其禮事見論語
而著其法於春秋經曰冬十月朔日有食之傳曰
不書日官失之也天子有日官諸侯有日御日官
居卿以厎日禮也蘇林曰厎致也師古曰音之履反日御不失日以授
百官於朝言告朔也師古曰劉家本有此語元典歷始曰元傳
曰元善之長也共養三德爲善孟康曰謂三統之微氣也當施育萬物故謂之德師古曰共讀曰供又曰元體之長也合三體而爲之原故
曰元於春三月每月書王元之三統也三統合於
一元故因元一而九三之以爲法孟康曰辰有十二其三爲天地人之統老子曰三生萬物是以餘九辰得三氣乃能施化故每辰者以三統之數乘之是謂九三之法得積萬九千六百八十三十一

三之以爲實孟康曰以子數一乘丑三餘次辰亦辱三乘之周十一辰得十七萬七千一百四十七實如法得一黃鐘初九律之首陽之變也因而六之以九爲法得林鐘孟康曰以六乘黃鐘之九得五十四初六呂之首陰之變也皆參天兩地之法也孟康曰三三而九二三而六參二兩之義也上生六而倍之下生六而損之皆以九爲法九六陰陽夫婦子母之道也孟康曰異類爲子母謂黃鐘生林鐘也同類爲夫婦謂黃鐘以大呂爲妻也律娶妻如淳曰黃鐘生林鐘而呂生子如淳曰林鐘生大族天地之情也六律六呂而十二辰立矣五聲清濁而十日行矣李奇曰聲一清一濁合爲二五聲凡十合於十日從甲至癸也孟康曰謂東方甲乙南方丙丁之屬分在五方故五聲屬焉傳曰天六地五數之常也天有六氣張晏曰六氣陰陽風雨晦明也降生五味孟康曰月令五方之味酸鹹是也夫五六者

天地之中合孟康曰天陽數奇一三五七九五在其中地陰數耦二四六八十六在其中故曰天地之中合而民所受以生也故日有六甲辰有五子孟康曰六甲之中唯甲寅無子故有五子十一而天地之道畢言終而復始大極中央元氣故爲黃鐘其實一龠以其長自乘故八十一爲日法所以生權衡度量禮樂之所繇出也師古曰繇讀與由同經元一以統始易太極之首也春秋二以目歲鄧展曰春秋則爲二矣孟康曰春爲陽中萬物以生秋爲陰中萬物以成舉春秋以目一歲易兩儀之中也於春每月書王易三極之統也於四時雖亡事必書時月易四象之節也時月以建分至啓閉之分易八卦之位也張晏曰二至二分立春立夏立秋立冬象事成敗易吉凶之效

也朝聘會盟易大業之本也故易與春秋天人之道也傳曰龜象也筮數也物生而後有象象而後有滋滋而後有數師古曰左氏傳載韓簡之言也物生則有象有象而後滋益滋益乃數起龜以象告吉凶筮以數示禍福是故元始有象一也春秋二也三統三也四時四也合而爲十成五體以五乘十大衍之數也而道據其一其餘四十九所當用也故著以象兩兩之又以象三三之又以象四四之又歸奇象閏十九孟康曰歲有閏分七分滿十九則爲閏也及所據一加之因以再扐兩之師古曰奇音居宜反扐音勒是爲月法之實如日法得一則一月之日數也而三辰之會交矣是以能生吉凶孟康曰三辰日月星也軌道相錯故有交會卽陰陽有干陵勝負故生吉凶也

故易曰天一地二天三地四天五地六天七地八天九地十天數五地數五五位相得而各有合天數二十有五地數三十凡天地之數五十有五此所以成變化而行鬼神也師古曰皆上繫之辭并終數爲十九易窮則變故爲閏法孟康曰天終數九地終數十窮終也言閏亦日之窮餘故取二終之數以爲義參天九兩地十是爲會數參天數二十五兩地數三十是爲朔望之會以會數乘之則周於朔旦冬至是爲會月孟康曰會月二十七章之月數也得朔旦冬至日與歲復九會而復元孟康曰謂四千六百一十七歲之月數也所謂元月黃鐘初九之數也經於四時雖亡事必書時月時所以記啓閉也月所以紀分

至也啓閉者節也分至者中也節不必在其月故時中必在正數之月故傳曰先王之正時也履端於始舉正於中歸餘於終履端於始序則不愆舉正於中民則不惑歸餘於終事則不誖師古曰自此以上左氏傳之辭也履端於始謂步曆之始以爲術之端首也舉正於中謂分一朞爲十二月舉中氣以正月也歸餘於終謂有餘日則歸於終積而成閏也誖乖也音布內反此聖王之重閏也以五位乘會數而朔旦冬至是爲章月四分月法爲周至是乘月法以其一乘章月是爲中法參分閏法爲周至以乘月法以減中法而約之則六扐之數爲一月之閏法其餘七分此中朔相求之術也朔不得中是謂閏月

言陰陽雖交不得中不生故日法乘閏法是爲統歲三統是爲元歲元歲之閏陰陽災三統閏法易九戹曰初入元百六陽九次三百七十四陰九孟康曰易傳也所謂陽九之戹百六之會者也初入元百六歲有戹者則前元之餘氣也若餘分爲閏也易爻有九六七八百六與三百七十四六乘八之數也六八四十八合爲四百八十歲也次四百八十陽九孟康曰亦六乘八之數也於易爻六有變故再數也如淳曰六八四十八爲四百八十歲有九年旱次七百二十陰七孟康曰亦九乘八之數也八九七十二爲七百二十歲次七百二十陽七孟康曰亦九乘八之數也於易爻九變故再數也如淳曰八十歲紀一甲子冬至以八乘九八九七十二故七百二十歲乃有災也次六百陰五次六百陽五孟康曰七八爻乘八之數也七乘八得五百六十歲八乘八得六百四十歲合千二百歲也於易爻七八不變氣不通故合而數之各得六百歲也如淳曰爻有七八八八六十四七八五十六二爻之數合千二百滿純陰七八不變故通其氣使各六百歲乃有災次四百八十陰三

次四百八十陽三孟康曰此六乘八之數也六旣有變又陰爻也陽奇陰偶故九再數而六四數七八不變又無偶各一數一元之中有五陽四陰陽旱陰水九七五三皆陽數也故曰陽九之戹如淳曰九六者陽奇陰偶偶故重出覆取上六八四十八故同四百八十歲正以九七五三爲災者從天奇數也易天之數曰立天之道曰陰與陽繫天故取其奇爲災歲數八十歲則甲子冬至一甲子六十日一歲三百六十日八十歲得四百八十甲子又五日五八四十爲四十日又四分日之一八十歲有八十分八十分爲二十日凡四百八十日得七十甲子八十歲合四百八十七甲子餘分皆盡故八十歲則一甲子冬至也凡四千六百一十七歲與一元終經歲四千五百六十災歲五十七孟康曰經歲從百六終陽三也得災歲五十七合爲一元四千六百一十七歲是以春秋曰舉正於中又曰閏月不告朔非禮也閏以正時時以作事事以厚生師古曰言四時漸差則置閏以正之因順時而命事事得其序則年穀豐孰生民之道於是乎在矣不告閏朔棄時正也何以爲民師古

曰自此以上皆左氏傳之辭也爲治也故善僖五年春王正月辛亥朔日南至公旣視朔遂登觀臺以望而書禮也凡分至啓閉必書雲物爲備故也至昭二十年二月己丑日南至失閏至在非其月梓愼望氛氣而弗正不履端於始也故傳不曰冬至而曰日南至極於牽牛之初日中之時景最長以此知其南至也斗綱之端連貫營室織女之紀指牽牛之初以紀日月故曰星紀五星起其初日月起其中凡十二次日至其初爲節至其中斗建下爲十二辰視其建而知其次故曰制禮上物不過十二天之大數也經

曰春王正月傳曰周正月火出於夏爲三月商爲四月周爲五月夏數得天師古曰自此以上左傳之辭得四時之正也三代各據一統明三統常合而迭爲首師古曰迭至也音大結反此下亦同登降三統之首周還五行之道也師古曰還讀曰旋故三五相包而生天統之正始施於子半蘇林曰子之西亥之東其中間也或曰於子半日地統受於丑初臣瓚曰謂分十二辰各有上中下言半謂在中也又受於寅初此謂上也日萌色赤地統受之於丑初日肇化而黃至丑半日牙化而白人統受之於寅初日孽成而黑至寅半日生成而青天施復於子地化自丑畢於辰如淳曰地以十二月生萬物三月乃畢人生自寅成於申如淳曰人功自正月至七月乃畢故歷數三統天

以甲子李奇曰夏正月朔日地以甲辰韋昭曰殷正月朔日人以甲申李奇曰周正月朔日孟仲季迭用事爲統首三微之統既著而五行自青始其序亦如之五行與三統相錯傳曰天有三辰地有五行然則三統五星可知也易曰參五以變錯綜其數通其變遂成天下之文極其數遂定天下之象師古曰易上繫之辭太極運三辰五星於上而元氣轉三統五行於下其於人皇極統三德五事故三辰之合於三統也日合於天統月合於地統斗合於人統五星之合於五行水合於辰星火合於熒惑金合於太白木合於歲星土合於鎮星三

辰五星而相經緯也天以一生水地以二生火天以三生木地以四生金天以五生土五勝相乘以生小周以乘乾坤之策而成大周陰陽比類交錯相成故九六之變登降於六體三微而成著三著而成象二象十有八變而成卦四營而成易爲七十二參三統兩四時相乘之數也參之則得乾之策兩之則得坤之策蘇林曰策數也以陽九九之爲六百四十八以陰六六之爲四百三十二凡一千八十陰陽各一卦之微算策也八之爲八千六百四十而八卦小成引而信之師古曰信讀曰伸又八之爲六萬九千

一百二十天地再之爲十三萬八千二百四十然後大成五星會終觸類而長之以乘章歲爲二百六十二萬六千五百六十而與日月會三會爲七百八十七萬九千六百八十而與三統會三統二千三百六十三萬九千四十而復於太極上元九章歲而六之爲法太極上元爲實實如法得一陰一陽各萬一千五百二十當萬物氣體之數天下之能事畢矣

律歷志第一上

律歷志第一下　　班固　漢書二十一

祕書監上護軍琅邪縣開國子顏師古注

統母日法八十一（孟康曰分一日爲八十一分爲三統之本母也）元始黃鍾初九自
乘一龠之數得日法　閏法十九因爲章歲合
天地終數得閏法　統法一千五百三十九以閏法
乘日法得統法　元法四千六百一十七參統法得
元法　會數四十七　參天九兩地十得會數　章
月二百三十五五位乘會數得章月　月法二千
三百九十二　推大衍象得月法　通法五百九十
八　四分月法得通法　中法十四萬五百三十以

章月乘通法得中法　周天五十六萬二千一百
二十　以章月乘月法得周天　歲中十二　以三
統乘四時得歲中　月周二百五十四以章月加閏
法得月周　朔望之會百三十五　參天數二十五
兩地數三十得朔望之會　會月六千三百四十五
以會數乘朔望之會得會月　統月一萬九千
三十五　參會月得統月　元月五萬七千一
百五參統月得元月　章中二百二十八以閏法
乘歲中得章中　統中一萬八千四百六十八以日
法乘章中得統中　元中五萬五千四

百四參統中得元中　策餘八千八十　什乘元中以
減周天得策餘　周至五十七參閏法得周至統
母木金相乘爲十二是爲歲星小周小周乘巛策
爲　千七百二十八是爲歲星歲數　見中分二
萬七百三十六　積中十三　中餘百五十七
見中法　一千五百八十三（見數也）　見閏分萬二千
九十六　積月十三　月餘一萬五千七十九
見月法三萬七十七　見中日法七百三十萬八
千七百一十一　見月日法二百四十三萬六千
二百三十七金火相乘爲八又以火乘之爲十六

而小復小復乘乾策爲三千四百五十六是爲太
白歲數　見中分四萬一千四百七十二　積中
十九中餘四百一十三　見中法三千一百六十
一（復數）　見閏分二萬四千一百九十二　積月十
九　月餘三萬二千二十九　見月法四萬一千
五十九　晨中分二萬三千三百二十八　積中
七　中餘千七百一十八　夕中分一萬八千一百
四十四　積中八　中餘八百五十六　晨閏分
萬三千六百八積月十一　月餘五千一百九十
一　夕閏分　萬五百八十四　積月八　月餘

二萬六千八百四十八　見中日法九百九十七萬七千三百三十七　見月日法三百三十二萬五千七百七十九　土木相乘而合經緯爲三十是爲鎮星小周小周乘巛策爲四千三百二十是爲鎮星歲數　見中分五萬一千八百四十　積中十二　中餘一千七百四十　見中法四千一百七十五見數也　見閏分三萬二百四十　積月十二　月餘六萬三千三百　見月法七萬九千三百二十五　見中日法一千九百二十七萬五千九百七十五　見月日法六百四十二萬五千三百二十五　火經特成故二歲而過初三十二過初爲六十四歲而小周小周乘乾策則太陽大周爲萬三千八百二十四歲是爲熒惑歲數　見中分十六萬五千八百八十八　積中二十五　中餘四千一百六十三　見中法六千四百六十九見數也　見閏分九萬六千七百六十八　積月二十六　月餘五萬二千九百五十四　見月法一十二萬二千九百一十一　見中日法二千九百八十六萬七千三百七十三　見月日法九百九十五萬五千七百九十一　水經特成故一歲

而及初六十四及初而小復小復乘巛策則太陰大周爲九千二百一十六歲是爲辰星歲數　見中分十一萬五百九十二　積中三　中餘二萬三千四百六十九　見中法二萬九千四十一見數也　見閏分六萬四千五百一十二　積月三　月餘五十一萬四百二十三　見月法五十五萬一千七百七十九　晨中分六萬三千三百八　積中二　中餘四千一百二十六　夕中分四萬八千三百八十四　積中一　中餘一萬九千三百四十三　晨閏分三萬六千二百八十八　積月二　月餘十一萬四千六百八十二　夕閏分二萬八千二百二十四　積月一　月餘三十九萬五千七百四十一　見中日法一億三千四百八萬二千二百九十七　見月日法四千四百六十九萬四千九十九　合太陰太陽之歲數而中分之各萬一千五百二十　陽施其氣陰成其物　以星行率減歲數餘則見數也東九西七乘歲數并九七爲法得一金水晨夕歲數以歲中乘歲數是爲星見中分星見數是爲見中法　以歲閏乘歲數是爲星見閏分以章歲乘見數是爲見月法　以元

法乘見數是爲見中日法　以統法乘見數是爲
見月日法　五步木晨始見去日半次順日行十
一分度二百二十一日始留二十五日而旋逆日
行七分度一八十四日復留二十四日三分而旋
復順日行十一分度二百一十一日有百八十二
萬八千三百六十二分而伏凡見三百六十五日
有百八十二萬八千三百六十五分除逆定行星
三十度百六十六萬一千二百八十六分凡見一
歲行一次而後伏日行不盈十一分度一伏三十
三日三百三十三萬四千七百三十七分行星三

度百六十七萬三千四百五十一分壹見三百九
十八日五百一十六萬三千一百二分行星三十
三度三百三十三萬四千七百三十七分通其率
故曰日行千七百二十八分度之百四十五　金
晨始見去日半次逆日行二分度一六日始留八
日而旋始順日行四十六分度三十三四十六日
順疾日行一度九十二分度十五百八十四日而
伏凡見二百四十四日除逆定行星二百四十四
度伏日行一度九十二分度三十三有奇（師古曰奇音居宜反下皆類此）
伏八十三日行星百一十三度四百三十六

萬五千二百二十分凡晨見伏三百二十七日行
星三百五十七度四百三十六萬五千二百二十
二　分夕始見去日半次順日行一度九十二分
度十五百八十一日百七分日四十五順遲
日行四十六分度四十三四十六日始留
七日百七分日六十二分而旋逆日行二分度一六
日而伏凡見二百四十一日除逆定行星二百四
十一度伏逆日行八分度七有奇伏十六日百二
十九萬五千三百五十二分行星十四度三百六
萬九千八百六十八分一凡夕見伏二百五十七

日百二十九萬五千三百五十一分行星二百二
十六度六百九十萬七千四百六十九分壹復五
百八十四日百二十九萬五千三百五十二分行
星亦如之故曰日行一度　土晨始見去日半次
順日行十五分度一八十七日始留三十四日而
旋逆日行八十一分度五百一日復留三十三日
八十六萬二千四百五十五分而旋復順日行十
五分度一八十五日而伏凡見三百四十日八十
六萬二千四百五十五分除逆定餘行星五度四
百四十七萬三千九百三十分伏日行不盈十五分度

三三十七日千七百一十七萬一百七十分行星
十度八百七十三萬六千五百七十分壹見三百
七十七日千八百三萬二千六百二十五分行星
十二度千三百二十一萬二百分通其率故曰日
行四千三百二十分度之一百四十五　火晨始見
去日半次順日行九十二分度五十三二百七十
六日始留十日而旋逆日行六十二分度七十六
十二日復留十日而旋復順日行九十二分度五
十三二百七十六日而伏凡見六百三十四日除
逆定行星三百一度伏日行不盈九十二分度七

十三分伏百四十六日千五百六十八萬九千七
百分行星百一十四度八百二十一萬八千五分
壹見七百八十日千五百六十八萬九千七百分
凡行星四百一十五度八百二十一萬八千五分
通其率故曰日行萬三千八百二十四分度之七
千二百五十五　水晨始見去日半次逆日行二
度一日始留二日而旋順日行十分度六十七日
順疾日行一度三分度一十八日而伏凡見二
十八日除逆定行星二十八度伏日行一度九分
度七有奇三十七日　億二千二百二萬九千六

百五分行星六十八度四千六百六十一萬一百
二十八分凡晨見伏六十五日　億二千二百二
萬九千六百五分行星九十六度四千六百六十
一萬一百二十八分夕始見去日半次順日行一
度三分度一十六日二分日一順遲日行七分度
六七日留一日二分日一而旋逆日行二度一日
而伏凡見二十六日除逆定行星二十六度伏逆
日行十五分度四有奇二十四日行星六度五千
八百六十六萬二千八百二十分凡夕見伏五十
日行星十九度七千五百四十一萬九千四百七

十七分壹復百一十五日　億二千二百二萬九
千六百五分行星亦如之故曰日行一度　統術
推日月元統置大極上元以來外所求年盈元法
除之餘不盈統者則天統甲子以來年數也盈統
除之餘則地統甲辰以來年數也又盈統除之餘
則人統甲申以來年數也各以其統首日爲紀
推天正以章月乘人統歲數盈章歲得一名曰
積月不盈者名曰閏餘閏餘十二以上歲有閏求
地正加積月一求人正加二　推正月朔以月法
乘積月盈日法得一名曰積日不盈者名曰小餘

小餘三十八以上其月大積日盈六十除之不盈
者名曰大餘數從統首日起筭外則朔日也　求
其次月加大餘二十九小餘四十三小餘盈日法
得一從大餘數除如法求弦加大餘七小餘三十
一求望倍弦　推閏餘所在以十二乘閏餘加十
得一盈章中數所得起冬至筭外則中至終閏盈
中氣在朔若二日則前月閏也　推冬至以筭餘
乘人統歲數盈統法得一名曰大餘不盈者名曰
小餘除數如法則所求冬至日也　求八節加大
餘四十五小餘千一十求二十四氣三其小餘加

大餘十五小餘千一十　推中部二十四氣皆以
元爲法推五行其四行各七十三日統歲分之七
十七中央各十八日統法分之四百四冬至後中
央二十七日六百六分　推合晨所在星置積日
以統法乘之以十九乘小餘而并之盈周天除去
之不盈者令盈統法得一度數起牽牛筭外則合
晨所入星度也　推其日夜半所在星以章歲乘
月小餘以減合晨度小餘不足者破全度　推其
月夜半所在星以月周乘月小餘盈統法得一度
以減合晨度推諸加時以十二乘小餘爲實各盈

分母爲法數起於子筭外則所加辰也　推月食
置會月餘歲積月以二十三乘之盈百三十五除之
不盈者加二十三得一月盈百三十五數所得起
其正筭外則食月也加時在望日衝辰

紀術

推五星見復置大極上元以來盡所求年乘大終
見復數盈歲數得一則定見復數也不盈者名曰
見復餘見復餘盈其見復數一以上見在往年倍
一以上又在前往年不盈者在今年也　推星所
見中次以見中分乘定見復數盈見中法得一則

積中法也不盈者名曰中餘以元中除積中餘則
中元餘也以章中除之餘則入章中數也以十二
除之餘則星見中次也中數從冬至起次數從星
紀起筭外則星所見中次也　推星見月以閏分
乘定見以章歲乘中餘從之盈見月法得一并積
中則積月也不盈者名曰月中餘以元月除積月
餘名曰月元餘以章月除月元餘則入章月數也
以十二除之至有閏之歲除十三入章三歲一閏
六歲二閏九歲三閏十一歲四閏十四歲五閏十
七歲六閏十九歲七閏不盈者數起於天正筭外

則星所見月也　推至日以中法乘中元餘盈元法得一名曰積日不盈者名曰小餘小餘盈二千五百九十七以上中大數除積日如法筭外則冬至也推朔日以月法乘月元餘盈日法得一名曰積日餘名曰小餘小餘三十八以上月大數除積日法筭外則星見月朔日也　推入中次日度數以中法乘中餘以見中法乘其小餘并之盈見中日法得一則入中日入次度數也中次至日數次以次初數筭外則星所見及日所在度數也求夕在日後十五度　推入月日數以月法乘月餘

以見月法乘其小餘并之盈見月日法得一則入月日數也并之大餘數除如法則見日也　推後見中加積中於中元餘加後餘於中餘盈中其法得一從中元餘數如法則見中也　推後見月加積月於月元餘加後月餘於月餘盈其法得一從月元餘除數如法則後月見也推至日及入中次度數如上法　推朔日及入月數如上法　推晨見加夕夕見加晨皆如上法　推五步置始見以來日數至所求日各以其行度數乘之其星若日有分者分子乘全爲實分母爲法其兩有分者分母

分度數乘全分子從之令相乘爲法實分母相乘爲法實如法得一名曰積度數起星初見星宿所在宿度筭外則星所在宿度也　歲術推歲所在　置上元以來以外所求年盈歲數除去之不盈者以百四十五乘之以百四十四爲法如法得一名曰積次不盈者名曰次餘積次盈十二除去之不盈者名曰定次數從星紀起筭盡之外則所在次也欲知大歲以六十除積次餘不盈者數從丙子起筭盡之外則大歲日也　贏縮傳曰歲棄其次而旅於明年之次以害鳥帑（師古曰帑與奴同）周楚惡之五

星之贏縮不是過也過次者殃大過舍者災小不過者亡咎次度六物者歲時日月星辰也辰者日月之會而建所指也　星紀初斗十二度大雪中牽牛初冬至（於夏爲十一月商爲十二月周爲正月）終於婺女七度

玄枵初婺女八度小雪中危初大寒（於夏爲十二月商爲正月周爲二月）終於危十五度

娵訾初危十六度立春中營室十四度驚蟄（今日雨水於夏爲正月商爲二月周爲三月）終於奎四度

降婁初奎五度雨水（今日驚蟄）中婁四度春分（於夏爲二月商爲三月周爲四月）終於胃六度

大梁初胃七度穀雨（今日清明）中昴八度清明（今日穀雨於夏爲三月商爲四月周爲五月）終於畢十一度實

汎初畢十二度立夏中井初小滿於夏爲四月商爲五月周爲六月終
於井十五度　鶉首初井十六度芒種中井三十
一度夏至於夏爲五月商爲六月周爲七月終於柳八度鶉火初柳九
度小暑中張三度大暑於夏爲六月商爲七月周爲八月終於張十七
度　鶉尾初張十八度立秋中翼十五度處暑於夏
爲七月商爲八月周爲九月終於軫十一度壽星初軫十二度白
露中角十度秋分於夏爲八月商爲九月周爲十月終於氐四度　大
火初氐五度寒露中房五度霜降於夏爲九月商爲十月周爲十一月
終於尾九度析木初尾十度立冬中箕七度小雪
於夏爲十月商爲十一月周爲十二月終於斗十一度

角十二　亢九　氐十五　房五　心五　尾十
八　箕十一　東七十五度
斗二十六　牛八　女十二　虛十　危十七
營室十六　壁九　北九十八度
奎十六　婁十二　胃十四　昴十一　畢十六
觜二　參九　西八十度
井三十三　鬼四　柳十五　星七　張十八
翼十八　軫十七　南百一十二度
九章歲爲百七十一歲而九道小終九終千五百
三十九歲而大終三終而與元終進退於牽牛之

前四度五分九會陽以九終故曰有九道陰兼而
成之故月有十九道陽名成功故九會而終四營
而成易故四歲中餘一四章而朔餘一爲篇首八
十一章而終一統
一甲子元首太初元年　十辛酉　十九己未　二十
八丁巳　三十七乙卯　四十六壬子　五十五
庚戌　六十四戊申　七十三丙午中　甲辰二
統　辛丑　己亥　丁酉　乙未　壬辰　庚寅
戊子　丙戌季　甲申三統　辛巳　己卯　丁
丑文王三十二年　乙亥　壬申微二十六年　庚午　戊辰　丙
寅孟懿王二年　二癸卯　十一辛丑　二十己亥

二十九丁酉　三十八甲午　四十七壬辰　五
十六庚寅　六十五戊午　七十四乙酉中　癸
未　辛巳　己卯　丁丑　甲戌　壬申　庚午
戊辰　乙丑季　癸亥　辛酉　乙未　丁酉周公
五年　甲寅　壬子　庚戌　戊申元四年　乙巳孟
三癸未　十二辛巳　二十一己卯　三十丙子
三十九甲戌　四十八壬申　五十七庚午　六
十六丁卯　七十五乙丑中　癸亥　辛酉　己
未　丙辰　甲寅　壬子　庚戌　丁未　乙巳

季　癸卯　辛丑　己亥　丙申　甲午　壬申
庚寅成十一年　丁亥　乙酉孟　四癸亥　十三辛
酉　二十二戊午　三十一丙辰　四十甲寅
四十九壬子　五十八己酉　六十七丁未　七
十六乙巳中　癸卯　辛丑　戊戌　丙申　甲
午　壬辰　己丑　丁亥　乙酉季　癸未　辛
巳　戊寅　丙子　甲戌　壬申　己巳　丁卯
乙丑孟　五癸卯河平元年　十四庚子　二十三戊
戌　三十二丙申　四十一甲午　五十辛卯
五十九己丑　六十八丁亥　七十七乙酉中

癸未　庚辰　戊寅　丙子　甲戌　辛未　己
巳　丁卯　乙丑季　癸亥　庚申　戊午　丙
辰　甲寅獻十五年　辛亥　己酉　乙巳孟商大甲元年楚元年
六壬午　十五庚辰　二十四戊寅　三十三丙
子　四十二癸酉　五十一辛未　六十己巳
六十九丁卯　七十八甲子中　壬戌　庚申　甲
戌午　丙辰　癸丑　辛亥　己酉　丁未　甲
辰季　壬寅　庚子　戊戌　丙申煬二十四年　癸巳
辛卯康四午　甲申孟　七壬戌始建國三年　十六庚申
二十五戊午　三十四乙卯　四十三癸丑　五

十二辛巳　六十一己酉　七十丙午　七十九
甲辰中　壬寅　庚子　戊戌　乙未　癸巳
辛卯　己丑　丙戌　甲申季　壬午　庚辰
戊寅　乙亥　癸酉　辛未　己巳定十一年　丙寅
甲子孟　八壬寅　十七庚子　二十六丁酉
三十五乙未　四十四癸巳　五十三辛卯　六
十二戊子　七十一丙戌　八十甲申中　壬午
庚辰　丁丑　乙亥　癸酉　辛未　戊辰　丙
寅　甲子季　壬戌　庚申　丁巳　乙卯　癸
丑　辛亥僖五年　戊申　丙午　甲辰孟　九壬

午　十八己卯　二十七丁丑　三十六乙亥
四十五癸酉　五十四庚午　六十三戊辰　七
十二丙寅　八十一甲子中　壬戌　己未　丁
巳　乙卯　癸丑　庚戌　戊申　丙午　甲辰
季　壬寅　己亥　丁酉　乙酉　癸巳懿九年
庚寅　戊子　丙戌　甲申孟元朔六年
推章首朔旦冬至日置大餘三十九小餘六十一
數除如法各從其統首起求其後章當加大餘三
十九小餘六十一各盡其八十一章　推篇大餘
亦如之小餘加一周求至加大餘五十九小餘二

十一 世經春秋昭公十七年郯子來朝傳曰昭子問少昊氏鳥名何故（師古曰郯國名子其君之爵也郯國即東海郯縣是也朝朝於魯也昭子魯大夫叔孫昭子也名婼）對曰吾祖也我知之矣昔者黃帝氏以雲紀故爲雲師而雲名炎帝氏以火紀故爲火師而火名共工氏以水紀故爲水師而水名（師古曰共讀曰龔下皆類此）太昊氏以龍紀故爲龍師而龍名我高祖少昊摯之立也鳳鳥適至故紀於鳥爲鳥師而鳥名言郯子據少昊受黃帝黃帝受炎帝炎帝受共工共工受太昊故先言黃帝上及太昊稽之於易炮犧神農黃帝相繼之世可知（師古曰炮與庖同也）

太昊帝易曰炮犧氏之王天下也言炮犧繼天而王爲百王先首德始於木故爲帝太昊作罔罟以田漁取犧牲（師古曰罟音古）故天下號曰炮犧氏祭典曰共工氏伯九域（師古曰祭典即禮經祭法也伯讀與霸同下亦類此）言雖有水德在火木之閒非其序也任知刑以彊故伯而不王秦以水德在周漢木火之閒（師古曰志言秦爲閏位亦猶共工不當五德之字）周人遷其行序故易不載（鄧展曰遷去也以其非次故去之師古曰此指謂共工也遷古遷字其下並同）

炎帝易曰炮犧氏沒神農氏作言共工伯而不王雖有水德非其序也以火承木故爲炎帝教民耕農故天下號曰神農氏

黃帝易曰神農氏沒黃帝氏作火生土故爲土德與炎帝之後戰於阪泉遂王天下始垂衣裳有軒冕之服（鄧展曰凡冠前卑後高故曰軒冕也師古曰此說非也軒軒車也冕冕服也春秋左氏傳曰服冕乘軒）故天下號曰軒轅氏

少昊帝考德曰少昊曰清（師古曰考德者考五帝德之書也）清者黃帝之子清陽也是其子孫名摯立土生金故爲金德天下號曰金天氏周遷其樂故易不載序於行

顓頊帝春秋外傳曰少昊之衰九黎亂德顓頊受之迺命重黎蒼林昌意之子金生水故爲水德天下號曰高陽氏周遷其樂故易不載序於行

帝嚳春秋外傳曰顓頊之所建帝嚳受之清陽玄囂之孫也水生木故爲木德天下號曰高辛氏帝摯繼之不知世數周遷其樂故易不載周人禘之

唐帝帝系曰帝嚳四妃陳豐生帝堯封於唐蓋高辛氏衰天下歸之木生火故爲火德天下號曰陶唐氏讓天下於虞使子朱處于丹淵爲諸侯即位七十載

虞帝帝系曰顓頊生窮蟬五世而生瞽叟瞽叟生帝舜處虞之嬀汭（師古曰嬀水名也水曲曰汭音人銳反）堯嬗以天下（師古曰嬗古禪讓字也其下亦同）火生土故爲土德天下號曰有虞氏讓天下於禹使子商均爲諸侯即位五十載

伯禹帝系曰顓頊五世

而生鯀鯀生禹虞舜嬗以天下土生金故爲金德天下號曰夏后氏繼世十七王四百三十二歲成湯書經湯誓湯伐夏桀金生水故爲水德天下號曰商後曰殷孟康曰初契封商湯居殷而受命故二號三統上元至伐桀之歲十四萬一千四百八十歲歲在大火房五度故傳曰大火閼伯之星也實紀商人後爲成湯方即世崩沒之時爲天子用事十三年矣商十二月乙丑朔旦冬至故書序曰成湯既沒太甲元年使伊尹作伊訓伊訓篇曰惟太甲元年十有二月乙丑朔伊尹祀于先王誕資有牧方明言雖有成湯

太丁外丙之服以冬至越茀祀先王于方明如淳曰覲禮諸侯覲天子爲壇十有二尋加方明于其上孟康曰方明者神明之象也以木爲之方四尺畫六采東青西白南赤北黑上玄下黃以配上帝是朔旦冬至之歲也後九十五歲商十二月甲申朔旦冬至亡餘分是爲孟統自伐桀至武王伐紂六百二十九歲故傳曰殷載祀六百殷歷曰當成湯方即世用事十三年十一月甲子朔旦冬至終六府首師古曰府首即蔀首當周公五年則爲距伐桀四百五十八歲少百七十一歲不盈六百又以夏時乙丑爲甲子計其年迺孟統後五章癸亥朔旦冬至也以爲甲子府首皆非是凡殷世繼

嗣三十一王六百二十九歲四分上元至伐桀十三萬二千一百一十三歲其八十八紀甲子府首入伐桀後百二十七歲春秋歷周文王四十二年十二月丁丑朔旦冬至孟統之二會首也後八歲而武王伐紂武王書經牧誓武王伐商紂水生木故爲木德天下號曰周室三統上元至伐紂之歲十四萬二千一百九歲歲在鶉火張十三度文王受命九年而崩再期在大祥而伐紂故書序曰惟十有一年武王伐紂大誓八百諸侯會還歸二年乃遂伐紂克殷以箕子歸十三年也故書序曰武

王克殷以箕子歸作洪範洪範篇曰惟十有三祀王訪于箕子自文王受命而至此十三年歲亦在鶉火故傳曰歲在鶉火則我有周之分壄也師初發以殷十一月戊子日在析木箕七度故傳曰日在析木是夕也月在房五度房爲天駟故傳曰月在天駟後三日得周正月辛卯朔合辰在斗前一度斗柄也故傳曰辰在斗柄明日壬辰晨星始見師古曰晨古晨字也其字從臼臼音居玉反癸巳武王始發丙午還師戊午度于孟津孟津去周九百里師行三十里故三十一日而度明日己未冬至晨星與婺女伏歷建星及

牽牛至於婺女天黿之首故傳曰星在天黿周書武成篇惟一月壬辰旁死霸孟康曰月二日以往月生魄死故言死魄魄月質也師古曰霸古魄字同若翌日癸巳武王乃朝步自周于征伐紂序曰一月戊午師度于孟津至庚申二月朔日也四日癸亥至牧壄夜陳甲子昧爽而合矣故外傳曰王以二月癸亥夜陳武成篇曰粵若來三月既死霸粵五日甲子咸劉商王紂師古曰今文尚書之辭劉殺也是歲也閏數餘十八正大寒中在周二月己丑晦明日閏月庚寅朔三月二日庚申驚蟄四月己丑朔死霸死霸朔也生霸望也是月甲辰望乙巳旁之故武成篇曰惟四月既旁生霸粵六日庚戌武王燎于周廟翌日辛亥祀于天位粵五日乙卯乃以庶國祀馘于周廟師古曰亦今文尚書也祀馘獻於廟而告祀也馘耳曰馘音居獲反文王十五而生武王受命九年而崩後四年而武王克殷克殷之歲八十六矣後七歲而崩故禮記文王世子曰文王九十七而終武王九十三而終凡武王即位十一年周公攝政五年正月丁巳朔旦冬至殷曆以為六年戊午距煬公七十六歲入孟統二十九章首也後二歲得周公七年復子明辟之歲是歲二月乙亥朔庚寅望後六日得乙未故召誥曰

惟二月既望粵六日乙未又其三月甲辰朔三日丙午召誥曰惟三月丙午朏孟康曰朏月出也音敷尾反古文月采篇曰三日曰朏師古曰月采說月之光采其書則亡是歲十二月戊辰晦周公以反政故洛誥篇曰戊辰王在新邑烝祭歲命作策惟周公誕保文武受命惟七年　成王元年正月己巳朔此命伯禽俾侯于魯之歲也師古曰俾使也封之使為諸侯後三十年四月庚戌朔十五日甲子哉生霸師古曰哉始也故顧命曰惟四月哉生霸王有疾不豫甲子王乃洮沬水作顧命師古曰洮盥手也沬洗面也洮音徒高反沬即額字也音呼內反翌日乙丑成王崩康王十二年六月戊辰朔三日庚午故畢命豐刑曰惟十有二年六月庚午朏王命作策豐刑孟康曰逸書篇名春秋殷曆皆以殷魯自周昭王以下亡年數故據周公伯禽以下為紀魯公伯禽推即位四十六年至康王十六年而薨故傳曰燮父禽父並事康王師古曰燮父晉唐叔虞之子禽父即伯禽也父讀曰甫甫者男子之美稱言晉侯燮魯公伯禽俱事康王也子考公就立酋師古曰又記此酋者諸說不同而名字或異也下皆放此酋音在由反考公世家即位四年及煬公熙立師古曰及者兄弟相及非子繼父也下皆類此煬公二十四年正月丙申朔旦冬至殷曆以為丁酉距微公七十六歲師古曰煬音弋向反世家煬公即位十六年子幽公宰立幽公

世家即位十四年及微公茀立濆師古曰茀音弗濆古沸字也微公二十六年正月乙亥朔旦冬至殷歷以爲丙子距獻公七十六歲世家微公即位五十年子厲公翟立權厲公世家即位三十七年及獻公具立獻公十五年正月甲辰朔旦冬至殷歷以爲乙卯距懿公七十六歲世家獻公即位五十年子慎公埶立嗅師古曰嗅音皮祕反又音許器反慎公世家即位三十年及武公敖立武公世家即位二年子懿公被立戲師古曰戲音許宜反懿公九年正月癸巳朔旦冬至殷歷以爲甲午距惠公七十六歲　世家懿公即位九年子柏

御立柏御世家即位十一年叔父孝公稱立孝公世家即位二十七年子惠公皇立惠公三十八年正月壬申朔旦冬至殷歷以爲癸酉距釐公七十六歲師古曰釐讀曰僖下皆類此　世家惠公即位四十六年子隱公息立凡伯禽至春秋三百八十六年　春秋隱公春秋即位十一年及桓公軌立此元年上距伐紂四百歲　桓公春秋即位十八年子莊公同立莊公春秋即位三十二年子愍公啓方立　愍公春秋即位二年及釐公申立釐公五年正月辛亥朔旦冬至殷歷以爲壬子距成公七十六歲

是歲距上元十四萬二千五百七十七歲得孟統五十三章首故傳曰五年春王正月辛亥朔日南至八月甲午晉侯圍上陽童謡云丙子之辰龍尾伏辰袀服振振取虢之旂師古曰袀音均又弋均反振音之人反鶉之賁賁天策焞焞火中成軍虢公其奔師古曰賁音奔焞音徒門反又土門反卜偃曰其九月十月之交乎丙子旦日在尾月在策鶉火中必是時也冬十二月丙子滅虢言歷者以夏時故周十二月夏十月也是歲歲在大火故傳曰晉侯使寺人披伐蒲重耳奔狄師古曰晉侯謂獻公也寺人奄人也披其名也蒲晉邑也公子重耳之所居獻公用驪姬之譖故令披伐之而重耳懼罪出奔也事見春秋左氏傳及國語　董

因曰君之行歲在大火師古曰董因晉史也本周太史辛有之後以董主史官故爲董氏因其名也後十二年釐之十六歲歲在壽星故傳曰重耳處狄十二年而行過衛五鹿乞食於壄人壄人舉凷而與之子犯曰天賜也後十二年必獲此土歲復於壽星必獲諸侯後八歲釐之二十四年也歲在實沈秦伯納之故傳曰董因云君以辰出而以參入必獲諸侯春秋釐公即位三十三年子文公興立文公元年距辛亥朔旦冬至二十九歲是歲閏餘十三正小雪閏當在十一月後而在三月故傳曰非禮也後五年閏餘十是歲亡閏而置閏閏

所以正中朔也亡閏而置閏又不告朔故經曰閏月不告朔言亡此月也傳曰不告朔非禮也春秋文公即位十八年子宣公倭立（師古曰倭音於危反）宣公春秋即位十八年子成公黑肱立　成公十二年正月庚寅朔旦冬至殷歷以爲辛卯距定公七年七十六歲　春秋成公即位十八年子襄公午立襄公二十七年距辛亥百九歲九月乙亥朔是建申之月也魯史書十二月乙亥朔日有食之傳曰冬十一月乙亥朔日有食之於是辰在申司歷過也再失閏矣言時實行以爲十一月也不察其

建不考之於天也二十八年距辛亥百一十歲歲在星紀故經曰春無冰傳曰歲在星紀而淫於玄枵三十年歲在娵訾三十一年歲在降婁是歲距辛亥百一十三年二月有癸未上距文公十一年會于承匡之歲夏正月甲子朔凡四百四十有五甲子奇二十日爲日二萬六千六百有六旬故傳曰絳縣老人曰臣生之歲正月甲子朔四百四十有五甲子矣其季於今三之一也師曠曰郤成子會于承匡之歲也七十三年矣史趙曰亥有二首六身下二如身則其日數也（孟康曰下二畫從就身也師古曰杜預云亥字二畫在上并三六爲身如算之六也下亥上二畫豎置身旁）士文伯曰然則二萬六千六百有六旬也春秋襄公即位三十一年子昭公稠立昭公八年歲在析木十年歲在顓頊之虛玄枵也十八年距辛亥百三十一歲五月有丙子戊寅壬午火始昏見宋衛陳鄭火二十年春王正月距辛亥百三十三歲是辛亥後八章首也正月己丑朔旦冬至失閏故傳曰二月己丑日南至三十二年歲在星紀距辛亥百四十五歲盈一次矣故傳曰越得歲吳伐之必受其咎　春秋昭公即位三十二年子定公宋立定公七年正月己巳朔旦冬至殷

歷以爲庚午距元公七十六歲　春秋定公即位十五年子哀公將立哀公十二年冬十二月流火非建戌之月也是月也螽故傳曰火伏而後蟄者畢今火猶西流司歷過也詩曰七月流火春秋哀公即位二十七年自春秋盡哀十四年凡二百四十二年六國春秋哀公後十三年遜于邾子悼公曼立寧悼公世家即位三十七年子元公嘉立元公四年正月戊申朔旦冬至殷歷以爲己酉距康公七十六歲元公世家即位二十一年子穆公衍立顯穆公世家即位三十三年子恭公奮立恭公

世家即位二十二年子康公毛立　康公四年正
月丁亥朔旦冬至殷歷以爲戊子距緡公七十六
歲師古曰緡讀與愍同下皆類此康公世家即位九年子景公偃立
景公世家即位二十九年子平公旅立平公世家
即位二十年子緡公賈立緡公二十一年正月丙
寅朔旦冬至殷歷以爲丁卯距楚元七十六歲緡
公世家即位二十三年子頃公讎立頃公表十八
年秦昭王之五十一年也秦始滅周周凡三十六
王八百六十七歲秦伯師古曰伯讀曰霸其下亦同　昭王本紀無
天子五年孝文王本紀即位一年元年楚考烈王

滅魯頃公爲家人周滅後六年也莊襄王本紀即
位三年　始皇本紀即位三十七年二世本紀即
位三年凡秦伯五世四十九歲漢高祖皇帝著紀
伐秦繼周木生火故爲火德天下號曰漢距上元
年十四萬三千二十五歲歲在大棣之東井二十度
鶉首之六度也故漢志曰歲在大棣名曰敦牂太
歲在午八年十一月乙巳朔旦冬至楚元三年也
故殷歷以爲丙午距元朔七十六歲　著紀高帝
即位十二年　惠帝著紀即位七年　高后著紀
即位八年　文帝前十六年後七年著紀即位二

十三年　景帝前七年中六年後三年著紀即位
十六年　武帝建元元光元朔各六年元朔六年
十一月甲申朔旦冬至殷歷以爲乙酉距初元七
十六歲元狩元鼎元封各六年漢歷太初元年距
上元十四萬三千一百二十七歲前十一月甲子
朔旦冬至歲在星紀婺女六度故漢志曰歲名困
敦師古曰敦音頓正月歲星出婺女太初天漢太始征和
各四年後元二年著紀即位五十四年　昭帝始元
元鳳各六年元平一年著紀即位十三年　宣帝
本始地節元康神爵五鳳甘露各四年黃龍一年

著紀即位二十五年　元帝初元二年十一月癸
亥朔旦冬至殷歷以爲甲子以爲紀首是歲也十
月日食非合辰之會不得爲紀首距建武七十六
歲初元永光建昭各五年竟寧一年著紀即位十
六年　成帝建始河平陽朔鴻嘉永始元延各四
年綏和二年著紀即位二十六年　哀帝建平四
年元壽二年著紀即位六年　平帝著紀即位元
始五年以宣帝玄孫嬰爲嗣謂之孺子孺子著紀
新都侯王莽居攝三年王莽居攝盜襲帝位竊號
曰新室始建國五年天鳳六年地皇三年著紀盜

位十四年更始帝著紀以漢宗室滅王莽即位二年赤眉賊立宗室劉盆子滅更始帝自漢元年訖更始二年凡二百三十歲　光武皇帝著紀以景帝後高祖九世孫受命中興復漢改元曰建武歲在鶉尾之張度建武三十一年中元二年即位三十三年

律歷志第一下

雲間潘氏仲履父圖書

禮樂志第二　班固　漢書二十二

秘書監上護軍琅邪縣開國子顏師古注

六經之道同歸而禮樂之用為急（師古曰六經謂詩書易春秋禮樂也）治身者斯須忘禮則暴嫚入之矣（師古曰斯須猶須臾）為國者一朝失禮則荒亂及之矣人函天地陰陽之氣有喜怒哀樂之情（師古曰函包容也讀與含同它皆類此）天稟其性而不能節也（師古曰稟謂給授也）聖人能為之節而不能絕也故象天地而制禮樂所以通神明立人倫（師古曰倫理也）正性情節萬事者也人性有男女之情妬忌之別為制婚姻之禮有交接長幼之序為制鄉飲之禮有哀死思遠之情為制喪祭之禮有尊尊敬上之心為制朝覲之禮哀有哭踊之節樂有歌舞之容（師古曰踊跳也哀甚則踊）正人足以副其誠邪人足以防其失（師古曰副稱也）故婚姻之禮廢則夫婦之道苦而淫辟之罪多（孟康曰苦古音盬夫婦之道行盬不固也　師古曰苦惡也不當假借辟讀曰僻）鄉飲之禮廢則長幼之序亂而爭鬭之獄蕃（師古曰蕃多也音扶元反他皆類此）喪祭之禮廢則骨肉之恩薄而背死忘先者衆（師古曰先者先人謂祖考）朝聘之禮廢則君臣之位失而侵陵之漸起故孔子曰安上治民莫善於禮移風易俗莫善於樂（師古曰此孝經載孔子之言也譱古善字）禮節民心樂和民聲政以行之刑以防之禮樂政刑四達而不誖則王道備矣

（師古曰誖乖也音布內反）樂以治內而為同（李奇曰同於和樂也）禮以修外而為異（李奇曰尊卑為異也）同則和親異則畏敬和親則無怨畏敬則不爭揖讓而天下治者禮樂之謂也二者並行合為一體畏敬之意難見則著之於享獻辭受登降跪拜（師古曰見謂彰顯也）和親之說難形則發之於詩歌詠言鍾石筦弦（師古曰說讀曰悅形亦見也筦字與管同）蓋嘉其敬意而不及其財賄美其歡心而不流其聲音（師古曰流移也心不移溢於音聲也）故孔子曰禮云禮云玉帛云乎哉樂云樂云鍾鼓云乎哉（師古曰論語載孔子之言也謂禮以節人為貴樂以和人為本玉帛鍾鼓乃為末事）此禮樂之本也故曰知禮樂之情者能作識禮樂之文者能述作者之謂聖述者之謂明明聖者述作之謂也（師古曰作謂有所興造也述謂明辯其義而循行也）王者必因前王之禮順時施宜有所損益即民之心稍稍制作（師古曰即就也）至太平而大備周監於二代（師古曰監觀也二代夏殷也言周觀夏殷之禮而增損之也）禮文尤具事為之制曲為之防（師古曰言每事立制委曲防閑也）故稱禮經三百威儀三千於是教化浹洽（師古曰浹徹也洽霑也浹音子牒反）民用和睦災害不生禍亂不作囹圄空虛四十餘年（應劭曰囹圄周獄名也　師古曰囹獄也圄守也故總言囹圄無繫於周囹音來丁反圄音牛呂反）孔子美之曰郁郁乎文哉吾從周（師古曰論語載孔子之言也郁郁文章貌）及其衰也諸侯踰越法度惡禮制之害己去其篇籍遭秦滅學

遂以亂亡漢興撥亂反正日不暇給師古曰撥去亂俗而還於正道也給足也言事務殷多日日修造尚不能足故無暇也猶命叔孫通制禮儀以正君臣之位高祖說而歎曰師古曰說讀曰悅吾乃今日知為天子之貴也以通為奉常遂定儀法師古曰奉常則太常也解在百官公卿表未盡備而通終至文帝時賈誼以為漢承秦之敗俗廢禮義捐廉恥今其甚者殺父兄盜者取廟器而大臣特以簿書不報期會為故師古曰特但也簿文簿也故謂大事也言公卿但以文案簿書報荅為事也簿音步戶反至於風俗流溢恬而不怪師古曰恬安也謂心以為安以為是適然耳師古曰言正當如此非失道也夫移風易俗使天下回心而鄉道師古曰鄉讀曰嚮類非俗吏之所能為也夫立

君臣等上下使綱紀有序六親和睦如淳曰六親賈誼以為父也子也從父昆弟也從祖昆弟也曾祖昆弟也族昆弟也此非天之所為人之所設也人之所設不為不立不脩則壞師古曰為作也漢興至今二十餘年宜定制度興禮樂然後諸侯軌道百姓素樸獄訟衰息師古曰軌道言遵道猶車行之依軌轍也迺草具其儀師古曰草謂創立其事也它皆類此天子說焉師古曰說讀曰悅而大臣絳灌之屬害之故其議遂寑師古曰舊說以為絳謂絳侯周勃也灌謂灌嬰也而楚漢春秋高祖之臣別有絳灌疑昧之文不可明也此既言大臣則當謂周勃灌嬰也至武帝即位進用英雋議立明堂制禮服以興太平師古曰服謂衣服之色也會竇太后好黃老言不說儒術師古曰說讀曰悅其事又廢後董仲舒對策言王者欲有

所為宜求其端於天天道大者在於陰陽陽為德陰為刑天使陽常居大夏而以生育長養為事陰常居大冬而積於空虛不用之處以此見天之任德不任刑也陽出布施於上而主歲功陰入伏藏於下而時出佐陽陽不得陰之助亦不能獨成王者承天意以從事故務德教而省刑罰刑罰不可任以治世猶陰之不可任以成歲也今廢先王之德教獨用執法之吏治民而欲德化被四海故難成也是故古之王者莫不以教化為大務立大學以教於國設庠序以化於邑師古曰庠序行禮養老之處也教化以

明習俗以成天下嘗無一人之獄矣至周末世大為無道以失天下秦繼其後又益甚之自古以來未嘗以亂濟亂大敗天下如秦者也師古曰濟益也習俗薄惡民人抵冒師古曰抵忤也冒犯也言無廉恥不畏懼也抵音丁禮反今漢繼秦之後雖欲治之無可奈何法出而姦生令下而詐起一歲之獄以萬千數如以湯止沸沸俞甚而無益師古曰俞進也音踰又音愈它皆類此辟之琴瑟師古曰辟讀曰譬不調甚者必解而更張之迺可鼓也為政而不行甚者必變而更化之迺可理也故漢得天下以來常欲善治而至今不能勝殘去殺者失之當更化而不能更化也

古人有言曰臨淵羨魚不如歸而結網今臨政而願治七十餘歲矣不如退而更化更化則可善治而災害日去福祿日來矣是時上方征討四夷銳志武功（師古曰銳利也言一意進求若兵刃之銳利）不暇留意禮文之事至宣帝時琅邪王吉為諫大夫又上疏言欲治之主不世出（師古曰言時時而一出難常遇）公卿幸得遭遇其時未有建萬世之長策舉明主於三代之隆者也其務在於簿書斷獄聽訟而已此非太平之基也今俗吏所以牧民者非有禮義科指可世世通行者也以意穿鑿各取一切（師古曰苟順一時非正道）是以詐偽萌生刑罰無極質樸日消恩愛寖薄（師古曰寖古浸字浸漸也）孔子曰安上治民莫善於禮非空言也願與大臣延及儒生述舊禮明王制驅一世之民躋之仁壽之域（師古曰言以仁道治之皆得其性則壽考也域界也）則俗何以不若成康壽何以不若高宗（師古曰成康周之二王太平之時也高宗殷王武丁也有德可尊故曰高宗享國五十九年故云壽）上不納其言吉以病去至成帝時犍為郡於水濱得古磬十六枚（師古曰濱水涯也音賓）議者以為善祥劉向因是說上宜興辟雍設庠序陳禮樂隆雅頌之聲盛揖攘之容（師古曰攘古讓字）以風化天下如此而不治者未之有也或曰不能具禮（師古曰或曰者劉向設為難者之言而後荅釋也）禮以養人為本如有過差是過而

養人也（師古曰過差猶失錯也）刑罰之過或至死傷今之刑非皋陶之法也而有司請定法削則削筆則筆（服虔曰言隨君意也師古曰削者謂有所刪去以刀削簡牘也筆者謂有所增益以筆就而書也）救時務也至於禮樂則曰不敢是敢於殺人不敢於養人也為其俎豆管弦之閒小不備因是絕而不為是去小不備而就大不備大不備或莫甚焉（師古曰大不備者事之虧失莫甚於此）夫教化之比於刑法刑法輕是舍所重而急所輕也（師古曰舍廢也）且教化所恃以為治也刑法所以助治也今廢所恃而獨立其所助非所以致太平也自京師有誖逆不順之子孫（師古曰誖乖也音布內反）至於陷大辟受刑戮者不絕繇不習五常之道也（師古曰繇與由同五常仁義禮智信人性所常有之也）夫承千歲之衰周繼暴秦之餘敝民漸漬惡俗貪饕險詖不閑義理（師古曰貪甚曰饕言行險曰詖饕音吐高反詖音彼義反）不示以大化而獨敺以刑罰終已不改（師古曰敺與驅同）故曰導之以禮樂而民和睦（師古曰孝經著孔子之言也）初叔孫通將制定禮儀見非於齊魯之士然卒為漢儒宗業垂後嗣斯成法也成帝以向言下公卿議會向病卒丞相大司空奏請立辟雍案行長安城南（師古曰行音下更反）營表未作遭成帝崩羣臣引以定謚（孟康曰謚法曰安民立政曰成帝欲立辟雍未就而崩羣臣議引為美謚謂之成）及王莽為宰衡欲燿眾庶遂興辟雍因以篡其位

海內畔之世祖受命中興撥亂反正 師古曰謂後漢光武帝也 改定京師于土中 師古曰謂都洛陽 即位三十年四夷賓服百姓家給政教清明 師古曰給足也言家家皆足 迺營立明堂辟廱顯宗即位 李奇曰明帝曰顯宗 躬行其禮宗祀光武皇帝于明堂養三老五更於辟廱 李奇曰王者父事三老兄事五更詩云三壽作朋鄭展曰漢直以一公爲三老用大夫爲五更每常大行禮乃置師古曰鄭玄說云三老五更謂老人更知三德五事者也更音工衡反蔡邕以爲更當爲叟叟老人之稱也 威儀既美矣然德化未流洽者禮樂未具羣下無所誦說而庠序尚未設之故也孔子曰辟如爲山未成一匱止吾止也 師古曰論語云孔子之言匱者織草爲器所以盛土也言爲山欲成尚少一匱之土止而不爲則其功終已不就如斯之人吾所不教喻也辟讀曰譬 今叔孫通所撰禮儀與

律令同錄臧於理官 師古曰古書懷藏之字本皆作臧漢書例爲臧耳理官即法官也 法家又復不傳漢典寢而不著民臣莫有言者 師古曰寢息也 又通沒之後河間獻王采禮樂古事稍稍增輯至五百餘篇 師古曰輯與集同也 今學者不能昭見但推士禮以及天子說義又頗謬異故君臣長幼交接之道寖以不章 師古曰寖漸也 樂者聖人之所樂也而可以善民心其感人深移風易俗故先王著其教焉 師古曰著明也 夫民有血氣心知之性而無哀樂喜怒之常應感而動然後心術形焉 師古曰言人之性感物則動也術道徑也心術心之所由也形見也 是以纖微癄瘁 一作衰 之音作而民思憂 師古曰癄瘁謂減縮也音子笑反 闡諧

嫚易之音作而民康樂 師古曰闡廣也諧和也嫚易言不急刻也易音弋豉反 麤厲猛奮之音作而民剛毅 師古曰麤厲抗厲也猛奮發揚也麤字或作麁字非是 廉直正誠之音作而民肅敬寬裕和順之音作而民慈愛 師古曰寬裕饒也 流辟邪散之音作而民淫亂 師古曰辟讀曰僻 先王恥其亂也故制雅頌之聲本之情性稽之度數制之禮儀 師古曰稽考也 合生氣之和導五常之行 師古曰生氣陰陽之氣導引也 使之陽而不散陰而不集 師古曰集謂聚滯也 剛氣不怒柔氣不懾 師古曰懾恐也音之涉反 四暢交於中而發作於外 師古曰暢通達也 皆安其位而不相奪足以感動人之善心也不使邪氣得接焉是先王立樂之方也王者未作樂之

時因先王之樂以教化百姓說樂其俗 師古曰說樂其俗使和說而安樂也說讀曰悅樂音來各反 然後改作以章功德易曰先王以作樂崇德殷薦之上帝以配祖考 師古曰此豫卦象辭也殷盛大也上帝天也言王者作樂崇表其德大薦於天而以祖考配饗之也 昔黃帝作咸池顓頊作六莖帝嚳作五英 師古曰嚳音酷 堯作大章舜作招 師古曰招讀曰韶下皆類此 禹作夏湯作濩 師古曰濩音護 武王作武周公作勺勺言能勺先祖之道 師古曰勺讀曰酌酌取也 武言以功定天下也濩言救民也夏大承二帝也 師古曰夏大也二帝謂堯舜也 招繼堯也 師古曰韶之言紹故曰繼堯也 大章章之也 師古曰章明也 五英英茂也六莖及根莖也咸池備矣 師古曰咸皆也池言其包容浸潤也故云備矣 自夏以往其

流不可聞已(師古曰言歌頌皆亡也已語終辭)殷頌猶有存者(師古曰謂正考甫所得那以下是)周詩既備(師古曰謂雅頌皆得其所)而其器用張陳周官具焉(師古曰謂大司樂以下諸官所掌)典者自卿大夫師瞽以下皆選有道德之人(師古曰師樂工瞽無目者)朝夕習業以教國子國子者卿大夫之子弟也皆學歌九德(師古曰水火金木土穀謂之六府正德利用厚生謂之三事六府三事謂之九功九功之德皆可歌也故言九德也)誦六詩(應劭曰六詩者詩有六義一曰風二曰賦三曰比四曰興五曰雅六曰頌)習六舞五聲八音之和(師古曰六舞謂帗舞羽舞翌舞旄舞干舞人舞也五聲宮商角徵羽也八音金石絲竹匏土革木帗音弗翌音皇旄音毛)故帝舜命夔曰女典樂教胄子(師古曰虞書舜典所載也夔舜臣名胄子即國子也)直而溫(師古曰正直溫和也)寬而栗(師古曰寬大而敬栗)剛而無虐(師古曰剛毅而不害虐也)簡而無敖(師古曰簡約而無傲慢敖讀曰傲)詩言志歌詠言(師古曰咏古詠字也在心為志發言為詩咏永也永長也歌所以長言之)聲依咏律和聲(師古曰依助也五聲所以助歌也六律所以和聲也)八音克諧(師古曰諧亦和也自此以上皆帝舜之言)此之謂也又以外賞諸侯德盛而教尊者其威儀足以充目音聲足以動耳詩語足以感心故聞其音而德和省其詩而志正(師古曰省視也)論其數而法立是以薦之郊廟則鬼神饗作之朝廷則羣臣和立之學官則萬民協聽者無不虛己竦神說而承流(師古曰竦敬也說讀曰悅)是以海內徧知上德被服其風(師古曰被音皮義反言蒙其風化若被而服之)光煇日新化上遷善而不知所以然至於萬物不夭天地順而嘉應

降故詩曰鐘鼓鍠鍠磬管鏘鏘降福穰穰(師古曰周頌執競之詩也鍠鍠和也鏘鏘盛也穰穰多也言周王祭祖考之廟奏樂而八音和盛則神降之福至多也鍠音皇穰音人羊反)書云擊石拊石百獸率舞(師古曰虞書舜典也石謂磬也言樂之和諧也擊拊磬石則百獸相率而舞也)鳥獸且猶感應而況於人乎況於鬼神乎故樂者聖人之所以感天地通神明安萬民成性類者也然自雅頌之興而所承衰亂之音猶在(師古曰言若周時尚有殷紂之餘聲)是謂淫過凶嫚之聲為設禁焉世衰民散小人乘君子(師古曰乘陵也)心耳淺薄則邪勝正故書序殷紂斷棄先祖之樂迺作淫聲用變亂正聲以說婦人(師古曰今文周書泰誓之辭也說讀曰悅)樂官師瞽抱其器而犇散或適諸侯或入河海(師古曰犇古奔字論語云大師摯適齊亞飯干適楚三飯繚適蔡四飯缺適秦鼓方叔入於河播鼗武入于漢少師陽擊磬襄入于海此志所云及古今人表所敘皆謂是也去諸侯者追繫其地非為當時已有國名而說論語者乃以為魯哀公時禮壞樂崩樂人皆去斯亦未允也夫六經殘缺學者異師文義乖駮各守所見而馬鄭羣儒皆在班揚之後向歆博學又居王杜之前校其是非不可偏據其漢書所引經文與近代儒家往往乖別既自成義指即就而通之庶免守株以申賢達之意非苟越異理固然也它皆類此)夫樂本情性浹肌膚而臧骨髓雖經乎千載其遺風餘烈尚猶不絕至春秋時陳公子完犇齊(師古曰完陳厲公子即敬仲也莊二十二年遇難出奔齊也)陳舜之後招樂存焉故孔子適齊聞招三月不知肉味曰不圖為樂之至於斯美之甚也(師古曰事見論語)周道始缺怨刺之詩起王澤既竭而詩不能作王官失業雅頌相錯(師古曰錯雜也)孔

子論而定之故曰吾自衛反魯然後樂正雅頌各得其所師古曰事亦見論語是時周室大壞諸侯恣行設兩觀乘大路應劭曰觀闕也門兩邊觀也禮諸侯一觀大路天子之車陪臣管仲季氏之屬師古曰陪重也諸侯者天子之臣故其臣稱重也季氏魯桓公子季友之後專執國政而奢僭也三歸雍徹八佾舞廷師古曰三歸取三姓女也婦人謂嫁曰歸蓋謂管仲耳雍樂詩也徹饌奏之八佾八列之舞皆僭天子禮也此謂季氏耳制度遂壞陵夷而不反師古曰陵夷猶頹替也解在成帝紀及諸侯王表桑間濮上鄭衛宋趙之聲並出應劭曰桑間衛地濮上濮水之上皆好新聲師古曰鄭衛宋趙諸國亦皆有淫聲内則致疾損壽外則亂政傷民巧僞因而飾之以營亂富貴之耳目師古曰營猶回繞也庶人以求利列國以相間師古曰間音居莧反故秦穆遺戎而由余去應劭曰戎西戎也由余其賢臣也秦欲兼之遺以女樂由余諫而不聽遂去入秦齊人

餽魯而孔子行師古曰餽亦饋字論語云齊人饋女樂季桓子受之三日不朝孔子行也至於六國魏文侯最爲好古師古曰魏文侯本晉大夫畢萬之後僭諸侯者而謂子夏曰寡人聽古樂則欲寐及聞鄭衛余不知倦焉子夏辭而辨之終不見納師古曰事見禮之樂記自此禮樂喪矣漢興樂家有制氏服虔曰魯人也善樂事也以雅樂聲律世世在大樂官但能紀其鏗鎗鼓舞而不能言其義師古曰鏗鎗金石之聲也鏗音丘耕反鎗音七羊反其下亦同高祖時叔孫通因秦樂人制宗廟樂大祝迎神于廟門奏嘉至李奇曰嘉善也善神之至也猶古降神之樂也皇帝入廟門奏永至以爲行步之節猶古采薺肆夏也劉德曰歌樂在逸詩師古曰薺音才私反禮經或作賓又作祴音並同耳乾豆上奏登歌師古曰乾豆脯羞之屬獨上

歌不以筦弦亂人聲欲在位者徧聞之猶古淸廟之歌也登歌再終下奏休成之樂服虔曰叔孫通所奏作也美神明旣饗也皇帝就酒東箱坐定奏永安之樂美禮已成也又有房中祠樂高祖唐山夫人所作也服虔曰高帝姬也韋昭曰唐山姓也周有房中樂至秦名曰壽人凡樂樂其所生禮不忘本高祖樂楚聲故房中樂楚聲也孝惠二年使樂府令夏侯寬備其簫管更名曰安世樂高廟奏武德文始五行之舞孝文廟奏昭德文始四時五行之舞孝武廟奏盛德文始四時五行之舞武德舞者高祖四年作以象天下樂己行武以除亂也文始舞者曰本舜招舞

也高祖六年更名曰文始以示不相襲也五行舞者本周舞也秦始皇二十六年更名曰五行也四時舞者孝文所作以示天下之安和也蓋樂己所自作明有制也師古曰言自制作也樂先王之樂明有法也師古曰遵前代之法孝景采武德舞以爲昭德以尊大宗廟至孝宣采昭德舞爲盛德以尊世宗廟諸帝廟皆常奏文始四時五行舞云高祖六年又作昭容樂禮容樂昭容者猶古之昭夏也主出武德舞蘇林曰言昭容樂生於武德舞禮容者主出文始五行舞舞人無樂者將至至尊之前不敢以樂也出用樂者言舞不失節能以樂終也大氐皆因秦舊事焉師古

曰氐歸也音丁禮反其後字或作柢音義並同初高祖既定天下過沛與故人父老相樂醉酒歡哀作風起之詩令沛中僮兒百二十人習而歌之至孝惠時以沛宮為原廟師古曰原重也言已有正廟更重立也皆令歌兒習吹以相和常以百二十人為員文景之間禮官肄業而已師古曰肄習也音弋二反至武帝定郊祀之禮祠太一於甘泉就乾位也師古曰言在京師之西北也祭后土於汾陰澤中方丘也師古曰汾水之旁土特堆起是澤中方丘也祭地以方象地形乃立樂府師古曰始置之也樂府之名蓋起於此哀帝時罷之采詩夜誦師古曰采詩依古遒人徇路采取百姓謳謠以知政教得失也夜誦者其言辭或祕不可宣露故於夜中諷誦也有趙代秦楚之謳以李延年為協律都尉多舉司馬相如等數十人造為詩賦略論律呂以合八音之調作十九章之歌以正月上辛用事甘泉圜丘師古曰用上辛依周禮郊天日也辛取齊戒自新之義也為圜丘者取象天形也使童男女七十人俱歌昏祠至明夜常有神光如流星止集于祠壇天子自竹宮而望拜韋昭曰以竹為宮天子居中師古曰漢舊儀云竹宮去壇三里百官侍祠者數百人皆肅然動心焉安世房中歌十七章其詩曰

大孝備矣休德昭清高張四縣樂充宮廷晉灼曰四縣樂四縣也天子宮縣師古曰謂設宮縣而高張之縣古懸字芬樹羽林雲景杳冥師古曰言所樹羽葆其盛若林芬然眾多仰視高遠如雲日之杳冥也金支秀華庶旄翠旌張晏曰金支百二十支秀華中主有華飾也旄鍾之旄也文穎曰析羽為旌翠羽為之也臣瓚曰樂上眾飾有流蘇羽葆以黃金為支其首敷散若草木之秀華也師古曰金支秀華瓚說是也庶

旄翠旌謂析五采羽注旄之首而為旌耳七始華始肅倡和聲孟康曰七始天地四時人之始華始萬物英華之始也以為樂名如六英也師古曰肅敬也言歌者敬而唱諧和之聲神來宴娭庶幾是聽師古曰娭戲也言庶幾神來宴戲聽此樂也娭音許其反粥粥音送細齊人情晉灼曰粥粥敬懼貌也細微也以樂送神微感人情使之齊肅也師古曰粥音弋六反忽乘青玄熙事備成師古曰還神禮畢忽登青天而去福熙之事皆備成也熙與禧同也清思眑眑經緯冥冥蘇林曰眑音窈師古曰眑眑幽靜也經緯謂經緯天地我定歷數人告其心師古曰言臣下各竭其心致誠款也敕身齊戒施教申申應劭曰敕謹敬之貌師古曰齊讀曰齋乃立祖廟敬明尊親大矣孝熙四極爰轃師古曰熙亦福也四極四方極遠之處也爾雅曰東至於泰遠西至於邠國南至於濮鉛北至於祝栗謂之四極邠音彬轃字與臻同王侯秉德其鄰翼翼師古曰鄰言德不孤必有鄰也翼翼恭敬也顯明昭式清明鬯矣皇帝孝德師古曰鬯古暢字暢通也竟全大功撫安四極

海內有姦紛亂東北師古曰謂匈奴詔撫成師武侯承惪師古曰成師言各置部校師出以律也春秋左氏傳曰成師以出行樂交逆簫勺羣慝晉灼曰簫舜樂也勺周樂也言以樂征伐也師古曰言制定新樂教化流行則逆亂之徒盡交歡也慝惡也勺讀曰酌肅為濟哉蓋定燕國師古曰匈奴服從則燕國安靜無寇難也大海蕩蕩水所歸高賢愉愉民所懷李奇曰愉愉和樂貌也懷思也師古曰蕩蕩廣大貌也言海以廣大之故眾水歸之王者有和樂之德則人皆思附也大山崔百卉殖民何貴貴有德師古曰言大山以崔嵬之故能生養百卉明君以崇高其德故為萬姓所尊也崔音才回反安其所樂終產師古曰萬物各安其所而樂終其生也樂終產世繼緒師古曰言傳祚無窮飛龍秋游上天蘇林曰秋

飛貌也師古曰莊子有秋駕之法者亦言駕馬騰驤秋秋然也揚雄曰秋秋蹌蹌入西園其義亦同讀者不曉秋義或改此秋字爲秋稷之秋失之遠矣高賢愉樂民人師古曰言王者有愉愉之德故使衆人皆安樂豐草葽女羅施孟康曰葽音四月秀葽葽盛貌也應劭曰女羅兔絲也延于松之上異類而猶戴之況同姓言族親不可不再復遇也善言何如誰能回師古曰回亂也言至德之善言帝皇皆不如之而不可干亂大莫大成教德長莫長被無極師古曰被音皮義反次下亦同靁震震電燿燿明德鄉治本約服虔曰與臣民之約師古曰鄉方也言王者之威取象靁電明示德義之方而治政本之約約讀曰要治本約澤弘大師古曰政教有常則恩惠滂沱加被寵咸相保師古曰言德政所加人被寵澤則室家老幼皆相保也施德大世曼壽師古曰曼延也都荔遂芳窅窊桂華蘇林曰窅音窅眨之窅窊音窊下之窊孟康曰窅出窊入都良薜荔之香鼓動桂華也晉灼曰桂華似殿名以下言桂華馮馮翼翼承天之則言樹此香草以絜齊其芳氣乃達於

宮殿也臣瓚曰茂陵中書歌都孋桂英美芳鼓行如此復不得爲殿名師古曰諸家說皆未盡也此言都良薜荔俱有芬芳桂華之形窅窊然也皆謂神宮所有耳窅音一交反窊音一瓜反孝奏天儀若日月光師古曰言以孝道進承於天天神下降故有光乘玄四龍回馳北行羽旄殷盛芬哉芒芒師古曰芬亦謂衆多芒芒廣遠之貌孝道隨世我署文章師古曰署猶分部也一曰表也桂華馮馮翼翼承天之則師古曰馮馮盛滿也翼翼衆貌也吾易久遠燭明四極晉灼曰易疆易也久固也武帝自言拓境廣遠安固也師古曰此說非也久猶長也自言疆易遠大耳非武帝時也不得云拓境慈惠所愛美若休德師古曰若順也休亦美也杳杳冥冥克綽永福師古曰綽緩也亦謂延長也美芳磑磑即即師象山則孟康曰磑磑崇積也即即充實也師衆也則法也積實之盛衆類於山也師古曰磑音五回反烏呼孝哉案撫戎國蠻夷

竭歡象來致福李奇曰象譯也蠻夷遣譯致福貢也兼臨是愛終無兵革師古曰兼臨言在上位者普包容嘉薦芳矣告靈饗矣告靈既饗德音孔臧師古曰饗字合韻皆音鄉孔甚也臧善也惟德之臧建侯之常承保天休令聞不忘師古曰建侯封建諸侯也易屯卦曰利建侯休美也令善也聞名也皇皇鴻明蕩侯休德服虔曰侯惟也臣瓚曰天下蕩蕩平惟帝之休德嘉承天和伊樂厥福師古曰伊是也在樂不荒惟民之則師古曰則法也浚則師德下民咸殖令問在舊孔容翼翼師古曰浚深也師衆也則法也殖生也舊久也翼翼敬也言有深法衆德故能生育羣黎久有善名其容甚敬也孔容之常承帝之明師古曰帝謂天也下皆類此下民之樂子孫保光師古曰言永保其光寵也承順溫良受

帝之光嘉薦令芳壽考不忘師古曰不忘言長久承帝明德師象山則師古曰衆象山而爲法言不騫不崩雲施稱民永受厥福師古曰言稱物平施其澤如雲也稱音尺孕反承容之常承帝之明下民安樂受福無疆師古曰疆竟也下皆類此

郊祀歌十九章其詩曰

練時日侯有望師古曰練選也爇膋蕭延四方李奇曰膋腸間脂也蕭香蒿也師古曰以蕭爇脂合馨香也四方四方之神也膋音來彫反爇音人說反九重開靈之斿師古曰天有九重言皆闢門而來降歆福垂惠恩鴻祜休師古曰鴻大也祜福也休美也祜音怙靈之車結玄雲駕飛龍羽旄紛師古曰紛紛言其多靈之下若風馬師古曰言速疾左倉龍右白虎師古曰以爲衛靈之來神哉沛師古曰沛疾貌音補蓋反先以雨

般裔裔師古曰先以雨言神欲行令雨先驅也般讀曰班同班布也裔裔飛流之貌靈之至慶陰陰師古曰言垂陰覆徧於下相放怫震澹心師古曰放怫猶髣髴也澹動也放音昉怫音沸澹音大濫反靈已坐五音飭師古曰飭讀與敕字同謂整也虞至旦承靈億師古曰虞樂也億安牲繭栗粢盛香尊桂酒賓八鄉應劭曰桂酒切桂置酒中也晉灼曰尊大尊也元帝時大宰丞李元記云以水漬桂爲大尊酒師古曰繭栗言角之小如繭及栗之形也八鄉八方之神靈安留吟青黃服虔曰吟音含師古曰服說非也吟謂歌誦也青黃謂四時之樂也徧觀此眺瑤堂應劭曰眺望也瑤石而似玉者也師古曰以瑤飾堂瑤音遙眾嫭並綽奇麗孟康曰嫭音互嫭好也如淳曰嫭美目貌晉灼曰嫭音斯鑮之鑮師古曰孟說是也謂供神女樂並好麗也顏如荼兆逐靡應劭曰荼野菅白華也言此奇麗白如荼也孟康曰兆逐靡者兆民逐觀而猗靡也師古曰菅茅也言美女顏貌如茅荼之柔也荼者今俗所謂蘼蕪也荼音塗菅音姦靡合韻音武義反被華文廁霧縠曳阿錫佩珠玉如淳曰阿細繒錫細布也師古曰廁雜也霧縠言其輕細若雲霧俠嘉夜茝蘭芳如淳曰佳俠皆美人之稱也嘉夜芳草也師古曰俠與挾同言懷挾芳草也茝即今白芷茝音昌改反澹容與獻嘉觴師古曰澹安也容與言閑舒也澹音大濫反

練時日一

帝臨中壇四方承宇師古曰言天神尊者來降中壇四方之神各承四宇也壇字或作禪讀亦曰壇字加示者神靈之耳下言紫壇嘉壇其義並同繩繩意變備得其所應劭曰繩繩謹敬更正意也孟康曰眾多也臣瓚曰爾雅繩繩戒也師古曰瓚說是也清和六合制數以五張晏曰此后土之歌也土數五海內安寧興文匽武師古曰匽古偃字后土富媼昭明三光張晏曰媼老母稱也坤爲母故稱媼海內安定富媼之功耳穆穆優游嘉服上黃孟康曰土色上黃也

帝臨二

青陽開動根荄以遂臣瓚曰春爲青陽師古曰草根曰荄遂者言皆生出也荄音該膏潤并愛跂行畢逮孟康曰跂音岐師古曰并兼也逮及也凡有足

而行者稱跂行也霆聲發榮壧處頃聽晉灼曰壧穴也謂蟄蟲聽也師古曰壧與巖同言靁霆始發草木舒榮則蟄蟲處巖崖者莫不傾聽而起頃讀曰傾枯槁復產迺成厥命師古曰枯槁謂草木經冬而零落者也槁音口老反眾庶熙熙施及夭胎師古曰熙熙和樂貌也施延也少長曰夭在孕曰胎施音弋豉反夭音烏老反羣生啿啿惟春之祺服虔曰啿音湛湛露斯如淳曰祺福也師古曰啿啿豐厚之貌也音徒感反祺音其

青陽三　鄒子樂

朱明盛長旉與萬物臣瓚曰夏爲朱明師古曰旉古敷字也敷與言開舒也與音弋於反桐生茂豫靡有所詘師古曰桐讀爲通茂豫美盛而光悅也草木皆通達而生美悅光澤各無所詘皆申遂也詘音丘物反敷華就實既阜既昌師古曰敷布也就成也阜大也昌盛也登成甫田百鬼迪嘗師古曰甫田大田也百鬼百神也迪進也嘗謂歆饗之也言此粢盛皆因大田而登成進於祀所而爲百神所歆饗也迪音大歷反廣大建祀肅雍不忘神若宥之傳世無疆師古曰若善也宥祐也

朱明四　鄒子樂

西顥沆碭秋氣肅殺韋昭曰西方少昊也師古曰沆音胡浪反碭音蕩沆碭白氣之貌也含秀垂穎續舊不廢師古曰五穀百草秀穎成實皆因舊苗無廢絕也不榮而實曰秀榮末曰穎廢合韻音發姦偽不萌祅孽伏息隅辟越遠四貉咸服師古曰四貉猶言四夷辟讀曰僻貉音莫客反既畏茲威惟慕純德附而不驕正心翊翊師古曰純大也言畏威懷德皆來賓附無敢驕怠翊翊敬

西顥五　鄒子樂

玄冥陵陰蟄蟲蓋臧師古曰玄冥北方之神也屮木零落抵冬降霜孟康曰抵至也至冬而降霜音氐師古曰屮古草字也易亂除邪革正異俗師古曰易變革改也兆民反本抱素懷樸條理信義望禮五嶽師古曰條分也暢也籍斂之時掩收嘉穀師古曰籍斂謂

收藉田也

玄冥六　鄒子樂　惟泰元尊媼神蕃釐 李奇曰元尊天也媼神地也祭天燔燎祭地瘞埋也師古曰李說非也泰元天也蕃多也釐福也言天神至尊而地神多福也蕃音扶元反釐讀曰禧 經緯天地作成四時精建日月星辰度理陰陽五行周而復始雲風靁電降甘露雨百姓蕃滋咸循厥緒 師古曰蕃多也滋益也循順也緒業也 繼統共勤順皇之德 師古曰共讀曰恭皇皇天也此言天子繼承祖統恭勤爲心而順天也 鸞路龍鱗罔不肸飾 蘇林曰肸音肸蠁之肸師古曰罔無也肸振也謂皆振整而飾之也肸音許乙反 嘉籩列陳庶幾宴享 師古曰嘉籩祭祀之籩實也木曰豆竹曰籩享字合韻宜音鄉 滅除凶災烈騰八荒 師古曰言威烈之盛踰於八荒 鍾鼓竽笙雲舞翔翔招搖靈旗九夷賓將 師古曰畫招搖於旗以征伐故稱靈旗將猶從

惟泰元七　建始元年丞相匡衡奏罷鸞路龍鱗更定詩曰涓選休成 臣瓚曰涓除也除惡選取美成者也 天地竝況惟予有慕 師古曰況賜也 爰熙紫壇思求厥路 師古曰熙興也紫壇壇紫色也思求降神之路也 恭承禋祀緼豫爲紛 孟康曰積聚脩飾爲此紛華也師古曰緼音於粉反 黼繡周張承神至尊 師古曰白與黑畫爲斧形謂之黼 千童羅舞成八溢 師古曰溢與佾同佾列也 合好効歡虞泰一 師古曰虞與娛同也 九歌畢奏斐然殊鳴琴竽瑟會軒朱 師古曰軒朱即朱軒也總合音樂會於軒檻之前 璆磬金鼓靈其有喜 師古曰璆美玉名以爲磬也喜合韻音許吏反 百官濟濟各敬其事盛牲實俎進聞膏 師古曰言以牲實俎以蕭焫脂則其芬馨達於神所故曰盛牲實俎進聞膏 神奄留臨須搖 晉灼曰須搖須臾也師古曰奄讀曰淹 長麗前掞光燿明 孟康曰欲令神宿留言日雖暮春長更星在前扶助常有光明也掞或作扶晉灼曰掞即光炎字也臣瓚曰長麗靈鳥也故相如賦曰前長麗而後矞皇舊說云鸞也張衡思玄賦亦曰前長麗使拂羽師古曰晉瓚二說是也麗音離掞音豔 寒暑不忒況皇章 晉灼曰況賜也皇君也章明也言長更星終始不改其光神永以此明賜君也臣瓚曰忒差也寒暑不差言陰陽和也以此賜君章賢德也師古曰瓚說是也 展詩應律鋗玉鳴 晉灼曰鋗鳴玉聲也師古曰鋗音火玄反 函宮吐角激徵清發梁揚羽申以商 晉灼曰下有梁蕃鼓員四人似新造音樂者姓名也師古曰晉說非也自函宮吐角以下總言五聲之備耳申重也發梁歌聲繞梁也函與含同 造茲新音永久長聲氣遠條鳳鳥鶂 師古曰條達也鶂古翔字 神夕奄虞蓋孔享 師古曰虞樂也蓋語辭也孔甚也享合韻音鄉也

天地八　丞相匡衡奏罷黻繡周張更定詩曰肅若舊典 師古曰肅敬也若順也 日出入安窮時世不與人同

晉灼曰日月無窮而人命有終世長而壽短 故春非我春夏非我夏秋非我秋冬非我冬泊如四海之池徧觀是邪謂何 晉灼曰言人壽不能安固如四海徧觀是乃知命甚促謂何當如之何也師古曰泊水貌也音步各反又音魄 吾知所樂獨樂六龍六龍之調使我心若 應劭曰易曰時乘六龍以御天武帝願乘六龍仙而升天曰吾所樂獨乘六龍然御六龍得其調使我心若 訾黃其何不徠下 應劭曰訾黃一名乘黃龍翼而馬身黃帝乘之而仙武帝意欲得之曰何不來邪師古曰此言嗟歎之辭也訾黃乘黃也歎乘黃不來下也訾音咨也

日出入九　太一況天馬下 師古曰言此天馬乃太一所賜故來下也 霑赤汗沬流赭 應劭曰大宛馬汗血霑濡也流沬如赭李奇曰沬音靧面之靧晉灼曰沬古靧字也師古曰沬沬兩通沬者言被面如靧也字從水傍午未之未音呼內反沬者言汗流沫出也字從水傍本末之末音亦如之然今書字多作沬面之沬也 志俶儻精權奇籋浮雲晻上馳 蘇林曰籋音躡言天馬上躡浮雲也師古曰晻音烏感反言晻然而上馳

體容與泄萬里孟康曰泄音逝如淳曰泄超踰也晉灼曰古迣字師古曰孟音非也迣讀與厲同言能厲渡萬里也今安匹龍爲友師古曰言今更無與匹者唯龍可爲之友耳

元狩三年馬生渥洼水中作　天馬徠從西極涉流沙九夷服師古曰言九夷皆服故此馬遠來也徠古往來字也　天馬徠出泉水虎脊兩化若鬼應劭曰馬毛色如虎脊者有兩也師古曰言其變化若鬼神　天馬徠歷無草徑千里循東道張晏曰馬從西而來東也師古曰言馬從西來經行磧鹵之地無草者凡千里而至東道　天馬徠執徐時應劭曰太歲在辰曰執徐言得天馬時歲在辰也孟康曰東方震辰爲龍又青龍宿言以其方來也師古曰應說是也　將搖舉誰與期如淳曰搖遠也搖或作遙師古曰如說非也言當奮搖高舉不可與期也　天馬徠開遠門竦予身逝昆侖應劭曰言天馬雖去人遠當豫開門以待之也文穎曰言武帝好仙常庶幾天馬來當乘之往登昆侖也師古曰文說是也　天馬徠龍之媒應劭曰言天馬

者乃神龍之類今天馬已來此龍必至之效也　游閶闔觀玉臺應劭曰閶闔天門玉臺上帝之所居

天馬十　太初四年誅宛王獲宛馬作

天門開詄蕩蕩如淳曰詄讀如迭詄蕩蕩天體堅清之狀也師古曰詄音大結反　穆並騁以臨饗師古曰言衆神穆然並騁而臨祠祭　光夜燭德信著師古曰神光夜照應誠而來是德信著明　靈寖平而鴻長生豫師古曰神靈德澤所浸溥博無私其福甚大故我得長生之道而安豫也　太朱涂廣夷石爲堂師古曰涂道路也夷平也言通神之路飾以朱丹又甚廣大平夷密石累以爲堂　飾玉梢以舞歌體招搖若永望師古曰梢竿也舞者所持玉梢以玉飾之也招搖申動之貌永長也梢音所交反招音韶搖音弋　星留俞塞隕光師古曰俞荅也言衆星留荅我饗薦降其光燿四面充塞也俞音踰　照紫幄珠熉黃如淳曰熉音殞黃貌也師古曰紫幄饗神之幄也帳上四下而覆曰幄言光照紫幄故其珠色熉然而黃也熉音云　幡比翄回集貳雙飛常羊文穎曰舞者骨騰肉飛如鳥之回翔而雙集也師古曰常羊猶逍遙　月穆穆以金波日華燿以宣明師古曰言月光穆穆若金之波流也宣徧也　假清風軋忽激長至重觴師古曰軋忽長遠之貌也重觴謂累觴也　神裴回若留放殣冀親以肆章孟康曰殣音覲師古曰言神靈裴回留而不去故我得覲見冀以親附而陳誠意遂章明之　函蒙祉福常若期師古曰函包也蒙被也言爲神所饗食故能包函蒙被祉福應誠而至有常期也　寂漻上天知厥時應劭曰言天雖寂漻高遠而知我饗薦之時也漻音來朝反　泛泛滇滇從高斿應劭曰泛泛上浮之意也滇滇盛貌也晉灼曰滇音振旅闐闐師古曰音徒千反　殷勤此路臚所求應劭曰臚陳也言所以殷勤此路乃欲陳所求師古曰臚音力於反　佻正嘉吉弘以昌如淳曰佻讀曰肇肇始也　休嘉砰隱溢四方師古曰休美也嘉慶也砰音普萌反砰隱盛意　專精厲意逝九閡如淳曰閡亦陔也淮南子曰若士者謂盧敖曰吾與汗漫期乎九陔之上陔重也謂九天之上也師古曰閡合韻音改又音亥　紛云六幕浮大海師古曰紛云興

作之貌六幕猶言六合也

天門十一　景星顯見信星彪列如淳曰景星者德星也見無常常出有道之國鎮星爲信星居國益地師古曰謂彰著而爲行列也　象載昭庭日親以察師古曰象謂縣象也載事也縣象祕事昭顯於庭日來親近甚明察也　參侔開闔爰推本紀應劭曰參三也言景星光明也開闔乃三於日月也晉灼曰侔等也開闔猶開闔也言合之鼎瑞參等於上也師古曰晉說是　汾脽出鼎皇祐元始師古曰皇大也祐福也脽音誰祐音怙　五音六律依韋饗昭師古曰依韋諧和不相乖離也饗讀曰響響明也言聲響之明也　雜變並會雅聲遠姚師古曰姚姚言飛揚也　空桑琴瑟結信成張晏曰傳曰空桑爲瑟一彈三歎祭天質故也師古曰空桑地名也出善木可爲琴瑟也　四興遞代八風生應劭曰四時遞代成陰陽八風以生也臣瓚曰舞者四縣代奏也左氏傳曰夫舞者所以節八音而行八風也師古曰瓚說是也八方之風謂東北曰條風東方曰明庶風東南曰清明風南方曰景風西南曰涼風西方曰閶闔風西北曰不周風北方曰廣

眞風殷殷鐘石羽籥鳴師古曰殷殷聲盛也石謂磬也羽籥謂舞所持者也殷音隱河龍
供鯉醇犧牲晉灼曰河龍供鯉之所賜者也供鯉給厨祭也師古曰醇謂色不雜也犧牲牛羊全體者也百
末旨酒布蘭生張晏曰百末末作之末也晉灼曰百日之末酒也分香布列若蘭之生也師古曰百末百草華
之末也言美也以百草華末雜酒故香且美也事見春秋繁露泰尊柘漿析朝醒應劭曰柘漿取其柘汁以爲
飲也醒病酒也析解也音柘漿可以解朝醒也微感心攸通修名師古曰言精微所感其心攸遠故得通達成長
久之名周流常羊思所并師古曰周流猶周行也常羊猶逍遙思所并思與神道合也下言合所思是也
穰穰復正直往甯師古曰穰穰多也復猶歸也直當也甯願也言獲福既多歸於正道克當往日所願
也復音扶目反甯音寧也馮蠵切和疏寫平晉灼曰馮馮夷河伯也蠵觜蠵龜屬也師古曰馮夷命靈
蠵使切厲諧和水神令之跡導川源寫散平均無災害也蠵音弋隨反又音攜上天布施后土成穰
穰豐年四時榮

景星十二　元鼎五年得鼎汾陰作
齊房產草九莖連葉師古曰齊讀曰齋其下並同宮童效異披圖
案諜臣瓚曰宮之童豎致此異瑞也蘇林曰諜譜第之也玄氣之精回復此都師古曰玄天也
言天氣之精回旋反復於此雲陽之都謂甘泉也蔓蔓日茂芝成靈華師古曰蔓蔓言其長
久曰以茂盛也

齊房十三　元封二年芝生甘泉齊房作
后皇嘉壇立玄黃服師古曰壇祭壇也服祭服也物發冀州兆蒙
祉福晉灼曰得寶鼎於汾陰也臣瓚曰汾陰屬冀州沇沇四塞遐狄合處孟康曰沇音兗師古曰
沇沇流行之貌也遐狄遠夷也合處內附也遐即遐字耳其字從彳彳音丑亦反經營萬億咸遂厥宇
師古曰宇居也言我經營萬萬億兆故得咸遂其居

后皇十四　華爗爗固靈根神之斿過天門車
千乘敦昆侖師古曰敦讀曰屯屯聚也神之出排玉房周流雜拔
蘭堂師古曰拔舍止也音步曷反神之行旌容容騎沓沓般縱縱
孟康曰縱音總晉灼曰音人相從勇作惡師古曰容容飛揚之貌也沓沓疾行也般相連也縱縱衆也容音勇縱音總一曰容讀如本字縱
音子公反神之徠泛翊翊甘露降慶雲集如淳曰天文志云若烟非烟若雲
非雲郁郁紛紛是謂慶雲師古曰翊音弋入反又音立神之揄臨壇宇師古曰揄引也壇宇謂祭
祠壇場及宮室言神引來降臨之也揄音踰九疑賓夔龍舞如淳曰九疑舜所葬言以舜爲賓客也夔
典樂龍管納言皆隨舜而來舞以樂神神安坐鴹吉時師古曰鴹古翔字也言神安坐回翔皆趣吉時
也共翊翊合所思師古曰共讀曰恭翊翊敬也神嘉虞申貳觴師古曰虞
樂也貳觴猶重觴也福滂洋邁延長師古曰滂洋饒廣也滂音普郎反洋音羊又音祥沛

施祐汾之阿師古曰沛音普大反沛然汎貌也阿水之曲隅揚金光橫泰河師古
曰橫充滿也泰河大河也莽若雲增陽波師古曰莽雲貌言光明之盛莽莽然如雲也徧臚
驩騰天歌師古曰臚陳也驩升也言陳其歡慶令歌上升於天

華爗爗十五　五神相包四鄰如淳曰五帝爲太一相也師古曰包含也四鄰
四方土地廣揚浮雲抁嘉壇椒蘭芳孟康曰抁摩也師古曰音公忽反謂摩拭
其壇加以椒蘭之芳璧玉精垂華光師古曰言禮神之璧及玉之精英故有光華也益億年
美始興師古曰言福慶方興起也交於神若有承師古曰言神來降臨故盡其肅恭
廣宣延咸畢觴師古曰言徧延諸神咸歆祭祀畢盡觴爵也靈輿位偃蹇
驤師古曰神既畢饗則嚴駕靈輿引其侍從之位偃蹇高驤也蹇音居偃反卉汩臚析奚遺師古
曰卉汩疾意也臚陳也析分也奚何也言速自陳列分散而歸無所留也汩音于筆反淫淥澤洼然歸師古

曰淫久也淥澤澤名也言我饗神之後久在淥澤乃淫然而歸也淥音綠淫音烏黃反

五神十六　朝隴首覽西垠臣瓚曰謂朝於隴首而覽西北也師古曰隴坻之首也垠厓也坻音丁禮反雷電尞獲白麟臣瓚曰尞祭五時皆有報應聲若雷光若電也師古曰尞古燎字爰五止顯黃德師古曰爰曰也刃語辭也上足也時白麟足有五蹄圖匈虐熏鬻殛應劭曰熏鬻匈奴本號也師古曰殛窮也一曰殛誅也音居力反闢流離抑不詳師古曰流離不得其所者為開道路使之安集遠道不詳善者則抑黜之以申懲勸也賓百僚山河饗師古曰百僚百神之官也饗合韻音鄉掩回轅鬗長馳如淳曰鬗音滿鬗鬣長馬貌也師古曰音毋元反騰雨師洒路陂師古曰洒灑也路陂路傍也言使雨師灑道也洒音灑又音山刃反流星隕感惟風籋歸雲撫懷心師古曰懷心懷柔之心也籋音躡

朝隴首十七　元狩元年行幸雍獲白麟作

象載瑜白集西服虔曰象載鳥名也師古曰此說非也象載象輿也山出象輿瑞應車也瑜美貌也言此瑞車瑜然色白而出西方也西合韻音先食甘露飲榮泉師古曰駕輿者之所飲食也榮泉言泉有光華赤鴈集六紛員師古曰言六者所獲赤鴈之數也紛員多貌也言西獲象輿東獲赤鴈祥瑞多也員音云殊翁雜五采文孟康曰翁鴈頸也言其文采殊異也神所見施祉福登蓬萊結無極師古曰見顯示也蓬萊神山也在海中結成也

象載瑜十八　太始三年行幸東海獲赤鴈作

赤蛟綏黃華蓋師古曰綏綏赤蛟貌黃華蓋言其上有黃氣狀若蓋也露夜零晝晻濭師古曰晻音烏感反濭音藹晻濭雲氣之貌百君禮六龍位師古曰百君亦謂百神也勺椒漿靈已醉師古曰勺讀曰酌靈既享錫吉祥芒芒極降嘉觴師古曰芒芒廣大貌也芒音莫郎反靈殷殷爛揚光師古曰殷殷盛也爛光貌殷音隱

延壽命永未央杳冥冥塞六合澤汪濊輯萬國師古曰塞滿也輯和也天地四方謂之六合汪言饒多濊音於廢反又烏外反輯與集同靈禗禗象輿轙孟康曰禗禗音近枲不安欲去也轙待也如淳曰轙僕人嚴駕待發之意也師古曰禗音是也轙如說是也轙音蟻票然逝旗逶蛇師古曰票然輕舉意也逶蛇旗貌也票音匹遙反蛇音移禮樂成靈將歸託玄德長無衰師古曰言託恃元德與獲長生無衰竭也

赤蛟十九　其餘巡狩福應之事不序郊廟故弗論是時河閒獻王有雅材亦以為治道非禮樂不成因獻所集雅樂天子下大樂官常存肄之師古曰肄習也音弋二反歲時以備數然不常御常御及郊廟皆非雅聲然詩樂施於後嗣猶得有所祖述昔殷周之

雅頌迺上本有娀姜原應劭曰簡狄有娀之女吞燕卵而生契師古曰姜原后稷之母也卨稷始生玄王公劉古公大伯王季姜女大任大姒之德師古曰卨殷之始祖稷周之始祖玄王亦殷之先祖承黑帝之後故曰玄王公劉后稷之曾孫也古公亶甫即豳公也太伯大王之子王季之兄王季文王之父也姜女亶甫之妃也大任文母也大姒文王之妃武王之母也毛詩鄭說以玄王即卨也此志既言卨又有玄王則玄王非卨一人矣乃及成湯文武受命武丁成康宣王中興師古曰武丁殷王高宗也成王武王之子也康王成王之子也宣王厲王之子下及輔佐阿衡周召太公申伯召虎仲山甫之屬師古曰阿衡伊尹職號也周周公旦也召召公奭也太公師尚父也申伯召武仲山甫皆周宣王臣也君臣男女有功德者靡不褒揚功德既信美矣褒揚之聲盈乎天地之閒是以光名著於當世遺譽垂於無窮也今漢郊廟詩歌未有

祖宗之事八音調均又不協於鍾律而內有掖庭材人外有上林樂府皆以鄭聲施於朝廷至成帝時謁者常山王禹世受河間樂能說其義其弟子宋曅等上書言之（師古曰曅音于輒反）下大夫博士平當等考試當以為漢承秦滅道之後賴先帝聖德博受兼聽修廢官立大學河間獻王聘求幽隱修興雅樂以助化時大儒公孫弘董仲舒等皆以為音中正雅立之大樂春秋鄉射作於學官希闊不講（師古曰講謂論習也）故自公卿大夫觀聽者但聞鏗鎗不曉其意而欲以風諭衆庶其道無由（師古曰風化也）是以行之百有餘年

德化至今未成曅等守習孤學大指歸於興助教化衰微之學興廢在人宜領屬雅樂以繼絕表微（師古曰表顯也）孔子曰人能弘道非道弘人（師古曰論語載孔子之言）河間區區小國藩臣（師古曰區區小貌也）以好學修古能有所存（師古曰存意於禮樂）民到于今稱之況於聖主廣被之資（師古曰被音皮義反）修起舊文放鄭近雅述而不作信而好古於以風示海內揚名後世誠非小功小美也事下公卿以為久遠難分明當議復寢是時鄭聲尤甚黃門名倡丙彊景武之屬富顯於世貴戚五侯定陵富平外戚之家（師古曰五侯王鳳以下也定陵淳于長也富平張放）淫侈過

度至與人主爭女樂哀帝自為定陶王時疾之又性不好音及即位下詔曰惟世俗奢泰文巧而鄭衛之聲興夫奢泰則下不孫而國貧（師古曰孫讀為遜）文巧則趨末背本者衆（師古曰趨讀曰趣趣嚮也）鄭衛之聲興則淫辟之化流（師古曰辟讀曰僻也）而欲黎庶敦朴家給猶濁其源而求其清流（師古曰源水泉之本）豈不難哉孔子不云乎放鄭聲鄭聲淫（師古曰論語載孔子之言）其罷樂府官郊祭樂及古兵法武樂在經非鄭衛之樂者條奏別屬他官丞相孔光大司馬何武奏郊祭樂人員六十二人給祠南北郊大樂鼓員六人嘉至鼓員十人邯鄲鼓員

二人騎吹鼓員三人江南鼓員二人淮南鼓員四人巴俞鼓員三十六人（師古曰巴巴人也俞俞人也當高祖初為漢王得巴俞人並趫捷善鬬與之定三秦滅楚因存其武樂也巴俞之樂因此始也巴即今之巴州俞即今之渝州各其本地）歌鼓員二十四人楚嚴鼓員一人梁皇鼓員四人臨淮鼓員二十五人茲邡鼓員三人（晉灼曰邡音方）凡鼓十二員百二十八人朝賀置酒陳殿下應古兵法外郊祭員十三人諸族樂人兼雲招給祠南郊用六十七人（師古曰招讀與韶同）兼給事雅樂用四人夜誦員五人剛別柎員二人給盛德（師古曰剛及別柎皆鼓名也柎音膚）主調篪員二人（師古曰篪以竹為之七孔亦笛之類也篪音池）聽工以律知日冬夏至一人鍾工磬工簫工

員各一人僕射二人主領諸樂人皆不可罷竽工員三人一人可罷師古曰竽笙類也三十六簧音于琴工員五人三人可罷柱工員二人一人可罷師古曰柱工主箏瑟之柱者繩弦工員六人四人可罷師古曰弦琴瑟之弦繩言主糾合作之也鄭四會員六十二人一人給事雅樂六十一人可罷張瑟員八人七人可罷安世樂鼓員二十人十九人可罷沛吹鼓員十二人族歌鼓員二十七人陳吹鼓員十三人商樂鼓員十四人東海鼓員十六人長樂鼓員十三人縵樂鼓員十三人師古曰縵樂雜樂也音漫凡鼓八員百二十八人朝賀置酒陳前殿房中不應經法治竽

員五人楚鼓員六人常從倡三十人常從象人四人孟康曰象人若今戲蝦魚師子者也韋昭曰著假面者也師古曰孟說是詔隨常從倡十六人秦倡員二十九人秦倡象人員三人詔隨秦倡一人雅大人員九人朝賀置酒爲樂楚四會員十七人巴四會員十二人銚四會員十二人李奇曰疑是蘇韋昭曰銚國名音蘇師古曰韋說是也銚音姚齊四會員十九人蔡謳員三人齊謳員六人竽瑟鐘磬員五人皆鄭聲可罷師學百四十二人其七十二人給大官桐馬酒李奇曰以馬乳爲酒撞桐乃成也師古曰桐音動馬酪味如酒而飲之亦可醉故呼馬酒也其七十人可罷大凡八百二十九人其三百八十八人不可罷可領屬大樂其

四百四十一人不應經法或鄭衞之聲皆可罷奏可然百姓漸漬日久又不制雅樂有以相變豪富吏民湛沔自若師古曰湛讀曰沈又讀曰耽自若言自如故也陵夷壞于王莽今海內更始民人歸本戶口歲息師古曰今謂班氏撰書時也息生也平其刑辟牧以賢良至於家給既庶且富則須庠序禮樂之教化矣師古曰家給解已在前庶衆也論語云孔子曰庶矣哉冉有曰既庶矣又何加焉曰富之曰既富矣又何加焉曰教之故班氏引之也今幸有前聖遺制之威儀誠可法象而補備之經紀可因緣而存著也孔子曰殷因於夏禮所損益可知也周因於殷禮所損益可知也其或繼周者雖百世可知也師古曰論語載孔子對子張之言也今大

漢繼周久曠大儀未有立禮成樂此賈誼仲舒王吉劉向之徒所爲發憤而增嘆也師古曰感嘆也

禮樂志第二

學生庠珍齋諭何逵校勘

刑法志第三　　漢書二十三

班固　　秘書監上護軍琅邪縣開國子顏師古注

夫人宵天地之貌（應劭曰宵類也頭圓象天足方象地孟康曰宵化也言稟天地氣化而生也師古曰宵義與肖同應說是也故庸妄之人謂之不肖言其狀貌無所象似也貌古貌字）懷五常之性（師古曰五常仁義禮智信）聰明精粹（師古曰精細也言其識性細密也粹淳也音先遂反）有生之最靈者也爪牙不足以供耆欲趨走不足以避利害（師古曰耆讀曰嗜）無毛羽以禦寒暑必將役物以為養用仁智而不恃力此其所以為貴也故不仁愛則不能群不能群則不勝物不勝物則養不足羣而不足爭心將作上聖卓然先行敬讓博愛之德者眾心說而從之（師古曰說讀曰悅）從之成羣是為君矣歸而往之是為王矣（師古曰言爭往而歸之也）洪範曰天子作民父母為天下王（師古曰洪範周書也）聖人取類以正名而謂君為父母明仁愛德讓王道之本也愛待敬而不敗德須威而久立故制禮以崇敬作刑以明威也聖人既躬明悊之性（師古曰躬謂身親有之）必通天地之心制禮作教立法設刑動緣民情而則天象地（師古曰則法也）故曰先王立禮則天之明因地之性也（師古曰春秋左氏傳載鄭大夫子大叔之辭也）刑罰威獄以類天之震曜殺戮也（師古曰震謂雷電也）溫慈惠和以效天之生殖長育也書云天秩有禮天討有罪（師古曰此虞書咎繇謨之辭也秩敘也言

有禮者天則進敘之有罪者天則討治之）故聖人因天秩而制五禮（師古曰五禮吉凶賓軍嘉）因天討而作五刑（師古曰其說在下也）大刑用甲兵（張晏曰以六師誅暴亂）其次用斧鉞（韋昭曰斬刑也）中刑用刀鋸（韋昭曰刀割刑鋸刖刑也）其次用鑽鑿（韋昭曰鑽臏刑也鑿黥刑也師古曰鑽鑽去其臏骨也鑽音子端反臏音頻忍反）薄刑用鞭扑（師古曰扑杖也音普木反）大者陳諸原野（師古曰謂征討所殺也）小者致之市朝（應劭曰大夫已上尸諸朝士已下尸諸市）其所繇來者上矣（師古曰繇讀與由同）自黃帝有涿鹿之戰以定火災（鄭氏曰涿鹿在彭城南與炎帝戰炎帝火行故云火災李奇曰黃帝與炎帝戰於阪泉今言涿鹿地有二名也文穎曰國語云黃帝炎帝弟也炎帝號神農火行也後子孫暴虐黃帝伐之故言以定火災律歷志云與炎帝後戰於阪泉涿鹿在上谷今見有阪泉地黃帝祠師古曰文說是也彭城者上谷北別有彭城非宋之彭城也）顓頊有共工之陳以定水害（文穎曰共工主水官也少昊氏衰秉政作害顓頊伐之本主水官因為水行也師古曰共讀曰龔次下亦同）唐虞之際至治之極猶流共工放讙兜竄三苗殛鯀然後天下服（師古曰舜受堯禪而流共工于幽州放讙兜于崇山竄三苗于三危殛鯀于羽山也殛誅也音居力反）夏有甘扈之誓（師古曰謂啟與有扈戰于甘之野作甘誓事見夏書扈國今鄠縣是也甘即甘水之上）殷周以兵定天下矣（師古曰謂湯及武王）天下既定戢臧干戈教以文德（師古曰戢斂也）而猶立司馬之官設六軍之眾（師古曰司馬夏官卿掌邦政軍旅一萬二千五百人為軍王則六軍也）因井田而制軍賦地方一里為井井十為通通十為成成方十里成十為終終十為同同方百里同十為封封十為畿畿方千里有稅有賦（師古曰稅者田租也賦謂發斂財也）稅以足食賦以足兵故四井為邑四邑為丘丘十六

井也有戎馬一匹牛三頭四丘爲甸甸六十四井也有戎馬四匹兵車一乘牛十二頭甲士三人卒七十二人干戈備具是謂乘馬之法 鄭氏曰甲士在車上也師古曰乘音食證反其下並同 一同百里提封萬井 蘇林曰提音祇陳留人謂舉田爲祇李奇曰提舉也舉四封之內也師古曰李說是也提讀如本字蘇音非也說者或以爲積土而封謂之隄封既改文字又失義也 除山川沈斥城池邑居園囿術路三千六百井 臣瓚曰沈斥水田舄鹵也如淳曰術大道也師古曰川謂水之通流者也沈謂居深水之下也斥鹹鹵之地 定出賦六千四百井戎馬四百匹兵車百乘此卿大夫采地之大者也 師古曰采官也因官食地故曰采地爾雅曰采寮官也說者不曉采地之義因謂菜地云以種菜非也 是謂百乘之家一封三百一十六里提封十萬井定出賦六萬四千井戎馬四千匹兵車千乘此諸侯之大者也是謂千乘之國天子畿方千里提封百萬井定出賦六十四萬井戎馬四萬匹兵車萬乘故稱萬乘之主戎馬車徒干戈素具春振旅以搜夏拔舍以苗秋治兵以獮冬大閱以狩 師古曰振旅整衆也搜搜擇不任孕者拔舍草止不妨農也苗爲苗除害也治兵觀威武也獮應殺氣也大閱簡車馬也狩火田也一曰狩守也圍守而取之拔音步末反 皆於農隙以講事焉 師古曰隙空閑也講和習也 五國爲屬屬有長十國爲連連有帥 師古曰長音竹兩反帥音所類反 三十國爲卒卒有正二百一十國爲州州有牧連帥比年簡車 師古曰比年頻年也 卒正三年簡徒 師古曰徒人衆也 羣牧五載大簡車徒此先王爲國立武足兵之大略也

周道衰法度墯 師古曰墯即墮字墮毀也音火規反 至齊桓公任用管仲而國富民安公問行伯用師之道 師古曰伯讀曰霸 管仲曰公欲定卒伍修甲兵大國亦將修之而小國設備則難以速得志矣於是乃作內政而寓軍令焉 師古曰寓寄也寄於內政而修軍令也 故卒伍定虖里而軍政成虖郊連其什伍 師古曰五人爲伍二伍爲什 居處同樂死生同憂禍福共之故夜戰則其聲相聞晝戰則其目相見緩急足以相死其教已成外攘夷狄內尊天子以安諸夏 師古曰諸夏中國之諸侯也夏大也言大於四夷也攘音人羊反 齊桓既沒晉文接之亦先定其民作被廬之法 應劭曰搜於被廬之地作執秩以爲六官之法因以名之也師古曰被廬晉地也被音皮義反 總帥諸侯迭爲盟主 師古曰迭互也音大結反 然其禮已頗僭差又隨時苟合以求欲速之功故不能充王制二伯之後寖以陵夷 師古曰寖漸也陵夷頹替也二伯齊桓公晉文公也伯讀曰霸 至魯成公作丘甲 師古曰丘十六井也上出戎馬一匹牛三頭四丘爲甸甸六十四井也乃出戎馬四匹兵車一乘牛十二頭甲士三人卒七十二人耳今乃使丘出甸賦違常制也一說別令人爲丘作甲也士農工商四類異業甲者非凡人所能爲而令作之譏不正也 哀公用田賦 師古曰田賦者別計田畝及家財各爲一賦言不依古制役煩斂重也 搜狩治兵大閱之事皆失其正春秋書而譏之以存王道於是師旅亟動百姓罷敝 師古曰亟屢也音丘吏反罷讀曰疲 無伏節死難之誼孔子傷焉以不教民戰是謂棄之 師古曰論語載孔子之言也非其不素習 故稱子路曰由也千乘之國可使治其

賦也而子路亦曰千乘之國攝虖大國之閒加之以師旅因之以饑饉由也爲之比及三年可使有勇且知方也師古曰皆論語所載也方道也比音必寐反治其賦兵敎以禮誼之謂也春秋之後滅弱吞小並爲戰國稍增講武之禮以爲戲樂用相夸視師古曰視讀曰示而秦更名角抵師古曰抵音丁禮反解在武紀先王之禮沒於淫樂中矣雄桀之士因埶輔時作爲權詐以相傾覆吳有孫武齊有孫臏師古曰臏音頻忍反魏有吳起秦有商鞅皆禽敵立勝垂著篇籍當此之時合從連衡師古曰衡橫也戰國時齊楚韓魏燕趙爲從秦國爲衡從音子容反謂其地形南北從長也秦地形東西橫長故爲衡也轉相攻伐代爲雌雄師古曰代亦迭也齊

愍以技擊彊孟康曰兵家之技巧技巧者習手足便器械積機關以立攻守之勝魏惠以武卒奮師古曰奮盛起秦昭以銳士勝師古曰銳勇利世方爭於功利而馳說者以孫吳爲宗時唯孫卿明於王道師古曰孫卿楚人也姓荀名況避漢宣帝之諱故改作孫而非之曰彼孫吳者上埶利而貴變詐施於暴亂昏嫚之國君臣有閒師古曰言有閒隙不諧和上下離心政謀不良故可變而詐也夫仁人在上爲下所卬師古曰卬讀曰仰猶子弟之衛父兄若手足之扞頭目何可當也師古曰扞衛難也音下旦反鄰國望我歡若親戚芬若椒蘭顧視其上猶焚灼仇讎人情豈肯爲其所惡而攻其所好哉故以桀攻桀猶有巧拙以桀詐堯

若卵投石夫何幸之有師古曰言往必破碎詩曰武王載旆有虔秉鉞如火烈烈則莫我敢遏師古曰殷頌長發之詩也武王謂湯也虔敬也遏止也言湯建號興師本猶仁義雖執戚鉞以敬爲先故得如火之盛無能止也言以仁誼綏民者無敵於天下也若齊之技擊得一首則受賜金事小敵脃則媮可用也師古曰媮與偷同謂苟且事鉅敵堅則渙然離矣師古曰鉅大也渙然散貌是亡國之兵也魏氏武卒衣三屬之甲服虔曰作大甲三屬竟人身也蘇林曰兜鍪也盆領也髀禪也如淳曰上身一髀禪一脛繳一凡三屬也師古曰如說是也屬聯也音之欲反髀音陛脛即脛字操十二石之弩負矢五十个置戈其上冠冑帶劍贏三日之糧師古曰个讀曰箇箇枚也冑兜鍪也冠冑帶劍者著兜鍪而又帶劍也贏謂擔負也音盈日中而趨百里師古曰中一日之中中試則復其戶利

其田宅師古曰中試試之而中科條也復謂免其賦稅也利田宅者給其便利之處也中音竹仲反復音方目反如此則其地雖廣其稅必寡其氣力數年而衰是危國之兵也秦人其生民也陿阸其使民也酷烈師古曰陿地小也阸險固也酷重厚也烈猛威也劫之以埶隱之以阸鄭氏曰秦地多隘藏隱其民於隘中也臣瓚曰秦政急峻隱括其民於隘狹之法師古曰鄭說是也狃之以賞慶道之以刑罰師古曰狃串習也音女救反道讀曰導使民所以要利於上者非戰無由也功賞相長五甲首而隸五家服虔曰能得著甲者五人首使得隸役五家也如淳曰役隸五家是爲相君長是最爲有數故能四世有勝於天下然皆干賞蹈利之兵庸徒鬻賣之道耳師古曰鬻音育未有安制矜節之理也師古曰矜持也故雖地廣兵彊鰓鰓常恐天

下之一合而共軋己也 蘇林曰軋音慎而無禮則葸之葸懼貌也張晏曰軋踐轢也師古曰軋音先祀反軋音於黠反 至乎齊桓晉文之兵可謂入其域而有節制矣 孟康曰入王兵之域而未盡也 然猶未本仁義之統也故齊之技擊不可以遇魏之武卒魏之武卒不可以直秦之銳士 師古曰直亦當也 秦之銳士不可以當桓文之節制桓文之節制不可以敵湯武之仁義故曰善師者不陳 師古曰戰陳之義本因陳列爲名而音變耳字則作陳更無別體而末代學者輒改其字旁從車非經史之本文也今宜依古不從流俗也 善陳者不戰善戰者不敗善敗者不亡若夫舜修百僚咎繇作士 師古曰士師理官也謂司寇之職也 命以蠻夷猾夏寇賊姦軌 師古曰虞書舜典舜命咎繇之文也猾亂也夏諸夏也寇謂攻剽賊謂殺人在外爲姦在內爲軌

而刑無所用所謂善師不陳者也湯武征伐陳師誓衆而放禽桀紂 師古曰謂湯誓泰誓牧誓是也 所謂善陳不戰者也齊桓南服彊楚使貢周室 師古曰謂僖四年伐楚次于陘責包茅不入王祭不供也 北伐山戎爲燕開路 師古曰謂莊三十年伐山戎以其病燕故 存亡繼絕功爲伯首 師古曰謂存三亡國衞邢魯也伯讀曰霸 所謂善戰不敗者也楚昭王遭闔廬之禍國滅出亡 師古曰謂定四年吳入郢楚子出涉雎濟江入于雲中也 父老送之王曰父老反矣何患無君父老曰有君如是其賢也 師古曰言無有如此君者 相與從之或犇走赴秦號哭請救 師古曰謂申包胥如秦乞師也犇古奔字 秦人爲之出兵 師古曰謂秦子蒲子武帥車五百乘以救楚也 二國并力遂走吳師 師古曰謂子蒲大敗夫槩王于沂遂射之子西敗吳師於軍祥

昭王返國 師古曰吳師已歸楚子入郢 所謂善敗不亡者也若秦因四世之勝據河山之阻任用白起王翦豺狼之徒奮其爪牙禽獵六國以并天下 師古曰言如獵之取獸 窮武極詐士民不附卒隸之徒還爲敵讎 師古曰謂陳勝吳廣英布之徒也 斯猋起雲合果共軋之 師古曰猋疾風也如猋之起言其速也如雲之合言其盛也猋音必遙反 斯爲下矣凡兵所以存亡繼絕救亂除害也故伊呂之將子孫有國與商周並 師古曰言其同盛衰也 至於末世苟任詐力以快貪殘爭城殺人盈城爭地殺人滿野孫吳商白之徒皆身誅戮於前而國滅亡於後 師古曰孫武孫臏吳起商鞅白起也 報應之勢各以類至其道然矣漢興

高祖躬神武之材行寬仁之厚總擥英雄以誅秦項任蕭曹之文用良平之謀騁陸酈之辯明叔孫通之儀文武相配大略舉焉天下既定踵秦而置材官於郡國 師古曰踵因也 京師有南北軍之屯至武帝平百粵內增七校 晉灼曰百官表中壘屯騎步兵越騎長水胡騎射聲虎賁凡八校尉胡騎不常置故此言七也 外有樓船皆歲時講肄修武備云 師古曰肄習也音弋二反 至元帝時以貢禹議始罷角抵而未正治兵振旅之事也古人有言天生五材民並用之 師古曰五材金木水火土也 廢一不可誰能去兵鞭扑不可弛於家 師古曰弛放也音式爾反 刑罰不可廢於國征伐不可偃於天下用之有本末行之

有逆順耳孔子曰工欲善其事必先利其器師古曰論
語載孔子之言文德者帝王之利器威武者文德之輔助也
夫文之所加者深則武之所服者大德之所施者
博則威之所制者廣三代之盛至於刑錯兵寢者
其本末有序帝王之極功也師古曰刑錯兵寢皆謂置而弗用也昔周
之法建三典以刑邦國詰四方師古曰詰責也音口一反字或作誥音工到反誥謹
也以刑治之令謹敕也一曰刑新邦用輕典師古曰新闢地立君之國其人未習於教故用輕法二曰
刑平邦用中典師古曰承平守成之國則用中典常行之法也三曰刑亂邦用
重典師古曰篡殺畔逆之國化惡難移則用重法誅殺之也自此以上大司寇所職也五刑墨罪五百
劓罪五百宮罪五百刖罪五百殺罪五百所謂刑

平邦用中典者也師古曰墨黥也鑿其面以墨涅之劓截鼻也宮淫刑也男子割腐婦人幽閉刖斷足也殺死刑也自此以上司刑所職也劓音牛冀反刖音五刮反又音月凡殺人者踣諸市師古曰踣謂斃之也音蒲
付反墨者使守門師古曰黥面之人不妨禁禦也劓者使守關師古曰以其貌毀故遠之
宮者使守內師古曰人道既絕於事便也刖者使守囿師古曰驅御禽獸無足可也完
者使守積師古曰完謂不虧其體但居作也積積聚之物也自此以上掌戮所職也其奴男子入
于罪隸李奇曰男女徒總名為奴女子入舂槁孟康曰主暴燥舂之也韋昭曰舂舂人槁槁人也給
此二官之役師古曰槁音口老反凡有爵者與七十者與未齔者皆不
為奴師古曰有爵謂命士以上也齔毀齒男子八歲女子七歲而毀齒矣自此以上司厲所職也周道既衰穆
王眊荒命甫侯度時作刑以詰四方師古曰穆王昭王之子也享國既百年而
王眊亂荒忽乃命甫侯為司寇商度時宜而作刑之制以治四方也甫國名也眊音莫報反度音大各反墨罰之屬

千劓罰之屬千髕罰之屬五百宮罰之屬三百大辟
之罰其屬二百師古曰髕罰去膝頭骨大辟死刑也髕音頻忍反五刑之屬三千師古曰五者
之刑凡三千蓋多於平邦中典五百章所謂刑亂邦用
重典者也春秋之時王道寖壞教化不行師古曰寖漸也子
產相鄭而鑄刑書師古曰子產鄭大夫公孫僑也鑄刑法於鼎事在昭六年晉叔嚮
非之曰師古曰叔嚮晉大夫羊舌肸也遺其書以非之嚮音許兩反昔先王議事以制
不為刑辟李奇曰先議其犯事議定然後乃斷其罪不為一成之刑著於鼎也師古曰虞舜則象以典刑流宥五刑
周禮則三典五刑以詰邦國非不豫設但弗宜露使人知之懼民之有爭心也猶不可禁
禦是故閑之以誼糾之以政師古曰閑防也糾舉也行之以禮守
之以信奉之以仁師古曰奉養也制為祿位以勸其從師古曰勸其從

教之心也嚴斷刑罰以威其淫師古曰淫放也懼其未也故誨之以
忠聳之以行晉灼曰聳古竦字也師古曰聳謂獎也又音所項反教之以務師古曰時所急
使之以和師古曰悅以使人也臨之以敬莅之以彊師古曰莅謂監視也斷之
以剛猶求聖哲之上明察之官忠信之長慈惠之
師師古曰上謂公侯也官卿佐也長師皆列職之首也民於是乎可任使也而不生
禍亂民知有辟則不忌於上並有爭心以徵於書
而徼幸以成之弗可為矣師古曰辟法也為治也權移於法故人不畏上因危文以生詐妄徼幸而或巧則弗可治也
夏有亂政而作禹刑商有亂政而作湯
刑周有亂政而作九刑韋昭曰謂正刑五及流贖鞭扑也三辟之興皆叔
世也師古曰叔世言晚時也今吾子相鄭國制參辟鑄刑書孟康曰謂

夏商周亂政所制三辟也將以靖民不亦難乎師古曰靖安也一曰治也詩曰儀式刑文王之德曰靖四方師古曰周頌我將之詩也言法象文王之德以爲儀式則四方日以安靖也又曰儀刑文王萬邦作孚師古曰大雅文王詩也孚信也言法象文王則萬國皆信順也又如是何辟之有師古曰若詩所言不宜制刑辟民知爭端矣將棄禮而徵於書師古曰取證於刑書錐刀之末將盡爭之師古曰喻纖細亂獄滋豐貨賂並行師古曰滋益也終子之世鄭其敗乎子產報曰若吾子之言僑不材不能及子孫吾以救世也師古曰言辟非長久之法且救當時之敝媮薄之政自是滋矣孔子傷之曰導之以德齊之以禮有恥且格導之以政齊之以刑民免而無恥師古曰論語載孔子之言也格正也言用德禮則人有恥而自正尚政刑則下苟免而無恥禮

樂不興則刑罰不中刑罰不中則民無所錯手足師古曰亦論語所載孔子之言禮以治人樂以易俗二者不興則刑罰濫矣錯置也孟氏使陽膚爲士師古曰亦論語所載陽膚曾子弟子也士師獄官問於曾子師古曰問何以居此職也亦曰上失其道民散久矣如得其情則哀矜而勿喜師古曰此曾子對辭言萌俗澆離輕犯於法乃由上失其道非下之過今汝雖得獄情當哀矜之勿喜也陵夷至於戰國韓任申子秦用商鞅連相坐之法造參夷之誅師古曰參夷夷三族增加肉刑大辟有鑿顛抽脅鑊亨之刑師古曰鼎大而無足曰鑊以鬻人也至於秦始皇兼吞戰國遂毀先王之法滅禮誼之官專任刑罰躬操文墨師古曰躬身也操執持也音千高反晝斷獄夜理書自程決事日縣石之一服虔曰縣稱也石百二十斤也始皇省讀文書日以百二斤爲程而姦邪並生赭衣塞路囹圄成市天下愁怨潰而叛之漢興高祖初入關約法三章曰殺人者死傷人及盜抵罪蠲削煩苛兆民大說師古曰說讀曰悅其後四夷未附兵革未息三章之法不足以禦姦師古曰禦禁止也於是相國蕭何攈摭秦法師古曰攈摭謂收拾也攈音九問反摭音之石反取其宜於時者作律九章當孝惠高后時百姓新免毒蠚人欲長幼養老師古曰蠚音呼各反蕭曹爲相填以無爲師古曰言以無爲之法填安百姓也填音竹刃反從民之欲而不擾亂是以衣食滋殖刑罰用稀及孝文即位躬脩玄默勸趣農桑減省租賦而將相皆舊功臣少文多質懲惡亡秦之

政論議務在寬厚恥言人之過失化行天下告訐之俗易師古曰訐面相斥罪也音居謁反吏安其官民樂其業畜積歲增戶口寖息師古曰畜讀曰蓄寖益也息生也風流篤厚禁罔疏闊選張釋之爲廷尉罪疑者予民師古曰從輕斷是以刑罰大省至於斷獄四百師古曰謂普天之下重罪者也有刑錯之風即位十三年大倉令淳于公有罪當刑詔獄逮繫長安師古曰逮及也辭之所及則追捕之故謂之逮一曰逮者在道將送防禦不絕若今之傳送囚也淳于公無男有五女當行會逮罵其女曰生子不生男緩急非有益其少女緹縈自傷悲泣師古曰緹縈女名也緹音他弟反迺隨其父至長安上書曰妾父爲吏齊中皆稱其廉平今坐法當刑妾傷夫死者不

可復生刑者不可復屬（師古曰屬聯也音之欲反）雖後欲改過自新其道亡繇也（師古曰繇讀與由同由從也）妾願沒入爲官婢以贖父刑罪使得自新書奏天子天子憐悲其意遂下令曰制詔御史葢聞有虞氏之時畫衣冠異章服以爲戮而民弗犯何治之至也今法有肉刑三（孟康曰黥劓二刖左右趾合一凡三也）而姦不止其咎安在非乃朕德之薄而教不明與（師古曰與讀曰歟）吾甚自愧故夫訓道不純而愚民陷焉（師古曰道讀曰導）詩曰愷弟君子民之父母（師古曰大雅泂酌之詩也言君子有和樂簡易之德則其下尊之如父親之如母也）今人有過教未施而刑已加焉或欲改行爲善而道亡繇至（師古曰繇讀與由同）

朕甚憐之夫刑至斷支體刻肌膚終身不息（師古曰息生也）何其刑之痛而不德也豈爲民父母之意哉其除肉刑有以易之及令罪人各以輕重不亡逃有年而免（孟康曰其不亡逃者滿其年數得免爲庶人）具爲令（師古曰使更爲條制）丞相張倉御史大夫馮敬奏言肉刑所以禁姦所由來者久矣陛下下明詔憐萬民之一有過被刑者終身不息及罪人欲改行爲善而道亡繇至於盛德臣等所不及也臣謹議請定律曰諸當完者完爲城旦舂（臣瓚曰文帝除肉刑皆有以易之故以完易髡以笞代劓以釱左右止代刖今髡曰完矣不復云以完代完也此當言髡者完也）當黥者髡鉗爲城旦舂當劓者笞三百當斬左止者笞五百當斬右止及殺人先自告及吏坐受賕枉法守縣官財物而即盜之已論命復有籍笞罪者皆棄市（李奇曰命逃亡也復於論命中有罪也晉灼曰命者名也成其罪也師古曰止足也當斬右足者以其辠次重故從棄市也殺人先自告謂殺人而自首得免罪者也吏受賕枉法謂曲公法而受賂者也守縣官財物而即盜之即今律所謂主守自盜者也殺人害重受賕盜物贓汙之身故此三罪已被論名而又犯笞亦皆棄市也今流俗書本笞五百之上及劓者之下有籍笞字復有笞罪亦云復有籍笞罪皆後人妄加耳舊本無也）罪人獄已決完爲城旦舂滿三歲爲鬼薪白粲鬼薪白粲一歲爲隸臣妾隸臣妾一歲免爲庶人（師古曰男子爲隸臣女子爲隸妾鬼薪白粲滿三歲爲隸臣隸臣一歲免爲庶人隸妾亦然也）隸臣妾滿二歲爲司寇司寇一歲及作如司寇二歲皆免爲庶人（臣瓚曰罪降爲司寇故一歲正司寇故二歲也）其亡逃及有耐罪以上不用此令（師古曰於

本罪中又重犯者也）前令之刑城旦舂歲而非禁錮者完爲城旦舂歲數以免（李奇曰謂文帝作此令之前有刑者）臣昧死請制曰可是後外有輕刑之名內實殺人斬右止者又當死斬左止者笞五百當劓者笞三百率多死（師古曰斬右止者棄市故入多死以笞五百代斬左止笞三百代劓笞數既多亦不活也）景帝元年下詔曰加笞重罪無異（孟康曰重罪謂死刑）幸而不死不可爲人（師古曰謂不能自起居也）其定律笞五百曰三百笞三百曰二百猶尚不全至中六年又下詔曰加笞者或至死而笞未畢朕甚憐之其減笞三百曰二百笞二百曰一百又曰笞者所以教之也其定箠令（師古曰箠策也所以擊者也音止蘂反）丞相劉舍御史大夫衛綰請笞者箠長五尺其本大一寸其竹也末薄半寸皆平其

節當笞者笞臀如淳曰然則先時笞背也師古曰臀音徒門反毋得更人師古曰謂行笞者不更易人也畢一罪乃更人自是笞者得全然酷吏猶以爲威死刑既重而生刑又輕民易犯之及至孝武即位外事四夷之功内盛耳目之好徵發煩數百姓貧耗師古曰耗損也音呼到反窮民犯法酷吏擊斷姦軌不勝於是招進張湯趙禹之屬條定法令作見知故縱監臨部主之法師古曰見知人犯法不舉告爲故縱而所監臨部主有罪并連坐也緩深故之罪孟康曰孝武欲急刑吏深害及故入人罪者皆寬緩急縱出之誅師古曰吏釋罪人疑以爲縱出則急誅之亦言尚酷其後姦猾巧法轉相比況禁罔寖密師古曰寖漸也其下亦同律令凡三百五十九章大辟四百九條千八百

八十二事死罪決事比萬三千四百七十二事師古曰比以例相比況也文書盈於几閣典者不能徧睹是以郡國承用者駮師古曰不曉其指用意不同也或罪同而論異姦吏因緣爲市師古曰弄法而受財若市買之交易所欲活則傅生議所欲陷則予死比師古曰傅讀曰附議者咸冤傷之宣帝自在閭閻而知其若此及即尊位廷史路溫舒上疏言秦有十失其一尚存治獄之吏是也語在溫舒傳上深愍焉廼下詔曰間者吏用法巧文寖深是朕之不德也夫決獄不當使有罪興邪不辜蒙戮晉灼曰當重而輕使有罪者起邪惡之心也師古曰有罪者更興邪惡無辜者反陷罪刑是決獄不平故父子悲恨朕甚傷之今遣

廷史與郡鞫獄任輕祿薄如淳曰廷史廷尉史也以囚辭決獄事爲鞫謂疑獄也李奇曰鞫謂窮獄也事窮竟也師古曰李說是也其爲置廷平秩六百石員四人其務平之以稱朕意於是選于定國爲廷尉求明察寬恕黃霸等以爲廷平季秋後請讞時上常幸宣室齋居而決事如淳曰宣室布政教之室也重用刑故齋戒以決事晉灼曰未央宮中有宣室殿師古曰晉說是也賈誼傳亦云受釐坐宣室蓋其殿在前殿之側也齋則居之獄刑號爲平矣時涿郡太守鄭昌上疏言聖王置諫爭之臣者非以崇德防逸豫之生也立法明刑者非以爲治救衰亂之起也今明主躬垂明聽雖不置廷平獄將自正若開後嗣不若刪定律令師古曰刪刊也有不便者則刊而除之律令一定愚

民知所避姦吏無所弄矣今不正其本而置廷平以理其末也政衰聽怠則廷平將招權而爲亂首矣蘇林曰招音翹翹舉也猶言賣弄也孟康曰招求也招致權著己也師古曰孟說是也宣帝未及修正元帝初立廼下詔曰夫法令者所以抑暴扶弱欲其難犯而易避也今律令煩多而不約自典文者不能分明而欲羅元元之不逮師古曰羅網也不逮言意識所不及斯豈刑中之意哉師古曰中當也其議律令可蠲除輕減者條奏惟在便安萬姓而已至成帝河平中復下詔曰甫刑云五刑之屬三千大辟之罰其屬二百師古曰甫刑即周書呂刑初爲呂侯號曰呂刑後爲甫侯故又稱甫刑今大辟之刑千有餘條律

令煩多百有餘萬言奇請它比日以益滋師古曰奇請謂常文之外主者別有所請以定罪也它比謂引它類以比附之稍增律條也奇音居宜反自明習者不知所由師古曰由從也欲以曉喻衆庶不亦難乎於以羅元元之民夭絕亡辜豈不哀哉其與中二千石二千石博士及明習律令者議減死刑及可蠲除約省者令較然易知條奏書不云乎惟刑之恤哉師古曰虞書舜典之辭恤憂也言當憂刑也其審核之務準古法師古曰核究其實也朕將盡心覽焉有司無仲山父將明之材師古曰有司已下史家之言也大雅烝人之詩曰肅肅王命仲山父將之邦國若否仲山父明之將行也否不善也言王有誥命則仲山父行之邦國有不善之事則仲山父明之故引以為美傷今不能然也不能因時廣宣主恩建立明制爲一代之法

而徒鉤摭微細毛舉數事以塞詔而已師古曰毛舉言舉豪毛之事輕小之甚塞猶當者也是以大議不立遂以至今議者或曰法難數變此庸人不達疑塞治道聖智之所常患者也師古曰塞謂不通也故略舉漢興以來法令稍定而合古便今者漢興之初雖有約法三章網漏吞舟之魚師古曰言疏闊吞舟謂大魚也然其大辟尚有夷三族之令令曰當三族者皆先黥劓斬左右止笞殺之梟其首菹其骨肉於市師古曰菹謂醢也菹音側於反其誹謗詈詛者又先斷舌故謂之具五刑彭越韓信之屬皆受此誅至高后元年乃除三族罪祅言令孝文二年又詔丞相太尉御史法

者治之正所以禁暴而衞善人也今犯法者已論而使無罪之父母妻子同產坐之及收朕甚弗取其議左右丞相周勃陳平奏言父母妻子同產相坐及收所以累其心使重犯法也師古曰重難也累音力瑞反收之之道所由來久矣臣之愚計以爲如其故便文帝復曰朕聞之法正則民愨罪當則民從師古曰愨謹也音丘角反且夫牧民而道之以善者吏也師古曰道讀曰導以善導之也既不能道又以不正之法罪之是法反害於民爲暴者也師古曰法害於人是法爲暴朕未見其便宜孰計之平勃乃曰陛下幸加大惠於天下使有罪不收無罪不相坐甚盛德臣

等所不及也臣等謹奉詔盡除收律相坐法其後新垣平謀爲逆復行三族之誅由是言之風俗移易人性相近而習相遠信矣師古曰論語云孔子曰性相近習相遠也言人同稟五常之性其所取舍本相近也但所習各異漸漬而移則相遠也夫以孝文之仁平勃之知猶有過刑謬論如此甚也而況庸材溺於末流者乎周官有五聽八議三刺三宥三赦之法師古曰刺殺也訊而有罪則殺之也宥寬也赦舍也謂釋置也五聽一曰辭聽師古曰觀其出言不直則煩二曰色聽師古曰觀其顏色不直則變三曰氣聽師古曰觀其氣息不直則常四曰耳聽師古曰觀其聽聆不直則惑五曰目聽師古曰觀其瞻視不直則亂八議一曰議親師古曰王之親族也二曰議故師古曰王之故舊也三曰議賢師古曰有德行者也四曰議能師古

曰有道藝者 五曰議功 師古曰有大勳力者 六曰議貴 師古曰爵位高者也 七曰議勤 師古曰謂憔悴事國者也 八曰議賓 師古曰謂前代之後王所不臣者也 自五聽以下至此皆小司寇所職也 三刺一曰訊羣臣再曰訊羣吏三曰訊萬民 師古曰訊問也 音信 三宥一曰弗識二曰過失三曰遺忘 師古曰弗識不審也過失非意也遺忘忽忘也 三赦一曰幼弱二曰老眊三曰惷愚 師古曰幼弱謂七歲已下老眊謂八十以上惷愚生而癡騃者自三刺已下至此皆司刺所職也眊讀與耄同惷音丑江反 凡囚上罪梏拲而桎中罪梏桎下罪梏王之同族拲有爵者桎以待弊 師古曰械在手曰梏兩手同械曰拲在足曰桎弊斷罪也自此以上掌四所職也梏音古篤反拲音拱字也桎音之日反弊音蔽也 高皇帝七年制詔御史獄之疑者吏或不敢決有罪者久而不論無罪者久繫不決自今以來

縣道官獄疑者各讞所屬二千石官二千石官以其罪名當報 師古曰當謂處斷也 所不能決者皆移廷尉廷尉亦當報之廷尉所不能決謹具爲奏傅所當比律令以聞 師古曰傅讀曰附 上恩如此吏猶不能奉宣故孝景中五年復下詔曰諸獄疑雖文致於法而於人心不厭者輒讞之其後獄吏復避微文遂其愚心至後元年又下詔曰獄重事也人有愚智官有上下獄疑者讞有令讞者已報讞而後不當讞者不爲失 師古曰解並在景紀 自此之後獄刑益詳近於五聽三宥之意三年復下詔曰高年老長人所尊敬也鰥寡不屬逮者人所哀憐也 師古曰屬音之欲反 其著令年八十以上八歲以下及孕者未乳 師古曰乳產也音人喻反 師朱儒 如淳曰師樂師盲瞽者朱儒短人不能走者 當鞠繫者頌繫之 師古曰頌讀曰容容寬容之不桎梏 至孝宣元康四年又下詔曰朕念夫耆老之人髮齒墮落血氣既衰亦無逆亂之心今或羅于文法執于囹圄不得終其年命朕甚憐之自今以來諸年八十非誣告殺傷人它皆勿坐至成帝鴻嘉元年定令年未滿七歲賊鬭殺人及犯殊死者上請廷尉以聞得減死合於三赦幼弱老眊之人此皆法令稍近古而便民者也 師古曰近音其靳反 孔子曰如有王者必世而後

仁善人爲國百年可以勝殘去殺矣 師古曰論語載孔子之言也此謂若有受命之王必三十年仁政乃成也勝殘謂勝殘暴之人使不可爲惡也去殺不行殺戮也 言聖王承衰撥亂而起被民以德教 師古曰被加也音皮義反 變而化之必世然後仁道成焉至於善人不入於室然猶百年勝殘去殺矣 師古曰論語稱子張問善人之道子曰不踐迹亦不入于室也言善人不但循蹈舊迹而已固少自創制然亦不能入聖人之室 此爲國者之程式也今漢道至盛歷世二百餘載 師古曰今謂撰志時 考自昭宣元成哀平六世之閒斷獄殊死率歲千餘口而一人 如淳曰率天下犯罪者千口而有一人死耐罪上至右止三倍有餘 李奇曰耐從司寇以上至右止爲千口三人刑 古人有言曰滿堂而飲酒有一人鄉隅而悲泣 師古曰鄉讀曰

鄉則一堂皆爲之不樂王者之於天下譬猶一堂之上也故一人不得其平爲之悽愴於心今郡國被刑而死者歲以萬數天下獄二千餘所其冤死者多少相覆獄不減一人此和氣所以未洽者也原獄刑所以蕃若此者師古曰蕃多也音扶元反禮教不立刑法不明民多貧窮豪桀務私姦不輒得獄豻不平之所致也服虔曰鄉亭之獄曰豻臣瓚曰獄岸訟也師古曰小雅小宛之詩云宜岸宜獄瓚說是也書云伯夷降典悊民惟刑師古曰周書甫刑之辭也悊知也言伯夷下禮法以道人人習知禮然後用刑也言制禮以止刑猶隄之防溢水也今隄防陵遲禮制未立死刑過制生刑易犯饑寒並至

窮斯濫溢豪桀擅私爲之囊橐師古曰有底曰囊無底曰橐言容隱姦邪若囊橐之盛物姦有所隱則狃而寖廣師古曰狃串習也寖漸也狃音女救反此刑之所以蕃也孔子曰古之知法者能省刑本也今之知法者不失有罪末矣師古曰省謂減除之絕於未然故曰本也不失有罪事止聽訟所以爲末又曰今之聽獄者求所以殺之古之聽獄者求所以生之與其殺不辜寧失有罪今之獄吏上下相驅以刻爲明深者獲功名平者多患害諺曰鬻棺者欲歲之疫師古曰鬻賣也疫癘病也鬻音育疫音役非憎人欲殺之利在於人死也今治獄吏欲陷害人亦猶此矣凡此五疾獄刑所以尤多者也自建武永平民亦新免兵革之禍人

有樂生之慮與高惠之間同而政在抑彊扶弱朝無威福之臣邑無豪桀之俠以口率計斷獄少於成哀之間什八可謂清矣師古曰十少其八也然而未能稱比隆於古者以其疾未盡除而刑本不正善乎孫卿之論刑也曰世俗之爲說以爲治古者無肉刑師古曰治古謂上古至治之時也治音丈吏反有象刑墨黥之屬菲屨赭衣而不純師古曰菲草屨也純緣也衣不加緣示有恥也菲音扶味反純音之允反是不然矣以爲治古則人莫觸罪邪豈獨無肉刑哉亦不待象刑矣師古曰人不犯法則象刑無所施也以爲人或觸罪矣而直輕其刑是殺人者不死而傷人者不刑也罪至重而刑輕民無所

畏亂莫大焉凡制刑之本將以禁暴惡且懲其未也師古曰懲止也殺人者不死傷人者不刑是惠暴而寬惡也故象刑非生於治古方起於亂今也如淳曰古無象刑也所有象刑之言者近起今人惡刑之重故遂推言古之聖君但以象刑天下自治凡爵列官職賞慶刑罰皆以類相從者也一物失稱亂之端也師古曰稱宜也音尺孕反德不稱位能不稱官賞不當功刑不當罪不祥莫大焉夫征暴誅悖治之威也殺人者死傷人者刑是百王之所同也未有知其所由來者也故治則刑重亂則刑輕李奇曰世所以治者乃刑重也所以亂者乃刑輕也犯治之罪固重犯亂之罪固輕也書云刑罰世重世輕此之謂

也師古曰周書甫刑之辭也言刑輕重各隨其時所謂象刑惟明者言象天道而
作刑師古曰虞書益稷曰咎繇方祗厥敘方施象刑惟明言敬其次敘施其法刑皆明白也安有菲屨赭
衣者哉孫卿之言既然又因俗說而論之曰禹承
堯舜之後自以德衰而制肉刑湯武順而行之者
以俗薄於唐虞故也今漢承衰周暴秦極敝之流俗
已薄於三代而行堯舜之刑是猶以鞿而御駻突
孟康曰以繩縛馬口謂之鞿晉灼曰鞿古羈字也如淳曰駻音捍突惡馬也師古曰馬絡頭曰羈也違救時之宜
矣且除肉刑者本欲以全民也今去髡鉗一等轉
而入於大辟以死罔民失本惠矣師古曰罔謂羅網也故死者
歲以萬數刑重之所致也至乎穿窬之盜忿怒傷

人男女淫佚吏為姦臧師古曰佚讀與逸同若此之惡髡鉗之
罰又不足以懲也故刑者歲十萬數民既不畏又
曾不恥刑輕之所生也故俗之能吏公以殺盜為
威專殺者勝任奉法者不治亂名傷制不可勝條
是以罔密而姦不塞刑蕃而民愈嫚師古曰塞止也蕃多也音扶元反嫚
與慢同必世而未仁百年而不勝殘誠以禮樂闕而刑
不正也豈宜惟思所以清原正本之論刪定律令
篹二百章以應大辟孟康曰篹音撰其餘罪次於古當生
今觸死者皆可募行肉刑李奇曰欲死邪欲腐邪及傷人與盜
吏受賕枉法男女淫亂皆復古刑為三千章詆欺

文致微細之法悉蠲除師古曰詆謂詆誣也音丁禮反如此則刑可畏
而禁易避吏不專殺法無二門輕重當罪民命得
全合刑罰之中殷天人之和李奇曰殷亦中順稽古之制
成時雍之化成康刑錯雖未可致孝文斷獄庶幾
可及詩云宜民宜人受祿于天師古曰大雅假樂之詩也蓋嘉成王之德書
曰立功立事可以永年師古曰今文泰誓之辭也永長也言為政而宜
於民者功成事立則受天祿而永年命所謂一人
有慶萬民賴之者也師古曰呂刑之辭也一人天子也言天子用刑詳審有福慶之惠則衆庶咸賴之
也

刑法志第三

食貨志第四上　　班固　　漢書二十四

秘書監上護軍琅邪縣開國子顏師古注

洪範八政一曰食二曰貨食謂農殖嘉穀可食之物師古曰殖生也嘉善也貨謂布帛可衣師古曰衣音於既反及金刀龜貝師古曰金謂五色之金也黃者曰金白者曰銀赤者曰銅青者曰鉛黑者曰鐵刀謂錢幣也龜以卜占貝以表飾故皆爲寶貨也所以分財布利通有無者也二者生民之本興自神農之世斲木爲耜煣木爲耒耒耨之利以教天下而食足師古曰斲斫也煣屈也耒手耕曲木也耜耒端所以施金也耨鋤田也耜音似煣音人九反耒音來內反耨音乃搆反日中爲市致天下之民聚天下之貨交易而退各得其所而貨通師古曰自斲木爲耜以至於此事見易上繫辭食足貨通然後國實民富而教化成黃帝以下通其變使民不倦李奇曰器幣有不便於時則變更通利之使民樂其業而不倦也堯命四子以敬授民時師古曰四子謂羲仲羲叔和仲和叔也事見虞書堯典也舜命后稷以黎民祖飢孟康曰祖始也黎民始飢命棄爲稷官也古文言阻師古曰事見虞書舜典是爲政首禹平洪水定九州師古曰九州謂冀沇青徐揚荊豫梁雍制土田各因所生遠近賦入貢棐應劭曰棐竹器也所以盛方曰筐隋曰棐師古曰棐讀與匪同禹貢所謂厥貢漆絲厥篚織文之類是也隋圜而長也隋音他果反楙遷有無萬國作乂師古曰楙與茂同勉也言勸勉天下遷易有無使之交足則萬國皆治殷周之盛詩書所述要在安民富而教之故易稱天地之大德曰生聖人之大寶曰位何以守位曰仁何以聚人曰財師古曰下繫之辭財者帝王所以聚人守位養成羣生

奉順天德治國安民之本也故曰不患寡而患不均不患貧而患不安蓋均亡貧和亡寡安亡傾師古曰論語載孔子之言是以聖王域民師古曰爲邦域築城郭以居之制廬井以均之師古曰井田之中爲屋廬開市肆以通之師古曰肆列也設庠序以教之師古曰庠序禮官養老之處士農工商四人有業學以居位曰士闢土殖穀曰農作巧成器曰工通財鬻貨曰商師古曰鬻賣也鬻音弋六反聖王量能授事四民陳力受職故朝亡廢官邑亡敖民地亡曠土師古曰敖謂逸游也曠空也理民之道地著爲本師古曰地著謂安土也著音直略反故必建步立畮正其經界師古曰畮古畝字也六尺爲步步百爲畮畮百爲夫夫三爲屋屋三爲井井方一里是爲九夫八家共之各受私田百畮公田十畮是爲八百八十畮餘二十畮以爲廬舍師古曰廬田中屋也春夏居之秋冬即去出入相友守望相助疾病相救民是以和睦而教化齊同力役生產可得而平也民受田上田夫百畮中田夫二百畮下田夫三百畮歲耕種者爲不易上田休一歲者爲一易中田休二歲者爲再易下田三歲更耕之自爰其處孟康曰爰於也師古曰更互也音工衡反農民戶人已受田其家衆男爲餘夫亦以口受田如比師古曰比例也音必寐反士工商家受田五口乃當農夫一人此謂平土可以爲法者也若山

林藪澤原陵淳鹵之地晉灼曰淳盡也舃鹵之田不生五穀也各以肥磽多少爲差師古曰磽磽确也謂瘠薄之田也音口交反有賦有稅稅謂公田什一及工商衡虞之入也師古曰賦謂計口發財稅謂收其田入也什一謂十取其一也工商衡虞雖不墾殖亦取其稅者工有技巧之作商有行販之利衡虞取山澤之材產也賦共車馬兵甲士徒之役師古曰徒衆也共讀曰供充實府庫賜予之用稅給郊社宗廟百神之祀天子奉養百官祿食庶事之費民年二十受田六十歸田七十以上上所養也十歲以下上所長也十一以上上所強也師古曰勉強勸之令習事也強音其兩反種穀必雜五種以備災害師古曰歲月有宜及水旱之利也種即五穀謂黍稷麻麥豆也田中不得有樹用妨五穀力耕數耘收獲如寇盜之至師古曰力謂勤作之也如寇盜之至謂促遽之甚恐爲風雨所損還廬樹桑師古曰還繞也菜茹有畦瓜瓠果蓏應劭曰木實曰果草實曰蓏張晏曰有核曰果無核曰蓏臣瓚曰按木上曰果地上曰蓏也師古曰茹所食之菜也畦區也茹音人豫反畦音胡圭反蓏音來果反殖於疆易張晏曰至此易主故曰易師古曰詩小雅信南山云中田有廬疆埸有瓜即謂此也雞豚狗彘毋失其時師古曰彘即豕女修蠶織則五十可以衣帛七十可以食肉在壄曰廬在邑曰里師古曰廬各在其田中而里聚居也五家爲鄰五鄰爲里四里爲族五族爲黨五黨爲州五州爲鄉鄉萬二千五百戶也鄰長位下士自此以上稍登一級至鄉而爲卿也於是里有序而鄉有庠序以明教庠以行禮而視化焉師古曰視讀爲示也春令民畢出在壄冬則畢入於

邑其詩曰四之日舉止同我婦子饁彼南畮師古曰此豳詩七月之章也饁饋也四之日周之四月夏之二月也農人無不舉足而耕也則其婦與子同以食來至南畮治田之處而饋之也饁音于輒反又曰十月蟋蟀入我牀下嗟我婦子聿爲改歲入此室處師古曰亦七月之章也蟋蟀蛬也今謂之促織聿曰也言寒氣既至蟋蟀漸來則婦子皆曰歲將改矣而去田中入室處也蛬音拱所以順陰陽備寇賊習禮文也春將出民里胥平旦坐於右塾鄰長坐於左塾孟康曰里胥如今里吏也師古曰門側之堂曰塾坐於門側者督促勸之知其早晏防怠惰也塾音孰畢出然後歸夕亦如之師古曰言里胥鄰長亦待入畢然後歸也入者必持薪樵輕重相分班白不提挈師古曰班白者謂髮雜色也不提挈者所以優老人也冬民既入婦人同巷相從夜績女工一月得四十五日服虔曰一月之中又得夜半爲十五日凡四十五日也必相從者所以省費燎火同巧拙而合習俗也師古曰省費燎火省燎火之費也燎所以爲明火所以爲溫也燎音力召反男女有不得其所者因相與歌詠各言其傷師古曰怨刺之詩也是月餘子亦在于序室蘇林曰餘子庶子也或曰未任役爲餘子師古曰未任役者是也幼童皆當受業豈論嫡庶乎八歲入小學學六甲五方書計之事蘇林曰五方之異書如今祕書學外國書也臣瓚曰辨五方之名及書藝也師古曰瓚說是也始知室家長幼之節十五入大學學先聖禮樂而知朝庭君臣之禮其有秀異者移鄉學于庠序庠序之異者移國學于少學諸侯歲貢少學之異者於天子學于大學命曰造士李奇曰造成也行同能偶則別之以射師古曰以射試之然後爵命焉孟春之月羣居者將散師古

曰謂各趣農晦也 行人振木鐸徇于路以采詩 師古曰行人遒人也主號令之官鐸大鈴也以木爲舌謂之木鐸徇巡也采詩采取怨刺之詩也 獻之大師比其音律以聞於天子 師古曰大師掌音律之官教六詩以六律爲之音者比謂次之也比音頻二反 故曰王者不窺牖戶而知天下此先王制土處民富而教之之大略也故孔子曰道千乘之國敬事而信節用而愛人使民以時 師古曰論語載孔子之言道治也舉事必敬施令必信不爲奢侈愛養其萌無奪農時 故民皆勸功樂業先公而後私其詩曰有渰淒淒興雲祁祁雨我公田遂及我私 師古曰小雅大田之詩也渰陰雲也淒淒雲起貌也祁祁徐也言陰陽和風雨時萌庶慶悅喜其先雨公田乃及私也 民三年耕則餘一年之畜 師古曰畜讀曰蓄其下並同 衣食足而知榮辱廉讓生而爭訟息故三載考績 師古曰績功也言主治萌者三年一考其功也 孔子曰苟有用我者期月而已可也三年有成成此功也 師古曰論語載孔子之言也用謂使爲政朞月可以易俗三年乃得成功也 三考黜陟餘三年食進業曰登 鄭氏曰進上百工之業也或曰進上農工諸事業名曰登 再登曰平餘六年食三登曰泰平二十七歲遺九年食然後至德流洽禮樂成焉故曰如有王者必世而後仁 師古曰亦孔子之言也解在刑法志 繇此道也 師古曰繇讀與由同由用也從也 周室既衰暴君汚吏慢其經界 師古曰汚謂貪穢也 繇役橫作 師古曰繇讀曰徭橫音胡孟反 政令不信上下相詐公田不治故魯宣公初稅畮春秋譏焉 孟康曰春秋謂之履畮復踐民所種好者而取之譏其貪也 於是上貪民怨災害生而禍亂作陵夷至於戰

國貴詐力而賤仁誼先富有而後禮讓是時李悝爲魏文侯作盡地力之教 師古曰李悝文侯臣也悝音恢 以爲地方百里提封九萬頃除山澤邑居參分去一爲田六百萬畮治田勤謹則畮益三升 服虔曰與之三升也臣瓚曰當言三斗謂治田勤則畮加三斗也師古曰計數而言字當爲斗瓚說是也 不勤則損亦如之地方百里之增減輒爲粟百八十萬石矣又曰糴甚貴傷民 韋昭曰此民謂士工商也 甚賤傷農民傷則離散農傷則國貧故甚貴與甚賤其傷一也善爲國者使民毋傷而農益勸今一夫挾五口治田百畮歲收畮一石半爲粟百五十石除十一之稅十五石餘百三十五石食人月一石半五人終歲爲粟九十石餘有四十五石石三十爲錢千三百五十除社閭嘗新春秋之祠用錢三百餘千五十衣人率用錢三百五人終歲用千五百不足四百五十 師古曰少四百五十不足也 不幸疾病死喪之費及上賦斂又未與此 師古曰與讀曰豫 此農夫所以常困有不勸耕之心而令糴至於甚貴者也是故善平糴者必謹觀歲有上中下孰上孰其收自四餘四百石 張晏曰平歲百畮收百五十石今大孰四倍收六百石計民食終歲長四百石官糴三百石此爲糴三舍一也 中孰自三餘三百石 張晏曰自三四百五十石也終歲長三百石官糴二百石此爲糴二而舍一也 下孰自倍餘百石 張晏曰自倍收三百石終歲長百石官糴其五十石云下孰糴一謂中分百石之一 小飢

則收百石[張晏曰平歲百畮之收收百五十石今小飢收百石收三分之二也]中飢七十石[張晏曰收二分之一]大飢三十石[張晏曰收五分之一也以此準之大小中飢之率也]故大孰則上糴三而舍一中孰則糴二下孰則糴一使民適足賈平則止[師古曰賈讀曰價]小飢則發小孰之所斂[李奇曰官以斂藏出糴也]中飢則發中孰之所斂大飢則發大孰之所斂而糴之故雖遇飢饉水旱糴不貴而民不散取有餘以補不足也行之魏國國以富彊及秦孝公用商君壞井田開仟伯[師古曰仟伯田間之道也南北曰仟東西曰伯仟音千伯音莫白反]急耕戰之賞雖非古道猶以務本之故傾鄰國而雄諸侯然王制遂滅僭差亡度庶人之富者累鉅萬[師古曰鉅大也大萬謂萬萬也累者兼數非止一也言其貲財積累萬萬也]而貧者食糟糠有國彊者兼州域而弱者喪社稷至於始皇遂并天下內興功作外攘夷狄收泰半之賦[師古曰泰半三分取其二]發閭左之戍[應劭曰秦時以適發之名適戍先發吏有過及贅壻賈人後以嘗有市籍者發又後以大父母父母嘗有市籍者戍者曹輩盡復入閭取其左發之未及取右而秦亡師古曰閭里門也言居在里門之左者一切發之此閭左之釋應最得之諸家之義煩穢舛錯故無所取也]男子力耕不足糧饟[師古曰饟古餉字也]女子紡績不足衣服竭天下之資財以奉其政猶未足以澹其欲也[師古曰澹古贍字也贍給也其下並同也]海內愁怨遂用潰畔[師古曰下逃其上曰潰]漢興接秦之獘諸侯並起民失作業而大飢饉凡米石五千人相食死者過半高祖乃令民得賣子就食蜀漢

天下既定民亡蓋臧[蘇林曰無物可蓋臧]自天子不能具醇駟[師古曰醇不雜也無醇色之駟謂四馬雜色也]而將相或乘牛車[師古曰以牛駕車也]上於是約法省禁輕田租什五而稅一量吏祿度官用以賦於民[師古曰饟取足]而山川園池市肆租稅之入自天子以至封君湯沐邑皆各爲私奉養不領於天子之經費[師古曰言各收其所賦稅以自供不入國朝之倉廩府庫也經常也]漕轉關東粟以給中都官歲不過數十萬石[師古曰中都官京師諸官府也]孝惠高后之間衣食滋殖文帝即位躬修儉節思安百姓時民近戰國皆背本趨末賈誼說上曰筦子曰倉廩實而知禮節[師古曰筦與管同管子管仲之書也]民不足而可治者自古及今未之嘗聞古之人曰一夫不耕或受之飢一女不織或受之寒生之有時而用之亡度則物力必屈[師古曰屈盡也音其勿反]古之治天下至孅至悉[師古曰孅細也悉盡其事也孅與纖同]故其畜積足恃今背本而趨末食者甚眾是天下之大殘也[師古曰本農也末工商也言人已棄農而務工商矣其食米粟者又甚眾殘謂傷害也]淫侈之俗日日以長是天下之大賊也殘賊公行莫之或止大命將泛[孟康曰泛音方勇反泛覆也師古曰字本作覂此通用也]莫之振救[師古曰振舉也]生之者甚少而靡之者甚多[師古曰靡散也音縻]天下財產何得不蹷[應劭曰蹷頓竭也師古曰蹷音厥]漢之爲漢幾四十年矣[師古曰幾近也音鉅衣反]公私之積猶可哀痛[師古曰言年歲已多而無儲積]失時不雨民且

狼顧鄭氏曰民欲有畔意若狼之顧望也李奇曰狼性怯走喜還顧言民見天不雨今亦恐也師古曰李說是也歲惡不入請賣爵子如淳曰賣爵級又賣子也既聞耳矣如淳曰聞於天子之耳安有爲天下阽危者若是而上不驚者師古曰阽危欲墜之意也音閻又音丁念反世之有飢穰天之行也李奇曰天之行氣不能常孰也或曰行道也師古曰穰豐也音人常反禹湯被之矣師古曰謂禹遭水而湯遭旱也即不幸有方二三千里之旱國胡以相恤師古曰胡何也卒然邊境有急數十百萬之衆國胡以餽之師古曰卒讀曰猝餽亦饋字也兵旱相乘天下大屈師古曰屈音其勿反有勇力者聚徒而衡擊師古曰衡橫也罷夫贏老易子而齩其骨師古曰罷讀曰疲齩齧也音五巧反政治未畢通也遠方之能疑者並舉而爭起矣師古曰疑讀曰擬擬僭也謂與天子相比擬迺駭而圖之豈

將有及乎師古曰圖謀也夫積貯者天下之大命也苟粟多而財有餘何爲而不成以攻則取以守則固以戰則勝懷敵附遠何招而不至師古曰懷來也安也今毆民而歸之農皆著於本師古曰毆亦驅字著音直略反使天下各食其力末技游食之民轉而緣南晦師古曰言皆趨農作也則畜積足而人樂其所矣可以爲富安天下而直爲此廩廩也李奇曰廩廩危也師古曰言務耕農則富厚畜積則天下富安何乃不爲而常不足廩廩若此竊爲陛下惜之於是上感誼言始開籍田躬耕以勸百姓鼂錯復說上曰聖王在上而民不凍飢者非能耕而食之織而衣之也師古曰食讀曰飤衣音於既反爲開其資財之道也故堯

禹有九年之水湯有七年之旱而國亡捐瘠者孟康曰肉腐爲瘠捐骨不埋者或曰捐謂民有飢相棄捐者或謂貧乞者爲捐蘇林曰瘠音漬師古曰瘠瘦病也言無相棄捐而瘦病者耳不當音漬也貧乞之釋尤踈僻焉以畜積多而備先具也今海内爲一土地人民之衆不避湯禹加以亡天災數年之水旱而畜積未及者何也地有遺利民有餘力生穀之土未盡墾山澤之利未盡出也游食之民未盡歸農也民貧則姦邪生貧生於不足不足生於不農不農則不地著不地著則離鄉輕家民如鳥獸雖有高城深池嚴法重刑猶不能禁也夫寒之於衣不待輕煖師古曰苟禦風霜不求靡麗也煖音乃短反飢之於食不待甘旨師古曰旨美也

飢寒至身不顧廉恥人情一日不再食則飢終歲不製衣則寒夫腹飢不得食膚寒不得衣雖慈父不能保其子君安能以有其民哉明主知其然也故務民於農桑薄賦斂廣畜積以實倉廩備水旱故民可得而有也民者在上所以牧之趨利如水走下四方亡擇也師古曰走音奏夫珠玉金銀飢不可食寒不可衣然而衆貴之者以上用之故也其爲物輕微易臧在於把握可以周海内而亡飢寒之患師古曰周謂周徧而游行此令臣輕背其主而民易去其鄉盜賊有所勸亡逃者得輕資也粟米布帛生於地長於時

聚於力非可一日成也數石之重中人弗勝師古曰中人者處彊弱之中也不為姦邪所利一日弗得而飢寒至是故明君貴五穀而賤金玉今農夫五口之家其服役者不下二人師古曰服事也給公事之役也其能耕者不過百畮百畮之收不過百石春耕夏耘秋穫冬臧伐薪樵治官府給繇役春不得避風塵夏不得避暑熱秋不得避陰雨冬不得避寒凍四時之間亡日休息又私自送往迎來弔死問疾養孤長幼在其中勤苦如此尚復被水旱之災急政暴賦賦斂不時朝令而暮改當具有者半賈而賣師古曰本直千錢者止得五百也賈讀曰價亡者取倍稱之息如淳曰取一償二為倍稱師古曰稱舉也今俗所謂舉錢者也於是有賣田宅鬻子孫以償責者矣而商賈大者積貯倍息小者坐列販賣師古曰行賣曰商坐販曰賈列者若今市中賣物行也賈音古操其奇贏日游都市師古曰奇贏謂有餘財而蓄聚奇異之物也一說奇謂殘餘物也音居宜反乘上之急所賣必倍師古曰上所急求則其價倍貴故其男不耕耘女不蠶織衣必文采食必粱肉師古曰粱好粟也即今之粱米亡農夫之苦有仟伯之得師古曰仟謂千錢伯謂百錢也伯音莫白反今俗猶謂百錢為一伯因其富厚交通王侯力過吏勢以利相傾千里游敖冠蓋相望乘堅策肥履絲曳縞師古曰堅謂好車也縞皓素也繒之精白者也此商人所以兼并農人農人所以流亡者也今法律賤商人商人已富貴矣

尊農夫農夫已貧賤矣故俗之所貴主之所賤也吏之所卑法之所尊也上下相反好惡乖迕師古曰迕違也好音呼到反惡音一故反迕音五故反而欲國富法立不可得也方今之務莫若使民務農而已矣欲民務農在於貴粟貴粟之道在於使民以粟為賞罰今募天下入粟縣官得以拜爵得以除罪如此富人有爵農民有錢粟有所渫師古曰渫散也音先列反此下亦同也夫能入粟以受爵皆有餘者也取於有餘以供上用則貧民之賦可損師古曰損減也所謂損有餘補不足令出而民利者也順於民心所補者三一曰主用足二曰民賦少三曰勸農功今令民有車騎馬一匹者復卒三人如淳曰復三卒之筭錢也或曰除三夫不作甲卒也師古曰當為卒者免其三人不為卒者復其錢耳復音方目反車騎者天下武備也故為復卒師古曰為音于偽反神農之教曰有石城十仞應劭曰仞五尺六寸也師古曰此說非也八尺曰仞取人申臂之一尋也湯池百步師古曰池城邊池也以沸湯為池不可輒近喻嚴固之甚帶甲百萬而亡粟弗能守也以是觀之粟者王者大用政之本務令民入粟受爵至五大夫以上迺復一人耳師古曰五大夫第九等爵也復音方目反此其與騎馬之功相去遠矣爵者上之所擅出於口而亡窮師古曰擅專也粟者民之所種生於地而不乏夫得高爵與免罪人之所甚欲也使天下人入粟於邊以受爵免罪不過三歲

塞下之粟必多矣於是文帝從錯之言令民入粟邊六百石爵上造師古曰上造第二等爵也稍增至四千石爲五大夫師古曰五大夫第九等爵萬二千石爲大庶長師古曰大庶長第十八等爵也各以多少級數爲差錯復奏言陛下幸使天下入粟塞下拜爵甚大惠也竊恐塞卒之食不足用大渫天下粟邊食足以支五歲可令入粟郡縣矣師古曰入諸郡縣以備凶災也足支一歲以上可時赦勿收農民租如此德澤加於萬民民俞勤農師古曰俞進也音踰又音愈也時有軍役若遭水旱民不困乏天下安寧歲孰且美則民大富樂矣上復從其言迺下詔賜民十二年租稅之半明年遂除民田之租稅後十三歲孝景二年令民半出田租三十而稅一也其後上郡以西旱復修賣爵令而裁其賈以招民師古曰賈讀曰價裁謂減省之也及徒復作得輸粟於縣官以除罪師古曰復音房目反解在宣紀始造苑馬以廣用師古曰苑馬謂爲苑以牧馬宮室列館車馬益增修矣然婁敕有司以農爲務師古曰婁古屢字也民遂樂業至武帝之初七十年閒國家亡事非遇水旱則民人給家足都鄙廩庾盡滿而府庫餘財京師之錢累百鉅萬貫朽而不可校師古曰累百鉅萬謂數百萬萬也校謂計數也大倉之粟陳陳相因師古曰陳謂久舊也充溢露積於外腐敗不可食衆庶街巷有馬仟

伯之閒成羣師古曰謂田中之仟伯也乘牸牝者擯而不得會聚孟康曰皆乘父馬有牝馬閒其閒則踶齧故斥出不得會同師古曰言時富饒故恥乘牸牝不必以其踶齧也踶蹋也音大奚反守閭閻者食粱肉爲吏者長子孫如淳曰時無事吏不數轉至於生長子孫而不轉職也居官者以爲姓號如淳曰貨殖傳倉氏庾氏是也人人自愛而重犯法師古曰重難也先行誼而黜媿辱焉師古曰以行誼爲先以媿辱相黜也行音下更反於是罔疏而民富役財驕溢或至并兼豪黨之徒以武斷於鄉曲師古曰恃其饒富則擅行威罰也斷音丁喚反宗室有土公卿大夫以下爭於奢侈師古曰有土謂國之宗姓受封邑土地者也室廬車服僭上亡限物盛而衰固其變也是後外事四夷內興功利役費並興而民去本董仲舒說上曰春秋它穀不書至於麥禾不成則書之以此見聖人於五穀最重麥與禾也今關中俗不好種麥是歲失春秋之所重而損生民之具也願陛下幸詔大司農使關中民益種宿麥令毋後時師古曰宿麥謂其苗經冬又言古者稅民不過什一其求易共師古曰共讀曰供次下亦同也使民不過三日其力易足民財內足以養老盡孝外足以事上共稅下足以畜妻子極愛故民說從上師古曰說讀曰悅也至秦則不然用商鞅之法改帝王之制除井田民得賣買富者田連仟伯貧者亡立錐之地又顓川澤之利管山林之饒師古曰顓與專同管主也荒淫越制踰侈以相

高邑有人君之尊里有公侯之富小民安得不困又加月為更卒已復為正一歲屯戍一歲力役三十倍於古 師古曰更卒謂給郡縣一月而更者也正卒謂給中都官者也率計今人一歲之中屯戍及力役之事三十倍多於古也更音工衡反 田租口賦鹽鐵之利二十倍於古 如淳曰秦賣鹽鐵貴故下民受其困也師古曰既收田租又出口賦而官更奪鹽鐵之利率計今人一歲之中失其資產二十倍多於古也 或耕豪民之田見稅什五 如淳曰十稅其五師古曰言下戶貧人自無田而耕墾豪富家田十分之中以五輸本田主也 故貧民常衣牛馬之衣而食犬彘之食重以貪暴之吏刑戮妄加 師古曰重音直用反 民愁亡聊亡逃山林轉為盜賊赭衣半道斷獄歲以千萬數漢興循而未改古井田法雖難卒行宜少近古 師古曰卒讀曰猝近音其靳反 限

民名田以澹不足 師古曰名田占田也各為立限不使富者過制則貧弱之家可足也 塞并兼之路鹽鐵皆歸於民去奴婢除專殺之威 服虔曰不得專殺奴婢也 薄賦斂省繇役以寬民力然後可善治也仲舒死後功費愈甚天下虛耗人復相食 師古曰耗音呼到反 武帝末年悔征伐之事迺封丞相為富民侯 韋昭曰沛蘄縣也師古曰欲百姓之殷實故取其嘉名也 下詔曰方今之務在於力農以趙過為搜粟都尉過能為代田一畮三甽 師古曰甽壟也音工犬反字或作畎 歲代處故曰代田 師古曰代易也 古法也后稷始甽田以二耜為耦 師古曰併兩耜而耕 廣尺深尺曰甽長終畮一畮三甽一夫三百甽而播種於甽中 師古曰播布也種謂穀子也 苗生葉以

上稍耨隴草 師古曰耨鉏也 因隤其土以附苗根 師古曰隤謂下之也音頹 故其詩曰或芸或芓黍稷儗儗 師古曰小雅甫田之詩儗儗盛貌芸音云芓音子儗音擬 芸除草也耔附根也言苗稍壯每耨輒附根比盛暑隴盡而根深 師古曰比音必寐反 能風與旱 師古曰能讀曰耐也 故儗儗而盛也其耕耘下種田器皆有便巧率十二夫為田一井一屋故畮五頃 鄧展曰九夫為井三夫為屋夫百畮於古為十二頃古百步為畮漢時二百四十步為畮古千二百畮則得今五頃 用耦犂二牛三人一歲之收常過縵田畮一斛以上 師古曰縵田謂不為甽者也縵音莫幹反 善者倍之 師古曰善為甽者又過縵田二斛以上也 過使教田太常三輔 蘇林曰太常主諸陵有民故亦謂田種 大農置工巧奴與從事為作田器二千石遣令長三老

力田及里父老善田者受田器學耕種養苗狀 蘇林曰為法意狀也 民或苦少牛亡以趨澤 師古曰趨讀曰趣趣及也澤雨之潤澤也 故平都令光教過以人輓犂 師古曰輓引也音晚 過奏光以為丞教民相與庸輓犂 師古曰庸功也言換功共作也義亦與庸賃同 率多人者田日三十畮少者十三畮以故田多墾闢過試以離宮卒田其宮壖地 師古曰離宮別處之宮非天子所常居也壖餘也宮壖地謂外垣之內內垣之外也諸緣河壖地廟垣壖地其義皆同守離宮卒閑而無事因令於壖地為田也壖音而緣反 課得穀皆多其旁田畮一斛以上令命家田三輔公田 李奇曰令使也命者教也令離宮卒教其家田公田也韋昭曰命謂爵命者命家謂受爵命一爵為公士以上令得田公田優之也師古曰令音力成反 又教邊郡及居延城 韋昭曰居延張掖縣也時有田卒也 是後邊城河東弘農三輔太常民

皆便代田用力少而得穀多至昭帝時流民稍還田野益闢頗有畜積宣帝即位用吏多選賢良百姓安土歲數豐穰（師古曰數音所角反穰音人常反）穀至石五錢農人少利時大司農中丞耿壽昌以善爲算能商功利得幸於上（師古曰商度也）五鳳中奏言故事歲漕關東穀四百萬斛以給京師（師古曰漕水運）用卒六萬人宜糴三輔弘農河東上黨太原郡穀足供京師可以省關東漕卒過半又白增海租三倍天子皆從其計御史大夫蕭望之奏言故御史屬徐宮（李奇曰御史大夫屬）家在東萊言往年加海租魚不出長老皆言武帝時縣官嘗

自漁海魚不出後復予民魚迺出夫陰陽之感物類相應萬事盡然今壽昌欲近糴漕關內之穀築倉治船費直二萬萬餘（服虔曰萬萬億也）有動衆之功恐生旱氣民被其災壽昌習於商功分銖之事其深計遠慮誠未足任宜且如故上不聽漕事果便壽昌遂白令邊郡皆築倉以穀賤時增其賈而糴以利農穀貴時減賈而糶名曰常平倉（師古曰賈讀曰價）民便之上迺下詔賜壽昌爵關內侯而蔡癸以好農使勸郡國至大官（師古曰爲使而勸郡國也使音山吏反）元帝即位天下大水關東郡十一尤甚二年齊地飢穀石三百餘民多

餓死琅邪郡人相食在位諸儒多言鹽鐵官及北假田官常平倉可罷（孟康曰北假地名也）毋與民爭利上從其議皆罷之又罷建章甘泉宮衛角抵齊三服官省禁苑以予貧民減諸侯王廟衛卒半又減關中卒五百人轉穀振貸窮乏其後用度不足獨復鹽鐵官成帝時天下亡兵革之事號爲安樂然俗奢侈不以畜聚爲意永始二年梁國平原郡比年傷水災（師古曰比頻也）人相食刺史守相坐免哀帝即位師丹輔政建言古之聖王莫不設井田然後治迺可平（師古曰建立也立其議也）孝文皇帝承亡周亂秦兵革之後天下空

虛故務勸農桑帥以節儉民始充實未有并兼之害故不爲民田及奴婢爲限（師古曰不爲作限制也爲音于僞反）今累世承平豪富吏民訾數鉅萬而貧弱俞困蓋君子爲政貴因循而重改作（師古曰重難也）然所以有改者將以救急也亦未可詳宜略爲限（師古曰詳謂悉盡也）天子下其議丞相孔光大司空何武奏請諸侯王列侯皆得名田國中列侯在長安公主名田縣道及關內侯吏民名田皆毋過三十頃諸侯王奴婢二百人列侯公主百人關內侯吏民三十人期盡三年犯者沒入官時田宅奴婢賈爲減賤丁傅用事董賢隆貴

皆不便也（師古曰丁傅及董賢之家皆不便此事也）詔書且須後（師古曰須待也）遂寢不行宮室苑囿府庫之臧已侈百姓訾富雖不及文景然天下戶口最盛矣平帝崩王莽居攝遂篡位王莽因漢承平之業匈奴稱藩百蠻賓服舟車所通盡爲臣妾府庫百官之富天下晏然莽一朝有之其心意未滿（師古曰謂愛惜之意未厭飽也）陿小漢家制度以爲踈闊（師古曰莽以漢家制度爲踈闊而更之令陿小）宣帝始賜單于印璽與天子同而西南夷鉤町稱王（師古曰鉤音鉅俱反町音大鼎反）莽乃遣使易單于印貶鉤町王爲侯二方始怨侵犯邊境莽遂興發三十萬衆欲同時十道並出一舉滅匈奴募發天下囚徒丁男甲卒轉委輸兵器自負海江淮而至北邊（如淳曰負背也）使者馳傳督趣（師古曰傳音張戀反趣讀曰促）海內擾矣又動欲慕古不度時宜（師古曰度音大各反）分裂州郡改職作官下令曰漢氏減輕田租三十而稅一常有更賦罷癃咸出（晉灼曰雖老病者皆復出口筭 師古曰更音工衡反罷讀曰疲）而豪民侵陵分田劫假（師古曰分田謂貧者無田而取富人田耕種共分其所收也假亦謂貧人賃富人之田也劫者富人劫奪其稅侵欺之也）厥名三十實什稅五也富者驕而爲邪貧者窮而爲姦俱陷於辜刑用不錯（師古曰錯置也）今更名天下田曰王田奴婢曰私屬皆不得賣買其男口不滿八而田過一井者分餘田與九族鄉黨犯令法至死制度又

不定吏緣爲姦天下謷謷然陷刑者衆（師古曰謷謷衆口愁聲也音敖）後三歲莽知民愁下詔諸食王田及私屬皆得賣買勿拘以法然刑罰深刻它政誖亂（師古曰誖乖也音布內反）邊兵二十餘萬人仰縣官衣食（師古曰仰音牛向反）用度不足數橫賦斂（師古曰數音所角反橫音胡孟反）民俞貧困常苦枯旱亡有平歲穀賈翔貴（晉灼曰翔音常 師古曰晉說非也翔言如鳥之回翔謂不離於貴也若暴貴稱騰躍也）末年盜賊羣起發軍擊之將吏放縱於外北邊及青徐地人相食雒陽以東米石二千莽遣三公將軍開東方諸倉振貸窮乏又分遣大夫謁者教民煑木爲酪（服虔曰煑木實或曰如今餌木之屬也 如淳曰作杏酪之屬也 師古曰如說是也）酪不可食重爲煩擾（師古曰重音直用反）流民入關者數十萬人置養澹官以稟之吏盜其稟（師古曰稟給也盜其稟者盜所給之物稟音彼甚反）飢死者什七八莽恥爲政所致迺下詔曰予遭陽九之阸百六之會（師古曰此歷法應有災歲之期也事在律歷志）枯旱霜蝗飢饉荐臻蠻夷猾夏寇賊姦軌百姓流離予甚悼之害氣將究矣（師古曰究竟盡也）歲爲此言以至於亡

食貨志第四上

食貨志卷第四下　班固　漢書二十四

秘書監上護軍琅邪縣開國子顏師古注

凡貨金錢布帛之用夏殷以前其詳靡記云太公爲周立九府圜法 李奇曰圜即錢也圜一寸而重九兩師古曰此說非也周官太府王府內府外府泉府天府職內職金職幣皆掌財幣之官故以九府圜謂均而通也 黃金方寸而重一斤錢圜函方 孟康曰外圜而內孔方也 輕重以銖 師古曰言黃金以斤爲名錢則以銖爲重也 布帛廣二尺二寸爲幅長四丈爲匹故貨寶於金利於刀 如淳曰名錢爲刀者以其利於民也 流於泉 如淳曰流行如泉也 布於布 如淳曰布於民間 束於帛 李奇曰束聚也 太公退又行之于齊至管仲相桓公通輕重之權曰歲有凶穰故穀有貴賤 師古曰穰音人常反 令有緩急故物有輕重 李奇曰上令急於求米則民重米緩於求米則民輕米 人君不理則畜賈游於市 師古曰畜讀曰蓄蓄賈謂賈人之多蓄積者 乘民之不給百倍其本矣 師古曰給足也 故萬乘之國必有萬金之賈千乘之國必有千金之賈者利有所幷也計本量委則足矣 李奇曰委積也 然而民有飢餓者穀有所臧也 師古曰言富人多臧穀故令貧者食不足也 民有餘則輕之故人君斂之以輕民不足則重之故人君散之以重 李奇曰民輕之時爲斂糴之重之時官爲散也 凡輕重斂散之以時即準平守準平使萬室之邑必有萬鍾之臧臧繦千萬千室之邑必有千鍾之臧臧繦百萬 李奇曰繦落也孟康曰六斛四斗爲鍾繦錢貫也管子曰凶歲糴釜十繦師古曰孟說是也繦音居兩反 春以奉耕夏以奉耘 師古曰[illegible]

事也 耒耜器械種饟糧食必有取澹焉 師古曰種五穀之種也饟字與餉同謂餉田之具也 故大賈畜家不得豪奪吾民矣 師古曰畜讀曰蓄豪謂輕侮之也字本作勢蓋通用耳 桓公遂用區區之齊合諸侯顯伯名 師古曰伯讀曰霸 其後百餘年周景王時患錢輕將更鑄大錢 應劭曰大於舊錢其價重也 單穆公曰不可 師古曰單穆公周大夫單旗單音善 古者天降灾戾 師古曰戾惡氣也一曰戾至也 於是乎量資幣權輕重以救民 應劭曰資財也量資幣多少有無平其輕重也師古曰凡言幣者皆所以通貨物易有無也故金之與錢皆名爲幣也 民患輕則爲之作重幣以行之於是有母權子而行民皆得焉 應劭曰母重也其大倍故爲母也子輕也其輕少半故爲子也民患幣之輕而物貴爲重幣以平之權時而行以廢其輕故曰母權子猶言重權輕也民皆得者本末有無皆得其利也孟康曰重爲母輕爲子若市八十錢物以母當五十以子三十續之 若不堪重則多作輕而行之亦不廢重於是乎有子權母而行小大利之 應劭曰民患幣重則多作輕錢而行之亦不廢去重者言重者行其貴輕者行其賤也 今王廢輕而作重民失其資能無匱乎民若匱王用將有所乏乏將厚取於民 師古曰厚猶多也重也 民不給將有遠志是離民也 師古曰遠志謂去其本居而散亡也 且絕民用以實王府猶塞川原爲潢洿也 師古曰原謂水泉之本也潢洿停水也潢音黃洿音一胡反 竭亡日矣王其圖之弗聽卒鑄大錢文曰寶貨肉好皆有周郭 韋昭曰肉錢形也好孔也 以勸農澹不足百姓蒙利焉 孟康曰單穆公曰竭無日矣不得復云百姓蒙利焉臣瓚曰但自不聽不鑄大錢耳猶自從其不廢輕此言母子並用故蒙其利也師古曰二說皆非也單旗雖有此言王終自鑄錢果有便故百姓蒙其利也 秦兼天下幣爲二等黃金以溢爲

名上幣孟康曰二十兩爲溢師古曰改周一斤之制更以溢爲金之名數也高祖初賜張良金百溢此尚秦制也上幣者二等之中黃金爲上而錢爲下也銅錢質如周錢臣瓚曰言錢之形質如周錢唯文異耳文曰半兩重如其文而珠玉龜貝銀錫之屬爲器飾寶藏不爲幣然各隨時而輕重無常漢興以爲秦錢重難用更令民鑄莢錢如淳曰如榆莢也師古曰莢音頰黃金一斤師古曰復周之制更以斤名金而不軌逐利之民畜積餘贏以稽市物痛騰躍李奇曰稽貯滯也臣瓚曰痛甚也言計市物賤豫益畜之物貴而出賣故使物甚騰躍也師古曰不軌謂不循軌度者也言以其贏餘之財蓄積羣貨使物稽滯在已故市價甚騰貴今書本痛字或作踊者誤耳踊騰一也不當重累言之畜讀曰蓄米至石萬錢馬至匹百金天下已平高祖乃令賈人不得衣絲乘車重稅租以困辱之師古曰欲令務農孝惠高后時爲天下

初定復弛商賈之律師古曰弛解也然市井子孫亦不得爲官吏孝文五年爲錢益多而輕乃更鑄四銖錢其文爲半兩除盜鑄錢令使民放鑄師古曰放其私鑄賈誼諫曰法使天下公得顧租鑄銅錫爲錢敢雜以鉛鐵爲它巧者其罪黥師古曰顧租謂顧庸之直或租其本然鑄錢之情非殽雜爲巧則不可得贏師古曰殽謂亂雜也贏餘利也言不雜鉛鐵則無利也殽音爻而殽之甚微爲利甚厚師古曰微謂精妙也言殽雜鉛鐵其術精妙不可覺知而得利甚厚故令人輕犯之姦不可止也夫事有召禍而法有起姦今令細民人操造幣之埶師古曰操持也人人皆得鑄錢也操音千高反各隱屏而鑄作因欲禁其厚利微姦雖黥罪日報其埶不止鄭氏曰報論迺者民人抵

罪多者一縣百數及吏之所疑榜笞奔走者甚衆夫縣法以誘民師古曰縣謂開立之使入陷阱孰積於此師古曰阱穿地以陷獸也積多也阱音才性反曩禁鑄錢死罪積下蘇林曰下報也積累下報論之也張晏曰死罪者多委積於下師古曰蘇說是也下音胡亞反次後亦同今公鑄錢黥罪積下爲法若此上何賴焉師古曰賴利也一曰恃也又民用錢郡縣不同或用輕錢百加若干應劭曰時錢重四銖法錢百枚當重一斤十六銖輕則以錢足之若干枚令滿平也師古曰若干且設數之言也干猶箇也謂當如此箇數耳而胡廣云若順也干求也合也當順所求而與之矣或用重錢平稱不受應劭曰用重錢則平稱有餘不能受也臣瓚曰秦錢重半兩漢初鑄莢錢文帝更鑄四銖錢秦錢與莢錢皆當廢而故與四銖並行民以其見廢故用輕錢則百加若干用重錢雖以一當一猶復不受之是以郡縣不同也師古曰應說是也稱音尺孕反法錢不立師古曰法錢依法之錢也吏急而壹之虖則大爲煩苛而力不能勝縱而

弗呵虖則市肆異用錢文大亂師古曰呵責怒也音火何反苟非其術何鄉而可哉師古曰鄉讀曰嚮今農事棄捐而采銅者日蕃師古曰蕃多也音扶元反其下亦同釋其耒耨冶鎔炊炭應劭曰鎔形容也作錢模也師古曰鎔音容姦錢日多五穀不爲多師古曰言皆采銅鑄錢廢其農業故五穀不多也爲音于僞反不爲多猶言爲之不多也善人怵而爲姦邪李奇曰怵誘也動心於姦邪也師古曰怵音先律反又音黜愿民陷而之刑戮師古曰愿謹也刑戮將甚不詳柰何而忽師古曰詳平也忽忽忘也國知患此吏議必曰禁之禁之不得其術其傷必大令禁鑄錢則錢必重師古曰令謂法令也重則其利深盜鑄如雲而起師古曰言其多棄市之罪又不足以禁矣姦數不勝而法禁數潰銅使之然也師古曰數並音所角反故銅

布於天下其爲禍博矣師古曰博大也今博禍可除而七福可致也何謂七福上收銅勿令布則民不鑄錢黥罪不積一矣僞錢不蕃民不相疑二矣采銅鑄作者反於耕田三矣銅畢歸於上上挾銅積以御輕重師古曰銅積謂多積銅也錢輕則以術斂之重則以術散之貨物必平四矣以作兵器以假貴臣多少有制用別貴賤五矣如淳曰古者以銅爲兵秦銷鋒鏑鑄金人十二是也以臨萬貨以調盈虛以收奇羨師古曰調平均也奇殘餘也羨饒溢也奇音居宜反羨音弋戰反則官富實而末民困六矣師古曰末謂工商之業也制吾棄財以與匈奴逐爭其民則敵必懷七矣師古曰末業既困農人敦本倉廩積實布帛有餘則招胡人多來降附故言制吾棄財逐爭

其人也棄財者可弃之財逐競也故善爲天下者因禍而爲福轉敗而爲功今久退七福而行博禍臣誠傷之上不聽是時吳以諸侯即山鑄錢富埒天子師古曰即就也埒等也後卒叛逆鄧通大夫也以鑄錢財過王者故吳鄧錢布天下武帝因文景之畜忿胡粵之害師古曰畜讀曰蓄即位數年嚴助朱買臣等招徠東甌事兩粵江淮之閒蕭然煩費矣師古曰蕭然猶騷然勞動之貌唐蒙司馬相如始開西南夷鑿山通道千餘里以廣巴蜀巴蜀之民罷焉師古曰罷讀曰疲也彭吳穿穢貊朝鮮置滄海郡師古曰彭吳人姓名也本皆荒梗始開通之也故言穿也則燕齊之閒靡然發動及王恢謀馬邑匈

奴絕和親侵擾北邊兵連而不解天下共其勞師古曰共猶同干戈日滋行者齎居者送師古曰齎謂將衣食之具以自隨也音子奚反中外騷擾相奉百姓抏敝以巧法師古曰抏訛也謂摧挫也巧法爲巧詐以避法也抏音五官反財賂衰耗而不贍師古曰耗減也贍足也入物者補官出貨者除罪選舉陵夷廉恥相冒師古曰冒蒙也武力進用法嚴令具興利之臣自此而始師古曰謂桑弘羊東郭咸陽孔僅之屬也其後衞青歲以數萬騎出擊匈奴遂取河南地築朔方時又通西南夷道作者數萬人千里負擔餽饟師古曰餽亦饋字饟古餉字也卒十餘鍾致一石師古曰言其勞費用功重散幣於邛僰以輯之應劭曰邛臨邛屬蜀僰屬犍爲晉灼曰僰音蒲北反師古曰本西南夷兩種也邛今邛州也僰今僰道縣也

輯與集同謂安定也數歲而道不通蠻夷因以數攻吏發兵誅之悉巴蜀租賦不足以更之李奇曰不足用終更其事也韋昭曰更續也師古曰二說並非也悉盡也更償也雖盡租賦不足償其功費也更音庚迺募豪民田南夷入粟縣官而內受錢於都內服虔曰入穀於外縣官而受錢於內府也師古曰此說非也都內京師主藏者也百官公卿表大司農屬官有都內令丞也東置滄海郡人徒之費疑於南夷師古曰疑讀曰儗儗謂比也又興十餘萬人築衞朔方師古曰既築城又守衞之轉漕甚遠自山東咸被其勞費數十百鉅萬師古曰數十萬乃至百萬府庫並虛迺募民能入奴婢得以終身復爲郎增秩師古曰庶人入奴婢則復終身先爲郎者就增其秩也及入羊爲郎始於此此後四年衞青比歲十餘萬衆

擊胡師古曰比歲頻歲也斬捕首虜之士受賜黃金二十餘萬
斤而漢軍士馬死者十餘萬兵甲轉漕之費不與
焉師古曰與讀曰豫於是大司農陳臧錢經用賦稅旣竭不
足以奉戰士師古曰陳謂列奏之經常也旣盡也言常用之錢及諸賦稅並竭盡也有司請令民
得買爵及贖禁錮免臧罪請置賞官名曰武功爵
臣瓚曰茂陵中書有武功爵一級曰造士二級曰閑輿衞三級曰良士四級曰元戎士五級曰官首六級曰秉鐸七級曰千夫八級曰樂卿九級曰執戎十級曰政戾庶長十一級曰軍衞此武帝所制以寵軍功師古曰此下云級十七萬凡直三十餘萬金今瓚所引茂陵中書止於十一級則計數不足與本文乖矣或者茂陵書說之不盡也級十七萬凡直三十餘萬金諸買
武功爵官首者試補吏先除千夫如五大夫師古曰五大夫舊二十等爵之第九級也至此以上始免徭役故每先選以為吏千夫者武功十一等爵之第七也亦得免役今則先除為吏比於五大夫也

其有罪又減二等爵得至樂卿師古曰樂卿者武功爵第八等也言買爵唯得至第八也此文止論武功爵級而作注者乃以舊二十等爵解之失其本意故刪而不取以顯軍功軍功
多用超等大者封侯卿大夫小者郎吏道雜而多
端則官職耗廢師古曰耗亂也音莫報反自公孫弘以春秋之義
繩臣下取漢相張湯以峻文決理為廷尉於是見
知之法生而廢格沮誹窮治之獄用矣張晏曰吏見知不舉劾為故縱官有所作廢格沮敗誹謗則窮治之也如淳曰廢格天子文法不行誹謂非上所行若顏異反脣之比也師古曰沮止壞之音材汝反其
明年淮南衡山江都王謀反迹見師古曰蹤跡顯見也而公卿
尋端治之竟其黨與坐而死者數萬人吏益慘急
而法令察師古曰慘毒也察纖視也當是時招尊方正賢良文學

之士或至公卿大夫公孫弘以宰相布被食不重
味為下先然而無益於俗稍務於功利矣其明年
票騎仍再出擊胡大克獲師古曰仍頻也渾邪王率數萬眾
來降師古曰渾音胡昆反於是漢發車三萬兩迎之師古曰一兩一乘旣
至受賞賜及有功之士是歲費凡百餘鉅萬先是
十餘歲河決灌梁楚地固已數困而緣河之郡隄
塞河輒壞決費不可勝計其後番係欲省底柱之
漕師古曰番姓係名也番音普安工系亦反穿汾河渠以為漑田鄭當時為
渭漕回遠鑿漕直渠自長安至華陰師古曰回繞也音胡內反而
朔方亦穿漑渠作者各數萬人歷二三期而功未

就費亦各以鉅萬十數師古曰謂十萬萬也天子為伐胡故盛
養馬馬之往來食長安者數萬匹師古曰食讀曰飤卒掌者
關中不足迺調旁近郡師古曰調謂選發之也調音徒釣反而胡降者數
萬人皆得厚賞衣食仰給縣官師古曰仰音牛向反次下亦同縣官
不給師古曰給足也天子乃損膳解乘輿駟出御府禁臧以
澹之其明年山東被水災民多飢乏於是天子遣
使虛郡國倉廩以振貧猶不足又募豪富人相假
貸師古曰貸音土戴反次下亦同尚不能相救迺徙貧民於關以西及
充朔方以南新秦中應劭曰秦始皇遣蒙恬攘卻匈奴得其河南造陽之北千里地甚好於是為築城郭徙民充之名曰新秦四方雜錯奢儉不同今俗名新富貴者為新秦由是名也七十餘萬口衣食皆

仰給於縣官數歲貸與產業使者分部護 師古曰分音扶問反 冠蓋相望費以億計縣官大空而富商賈或滯財役貧 孟康曰滯停也 晉灼曰滯音直吏反 轉轂百數 李奇曰轂車也 廢居居邑 服虔曰居穀於邑也如淳曰居賤物於邑中以待貴也師古曰二說皆未盡也此言或有所廢置有所居蓄而居於邑中以乘時射利也 封君皆氐首仰給焉 晉灼曰氐音抵距之抵服虔曰仰給於商賈言百姓好末作也師古曰二說皆非也封君受封邑者謂公主及列侯之屬也氐首猶俯首也時公主列侯雖有國邑而無餘財其朝夕所須皆俯首而取給於富商大賈後方以邑入償之氐音丁奚反 冶鑄鬻鹽財或累萬金而不佐公家之急黎民重困 師古曰重音直用反 於是天子與公卿議更錢幣以澹用 師古曰更改也 而摧浮淫并兼之徒是時禁苑有白鹿而少府多銀錫自孝文更造四銖錢至是歲四十餘年從

建元以來用少縣官往往即多銅山而鑄錢 師古曰就多銅之山而鑄錢也 民亦盜鑄不可勝數錢益多而輕 臣瓚曰鑄錢者多故錢輕輕亦賤也 物益少而貴 如淳曰民但鑄錢不作餘物故也 有司言曰古者皮幣諸侯以聘享金有三等黃金爲上白金爲中赤金爲下 孟康曰白金銀也赤金丹陽銅也 今半兩錢法重四銖 鄭氏曰其文爲半兩實重四銖也 而姦或盜摩錢質而取鋊 如淳曰錢一面有文一面幕幕爲質民盜摩漫面而取其鋊以更鑄作錢也臣瓚曰許慎云鋊銅屑也摩錢漫面以取其屑更以鑄錢西京黃圖敍曰民摩錢取屑是也師古曰鋊音浴瓚說是也 錢益輕薄而物貴則遠方用幣煩費不省乃以白鹿皮方尺緣以繢 師古曰繢繡也繪五綵而爲之 爲皮幣直四十萬王侯宗室朝覲聘享必以皮幣薦璧然後得行又造銀

錫白金 如淳曰雜鑄銀錫爲白金 以爲天用莫如龍地用莫如馬人用莫如龜故白金三品其一曰重八兩圜之其文龍名白撰直三千二曰以重差小方之其文馬直五百 晉灼曰以平半斤之重差爲三品此重六兩則下品重四兩也 三曰復小橢之其文龜直三百 師古曰橢圜而長也音佗果反 令縣官銷半兩錢更鑄三銖錢重如其文盜鑄諸金錢罪皆死而吏民之犯者不可勝數於是以東郭咸陽孔僅爲大農丞 師古曰二人也姓東郭名咸陽姓孔名僅僅音鉅刃反 領鹽鐵事而桑弘羊貴幸咸陽齊之大鬻鹽孔僅南陽大冶皆致產累千金故鄭當時進言之弘羊洛陽賈人之子以心計 師古曰不用籌算 年十

三侍中故三人言利事析秋豪矣法既益嚴吏多廢免兵革數動民多買復 師古曰入財於官以取優復復音方目反 及五大夫千夫徵發之士益鮮 師古曰鮮少也音先淺反 於是除千夫五大夫爲吏不欲者出馬 如淳曰千夫五大夫不欲爲吏者令之出馬也 故吏皆適令伐棘上林作昆明池 師古曰適讀曰謫謫責罰也以其久爲姦利 其明年大將軍票騎大出擊胡賞賜五十萬金軍馬死者十餘萬匹轉漕車甲之費不與焉 師古曰與讀曰豫 是時財匱 師古曰匱空也 戰士頗不得祿矣有司言三銖錢輕輕易作姦詐迺更請郡國鑄五銖錢周郭其質令不可得摩取鋊 孟康曰周帀爲郭文漫皆有 大農上鹽鐵丞孔僅咸陽

言師古曰奏上其言也山海天地之臧宜屬少府陛下弗私以
屬大農佐賦願募民自給費因官器作鬻鹽官與
牢盆蘇林曰牢價直也今世人言顧手牢如淳曰牢廩食也古者名廩爲牢盆鬻鹽盆也師古曰牢蘇說是也鬻古煮字也浮
食奇民欲擅斡山海之貨師古曰斡謂主領也讀與管同以致富羨
役利細民師古曰羨饒也音弋戰反其沮事之議不可勝聽敢私
鑄鐵器鬻鹽者釱左趾師古曰釱足鉗也音徒計反沒入其器物郡
不出鐵者置小鐵官鄧展曰鑄故鐵使屬在所縣使僅咸陽
乘傳舉行天下鹽鐵師古曰舉皆也普天之下皆行之也音下更反作官府師古
曰主鬻鹽鑄及出納之處也除故鹽鐵家富者爲吏吏益多賈人矣
商賈以幣之變多積貨逐利於是公卿言郡國頗

被災害貧民無產業者募徙廣饒之地陛下損膳
省用出禁錢以振元元寬貸而民不齊出南畝師古
曰言農人尚少不皆務耕種也商賈滋衆貧者畜積無有皆仰縣官師古
曰畜讀曰蓄仰音牛向反異時算軺車賈人之緡錢皆有差小師古
曰異時言往時也軺小車也緡謂錢貫也軺音弋昭反緡音武巾反請算如故諸賈人末作貰
貸賣買居邑貯積諸物師古曰貰賒也貸假與也貰音式制反貸音土戴反及商以
取利者雖無市籍各以其物自占師古曰占隱度也各隱度其財物多少而
爲名簿送之於官也占音之贍反率緡錢二千而算一師古曰率計有二千錢者則出一算諸
作有租及鑄如淳曰以手力所作而賣之者率緡錢四千算一非吏比
者三老北邊騎士軺車一算師古曰比例也身非爲吏之例非爲三老非爲邊騎士而

有軺車皆令出一算比音必寐反商賈人軺車二算如淳曰商賈人有軺車又使多出一算重其賦船
五丈以上一算匿不自占占不悉戍邊一歲沒入
緡錢師古曰悉盡也有能告者以其半畀之師古曰畀與也音必寐反賈人
有市籍及家屬皆無得名田師古曰一人有市籍則身及家內皆不得有田也以
便農敢犯令沒入田貨是時豪富皆爭匿財唯卜
式數求入財以助縣官天子迺超拜式爲中郎賜
爵左庶長田十頃布告天下以風百姓師古曰風讀曰諷初
式不願爲官上强拜之稍遷至齊相語自在其傳
孔僅使天下鑄作器三年中至大司農列九卿而
桑弘羊爲大司農中丞管諸會計事稍稍置均輸

以通貨物始令吏得入穀補官郎至六百石師古曰吏遷補
高官郎又就增其秩得至六百石也自造白金五銖錢後五歲而赦吏民
之坐盜鑄金錢死者數十萬人其不發覺相殺者
不可勝計赦自出者百餘萬人然不能半自出天
下大氐無慮皆鑄金錢矣師古曰氐讀曰抵抵歸也大歸猶言大凡也無慮亦謂大率無小
計慮也犯法者衆吏不能盡誅於是遣博士褚大徐偃
等分行郡國師古曰行音下更反舉幷兼之徒守相爲利者
師古曰守郡守也相諸侯相而御史大夫張湯方貴用事減宣杜周
等爲中丞師古曰減姓也音減省之減義縱尹齊王溫舒等用慘急
苛刻爲九卿直指夏蘭之屬始出蘇林曰夏蘭人姓名而大農

顏異誅矣初異爲濟南亭長以廉直稍遷至九卿
上與湯既造白鹿皮幣問異異曰今王侯朝賀以
倉璧直數千而其皮薦反四十萬本末不相稱天
子不說 師古曰說讀曰悅 湯又與異有隙及人有告異以它
議事下湯治異異與客語客語初令下有不便者
李奇曰異與客語道詔令初下有不便處 異不應微反脣 師古曰蓋非也 湯奏當異
九卿見令不便不入言而腹非 師古曰當謂處斷其罪 論死自
是後有腹非之法比 師古曰比則例也讀如字又音必寐反 而公卿大夫多
諂諛取容天子既下緡錢令而尊卜式百姓終莫
分財佐縣官於是告緡錢縱矣 師古曰縱放也放令相告言也 郡國鑄

錢民多姦鑄 師古曰謂巧鑄之雜鉛錫 錢多輕而公卿請令京師
鑄官赤仄 應劭曰所謂子紺錢也如淳曰以赤銅爲其郭也令錢郭見有赤者不知作法云何也 一當五
賦官用非赤仄不得行 師古曰充賦及給官用皆令以赤仄 白金稍賤民
弗寶用縣官以令禁之無益歲餘終廢不行是歲
湯死而民不思其後二歲赤仄錢賤民巧法用之
不便又廢於是悉禁郡國毋鑄錢專令上林三官
鑄錢既多而令天下非三官錢不得行諸郡國前
所鑄錢皆廢銷之輸入其銅三官而民之鑄錢益
少計其費不能相當 師古曰言無利 唯眞工大姦迺盜爲
之 師古曰其術巧妙故得利 楊可告緡徧天下 如淳曰告緡令楊可所告言也師古曰此說非也楊

可據令而發動之故天下皆被告 中家以上大氐皆遇告杜周治之獄
少反者 如淳曰治匿緡之罪其獄少有反者蘇林曰音幡師古曰幡謂從輕而出 迺分遣御史廷
尉正監分曹 服虔曰分曹職案行也師古曰服說非也曹輩也分輩而出爲使也 往往即治郡
國緡錢 師古曰就其所在而治也 得民財物以億計奴婢以千萬
數田大縣數百頃小縣百餘頃宅亦如之於是商
賈中家以上大氐破民媮甘食好衣不事畜臧之
業 師古曰媮苟且也 而縣官以鹽鐵緡錢之故用少饒矣益
廣關置左右輔初大農斡鹽鐵官布多置水衡欲
以主鹽鐵及楊可告緡上林財物衆迺令水衡主
上林上林既充滿益廣是時粵欲與漢用船戰逐

孟康曰水戰相逐也 迺大修昆明池列館環之 師古曰環繞也 治樓船高
十餘丈旗織加其上 師古曰織讀曰幟音昌志反 甚壯於是天子感
之迺作柏梁臺高數十丈宮室之修繇此日麗迺
分緡錢諸官而水衡少府大僕大農各置農官往
往即郡縣比沒入田田之 師古曰即就也比謂比者所沒入也 其沒入奴
婢分諸苑養狗馬禽獸及與諸官官益雜置多 如淳
曰水衡少府大僕司農皆有農官是爲多也師古曰此說非也謂雜置官員分掌衆事耳非農官也 徒奴婢衆而
下河漕度四百萬石及官自糴迺足 師古曰度計也音大各反 所
忠言世家子弟富人或鬭雞走狗馬弋獵博戲亂
齊民 如淳曰世家謂世世有祿秩家也齊等也無有貴賤謂之齊民若今言平民矣晉灼曰中國被教齊整之民也師古曰所姓也

忠名也武帝之近臣郊祀志云公孫卿因所忠言寶鼎石慶傳云欲請詔近臣所忠廣川王傳云言漢公卿及幸臣所忠司馬相如傳云所忠往取書考其蹤迹此並一人也而說者或以爲所忠信之人此釋大謬晉灼等之義如說是也迺徵諸犯令相引數千人名曰株送徒入財者得補郎郎選衰矣應劭曰株根本也送致也如淳曰株蔕也諸坐博戲事決爲徒者能入錢得補郎李奇曰先至者爲魁株也師古曰言被牽引者爲其根株所送當充徒役而能入財者即當補郎是時山東被河災及歲不登數年人或相食方二三千里天子憐之令飢民得流就食江淮間欲留留處師古曰流謂恣其行移若水之流至所在有欲住者亦留而處也使者冠蓋相屬於道護之師古曰屬聯續也音之欲反下巴蜀粟以振焉明年天子始出巡郡國東度河河東守不意行至不辯自殺行西踰隴卒孟康曰踰度也卒倉卒也從官不得食隴西守自殺於是上北出蕭關從數萬騎行獵新秦中以勒邊兵而歸新秦中或千里無亭徼晉灼曰徼塞也臣瓚曰既無亭候不徼循無衛邊之備故誅北地太守師古曰晉說是也於是誅北地太守以下而令民得畜邊縣孟康曰令得畜牧於邊縣官假馬母三歲而歸及息什一以除告緡用充入新秦中李奇曰邊有官馬令民能畜官母馬者滿三歲歸之十母馬還官一駒此爲息什一也師古曰官得母馬之息以給用度得充實秦中人故除告緡之令也既得寶鼎立后土泰一祠公卿白議封禪事而郡國皆豫治道修繕故宮及當馳道縣縣治官儲設共具師古曰共音居用反而望幸明年南粵反西羌侵邊天子爲山東不澹赦天下囚因南方樓船士二十餘萬人擊粵發三

河以西騎擊羌又數萬人度河築令居師古曰令音零初置張掖酒泉郡而上郡朔方西河河西開田官斥塞卒六十萬人戍田之師古曰開田始開屯田也斥塞廣塞令卻初置二郡故塞更廣也以開田之官廣塞之卒戍而田也中國繕道餽糧遠者三千近者千餘里皆仰給大農師古曰仰音牛向反此下並同邊兵不足迺發武庫工官兵器以澹之車騎馬乏縣官錢少買馬難得迺著令令封君以下至三百石吏以上差出牝馬天下亭亭有畜字馬歲課息齊相卜式上書願父子死南粵天子下詔襃揚賜爵關內侯黃金四十斤田十頃布告天下天下莫應列侯以百數皆莫求從軍至飲酎少府省金李奇曰省視也至嘗酎飲宗廟時少府視其金多少而列侯坐酎金失侯者百餘人迺拜卜式爲御史大夫式既在位見郡國多不便縣官作鹽鐵器苦惡如淳曰苦或作盬盬不攻嚴也臣瓚曰謂作鐵器民患苦其不好也師古曰二說皆非也鹽既味苦器又脆惡故總云苦惡也賈貴師古曰鹽鐵並貴也賈讀曰價或彊令民買之而船有算商者少物貴迺因孔僅言船算事上不說師古曰說音悅漢連出兵三歲誅羌滅兩粵番禺以西至蜀南者置初郡十七晉灼曰元鼎六年定越地以爲南海蒼梧鬱林合浦交阯九眞日南珠厓儋耳郡定西南夷以爲武都牂柯越嶲沈黎汶山郡及地理志西南夷傳所置犍爲零陵益州郡凡十七且以其故俗治賦稅南陽漢中以往各以地比給初郡吏卒奉食幣物傳車馬被具師古曰地比謂依其次第自近及遠也比音頻寐反

傳音張戀反被音皮義反而初郡又時時小反殺吏漢發南方吏卒往誅之間歲萬餘人師古曰間歲隔一歲費仰大農大農以均輸調鹽鐵助賦故能澹之然兵所過縣縣以爲訾給毋乏而已不敢言輕賦法矣其明年元封元年卜式貶爲太子太傅而桑弘羊爲治粟都尉領大農盡代僅斡天下鹽鐵師古曰代孔僅弘羊以諸官各自市相爭物以故騰躍而天下賦輸或不償其僦費師古曰僦顧也言所輸賦物不足償其餘顧庸之費也僦音子就反迺請置大農部丞數十人分部主郡國各往往置均輸鹽鐵官令遠方各以其物如異時商賈所轉販者爲賦而相灌輸置

平準于京師都受天下委輸召工官治車諸器皆仰給大農大農諸官盡籠天下之貨物貴則賣之賤則買之如此富商大賈亡所牟大利如淳曰牟取則反本而萬物不得騰躍故抑天下之物名曰平準天子以爲然而許之於是天子北至朔方東封大山巡海上旁北邊以歸師古曰旁音步浪反所過賞賜用帛百餘萬匹錢金以鉅萬計皆取足大農弘羊又請令民得入粟補吏及罪以贖令民入粟甘泉各有差以復終身師古曰復音方目反不復告緡它郡各輸急處而諸農各致粟山東漕益歲六百萬石一歲之中大倉甘泉倉滿邊餘穀諸均輸帛五百萬匹民不益賦而天下用饒於是弘羊賜爵左庶長師古曰第十等爵黃金者再百焉師古曰凡再賜百金是歲小旱上令百官求雨卜式言曰縣官當食租衣稅而已師古曰衣音於既反今弘羊令吏坐市列販物求利師古曰市列謂列肆亨弘羊天乃雨師古曰亨謂煑也亨音普庚反久之武帝疾病拜弘羊爲御史大夫昭帝即位六年詔郡國舉賢良文學之士問以民所疾苦教化之要皆對願罷鹽鐵酒榷均輸官毋與天下爭利視以儉節師古曰視讀曰示然後教化可興弘羊難師古曰詰難議者之言也以爲此國家大業所以制四夷安邊足用之本

不可廢也迺與丞相千秋共奏罷酒酤弘羊自以爲國興大利伐其功欲爲子弟得官怨望大將軍霍光遂與上官桀等謀反誅滅宣元成哀平五世亡所變改元帝時嘗罷鹽鐵官三年而復之貢禹言鑄錢采銅一歲十萬人不耕民坐盜鑄陷刑者多富人臧錢滿室猶無猒足民心動搖棄本逐末耕者不能半姦邪不可禁原起於錢疾其末者絕其本宜罷采珠玉金銀鑄錢之官毋復以爲幣除其販賣租銖之律師古曰租銖謂計其所賣物價平其錙銖而收租也租稅祿賜皆以布帛及穀使百姓壹意農桑議者以爲交易待

錢布帛不可尺寸分裂禹議亦寢自孝武元狩五年三官初鑄五銖錢至平帝元始中成錢二百八十億萬餘云王莽居攝變漢制以周錢有子母相權於是更造大錢徑寸二分重十二銖文曰大錢五十又造契刀錯刀契刀其環如大錢身形如刀長二寸文曰契刀五百錯刀以黃金錯其文曰一刀直五千張晏曰案今所見契刀錯刀形質如大錢而肉好輪厚異於此大錢形如大刀環矣契刀身形員不長二寸也其文左曰契右曰刀無五百字也錯刀則刻之作字也以黃金塡其文上曰一下曰刀二刀泉甚不與志相應也似扎單差錯文字磨滅故耳師古曰張說非也王莽錢刀今並尚在形質及文與志相合無差錯與五銖錢凡四品並行莽即眞以爲書劉字有金刀迺罷錯刀契刀及五銖

錢而更作金銀龜貝錢布之品名曰寶貨小錢徑六分重一銖文曰小錢直一次七分三銖曰幺錢一十師古曰幺小也音一堯反次八分五銖曰幼錢二十次九分七銖曰中錢三十次一寸九銖曰壯錢四十因前大錢五十是爲錢貨六品直各如其文黃金重一斤直錢萬朱提銀重八兩爲一流直一千五百八十師古曰朱提縣名屬犍爲出善銀朱音殊提音上支反它銀一流直千是爲銀貨二品元龜岠冉長尺二寸孟康曰冉龜甲緣也岠至也度背兩邊緣尺二寸也臣瓚曰元大也直二千一百六十爲大貝十朋蘇林曰兩貝爲朋朋直二百一十六元龜十朋故二千一百六十也公龜九寸直五百爲壯貝十朋侯龜七

寸以上直三百爲幺貝十朋子龜五寸以上直百爲小貝十朋是爲龜寶四品大貝四寸八分以上二枚爲一朋直二百一十六壯貝三寸六分以上二枚爲一朋直五十幺貝二寸四分以上二枚爲一朋直三十小貝寸二分以上二枚爲一朋直十不盈寸二分漏度不得爲朋率枚直錢三是爲貝貨五品大布次布弟布壯布中布差布厚布幼布幺布小布小布長寸五分重十五銖文曰小布一百自小布以上各相長一分相重一銖文各爲其布名直各加一百上至大布長二寸四分重一兩

而直千錢矣是爲布貨十品師古曰布亦錢耳謂之布者言其分布流行也凡寶貨五物六名二十八品鑄作錢布皆用銅殽以連錫孟康曰連錫之別名也李奇曰鉛錫璞名曰連應劭曰連似銅師古曰孟李二說皆非也許愼云鏈銅屬也然則以連及錫雜銅而爲錢也此下又云能采金銀銅連錫益知連非錫矣文質周郭放漢五銖錢云師古曰放依也音甫往反其金銀與它物雜色不純好龜不盈五寸貝不盈六分皆不得爲寶貨元龜爲蔡非四民所得居如淳曰臧文仲居蔡謂此也說謂蔡國出大龜也臣瓚曰是大龜之名也書曰九江納錫大龜大龜又不出蔡國也若龜出楚亦名龜爲蔡邪師古曰瓚說非也本以蔡出善龜故因名大龜爲蔡耳有者入大卜受直百姓憒亂其貨不行民私以五銖錢市買莽患之下詔敢非井田挾五銖錢者爲惑衆投諸四裔以御魑

魅於是農商失業食貨俱廢民涕泣於市道坐賣買田宅奴婢鑄錢抵罪者自公卿大夫至庶人不可稱數莽知民愁迺但行小錢直一與大錢五十二品並行龜貝布屬且寢莽性躁擾不能無爲每有所興造必欲依古得經文國師公劉歆言周有泉府之官收不讎與欲得 師古曰讎讀曰售言賣不售者官收取之無而欲得者官出與之 即易所謂理財正辭禁民爲非者也 師古曰易下繫辭曰理財正辭禁人爲非曰義言財貨辭訟正乃得人不爲非合事宜 莽乃下詔曰夫周禮有賒貸 師古曰周禮泉府之職曰凡賒者祭祀無過旬日喪紀無過三月凡人之貸者與其有司辨而授之以國服爲之息謂以祭祀喪紀故從官賒買物不過旬日及三月而償之其從官貸物者以共其所屬吏定價而後與之各以其國服事之稅而輸息謂若受園廛之田而貸萬錢者一朞之月出息五百貸音土戴反 樂語有五均 鄧展曰樂語樂元語河間獻王所傳道五均事臣瓚曰其文云天子取諸侯之土以立五均則市無二賈四民常均彊者不得困弱富者不得要貧則公家有餘恩及小民矣 傳記各有斡焉今開賒貸張五均設諸斡者所以齊衆庶抑并兼也遂於長安及五都立五均官更名長安東西市令及洛陽邯鄲臨菑宛成都市長皆爲五均司市稱師東市稱京西市稱畿洛陽稱中餘四都各用東西南北爲稱皆置交易丞五人錢府丞一人工商能采金銀銅連錫登龜取貝者 如淳曰登進也龜有靈故言登 皆自占司市錢府順時氣而取之 師古曰各以其所采取之物自隱實於司市錢府也占音之瞻反其下並同 又以周官稅民凡田不耕爲不殖出

三夫之稅城郭中宅不樹藝者爲不毛 師古曰樹藝謂種樹果木及菜蔬 出三夫之布民浮游無事出夫布一匹其不能出布者宂作縣官衣食之 師古曰宂散也音人勇反衣音於既反食讀曰飤 諸取衆物鳥獸魚鱉百蟲於山林水澤及畜牧者嬪婦桑蠶織紝紡績補縫 師古曰機縷曰紝音人禁反 工匠醫巫卜祝及它方技商販賈人坐肆列里區謁舍 如淳曰居處所在爲區謁舍今之客舍也 皆各自占所爲於其所之縣官除其本計其利十一分之而以其一爲貢敢不自占自占不以實者盡沒入所采取而作縣官一歲諸司市常以四時中月實定所掌 師古曰中讀曰仲 爲物上中下之賈 師古曰賈讀曰價其下並同 各自用爲其市平毋拘它所衆民賣買五穀布帛絲緜之物周於民用而不讎者 師古曰讎讀曰售下亦類此也 均官有以考檢厥實用其本賈取之毋令折錢 師古曰折音上列反 萬物卬貴過平一錢則以平賈賣與民 師古曰卬物價起音五剛反亦讀曰仰也 其賈氐賤減平者聽民自相與市 師古曰貴既爲卬賤則爲氐音丁奚反 以防貴庾者 師古曰庾積也以防民積物待貴也 民欲祭祀喪紀而無用者錢府以所入工商之貢但賒之 師古曰但空也徒也言空賒與之不取息利也 祭祀毋過旬日喪紀毋過三月民或乏絕欲貸以治產業者均授之除其費計所得受息毋過歲什一 師古曰均謂各依先後之次除其費謂衣食之費已用者也 羲和魯匡言名

山大澤鹽鐵錢布帛五均賖貸斡在縣官師古曰斡謂主領也唯酒酤獨未斡酒者天之美祿帝王所以頤養天下享祀祈福扶衰養疾百禮之會非酒不行故詩曰無酒酤我師古曰小雅伐木之詩也酤買也言王於族人恩厚要在燕飲無酒則買而飲之而論語曰酤酒不食師古曰鄉黨所說孔子在齊之時也二者非相反也夫詩據承平之世酒酤在官和旨便人可以相御也師古曰旨美也御進論語孔子當周衰亂酒酤在民薄惡不誠是以疑而弗食今絕天下之酒則無以行禮相養放而亡限則費財傷民請法古令官作酒以二千五百石為一均率開一盧以賣如淳曰酒家開肆待客設酒鑪故以鑪名肆臣瓚曰盧酒瓮也言開一瓮酒也趙廣漢入丞相府破盧瓮師古曰二說皆非也盧者賣酒之區也以其一邊高形如鍛家盧故取名耳非即謂火盧及酒瓮也此言讎五十釀為準豈一瓮乎廣漢所破盧及罌盧亦謂所居罌瓮之處耳讎五十釀為準一釀用麤米二斛麴一斛得成酒六斛六斗各以其市月朔米麴三斛并計其賈而參分之師古曰參三也以其一為酒一斛之平除米麴本賈計其利而什分之以其七入官其三及醩酨灰炭師古曰酨酢漿也音才代反給工器薪樵之費羲和置命士督五均六斡郡有數人皆用富賈洛陽薛子仲張長叔臨菑姓偉等如淳曰姓姓名偉也乘傳求利交錯天下師古曰傳音張戀反因與郡縣通姦多張空簿師古曰簿計簿也音步戶反府臧不實百姓俞病莽知民苦之復下

詔曰夫鹽食肴之將師古曰將大也一說為食肴之將帥酒百藥之長嘉會之好鐵田農之本名山大澤饒衍之臧五均賖貸百姓所取平卬以給澹師古曰卬音五向反其下並同鐵布銅冶通行有無備民用也此六者非編戶齊民所能家作師古曰家謂家家自作也必卬於市雖貴數倍不得不買豪民富賈即要貧弱先聖知其然也故斡之每一斡為設科條防禁犯者辠至死姦吏猾民並侵眾庶各不安生後五歲天鳳元年復申下金銀龜貝之貨頗增減其賈直而罷大小錢改作貨布長二寸五分廣一寸首長八分有奇師古曰奇音居宜反謂有餘也廣八分其圜好徑二分半師古曰好孔也足枝長八分間廣二分其文右曰貨左曰布重二十五銖直貨泉二十五貨泉徑一寸重五銖文右曰貨左曰泉枚直一與貨布二品並行又以大錢行久罷之恐民挾不止迺令民且獨行大錢與新貨泉俱枚直一並行盡六年毋得復挾大錢矣每壹易錢民用破業而大陷刑莽以私鑄錢死及非沮寶貨投四裔犯法者多不可勝行迺更輕其法私鑄作泉布者與妻子沒入為官奴婢吏及比伍知而不舉告與同罪師古曰比音頻寐反非沮寶貨民罰作一歲吏免官犯者愈眾及五

人相坐皆没入郡國檻車鐵瑣傳送長安鍾官 師古曰鍾官主鑄錢者 愁苦死者什六七作貨布後六年匈奴侵寇甚莽大募天下囚徒人奴名曰豬突豨勇 服虔曰豬性觸突人故取以喻師古曰東方名豕曰豨一曰豨豕走也音許豈反 壹切稅吏民訾三十而取一又令公卿以下至郡縣黃綬吏皆保養軍馬 師古曰保者不許其死傷 吏盡復以與民 師古曰轉令百姓養之 民搖手觸禁不得耕桑繇役煩劇 師古曰繇讀曰傜也 而枯旱蝗蟲相因又用制作未定上自公侯下至小吏皆不得奉祿而私賦斂貨賂上流獄訟不決吏用苛暴立威旁緣莽禁侵刻小民 師古曰旁依也音步浪反 富者不得自保貧者無

以自存起為盜賊依阻山澤吏不能禽而覆蔽之浸淫日廣 師古曰浸淫猶漸染也它皆類此 於是青徐荊楚之地往往萬數戰鬬死亡緣邊四夷有所係虜陷罪飢疫人相食及莽未誅而天下戶口減半矣自發豬突豨勇後四年而漢兵誅莽後二年世祖受命盪滌煩苛復五銖錢與天下更始 贊曰易稱裒多益寡稱物平施 師古曰謙卦象辭裒取也言取於多者以益少者故萬物皆稱而施與平也裒音蒲侯反 書云楙遷有無 應劭曰楙勉也遷徙也言天下食貨有無相通足也師古曰虞書益稷之辭言勸勉天下遷徙有無使相通也 周有泉府之官 師古曰司徒之屬官也掌市之征布斂市貨之不售貨之滯於人用者以其價買之 而孟子亦非狗彘食人之食不知斂 應劭曰養狗彘者使食人之食而不知以法度斂之也師古曰孟子孟軻之書言歲豐孰菽粟饒多狗彘食人之食此時可斂之也 野有餓莩而弗知發 鄭氏曰莩音蔈有梅之蔈莩零落也人有餓死零落者不知發倉廩貸之也師古曰莩音頻小反諸書或作殍字音義亦同 故管氏之輕重 服虔曰作輕重之書在管子書 李悝之平糴弘羊均輸壽昌常平亦有從徠 師古曰言所從來久矣 顧古為之有數吏良而令行 師古曰顧思念 故民賴其利萬國作乂 師古曰乂治也 及孝武時國用饒給而民不益賦其次也至于王莽制度失中姦軌弄權官民俱竭亡次矣

食貨志下第四

郊祀志卷第五上　班固　漢書二十五

秘書監上護軍琅邪縣開國子顏師古注

洪範八政三曰祀師古曰祀謂祭祀也祀者所以昭孝事祖通神明也旁及四夷莫不修之下至禽獸豺獺有祭師古曰禮記月令季秋之月豺祭獸孟春之月獺祭魚豺形似狗獺水居而食魚祭者謂殺之而布列以祭其先也豺音仕皆反獺音吐曷反是以聖王爲之典禮民之精爽不貳齊肅聰明者神或降之師古曰爽明也齊讀曰齋肅莊敬也在男曰覡在女曰巫師古曰巫覡亦通稱耳覡音下狄反使制神之處位爲之牲器使先聖之後能知山川敬於禮儀明神之事者以爲祝能知四時犧牲壇場上下民姓所出者以爲宗應劭曰上下謂天地之屬神也氏姓王族之別也宗大宗也臣瓚曰宗宗伯也師古曰二說皆非也祝謂主祭之贊詞者積土爲壇平地爲場民姓謂神本所出及見所當爲主者也宗宗人主神之列位尊卑者也春秋左氏傳曰虢公使祝應宗區享神也又云祝宗用馬于四墉並非宗伯及大宗也故有神民之官各司其序不相亂也民神異業敬而不黷師古曰黷狎也黷音讀故神降之嘉生應劭曰嘉穀也師古曰嘉生謂衆瑞民以物序孟康曰各有分敘也災禍不至所求不匱師古曰匱乏也及少昊之衰九黎亂德孟康曰少昊時諸侯作亂者也韋昭曰黎氏九人也民神雜擾不可放物師古曰放依也物事也放音甫往反家爲巫史享祀無度民黷齊明而神弗蠲師古曰齊讀曰齋蠲絜也嘉生不降禍災荐臻莫盡其氣師古曰言不究其性命也顓頊受之迺命南正重司天以屬神命火正黎司地以屬民應劭曰黎陰官也火數二二地數也故火正司地以屬萬民師古曰屬委也以其事

委之也屬音之欲反使復舊常亡相侵黷自共工氏霸九州其子曰句龍能平水土死爲社祠師古曰共工氏在太昊炎帝之間無祿而王故謂之霸句讀曰鉤有烈山氏王天下其子曰柱能殖百穀死爲稷祠師古曰烈山氏炎帝故郊祀社稷所從來尚矣師古曰尚上也謂起於上古虞書曰舜在璿璣玉衡以齊七政師古曰虞書舜典也在察也璿美玉也璣轉而衡平以玉爲璣衡謂渾天儀也七政日月五星也言舜觀察璣衡以齊同日月五星之政度合天意遂類于上帝禋于六宗孟康曰六宗星辰風伯雨師司中司命一說云乾坤六子又一說天宗三日月星辰地宗三太山河海或曰天地閒游神也師古曰類以類祭也上帝天也絜精以祀謂之禋六宗之義說者多矣乾坤六子其最通乎望秩于山川徧于羣神師古曰望謂在遠者望而祭之秩次也羣神丘陵墳衍之屬揖五瑞師古曰揖與輯同揖合也五瑞公侯伯子男之瑞玉擇吉月日見四嶽諸牧班瑞師古曰四岳諸牧謂四方諸侯班布也歲二月東巡狩至于岱宗師古曰狩守也諸侯爲天子守土故巡行之岱宗泰山也柴望秩于山川師古曰柴積柴而焚之遂見東后東后者諸侯也師古曰后君也東方諸侯故謂之東后也合時月正日同律度量衡師古曰時四時也月十二月也日三百六十日律六律也度丈尺也量斛斗也衡斤兩也修五禮五樂師古曰五禮吉凶賓軍嘉也五樂謂春則琴瑟夏則笙竽季夏則鼓秋則鍾冬則磬也五樂尚書作五玉今志亦有作五玉者五玉即五瑞三帛二牲一死爲贄師古曰三帛玄纁黃也二牲羔鴈也一死雉也贄者所執以爲禮也五月巡狩至南嶽南嶽者衡山也八月巡狩至西嶽西嶽者華山也十一月巡狩至北嶽北嶽者恒山也皆如岱宗之禮中嶽嵩高也五載一巡狩師古曰此以上皆舜典所載禹遵之後十三世至帝孔甲淫德好神神黷二

龍去之 應劭曰夏帝孔甲天賜之乘龍河漢各二其後嫘驪嫚神故龍去之 其後十三世湯伐桀欲遷夏社不可作夏社 應劭曰遭大旱七年明德以薦而旱不止故遷社以棄代爲稷欲遷句龍德莫能繼故作夏社說不可遷之義也師古曰遷古遷字夏社尚書篇名今則序在而書亡 迺遷烈山子柱而以周棄代爲稷祠後八世帝太戊有桑穀生於廷一暮大拱 師古曰穀即今之楮樹也其字從木合兩手曰拱 懼伊陟曰祅不勝德 師古曰伊陟大戊臣伊尹之子 太戊修德桑穀死伊陟贊巫咸 孟康曰巫咸殷賢臣贊說也謂伊陟說其意也師古曰因此作咸乂四篇事見尚書序其篇亦亡逸也 後十三世帝武丁得傅說爲相 師古曰說讀曰悅 殷復興焉稱高宗有雉登鼎耳而雊 師古曰雊雉鳴音工豆反 武丁懼祖己曰修德武丁從之位以永寧 師古曰事見商書說命及高宗肜日祖己殷之賢臣 後五世帝乙嫚神而震死 師古曰帝乙武乙也爲韋囊盛血仰而射號曰射天後遇雷震而死也 後三世帝紂淫亂武王伐之由是觀之始未嘗不肅祗後稍怠嫚也周公相成王王道大洽制禮作樂天子曰明堂辟雍 師古曰明堂辟雍解在平紀 諸侯曰泮宮 師古曰泮之言半也制度半於天子之辟雍也泮音普半反 郊祀后稷以配天宗祀文王於明堂以配上帝 師古曰郊祀祀於郊也后稷周之始祖也宗尊也文王周始受命之王上帝大微五帝也 四海之內各以其職來助祭天子祭天下名山大川懷柔百神咸秩無文 師古曰懷來也柔安也言招來百神而安處之也稱百者言其多也秩序也舊無禮文者皆以次序而祭之 五嶽視三公四瀆視諸侯 師古曰江河淮濟爲四瀆瀆者發源而注海者也視謂其禮物之數也 而諸侯祭其畺內名山大川 師古曰畺境也 大夫祭門戶井竈中

霤五祀 韋昭曰古者穴居故名室中爲中霤 士庶人祖考而已各有典禮而淫祀有禁後十三世世益衰禮樂廢幽王無道爲犬戎所敗平王東徙雒邑秦襄公攻戎救周列爲諸侯而居西自以爲主少昊之神作西畤祠白帝其牲用騮駒黃牛羝羊各一云 師古曰騮赤馬黑鬣尾也羝牡羊也騮音留羝音丁奚反 其後十四年秦文公東獵汧渭之閒 師古曰汧渭二水名汧音牽 卜居之而吉文公夢黃蛇自天下屬地 師古曰屬音之欲反 其口止於鄜衍 李奇曰鄜音孚三輔謂山陵閒爲衍晉灼曰在馮翊鄜縣之衍也師古曰今之鄜州蓋取名於此也 文公問史敦 師古曰秦之太史也敦其名也 敦曰此上帝之徵君其祠之於是作鄜畤用三牲郊祭白帝焉自未作鄜畤而雍旁故有吳陽武畤 李奇曰於雍旁有吳陽地也 雍東有好畤皆廢無祀或曰自古以雍州積高神明之隩 師古曰隩土之可居曰隩音於六反 故立畤郊上帝諸神祠皆聚云蓋黃帝時嘗用事晚周亦郊焉 師古曰晚謂末時也 其語不經見縉紳者弗道 李奇曰縉插也插笏於紳紳大帶也臣瓚曰縉赤白色也紳大帶也左氏傳有縉雲氏師古曰李云縉插是也字本作搢插笏於大帶與革帶之閒耳非插於大帶也或作薦紳者亦謂薦笏於紳帶之閒其義同 作鄜畤後九年文公獲若石云于陳倉北阪城祠之 蘇林曰質如石似肝師古曰陳倉之北阪上城中也云語辭也 其神或歲不至或歲數來也常以夜光煇若流星從東方來集于祠城若雄雉其聲殷殷云野雞夜鳴 師古曰殷殷聲也云傳聲之亂也野雞亦雉也避呂后諱故曰野雞言陳寶若來而有聲則野雞皆

鳴以應之也上言雄雉下言野雞史駁文也朋音隱以一牢祠之名曰陳寶臣瓚曰陳倉縣有寶
夫人祠或一歲二歲與葉君合葉君神來時天爲之殷殷雷鳴雉爲之雊也作陳寶祠後七十一
年秦德公立卜居雍師古曰即今之雍縣子孫飮馬於河遂都
雍雍之諸祠自此興用三百牢於鄜畤作伏祠師古
曰六月伏日也周時無至此乃有之師古曰伏者謂陰氣將起迫於殘陽而未得升故爲臧伏因名伏日也立秋之後以金代火金畏於火故
至庚日必伏庚金也磔狗邑四門以御蠱災後四年秦宣公作
密畤於渭南祭青帝後十三年秦穆公立病卧五
日不寤師古曰寤覺也覺音公孝反寤迺言夢見上帝師古曰上帝謂天也上帝
命穆公平晉亂史書而臧之府師古曰府臧書之處而後世皆
曰上天穆公立九年齊桓公既霸會諸侯於葵丘

而欲封禪師古曰葵丘會在僖九年葵丘在陳留外黃縣東封禪者封土於山而禪祭於地也禪音上戰反解在武紀
管仲曰古者封泰山禪梁父者七十二家師古曰父音甫而
夷吾所記者十有二焉昔無懷氏封泰山禪云云
鄭氏曰無懷古之王者在伏羲前見莊子服虔曰云云在梁父東山名也晉灼曰云云山在蒙陰縣故城東北下有云云亭虙羲
封泰山禪云云師古曰虙讀曰伏神農氏封泰山禪云云炎
帝封泰山禪云云李奇曰炎帝神農後黃帝封泰山禪亭亭服虔
曰亭亭山在牟陰晉灼曰地理志鉅平有亭亭山師古曰晉說是也顓頊封泰山禪云云帝嚳
封泰山禪云云堯封泰山禪云云舜封泰山禪云
云禹封泰山禪會稽湯封泰山禪云云周成王封
泰山禪於社首應劭曰山名在博縣晉灼曰在鉅平南十二里師古曰晉說是也皆受命然

後得封禪桓公曰寡人北伐山戎過孤竹應劭曰伯夷國也在
遼西令支師古曰令音郎定反支音祁祇之祇西伐束馬縣車上卑耳之山韋昭曰將上山
纏束其馬縣鉤其車也卑耳即齊語所謂辟耳南伐至召陵師古曰召陵楚地也在汝南召讀曰劭登熊
耳山以望江漢師古曰熊耳山在潁陽北益陽縣東非禹貢所云導洛自熊耳者也其山兩峯狀亦若熊耳因
以爲名也兵車之會三乘車之會六九合諸侯一匡天下
師古曰兵車之會三謂莊十三年會於北杏以平宋亂僖四年侵蔡蔡潰遂伐楚次于陘六年伐鄭圍新城也乘車之會六謂莊十四年會于
鄄十五年又會于鄄十六年同盟于幽僖五年會于首止八年盟于洮九年會于葵丘也匡正也一匡天下謂定襄王爲天子之位也一說謂
陽穀之會令諸侯云無障谷無貯粟無以妾爲妻天下皆從故云一匡者也諸侯莫違我昔三代
受命亦何以異乎於是管仲睹桓公不可窮以辭
因設之以事曰古之封禪鄗上黍北里禾所以爲

盛應劭曰鄗音臛蘇林曰鄗上北里皆地名也師古曰盛謂以實簠簋江淮閒一茅三脊所以
爲藉也服虔曰茅草有三脊也張晏曰謂靈茅也師古曰藉以藉地也音才夜反東海致比目之
魚師古曰爾雅云東方有比目魚焉不比不行其名謂之鰈音土盍反西海有比翼之鳥師古曰山海經
云崇吾之山有鳥狀如鳧而一翼一目相得乃飛其名蠻蠻爾雅曰南方有比翼鳥焉不比不飛其名謂之鶼鶼而管仲乃云西海其說異也
然後物有不召而自至者十有五焉今鳳皇麒麟
不至嘉禾不生而蓬蒿藜莠茂鴟梟羣翔師古曰蓬蒿
藜莠皆穢惡之草梟不祥之鳥也鴟鵂今所謂角鴟也梟土梟也而欲封禪無乃不可乎於
是桓公乃止是歲秦穆公納晉君夷吾其後三置
晉國之君平其亂師古曰三立其君謂惠公懷公文公穆公立三十九年
而卒後五十年周靈王即位時諸侯莫朝周萇弘

迺明鬼神事師古曰萇弘周大夫設射不來不來者諸侯之不
來朝者也依物怪欲以致諸侯諸侯弗從而周室
愈微後二世至敬王時晉人殺萇弘李奇曰周爲晉殺之也師古曰春秋
左氏傳哀公三年傳稱劉氏范氏世爲婚姻萇弘事劉文公故周與范氏趙鞅以爲討周人殺萇弘也是時季氏專
魯旅於泰山仲尼譏之師古曰旅陳也陳禮物而祭之也陪臣祭泰山僭諸侯之禮孔子非之曰
嗚乎曾謂泰山不如林放乎事見論語自秦宣公作密畤後二百五十年而
秦靈公於吳陽作上畤祭黃帝作下畤祭炎帝後
四十八年周大史儋見秦獻公孟康曰太史儋謂老子也師古曰此亦周之太
史名非必老聃老聃非秦獻公時儋音丁甘反又吐甘反曰周始與秦國合而別別五
百載當復合應劭曰秦伯翳之後也始周孝王封非子爲附庸邑諸秦平王東遷洛邑襄公以兵衛之嘉其勳力

列爲侯伯與周別五百載矣昭王時西周君自歸受罪盡獻其邑三十六城此復合也孟康曰謂周封秦爲別秦并周爲合此襄王爲霸始皇
爲王也韋昭曰周封秦爲始別謂秦仲也五百歲從秦仲至孝公彊大顯王致伯與之親合也師古曰諸家之說皆非也自非子至西周獻邑
凡六伯五十三歲自仲至顯王二十六年孝公柵伯止有四百二十六歲皆不合五百之數也按史記秦本紀及年表並云周平王封襄公始
列爲諸侯於是始與諸侯通又周本紀及吳齊晉楚諸系家皆言幽王爲犬戎所殺秦始列爲諸侯正與此符會是乃爲別至昭襄王五十二
年西周君自歸獻邑凡五百一十六年是爲合也言五百者舉其成數者也合七十年而伯王出焉
韋昭曰武王昭王皆伯至始皇而王天下師古曰七十當爲十七今史記舊本皆作十七字伯王者指謂始皇始皇初立政在太后嫪毐未得
稱伯自昭王滅周後至始皇九年誅嫪毐止十七年本紀年表其義顯而韋氏乃合武王昭王爲數失之遠矣伯讀曰霸儋見後
七年櫟陽雨金獻公自以爲得金瑞故作畦畤櫟
陽而祀白帝師古曰畦畤者如種韭畦之形而於畦中各爲一土封也畦音下圭反後百一十
歲周赧王卒九鼎入于秦或曰周顯王之四十二

年宋大丘社亡師古曰爾雅云左陵泰丘謂丘左有陵者其名泰丘也郭璞云宋有泰丘蓋以丘名此地也而
鼎淪沒於泗水彭城下自赧王卒後七年秦莊襄
王滅東周周祀絕後二十八年秦并天下稱皇帝
秦始皇帝既即位或曰黃帝得土德黃龍地螾見
應劭曰螾丘蚓也黃帝土德故地見其神蚓大五六圍長十餘丈如淳曰呂氏春秋云黃帝之時天先見大螻大螾黃帝曰土氣勝故其色尚
黃師古曰螾音引螻音樓謂螻蛄也夏得木德青龍止於郊草木鬯茂師古
曰鬯與暢同殷得金德銀自山溢蘇林曰流出也周得火德有赤烏
之符師古曰謂武王伐紂師渡孟津之時也尚書中候曰有火自天止于王屋流爲赤烏五至以穀俱來今秦變周
水德之時昔文公出獵獲黑龍此其水德之瑞於
是秦更名河曰德水以冬十月爲年首色上黑度

以六爲名張晏曰水北方黑終數六故以方六寸爲符六尺爲步音上大呂師古曰大呂陰律之始也
事統上法服虔曰政尚法令也臣瓚曰水陰陰主刑殺故上法即帝位三年東巡郡
縣祠騶嶧山蘇林曰騶魯縣也臣瓚曰嶧山在北師古曰嶧音亦頌功業師古曰謂刻石自著功業
於是從齊魯之儒生博士七十人至于泰山下諸
儒生或議曰古者封禪爲蒲車惡傷山之土石草
木師古曰蒲車以蒲裹輪埽地而祠席用苴稭應劭曰稭稾本也去皮以爲席如淳曰苴讀如
租稭讀如戛晉灼曰苴藉也師古曰茅藉也苴字本作蒩假借用言其易遵也始皇聞此議
各乖異難施用由此黜儒生師古曰黜退也而遂除車道上
自泰山陽至顚立石頌德明其得封也從陰道下
師古曰山南曰陽山北曰陰禪於梁父其禮頗采泰祝之祀雍上帝

所用而封藏皆祕之世不得而記始皇之上泰山中阪遇暴風雨休於大樹下諸儒既黜不得與封禪師古曰與讀曰豫也聞始皇遇風雨卽譏之於是始皇遂東游海上行禮祠名山川及八神求僊人羨門之屬應劭曰羨門名子高古仙人也師古曰古亦以僊字爲仙下皆類此八神將自古而有之或曰太公以來作之齊所以爲齊以天齊也蘇林曰卽當天中央齊也師古曰謂其衆神異如天之腹齊也其祀絕莫知起時八神一曰天主祠天齊天齊淵水居臨菑南郊山下下者師古曰下下謂最下也臨菑城南有天齊水五泉並出蓋謂此也二曰地主祠泰山梁父蓋天好陰祠之必於高山之下畤命曰畤師古曰名其祭處曰畤也地貴陽祭

之必於澤中圜丘云三曰兵主祠蚩尤在東平陸監鄉齊之西竟也師古曰東平陸縣名也監其縣之鄉名也四曰陰主祠三山師古曰三山卽下所謂三神山五曰陽主祠之罘山韋昭曰之罘山在東萊腄師古曰罘音浮腄音直瑞反六曰月主祠之萊山韋昭曰在東萊長廣也皆在齊北並勃海師古曰並音步浪反七曰日主祠盛山盛山斗入海韋昭曰盛山在東萊不夜縣斗入海也師古曰斗絕也盛音成最居齊東北陽以迎日出云八曰四時主祠琅邪琅邪在齊東北蓋歲之所始師古曰山海經云琅邪臺在勃海間謂臨海有山形如臺也皆各用牢具祠而巫祝所損益圭幣雜異焉師古曰言八神牲牢皆同而圭幣各異也自齊威宣時騶子之徒論著終始五德之運如淳曰今其書有五德終始五德各以所勝爲行秦謂周爲火德滅火者水故自謂水德師古曰騶子卽騶衍及秦帝而齊人奏之故始皇采用之而宋毋忌正伯僑元尚羨門高最後皆燕人爲方僊道韋昭曰皆慕古人之名效爲神仙者也師古曰自宋毋忌至最後皆其人姓名也凡五人形解銷化服虔曰尸解也張晏曰人老而解去故骨如變化也今山中有龍骨世人謂之龍解骨化去應劭曰列仙傳曰崔文子學仙於王子喬王子喬化爲白蜺文子驚引戈擊之俯而見之王子喬之尸也須臾則爲大鳥飛而去師古曰服張二說是也依於鬼神之事騶衍以陰陽主運晉灼曰燕昭王築宮師之故作主運之篇也如淳曰今其書有主運五行相次轉用事隨方面爲服也顯於諸侯而燕齊海上之方士傳其術不能通然則怪迂阿諛苟合之徒自此興不可勝數也師古曰迂謂回遠也音于自威宣燕昭使人入海求蓬萊方丈瀛洲此三神山者其傅在勃海中服虔曰其傅書云爾臣瓚曰世

人傳云爾師古曰瓚說是也去人不遠蓋嘗有到者諸僊人及不死之藥皆在焉其物禽獸盡白而黃金銀爲宮闕未至望之如雲及到三神山反居水下水臨之患且至則風輒引船而去終莫能至云世主莫不甘心焉師古曰甘心言貪嗜之心不能已也及秦始皇至海上則方士爭言之始皇如恐弗及使人齎童男女入海求之船交海中皆以風爲解師古曰自解說云爲風不得至曰未能至望見之焉其明年始皇復游海上至琅邪過恒山從上黨歸後三年游碣石考入海方士師古曰考校其虛實也從上郡歸後五年始皇南至湘山遂登會稽並海上師古曰附海而上也

並音步浪反上音時掌反幾遇海中三神山之奇藥師古曰幾讀曰冀不得
還到沙丘崩臣瓚曰沙丘在鉅鹿縣東北也二世元年東巡碣石並海
師古曰並音步浪反南歷泰山至會稽皆禮祠之而刻勒始皇
所立石書旁以章始皇之功德師古曰今此諸山皆有始皇所刻石及胡亥重
刻其文並具存焉其秋諸侯叛秦三年而二世弒死始皇封
禪之後十二年而秦亡諸儒生疾秦皇焚詩書誅
滅文學百姓怨其法天下叛之皆說曰始皇上泰
山為風雨所擊不得封禪云此豈所謂無其德而
用其事者邪昔三代之居皆河洛之閒師古曰謂夏都安邑殷都
朝歌周都洛陽故嵩高為中嶽而四嶽各如其方四瀆咸在

山東至秦稱帝都咸陽則五嶽四瀆皆并在東方
自五帝以至秦迭興迭衰師古曰迭互也音大結反名山大川或
在諸侯或在天子其禮損益世殊不可勝記師古曰代代殊
異故不可盡記及秦并天下令祠所常奉天地名山大川鬼
神可得而序也於是自崤以東名山五大川祠二
師古曰崤即今之陝州二崤也曰大室大室嵩高也恒山泰山會稽湘
山水曰泲曰淮師古曰泲音子禮反此本濟水之字春以脯酒為歲禱因
泮凍服虔曰解凍也師古曰泮音普半反秋涸凍師古曰涸讀與沍同凝也音下故反春則解之秋則凝之春秋
左氏傳曰固陰沍寒禮記月令曰孟冬行春令則凍閉不密冬塞禱祠師古曰塞謂報其所祈也音先代反下並同也
其牲用牛犢各一牢具圭幣各異自華以西名山

七名川四曰華山薄山薄山者襄山也師古曰說者云薄山在河東一
曰在潼關北十餘里而此志云自華以西者則今閿鄉之南山連延西出並得華山之名岳山岐山吳山鴻冢
瀆山瀆山蜀之岷山也師古曰周禮職方氏雍州其山曰岳爾雅亦云河西曰岳說者咸云岳即
吳岳也今志有岳又有吳山則吳岳非一山之名但未詳岳之所在耳徐廣云岳山在武功據地理志武功但有垂山無岳山也岐山即在今
之岐山縣其山兩岐俗呼為箭括嶺吳山在今隴州吳山縣鴻冢釋在下岷山在湔氐道水曰河祠臨晉師古曰即
今之同州朝邑縣界沔祠漢中師古曰沔漢水之上名也漢中今梁州是也沔音彌善反湫淵祠朝
那蘇林曰湫淵在安定胡那縣方四十里停水不流冬夏不增不減不生草木音將蓼涿郡遒縣師古曰此水今在涇州界清澈可愛不容
穢濁或諠汚輒興雲雨土俗元旱每於此求之相傳云龍之所居也而天下山川隈曲亦往往有之湫音子由反江水祠
蜀亦春秋泮涸禱塞如東方山川而牲亦牛犢牢
具圭幣各異而四大冢鴻岐吳嶽皆有嘗禾孟康曰以

新穀祭之陳寶節來祠服虔曰陳寶神應節來也其河加有嘗醪此皆
雍州之域近天子都故加車一乘騮駒四霸產豐
澇涇渭長水皆不在大山川數師古曰霸產出藍田豐澇出鄠長水者言其源流長
也澇音勞以近咸陽盡得比山川祠而無諸加師古曰加謂車及騮
駒之屬汧洛二淵鳴澤蒲山嶽壻山之屬蘇林曰壻音胥昭曰音蘇計反師
古曰韋說是也為小山川亦皆禱塞泮涸祠禮不必同而雍
有日月參辰南北斗熒惑太白歲星塡星辰星二
十八宿風伯雨師四海九臣十四臣諸布諸嚴諸
逐之屬百有餘廟師古曰風伯飛廉也雨師屏翳也一曰屏號而說者乃謂風伯箕星也雨師畢星也
此志既言二十八宿又有風伯雨師則知非箕畢也九臣十四臣不見名數所出諸布諸嚴諸逐未聞其義逐字或作逯音求屏並音步丁反西

亦有數十祠於湖有周天子祠於下邽有天神豐鎬有昭明天子辟池於杜亳有五杜主之祠壽星祠（韋昭曰亳音薄湯所都也臣瓚曰濟陰薄縣是也師古曰杜即京兆杜縣也此亳非湯都也不在濟陰徐廣云京兆杜縣有薄亭斯近之矣）而雍菅廟祠亦有杜主（李奇曰菅茅也師古曰菅音姦）杜主故周之右將軍（師古曰墨子云周宣王殺杜伯不以罪後宣王田於圃田見杜伯執弓矢射宣王伏弓衣而死故周人尊其鬼）其在秦中最小鬼之神者也（師古曰其鬼雖小而有神靈也）各以歲時奉祠唯雍四時上帝爲尊其光景動人民唯陳寶故雍四時春以爲歲禱因泮凍秋涸凍冬賽祠五月嘗駒及四中之月月祠若月祠（師古曰中讀曰仲此四時之仲月皆祠之）陳寶節來一祠春夏用騂秋冬用駵（師古曰騂純赤色也音先營反）時駒四匹（師古曰每時用駒四匹而春秋異色）木禺龍一駟（李奇曰禺寄也寄生龍形於木也師古曰一駟亦四龍也）木禺車馬一駟各如其帝色黃犢羔各四圭幣各有數皆生瘞埋無俎豆之具三年一郊秦以十月爲歲首故常以十月上宿郊見（李奇曰上宿上旬也）通權火（張晏曰權火烽火也狀若井挈皋矣其法類稱故謂之權火欲令光明遠照通於祀所也漢祀五時於雍五十里一烽火如淳曰權舉也師古曰凡祭祀通舉火者或以天子不親至祠所而望拜或以衆祠各處欲其一時薦饗宜知早晏故以火爲之節度也它皆類此）拜於咸陽之旁而衣上白其用如經祠云（服虔曰經常也）西時（田）畦時祠如其故上不親往諸此祠皆大祝常主以歲時奉祠之至如它名山川諸神及八神之屬上過則祠去則已郡縣遠方祠者民各自

奉祠不領於天子之祝官祝官有祕祝即有災祥輒祝祠移過於下漢興高祖初起殺大蛇有物曰蛇白帝子而殺者赤帝子（師古曰物謂鬼神也）及高祖禱豐枌榆社（鄭氏曰枌榆鄉名也社在枌榆晉灼曰枌白榆也社在豐東北十五里師古曰以此樹爲社神因立名也枌音符云反）徇沛爲沛公則祀蚩尤釁鼓旗遂以十月至霸上立爲漢王因以十月爲年首色上赤二年東擊項籍而還入關問故秦時上帝祠何帝也對曰四帝有白青黃赤帝之祠高祖曰吾聞天有五帝而四何也莫知其說於是高祖曰吾知之矣迺待我而具五也迺立黑帝祠名曰北時有司進祠上不親往悉召故秦祀官復置大祝大宰如其故儀禮因令縣爲公社（李奇曰猶官社）下詔曰吾甚重祠而敬祭今上帝之祭及山川諸神當祠者各以其時禮祠之如故後四歲天下已定詔御史令豐治枌榆社常以時春以羊彘祠之令祝立蚩尤之祠於長安置祠祀官女巫其梁巫祠天地天社天水房中堂上之屬晉巫祠五帝東君雲中君巫社巫祠族人炊之屬（服虔曰東君以下皆神名也師古曰東君日也雲中君謂雲神也巫社巫祠皆古巫之神也族人炊古主炊母之神也炊謂饎爨也）秦巫祠社主巫保族纍之屬（師古曰杜主即上所云五杜主保族纍二神名纍音力追反）荆巫祠堂下巫先司命施糜之屬（師古曰堂下在堂之下巫先巫之最先者也司命說者云

文昌第四星也施糜其先常施設糜鬻者也九天巫祠九天師古曰九天者謂中央鈞天東方蒼天東北旻天北方玄天西北幽天西方浩天西南朱天南方炎天東南陽天也其說見淮南子一說云東方旻天東南陽天南方赤天西南朱天西方成天西北幽天北方玄天東北鸞天中央鈞天也皆以歲時祠宮中其河巫祠河於臨晉而南山巫祠南山秦中秦中者二世皇帝也張晏曰以其彊死魂魄為厲故祠之成帝時匡衡奏罷之各有時日其後二歲或言曰周興而邑立后稷之祠師古曰以其有播種之功故令天下諸邑皆祠之至今血食天下師古曰祭有牲牢故言血食徧天下也於是高祖制詔御史其令天下立靈星祠張晏曰龍星左角曰天田則農祥也晨見而祭之常以歲時祠以牛高祖十年春有司請令縣常以春二月及臘祠稷以羊彘民里社各自裁以祠師古曰隨其祠具之豐儉也制曰可

文帝即位十三年下詔曰祕祝之官移過於下朕甚弗取其除之始名山大川在諸侯諸侯祝各自奉祠天子官不領及齊淮南國廢令大祝盡以歲時致禮如故明年以歲比登師古曰年穀頻孰也詔有司增雍五時路車各一乘駕被具師古曰駕車被馬之飾皆具也被音皮義反下亦同西時畦時寓車各一乘寓馬四匹駕被具河湫漢水玉加二及諸祀皆廣壇場圭幣俎豆以差加之魯人公孫臣上書曰始秦得水德及漢受之推終始傳鄭氏曰音亭傳師古曰音張戀反謂轉次之則漢當土德土德之應黃龍見宜改正朔服色上黃時丞相張蒼好律歷以為漢迺

水德之時河決金隄其符也年始冬十月色外黑內赤服虔曰十月陰氣在外故外黑陽氣尚伏在地故內赤也或曰十月百草外黑內赤也與德相應公孫臣言非是罷之明年黃龍見成紀師古曰天水之縣也文帝召公孫臣拜為博士與諸生申明土德草改歷服色事師古曰草謂創造之後例皆同也其夏下詔曰有異物之神見于成紀毋害於民歲以有年朕幾郊祀上帝諸神師古曰幾讀曰冀禮官議毋諱以朕勞師古曰無諱以朕為勞自言不以為勞也晉灼曰諱忌難也有司皆曰古者天子夏親郊祀上帝於郊故曰郊師古曰邑外謂之郊於是夏四月文帝始幸雍郊見五時祠衣皆上赤趙人新垣平以望氣見上言長安東北

有神氣成五采若人冠絻焉或曰東北神明之舍西方神明之墓也張晏曰神明日也日出東北舍謂陽谷日沒於西故曰墓墓濛谷也師古曰此說非也蓋總言凡神明以東北為居西方為冢墓之所故立廟於渭陽者也天瑞下宜立祠上帝以合符應於是作渭陽五帝廟同宇師古曰宇謂屋之覆也言同一屋之下而別為五廟各立門室也廟記云五帝廟在長安東北也帝一殿面五門各如其帝色祠所用及儀亦如雍五時明年夏四月文帝親拜霸渭之會如淳曰二水之合也以郊見渭陽五帝五帝廟臨渭其北穿蒲池溝水師古曰蒲池為池而種蒲蒲字或作滿言其水滿也權火舉而祠若光煇然屬天焉師古曰屬聯也音之欲反於是貴平至上大夫賜累千金而使博士諸生刺六經中作王制師古曰刺采取之也音千賜反

謀議巡狩封禪事文帝出長門（如淳曰亭名也）若見五人於道北遂因其直立五帝壇（鄭氏曰因其所立處以立祠也師古曰直猶當也當其處）祠以五牢其明年平使人持玉杯上書闕下獻之平言上曰闕下有寶玉氣來者已視之果有獻玉杯者刻曰人主延壽平又言臣候日再中居頃之日卻復中於是始更以十七年為元年令天下大酺平言曰周鼎亡在泗水中今河決通於泗臣望東北汾陰直有金寶氣（師古曰汾陰直謂正當汾陰也）意周鼎其出乎兆見不迎則不至於是上使使治廟汾陰南臨河欲祠出周鼎人有上書告平所言皆詐也下吏治

誅夷平（師古曰夷者平也謂盡平除其家室宗族）是後文帝怠於改正服鬼神之事（師古曰正正朔也服服色也正音之成反）而渭陽長門五帝使祠官領以時致禮不往焉明年匈奴數入邊（師古曰數音所角反）興兵守禦後歲少不登數歲而孝景即位十六年祠官各以歲時祠如故無有所興武帝初即位尤敬鬼神之祀漢興已六十餘歲矣天下艾安（師古曰艾讀曰乂乂治也漢書皆以艾為乂其義類此也）縉紳之屬皆望天子封禪改正度也（師古曰正亦正朔度度量也服色度量互言之耳）而上鄉儒術（師古曰鄉讀曰嚮也）招賢良趙綰王臧等以文學為公卿欲議古立明堂城南以朝諸侯草巡狩封禪改曆服色事未就（師古曰就成也）竇太后不好儒術使人微伺趙綰等姦利事按綰臧綰臧自殺諸所興為皆廢六年竇太后崩其明年徵文學之士明年上初至雍郊見五時後常三歲一郊見是時上求神君舍之上林中磃氏館（如淳曰磃音蹏鄭氏曰音斯師古曰鄭音是其字從石從虒）神君者長陵女子以乳死見神於先後宛若（孟康曰產乳而死也兄弟妻相謂先後宛若字也師古曰先音蘇見反後音胡構反古謂之娣姒今關中俗呼為先後吳楚俗呼之為妯娌音軸里）宛若祠之其室民多往祠平原君亦往祠其後子孫以尊顯（應劭曰平原君武帝外祖母也）及上即位則厚禮置祠之內中聞其言不見其人云是時李少君亦以祠竈穀道卻老方見上（如淳曰祠竈可以致福李奇曰穀道辟穀不食之道也）上尊

之少君者故深澤侯人主方（如淳曰侯家人主方藥也）匿其年及所生長（師古曰生長謂其郡縣所屬及居止處）常自謂七十能使物卻老（如淳曰物謂鬼物也）其游以方徧諸侯無妻子人聞其能使物及不死更餽遺之（師古曰更音工衡反）常餘金錢衣食人皆以為不治產業而饒給（師古曰給足也）又不知其何所人愈信爭事之少君資好方善為巧發奇中（如淳曰時時發言有所中師古曰中音竹仲反）常從武安侯宴坐中有年九十餘老人少君迺言與其大父游射處老人為兒從其大父識其處（師古曰識記也音式志反）一坐盡驚少君見上上有故銅器問少君少君曰此器齊桓公十年陳於柏寢（臣瓚曰晏子書柏寢臺名也師古曰

以柏木爲寢室於臺之上已而案其刻果齊桓公器師古曰刻謂器上所銘記一宮
盡駭以爲少君神數百歲人也少君言上祠竈皆
可致物師古曰物亦謂鬼物致物而丹沙可化爲黃金黃金成
以爲飲食器則益壽益壽而海中蓬萊僊者迺可
見之以封禪則不死黃帝是也臣嘗游海上見安
期生服虔曰古之眞人也師古曰列仙傳云安期生瑯邪人賣藥東海邊時人皆言千歲也安期生食巨
棗大如瓜師古曰食讀曰飤安期生僊者通蓬萊中合則見
人不合則隱師古曰合謂道相合於是天子始親祠竈遣方士
入海求蓬萊安期生之屬而事化丹沙諸藥齊爲
黃金矣師古曰齊藥之分齊也音才計反久之少君病死天子以爲化

去不死也使黃錘史寬舒受其方孟康曰二人皆方士也師古曰錘音直垂反
而海上燕齊怪迂之方士多更來言神事矣師古曰更音工衡反
亳人謬忌奏祠泰一方如淳曰亳亦薄也下所謂薄忌也晉灼曰濟陰薄縣人也
曰天神貴者泰一泰一佐曰五帝師古曰謂青帝靈威仰赤帝赤熛怒白帝白招矩黑帝叶光紀黃帝含樞紐也一說蒼帝名靈符赤帝名文祖白帝名顯紀黑帝名玄矩黃帝名神斗古者天子
以春秋祭泰一東南郊日一太牢七日師古曰每日以一太牢凡七日
祭也爲壇開八通之鬼道於是天子令太祝立其祠
長安城東南郊常奉祠如忌方其後人上書言古
者天子三年一用太牢祠三一天一地一泰一天
子許之令太祝領祠之於忌泰一壇上如其方後

人復有言古天子常以春解祠祠黃帝用一梟破
鏡張晏曰黃帝五帝之首也歲之始也梟惡逆之鳥方士虛誕云以歲始祓除凶災令神仙之帝食惡逆之物使天下爲逆者破滅訖竟無有遺育也孟康曰梟鳥名食母破鏡獸名食父黃帝欲絕其類使百吏祠皆用之破鏡如貙而虎眼如淳曰漢使東郡送梟五月五日作梟羹以賜百官以其惡鳥故食之也師古曰解祠者謂祠祭以解罪求福冥羊用羊祠馬行用一青
牡馬泰一皐山山君用牛武夷君用乾魚陰陽使
者以一牛孟康曰陰陽之神也令祠官領之如其方而祠泰一
於忌泰一壇旁後二年郊雍獲一角獸若麃然師古曰麃鹿屬也形似麞牛尾一角音蒲交反有司曰陛下肅祗郊祀上帝報享
錫一角獸蓋麟云於是以薦五畤畤加一牛以燎
賜諸侯白金以風符應合于天也晉灼曰符瑞也臣瓚曰風示諸侯以此符瑞之應也

於是濟北王以爲天子且封禪上書獻泰山及
其旁邑天子以它縣償之常山王有罪䙴師古曰䙴與遷同也
天子封其弟眞定以續先王祀而以常山爲郡然
後五嶽皆在天子之郡明年齊人少翁以方見上
上有所幸李夫人夫人卒少翁以方蓋夜致夫人
及竈鬼之貌云天子自帷中望見焉迺拜少翁爲
文成將軍賞賜甚多以客禮禮之文成言上即欲
與神通宮室被服非象神神物不至迺作畫雲氣
車及各以勝日服虔曰甲乙五行相克之日如淳曰如火勝金用丙丁日不用庚辛也駕車辟
惡鬼又作甘泉宮中爲臺室畫天地泰一諸鬼神

而置祭具以致天神居歲餘其方益衰神不至迺
帛書以飯牛師古曰謂雜草以飯牛也音扶晚反陽不知言此牛腹中有
奇殺視得書書言甚怪天子識其手師古曰手謂所書手跡問
之果為書於是誅文成將軍隱之其後又作柏梁
銅柱承露僊人掌之屬矣蘇林曰仙人以手掌擎盤承甘露師古曰三輔故事云建章宮
承露盤高二十丈大七圍以銅為之上有仙人掌承露和玉屑飲之蓋張衡西京賦所云立修莖之仙掌承雲表之清露屑瓊蘂以朝餐必性
命之可度也文成死明年天子病鼎湖甚晉灼曰黃圖宮名在京兆地理志湖本在
京兆後分屬弘農也巫醫無所不致游水發根言上郡有巫病
而鬼下之服虔曰游水縣名發根人姓名晉灼曰地理志游水水名在臨淮淮浦也師古曰二說皆非也游水姓也發根
名也蓋因水為姓也本嘗遇病而鬼下之故為巫也上召置祠之甘泉及病使人問

神君神君言曰天子無憂病病少瘉強與我會甘
泉於是上病瘉遂起幸甘泉病良已孟康曰良已善已謂瘉也大
赦置壽宮神君孟康曰更立此宮也臣瓚曰壽宮奉神之宮也楚辭曰蹇將憺兮壽宮也神君最
貴者曰太一其佐曰太禁司命之屬皆從之非可
得見聞其言言與人音等時去時來來則風肅然
居室帷中時晝言然常以夜天子祓然後入孟康曰崇絜自
除祓然後入也師古曰祓音廢勿反因巫為主人關飲食所欲言行下李奇曰神所欲
言上輒為下之也晉灼曰神君所言行下於巫師古曰晉說是也又置壽宮北宮張羽旗設
共具師古曰共讀曰供音居用反以禮神君神君所言上使受書其
名曰畫法孟康曰策畫之法也其所言世俗之所知也無絕殊

者而天子心獨喜其事祕世莫知也師古曰喜讀曰憙喜好也音許吏反
後三年言元宜以天瑞不宜以一二數蘇林曰得諸瑞以名年
一元曰建蘇林曰建元元年是二元以長星曰光蘇林曰以有長星之光故曰元光元
年今郊得一角獸曰狩云如淳曰改元狩元年其明年天子郊
雍曰今上帝朕親郊而后土無祀則禮不荅也師古
曰荅對也郊天而不祀地失對偶之義一曰闕地祇之祀故不為神所荅應也有司與太史令談祠官
寬舒議師古曰談即司馬談也天地牲角繭栗師古曰牛角之形或如繭或如栗言其小
今陛下親祠后土后土宜於澤中圜丘為五壇壇
一黃犢牢具已祠盡瘞而從祠衣上黃師古曰侍祠之人皆著黃衣也
於是天子東幸汾陰汾陰男子公孫滂洋等見汾

旁有光如絳師古曰滂音普郎反洋音羊也上遂立后土祠於汾陰
脽上師古曰脽音誰解在武紀如寬舒等議上親望拜如上帝禮
禮畢天子遂至滎陽還過雒陽下詔封周後令奉
其祀語在武紀上始巡幸郡縣寖尋於泰山矣鄭氏
曰寖尋用也晉灼曰尋遂往之意也師古曰二說皆非也寖漸也尋就也其春樂成侯登上書言
欒大欒大膠東宮人服虔曰王家人故嘗與文成將軍同
師已而為膠東王尚方師古曰主方藥而樂成侯姊為康王
后孟康曰膠東王后也無子王死它姬子立為王而康后有淫
行與王不相中相危以法師古曰不相可也相危以法謂以罪法相欲傾危也中音竹仲反
康后聞文成死而欲自媚於上乃遣欒大入因樂

成侯求見言方師古曰言神仙之方天子既誅文成後悔其方
不盡及見欒大大說師古曰說讀曰悅也大為人長美言師古曰善為甘
美之言也多方略而敢為大言處之不疑大言曰臣常往
來海中見安期羨門之屬顧以臣為賤不信臣師古
曰顧念也又以為康王諸侯耳不足與方臣數以言康王
康王又不用臣臣之師曰黃金可成而河決可塞
不死之藥可得僊人可致也然臣恐効文成則方
士皆掩口惡敢言方哉師古曰惡音烏謂於何也上曰文成食馬
肝死耳子誠能修其方我何愛乎大曰臣師非有
求人人者求之陛下必欲致之則貴其使者令為

親屬以客禮待之勿卑使各佩其印迺可使通言
於神人神人尚肯邪不邪尊其使然後可致也於
是上使驗小方鬭棊棊自相觸擊是時上方憂河
決而黃金不就師古曰鑄黃金不成迺拜大為五利將軍居月
餘得四印得天士將軍地士將軍大通將軍印制
詔御史昔禹跡九河決四瀆閒者河溢皋陸隄繇
不息師古曰皋水旁地廣平曰陸言水汎溢自皋及陸而築作隄防繇役甚多不暇休息朕臨天下二十
有八年天若遺朕士而大通焉乾稱飛龍鴻漸于
般孟康曰般水涯堆也漸進也武帝云得欒大如鴻進於般一與千里得道若飛龍在天師古曰飛龍在天乾卦九五爻辭也鴻漸于般漸
卦六二爻辭也般山石之安者朕意庶幾與焉師古曰與讀曰豫其以二千戶封

地士將軍大為樂通侯賜列侯甲第童千人乘輿
斥車馬帷帳器物以充其家師古曰斥不用者也又以衛長公
主妻之孟康曰衛太子妹如淳曰衛太子姊也師古曰外戚傳云子夫生三女元朔三年生男據是則太子之姊也孟說非也
齎金十萬斤更名其邑曰當利公主天子親如五
利之第使者存問共給相屬於道師古曰共讀曰供屬及也音之欲反自
大主將相以下皆置酒其家韋昭曰大主武帝姑竇太后之女也獻遺之
天子又刻玉印曰天道將軍使使衣羽衣夜立白
茅上五利將軍亦衣羽衣立白茅上受印以視不
臣也師古曰羽衣以鳥羽為衣取其神仙飛翔之意也視讀曰示也而佩天道者且為天
子道天神也師古曰為音于偽反道讀曰導於是五利常夜祠其

家欲以下神後裝治行東入海求其師云大見數
月佩六印貴震天下而海上燕齊之閒莫不搤擊
師古曰搤捉持也擊古手腕之字也搤音厄而自言有禁方能神僊矣其夏六
月汾陰巫錦應劭曰錦巫名為民祠魏脽后土營旁應劭曰魏故魏國也
師古曰汾脽本魏地之墳故云魏脽也營謂祠之兆域也見地如鉤狀掊視得鼎師古曰掊
謂手把土也音蒲溝反把音蒲巴反其字從木鼎大異於衆鼎文鏤無款識韋昭曰款
刻也師古曰識記也音式志反其下美陽鼎亦同也怪之言吏吏告河東太守勝勝
以聞天子使驗問巫得鼎無姦詐迺以禮祠迎鼎
至甘泉從上行薦之如淳曰以鼎從行上甘泉將薦之於天師古曰上音時掌反至中
山晏溫如淳曰三輔謂日出清濟為晏晏而溫乃有黃雲故為異也師古曰中讀曰仲即今雲陽之中山也下云合兹中山亦同

也有黃雲焉有鹿過上自射之因之以祭云至長安公卿大夫皆議尊寶鼎天子曰間者河溢歲數不登故巡祭后土祈為百姓育穀今年豐𥝩未報鼎曷為出哉 師古曰𥝩美也言稼穡美也未報者獲年豐而未報賽也一曰𥝩祈穀而未獲年豐之報也其下張敞引此詔文云穀嗛未報嗛者少也 有司皆言聞昔泰帝興神鼎一 師古曰泰帝即泰昊伏羲氏也 一者壹統天地萬物所繫象也黃帝作寶鼎三象天地人禹收九牧之金 師古曰九牧九州之牧也 鑄九鼎象九州皆嘗鬺亨上帝鬼神 服虔曰以亨祀上帝也師古曰鬺亨煮而祀也韓詩采蘋曰于以鬺之維錡及釜亨音普庚反 其空足曰鬲 蘇林曰鬲音歷是中空不實者名曰鬲也 以象三德 如淳曰鼎有三足故也三德三正之德師古曰如說非也三德一曰正直二曰剛克三曰柔克事見周書洪範 饗承天祜

師古曰祜福也音怙 夏德衰鼎遷于殷殷德衰鼎遷于周周德衰鼎遷于秦秦德衰宋之社亡鼎迺淪伏而不見周頌曰自堂徂基自羊徂牛鼐鼎及鼒不吳不敖胡考之休 師古曰周頌絲衣之詩基門塾之基鼐鼎絕大者謂之鼐鼎圜弇上謂之鼒吳讙譁也敖慢也考壽也休美也言執祭事者或升堂室或之門塾視羊牛之牲及舉大小之鼎告其絜絜神降之福故獲壽考之美曰何壽之美者歎之言也鼐音乃代反鼒音玆敖讀曰傲 今鼎至甘泉以光潤龍變承休無疆合玆中山有黃白雲降 師古曰言鼎至甘泉之後光潤變見若龍之神能幽明能小大乘此休福無窮竟也有黃白雲降與初至仲山黃雲之瑞相合也 蓋若獸之為符 服虔曰雲若獸在車蓋也晉灼曰蓋辭也符謂應也師古曰二說非也蓋發語辭也言甘泉之雲又若獸形以為符瑞也 路弓乘矢集獲壇下 李奇曰宜言盧弓韋昭曰路大也四矢曰乘師古曰韋說是也又於壇下獲弓矢之應 報祠大享唯受命而

帝者心知其意而合德焉 服虔曰高祖受命知之宜見鼎於其廟也師古曰合德謂與天合德 鼎宜視宗禰廟臧於帝庭以合明應 師古曰視讀曰示宗謂先帝有德可尊者也禰父廟也帝庭甘泉天神之庭 制曰可入海求蓬萊者言蓬萊不遠而不能至者殆不見其氣上迺遣望氣佐候其氣云其秋上雍且郊 師古曰雍地形高故云上也音時掌反 或曰五帝泰一之佐也宜立泰一而上親郊之上疑未定齊人公孫卿曰今年得寶鼎其冬辛巳朔旦冬至與黃帝時等 師古曰等同也 卿有札書 師古曰札木簡之薄小者也 曰黃帝得寶鼎冕侯問於鬼臾區 師古曰鬼臾區黃帝臣也藝文志鬼容區而此志作臾區臾容聲相近蓋一也今流俗書本臾字作申非也 鬼臾區對曰黃帝得寶鼎神策是歲

己酉朔旦冬至得天之紀終而復始於是黃帝迎日推策 晉灼曰迎數之也臣瓚曰日月朔望未來而推之故曰迎日 後率二十歲復朔旦冬至凡二十推三百八十年黃帝僊登于天卿因所忠欲奏之 師古曰所忠人姓名也解在食貨志 所忠視其書不經 師古曰不合經典也 疑其妄言謝曰寶鼎事已決矣尚何以為 師古曰謂不須更言之 卿因嬖人奏之上大說 師古曰說讀曰悅 迺召問卿對曰受此書申公申公已死上曰申公何人也卿曰齊人與安期生通受黃帝言無書獨有此鼎書曰漢興復當黃帝之時曰漢之聖者在高祖之孫且曾孫也寶鼎出而與神通封禪封禪七十二王唯黃

帝得上泰山封申公曰漢帝亦當上封上封則能僊登天矣黃帝萬諸侯而神靈之封君七千應劭曰黃帝時諸侯會封禪者七千人也李奇曰說仙道得封者七千國也張晏曰神靈之封謂山川之守也師古曰張說是也山川之守謂主山川之神令王祭祀也即國語所云汪芒氏之君守封嵎之山也天下名山八而三在蠻夷五在中國中國華山首山大室山泰山東萊山此五山黃帝之所常游與神會黃帝且戰且學僊患百姓非其道迺斷斬非鬼神者百餘歲然後得與神通黃帝郊雍上帝宿三月鬼臾區號大鴻死葬雍故鴻冢是也蘇林曰今雍有鴻冢其後黃帝接萬靈明庭明廷者甘泉也所謂寒門者谷口也服虔曰黃帝升仙之處也師古曰谷口仲山之谷口也漢

時為縣令呼之治谷是也以仲山之北寒涼故謂此谷為寒門也黃帝采首山銅鑄鼎於荊山下晉灼曰地理志首山屬河東蒲反荊山在馮翊懷德縣也鼎既成有龍垂胡頿下迎黃帝師古曰胡謂頸下垂肉也頿其毛也音人占反黃帝上騎羣臣後宮從上龍七十餘人龍迺上去餘小臣不得上迺悉持龍頿龍頿拔墮黃帝之弓百姓卬望師古曰卬讀曰仰也黃帝既上天乃抱其弓與龍頿號故後世因名其處曰鼎湖其弓曰烏號於是天子曰嗟乎誠得如黃帝吾視去妻子如脫屣耳師古曰屣小履脫屣者言其便易無所顧也屣音山爾反拜卿為郎使東候神於太室上遂郊雍至隴西登空桐幸甘泉令祠官寬舒等具泰一祠壇祠壇放毫

忌泰一壇三陔師古曰陔重也三陔三重壇也音該五帝壇環居其下各如其方黃帝西南除八通鬼道服虔曰坤位在未黃帝從土位泰一所用如雍一時物而加醴棗脯之屬殺一犛牛李奇曰音貍師古曰西南夷長髦之牛也犛一音茅以為俎豆牢具而五帝獨有俎豆醴進師古曰具俎豆酒醴而進之一曰進謂雜物之具所以加禮也其下四方地為餟食羣神從者及北斗云師古曰餟字與餟同謂聯續而祭也音竹芮反食讀曰飤已祠胙餘皆燎之師古曰胙謂祭餘酒肉也其牛色白白鹿居其中彘在鹿中鹿中水而酒之服虔曰水玄酒酒眞酒也晉灼曰此言合牲物而燎之也師古曰言以白鹿內牛中以彘內鹿中又以水及酒合內鹿中祭日以牛祭月以羊彘特師古曰若牛若羊若彘止一牲也泰一祝宰則衣紫及繡五帝各如其色日赤

月白十一月辛巳朔旦冬至昒爽師古曰昒爽謂日尚冥蓋未明之時也昒音忽天子始郊拜泰一朝朝日夕夕月師古曰以朝旦拜日為朝下朝音丈昭反則揖而見泰一如雍郊禮其贊饗曰天始以寶鼎神策授皇帝朔而又朔終而復始皇帝敬拜見焉師古曰贊饗謂祝辭而衣上黃其祠列火滿壇壇旁亨炊具有司云祠上有光公卿言皇帝始郊見泰一雲陽有司奉瑄玉孟康曰璧大六寸謂之瑄嘉牲薦饗師古曰漢舊儀云祭天養牛五歲至三千斤也是夜有美光及晝黃氣上屬天師古曰屬音之欲反大史令談祠官寬舒等曰神靈之休祐福兆祥宜因此地光域立泰時壇以明應師古曰明著美光及黃氣之祥應令大祝領

秋及臘閒祠三歲天子壹郊見其秋為伐南越告
禱泰一以牡荊畫幡日月北斗登龍以象大一三
星為泰一鋒李奇曰牡荊作幡柄也如淳曰牡荊荊之無子者皆絜齋之道晉灼曰牡節閒不相當也月暈刻之為券以畏病者天文志天極星其一明者大一也旁三星三公也畫一星在後三星在前為泰一鋒也師古曰李晉二說是也以牡荊為幡竿而畫幡為日月龍及星命曰靈旗為兵禱則大史奉以指所伐
國而五利將軍使不敢入海之泰山祠上使人隨
驗實無所見五利妄言見其師其方盡多不讎師古曰讎應當也不讎無驗也
上迺誅五利其冬公孫卿候神河南言見
僊人迹緱氏城上有物如雉往來城上天子親幸
緱氏視迹問卿得毋効文成五利乎卿曰僊者非

有求人主人主者求之其道非少寬暇神不來言
神事如迂誕師古曰迂回遠也誕大言也積以歲迺可致於是郡國
各除道繕治宮館名山神祠所以望幸矣其春既
滅南越嬖臣李延年以好音見上善之下公卿議
曰民閒祠有鼓舞樂今郊祀而無樂豈稱乎公卿
曰古者祠天地皆有樂而神祇可得而禮或曰泰
帝使素女鼓五十絃瑟悲帝禁不止師古曰泰帝亦謂泰昊也不止謂不能自止也故破其瑟為二十五絃於是塞南越禱祠泰一
后土始用樂舞益召歌兒師古曰益多也作二十五絃及空
侯瑟自此起蘇林曰作空侯與瑟其來年冬上議曰古者先振

兵釋旅然後封禪迺遂北巡朔方勒兵十餘萬騎
還祭黃帝冢橋山釋兵涼如李奇曰地名也上曰吾聞黃帝
不死有冢何也或對曰黃帝以僊上天羣臣葬其
衣冠既至甘泉為且用事泰山先類祠泰一師古曰且猶將也類祠謂以事類而祭之
自得寶鼎上與公卿諸生議封禪封禪
用希曠絕莫知其儀體而羣儒采封禪尚書周官
王制之望祀射牛事師古曰天子有事宗廟必自射牲示親殺也事見國語也齊人丁
公年九十餘曰封禪者古不死之名也秦始皇不
得上封陛下必欲上稍上師古曰稍漸也即無風雨遂上封
矣上於是迺令諸儒習射牛草封禪儀數年至且

行天子既聞公孫卿及方士之言黃帝以上封禪
皆致怪物與神通欲放黃帝師古曰放依也音甫往反以接神人
蓬萊高世比德於九皇張晏曰三皇之前有人皇九首韋昭曰上古有人皇者九人師古曰韋說是也而頗采儒術以文之羣儒既已不能辯明封禪
事又拘於詩書古文而不敢聘上為封祠器視羣
儒師古曰視讀曰示羣儒或曰不與古同徐偃又曰大常諸
生行禮不如魯善師古曰徐偃博士姓名周霸屬圖封事服虔曰屬會也會諸儒圖封事也師古曰周霸亦人姓名也屬音之欲反於是上黜偃霸而盡罷諸儒
弗用三月迺東幸緱氏禮登中嶽大室從官在山
上聞若有言萬歲云問上上不言問下下不言迺

令祠官加增太室祠禁毋伐其山木以山下戶凡
二百封崈高爲之奉邑師古曰崈古崇字耳以崇奉嵩高之山故謂之崈高奉邑奉音扶用
反獨給祠復無有所與師古曰復音方目反與讀曰豫上因東上泰山
如淳曰言易上也泰山從南面直上步道三十里車道百里泰山草木未生迺令人上石
立之泰山顛師古曰從山下轉石而上也上遂東巡海上行禮祠八
神齊人之上疏言神怪奇方者以萬數迺益發船
令言海中神山者數千人求蓬萊神人公孫卿持
節常先行候名山至東萊言夜見大人長數丈就
之則不見見其迹甚大類禽獸云羣臣有言見一
老父牽狗言吾欲見鉅公鄭氏曰天子也張晏曰天子爲天下父故曰鉅公也師古曰鉅大也

已忽不見上既見大迹未信及羣臣又言老父則
大以爲僊人也宿留海上師古曰宿留謂有所須待也宿音先就反留音力就反它皆類
此與方士傳車師古曰傳音張戀反及閒使求神僊人以千數
師古曰閒微也隨閒隙而行也四月還至奉高上念諸儒及方士言封
禪人殊不經難施行師古曰人人殊異又不合經故難以施行天子至梁父
禮祠地主至乙卯令侍中儒者皮弁縉紳射牛行
事封泰山下東方如郊祠泰一之禮封廣丈二尺
高九尺其下則有玉牒書書祕禮畢天子獨與侍
中奉車子侯上泰山服虔曰子侯霍去病子也亦有封其事皆禁
明日下陰道丙辰禪泰山下阯東北肅然山師古曰阯者山

之基足音止如祭后土禮天子皆親拜見衣上黃而盡用
樂焉江淮閒一茅三脊爲神藉五色土益雜封縱
遠方奇獸飛禽及白雉諸物頗以加祠兕牛象犀
之屬不用皆至泰山然後去封禪祠其夜若有光
晝有白雲出封中師古曰雲出於所封之中天子從禪還坐明堂
羣臣更上壽師古曰更互也音工衡反下詔改元封元年語在武
紀又曰古者天子五載一巡狩用事泰山諸侯有
朝宿地其令諸侯各治邸泰山下天子既已封泰
山無風雨而方士更言蓬萊諸神師古曰更音工衡反若將可
得於是上欣然庶幾遇之復東至海上望焉奉車

子侯暴病一日死上迺遂去並海上師古曰並音步浪反上音時掌反
北至碣石巡自遼西歷北邊至九原五月迺至甘
泉周萬八千里云其秋有星孛于東井後十餘日
有星孛于三能師古曰能讀曰台望氣王朔言候獨見填星
出如瓜食頃復入有司皆曰陛下建漢家封禪天
其報德星云師古曰德星即填星也言天以德星報於帝其來年冬郊雍五
帝還拜祝祠泰一師古曰拜而祠之加祝辭贊饗曰德星昭衍厥
維休祥師古曰昭明衍大休美也壽星仍出淵燿光明信星昭見
皇帝敬拜泰祝之享其春公孫卿言見神人東萊
山若云欲見天子天子於是幸緱氏城拜卿爲中

大夫遂至東萊宿留之數日毋所見見大人迹云復遣方士求神人采藥以千數是歲旱天子既出亡名迺禱萬里沙應劭曰萬里沙神祠也在東萊曲城如淳曰故禱萬里沙以爲名也過祠泰山鄭氏曰泰山東自復有小泰山臣瓚曰即今之泰山也師古曰瓚說是也還至瓠子自臨塞決河留二日湛祠而去師古曰湛讀曰沈謂沈祭具於水中也爾雅曰祭川曰浮沈

郊祀志第五上

[seal]

郊祀志卷第五下　班固　漢書二十五

秘書監上護軍琅邪縣開國子顏　師古　注

是時既滅兩粤粤人勇之乃言粤人俗鬼（師古曰勇之越人名也俗鬼言其土俗尚鬼神之事）而其祠皆見鬼數有効昔東甌王敬鬼壽百六十歲後世怠嫚故衰耗（師古曰耗減也音火到反）迺命粤巫立粤祝祠安臺無壇亦祠天神帝百鬼（師古曰天帝之神及百鬼）而以雞卜（李奇曰持雞骨卜如鼠卜）上信之粤祠雞卜自此始用（師古曰言國家始用）公孫卿曰僊人可見上往常遽以故不見（師古曰遽速也音其庶反）今陛下可爲館如緱氏城（師古曰依其制度也）置脯棗神人宜可致且僊人好樓居於是令長安則作飛廉桂館（師古曰飛廉館及桂館二名也）甘泉則作益壽延壽館（師古曰益壽延壽亦二館）使卿持節設具而候神人迺作通天臺置祠具其下將招來神僊之屬（師古曰漢舊儀云臺高三十丈望見長安城）於是甘泉更置前殿始廣諸宮室夏有芝生甘泉殿房內中天子爲塞河興通天若有光云（師古曰爲塞河及造通天臺而有神光之應欲赦天下也）迺下詔甘泉房中生芝九莖赦天下毋令復作其明年伐朝鮮夏旱公孫卿曰黃帝時封則天旱乾封三年（師古曰三歲不雨暴所封之土令乾也）上迺下詔天旱意乾封乎（鄭氏曰言適新封則數天旱欲乾我所封乎）其令天下尊祠靈星焉明年上郊雍五畤通回中道遂北出蕭關歷獨

鹿鳴澤（師古曰解並在武紀）自西河歸幸河東祠后土明年冬上巡南郡至江陵而東登禮灊之天柱山號曰南嶽（師古曰灊廬江縣也天柱山在焉武帝以天柱山爲南嶽灊音潛）浮江自尋陽出樅陽（師古曰樅音千庸反）過彭蠡禮其名山川北至琅邪並海上（師古曰並音步浪反上音時掌反）四月至奉高修封焉初天子封泰山泰山東北阯古時有明堂處處險不敞（師古曰言其阻阨不顯敞）上欲治明堂奉高旁未曉其制度濟南人公玉帶上黃帝時明堂圖（師古曰公玉姓也帶名也呂氏春秋齊有公玉丹此蓋其舊族而說者讀公玉爲宿非也單姓王者後漢司徒王況自音宿耳）明堂中有一殿四面無壁以茅蓋通水圜宮垣（師古曰圜繞也）爲復道上有樓從西南入（師古曰復讀曰複也）名曰昆侖天子從之入以拜祀上帝焉於是上令奉高作明堂汶上如帶圖（師古曰汶水名也出琅邪朱虛作明堂於汶水之上也帶圖公玉帶所上明堂圖汶音問）及是歲修封則祠泰一五帝於明堂上坐（師古曰坐音才卧反）合高皇帝祠坐對之（服虔曰漢是時未以高祖配天故言對光武以來乃配之）祠后土於下房以二十太牢天子從昆侖道入始拜明堂如郊禮畢尞堂下而上（師古曰尞古燎字也）又上泰山自有祕祠其顛而泰山下祠五帝各如其方黃帝并赤帝所（師古曰與赤帝同處）有司侍祠焉山上舉火下悉應之還幸甘泉郊泰畤春幸汾陰祠后土明年幸泰山以十一月甲子朔旦冬至日祀上帝於明堂

毋修封其贊饗曰天增授皇帝泰元神策周而復始皇帝敬拜泰一師古曰自此以上贊祝者辭東至海上考入海及方士求神者莫驗然益遣幾遇之師古曰益多也幾讀曰冀言更遣人求之冀必遇也乙酉柏梁災十二月甲午朔上親禪高里師古曰高里山名解在武紀也祠后土臨勃海將呂望祀蓬萊之屬幾至殊庭焉師古曰殊庭蓬萊中仙人庭也幾讀曰冀上還以柏梁災故受計甘泉公孫卿曰黃帝就青靈臺十二日燒師古曰就成也造臺適成經十二日即遇火燒黃帝乃治明庭明庭甘泉也方士多言古帝王有都甘泉者其後天子又朝諸侯甘泉甘泉作諸侯邸勇之迺曰粵俗有火災復起屋必以大

用勝服之於是作建章宮度為千門萬戶前殿度高未央師古曰度並音大各反其東則鳳闕高二十餘丈師古曰三輔故事云其闕圜上有銅鳳皇其西則商中數十里虎圈如淳曰商中商庭也師古曰商金也於序在秋故謂西方之庭為商庭言廣數十里於菟亦西方之獸故於此置其圈也其北治大池漸臺高二十餘丈名曰泰液師古曰漸浸也臺在池中為水所浸故曰漸臺一音子廉反三輔黃圖或為瀸字瀸亦浸耳池中有蓬萊方丈瀛州壺梁象海中神山龜魚之屬師古曰三輔故事云池北岸有石魚長三丈高五尺西岸有石龜三枚長六尺其南有玉堂璧門大鳥之屬師古曰立大鳥象也立神明臺井幹樓高五十丈輦道相屬焉師古曰漢宮闕疏云神明臺高五十丈上有九室恒置九天道士百人然則神明井幹俱高五十丈也井幹樓積木而高為樓若井幹之形也井幹者井上木欄也其形或四角或八角張衡西京賦云井幹疊而百層即謂此樓也幹或作

韓其義並同夏漢改歷以正月為歲首而色上黃官更印章以五字師古曰解在武紀也因為太初元年是歲西伐大宛蝗大起丁夫人雒陽虞初等應劭曰丁夫人其先丁復本越人封陽都侯夫人其後以詛軍為功韋昭曰丁姓夫人名也以方祠詛匈奴大宛焉明年有司言雍五時無牢孰具芬芳不備迺令祠官進時犢牢具色食所勝孟康曰若火勝金則祠赤帝以白牲也而以木寓馬代駒云及諸名山川用駒者悉以木寓馬代獨行過親祠迺用駒它禮如故明年東巡海上考神僊之屬未有驗者方士有言黃帝時為五城十二樓應劭曰昆侖玄圃五城十二樓仙人之所常居以候神人於執期鄭氏曰地名也名曰迎年師古曰迎年若云祈年上

許作之如方名曰明年師古曰言明其得延年也上親禮祠上犢黃焉公玉帶曰黃帝時雖封泰山然風后封鉅岐伯令黃帝封東泰山韋昭曰風后封鉅岐伯皆黃帝臣也臣瓚曰東泰山在琅邪朱虛界中有小泰山是禪凡山師古曰凡山在朱虛縣見地理志也合符然後不死天子既令設祠具至東泰山卑小不稱其聲迺令祠官禮之而不封焉其後令帶奉祠候神物復還泰山修五年之禮如前而加禪祠石閭石閭者在泰山下阯南方師古曰下基之南面方士言僊人閭也故上親禪焉其後五年復至泰山修封還過祭恒山自封泰山後十三歲而周徧於五嶽四瀆矣後五年復至泰山修封東

幸琅邪禮日成山登之罘浮大海用事八神延年（師古曰解並在武紀延年即上所謂迎年者）又祠神人於交門宮若有鄉坐拜者云（師古曰如有神人景象嚮祠坐而拜也事具在武紀鄉讀曰嚮）後五年上復修封于泰山東游東萊臨大海是歲雍縣無雲如靁者三（師古曰靁古雷字也空有雷聲也）或如虹氣蒼黃若飛鳥集棫陽宮南（師古曰棫音域）聲聞四百里隕石二黑如黳有司以為美祥以薦宗廟而方士之候神入海求蓬萊者終無驗公孫卿猶以大人之迹為解（師古曰言見大人之跡以自解說也）天子猶羈縻不絕（師古曰羈縻繫聯之意馬絡頭曰羈也牛靷曰縻）幾遇其真（師古曰幾讀曰冀）諸所興如薄忌泰一及三一冥羊馬行赤星五牀

寬舒之祠官（李奇曰皆祠名）以歲時致禮凡六祠皆大祝領之至如八神諸明年凡山它名祠行過則祠去則已方士所興祠各自主其人終則已祠官不主它祠皆如故甘泉泰一汾陰后土三年親郊祠而泰山五年一修封武帝凡五修封昭帝即位富於春秋未嘗親巡祭云宣帝即位由武帝正統興故立三年尊孝武廟為世宗行所巡狩郡國皆立廟告祠世宗廟日有白鶴集後庭以立世宗廟告祠孝昭寢有鴈五色集殿前西河築世宗廟神光興于殿旁有鳥如白鶴前赤後青神光又興于房中如燭狀廣川國世宗廟殿上有鍾音門戶大開夜有光殿上盡明上迺下詔赦天下時大將軍霍光輔政上共己正南面（師古曰共讀曰恭）非宗廟之祀不出十二年迺下詔曰蓋聞天子尊事天地修祀山川古今通禮也間者上帝之祠闕而不親十有餘年朕甚懼焉朕親飭躬齊戒親奉祀為百姓蒙嘉氣獲豐年焉明年正月上始幸甘泉郊見泰畤數有美祥修武帝故事盛車服敬齊祠之禮頗作詩歌其三月幸河東祠后土有神爵集改元為神爵制詔太常夫江海百川之大者也今闕焉無祠其令祠官

以禮為歲事（師古曰言每歲常祠之）以四時祠江海雒水祈為天下豐年焉自是五嶽四瀆皆有常禮東嶽泰山於博中嶽泰室於嵩高南嶽灊山於灊（師古曰灊與潛同也）西嶽華山於華陰北嶽常山於上曲陽（師古曰上曲陽常山郡之縣也）河於臨晉（師古曰馮翊之縣也臨河西岸）江於江都（師古曰廣陵之縣也）淮於平氏（師古曰南陽之縣也）濟於臨邑界中（師古曰東郡之縣也）皆使者持節侍祠唯泰山與河歲五祠江水四餘皆一禱而三祠云時南郡獲白虎獻其皮牙爪上為立祠又以方士言為隨侯劒寶玉寶璧周康寶鼎立四祠於未央宮中又祠太室山於即墨三戶山於下密（師古曰即墨下密皆

陽東之縣也 祠天封苑火井於鴻門（如淳曰地理志西河鴻門縣有天封苑火井祠火從地中出）
又立歲星辰星太白熒惑南斗祠於長安城旁
又祠參山八神於曲城（師古曰東萊之縣也）蓬山石社石鼓於
臨朐（師古曰臨朐齊郡縣也朐音劬地理志蓬山作逢山也）之罘山於腄成山於不
夜萊山於黃（應劭曰腄音甀晉灼曰腄不夜黃縣皆屬東萊師古曰腄音丈瑞反）成山祠日
萊山祠月又祠四時於琅邪蚩尤於壽良（師古曰東郡之縣也）
京師近縣鄠則有勞谷五牀山日月五帝僊人玉
女祠雲陽有徑路神祠祭休屠王也（師古曰休屠匈奴王號也徑路神本匈奴之祠也休音許虯反屠音除）
又立五龍山僊人祠及黃帝天神帝
原水凡四祠於膚施（師古曰膚施上郡之縣也）或言益州有金馬

碧雞之神（如淳曰金形似馬碧形似雞）可醮祭而致於是遣諫大夫
王褒使持節而求之大夫劉更生獻淮南枕中洪
寶苑祕之方（師古曰洪大也苑祕者言祕術之苑囿也）令尚方鑄作事不驗
更生坐論京兆尹張敞上疏諫曰願明主時忘車
馬之好斥遠方士之虛語（師古曰遠音于萬反）游心帝王之術
太平庶幾可興也後尚方待詔皆罷是時美陽得
鼎獻之（師古曰美陽扶風之縣也）下有司議多以為宜薦見宗廟
如元鼎故事張敞好古文字按鼎銘勒而上議曰
臣聞周祖始乎后稷后稷封于斄（師古曰斄讀與邰同今武功故城是）公
劉發迹於豳（師古曰今豳州是也）大王建國於郊梁（師古曰梁山在岐山之東

九嵕之西非夏陽之梁山也郊古岐字）文武興於酆鎬（師古曰酆今長安城西豐水上也鎬在昆明池北）
由此言之則郊梁豐鎬之間周舊居也固宜有宗
廟壇場祭祀之臧今鼎出于郊東中有刻書曰王
命尸臣官此栒邑（師古曰尸臣主事之臣也栒邑即豳地是也栒音荀）賜爾旂鸞黼
黻琱戈（師古曰交龍為旂鸞謂有鸞之車也黼黻冕服也琱戈刻鏤之戈也琱與彫同）尸臣拜手稽
首曰敢對揚天子丕顯休命（師古曰拜手首至於手也）臣愚不足
以迹古文（師古曰尋其文迹）竊以傳記言之此鼎殆周之所
以褒賜大臣大臣子孫刻銘其先功臧之于宮廟
也昔寶鼎之出於汾脽也河東太守以聞詔曰朕
巡祭后土祈為百姓蒙豐年（師古曰為音于偽反）今穀嗛未報

（師古曰嗛少意也言穀稼尚少未獲豐年也嗛音苦簟反）鼎焉為出哉博問耆老意舊
臧與（服虔曰言鼎豈舊臧於此地師古曰與讀曰歟也）誠欲考得事實也有司驗
脽上非舊臧處鼎大八尺一寸高三尺六寸殊異
於衆鼎今此鼎細小又有款識（師古曰款刻也識記也音式志反）不宜
薦見於宗廟制曰京兆尹議是上自幸河東之明
年正月鳳皇集祋祤（師古曰祋祤馮翊之縣也祋音丁活反又丁外反祤音況矩反）於所
集處得玉寶起步壽宮迺下詔赦天下後閒歲鳳
皇神爵甘露降集京師（師古曰閒歲隔一歲也）赦天下其冬鳳
皇集上林迺作鳳皇殿目荅嘉瑞（師古曰荅應也）明年正月
復幸甘泉郊泰畤改元曰五鳳明年幸雍祠五畤

其明年春幸河東祠后土赦天下後間歲改元爲
甘露正月上幸甘泉郊泰畤其夏黃龍見新豐建
章未央長樂宮鍾虡銅人皆生毛長一寸所（師古曰虡神獸名也縣鍾之木刻飾爲之因名曰虡也）時以爲美祥後間歲正月上郊泰
畤因朝單于於甘泉宮後間歲改元黃龍正月復
幸甘泉郊泰畤又朝單于於甘泉宮至冬而崩鳳
皇下郡國凡五十餘所元帝即位遵舊儀間歲正
月一幸甘泉郊泰畤又東至河東祠后土西至雍
祠五畤凡五奉泰畤后土之祠亦施恩澤時所過
毋出田租賜百戶牛酒（師古曰言有時如此不常然也）或賜爵赦罪

人元帝好儒貢禹韋玄成匡衡等相繼爲公卿禹
建言漢家宗廟祭祀多不應古禮上是其言後韋
玄成爲丞相議罷郡國廟自泰上皇孝惠諸園寢
廟皆罷後元帝寢疾夢神靈譴罷諸廟祠上遂復
焉後或罷或復至哀平不定語在韋玄成傳成帝
初即位丞相衡御史大夫譚（師古曰衡匡衡譚張譚）奏言帝王
之事莫大乎承天之序承天之序莫重於郊祀故
聖王盡心極慮以建其制祭天於南郊就陽之義
也瘞地於北郊即陰之象也（師古曰祭地曰瘞薶故云瘞地也即就也）天之
於天子也因其所都而各饗焉往者孝武皇帝居

甘泉宮即於雲陽立泰畤祭於宮南今行常幸長
安郊見皇天反北之泰陰祠后土反東之少陽事
與古制殊又至雲陽行谿谷中阸陝且百里汾陰
則渡大川有風波舟楫之危（師古曰楫音集其字從木）皆非聖主
所宜數乘郡縣治道共張吏民困苦（師古曰共讀曰供音居用反張音竹亮反下皆類此）百官煩費勞所保之民行危險之地（師古曰保養也）難
以奉神靈而祈福祐殆未合於承天子民之意昔
者周文武郊於豐鄗成王郊于雒邑由此觀之天
隨王者所居而饗之可見也甘泉泰畤河東后土
之祠宜可徙置長安合於古帝王願與羣臣議定

奏可大司馬車騎將軍許嘉等八人以爲所從來
久遠宜如故右將軍王商博士師丹議郎翟方進
等五十人以爲禮記曰燔柴於大壇祭天也瘞薶
於大折祭地也（韋昭曰大折謂爲壇於昭晰地也師古曰折曲也言方澤之形四曲折也）兆於南郊
所以定天位也（鄧展曰除地爲營將有形兆也）祭地於大折在北郊就
陰位也郊處各在聖王所都之南北書曰越三日
丁巳用牲于郊牛二（師古曰周書洛誥之辭）周公加牲告徙新
邑定郊禮於雒明王聖主事天明事地察天地明
察神明章矣天地以王者爲主故聖王制祭天地
之禮必於國郊長安聖主之居皇天所觀視也甘

泉河東之祠非神靈所饗宜徙就正陽大陰之處違俗復古循聖制定天位如禮便於是衡譚奏議曰陛下聖德忽明上通師古曰忽與聰同承天之大典覽羣下使各悉心盡慮議郊祀之處天下幸甚臣聞廣謀從衆則合於天心故洪範曰三人占則從二人言師古曰洪範周書也言少從多之義也論當往古宜於萬民則依而從之師古曰論議也音來頓反違道寡與則廢而不行今議者五十八人其五十人言當徙之義皆著於經傳同於上世便於吏民八人不案經藝考古制而以為不宜無法之議難以定吉凶大誓曰正稽古

立功立事可以永年丕天之大律師古曰今文泰誓周書也稽考也永長也丕奉也律法也言正考古道而立事則可長年享有天下是則奉天之大法也詩曰毋曰高高在上陟降厥士日監在茲師古曰詩周頌敬之詩也陟升也士事也言無謂天之高而又高遠在上而不加敬天乃上下升降日日監觀於此視人之所為者耳言天之日監王者之處也又曰迺眷西顧此維予宅師古曰大雅皇矣之詩也宅居也言天眷然西顧以周國為居也紂在東謂周為西也言天以文王之都為居也宜於長安定南北郊為萬世基天子從之既定衡言甘泉泰畤紫壇八觚宣通象八方服虔曰八觚如今社壇也師古曰觚角也五帝壇周環其下又有羣神之壇以尚書禋六宗望山川徧羣神之義紫壇有文章采鏤黼黻之飾及玉女樂師古曰漢舊儀云祭天用六綵綺席六重用玉几玉飾器凡七十女樂即禮樂志所云使童男童女俱歌也石壇僊人祠瘞鸞路騂駒寓龍馬不能得其象於古臣聞郊柴饗帝之義埽地而祭上質也歌大呂舞雲門以竢天神歌大蔟舞咸池以竢地祇師古曰此周禮也大呂合於黃鍾黃鍾陽聲之首也雲門黃帝樂也大蔟陽聲次二者也咸池堯樂也其牲用犢其席槀稭其器陶匏師古曰陶瓦器匏瓠也稭音戛皆因天地之性貴誠上質不敢修其文也以為神祇功德至大雖修精微而備庶物猶不足以報功唯至誠為可故上質不飾以章天德紫壇偽飾女樂鸞路騂駒龍馬石壇之屬宜皆勿修衡又言王者各以其禮制事天地非因異世所立而繼之師古曰異時謂前代

今郊雍鄜密上下畤晉灼曰秦文公宣公所立畤也本秦侯各以其意所立非禮之所載術也漢興之初儀制未及定即且因秦故祠復立北畤今既稽古建定天地之大禮郊見上帝青赤白黃黑五方之帝皆畢陳各有位饌祭祀備具諸侯所妄造王者不當長遵及北畤未定時所立師古曰謂高祖之初禮儀未定不宜復修天子皆從焉及陳寶祠由是皆罷明年上始祀南郊赦奉郊之縣及中都官耐罪囚徒師古曰中都官京師諸官府也是歲衡譚復條奏長安廚官縣官給祠郡國候神方士使者所祠凡六百八十三所其二百八所應禮及

疑無明文可奉祠如故其餘四百七十五所不應
禮或復重師古曰復音扶目反重音丈庸反請皆罷奏可本雍舊祠二
百三所唯山川諸星十五所為應禮云若諸布諸
嚴諸逐皆罷杜主有五祠置其一又罷高祖所立
梁晉秦荊巫九天南山萊中之屬及孝文渭陽孝
武薄忌泰一三一黃帝冥羊馬行泰一皋山山君
武夷夏后啟母石萬里沙八神延年之屬及孝宣
泰山蓬山之罘成山萊山四時蚩尤勞谷五牀僊
人玉女徑路黃帝天神原水之屬皆罷候神方士
使者副佐本草待詔七十餘人皆歸家師古曰本草待詔謂以方藥本

草而待詔者明年匡衡坐事免官爵衆庶多言不當變動
祭祀者又初罷甘泉泰畤作南郊日大風壞甘泉
竹宮折拔畤中樹木十圍以上百餘天子異之以
問劉向對曰家人尚不欲絕種祠師古曰家人謂庶人之家也種祠繼嗣所
傳祠也況於國之神寶舊畤且甘泉汾陰及雍五畤始
立皆有神祇感應然後營之非苟而已也武宣之
世奉此三神禮敬敕備師古曰敕整也神光尤著祖宗所立
神祇舊位誠未易動及陳寶祠自秦文公至今七
百餘歲矣漢興世世常來光色赤黃長四五丈直
祠而息音聲砰隱野雞皆雊師古曰直當也息止也當祠處而止也砰音普萌反每

見雍太祝祠以太牢遣候者乘傳馳詣行在所師古
曰報神之來也傳音張戀反以為福祥高祖時五來文帝二十六來
武帝七十五來宣帝二十五來初元元年以來亦
二十來此陽氣舊祠也及漢宗廟之禮不得擅議
皆祖宗之君與賢臣所共定古今異制經無明文
至尊至重難以疑說正也前始納貢禹之議後人
相因多所動搖易大傳曰誣神者殃及三世恐其
咎不獨止禹等上意恨之師古曰恨悔也後上以無繼嗣故
令皇太后詔有司曰蓋聞王者承事天地交接泰
一尊莫著於祭祀孝武皇帝大聖通明始建上下

之祀師古曰上下謂天地營泰畤于甘泉定后土于汾陰而神
祇安之饗國長久子孫蕃滋師古曰蕃音扶元反累世遵業福
流于今今皇帝寬仁孝順奉循聖緒靡有大愆而
久無繼嗣思其咎職殆在徙南北郊師古曰職主也咎過主於此也違
先帝之制改神祇舊位失天地之心以妨繼嗣之
福春秋六十未見皇孫師古曰皇太后自謂食不甘味寢不安
席朕甚悼焉春秋大復古善順祀師古曰以復古為大以順祀為善也其
復甘泉泰畤汾陰后土如故及雍五畤陳寶祠在
陳倉者天子復親郊禮如前又復長安雍及郡國
祠著明者且半成帝末年頗好鬼神亦以無繼嗣

故多上書言祭祀方術者皆得待詔祠祭上林苑中長安城旁費用甚多然無大貴盛者谷永說上曰臣聞明於天地之性不可或以神怪知萬物之情不可罔以非類師古曰罔猶蔽諸背仁義之正道不遵五經之法言而盛稱奇怪鬼神廣崇祭祀之方求報無福之祠及言世有僊人服食不終之藥遙興輕舉如淳曰遙遠也輕舉也師古曰遙古遙字也興起也謂起而遠去也登遐倒景如淳曰在日月之上反從下照故其景倒師古曰遐亦遠也覽觀縣圃浮游蓬萊李奇曰昆侖九成上有縣圃縣圃即閶闔天門耕耘五德朝種暮穫晉灼曰翼氏風角五德東方甲南方丙西方庚北方壬中央戊種五色禾於此地而耕耘也與山石無極師古曰言獲長壽此於山石無窮也黃冶變化晉灼曰黃者鑄黃金也道家言冶丹沙令變化可鑄作黃金也堅冰淖溺晉灼曰方士詐以藥石若陷冰丸投之冰上冰即消液因假為神仙道使然也或曰謂冶金令可餌也師古曰或說非也淖濡甚也音女敎反化色五倉之術者李奇曰思身中有五色腹中有五倉神五色存則不死五倉存則不飢皆姦人或衆挾左道懷詐僞以欺罔世主師古曰左道邪僻之道非正義也聽其言洋洋滿耳若將可遇師古曰洋洋美盛之皃也洋音羊又音祥求之盪盪如係風捕景終不可得師古曰盪盪空曠之皃也盪音蕩是以明王距而不聽聖人絕而不語師古曰謂孔子不語怪神昔周史萇弘欲以鬼神之術輔尊靈王會朝諸侯而周愈微諸侯愈叛楚懷王隆祭祀事鬼神欲以獲福助卻秦師師古曰卻退也音丘略反而兵挫地削身辱國危秦始皇初并天下甘心於神僊之道遣

徐福韓終之屬多齎童男童女入海求神采藥因逃不還天下怨恨漢興新垣平齊人少翁公孫卿欒大等皆以僊人黃冶祭祠事鬼使物入海求神采藥貴幸賞賜累千金大尤尊盛至妻公主爵位重絫震動海內師古曰絫古累字也元鼎元封之際燕齊之閒方士瞋目扼掔言有神僊祭祀致福之術者以萬數其平等皆以術窮詐得誅夷伏辜師古曰詐得謂主上得其詐僞之情至初元中有天淵玉女鉅鹿神人轑陽侯師張宗之姦紛紛復起師古曰轑陽侯江仁也元帝時坐使家丞上印綬隨宗學仙免官轑音遼夫周秦之末三五之隆師古曰三謂三皇五謂五帝也已嘗專意散財厚爵祿竦精神舉天下以求之矣曠日經年靡有毫氂之驗足以揆今經曰享多儀儀不及物惟曰不享師古曰周書洛誥之辭也言祭享之道唯以絜誠若多其容儀而不及名粉則不為神所享也論語說曰子不語怪神師古曰說謂論語之說也唯陛下距絕此類毋令姦人有以窺朝者上善其言後成都侯王商為大司馬衛將軍輔政杜鄴說商曰東鄰殺牛不如西鄰之禴祭師古曰此易既濟九五爻辭也東鄰謂紂也西鄰周文王也禴祭謂禴煑新菜以祭言祭祀之道莫盛脩德故紂之牛牲不如文王之蘋藻也禴音籥言奉天之道貴以誠質大得民心也行穢祀豐猶不蒙祐德修薦薄吉必大來古者壇場有常處尞禋有常用師古曰尞古燎字也贊見有常禮犧牲玉

帛雖備而財不匱車輿臣役雖動而用不勞是故每舉其禮助者歡說師古曰助謂助祭也說讀曰悅大路所歷黎元不知師古曰大路天子祭天所乘之車也黎元不知言無徭費不勞於下也今甘泉河東天地郊祀咸失方位違陰陽之宜及雍五畤皆曠遠奉尊之役休而復起繕治共張無解已時皇天著象殆可略知前上甘泉先敺失道師古曰敺與驅字同禮月之夕奉引復迷韋昭曰奉引前導引車祠后土還臨河當渡疾風起波船不可御又雍大雨壞平陽宮垣迺三月甲子震電災林光宮門孟康曰甘泉一名林光師古曰林光秦離宮名也漢又於其旁起甘泉宮非一名也祥瑞未著咎徵仍臻迹三郡所奏皆有變故師古曰迹

謂觀其事迹也不荅不饗何以甚此師古曰不荅不當天意不饗不爲天所饗食也詩曰率由舊章師古曰大雅假樂之詩也率循也由用也循用舊典之文章也舊章先王法度文王以之交神于祀子孫千億宜如異時公卿之議復還長安南北郊後數年成帝崩皇大后詔有司曰皇帝即位思順天心遵經義定郊禮天下說憙師古曰說讀曰悅懼未有皇孫故復甘泉泰畤汾陰后土庶幾獲福皇帝恨難之卒未得其祐其復南北郊長安如故以順皇帝之意也哀帝即位寑疾博徵方術士京師諸縣皆有侍祠使者盡復前世所常興諸神祠官凡七百餘所一歲三萬七千祠云

明年復令太皇太后詔有司曰皇帝孝順奉承聖業靡有解怠師古曰解讀曰懈而久疾未瘳夙夜唯思殆繼體之君不宜改作其復甘泉泰畤汾陰后土祠如故上亦不能親至遣有司行事而禮祠焉後三年哀帝崩平帝元始五年大司馬王莽奏言王者父事天故爵稱天子孔子曰人之行莫大於孝孝莫大於嚴父嚴父莫大於配天師古曰孝經載孔子之言王者尊其考欲以配天緣考之意欲尊祖推而上之遂及始祖是以周公郊祀后稷以配天宗祀文王於明堂以配上帝禮記天子祭天地及山川歲徧春秋穀

梁傳以十二月下辛卜正月上辛郊師古曰豫卜郊之日高皇帝受命因雍四畤起北畤而備五帝未共天地之祀師古曰共讀曰恭孝文十六年用新垣平初起渭陽五帝廟祭泰一地祇以太祖高皇帝配日冬至祠泰一夏至祠地祇皆并祠五帝而共一特上親郊拜後平伏誅迺不復自親而使有司行事孝武皇帝祠雍曰今上帝朕親郊而后土無祠則禮不荅也於是元鼎四年十一月甲子始立后土祠於汾陰或曰五帝泰一之佐宜立泰一五年十一月癸未始立泰一祠於甘泉二歲一郊與雍更祠師古曰更音工衡反亦

以高祖配不歲事天皆未應古制建始元年徙甘泉泰畤河東后土於長安南北郊永始元年三月㠯未有皇孫復甘泉河東祠綏和二年㠯卒不獲祐復長安南北郊建平三年懼孝哀皇帝之疾未瘳復甘泉汾陰祠竟復無福臣謹與大師孔光長樂少府平晏大司農左咸中壘校尉劉歆太中大夫朱陽博士薛順議郎國由等六十七人議皆曰宜如建始時丞相衡等議復長安南北郊如故莽又頗改其祭禮曰周官天墬之祀師古曰墬古地字也下皆類此樂有別有合其合樂曰㠯六律六鐘五聲八音六舞大合樂祀天神祭墬祇祀四望祭山川享先妣先祖師古曰此周禮春官大司樂之職也六律合陽聲者六鍾以六律六鍾之均也五聲宮商角徵羽八音金石絲竹匏土革木六舞雲門咸池大韶大夏大濩大武也大合樂者徧作之也先妣姜嫄也先祖大王也凡六樂奏六歌而天墬神祇之物皆至師古曰謂一變而致羽物及川澤之祇再變而致蠃物及山林之祇三變而致鱗物及丘陵之祇四變而致毛物及墳衍之祇五變而致介物及地祇六變而致象物及天神四望蓋謂日月星海也三光高而不可得親海廣大無限界故其樂同祀天則天文從祭墬則墬理從三光天文也山川地理也天地合祭先祖配天先妣配墬其誼一也天墬合精夫婦判合祭天南郊則㠯墬配一體之誼也天墬位皆南鄉同席師古曰鄉讀曰嚮其下並同墬在東共牢而

食高帝高后配于壇上西鄉后在北亦同席共牢牲用繭栗師古曰謂牛角如繭及栗者牛之小也玄酒陶匏禮記曰天子籍田千畮㠯事天墬師古曰畮古畝字也繇是言之宜有黍稷師古曰繇讀曰由同天地用牲一燔尞瘞薶用牲一高帝高后用牲一天用牲左及黍稷燔尞南郊墬用牲右及黍稷瘞于北郊其旦東鄉再拜朝日其夕西鄉再拜夕月然後孝弟之道備而神祇嘉享萬福降輯師古曰輯與集同此天墬合祀㠯祖妣配者也其樂曰冬日至於墬上之圜丘奏樂六變則天神皆降夏日至於澤中之方丘奏樂八變則墬祇皆出師古曰此亦春官大司樂之職也天神之樂圜鍾爲宮黃鍾爲角大蔟爲徵姑洗爲羽雷鼓雷鼗孤竹之管雲和之琴瑟雲門之舞地祇之樂函鍾爲宮大蔟爲角姑洗爲徵南呂爲羽靈鼓靈鼗孫竹之管空桑之琴瑟咸池之舞先奏是樂以致其神禮之以玉然後合樂而祭天墬有常位不得常合此其各特祀者也陰陽之別於日冬夏至其會也㠯孟春正月上辛若丁天子親合祀天墬于南郊㠯高帝高后配陰陽有離合易曰分陰分陽迭用柔剛師古曰易說卦之辭也陽爲剛陰爲柔陰陽既分則剛柔迭用也迭互也音大結反以日冬至使有司奉祠南郊高帝配而望羣陽日夏至使有司奉祭北郊高后配而望羣陰皆㠯助致微氣通道幽弱師古曰道讀曰導也當此之時后不省方師古曰謂冬夏日至之時后君也方常也不親常務故天子不親而遺有司所㠯正承

順天地復聖王之制顯大祖之功也渭陽祠勿復修羣望未悉定定復奏奏可三十餘年間天墬之祠五徙焉後莽又奏言書曰類於上帝禋于六宗師古曰虞書舜典也此已解於上歐陽大小夏侯三家說六宗皆曰上不及天下不及墬旁不及四方在六者之間助陰陽變化實一而名六名實不相應禮記祀典功施於民則祀之天文日月星辰所昭仰也地理山川海澤所生殖也易有八卦乾坤六子水火不相逮靁風不相誖山澤通氣然後能變化既成萬物也師古曰乾為父坤為母震為長男巽為長女坎為中男離為中女艮為少男兌為少女故云六子也水火坎離也靁風震巽也山澤艮兌也逮及詩亂也既盡也靁古雷字也誖音布力反

臣前奏徙甘泉泰時汾陰后土皆復于南北郊謹按周官兆五帝于四郊山川各因其方師古曰春官小宗伯之職也兆謂為壇之營域也五帝於四郊謂青帝於東郊赤帝及黃帝于南郊白帝於西郊黑帝於北郊也各因其方謂順其所在也今五帝兆居在雍五時不合於古又日月靁風山澤易卦六子之尊氣所謂六宗也星辰水火溝瀆皆六宗之屬也今或未特祀或無兆居謹與大師光大司徒宮羲和歆等八十九人議皆曰天子父事天母事墬今稱天神曰皇天上帝泰一兆曰泰時而稱墬祇曰后土與中央黃靈同又兆北郊未有尊稱宜令墬祇稱皇墬后祇兆曰廣時易曰方以類聚物以羣分師古曰易上繫之辭也方謂所向之地分羣神以類相從為五部兆天墬之別神中央帝黃靈后土時及日廟北辰北斗填星中宿中宮于長安城之未墬兆東方帝太昊青靈句芒時及靁公風伯廟歲星東宿東宮于東郊兆南方炎帝赤靈祝融時及熒惑星南宿南宮于南郊兆西方帝少皞白靈蓐收時及太白星西宿西宮于西郊兆北方帝顓頊黑靈玄冥時及月廟雨師廟辰星北宿北宮于北郊兆奏可於是長安旁諸廟兆時甚盛矣莽又言帝王建立社稷百王不易社者土也宗

廟王者所居稷者百穀之主所以奉宗廟共粢盛師古曰共讀與供同人所食以生活也王者莫不尊重親祭自為之主禮如宗廟詩曰乃立冢土師古曰大雅緜之詩也冢大也土土神謂大社也又曰以御田祖以祈甘雨師古曰小雅甫田之詩也田祖稷神也言設樂以御祭於神農求甘雨也禮記曰唯祭宗廟社稷為越紼而行事李奇曰引棺車謂之紼當祭天地五祀則越紼而行事不以私喪廢公祀師古曰紼引車索也音弗聖漢興禮儀稍定已有官社未立官稷臣瓚曰高帝除秦社稷立漢社稷禮所謂大社也時又立官社配以夏禹所謂王社也見漢祀令而未立官稷至此始立之世祖中興不立官稷相承至今也遂於官社後立官稷以夏禹配食官社后稷配食官稷稷種穀樹師古曰穀樹楮樹也其子類穀故於稷種徐州牧歲貢五色土各一斗莽募位二年

典神僊事㠯方士蘇樂言起八風臺於宮中臺成
萬金師古曰費直萬金也 作樂其上順風作液湯如淳曰藝文志有液湯經其義未聞
也 又種五粱禾於殿中師古曰五色禾也谷永所謂耕耘五德也 各順色置
其方面先鬻鶴髓毒冒犀玉二十餘物漬種師古曰鬻古煮字也髓古髓字也謂鬻取汁以漬穀子也毒音代冒音莫內反 計粟斛成一金言此黃帝穀
僊之術也㠯樂爲黃門郎令主之莽遂崇鬼神淫
祀師古曰崈古崇字也 至其末年自天地六宗㠯下至諸小鬼
神凡千七百所用三牲鳥獸三千餘種後不能備
迺㠯雞當鶩鴈犬當麋鹿數下詔自㠯當僊語在
其傳

贊曰漢興之初庶事草創唯一叔孫生略

定朝廷之儀若迺正朔服色郊望之事數世猶未
章焉至于孝文始㠯夏郊而張倉據水德公孫臣
賈誼更以爲土德卒不能明孝武之世文章爲盛
大初改制而兒寬司馬遷等猶從臣誼之言李奇曰公孫臣賈誼
服色數度遂順黃德彼以五德之傳從所不勝服虔曰音亭傳之傳五帝相承代常以金木水火相勝之法若火滅金便以火代金師古曰傳音張戀反 秦在水德故
謂漢據土而克之劉向父子㠯爲帝出于震故包
羲氏始受木德師古曰包讀曰庖也 其後㠯母傳子終則復始
自神農黃帝下歷唐虞三代而漢得火焉故高祖
始起神母夜號著赤帝之符旗章遂赤自得天統

矣鄧展曰向父子雖有此議時不施行至光武建武二年乃用火德色尚赤耳 昔共工氏㠯水德
閒于木火師古曰共讀曰龔閒音工莧反 與秦同運皆非其次序故皆
不永由是言之祖宗之制蓋有自然之應順時宜
矣究觀方士祠官之變谷永之言不亦正乎不亦
正乎

郊祀志卷第五下

天文志第六　　　　　班固　　漢書二十六

秘書監上護軍琅邪縣開國子顏　師古　注

凡天文在圖籍昭昭可知者經星常宿中外官凡百一十八名積數七百八十三星皆有州國官宮物類之象其伏見蚤晚邪正存亡虛實闊陿孟康曰伏見早晚謂五星也日月五星下道爲邪存謂列宿不虧也亡謂恒星不見虛實若天牢星實則囚多虛則開出之屬也闊陿若三台星相去遠近也及五星所行合散犯守陵歷鬭食孟康曰合同舍也散五星有變則其精散爲袄星也犯七寸已內光芒相及也陵相冒過也食星月相陵不見者則所蝕也韋昭曰自下往觸之曰犯居其宿曰守經之爲歷突掩爲陵星相擊爲鬭也彗孛飛流日月薄食張晏曰彗所以除舊布新也孛氣似彗飛流謂飛星流星也孟康曰飛絕迹而去也流光迹相連也日月無光曰薄京房易傳曰日月赤黃爲薄或曰不交而食曰薄韋昭曰氣往迫之爲薄暈適背穴抱珥虹蜺孟康曰皆日旁氣也適日之將食先有黑之變也背形如背字也穴多作鐍其形如玉鐍也抱氣向日也珥形點黑也如淳曰暈讀曰運虹或作虹蜺讀曰齧螮蝀謂之虹表云雄爲虹雌爲蜺凡氣在日上爲冠爲戴在旁直對爲珥在旁如半環向日爲抱向外爲背有氣刺日爲鐍鐍抉傷也迅雷風袄怪雲變氣此皆陰陽之精其本在地而上發于天者也政失於此則變見於彼猶景之象形鄉之應聲師古曰鄉讀曰響是以明君覩之而寤飭身正事思其咎謝則禍除而福至自然之符也中宮天極星其一明者泰一之常居也旁三星三公或曰子屬後句四星末大星正妃餘三星後宮之屬也環之匡衛十二星藩臣皆曰紫宮前列直斗口三星隨北耑銳若見若

不見曰陰德或曰天一紫宮左三星曰天槍右四星曰天棓蘇林曰音棓打之棓師古曰棓音白講反後十七星絕漢抵營室曰閣道北斗七星所謂旋璣玉衡以齊七政杓攜龍角孟康曰杓斗柄也龍角東方宿也攜連也衡殷南斗魁枕參首晉灼曰衡斗之中央殷中也用昏建者杓杓自華以西南孟康曰傳曰斗第七星法太白主杓斗之尾也尾爲陰又其用昏昏陰位在西方故主西南夜半建者衡衡殷中州河濟之間孟康曰假令杓昏建寅衡夜半亦建寅也平旦建者魁魁海岱以東北也孟康曰傳曰斗魁第一星法於日主齊魁斗之首首陽也又其用在明陽與明德在東方故主東北方斗爲帝車運于中央臨制四海分陰陽建四時均五行移節度定諸紀皆繫於斗斗魁戴筐六星曰文昌宮晉灼曰似筐故

曰戴筐一曰上將二曰次將三曰貴相四曰司命五曰司祿六曰司灾在魁中貴人之牢孟康曰傳曰天理四星在斗魁中貴人牢名曰天理魁下六星兩兩而比者曰三能蘇林曰能音台三能色齊君臣和不齊爲乖戾柄輔星孟康曰在北斗第六星旁明近輔臣親彊斥小疏弱蘇林曰斥遠也杓端有兩星一內爲矛招搖孟康曰近北斗者招搖招搖爲天矛晉灼曰梗河三星天矛鋒招搖一星耳一外爲盾天蠭晉灼曰外遠北斗也在招搖南一名天蠭有句圜十五星屬杓曰賤人之牢牢中星實則囚多虛則開出天一槍棓矛盾動搖角大兵起李奇曰角芒角東宮蒼龍房心心爲明堂大星天王前後星子屬

不欲直直王失計房爲天府曰天駟其陰右驂旁
有兩星曰衿衿北一星曰舝（晉灼曰舝古轄字也）東北曲十二
星曰旗旗中四星曰天市天市中星衆者實其中
虛則耗房南衆星曰騎官左角理右角將大角者
天王帝坐廷其兩旁各有三星鼎足句之曰攝提
（晉灼曰如鼎足之句曲也）攝提者直斗杓所指以建時節故曰攝提
格亢爲宗廟主疾其南北兩大星曰南門氐爲天
根主疫尾爲九子曰君臣斥絕不和箕爲敖客后
妃之府曰口舌火犯守角則有戰房心王者惡之
南宮朱鳥權衡（孟康曰軒轅爲權太微爲衡也）衡太微三光之廷筐

衞十二星藩臣西將東相南四星執法中端門左
右掖門掖門內六星諸侯其內五星五帝坐後聚
十五星曰哀烏郎位旁一大星將位也月五星順
入軌道司其出所守天子所誅也其逆入若不軌
道以所犯名之中坐成形（晉灼曰中坐犯帝坐也成形禍福之形見）皆羣下
不從謀也金火尤甚廷藩西有隋星四名曰少微
士大夫　權軒轅軒轅黃龍體（孟康曰形如騰龍）前大星女主
象旁小星御者後宮屬月五星守犯者如衡占東
井爲水事火入之一星居其左右天子且以火爲
敗東井西曲星曰戉北北河南南河兩河天闕閒

爲關梁輿鬼鬼祠事中白者爲質（晉灼曰輿鬼五星其中白者爲質）
火守南北河兵起穀不登故德成衡觀成潢（晉灼曰日月五星不軌道也衡太微廷也觀占也潢五潢五帝車舍也）傷成戉（晉灼曰賊傷之占先成形於戉）禍成井
（晉灼曰東井主水事火入一星居其旁天子且以火敗故曰禍也）誅成質（晉灼曰熒惑入輿鬼天質占曰大臣有誅）柳
爲鳥喙主木草七星頸爲員宮主急事張嗉爲廚
主觴客翼爲羽翮主遠客軫爲車主風其旁有一
小星曰長沙星星不欲明明與四星等若五星入
軫中兵大起軫南衆星曰天庫庫有五車車星角
若益衆及不具亡處車馬　西宮咸池曰天五
潢五潢五帝車舍火入旱金兵水水中有三柱柱

不具兵起奎曰封豨爲溝瀆婁爲聚衆胃爲天倉
其南衆星曰廥積（如淳曰芻稾積爲廥也）昴曰旄頭胡星也爲
白衣會畢曰罕車爲邊兵主弋獵其大星旁小星
爲附耳附耳搖動有讒亂臣在側昴畢閒爲天街
其陰陰國陽陽國（孟康曰陰西南象坤維河山已北國也陽河山已南國也）參爲白虎
三星直者是爲衡石（孟康曰參三星者白虎宿中東西直似稱衡也）下有三星銳
曰罰（孟康曰在參閒上小下大故曰銳晉灼曰三星小邪列無銳形也）爲斬艾事其外四星
左右肩股也小三星隅置曰觜觿爲虎首主葆旅
事（如淳曰關中俗謂桑榆孽生爲葆晉灼曰禾野生曰旅今之飢民采旅也宋均曰葆守也旅軍衆也言佐參伐斬艾除凶也）其
南有四星曰天廁天廁下一星曰天矢矢黃則吉

青白黑凶其西有句曲九星三處羅列一曰天旗二曰天苑三曰九游其東有大星曰狼狼角變色多盜賊下有四星曰弧直狼比地有大星曰南極老人晉灼曰比地近地也老人見治安不見兵起常以秋分時候之南郊

北宮玄武虛危危為蓋屋宋均曰危上一星高旁兩星下似蓋屋也虛為哭泣之事宋均曰蓋屋之下中無人但空虛似乎寢宮故主哭泣也其南有衆星曰羽林天軍宋均曰虛危營室陰陽終始之際會之間恒多姦邪故設羽林為軍衛軍西為壘或曰戉旁一大星北落若微亡軍星動角益稀及五星犯北落入軍軍起火金水尤甚火入軍憂水水患木土軍吉孟康曰木星土星入北落軍則吉也危東六星兩兩而比曰司寇營室為清廟曰離宮閣道漢中四星曰天駟旁一星曰王梁王梁策馬車騎滿野旁有八星絕漢曰天橫天橫旁江星江星動以人涉水杵曰四星在危南匏瓜有青黑星守之魚鹽貴南斗為廟其北建星建星者旗也牽牛為犧牲其北河鼓河鼓大星上將左左星右右將婺女其北織女織女天女孫也

歲星晉灼曰太歲在四仲則歲行三宿大歲在四孟四季則歲行二宿二八十六三四十二而行二十八宿十二歲而周天曰東方春木於人五常仁也五事貌也仁虧貌失逆春令傷木氣罰見歲星歲星所在國不可伐可以伐人超舍而前為贏

退舍為縮贏其國有兵不復縮其國有憂其將死國傾敗所去失地所之得地一曰當居不居國亡所之國昌已居之又東西去之國凶不可舉事用兵安靜中度吉出入不當其次必有天祅見其舍也歲星贏而東南孟康曰五星東行天西轉歲星晨見東方行疾則不見不見則變為祅星石氏見彗星甘氏不出三月迺生彗本類星末類彗長二丈贏東北石氏見覺星甘氏不出三月迺生天棓本類星末銳長四尺縮西南孟康曰歲星當伏西方行遲早沒變為祅星也石氏見欃雲如牛韋昭曰欃音參差之參甘氏不出三月迺生天槍左右銳長數丈縮西北石氏見槍雲如馬甘氏不出三月迺生天欃本類星末銳長數丈石氏槍欃棓彗異狀其殃一也必有破國亂君伏死其辜餘殃不盡為旱凶飢暴疾至日行一尺出二十餘日迺入甘氏其國凶不可舉事用兵出而易所當之國是受其殃又曰祅星不出三年其下有軍及失地若國君喪

熒惑晉灼曰常以十月入太微受制而出行列宿司無道出入無常也曰南方夏火禮也視也禮虧視失逆夏令傷火氣罰見熒惑逆行一舍二舍為不祥居之三月國有殃五月受兵七月國半亡地九月地大半亡因與俱出入國絕祀熒惑為亂為賊為疾為喪為

飢爲兵所居之宿國受殃殃還至者雖大當小居
之久殃乃至者當小反大已去復還居之若居之
而角者若動者繞環之及乍前乍後乍左乍右殃
愈甚一曰熒惑出則有大兵入則兵散周還止息
迺爲其死喪寇亂在其野者亡地以戰不勝東行
疾則兵聚于東方西行疾則兵聚于西方其南爲
丈夫喪北爲女子喪熒惑天子理也故曰雖有明
天子必視熒惑所在　太白晉灼曰常以正月甲寅與熒惑晨出東方二百四十
日而入入四十日又出西方二百四十日而入入三十五日而復出東方出以寅戌入以丑未也曰西方秋金義也
言也義虧言失逆秋令傷金氣罰見太白日方南

太白居其南日方北太白居其北爲贏侯王不寧
用兵進吉退凶日方南太白居其北日方北太白
居其南爲縮侯王有憂用兵退吉進凶當出不出
當入不入爲失舍不有破軍必有死王之墓有亡
國一曰天下匽兵壄有兵者所當之國大凶當出
不出未當入而入天下匽兵兵在外入未當出而
出當入而不入天下起兵有至破國未當出而出
未當入而入天下舉兵所當之國亡當期而出其
國昌出東爲東方入爲北方出西爲西方入爲南
方所居久其國利易其鄉凶蘇林曰疾過也一說易鄉而出入也晉灼曰上言易而

出易言疾過是也入七日復出將軍戰死入十日復出相死
之入又復出人君惡之已出三日而復微入三日
迺復盛出是爲耎而伏晉灼曰耎退也不進而伏伏不見也其下國有軍
其衆敗將北已入三日又復微出三日迺復盛入
其下國有憂師師雖衆敵食其糧用其兵虜其帥
出西方失其行夷狄敗出東方失其行中國敗一
曰出蚤爲月食晚爲天祆及彗星將發于亡道之
國太白出而留桑榆間疾其下國晉灼曰行遲而下也正出舉目平正出桑
榆上餘二千里也上而求未盡期日過參天病其對國晉灼曰三分天
過其一此戌酉之間也太白經天天下革民更王孟康曰謂出東入西出西入東也太白陰

星出東當伏東出西當伏西過午爲經天晉灼曰日陽也日出則星亡晝見午上爲經天是爲亂紀人民流
亡晝見與日爭明彊國弱小國彊女主昌太白兵
象也出而高用兵深吉淺凶埤淺吉深凶行疾用
兵疾吉遲凶行遲用兵遲吉疾凶角敢戰吉不敢
戰凶擊角所指吉逆之凶進退左右用兵進退左
右吉靜凶圜以靜用兵靜吉趮凶出則兵出入則
兵入象太白吉反之凶赤角戰太白者猶軍也而
熒惑憂也故熒惑從太白軍憂離之軍舒出太白
之陰有分軍出其陽有偏將之戰當其行太白還
之破軍殺將辰星殺伐之氣戰鬬之象也與太白

俱出東方皆赤而角夷狄敗中國勝與太白俱出
西方皆赤而角中國敗夷狄勝五星分天之中積
于東方中國大利積于西方夷狄用兵者利辰星
不出太白爲客辰星出太白爲主人辰星與太白
不相從雖有軍不戰辰星出東方太白出西方若
辰星出西方太白出東方爲格野雖有兵不戰辰
星入太白中五日乃出及入而上出破軍殺將客
勝下出客亡地辰星來抵太白不去將死正其上
出破軍殺將客勝下出客亡地視其所指以名破
軍辰星繞環太白若鬭大戰客勝主人吏死辰星

過太白間可椷劒小戰客勝蘇林曰椷音函函容也其間可容一劒也居太
白前旬三日軍罷出太白左小戰歷太白右數萬
人戰主人吏死出太白右去三尺軍急約戰凡太
白所出所直之辰其國爲得位得位者戰勝所直
之辰順其色而角者勝其色害者敗晉灼曰鄭色黃而赤合小敗宋色黃而赤黑小敗楚色赤黑小敗燕色黑黃小敗皆大角勝也太
白白比狼赤比心黃比參
右肩青比參左肩黑比奎大星色勝位晉灼曰有色勝得位也
行勝色晉灼曰太白行得度勝有色也行得盡勝之晉灼曰行應天度雖有色得位行盡勝之行重而色位輕星經傳得字作德辰星晉灼曰常以二月春分見奎婁五月夏至見東井八月秋分見角亢十一月冬至見牽牛出以辰戌入以丑未二旬而入晨候之東方夕候之西方也曰北方冬水知也聽也知

虧聽失逆冬令傷水氣罰見辰星辰星出蚤爲月食晚
爲彗星及天妖一時不出其時不和四時不出天
下大飢失其時而出爲當寒反溫當溫反寒當出不
出是謂擊卒兵大起與它星遇而鬭天下大亂晉灼曰祅星彗孛之屬也一日五星
出於房心間地動塡星晉灼曰常以甲辰元始建斗之歲塡行一宿二十八歲而周天也曰中央季夏土信也思心也仁義禮
智以信爲主貌言視聽以心爲正故四星皆失塡
星迺爲之動塡星所居國吉未當居而居之若已
去而復還居之國得土不乃得女子當居不居既
已居之又東西去之國失土不乃失女不有土事

若女之憂居宿久國福厚易福薄當居不居爲失
塡其下國可伐得者不可伐其贏爲王不寧縮有
軍不復一曰既已居之又東西去之其國凶不可
舉事用兵失次而上一舍三舍有天命不成不乃
大水失次而下二舍有后慼其歲不復不乃天裂
若地動凡五星歲與塡合則爲內亂與辰合則爲
變謀而更事與熒惑合則爲飢爲旱與太白合則
爲白衣之會爲水太白在南歲在北名曰牝牡晉灼曰歲陽也太白陰也故曰牝牡年穀大孰太白在北歲在南年或有或
亡熒惑與太白合則爲喪不可舉事用兵與塡合

則爲憂主孽卿與辰合則爲北軍用兵舉事大敗塡與辰合則將有覆軍下師與太白合則爲疾爲内兵辰與太白合則爲變謀爲兵憂凡歲熒惑塡太白四星與辰鬬皆爲戰兵不在外皆爲内亂一曰火與水合爲焠（晉灼曰火入水故曰焠也）與金合爲鑠不可舉事用兵土與金合國亡地與木合則國饑與水合爲雍沮（晉灼曰沮音沮洳之沮水性雍而潛上故曰雍沮一曰雍塡也）不可舉事用兵木與金合鬬國有内亂同舍爲合相陵爲鬬二星相近者其殃大二星相遠者殃無傷也從七寸以内必之（韋昭曰必有禍也）凡月食五星其國皆亡（李奇曰謂其分野之國）歲以飢熒惑以亂塡以殺太白彊國以戰辰以女亂月食大角王者惡之凡五星所聚宿其國王天下從歲以義從熒惑以禮從塡以重（韋昭曰謂以威重得）從太白以兵從辰以法以法者以法致天下也三星若合是謂驚立絕行（晉灼曰有兵喪故驚改王故曰絕也）其國外内有兵與喪民人乏飢改立王公四星若合是謂大湯（晉灼曰湯猶盪滌也）其國兵喪並起君子憂小人流五星若合是謂易行有德受慶改立王者掩有四方子孫蕃昌亡德受罰離其國家滅其宗廟（晉灼曰宗祖廟也）百姓離去被滿四方五星皆大其事亦大皆小其事亦小也凡五星色皆圜白爲喪爲旱赤中不平爲兵青爲憂爲水黑爲疾爲多死黃吉皆角赤犯我城黃地之爭白哭泣之聲青有兵憂黑水五星同色天下偃兵百姓安寧歌舞以行不見災疾五穀蕃昌　凡五星歲緩則不行急則過分逆則占　熒惑緩則不出急則不入違道則占　塡緩則不建急則過舍逆則占　太白緩則不出急則不入逆則占　辰緩則不出急則不入非時則占　五星不失行則年穀豐昌

凡以宿星通下變者維星散句星信則地動（孟康曰散在尾）（韋昭曰北信音申）有星守三淵天下大水地動海魚出紀星散者山崩不即有喪龜鼈星不居漢中川有易者辰星入五車大水熒惑入積水水兵起入積薪旱兵起守之亦然極後有四星名曰句星斗杓後有三星名曰維星散者不相從也（孟康曰謂不復行列而聚也）三淵蓋五車之三柱也（晉灼曰柱音注解之注）天紀屬貫索積薪在北戍西北積水在北戍東北

角亢氐沇州房心豫州尾箕幽州斗江湖牽牛婺女揚州虛危青州營室東壁幷州奎婁胃徐州昴畢冀州觜觿參益州東井輿鬼雍州柳七星張三

河翼軫荆州甲乙海外日月不占（晉灼曰海外遠甲乙日時不以占之）丙
丁江淮海岱戊己中州河濟庚辛華山以西壬癸
常山以北一曰甲齊乙東夷丙楚丁南夷戊魏己
韓庚秦辛西夷壬燕趙癸北夷子周丑翟寅趙卯
鄭辰邯鄲巳衞午秦未中山申齊酉魯戌吳越亥
燕代秦之疆候太白占狼弧吳楚之疆候熒惑占
鳥衡燕齊之疆候辰星占虛危宋鄭之疆候歲星
占房心晉之疆亦候辰星占參罰及秦并吞三晉
燕代自河山以南者中國中國於四海内則在東
南爲陽陽則日歲星熒惑塡星占於街南畢主之

其西北則胡貉月氏旃裘引弓之民爲陰陰則月
太白辰星占於街北昴主之故中國山川東北流
其維首在隴蜀尾没於勃海碣石是以秦晉好用
兵（孟康曰秦晉西南維之北爲與胡貉引弓之民同故好用兵）復占太白太白主中國
而胡貉數侵掠獨占辰星辰星出入趮疾常主夷
狄其大經也　凡五星早出爲贏贏爲客晚出
爲縮縮爲主人五星贏縮必有天應見杓
太歲在寅曰攝提格歲星正月晨出東方石氏曰
名監悳在斗牽牛失次杓早水晚旱甘氏在建星
婺女太初歷在營室東壁　在卯曰單閼二月

出石氏曰名降入在婺女虛危甘氏在虛危失次
杓有水災太初在奎婁　在辰曰執徐三月出
石氏曰名青章在營室東壁失次杓早旱晚水甘
氏同太初在胃昴　在巳曰大荒落四月出石
氏曰名路踵在奎婁甘氏同太初在參罰
在午曰敦牂五月出石氏曰名啓明在胃昴畢失
次杓早旱晚水甘氏同太初在東井輿鬼
在未曰協洽六月出石氏曰名長烈在觜觿參甘
氏在參罰太初在注張七星　在申曰涒灘七
月出石氏曰名天晉在東井輿鬼甘氏在弧太初

在翼軫在酉曰作詻（爾雅作作噩）八月出石氏曰名長王
在柳七星張失次杓有女喪民疾甘氏在注張失
次杓有火太初角亢　在戌曰掩茂九月出石
氏曰名天睢在翼軫失次杓水甘氏在七星翼太
初在氐房心　在亥曰大淵獻十月出石氏曰
名天皇在角亢始甘氏在軫角亢太初在尾箕
在子曰困敦十一月出石氏曰名天宗在氐房始
甘氏同太初在建星牽牛　在丑曰赤奮若十
二月出石氏曰名天昊在尾箕甘氏在心尾太初
在婺女虛危甘氏太初歷所以不同者以星贏縮

在前各錄後所見也其四星亦略如此
古歷五星之推亡逆行者至甘氏石氏經以熒惑
太白為有逆行夫歷者正行也古人有言曰天下
太平五星循度亡有逆行日不食朔月不食望夏
氏日月傳曰日月食盡主位也不盡臣位也星傳
曰日者德也月者刑也故曰日食修德月食修刑
然而歷紀推月食與二星之逆亡異熒惑主內亂
太白主兵月主刑自周室衰亂臣賊子師旅數起
刑罰失中雖其亡亂臣賊子師旅之變內臣猶不
治四夷猶不服兵革猶不寢刑罰猶不錯故二星
與月為之失度三變常見及有亂臣賊子伏尸流
血之兵大變乃出甘石氏見其常然因以為紀皆
非正行也詩云彼月而食則惟其常此日而食于
何不臧詩傳曰月食非常也比之日食猶常也日
食則不臧矣謂之小變可也謂之正行非也故熒
惑必行十六舍去日遠而顓恣太白出西方進在
日前氣盛乃逆行及月必食於望亦誅盛也　國皇
星大而赤狀類南極所出其下起兵兵彊其衝不
利（孟康曰歲星之精散所為也五星之精散為六十四變記不盡也）　昭明星大而白
無角乍上乍下所出國起兵多變（孟康曰形如三足几几上有九彗上向熒

惑之精也）　五殘星出正東東方之星其狀類辰去地
可六丈大而黃（孟康曰星表有青氣如暈有毛填星之精）　六賊星出正
南南方之星去地可六丈大而赤數動有光（孟康曰形如彗
芒九角太白之精）　司詭星出正西西方之星去地可六
丈大而白類太白（孟康曰星大而有尾兩角熒惑之精也）　咸漢星出
正北北方之星去地可六丈大而赤數動察之中
青（孟康曰一名獄漢星青中赤表下有三彗從橫亦填星之精也）　此四星所出非其方
其下有兵衝不利四填星出四隅去地可四丈地
維臧光亦出四隅去地可二丈若月始出所見下
有亂者亡有德者昌　燭星狀如太白其出也
不行見則滅所燭城邑亂（孟康曰星上有三彗上出亦填星之精也）　如星非
星如雲非雲名曰歸邪（李奇曰邪音蛇　孟康曰星有兩赤彗上向上有蓋狀氣下連星）　歸
邪出必有歸國者星者金之散氣其本曰人（孟康曰星石也金石相生人與星氣相應也）
星衆國吉少則凶漢者亦金散氣其本
曰水星多多水少則旱（孟康曰漢河漢也水生於金多少謂漢中星也）　其大經也
天鼓有音如雷非雷音在地而下及地其所住者
兵發其下　天狗狀如大流星（孟康曰星有尾旁有彗下有如狗形者亦
太白之精）有聲其下止地類狗所墜及望之如火光炎炎
中天其下圜如數頃田處上銳見則有黃色千里
破軍殺將　格澤者如炎火之狀黃白起地而

上下大上銳其見也不種而穫不有土功必有大客　蚩尤之旗類彗而後曲象旗孟康曰熒惑之精也晉灼曰呂氏春秋云其色黃上白下也見則王者征伐四方　旬始出於北斗旁狀如雄雞其怒青黑色象伏鼈李奇曰怒當言帑晉灼曰帑雌也或曰怒則色青宋均曰怒謂芒角刺出　枉矢狀類大流星蛇行而倉黑望如有毛目然　長庚廣如一匹布著天此星見起兵星䃍至地則石也如淳曰䃍亦隊也　天暒而見景星孟康曰暒精明也有赤方氣與青方氣相連赤方中有兩黃星青方中有一黃星凡三星合為景星也景星者德星也其狀無常常出於有道之國日有中道月有九行中道者黃道一曰光道光道北至東井去北極近南至牽牛去北極遠東至角西至婁去極中夏至至於東井北近極故晷短立八尺之表而晷景長尺五寸八分冬至至於牽牛遠極故晷長立八尺之表而晷景長丈三尺一寸四分春秋分日至婁角去極中而晷中立八尺之表而晷景長七尺三寸六分此日去極遠近之差晷景長短之制去極遠近難知要以晷景晷景者所以知日之南北也日陽也陽用事則日進而北晝進而長陽勝故為溫暑陰用事則日退而南晝退而短陰勝故為涼寒也故日進為暑退為寒若日之南北失節晷過

而長為常寒退而短為常燠此寒燠之表也故曰為寒暑一曰晷長為潦短為旱奢為扶鄭氏曰扶當為蟠齊魯之間聲如酺酺扶聲近蟠止不行也蘇林曰景形奢大也晉灼曰扶附也小臣佞媚附近君子之側也扶者邪臣進而正臣疏君子不足姦人有餘月有九行者黑道二出黃道北赤道二出黃道南白道二出黃道西青道二出黃道東立春春分月東從青道立秋秋分西從白道立冬冬至北從黑道立夏夏至南從赤道然用之一決房中道青赤出陽道白黑出陰道若月失節度而妄行出陽道則旱風出陰道則陰雨凡君行急則日行疾君行緩則日行遲日行不可指而知也故以二至二分之星為候日東行星西轉冬至昏奎八度中夏至氐十三度中春分柳一度中秋分牽牛三度七分中此其正行也日行疾則星西轉疾事勢然也故過中則疾君行急之感也不及中則遲君行緩之象也至月行則以晦朔決之日冬則南夏則北冬至於牽牛夏至於東井日之所行為中道月五星皆隨之也箕星為風東北之星也東北地事天位也孟康曰東北陽日月五星起於牽牛故為天位坤在西南紬於陽為地統故為地事也故易曰東北喪朋及巽在東南為風風陽中之陰大臣之象也其星軫也月去中道移

而東北入箕若東南入軫則多風西方爲雨雨少陰之位也月失中道移而西入畢則多雨故詩云月離于畢俾滂沱矣言多雨也星傳曰月入畢則將相有以家犯罪者言陰盛也書曰星有好風星有好雨月之從星則以風雨言失中道而東西也故星傳曰月南入牽牛南戒民間疾疫月北入太微出坐北若犯坐則下人謀上一曰月爲風雨日爲寒温冬至日南極晷長南不極則温爲害夏至日北極晷短北不極則寒爲害故書曰日月之行則有冬有夏也政治變於下日月運於上矣月出

房北爲雨爲陰爲亂爲兵出房南爲旱爲天喪水旱至衝而應及五星之變必然之効也兩軍相當日暈等力均厚長大有勝薄短小亡勝重抱大破亡抱爲和背爲不和爲分離相去直爲自立立兵破軍若曰殺將抱且戴有喜圍在中中勝在外外勝青外赤中以和相去赤外青中以惡相去氣暈先至而後去居軍勝先至先去前有利後有病後至後去前病後利後至先去前後皆病居軍不勝見而去其後發疾雖勝亡功見半日以上功大白虹屈短上下銳（李奇曰屈或爲尾韋昭曰短而直者也或曰短屈之虹）有者下大流

血日暈制勝近期三十日遠期六十日其食食所不利復生生所利不然食盡爲主位以其直及日所躔加日時用名其國凡望雲氣仰而望之三四百里平望在桑榆上千餘二千里登高而望之下屬地者居三千里雲氣有獸居上者勝自華以南氣下黑上赤嵩高三河之郊氣正赤常山以北氣下黑上青勃碣海岱之間氣皆黑江淮之間氣皆白徒氣白土功氣黃車氣乍高乍下往往而聚騎氣卑而布卒氣摶（如淳曰摶專也摶音徒端反）前卑而後高者疾前方而後高者銳後銳而卑者卻其氣平者其行徐前高

後卑者不止而反氣相遇者卑勝高銳勝方氣來卑而循車道者不過三四日去之五六里見氣來高七八尺者不過五六日去之十餘二十里見氣來高丈餘二丈者不過三四十日去之五六十里見捎雲精白者其將悍（晉灼曰捎音霄韋昭曰音髾）其士怯其大根而前絕遠者戰精白其芒低者戰勝其前赤而卬者戰不勝陳雲如立垣杼雲類杼柚雲摶而耑銳杓雲如繩者居前亘天其半半天蜺雲者類鬬旗故銳鉤雲句曲諸此雲見以五色占而澤摶密其見動人迺有占兵必起占鬬其直王朔所候決

於日旁日旁雲氣人主象皆如其形以占故北夷之氣如羣畜穹閭南夷之氣類舟船幡旗大水處敗軍場破國之虛下有積泉金寶上皆有氣不可不察海旁蜃氣象樓臺廣野氣成宮闕然雲氣各象其山川人民所聚積故候息耗者入國邑視封畺田疇之整治如淳曰蔡邕云麻田曰疇城郭室屋門戶之潤澤次至車服畜產精華實息者吉虛耗者凶若煙非煙若雲非雲郁郁紛紛蕭索輪囷是謂慶雲慶雲見喜氣也若霧非霧衣冠不濡見則其城被甲而趨夫雷電赮虹辟歷夜明者陽氣之動者也春夏

則發秋冬則藏故候書者亡不司天開縣物孟康曰謂天裂而見物象也天開示縣象地動坼絕山崩及陁川塞谿垘孟康曰垘音羅菔謂谿垘崩也蘇林曰垘音伏流也如淳曰垘塡塞不通也水澹地長澤竭見象城郭門閭潤息槀枯宮廟廊第人民所次舍言俗車服觀民飲食五穀草木觀其所屬倉府廄庫四通之路六畜禽獸所產去就魚鱉鳥鼠觀其所處鬼哭若謼與人逢遻訛言誠然凡候歲美惡謹候歲始歲始或冬至日產氣始萌臘明日人衆卒歲壹會飲食發陽氣故曰初歲正月旦王者歲首立春四時之始也四始者候之日而漢魏鮮集臘明正月旦決八

風孟康曰魏鮮人姓名作占候者也風從南大旱西南小旱西方有兵西北戎菽爲孟康曰戎菽胡豆爲成也小雨趣兵北方爲中歲東北爲上歲韋昭曰上歲大穰東方大水東南民有疾疫歲惡故八風各與其衝對課多者爲勝多勝少久勝亟疾勝徐旦至食爲麥食至日昳爲稷昳至餔爲黍餔至下餔爲菽下餔至日入爲麻欲終日有雲有風有日當其時深而多實亡雲有風日當其時淺而少實有雲風亡日當其時深而少實有日亡雲不風當其時者稼有敗如食頃小敗孰五斗米頃大敗風復起有雲其稼復起各以其時用雲色占種

所宜雨雪寒歲惡是日光明聽都邑人民之聲聲宮則歲美吉商有兵徵旱羽水角歲惡或從正月旦比數雨率日食一升至七升而極孟康曰正月一日雨而民有一升之食二日雨民有二升之食如此至七日巳來驗也過之不占數至十二日直其月占水旱孟康曰一日雨正月水也爲其環域千里內占即爲天下候竟正月孟康曰月三十日周天歷二十八宿然後可占天下月所離列宿日風雲占其國然必察大歲所在金穰水毀木飢火旱此其大經也正月上甲風從東方來宜蠶從西方來若旦有黃雲惡冬至短極縣土炭孟康曰先冬至三日縣土炭於衡兩端輕重適均冬至而陽氣至則炭重夏至陰氣至則土重晉灼曰蔡邕律歷記候鍾律權土炭冬至陽氣應黃鍾通土炭輕而衡仰夏至陰氣應蕤賓通

土炭重而衡低進退先後五日之中炭動麋鹿解角蘭根出泉水踊略以
知日至要決晷景夫天運三十歲一小變百年中
變五百年大變三大變一紀三紀而大備此其大
數也春秋二百四十二年閒日食三十六彗星三
見夜常星不見夜中星隕如雨者各一當是時禍
亂輒應周室微弱上下交怨殺君三十六亡國五
十二諸侯奔走不得保其社稷者不可勝數自是
之後衆暴寡大并小秦楚吳粵夷狄也爲彊伯田
氏篡齊三家分晉並爲戰國爭於攻取兵革遞起城
邑數屠因以飢饉疾疫愁苦臣主共憂患其察禨
祥候星氣尤急如淳曰呂氏春秋荊人鬼越人禨今之巫祝禱祠淫祀之比也晉灼曰禨音珠璣之璣近

世十二諸侯七國相王言從橫者繼踵而占天文
者因時務論書傳故其占驗鱗雜米鹽亡可錄者
周卒爲秦所滅始皇之時十五年閒彗星四見久
者八十日長或竟天後秦遂以兵內兼六國外攘
四夷死人如亂麻又熒惑守心及天市芒角色赤
如雞血始皇既死適庶相殺二世即位殘骨肉戮
將相太白再經天因以張楚並興兵相跆籍蘇林曰跆音臺
登躡也或作蹈秦遂以亡項羽救鉅鹿枉矢西流枉矢所觸
天下之所伐射滅亡象也物莫直於矢今蛇行不

能直而枉者執矢者亦不正以象項羽執政亂也
羽遂合從阬秦人屠咸陽凡枉矢之流以亂伐亂
也
　漢元年十月五星聚于東井以曆推之從
歲星也李奇曰歲星得其正度其四星隨比常正行故曰從也孟康曰歲星先至先至爲主也此高皇帝
受命之符也故客謂張耳曰東井秦地漢王入秦
五星從歲星聚當以義取天下秦王子嬰降於枳
道漢王以屬吏寶器婦女亡所取閉宮封門還軍
次于霸上以候諸侯與秦民約法三章民亡不歸
心者可謂能行義矣天之所予也五年遂定天下
即帝位此明歲星之崇義東井爲秦之地明效也

三年秋太白出西方有光幾中晉灼曰幾中近踰身乍北乍南
過期迺入辰星出四孟韋昭曰法當出四仲出四孟爲易王之象也是時項羽
爲楚王而漢已定三秦與相距滎陽太白出西方
有光幾中是秦地戰將勝而漢國將興也辰星出
四孟易王之表也後二年漢滅楚七年月暈圍參畢
七重占曰畢昴閒天街也街北胡也街南中國也
昴爲匈奴參爲趙畢爲邊兵是歲高皇帝自將兵
擊匈奴至平城爲冒頓單于所圍七日迺解
十二年春熒惑守心李奇曰心爲天王也四月宮車晏駕應劭曰天
子當晨起早作而方崩殞故稱晏駕云韋昭曰凡初崩爲晏駕者臣子之心猶謂宮車當駕而出耳孝惠二年天

開東北廣十餘丈長二十餘丈地動陰有餘天裂陽不足皆下盛彊將害上之變也其後有呂氏之亂　孝文後二年正月壬寅天欃夕出西南[孟康曰歲星之精]占曰為兵喪亂其六年十一月匈奴入上郡雲中漢起三軍以衞京師其四月乙巳水木火三合於東井占曰外內有兵與喪改立王公東井秦也八月天狗下梁壄是歲誅反者周殷長安市其七年六月文帝崩其十一月戊戌土水合於危占曰為雍沮所當之國不可舉事用兵必受其殃一曰將覆軍危齊也其七月火東行行畢陽環畢東

北出而西逆行至昴即南迺東行占曰為喪死寇亂畢昴趙也　孝景元年正月癸酉金水合於婺女占曰為變謀為兵憂婺女粵也又為齊其七月乙丑金木水三合於張占曰外內有兵與喪改立王公張周地今之河南也又為楚其二年七月丙子火與水晨出東方因守斗占曰其國絕祀至其十二月水火合於斗占曰為淬不可舉事用兵必受其殃一曰為北軍用兵舉事大敗斗吳也又為粵是歲彗星出西南其三月立六皇子為王王淮陽汝南河閒臨江長沙廣川其三年吳楚膠西

膠東菑川濟南趙七國反吳楚兵先至攻梁膠西膠東菑川三國攻圍齊漢遣大將軍周亞夫等戍止河南以候吳楚之敝遂敗之吳王亡走粵粵攻而殺之平陽侯敗三國之師于齊咸伏其辜齊王自殺漢兵以水攻趙城城壞王自殺六月立皇子二人楚元王子一人為王王膠西中山楚徙濟北為菑川王淮陽為魯王汝南為江都王七月兵罷天狗下占為破軍殺將狗又守禦類也天狗所降以戒守禦吳楚攻梁梁堅城守遂伏尸流血其下三年塡星在婁幾入還居奎奎魯也占曰其國得

地為得塡是歲魯為國　四年七月癸未火入東井行陰又以九月己未入輿鬼戊寅出占曰為誅罰又為火災後二年有栗氏事其後未央東闕災　中元三年塡星當在觜觹參去居東井占曰亡地不迺有女憂其三年正月丁亥金木合於觜觹為白衣之會三月丁酉彗星夜見西北色白長丈在觜觹且去益小十五日不見占曰必有破國亂君伏死其辜觜觹梁也其五月甲午金木俱在東井戊戌金去木留守之二十日占曰傷成於戉木為諸侯誅將行於諸侯也其六月壬戌蓬星見

西南在房南去房可二丈大如二斗器色白癸亥
在心東北可長丈所甲子在尾北可六丈丁卯在
箕北近漢稍小且去時大如桃壬申去凡十日占曰蓬
星出必有亂臣房心閒天子宮也是時梁王欲爲
漢嗣使人殺漢爭臣袁盎漢桉誅梁大臣斧戉用
梁王恐懼布車入關伏斧戉謝罪然後得免
中三年十一月庚午夕金火合於虛相去一寸占
曰爲鑠爲喪虛齊也　四年四月丙申金木合
於東井占曰爲白衣之會井秦也其五年四月乙
巳水火合於參占曰國不吉參梁也其六年四月

梁孝王死五月城陽王濟陰王死六月成陽公主
死出入三月天子四衣白臨邸第　後元年五
月壬午火金合於輿鬼之東北不至柳出輿鬼北
可五寸占曰爲鑠有喪輿鬼秦也丙戌地大動鈴
鈴然民大疫死棺貴至秋止　孝武建元三年
三月有星孛于注張歷太微干紫宮至于天漢春
秋星孛于北斗齊魯晉之君皆將死亂今星孛歷
五宿其後濟東膠西江都王皆坐法削黜自殺淮
陽衡山謀反而誅　三年四月有星孛於天紀
至織女占曰織女有女變天紀爲地震至四年十

月而地動其後陳皇后廢六年熒惑守輿鬼占曰
爲火變有喪是歲高園有火災竇太后崩
元光元年六月客星見于房占曰爲兵起其二年
十一月單于將十萬騎入武州漢遣兵三十餘萬
以待之元光中天星盡搖上以問候星者對曰星
搖者民勞也後伐四夷百姓勞于兵革　元鼎
五年太白入于天苑占曰將以馬起兵也一曰馬
將以軍而死耗其後以天馬故誅大宛馬大死於
軍元鼎中熒惑守南斗占曰熒惑所守爲亂賊喪
兵守之久其國絕祀南斗越分也其後越相呂嘉

殺其王及太后漢兵誅之滅其國元封中星孛于
河戍占曰南戍爲越門北戍爲胡門其後漢兵擊
拔朝鮮以爲樂浪玄菟郡朝鮮在海中越之象也
居北方胡之域也　太初中星孛于招搖星傳
曰客星守招搖蠻夷有亂民死君其後漢兵擊大
宛斬其王招搖遠夷之分也　孝景始中漢宦者
梁成恢及燕王候星者吳莫如見蓬星出西方天
市東門行過河鼓入營室中恢曰蓬星出六十日
不出三年下有亂臣戮死於市後太白出西方下
行一舍復上行二舍而下去太白主兵上復下將

有戮死者後太白出東方入咸池東下入東井人
臣不忠有謀上者後太白入太微西藩第一星北
出東藩第一星北東下去太微者天廷也太白行
其中宮門當閉大將被甲兵邪臣伏誅熒惑在婁
逆行至奎法曰當有兵後太白入昴莫如曰蓬星
出西方當有大臣戮死者太白星入東井太微廷
出東門漢有死將後熒惑出東方守太白兵當起
主人不勝後流星下燕萬載宮極東去 李奇曰極屋梁也三輔閒名為極或曰極棟也三輔閒名棟為極尋棟東去也延篤謂之堂前闌楯也 法曰國恐有誅其後左
將軍桀票騎將軍安與長公主燕剌王謀作亂咸

伏其辜兵誅烏桓　元鳳四年九月客星在紫
宮中斗樞極閒占曰為兵其五年六月發三輔郡
國少年詣北軍五年四月燭星見奎婁閒占曰有
土功胡人死邊城和其六年正月築遼東玄菟城
二月度遼將軍范明友擊烏桓還　元平元年
正月庚子日出時有黑雲狀如猋風亂鬊 音舜 轉出
西北東南行轉而西有頃亡占曰有雲如衆風是
謂風師法有大兵其後兵起烏孫五將征匈奴
　二月甲申晨有大星如月有衆星隨而西行
乙酉牂雲如狗赤色長尾三枚夾漢西行大星如

月大臣之象衆星隨之衆皆隨從也天文以東行
為順西行為逆此大臣欲行權以安社稷占曰太
白散為天狗為卒起卒起見禍無時臣運柄牂雲
為亂君到其四月昌邑王賀行淫辟立二十七日
大將軍霍光白皇太后廢賀　三月丙戌流星
出翼軫東北干太微入紫宮始出小且入大有光
入有頃聲如雷三鳴止占曰流星入紫宮天下大
凶其四月癸未宮車晏駕　孝宣本始元年四月壬
戌甲夜辰星與參出西方其二年七月辛亥夕辰
星與翼出皆為蚤占曰大臣誅其後熒惑守房之

鉤鈐鉤鈐天子之御也 晉灼曰上言房為天駟其陰右驂旁有二星曰鈐故曰天子御也 占
曰不太僕則奉車不黜即死也房心天子宮也房
為將相心為子屬也其地宋今楚彭城也　四
年七月甲辰辰星在翼月犯之占曰兵起上卿死
將相也是日熒惑入輿鬼天質占曰大臣有誅者
名曰天賊在大人之側　地節元年正月戊午
乙夜月食熒惑 孟康曰凡星入月見月中為星食月月奄星星滅為月食星 熒惑在角
亢占曰憂在宮中非賊而盜也有內亂讒臣在旁
其辛酉熒惑入氐中氐天子之宮熒惑入之有賊
臣其六月戊戌甲申夜客星又居左右角閒東南指

長可二尺色白占曰有姦人在宮廷閒其丙寅又有客星見貫索東北南行至七月癸酉夜入天市芒炎東南指其色白占曰有戮卿一曰有戮王期皆一年遠二年是時楚王延壽謀逆自殺　四年故大將軍霍光夫人顯將軍霍禹范明友奉車霍山及諸昆弟賓婚爲侍中諸曹九卿郡守皆謀反咸伏其辜　黃龍元年三月客星居王梁東北可九尺長丈餘西指出閣道閒至紫宮其十二月宮車晏駕　元帝初元元年四月客星大如瓜色青白在南斗第二星東可四尺占曰爲水飢

其五月勃海水大溢六月關東大飢民多餓死琅邪郡人相食二年五月客星見昴分居卷舌東可五尺青白色炎長三寸占曰天下有妄言者其十二月鉅鹿都尉謝君男詐爲神人論死父免官（孟康曰姓謝名君男者兒也不記其名直言男耳）　五年四月彗星出西北赤黃色長八尺所後數日長丈餘東北指在參分後二歲餘西羌反　孝成建始元年九月戊子有流星出文昌色白光燭地長可四丈大一圍動搖如龍蛇形有頃長可五六丈大四圍所詘折委曲貫紫宮西在斗西北子亥閒後詘如環北方不合留

二刻所占曰文昌爲上將貴相是時帝舅王鳳爲大將軍其後宣帝舅子王商爲丞相皆貴重任政鳳妬商譖而罷之商自殺親屬皆廢黜　四年七月熒惑隃歲星居其東北半寸所如連李時歲星在關星西四尺所熒惑初從畢口大星東東北往數日至往疾去遲占曰熒惑與歲星鬭有病君飢歲至河平元年三月旱傷麥民食榆皮二年十二月壬申太皇太后避時昆明東觀（如淳曰食貨志武帝修昆明池列觀環之或曰即病謝君男故避其時）　十一月乙卯月食填星星不見時在輿鬼西北八九尺所占曰月食填星流民千里河平元年三月流民入函谷關　河平

二年十月下旬填星在東井軒轅南耑大星尺餘歲星在其西北尺所熒惑在其西北二尺所皆從西方來填星貫輿鬼先到歲星次熒惑亦貫輿鬼十一月上旬歲星熒惑西去填星皆西北逆行占曰三星若合是謂驚位是謂絕行外內有兵與喪改立王公其十一月丁巳夜郎王歆大逆不道牂柯太守立捕殺歆　三年九月甲戌東郡莊平男子侯毋辟兄弟五人羣黨爲盜攻燔官寺縛縣長吏盜取印綬自稱將軍三月辛卯左將軍千秋

卒右將軍史丹爲左將軍四年四月戊申梁王賀薨　陽朔元年七月壬子月犯心星占曰其國有憂若有大喪房心爲宋今楚地十一月辛未楚王友薨　四年閏月庚午飛星大如缶出西南入斗下占曰漢使匈奴明年鴻嘉元年正月匈奴單于雕陶莫皐死五月甲午遣中郎將楊興使弔永始二年二月癸未夜東方有赤色大三四圍長二三丈索索如樹南方有大四五圍下行十餘丈皆不至地滅占曰東方客之變氣狀如樹木以此知四方欲動者明年十二月己卯尉氏男子樊並

等謀反賊殺陳留太守嚴普及吏民出囚徒取庫兵劫略令丞自稱將軍皆誅死庚子山陽鐵官亡徒蘇令等殺傷吏民篡出囚徒取庫兵聚黨數百人爲大賊踰年經歷郡國四十餘一日有兩氣同時起並見而並令等同月俱發也　元延元年四月丁酉日餔時天曤晏殷殷如雷聲有流星頭大如缶長十餘丈皎然赤白色從日下東南去四面或大如盂或如雞子燿燿如雨下至昏止郡國皆言星隕春秋星隕如雨爲王者失埶諸侯起伯之異也其後王莽遂顓國柄王氏之興萌於成帝

時是以有星隕之變後莽遂篡國　綏和元年正月辛未有流星從東南入北斗長數十丈二刻所息占曰大臣有繫者其年十一月庚子定陵侯淳于長坐執左道下獄死　二年春熒惑守心二月乙丑丞相翟方進欲塞災異自殺三月丙戌宮車晏駕　哀帝建平元年正月丁未日出時有著天白氣廣如一匹布長十餘丈西南行讙如雷西南行一刻而止名曰天狗傳曰言之不從則有大禍詩妖到其四年正月二月三月民相驚動讙譁奔走傳行詔籌祠西王母又曰從目人當來

建平元年十二月白氣出西南從地上至天出參下貫天廁廣如一匹布長十餘丈十餘日去占曰天子有陰病其三年十一月壬子太皇太后詔曰皇帝寛仁孝順奉承聖緒靡有解怠而久病未瘳夙夜惟思殆繼體之君不宜改作春秋大復古其復甘泉泰畤汾陰后土如故　二年二月彗星出牽牛七十餘日傳曰彗所以除舊布新也牽牛日月五星所從起歷數之元三正之始彗而出之改更之象也其出久者爲其事大也其六月甲子夏賀良等建言當改元易號增漏刻詔書改建平

二年爲太初元年號曰陳聖劉太平皇帝刻漏以百二十爲度八月丁巳悉復蠲除之賀良及黨與皆伏誅流放其後卒有王莽篡國之禍　元壽元年十一月歲星入太微逆行干右執法占曰大臣有憂執法者誅若有罪二年十月戊寅高安侯董賢免大司馬位歸第自殺

天文志卷第六

五行志第七上　　班固　　漢書二十七

秘書監上護軍琅邪縣開國子顏師古注

易曰天垂象見吉凶聖人象之河出圖雒出書聖人則之（師古曰上繫之辭也則效也）劉歆以為虙羲氏繼天而王（師古曰虙讀與伏同）受河圖則而畫之八卦是也（師古曰效河圖而畫八卦也）禹治洪水賜雒書法而陳之洪範是也（師古曰取法雒書而陳洪範也）聖人行其道而寶其真降及于殷箕子在父師位而典之（師古曰父師即太師殷之三公也箕子紂之諸父而為太師故曰父師）周既克殷以箕子歸武王親虛己而問焉故經曰惟十有三祀王訪于箕子（師古曰祀年也商曰祀自此以下皆周書洪範之文）王迺言曰烏嘑箕子惟天陰騭下民相協厥居我不知其彝倫逌敘（服虔曰騭音陟也應劭曰陰覆也騭升也相助也協和也倫理也攸所也言天覆下民王者當助天居我不知居天常理所次序也師古曰騭音質騭定也協和也天不言而默定下人助合其居）箕子迺言曰我聞在昔鯀陻洪水汩陳其五行（應劭曰陻塞也汩亂也水性流行而鯀障塞之失其本性其餘所陳列皆亂故曰亂陳五行也師古曰汩音骨）帝乃震怒弗畀洪範九疇彝倫逌斁（師古曰帝謂上帝即天也震動也畀與也疇類也九類即九章也斁敗也音丁故反）鯀則殛死禹迺嗣興（師古曰殛誅也見誅而死殛音居力反）天迺錫禹洪範九疇彝倫逌敘（師古曰自羞以上洪範之文）此武王問雒書於箕子箕子對禹得雒書之意也初一曰五行（師古曰謂之行者言順天行氣）次二曰羞用五事（師古曰羞進也）次三曰農用八政（張晏曰農食之本也食為八政首故以農為名也師古曰此說非也農厚也羞用義例皆同非田農之義也）次四曰旪用五紀（應劭曰旪合也合成五行為之條紀也師古曰旪讀曰叶和也）次五曰建用皇極（應劭曰皇大極中也）次六曰艾用三德（應劭曰艾治也治大中之道用三德也師古曰艾讀曰乂）次七曰明用稽疑（應劭曰疑事明考之於蓍龜）次八曰念用庶徵（師古曰念思也庶衆也徵應也）次九曰嚮用五福畏用六極（應劭曰天所以嚮樂人用五福所以畏懼人用六極）凡此六十五字皆雒書本文所謂天迺錫禹大法九章常事所次者也以為河圖雒書相為經緯八卦九章相為表裏昔殷道弛文王演周易（師古曰演廣也更廣其文也演音弋善反）周道敝孔子述春秋則乾坤之陰陽效洪範之咎徵天人之道粲然著矣漢興承秦滅學之後景武之世董仲舒治公羊春秋始推陰陽為儒者宗宣元之後劉向治穀梁春秋數其旤福傳以洪範（師古曰旤古文禍字）與仲舒錯（師古曰錯互不同也）至向子歆治左氏傳其春秋意亦已乖矣言五行傳又頗不同是以擥仲舒別向歆（師古曰擥字與攬同謂引取之擥音來敢反）傳載眭孟夏侯勝京房谷永李尋之徒所陳行事（師古曰眭音息規反）訖于王莽舉十二世以傅春秋著于篇（師古曰傅讀曰附謂比附其事）經曰初一曰五行五行一曰水二曰火三曰木四曰金五曰土水曰潤下火曰炎上（師古曰皆水火自然之性也）木曰曲直（師古曰言可揉而曲可矯而直）金曰從革（張晏曰革更也可更銷鑄也）土爰稼穡（師古曰爰亦曰也一說爰於也可於其上稼穡也種之曰稼收聚曰穡）傳曰田

獵不宿服虔曰不得其時也或曰不豫戒曰不宿不戒以其時也飲食不享師古曰不行享獻之禮也出入不節奪民農時及有姦謀李奇曰姦謀增賦斂之事也臣瓚曰姦謂邪謀也師古曰即下所謂作爲姦詐以奪農時李說是則木不曲直說曰木東方也於易地上之木爲觀師古曰坤下巽上觀巽爲木故云地上之木也其於王事威儀容貌亦可觀者也故行步有佩玉之度師古曰玉佩上有雙衡下有雙璜琚瑀以雜之衝牙蠙珠以納其閒右徵角而左宮羽進則揖之退則揚之然後玉鏘鳴焉是爲行步之節度也璜音黃琚音居瑀音禹蠙音步千反登車有和鸞之節師古曰和鈴也以金爲之施於衡上鸞亦以金爲鸞鳥而銜鈴焉施於鑣上動皆有聲以爲舒疾之節也田狩有三驅之制師古曰謂田獵三驅也三驅之禮一爲乾豆二爲賓客三爲充君之庖也飲食有享獻之禮師古曰以禮飲食謂之享進爵於前謂之獻出入有名使民以時務在勸農桑謀在安百姓如此則木得其性

矣若迺田獵馳騁不反宮室飲食沈湎不顧法度師古曰沈湎謂溺於酒食湎音彌善反妄興繇役以奪民時作爲姦詐以傷民財則木失其性矣蓋工匠之爲輪矢者多傷敗如淳曰揉輪不曲矯矢不直也及木爲變怪臣瓚曰梓柱更生及變爲人形是也是爲木不曲直春秋成公十六年正月雨木冰劉歆以爲上陽施不下通下陰施不上達故雨而木爲之冰雰氣寒師古曰雰音紛木不曲直也劉向以爲冰者陰之盛而水滯者也木者少陽貴臣卿大夫之象也此人將有害則陰氣脅木木先寒故得雨而冰也是時叔孫喬如出奔公子偃誅死師古曰叔孫喬如叔孫宣伯也通於宣公夫人穆姜謀欲

作亂不克而出奔齊公子偃宣公庶子成公弟也豫喬如之謀故見誅事並在十六年冬一曰時晉執季孫行父又執公此執辱之異師古曰行父季文子也十六年秋公會晉侯于沙隨晉受喬如之譖而止公是年九月又信喬如之譖而執行父也或曰今之長老名木冰爲木介介者甲甲兵象也是歲晉有鄢陵之戰楚王傷目而敗師古曰晉楚戰于鄢陵呂錡射恭王中目鄢陵鄭地屬常雨也傳曰棄法律逐功臣殺太子以妾爲妻則火不炎上說曰火南方揚光煇爲明者也其於王者南面鄉明而治師古曰鄉讀曰嚮書云知人則悊能官人師古曰虞書咎繇謨之辭悊智也能知其材則能官之所以爲智也故堯舜舉羣賢而命之朝師古曰謂稷禼以下遠四佞而放諸壄師古曰四佞即四凶也遠離也壄古野字孔子曰浸潤之譖膚受之訴不

行焉可謂明矣師古曰論語載孔子之言也浸潤言積漸也膚受謂初入皮膚以至骨髓也賢佞分別官人有序帥由舊章師古曰帥循也由從也用也敬重功勳殊別適庶師古曰適讀曰嫡如此則火得其性矣若迺信道不篤師古曰篤厚也或燿虛僞讒夫昌邪勝正則火失其性矣自上而降及濫炎妄起師古曰炎讀曰燄災宗廟燒宮館雖興師衆弗能救也是爲火不炎上春秋桓公十四年八月壬申御廩災董仲舒以爲先是四國共伐魯大破之於龍門韋昭曰魯郎門百姓傷者未瘳怨咎未復而君臣俱惰內怠政事外侮四鄰非能保守宗廟終其天年者也故天災御廩以戒之劉向以爲御

廩夫人八妾所春米之臧以奉宗廟者也師古曰一娶九女正嫡一人餘者妾也故云八妾時夫人有淫行師古曰謂通於齊侯挾逆心師古曰謂欲弑桓公天戒若曰夫人不可以奉宗廟桓不寤與夫人俱會齊師古曰十八年春公會齊侯于濼公與夫人姜氏遂如齊也夫人譖桓公於齊侯師古曰言世子同非吾子齊侯之子齊侯殺桓公師古曰齊侯享公公醉使公子彭生乘公拉其幹而殺之公薨于車劉歆以為御廩公所親耕籍田以奉粢盛者也師古曰黍稷曰粢在器曰盛也棄法度亡禮之應也嚴公二十年夏齊大災師古曰嚴公謂莊公也避明帝諱故改曰嚴凡漢書載謚姓為嚴者皆類此劉向以為齊桓好色聽女口以妾為妻適庶數更師古曰更改也桓公之夫人三王姬徐嬴蔡姬皆無子而桓公好內多寵內嬖如夫人者六人長衛姬生公子無虧即武孟也少衛姬生惠公鄭姬生孝公葛嬴生昭公密姬生懿公宋華子生公子雍以與管仲屬

孝公於宋襄公以為大子易牙有寵於衛共姬因寺人貂以薦羞於公請立武孟公許之管仲卒五公子皆求立適讀曰嫡下亦同數音所角反故致大災桓公不寤及死適庶分爭九月不得葬師古曰魯僖十七年齊桓公卒易牙入因內寵以殺羣吏立無虧孝公奔宋十八年齊立孝公不勝四公子之徒遂與宋人戰敗齊師于甗立孝公而還八月葬桓公是為過於九月乃得葬也公羊傳曰大災疫也董仲舒以為魯夫人淫於齊齊桓姊妹不嫁者七人國君民之父母夫婦生化之本本傷則末夭故天災所予也李奇曰以為疫殺其民人釐公二十年五月乙巳西宮災師古曰釐讀曰僖後皆類此穀梁以為愍公宮也以謚言之則若跡故謂西宮劉向以為釐立妾母為夫人以入宗廟師古曰僖公之母謂成風也本非正嫡僖既為君而母遂同夫人禮文四年經書夫人風氏薨五年王使榮叔歸含且賵是也故天災

愍宮若曰去其卑而親者將害宗廟之正禮師古曰愍公於僖公為弟故云卑董仲舒以為釐娶於楚而齊媵之脅公使立以為夫人師古曰僖公初娉楚女為嫡齊女為媵齊先致其女脅魯使立為夫人事見公羊穀梁傳西宮者小寢夫人之居也若曰妾何為此宮誅去之意也以天災之故大之曰西宮也左氏以為西宮者公宮也言西知有東東宮大子所居言宮舉區皆災也宣公十六年夏成周宣榭火師古曰公羊經也成周洛陽也榭者所以臧樂器宣其名也董仲舒劉向以為十五年王札子殺召伯毛伯師古曰王札子即王子捷也召伯毛伯周大夫也召讀曰邵後皆類此天子不能誅天戒若曰不能行政令何以禮樂為

而臧之左氏經曰成周宣榭火人火也人火曰火天火曰災榭者講武之坐屋成公三年二月甲子新宮災穀梁以為宣宮不言謚恭也劉向以為時魯三桓子孫始執國政宣公欲誅之恐不能使大夫公孫歸父如晉謀未反宣公死三家譖歸父於成公成公父喪未葬聽讒而逐其父之臣使奔齊師古曰三桓謂孟孫叔孫季孫三家俱出桓公之子也公孫歸父東門襄仲之子也歸父欲去三桓以張公室與宣公謀而聘于晉欲以晉人去之而宣公薨成公即位季文子及臧宣叔乃逐東門氏歸父還復命於介遂出奔齊故天災宣宮明不用父命之象也一曰三家親而亡禮猶宣公殺子赤而立師古曰赤文公太子即子惡也宣公文公之庶子襄仲殺赤而立宣公亡禮而親天災

宣廟欲示去三家也董仲舒以為成居喪亡哀戚
心數興兵戰伐師古曰謂元年作丘甲二年季孫行父帥師會晉郤克及齊侯戰于鞌三年叔孫僑如帥師
圍棘故天災其父廟示失子道不能奉宗廟也一曰
宣殺君而立不當列於羣祖也襄公九年春宋災
劉向以為先是宋公聽讒逐其大夫華弱出奔魯
師古曰華弱華耦之孫也與樂轡少相狎長相優又相謗轡以弓梏弱于朝宋平公怒逐之遂來奔事在襄六年左氏傳
曰宋災樂喜為司城師古曰司城本司空避武公之諱故改其官為司城先使火所
未至徹小屋師古曰恐火及之故徹去塗大屋師古曰大屋難徹故以泥塗之令火至不可焚陳
畚挶應劭曰畚草籠也讀與本同挶所以輿土也師古曰挶音居玉反具綆缶師古曰綆汲索也缶即盎也綆音工
杏反備水器師古曰罃盆之屬也許氏說文解字曰罃備火今之長頸缾也畜水潦積土塗

師古曰潦行潦也畜讀曰蓄蓄謂障遏聚之也塗泥也繕守備師古曰繕謂補修之也修守禦之備恐因火有它故也表
火道師古曰火之所起之道皆立標記也儲正徒師古曰儲偫也正徒役徒也偫音丈紀反郊保之
民使奔火所師古曰郊保之人謂郊野之外保聚者也使奔火所共救災也又飭家官各
愼其職師古曰飭讀與敕同晉侯聞之問士弱曰師古曰士弱晉大夫士莊伯宋
災於是乎知有天道何故對曰古之火正或食
於咮以出入火師古曰咮音竹救反是故咮為鶉火心為大火
陶唐氏之火正閼伯居商丘祀大火而火紀時焉
相土因之故商主大火商人閱其禍敗之豐必始
於火是以知有天道公曰可必乎對曰在道國亂
亡象不可知也韋昭曰大亂之君天不復告故無象說曰古之火正謂火

官也掌祭火星行火政季春昏心星出東方而咮
七星鳥首正在南方則用火季秋星入則止火以
順天時救民疾帝嚳則有祝融堯時有閼伯民賴
其德死則以為火祖配祭火星故曰或食於心或
食於咮也相土商祖契之曾孫師古曰契讀曰偰音先列反字或作卨其用同耳據諸
典籍相土即卨之孫今云曾孫未詳其意代閼伯後主火星宋其後也世司
其占故先知火賢君見變能脩道以除凶亂君亡
象天不譴告故不可必也三十年五月甲午宋災
董仲舒以為伯姬如宋五年宋恭公卒師古曰伯姬魯宣公女恭
姬也成九年歸于宋十五年而宋公卒今云如宋五年則是轉寫誤伯姬幽居守節三十餘年

又憂傷國家之患禍積陰生陽故火生災也劉向
以為先是宋公聽讒而殺大子痤師古曰痤宋平公大子也寺人惠牆伊戾
譖大子云與楚客盟平公殺之事在襄二十六年痤音在戈反應火不炎上之罰也左
氏傳昭公六年六月丙戌鄭災是春三月鄭人鑄
刑書士文伯曰火見鄭其火乎師古曰士文伯晉大夫伯瑕也火未出
而作火以鑄刑器臧爭辟焉師古曰著刑於鼎故稱刑器法設下爭故云爭辟
火而象之不火何為說曰火星出於周五月而鄭
以三月作火鑄鼎刻刑辟書以為民約是為刑器
爭辟故火星出與五行之火爭明為災其象然也
又棄法律之占也不書於經時不告魯也九年夏

四月陳火師古曰公羊經董仲舒以為陳夏徵舒殺君楚嚴
王託欲為陳討賊陳國闢門而待之至因滅陳師古
曰夏徵舒陳夏南即少西氏也徵舒之母通於靈公靈公飲酒于夏氏徵舒射而殺之楚子為夏氏亂故伐陳謂陳人無動將討於少西氏
遂入陳殺夏徵舒轘諸栗門因縣陳事在宣十年十一年陳臣子尤毒恨甚極陰生陽
故致火災劉向以為先是陳侯弟招殺陳大子偃
師師古曰招謂陳哀公之弟偃師即哀公子也哀公有廢疾招殺大子而立公子留事在昭八年招音韶皆外事不
因其宮館者略之也八年十月壬午楚師滅陳師古曰
莊王初雖縣陳納申叔時之諫乃復封陳至此時陳又為楚靈王所滅春秋不與蠻夷滅中國
故復書陳火也師古曰九年火時陳已為楚縣猶追書陳國者以楚蠻夷不許其滅中夏之國左氏
經曰陳災傳曰鄭裨竈曰五年陳將復封師古曰裨竈鄭大夫

封五十二年而遂亡子產問其故對曰陳水屬也
火水妃也而楚所相也今火出而火陳逐楚而建
陳也妃以五成故曰五年歲五及鶉火而後陳卒
亡楚克有之天之道也說曰顓頊以水王陳其族
也師古曰陳舜後也舜本出顓頊今茲歲在星紀後五年在大梁大梁
昴也金為水宗得其宗而昌故曰五年陳將復封楚之先
為火正故曰楚所相也天以一生水地以二生火
天以三生木地以四生金天以五生土五位皆以
五而合而陰陽易位故曰妃以五成然則水之大
數六火七木八金九土十故水以天一為火二牡

木以天三為土十牡土以天五為水六牡火以天
七為金四牡金以天九為木八牡陽奇為牡陰耦
為妃師古曰奇音居宜反故曰水火之牡也火水妃也於易坎
為水為中男離為火為中女蓋取諸此也自大梁
四歲而及鶉火四周四十八歲凡五及鶉火五十
二年而陳卒亡火盛水衰故曰天之道也哀公十
七年七月己卯楚滅陳昭十八年五月壬午宋衛
陳鄭災董仲舒以為象王室將亂天下莫救故災
四國言亡四方也又宋衛陳鄭之君皆荒淫於樂
不恤國政與周室同行陽失節則火災出是以同

日災也劉向以為宋陳王者之後師古曰宋微子啟本出殷陳胡公滿有虞
苗裔皆王者之後衛鄭周同姓也師古曰衛康叔文王之子鄭桓公宣王之弟時周景王
老劉子單子事王子猛師古曰劉子劉獻公摯也單子穆公旗也皆周大夫也猛景王大子單音善
尹氏召伯毛伯事王子鼂師古曰尹氏文公圉也召伯莊公奐也毛伯毛得也皆周大夫也子
鼂景王庶子也鼂古朝字子鼂楚之出也師古曰姊妹之子曰出及宋衛陳鄭亦
皆外附於楚亡尊周室之心後二年景王崩王室
亂故天災四國天戒若曰不救周反從楚廢世子
立不正以害王室明同辠也定公二年五月雉門
及兩觀災師古曰雉門公宮南門也兩觀謂闕董仲舒劉向以為此皆
奢僭過度者也先是季氏逐昭公昭公死于外師古

曰謂薨于乾侯定公即位不能誅季氏又用其邪說淫於女樂而退孔子師古曰齊人歸女樂季桓子勸定公受之君臣相與觀之廢朝禮三日孔子乃行天戒若曰去高顯而奢僭者一曰門闕號令所由出也今舍大聖而縱有辠亡以出號令矣京房易傳曰君不思道厥妖火燒宮是哀公三年五月辛卯桓釐宮災董仲舒劉向以爲此二宮不當立違禮者也哀公又以季氏之故不用孔子孔子在陳聞魯災曰其桓釐之宮乎以爲桓季氏之所出釐使季氏世卿者也四年六月辛丑亳社災師古曰亳社殷社也董仲舒劉向以爲亡國之社所以爲戒也師古曰存其社者欲使君常思儆愼懼危亡也天戒若曰國將危亡不用戒矣春秋火災屢於定哀之間不用聖人而縱驕臣將以亡國不明甚也一曰天生孔子非爲定哀也蓋失禮不明火災應之自然象也高后元年五月丙申趙叢臺災劉向以爲是時呂氏女爲趙王后嫉妒將爲讒口以害趙王王不寤焉卒見幽殺惠帝四年十月乙亥未央宮凌室災師古曰藏冰之室也丙子織室災師古曰織作之室劉向以爲元年呂大后殺趙王如意殘戮其母戚夫人是歲十月壬寅大后立帝姊魯元公主女爲皇后其乙亥凌室災明日織室災凌室所以供養飲食

織室所以奉宗廟衣服與春秋御廩同義天戒若曰皇后亡奉宗廟之德將絕祭祀其後皇后亡子後宮美人有男大后使皇后名之而殺其母惠帝崩嗣子立有怨言大后廢之更立呂氏子弘爲少帝賴大臣共誅諸呂而立文帝惠后幽廢文帝七年六月癸酉未央宮東闕罘思災師古曰罘思闕之屛也解具在文紀劉向以爲東闕所以朝諸侯之門也罘思在其外諸侯之象也漢興大封諸侯王連城數十文帝即位賈誼等以爲違古制度必將叛逆先是濟北淮南王皆謀反其後吳楚七國舉兵而誅景帝中五年八月己酉未央宮東闕災先是栗大子廢爲臨江王師古曰景帝大子栗姬所生謂之栗大子以罪徵詣中尉自殺丞相條侯周亞夫以不合旨稱疾免後二年下獄死武帝建元六年六月丁酉遼東高廟災四月壬子高園便殿火董仲舒對曰春秋之道舉往以明來是故天下有物視春秋所舉與同比者師古曰比類也音必寐反精微眇以存其意通倫類以貫其理天地之變國家之事粲然皆見亡所疑矣按春秋魯定公哀公時季氏之惡已孰師古曰孰成也而孔子之聖方盛夫以盛聖而易孰惡季孫雖重魯君雖輕其勢可成也故定公二年

五月兩觀災兩觀僭禮之物師古曰兩觀天子之制也天災之者若曰僭禮之臣可以去已見辠徵而後告可去此天意也定公不知省師古曰省察也至哀公三年五月桓宮釐宮災二者同事所爲一也若曰燔貴而去不義云爾師古曰燔音煩哀公未能見故四年六月亳社災兩觀桓釐廟亳社四者皆不當立天皆燔其不當立者以示魯欲其去亂臣而用聖人也季氏亡道久矣前是天不見災者魯未有賢聖臣雖欲去季孫其力不能昭公是也師古曰前是謂此時之前也見顯示也音胡電反次下並同至定哀迺見之其時可也不時不見天之道也今高廟不當居遼東高園殿不當居陵旁於禮亦不當立與魯所災同其不當立久矣至於陛下時天迺災之者殆亦其時可也昔秦受亡周之敝而亡以化之漢受亡秦之敝又亡以化之夫繼二敝之後承其下流兼受其猥難治甚矣師古曰猥積也謂積漸也又多兄弟親戚骨肉之連驕揚奢侈師古曰揚謂振揚張大也恣雎者衆服虔曰自恣孟康曰雎恚怒貌也師古曰雎音呼季反所謂重難之時者也陛下正當大敝之後又遭重難之時甚可憂也故天災若語陛下當今之世雖敝而重難非以太平至公不能治也視親戚貴屬在諸侯遠正最甚者忍而誅之師古曰遠

僻也謂僻正道者也如吾燔遼東高廟迺可視近臣在國中處旁仄及貴而不正者忍而誅之師古曰仄古側字如吾燔高園殿迺可云爾在外而不正者雖貴如高廟猶災燔之況諸侯乎在內不正者雖貴如高園殿猶燔災之況大臣乎此天意也辠在外者天災外辠在內者天災內燔甚罪當重燔簡罪當輕承天意之道也先是淮南王安入朝始與帝舅太尉武安侯田蚡有逆言其後膠西于王趙敬肅王常山憲王皆數犯法或至夷滅人家藥殺二千石而淮南衡山王遂謀反膠東江都王皆知其謀陰治兵弩欲以應之至元朔六年迺發覺而伏辜時田蚡已死不及誅上思仲舒前言使仲舒弟子呂步舒持斧鉞治淮南獄以春秋誼顓斷於外不請師古曰顓與專同不請者不奏待報既還奏事上皆是之太初元年十一月乙酉未央宮柏梁臺災先是大風發其屋夏侯始昌先言其災曰後有江充巫蠱衛太子事征和二年春涿郡鐵官鑄鐵鐵銷皆飛上去此火爲變使之然也其三月涿郡太守劉屈氂爲丞相後月巫蠱事興帝女諸邑公主陽石公主師古曰諸邑琅邪之縣也公主所食曰邑故謂之諸邑陽石北海之縣字亦作斗丞相公孫賀子太僕敬聲平陽侯曹宗等皆

下獄死七月使者江充掘蠱太子宮太子與母皇
后議恐不能自明乃殺充舉兵與丞相劉屈氂戰
死者數萬人太子敗走至湖自殺師古曰湖縣名也即今閿鄉湖城二縣界
明年屈氂復坐祝禮要斬師古曰禮古詛字也音側據反妻梟首也
成帝河平二年正月沛郡鐵官鑄鐵鐵不下隆隆
如雷聲又如鼓音工十三人驚走音止還視地地
陷數尺鑪分爲十一鑪中銷鐵散如流星皆上去
與征和二年同象其夏帝舅五人封列侯號五侯
師古曰譚商立根逢時凡五人元舅王鳳爲大司馬大將軍秉政後二
年丞相王商與鳳有隙鳳譖之免官自殺明年京

兆尹王章訟商忠直言鳳顓權鳳誣章以大逆辠
下獄死妻子徙合浦後許皇后坐巫蠱廢而趙飛
燕爲皇后妹爲昭儀賊害皇子成帝遂亡嗣皇后
昭儀皆伏辜一日鐵飛屬金不從革昭帝元鳳元
年燕城南門災劉向以爲時燕王使邪臣通於漢
爲讒賊謀逆亂南門者通漢道也天戒若曰邪臣
往來爲姦讒於漢絕亡之道也燕王不寤卒伏其
辜元鳳四年五月丁丑孝文廟正殿災劉向以爲
孝文大宗之君與成周宣榭火同義先是皇后父
車騎將軍上官安安父左將軍桀謀爲逆大將軍

霍光誅之皇后以光外孫年少不知居位如故光
欲后有子因上侍疾醫言禁內後宮皆不得進唯
皇后顓寢皇后年六歲而立十三年而昭帝崩遂絕
繼嗣光執朝政猶周公之攝也是歲正月上加元
服師古曰元服謂冠也通詩尚書有明哲之性光亡周公之德秉
政九年久於周公上既已冠而不歸政將爲國害
故正月加元服五月而災見古之廟皆在城中孝
文廟始出居外天戒若曰去貴而不正者宣帝既
立光猶攝政驕溢過制至妻顯殺許皇后光聞而
不討後遂誅滅宣帝甘露元年四月丙申太上皇

廟災甲辰孝文廟災元帝初元三年四月乙未孝
武園白鶴館災劉向以爲先是前將軍蕭望之光
祿大夫周堪輔政爲佞臣石顯許章等所譖望之
自殺堪廢黜明年白鶴館災園中五里馳逐走馬
之館師古曰五里者言其周迴五里不當在山陵昭穆之地天戒若曰
去貴近逸遊不正之臣將害忠良後章坐走馬上
林下烽馳逐免官孟康曰夜於上林苑下舉火馳射也烽或作逢晉灼曰冠首曰烽競走曰逐師古曰孟說是
永光四年六月甲戌孝宣杜陵園東闕南方災劉
向以爲先是上復徵用周堪爲光祿勳及堪弟子
張猛爲大中大夫石顯等復譖毀之皆出外遷是

歲上復徵堪領尚書猛給事中石顯等終欲害之園陵小於朝廷闕在司馬門中內臣石顯之象也孝宣親而貴闕法令所從出也天戒若曰去法令內臣親而貴者必爲國害後堪希得進見因顯言事事決顯口堪病不能言顯誣告張猛自殺於公車成帝即位顯卒伏辜成帝建始元年正月乙丑皇考廟災初宣帝爲昭帝後而立父廟於禮不正是時大將軍王鳳顓權擅朝甚於田蚡將害國家故天於元年正月而見象也其後寖盛師古曰寖古浸字浸漸也五將世權遂以亡道孟康曰謂王五大司馬也師古曰謂鳳音商根莽也鴻嘉三年

八月乙卯孝景廟北闕災十一月甲寅許皇后廢永始元年正月癸丑大官凌室災戊午戾后園南闕災是時趙飛燕大幸許后既廢上將立之故天見象於凌室與惠帝四年同應戾后衛大子妾遭巫蠱之旤宣帝既立追加尊號於禮不正又戾后起於微賤與趙氏同應天戒若曰微賤亡德之人不可以奉宗廟將絕祭祀有凶惡之旤至其六月丙寅趙皇后遂立姊妹驕妒賊害皇子卒皆受誅永始四年四月癸未長樂宮金華殿及未央宮東司馬門災六月甲午孝文霸陵園東闕南方災長樂

宮成帝母王大后之所居也未央宮帝所居也霸陵大宗盛德園也是時大后三弟相續秉政師古曰謂陽平侯鳳安陽侯音成都侯商相代爲大司馬舉宗居位充塞朝廷兩宮親屬將害國家師古曰謂大后家王氏皇后家趙氏故云兩宮親屬故天象仍見師古曰仍重也明年成都侯商薨弟曲陽侯根代爲大司馬秉政後四年根乞骸骨薦兄子新都侯莽自代遂覆國焉哀帝建平三年正月癸卯桂宮鴻寧殿災帝祖母傅大后之所居也時傅大后欲與成帝母等號齊尊大臣孔光師丹等執政以爲不可大后皆免官爵遂稱尊號後三年帝崩傅氏誅滅平帝元始五年

七月己亥高皇帝原廟殿門災盡師古曰原廟重廟也高皇帝廟在長安城中後以叔孫通譏復道故復起原廟於渭北非正也是時平帝幼成帝母王大后臨朝委任王莽將篡絕漢墮高祖宗廟師古曰墮毀也音火規反故天象見也其冬平帝崩明年莽居攝因以篡國後卒夷滅傳曰治宮室飾臺榭師古曰臺有室曰榭內淫亂犯親戚侮父兄則稼穡不成說曰土中央生萬物者也其於王者爲內事宮室夫婦親屬亦相生者也古者天子諸侯宮廟大小高卑有制后夫人媵妾多少進退有度九族親跡長幼有序孔子曰禮與其奢

也寧儉師古曰論語載孔子之言也若不得禮之中而失於奢則不如儉故禹卑宮室師古曰論語載孔子曰禹吾無間然矣卑宮室而盡力乎溝洫謂勤於治水而所居狹陋也文王刑于寡妻師古曰大雅思齊之詩云刑于寡妻至于兄弟以御于家邦刑法也寡妻謂正嫡也御治也此美文王以禮法接待其妻妾及兄弟宗族又廣以政教治家邦此聖人之所以昭教化也師古曰昭明也如此則土得其性矣若迺奢淫驕慢則土失其性亡水旱之災而草木百穀不孰是爲稼穡不成嚴公二十八年冬大亡麥禾董仲舒以爲夫人哀姜淫亂師古曰哀姜莊公夫人齊女也逆陰氣故大水也劉向以爲水旱當書不書水旱而曰大亡麥禾者土氣不養稼穡不成者也是時夫人淫於二叔內外亡別師古曰二叔謂莊公二弟仲慶父及叔牙又因凶

飢一年而三築臺師古曰謂三十一年春築臺于郎夏築臺于薛秋築臺于秦也郎薛秦皆魯地故應是而稼穡不成飾臺榭內淫亂之罰云遂不改寤四年而死師古曰謂莊公三十二年薨死距大無麥禾凡四歲也禍流二世師古曰謂子般及閔公皆殺死奢淫之患也傳曰好戰攻輕百姓飾城郭侵邊境則金不從革說曰金西方萬物既成殺氣之始也故立秋而鷹隼擊秋分而微霜降其於王事出軍行師把旄杖鉞誓士眾抗威武所以征畔逆止暴亂也詩云有虔秉鉞如火烈烈師古曰商頌長發之詩也虔固也此美殷湯興師出征固持其鉞以誅有罪威力猛盛如火熾烈又曰載戢干戈載櫜弓矢師古曰周頌時邁之詩也戢聚也櫜韜也言天下大平兵不復用故戢斂而韜藏也動靜應誼說以犯難民

忘其死師古曰言以和悅使人雖犯危難不顧其死生也易兌卦彖曰說以犯難人忘其死故引之也說讀曰悅金得其性矣若乃貪欲恣睢師古曰睢音呼季反務立威勝不重民命則金失其性蓋工冶鑄金鐵金鐵冰滯涸堅不成者眾師古曰涸讀與沍同沍凝也音下故反春秋左氏傳曰固陰沍寒及爲變怪是爲金不從革左氏傳曰昭公八年春石言於晉晉平公問於師曠師古曰晉掌樂大夫對曰石不能言神或馮焉作事不時怨讟動於民師古曰讟痛怨之言也音讀則有非言之物而言今宮室崇侈民力彫盡怨讟並興莫信其性師古曰信猶保也性生也一說信讀曰申言不得申其性命也石之言不亦宜乎於是晉侯方築虒祁之宮師古曰虒祁地在絳西臨汾水虒音斯叔向曰君子之言

信而有徵師古曰叔向晉大夫羊舌肸也向音許兩反字亦作嚮其音同劉歆以爲金石同類是爲金不從革失其性也劉向以爲石白色爲主屬白祥成帝鴻嘉三年五月乙亥天水冀南山大石鳴師古曰天水之冀縣南山也聲隆隆如雷有頃止聞平襄二百四十里韋昭曰天水縣壄雞皆鳴師古曰雉也石長丈三尺廣厚略等師古曰廣及厚皆如其長旁著崖脅去地二百餘丈民俗名曰石鼓石鼓鳴有兵是歲廣漢鉗子謀攻牢師古曰鉗子謂鉗徒也牢係重囚之處篡死罪囚鄭躬等盜庫兵劫略吏民衣繡衣自號曰山君黨與寖廣師古曰寖漸也明年冬迺伏誅自歸者三千餘人後四年尉氏樊並等謀反

殺陳留大守嚴普自稱將軍山陽亡徒蘇令等黨與數百人盜取庫兵經歷郡國四十餘皆踰年迺伏誅是時起昌陵作者數萬人徙郡國吏民五千餘戶以奉陵邑作治五年不成乃罷昌陵還徙家師古曰初徙人陪昌陵者今皆還其本居石鳴與晉石言同應師曠所謂民力彫盡傳云輕百姓者也虒祁離去絳都四十里昌陵亦在郊壄皆與城郭同占城郭屬金宮室屬土外內之別云傳曰簡宗廟不禱祠廢祭祀逆天時則水不潤下說曰水北方終臧萬物者也其於人道命終而形臧精神放越聖人為之宗廟以安

魂氣春秋祭祀以終孝道王者即位必郊祀天地禱祈神祇望秩山川懷柔百神亡不宗事師古曰懷來也柔安也謂招來而祭祀之使其安也宗尊也慎其齊戒致其嚴敬鬼神歆饗多獲福助此聖王所以順事陰氣和神人也至發號施令亦奉天時十二月咸得其氣則陰陽調而終始成如此則水得其性矣若迺不敬鬼神政令逆時則水失其性霧水暴出百川逆溢壞鄉邑溺人民及淫雨傷稼穡是為水不潤下京房易傳曰顓事有知誅罰絕理厥災水其水也雨殺人以隕霜大風天黃飢而不損茲謂泰厥災水水殺人辟遏

有德茲謂狂應劭曰辟天子也有德者雍遏不用也師古曰遏音一曷反厥災水水流殺人已水則地生蟲歸獄不解茲謂追非李奇曰歸罪過於民不罪己也張晏曰謂釋有罪之人而歸無辜者也解止也追非遂非也厥水寒殺人追誅不解茲謂不理厥水五穀不收大敗不解茲謂皆陰解舍也王者於大敗誅首惡赦其眾不則皆函陰氣師古曰函讀與含同厥水流入國邑隕霜殺叔草桓公元年秋大水董仲舒劉向以為桓弒兄隱公民臣痛隱而賤桓後宋督弒其君師古曰宋華父督為大宰弒殤公事在桓公二年諸侯會將討之師古曰齊陳鄭也桓受宋賂而歸師古曰謂郜大鼎又背宋諸侯由是伐魯仍交兵結讎伏尸流血百姓愈怨師古曰桓

會宋公者五與宋公燕人盟已而背盟伐宋宋公燕人怨而來助齊衛助之桓公懼而會紀侯鄭伯及四國之師大戰故十三年夏復大水一曰夫人驕淫將弒君陰氣盛桓不寤卒殺師古曰已解於上也劉歆以為桓易許田不祀周公師古曰許田魯朝宿之邑而有周公別廟桓既篡位遂以許田與鄭而取鄭之祊田故云不祀周公廢祭祀之罰也嚴公七年秋大水亡麥苗董仲舒劉向以為嚴母文姜與兄齊襄公淫共殺桓公嚴釋父讎復取齊女未入先與之淫一年再出會於道逆亂臣下賤之之應十一年秋宋大水董仲舒以為時魯宋比年為乘丘鄑之戰師古曰比年頻年也莊十年公敗宋師于乘丘十一年公敗宋師于鄑乘丘鄑皆魯地鄑音子移反百姓愁怨陰氣盛故二國俱水劉向以為時

宋愍公驕慢睹災不改明年與其臣宋萬博戲婦人在側矜而罵萬殺公之應師古曰萬宋大夫也戰敗獲于魯復歸宋又爲大夫與愍公博婦人在側萬曰甚矣魯侯之淑魯侯之美天下諸侯宜爲君者唯魯侯耳愍公矜此婦人妒其言顧曰此虜也爾虜焉故魯侯之美惡乎至萬怒搏愍公絕其脰而死事在莊十二年二十四年大水董仲舒以爲夫人哀姜淫亂不婦陰氣盛也劉向以爲哀姜初入公使大夫宗婦見用幣師古曰宗婦同姓之婦也大夫妻及宗婦見夫人者皆令執幣是踰禮也又淫於二叔公弗能禁臣下賤之故是歲明年仍大水師古曰仍頻也劉歆以爲先是嚴飾宗廟刻桷丹楹以夸夫人臣瓚曰桷椽也韋昭曰楹柱也師古曰莊公二十三年丹桓宮楹二十四年刻桓宮桷將迎夫人故爲盛飾簡宗廟之罰也師古曰簡慢也宣公十年秋大水飢董仲舒以爲時比伐邾取邑師古曰比頻也九年秋取根牟公羊傳曰根牟者何邾婁之邑也十年公孫歸父帥師伐邾取繹故云比年也亦見報復兵讎連結百姓愁怨劉向以爲宣公殺子赤而立子赤齊出也師古曰赤母姜氏赤死姜氏大歸齊市人皆哭魯人謂之哀姜故懼以濟西田賂齊師古曰宣既即位與齊侯會于平州以定其位元年六月齊人取濟西田爲立公故以敗齊也邾子貜且亦齊出也師古曰貜且邾文公之子邾定公也亦齊女所生貜音俱碧反又音钁且音子余反而宣比與邾交兵師古曰比頻也臣下懼齊之威創邾之旤師古曰創懲也音初亮反皆賤公行而非其正也成公五年秋大水董仲舒劉向以爲時成幼弱政在大夫前此一年再用師師古曰成三年春公會晉侯宋公衛侯曹伯伐鄭秋叔孫僑如帥師圍棘是也明年復城鄆以彊私家師古曰四年城鄆鄆季氏邑音運仲孫蔑叔孫僑如

顓會宋晉陰勝陽師古曰仲孫蔑孟獻子也成五年春仲孫蔑如宋夏叔孫僑如會晉荀首于穀顓與專同專者不稟命於公襄公二十四年秋大水董仲舒以爲先是一年齊伐晉襄使大夫帥師救晉師古曰襄二十三年秋齊伐衛遂伐晉八月叔孫豹帥師救晉次于雍榆後又侵齊師古曰二十四年仲孫羯帥師侵齊國小兵弱數敵彊大百姓愁怨陰氣盛劉向以爲先是襄慢鄰國是以邾伐其南師古曰十五年邾人伐我南鄙是也齊伐其北師古曰十六年齊人伐我北鄙是也莒伐其東師古曰十二年莒人伐我東鄙是也百姓騷動後又仍犯彊齊也師古曰十八年公會晉侯宋公衛侯鄭伯同圍齊二十三年救晉二十四年又侵齊是重犯也大水饑穀不成其災甚也高后三年夏漢中南郡大水水出流四千餘家四年秋河南大水伊雒流千六百餘家汝水流八百餘家八年夏漢中南郡水復出流六千餘家南陽沔水流萬餘家師古曰沔漢水之上也音彌善反是時女主獨治諸呂相王文帝後三年秋大雨晝夜不絕三十五日藍田山水出流九百餘家燕壞民室八千餘所殺三百餘人先是趙人新垣平以望氣得幸爲上立渭陽五帝廟欲出周鼎以夏四月郊見上帝師古曰事並見郊祀志歲餘懼誅謀爲逆發覺要斬夷三族是時比再遣公主配單于賂遺甚厚師古曰比頻也高祖使劉敬奉宗室女翁主爲冒頓單于閼氏冒頓死其子老上單于初立文帝復遣宗人女爲單于閼氏匈奴愈驕侵犯北邊殺略多至萬餘人漢連發軍征討戍

邊元帝永光五年夏及秋大水潁川汝南淮陽廬江雨壞鄉聚民舍及水流殺人先是一年有司奏罷郡國廟是歲又定迭毀（師古曰親盡則毀故云迭毀事在韋玄成傳迭音大結反）罷大上皇孝惠帝寢廟皆無復脩通儒以爲違古制刑臣石顯用事（師古曰石顯宦者故曰刑臣）成帝建始三年夏大水三輔霖雨三十餘日郡國十九雨山谷水出凡殺四千餘人壞官寺民舍八萬三千餘所元年有司奏徙甘泉泰畤河東后土于長安南北郊二年又罷雍五畤郡國諸舊祀凡六所

五行志第七上

秘書監上護軍琅邪縣開國子顏師古注

經曰羞用五事一曰貌二曰言三曰視四曰聽五曰思應劭曰思心思慮貌曰恭言曰從視曰明聽曰聰思曰容應劭曰容通也古文作睿恭作肅從作艾師古曰艾讀曰乂乂治也其下亦同明作悊聰作謀應劭曰上聰則下謀故聰爲謀也容作聖張晏曰容通達以至於聖休徵曰肅時雨若應劭曰居上而敬則雨順之艾時陽若應劭曰政治則陽順之悊時奧若應劭曰悊明也師古曰奧讀曰燠燠溫也音於六反其下亦同謀時寒若聖時風若孟康曰善行之驗也咎徵師古曰言惡行之驗曰狂恒雨若僭恒陽若應劭曰僭僭差舒恒奧若急恒寒若霿恒風若服虔曰霿音人耩反應劭曰人君瞉霿鄙吝則風不順之也師古曰凡言時者皆謂行得其道則寒暑風雨以時應而順之師古曰凡言恒者謂所行者失道寒暑風雨不時而恒久爲災也霿音莫豆反瞉音構又音寇傳曰貌之不恭是謂不肅厥咎狂厥罰恒雨厥極惡時則有服妖時則有龜孽師古曰孽音魚列反其下並同時則有雞旤師古曰旤與禍同時則有下體生上之痾韋昭曰若牛之足反出背上下欲伐上之禍也師古曰痾音阿時則有青眚青祥李奇曰內曰眚外曰祥唯金沴木服虔曰沴害也如淳曰沴音拂戾之戾義亦同說曰凡草物之類謂之妖妖猶夭胎言尚微師古曰夭音烏老反蟲豸之類謂之孽師古曰有足謂之蟲無足謂之豸孽則牙孽矣及六畜謂之旤言其著也及人謂之痾痾病貌言寖深也師古曰寖漸也甚則異物生謂之眚自外來謂之祥祥猶禎也氣相傷謂之沴沴猶臨莅

不和意也每一事云時則以絕之言非必俱至或有或亡或在前或在後也孝武時夏侯始昌通五經善推五行傳以傳族子夏侯勝下及許商皆以教所賢弟子其傳與劉向同唯劉歆傳獨異貌之不恭是謂不肅肅敬也內曰恭外曰敬人君行己體貌不恭怠慢驕蹇則不能敬萬事失在狂易故其咎狂也師古曰狂易謂狂而易其常性上嫚下暴則陰氣勝故其罰常雨也水傷百穀衣食不足則姦軌並作故其極惡也一曰民多被刑或形貌醜惡亦是也風俗狂慢變節易度則爲剽輕奇怪之服師古曰剽音匹妙反故有服妖水類動故有龜孽如淳曰河魚大上以爲魚孽之比於易巽爲雞雞有冠距文武之貌不爲威儀貌氣毀故有雞旤一曰水歲雞多死及爲怪亦是也上失威儀則下有彊臣害君上者故有下體生於上之痾木色青故有青眚青祥凡貌傷者病木氣木氣病則金沴之衝氣相通也於易震在東方爲春爲木也兌在西方爲秋爲金也離在南方爲夏爲火也坎在北方爲冬爲水也春與秋日夜分寒暑平是以金木之氣易以相變故貌傷則致秋陰常雨言傷則致春陽常旱也至於冬夏日夜相反寒暑殊絕水火之

氣不得相併故視傷常奥聽傷常寒者其氣然也逆之其極曰惡順之其福曰攸好德孟康曰政不順則致妖順則致福也師古曰攸所也所好者德也劉歆貌傳曰有鱗蟲之孽羊旤鼻痾說以爲於天文東方辰爲龍星故爲鱗蟲於易兌爲羊木爲金所病故致羊旤與常雨同應此說非是春與秋氣陰陽相敵木病金盛故能相并唯此一事耳旤與妖痾祥眚同類不得獨異史記師古曰此志凡稱史記者皆謂司馬遷所撰也成公十六年公會諸侯于周單襄公見晉厲公視遠步高師古曰單襄公周卿士單子朝也晉厲公景公之子名州蒲單音善告公曰晉將有亂魯侯曰敢問天道也抑人故也

師古曰抑發語辭也對曰吾非瞽史師古曰瞽樂太師史太史焉知天道吾見晉君之容殆必禍者也夫君子目以定體足以從之師古曰體定則目安足之進退皆無違也是以觀其容而知其心矣目以處誼足以步目師古曰視瞻得其宜行步中其節也晉侯視遠而足高目不在體而足不步目其心必異矣目體不相從何以能久夫合諸侯民之大事也於是虖觀存亡故國將無咎其君在會步言視聽必皆無讁則可以知德矣師古曰讁責也無讁謂得其義理無可咎責也視遠曰絕其誼足高曰棄其德言爽曰反其信師古曰爽差也聽淫曰離其名師古曰淫邪也夫目以處誼足以踐德師古曰踐履也所履皆德行也口以庇信師古曰庇覆也言行相覆則爲信矣耳以聽名者也故不可不慎偏喪有咎師古曰苟喪其一則有咎既喪則國從之師古曰既盡也若盡喪之則國亦亡晉侯爽二吾是以云張晏曰視遠一也步高二也後二年晉人殺厲公凡此屬皆貌不恭之咎云左氏傳桓公十三年楚屈瑕伐羅鬬伯比送之師古曰屈瑕即莫敖也鬬伯比楚大夫羅國名在南郡枝江西還謂其馭曰莫敖必敗師古曰莫敖楚官名也字或作敖其音同舉止高心不固矣師古曰止足也遽見楚子以告師古曰遽速也楚子使賴人追之弗及莫敖行遂無次且不設備師古曰無次不爲次列也及羅羅人軍之大敗莫敖縊死釐公十一年周使内史過賜晉惠公命師古曰内史過周大夫晉惠公夷吾也諸侯即位天子則賜命圭以爲瑞受王惰師古曰不敬其事也過歸告

王曰晉侯其無後乎王賜之命而惰於受瑞先自棄也已其何繼之有禮國之幹也敬禮之輿也師古曰無禮則國不立故謂之幹無敬則禮不行故比之於輿不敬則禮不行禮不行則上下昏何以長世二十一年晉惠公卒子懷公立晉人殺之更立文公成公十三年晉侯使郤錡乞師于魯將事不敬師古曰郤錡晉大夫駒伯也乞師欲以伐秦也將事致其君命也錡音牛爾反孟獻子曰郤氏其亡乎師古曰孟獻子仲孫蔑禮身之幹也敬身之基也師古曰無禮則身不立不敬則身不安也郤子無基且先君之嗣卿也受命以求師將社稷是衛而惰棄君命也不亡何爲十七年郤氏亡成公十三年諸侯朝王遂從劉康

公伐秦成肅公受脤于社不敬(服虔曰脤祭社之肉也盛以蜃器故謂之脤師古曰劉康公成肅公皆周大夫也脤讀與蜃同以出師而祭社謂之宜脤者即宜社之肉也蜃大蛤也音上忍反)劉子曰吾聞之曰民受天地之中以生所謂命也(師古曰劉子即康公也中謂中和之氣)是以有禮義動作威儀之則以定命也能者養以之福不能者敗以取旤(師古曰之往也能養生者則定禮義威儀自致於福不能者則喪之以取禍亂)是故君子勤禮小人盡力勤禮莫如致敬盡力莫如惇篤敬在養神篤在守業國之大事在祀與戎祀有執膰戎有受脤(應劭曰膰祭肉也師古曰膰音扶元反)神之大節(師古曰交神之節)今成子惰棄其命矣其不反虖五月成肅公卒成公十四年衞定公享苦成叔甯惠子相(師古曰定公名臧苦成叔晉大夫郤犨也晉使郤犨如衞故定公享之惠子衞大夫甯殖也相謂贊相其禮)苦成叔敖(師古曰敖讀曰傲其下並同)甯子曰苦成家其亡虖古之爲享食也以觀威儀省旤福也(師古曰食讀曰飤)故詩曰兕觵其觩旨酒思柔匪儌匪傲萬福來求(張晏曰觵罰爵也飲酒和柔無失禮可罰罰爵徒觩然而已應劭曰言在位者不儌訐不倨傲也師古曰小雅桑扈之詩也儌謂儌幸也萬福言其多也謂飲酒者不儌幸不傲慢則福祿就而求之也觩音虯儌音工堯反)今夫子傲取旤之道也後三年苦成家亡(師古曰十七年晉攻郤氏長魚矯以戈殺郤錡郤犨郤至而滅其家)襄公七年衞孫文子聘于魯君登亦登(師古曰文子衞大夫孫林父也禮之登階臣後君一等)叔孫穆子相(師古曰穆子叔孫豹)趨進曰諸侯之會寡君未嘗後衞君今吾子不後寡君寡君未知所過吾子其少安(師古曰安徐也)孫子亡辭

亦亡悛容(師古曰悛改也音千全反)穆子曰孫子必亡爲臣而君過而不悛亡之本也十四年孫子逐其君而外叛(師古曰逐其君謂衞獻公出奔齊也外叛謂以戚叛之)襄公二十八年蔡景侯歸自晉入于鄭(師古曰景侯名固文侯之子)鄭伯享之不敬子產曰蔡君其不免虖(師古曰言不免於禍)日其過此也君使子展往勞于東門而敖(師古曰日謂往日適晉之時也子展鄭大夫公孫舍之)吾曰猶將更之(師古曰更改也)今還受享而惰廼其心也(師古曰言心之所常行也)君小國事大國(師古曰言身爲小國之君而事於大國)而惰敖以爲己心將得死虖君若不免必由其子淫而不父(師古曰通太子之妻)如是者必有子旤三十年爲世子般所殺(師古曰般讀與班同)襄公三十一年公薨季武子將立公子裯(師古曰裯襄公之子齊歸所生裯音直留反)穆叔曰是人也居喪而不哀在慼而有嘉容是謂不度不度之人鮮不爲患(師古曰穆叔即叔孫穆子也不度不遵禮度也鮮少也音先淺反)若果立必爲季氏憂武子弗聽卒立之比及葬三易衰衰衽如故衰(師古曰衣前曰衽言游戲無已也比音必寐反衰音千回反衽音人禁反)是爲昭公立二十五年聽讒攻季氏兵敗出奔死于外(師古曰謂薨于乾侯)襄公三十一年衞北宮文子見楚令尹圍之儀(師古曰北宮文子衞大夫也名佗令尹圍即公子圍楚共王之子也時爲令尹文子從衞侯在楚故見之)言於衞侯曰令尹似君矣將有它志(師古曰謂有爲君之心言語視瞻非其常)雖獲其志弗能終也公曰子何以知之對曰詩云敬慎威儀惟民之則

師古曰大雅抑之詩也則法也言君能愼其威儀乃臣下所法效之令尹無威儀民無則焉民
所不則以在民上何以終世師古曰遂以殺君篡國而取敗於乾谿也昭公十
一年夏周單子會於戚師古曰單子周大夫單成公也戚衞地視下言徐
應劭曰視下視不登帶言徐不聞於表著晉叔向曰單子其死虖師古曰叔向晉大夫羊舌肸也
向音許兩反朝有著定師古曰朝內列位有定處所謂表著者也著音直庶反又音除會有表師古
曰會於野設表以爲位衣有襘帶有結師古曰襘領之交會也結紳帶之結也襘音工外反會朝
之言必聞于表著之位所以昭事序也師古曰昭明也視不
過結襘之中所以道容貌也師古曰道讀曰導其下並同言以命之
容貌以明之失則有闕今單子爲王官伯師古曰伯長也而
命事於會視不登帶言不過步貌不道容而言不

昭矣不道不恭不昭不從無守氣矣師古曰貌正曰恭言正曰從十
二月單成公卒昭公二十一年三月葬蔡平公蔡
大子朱失位位在卑師古曰不在正嫡之位而以長幼序之魯大夫送葬
者歸告昭子師古曰昭子叔孫婼昭子歎曰蔡其亡虖若不亡
是君必不終詩曰不解於位民之攸墍師古曰大雅假樂之詩也墍息
也言在上者能率位不怠則其臣下恃以安息也解讀曰懈墍音許旣反今始即位而適卑身將
從之十月蔡侯朱出奔楚晉魏舒合諸侯之大夫
于翟泉應劭曰水名今洛陽是也師古曰魏舒晉卿魏獻子也事在定公元年志不書者蓋闕文將以城成
周魏子涖政師古曰謂代天子大夫爲政以臨其事衞彪傒曰將建天子而
易位以令非誼也師古曰傒衞大夫建天子謂立天子之居也傒音奚大事奸誼必

有大咎師古曰奸犯也音干晉不失諸侯魏子其不免虖是行
也魏獻子屬役於韓簡子師古曰簡子亦晉卿韓不信以城周之功役委簡子也屬音之欲反
而田於大陸焚焉而死師古曰高平曰陸因放火田獵而見燒殺也說者或以爲大陸即鉅鹿北大陸澤也
據會於狄泉則其所田處固當在近非大陸澤也定公十五年邾隱公朝於魯執
玉高其容仰公受玉卑其容俯師古曰隱公邾子益也玉謂朝者之贄子
贛觀焉師古曰子贛孔子弟子端木賜也贛音貢曰以禮觀之二君者皆有
死亡焉夫禮死生存亡之體也將左右周旋進退
俯仰於是虖取之朝祀喪戎於是虖觀之今正月
相朝而皆不度心已亡矣師古曰不度不合法度嘉事不體何
以能久師古曰嘉事嘉禮之事謂朝祀也不體不得身體之節高仰驕也卑俯替也

師古曰替廢惰也驕近亂替近疾君爲主其先亡虖師古曰是年五月定公薨
哀公七年秋伐邾以邾子益來也庶徵之恆雨劉歆以爲春秋大雨也
劉向以爲大水隱公九年三月癸酉大雨震電庚
辰大雨雪師古曰雨雪雨音于具反大雨雨水也師古曰下雨音于具反後雨並同震雷
也劉歆以爲三月癸酉於歷數春分後一日始震
電之時也當雨而不當大雨大雨常雨之罰也於
始震電八日之間而大雨雪常寒之罰也劉向以
爲周三月今正月也當雨水雪雜雨雷電未可以發
也旣已發也則雪不當復降皆失節故謂之異於
易雷以二月出其卦曰豫師古曰坤下震上也言萬物隨雷出

地皆逸豫也以八月入其卦曰歸妹師古曰兌下震上也言雷復歸入地則孕毓根核保藏蟄蟲師古曰毓古育字與育同核亦荄字也草根曰荄音該避盛陰之害出地則養長華實發揚隱伏宣盛陽之德入能除害出能興利人君之象也是時隱以弟桓幼代而攝立公子翬見隱居位已久勸之遂立師古曰公子翬魯大夫羽父也勸殺桓公己求爲大宰翬音揮隱既不許翬懼而易其辭師古曰反謂桓公云隱欲殺之遂與桓共殺隱天見其將然故正月大雨水而雷電是陽不閉陰出涉危難而害萬物天戒若曰爲君失時賊弟佞臣將作亂矣後八日大雨雪陰見間隙而勝陽篡殺之禍將成也公

不寤後二年而殺昭帝元始元年七月大水雨自七月至十月成帝建始三年秋大雨三十餘日四年九月大雨十餘日左氏傳愍公二年晉獻公使太子申生帥師師古曰以伐東山皐落氏公衣之偏衣佩之金玦師古曰偏衣謂左右異色其半象公之服也金玦以金爲玦也半環曰玦狐突歎曰時事之徵也衣身之章也佩衷之旗也師古曰狐突晉大夫伯行時爲太子御戎也徵證也章明也旗表也衣所以明貴賤佩所以表中心故敬其事則命以始師古曰賞以春夏服其身則衣之純師古曰純壹其色用其衷則佩之度師古曰佩王者君子之常度今命以時卒閟其事也應劭曰卒盡也閟閉也謂十二月盡時也衣以尨服遠其躬也師古曰尨雜色也謂偏衣也遠音于萬反其下並同佩以金玦棄其衷也服以遠之

時以閟之尨涼冬殺金寒玦離胡可恃也師古曰涼薄也尨色不能純故曰薄也冬主殺氣金行在西是謂之寒玦形半缺故云離梁餘子養曰帥師者受命于廟受脤於社有常服矣師古曰梁餘子養晉大夫時爲下軍御軍之常服則韋弁弗獲而尨命可知也死而不孝不如逃之罕夷曰尨奇無常金玦不復君有心矣應劭曰奇奇怪非常意復反也金玦猶決去不反意也師古曰罕夷晉大夫時爲下軍卿也有心害太子之心也復音扶目反後四年申生以讒自殺近服妖也左氏傳曰鄭子臧好聚鷸冠張晏曰鷸鳥赤足黃文以其毛飾冠韋昭曰鷸今翠鳥師古曰子臧鄭文公子也鷸大鳥即戰國策所云啄蚌者也天之將雨鷸則知之翠鳥自有鷸名而此飾冠非翠鳥逸周書曰知天文者冠鷸冠蓋以鷸鳥知天時故也禮圖謂之術氏冠鷸音聿又音術鄭文公惡之使盜殺之師古曰時已得罪出奔宋故使盜殺之於陳宋之閒劉向以爲近服妖者也一曰

非獨爲子臧之身亦文公戒也初文公不禮晉文師古曰晉文公之爲公子也避驪姬之難而出奔欲之楚過鄭鄭不禮焉又犯天子命而伐滑師古曰僖二十四年鄭公子士及堵俞彌帥師伐滑王使伯服游孫伯如鄭請滑鄭伯不聽而執二子不尊尊敬上其後晉文伐鄭幾亡國師古曰僖三十年晉侯秦伯圍鄭鄭佚之狐曰國危矣使燭之武見秦伯師乃退也幾音鉅依反昭帝時昌邑王賀遣中大夫之長安多治仄注冠應劭曰今法冠是也李奇曰一曰高山冠本齊冠也謁者服之師古曰仄古側字也謂之側注者言形側立而下注也蔡邕云高九寸鐵爲卷非法冠及高山也卷音去權反以賜大臣又以冠奴劉向以爲近服妖也時王賀狂悖師古曰悖惑也音布內反聞天子不豫師古曰言有疾不悅豫也周書顧命曰王有疾不豫弋獵馳騁如故與騶奴宰人游居娛戲驕嫚不敬師古曰騶廄御也宰人主膳者也娛樂也戲音僖冠者尊服奴者賤人

賀無故好作非常之冠暴尊象也以冠奴者當自
至尊墜至賤也師古曰墜墮也音直類反 其後帝崩無子漢大臣
徵賀爲嗣即位狂亂無道縛戮諫者夏侯勝等於
是大臣白皇太后廢賀爲庶人賀爲王時又見大
白狗冠方山冠而無尾晉灼曰方山冠以五采縠爲之樂舞人所服 此服妖亦
犬旤也賀以問郎中令龔遂遂曰此天戒言在仄
者盡冠狗也師古曰言王左右侍側之人不識禮義若狗而著冠者耳冠音工喚反其下亦同 去之則
存不去則亡矣賀既廢數年宣帝封之爲列侯復
有辠死不得置後又犬旤無尾之效也京房易傳
曰行不順厥咎人奴冠天下亂辟無適如淳曰辟君也適適子也師古曰
辟音璧適讀曰嫡 妾子拜如淳曰無適子故也 又曰君不正臣欲篡厥妖

狗冠出朝門成帝鴻嘉永始之間好爲微行出游
選從期門郎有材力者及私奴客多至十餘少五
六人皆白衣袒幘師古曰袒不加上冠 帶持刀劍或乘小車
御者在茵上蘇林曰茵車上蓐也御者錯亂更在茵上坐也師古曰車小故御者不得迴避而在天子茵上也茵音
因 或皆騎出入市里郊埜遠至旁縣大臣車騎將
軍王音及劉向等數以切諫谷永曰易稱得臣無
家師古曰損卦上九爻辭 言王者臣天下無私家也今陛下棄
萬乘之至貴樂家人之賤事厭高美之尊稱好匹
夫之卑字如淳曰稱張放家人是爲卑字師古曰爲微行故變易姓名 崇聚票輕無誼

之人以爲私客師古曰票音匹妙反又音頻妙反 置私田於民間畜私奴
車馬於北宮數去南面之尊離深宮之固挺身獨
與小人晨夜相隨師古曰挺引也 烏集醉飽吏民之家師古曰乍合乍
離如烏之集 亂服共坐溷肴亡別師古曰溷肴謂雜亂也溷音胡困反 閔勉遯
樂晝夜在路師古曰閔勉猶黽勉言不息也遯樂言流遯爲樂也 典門戶奉宿衞之
臣執干戈守空宮公卿百寮不知陛下所在積數
年矣昔虢公爲無道有神降曰賜爾土田師古曰春秋左氏傳 言將以庶人受土
莊公三十二年有神降于莘虢公使祝應宗區史嚚享焉神賜之土田史嚚曰虢其亡乎
田也諸侯夢得土田爲失國祥師古曰僖五年晉滅虢虢公醜奔京師 而
況王者畜私田財物爲庶人之事乎左氏傳曰周

景王時大夫賓起見雄雞自斷其尾師古曰賓起即賓孟 劉向
以爲近雞旤也是時王有愛子子鼂王與賓起陰
謀欲立之師古曰子鼂王之庶長子 田于北山將因兵衆殺適子之
黨師古曰適讀曰嫡嫡子王子猛及後爲悼王子猛之黨謂劉獻公單穆公 未及而崩三子爭
國王室大亂其後賓起誅死師古曰三子謂子鼂子猛及子猛弟敬王丐也劉子遂攻
賓起殺之事並在昭二十二年 子鼂奔楚而敗師古曰昭二十六年召伯盈逐王子鼂子鼂奔楚定五年王人殺
之于楚 京房易傳曰有始無終厥妖雄雞自齧斷
其尾宣帝黃龍元年未央殿輅軨中雌雞化爲雄
孟康曰輅軨廄名也師古曰百官表大僕屬官有輅軨丞輅與路同軨音零 毛衣變化而不鳴不將
無距師古曰將謂率領其羣也距雞附足骨鬬時所用刺之 元帝初元中丞相府史

家雌雞伏子漸化爲雄師古曰初尚伏子後乃稍稍化爲雄也伏音房富反冠距鳴將永光中有獻雄雞生角者京房易傳曰雞知時知時者當死房以爲已知時恐當之劉向以爲房失雞占雞者小畜主司時起居人師古曰至時而鳴以爲人起居之節小臣執事爲政之象也言小臣將秉君威以害正事猶石顯也竟寧元年石顯伏辜此其效也一曰石顯何足以當此昔武王伐殷至于牧野誓師曰古人有言曰牝雞無晨牝雞之晨惟家之索今殷王紂惟婦言用師古曰周書牧誓之辭晨謂晨時鳴也索盡也言婦人爲政猶牝雞而代雄鳴是喪家之道也索音思各反繇是論之師古曰繇讀與由同黃龍初元永光雞變廼國家之占妃后象

也孝元王皇后以甘露二年生男立爲大子妃王禁女也黃龍元年宣帝崩大子立是爲元帝王妃將爲皇后故是歲未央殿中雌雞爲雄明其占在正宮也不鳴不將無距貴始萌而尊未成也至元帝初元元年將立王皇后先以爲婕妤三月癸卯制書曰其封婕妤父丞相少史王禁爲陽平侯位特進丙午立王婕妤爲皇后明年正月立皇后子爲大子故應是丞相府史家雌雞爲雄其占即丞相少史之女也伏子者明已有子也冠距鳴將者尊已成也永光二年陽平頃侯禁薨子鳳嗣侯爲侍中衛尉元帝崩皇大子立是爲成帝尊皇后爲皇大后以后弟鳳爲大司馬大將軍領尚書事上委政無所與師古曰與讀曰豫言政皆出鳳天子不豫王氏之權自鳳起故於鳳始受爵位時雄雞有角明視作威師古曰視讀曰示顓君害上師古曰顓與專同其下類此危國者從此人始也其後君舅世權以至於莽遂篡天下即位五年王大后廼崩此其效也京房易傳曰賢者居明夷之世知時而傷師古曰易之明夷卦曰明入地中明夷傷也離下坤上言日在地中傷其明也知時謂知天時者也賢而被傷故取明夷之義或衆在位師古曰言虛僞無實之人矯惑於衆在職位也厥妖雞生角雞生角時主獨又曰婦人顓政國不靜牝雞雄鳴主不榮故房以爲已

亦在占中矣成公七年正月鼷鼠食郊牛角師古曰鼷小鼠也即今所謂甘鼠者音奚改卜牛又食其角劉向以爲近青祥亦牛旤也不敬而傋霿之所致也昔周公制禮樂成周道故成王命魯郊祀天地以尊周公至成公時三家始顓政魯將從此衰天愍周公之德痛其將有敗亡之旤故於郊祭而見戒云鼠小蟲性盜竊鼷又其小者也牛大畜祭天尊物角兵象在上君威也小小鼷鼠食至尊之牛角象季氏乃陪臣盜竊之人將執國命以傷君威而害周公之祀也改卜牛鼷鼠又食其角天重語之也師古曰重音直用反成公怠

慢昏亂遂君臣更執于晉師古曰更互也十年秋公如晉晉人以公爲貳於楚故止公至十一年三月乃得歸十六年秋公會晉侯于沙隨晉受叔孫僑如之譖而止公是年九月又信僑如之譖執季孫行父舍之于苕丘十二月乃得歸故云君臣更執也更音工衡反至于襄公晉爲溴梁之會師古曰襄十六年晉平公會諸侯于溴梁溴梁者溴水之梁也溴水出河內軹縣東南至溫入河溴音工覓反天下大夫皆奪君政師古曰溴梁之會諸侯皆在而魯叔孫豹晉荀偃宋向戌衞甯殖鄭公孫蠆小邾之大夫盟是奪其君政也其後三家逐昭公卒死于外師古曰巳解於上幾絕周公之祀師古曰幾音鉅依反董仲舒以爲鼷鼠食郊牛皆養牲不謹也京房易傳曰祭天不慎厥妖鼷鼠齧郊牛角定公十五年正月鼷鼠食郊牛牛死劉向以爲定公知季氏逐昭公辠惡如彼親用孔子爲夾谷之會齊人

倈歸鄆讙龜陰之田師古曰夾谷齊地也一名祝其定公十年公與齊侯會于夾谷齊侯欲使萊人以兵劫公孔子以公退命士衆兵之齊侯乃止又欲以盟要公孔子不欲使茲無還以辭對又欲詐享公孔子又距而不受於是齊人乃服先是季氏之臣陽虎以鄆讙龜陰之田奔齊至此會乃以歸我鄆讙二邑名龜陰龜山之陰夾音頰讙音驩聖德如此反用季桓子淫於女樂而退孔子無道甚矣師古曰桓子季平子之子季孫斯也女樂已解於上詩曰人而亡儀不死何爲師古曰衞詩相鼠之篇也無儀無禮儀也是歲五月定公薨牛死之應也京房易傳曰子不子鼠食其郊牛哀公元年正月鼷鼠食郊牛劉向以爲天意汲汲於用聖人逐三家故復見戒也師古曰聖人孔子也見顯也哀公年少不親見昭公之事故見敗亡之異已而哀不寤身奔於粵此其效也師古曰哀二十七年公欲以越伐魯而去三桓公如

公孫有山氏因遜于邾遂如越國人施罪於公孫有山氏而立哀公之子悼公昭帝元鳳元年九月燕有黃鼠銜其尾舞王宮端門中師古曰宮之正門王往視之鼠舞如故王使吏以酒脯祠鼠舞不休一日一夜死近黃祥時燕剌王旦謀反將死之象也其月發覺伏辜京房易傳曰誅不原情厥妖鼠舞門師古曰不原情者不得其本情成帝建始四年九月長安城南有鼠銜黃蒿柏葉上民冢柏及榆樹上爲巢桐柏尤多師古曰桐柏亭名衞思后於其地葬也巢中無子皆有乾鼠矢數十時議臣以爲恐有水災鼠盜竊小蟲夜出晝匿今晝去穴而登木象賤人將居顯貴之位也桐柏衞思后園

所在也其後趙皇后自微賤登至尊與衞后同類趙后終無子而爲害明年有鳶焚巢殺子之異也師古曰鳶鴟也音弋全反天象仍見甚可畏也師古曰仍頻也一曰皆王莽竊位之象云京房易傳曰臣私祿罔辟李奇曰辟君也擅私爵祿誣罔其君厥妖鼠巢文公十三年大室屋壞近金沴木木動也先是冬釐公薨十六月迺作主師古曰主廟主也僖公三十三年十一月薨至文二年二月迺作主閒有一閏故十六月也後六月又吉禘於大廟而致釐公師古曰禘祭也一一而祭之文二年八月而禘距作主六月也致謂升其主於廟春秋譏之經曰大事於大廟躋釐公師古曰躋音子奚反又音子詣反左氏說曰大廟周公之廟饗有禮義者也祀國之大事也惡其亂國

之大事於太廟故言大事也躋登也登釐公於愍公上逆祀也釐雖愍之庶兄嘗為愍臣臣子一例不得在愍上又未三年而吉禘前後亂賢父聖祖之大禮內為貌不恭而狂外為言不從而僭故是歲自十二月不雨至于秋七月後年若是者三而大室屋壞矣前堂曰大廟中央曰大室屋其上重屋尊高者也象魯自是陵夷將墮周公之祀也師古曰墮毀也音火規反穀梁公羊經曰世室魯公伯禽之廟也周公稱大廟魯公稱世室大事者祫祭也師古曰祫合也毀廟及未毀廟之主皆合祭於大祖躋釐公者先禰後祖也景帝三年十二

月吳二城門自傾大船自覆劉向以為近金沴木木動也先是吳王濞以太子死於漢稱疾不朝陰與楚王戊謀為逆亂城猶國也其一門名曰楚門一門曰魚門吳地以船為家以魚為食天戒若曰與楚所謀傾國覆家吳王不寤正月與楚俱起兵身死國亡京房易傳曰上下咸誖厥妖城門壞師古曰誖惑也音布內反宣帝時大司馬霍禹所居弟門自壞時禹內不順外不敬見戒不改卒受滅亡之誅哀帝時大司馬董賢弟門自壞時賢以私愛居大位賞賜無度驕嫚不敬大失臣道見戒不改後賢夫妻自殺家徙合浦

傳曰言之不從是謂不艾師古曰艾讀曰乂厥咎僭厥罰恒陽厥極憂時則有詩妖時則有介蟲之孽時則有犬旤時則有口舌之痾時則有白眚白祥惟木沴金言之不從從順也是謂不乂乂治也孔子曰君子居其室出其言不善則千里之外違之況其邇者虖師古曰易上繫之辭也邇近也詩云如蜩如螗如沸如羹師古曰大雅蕩之詩也蜩蟬也螗蝘也即蛁蟟也謂政無文理虛言讙沓如蜩螗之鳴湯之沸涫羹之將孰也蜩音調螗音唐蝘音偃蛁音貂蟟音聊涫音下館反言上號令不順民心虛譁憒亂則不能治海內失在過差故其咎僭僭差也刑罰妄加羣陰不附則陽氣勝故其罰常陽也旱傷百穀則有寇難上下

俱憂故其極憂也君炕陽而暴虐師古曰凡言炕陽者枯涸之意謂無惠澤於下也炕音口浪反臣畏刑而柑口師古曰柑拑鑷也音其廉反鑷音女涉反則怨謗之氣發於謌謠故有詩妖介蟲孽者謂小蟲有甲飛揚之類陽氣所生也於春秋為螽今謂之蝗皆其類也於易兌為口犬以吠守而不可信言氣毀故有犬旤一曰旱歲犬多狂死及為怪亦是也及人則多病口喉欬者故有口舌痾金色白故有白眚白祥凡言傷者病金氣金氣病則木沴之其極憂者順之其福曰康寧劉歆言傳曰時有毛蟲之孽說以為天文西方參為虎星故為毛蟲史記周單襄

公與晉郤錡郤犨郤至齊國佐語師古曰單襄公解已在前郤錡駒伯也郤犨苦成叔也郤至昭子即溫季也國佐齊大夫國武子也告魯成公曰晉將有亂三郤其當之乎夫郤氏晉之寵人也三卿而五大夫可以戒懼矣高位實疾顛厚味實腊毒師古曰顛仆也腊久也言位高者必速顛仆也味厚者爲毒久今郤伯之語犯叔迂季伐師古曰伯駒伯也叔苦成叔也季溫季也犯侵也迂夸誕也伐矜尚也犯則陵人迂則誣人伐則掩人有是寵也而益之以三怨其誰能忍之雖齊國子亦將與焉師古曰與讀曰豫豫於禍立於淫亂之國而好盡言以招人過蘇林曰招音翹招擧也師古曰盡言猶極言也怨之本也唯善人能受盡言齊其有乎師古曰言無善人不能受盡言十七年晉殺三郤十八年齊殺國佐

凡此屬皆言不從之咎云晉穆侯以條之役生大子名之曰仇師古曰穆侯僖侯之孫也條晉地也蓋以敵來侵已當戰時而生故取仇怨之義以名子其弟以千畝之戰生名之曰成師師古曰大子之弟即桓叔也畝古畝字也千畝亦地名意取能成其師衆也師服曰異哉君之名子也師古曰師服晉大夫夫名以制誼誼以出禮師古曰先制義理然後立名義理既定禮由之出禮以體政政以正民師古曰政以禮成俗所以正是以政成而民聽易則生亂師古曰反易禮義則亂也嘉耦曰妃怨耦曰仇古之命也師古曰本自古昔而有此名今君名太子曰仇弟曰成師始兆亂矣兄其替乎師古曰替廢也及仇嗣立是爲文侯文侯卒子昭侯立封成師于曲沃號桓叔師古曰昭侯國亂身危不能自安故封成師爲曲沃伯也桓謚也昭侯叔父故謂之叔也後

晉人殺昭侯而納桓叔不克師古曰事不遂復立昭侯子孝侯桓叔子嚴伯殺之晉人立其弟鄂侯鄂侯生哀侯嚴伯子武公復殺哀侯及其弟滅之而代有晉國師古曰武始并晉國故稱公也事在桓三年宣公六年鄭公子曼滿與王子伯廖語欲爲卿師古曰曼滿伯廖皆鄭大夫也廖音聊伯廖告人曰無德而貪其在周易豐之離張晏曰離下震上豐上六變而之離曰豐其屋蔀其家也弗過之矣師古曰言無道德而大其屋不過三歲必滅亡也間一歲鄭人殺之師古曰間一歲者中間隔一歲襄公二十九年齊高子容與宋司徒見晉知伯汝齊相禮師古曰高子容齊大夫高止也宋司徒華定知伯晉大夫荀盈也汝齊晉大夫司馬侯也賓出汝齊語知伯曰二子皆將不免子容專司徒侈

皆亡家之主也師古曰專自是也侈奢泰專則速及侈將以其力斃專則人實斃之將及矣九月高子出奔燕襄公三十一年正月魯穆叔會晉歸告孟孝伯曰趙孟將死矣師古曰穆叔即叔孫穆子也孟孝伯魯大夫仲孫羯也趙孟晉卿趙文子也名武前年十月穆叔與武同會澶泉至此年正月乃歸其語偷不似民主師古曰偷苟且且年未盈五十而諄諄焉如八九十者弗能久矣師古曰諄諄重頓之貌也音之閏反若趙孟死爲政者其韓子乎師古曰韓子韓宣子也名起吾子盍與季孫言之可以樹善君子也師古曰季孫謂季武子也名宿言韓起有君子之德方執晉政可素厚之以立善也孝伯曰民生幾何誰能毋偷師古曰幾何言無多時也幾音居豈反朝不及夕將焉用樹穆叔告人曰孟孫將死矣吾語

諸趙孟之偷也而又甚焉九月孟孝伯卒昭公元年周使劉定公勞晉趙孟師古曰周周景王也劉定公周卿也食邑於劉名夏是時孟與諸侯會於虢故就而勞之因曰子弁冕以臨諸侯盍亦遠績禹功而大庇民乎師古曰時館於洛汭因見河洛而美禹功故言之也弁冕冠也言今服冠冕有國家何不追續禹功而庇蔭其人乎對曰老夫罪戾是懼焉能恤遠吾儕偷食朝不謀夕何其長也師古曰儕等也言且得食而已苟免目前不能念其長久也儕音仕皆反劉子歸以語王曰諺所謂老將知而耄及之者其趙孟之謂乎師古曰諺俗所傳言也八十曰老耄亂也言人年老閱歷既多謂將益智而又耄亂也為晉正卿以主諸侯而儕於隸人朝不謀夕棄神人矣神怒民畔何以能久師古曰言其自比賤隸而無恤下之心人為神主故神人皆去也趙孟不復年矣師古曰謂其即死不復見明年是歲秦景公弟后子奔晉師古曰后子即公子鍼趙孟問秦君何如對曰無道趙孟曰亡乎對曰何為一世無道國未艾也師古曰艾讀曰刈刈絕也國於天地有與立焉師古曰言在天地之間多欲輔助相與共成立之不數世淫弗能斃也趙孟曰天乎對曰有焉趙孟曰其幾何師古曰言當幾時也音居豈反對曰鍼聞國無道而年穀和孰天贊之也鮮不五稔師古曰贊佐助之也鮮少也稔孰也穀孰為一稔言少尚當五年多則或不啻也稔音人甚反趙孟視蔭曰朝夕不相及誰能待五師古曰蔭謂日之蔭景也趙孟自以年暮朝不及夕故言五年不可待也蔭讀與陰同后子出而告人曰趙孟將死矣主民玩歲而愒日其與幾何師古曰玩愛也愒貪也與幾何言不能久也愒音口蓋反冬趙孟卒昭五年秦景

公卒昭公元年楚公子圍會盟師古曰圍楚共王之子也時為楚令尹與齊宋衛陳蔡鄭會于虢設服離衛張晏曰設服者設人君之服離衛者二人執戈在前也師古曰離列人君之侍衛也魯叔孫穆子曰楚公子美矣君哉師古曰穆子叔孫豹也言其服美似人君也伯州犁曰此行也辭而假之寡君師古曰伯州犁楚大宰也言受楚王之命假以此禮耳蓋為其令尹文過鄭行人子羽曰假不反矣師古曰行人官名子羽公孫揮字也假不反矣言將遂為君伯州犁曰子姑憂子晳之欲背誕也應劭曰子晳攻殺伯有今又背盟欲復作亂也師古曰子晳鄭大夫公孫黑也背誕者背命放誕欲為亂也子且自憂此無憂令尹不反戈也子羽曰假而不反子其無憂乎師古曰言令尹將圖為君則楚國有難子亦有憂也齊國子曰吾代二子閔矣應劭曰閔憂也二子伯州犁行人子羽也師古曰國子齊大夫國弱也二子謂王子圍及伯州犁也圍以是年篡位而不能令終州犁亦為圍所殺故言可閔應說非也陳公子招

曰不憂何成二子樂矣應劭曰言國有憂己乃得以成功也師古曰招陳公子哀公弟也言因憂以成事事成而樂也招音韶衛齊子曰苟或知之雖憂不害師古曰齊子衛大夫齊惡也言先知為備雖有憂難無所損害退會子羽告人曰齊衛陳大夫其不免乎國子代人憂子招樂憂齊子雖憂弗害夫弗及而憂與可憂而樂與憂而弗害皆取憂之道也師古曰弗及而憂謂憂不及已而妄憂也大誓曰民之所欲天必從之師古曰大誓周書也三大夫兆憂矣能無至乎師古曰兆憂謂開憂兆也言以知物其是之謂矣師古曰物類也察其所言以知禍福之類昭公十五年晉籍談如周葬穆后師古曰籍談晉大夫也穆后周景王之后謚穆也既除喪而燕師古曰燕與宴同王曰諸侯皆有以填撫王室晉獨無有何也

師古曰㠭撫王室謂獻器物也㠭音竹刃反籍談對曰諸侯之封也皆受明器
於王室故能薦彝器師古曰明器明德之器也彝器常可寶用之器也晉居深
山戎翟之與鄰拜戎不暇其何以獻器王曰叔氏
其忘諸乎師古曰叔籍談字也一曰叔父之使故謂之叔氏也叔父唐叔成王之母
弟其反亡分乎師古曰分音扶問反昔而高祖司晉之典籍師古
曰而汝也以為大正故曰籍氏女司典之後也何故忘之
籍談不能對賓出王曰籍父其無後乎數典而忘
其祖師古曰籍談忘祖業籍談歸以語叔嚮叔嚮曰王其不終乎
吾聞所樂必卒焉師古曰言志之所樂終於此事今王樂憂若卒以憂
不可謂終王一歲而有三年之喪二焉師古曰為大子三年妻死

三年乃娶達子之志言三年之喪二后及大子也於是乎以喪賓燕又求彝器樂
憂甚矣三年之喪雖貴遂服禮也師古曰遂猶竟王雖弗
遂燕樂已早師古曰天子除喪當在卒哭今適既葬故譏其早也禮王之大經也
一動而失二禮無大經矣師古曰經常法也既不遂服又即宴樂是失二禮言
以考典典以志經師古曰考成也志記也忘經而多言舉典將
安用之哀公十六年孔丘卒公誄之曰旻天不弔
不慭遺一老俾屛予一人應劭曰慭且辭也言旻天不善於魯不且遺一老使屛蔽我一
人也師古曰慭音魚覲反子贛曰君其不沒於魯乎夫子之言曰
禮失則昏名失則愆師古曰夫子謂孔子也昏謂惑也愆過也失志為昏失
所為愆生弗能用死而誄之非禮也稱予一人非

名也師古曰天子自稱曰予一人非諸侯之號故云非名君兩失之二十七年公孫
于鄆師古曰孫讀曰遜遂死於越師古曰已解於上庶徵之恒陽劉向
以為春秋大旱也其夏旱雩祀謂之大雩不傷二
穀謂之不雨京房易傳曰欲德不用茲謂張孟康曰欲得賢
者而不用人君徒張此意厥災荒旱也其旱陰雲不雨變而赤
因而除師出過時茲謂廣李奇曰廣音曠韋昭曰謂怨曠也其旱不
生上下皆蔽茲謂隔其旱天赤三月時有雹殺飛
禽上緣求妃茲謂僭師古曰緣歷也言歷眾處而求妃妾也其旱三月大
溫亡雲居高臺府茲謂犯陰侵陽其旱萬物根死
數有火災庶位踰節茲謂僭其旱澤物枯為火所

傷釐公二十一年夏大旱董仲舒劉向以為齊桓
既死諸侯從楚釐尤得楚心楚來獻捷釋宋之執師古
曰謂此年楚執宋公以伐宋冬使宜申來獻捷十二月盟于薄釋宋公也外倚彊楚炕陽失眾又
作南門勞民興役師古曰南門本名稷門更改高大而作之事在二十年諸雩旱不
雨略皆同說宣公七年秋大旱是夏宣與齊侯伐
萊師古曰萊國即東萊黃縣也襄公五年秋大雩先是宋魚石奔
楚師古曰奔古奔字也事在成十五年魚石宋左師也公子目夷之曾孫也楚伐宋取彭城以封
魚石師古曰事在成十八年鄭畔于中國而附楚師古曰自鄢陵戰後鄭遂不服故諸
侯屢侵伐之襄與諸侯共圍彭城師古曰謂襄元年使仲孫蔑會晉欒黶宋華元衛甯殖曹
人莒人邾人滕人薛人圍彭城城鄭虎牢以禦楚師古曰事在二年虎牢本鄭邑時已屬晉蓋追言之

是歲鄭伯使公子發來聘師古曰公子發鄭穆公之子子產之父也字子國使大夫會吳于善道師古曰使仲孫蔑會吳也善道地名外結二國內得鄭聘有炕陽動衆之應八年九月大雩時作三軍季氏盛師古曰萬二千五百人為軍魯本立上下二軍皆屬於公有事則三卿遞帥之而征伐今季氏欲專其人故增立中軍三卿各主其一也二十八年八月大雩先是比年晉使荀吳齊使慶封來聘師古曰比年頻年也荀吳晉大夫即荀偃之子也二十六年晉侯使來聘慶封齊大夫也二十七年齊侯使來聘是夏邾子來朝襄有炕陽自大之應昭公三年八月大雩劉歆以為昭公即位年十九矣猶有童心居喪不哀炕陽失衆六年九月大雩先是莒牟夷以二邑來犇師古曰事在五年牟夷莒大夫也二邑謂牟婁及防茲也莒怒伐魯叔弓帥師距而敗之昭得入晉師古曰叔弓魯大夫時昭公適欲朝晉而過莒人來討將不果行叔弓既敗莒師公乃得去故傳云成禮大國以為援好也外和大國內獲二邑取勝鄰國有炕陽動衆之應十六年九月大雩先是昭公母夫人歸氏薨昭不感又大蒐于比蒲師古曰事在昭十一年歸氏胡國之女歸姓即齊歸也齊謚也蒐謂聚衆而田獵也比蒲魯地名比音毗晉叔嚮曰魯有大喪而不廢蒐國不恤喪不忌君也君亡感容不顧親也殆其失國與三年同占二十四年八月大雩劉歆以為左氏傳二十三年邾師城翼還經魯地師古曰翼邾邑也經者道出其中也魯地謂武城也魯襲取邾師獲其三大夫師古曰謂徐鉏丘弱茅地也邾人愬于晉晉人執我行人叔孫婼師古曰叔孫昭子也婼音丑略反是春迺歸之二

十五年七月上辛大雩季辛又雩旱甚也劉歆以為時后氏與季氏有隙師古曰后氏郈昭伯也季氏季平子也季郈之雞鬭季氏芥其雞郈氏為之金距平子怒益宮於郈氏且責讓之故郈昭伯怨之又季氏之族有淫妻為讒使季平子與族人相惡皆共譖平子師古曰謂平子庶叔父公鳥之妻季姒與饔人檀通而譖季氏之族人季公亥公思展故平子殺思展以故族人皆怨之子家駒諫曰讒人以君徼幸不可師古曰子家駒即子家懿伯莊公之玄孫也一名羈昭公遂伐季氏為所敗出犇齊定公十年九月大雩先是定公自將侵鄭歸而城中城二大夫帥師圍鄆師古曰事並在六年中城魯之邑也二大夫謂季孫斯仲孫何忌嚴公三十一年冬不雨是歲一年而三築臺師古曰是年春築臺于郎夏築臺于薛秋築臺于秦郎薛秦皆魯地奢侈不恤民釐公二年冬十月不雨三年春正月不雨夏四月不雨六月雨先是者嚴公夫人與公子慶父淫而殺二君師古曰慶父桓公之子莊公弟也二君謂子般及閔公國人攻之夫人遜于邾慶父犇莒釐公即位南敗邾師古曰謂元年公敗邾師于偃東敗莒獲其大夫師古曰謂元年公子友帥師敗莒師于酈獲莒挐也有炕陽之應文公二年自十有二月不雨至于秋七月文公即位天子使叔服會葬師古曰叔服周之內史也叔氏服字會葬葬僖公毛伯賜命師古曰亦天子使也毛伯周之卿士毛國伯爵也賜命之者為以命圭為瑞信也又會晉侯于戚師古曰謂大夫公孫敖會晉侯于戚也戚衛邑在頓丘衛縣西公子遂如齊納幣師古曰納玄纁之幣謂公為婚於齊又與諸侯盟師古曰謂公孫敖會宋公陳侯鄭伯晉士縠盟于垂隴也垂隴鄭地上得天子外得諸侯沛然自大師古曰沛音普大反躋釐公主大夫始顓事師古曰謂季孫行父也顓讀與專同十年自

正月不雨至于秋七月先是公子遂會四國而救鄭師古曰謂九年楚人伐鄭公子遂會晉人宋人衛人許人以救之楚使越椒來聘師古曰越椒楚大夫名也事亦在九年秦人歸禭師古曰謂九年秦人來歸僖公及成風之禭也凡問喪者衣服曰禭成風僖公之母也成謚也風姓也禭音遂有炕陽之應十三年自正月不雨至于秋七月先是曹伯杞伯滕子來朝師古曰十一年曹伯來朝十二年杞伯滕子來朝郕伯來犇師古曰事在十二年郕國伯爵也秦伯使遂來聘師古曰事在十二年遂秦大夫名即左氏所謂西乞術季孫行父城諸及鄆師古曰事在十二年諸鄆二邑名也諸即琅邪諸縣也二年之間五國趨之內城二邑炕陽失衆一曰不雨而五穀皆孰異也文公時大夫始顓盟會公孫敖會晉侯又會諸侯盟于垂隴故不雨而

生者陰不出氣而私自行以象施不由上出臣下作福而私自成 一曰不雨近常陰之罰君弱也惠帝五年夏大旱江河水少谿谷絕先是發民男女十四萬六千人城長安是歲城迺成文帝三年秋天下旱是歲夏匈奴右賢王寇侵上郡詔丞相灌嬰發車騎士八萬五千人詣高奴師古曰即上郡之縣擊右賢王走出塞其秋濟北王興居反使大將軍討之皆伏誅後六年春天下大旱先是發車騎材官屯廣昌師古曰武都之縣是歲二月復發材官屯隴西後匈奴大入上郡雲中烽火通長安三將軍屯邊師古曰謂以中大夫令免爲車騎將軍屯飛狐故楚相蘇意爲將軍屯句注將軍張武屯北地又三將軍屯京師師古曰謂河內大守周亞夫爲將軍次細柳宗正劉禮爲將軍次霸上祝茲侯徐厲爲將軍次棘門景帝中三年秋大旱武帝元光六年夏大旱是歲四將軍征匈奴師古曰謂車騎將軍衛青出上谷騎將軍公孫敖出代輕車將軍公孫賀出雲中驍騎將軍李廣出鴈門元朔五年春大旱是歲六將軍衆十餘萬征匈奴師古曰謂衛青將六將軍兵也六將軍者衛尉蘇建爲游擊將軍左內史李沮爲彊弩將軍大僕公孫賀爲騎將軍代相李蔡爲輕車將軍俱出朔方大行李息岸頭侯張次公爲將軍出右北平元狩三年夏大旱是歲發天下故吏伐棘上林穿昆明池天漢元年夏大旱其三年夏大旱先是貳師將軍征大宛還天漢元年發適民師古曰適讀曰讁二年夏三將軍征匈奴師古曰謂貳師將軍三萬騎出酒泉因杅將軍出西河騎都尉李陵將步兵五千人出居延北也

李陵沒不還征和元年夏大旱是歲發三輔騎士閉長安城門大搜始治巫蠱明年衛皇后太子敗昭帝始元六年大旱先是大鴻臚田廣明征益州暴師連年宣帝本始三年夏大旱東西數千里先是五將軍衆二十萬征匈奴師古曰本始三年御史大夫田廣明爲祁連將軍後將軍趙充國爲蒲類將軍雲中大守田順爲武牙將軍及渡遼將軍范明友前將軍韓增凡五將軍兵十五萬騎校尉常惠持節護烏孫兵咸擊匈奴是爲二十萬衆也神爵元年秋大旱是歲後將軍趙充國征西羌成帝永始三年四年夏大旱左氏傳晉獻公時童謠曰丙子之晨龍尾伏辰袀服振振取虢之旂師古曰徒歌曰謠袀服黑衣振振袀服之貌也袀音均又音弋春反振音只人反鶉之賁賁天策焞焞

火中成軍虢公其奔師古曰奔音奔焞音吐敦反又音敦奔古奔字是時虢爲小國介夏陽之阸怙虞國之助師古曰介隔也亢衡於晉有炕陽之節失臣下之心晉獻伐之問於卜偃曰吾其濟乎師古曰卜偃晉大夫主卜者偃以童謠對曰克之十月朔丙子旦日在尾月在策鶉火中必此時也冬十二月丙子朔晉師滅虢虢公醜奔周周十二月夏十月也言天者以夏正史記晉惠公時童謠曰恭太子更葬兮後十四年晉亦不昌昌廼在其兄是時惠公賴秦力得立立而背秦內殺二大夫師古曰謂里克丕鄭國人不說師古曰說讀曰悅及更葬其兄恭太子申生而不敬故

詩妖作也後與秦戰爲秦所獲立十四年而死晉人絕之更立其兄重耳是爲文公遂伯諸侯師古曰伯讀曰霸左氏傳文成之世童謠曰鸜之鵒之公出辱之師古曰鸜音劬鵒音欲鸜鵒之羽公在外野往饋之馬師古曰饋亦餽字鸜鵒跦跦公在乾侯臣瓚曰乾侯在魏郡斥丘縣師古曰跦跦跳行貌也跦音誅乾音干徵褰與襦師古曰徵求也褰袴也言公出外求袴襦之服鸜鵒之巢遠哉搖搖師古曰搖搖不安之貌禂父喪勞宋父以驕師古曰父讀曰甫甫者男子之通號故云禂甫宋甫也言昭公欲去季氏不遂而出故曰喪勞定公無德於下坐致君位故曰以驕鸜鵒鸜鵒往歌來哭師古曰謂昭公生時出奔死乃以喪歸之至昭公時有鸜鵒來巢公攻季氏敗出奔齊居外野次乾侯八年死于外歸葬魯昭公

名禂公子宋立是爲定公元帝時童謠曰井水溢滅竈煙灌玉堂流金門至成帝建始二年三月戊子北宮中井泉稍上溢出南流象春秋時先有鸜鵒之謠而後有來巢之驗井水陰也竈煙陽也玉堂金門至尊之居象陰盛而滅陽竊有宮室之應也王莽生於元帝初元四年至成帝封侯爲三公輔政因以篡位成帝時童謠曰燕燕尾涎涎師古曰涎涎光澤貌也涎音徒見反張公子時相見木門倉琅根燕飛來啄皇孫皇孫死燕啄矢其後帝爲微行出遊常與富平侯張放俱稱富平侯家人過河陽主作樂見舞

者趙飛燕而幸之故曰燕燕尾涎涎美好貌也張公子謂富平侯也木門倉琅根謂宮門銅鍰師古曰門之鋪首及銅鍰也銅色青故曰倉琅鋪首銜環故謂之根鍰讀與環同言將尊貴也後遂立爲皇后弟昭儀賊害後宮皇子卒皆伏辜所謂燕飛來啄皇孫皇孫死燕啄矢者也成帝時歌謠又曰邪徑敗良田讒口亂善人桂樹華不實黃爵巢其顛故爲人所羨今爲人所憐桂赤色漢家象華不實無繼嗣也王莽自謂黃象黃爵巢其顛也嚴公十七年冬多麋劉歆以爲毛蟲之孽爲災劉向以爲麋色青近青祥也麋之爲言迷也蓋牝獸之淫

者也是時嚴公將取齊之淫女其象先見天戒若曰勿取齊女淫而迷國嚴不寤遂取之夫人既入淫於二叔終皆誅死（師古曰謂慶父縊死叔牙鴆卒齊人殺哀姜也）幾亡社稷（師古曰謂子般閔公前後見殺而齊侯欲取魯國也幾音鉅依反）董仲舒指略同京房易傳曰發正作淫大不明國多麋又曰震遂泥（李奇曰從二至五有坎象坎爲水四爲泥在水中故曰震遂泥泥者溺於水不能自拔道未光也或以爲溺於淫女故其妖多麋麋迷也師古曰此易震卦九四爻辭也泥音乃計反）厥咎國多麋昭帝時昌邑王賀聞人聲曰熊視而見大熊左右莫見以問郎中令龔遂遂曰熊山野之獸而來入宮室王獨見之此天戒大王恐宮室將空危亡象也賀不改寤後卒失國左氏傳襄公十七年十一月甲午宋國人逐猘狗（師古曰猘狂也音征例反）猘狗入於華臣氏（師古曰華臣華元之子也）國人從之臣懼遂奔陳先是臣兄閱爲宋卿（師古曰爲右師）閱卒臣使賊殺閱家宰遂就其妻宋平公聞之曰臣不唯其宗室是暴大亂宋國之政欲逐之左師向戌曰大臣不順國之恥也不如蓋之（師古曰向戌宋桓公曾孫也蓋謂覆掩其事也）公迺止華臣炕暴失義內不自安故犬禍至以犇亡也高后八年三月祓霸上（師古曰祓者除惡之祭也音廢）還過枳道見物如倉狗橶高后掖（師古曰橶謂拘持之也橶音戟拘音居足反）忽之不見卜之趙王如意爲祟遂病掖傷而崩先是高后鴆

殺如意支斷其母戚夫人手足搉其眼以爲人彘（師古曰搉謂敲擊去其精也搉音口角反凡言彘者皆豕之別名）文帝後五年六月齊雍城門外有狗生角（師古曰雍城門者齊門名也春秋左氏傳平陽之役趙武及秦周伐雍門之萩是也）先是帝兄齊悼惠王亡後帝分齊地立其庶子七人皆爲王（師古曰謂齊孝王將閭濟北王志菑川王賢膠東王雄渠膠西王卬濟南王辟光并城陽恭王喜是爲七王）兄弟並彊有炕陽心故犬禍見也犬守御角兵象在前而上鄉者也（師古曰鄉讀曰嚮次下亦同）犬不當生角猶諸侯不當舉兵鄉京師也天之戒人蚤矣（師古曰蚤古早字）諸侯不寤後六年吳楚畔濟南膠西膠東三國應之舉兵至齊齊王猶與城守（師古曰與讀曰豫）三國圍之會漢破吳楚因誅四王故天狗下梁而吳楚攻梁狗生角於齊而三國圍齊漢卒破吳楚於梁誅四王於齊京房易傳曰執政失下將害之厥妖狗生角君子苟免小人陷之厥妖狗生角景帝三年二月邯鄲狗與彘交悖亂之氣近犬豕之禍也（師古曰悖惑也音布內反此下亦同）是時趙王遂悖亂與吳楚謀爲逆遣使匈奴求助兵卒伏其辜犬兵革失衆之占（如淳曰犬吠守似兵革外附它類失衆也）豕北方匈奴之象逆言失聽交於異類以生害也京房易傳曰夫婦不嚴厥妖狗與豕交茲謂反德國有兵革成帝河平元年長安男子石良劉音相與同

居（師古曰二人共止一室）有如人狀在其室中擊之爲狗走出去後有數人被甲持兵弩至良家良等格擊或死或傷皆狗也自二月至六月乃止鴻嘉中狗與彘交左氏昭公二十四年十月癸酉王子鼂以成周之寶圭湛于河（師古曰以祭河也爾雅曰祭川曰浮沈湛讀曰沈後皆類此）幾以獲神助（師古曰幾讀曰冀）甲戌津人得之河上陰不佞取將賣之則爲石（師古曰陰不佞周大夫也）是時王子鼂篡天子位萬民不鄉號令不從（師古曰鄉讀曰嚮）故有玉變近白祥也癸酉入而甲戌出神不享之驗云玉化爲石貴將爲賤也後二年子鼂犇楚而死史記秦始皇帝三十六年

鄭客從關東來至華陰望見素車白馬從華山上下知其非人道住止而待之遂至（師古曰於道上住而待此車馬）持璧與客曰爲我遺鎬池君（張晏曰武王居鎬鎬池君則武王也武王伐商故神云始皇荒淫若紂矣今亦可伐也孟康曰長安西南有鎬池師古曰鎬池在昆明池北此直江神告鎬池之神云始皇將死耳無豫於武王也張說失矣）因言今年祖龍死（蘇林曰祖始也龍人君象謂始皇也）忽不見鄭客奉璧即始皇二十八年過江所湛璧也與周子鼂同應是歲石隕于東郡民或刻其石曰始皇死而地分此皆白祥炕陽暴虐號令不從孤陽獨治羣陰不附之所致也一曰石陰類也陰持高節臣將危君趙高李斯之象也始皇不畏戒自省反夷滅其旁民

而燔燒其石是歲始皇死後三年而秦滅孝昭元鳳三年正月泰山萊蕪山南匈匈有數千人聲民視之有大石自立高丈五尺大四十八圍入地深八尺三石爲足石立處有白烏數千集其旁眭孟以爲石陰類下民象泰山岱宗之嶽王者易姓告代之處當有庶人爲天子者孟坐伏誅京房易傳曰復崩來無咎（師古曰復卦之辭也今易崩字作朋字）自上下者爲崩厥應泰山之石顛而下（師古曰顛隊也）聖人受命人君虜又曰石立如人庶士爲天下雄立於山同姓平地異姓立於水聖人於澤小人天漢元年三月天雨白毛三

年八月天雨白氂（師古曰凡言氂者毛之強曲者也音力之反）京房易傳曰前樂後憂厥妖天雨羽又曰邪人進賢人逃天雨毛史記周威烈王二十三年九鼎震（孟康曰威烈一王之謚也六國時也師古曰即赧王之高祖也）金震木動之也是時周室衰微刑重而虐號令不從以亂金氣鼎者宗廟之寶器也宗廟將廢寶鼎將遷故震動也是歲晉三卿韓魏趙篡晉君而分其地威烈王命以爲諸侯天子不恤同姓而爵其賊臣天下不附矣後三世周致德祚於秦（晉灼曰赧王奔秦獻其邑此爲致德祚也）其後秦遂滅周而取九鼎九鼎之震木沴金失衆甚成帝元延元年正月長安章城門

門牡自亡晉灼曰西出南頭第一門也牡是出籥者師古曰牡所以下閉者也亦以鐵爲之非出籥也函谷關次門牡亦自亡韋昭曰函谷關邊小門也師古曰非行人出入所由蓋關司曹府所在之門也京房易傳曰飢而不損茲謂泰厥災水厥咎牡亡妖辭曰關動牡飛辟爲亡道臣爲非厥咎亂臣謀篡李奇曰易妖變傳辭故谷永對曰章城門通路寢之路函谷關距山東之險城門關守國之固固將去焉故牡飛也

前漢五行志卷第七中之上

五行志卷第七中之下　班固　漢書二十七

秘書監上護軍琅邪縣開國子顏師古注

傳曰視之不明是謂不悊厥咎舒厥罰恒奧師古曰奧讀曰燠燠暖也音於六反厥極疾韋昭曰以疾爲罰時則有草妖時則有蠃蟲之孽師古曰名螟螣之類無鱗甲毛羽故謂之蠃蟲蠃蟲也音郎果反時則有羊旤時則有目痾時則有赤眚赤祥惟水沴火視之不明是謂不悊悊知也詩云爾德不明以亡陪亡卿不明爾德以亡背亡仄師古曰大雅蕩之詩也言不別善惡有逆背傾仄者有堪爲卿大夫者皆不知之也仄古側字言上不明暗昧蔽惑則不能知善惡親近習長同類師古曰習狎也近狎者則親愛之同類者則長益也亡功者受賞有罪者不殺百官廢亂失在舒緩故其咎舒也盛夏日長暑以養物政弛緩故其罰常奧也奧則冬溫春夏不和傷病民人故極疾也誅不行則霜不殺草繇臣下則殺不以時師古曰繇讀與由同言誅罰由於臣下故有草妖凡妖貌則以服言則以詩聽則以聲視則以色者五色物之大分也在於眚祥故聖人以爲草妖失秉之明者也師古曰謂失所執之權也音彼命反溫奧生蟲故有蠃蟲之孽謂螟螣之類師古曰螟食苗心螣食苗葉之蟲也螟音冥螣音徒得反當死不死未當生而生或多於故而爲災也劉歆以爲屬思心不容於易剛而包柔爲離師古曰兩陽居外一陰在內故云剛包柔離爲火爲目羊上角下蹏

剛而包柔羊大目而不精明視氣毀故有羊旤一曰暑歲羊多疫死及爲怪亦是也及人則多病目者故有目痾火色赤故有赤眚赤祥凡視傷者病火氣火氣傷則水沴之其極疾者順之其福曰壽李奇曰於六極之中爲疾者逆火氣致疾病也能順火氣則旤更爲福劉歆視傳曰有羽蟲之孽雞旤說以爲於天文南方喙爲鳥星故爲羽蟲旤亦從羽故爲雞雞於易自在巽說非是庶徵之恒奧劉向以爲春秋亡冰也小奧不書無冰然後書舉其大者也京房易傳曰祿不遂行茲謂欺厥咎奧雨雪四至而溫臣安祿樂逸茲謂亂奧而生蟲知罪不誅茲謂舒其奧夏則暑殺人冬則物華實重過不誅茲謂亡徵其咎當寒而奧六日也桓公十五年春亡冰劉向以爲周春今冬也先是連兵鄰國三戰而再敗也師古曰三戰者謂十年齊侯衛侯鄭伯來戰于郎十二年與鄭師伐宋戰于宋十三年會紀侯鄭伯及齊侯宋公衛侯燕人戰也再敗者謂郎之戰穀梁傳曰以吾敗也又宋之戰穀梁亦曰內諱敗舉其可道者也據左氏傳公羊穀梁亦曰無冰並在十四年今此云十五年未詳其意內失百姓外失諸侯不敢行誅罰鄭伯突篡兄而立公與相親師古曰突鄭莊公子即厲公也兄謂大子忽即昭公也莊公既卒突因宋莊公之寵而得立遂使昭公奔衛故云篡兄也公與相親者謂十五年突爲祭仲所逐奔蔡遂居櫟而昭公入公再與諸侯伐鄭謀納厲公長養同類不明善惡之罰也師古曰言桓篡立與突志同故曰長養同類董仲舒以爲象夫人不正陰失節也

曰夫人姜氏通于齊侯故云不正成公元年二月無冰董仲舒以爲方有宣公之喪君臣無悲哀之心而炕陽作丘甲師古曰時宣公薨始踰年故云有喪也丘甲解在刑法志劉向以爲時公幼弱政舒緩也襄公二十八年春無冰劉向以爲先是公作三軍有侵陵用武之意師古曰作三軍者季氏欲專其權非公本意此說非也侵陵用武者謂入鄆取邿也邿音詩於是鄰國不和伐其三鄙師古曰謂十三年三月十四年夏莒人伐我東鄙十五年夏齊侯伐我北鄙秋邾人伐我南鄙十六年三月齊侯伐我北鄙被兵十有餘年因之以饑饉百姓怨望臣下心離公懼而弛緩不敢行誅罰師古曰弛放也音式爾反楚有夷狄行公有從楚心不明善惡之應師古曰有從楚心謂二十八年公朝于楚董仲舒指略同一曰水旱之

災寒暑之變天下皆同故曰無冰天下異也桓公殺兄弒君外成宋亂與鄭易邑背畔周室師古曰隱攝公位又桓之兄故云殺兄弒君也成宋亂者謂宋華父督弒其君殤公及其大夫孔父以郜大鼎賂公公會齊侯鄭伯于稷而平其亂也與鄭易邑謂以大山之田易許田也許田者魯朝宿之邑也而以與鄭明魯之不朝於王故云背畔周室成公時楚橫行中國師古曰謂成二年楚師侵衛遂侵我師于蜀六年七月楚公子嬰齊帥師伐鄭九年嬰齊帥師伐莒十五年楚子伐鄭十六年楚子與晉侯鄭伯戰于鄢陵十八年楚子伐宋王札子殺召伯毛伯師古曰王札子即王子捷也召伯毛伯皆周大夫也今春秋經王札子殺召伯毛伯事在宣十五年而此言成公時未達其說召讀曰邵晉敗天子之師于貿戎師古曰貿戎戎別種也公羊傳成元年王師敗績于貿戎孰敗之蓋晉敗之貿音莫侯反天子皆不能討襄公時天下諸侯之大夫皆執國權師古曰謂襄十六年會于溴梁諸侯之大夫盟皆類此君不能制漸將日甚善惡不明誅

罰不行周失之舒秦失之急故周衰亡寒歲秦滅亡奧年武帝元狩六年冬亡冰先是比年遣大將軍衛青霍去病攻祁連絕大幕師古曰比頻也祁連山名也幕沙磧也直度曰絕祁音上夷反窮追單于斬首十餘萬級還大行慶賞乃閔海內勤勞是歲遣博士褚大等六人持節巡行天下師古曰行音下更反存賜鰥寡假與乏困舉遺逸獨行君子詣行在所郡國有以爲便宜者上丞相御史以聞天下咸喜昭帝始元二年冬亡冰是時上年九歲大將軍霍光秉政始行寬緩欲以說下師古曰說讀曰悅僖公三十三年十二月隕霜不殺草劉歆以爲草妖

也劉向以爲今十月周十二月於易五爲天位君位九月陰氣至五通於天位其卦爲剝師古曰坤下艮上剝落萬物始大殺矣明陰從陽命臣受君令而後殺也今十月隕霜而不能殺草此君誅不行舒緩之應也是時公子遂顓權三桓始世官師古曰公子遂莊公之子即東門襄仲也時爲卿專執國政也天戒若曰自此之後將皆爲亂矣文公不寤其後遂殺子赤三家逐昭公師古曰並已解於上董仲舒指略同京房易傳曰臣有緩茲謂不順厥異霜不殺也書序曰伊陟相大戊亳有祥桑穀共生師古曰商書咸乂之序也其書亡伊陟伊尹子也大戊大甲孫也亳殷所都也桑穀二木合而共生穀音穀傳曰俱生乎朝

七日而大拱師古曰兩手合為拱音久勇反伊陟戒以修德而木枯劉
向以為殷道既衰高宗承敝而起盡涼陰之哀天
下應之師古曰涼信也陰默也言居哀信默三年不言也涼讀曰諒一說涼陰謂居喪之廬也謂三年處於廬中不言涼音力羊
反據今尚書及諸傳記大戊卒子仲丁立卒弟何亶甲立卒子祖乙立卒子盤庚立卒小乙之子武丁立是為高宗桑穀自太戊時生涼陰乃高宗之事而此云桑穀即高宗時出其說與尚書大傳不同未詳其義也或者伏生差謬既獲顯榮怠於政
事國將危亡故桑穀之異見桑猶喪也穀猶生也
殺生之秉失而在下師古曰秉音彼命反近草妖也一曰野木
生朝而暴長小人將暴在大臣之位危亡國家象
朝將虛之應也師古曰虛讀曰墟書序又曰高宗祭成湯有
蜚雉登鼎耳而雊師古曰商書高宗肜日之序也蜚古飛字雊音工豆反祖己曰惟

先假王正厥事師古曰祖己殷賢臣假大也言先代大道之王能正其事而災異銷也劉向以為
雉雊鳴者雄也以赤色為主於易離為雉雉南方
近赤祥也劉歆以為羽蟲之孽易有鼎卦師古曰巽下離上也
鼎宗廟之器主器奉宗廟者長子也野鳥自外來
入為宗廟器主是繼嗣將易也一曰鼎三足三公
象而以耳行師古曰鼎非舉耳不得行故云以耳行野鳥居鼎耳小人將居
公位敗宗廟之祀野木生朝野鳥入廟敗亡之異
也武丁恐駭謀於忠賢修德而正事內舉傅說授
以國政師古曰武丁夢得賢相乃以所夢之像使求之得於傅巖立以為相作說命三篇說讀曰悅外伐鬼方
以安諸夏師古曰鬼方絕遠之地一曰國名夏大也中國大於戎狄故曰諸夏故能攘木鳥之妖

致百年之壽師古曰攘卻也音人羊反所謂六沴若是共御五福迺
降用章于下者也師古曰共讀曰恭御讀曰禦禦言恭己以禦災也一說御治也恭治其事也一曰金
沴木曰木不曲直僖公三十三年十二月李梅實
劉向以為周十二月今十月也李梅當剝落今反
華實近草妖也先華而後實不書華舉重者也陰
成陽事象臣顓君作威福一曰冬當殺反生象驕
臣當誅不行其罰也故冬華華者象臣邪謀有端而
不成至於實則成矣是時僖公死公子遂顓權文
公不寤後有子赤之變一曰君舒緩甚奧氣不臧
則華實復生董仲舒以為李梅實臣下彊也記曰

不當華而華易大夫不當實而實易相室應劭曰冬水王木相故象大臣冬實者變置丞相與宮室也但華則變大夫也師古曰相室猶言相國謂宰相也合韻故言相室相室者王相室冬水
王木相故象大臣劉歆以為庶徵皆以蟲為孽思
心蠃蟲孽也李梅實屬草妖惠帝五年十月桃李
華棗實昭帝時上林苑中大柳樹斷仆地一朝起
立生枝葉有蟲食其葉成文字曰公孫病已立昌
邑王國社有枯樹復生枝葉睢孟以為木陰類下
民象當有故廢之家公孫氏從民間受命為天子
者昭帝富於春秋霍光秉政以孟妖言誅之後昭帝
崩無子徵昌邑王賀嗣位狂亂失道光廢之更立

衛大子之孫是爲宣帝宣帝本名病已京房易傳曰枯楊生稊師古曰大過九二爻辭也稊楊秀之始生者音徒奚反枯木復生人君亡子元帝初元四年皇后曾祖父濟南東平陵王伯墓門梓柱卒生枝葉上出屋孟康曰王伯莽之祖也師古曰莽高祖父也故下云高祖考卒讀曰猝猝暴也劉向以爲王氏貴盛將代漢家之象也後王莽簒位自說之曰初元四年莽生之歲也當漢九世火德之厄而有此祥興於高祖考之門門爲開通梓猶子言王氏當有賢子開通祖統起於柱石大臣之位受命而王之符也建昭五年兖州刺史浩賞禁民私所自立社張晏曰民間三月九月又社號曰私社臣瓚曰舊制二十五家爲一社而民或十家五家共爲田社是私社師古曰瓚說是山陽橐茅鄉社有大槐樹師古曰橐縣名也屬山陽郡茅鄉橐縣之鄉也橐音拓吏伐斷之其夜樹復立其故處成帝永始元年二月河南街郵樗樹生支如人頭師古曰郵謂行書之舍樗樹似椿樗音丑余反椿音丑倫反眉目須皆具亡髮耳哀帝建平三年十月汝南西平遂陽鄉柱仆地生支如人形師古曰仆頓也音赴身青黃色面白頭有顊髮稍長大凡長六寸一分京房易傳曰王德衰下人將起則有木生爲人狀哀帝建平三年零陵有樹僵地師古曰僵偃也音疆圍大六尺長十丈七尺民斷其本長九尺餘枯三月樹卒自立故處師古曰卒讀曰猝京房易傳曰棄正作

淫厥妖木斷自屬師古曰屬連續也音之欲反天辟惡之如淳曰天辟謂天子也師古曰辟音壁元帝永光二年八月天雨草而葉相摎結大如彈丸師古曰摎繞也摎音居虯反平帝元始三年正月天雨草狀如永光時京房易傳曰君吝於祿信衰賢去厥妖天雨草昭公二十五年夏有鸜鵒來巢劉歆以爲羽蟲之孽其色黑又黑祥也視不明聽不聰之罰也劉向以爲有蜚有蜮不言來者氣所生所謂眚也師古曰此蜚謂負蠜也其爲蟲臭蜮短狐即今所謂水弩也隱元年有蜚莊十八年有蜮蜚音翡蜮音域蜚亦作蠜其音同耳鸜鵒言來者氣所致所謂祥也鸜鵒夷狄穴藏之禽來至中國不穴而巢陰居陽位師古曰今之鸜鵒中國皆有依周官而言但不踰濟水耳左氏以爲魯所常無異而書之而此云夷狄禽未喻其意又此鳥本亦巢居不皆穴處也書巢者著其居止乳不即去也象季氏將逐昭公去宮室而居外野也鸜鵒白羽旱之祥也穴居而好水黑色爲主急之應也天戒若曰既失衆不可急暴急暴陰將持節陽以逐爾去宮室而居外野矣昭不寤而舉兵圍季氏爲季氏所敗出犇于齊遂死于外野董仲舒指略同景帝三年十一月有白頸烏與黑烏羣鬬楚國呂縣白頸不勝墯泗水中死者數千劉向以爲近白黑祥也時楚王戊暴逆無道師古曰戊楚元王之孫也刑辱申公與吳王謀反烏羣鬬者師戰之象也白頸者小明小者敗也墯於水者將死水地

王戊不寤遂舉兵應吳與漢大戰兵敗而走至於丹徒爲越人所斬墮死於水效也京房易傳曰逆親親厥妖白黑烏鬭於國昭帝元鳳元年有烏與鵲鬭燕王宮中池上烏墮池死近黑祥也時燕王旦謀爲亂遂不改寤伏辜而死楚燕皆骨肉藩臣以驕恣而謀逆俱有烏鵲鬭死之祥行同而占合此天人之明表也燕一烏鵲鬭於宮中而黑者死楚以萬數鬭於野外而白者死象燕陰謀未發獨王自殺於宮故一烏水色者死楚炕陽舉兵軍師大敗於野故衆烏金色者死天道精微之效也京

房易傳曰專征劫殺厥妖烏鵲鬭昭帝時有鵜鶘或曰禿鶖（師古曰鵜鶘即汙澤也一名淘河腹下胡大如數升囊好羣入澤中抒水食魚因名禿鶖亦水鳥也鵜音大奚反鶘音胡鶖音秋）集昌邑王殿下王使人射殺之劉向以爲水鳥色青青祥也時王馳騁無度慢侮大臣不敬至尊有服妖之象（師古曰謂多治仄注冠又以冠奴也）故青祥見也野鳥入處宮室將空王不悟卒以亡京房易傳曰辟退有德厥咎狂厥妖水鳥集于國中（師古曰辟君也）成帝河平元年二月庚子泰山山桑谷有鳶焚其巢（師古曰鳶鴟也音緣）男子孫通等聞山中群鳥鳶鵲聲往視見巢爇盡墮地中（師古曰爇古然字）有三鳶鷇燒死（師古曰鳥子新生而哺者曰鷇音口豆反又音工豆反）樹大四圍巢去地五丈五尺大守平以聞鳶色黑近黑祥貪虐之類也易曰鳥焚其巢旅人先笑後號咷（師古曰旅卦上九爻辭也咷音逃）泰山岱宗五嶽之長王者易姓告代之處也天戒若曰勿近貪虐之人聽其賊謀將生焚巢自害其子絕世易姓之禍其後趙蜚燕得幸立爲皇后弟爲昭儀姊妹專寵聞後宮許美人曹偉能生皇子也（師古曰曹偉能宮人姓名也偉能一名宮見外戚傳）昭儀大怒令上奪取而殺之皆并殺其母成帝崩昭儀自殺事乃發覺趙后坐誅此焚巢殺子後號咷之應也一曰王莽貪虐而任社稷之重卒成易姓之禍

云京房易傳曰人君暴虐鳥焚其舍鴻嘉二年三月博士行大射禮有飛雉集于庭歷階登堂而雊後雉又集大常宗正丞相御史大夫大司馬車騎將軍之府又集未央宮承明殿屋上時大司馬車騎將軍王音待詔寵等上言天地之氣以類相應（師古曰以經術待詔其人名寵不記姓也流俗書本寵上輒加孫字非也）譴告人君甚微而著雉者聽察先聞雷聲故月令以紀氣（師古曰謂季冬之月云雉雊雞乳也）經載高宗雊雉之異（師古曰已解於上）以明轉禍爲福之驗今雉以博士行禮之日大衆聚會飛集於庭歷階登堂萬衆睢睢（師古曰睢睢仰目視貌也音呼惟反）驚怪連日徑歷三公之

府大常宗正典宗廟骨肉之官然後入宮其宿留告曉人具備深切師古曰宿音先就反留音力救反雖人道相戒何以過是後帝使中常侍鼂閎詔音曰聞捕得雉毛羽頗摧折類拘執者得無人為之師古曰言人放此雉故欲為變異者音復對曰陛下安得亡國之語不知誰主為佞讇之計師古曰讇古諂也誣亂聖德如此者左右阿諛甚衆不待臣音復讇而足師古曰足益也音子喻反公卿以下保位自守莫有正言如令陛下覺寤懼大禍且至身深責臣下繩以聖法臣音當先誅豈有以自解哉今即位十五年繼嗣不立日日駕車而出失行流聞師古曰言帝行多驕失醜

惡流布聞於遠方也海內傳之甚於京師外有微行之害內有疾病之憂皇天數見災異師古曰見顯示欲人變更終已不改天尚不能感動陛下臣子何望獨有極言待死命在朝暮而已如有不然老母安得處所尚何皇大后之有高祖天下當以誰屬乎如淳曰老母音之老母也當隨已受罪誅也又謂已言深切觸悟人主積恚而死必行之誅不能復顧大后也師古曰如說非也言撫屬於成帝耳不然者謂不如所諫而自修改也老母帝之母即大后也言帝不自修改國家危亡大后不知處所高祖天下無所付屬也屬音之欲反宜謀於賢知克己復禮以求天意繼嗣可立災變尚可銷也成帝綏和二年三月天水平襄有燕生爵哺食至大俱飛去師古曰哺音蒲固反食讀曰飤謂與母俱去京房易傳曰賊臣在

國厥咎燕生爵諸侯銷一曰生非其類子不嗣世史記魯定公時季桓子穿井得土缶中得蟲若羊師古曰缶盎也即今之盆近羊禍也羊者地上之物幽於土中象定公不用孔子而聽季氏暗昧不明之應也一曰羊去野外而拘土缶者象魯君失其所而拘於季氏季氏亦將拘於家臣也是歲季氏家臣陽虎囚季桓子後三年陽虎劫公伐孟氏兵敗竊寶玉大弓而出亡師古曰寶玉謂夏后氏之璜大弓謂封父之繁弱皆魯始封之分器所受於周也定八年陽虎作亂不克竊之而入讙陽關以叛左氏傳魯襄公時宋有生女子赤而毛棄之隄下宋平公母共姬之御者見而收之師古曰平公宋共公

之子也名成共讀曰恭因名曰棄長而美好納之平公生子曰佐後宋臣伊戾讒大子痤而殺之師古曰事在襄二十六年痤音才戈反先是大夫華元出奔晉師古曰華元奔在成十五年華弱奔魯師古曰事在襄六年華臣奔陳師古曰事在襄十七年華合比奔衛師古曰事在昭六年據今春秋合比奔在殺大子痤後而志揔言先是未詳其意劉向以為時則火災赤眚之明應也京房易傳曰尊卑不別厥妖女生赤毛惠帝二年天雨血於宜陽一頃所劉向以為赤眚也時又冬雷桃李華常奧之罰也是時政舒緩諸呂用事讒口妄行殺三皇子建立非嗣師古曰三皇子謂趙隱王如意趙幽王友趙恭王恢皆高帝子也建立後宮美人子為嗣及不當立之王孟康曰呂氏三王也退王陵趙

堯周昌師古曰惠帝六年王陵爲右丞相惠帝崩呂后欲廢陵遷爲大傅實奪之相權高祖以趙堯爲御史大夫高后元年怨堯前定趙王如意之策乃抵堯罪周昌爲趙相趙王見鴆殺昌謝病不朝見三歲而薨呂大后崩大臣共誅滅諸呂僵尸流血京房易傳曰歸獄不解茲謂追非厥咎天雨血茲謂不親民有怨心不出三年無其宗人又曰佞人祿功臣僇天雨血師古曰僇古戮字哀帝建平四年四月山陽湖陵雨血廣三尺長五尺大者如錢小者如麻子後二年帝崩王莽擅朝誅貴戚丁傅大臣董賢等皆放徙遠方與諸呂同象誅死者少雨血亦少傳曰聽之不聰是謂不謀厥咎急厥罰恒寒厥極貧時則有鼓妖時則有魚孽時則有豕禍時則有耳痾時則有黑眚黑祥惟火沴水聽之不聰是謂不謀言上偏聽不聰下情隔塞則不能謀慮利害失在嚴急故其咎急也盛冬日短寒以殺物政促迫故其罰常寒也寒則不生百穀上下俱貧故其極貧也君嚴猛而閉下臣戰栗而塞耳則妄聞之氣發於音聲故有鼓妖寒氣動故有魚孽雨以龜爲孽服虔曰多雨則龜多出龜能陸處非極陰也魚去水而死極陰之孽也於易坎爲豕豕大耳而不聰察聽氣毀故有豕禍也一曰寒歲豕多死及爲怪亦是也及人則多病耳者故有耳痾

水色黑故有黑眚黑祥凡聽傷者病水氣水氣病則火沴之其極貧者順之其福曰富劉歆聽傳曰有介蟲孽也庶徵之恒寒劉向以爲春秋無其應周之末世舒緩微弱政在臣下奥㜲而已故籍秦以爲驗師古曰籍假借秦始皇帝即位尚幼委政大后大后淫於呂不韋及嫪毐師古曰嫪或音居虯反嫪姓也毐名也許慎說以爲嫪毐士之無行者嫪音郎到反毐音烏改反與今史記漢書本文不同且嫪樂之姓又非嫪也故當依本字以讀封毐爲長信侯以大原郡爲毐國宮室苑囿自恣政事斷焉故天冬雷以見陽不禁閉以涉危害舒奥迫近之變也始皇既冠毐懼誅作亂始皇誅之斬首數百級大臣二十人皆車裂以徇夷滅其宗遷四千餘家於房陵是歲四月寒民有凍死者數年之間緩急如此寒奥輒應此其效也劉歆以爲大雨雪及未當雨雪而雨雪及大雨雹隕霜殺叔草皆常寒之罰也劉向以爲常雨屬貌不恭京房易傳曰有德遭險茲謂逆命厥異寒誅過深當奥而寒盡六日亦爲雹害正不誅茲謂養賊寒七十二日殺蜚禽師古曰蜚讀曰飛道人始去茲謂傷服虔曰有道之人去其寒物無霜而死涌水出戰不量敵茲謂辱命其寒雖雨物不茂聞善不予厥咎聾桓公八年十月雨雪周十月今八月也

未可以雪劉向以為時夫人有淫齊之行而桓有妬媚之心（師古曰媢謂夫妬婦也音莫報反）夫人將殺其象見也（師古曰謂欲殺桓公）桓不覺寤後與夫人俱如齊而殺死凡雨陰也雪又雨之陰也出非其時迫近象也董仲舒以為象夫人專恣陰氣盛也釐公十年冬大雨雪劉向以為先是釐公立妾為夫人陰居陽位陰氣盛也半經曰大雨雹董仲舒以為公脅於齊桓公立妾為夫人不敢進羣妾（師古曰已解於上）故專壹之象見諸雹皆為有所漸脅也（孟康曰謂陰氣漸脅）行專壹之政云昭公四年正月大雨雪劉向以為昭取於吳而為同姓謂

之吳孟子（師古曰魯與吳俱姬也周禮同姓不為婚故諱不稱吳姬而云孟子也取讀曰娶）君行於上臣非於下又三家已彊皆賤公行慢侮之心生（師古曰侮古侮字）董仲舒以為季孫宿任政陰氣盛也（師古曰季孫宿季武子也）文帝四年六月大雨雪後三歲淮南王長謀反發覺遷道死（師古曰遷於蜀未至而死於雍故曰道死）京房易傳曰夏雨雪戒臣為亂景帝中六年三月雨雪其六月匈奴入上郡取苑馬吏卒戰死者二千餘人明年條侯周亞夫下獄死武帝元狩元年十二月大雨雪民多凍死是歲淮南衡山王謀反發覺皆自殺使者行郡國治黨與（師古曰行音下更反）坐死者數萬人元鼎二年三

月雪平地厚五尺是歲御史大夫張湯有罪自殺丞相嚴青翟坐與三長史謀陷湯（師古曰謂朱買臣為丞相長史王朝及邊通皆守丞相長史也）青翟自殺三長史皆棄市元鼎三年三月水冰四月雨雪關東十餘郡人相食是歲民不占緍錢有告者以半畀之（師古曰言政急刻也占音之贍反）元帝建昭二年十一月齊楚地大雪深五尺是歲魏郡太守京房為石顯所告坐與妻父淮陽王舅張博博弟光勸視淮陽王以不義（師古曰視讀曰示）博要斬光房棄市御史大夫鄭弘坐免為庶人成帝即位顯伏辜淮陽王上書冤博辭語增加（師古曰言博本為石顯所冤增加其語故陷罪）家屬徙

者復得還建昭四年三月雨雪燕多死谷永對曰皇后桑蠶以治祭服共事天地宗廟（師古曰共讀曰恭）正以是日疾風自西北大寒雨雪壞敗其功以章不鄉（師古曰言不當天心鄉讀曰嚮）宜齊戒辟寢以深自責（師古曰齊讀曰齋辟讀曰避）請皇后就宮鬲閉門戶毋得擅上（師古曰鬲與隔同擅上謂輒至御所也上音時掌反一曰擅專也上謂天子也讀如本字勿令皇后專固天子）且令眾妾人人更進以時博施皇天說喜（師古曰更音工衡反說讀曰悅）庶幾可以得賢明之嗣即不行臣言災異俞甚天變成形臣雖欲復捐身關策不及事已（師古曰言雖欲弃捐其身不懷顧慮極陳計策關說天子亦無所及）其後許后坐祝詛廢陽朔四年四月雨雪燕雀死後

二年許皇后自殺定公元年十月隕霜殺菽師古曰菽大豆劉向以爲周十月今八月也消卦爲觀師古曰坤下巽上也陰氣未至君位而殺誅罰不由君出在臣下之象也是時季氏逐昭公公死于外定公得立故天見災以視公也師古曰視讀曰示釐公二年十月隕霜不殺草爲嗣君微失秉事之象也師古曰謂襄仲專權殺嫡立庶公室弱秉音彼命反其後卒在臣下則災爲之生矣異故言草災故言菽重殺穀師古曰以其事爲重不比於殺草也一曰菽草之難殺者也言殺菽知草皆死也言不殺草知菽亦不死也董仲舒以爲菽草之彊者天戒若曰加誅於彊臣言菽以微

仍

見季氏之罰也武帝元光四年四月隕霜殺草木先是二年遣五將軍三十萬衆伏馬邑下師古曰謂御史大夫韓安國爲護軍將軍衛尉李廣爲驍騎將軍大僕公孫賀爲輕車將軍大行王恢爲將屯將軍大中大夫李息爲材官將軍欲襲單于單于覺之而去自是始征伐四夷師出三十餘年天下戶口減半京房易傳曰興兵妄誅茲謂亡法厥災霜夏殺五穀冬殺麥誅不原情茲謂不仁其霜夏先大雷風冬先雨廼隕霜有芒角賢聖遭害其霜附木不下地佞人依刑茲謂私賊其霜在草根土隙間不教而誅茲謂虐其霜反在草下元帝永光元年三月隕霜殺桑九月二日隕霜殺

稼天下大飢是時中書令石顯用事專權與春秋定公時隕霜同應成帝即位顯坐作威福誅釐公二十九年秋大雨雹劉向以爲盛陽雨水溫煖而湯熱陰氣脅之不相入則轉而爲雹盛陰雨雪凝滯而冰寒陽氣薄之不相入則散而爲霰師古曰霰雨雪雜下音先見反故沸湯之在閉器而湛於寒泉則爲冰孟康曰投湯器中以沈寒泉而成也師古曰湛讀曰沈及雪之銷亦冰解而散此其驗也故雹者陰脅陽也春秋不書霰者猶月食也釐公末年信用公子遂遂專權自恣將至於殺君故陰脅陽之象見釐公不寤遂終專權後二年殺子赤立

生

宣公師古曰公子遂東門襄仲也赤文公大子即惡也左氏傳曰聖人在上無雹雖有不爲災說曰凡物不爲災不書書大言爲災也凡雹皆冬之愆陽夏之伏陰也師古曰愆過也過陽冬溫也伏陰夏寒也昭公三年大雨雹是時季氏專權脅君之象見昭公不寤後季氏卒逐昭公元封三年十二月雷雨雹大如馬頭宣帝地節四年五月山陽濟陰雨雹如雞子深二尺五寸殺二十人蜚鳥皆死師古曰蜚讀曰飛其十月大司馬霍禹宗族謀反誅霍皇后廢成帝河平二年四月楚國雨雹大如斧蜚鳥死左傳曰釐公三十二年十二月己卯晉文公卒庚辰將殯于

曲沃出絳柩有聲如牛劉向以為近鼓妖也喪凶事聲如牛怒象也將有急怒之謀以生兵革之禍是時秦穆公遣兵襲鄭而不假道還晉大夫先軫謂襄公曰秦師過不假塗請擊之師古曰先軫即原軫遂要崤阸師古曰即今之二崤山也以敗秦師匹馬觭輪無反者服虔曰觭音奇偶之奇師古曰觭隻也言盡虜獲之觭音居宜反操之急矣師古曰操持也謂執持所虜獲也操音千高反晉不惟舊而聽虐謀結怨彊國四被秦寇禍流數世凶惡之效也師古曰舊者謂晉襄之父文公本為秦所納而得國是舊恩也虐謀謂先軫之計也四被秦寇謂晉文二年秦子孟明視帥師伐晉三年秦伯伐晉濟河焚舟取王官及郊十年秦伯伐晉取北徵十二年秦伯伐晉取羈馬禍流謂自襄公至厲公凡五君與秦搆難也哀帝建平二年四月乙亥朔御史大夫朱博

為丞相少府趙玄為御史大夫臨延登受策有大聲如鐘鳴師古曰延入而登殿也漢舊儀云丞相御史大夫初拜皇帝延登親詔也殿中郎吏陛者皆聞焉師古曰陛者謂執兵列於陛側上以問黃門侍郎揚雄李尋尋對曰洪範所謂鼓妖者也師法以為人君不聰為衆所惑空名得進則有聲無形不知所從生其傳曰歲月日之中則正卿受之今以四月日加辰巳有異是為中焉正卿謂執政大臣也宜退丞相御史以應天變然雖不退不出期年其人自蒙其咎師古曰期年十二月也蒙猶被也期音基揚雄亦以為鼓妖聽失之象也朱博為人彊毅多權謀宜將不宜相恐有凶惡亟疾

之怒師古曰亟急也音居力反八月博玄坐為姦謀博自殺玄減死論京房易傳曰令不修本下不安金毋故自動若有音史記秦二世元年天無雲而雷劉向以為雷當託於雲猶君託於臣陰陽之合也二世不恤天下萬民有怨畔之心是歲陳勝起天下畔趙高作亂秦遂以亡一曰易震為雷為貌不恭也史記秦始皇八年河魚大上劉向以為近魚孽也是歲始皇弟長安君將兵擊趙反死屯留軍吏皆斬遷其民於臨洮師古曰本使長安君擊趙至屯留而謀反作亂故賜長安君死斬其軍吏遷其黔首也屯留上黨縣也臨洮即今之洮州也屯音純洮音上高反明年有嫪毐之誅魚陰類民之象

逆流而上者民將不從君令為逆行也其在天文魚星中河而處車騎滿野至于二世暴虐愈甚終用急亡京房易傳曰衆逆同志厥妖河魚逆流上武帝元鼎五年秋蛙與蝦蟇群鬬師古曰蛙音胡蝸反蝦音遐蟇音麻是歲四將軍衆十萬征南越師古曰謂伏波將軍路博德出桂陽下皇水樓船將軍楊僕出豫章下湞水歸義越侯嚴為戈船將軍出零陵下離水田甲為下瀨將軍下蒼梧開九郡師古曰謂得越地以為南海蒼梧鬱林合浦交阯九真日南珠崖儋耳郡也成帝鴻嘉四年秋雨魚于信都長五寸以下成帝永始元年春北海出大魚長六丈高一丈四枚哀帝建平三年東萊平度出大魚師古曰平度東萊之縣長八丈高丈一尺七枚皆死京房易傳曰

海數見巨魚邪人進賢人疎師古曰數音所角反桓公五年秋螽師古曰螽即阜螽即今之蝩蟲也螽音終蝩音之庸反劉歆以爲貪虐取民則螽介蟲之孽也與魚同占劉向以爲介蟲之孽屬言不從是歲公獲二國之聘取鼎易邑師古曰二國宋鄭也宋以郜鼎賂公鄭以泰山之田易許田也興役起城師古曰謂五年夏城祝丘也諸螽略皆從董仲舒說云嚴公二十九年有蜚劉歆以爲負蠜也性不食穀食穀爲災介蟲之孽師古曰蜚音扶味反蠜音煩劉向以爲蜚色青近青眚也非中國所有南越盛暑男女同川澤淫風所生爲蟲臭惡師古曰蜚者中國所有非南越之蟲未詳向所說是時嚴公取齊淫女爲夫人既入淫於兩叔故蜚

至天戒若曰今誅絕之尚及不將生臭惡聞於四方嚴不寤其後夫人與兩叔作亂二嗣以殺師古曰二嗣謂子般及閔公也卒皆被辜師古曰謂二叔哀姜皆不得其死也已解於上董仲舒指略同釐公十五年八月螽劉向以爲先是釐有鹹之會後城緣陵師古曰僖十三年公會齊侯宋公陳侯衛侯鄭伯許男曹伯于鹹鹹衛地十四年而與諸侯城緣陵緣陵杞邑也是歲復以兵車爲牡丘會使公孫敖帥師及諸大夫救徐師古曰十五年公會齊侯宋公陳侯衛侯鄭伯許男曹伯盟于牡丘遂次于匡公孫敖帥師及諸侯之大夫救徐公孫敖孟穆伯也諸侯之大夫即所與會諸侯也時楚伐徐故救之兵比三年在外師古曰比頻也文公三年秋雨螽于宋劉向以爲先是宋殺大夫而無罪師古曰謂僖二十五年經書宋殺其大夫不書名以其無罪有暴虐賦斂之應師古曰謂宋昭公也穀梁傳曰上下皆合言甚師古曰上下皆合螽之多董仲舒以爲宋三世內取師古曰三世謂襄公成公昭公也內取取國之大夫也事見公羊傳取讀曰娶大夫專恣殺生不中師古曰中音竹仲反故螽先死而至劉歆以爲螽爲穀災卒遇賊陰墜而死也八年十月螽時公伐邾取須朐城郚師古曰須朐邾邑也郚魯邑也事並在文七年朐音鉅俱反郚音吾宣公六年八月螟劉向以爲先是時宣伐莒向師古曰事在四年向莒邑也音餉後比再如齊謀伐萊師古曰比頻也謂四年秋及五年春公如齊七年公會齊侯伐萊是也十三年秋螽公孫歸父會齊伐莒師古曰事在十一年歸父東門襄仲子也字子家父讀曰甫十五年秋螽宣亡熟歲數有軍旅襄公七年八月螽劉向以爲先是襄興師救陳師古曰謂五年楚伐陳公

會晉侯宋公衛侯鄭伯齊大子光救陳也滕子郯子小邾子皆來朝師古曰六年滕子來朝七年郯子小邾子來朝夏城費師古曰亦七年之夏費魯邑也音祕哀公十二年十二月螽是時哀用田賦師古曰言重斂也解在刑法志劉向以爲春用田賦冬而螟十三年九月螟十二月螽比三螟虐取於民之效也師古曰比頻也劉歆以爲周十二月夏十月也火星既伏蟄蟲皆畢天之見變因物類之宜不得以螽是歲再失閏矣周九月夏七月故傳曰火猶西流司曆過也宣公十五年冬蝝生師古曰爾雅曰蝝蝮蜪說者以爲螽蝗之類蝮音蒲北反又音服蜪音徒高反劉歆以爲蝝蚍蠹之有翼者孟康曰蚍蠹音蚍蜉食穀爲災黑眚也董仲舒劉向以爲蝝螟始

生也一日螟始生是時民患上力役解於公田師古日解讀曰懈宣是時初稅畝稅畝就民田畝擇美者稅其什一亂先王制而爲貪利故應是而蝝生屬蠃蟲之孽景帝中三年秋蝗先是匈奴寇邊中尉不害將車騎材官士屯代高柳師古曰不害魏不害武帝元光五年秋螟六年秋蝗先是五將軍衆三十萬伏馬邑欲襲單于也師古曰巳解於上是歲四將軍征匈奴師古曰謂車騎將軍衛青出上谷票騎將軍公孫敖出代輕車將軍公孫賀出雲中驍騎將軍李廣出鴈門也元鼎五年秋蝗是歲四將軍征南越師古曰巳解於上及西南夷師古曰越馳義侯遺將巴蜀罪人發夜郎兵征西南夷平之開十餘郡師古曰定越地爲九郡定西南夷爲武都牂柯越嶲沈黎汶山郡凡十四郡元

封六年秋蝗先是兩將軍征朝鮮師古曰二年樓船將軍楊僕左將軍荀彘將應募罪人擊之開三郡師古曰武紀云以其地爲樂浪臨屯玄菟眞番郡是四郡也而此云三蓋傳寫志者誤大初元年夏蝗從東方蜚至敦煌師古曰蜚讀曰飛三年秋復蝗元年貳師將軍征大宛天下奉其役連年征和三年秋蝗四年夏蝗先是一年三將軍衆十餘萬征匈奴師古曰謂三年貳師將軍廣利七萬人出五原御史大夫商丘成二萬人出西河重合侯馬通四萬騎出酒泉征和三年貳師七萬人沒不還平帝元始二年秋蝗徧天下是時王莽秉政左氏傳曰嚴公八年齊襄公田于貝丘師古曰貝丘齊地見豕從者曰公子彭生也公怒曰射之豕人立而嗁公懼墜車傷足喪屨劉向

以爲近豕禍也先是齊襄淫於妹魯桓公夫人使公子彭生殺桓公又殺彭生以謝魯公孫無知有寵於先君襄公絀之師古曰無知僖公弟夷仲年之子也於襄公從父昆弟先君即僖公無知帥怨恨之徒攻襄於田所師古曰怨恨之徒謂連稱管至父也襄匿其戶間足見於戶下遂殺之傷足喪屨卒死於足虐急之效也昭帝元鳳元年燕王宮永巷中豕出圂壞都竈師古曰圂者養豕之牢也都竈烝炊之大竈也圂音胡頓反銜其鬴六七枚置殿前師古曰鬴古文釜字劉向以爲近豕禍也時燕王旦與長公主左將軍謀爲大逆誅殺諫者暴急無道竈者生養之本豕而敗竈陳鬴於庭鬴竈將不用宮

室將廢辱也燕王不改卒伏其辜京房易傳曰衆心不安君政厥妖豕入居室史記魯襄公二十三年穀洛水鬬將毀王宮劉向以爲近火沴水也周靈王將擁之有司諫曰不可長民者不崇藪不墮山不防川不竇澤師古曰長萌爲萌之長也崇聚也藪謂澤之無水者墮毀也防止也竇穴也墮音火規反今吾執政毋乃有所辟服虔曰音邪辟之辟而滑夫二川之神師古曰滑亂也音骨使至于爭明臣瓚曰明水道也師古曰明謂神靈以防王宮室王而飾之毋乃不可乎師古曰言爲欲防固王宮使水不得毀故過飾二川懼及子孫王室愈卑王擁之以傳推之以四瀆比諸侯穀洛其次卿大夫之象也師古曰穀洛皆大水故爲四瀆之次爲卿大夫

將分爭以危亂王室也是時世卿專權儋括將有篡殺之謀師古曰儋括儋季之子簡王之孫也篡殺之謀謂除喪服將見靈王過庭而歎曰嗚呼必有此夫如靈王覺寤匡其失政師古曰匡正也懼以承戒則災禍除矣不聽諫謀簡慢大異師古曰諫謀謂單公子愆期聞儋括之言恐必為害請殺之王不聽也簡慢大異謂不畏憂殺洛任其私心塞埤擁下師古曰埤卑也音婢以逆水勢而害鬼神後數年有黑如日者五是歲蚤霣霜靈王崩景王立二年儋括欲殺王而立王弟佞夫佞夫不知景王幷誅佞夫師古曰事在襄三十年及景王死五大夫爭權或立子猛或立子朝王室大亂師古曰五大夫謂劉子單子尹氏召伯毛伯也已解於上京房易傳曰天子弱諸侯力政師古曰政亦征也言專以武力相征討一說諸侯之政當以德禮今王室微弱文教不行遂乃以力為政相攻伐也厥異水鬭史記曰秦武王三年渭水赤者三日昭王三十四年渭水又赤三日劉向以為近火沴水也秦連相坐之法棄灰於道者黥孟康曰商鞅為政以棄灰於道必坋人坋人必鬬故設黥刑以絕其原也臣瓚曰棄灰或有火火則燔廬舍故刑之也師古曰孟說是也坋音蒲頓反罔密而刑虐加以武伐橫出殘賊鄰國至於變亂五行氣色謬亂天戒若曰勿為刻急將致敗亡昔三代居三河河洛出圖書師古曰謂夏都安邑即河東也殷都朝歌即河內也周都洛陽即河南也秦居渭陽而渭水數赤師古曰數音山角反瑞異應德之效也京房易傳曰君湎于酒淫于色師古曰湎流也音莫踐反賢人潛國家危厥異流水赤也

五行志卷第七中之下

一本於敗亡字下有秦遂不改至始皇滅六國二世而亡十四字

對勘官左通直郎知福州長樂縣主管勸農公事劉希亮

秘書監上護軍琅邪縣開國子顏師古注

傳曰思之不容是謂不聖厥咎霿師古曰霿音莫豆反厥罰
恒風厥極凶短折時則有脂夜之妖時則有華孽
時則有牛禍時則有心腹之痾時則有黃眚黃祥
時則有金木水火沴土思心之不睿是謂不聖思
心者心思慮也容寬也孔子曰居上不寬吾何以
觀之哉師古曰論語載孔子之言言上不寬大包容臣下則不能
居聖位貌言視聽以心為主四者皆失區霿無識
師古曰區音口豆反霿音莫豆反其下並同故其咎霿也雨旱寒奧亦以風
為本師古曰奧音於六反四氣皆亂故其罰常風也常風傷物
故其極凶短折也傷人曰凶禽獸曰短屮木曰折
師古曰屮古草字一曰凶夭也兄喪弟曰短父喪子曰折在人
腹中肥而包裹心者脂也心區霿則冥晦故有脂
夜之妖師古曰脂妖及夜妖一曰有脂物而夜為妖若脂水夜
汙人衣淫之象也一曰夜妖者雲風並起而杳冥
故與常風同象也溫而風則生螟螣師古曰螣音徒得反有裸
蟲之孽師古曰裸亦羸字也從衣果聲劉向以為於易巽為風為木卦
在三月四月繼陽而治主木之華實風氣盛至秋
冬木復華故有華孽一曰地氣盛則秋冬復華一

曰華者色也土為內事為女孽也於易坤為土為
牛牛大而心不能思慮思心氣毀故有牛禍一曰
牛多死及為怪亦是也及人則多病心腹者故有
心腹之痾土色黃故有黃眚黃祥凡思心傷者病
土氣土氣病則金木水火沴之故曰時則有金木
水火沴土不言惟而獨曰時則有者非一衝氣所
沴明其異大也其極曰凶短折順之其福曰考終
命師古曰壽考而終其命劉歆思心傳曰時則有臝蟲之孽謂
螟螣之屬也庶徵之常風劉向以為春秋無其應
公十六年正月六鶂退蜚過宋都師古曰鶂音五狄反左氏傳
曰風也劉歆以為風發於它所至宋而高鶂高蜚
而逢之則退經以見者為文故記退蜚傳以實應
著言風常風之罰也象宋襄公區霿自用不容臣
下逆司馬子魚之諫而與彊楚爭盟師古曰子魚公子目夷也桓公之子
而為司馬爭盟謂為鹿上之盟以求諸侯於楚子魚諫曰小國爭盟禍也公不聽之後六年為楚所執師古
曰僖二十一年楚執宋公以伐宋距六鶂退飛凡六年應六鶂之數云京房易傳曰潛
龍勿用師古曰乾初九爻辭眾逆同志至德迺潛厥異風其風也
行不解物不長師古曰不解物謂物逢之而不解散也不長所起者近也雨小而傷政悖
德隱茲謂亂厥風先風不雨大風暴起發屋折木
守義不進茲謂耄厥風與雲俱起折五穀莖臣易

上政茲謂不順厥風大焱發屋師古曰焱疾風也音必遥反賦斂不理茲謂禍厥風絕經紀如淳曰有所破壞絕匹帛之屬也晉灼曰南北為經東西為緯緣因風暴亂不端理也止即溫溫即蟲侯專封茲謂不統厥風疾而樹不搖穀不成辟不思道利茲謂無澤師古曰道讀曰導不思導示於下而安利之厥風不搖木旱無雲傷禾公常於利茲謂亂師古曰公上爵也常於利謂心常求利也厥風微而溫生蟲蝗害五穀棄正作淫茲謂惑厥風溫螟蟲起害有益人之物侯不朝茲謂叛厥風無恒地變赤而殺人文帝二年六月淮南王都壽春大風毀民室殺人劉向以為是歲南越反攻邊淮南王長破之後年入朝殺漢故

丞相辟陽侯上赦之歸聚姦人謀逆亂自稱東帝見異不寤後遷于蜀道死廱文帝五年吳暴風雨壞城官府民室時吳王濞謀為逆亂天戒數見終不改寤後卒誅滅五年十月楚王都彭城大風從東南來毀市門殺人是月王戊初嗣立後坐淫削國與吳王謀反刑僇諫者師古曰謂楚相張尚太傅趙夷吾也僇古戮字下皆類此吳在楚東南天戒若曰勿與吳為惡將敗市朝王戊不寤卒隨吳亡昭帝元鳳元年燕王都薊大風雨師古曰薊縣名燕國之所都拔宮中樹七圍以上十六枚壞城樓燕王旦不寤謀反發覺卒伏其辜釐公十五年九月

己卯晦震夷伯之廟師古曰夷伯司空無駭之後本魯公族也號展氏劉向以為晦暝也震雷也夷伯世大夫正晝雷其廟獨冥師古曰冥暗也天戒若曰勿使大夫世官將專事暝晦明年公子季友卒果世官師古曰謂季友之孫行父仍執政專國自此以後常為卿政在季氏至成公十六年六月甲午晦正晝皆暝陰為陽臣制君也成公不寤其冬季氏殺公子偃師古曰為季文子所殺也已解於上季氏萌於釐公師古曰萌謂草木始生也言其始有威權大於成公此其應也董仲舒以為夷伯季氏之孚也師古曰孚信也所信任之臣也陪臣不當有廟震者雷也晦暝雷擊其廟明當絕去僭差之類也向又以為此皆所謂夜妖者也劉歆

以為春秋及朔言朔及晦言晦人道所不及則天震之展氏有隱慝故天加誅於其祖夷伯之廟以譴告之也成公十六年六月甲午晦晉侯及楚子鄭伯戰于鄢陵皆月晦云隱公五年秋螟董仲舒劉向以為時公觀漁于棠貪利之應也師古曰棠魯地也陳漁者之事而觀之也劉歆以為又逆臧釐伯之諫師古曰臧僖伯公子彄也孝公之子諫觀漁貪利區霿以生羸蟲之孽也八年九月螟時鄭伯以邴將易許田師古曰邴鄭祀泰山之邑也音彼命反已解於上有貪利心京房易傳曰臣安祿茲謂貪厥災蟲蟲食根德無常茲謂煩蟲食葉不絀無德蟲食本與東作爭茲謂不時

師古曰蠹曲反時也蝨食節蔽惡生孽蝨食心師古曰蔽謂惡人蔽君之明爲災孽也
嚴公六年秋螟董仲舒劉向以爲先是衛侯朔
出奔齊齊侯會諸侯納朔師古曰朔謂惠公也桓十六年以左公子泄右公子職立公子
黔牟故惠公奔齊至莊五年會齊人宋人蔡人伐衛而納惠公也許諸侯賂師古曰諸侯國各有賂齊人歸
衛寶魯受之師古曰以伐衛所獲之寶來歸魯貪利應也文帝後六
年秋螟是歲匈奴大入上郡雲中烽火通長安遣
三將軍屯邊三將軍疰京師師古曰竝曰解於上宣公三年郊
牛之口傷改卜牛牛死劉向以爲近牛禍也是時
宣公與公子遂謀共殺子赤而立師古曰已解於上也又以喪
娶師古曰宣元年正月公子遂如齊逆女三月遂以夫人婦姜至自齊時成公喪制未除區霿昏亂亂成

於口幸有季文子得免於禍天猶惡之生則不饗
其祀師古曰謂郊牛傷死是天不欲饗食其祀死則災燔其廟師古曰成三年新宮災新宮者宣之
廟也以其新成故謂之新宮董仲舒指略同秦孝文王五年斿朐衍
有獻五足牛師古曰朐衍地名在北地朐音許于反劉向以爲近牛禍也先
是文惠王初都咸陽廣大宮室南臨渭北臨涇思
心失逆土氣足者止也戒秦建止奢泰將致危亡
如淳曰建立基止泰奢泰秦遂不改至於離宮三百復起阿房未
成而亡一曰牛以力爲人用足所以行也其後秦
大用民力轉輸起負海至北邊師古曰負海猶言背海也天下叛
之京房易傳曰興繇役奪民時厥妖牛生五足景

帝中六年梁孝王田北山有獻牛足上出背上劉
向以爲近牛禍先是孝王驕奢起苑方三百里宮
館閣道相連三十餘里納於邪臣羊勝之計欲求
爲漢嗣刺殺議臣爰盎事發負斧歸死既退歸國
猶有恨心內則思慮霿亂外則土功過制故牛旤
作足而出於背下奸上之象也師古曰奸犯也音干猶不能自
解發疾暴死又凶短之極也左氏傳昭公二十一
年春周景王將鑄無射鍾師古曰鍾聲中無射之律也射音弋石反泠州鳩
曰應劭曰泠官也州鳩名也師古曰樂官曰泠後遂以爲氏泠音零其字從水王其以心疾死乎夫
天子省風以作樂應劭曰風土地風俗也省中和之風以作樂然後可移惡風易惡俗也臣瓚曰省風

俗之流通作樂以救其敝也師古曰應說是也省觀也小者不窕大者不摦師古曰窕輕小也摦
橫大也窕音它堯反摦音胡化反摦則不容心是以感感實生疾今鍾
摦矣王心弗戓孟康曰古堪字其能久乎劉向以爲是時
景王好聽淫聲適庶不明師古曰適讀曰嫡謂太子壽卒王立子猛爲嗣後又欲立子朝也
思心霿亂明年以心疾崩近心腹之痾凶短之極
者也昭二十五年春魯叔孫昭子聘于宋元公與
燕飲酒樂語相泣也師古曰昭子叔孫婼也元公宋平公子也相泣相對而俱泣也樂祁
佐師古曰樂祁宋司城子梁也佐佐酒告人曰今茲君與叔孫其皆死乎
吾聞之哀樂而樂哀皆喪心也師古曰哀樂可樂而反哀也樂哀可哀而反樂也喪
失之也心之精爽是謂魂魄魂魄去之何以能久冬十

月叔孫昭子死十一月宋元公卒昭帝元鳳元年九月燕有黃鼠銜其尾舞王宮端門中往視之鼠舞如故王使夫人以酒脯祠鼠舞不休夜死黃祥也時燕剌王旦謀反將敗死亡象也其月發覺伏辜京房易傳曰誅不原情厥妖鼠舞門成帝建始元年四月辛丑夜西北有如火光壬寅晨大風從西北起雲氣赤黃四塞天下終日夜下著地者黃土塵也是歲帝元舅大司馬大將軍王鳳始用事又封鳳母弟崇爲安成侯食邑萬戶庶弟譚等五人賜爵關內侯食邑三千戶師古曰譚商音根逢時凡五人復益封

鳳五千戶悉封譚等爲列侯是爲五侯哀帝即位封外屬丁氏傅氏周氏鄭氏凡六人爲列侯師古曰外戚傳傅大后弟子喜封高武侯晏封孔鄉侯商封汝昌侯同母弟子鄭業爲陽信侯丁太后兄明封陽安侯子滿封平周侯傅氏鄭氏侯者四人丁氏侯者二人今此言六人爲列侯其數是也傅氏丁氏鄭氏則有之而不見周氏所出志傳不同未詳其意楊宣對曰五侯封日天氣赤黃丁傅復然服虔曰揚宣諫大夫也此殆爵土過制傷亂土氣之祥也京房易傳曰經稱觀其生師古曰易觀卦上九爻辭言大臣之義當觀賢人知其性行推而貢之否則爲聞善不與茲謂不知師古曰徒知之而已不能進助也厥異黃厥咎聾厥災不嗣黃者日上黃光不散如火然有黃濁氣四塞天下蔽賢絕道故災

異至絕世也經曰良馬逐師古曰此易大畜九三爻辭逐進也言大臣得賢者謀當顯進其人否則爲下相攘善師古曰攘卻也言不進達之也一曰攘因也因而竊取曰攘音人羊反茲謂盜明厥咎亦不嗣至於身僇家絕師古曰僇古戮字史記周幽王二年周三川皆震應劭曰震地震三川竭也師古曰三川涇渭洛也洛即漆沮也川自震耳故將雍塞非地震也劉向以爲金木水火沴土者也伯陽甫曰服虔曰周太史周將亡矣天地之氣不過其序若過其序民亂之也陽伏而不能出陰迫而不能升應劭曰迫陰迫陽使不能升也於是有地震今三川實震是陽失其所而塡陰也應劭曰失其所失其道也塡陰爲陰所塡不得升也師古曰塡音竹刃反陽失而在陰原必塞師古曰原謂水泉之本也原塞國必

亡夫水土演而民用也應劭曰演引也所以引出土氣者也師古曰演音衍土無所演而民乏財用不亡何待昔伊雒竭而夏亡河竭而商亡今周德如二代之季其原又塞塞必竭川竭山必崩夫國必依山川山崩川竭亡之徵也若國亡不過十年數之紀也是歲三川竭岐山崩劉向以爲陽失在陰者謂火氣來煎枯水故川竭也山川連體下竭上崩事埶然也時幽王暴虐妄誅伐不聽諫迷於襃姒廢其正后師古曰襃姒襃人所獻之女也正后申后也蓋白華之詩所爲作也廢后之父申侯與犬戎共攻殺幽王一曰其在天文水爲辰星辰星爲蠻夷月食辰星國以女

亡幽王之敗女亂其內夷攻其外京房易傳曰君
臣相背厥異名水絕師古曰有名之水文公九年九月癸酉
地震劉向以為先是時齊桓晉文魯釐二伯賢君
新沒師古曰齊桓晉文二伯也魯僖賢君也伯讀曰霸周襄王失道師古曰謂避叔帶之難而出奔失爲
君之道楚穆王殺父師古曰穆王商臣也殺其父成王也諸侯皆不肖權傾於
下天戒若曰臣下彊盛者將動為害後宋魯晉莒
鄭陳齊皆殺君師古曰文十六年宋人殺其君杵臼十八年襄仲殺惡宣二年晉趙盾殺其君夷皋文十八年
莒弒其君庶其宣四年鄭公子歸生弒其君夷十年陳夏徵舒殺其君平國文十八年齊人殺其君商人諸震略皆從
董仲舒說也京房易傳曰臣事雖正專必震其震
於水則波於木則搖於屋則瓦落大經在辟而易

臣茲謂陰動服虔曰經常也辟音刑辟之辟蘇林曰大經五行之常經也在辟與陰犯殺其上也師古曰辟讀曰
辟謂常法辟壞而易臣也厥震搖政宮大經搖政茲謂不陰厥震
搖山山出涌水嗣子無德專祿茲謂不順厥震動
丘陵涌水出襄公十六年五月甲子地震劉向以
為先是雞澤之會諸侯盟大夫又盟師古曰雞澤衛地也襄三年公會單
子晉侯宋公衛侯鄭伯莒子邾子齊世子光己未同盟于雞澤陳侯使袁僑如會戊寅叔孫豹及諸侯大夫及陳袁僑盟也是歲
三月諸侯為溴梁之會而大夫獨相與盟師古曰經書諸大夫
盟謂晉宋衛鄭曹莒邾薛杞小邾之大夫五月地震矣其後崔氏專齊欒盈
亂晉良霄傾鄭閽殺吳子燕逐其君楚滅陳蔡師古
曰崔氏齊卿崔杼也欒盈晉大夫欒桓子之子懷子也二十一年奔楚二十三年復入于晉而作亂良霄鄭大夫伯有也三十年子皙以駟氏

之甲伐而焚之伯有奔雍梁逐奔許晨自墓門之竇入介于襄庫以伐舊北門駟帶率國人伐之伯有死于羊肆閽守門者也吳子餘祭也吳
人伐越獲俘焉以為閽使守舟二十九年餘祭觀舟閽以刀殺之燕北燕國也昭三年冬燕大夫殺公之外嬖公懼奔齊昭八年楚師滅陳十
一年楚滅蔡也昭公十九年五月己卯地震劉向以為是時
季氏將有逐君之變其後宋三臣曹會皆以地叛
師古曰二十年宋華亥向寧華定出奔陳二十一年自陳入于宋南里以叛曹會曹大夫公孫會也二十年自鄸出奔宋穀梁傳曰自鄸者專鄸
也鄸會之邑也鄸音莫風反蔡莒逐其君吳敗中國殺二君師古曰昭二十一年
蔡人信費無極之言出蔡侯朱朱出奔楚二十三年莒子庚輿虐而好劍國人患之秋七月烏存帥國人以逐之庚輿出奔魯戊辰吳敗楚頓
胡沈蔡陳許之師于雞父胡子髡沈子逞滅是也二十三年八月乙未地震劉向
以為是時周景王崩劉單立王子猛尹氏立子朝
師古曰已解於上其後季氏逐昭公黑肱叛邾師古曰黑肱邾大夫也三十一年經

書邾黑肱以濫來奔濫邾邑吳殺其君僚師古曰二十七年吳公子光使專設諸抽劍刺王是也宋五
大夫晉二大夫皆以地叛師古曰定十年宋公之弟辰暨仲佗石彄出奔陳十一年春辰及仲
佗石彄公子地自陳入于蕭以叛秋宋樂大心自曹入于蕭十三年晉荀寅士吉射入朝歌以叛哀公三年四月
甲午地震劉向以為是時諸侯皆信邪臣莫能用
仲尼盜殺蔡侯齊陳乞弒君師古曰哀四年經書盜殺蔡侯申左氏傳曰蔡昭侯將如
吳諸大夫恐其又遷也公孫翩逐而射之入于人家而卒陳乞齊大夫陳僖子也六年乞殺其君荼荼景公之子安孺子也荼音大胡反惠
帝二年正月地震隴西厭四百餘家師古曰厭音一甲反次下亦同武
帝征和二年八月癸亥地震厭殺人宣帝本始四
年四月壬寅地震河南以東四十九郡北海琅邪
壞祖宗廟城郭殺六千餘人元帝永光三年冬地

震綏和二年九月丙辰地震自京師至北邊郡國三十餘壞城郭凡殺四百一十五人釐公十四年秋八月辛卯沙麓崩穀梁傳曰林屬於山曰麓師古曰屬聯也音之欲反沙其名也劉向以為臣下背叛散落不事上之象也先是齊桓行伯道會諸侯師古曰伯讀曰霸其下亦同事周室管仲既死桓德日衰天戒若曰伯道將廢諸侯散落政逮大夫陪臣執命臣下不事上矣桓公不寤天子蔽晦師古曰被掩蔽而晦也及齊桓死天下散而從楚王札子殺二大夫師古曰二大夫召伯毛伯也晉敗天子之師師古曰謂敗之於貿戎也已解於上也莫能征討從是陵遲公羊以為沙麓河上邑也董仲舒說略同一曰河大川象齊大國桓德衰伯道將移於晉文故河為徙也左氏以為沙麓晉地沙山名也地震而麓崩不書震舉重者也伯陽甫所謂國必依山川山崩川竭亡之徵也不過十年數之紀也至二十四年晉懷公殺於高梁師古曰懷公謂子圉惠公之子也文公入國而使殺之高梁晉地京房易傳曰小人剝廬師古曰剝卦上九爻之辭厥妖山崩茲謂陰乘陽弱勝彊成公五年夏梁山崩穀梁傳曰廱河三日不流師古曰廱讀曰壅晉君帥羣臣而哭之迺流師古曰從伯宗用輦者之言劉向以為山陽君也水陰民也天戒若曰君道崩壞下亂百姓將失

其所矣哭然後流喪亡象也梁山在晉地自晉始而及天下也後晉暴殺三卿厲公以弒師古曰三卿謂郤錡郤犨郤至也厲公殺之而欒書中行偃又弒厲公事在成十七年溴梁之會天下大夫皆執國政師古曰已解於上其後孫甯出衛獻師古曰孫孫林父甯甯殖皆衛大夫也衛獻公也名衎獻公戒二子食日旰不召而射鴻於囿二子怒因作亂公如鄄遂出奔齊孫氏追之敗公徒于阿澤事在襄十四年三家逐魯昭單尹亂王室師古曰並解於上董仲舒說略同劉歆以為梁山晉望也崩弛崩也師古曰言漸解散也弛音式爾反古者三代命祀祭不越望吉凶禍福不是過也國主山川山崩川竭亡之徵也美惡周必復師古曰復音扶目反是歲歲在鶉火至十七年復在鶉火欒書中行偃殺厲公而立悼公高后二年正月武都山崩殺七百六十人地震至八月迺止文帝元年四月齊楚地山二十九所同日俱大發水潰出劉向以為近水沴土也天戒若曰勿盛齊楚之君今失制度將為亂後十六年帝庶兄齊悼惠王之孫文王則薨無子帝分齊地立悼惠王庶子六人皆為王師古曰謂齊孝王將閭濟北王志菑川王賢膠東王雄渠膠西王卬濟南王辟光賈誼鼂錯諫以為違古制恐為亂至景帝三年齊楚七國起兵百餘萬漢皆破之春秋四國同日災師古曰宋衛陳鄭漢七國同日衆山潰咸被其害不畏天威之明效也成帝河平三年二月

丙戌揵爲柏江山崩捎江山崩皆雝江水師古曰雝讀曰壅次下亦同江水逆流壞城殺十三人地震積二十一日百二十四動元延三年正月丙寅蜀郡岷山崩雝江江水逆流三日廼通劉向以爲周時岐山崩三川竭而幽王亡岐山者周所興也漢家本起於蜀漢今所起之地山崩川竭星孛又及攝提大角從參至辰如淳曰孛星尾長及攝提大角始發於參至辰也殆必亡矣其後三世亡嗣王莽簒位傳曰皇之不極是謂不建厥咎眊服虔曰眊音老耄厥罰恒陰厥極弱時則有射妖時則有龍蛇之孽時則有馬禍時則有下人伐上之痾時則有

日月亂行星辰逆行皇之不極是謂不建皇君也極中建立也人君貌言視聽思心五事皆失不得其中則不能立萬事失在眊悖故其咎眊也師古曰眊不明也悖惑也音布內反王者自下承天理物雲起於山而彌於天師古曰彌滿也天氣亂故其罰常陰也一曰上失中則下彊盛而蔽君明也易曰亢龍有悔貴而亡位高而亡民賢人在下位而亡輔師古曰乾上九文言也如此則君有南面之尊而亡一人之助故其極弱也盛陽動進輕疾服虔曰陽行輕且疾也禮春而大射以順陽氣韋昭曰將祭與群臣射謂之大射上微弱則下奮動故有射妖易曰雲從龍師古曰乾九五文言又曰

龍蛇之蟄以存身也師古曰下繫辭也陰氣動故有龍蛇之孽於易乾爲君爲馬馬任用而彊力君氣毀故有馬禍一曰馬多死及爲怪亦是也君亂且弱人之所叛天之所去不有明王之誅則有篡弒之禍故有下人伐上之痾凡君道傷者病天氣不言五行沴天而曰日月亂行星辰逆行者爲若下不敢沴天猶春秋曰王師敗績于貿戎不言敗之者以自敗爲文尊尊之意也劉歆皇極傳曰有下體生上之痾說以爲下人伐上天誅已成不得復爲痾云皇極之常陰劉向以爲春秋亡其應一曰久陰不

雨是也劉歆以爲自屬常陰昭帝元平元年四月崩亡嗣立昌邑王賀賀即位天陰晝夜不見日月賀欲出光祿大夫夏侯勝當車諫曰天久陰而不雨臣下有謀上者陛下欲何之賀怒縛勝以屬吏師古曰屬委也音之欲反吏白大將軍霍光光時與車騎將軍張安世謀欲廢賀光讓安世以爲泄語安世實不泄召問勝勝上洪範五行傳曰皇之不極厥罰常陰時則有下人伐上不敢察察言臣瓚曰不敢察察明言之故云臣下有謀光安世讀之大驚以此益重經術士後數日卒共廢賀此常陰之明效也京房易傳曰有蜺

蒙霧霧上下合也蒙如塵雲蜺日旁氣也其占曰后妃有專蜺再重赤而專至衝旱（孟康曰專員也若五月再重赤而員至十一月旱也）妻不壹順黑蜺四背又曰蜺雙出日中妻以貴高夫茲謂擅陽蜺四方日光不陽解而溫（服虔曰蒙之氣解而溫）內取茲謂禽（服虔曰人君內淫於骨肉也臣瓚曰人君取於國中也師古曰取如禮記聚麀之聚瓚說非）蜺如禽在日旁以尊降妃茲謂薄嗣蜺直而塞六辰迺除夜星見而赤（韋昭曰六辰謂從卯至申）女不變始茲謂乘夫（孟康曰始貴高於夫終行此不變也）蜺白在日側黑蜺果之氣正直（師古曰果謂干之也）妻不順正茲謂擅陽蜺中窺貫而外專夫妻不嚴茲謂媟（韋昭曰媟言媟慢也師古曰音先列反）蜺與日會婦人擅國茲

謂頃（師古曰頃讀曰傾）蜺白貫日中赤蜺四背（服虔曰蜺背日）適不荅茲謂不次（服虔曰言適妻不見荅也臣瓚曰夫不接妻爲不荅師古曰適讀曰嫡荅報也言妻有承順之心不見報荅也一曰荅對也言不以恩意接對之）蜺直在左蜺交在右取於不專茲謂危嗣蜺抱日兩未及君淫外茲謂亡蜺氣左日交於外取不達茲謂不知蜺白奪明而大溫溫而雨（師古曰取讀曰聚）尊卑不別茲謂媟蜺三出三已三辰除（韋昭曰若從寅至辰也蜺旦見西晏則雨）除則日出且雨臣私祿及親茲謂罔辟（韋昭曰辟君也師古曰辟音璧其下並同）厥異蒙其蒙先大溫已蒙起日不見行善不請於上茲謂作福蒙一日五起五解辟不下謀臣辟異道茲謂不見上蒙下霧風三變

而俱解立嗣子疑茲謂動欲蒙赤日不明德不序茲謂不聰蒙日不明溫而民病德不試空言祿（師古曰試用也）茲謂主窳臣夭（孟康曰謂君惰窳用人不以次第爲夭也師古曰窳音庾）蒙起而白君樂逸人茲謂放蒙日青黑雲夾日左右前後行過日公不任職茲謂怙祿蒙三日又大風五日蒙不解利邪以食茲謂閉上蒙大起白雲如山行蔽日公懼不言道茲謂閉下蒙大起日不見若雨不雨至十二日解而有大雲蔽日祿生於下茲謂誣君蒙微而小雨已乃大雨下相攘善茲謂盜明蒙黃濁下陳功求於上茲謂不知蒙微而赤風鳴條

解復蒙下專刑茲謂分威蒙而日不得明大臣厭小臣茲謂蔽蒙微日不明若解不解大風發赤雲起而蔽日衆不惡惡茲謂閉蒙尊卦用事（孟康曰尊卦乾坤也臣瓚曰京房謂之方伯卦震兌坎離也師古曰孟說是也）三日而起日不見漏言亡喜茲謂下厝用（師古曰厝音千各反）蒙微日無光有雨雲雨不降廢忠惑佞茲謂亡蒙天先淸而暴蒙微而日不明有逸民茲謂不明蒙濁奪日光公不任職茲謂不絀蒙白三辰止則日青青而寒寒必雨忠臣進善君不試茲謂遏（師古曰試用也）蒙先小雨雨已蒙起微而日不明惑衆在位茲謂覆國蒙微而日不明一溫一

寒風揚塵知佞厚之玆謂庳蒙甚而溫君臣故弼
玆謂悖師古曰弼猶相戾也悖惑也厥災風雨霧風拔木亂五穀
已而大霧庶正蔽惡玆謂生孽災厥異霧此皆陰
雲之類云嚴公十八年秋有蜮劉向以爲蜮生南
越越地多婦人男女同川淫女爲主亂氣所生故聖
人名之曰蜮蜮猶惑也在水旁能射人射人有處
甚者至死師古曰以氣射人也南方謂之短弧師古曰即射工也亦呼水弩近射
妖死亡之象也時嚴將取齊之淫女故蜮至天戒
若曰勿取齊女將生淫惑篡弒之禍嚴不寤遂取
之入後淫於二叔二叔以死兩子見弒夫人亦誅

師古曰並解於上劉歆以爲蜮盛暑所生非自越來也京房
易傳曰忠臣進善君不試厥咎國生蜮師古曰試用也史記
魯哀公時有隼集于陳廷而死師古曰隼鷙鳥即今之鶻也說者以爲鶚失之矣廷朝
廷也鶻字音胡骨反楛矢貫之應劭曰楛木名師古曰音怙其木堪爲笴今幽以北皆用之土俗呼其木爲楛子也石
砮應劭曰砮鏃也音奴又乃互反長尺有咫張晏曰八寸曰咫陳閔公使使問仲
尼師古曰閔公名周懷公之子仲尼曰隼之來遠矣昔武王克商通道
百蠻使各以方物來貢肅愼貢楛矢臣瓚曰肅愼東北夷石砮
長尺有咫先王分異姓以遠方職使毋忘服師古曰服事也
故分陳以肅愼矢試求之故府果得之師古曰得昔所分之矢於府藏
中劉向以爲隼近黑祥貪暴類也矢貫之近射妖

也死於廷國亡表也象陳眊亂不服事周師古曰眊音莫報反
而行貪暴將致遠夷之禍爲所滅也是時中國齊
晉南夷吳楚爲彊師古曰中國則齊晉爲彊南夷則吳楚爲彊陳交晉不親
附楚不固數被二國之禍後楚有白公之亂師古曰白公楚
平王大子建之子勝也建遇讒奔鄭而死勝在吳子西召之使處吳境爲白公吳人伐愼白公敗之請以戰備獻因作亂子西子期皆死事在
哀十六年陳乘而侵之師古曰白公之亂陳人恃其聚而侵楚事見哀十七年卒爲楚所滅
師古曰陳閔公之二十年獲麟之歲也其二十四年而爲楚所滅史記夏后氏之衰有二龍
止於夏廷而言余褎之二君也師古曰褎古國名夏帝卜殺
之去之止之莫吉卜請其漦而藏之乃吉應劭曰漦沫也鄭氏
曰漦音牛齝之齝師古曰去謂驅逐也止謂拘留也去音丘呂反漦音丑之反於是布幣策告之師古

曰眞幣爲禮讀策辭而告之也說者以爲策者糈米蓋失之矣龍亡而漦在乃匵去之師古曰匵
匱也去藏也匵音讀去音丘呂反其後夏亡傳匵於殷周三代莫發至
厲王末發而觀之漦流于廷不可除也厲王使婦
人贏而譟之應劭曰譟謼曰譟師古曰譟音先到反漦化爲玄黿韋昭曰玄黿蜥蜴
也似蛇而有足師古曰黿似鼈而大非蚖及蜥蜴入後宮處妾遇之而孕師古曰處妾宮中之
童妾生子懼而棄之宣王立女童謠曰檿弧萁服實
亡周國服虔曰檿山桑也師古曰女童謠閭里之童女爲歌謠也檿山桑之有點文者也木弓曰弧服盛箭者即今之步叉也萁
草似荻而細織之爲服也檿音一簟反萁音基荻音狄後有夫婦鬻是器者宣王使
執而僇之師古曰鬻賣也音弋六反既去見處妾所棄妖子聞其
夜號哀而收之遂亡奔褎褎人有罪入妖子以

贖是為褒姒幽王見而愛之生子伯服王廢申后及太子宜咎而立褒姒伯服代之廢后之父申侯與繒西畎戎共攻殺幽王師古曰畎戎即犬戎亦曰昆夷詩曰赫赫宗周褒姒威之師古曰小雅正月之詩也赫赫盛貌也宗周鎬京也威滅也音呼悅反劉向以為夏后季世周之幽厲皆誖亂逆天師古曰誖惑也音布內反故有龍黿之怪近龍蛇孽也漦血也一曰沫也檿弧箕服蓋以桑為弓也萁草以為箭服近射妖也女童謠者禍將生於女國以兵寇亡也師古曰因婦人以致兵寇亡也左氏傳昭公十九年龍鬬於鄭時門之外洧淵師古曰時門鄭城門也洧泉洧水之泉也洧水出滎陽密縣東南至潁川長平入潁也劉向以為近龍孽也鄭以小國攝乎晉楚之間師古曰攝牧持之重以彊吳師古曰重音直用反鄭當其衝不能修德將鬬三國以自危亡師古曰言若不修德則三國伐之必危亡是時子產任政內惠於民外善辭令以交三國鄭卒亡患能以德消變之效也京房易傳曰眾心不安厥妖龍鬬惠帝二年正月癸酉旦有兩龍見於蘭陵廷東里溫陵井中師古曰蘭陵縣之廷東里也溫陵人姓名也至乙亥夜去劉向以為龍貴象而困於庶人井中象諸侯將有幽執之禍其後呂太后幽殺三趙王諸呂亦終誅滅京房易傳曰有德遭害厥妖龍見井中又曰行刑暴惡黑龍從井出左氏傳魯嚴公時有內蛇與

外蛇鬬鄭南門中內蛇死劉向以為近蛇孽也先是鄭厲公劫相祭仲而逐兄昭公代立師古曰厲公母宋雍氏之女也祭仲祭封人仲足也桓十一年宋人執祭仲曰不立突將死仲乃與宋盟而立厲公昭公奔衛祭音側介反後厲公出奔昭公復入師古曰桓十五年厲公與祭仲之壻雍糾謀殺祭仲不克五月出奔蔡六月昭公復歸于鄭九月厲公殺檀伯而居櫟也死弟子儀代立師古曰桓十七年高渠彌弒昭公而立其弟子亹十八年齊人殺子亹祭仲乃立亹之弟儀也厲公自外劫大夫傅瑕使僇子儀師古曰傅瑕鄭大夫也莊十四年厲公自櫟侵鄭獲傅瑕與之盟於是傅瑕殺子儀而納厲公也此外蛇殺內蛇之象也蛇死六年而厲公立嚴公聞之問申繻曰猶有妖乎師古曰申繻魯大夫也繻音須對曰人之所忌其氣炎以取之師古曰炎音弋贍反妖由人興也人亡釁焉妖不自作人棄常故有妖師古曰妖已解於上京房易傳曰立嗣子疑厥妖蛇居國門鬬左氏傳文公十六年夏有蛇自泉宮出師古曰泉宮即泉臺入于國如先君之數劉向以為近蛇孽也泉宮在囿中公母姜氏嘗居之蛇從之出象宮將不居也詩曰維虺維蛇女子之祥師古曰小雅斯干之詩又蛇入國國將有女憂也如先君之數者公母將薨象也秋公母薨公惡之乃毀泉臺夫妖孽應行而自見非見而為害也文不改行循正共御厥罰師古曰共讀曰恭御讀曰禦又讀如本字而作非禮以重其過師古曰重音直用反後二年薨公子遂殺文之二子惡視而立宣公師古曰惡即子赤也視其母弟文公夫人大歸于

齊師古曰本齊女故出而歸齊所謂哀姜者也武帝大始四年七月趙有蛇從郭外入與邑中蛇鬬孝文廟下邑中蛇死二年秋有衛太子事事自趙人江充起左氏傳定公十年宋公子地有白馬四師古曰地宋元公子也四馬曰駟公嬖向魋欲之師古曰公謂景公即地之兄也魋宋司馬桓魋也向音式尚反魋音大回反公取而朱其尾鬣師古曰鬣領上鬣也音力涉反以予之地怒使其徒扶魋而奪之師古曰扶擊也音丑失反魋懼將走公閉門而泣之目盡腫公弟辰謂地曰子爲君禮不過出竟君必止子師古曰辰亦元公子也言若見君怒懼而出奔是爲臣之禮也竟讀曰境也地出奔陳公弗止辰爲之請不聽辰曰是我廷吾兄也應劭曰廷音若狂反臣瓚曰音九放反師古曰二說皆非也廷欺也音求往反吾以國人出君誰與處遂與其徒出奔陳明年俱入于蕭以叛大爲宋患師古曰蕭宋邑近馬禍也史記秦孝公二十一年有馬生人昭王二十年牡馬生子而死劉向以爲皆馬禍也孝公始用商君攻守之法東侵諸侯至於昭王用兵彌烈師古曰烈猛也其象將以兵革抗極成功而還自害也牡馬非生類妄生而死猶秦恃力彊得天下而還自滅之象也一曰諸畜生非其類子孫必有非其姓者至於始皇果呂不韋子京房易傳曰方伯分威厥妖牡馬生子亡天子諸侯相伐厥妖馬生人文帝十二年有馬生角

於吳角在耳前上鄉師古曰鄉讀曰嚮次下亦同右角長三寸左角長二寸皆大二寸劉向以爲馬不當生角猶吳不當舉兵鄉上也是時吳王濞封有四郡五十餘城師古曰高紀云六年春以故東陽郡鄣郡吳郡五十三縣立劉賈爲荆王十二年十月詔曰吳古之建國日者荆王兼有其地今死無後朕欲復立吳王長沙王臣等請立沛侯爲吳王而荆燕吳傳云荆王劉賈爲黥布所殺無後上患會稽輕悍無壯王塡之乃立濞爲吳王王三郡五十三城是則濞之所封賈本地也止有三郡荆燕吳傳與紀同矣今此云四郡未詳其說若以賈本不得會稽濞加一郡者則不得言五十三城也內懷驕恣變見於外天戒早矣王不寤後卒舉兵誅滅京房易傳曰臣易上政不順厥妖馬生角茲謂賢士不足又曰天子親伐馬生角成帝綏和二年二月大廄馬生角在左耳前圍長各二寸是時王莽爲大司馬害上之萌自此始矣師古曰萌若草木之始生也哀帝建平二年定襄牡馬生駒三足隨群飲食大守以聞馬國之武用三足不任用之象也後侍中董賢年二十二爲大司馬居上公之位天下不宗哀帝暴崩成帝母王太后召弟子新都侯王莽入收賢印綬賢恐自殺莽因代之并誅外家丁傅又廢哀帝傅皇后令自殺發掘帝祖母傅太后母丁太后陵更以庶人葬之辜及至尊大臣微弱之禍也文公十一年敗狄于鹹師古曰鹹魯地也穀梁公羊傳曰長狄師古曰防風之後漆姓也國號鄋瞞鄋音所求反瞞音莫干反兄弟

三人一者之魯師古曰僑如也來伐魯爲叔孫得臣所獲一者之齊師古曰榮如也齊襄公二年伐齊爲王子成父所獲一者之晉師古曰焚如也宣十五年晉滅潞國而獲之皆殺之身橫九畝師古曰畝古畝字斷其首而載之眉見於軾師古曰軾車前橫木何以書記異也劉向以爲是時周室衰微三國爲大可責者也天戒若曰不行禮義大爲夷狄之行將致危亡其後三國皆有篡弒之禍師古曰謂魯文公薨襄仲弒惡及視而立宣公齊連稱管至父弒襄公而立無知晉欒書中行偃弒厲公而立悼公近下人伐上之痾也劉歆以爲人變屬黃祥一曰屬贏蟲之孽一曰天地之性人爲貴凡人爲變皆屬皇極下人伐上之痾云京房易傳曰君暴亂疾有道厥妖長狄入國又

曰豐其屋下獨苦師古曰豐其屋易豐卦上六爻亂也豐大也長狄生世主虜史記秦始皇帝二十六年有大人長五丈足履六尺皆夷狄服凡十二人見于臨洮師古曰隴西之縣也音吐高反天戒若曰勿大爲夷狄之行將受其禍是歲始皇初幷六國反喜以爲瑞銷天下兵器作金人十二以象之遂自賢聖燔詩書阬儒士奢淫暴虐務欲廣地南戍五嶺北築長城以備胡越師古曰五嶺解在張耳陳餘傳塹山填谷西起臨洮東至遼東徑數千里故大人見於臨洮明禍亂之起後十四年而秦亡亡自戍卒陳勝發史記魏襄王十三年魏有女子化爲丈夫京房易傳曰

女子化爲丈夫茲謂陰昌賤人爲王丈夫化爲女子茲謂陰勝厥咎亡一曰男化爲女宮刑濫也如淳曰宮刑之行大濫也女化爲男婦政行也哀帝建平中豫章有男子化爲女子嫁爲人婦生一子長安陳鳳言此陽變爲陰將亡繼嗣自相生之象一曰嫁爲人婦生一子者將復一世乃絕哀帝建平四年四月山陽方與女子田無嗇生子師古曰方與者山陽之縣也女子姓田名無嗇方與音房豫先未生二月兒嗁腹中及生不舉葬之陌上三日人過聞嗁聲母掘收養平帝元始元年二月朔方廣牧女子趙春病死師古曰廣牧朔方之縣也姓趙名春斂棺積六日師古曰斂音力贍反棺音工喚反

出在棺外自言見夫死父曰年二十七不當死太守譚以聞京房易傳曰幹父之蠱有子考亡咎韋昭曰蠱事也子能正父之事是爲有子故考不爲咎累師古曰易蠱卦初六爻辭也子三年不改父道思慕不皇亦重見先人之非師古曰言父有不善之事當速改之若唯思慕而已無所變易是重顯先人之非也一曰三年之內但思慕而已不暇見父之非故不改也重音直用反不則爲私厥妖人死復生一曰至陰爲陽下人爲上六月長安女子有生兒兩頭異頸面相鄉四臂共匈俱前鄉師古曰鄉讀曰嚮尻上有目長二寸所京房易傳曰睽孤見豕負塗師古曰易睽卦上九爻辭也睽孤乖剌之意也塗泥也睽音苦攜反厥妖人生兩頭下相攘善妖亦同人若六畜首目在下茲謂亡上

正將變更凡妖之作以譴失正各象其類二首下不壹也足多所任邪也足少下不勝任或不任下也凡下體生於上不敬也上體生於下媟瀆也生非其類淫亂也人生而大上速成也生而能言好虛也羣妖推此類不改乃成凶也景帝二年九月膠東下密人年七十餘生角角有毛時膠東膠西濟南齊四王有舉兵反謀謀由吳王濞起連楚趙凡七國下密縣居四齊之中（師古曰四齊即上所云膠東膠西濟南齊也本皆齊地故謂之四齊）角兵象上鄉者也（師古曰鄉讀曰嚮次下亦同）老人吳王象也年七十七國象也天戒若曰人不當生角猶諸

侯不當舉兵以鄉京師也禍從老人生七國俱敗云諸侯不寤明年吳王先起諸侯從之七國俱滅京房易傳曰冢宰專政厥妖人生角成帝建始三年十月丁未京師相驚言大水至渭水虒上小女陳持弓年九歲（師古曰虒上地名也音斯）走入横城門入未央宮尚方掖門殿門門衛戶者莫見至句盾禁中而覺得（師古曰句盾少府之署覺得事覺而見執得也）民以水相驚者陰氣盛也小女而入宮殿中者下人將因女寵而居有宮室之象也名曰持弓有似周家檿弧之祥易曰弧矢之利以威天下（師古曰下繫之辭也）是時帝母王太后弟鳳始爲上將秉國政天知其後將威天下而入宮室故象先見也其後王氏兄弟父子五侯秉權至莽卒篡天下蓋陳氏之後云京房易傳曰妖言動衆茲謂不信路將亡人司馬死成帝綏和二年八月庚申鄭通里男子王褒（師古曰鄭縣之通里）衣絳衣小冠帶劍入北司馬門殿東門（師古曰入北司馬門又入殿之東門也）上前殿入非常室中（如淳曰殿上室名）解帷組結佩之（師古曰組綬類所以係帷又垂以爲飾也佩帶之）招前殿署長業等曰天帝令我居此業等收縛考問褒故公車大誰卒（應劭曰在司馬殿門掌讙呵者也服虔曰衞士之師也著樊噲冠師古曰大誰者主問非常之人云姓名是誰也而應氏乃以讙誶爲義云大讙呵不當厥理後之學者輒改此書誰字爲讙違本文矣大誰本以誰何爲稱因用名官有大誰

長令此卒者長所領士卒也）病狂易（師古曰謂病在而變易其常也）不自知入宮狀下獄死是時王莽爲大司馬哀帝即位莽乞骸骨就第天知其必不退故因是而見象也姓名章服甚明徑上前殿路寢入室取組而佩之稱天帝命然時人莫察後莽就國天下冤之哀帝徵莽還京師明年帝崩莽復爲大司馬因是而篡國哀帝建平四年正月民驚走持稾或棷一枚（如淳曰棷麻幹也師古曰稾禾稈也音工老反棷音鄒又側九反）傳相付與曰行詔籌道中相過逢多至千數或被髮徒踐（師古曰徒踐謂徒跣也）或夜折關或踰牆入或乘車騎奔馳以置驛傳行經歷郡國二十六至

京師其夏京師郡國民聚會里巷仟伯設張博具師古曰博戲之具歌舞祠西王母又傳書曰母告百姓佩此書者不死不信我言視門樞下當有白髮師古曰樞門扇所由至秋止開閉者也音昌于反是時帝祖母傅太后驕與政事師古曰與讀曰豫故杜鄴對曰春秋災異以指象為言語籌所以紀數民陰水類也水以東流為順走而西行反類逆上象數度放溢妄以相予違忤民心之應也西王母婦人之稱博弈男子之事於街巷仟伯明離闑內師古曰闑門橛也音魚列反與疆外師古曰與讀曰豫臨事盤樂炕陽之意白髮衰年之象體尊性弱難理易亂門人

之所由樞其要也居人之所由制持其要也其明甚著今外家丁傅並侍帷幄布於列位有罪惡者不坐辜罰亡功能者畢受官爵皇甫三桓詩人所刺春秋所譏亡以甚此師古曰皇甫周卿士之字也周后襃寵而處職位詩人剌之事見小雅十月之交篇指象昭昭以覺聖朝柰何不應後哀帝崩成帝母王太后臨朝王莽為大司馬誅滅丁傅一曰丁傅所亂者小此異乃王太后莽之應云

五行志卷第七下之上

五行志第七下之下　班固　漢書二十七
秘書監上護軍琅邪縣開國子顏師古注
隱公三年二月己巳日有食之穀梁傳曰言日不
言朔食晦公羊傳曰食二日董仲舒劉向以為其
後戎執天子之使師古曰凡伯周大夫也隱七年天王使凡伯來聘戎伐凡伯于楚丘以歸鄭獲
魯隱師古曰公羊傳隱六年春鄭人來渝平渝平墮成也曰吾成敗矣吾與鄭人未有成狐壤之戰隱公獲焉所以不言戰諱獲也
滅戴師古曰十年秋宋人蔡人衛人伐戴鄭伯伐取之戴國今外黃縣東南戴城是也讀者多誤為載故隨室置載州焉衛
魯宋咸殺君師古曰四年衛州吁殺其君完十一年羽父使賊殺公于寪氏桓二年春宋督殺其君與夷左氏
劉歆以為正月二日燕越之分野也凡日所躔而
有變則分野之國失政者受之師古曰躔踐也音纏人君能脩

政共御厥罰則災消而福至師古曰共讀曰恭御讀如本字不能
則災息而禍生師古曰息謂蕃滋也故經書災而不記其故蓋
吉凶亡常隨行而成禍福也周衰天子不班朔師古曰班布也
魯曆不正置閏不得其月月大小不得其度
史記曰食或言朔而實非朔或不言朔而實朔或
脫不書朔與日皆官失之也京房易傳曰亡師茲
謂不御厥異日食其食也既並食不一處誅衆失
理茲謂生叛厥食既光散縱畔茲謂不明厥食先
大雨三日雨除而寒寒即食專祿不封茲謂不安
厥食既先日出而黑光反外燭韋昭曰中無光四邊有明外燭君臣

不通茲謂亡厥蝕三既同姓上侵茲謂誣君厥食
四方有雲中央無雲其日大寒公欲弱主位茲謂
不知厥食中白青四方赤已食地震諸侯相侵茲
謂不承厥食三毀三復君疾善下謀上茲謂亂厥
食既先雨雹殺走獸弒君獲位茲謂逆厥食既先
風雨折木日赤內臣外鄉茲謂背師古曰鄉讀曰嚮厥食食
且雨地中鳴韋昭曰地中有聲如鳴耳或曰如狗子聲冢宰專政茲謂因厥
食先大風食時日居雲中四方亡雲伯正越職茲
謂分威師古曰伯讀曰霸王者長帥之稱厥食日中分諸侯爭美於
上茲謂泰厥食日傷月食半天營而鳴韋昭曰食半謂食望也臣

瓚曰月食半謂食月之半也月食常以望不為異也賦不得茲謂竭厥食星隨而下
受命之臣專征云試厥食雖侵光猶明師古曰試用也自擅意也一說
試與弒同謂欲弒君若文王臣獨誅紂矣韋昭曰是時紂臣尚未欲誅紂獨文王之臣欲誅之小
人順受命者征其君云殺厥食五色至大寒隕霜
師古曰殺亦讀曰弒若紂臣順武王而誅紂矣韋昭曰紂惡益甚其臣欲順武王而誅紂諸
侯更制茲謂叛師古曰更改也厥食三復三食食已而風地
動適讓庶茲謂生欲師古曰適讀曰嫡厥食日失位光晻晻
月形見師古曰晻音烏感反見音胡電反酒亡節茲謂荒厥蝕乍青乍
黑乍赤明日大雨發霧而寒凡食二十占其形二
十有四改之輒除不改三年三年不改六年六年

不改九年推隱三年之食貫中央上下竟而黑臣
弑從中成之形也後衛州吁弑君而立桓公三年
七月壬辰朔日有食之既董仲舒劉向以爲前事
已大後事將至者又大則既先是魯宋弑君魯又
成宋亂易許田亡事天子之心楚僭稱王後鄭岠
王師射桓王師古曰並已解於上又二君相篡師古曰謂厲公奔蔡而昭公入高渠彌殺昭公而立
子亹劉歆以爲六月趙與晉分晉灼曰周之六月今之四月始去畢而入參參晉分也畢趙也
日行去趙遠入晉分多故曰與計二十八宿分其次度其月及所屬下皆以爲例先是晉曲沃伯再弑
晉侯師古曰曲沃伯本桓叔成師之封號也其後遂纂焉魯惠公三十年大夫潘父殺昭侯而納成師不克晉人立孝侯惠之四
十五年成師之子曲沃莊伯伐翼殺孝侯也是歲晉大亂師古曰桓三年莊伯之子曲沃武公伐翼逐翼侯于汾隰夜獲

而殺之滅其宗國師古曰桓八年曲沃武公滅翼遂并其國京房易傳以爲桓三
年日食貫中央上下竟而黃臣弑而不卒之形也
後楚嚴稱王兼地千里師古曰楚武王荊尸久已見傳今此言莊始稱王未詳其說十七
年十月朔日有食之穀梁傳曰言朔不言日食二
日也劉向以爲是時衛侯朔有罪出奔齊師古曰朔衛惠公也
桓十六年經書衛侯朔出奔齊公羊傳曰得罪乎天子穀梁傳曰天子召而不往也天子更立衛君師古曰謂公子黔牟
朔藉助五國舉兵伐之而自立王命遂壞師古曰莊五年冬公
會齊人宋人陳人蔡人伐衛莊六年春王人子突救衛夏衛侯朔入放公子黔牟于周是也魯夫人淫失於齊
卒殺桓公師古曰失讀曰佚董仲舒以爲言朔不言日惡魯
桓且有夫人之禍將不終日也劉歆以爲楚鄭分

嚴公十八年三月日有食之穀梁傳曰不言日不
言朔夜食張晏曰日夜食則無景立六尺木不見其景以此爲候史記推合朔在夜明
旦日食而出出而解孟康曰夜食地中出而止是爲夜食劉向以
爲夜食者陰因日明之衰而奪其光象周天子不
明齊桓將奪其威專會諸侯而行伯道師古曰伯讀曰霸其
後遂九合諸侯師古曰解在郊祀志天子使世子會之師古曰僖五年齊侯
宋公陳侯衛侯鄭伯許男曹伯會王大子于首止是此其效也公羊傳曰食晦董仲
舒以爲宿在東壁魯象也後公子慶父叔牙果通
於夫人以劫公劉歆以爲晦魯衛分二十五年六
月辛未朔日有食之董仲舒以爲宿在畢主邊兵

夷狄象也後狄滅邢衛師古曰春秋閔元年秋伐邢二年狄滅衛其後並爲齊所立而邢遷于夷
儀衛遷于楚丘劉歆以爲五月二日魯趙分二十六年十
二月癸亥朔日有食之董仲舒以爲宿在心心爲
明堂文武之道廢中國不絕若綫之象也師古曰綫縷也音先
箭反劉向以爲時戎侵曹師古曰事在莊二十四年魯夫人淫於慶父
叔牙將以弑君故比年再蝕以見戒師古曰比頻也見顯也劉歆
以爲十月二日楚鄭分三十年九月庚午朔日有
食之董仲舒劉向以爲後魯二君弑師古曰謂子般爲圉人所殺閔公爲
卜齮所殺也夫人誅師古曰哀姜爲齊人所殺兩弟死師古曰謂叔牙及慶父也狄滅邢師古曰已解於上
徐取舒師古曰僖三年徐人取舒舒國名也在盧江舒縣也晉殺世子師古曰僖五年晉侯殺其大子申生

楚滅弦師古曰僖五年楚人滅弦弦國名也在弋陽劉歆以為八月秦周分僖公五年九月戊申朔日有食之董仲舒劉向以為先是齊桓行伯江黃自至師古曰伯讀曰霸江黃二國名也僖二年齊侯宋公江人黃人盟于貫傳曰服江黃也江國在汝南安陽縣黃國在弋陽縣南服彊楚師古曰僖四年齊侯以諸侯之師侵蔡遂伐楚盟于邵陵其後不內自正而外執陳大夫則陳楚不附師古曰邵陵盟後以陳轅濤塗為誤軍而執之陳不服罪故伐之楚自是不復通鄭伯逃盟師古曰僖五年秋齊侯與諸侯盟于首止鄭伯逃歸不盟諸侯將不從桓政故天見戒其後晉滅虢師古曰事在僖五年楚圍許諸侯伐鄭師古曰事並在僖六年晉弒二君師古曰謂里克弒奚齊及卓子狄滅溫師古曰溫周邑也僖十年狄滅之楚伐黃師古曰僖十一年黃不歸楚貢故伐之桓不能救劉歆以為七月秦晉分十二年三月庚午朔日有食之董仲舒劉向以為是時楚滅黃師古曰事在十二年夏狄侵衛鄭師古曰僖十三年秋狄侵衛十四年狄侵鄭莒滅杞師古曰僖十四年諸侯城緣陵公羊傳曰曷為城杞滅也孰滅之蓋徐莒也劉歆以為三月齊衛分十五年正月日有食之劉向以為象晉文公將行伯道師古曰伯讀曰霸後遂伐衛執曹伯敗楚城濮師古曰事並在二十八年再會諸侯師古曰二十八年五月盟于踐土冬又會于溫召天王而朝之師古曰晉侯不欲就朝王故召王使來經書天王狩于河陽此其效也日食者臣之惡也夜食者掩其罪也以為上亡明王桓文能行伯道攘夷狄安中國師古曰伯讀曰霸攘卻也雖不正猶可蓋春秋實與而文不與之義也董仲舒以為後秦獲晉侯師古曰晉侯夷吾也僖十五年十一月晉侯及秦伯

戰于韓秦獲晉侯以歸也齊滅項師古曰事在公羊傳僖十七年項國今項城縣是也楚敗徐于婁林師古曰事在僖十五年冬婁林徐地劉歆以為二月朔齊越分文公元年二月癸亥日有食之董仲舒劉向以為先是大夫始執國政師古曰謂東門襄仲也公子遂如京師師古曰事在僖三十年報宰周公之聘後楚世子商臣殺父齊公子商人弒君皆自立師古曰已解於上宋子哀出奔師古曰宋子哀宋卿高哀也不義宋公而來奔魯事在文十四年晉滅江師古曰春秋文四年楚人滅江今此云晉未詳其說楚滅六師古曰六國名也在廬江六縣文五年楚人滅之大夫公孫敖叔彭生並專會盟師古曰文七年冬公孫敖如莒莅盟十一年叔彭生會郤缺于承匡公孫敖孟穆伯叔彭生叔仲惠伯也劉歆以為正月朔燕越分十五年六月辛丑朔日有食之董仲舒劉向以為後宋齊莒晉鄭八年之間五君殺死師古曰文十六年宋弒其君杵臼十八年夏齊人弒其君商人冬莒弒其君庶其宣二年晉趙盾弒其君夷皋四年鄭公子歸生弒其君夷也楚滅舒蓼劉歆以為四月二日魯衛分宣公八年七月甲子日有食之既董仲舒劉向以為先是楚商臣弒父而立至于嚴王遂彊諸夏大國唯有齊晉齊晉新有篡弒之禍內皆未安故楚乘弱橫行八年之間六侵伐而一滅國師古曰六侵伐者謂宣元年侵陳三年侵鄭四年伐鄭五年伐鄭六年伐鄭八年伐陳也一滅國者謂八年滅舒蓼也伐陸渾戎觀兵周室師古曰宣三年楚子伐陸渾之戎遂至于洛觀兵于周彊觀兵者示威武也後又入鄭鄭伯肉袒謝罪北敗晉師于邲流血色水師古曰事並在十二年邲鄭地色水謂血流入水而變水之色也邲音蒲必反圍宋九月析骸而炊

之師古曰事在十五年炊爨也言無薪樵示困之甚也劉歆以爲十月二日楚鄭分十年四月丙辰日有食之董仲舒劉向以爲後陳夏徵舒弒其君師古曰弒靈公也事在十年楚滅蕭師古曰蕭宋附庸國也事在十二年晉滅二國師古曰謂十五年滅赤狄潞氏十六年滅赤狄甲氏王札子殺召伯毛伯師古曰事在十五年劉歆以爲二月魯衛分十七年六月癸卯日有食之董仲舒劉向以爲後邾支解鄫子師古曰十八年邾人戕鄫子于鄫支解而節斷之謂解其四支斷其骨節晉敗王師于貿戎師古曰事在成元年敗齊于鞌師古曰事在成二年劉歆以爲三月晦朓魯衛分服虔曰朓相頫也日晦食爲朓臣瓚曰志云晦而月見西方曰朓以此名之非日食晦之名也師古曰朓音他了反成公十六年六月丙寅朔日有食之董仲舒劉向以爲後晉敗楚鄭于鄢陵師古曰事在十六年鄢陵鄭也執魯侯師古曰已解於上劉歆以爲四月二日魯衛分十七年十二月丁巳朔日有食之董仲舒劉向以爲後楚滅舒庸師古曰事在十七年日食之後舒庸蓋君羣舒之一種楚與國也晉弒其君師古曰謂厲公也事在十八年宋魚石因楚奪君邑師古曰魚石宋大夫也十五年出奔楚至十八年楚伐宋取彭城而納之莒滅鄫齊滅萊師古曰事並在襄六年鄫萊皆小國鄭伯弒死師古曰鄭僖公也襄七年會于鄬其大夫子駟使賊夜殺之而以虐疾赴鄬音蔿劉歆以爲九月周楚分襄公十四年二月乙未朔日有食之董仲舒劉向以爲後衛大夫孫甯共逐獻公立孫剽孟康曰剽音驃師古曰孫林父甯殖逐獻公襄十四年四月出奔齊而立剽剽穆公之孫也剽又音匹妙反劉歆以爲前年十二月二日宋燕分十五年八月丁

巳朔日有食之董仲舒劉向以爲先是晉爲雞澤之會諸侯盟又大夫盟後爲溴梁之會諸侯在而大夫獨相與盟師古曰並已解於上君若綴斿不得舉手應劭曰斿旌旗之流隨風動搖也師古曰言爲下所執隨人東西也劉歆以爲五月二日魯趙分二十年十月丙辰朔日有食之董仲舒以爲陳慶虎慶寅蔽君之明師古曰二慶並陳大夫也襄二十年陳侯之弟黃出奔楚將出呼於國曰慶氏無道求專陳國暴蔑其君而去其親五年不滅是無天也邾庶其有叛心師古曰庶其邾大夫後庶其以漆閭丘來奔師古曰事在二十一年漆及閭丘邾之二邑陳殺二慶師古曰二十三年陳侯如楚公子黃訴二慶楚人召之慶氏以陳叛楚屈建從陳侯圍陳遂殺二慶也劉歆以爲八月秦周分二十一年九月庚戌朔日有食之董仲舒以爲晉欒盈將犯君後入于曲沃師古曰已解於上劉歆以爲七月秦晉分十月庚辰朔日有食之董仲舒以爲宿在軫角楚大國象也後楚屈氏譖殺公子追舒師古曰公子追舒楚令尹子南也二十二年楚殺之齊慶封脅君亂國師古曰慶封齊大夫也二十七年使盧蒲嫳帥甲攻崔氏殺成及彊盡俘其家崔杼縊而死自是慶封當國專執政也劉歆以爲八月秦周分二十三年二月癸酉朔日有食之董仲舒以爲後衛侯入陳儀師古曰衛侯衎也前爲孫甯所逐二十五年入于陳儀陳儀衛邑左傳云夷儀甯喜弒其君剽師古曰二十六年甯喜殺剽而衎入于衛甯喜甯殖子也劉歆以爲前年十二月二日宋燕分二十四年七月甲子朔日有食之既劉歆以爲五月魯趙分八月癸巳朔日有食之董仲

舒以爲比食又既師古曰比頻也象陽將絕孟康曰陽君也夷狄主上國之象也後六君弒師古曰謂二十五年齊崔杼殺其君光二十六年衛甯喜弒其君剽二十九年閽殺吳子餘祭三十年蔡太子班弒其君固三十一年莒人弒其君密州昭元年楚令尹子圍入問王疾縊而殺之楚子果從諸侯伐鄭師古曰二十四年冬楚子蔡侯陳侯許男伐鄭滅舒鳩師古曰二十五年楚屈建師師滅舒鳩舒鳩亦羣舒一種魯往朝之師古曰二十八年公如楚卒主中國師古曰謂楚靈王以昭四年與諸侯會于申伐吳討慶封師古曰慶封以二十八年爲慶舍之難自齊出奔魯自遂奔吳至申之會楚靈王伐吳執慶封而殺之劉歆以爲六月晉趙分二十七年十二月乙亥朔日有食之董仲舒以爲禮義將大滅絕之象也時吳子好勇使刑人守門師古曰吳子即餘祭也刑人閽者蔡侯通於世子之妻師古曰即蔡侯固爲大子所殺者也莒不早立嗣師古曰即密州也生去疾及展輿既立展輿又廢之後閽戕吳子師古曰戕傷也它國臣來弒君曰戕音牆蔡世子般弒其父莒人亦弒君而庶子爭師古曰展輿因國人攻其父而殺之展輿即位去疾奔齊明年去疾入而展輿出奔吳也嫡嗣故云庶子爭劉向以爲自二十年至此歲八年閒日食七作禍亂將重起師古曰重音直用反故天仍見戒也師古曰仍頻也後齊崔杼弒君師古曰已解於上宋殺世子師古曰宋平公大子痤也事在二十六年北燕伯出奔孟康曰有南燕故言北燕南燕姞姓北燕姬姓也師古曰昭三年北燕伯款出奔齊鄭大夫自外入而篡位師古曰謂伯有也已解於上指略如董仲舒劉歆以爲九月周楚分昭公七年四月甲辰朔日有食之董仲舒劉向以爲先是楚靈王弒君而立會諸侯師古曰已解於上執徐子滅賴師古曰申之會楚人執徐子遂滅賴後陳公子

招殺世子師古曰招成公子哀公弟也昭八年經書陳侯之弟招殺陳大子偃師偃師即哀公之子也招音韶楚因而滅之師古曰偃師之死哀公縊其九月楚公子棄疾奉偃師之子孫吳圍陳遂滅之又滅蔡師古曰十一年楚師滅蔡也執大子有以歸用之後靈王亦弒死師古曰十三年楚公子比弒其君虔于乾谿是也劉歆以爲二月魯衞分傳曰晉侯問於士文伯曰誰將當日食師古曰士文伯晉大夫伯瑕對曰魯衞惡之衞大魯小公曰何故對曰去衞地如魯地於是有災其衞君乎魯將上卿是歲八月衞襄公卒十一月魯季孫宿卒晉侯謂士文伯吾所問日食從矣可常乎師古曰從謂如士文伯之言也可常謂常可以此占之不對曰不可六物不同民心不壹事序不類官職不則同始異終胡可常也詩曰或宴宴居息或盡顇事國如淳曰顇古悴字也師古曰小雅北山之詩也宴宴安息之貌也盡悴言盡力而悴病也其異終也如是公曰何謂六物對曰歲時日月星辰是謂公曰何謂辰對曰日月之會是謂公曰詩所謂此日而食于何不臧何也師古曰小雅十月之交之詩也臧善也對曰不善政之謂也國無政不用善則自取適于日月之災師古曰適讀曰讁故政不可不慎也務三而已一曰擇人二曰因民三曰從時此推日食之占循變復之要也易曰縣象著明莫大於日月師古曰上繫之辭也是故聖人重之載于三經師古曰謂易詩春秋於易在豐之震曰豐其沛日中見眛折其右肱亡咎服虔曰日中而

昏也師古曰此豐卦九三爻辭也言遇此災則當退去右肱之臣乃免咎於詩十月之交則著卿士司徒下至趣馬師氏咸非其材師古曰十月之交詩曰皇父卿士番維司徒蹶維趣馬楀維師氏豔妻煽方處司徒地官卿也掌邦教趣馬中士也掌王馬之政師氏中大夫也掌司朝得失之事番蹶楀皆氏也美色曰豔豔妻褒姒也豔或作閻閻亦嬖妾之姓也煽熾也詩人刺王淫於色故皇父之徒皆用后寵而處職位不以德選也趣音千后反蹶音居衞反楀音居禹反番音扶元反同於右肱之所折協於三務之所擇明小人乘君子陰侵陽之原也十五年六月丁巳朔日有食之劉歆以為三月魯衞分十七年六月甲戌朔日有食之董仲舒以為時宿在畢晉國象也晉厲公誅四大夫失衆心以弒死師古曰四大夫謂三郤及胥童也胥童非厲公所誅以導亂而死故揔書四大夫厲公竟為欒書中行偃所殺後莫敢復責大夫六卿遂相與

比周專晉國君還事之師古曰六卿謂范氏中行氏智氏韓魏趙也日比再食其事在春秋後故不載於經劉歆以為魯趙分左氏傳平子曰師古曰季平子唯正月朔慝未作日有食之於是乎天子不舉伐鼓於社諸侯用幣於社伐鼓於朝禮也其餘則否大史曰在此月也日過分而未至三辰有災百官降物君不舉避移時樂奏鼓祝用幣史用辭嗇夫馳庶人走此月朔之謂也當夏四月是謂孟夏說曰正月謂周六月夏四月正陽純乾之月也慝謂陰爻也冬至陽爻起初故曰復至建巳之月為純乾亡陰爻而陰侵陽為災重

故伐鼓用幣責陰之禮降物素服也不舉去樂也避移時避正堂須時移災復也嗇夫掌幣吏庶人其徒役也劉歆以為六月二日魯趙分二十一年七月壬午朔日有食之董仲舒以為周景王老劉子單子專權師古曰已解於上蔡侯朱驕君臣不說之象也師古曰蔡侯朱蔡平公之子說讀曰悅後蔡侯朱果出奔師古曰昭二十一年出奔楚劉子單子立王猛劉歆以為五月二日魯趙分二十二年十二月癸酉朔日有食之董仲舒以為宿在心天子之象也後尹氏立王子朝天王居于狄泉師古曰天王敬王也避子朝之難故居狄泉劉歆以為十月楚鄭分二十四年五月

乙未朔日有食之董仲舒以為宿在胃魯象也後昭公為季氏所逐劉向以為自十五年至此歲十年間天戒七見人君猶不寤後楚殺戎蠻子師古曰昭十六年楚子誘戎蠻子殺之戎蠻國在河南新城縣晉滅陸渾戎師古曰十七年晉荀吳帥師滅陸渾之戎其地今陸渾縣是也盜殺衞侯兄師古曰衞靈公兄也名縶二十年為齊豹所殺以豹不義故貶稱盜所謂求名而不得蔡莒之君出奔師古曰蔡君即朱也莒君莒子庚輿也二十三年出奔魯吳滅巢師古曰二十四年吳滅巢巢吳楚間小國即居巢城是也公子光殺王僚師古曰事在二十七年宋三臣以邑叛其君師古曰二十一年宋華亥向寧華定入于宋南里以叛是也它如仲舒劉歆以為二月魯趙分是月斗建辰左氏傳梓慎曰將大水師古曰梓慎魯大夫昭子曰旱也師古曰叔孫昭子日過分而

陽猶不克克必甚能無旱乎 孟康曰謂春分後陰多陽少爲不克陽勝則盛故言甚
陽不克莫將積聚也 蘇林曰莫莫藏不勝爲積聚也 是歲秋大雩旱也
二至二分日有食之不爲災日月之行也春秋分
日夜等故同道冬夏至長短極故相過相過同道
而食輕不爲大災水旱而已三十一年十二月辛
亥朔日有食之董仲舒以爲宿在心天子象也時
京師微弱後諸侯果相率而城周 師古曰定元年晉魏舒合諸侯之大夫于狄泉以城周是也
宋中幾亡尊天子之心而不襄城 師古曰中幾宋大夫襄城謂以差次受功賦也襄音初爲反一曰襄讀曰蘘蘘城謂以草覆城也蘘音先和反中讀曰仲 劉向以爲時吳滅徐
師古曰事在昭三十年 而蔡滅沈 師古曰定四年蔡公孫姓帥師滅沈 楚圍蔡吳敗楚入

郢昭王走出 師古曰事並在定四年 劉歆以爲二日宋燕分定公
五年三月辛亥朔日有食之董仲舒劉向以爲後
鄭滅許 師古曰六年鄭游速帥師滅許以許男斯歸 魯陽虎作亂竊寶玉大
弓季桓子退仲尼宋三臣以邑叛 師古曰已解於上 劉歆以
爲正月二日燕趙分十二年十一月丙寅朔日有
食之董仲舒劉向以爲後晉三大夫以邑叛薛弒
其君 師古曰十三年晉趙鞅入于晉陽以叛荀寅士吉射入朝歌以叛薛殺其君比 楚滅頓胡 師古曰十四年楚公子結帥師滅頓以頓子牂歸十五年楚人滅胡以胡子豹歸 越敗吳 師古曰十四年五月於越敗吳于檇李是也檇音醉 衞逐
世子 師古曰十四年衞大子蒯聵出奔宋 劉歆以爲十二月二日楚鄭分十
五年八月庚辰朔日有食之董仲舒以爲宿在柳

周室大壞夷狄主諸夏之象也明年中國諸侯果
纍纍從楚而圍蔡 師古曰哀元年楚子陳侯隨侯許男圍蔡是也纍讀曰纍纍不絕之貌 蔡恐
遷于州來 師古曰哀二年十一月蔡遷于州來州來楚邑今下蔡縣是 晉人執戎蠻子歸
于楚 師古曰哀公四年晉人執戎蠻子赤歸於楚 京師楚也 師古曰言以楚爲京師 劉向以爲
盜殺蔡侯 師古曰哀四年蔡公孫翩殺蔡侯申翩非大夫故賤之而書盜 齊陳乞弒其君而
立陽生 師古曰哀六年齊陳乞弒其君荼荼即景公之子也陽生荼之兄即悼公也荼音塗 孔子終不用
劉歆以爲六月晉趙分哀公十四年五月庚申朔
日有食之在獲麟後劉歆以爲三月二日齊衞分
凡春秋十二公二百四十二年日食三十六穀梁
以爲朔二十六晦七夜二二日一公羊以爲朔二

十七二日七晦二左氏以爲朔十六二日十八晦
一不書日者二高帝三年十月甲戌晦日有
食之在斗二十度燕地也後二年燕王臧荼
反誅立盧綰爲燕王後又反敗十一月癸卯晦
日有食之在虛三度齊地也後二年齊王韓信
徙爲楚王明年廢爲列侯後又反誅九年六月
乙未晦日有食之既在張十三度惠帝七年正
月辛丑朔日有食之在危十三度谷永以爲歲
首正月朔日是爲三朝尊者惡之五月丁卯
先晦一日日有食之幾盡 師古曰幾音鉅依反後皆類此 在七星

初劉向以爲五月微陰始起而犯至陽其占重至
其八月宮車晏駕有呂氏詐置嗣君之害京房易
傳曰凡日食不以晦朔者名曰薄人君誅將不以
理或賊臣將暴起日月雖不同宿陰氣盛薄日光
也高后二年六月丙戌晦日有食之七年正月己
丑晦日有食之既在營室九度爲宮室中時高后
惡之曰此爲我也明年應（師古曰謂高后崩也）文帝二年十一
月癸卯晦日有食之在婺女一度三年十月丁酉
晦日有食之在斗二十二度十一月丁卯晦日有
食之在虛八度後四年四月丙辰晦日有食之在

東井十三度七年正月辛未朔日有食之景帝三
年二月壬午晦日有食之在胃二度七年十一月
庚寅晦日有食之在虛九度中元年十二月甲寅
晦日有食之中二年九月甲戌晦日有食之三年
九月戊戌晦日有食之幾盡在尾九度六年七月
辛亥晦日有食之在軫七度後元年七月乙巳先
晦一日日有食之在翼十七度武帝建元二年二
月丙戌朔日有食之在奎十四度劉向以爲奎爲
卑賤婦人後有衞皇后自至微興卒有不終之害
（師古曰皇后自殺不終其位也）三年九月丙子晦日有食之在尾二度

五年正月己巳朔日有食之元光元年二月丙辰
晦日有食之七月癸未先晦一日日有食之在翼
八度劉向以爲前年高園便殿災與春秋御廩災
後日食於翼軫同其占內有女變外爲諸侯其後
陳皇后廢江都淮南衡山王謀反誅日中時食從
東北過半晡時復元朔二年二月乙巳晦日有食之
在胃三度六年十一月癸丑晦日有食之元狩元
年五月乙巳晦日有食之在柳六度京房易傳推
以爲是時日食從旁右法曰君失臣明年丞相公
孫弘薨日食從旁左者亦君失臣從上者臣失君

從下者君失民元鼎五年四月丁丑晦日有食之
在東井二十三度元封四年六月己酉朔日有食
之大始元年正月乙巳晦日有食之四年十月甲
寅晦日有食之在斗十九度征和四年八月辛酉
晦日有食之不盡如鉤在亢二度晡時食從西北
日下晡時復昭帝始元三年十一月壬辰朔日有
食之在斗九度燕地也後四年燕剌王謀反誅元
鳳元年七月己亥晦日有食之幾盡在張十二度
劉向以爲己亥而既其占重（孟康曰己土亥水也純陰故食爲最重也日食盡爲既）
後六年宮車晏駕卒以亡嗣宣帝地節元年十二

月癸亥晦日有食之在營室十五度五鳳元年十二月乙酉朔日有食之在婺女十度四年四月辛丑朔日有食之在畢十九度是爲正月朔慝未作左氏以爲重異元帝永光二年三月壬戌朔日有食之在婁八度四年六月戊寅晦日有食之在張七度建昭五年六月壬申晦日有食之不盡如鉤因入成帝建始三年十二月戊申朔日有食之其夜未央殿中地震谷永對曰日食婺女九度占在皇后地震蕭牆之內咎在貴妾（師古曰蕭牆謂門屛也蕭之言肅也人臣至此加肅敬也）二者俱發明同事異人共掩制陽將害繼嗣也亶日食則妾不見（師古曰亶讀曰但下例並同）亶地震則后不見異日而發則似殊事亡故動變則恐不知是月后妾當有失節之郵（師古曰郵與尤同尤過也）故天因此兩見其變若曰違失婦道隔遠衆妾（師古曰遠音于萬反）妨絕繼嗣者此二人也杜欽對亦曰日以戊申食時加未戊土也中宮之部其夜殿中地震此必適妾將有爭寵相害而爲患者（師古曰適讀曰嫡）人事失於下變象見於上能應之以德則咎異消忽而不戒則禍敗至（師古曰忽怠忘）應之非誠不立非信不行河平元年四月己亥晦日有食之不盡如鉤在東井六度劉向對曰四月交於五

月月同孝惠日同孝昭東井京師地且旣其占恐害繼嗣日蚤食時從西南起三年八月乙卯晦日有食之在房四年三月癸丑朔日有食之在昴陽朔元年二月丁未晦日有食之在胃永始元年九月丁巳晦日有食之谷永以京房易占對曰元年九月日蝕酒亡節之所致也獨使京師知之四國不見者若曰湛湎于酒君臣不別禍在內也（師古曰湛讀曰沈又讀曰耽也）永始二年二月乙酉晦日有食之谷永以京房易占對曰今年二月日食賦斂不得度民愁怨之所致也所以使四方皆見京師陰蔽者若曰人君好治宮室大營墳墓賦斂茲重而百姓屈竭（師古曰茲益也屈盡也音其勿反）禍在外也三年正月己卯晦日有食之四年七月辛未晦日有食之元延元年正月己亥朔日有食之哀帝元壽元年正月辛丑日有食之不盡如鉤在營室十度與惠帝七年同月日二年三月壬辰晦日有食之平帝元始元年五月丁巳朔日有食之在東井二年九月戊申晦日有食之旣凡漢著紀十二世二百一十二年日食五十三朔十四晦三十六先晦一日三成帝建始元年八月戊午晨漏未盡三刻有兩月重見京房易傳曰婦

貞厲月幾望君子征凶師古曰小畜上九爻辭也幾音鉅依反言君弱而婦彊爲陰所乘則月並出晦而月見西方謂之朓朔而月見東方謂之仄慝孟康曰朓者月行疾在日前故早見仄慝者行遲在日後當沒而更見師古曰朓音吐了反仄慝則侯王其肅朓則侯王其舒劉向以爲朓者疾也君舒緩則臣驕慢故日行遲而月行疾也仄慝者不進之意君肅急則臣恐懼故日行疾而月行遲不敢迫近君也不舒不急以正失之者食朔日劉歆以爲舒者侯王展意顓事臣下促急故月行疾也肅者王侯縮朒不任事服虔曰朒音忸怩之忸鄭氏曰不任事之貌也師古曰朒音女六反臣下弛縱故月行遲也師古曰弛放也音式爾反當

春秋時侯王率多縮朒不任事故食二日仄慝者十八食晦日朓者一此其效也考之漢家食晦朓者三十六終亡二日仄慝者歆說信矣此皆謂日月亂行者也元帝永光元年四月日色青白亡景韋昭曰日下無景也無景謂唯質見耳正中時有景亡光韋昭曰無光曜也是夏寒至九月日乃有光京房易傳曰美不上人茲謂上弱厥異日白七日不溫順亡所制茲謂弱孟康曰君順從於臣下無所能制日白六十日物亡霜而死天子親伐茲謂不知日白體動而寒弱而有任茲謂不亡日白不溫明不動辟僭公行茲謂不伸孟康曰辟君也有過而公行之厥異日

黑大風起天無雲日光晻師古曰晻與闇同也不難上政茲謂見過日黑居仄大如彈丸成帝河平元年正月壬寅朔日月俱在營室時日出赤二月癸未日朝赤且入又赤夜月赤甲申日出赤如血亡光漏上四刻半乃頗有光燭地赤黃食後乃復京房易傳曰辟不聞道茲謂亡厥異日赤三月乙未日出黃有黑氣大如錢居日中央京房易傳曰祭天不順茲謂逆厥異日赤其中黑聞善不予茲謂失知厥異日黃夫大人者與天地合其德與日月合其明故聖王在上總命羣賢以亮天功師古曰虞書舜典帝曰咨二十有二人欽哉惟時亮天功謂敕大官十二牧四嶽令各敬其職事信定其功順天道也故志引之

則日之光明五色備具燭燿亡主有主則爲異應行而變也色不虛改形不虛毀觀日之五變足以監矣故曰縣象著明莫大乎日月此之謂也嚴公七年四月辛卯夜恒星不見夜中星隕如雨董仲舒劉向以爲常星二十八宿者人君之象也衆星萬民之類也列宿不見象諸侯微也衆星隕墜民失其所也夜中者爲中國也不及地而復象齊桓起而救存之也鄉亡桓公星遂至地中國其良絕矣師古曰鄉讀曰嚮中國中夏之國也良猶信也劉向以爲夜中者言不得終性命中道敗也或曰象

其叛也言當中道叛其上也天垂象以視下師古曰視讀曰示將欲人君防惡遠非慎卑省微以自全安也師古曰遠離也省視如人君有賢明之材畏天威命若高宗謀祖己師古曰謂殷之武丁有雊雉之異而祖己訓諸王作高宗彤日高宗之訓成王泣金縢師古曰武王有疾周公作金縢之書爲王請命王翌日乃瘳後武王崩成王即位管蔡流言而周公居東天雷電以風禾盡偃大木斯拔王啓金縢乃得周公代武王之說王執書以泣遣使者逆公王出郊天乃雨反風禾則盡起改過修正立信布德存亡繼絕修發舉逸下學而上達師古曰下學謂博謀於君子下也上達謂通於天道而畏威裁什一之稅復三日之役師古曰古之田租十稅其一歲役非康不過三日也節用儉服以惠百姓則諸侯懷德士民歸仁災消而福興矣遂莫肯改寤法則古人而各行其私意終於君臣乖

離上下交怨自是之後齊宋之君弒師古曰莊八年齊無知弒其君諸兒十二年宋萬弒其君捷也譚遂邢衛之國滅師古曰十年齊侯滅譚十三年齊人滅遂閔二年狄人入衛僖二十五年衛侯燬滅邢宿遷於宋師古曰莊十年宋人遷宿蓋取其地也宿國東平無鹽縣是蔡獲於楚師古曰莊十年荊敗蔡師于莘以蔡侯獻舞歸也晉相弒殺五世乃定師古曰謂殺奚齊卓子及懷公也自獻公以至文公反國凡易五君乃定此其效也左氏傳曰恒星不見夜明也星隕如雨與雨偕也劉歆以為晝象中國夜象夷狄夜明故常見之星皆不見象中國微也星隕如雨如而也星隕而且雨故曰與雨偕也明雨與星隕兩變相成也洪範曰庶民惟星易曰雷雨作解師古曰解卦象辭也是歲歲在玄枵齊分壄也夜中而星

隕象庶民中離上也雨以解過施復從上下象齊桓行伯復興周室也師古曰伯讀曰霸周四月夏二月也日在降婁魯分壄也先是衛侯朔奔齊衛公子黔牟立齊帥諸侯伐之天子使使救衛師古曰已解於上魯公子溺顓政會齊以犯王命師古曰溺魯大夫名也莊三年溺會齊師伐衛疾其專命故貶而去族天子救衛而溺伐之故云犯王命嚴弗能止卒從而伐衛逐天王所立師古曰謂放黔牟也不義至甚而自以為功民去其上政繇下作師古曰繇讀與由同次下亦同尤著故星隕於魯天事常象也成帝永始二年二月癸未夜過中星隕如雨長一二丈繹繹未至地滅師古曰繹繹光采貌至雞鳴止谷永對曰日月星

辰燭臨下土其有食隕之異則遐邇幽隱靡不咸睹星辰附離于天猶庶民附離王者也王者失道綱紀廢頓下將叛去故星叛天而隕以見其象春秋記異星隕最大自魯嚴以來至今再見臣聞三代所以喪亡者皆繇婦人羣小湛湎於酒師古曰湛讀曰沈又讀曰耽其下亦同書云乃用其婦人之言四方之逋逃多罪是信是使師古曰周書泰誓之辭也言紂惑於妲己而昵近亡逃罪人信用之詩曰赫赫宗周褒姒烕之師古曰小雅正月之詩也已解於上烕音許悅反顛覆厥德荒沈于酒師古曰大雅抑之詩也刺王傾敗其德荒廢政事而耽酒及秦所以二世而亡者養生大奢奉終大厚方今國家兼而有之社稷宗廟之大憂也

京房易傳曰君不任賢厥妖天雨星文公十四年七月有星孛入于北斗董仲舒以爲孛者惡氣之所生也謂之孛者言其孛孛有所妨蔽闇亂不明之貌也北斗大國象後齊宋魯莒晉皆弒君（師古曰文十四年齊公子商人弒其君舍十六年宋人弒其君杵臼十八年襄仲殺惡及視莒弒其君庶其宣二年晉趙穿攻靈公於桃園）劉向以爲君臣亂於朝政令虧於外則上濁三光之精五星贏縮變色逆行甚則爲孛北斗人君象孛星亂臣類篡殺之表也星傳曰魁者貴人之牢又曰孛星見北斗中大臣諸侯有受誅者一曰魁爲齊晉夫彗星較然在北斗中天之視人顯矣（師古曰視讀曰示）史之有占明矣時君終不改寤是後宋魯莒晉鄭陳六國咸弒其君（師古曰宋魯莒晉已解於上宣四年鄭公子歸生弒其君夷十年陳夏徵舒弒其君平國）齊再弒焉（師古曰再弒者謂商人殺舍而閻職等又殺商人）中國既亂夷狄並侵兵革從橫楚乘威席勝深入諸夏（師古曰謂邲戰之後）六侵伐（師古曰謂宣十二年春楚子圍鄭夏與晉師戰于邲晉師敗績十三年楚子伐宋十四年楚子圍宋成二年楚師侵衛遂侵魯師于蜀成六年楚公子嬰齊帥師伐鄭）一滅國（師古曰謂宣十二年楚子滅蕭）觀兵周室（師古曰已解於上）晉外滅二國（師古曰謂宣十五年晉滅赤狄潞氏十六年滅赤狄甲氏也）內敗王師（師古曰謂成元年晉敗王師于貿戎是也）又連三國之兵大敗齊師于鞌（師古曰謂成二年晉郤克會魯季孫行父衞孫良夫曹公子首及齊侯戰于鞌齊師敗績鞌齊地）追亡逐北東臨海水（師古曰謂逐之三周華不注又從之入自丘輿擊馬陘東至海濱也）威陵京師武折大齊

皆孛星炎之所及流至二十八年（師古曰炎音弋贍反其下並同）星傳又曰彗星入北斗有大戰其流入北斗中得名人（孟康曰謂得名臣也）不入失名人宋華元賢名大夫大棘之戰華元獲於鄭（師古曰宣二年宋華元帥師及鄭公子歸生戰于大棘宋師敗績獲華元大棘宋地）傳舉其效云左氏傳曰有星孛北斗周史服曰不出七年宋齊晉之君皆將死亂（師古曰史服周內史叔服也）劉歆以爲北斗有環域四星入其中也斗天之三辰綱紀星也宋齊晉天子方伯中國綱紀彗所以除舊布新也斗七星故曰不出七年至十六年宋人弒昭公（師古曰即杵臼）十八年齊人弒懿公（師古曰即商人）宣公二年晉趙穿弒靈公昭公十七年冬有星孛于大辰董仲舒以爲大辰心也心爲明堂天子之象後王室大亂三王分爭此其效也（師古曰三王已解於上）劉向以爲星傳曰心大星天王也其前星太子後星庶子也尾爲君臣乖離孛星加心象天子適庶將分爭也（師古曰適讀曰嫡）其在諸侯角亢氐陳鄭也房心宋也後五年周景王崩王室亂大夫劉子單子立王猛尹氏召伯毛伯立子鼂子鼂楚出也（師古曰姊妹之子曰出）時楚彊宋衞陳鄭皆南附楚王猛既卒敬王即位子鼂入王城天王居狄泉莫之敢納五年楚平王居卒子鼂奔楚王室

乃定後楚師六國伐吴吴敗之于雞父殺獲其君臣師古曰昭二十三年楚薳越帥師及頓胡沈蔡陳許之師與吴師戰于雞父楚師敗績胡子髡沈子逞滅獲陳大夫夏齧雞父楚地也父讀曰甫蔡怨楚而滅沈楚怒圍蔡吴人救之遂爲柏舉之戰敗楚師屠郢都妻昭王母鞭平王墓師古曰沈楚之與國定四年四月蔡公孫姓帥師滅沈以沈子嘉歸秋楚爲沈故圍蔡冬吴與蔡伐楚以救之與楚戰于柏舉楚師敗績庚辰吴入郢君舍乎君室大夫舍乎大夫室妻楚王之母撻平王之墓也此皆孛彗流炎所及之效也

左氏傳曰有星孛于大辰西及漢申繻曰彗所以除舊布新也師古曰申繻魯大夫天事恒象今除於火火出必布焉諸侯其有火災乎梓慎曰往年吾見是其徵也火出而見今玆火出而章必火入而伏其居火也久矣其與不然乎火出於夏爲三月於商爲四月於周爲五月夏數得天若火作其四國當之在宋衛陳鄭乎宋大辰之虛陳大昊之虛鄭祝融之虛師古曰虛讀皆曰墟其下並同皆火房也星孛及漢漢水祥也衛顓頊之虛其星爲大水水火之牡也張晏曰水以天一爲地二牡丙與午南方火也子及壬北方水也又其配合其以丙子若壬午作乎水火所以合也若火入而伏必以壬午不過見之月明年夏五月火始昏見丙子風梓慎曰是謂融風火之始也張晏曰融風立春木風也火之母也火所始生也淮南子曰東北曰炎風高誘以爲艮氣所生也炎風一曰融風七日其火作乎張晏曰自丙子至壬午凡七日既其配合之日又火以七爲紀戊寅風甚壬午大甚師古

曰大甚者又更甚也宋衛陳鄭皆火劉歆以爲大辰房心尾也八月心星在西方孛從其西過心東及漢也宋大辰虛謂宋先祖掌祀大辰星也陳太昊虛虙羲木德火所生也師古曰虙讀曰伏同鄭祝融虛高辛氏火正也故皆爲火所舍衛顓頊虛星爲大水營室也天星既然又四國失政相似及爲王室亂皆同哀公十三年冬十一月有星孛于東方董仲舒劉向以爲不言宿名者不加宿也孟康曰不在二十八宿之中也以辰乘日而出亂氣蔽君明也明年春秋事終一日周之十一月夏九月日在氐出東方者軫角亢也軫楚角亢陳鄭也或曰角亢大國象爲齊晉也其後楚滅陳師古曰哀十七年楚公孫朝帥師滅陳也田氏篡齊師古曰齊平公十三年春秋之傳終矣至公二十五年卒卒後七十年而康公爲田和所滅六卿分晉師古曰晉出公八年春秋之傳終矣出公十七年卒卒後八十年至靜公爲韓魏趙所滅而三分其地蓋晉之衰也六卿擅權其後范氏中行氏智氏滅而韓魏趙兼其土田人衆故摠言六卿分晉也此其效也劉歆以爲孛東方大辰也不言大辰旦而見與日爭光星入而彗猶見是歲再失閏十一月實八月也日在鶉火周分野也十四年冬有星孛在獲麟後劉歆以爲不言所在官失之也高帝三年七月有星孛于大角旬餘乃入劉向以爲是時項羽爲楚王伯諸侯師古曰伯讀曰霸而漢已定三秦與羽相距滎

陽天下歸心於漢楚將滅故彗除王位也一曰項羽阬秦卒燒宮室弒義帝亂王位故彗加之也文帝後七年九月有星孛于西方其本直尾箕末指虛危長丈餘及天漢十六日不見劉向以爲尾宋地今楚彭城也箕爲燕又爲吳越齊宿在漢中負海之國水澤地也是時景帝新立信用鼂錯將誅正諸侯王其象先見後三年吳楚四齊與趙七國舉兵反師古曰四齊膠東膠西菑川濟南也皆誅滅云武帝建元六年六月有星孛于北方劉向以爲明年淮南王安入朝與太尉武安侯田蚡有邪謀而陳皇后驕恣其後

陳后廢而淮南王反誅八月長星出于東方長終天三十日去占曰是爲蚩尤旗見則王者征伐四方其後兵誅四夷連數十年元狩四年四月長星又出西北是時伐胡尤甚元封元年五月有星孛于東井又孛于三台其後江充作亂京師紛然此明東井三台爲秦地效也宣帝地節元年正月有星孛于西方去太白二丈所劉向以爲太白爲大將彗孛加之掃滅象也明年大將軍霍光薨後二年家夷滅成帝建始元年正月有星孛于營室青白色長六七丈廣尺餘劉向谷永以爲營室爲後

宮懷任之象彗星加之將有害懷任絕繼嗣者一曰後宮將受害也其後許皇后坐祝詛後宮懷姙者廢趙皇后立妹爲昭儀害兩皇子上遂無嗣趙后姊妹卒皆伏辜元延元年七月辛未有星孛于東井踐五諸侯孟康曰五諸侯星名出河戒北率行軒轅大微後日六度有餘晨出東方十三日夕見西方犯次妃長秋斗塡蠭炎再貫紫宮中大火當後達天河除於妃后之域南逝度犯大角攝提至天市而按節徐行服虔曰謂行遲炎入市中旬而後西去五十六日與倉龍俱伏谷永對曰上古以來大亂之極所希

有也察其馳騁驟步芒炎或長或短所歷姦犯師古曰姦音干內爲後宮女妾之害外爲諸夏叛逆之禍劉向亦曰三代之亡攝提易方秦項之滅星孛大角是歲趙昭儀害兩皇子後五年成帝崩昭儀自殺哀帝即位趙氏皆免官爵徙遼西哀帝亡嗣平帝即位王莽用事追廢成帝趙皇后哀帝傅皇后皆自殺外家丁傅皆免官爵徙合浦歸故郡平帝亡嗣莽遂篡國釐公十六年正月戊申朔隕石于宋五是月六鶂退飛過宋都董仲舒劉向以爲象宋襄公欲行伯道將自敗之戒也師古曰伯讀曰霸石陰類五

陽數自上而隕此陰而陽行欲高反下也石與金
同類色以白爲主近白祥也鶂水鳥六陰數退飛
欲進反退也其色青青祥也屬於貌之不恭天戒若
曰德薄國小勿持炕陽欲長諸侯與彊大爭必受
其害襄公不寤明年齊桓死伐齊喪師古曰僖十七年齊桓公卒十八年
宋襄公以諸侯伐齊執滕子圍曹師古曰十九年三月宋人執滕子嬰齊秋宋人圍曹爲盂之會
與楚爭盟卒爲所執後得反國師古曰二十一年春爲鹿上之盟秋會于盂於是楚
執宋公以伐宋冬會于薄以釋之鹿上盂薄皆宋地不悔過自責復會諸侯伐鄭與
楚戰于泓軍敗身傷爲諸侯笑師古曰二十二年夏宋公衛侯許男滕子伐鄭十
一月宋公及楚人戰於泓宋師敗績公傷股門官殲焉二十三年卒傷於泓故也泓水名也音於宏反左氏傳曰

隕石星也鶂退飛風也宋襄公以問周內史叔興
曰是何祥也吉凶何在對曰今茲魯多大喪明年
齊有亂師古曰今茲謂此年君將得諸侯而不終退而告人曰
是陰陽之事非吉凶之所生也吉凶繇人吾不敢
逆君故也師古曰繇讀與由同是歲魯公子季友鄫季姬公孫
茲皆卒師古曰僖十六年三月公子季友卒四月季姬卒八月公孫茲卒季姬魯女適鄫者也公孫茲叔孫戴伯也
明年齊桓死適庶亂師古曰適讀曰嫡宋襄公伐齊行伯卒
爲楚所敗師古曰已解於上伯讀曰霸劉歆以爲是歲歲在壽星其
衝降婁師古曰降音戶江反降婁魯分壄也故爲魯多大喪正
月日在星紀厭在玄枵玄枵齊分壄也石山物齊

大嶽後師古曰齊姜姓也其先爲堯之四嶽四嶽分掌四方諸侯五石象齊桓卒而五
公子作亂師古曰五公子謂無虧也元也昭也潘也商人也故爲明年齊有亂
庶民惟星隕於宋象宋襄將得諸侯之衆而治五
公子之亂星隕而鶂退飛故爲得諸侯而不終六
鶂象後六年伯業始退執於盂也師古曰伯讀曰霸民反德
爲亂亂則妖災生言吉凶繇人然后陰陽衝厭受
其咎齊魯之災非君所致故曰吾不敢逆君故也
京房易傳曰距諫自彊茲謂卻行厥異鶂退飛適
當黜則鶂退飛師古曰適讀曰嫡惠帝三年隕石緜諸壹師古
曰緜諸道也屬天水郡也武帝征和四年二月丁酉隕石雍二天

晏亡雲聲聞四百里師古曰雍扶風之縣也晏天清也元帝建昭元年
正月戊辰隕石梁國六成帝建始四年正月癸卯
隕石槀四肥累一孟康曰皆縣名也故屬眞定師古曰槀音工老反累音力追反陽朔三
年二月壬戌隕石白馬八師古曰東郡之縣名鴻嘉二年五月
癸未隕石杜衍三師古曰南陽之縣名元延四年三月隕石都
關二師古曰山陽之縣名哀帝建平元年正月丁未隕石北地
十其九月甲辰隕石虞二師古曰梁國之縣名平帝元始二年
六月隕石鉅鹿二自惠盡平隕石凡十一皆有光
燿雷聲成哀尤屢

前漢五行志卷第七下之下

地理志卷第八上　班固　漢書二十八

祕書監上護軍琅邪縣開國子顏師古注

昔在黃帝作舟車以濟不通旁行天下師古曰旁行謂四出而行之方制萬里畫壄分州師古曰方制制爲方域也畫謂爲之界也壄古野字也畫音獲得百里之國萬區是故易稱先王建萬國親諸侯師古曰易比卦象辭書云協和萬國師古曰虞書堯典之辭也此之謂也堯遭洪水褱山襄陵師古曰褱字與懷同懷包也襄駕也言水大汎溢包山而駕陵也天下分絶爲十二州師古曰九州之外有并州幽州營州故曰十二水中可居者曰州洪水汎大各就高陸人之所居凡十二處使禹治之水土既平更制九州列五服師古曰其數在下也任土作貢師古曰任其土地所有以定貢賦之差也曰禹敷土師古曰敷分也謂分別治之自此已下皆是夏書禹貢之文隨山栞木奠高山大川師古曰栞古刊字也奠定也言禹隨行山之形狀刊斫其木以爲表記從水通道故高山大川各得其安定冀州既載師古曰兩河間曰冀州載始也冀州堯所都故禹治水自冀州始也壺口治梁及岐師古曰壺口山在河東梁山在夏陽岐山在美陽即今之岐州岐山縣箭括嶺也禹循山而西治衆水既脩大原至于嶽陽師古曰大原即今之晉陽是也嶽陽在大原西南覃懷厎績至于衡章師古曰覃懷近河地名也厎致也績功也衡章謂章水橫流而入河也言禹於覃懷致功以至衡章也厎音之履反厥土惟白壤師古曰柔土曰壤也厥賦上上錯師古曰賦者發斂土地所生之物以供天子也上上第一也錯雜也言第一又雜出諸品也厥田中中師古曰言其高下之形總於九州之中爲第五也一曰謂其肥瘠之等差也它皆類此恒衞既從大陸既作師古曰恒衞二水名恒水出恒山衞水在靈壽大陸澤名在鉅鹿北言恒衞之水各從故道大陸之澤已可耕作也鳥夷皮服師古曰此東北之夷搏取鳥獸食其肉而衣其皮也一說居在海曲被服容止皆象鳥也夾右碣石入于河師古曰碣石海邊山名也

言禹夷行此山之右而入于河逆上也泲河惟兗州師古曰泲本濟水之字從水市聲言此州東南據泲水西北距河九河既道師古曰九河河水分爲九各從其道爾雅曰徒駭太史馬頰覆鬴胡蘇簡絜鉤般鬲津是曰九河一說道讀曰導導治也雷夏既澤雍沮會同師古曰雷夏澤名在濟陰城陽西北言此澤還復其故而雍沮二水同會其中也沮音千余反桑土既蠶是降丘宅土師古曰降下也宅居也言此地宜桑先時人衆避水皆上丘陵今水害除得以蠶織故皆下丘居平土也厥土黑墳師古曰色黑而墳起也墳音扶粉反屮繇木條師古曰屮古草字也繇茂也條脩暢也繇音弋昭反厥田中下師古曰第六也賦貞師古曰貞正也州第九賦亦正當也作十有三年迺同師古曰治水十三年迺同於它州言用功多也厥貢漆絲師古曰貢獻也地宜漆林又善蠶絲故以獻也厥棐織文師古曰棐竹器筐屬也織文錦綺之類盛於筐篚而獻之浮于泲漯通于河師古曰浮以舟渡也泲漯二水名漯水出東郡東武陽因水入水曰通漯音它合反海岱惟青州師古曰東北據海西南距岱岱即大山也嵎夷既略惟甾其道師古曰嵎夷地名也即陽谷所在略言用功少也惟甾二水名皆復故道也惟水出琅邪箕屋山甾水出泰山萊蕪縣惟字今作濰甾字或作淄古今通用也一曰道讀曰導導治也厥土白墳海瀕廣潟師古曰瀕水涯也潟鹵鹹之地瀕音頻又音賓潟音昔厥田上下賦中上師古曰田第三賦第四貢鹽絺海物惟錯師古曰葛之精者曰絺海中物產既多故雜獻岱畎絲枲鈆松怪石師古曰畎小谷也枲麻屬也鈆青金也怪石石之次玉美好者也言岱山之谷出絲枲鈆松怪石五種皆獻之畎音工犬反萊夷作牧厥棐檿絲師古曰萊山之夷地宜畜牧檿桑也食檿之蠶其絲可以弦琴瑟檿音烏簟反浮于汶達于泲師古曰汶水出泰山萊蕪縣原山言渡汶水而西達于泲也汶音問海岱及淮惟徐州師古曰東至海北至岱南及淮淮沂其乂蒙羽其蓺師古曰淮沂二水已治蒙羽二山皆可種蓺也淮出大復山沂出泰山沂音牛依反大壄既豬東原厎平師古曰大野即鉅野澤也豬停水也東原地名厎致也言大野之水既巳

瀦蓄也東原之地致功而平可耕稼也厥土赤埴墳草木漸包師古曰埴黏土也漸包言
相漸及包裹而生田上中賦中中師古曰田第二賦第五貢土五色師古曰王者取
五色土封以為大社而此州畢貢之言備有羽畎夏狄嶧陽孤桐師古曰羽畎羽山之谷也夏狄狄雉
之羽可為旌旄者也羽山之谷出焉嶧陽嶧山之陽也山南曰陽孤桐特生之桐也可為琴瑟嶧山之南生焉嶧音繹泗濱
浮磬師古曰泗水之涯浮出好石可為磬也泗水出濟陰乘氏淮夷蠙珠洎魚師古曰淮夷淮
水上之夷也蠙珠珠名洎及也言其地出珠及美魚也蠙音步千反字或作玭厥棐玄纖縞師古曰玄黑也
纖細繒也縞鮮支也即今所謂素者也言獻黑細繒及鮮支也浮于淮泗達于河師古曰淺二水而入
于河淮海惟揚州師古曰北據淮南距海彭蠡既豬陽鳥逌居師古
曰彭蠡澤名在彭澤縣西北陽鳥隨陽之鳥也言彭蠡之水既已蓄聚則鴻鴈之屬所共居之蠡音禮三江既入
震澤底定師古曰三江謂北江中江南江也震澤在吳西即具區也底致也言三江既入則震澤致定篠

簜既敷師古曰篠小竹也簜大竹也敷謂布地而生也篠音先了反又簜音蕩屮夭木喬師古曰夭
盛貌也喬上竦也夭音於驕反喬音橋又音驕厥土塗泥師古曰溼泥田下下賦下上
錯師古曰田第九賦第七又雜出諸品貢金三品師古曰金銀銅瑤琨篠簜齒革
羽毛師古曰瑤琨皆美玉名也齒象齒也革犀革也羽旄謂眾鳥之羽可為旄者也琨音昆鳥夷卉服
師古曰鳥夷東南之夷善捕鳥者也卉服絺葛之屬厥棐織貝師古曰織謂細布也貝水蟲也古以為貨厥包
橘柚錫貢師古曰柚似橘而大其味尤酸橘柚皆不耐寒故包裹而致之也錫貢者須錫命而獻之言不常來也柚音弋
救反均江海通于淮泗師古曰均平也通淮泗而入江海故云平荊及衡陽惟
荊州師古曰北據荊山南及衡山之陽也江漢朝宗于海師古曰江漢二水歸入于海有似諸侯朝
於天子故曰朝宗宗尊也九江孔殷師古曰孔甚也殷中也言江水於此州界分為九道甚得地形之中沱灊既
道雲夢土作乂師古曰沱灊二水名自江出為沱自漢出為灊雲夢澤名言二水既從其道則雲夢之土可為

畎畝之治也沱音徒何反灊音潛一曰道讀曰導導治也厥土塗泥田下中賦上下師古
曰田第八賦第三貢羽旄齒革金三品師古曰自金已上所貢與揚州同杶幹栝
柏厲砥砮丹師古曰杶木似樗而實幹柘也栝木柏葉而松身厲磨也砥其尤細者也砮石名可為矢鏃丹赤石
也所謂丹沙者也杶音丑倫反栝音古活反砥音指又音抵砮音奴惟箘簵楛三國底貢厥
名師古曰箘簵竹名楛木名也皆可為矢言此州界本有三國致貢斯物其名稱美也箘音囷簵音路楛音怙包匭
菁茅師古曰匭柙也菁菜也可以為菹茅可以縮酒苞其茅匭其菁而獻之匭音軌菁音精厥棐玄纁
璣組師古曰玄黑色纁絳也璣珠之不圜者組綬類也纁音勳璣音機又音祈九江納錫大龜師古
曰大龜尺有二寸出於九江錫命而納不常獻也浮于江沱灊漢逾于洛至于
南河師古曰逾越也言渡四水而越洛乃至南河也南河在冀州南荊河惟豫州師古曰西南至
荊山北距河水伊雒瀍澗既入于河師古曰伊出陸渾山雒出冢領山瀍出穀成山澗出黽池山四水皆

入河滎波既豬師古曰滎沇水泆出所為也即今滎澤是也波亦水名言其水並已遏聚矣一說謂滎水之波道
荷澤被盟豬師古曰荷澤在胡陵盟豬亦澤名在荷之東北言治荷澤之水衍溢則使被及盟豬不常入也道讀曰導
荷音歌被音皮盟音孟厥土惟壤下土墳壚師古曰高地則壤下地則墳壚謂土之剛
黑者也壚音盧田中上賦錯上中師古曰田第四賦第二又雜出第一貢漆枲絺紵
棐纖纊師古曰紵織紵為布及練也纖纊細綿也紵音佇纊音曠錫貢磬錯師古曰錯治玉之石磬錯
言可以治磬也亦待錫命而貢浮于洛入于河師古曰因洛入河也華陽黑水惟梁
州師古曰東據華山之南西距黑水岷嶓既蓺沱灊既道師古曰岷岷山也嶓嶓冢山也
言水已去二山之上皆可種蓺沱灊二水治從故道也嶓音皤道讀曰導蔡蒙旅平和夷底
績師古曰蔡蒙二山名旅陳也旅平言已平治而陳祭也和夷地名亦以致功可耕稼也厥土青黎師古
曰色青而細疏田下上賦下中三錯師古曰田第七賦第八又雜出第七至第九凡三品貢璆

鐵銀鏤砮磬師古曰璆美玉也鏤剛鐵也砮磬石也璆音虯熊羆狐貍織皮師古
曰織皮謂罽也言貢四獸之皮又貢雜罽西頃因桓是來師古曰西頃山名在臨洮西南桓水名也言治
西頃山因桓水是來無它道也頃讀曰傾浮于潛逾于沔師古曰漢上曰沔沔音莫踐反入于
渭亂于河師古曰正絕流曰亂黑水西河惟雍州師古曰西據黑水東距西河西
河即龍門之河也在冀州西故曰西河弱水既西師古曰治使西流至合黎涇屬渭汭師古
曰屬逮也水北曰汭言治涇水入于渭也屬音之欲反汭音芮又音而悅反漆沮既從酆水逌同
師古曰漆沮即馮翊之洛水也酆水出鄠之南山言漆沮既從入渭酆水亦來同也逌古攸字也攸所也沮音七余反荆岐
既旅師古曰荆岐二山名荆在岐東言二山治畢已旅祭終南惇物至于鳥鼠師古
曰終南惇物二山皆在武功鳥鼠山在隴西首陽西南自終南西出至于鳥鼠也原隰厎績至于豬
壄師古曰高平曰原下溼曰隰豬壄地名言皆致功也三危既宅三苗丕敘師古曰三危山名已

可居也三苗本有苗氏之族徙居於此分而為三故言三苗今皆大得其次敘厥土黃壤田上上賦
中下師古曰田第一賦第六貢球琳琅玕師古曰球琳皆玉名琅玕石似珠者也球音求又音虯琳
音林琅音郎玕音干浮于積石至于龍門西河師古曰積石山在金城西南龍門山在河
東之西界皆河水所經會于渭汭師古曰逆流曰會自渭北涯逆水西上織皮昆侖析
支渠叟西戎即敘師古曰昆侖析支渠叟三國名也言此諸國皆織皮毛各得其業而西方遠戎
並就次敘也叟讀曰搜道汧及岐至于荆山師古曰自此已下更說所治山水首尾之次也治山
通水故舉山言之汧山在汧縣西道讀曰導後皆類此汧音苦堅反逾于河師古曰即梁山龍門壺口雷
首至于大嶽師古曰自壺口雷首而至大嶽也雷首在河東蒲反南大嶽即所謂嶽陽者厎柱
析城至于王屋師古曰厎柱在陝縣東北山在河中形若柱也析城山在濩澤西南王屋山在垣縣東北大
行恒山至于碣石入于海師古曰大行山在河內山陽西北恒山在上曲陽西北言二山

連延東北接碣石而入于海行音胡郎反西傾朱圉鳥鼠至于大華師古曰朱圉山在漢
陽冀縣南大華即今華陽山熊耳外方桐柏至于倍尾師古曰熊耳在陝東外方在潁川故縣即崇高也桐柏在平氏東南
倍尾在安陸東北言四山相連也倍讀曰陪道嶓冢至于荆山師古曰嶓冢山在梁州南北荆山在南郡臨沮東北嶓音波內方至于大
別師古曰內方在荆州大別在廬江安豐山岷山之陽至于衡山師古曰岷山在蜀郡湔氐西衡山在長沙湘南之東南岷山江所出衡山江所經過九江至
于敷淺原師古曰敷淺原一名傅昜山在豫章歷陵南道弱水至于合黎餘
波入于流沙師古曰合黎山在酒泉流沙在燉煌西道黑水至于三危入
于南海師古曰黑水出張掖雞山南流至燉煌過三危山又南流而入于南海道河積石至
于龍門師古曰積石山在河關西羌中龍門山在夏陽北言治河施功自積石起鑿山穿地以通其流至龍門山也
南至于華陰東至于厎柱師古曰自龍門南流以至華陰又折而東經厎柱又
東至于盟津師古曰盟讀曰孟孟津在洛陽之北都道所湊故號孟津孟長大也東過洛汭

至于大伾師古曰洛汭洛入河處蓋今所謂洛口也山再重曰伾大伾山在成皋伾音平鄙反北過降
水至于大陸師古曰降水在信都大陸在鉅鹿又北播為九河師古曰播布也同
為逆河入于海師古曰同合也九河又合而為一名為逆河言相迎受也海即渤海是也嶓冢
道瀁東流為漢師古曰瀁水出隴西氐道東流過武關山南為漢漢禹治瀁水自嶓冢始也瀁音恙又
東為滄浪之水師古曰出荆山東南流為滄浪之水即漁父所歌者也浪音狼過三澨至
于大別師古曰三澨水在江夏竟陵澨音筮南入于江師古曰觸大別山而南入江也東匯
澤為彭蠡師古曰匯迴也又東迴而為彭蠡澤也匯音胡賄反東為北江入于海
師古曰自彭蠡江分為三逐為北江而入海岷山道江東別為沱師古曰別而出也江東南流沱
東行也沱音徒河反又東至于醴師古曰醴水在荆州過九江至于東陵師古
曰東陵地名東迆北會于匯師古曰迆溢也東溢分流都共北會彭蠡也迆音弋爾反東為

中江入于海師古曰自彭蠡出道沇水東流爲泲師古曰泉出王屋山名爲
沇流去乃爲泲也沇音弋轉反入于河軼爲滎師古曰軼與溢同言濟水入河並流而南截河又並流溢出乃
爲滎澤也一曰軼過也音逸東出于陶丘北師古曰陶丘丘再重也在濟陰定陶西南又東至
于荷師古曰即荷澤又東北會於汶師古曰與汶合又北東入于海
師古曰北折而東也道淮自桐柏東會于泗沂東入于海道渭
自鳥鼠同穴東會于灃又東至于涇又東過漆沮
入于河道洛自熊耳東北會于澗瀍又東會于伊
又東北入于河九州逌同師古曰各以其所而同法四奧既宅師古
曰奧讀曰墺謂土之可居者也宅亦居也言四方之土巳可定居也墺音於六反九山栞旅師古曰九州之山皆
巳栞木通道而旅祭也九川滌原師古曰九州泉源皆巳清滌無壅塞九澤既陂師古

曰九州陂澤皆巳陂障無決溢四海會同師古曰四海之內同會京師六府孔修師古曰水火金
木土穀皆甚治庶土交正厎愼財賦師古曰言衆土各以其所出交易有無而不失正致愼貨財以
供貢賦咸則三壤成賦中國師古曰言皆隨其土田上中下三品而成其賦於中國也中國
京師也錫土姓祗台德先不距朕行師古曰台養也言封諸侯賜之土田因以
爲姓所敬養者惟德爲先故無距我之行也台音怡五百里甸服師古曰規方千里最近王城者爲甸服則
四面五百里也甸之爲言田也主爲王者治田百里賦內總師古曰自此巳下說甸服之內以差言之也總禾稾
摠入也內讀曰納納下皆類此二百里內銍師古曰銍謂所刈即禾穗也銍音窒三百里內
戛服師古曰戛稾也言服者謂役則服之耳戛音工黠反四百里粟五百里米
師古曰精者納少麤者納多五百里侯服師古曰此次甸服之外方五百里也侯候也主斥候而服事也百
里采師古曰又說侯服內之差文也采事也王事則供之不主一也二百里男國師古曰男之言任也任

王事者三百里諸侯師古曰三百里同主斥候故合而言之爲一等五百里綏服師古曰此又次
侯服外之五百里也綏安也言其安服王者政教三百里揆文教師古曰揆度王者文教而行之也三百里
皆同二百里奮武衞師古曰奮其武力以衞王者二百里皆同五百里要服師古
曰此又次綏服外之五百里也要以文教要來之也要音一遥反三百里夷師古曰夷易也言行平易之法也三百里
皆同二百里蔡師古曰蔡法也遵刑法而巳二百里皆同五百里荒服師古曰又次要服外
五百里此五服之最在外者也荒言其荒忽各因本俗三百里蠻師古曰蠻謂以文德蠻慕而覊縻之三百里皆同
二百里流師古曰任其流移不考詰也二百里皆同東漸于海西被于流沙
朔南洎聲教訖于四海師古曰漸入也被加也朔北方也訖盡也言東入于海西加流沙北方南
方皆及聲教盡於四海也一曰漸浸也洎及也禹錫玄圭告厥成功師古曰玄天色也堯以禹治水
功成故賜玄圭以表之也自此巳上皆禹貢之文後受禪於虞爲夏后氏殷因

於夏亡所變改周既克殷監於二代而損益之定
官分職改禹徐梁二州合之於雍青師古曰省徐州以入青州并梁
州以合雍州分冀州之地以爲幽并故周官有職方氏師古
曰夏官之屬也職主也主四方之土地掌天下之地辯九州之國東南曰
揚州其山曰會稽師古曰在山陰縣藪曰具區師古曰藪大澤也具區在吳也
川曰三江寖曰五湖師古曰寖古浸字也川水之通流者也浸謂引以灌溉者五湖在吳其
利金錫竹箭民二男五女畜宜鳥獸師古曰鳥孔翠之屬獸犀象之
屬穀宜稻正南曰荊州其山曰衡藪曰雲夢川曰
江漢寖曰潁湛師古曰潁水出陽城陽乾山宜屬豫州許慎云湛水豫州浸並未詳也湛音直林反又
直減反其利丹銀齒革民一男二女畜及穀宜與揚州

同河南曰豫州其山曰華（師古曰即華陰之華山也連延東出故屬豫州）藪曰圃田（師古曰在中牟）川曰熒雒寖曰波溠（師古曰熒即沇水所溢者也波即禹貢所云熒波者也溠水在楚亦不當為豫州寖也溠音莊亞反）其利林漆絲枲民二男三女畜宜六擾（師古曰馬牛羊豕犬雞也謂之擾者言人所馴養也擾音人沼反）其穀宜五種（師古曰黍稷菽麥稻）正東曰青州其山曰沂（師古曰沂山在蓋縣即沂水所出也孟諸即盟豬也）藪曰孟諸川曰淮泗寖曰沂沭（師古曰沭水出東莞音術）其利蒲魚民二男三女其畜宜雞狗穀宜稻麥河東曰兗州其山曰岱藪曰泰壄（師古曰即大野）其川曰河泲寖曰盧維（師古曰盧水在濟北盧縣鄭康成讀曰雷非也）其利蒲魚民二男三女其畜宜六擾穀宜四種（師古曰馬牛羊豕犬雞黍稷稻麥也）正西曰雍州其

山曰嶽（師古曰即吳嶽也）藪曰弦蒲（師古曰在汧縣）川曰涇汭（師古曰汭在豳地詩大雅公劉之篇曰汭鞫之即）其寖曰渭洛（師古曰洛即漆沮也在馮翊）其利玉石其民三男二女畜宜牛馬穀宜黍稷東北曰幽州其山曰醫無閭（師古曰在遼東）藪曰豯養（師古曰在長廣）川曰河泲寖曰菑時（師古曰菑出萊蕪時水出般陽）其利魚鹽民一男三女畜宜四擾（師古曰馬牛羊豕）穀宜三種（師古曰黍稷稻）河內曰冀州山曰霍（師古曰在平陽永安縣東北）藪曰揚紆（師古曰爾雅曰秦有揚紆而此以為冀州未詳其義又所在）川曰漳寖曰汾潞（師古曰漳水出上黨長子汾水出汾陽北山潞出歸德）其利松柏民五男三女畜宜牛羊穀宜黍稷正北曰并州其山曰恆山藪曰昭餘祁（師古曰在大原鄔縣鄔音一戶反又音於庶反）川

曰虖池嘔夷寖曰涞易（師古曰虖池出鹵城嘔夷出平舒涞出廣昌易出故安虖音呼池音徒何反嘔音於侯反）其利布帛民二男三女畜宜五擾（師古曰馬牛羊犬豕）穀宜五種而保章氏掌天文以星土辯九州之地所封封域皆有分星以視吉凶（師古曰保章氏春官之屬也保守也言守天文之職也分音扶問反）周爵五等而土三等公侯百里伯七十里子男五十里不滿為附庸蓋千八百國而大昊黃帝之後唐虞侯伯猶存帝王圖籍相踵而可知周室既衰禮樂征伐自諸侯出轉相吞滅數百年閒列國秏盡（師古曰秏減也音呼到反）至春秋時尚有數十國五伯迭興總其盟會（師古曰此五伯謂齊桓宋襄晉文秦穆楚莊也迭互也伯讀曰霸迭音徒結反）陵夷

至於戰國天下分而為七（師古曰謂秦韓魏趙燕齊楚也）合從連衡經數十年秦遂并兼四海以為周制微弱終為諸侯所喪故不立尺土之封分天下為郡縣盪滅前聖之苗裔靡有孑遺者矣漢興因秦制度崇恩德行簡易以撫海內至武帝攘卻胡越開地斥境南置交阯北置朔方之州（師古曰胡廣記云漢既定南越之地置交阯刺史別於諸州令持節治蒼梧分雍州置朔方刺史）兼徐梁幽并夏周之制改雍曰涼改梁曰益凡十三部置刺史先王之迹既遠地名又數改易（師古曰數音所角反）是以采獲舊聞考迹詩書推表山川以綴禹貢周官春秋下及戰國秦漢焉（師古

曰中古以來說地理者多矣或解釋經典或撰述方志競為新異妄有穿鑿妄處附會頗失其真後之學者因而祖述曾不考其謬論莫能尋其根本今並不錄蓋無尤焉

京兆尹故秦內史高帝元年屬塞國二年更為渭南郡九年罷復為內史武帝建元六年分為右內史大初元年更為京兆尹元始二年戶十九萬五千七百二

口六十八萬二千四百六十八師古曰漢之戶口當元始時最為殷盛故志舉之以為數也後皆類此縣十二

長安高帝五年置惠帝元年初城六年成戶八萬八百口二十四萬六千二百王莽曰常安師古曰王莽篡位改漢郡縣名皆易之也下皆類此新豐驪山在南故驪戎國秦曰驪邑高祖七年置應劭曰太上皇思東歸於是高祖改築城寺街里以象豐徙豐民以實之故號新豐船司空莽曰船利服虔曰縣名師古曰本主船之官遂以為縣藍田山出美玉有虎候山祠秦孝公置也華陰故陰晉秦惠文王五年更名寧秦高帝八年更名華陰大華山在南有祠豫州山集靈宮武帝起莽曰華壇也鄭周宣王弟鄭桓公邑有鐵官應劭曰宣王母弟友所封也其子與平王東遷更稱新鄭臣瓚曰周自穆王已下都于西鄭不得以封桓公也初桓公為周司徒王室將亂

故謀於史伯而寄帑與賄於虢會之間幽王既敗二年而滅會四年而滅虢居於鄭父之丘是以為鄭桓公無封京兆之文也師古曰春秋外傳云幽王既敗鄭桓公死之其子武公與平王東遷故左氏傳云我周之東遷晉鄭焉依又鄭莊公云吾先君新邑於此蓋道新鄭也穆王已下無都西鄭之事瓚說非也會音工外反湖有周天子祠二所故曰胡武帝建元年更名湖下邽應劭曰秦武公伐邽戎置有上邽故加下師古曰邽音圭取邽戎之人而來為此縣南陵文帝七年置沂水出藍田谷北至霸陵入霸水霸水亦出藍田谷北入渭師古曰茲水秦穆公更名以章霸功視子孫沂音先歷反視讀曰示奉明宣帝置也霸陵故芷陽文帝更名莽曰水章也杜陵故杜伯國宣帝更名有周右將軍杜主祠四所莽曰饒安也

左馮翊故秦內史高帝元年屬塞國二年更名河上郡九年罷復為內史武帝建元六年分為左內史大初元年更名左馮翊戶二十三萬五千一百一口九十一萬七千八百二十二縣二十四

高陵左輔都尉治莽曰千春櫟陽秦獻公自雍徙莽曰師亭如淳曰櫟音藥翟道莽曰渙池陽惠帝四年置嶻嶭山在北應劭曰在池水之陽師古曰嶻嶭即今俗所呼嵯峩山是也音截孽又音才葛反又五葛反夏陽故少梁秦惠文王十一年更名禹貢梁山在西北龍門山在北有鐵官莽曰冀亭衙莽曰達昌如淳曰衙音牙師古曰即春秋所云秦晉戰于彭衙粟邑莽曰粟城谷口九嵕山在西有天齊公五床山僊人五帝祠四所莽曰谷喙師古曰嵕音子公反又音子孔反喙音許穢反蓮勺如淳曰音輦酌鄜莽曰脩令孟康曰音敷頻陽秦厲公置應劭曰在頻水之陽臨晉故大荔秦獲之更名有河水祠芮鄉故芮國莽曰監晉應劭曰臨晉水故曰臨晉臣瓚曰晉水在河之間此縣在河之西不得云臨晉水也舊說曰秦築高壘以臨晉國故曰臨晉也師古曰瓚說是也說者或以為魏文侯伐秦始置臨晉非也文侯直城之耳豈始置乎重泉莽曰調泉郃陽應劭曰在郃水之陽也師古曰音合即大雅大明之詩所謂在洽之陽祋祤景帝二年置師古曰祋音丁活反又音丁外反祤音詡武城莽曰桓城師古曰即左氏傳所云秦伐晉取武城者也沈陽莽曰制昌褱德禹貢北條荊山在南下有彊梁原洛水東南入渭雍州寖莽曰德驩師古曰褱亦懷字徵莽曰氾愛師古曰徵音懲即今之澄城縣是也左傳所云取北徵謂此地耳而杜元凱未詳其處也雲陵昭帝置也萬年高帝置莽曰異赤師古曰三輔黃圖云大上皇葬櫟陽北原起萬年陵是也

長陵高帝置戶五萬五十七口十七萬九千四百六十九莽曰長平陽陵故弋陽景帝更名莽曰渭陽雲陽有休屠金人及徑路神祠三所越巫䘏䚢祠三所孟康曰䘏音辜磔之辜越人祠也䚢音攫休音許虯反屠音除

右扶風故秦內史高帝元年屬雍國二年更為中地郡九年罷復為內史武帝建元六年分為右內史大初元年更名主爵都尉為右扶風師古曰主爵都尉本秦之主爵中尉掌列侯至大初元年更名右扶風而治於內史右地故此志追言建元六年分為右內史又云更名主爵都尉為右扶風戶二十一萬六千三百七十七口八十三萬六千七十縣二十一

渭城故咸陽高帝元年更名新城七年罷屬長安武帝元鼎三年更名渭城有蘭池宮莽曰京城槐里周曰犬丘懿王都之秦更名廢丘高祖三年更名有黃山宮孝惠二年起莽曰槐治鄠古國有扈谷亭扈夏啟所伐酆水出東南又有潏水皆北過上林苑入渭有萯陽宮秦文王起師古曰潏音決萯音倍盩厔有長楊宮有射熊館秦昭王起靈軹渠武帝穿也斄周后稷所封師古曰讀與邰同音胎郁夷詩周道郁夷有汧水祠莽曰郁平師古曰小雅四牡之詩曰四牡騑騑周道倭遲韓詩作郁夷字言使臣乘馬行於此道美陽禹貢岐山在西

北中水鄉周文王所邑有高泉宮秦宣太后起也郿成國渠首受渭東北至上林入蒙籠渠右輔都尉治師古曰郿音媚雍秦惠公都之有五畤太昊黃帝以下祠三百三所橐泉宮孝公起祈年宮惠公起棫陽宮昭王起有鐵官應劭曰四面積高曰雍師古曰棫音域漆水在縣西有鐵官莽曰漆治栒邑有豳鄉詩豳國公劉所邑應劭曰左氏傳曰畢原酆郇文之昭也郇侯賈伯伐晉是也臣瓚曰汲郡古文晉武公滅荀以賜大夫原氏黯是為荀叔又云文公城荀然則荀當在晉之境內不得在扶風界也今河東有荀城古荀國師古曰瓚說是也此栒讀與荀同自別邑耳非伐晉者隃麋有黃帝子祠莽曰扶亭師古曰隃音踰陳倉有上公明星黃帝孫舜妻育冢祠有羽陽宮秦武王起也杜陽杜水南入渭詩曰自杜莽曰通杜師古曰大雅緜之詩曰人之初生自土漆沮齊詩作自杜言公劉避狄而來居杜與漆沮之地汧吳山在西古文以為汧山雍州山北有蒲谷鄉弦中谷雍州弦蒲藪汧水出西北入渭芮水出西北東入涇詩芮阸雍州川也師古曰阸讀與阨同大雅公劉之詩曰止旅乃密芮鞫之即韓詩作芮阸言公劉止其軍旅欲使安靜乃就芮阸之間耳好畤垝山在東有梁山宮秦始皇起莽曰好邑師古曰垝音丘毀反虢有黃帝子周文武祠虢宮秦宣太后起也安陵惠帝置莽曰嘉平師古曰闞駰以為本周之程邑也

茂陵武帝置戶六萬一千八十七口二十七萬七千二百七十七莽曰宣城師古曰黃圖云本槐里之茂鄉平陵昭帝置莽曰廣利武功大壹山古文以為終南垂山古文以為敦物皆在縣東斜水出衙領山北至郿入渭褒水亦出衙領至南鄭入沔有垂山斜水淮水祠三所莽曰新光師古曰斜音弋奢反衙音牙弘農郡武帝元鼎四年置莽曰右隊戶十一萬八千九十一口四十七萬五千九百五十四有鐵官在黽池縣十一弘農故秦函谷關衙山領下谷燭水所出北入河盧氏熊耳山在東伊水出東北入雒過郡一行四百五十里又有育水南至順陽入沔又有洱水東南至魯陽亦入沔皆過郡二行六百里莽曰昌富師古曰洱音耳陝故虢國有焦城故焦國北虢在大陽東虢在滎陽西虢在雍州莽曰黃眉宜陽在黽池有鐵官也黽池高帝八年復黽池中鄉民景帝中二年初城徙萬家為縣穀水出穀陽谷東北至穀城入雒莽曰陝亭師古曰黽音莫踐反又音莫忍反丹水水出上雒冢領山東至析入鈞密陽鄉故商密也師古曰鈞亦水名也音均新安禹貢澗水在東南入雒商秦相衛鞅邑也析黃水出黃谷鞠水出析谷俱東至酈入湍水莽曰君亭師古曰析音

先歷反鞠水即今所謂菊潭也酈音持益反湍音專陸渾春秋遷陸渾戎於此有關師古曰渾音胡昆反上雒禹貢雒水出冢領山東北至鞏入河過郡二行千七十里豫州川又有甲水出秦領山東南至錫入沔過郡三行五百七十里熊耳獲輿山在東北師古曰錫音陽。河東郡秦置莽曰兆陽有根倉溼倉戶二十三萬六千八百九十六口九十六萬二千九百一十二縣二十四安邑巫咸山在南鹽池在西南魏絳自魏徙此至惠王徙大梁有鐵官鹽官莽曰河東大陽吳山在西上有吳城周武王封大伯後於此是為虞公為晉所滅有天子廟莽曰勤田應劭曰在大河之陽猗氏解師古曰音蟹蒲反有堯山首山祠雷首山在南故曰蒲秦更名莽曰蒲城應劭曰秦始皇東巡見長坂故加反云孟康曰本蒲也晉文公以賂秦後秦人還蒲魏人喜曰蒲反矣謂秦名之非也臣瓚曰秦世家云以垣為蒲反然則本非蒲也師古曰應說是河北詩魏國晉獻公滅之以封大夫畢萬曾孫絳徙安邑也左邑莽曰兆亭汾陰介山在南聞喜故曲沃晉武公自晉陽徙此武帝元鼎六年行過更名應劭曰今曲沃也秦改為左邑武帝於此聞南越破改曰聞喜濩

澤禹貢析城山在西南應劭曰有濩澤在西北師古曰濩音烏號反端氏臨汾垣禹貢王屋山在東北沇水所出東南至武德入河軼出滎陽北地中又東至琅槐入海過郡九行千八百四十里師古曰琅音郎槐音回皮氏耿鄉故耿國晉獻公滅之以賜大夫趙夙後十世獻侯徙中牟有鐵官莽曰延平長脩平陽韓武子玄孫貞子居此有鐵官莽曰香平應劭曰堯都也在平河之陽襄陵有班氏鄉亭莽曰幹昌應劭曰襄陵在西北師古曰晉襄公之陵因以名縣彘霍大山在東冀州山周厲王所奔莽曰黃城應劭曰順帝改曰永安楊莽曰有年亭應劭曰楊侯國北屈禹貢壺口山在東南莽曰朕北應劭曰有南故稱北臣瓚曰汲郡古文翟章救鄭次于南屈師古曰屈音居勿反即晉公子夷吾所居蒲子應劭曰故蒲反舊邑武帝置師古曰重耳所居也應說失之絳晉武公自曲沃徙此有鐵官應劭曰絳水出西南狐讘師古曰讘音之涉反騏侯國師古曰音其。大原郡秦置有鹽官在晉陽屬并州戶十六萬九千八百六十三口六十八萬四百八十八有家馬官臣瓚曰漢有家馬廄一廄萬匹時以邊表有事故分來在此家馬後改曰挏馬也師古曰挏音動

縣二十一 晉陽 故詩唐國周成王滅唐封弟叔虞龍山在西北有鹽官晉水所出東入汾臣瓚曰所謂唐今河東永安是也去晉四百里師古曰瓚說是也 葰人 如淳曰音瑣師古曰又音山寡反 界休 莽曰界美

師古曰休音許虯反 榆次 涂水鄉晉大夫知徐吾邑梗陽鄉魏戊邑莽曰大原亭師古曰涂音塗梗音鯁 中都

于離 莽曰于合 茲氏 莽曰茲同 狼孟 莽曰狼調 鄔 九澤在北是為昭餘祁并州藪晉大夫司馬彌牟邑師古曰音一戶反又音於據反 盂 晉大夫孟丙邑 平陶 莽曰多穰 汾陽 北山汾水所出西南至汾陰入河過郡二行千三百四十里冀州寖 京陵 莽曰致城師古曰即九京 陽曲 應劭曰河千里一曲當其陽故曰陽曲也師古曰隨文帝自以姓陽故惡曲之號乃改此縣為陽直今則復舊名焉 大陵 有鐵官莽曰大寧 原

平 祁 晉大夫賈辛邑莽曰示 上艾 綿曼水東至蒲吾入虖池水師古曰虖音呼池音徒何反 慮

虒 師古曰音廬夷 陽邑 莽曰繁穰 廣武 河主賈屋山在北都尉治莽曰信桓師古曰賈屋山即史記所云趙襄子北登夏屋者 上黨郡 秦置屬并州有上黨關壺口關石研關天井關師古曰研音形 戶

七萬三千七百九十八口三十三萬七千七百六

十六 縣十四 長子 周史辛甲所封鹿谷山濁漳水所出東至鄴入清漳師古曰長讀曰長短之長今俗為長幼之長非也 屯留 桑欽言絳水出西南東入海師古曰屯音純 余吾

銅鞮 有上虒亭下虒聚師古曰虒音斯 沾 大黽谷清漳水所出東北至邑成入大河過郡五行千六百八十里冀州川應劭曰沾水出壺關師古曰沾音它兼反 涅氏 涅水也師古曰涅水出焉故以名縣也涅音乃結反 襄

垣 莽曰上黨亭 壺關 有羊腸阪沾水東至朝歌入淇應劭曰黎侯國也今黎亭是 泫氏 楊谷絕水所出南至壄王入沁應劭曰山海經泫水所出者也師古曰泫音工玄反 高都 莞谷丹水所出東南入絕水有天井關師古曰莞音丸 潞 故潞子國 陭氏 師古曰音於義反 陽阿 穀遠 羊頭山世靡谷沁水所出東南至滎陽入河過郡三行九百七十里莽曰穀近師古曰今沁水至懷州武陟縣界入河此云至滎陽疑轉寫者錯誤

河內郡 高帝元年為殷國二年更名莽曰後隊屬司隸 戶二十四萬一千二百

四十六口百六萬七千九十七 縣十八

懷 有工官莽曰河內 汲 武德 孟康曰始皇東巡置自以武德定天下 波 孟康曰今有絺城晉文公所得賜者 山陽 東太行山在西北師古曰行音胡郎反 河陽 莽曰河亭 州 共 故國北山淇水所出東至黎陽入河孟康曰共伯入為三公者也師古曰共音恭 平皋 應劭曰邢侯自襄國徙此當齊桓公時衛人伐邢邢遷于夷儀其地屬晉號曰邢丘以其在河之皐處故曰平皋臣瓚曰春秋傳狄人伐邢邢遷于夷儀不至此也今襄國西有夷儀城去襄國百餘里邢是丘名非國也師古曰應說非也左氏傳曰晉侯送女于邢丘蓋謂此耳 朝歌 紂所都周武王弟康叔所封更名衛莽曰雅歌 脩武 應劭曰晉始啟南陽今南陽城是也秦改曰脩武臣瓚曰韓非書秦昭王越趙長平西伐脩武時秦未兼天下脩武之名久矣師古曰瓚說是也 溫 故國己姓蘇忿生所封也 壄王 大行山在西北衛元君為秦所奪自濮陽徙此莽曰平壄孟康曰故邘國也今邘亭是也師古曰行音胡郎反邘音于 獲嘉 故汲之新中鄉武帝行過更名也 軹 孟康曰原鄉晉文公所圍是也師古曰音只 沁水 師古曰沁音千浸反 隆

慮 國水東北至信成入張甲河過郡三行千八百四十里有鐵官應劭曰隆慮山在北避殤帝名改曰林慮也師古曰慮音廬 蕩陰 蕩水東至內黃澤西山羑水所出亦至內黃入蕩有羑里城西伯所拘也師古曰蕩音湯羑音羊九反

河南郡 故秦三川郡高帝更名雒陽戶五萬二千八百三十九莽曰保忠信鄉屬司隸也 戶二十七萬六千四百四十四口一百七十四萬二百七十九 有鐵官工官敖倉在滎陽 縣二十二 雒陽 周公遷殷民是為成周春秋昭公二十二年晉合諸侯于狄泉以其地大成周之城居敬王莽曰宜陽師古曰魚豢云漢火行忌水故去洛水而加隹如魚氏說則光武以後改為雒字也 滎陽 卞水馮池皆在西南有狼湯渠首受泲東南至陳入潁過郡四行七百八十里應劭曰故虢國今虢亭是也師古曰狼音浪湯音宕泲音子禮反本濟水字 偃師 尸鄉殷湯所都莽曰師成臣瓚曰湯居亳今濟陰縣是也今亳有湯冢己氏有伊尹冢皆相近也師古曰瓚說非也又如皇甫謐所云湯都在穀熟事並不經劉向云殷湯無葬處安得湯冢乎

京 師古曰即鄭叔段所居也 平陰 應劭曰在平城南故曰平陰 中牟 圃田澤在西豫州藪有筦叔邑趙獻

侯自耿徙此師古曰莞與管同平莽曰治平陽武有博狼沙莽曰陽桓師古曰狼音狼河南故郟鄏地周武王遷
九鼎周公致太平營以為都是為王城至平王居之師古曰郟音夾鄏音辱緱氏劉聚周大夫劉子邑有延壽城仙人祠莽曰中
亭師古曰緱音工侯反卷師古曰音去權反原武莽曰原桓鞏東周所居穀成禹貢瀍水出朁
亭北東南入雒師古曰朁今新安朁音潛故市密故國有大騩山潩水所出南至臨潁入潁應劭曰密人不恭密須氏
姞姓之國也見世本密須今安定陰密是也師古曰應瓚二說皆非也此密即春秋僖六年圍新密者也蓋鄭地而詩
所云密人即左傳所謂密須之鼓者也在安定陰密騩音隗潩音翼又音昌力反新成惠帝四年置蠻中故戎蠻子國開
封逢池在東北或曰宋之逢澤也臣瓚曰汲郡古文梁惠王發逢忌之藪以賜民今浚儀有逢陂忌澤是也成皋故虎
牢或曰制師古曰穆天子傳云七萃之士生捕獸即獻天子天子畜之東虢號曰獸牢苑陵莽曰左亭梁𨚍狐聚秦滅西
周徙其君於此陽人聚秦滅東周徙其君於此應劭曰左傳曰秦取梁梁伯嬴之後與秦同祖臣瓚曰秦取梁後改曰夏陽今馮翊夏陽
是也此梁周之小邑見於春秋師古曰瓚說是也𨚍音乃旦反新鄭詩鄭國鄭桓公之子武公所國後為韓所滅韓自平

陽徙都之應劭曰國語曰鄭桓公為周司徒王室將亂寄帑與賄於虢會之閒幽王敗桓公死之其子武公與平王東遷雒邑遂伐虢會
而并其地而邑於此。東郡秦置莽曰治亭屬兗州戶四十萬一千二百九
十七口百六十五萬九千二十八縣二十二
濮陽衛成公自楚丘徙此故帝丘顓頊虛莽曰治亭應劭曰濮水南入鉅野師古曰虛讀曰墟畔觀莽曰觀治
應劭曰夏有觀扈世祖更名衛國以封周後師古曰觀音工喚反聊城頓丘莽曰順丘師古曰以丘名縣也
丘一成為頓丘謂一頓而成也或曰成重也一重之丘也發干莽曰戢楯范莽曰建睦茬平莽曰功崇應劭曰在
茬山之平地者也師古曰音仕疑反東武陽禹治漯水東北至千乘入海過郡三行千二十里莽曰武昌應劭曰武水之陽
也師古曰漯音它合反博平莽曰加睦黎莽曰黎治孟康曰詩黎侯國今黎陽也臣瓚曰黎陽在魏郡非黎縣也師古曰
瓚說是清莽曰清治應劭曰章帝更名樂平東阿都尉治應劭曰衛邑也有西故稱東離狐莽曰瑞狐
臨邑有泲廟莽曰穀城亭師古曰泲亦濟水字也其後並同利苗須昌故須句國大昊後風姓師

古曰句音劬壽良蚩尤祠在西北泲上有朐城應劭曰世祖叔父名良故曰壽張樂昌陽平
白馬南燕南燕國姞姓黃帝後師古曰姞音其乙反廩丘。陳留郡武帝元狩元年
置屬兗州戶二十九萬六千二百八十四口一百五十萬
九千五十縣十七陳留魯渠水首受狼湯渠東至陽夏入渦渠孟康曰留鄭
邑也後為陳所并故曰陳留臣瓚曰宋亦有留彭城留是也留屬陳故稱陳留也師古曰瓚說是也渦音戈小黃
成安寧陵莽曰康善孟康曰故葛伯國今葛鄉是雍丘故杞國也周武王封禹後東樓公先春秋
時徙魯東北二十一世簡公為楚所滅酸棗東昬莽曰東明襄邑有服官莽曰襄平應劭曰春秋傳曰
師于襄牛是也師古曰圈稱云襄邑宋地本承匡襄陵鄉也宋襄公所葬故曰襄陵秦始皇以承匡卑溼故徙縣於襄陵謂之襄邑縣西三
十里有承匡城然則應說以為襄牛誤也外黃都尉治張晏曰魏郡有內黃故加外臣瓚曰縣有黃溝故氏之也師古曰
左氏傳曰惠公敗宋師于黃杜預以為外黃縣東有黃城即此地也封丘濮渠水首受泲東北至都關入羊里水過郡三行六

百三十里孟康曰春秋傳敗狄于長丘今翟溝是長羅侯國莽曰惠澤尉氏應劭曰古獄官曰尉氏鄭之別獄也
臣瓚曰鄭大夫尉氏之邑故遂以為邑師古曰鄭大夫尉氏亦以掌獄之官故為族耳應說是也傿莽曰順通應劭曰鄭伯克段於
鄢是也師古曰傿音偃長垣莽曰長固孟康曰春秋會于匡今匡城也平丘濟陽莽曰濟前浚
儀故大梁魏惠王自安邑徙此睢水首受狼湯水東至取慮入泗過郡四行千三百六十里應劭曰魏惠王自安邑徙此號曰梁
師古曰取慮縣名也音秋盧取又音趨。潁川郡秦置高帝五年為韓國六年復故莽曰左隊陽翟有工官屬豫
州孟康曰夏啓有鈞臺之饗今鈞臺在南戶四十三萬二千四百九十一口
二百二十一萬九百七十三縣二十陽翟夏禹
國周末韓景侯自新鄭徙此戶四萬一千六百五十口十萬九千莽曰潁川應劭曰夏禹都也臣瓚曰世本禹都陽城汲郡古文亦云居
之不居陽翟也師古曰陽翟本禹所受封耳應瓚之說皆非昆陽應劭曰昆水出南陽潁陽應劭曰潁水出
陽城定陵有東不羹莽曰定城師古曰羹音郎其後亦同長社應劭曰宋人圍長葛是也其社中樹暴長更名長社

師古曰長讀如本字新汲師古曰闕駰云本汲鄉也宣帝神爵三年置以河內有汲故加新也襄城有西不羹莽曰相城郾師古曰音一戰反郟師古曰音夾舞陽應劭曰舞水出南潁陰崈高武帝置以奉大室山是爲中岳有大室少室山廟古文以崇高爲外方山也師古曰崈古崇字許故國姜姓四岳後大叔所封二十四世爲楚所滅傿陵戶四萬九千一百一口二十六萬一千四百一十八莽曰左亭李奇曰六國爲安陵師古曰傿音偃臨潁莽曰監潁父城應鄉故國周武王弟所封應劭曰韓詩外傳周成王與弟戲以桐葉爲圭吾以此封汝周公曰天子無戲言王應時而封故曰應侯鄉是也臣瓚曰呂氏春秋曰成王以戲授桐葉爲圭以封叔虞非應侯也汲郡古文殷時巳自有國非成王之所造也師古曰武王之弟自封應國非桐圭之事也應氏之說蓋失之焉又據左氏傳云邘晉應韓武之穆也是則應侯武王之子又與志說不同也成安侯國周承休侯國元帝置元始二年更名鄭公莽曰嘉美休音許虬反陽城陽城山洧水所出東南至長平入潁過郡三行五百里陽乾山潁水所出東至下蔡入淮過郡三行千五百里荊州寖有鐵官師古曰乾音干洧音于軌反綸氏

汝南郡高帝置莽曰汝汾分爲賞都尉屬豫州戶四十六萬一千五百八十七口二百五十九萬六千一百四十八　縣三十七

平輿應劭曰故沈子國今沈亭是也輿音豫陽安應劭曰道國也今道亭是陽城侯國莽曰新安濦強應劭曰濦水出潁川陽城師古曰濦音於謹反又音殷富波女陽應劭曰汝水出弘農入淮師古曰女讀曰汝其下汝陰亦同鮦陽應劭曰在鮦水之陽也孟康曰鮦音紂吳房孟康曰本房子國楚靈王遷房於楚吳王闔閭弟夫槩奔楚楚封於此爲堂谿氏以封吳故曰吳房今吳房城堂谿亭是安成侯國莽曰至成南頓故頓子國姬姓應劭曰頓迫於陳其後南徙故號南頓故城尚在朗陵應劭曰朗陵山在西南細陽莽曰樂慶師古曰居細水之陽故曰細陽細水本出新郪郪音千私反宜春侯國莽曰宜孱女陰故胡國都尉治莽曰汝墳新蔡蔡平侯自蔡徙此後二世徙下蔡莽曰新遷新息莽曰新德孟康曰故息國其後徙東故加新云灈陽應劭曰灈水出吳房東入瀙也師古曰灈音劬瀙音楚人反又音楚刃反期思

師古曰故蔣國慎陽應劭曰慎水出東北入淮師古曰慎字本作滇音眞後誤爲慎耳今猶有眞丘眞陽縣字並單作眞知其音不改也闞駰云永平五年失印更刻遂誤以水爲心慎莽曰慎治召陵師古曰卽齊桓公伐楚次于召陵者也召讀曰邵弋陽侯國應劭曰弋山在西北故黃國今黃城是西平有鐵官莽曰新亭應劭曰故柏子國也今柏亭是上蔡故蔡國周武王弟叔度所封度放成王封其子胡十八世徙新蔡寖莽曰閏治應劭曰孫叔敖子所邑之寖丘是也世祖更名固始師古曰寖音子衽反西華莽曰華望長平莽曰長正宜祿莽曰賞都亭項故國新郪莽曰新延應劭曰秦伐魏取郪丘漢興爲新郪章帝封殷後更名宋臣瓚曰光武既封殷後于宋又封新郪師古曰封於新郪號爲宋國耳瓚說非歸德侯國宣帝置莽曰歸惠新陽莽曰新明應劭曰在新水之陽安昌侯國莽曰始成安陽侯國莽曰均夏應劭曰故江國今江亭是博陽侯國莽曰樂家成陽侯國莽曰新利定陵高陵山汝水出東南至新蔡入淮過郡四行千三百四十里

南陽郡秦置莽曰前隊屬荊州戶三十五萬九千三百一十六口一百九十四萬二千五十一　縣三十六

宛故申伯國有屈申城縣南有北筮山戶四萬七千五伯四十七有工官鐵官莽曰南陽犨師古曰音昌牛反杜衍莽曰閏衍酇侯國莽曰南庚孟康曰音讚師古曰卽蕭何所封育陽有南筮聚在東北應劭曰育水出弘農盧氏南入于沔博山侯國哀帝置故順陽應劭曰漢明帝改曰順陽在順水之陽也師古曰順陽舊名應說非涅陽莽曰前亭應劭曰在涅水之陽師古曰涅音乃結反陰師古曰卽春秋左氏傳所云遷陰於下陰者也與酇相近今襄州有陰城縣有酇城鄉堵陽莽曰陽城韋昭曰堵音者雉衡山灃水所出東至郾入汝師古曰舊讀雉音弋爾反而大康地志云卽陳倉人所逐二童子名寶雞者雉止陳倉爲石雌止此縣故名雉縣疑不可據也鄧音屋山都蔡陽莽之母功顯君邑應劭曰蔡水所出東入淮新野筑陽故穀伯國莽曰宜禾應劭曰筑水出漢中房陵東入沔師古曰春秋云穀伯綏來朝是也今襄州有穀城縣在筑水之陽筑音逐棘陽應劭曰在棘水之陽武當舞陰中陰山瀙水所出東至蔡入汝西鄂應劭

曰江夏有鄂故加西云穰莽曰農穰師古曰今鄧州穰縣是也音人羊反酈育水出西北南入漢如淳曰酈音躑躅之
蹢安衆侯國故宛西鄉冠軍武帝置故穰盧陽鄉宛臨駣聚應劭曰武帝以封霍去病去病仍出征匈奴功
冠諸軍故曰冠軍駣音桃比陽應劭曰比水所出東入蔡平氏禹貢桐柏大復山在東南淮水所出東南至淮
陵入海過郡四行三千二百四十里青州川莽曰平善隨故國厲鄉故厲國也師古曰厲讀曰賴葉楚葉公邑有長
城號曰方城師古曰音式涉反鄧故國都尉治應劭曰鄧侯國朝陽莽曰厲信應劭曰在朝水之陽魯陽
有魯山古魯縣御龍氏所遷魯山滍水所出東北至定陵入汝又有昆水東南至定陵入汝師古曰即淮南所云魯陽公與韓戰曰
反三舍者也滍音峙又音雉春陵侯國故蔡陽白水鄉上唐鄉故唐國師古曰漢記云元朔五年以零陵泠道之春陵
鄉封長沙王子買爲春陵侯至戴侯仁以春陵地形下溼上書徙南陽元帝許之以蔡陽白水鄉徙仁爲春陵侯新都
侯國莽曰新林湖陽故廖國也師古曰廖音力救反左氏傳作飂字其音同耳紅陽侯國莽曰紅俞師古曰俞
音踰樂成侯國博望侯國莽曰宜樂復陽侯國故湖陽樂鄉應劭曰在桐柏下復山之陽師古

曰復音房目反○南郡秦置高帝元年更爲臨江郡五年復故景帝二年復爲臨江中二年復故莽曰南順屬荊
州戶十二萬五千五百七十九口七十一萬八千
五百四十有發弩官師古曰主教放弩也縣十八江陵故楚郢都楚文王自
丹陽徙此後九世平王城之後十世秦拔我郢徙東莽曰江陵臨沮禹貢南條荊山在東北漳水所出東至江陵入陽水陽水
入沔行六百里應劭曰沮水出漢中房陵東入江師古曰沮水即左傳所云江漢沮漳楚之望音千余反夷陵都尉治莽曰居
利應劭曰夷山在西北華容雲夢澤在南荊州藪夏水首受江東入沔行五百里應劭曰春秋許遷于容城是
宜城故鄢惠帝三年更名郢楚別邑故郢莽曰郢亭邔孟康曰音忌師古曰音其巳反當陽
中盧師古曰在襄陽縣南今猶有次盧村以隋室諱忠故改忠爲次枝江故羅國江沱出西東入江師古曰沱
即江別出者也音徒何反襄陽莽曰相陽應劭曰在襄水之陽編有雲夢官莽曰南順孟康曰編音鞭秭
歸歸鄉故歸國孟康曰秭音姊夷道莽曰江南應劭曰夷水出巫東入江州陵莽曰江夏若

楚昭王畏吳自郢徙此後復還郢師古曰春秋傳作鄀其音同巫夷水東至夷道入江過郡二行五百四十里有鹽官應劭曰巫山在西南
高成洈山洈水所出東入繇繇水南至華容入江過郡二行五百里莽曰言程師古曰洈音危繇讀曰由
江夏郡高帝置屬荊州應劭曰沔水自江別至南郡華容爲夏水過郡入江故曰江夏戶五萬六千
八百四十四口二十一萬九千二百一十八縣十
四西陵有雲夢官莽曰江陽竟陵章山在東北古文以爲內方山鄖鄉楚鄖公邑莽曰守平師古曰音
云西陽襄莽曰襄非邾衡山王吳芮都師古曰音朱又音誅軑故弦子國孟康曰音大師古曰又音
徒系反鄂師古曰音五各反安陸橫尾山在東北古文以爲倍尾山沙羨晉灼曰羨音夷蘄
春晉灼曰音祈鄳蘇林曰音盲師古曰音萌又音莫耿反雲杜應劭曰左傳若敖取於䢵今䢵亭是也師古曰䢵音
云下雉莽曰閏光如淳曰音羊氏反鍾武侯國莽曰當利○廬江郡故淮南文帝十六年別爲
國金蘭西北有東陵鄉淮水出屬楊州廬江出陵陽東南北入江應劭曰故廬子國戶十二萬四千三

百八十三口四十五萬七千三百三十三有樓船官
縣十二舒故國莽曰昆鄉居巢應劭曰春秋楚人圍巢巢國也龍舒應劭曰羣舒之
邑臨湖雩婁決水北至蓼入淮又有灌水亦北至蓼入決過郡二行五百一十里師古曰雩音許于反婁音
力于反襄安莽曰廬江亭也樅陽師古曰音七容反尋陽禹貢九江在南皆東合爲大江灊天柱山在南有祠沘山沘水所出北至壽春入芍陂晉灼曰音潛師古曰沘音比又音布八反芍音酌又音鵲晥有鐵官師古曰
音胡管反湖陵邑北湖在南松茲侯國莽曰誦善○九江郡秦置高帝四年更名爲淮
南國武帝元狩元年復故莽曰延平屬揚州應劭曰江自廬江尋陽分爲九戶十五萬五十二
口七十八萬五百二十五有陂官湖官縣十五壽春邑
楚考烈王自陳徙此浚遒晉灼曰音酋熟之酋師古曰浚音峻遒音才由反成德莽曰平阿橐皐
孟康曰音柘姑陰陵莽曰陰陸歷陽都尉治莽曰明義當塗侯國莽曰山聚應劭曰禹所娶塗山

侯國也有禹虛鍾離莽曰蠶富應劭曰鍾離子國合肥應劭曰夏水出父城東南至此與淮合故曰合肥
東城莽曰武城博鄉侯國莽曰揚陸曲陽侯國莽曰延平亭應劭曰在淮曲之陽建陽
全椒阜陵莽曰阜陸。山陽郡故梁景帝中六年別爲山陽國武帝建元五年別爲郡莽
曰鉅野屬兗州戶十七萬二千八百四十七口八十萬一千
二百八十八有鐵官縣二十三昌邑武帝天漢四年更山陽爲昌邑國有
梁丘鄉春秋傳曰宋齊會于梁丘南平陽莽曰黽平孟康曰邾庶期以漆來奔又城漆今漆鄉是成武有楚
丘亭齊桓公所城遷衛文公於此子成公徙濮陽莽曰成安湖陵禹貢浮于泗淮通于河水在南莽曰湖陸應劭曰尚
書一名湖章帝封東平王倉子爲湖陵侯更名湖陵東緡師古曰春秋僖二十三年齊侯伐宋圍緡即謂此音旻方
與晉灼曰音房豫橐莽曰高平師古曰音拓鉅壄大壄澤在北兗州藪單父都尉治莽曰利父師古曰音善
甫薄臣瓚曰湯所都都關城都侯國莽曰城穀黃侯國爰戚侯國莽曰戚亭

郜成侯國莽曰告成中鄉侯國平樂侯國包水東北至沛入泗鄭侯國瑕丘應劭曰瑕
丘在西南甾鄉侯國師古曰音側其反栗鄉侯國莽曰足亭曲鄉侯國西陽侯國
濟陰郡故梁景帝中六年別爲濟陰國宣帝甘露二年更名定陶禹貢荷澤在定陶東屬兗州師古曰荷音柯
戶二十九萬二千五口百三十八萬六千二百七
十八縣九定陶故曹國周武王弟叔振鐸所封禹貢陶丘在西南陶丘亭冤句
莽改定陶曰濟平冤句縣曰濟平亭師古曰句音劬呂都莽曰祁都葭密師古曰葭音家成陽有堯
冢靈臺禹貢雷澤在西北鄄城莽曰鄄良師古曰鄄音工掾反句陽應劭曰左氏句瀆之丘也師古曰音鉤
秺莽曰萬歲孟康曰音妒乘氏泗水東南至睢陵入淮過郡六行千一百一十里應劭曰春秋敗宋師于乘丘是也
師古曰睢音雖。沛郡故秦泗水郡高帝更名莽曰吾符屬豫州戶四十萬九千七十
九口二百三萬四百八十縣三十七相莽曰吾符亭

龍亢晉灼曰亢音岡竹莽曰篤亭李奇曰今竹邑穀陽應劭曰在穀水之陽蕭故蕭叔國宋別封附
庸也向故國春秋曰莒人入向姜姓炎帝後師古曰音餉銍師古曰銍音竹乙反廣戚侯國莽曰力聚。
下蔡故州來國爲楚所滅後吳取之至夫差遷昭侯於此後四世侯齊竟爲楚所滅豐莽曰吾豐鄲莽曰單城
孟康曰音多譙莽曰延成亭鄿甀鄉高祖破黥布都尉治莽曰鄿城師古曰甀音直恚反虹莽曰貢師古曰
虹亦音貢輒與莽曰華樂山桑公丘侯國故滕國周懿王子錯叔繡文公所封三十一世爲齊所滅
師古曰左氏傳云郜雍曹滕文之昭也系本亦云錯叔繡滕文王子而此志云懿王子未詳其義耳符離莽曰符合敬
丘侯國應劭曰春秋遇于犬丘昭帝更名大丘夏丘莽曰歸思洨侯國垓下高祖破項羽莽曰育成應劭曰洨水
所出南入淮師古曰洨音肴沛有鐵官芒莽曰博治應劭曰世祖更名臨睢睢水出焉師古曰芒音莫郎反睢音雖
建成侯國城父夏肥水東南至下蔡入淮過郡二行六百二十里莽曰思善建平侯國莽曰田平鄼
莽曰贊治應劭曰音嵯師古曰此縣本爲鄼應音是也中古以來借鄼字爲之耳讀皆爲鄼而莽呼爲贊治則此縣亦有贊音栗

侯國莽曰成富扶陽侯國莽曰合治高侯國高柴侯國漂陽如淳曰漂音票平阿
侯國莽曰平寧東鄉臨都義成祁鄉侯國莽曰會穀。魏郡
高帝置莽曰魏城屬冀州戶二十一萬二千八百四十九口九十
萬九千六百五十五縣十八鄴故大河在東北入海館陶
河水別出爲屯氏河東北至章武入海過郡四行千五百里斥丘莽曰利丘應劭曰斥丘在西南也師古曰闞駰云地多斥
鹵故曰斥丘沙內黃清河水出南應劭曰春秋吳子晉侯會于黃池今黃澤在西陳留有外黃故加內云臣瓚
曰國語曰吳子會諸侯於黃池掘溝於商魯之間今陳外黃有黃溝是也史記曰伐宋取黃池然則不得在魏郡明矣師古曰瓚說
是也應說失之清淵應劭曰清河在西北魏都尉治莽曰魏城亭應劭曰魏武侯別都繁陽應劭曰在繁水
之陽張晏曰其界爲繁淵元城應劭曰魏武侯公子元食邑於此因而遂氏焉梁期黎陽莽曰
黎蒸晉灼曰黎山在其南河水經其東其山上碑取山之名耳水在其陽以爲名即裴侯國莽曰即是應劭曰裴音非

武始漳水東至邯鄲入漳又有拘澗水東南至邯鄲入白渠應劭曰拘音矩邯會侯國張晏曰漳水之別自城西
南與邯山之水會今城旁猶有溝渠在也師古曰邯音下安反陰安　平恩侯國莽曰延平邯溝
侯國師古曰邯水之溝武安欽口山白渠水所出東至列人入漳又有濡水東北至東昌入虖池河過郡五行六百一里有
鐵官莽曰桓安師古曰濡音子杜反虖音呼池音徒河反其下並同　。鉅鹿郡秦置屬冀州戶十
五萬五千九百五十一口八十二萬七千一百七
十七　縣二十　鉅鹿禹貢大陸澤在北紂所作沙丘臺在東北七十里應劭曰鹿林之大
者也臣瓚曰山足曰鹿師古曰應說是南䜌莽曰富平孟康曰䜌音良全反廣阿　象氏侯國
莽曰寧昌廮陶師古曰廮音一井反宋子莽曰宜子楊氏莽曰功陸臨平　下曲
陽都尉治應劭曰晉荀吳滅鼓今鼓聚昔陽亭是也師古曰常山有上曲陽故此云下貰師古曰音式制反鄡
莽曰秦聚師古曰音苦么反又差梟反新市侯國莽曰市樂堂陽有鹽官分爲經縣應劭曰在堂水之陽

安定侯國敬武　歷鄉侯國莽曰歷聚樂信侯國武陶侯國柏鄉
侯國安鄉侯國　。常山郡高帝置莽曰井關屬冀州張晏曰恒山在西避文帝諱故改曰常山
戶十四萬一千七百四十一口六十七萬七千九
百五十六　縣十八　元氏沮水首受中丘西山窮泉谷東至堂陽入黃河莽曰井關
亭師古曰闞駰云趙公子元之封邑故曰元氏石邑井陘山在西洨水所出東南至廮陶入泜師古曰洨音效又音爻泜音脂
又音丁計反其後亦同桑中侯國靈壽中山桓公居此禹貢衛水出東北東入虖池蒲吾有鐵
山大白渠水首受緜曼水東南至下曲陽入斯洨應劭曰蒲水出中山蒲陰東入河上曲陽恒山北谷在西北有祠并
州山禹貢恒水所出東入滱莽曰常山亭應劭曰滱音彄九門莽曰久門井陘應劭曰井陘山在南音刑房
子贊皇山石濟水所出東至廮陶入泜莽曰多子師古曰濟音子詣反中丘逢山長谷渚水所出東至張邑入濁莽曰直聚
封斯侯國關　平棘應劭曰氏晉取棘蒲也師古曰功臣表棘蒲侯陳武平棘侯林摯是則平棘棘蒲非

一地也應說失之鄗世祖即位更名高邑莽曰禾成亭師古曰鄗音呼各反樂陽侯國莽曰暢苗平臺
侯國莽曰順臺都鄉侯國有鐵官莽曰分鄉南行唐牛飲山白陸谷滋水所出東至新市入虖池水
都尉治莽曰延億　。清河郡高帝置莽曰平河屬冀州戶二十萬一千
七百七十四口八十七萬五千四百二十二
縣十四　清陽王都東武城　繹幕應劭曰繹音亦師古曰李音弋尺反
靈河水別出爲鳴犢河東北至蓨入屯氏河莽曰播師古曰蓨音條其下亦同厝莽曰厝治應曰安帝以孝德皇后葬
于厝改曰甘陵也師古曰音趨亦反鄃莽曰善陸師古曰音輸貝丘都尉治應劭曰左氏傳齊襄公田于貝丘是
信成張甲河首受屯氏別河東北至蓨入漳水𢢖題師古曰𢢖古廁字東陽侯國莽曰胥陵
信鄉侯國孟康曰順帝更名安平繚師古曰音良笑反棗彊　復陽莽曰樂歲
應劭曰音腹　。涿郡高帝置莽曰垣翰屬幽州戶十九萬五千六百七

口七十八萬二千七百六十四有鐵官　縣二十九
涿桃水首受淶水分東至安次入河應劭曰涿水出上谷涿鹿縣師古曰淶音來迺莽曰迺屏師古曰迺字音字由反穀
丘　故安閻鄉易水所出東至范陽入濡也并州濡水亦至范陽入淶師古曰言易水又至范陽入淶也濡音乃官反
南深澤　范陽莽曰順陰應劭曰在范水之陽蠡吾師古曰蠡音禮容城莽曰深澤
易　廣望侯國鄚莽曰言符應劭曰音莫高陽莽曰高亭應劭曰在高河之陽州鄉
侯國安平都尉治莽曰廣望亭樊輿侯國莽曰握符成侯國莽曰宜家良鄉侯國垣水南東
至陽鄉入桃莽曰廣陽利鄉侯國莽曰章符臨鄉侯國益昌侯國莽曰有秩陽鄉侯國
莽曰章武西鄉侯國莽曰移風饒陽應劭曰在饒河之陽中水應劭曰在易滱二水之間故曰
中水武垣莽曰垣翰亭應劭曰垣水出良鄉東入滱阿陵莽曰阿陸阿武侯國高郭
侯國莽曰廣隄親昌侯國　勃海郡高帝置莽曰迎河屬幽州師古曰在勃海之濱

因以為名戶二十五萬六千三百七十口九十萬五千
一百一十九　縣二十六　浮陽莽曰浮城　陽信
東光有胡蘇亭　阜城莽曰吾城　千童應劭曰靈帝改曰饒安　重合　南皮
莽曰迎河亭師古曰闞駰云章武有北皮亭故此云南　定侯國　章武有鹽官莽曰桓章　中邑莽曰檢陰
高成都尉治也　高樂莽曰為鄉　參戶侯國　成平虖池河民曰徒駭河莽曰澤亭　柳侯國
臨樂侯國莽曰樂亭　東平舒師古曰代郡有平舒故此加東　重平　安次
脩市侯國莽曰居寧應劭曰音條　文安　景成侯國　東州　建成
章鄉侯國　蒲領侯國　平原郡高帝置莽曰河平屬青州　戶十五萬四千
三百八十七口六十六萬四千五百四十三
縣十九　平原有篤馬河東北入海五百六十里　鬲平當以為鬲津莽曰河平亭師古曰讀與隔同

高唐桑欽言漯水所出師古曰漯音它合反　重丘　平昌侯國　羽侯國莽曰羽貞　般莽曰
分明如淳曰音面般之般韋昭曰音版師古曰爾雅說九河云鉤般郭璞以為水曲如鉤流般桓也然今其土俗用如韋之音　樂
陵都尉治莽曰美陽師古曰樂音來各反　祝阿莽曰安成　瑗莽曰東順亭　阿陽
漯陰莽曰翼成應劭曰漯水出東武陽東北入海師古曰漯音它合反　朸莽曰張鄉應劭曰音力　富平
侯國莽曰樂安亭應劭曰明帝更名厭次　安悳師古曰悳古德字　合陽侯國莽曰宜鄉　樓虛侯國
龍頟侯國莽曰清鄉師古曰今書本頟字或作頟而崔浩云有龍頟村作頟者非　安侯國　。千乘
郡高帝置莽曰建信屬青州應劭曰和帝更名樂安　戶十一萬六千七百二十
七口四十九萬七百二十有鐵官鹽官均輸官　縣十五
千乘有鐵官　東鄒　溼沃莽曰延亭　平安侯國莽曰鴻睦　博昌時水東北至鉅
定入馬車瀆幽州寖應劭曰昌水出東萊昌陽臣瓚曰從東萊至博昌經歷宿水不得至也取其嘉名耳師古曰瓚說是　蓼城

都尉治莽曰延武　建信　狄莽曰利居應劭曰安帝更名曰臨濟　琅槐師古曰槐音回　樂安
被陽侯國如淳曰一作疲音罷軍之罷師古曰音皮彼反　高昌　繁安侯國莽曰瓦亭　高宛
莽曰常鄉　延鄉　濟南郡故齊文帝十六年別為濟南國景帝二年為郡莽曰樂安屬青州　戶十
四萬七百六十一口六十四萬二千八百八十四
縣十四　東平陵有工官鐵官　鄒　平臺莽曰臺治　梁鄒
土鼓　於陵都尉治莽曰於陸　陽丘　般陽莽曰濟南亭應劭曰在般水陽師古
曰般音盤　菅應劭曰音姦　朝陽侯國莽曰脩治應劭曰在朝水之陽　歷城有鐵官　猇侯國莽曰利成
應劭曰音箎蘇林曰音爻今東朝陽有猇亭蘇萅音由音鵾師古曰蘇音是音于幽反　著師古曰音竹庶反又直庶反而韋昭
誤以為蓍龜之蓍字乃音紀咨反失之遠矣　宜成侯國　。泰山郡高帝置屬兗州　戶十
七萬二千八十六口七十二萬六千六百四有工官汶水出

萊毋西入濟師古曰汶音問毋與無同　縣二十四　奉高有明堂在西南四里武帝元封
二年造有工官　博有泰山廟岱山在西北求山上　茌應劭曰茌山在東北音淄師古曰又音仕疑反　盧都尉治濟
北王都也　肥成應劭曰肥子國　蛇丘隧鄉故隧國春秋曰齊人殲于隧也師古曰蛇音移隧音遂　剛故闡莽曰
柔應劭曰春秋取鄆及闡今闡亭是也師古曰鄆音讙　柴　蓋臨樂子山洙水所出西北至蓋入池水又沂水南至
下邳入泗過郡五行六百里青州寖師古曰蓋讀如本字又音古盍反洙音殊　梁父師古曰以山名縣也父音甫　東平
陽　南武陽冠石山治水所出南至下邳入泗過郡二行九百四十里莽曰桓宣應劭曰武水所出南入泗　萊
蕪原山甾水所出東至博昌入泲幽州寖又禹貢汶水出西南入泲汶水桑欽所言師古曰泲音子禮反　鉅平有亭亭山
祠應劭曰左氏傳陽虎入于讙陽關以叛今陽關亭是也　嬴有鐵官師古曰音盈　牟故國應劭曰附庸也師古曰春秋桓
十五年牟人來朝即此也　蒙陰禹貢蒙山在西南有祠顓臾國在蒙山下莽曰蒙恩　華莽曰翼陰　寧陽侯國
莽曰寧順　乘丘師古曰春秋莊公十五年公敗宋師于乘丘即此是也　富陽　桃山侯國莽曰裒魯

桃鄉侯國莽曰鄣亭　式　齊郡秦置莽曰濟南屬青州　戶十五萬四千八
百二十六口五十五萬四千四百四十四
縣十二　臨淄師尚父所封如水西北至梁鄒入泲有服官鐵官莽曰齊陵應劭曰齊獻公自營丘徙此臣瓚
曰臨淄即營丘也故晏子曰始爽鳩氏居之逢伯陵居之大公居之又
曰先君大公築營之丘今齊之城中有丘即營丘也師古曰瓚說是也
築營之丘言於營丘地築城邑　昌國德會水西北至西安入如　利莽曰利治　西安莽曰東寧　鉅定
馬車瀆水首受鉅定東北至琅槐入海　廣為山濁水所出東北至廣饒入鉅定　廣饒　昭南
臨朐有逢山祠石膏山洋水所出東北至廣饒入鉅定莽曰監朐應劭曰臨朐山名有伯氏駢邑師古曰朐音劬洋音祥　北
鄉侯國莽曰禺聚　平廣侯國　臺鄉　。北海郡景帝中二年置屬青州　戶
十二萬七千口五十九萬三千一百五十九
縣二十六　營陵或曰營丘莽曰北海亭應劭曰師尚父封於營丘陵亦丘也臣瓚曰營丘即臨淄也

營陵春秋謂之緣陵師古曰臨淄營陵皆舊營丘地　劇魁侯國莽曰上符　安丘莽曰誅郅孟康曰今渠丘是
瓡侯國莽曰道德師古曰瓡即執字　淳于應劭曰春秋州公如曹左氏傳曰淳于公如曹臣瓚曰州國名也淳于公
國之所都　益莽曰探陽　平壽應劭曰故斟尋禹後今斟城是也臣瓚曰斟尋在河南不在此也汲郡古文云
大康居斟尋羿亦居之桀亦居之尚書序云大康失邦昆弟五人須于洛汭此即大康所居為近洛也又吳起對魏武侯曰昔夏桀
之居左河濟右大華伊闕在其南羊腸在其北河南城為值之又周書度邑篇曰武王問大公曰吾將因有夏之居南望過于三塗
北瞻望于有河有夏之居即河南是也師古曰應氏止云斟尋本是禹後耳何豫夏國之都乎瓚說非也斟音斟　劇侯國
都昌有鹽官　平望侯國莽曰所聚　平的侯國師古曰的音丁歷反其字從白　柳泉侯國
莽曰弘睦　壽光有鹽官莽曰翼平亭應劭曰古斟灌禹後今灌亭是　樂望侯國　饒侯國　斟故國
禹後　桑犢覆甑山溉水所出東北至都昌入海師古曰溉音功代反　平城侯國　密鄉侯國　羊
石侯國　樂都侯國莽曰拔壟一作杖一作枝也　石鄉侯國一作止鄉也　上鄉侯國　新成

侯國　成鄉侯國莽曰石樂　膠陽侯國
東萊郡高帝置屬青州師古曰故萊子國也　戶十萬三千二百九十二
口五十萬二千六百九十三　縣十七　掖莽曰掖通　腄
有之罘山祠居上山聲洋丹水所出丹東北入海師古曰腄音直瑞反洋音祥　平度莽曰利盧　黃有萊山松林萊君祠
莽曰意母　臨朐有海水祠莽曰監朐師古曰齊郡已有臨朐而東萊又有此縣蓋各以所近為名也斯類非一　曲成
有參山萬里沙祠陽丘山治水所出南至沂入海有鹽官　牟平莽曰望利　東牟有鐵官鹽官莽曰弘德　㡉
有百支萊王祠有鹽官師古曰㡉音堅　育犁　昌陽有鹽官莽曰夙敬亭　不夜有成山日
祠莽曰夙夜師古曰齊地記云古有日夜出見於東萊故萊子立此城以不夜為名　當利有鹽官莽曰東萊亭　盧
鄉　陽樂侯國莽曰延樂　陽石莽曰識命　徐鄉　。琅邪郡秦置莽曰塡夷
屬徐州師古曰塡音竹人反　戶二十二萬八千九百六十口一百七

萬九千一百有鐵官　縣五十一　東武莽曰祥善　不其有太
一僊人祠九所及明堂武帝所起如淳曰其音基　海曲有鹽官　贛榆師古曰贛音紺榆音踰　朱虛
凡山丹水所出東北至壽光入海東泰山汶水所出東至安丘入維有三山五帝祠師古曰前言汶水出萊蕪入濟今此又言出朱虛入維將
桑欽所說有異或者有二汶水乎五帝祠在維水之上　諸莽曰諸并師古曰春秋城諸及鄆者　梧成　靈門
有高原山壺山浯水所出東北入淮師古曰原即柘字也浯音吾　姑幕都尉治或曰薄姑莽曰季睦應劭曰左氏傳曰薄姑氏因
之而後大公因之　虛水侯國如淳曰虛音墟　臨原侯國莽曰塡夷亭　琅邪越王句踐嘗治此起館臺有四
時祠師古曰山海經云琅邪臺在琅邪之東　祓侯國師古曰音廢　柜根艾水東入海莽曰祓同如淳曰音巨　鉼侯國
如淳曰音瓶　邞膠水東至平度入海莽曰純德師古曰音夫又音扶　雩叚侯國師古曰雩音許于反叚音工下反
黔陬故介國也師古曰陬音子侯反　雲侯國　計斤莒子始起此後徙莒有鹽官師古曰即春秋左氏傳
所謂介根也語音有輕重　稻侯國　皋虞侯國莽曰盈廬　平昌　長廣有萊山萊王祠

奚養澤在西秦地圖曰劇清池幽州藪有鹽官橫故山久台水所出東南至東武入淮莽曰令丘師古曰台音怡東莞
術水南至下邳入泗過郡三行七百一十里青州寖孟康曰故鄆邑今鄆亭是也師古曰莞音官術水即沭水也音同魏其
侯國莽曰青泉昌有環山祠茲鄉侯國箕侯國禹貢維水北至昌都入海過郡三行五百二十里兗州寖也
椑夜頭水南至海莽曰識命應劭曰音禆高廣侯國高鄉侯國柔侯國即來侯國莽曰盛睦
麗侯國武鄉侯國莽曰順理伊鄉侯國新山侯國高陽侯國昆山侯國
參封侯國折泉侯國折泉水北至莫入淮博石侯國房山侯國愼鄉侯國
駟望侯國莽曰泠鄉師古曰泠音零安丘侯國莽曰寧鄉高陵侯國莽曰蒲陸臨安侯國
莽曰誠信石山侯國。東海郡高帝置莽曰沂平屬徐州應劭曰秦郯郡戶
三十五萬八千四百一十四口百五十五萬九千
三百五十七　縣三十八　郯故國少昊後盈姓應劭曰音談蘭陵

莽曰蘭東孟康曰次室亭魯伯是襄賁莽曰章信應劭曰賁音肥下邳葛嶧山在西古文以爲嶧陽有
鐵官莽曰閏儉應劭曰邳在薛其後徙此故曰下臣瓚曰有上邳故曰下邳也師古曰瓚說是良成侯國莽曰承翰師古
曰左氏傳所謂晉侯會吳子于良即此是平曲莽曰平端戚鄭氏曰音憂戚朐秦始皇立石海上以爲東
門闕有鐵官開陽故鄅國莽曰厭虜師古曰鄅音禹厭音一涉反費故魯季氏邑都尉治莽曰順從師古
曰音祕利成莽曰流泉海曲莽曰東海亭蘭祺侯國莽曰溥睦繒故國禹後莽曰
繒治南成侯國山鄉侯國建鄉侯國即丘莽曰就信孟康曰古祝丘祝其禹貢
羽山在南鯀所殛莽曰猶亭臨沂厚丘莽曰祝其亭容丘侯國祠水東南至下邳入泗
東安侯國莽曰業亭合鄉莽曰合聚承莽曰承治應劭曰音證建陽侯國莽曰建力
曲陽莽曰從羊應劭曰在淮曲之陽司吾莽曰息吾應劭曰左傳吳執鍾吾子于鄉侯國平曲
侯國莽曰端平都陽侯國應劭曰春秋齊人遷陽是陰平侯國郚鄉侯國莽曰徐亭師古曰郚音吾

又音魚武陽侯國莽曰弘亭新陽侯國莽曰博聚建陵侯國莽曰付亭昌慮侯國
莽曰慮聚師古曰慮音廬都平侯國臨淮郡武帝元狩六年置莽曰淮平戶
二十六萬八千二百八十三口百二十三萬七千
七百六十四　縣二十九　徐故國盈姓至春秋時徐子章禹爲楚所滅莽曰
徐調取慮師古曰取音趨又音秋慮音廬淮浦游水北入海莽曰淮敬應劭曰淮涯盱眙都尉治莽曰武
匡應劭曰音吁怡厹猶莽曰秉義師古曰厹音仇僮莽曰成信射陽莽曰監淮亭應劭曰在射水之陽
開陽贅其師古曰贅音之銳反高山應劭曰山在東南睢陵莽曰睢陸師古曰睢
音雖鹽瀆有鐵官淮陰莽曰嘉信淮陵莽曰淮陸下相莽曰從德應劭曰相水出
沛國故加下富陵莽曰櫟虜櫟音朔東陽播旌莽曰著信西平莽曰永聚
高平侯國莽曰成丘開陵侯國莽曰成鄉昌陽侯國廣平侯國莽曰平寧蘭

陽侯國莽曰建節襄平侯國莽曰相平海陵有江海會祠莽曰亭間輿莽曰美德堂
邑有鐵官樂陵侯國會稽郡秦置高帝六年爲荊國十二年更名吳景帝四年屬
江都屬揚州戶二十二萬三千三十八口百三萬二千
六百四　縣二十六　吳故國周大伯所邑具區澤在西揚州藪古文以爲震澤南江在
南東入海揚州川莽曰泰德曲阿故雲陽莽曰風美烏傷莽曰烏孝毗陵季札所居北江在北
東入海揚州川莽曰毗壇師古曰舊延陵漢改之餘暨蕭山潘水所出東入海莽曰餘衍應劭曰吳王闔閭弟夫槩之所邑
師古曰應說非也暨音旣下諸暨亦同潘音甫元反陽羨諸暨莽曰疏虜無錫有歷山春申君
歲祠以牛莽曰有錫山陰會稽山在南上有禹冢禹井揚州山越王句踐本國有靈文園師古曰靈文侯薄太后父丹
徒師古曰即春秋云朱方也餘姚婁有南武城闔閭所起以候越莽曰婁治上虞有仇亭柯
水東入海莽曰會稽海鹽故武原鄉有鹽官莽曰展武剡莽曰盡忠師古曰音上冉反由拳柴辟故就

李鄉吳越戰地應劭曰古之檇李也師古曰檇音醉辟讀曰璧檇音子遂反大末穀水東北至錢唐入江莽曰末治孟康曰大音
如闥烏程有歐陽亭師古曰歐音烏侯反句章渠水東入海餘杭莽曰進睦孟康曰杭音行伍之行
鄞有鎮亭有鮚埼亭東南有天門水入海有越天門山莽曰謹師古曰鄞音牛斤反鮚音結蚌也長一寸廣二分有一小蟹在其腹中
埼曲岸也其中多鮚故以名亭埼音鉅依反錢唐西部都尉治武林山武林水所出東入海行八百三十里莽曰泉亭鄮
莽曰海治孟康曰音貿富春莽曰誅歲治師古曰本閩越地回浦南部都尉治
丹揚郡故鄣郡屬江都武帝元封二年更名丹揚屬揚州戶十萬七千五百四
十一口四十萬五千一百七十有銅官縣十七
宛陵彭澤聚在西南清水西北至蕪湖入江莽曰無宛於朁師古曰朁音潛江乘莽曰相武春
穀秣陵莽曰宣亭故鄣莽曰候望師古曰鄣音章句容涇韋昭曰涇水出毋湖
丹楊楚之先熊繹所封十八世文王徙郢石城分江水首受江東至餘姚入海過郡二行千二百里胡孰

陵陽桑欽言淮水出東南北入大江蕪湖中江出西南東至陽羨入海揚州川黝漸江水出南蠻夷中東入
海成帝鴻嘉二年爲廣德王國莽曰愬虜師古曰黝音伊字本作黟其音同溧陽應劭曰溧水所出南湖也師古曰音
栗歙都尉治師古曰音攝宣城豫章郡高帝置莽曰九江屬揚州戶六
萬七千四百六十二口三十五萬一千九百六十
五縣十八南昌莽曰宜善廬陵莽曰桓亭彭澤禹貢彭蠡澤在西
鄱陽武陽鄉右十餘里有黃金采鄱水西入湖漢莽曰鄉亭孟康曰鄱音婆師古曰采者謂采取金之處歷陵
傅易山傅易川在南古文以爲傅淺原莽曰蒲亭師古曰傅讀曰敷易古陽字餘汗餘水在北至鄡陽入湖漢莽曰治干應劭
曰汗音干師古曰鄡音口堯反柴桑莽曰九江亭艾脩水東北至彭澤入湖漢行六百六十里莽曰治翰贛豫章
水出西南北入大江如淳曰音感新淦都尉治莽曰偶亭應劭曰淦水所出西入湖漢也師古曰淦音紺又音古含反南
城盱水西北至南昌入湖漢師古曰盱音香于反建成蜀水東至南昌入湖漢莽曰多聚宜春南水東至新淦

入湖漢莽曰脩曉海昏莽曰宜生師古曰即昌邑王賀所封雩都湖漢東至彭澤入江行千九百八十里師古曰
音于鄡陽莽曰豫章南壄彭水東入湖漢安平侯國莽曰安寧桂陽郡
高帝置莽曰南平屬荊州戶二萬八千一百一十九口十五萬六
千四百八十八有金官縣十一郴耒山耒水所出西至湘南入湖項羽所立
義帝都此莽曰宣風師古曰郴音丑林反耒音郎內反臨武秦水東南至湞陽入匯行七百里莽曰大武師古曰湞音
大庚反又音貞匯音胡賄反便莽曰便屏南平耒陽舂山舂水所出北至酃入湖過郡二行七
百八十里莽曰南平亭師古曰在耒水之陽也酃音靈桂陽匯水南至四會入鬱過郡二行九百里應劭曰桂水所出
東北入湘陽山侯國應劭曰今陰山也師古曰下自有陰山應說非也曲江莽曰除虜含洭應劭
曰洭水所出東北入沅師古曰洭音匡沅音元湞陽莽曰基武應劭曰湞水出南海龍川西入秦陰山侯國
武陵郡高帝置莽曰建平屬荊州戶三萬四千一百七十七

口十八萬五千七百五十八縣十三索漸水東入沅應
劭曰順帝更名漢壽如淳曰音繩索之索師古曰沅音元孱陵莽曰孱陸應劭曰孱音踐師古曰音仕連反臨沅
莽曰監原應劭曰沅水出牂柯入于江沅陵莽曰沅陸鐔成康谷水南入海玉山潭水所出東至阿林入鬱過郡
二行七百二十里應劭曰鐔水所出東入鬱音淫孟康曰鐔音譚師古曰孟音是無陽無水首受故且蘭南入沅八百九十
里師古曰且音子余反遷陵莽曰遷陸辰陽三山谷辰水所出南入沅七百五十里莽曰會亭應劭曰辰水所
出東入沅酉陽應劭曰酉水所出東入湘義陵鄜梁山序水所出西入沅莽曰建平師古曰鄜音敷佷
山孟康曰音恒出藥草恒山零陽應劭曰零水所出東南入湘充酉原山酉水所出南至沅陵入沅行千二
百里歷山澧水所出東至下雋入沅過郡二行一千二百里師古曰澧音禮雋音辭兗反零陵郡武帝
元鼎六年置莽曰九疑屬荊州戶二萬一千九十二口十三萬九千
三百七十八縣十零陵陽海山湘水所出北至酃入江過郡二行二千五百

三十里又有雖水東南至廣信入鬱林行九百八十里 營道 九疑山在南莽曰九疑亭 始安 夫夷
營浦 都梁 侯國路山資水所出東北至益陽入沅過郡二行千八百里 泠道 莽曰泠陵應劭
曰泠水出丹陽宛陵西北入江臣瓚曰宛陵在豫章北界相去三千里又隔諸水不得從下逆至泠道而復入江也師古曰瓚說是
泠音零 泉陵 侯國莽曰溥閏 洮陽 莽曰洮治如淳曰洮音韜 鍾武 莽曰鍾桓應劭曰今重安
漢中郡 秦置莽曰新成屬益州 戶十萬一千五百七十口三
十萬六百一十四 縣十二 西城 應劭曰世本嬀虛在西北舜之居
旬陽 北山旬水所出南入沔 南鄭 旱山沱水所出東北入漢 褒中 都尉治漢陽鄉 房陵 淮山
淮水所出東至中廬入沔又有筑水東至筑陽亦入沔東山沮水所出東至郢入江行七百里師古曰筑音逐 安陽 鬵谷水出
西南北入漢在谷水出北南入漢師古曰鬵音潛其字亦或從水 成固 沔陽 有鐵官應劭曰沔水出武
都東南入江如淳曰此方人謂漢水爲沔水師古曰漢上曰沔音莫踐反 鍚 莽曰鍚治應劭曰音陽師古曰即春秋所謂鍚穴

武陵 上庸 長利 有鄖關師古曰音云 廣漢郡 高帝置莽曰就都屬
益州 戶十六萬七千四百九十九口六十六萬二千
二百四十九 縣十三 有工官 梓潼 五婦山馳水所出南入涪行五百五十里
莽曰子同應劭曰潼水所出南入墊江墊音徒浹反師古曰潼音童涪音浮 什方 莽曰美信應劭曰汁音十 涪 有孱
亭莽曰統睦應劭曰涪水出廣漢南入漢 雒 章山雒水所出南至新都谷入湔有工官莽曰吾雒師古曰湔音子先反 緜
竹 紫巖山緜水所出東至新都北入雒都尉治 廣漢 莽曰廣信 葭明 應劭曰音家盲師古曰明音萌
郪 師古曰音妻又音千私反 新都 甸氐道 白水出徼外東至葭明入漢過郡一行九百五十里 剛氐道 涪水出徼外南至墊
莽曰致治李奇曰甸音勝師古曰甸音食證反 白水 應劭曰出徼外北入漢 ○蜀郡 秦置有小江入并行千九百八
江入漢過郡二行千六十九里 陰平道 北部都尉治莽曰摧虜
十里禹貢桓水出蜀山西南行羌中入南海莽曰導江屬益州 戶二十六萬八千二百七

十九口百二十四萬五千九百二十九 縣十五
成都 戶七萬六千二百五十六有工官 郫 禹貢江沱在西東入大江師古曰郫音疲沱音徒何反 繁
廣都 莽曰就都亭 臨邛 僕千水東至武陽入江過郡二行五百一十里有鐵官鹽官莽曰監邛應劭曰邛水出嚴
道邛來山東入青衣 青衣 禹貢蒙山谿大渡水東南至南安入涐應劭曰順帝更名漢嘉也師古曰涐音哉 江原
鄗水首受江南至武陽入江莽曰邛原應劭曰鄗音壽 嚴道 邛來山邛水所出東入青衣有木官莽曰嚴治 緜虒
玉壘山湔水所出東南至江陽入江過郡三行千八百九十里應劭曰虒音斯師古曰湔音子千反 旄牛 鮮水出徼外南入若
水若水亦出徼外南至大莋入繩過郡二行千六百里師古曰莋音才各反 徙 師古曰音斯 湔氐道 禹貢
嶓山在西徼外江水所出東南至江都入海過郡七行二千六百六十里師古曰音丁奚反 汶江 渽水出徼外南至南安東入江
過郡三行三千四十里江沱在西南東入江師古曰沱音徒何反 廣柔 蠶陵 莽曰步昌
犍爲郡 武帝建元六年開莽曰西順屬益州應劭曰故夜郎國 戶十萬九千四百一

十九口四十八萬九千四百八十六 縣十二
僰道 莽曰僰治應劭曰故僰侯國也音蒲北反 江陽 武陽 有鐵官莽曰戢成 南安
有鹽官鐵官 資中 符 溫水南至鄨入黚水黚水亦南至鄨入江莽曰符信師古曰鄨音鼈又音蔽黚音紀炎反
牛鞞 孟康曰音髀師古曰音必爾反 南廣 汾關山符黑水所出北至僰道入江又有大涉水北至符入江過郡三行
八百四十里 漢陽 都尉治山闟谷漢水所出東至鄨入延莽曰新通師古曰闟音它盍反 郁鄢 莽曰孱鄢師古
曰鄢音莫亞反孱音仕連反 朱提 山出銀應劭曰朱提山在西南蘇林曰朱音銖提音時北方人名匕曰匙 堂琅
○越巂郡 武帝元鼎六年開莽曰集巂屬益州應劭曰故邛都國也有巂水言越此水以章休盛也師古曰巂音先蘂反
戶六萬一千二百八口四十萬八千四百五
縣十五 邛都 南山出銅有邛池澤 遂久 繩水出徼外東至僰道入江過郡二行千四百里 靈
關道 臺登 孫水南至會無入若行七百五十里應劭曰今曰臺高 定莋 出鹽步北澤在南都

尉治師古曰莋音才各反其下並同 會無東山出碧 莋秦 大莋 姑復臨池澤在南師古曰復音扶目反 三絳 蘇示尼江在西北師古曰示讀曰祇尼古夷字 闌師古曰音蘭 卑水孟康曰音班 灊街師古曰灊音潛又音才心反其下亦同 青蛉臨池灊在北僕水出徼外東南至來惟入勞過郡二行千八百八十里則禺同山有金馬碧雞應劭曰青蛉水出西東入江也師古曰蛉音零禺音愚 益州郡武帝元封二年開莽曰就新屬益州應劭曰故滇王國也師古曰滇音顛其下並同 戶八萬一千九百四十六口五十八萬四百六十三 縣二十四 滇池大澤在西滇池澤在西北有黑水祠 雙柏 同勞 銅瀨談虜山迷水所出東至談稾入溫 連然有鹽官 俞元池在南橋水所出東至毋單入溫行千九百里懷山出銅 收靡南山臘涂水所出西北至越嶲入繩過郡二行千二十里李奇曰靡音麻即升麻殺毒藥所出也師古曰涂音塗 穀昌 秦臧牛蘭山即水所出南至雙柏入僕行八百二十里 邪龍 味孟康曰音昧 昆澤

葉榆葉榆澤在東貪水首受青蛉南至邪龍入僕行五百里師古曰葉音弋涉反 律高西石空山出錫東南監町山出銀鉛師古曰監音呼鑒反町音挺 不韋 雲南 嶲唐周水首受徼外又有類水西南至不韋行六百五十里 弄棟東農山毋血水出北至三絳南入繩行五百一十里 比蘇師古曰比音頻二反 賁古北采山出錫西羊山出銀鉛南烏山出錫師古曰賁音奔 毋棳橋水首受橋山東至中留入潭過郡四行三千一百二十里莽曰有棳師古曰毋讀與無同棳音之悅反其字從木 勝休河水東至毋棳入橋莽曰勝僰 建伶應劭曰音鈴 來唯從陝山出銅勞水出徼外東至麋伶入南海過郡三行三千五百六十里師古曰陝音胡工反伶音零 牂柯郡武帝元鼎六年開莽曰同亭有柱蒲關屬益州應劭曰臨牂柯江也師古曰牂柯係船杙也華陽國志云楚頃襄王時遣莊蹻伐夜郎軍至且蘭椓船於岸而步戰既滅夜郎以且蘭有椓船牂柯處乃改其名為牂柯杙音弋 戶二萬四千二百一十九口十五萬三千三百六十 縣十七 故且蘭沅水東南至益陽入江過郡二行二千五百三十里應劭曰故且蘭侯邑也且音苴

師古曰音子閭反 鐔封溫水東至廣鬱入鬱過郡二行五百六十里師古曰鐔音尋又音淫 鱉不狼山鱉水所出東入沅過郡二行七百三十里孟康曰鱉音鷩師古曰音不列反 漏臥應劭曰故漏臥侯國 平夷 同竝應劭曰故同竝侯邑竝音伴 談指 宛溫師古曰宛音於元反 毋斂剛水東至潭中入潭莽曰有斂師古曰潭音大含反 夜郎豚水東至廣鬱都尉治莽曰同亭應劭曰故夜郎侯邑 毋單師古曰毋讀與無同單音丹 漏江 西隨麋水西受徼外東至麋伶入尚龍谿過郡二行千一百六里 都夢壺水東南至麋伶入尚龍谿過郡二行千一百六十里 談稾師古曰稾音工老反 進桑南部都尉治有關 句町文象水東增食入鬱又有盧唯水來細水伐水莽曰從化應劭曰故句町國師古曰音劬挺 巴郡秦置屬益州應劭曰左氏巴子使韓服告楚 戶十五萬八千六百四十三口七十萬八千一百四十八 縣十一 江州 臨江莽曰監江 枳如淳曰音徙或音抵師古曰音之爾反 閬中彭道將池在南彭道魚池在西南師古曰閬音浪 墊江孟康曰音重疊之疊

朐忍容毋水所出南有橘官鹽官師古曰朐音劬 安漢是魚池在南莽曰安新 宕渠符特山在西南潛水西南入江不曹水出東北南入灊徐谷師古曰宕音徒浪反 魚復江關都尉治有橘官應劭曰復音腹 充國 涪陵莽曰巴亭師古曰涪音浮

地理志上第八

地理志卷第八下　班固　漢書二十八

秘書監上護軍琅邪縣開國子顏　師古　注

武都郡武帝元鼎六年置莽曰樂平應劭曰故白馬氐羌戶五萬一千三百七十
六口二十三萬五千五百六十　縣九　武都東漢水受氐道水一名沔過江夏謂之夏水入江天池大澤在縣西莽曰循虜師古曰以有天池大澤故謂之都　上祿
故道莽曰善治　河池泉街水南至沮入漢行五百二十里莽曰樂平亭師古曰華陽國志云一名仇池地方百頃　平樂道
沮沮水出東狼谷南至沙羨南入江過郡五行四千里荊州川師古曰沮音千余反羨音夷　嘉陵道　循成道
下辨道莽曰楊德師古曰辨音步見反　隴西郡秦置莽曰厭戎應劭曰有隴坻在其西也師古曰隴坻謂隴坂即今之隴山也此郡在隴之西故曰隴西坻音丁計反又音底　戶五萬三千九百六十
四口二十三萬六千八百二十四有鐵官鹽官　縣十一

狄道白石山在東莽曰操虜師古曰其地有狄種故云狄道　上邽應劭曰史記故邽戎邑也師古曰邽音圭　安故
氐道禹貢養水所出至武都為漢莽曰亭道師古曰氐夷種名也氐之所居故曰氐道氐音丁奚反養音弋向反字本作漾或作瀁　首
陽禹貢鳥鼠同穴山在西南渭水所出東至船司空入河過郡四行千八百七十里雍州寖　予道莽曰德道　大夏莽曰順夏
羌道羌水出塞外南至陰平入白水過郡三行六百里師古曰水經云羌水出羌中參谷　襄武莽曰相桓　臨洮
洮水出西羌中北至枹罕東入河禹貢西頃山在縣西南部都尉治也師古曰洮音吐高反枹讀曰膚頃讀曰傾　西禹貢嶓冢山西漢所出南入廣漢白水東南至江州入江過郡四行二千七百六十里莽曰西治　。金城郡昭帝始元六年置莽曰西海應劭曰初築城得金故曰金城臣瓚曰稱金取其堅固也故墨子曰雖金城湯池師古曰瓚說是也一云以郡在京師之西故謂金城金西方之行
戶三萬八千四百七十口十四萬九千六百四十八
縣十三　允吾烏亭水出參街谷東至枝陽入湟莽曰脩遠應劭曰允吾音鈆牙　浩亹浩亹水出西塞外東至允吾入湟水莽曰興武孟康曰浩亹音合門師古曰浩音誥浩水名也亹者水流峽山岸深若門也詩大雅曰鳧鷖在亹亦其義也今俗呼此水為閤門河蓋疾言之浩為閤耳湟音皇

令皇澗水出西北塞外至縣西南入鄭伯津莽曰罕虜孟康曰令音連師古曰令音零　枝陽　金城莽曰金屏　榆中　枹罕應劭曰故罕羌侯邑也枹音鈇師古曰讀曰膚本枹鼓字也其字從木　白石離水出西塞外東至枹罕入河莽曰順礫應劭曰白石山在東　河關積石山在西南羌中河水行塞外東北入塞內至章武入海過郡十六行九千四百里　破羌宣帝神爵二年置　安夷　允
街宣帝神爵二年置莽曰脩遠孟康曰允音鈆　臨羌西北至塞外有西王母石室僊海鹽池北則湟水所出東至允吾入河西有須抵池有弱水昆侖山祠莽曰鹽羌師古曰闞駰云西有卑和羌即獻王莽地為西海郡者也抵音丁禮反　。天水郡武帝元鼎三年置莽曰填戎明帝改曰漢陽師古曰秦州地記云郡前湖水冬夏無增減因以名焉填音竹真反其後並同　戶六萬
三百七十口二十六萬一千三百四十八　縣十六
平襄莽曰平相師古曰闞駰云故襄戎邑也　街泉　戎邑道莽曰填戎亭　望垣莽曰望亭　罕幵應劭曰音羌肩反師古曰本破罕幵之羌處其人於此因以名云　緜諸道　阿陽

略陽道　冀禹貢朱圄山在縣南梧中聚莽曰冀治師古曰續漢郡國志云有緹群山落門聚圄讀與圉同　勇士屬國都尉治滿福莽曰紀德師古曰即今土俗呼為健士者也隨室之初避皇太子諱因而遂改　成紀
清水莽曰識睦　奉捷　隴師古曰今呼隴城縣者也　豲道騎都尉治密艾亭應劭曰豲戎邑也音桓
蘭干莽曰蘭盾　武威郡故匈奴休屠王地武帝太初四年開莽曰張掖師古曰休音許虯反屠音直閭反其後並同
戶萬七千五百八十一口七萬六千四百一十九
縣十　姑臧南山谷水所出北至武威入海行七百九十里　張掖　武威休屠澤在東北古文以為豬野澤　休屠莽曰晏然都尉治熊水障北部都尉治休屠城　揟次莽曰播德孟康曰揟音子如反次音咨諸忞本作　鸞鳥　樸𠜂莽曰敷虜孟康曰音蒲環　媼圍　蒼枀南山枀陝水所出北至揟次入海莽曰射楚師古曰枀古松字也陝音下夾反兩山之間也松陝峽名　宣威　張掖郡故匈奴昆邪王地武帝太初元年開莽曰設屏應劭曰張國臂掖故曰張掖也師古曰昆音胡門反　戶二萬四千三百五

十二口八萬八千七百三十一　縣十　觻得千金渠西至樂涫入澤中羌谷水出羌中東北至居延入海過郡二行二千一百里莽曰官式應劭曰觻得渠西入澤羌谷孟康曰觻音鹿師古曰孟音是也涫音官其下並同　昭武莽曰渠武　刪丹桑欽以爲道弱水自此西至酒泉合黎莽曰貫虜　氐池莽曰否武　屋蘭莽曰傳武　日勒都尉治澤索谷莽曰勒治師古曰澤音鐸索音先各反　驪靬莽曰揭虜李奇曰音遲虔如淳曰音弓靳師古曰驪音力遲反靳音虔是也今其土俗人呼驪靬疾言之曰力虔揭音其謁反　番和農都尉治莽曰羅虜如淳曰番音盤　居延居延澤在東北古文以爲流沙都尉治莽曰居成師古曰闞駰云武帝使伏波將軍路博德築遮虜障居延城　顯美　。酒泉郡武帝太初元年開莽曰輔平應劭曰其水若酒故曰酒泉也師古曰舊俗傳云城下有金泉泉味如酒　戶萬八千一百三十七口七萬六千七百二十六　縣九　祿福呼蠶水出南羌中東北至會水入羌谷莽曰顯德　表是莽曰載武　樂涫莽曰樂亭　天陈師古曰音衣此地有天陈阪故以名　玉門莽曰輔平亭師古曰闞駰云漢罷玉門關屯徙其人於此　會水北部都尉治偃泉障東部都尉治東部障莽曰蕭武師古曰闞駰云衆水所會故曰會水　池頭　綏彌如淳曰今曰安彌　乾齊西部都尉治西部障莽曰測虜孟康曰乾音干　敦煌郡武帝後元年分酒泉置正西關外有白龍堆沙有蒲昌海莽曰敦德應劭曰敦大煌盛也敦音屯　戶萬一千二百口三萬八千三百三十五　縣六　敦煌中部都尉治步廣候官杜林以爲古瓜州地生美瓜莽曰敦德師古曰即春秋左氏傳所云允姓之戎居于瓜州者也其地今猶出大瓜長者狐入瓜中食之首尾不出　冥安南籍端水出南羌中西北入其澤溉民田應劭曰冥水出北入其澤　效穀師古曰本漁澤障也桑欽說孝武元封六年濟南崔不意爲魚澤尉教力田以勤效得穀因立爲縣名　淵泉師古曰闞駰云地多泉水故以爲名　廣至宜禾都尉治昆侖障莽曰廣桓　龍勒有陽關玉門關皆都尉治氐置水出南羌中東北入澤溉民田　。安定郡武帝元鼎三年置　戶四萬二千七百二十五口十四萬三千二百九十四　縣二十一　高平莽曰鋪睦　復累師古曰復

音服累音力追反　安俾孟康曰俾音卑　撫夷莽曰撫寧　朝那有端旬祠十五所胡巫祝又有湫淵祠應劭曰史記故戎那邑也師古曰湫音子由反　涇陽幵頭山在西禹貢涇水所出東南至陽陵入渭過郡三行千六十里雍州川師古曰幵音苦見反又音牽此山在今靈州東南土俗語訛謂之汧屯山　臨涇莽曰監涇　鹵灈水出西師古曰灈音其于反　烏氏烏水出西北入河都盧山在西莽曰烏亭師古曰氏音支　陰密詩密人國有囂安亭師古曰即詩大雅所云密人不恭敢距大邦者　安定　參䜌主騎都尉治師古曰䜌音力全反　三水屬國都尉治有鹽官莽曰廣延亭　陰槃　安武莽曰安桓　祖厲莽曰鄉禮應劭曰祖音罝師古曰厲音賴　爰得　眴卷河水別出爲河溝東至富平北入河應劭曰眴音旬日之旬卷音箘簬之箘　彭陽　鶉陰　月氏道莽曰月順應劭曰氏音支　。北地郡秦置莽曰威成　戶六萬四千四百六十一口二十一萬六百八十八　縣十九　馬領師古曰川形似馬領故以爲名領頸也　直路沮水出東西入洛　靈武莽曰威成亭　富平北部都尉治神泉障渾懷都尉治塞外渾懷障莽曰特武師古曰渾音胡昆反　靈州惠帝四年置有河奇苑號非苑莽曰令周師古曰苑謂馬牧也水中可居者曰州此地在河之州隨水高下未嘗淪沒故號靈州又曰河奇也二苑皆在焉　昫衍應劭曰音煦師古曰音香于反　方渠　除道莽曰通道　五街莽曰吾街　鶉孤　歸德洛水出北蠻夷中入洛有堵苑白馬苑　回獲　略畔道莽曰延年道師古曰有略畔山今在慶州界其土俗呼曰洛盤音訛耳　泥陽莽曰泥陰應劭曰泥水出郁郅北蠻中　郁郅泥水出北蠻夷中有牧師菀官莽曰功著師古曰郁音於六反郅音之日反　義渠道莽曰義溝　弋居有鐵官　大𠀇師古曰𠀇即古要字也音一遙反　廉卑移山在西北莽曰西河亭　。上郡秦置高帝元年更爲翟國七月復故匈歸都尉治塞外匈歸障屬幷州師古曰匈歸者言匈奴歸附　戶十萬三千六百八十三口六十萬六千六百五十八　縣二十三　膚施有五龍山帝原水黃帝祠四所　獨樂有鹽官　陽周橋山在南有黃帝冢莽曰上陵畤　木禾　平都

淺水莽曰廣信　京室莽曰積粟　洛都莽曰卑順　白土圜水出西東入河莽曰黃土師古曰圜音銀其釋在下　襄洛莽曰上黨亭　原都　漆垣莽曰漆牆　奢延莽曰奢節　雕陰應劭曰雕山在西南　推邪莽曰排邪師古曰推音直追反　楨林莽曰楨幹師古曰楨音貞　高望北部都尉治莽曰堅寧　雕陰道　龜茲屬國都尉治有鹽官應劭曰音丘慈師古曰龜茲國人來降附者處之於此故以名云　定陽應劭曰在定水之陽　高奴有洧水可𦚢莽曰利平師古曰𦚢古然火字　望松北部都尉治　宜都莽曰堅寧小邑　○西河郡武帝元朔四年置南部都尉治塞外翁龍埤是莽曰歸新屬并州師古曰翁龍埤是二障名也埤音婢　戶十三萬六千三百九十口六十九萬八千八百三十六　縣三十六　富昌有鹽官莽曰富成　騶虞　鵠澤孟康曰鵠音告師古曰音古督反　平定莽曰陰平亭　美稷屬國都尉治　中陽　樂街莽曰截虜　徒經莽曰廉恥　皐狼　大成莽曰好成　廣田莽曰廣翰　圜陰惠帝五年置莽曰方陰師古曰圜字本作圁縣在圁水之陰因以為名也王莽改為方陰則是當時已誤為圜字今有銀州銀水即是舊名猶存但字變耳　益闌莽曰香闌　平周　鴻門有天封苑火井祠火從地出也　藺　宣武莽曰討貉　千章　增山有道西出眩雷塞北部都尉治師古曰眩音州縣之縣　圜陽師古曰此縣在圜水之陽　廣衍　武車莽曰桓車　虎猛西部都尉治　離石　穀羅武澤在西北　饒莽曰饒衍　方利莽曰廣德　隰成莽曰慈平亭　臨水莽曰監水　土軍　西都莽曰五原亭　平陸　陰山莽曰山寧　觬是莽曰伏觬蘇林曰音麑師古曰觬音倪其字從角　博陵莽曰助桓　鹽官　○朔方郡武帝元朔二年開西部都尉治窳渾莽曰溝搜屬并州師古曰窳音庾渾音魂　戶三萬四千三百三十八口十三萬六千六百二十八　縣十　三封武帝元狩三年城　朔方金連鹽澤青鹽澤皆在南莽曰武符　脩都　臨河莽曰監河　呼

道師古曰道音在由反　窳渾有道西北出雞鹿塞屠申澤在東莽曰極武　渠搜中部都尉治莽曰溝搜　沃壄武帝元狩三年城有鹽官莽曰綏武　廣牧東部都尉治莽曰鹽官　臨戎武帝元朔五年城莽曰推武　○五原郡秦九原郡武帝元朔二年更名東部都尉治稒陽莽曰獲降屬并州師古曰稒音固　戶三萬九千三百二十二口二十三萬一千三百二十八　縣十六　九原莽曰成平　固陵莽曰固調　五原莽曰填河亭　臨沃莽曰振武　文國莽曰繁聚　河陰　蒱澤屬國都尉治　南輿莽曰南利　武都莽曰桓都　宜梁　曼柏莽曰延柏師古曰曼音萬　成宜中部都尉治原高西部都尉治田辟有鹽官莽曰艾虜師古曰辟讀曰壁艾讀曰刈　稒陽北出石門障得光祿城又西北得支就城又西北得頭曼城又西北得虖河城又西得宿虜城莽曰固陰師古曰曼音莫安反虖音呼　莫䵣師古曰䵣音丁葛反　西安陽莽曰鄣安　河目　○雲中郡秦置莽曰受降屬并州　戶三萬八千三百三口十七萬三千二百七十　縣十一　雲中莽曰遠服　咸陽莽曰賁武　陶林東部都尉治　楨陵緣胡山在西北西部都尉治莽曰楨陸　犢和　沙陵　莽曰希恩　原陽　沙南　北輿中部都尉治師古曰闞駰云廣陵有輿故此加北　武泉莽曰順泉　陽壽莽曰常得　○定襄郡高帝置莽曰得降屬并州　戶三萬八千五百五十九口十六萬三千一百四十四　縣十二　成樂　桐過莽曰椅桐師古曰過音工禾反　都武莽曰通德　武進白渠水出塞外西至沙陵入河西部都尉治莽曰伐蠻　襄陰　武皋荒干水出塞外西至沙陵入河中部都尉治莽曰永武　駱莽曰遮要　安陶莽曰迎符　武城莽曰桓就　武要東部都尉治莽曰厭胡師古曰厭音一葉反其下並同　定襄莽曰著武　復陸莽曰聞武師古曰復音服　○鴈門郡秦置句注山在陰館莽曰填狄屬并州　戶七萬三千一百三十八口二十九

萬三千四百五十四　縣十四　善無莽曰陰館　沃陽鹽澤在東北有長丞西部都尉治莽曰敬陽　繁畤莽曰當要師古曰畤音止　中陵莽曰遮害　陰館樓煩鄉景帝後三年置累頭山治水所出東至泉州入海過郡六行千一百里莽曰富代師古曰累音力追反治音弋之反燕剌王傳作台字　樓煩有鹽官應劭曰故樓煩胡地　武州莽曰桓州　漟陶孟康曰音漟　劇陽莽曰善陽　崞莽曰崞張孟康曰音郭　平城東部都尉治莽曰平順　埒莽曰填狄亭　馬邑莽曰章昭師古曰晉大康地記云秦時建此城輒崩不成有馬周旋馳走反覆父老異之因依以築城遂名為馬邑　彊陰諸聞澤在東北莽曰伏陰

代郡秦置莽曰厭狄有五原關常山關屬幽州應劭曰故代國　戶五萬六千七百七十一　口二十七萬八千七百五十四　縣十八　桑乾莽曰安德孟康曰乾音干　道人莽曰道仁師古曰本有仙人遊其地因以為名　當城師古曰闞駰云當桓都城故曰當城　高柳西部都尉治　馬城東部都尉治　班氏秦地圖書班氏莽曰班副　延陵　狋氏莽曰狋聚孟康曰狋音權氏音精　且如于延水出塞外東至寧入沽中部都尉治師古曰且音子如反沽音姑又音故　平邑莽曰平胡　陽原　東安陽莽曰竟安師古曰闞駰云五原有安陽故此加東也　參合　平舒祁夷水北至桑乾入沽莽曰平葆　代莽曰厭狄亭應劭曰故代國　靈丘滱河東至文安入大河過郡五行九百四十里并州川應劭曰武靈王葬此因氏焉臣瓚曰靈丘之號在趙武靈王之前也師古曰瓚說是也滱音寇又音苦侯反其下並同　廣昌淶水東南至容城入河過郡三行五百里并州寖莽曰廣屏師古曰淶音來　鹵城虖池河東至參合入虖池別過郡九行千三百四十里并州川從河東至文安入海過郡六行千三百七十里莽曰魯盾師古曰虖音呼池音徒河反

○上谷郡秦置莽曰朔調屬幽州　戶三萬六千八　口十一萬七千七百六十二　縣十五　沮陽莽曰沮陰孟康曰音俎　泉上莽曰塞泉　潘莽曰樹武師古曰音普半反　軍都溫水東至路南入沽　居庸有關　雊瞀孟康曰音句無師古曰雊音工豆反瞀音莫豆反　夷輿莽曰朔調亭　寧西部都尉治莽曰博康

昌平莽曰長昌　廣寧莽曰廣康　涿鹿莽曰抪陸應劭曰黃帝與蚩尤戰于涿鹿之野　且居樂陽水出東東入海莽曰久居　茹莽曰穀武　女祁東部都尉治莽曰祁　下落莽曰下忠

漁陽郡秦置莽曰通路屬幽州　戶六萬八千八百二　口二十六萬四千一百一十六　縣十二　漁陽沽水出塞外東南至泉州入海行七百五十里有鐵官莽曰得漁　狐奴莽曰舉符　路莽曰通路亭　雍奴　泉州有鹽官莽曰泉調　平谷　安樂　厗奚莽曰敦德孟康曰厗音題字或作蹏　獷平莽曰平獷服虔曰獷音鞏師古曰音九永反又音穬　要陽都尉治莽曰要術師古曰要音一妙反　白檀洫水出北蠻夷師古曰洫音呼鵙反　滑鹽莽曰匡德應劭曰明帝更名鹽

右北平郡秦置莽曰北順屬幽州　戶六萬六百八十九　口三十二萬七百八十　縣十六　平剛　無終故無終子國浭水西至雍奴入海過郡二行六百五十里師古曰浭音庚即下所云入庚者同一水也　石成　廷陵莽曰鋪武　俊靡灅水南至無終東入庚莽曰俊麻師古曰灅音力水反又郎賄反　薋都尉治莽曰裒睦師古曰音才私反　徐無莽曰北順亭　字榆水出東　土垠師古曰垠音銀　白狼莽曰伏狄師古曰有白狼山故以名縣　夕陽有鐵官莽曰夕陰　昌城莽曰淑武　驪成大揭石山在縣西南莽曰揭石師古曰揭音桀　廣成莽曰平虜　聚陽莽曰篤睦　平明莽曰平陽

○遼西郡秦置有小水四十八并行三千四十六里屬幽州　戶七萬二千六百五十四　口三十五萬二千三百二十五　縣十四　且慮有高廟莽曰鉏慮師古曰且音子余反慮音廬　海陽龍鮮水東入封大水封大水緩虛水皆南入海有鹽官　新安平夷水東入塞外　柳城馬首山在西南參柳水北入海西部都尉治　令支有孤竹城莽曰令氏亭應劭曰故伯夷國今有孤竹城令音鈴孟康曰支音秖師古曰令又音郎定反　肥如玄水東入濡水濡水南入海陽又有盧水南入玄莽曰肥而應劭曰肥子奔燕燕封於此也師古曰濡音乃官反　賓從莽曰勉武

徐衆

交黎渝水首受塞外南入海東部都尉治莽曰禽虜應劭曰今昌黎師古曰渝音喻其下並同陽樂
狐蘇唐就水至徒河入海徒河莽曰河福文成莽曰言虜臨渝渝水首受白狼東入塞外
又有侯水北入渝莽曰馮德師古曰馮讀曰憑絫下官水南入海又有揭石水賓水皆南入官莽曰選武師古曰絫音力追
反○遼東郡秦置屬幽州戶五萬五千九百七十二口
二十七萬二千五百三十九 縣十八 襄平有牧
師官莽曰昌平新昌 無慮西部都尉治應劭曰慮音閭師古曰即所謂醫巫閭望平大遼
水出塞外南至安市入海行千二百五十里莽曰長說師古曰說讀曰悅房 候城中部都尉治遼隊
莽曰順睦師古曰隊音遂遼陽大梁水西南至遼陽入遼莽曰遼陰險瀆應劭曰朝鮮王滿都
也依水險故曰險瀆臣瓚曰王險城在樂浪郡浿水之東此自是險瀆也師古曰瓚說是也浿音普大反居就室僞山室僞水所出北至襄平入梁也
高顯 安市 武次東部都尉治莽曰桓次平郭有鐵官鹽官 西安平

莽曰北安平文莽曰文亭番汗沛水出塞外西南入海應劭曰汗水出塞外西南入海番音盤師古曰番音普安反汗音
寒沓氏應劭曰氏水也音長荅反師古曰凡言氏者皆謂因之而立名 ○玄菟郡武帝元封四年開高
句驪莽曰下句驪屬幽州應劭曰故真番朝鮮胡國戶四萬五千六口二十二萬一
千八百四十五 縣三 高句驪遼山遼水所出西南至遼隊入大遼水又有南蘇水西北經塞外應劭曰故句驪胡
上殷台莽曰下殷如淳曰台音鮐師古曰音胎 西蓋馬馬訾水西北入鹽難水西南至西安平入海過郡二行二千一百里莽曰玄菟亭
樂浪郡武帝元封三年開莽曰樂鮮屬幽州應劭曰故朝鮮國也師古曰樂音洛浪音狼戶六萬二千八百一十二口四
十萬六千七百四十八有雲鄣 縣二十五 朝鮮應劭曰武王封箕子於朝鮮
讑邯孟康曰讑音男師古曰讑音乃甘反邯音酣 浿水水西至增地入海莽曰樂鮮亭師古曰浿音普大反
含資帶水西至帶方入海黏蟬服虔曰蟬音提遂成 增地莽曰增土帶

方 駟望 海冥莽曰海桓列口 長岑 屯有
昭明南部都尉治鏤方 提奚 渾彌師古曰渾音下昆反呑列分黎山列
水所出西至黏蟬入海行八百二十里東暆應劭曰暆音移不而東部都尉治蠶台師古曰台音胎
華麗 邪頭昧孟康曰昧音妹前莫 夫租 ○南海郡
秦置秦敗尉佗王此地武帝元鼎六年開屬交州戶萬九千六百一十三口九萬
四千二百五十三有圃羞官 縣六 番禺尉佗都有鹽官師古曰番
音潘禺音愚博羅 中宿有洭浦官師古曰洭音匡龍川師古曰裴氏廣州記云本博羅
縣之東鄉也有龍穿地而出即穴流泉因以為號四會 揭陽莽曰南海亭師古曰揭音其逝反
○鬱林郡故秦桂林郡屬尉佗武帝元鼎六年更名有小谿川水七并行三千一百一十里莽
曰鬱平屬交州戶萬二千四百一十五口七萬一千一百六

十二 縣十二 布山 安廣 阿林 廣鬱
鬱水首受夜郎豚水東至四會入海過郡四行四千三十里中留師古曰留音力救反水名桂林 潭
中莽曰中潭師古曰潭音大含反臨塵朱涯水入領方又有斤南水又有侵離水行七百里莽曰監塵定周水
首受無斂東入潭行七百九十里增食驩水首受牂柯東界入朱涯水行五百七十里領方斤員水入鬱又有橋
水都尉治師古曰橋音橋雍雞有關 ○蒼梧郡武帝元鼎六年開莽曰新廣屬交州有離水關
戶二萬四千三百七十九口十四萬六千一百六
十 縣十 廣信莽曰廣信亭謝沐有關高要有鹽官封陽
應劭曰在封水之陽臨賀莽曰大賀端谿 馮乘 富川 荔浦有荔
平關師古曰荔音隸猛陵龍山合水所出南至布山入海莽曰猛陸 ○交止郡武帝置元鼎六年開
屬交州戶九萬二千四百四十口七十四萬六千二

百三十七　縣十　羸𨻶有羞官孟康曰羸音蓮𨻶音受土簍師古曰𨻶簍二字並音來
口反　安定　苟扇師古曰扇與漏同　麊泠都尉治應劭曰麊音彌孟康曰音螟蛉師古曰音麋零
曲易師古曰易古陽字　北帶　稽徐師古曰稽音古奚反　西于　龍編師古曰編
音鞭　朱䳒　○合浦郡武帝元鼎六年開莽曰桓合屬交州　戶萬五千三百
九十八口七萬八千九百八十　縣五　徐聞
高涼　合浦有關莽曰桓亭　臨允牢水北入高要入鬱過郡三行五百三十里莽曰大允　朱盧
都尉治　○九眞郡武帝元鼎六年開有小水五十二并行八千五百六十里　戶三萬
五千七百四十三口十六萬六千一十三有界關
縣七　胥浦莽曰驩成　居風　都龐應劭曰龐音龍師古曰音聾　餘發
咸驩　無切都尉治　無編莽曰九眞亭　○日南郡故秦象郡武帝元鼎

六年開更名有小水十六并行三千一百八十里屬交州師古曰言其在日之南所謂北戶以向日者　戶萬五千四
百六十口六萬九千四百八十五　縣五　朱吾
比景如淳曰日中於頭上景在己下故名之　盧容　西捲水入海有竹可為杖莽曰日南亭孟康曰音
卷師古曰音權　象林　趙國故秦邯鄲郡高帝四年為趙國景帝三年復為邯鄲郡五年復故莽曰桓亭屬
冀州　戶八萬四千二百二口三十四萬九千九百五
十二　縣四　邯鄲堵山牛首水所出東入白渠趙敬侯自中牟從此張晏曰邯鄲山在東城下單
盡也城郭從邑故加邑云師古曰邯音寒　易陽應劭曰易水出涿郡故安師古曰在易水之陽　柏人莽曰壽仁師古
曰本晉邑　襄國故邢國西山渠水所出東北至任入寖又有蓼水馮水皆東至朝平入湡師古曰湡音藕又音牛吼反
廣平國武帝征和二年置為平干國宣帝五鳳二年復故莽曰富昌屬冀州　戶二萬七千九
百八十四口十九萬八千五百五十八　縣十六

廣平　張　朝平　南和列葭水東入虒師古曰葭音家虒音斯　列人
莽曰列治　斥章應劭曰漳水出治北入河其國斥鹵故曰斥章　任師古曰本晉邑也鄭皇頡奔晉為任大夫　曲周
武帝建元四年置莽曰直周　南曲　曲梁侯國莽曰直梁　廣鄉　平利　平鄉
陽臺侯國　廣年莽曰富昌　城鄉　眞定國武帝元鼎四年置屬冀州　戶三
萬七千一百二十六口十七萬八千六百一十六
縣四　眞定故東垣高帝十一年更名莽曰思治　槀城莽曰槀實師古曰槀音工老反　肥
纍故肥子國師古曰纍音力追反　緜曼斯洨水首受大白渠東至鄡入河莽曰緜延師古曰曼音萬鄡音口堯反
中山國高帝郡景帝三年為國莽曰常山屬冀州應劭曰中山故國　戶十六萬八百七
十三口六十六萬八千八十　縣十四　盧奴應劭曰盧水出右北平東入河
北平徐水東至高陽入博又有盧水亦至高陽入河有鐵官莽曰善和　北新成桑欽言易水出西北東入滱

莽曰朝平　唐堯山在南莽曰和親應劭曰故堯國也唐水在西張晏曰堯為唐侯國於此堯山在唐東北望都界孟康曰晉荀吳伐鮮虞及中
人今中人亭是　深澤莽曰翼和　苦陘莽曰北陘應劭曰章帝更名漢昌陘音邢　安國莽曰興睦　曲逆蒲陽山蒲
水所出東入濡又有蘇水亦東入濡莽曰順平張晏曰濡水於城北曲而西流故曰曲逆章帝醜其名改曰蒲陰在蒲水之陰師古曰濡音乃
官反　望都博水東至高陽入河莽曰順調張晏曰堯山在北堯母慶都山在南登堯山見都山故以為名　新市應劭曰鮮
虞子國今鮮虞亭是　新處　毋極　陸成　安險莽曰寧險應劭曰章帝更
名安憙　○信都國景帝二年為廣川國宣帝甘露三年復故莽曰新博屬冀州應劭曰明帝更名樂安安帝
改曰安平　戶六萬五千五百五十六口三十萬四千三百
八十四　縣十七　信都王都故章河故虖池皆在北東入海禹貢絳水亦入海莽曰新
博亭　歷莽曰歷寧　扶柳師古曰闞駰云其地有扶澤澤中多柳故曰扶柳　辟陽莽曰樂信師古曰辟音璧
南宮莽曰序下　下博莽曰閏博應劭曰博水出中山望都入河　武邑莽曰順桓　觀津莽曰朔定亭師

古曰灌音工喚反 高隄 師古曰隄音丁奚反 廣川 師古曰闞駰云其縣中有長河為川故曰廣川也至隋仁壽元年初立煬帝為皇太子以避諱故改為長河縣至今為名 樂鄉 侯國莽曰樂丘 平隄 侯國 桃 莽曰桓分 西梁 侯國 昌成 侯國 東昌 侯國莽曰田昌 脩 莽曰脩治 師古曰脩音條 。河閒國 故趙文帝二年別為國莽曰朔定 應劭曰在兩河之閒 戶四萬五千四十三 口十八萬七千六百六十二 縣四 樂成 虖池別水首受虖池河東至東光入虖池河 莽曰陸信 候井 武隧 莽曰桓隧 師古曰隧音遂 弓高 虖池別河首受虖池河東至平舒入海莽曰樂成 廣陽國 高帝燕國昭帝元鳳元年為廣陽郡宣帝本始元年更為國莽曰廣有 戶二萬七百四十 口七萬六百五十八 縣四 薊 故燕國召公所封莽曰伐戎 方城 廣陽 陰鄉 莽曰陰順 菑川國 故齊文帝十八年別為國後并北海 戶五萬二百八十九 口二十二萬七

千三十一 縣三 劇 義山蕤水所出北至壽光入海莽曰俞 應劭曰故肥國今肥亭是 東安平 菟頭山女水出東北至臨菑入鉅定 孟康曰紀季以酅入于齊今酅亭是也 師古曰闞駰云博陵有安平故此加東酅音攜 橋鄉 。膠東國 故齊高帝元年別為國五月復屬齊國文帝十六年復為國莽曰郁秩 戶七萬二千二 口三十二萬三千三百三十一 縣八 即墨 有天室山祠 莽曰即善 昌武 下密 有三石山祠 應劭曰密水出高密 壯武 莽曰曉武 郁秩 有鐵官 挺 師古曰挺音徒鼎反 觀陽 應劭曰在觀水之陽 師古曰觀音工喚反 鄒盧 莽曰始斯 。高密國 故齊文帝十六年別為膠西國 宣帝本始元年更為高密國 戶四萬五百三十一 口十九萬二千五百三十六 縣五 高密 莽曰章牟 昌安 石泉 莽曰養信 夷安 莽曰原亭 應劭曰故萊夷維邑 成鄉 莽曰順成 。城陽國 故齊文帝二年別為國莽曰莒陵屬兗州 戶五萬

六千六百四十二 口二十萬五千七百八十四 縣四 莒 故國盈姓三十世為楚所滅 少昊後 有鐵官 莽曰莒陵 陽都 應劭曰齊人遷陽故陽國是 東安 慮 莽曰著善 。淮陽國 高帝十一年置莽曰新平屬兗州 孟康曰孝明帝更名陳國 戶十三萬五千五百四十四 口九十八萬一千四百二十三 縣九 陳 故國舜後胡公所封為楚所滅 楚頃襄王自郢徙此莽曰陳陵 苦 莽曰賴陵 師古曰晉大康地記云城東有賴鄉祠老子所生地 陽夏 應劭曰夏音賈 寧平 扶溝 渦水首受狼湯渠東至向入淮過郡三行千里 師古曰狼音浪湯音徒浪反渦音戈又音瓜 固始 師古曰本名寢丘楚令尹孫叔敖所封地 圉 新平 柘 梁國 故秦碭郡高帝五年為梁國莽曰陳定屬豫州 師古曰以有碭山故名碭郡 戶三萬八千七百九 口十萬六千七百五十二 縣八 碭 山出文石莽曰節碭 應劭曰碭山在東 師古曰碭文石也其山出焉故以

名縣碭音唐又音徒浪反 甾 故戴國莽曰嘉穀 應劭曰章帝改曰考城 杼秋 莽曰予秋 師古曰杼音食汝反 蒙 獲水首受甾獲渠東北至彭城入泗過郡五行五百五十里莽曰蒙恩 己氏 莽曰己善 虞 莽曰陳定亭 下邑 莽曰下洽 睢陽 故宋國微子所封禹貢盟諸澤在東北 師古曰睢音雖 。東平國 故梁國景帝中六年別為濟東國武帝元鼎元年為大河郡宣帝甘露二年為東平國莽曰有鹽屬兗州 戶十三萬一千七百五十三 口六十萬七千九百七十六 有鐵官 縣七 無鹽 有郈鄉莽曰有鹽亭 師古曰郈音后 任城 故任國太昊後風姓莽曰延就亭 東平陸 應劭曰古厥國今有厥亭是 富城 莽曰成富 章 亢父 詩亭故詩國 莽曰順父 師古曰音抗甫 樊 魯國 故秦薛郡高后元年為魯國屬豫州 戶十一萬八千四十五 口六十萬七千三百八十一 縣六 魯 伯禽所封戶五萬二千有鐵官 卞 泗水西南至方與入泲過郡三行五百里青州川 師古曰即春秋僖十七年夫人姜氏會齊侯于卞

者也方輿音房豫 汝陽 莽曰汝亭應劭曰詩曰汝水湯湯師古曰汝音問即左傳所云公賜季友汝陽之田者也 蕃 南梁水西至胡陵入沛渠應劭曰邾國也音皮師古曰白褒云陳蕃之子爲魯相國人爲諱改曰皮此說非也郡縣之名土俗各有別稱不必皆依本字 騶 故邾國曹姓二十九世爲楚所滅嶧山在北莽曰騶亭應劭曰邾文公遷于嶧山者也音驟 薛 夏車正奚仲所國後遷于邳湯相仲虺居之 楚國 高帝置宣帝地節元年更爲彭城郡黃龍元年復故莽曰和樂屬徐州 戶十一萬四千七百三十八口四十九萬七千八百四

縣七 彭城 古彭祖國戶四萬一百九十六有鐵官 留 梧 莽曰吾治 傅陽 故偪陽國莽曰輔陽師古曰偪音福左氏傳所云偪陽妘姓者也 呂 武原 莽曰和樂亭 甾丘 莽曰善丘

泗水國 故東海郡武帝元鼎四年別爲泗水國莽曰水順 戶二萬五千二十五口十一萬九千一百一十四 縣三 淩 莽曰生夌應劭曰淩水所出南入淮 泗陽 莽曰淮平亭 于 莽曰于屏

。廣陵國 高帝六年屬荊州十一年更屬吳景

帝四年更名江都武帝元狩三年更名廣陵莽曰江平屬徐州 戶三萬六千七百七十三口十四萬七百二十二 有鐵官 縣四 廣陵 江都易王非廣陵厲王胥皆都此幷得鄣郡而不得吳莽曰安定 江都 有江水祠渠水首受江北至射陽入湖 高郵 平安 莽曰杜鄉

六安國 故楚高帝元年別爲衡山國五年屬淮南文帝十六年復爲衡山武帝元狩二年別爲六安國莽曰安風 戶三萬八千三百四十五口十七萬八千六百一十六 縣五 六 故國皐繇後偃姓爲楚所滅如谿水首受沘東北至壽春入芍陂師古曰沘音匕又音鼻芍音鵲 蓼 故國皐繇後爲楚所滅 安豐 禹貢大別山在西南莽曰美豐 安風 莽曰安風亭 陽泉

長沙國 秦郡高帝五年爲國莽曰塡蠻屬荊州 戶四萬三千四百七十口二十三萬五千八百二十五 縣十三 臨湘 莽曰撫睦應劭曰湘水出零山 羅 應劭曰楚文王徙羅子自枝江居此師古曰盛弘之荊州記云縣北帶汨水水原出豫章艾縣界西流注湘汨西北去縣三十里名爲屈潭屈原自沈處 連道 益陽 湘山在北應劭曰在益水之陽 下雋 莽曰閏雋師古曰雋音字兗反又辭兗反 攸 酃 孟康曰音鈴 承陽 應劭曰承水之陽師古曰承水原出零陵永昌縣界東流注湘也承音烝 湘南 禹貢衡山在東南荊州山 昭陵 茶陵 泥水西入湘行七百里莽曰聲鄉師古曰茶音弋奢反又丈加反 容陵 安成 廬水東至廬陵入湖漢莽曰用成

本秦京師爲內史 師古曰京師天子所都畿內也秦幷天下改立郡縣而京畿所統特號內史言其在內以別於諸郡守也 分天下作三十六郡漢興以其郡大大稍復開置又立諸侯王國武帝開廣三邊故自高祖增二十六文景各六武帝二十八昭帝一訖於孝平凡郡國一百三縣邑千三百一十四道三十二

侯國二百四十一地東西九千三百二里南北萬三千三百六十八里提封田一萬萬四千五百一十三萬六千四百五頃 師古曰提封者大舉其封疆也 其一萬萬二百五十二萬八千八百八十九頃邑居道路山川林澤羣不可墾其三千二百二十九萬九百四十七頃可墾不墾定墾田八百二十七萬五百三十六頃民戶千二百二十三萬三千六十二口五千九百五十九萬四千九百七十八漢極盛矣凡民函五常之性 師古曰函包也讀與含同 而其剛柔緩急音聲不同繫水土之風氣故謂之風好惡取舍動靜亡常 師古曰好

音呼到反惡音一故反隨君上之情欲故謂之俗孔子曰移風
易俗莫善於樂師古曰孝經載孔子之言言聖王在上統理人倫
必移其本而易其末此混同天下壹之虖中和然
後王教成也漢承百王之末國土變改民人遷徙
成帝時劉向略言其地分丞相張禹使屬潁川朱
贛條其風俗猶未宣究故輯而論之師古曰輯與集同終其
本末著于篇秦地於天官東井輿鬼之分壄也其
界自弘農故關以西京兆扶風馮翊北地上郡西
河安定天水隴西南有巴蜀廣漢犍爲武都西有
金城武威張掖酒泉敦煌又西南有牂柯越巂益

州皆宜屬焉秦之先曰栢益出自顓頊堯時助
禹治水爲舜朕虞養育草木鳥獸賜姓嬴氏師古
曰栢益一號伯翳蓋翳益聲相近故也歷夏殷爲諸侯至周有造父師古曰造音千
到反父讀曰甫善馭習馬得華駵綠耳之乘師古曰華駵言其色如華之赤也綠耳耳
綠色幸于穆王封于趙城故更爲趙氏後有非子爲
周孝王養馬汧渭之閒孝王曰昔伯益知禽獸子
孫不絕迺封爲附庸邑之于秦今隴西秦亭秦谷
是也至玄孫氏爲莊公師古曰氏與是同古通用字破西戎有其地
子襄公時幽王爲犬戎所敗平王東遷雒邑襄公
將兵救周有功賜受郊酆之地列爲諸侯師古曰郊亦岐字

後八世穆公稱伯以河爲竟師古曰伯讀曰霸竟讀曰境言其地界東至於河
十餘世孝公用商君制轅田張晏曰周制三年一易以同美惡商鞅始割列田地開立
阡陌令民各有常制孟康曰三年爰土易居古制也末世浸廢商鞅相秦復立爰田上田不易中田一易下田再易爰自在其田不復易居也
食貨志曰自爰其處而已是也轅爰同開仟伯師古曰南北曰仟東西曰伯皆謂開田之疆畝也伯音莫白反東
雄諸侯子惠公初稱王得上郡西河孫昭王開巴
蜀滅周取九鼎昭王曾孫政幷六國稱皇帝負力
怙威燔書阬儒自任私智至子胡亥天下畔之故
秦地於禹貢時跨雍梁二州詩風兼秦豳兩國昔
后稷封斄師古曰斄讀曰邰今武功故城是也公劉處豳師古曰即今豳州栒邑是大王
徙郊師古曰今岐山縣是文王作酆師古曰今長安西北界靈臺鄉豐水上是武王治鎬

師古曰今昆明池北鎬陂是其民有先王遺風好稼穡務本業故豳
詩言農桑衣食之本甚備師古曰謂七月之詩有鄠杜竹林南
山檀柘號稱陸海爲九州膏腴師古曰言其地高陸而饒物產如海之無所不出故
云陸海腴之下肥曰腴故取諭云始皇之初鄭國穿渠引涇水溉田師古曰鄭
國人姓名事具在溝洫志沃野千里師古曰沃即溉田也言千里之地皆得溉灌民以富饒漢興
立都長安徙齊諸田楚昭屈景及諸功臣家於長
陵後世世徙吏二千石高訾富人及豪桀幷兼之
家於諸陵師古曰訾讀與貲同高訾言多財也蓋亦以彊幹弱支非獨爲
奉山園也如淳曰黃圖謂陵冢爲山師古曰謂京師爲幹四方爲支也是故五方雜厝
晉灼曰厝古錯字風俗不純其世家則好禮文富人則商賈

爲利豪桀則游俠通姦瀕南山師古曰瀕猶邊瀕音頻又音賓近夏
陽師古曰夏陽即河之西岸也今在同州韓城縣界多阻險輕薄易爲盜賊常
爲天下劇又郡國輻湊浮食者多民去本就末列
侯貴人車服僭上衆庶放效羞不相及師古曰放依也音甫往反
嫁娶尤崇侈靡送死過度天水隴西山多林木民
以板爲室屋及安定北地上郡西河皆迫近戎狄
修習戰備高上氣力以射獵爲先故秦詩曰在其
板屋師古曰小戎之詩也言秦襄公出征則婦人居板屋之中而念其君子又曰王于興師修我
甲兵與子偕行師古曰無衣之詩也言於王之興師則修我甲兵而與子俱征伐也及車轔四
臷小戎之篇皆言車馬田狩之事師古曰車轔美秦仲大有車馬其詩曰有

車轔轔有馬白顚四臷美襄公田狩也其詩曰四臷孔阜六轡在手輶車鸞
鑣載獫猲驕小戎美襄公備兵甲討西戎其詩曰小戎俴收五楘梁輈文茵
暢轂駕我騏馵龍盾之合鋈以觼軜轔音鄰臷音鐵輶音猶又音誘獫音
力瞻反獢音許昭反俴音踐楘音木馵音霆鋈音沃觼音玦軜音納
漢興六郡良家子選給羽林期門如淳曰醫商賈百工不得豫也師古曰六郡謂
隴西天水安定北地上郡西河羽林期門解在百官公卿表以材力爲官名將多出焉孔子
曰君子有勇而亡誼則爲亂小人有勇而亡誼則
爲盜師古曰論語載孔子對子路之言也故此數郡民俗質木不恥寇盜
師古曰質木者無有文飾如木石然自武威以西本匈奴昆邪王休屠王
地師古曰昆音下門反休音許虯反屠音除武帝時攘之師古曰攘郤也音人羊反初置四郡
以通西域鬲絕南羌匈奴師古曰鬲與隔同其民或以關
東下貧或以報怨過當師古曰過其本所殺或以誖逆亡道

家屬徙焉師古曰誖亂也音布內反習俗頗殊地廣民稀水屮宜
畜牧師古曰屮古草字故涼州之畜爲天下饒保邊塞二千
石治之咸以兵馬爲務酒禮之會上下通焉吏民
相親是以其俗風雨時節穀糴常賤少盜賊有和
氣之應賢於內郡此政寬厚吏不苛刻之所致也
巴蜀廣漢本南夷秦并以爲郡土地肥美有江水
沃野山林竹木疏食果實之饒師古曰疏菜也南賈滇僰
僮師古曰言滇僰之地多出僮隸也滇音顚僰音蒲北反西近邛莋馬旄牛師古曰言邛莋之地出馬及旄
牛莋音材各反民食稻魚亡凶年憂俗不愁苦而輕易淫泆
柔弱褊阸師古曰言其材質不彊而心忿陿景武閒文翁爲蜀守教民

讀書法令未能篤信道德反以好文刺譏貴慕權
勢及司馬相如游宦京師諸侯以文辭顯於世鄉
黨慕循其迹後有王襃嚴遵揚雄之徒師古曰遵即嚴君平文
章冠天下繇文翁倡其教相如爲之師師古曰繇讀與由同倡始也音
充向反故孔子曰有教亡類師古曰論語載孔子之言言人之性術在所教習無種類武都
地雜氐羌及犍爲牂柯越巂皆西南外夷武帝初
開置民俗略與巴蜀同而武都近天水俗頗似焉
故秦地天下三分之一而人衆不過什三然量其
富居什六吳札觀樂爲之歌秦師古曰札吳王壽夢子也來聘魯而
請觀周樂事見左氏傳襄二十九年曰此之謂夏聲師古曰夏中國夫能夏則大大

之至也其周舊乎自井十度至柳三度謂之鶉首之次秦之分也魏地觜觿參之分野也師古曰觿音弋隨反其界自高陵以東盡河東河内南有陳留及汝南之召陵濦彊新汲西華長平師古曰召讀曰邵濦音於靳反又音隱潁川之舞陽郾許傿陵師古曰郾音一扇反傿音偃河南之開封中牟陽武酸棗卷師古曰卷音去權反皆魏分也河内本殷之舊都周既滅殷分其畿内爲三國詩風邶庸衞國是也師古曰自紂城而北謂之邶南謂之鄘東謂之衞邶音步内反字或作鄁庸字或作鄘鄁以封紂子武庚庸管叔尹之衞蔡叔尹之以監殷民謂之三監師古曰武庚紂子祿父也尹主也管叔蔡叔皆武王之弟故書序曰武王崩三監畔師古曰周書大誥之序

周公誅之盡以其地封弟康叔號曰孟侯師古曰康叔亦武王弟也孟長也言爲諸侯之長以夾輔周室遷邶庸之民于雒邑故邶庸衞三國之詩相與同風邶詩曰在浚之下師古曰凱風之詩也浚衞邑也音峻庸曰在浚之郊師古曰干旄之詩邶又曰亦流于淇師古曰泉水之詩河水洋洋師古曰今邶詩無此句庸曰送我淇上師古曰桑中之詩淇上淇水之上在彼中河師古曰柏舟之詩也中河河中也衞曰瞻彼淇奥師古曰淇奥之詩也奥水隈也音於六反河水洋洋師古曰碩人之詩也洋洋盛大也音羊又音翔故吳公子札聘魯觀周樂聞邶庸衞之歌曰美哉淵乎吾聞康叔之德如是是其衞風乎至十六世懿公亡道爲狄所滅齊桓公帥諸侯伐狄而更封衞於

河南曹楚丘是爲文公師古曰曹及楚丘二邑名而河内殷虚更屬于晉師古曰殷虛汲郡朝歌縣也虛讀曰墟康叔之風既歇而紂之化猶存故俗剛彊多豪桀侵奪薄恩禮好生分師古曰生分謂父母在而昆弟不同財產河東土地平易有鹽鐵之饒本唐堯所居詩風唐魏之國也周武王子唐叔在母未生師古曰謂懷孕時武王夢帝謂己師古曰帝天也曰余名而子曰虞將與之唐屬之參師古曰屬音之欲反參音所林反及生名之曰虞至成王滅唐而封叔虞唐有晉水及叔虞子燮爲晉侯云故參爲晉星其民有先王遺教君子深思小人儉陋故唐詩蟋蟀山樞葛生之篇曰今我不樂日月其邁師古曰蟋蟀之詩也邁行也言日月行往將老而死也蟋音悉蟀音率宛其死矣它人是媮師古曰山有樞之詩也媮樂也言已儉吝死亡之後當爲它人所樂也媮音喻又音偷樞音甌百歲之後歸于其居師古曰葛生之詩也居謂墳墓也言死當歸于墳墓不能復爲樂也皆思奢儉之中念死生之慮師古曰中音竹仲反吳札聞唐之歌曰思深哉其有陶唐氏之遺民乎魏國亦姬姓也在晉之南河曲故其詩曰彼汾一曲師古曰汾沮洳之詩沮音子豫反洳音人豫反寘諸河之側師古曰伐檀之詩寘置也音之豉反自唐叔十六世至獻公滅魏以封大夫畢萬師古曰畢萬畢公高之後魏犨祖父滅耿以封大夫趙夙師古曰趙夙趙衰之兄及大夫韓武子食采於韓原師古曰韓武子韓厥之曾祖也本與周同姓食采於韓因爲韓氏此說依史記而釋春秋傳者不同晉於是始大至于文

公伯諸侯尊周室（師古曰伯讀曰霸）始有河内之土（師古曰左氏傳所謂始啓南陽者）吴札聞魏之歌曰美哉渢渢乎（師古曰渢渢浮皃也言其中庸可與爲善可與爲惡也渢音馮）以德輔此則明主也文公後十六世爲韓魏趙所滅三家皆自立爲諸侯是爲三晉趙與秦同祖韓魏皆姬姓也自畢萬後十世稱侯至孫稱王徙都大梁故魏一號爲梁七世爲秦所滅

周地柳七星張之分野也今之河南雒陽穀成平陰偃師鞏緱氏是其分也昔周公營雒邑以爲在于土中諸侯蕃屏四方（師古曰言雒陽四面皆有諸侯爲蕃屏）故立京師至幽王淫褒姒以滅宗周子平王東居雒邑其後

五伯更帥諸侯以尊王室（師古曰伯讀曰霸解在刑法志更互也音工衡反）故周於三代最爲長久八百餘年至於王赧乃爲秦所兼初雒邑與宗周通封畿（韋昭曰通在二封之地共千里也　師古曰宗周鎬京也方八百里八八六十四爲方百里者六十四也雒邑成周也方六百里六六三十六爲方百里者三十六二都得百里者百方千里也故詩云邦畿千里）東西長而南北短短長相覆爲千里至襄王以河内賜晉文公又爲諸侯所侵故其分墬小（師古曰墬古地字）周人之失巧僞趨利貴財賤義高富下貧憙爲商賈不好仕宦（師古曰憙音許吏反）自柳三度至張十二度謂之鶉火之次周之分也

韓地角亢氐之分野也韓分晉得南陽郡及潁川之父城定陵襄城潁陽潁陰長社陽翟郟（師古曰郟音工洽反即今郟城縣是也）東接汝南西接弘農得新安宜陽皆韓分也及詩風陳鄭之國與韓同星分焉鄭國今河南之新鄭本高辛氏火正祝融之虚也（師古曰虚讀曰墟後皆類此）及成皋滎陽潁川之崇高陽城皆鄭分也本周宣王弟友爲周司徒食采於宗周畿内是爲鄭（師古曰即今之華陰鄭縣）鄭桓公問於史伯曰王室多故何所可以逃死史伯曰四方之國非王母弟甥舅則夷狄不可入也其濟洛河潁之閒乎（師古曰濟音子禮反）子男之國虢會爲大（師古曰會讀曰鄶字或作檜檜國在豫州外方之北滎播之南溱洧之閒妘姓之國）恃埶與險崇侈

貪冒（師古曰冒蒙也蔽於義理）君若寄帑與賄周亂而敝必將背君（師古曰帑讀與孥同謂妻子也）君以成周之衆奉辭伐罪亡不克矣公曰南方不可乎對曰夫楚重黎之後也黎爲高辛氏火正昭顯天地以生柔嘉之材姜嬴荊芊實與諸姬代相干也（師古曰代遞也干犯也）姜伯夷之後也嬴伯益之後也伯夷能禮於神以佐堯伯益能儀百物以佐舜（師古曰儀與宜同宜安也）其後皆不失祠而未有興者周衰將起不可偪也桓公從其言乃東寄帑與賄虢會受之後三年幽王敗桓公死其子武公與平王東遷卒定虢會之地右雒左泲食溱洧焉（師古曰溱洧二水也）

溱音臻洧音鮪土陿而險山居谷汲男女亟聚會師古曰亟屢也音丘吏反故其俗淫鄭詩曰出其東門有女如雲師古曰出其東門之詩東門鄭之東門也如雲言其衆多而往來不定又曰溱與洧方灌灌兮士與女方秉蕑兮恂盱且樂惟士與女伊其相謔師古曰溱洧之詩也灌灌水流盛也蕑蘭也恂信也盱大也伊惟也謔戲言也謂仲春之月二水流盛而士與女執芳草於其間以相贈遺信大樂矣惟以戲謔也灌音胡貫反蕑音姦此其風也吳札聞鄭之歌曰美哉其細已甚民弗堪也是其先亡乎臣瓚曰謂音聲細弱也此衰弱之徵自武公後二十三世爲韓所滅陳國今淮陽之地陳本大昊之虛周武王封舜後嬀滿於陳是爲胡公妻以元女大姬婦人尊貴好祭祀用史巫故其俗巫鬼陳詩

曰坎其擊鼓宛丘之下亡冬亡夏值其鷺羽師古曰宛丘之詩也坎坎擊鼓聲四方高中央下曰宛丘值立也鷺鳥之羽以爲翳立之而舞以事神也無冬無夏言其恒也又曰東門之枌宛丘之栩子仲之子婆娑其下師古曰東門之枌之詩也東門陳國之東門也枌白榆也栩杼也子仲陳大夫之氏也婆娑舞皃也亦言於枌栩之下歌舞以娛神也枌音扶云反栩音許羽反杼音神汝反此其風也吳札聞陳之歌曰國亡主其能久乎師古曰言政由婦人不以君爲主也自胡公後二十三世爲楚所滅陳雖屬楚於天文自若其故潁川南陽本夏禹之國夏人上忠其敝鄙朴韓自武子後七世稱侯六世稱王五世而爲秦所滅秦既滅韓徙天下不軌之民於南陽師古曰不軌不循法度者故其俗夸奢上氣力好商賈漁獵藏匿難制

御也宛西通武關東受江淮一都之會也宣帝時鄭弘召信臣爲南陽大守師古曰召讀曰邵治皆見紀信臣勸民農桑去末歸本郡以殷富潁川韓都士有申子韓非刻害餘烈師古曰申子申不害也烈業也高仕宦好文法民以貪遴爭訟生分爲失師古曰遴與吝同韓延壽爲大守先之以敬讓黃霸繼之教化大行獄或八年亡重罪囚南陽好商賈召父富以本業師古曰召父謂召信臣也勸其務農以致富潁川好爭訟分異黃韓化以篤厚君子之德風也小人之德草也信矣師古曰論語載孔子之言也曰君子之德風小人之德草也草上之風必偃言從教而化自東井六度至亢六度謂之壽星之次鄭之分野

與韓同分

趙地昴畢之分壄趙分晉得趙國北有信都眞定常山中山又得涿郡之高陽鄚州鄉師古曰鄚音莫東有廣平鉅鹿淸河河閒又得渤海郡之東平舒中邑文安東州成平章武河以北也南至浮水繁陽內黃斥丘西有大原定襄雲中五原上黨上黨本韓之別郡也遠韓近趙後卒降趙皆趙分也自趙夙後九世稱侯四世敬侯徙都邯鄲至曾孫武靈王稱王五世爲秦所滅趙中山地地薄人衆猶有沙丘紂淫亂餘民晉灼曰言地薄人衆猶復有沙丘紂淫地餘民通係之於淫風而言之也不說沙丘在中山也丈

夫相聚游戲悲歌忼慨起則椎剽掘冢師古曰椎殺人而剽劫之也椎音直追反其字從木剽音頻妙反掘冢發冢也作姦巧多弄物為倡優女子彈弦跕躧游媚富貴徧諸侯之後宮如淳曰跕音蹀足之蹀躧音蓰臣瓚曰躡跟為跕挂指為躧師古曰跕音它頰反躧字與屣同屣謂小履之無跟者也跕謂輕躡之也邯鄲北通燕涿南有鄭衛漳河之閒一都會也其土廣俗雜大率精急高氣埶輕為姦大原上黨又多晉公族子孫以詐力相傾矜夸功名報仇過直師古曰直亦當也嫁取送死奢靡師古曰取讀曰娶其下並同漢興號為難治常擇嚴猛之將或任殺伐為威父兄被誅子弟怨憤至告訐刺史二千石師古曰訐面相斥罪也音居刈反又居謁反或報殺其親屬鍾代石北

迫近胡寇如淳曰鍾所在未聞石山險之限在上曲陽民俗懻忮臣瓚曰懻音冀今北土名彊直為懻中師古曰懻彊也忮堅也音章豉反好氣為姦不事農商自全晉時已患其剽悍師古曰剽急也輕也悍勇也剽音頻妙反又疋妙反悍音胡旦反而武靈王又益厲之故冀州之部盜賊常為它州劇定襄雲中五原本戎狄地頗有趙齊衛楚之徙師古曰言四國之人被遷徙來居之其民鄙朴少禮文好射獵鴈門亦同俗於天文別屬燕

燕地尾箕分壄也武王定殷封召公於燕其後三十六世與六國俱稱王東有漁陽右北平遼西遼東西有上谷代郡鴈門南得涿郡之易容城范陽北新城故安涿縣良鄉新昌及勃海之安次皆燕分也樂浪玄菟亦宜屬焉燕稱王十世秦欲滅六國燕王太子丹遣勇士荊軻西刺秦王不成而誅秦遂舉兵滅燕薊南通齊趙勃碣之閒一都會也師古曰薊縣燕之所都也勃勃海也碣碣石也初太子丹賓養勇士不愛後宮美女民化以為俗至今猶然賓客相過以婦侍宿嫁取之夕男女無別反以為榮後稍頗止然終未改其俗愚悍少慮輕薄無威亦有所長敢於急人如淳曰赴人之急果於赴難也燕丹遺風也上谷至遼東地廣民希數被胡寇俗與趙代相類有魚鹽棗栗之饒北隙烏丸夫餘如淳曰有隙穴也或曰隙際也師古曰訓際是也烏丸本東胡也為冒頓所滅餘類保烏丸山因以為號夫餘在長城之北去玄菟千里夫讀曰扶

東賈真番之利玄菟樂浪武帝時置皆朝鮮濊貉句驪蠻夷師古曰濊音穢字或作薉其音同殷道衰箕子去之朝鮮師古曰史記云武王伐紂封箕子於朝鮮與此不同教其民以禮義田蠶織作樂浪朝鮮民犯禁八條師古曰八條不具見相殺以當時償殺相傷以穀償相盜者男沒入為其家奴女子為婢欲自贖者人五十萬雖免為民俗猶羞之嫁取無所讎師古曰讎匹也一曰讎讀曰售是以其民終不相盜無門戶之閉婦人貞信不淫辟師古曰辟讀曰僻其田民飲食以籩豆師古曰以竹曰籩以木曰豆若今之檠也檠音其敬反都邑頗放效吏及內郡賈人往往以杯器食師古曰都邑之人頗用杯器者效吏及賈人也放音甫往

反郡初取吏於遼東吏見民無閉臧及賈人往者
夜則為盜俗稍益薄今於犯禁寖多至六十餘條
可貴哉仁賢之化也然東夷天性柔順異於三方
之外 師古曰三方謂南西北也 故孔子悼道不行設浮於海欲居九
夷有以也 師古曰論語稱孔子曰道不行乘桴浮於海從我者其由也與言欲乘桴筏而適東夷以其國有仁賢之化可
以行道也桴音孚筏音伐 夫樂浪海中有倭人分為百餘國以歲
時來獻見云 如淳曰如墨委面在帶方東南萬里臣瓚曰倭是國名不謂用墨故謂之委也師古曰如淳云如墨
委面蓋音委字耳此音非也倭音一戈反今猶有倭國魏略云倭在帶方東南大海中依山島為國度海千里復有國皆倭種 自
危四度至斗六度謂之析木之次燕之分也 齊地
虛危之分壄也東有甾川東萊瑯邪高密膠東南

有泰山城陽北有千乘清河以南勃海之高樂高
城重合陽信西有濟南平原皆齊分地少昊之世
有爽鳩氏虞夏時有季崱 師古曰崱音仕力反 湯時有逢公柏
陵殷末有薄姑氏皆為諸侯國此地至周成王時
薄姑氏與四國共作亂成王滅之以封師尚父是
為大公 師古曰武王封大公於齊初未得爽鳩之地成王以益之也 詩風齊國是也臨甾
名營丘故齊詩曰子之營兮遭我虖嶩之閒兮 師古
曰齊國風營詩之辭也毛詩作還齊詩作營營之往也嶩山名也字或作峱亦作嶩音皆乃高反言往適營丘而相逢於嶩山也 又曰
竢我於著乎而 師古曰齊國風著詩之辭也著地名即濟南郡著縣也乎而語助也一曰門屏之閒曰著音直
庶反 此亦其舒緩之體也吳札聞齊之歌曰泱泱乎

大風也哉 師古曰泱泱弘大之意也音烏郎反 其大公乎國未可量也古
有分土亡分民 師古曰有分土者謂立封疆也無分人者謂通往來不常厥居也 大公以齊
地負海舄鹵少五穀而人民寡 師古曰舄鹵解在食貨志 迺勸以
女工之業通魚鹽之利而人物輻湊後十四世桓
公用管仲設輕重以富國 師古曰解在食貨志 合諸侯成伯功
師古曰伯讀曰霸 身在陪臣而取三歸 師古曰三歸三姓之女 故其俗彌
侈織作冰紈綺繡純麗之物 如淳曰紈白熟也純緣也謂絛組之屬也麗好也臣瓚曰
冰紈紈細密堅如冰者也純麗媼純美麗之物也師古曰如說非也冰謂布帛之細其色鮮絜如冰者也紈素也綺文繒也即今之所謂細綾
也純精好也麗華靡也紈音丸純音淳 號為冠帶衣履天下 師古曰言天下之人冠帶衣履皆仰
齊地 初大公治齊修道術尊賢智賞有功故至今

其土多好經術矜功名舒緩闊達而足智其失夸
奢朋黨言與行繆虛詐不情 師古曰不可得其情 急之則離散
緩之則放縱始桓公兄襄公淫亂姑姊妹不嫁於
是令國中民家長女不得嫁名曰巫兒為家主祠
嫁者不利其家民至今以為俗痛乎道民之道可
不慎哉 師古曰上道讀曰導 昔大公始封周公問何以治齊大
公曰舉賢而上功周公曰後世必有篡殺之臣其
後二十九世為彊臣田和所滅而和自立為齊侯
初和之先陳公子完有罪來奔齊 師古曰公子完陳厲公之子也左氏傳魯
莊二十二年陳人殺其大子御寇公子完與顓孫奔齊蓋御寇之黨也 齊桓公以為大夫更稱

田氏九世至和而篡齊至孫威王稱王五世爲秦所滅臨甾海岱之間一都會也其中具五民云（服虔曰士農商工賈也如淳曰遊子樂其俗不復歸故有五方之民也師古曰如說是）

魯地奎婁之分壄也東至東海南有泗水至淮得臨淮之下相睢陵僮取慮皆魯分也（師古曰睢音雖取音趨又音秋慮音閭）周興以少昊之虛曲阜封周公子伯禽爲魯侯（師古曰少昊金天氏之帝）以爲周公主（師古曰主周公之祭祀）其民有聖人之教化故孔子曰齊一變至於魯魯一變至於道言近正也（師古曰魯庶幾至道齊又不如魯也）瀕洙泗之水（師古曰言所居皆邊於水也瀕音頻又音賓）其民涉度幼者扶老而代其任（師古曰任負戴也）俗既益薄長老不自安與幼少相讓故曰魯道衰洙泗之間齗齗如也（師古曰齗齗分辨之意也音牛斤反）孔子閔王道將廢迺修六經以述唐虞三代之道弟子受業而通者七十有七人是以其民好學上禮義重廉恥周公始封大公問何以治魯周公曰尊尊而親親大公曰後世寖弱矣（師古曰言漸微弱也）故魯自文公以後祿去公室政在大夫季氏逐昭公陵夷微弱三十四世而爲楚所滅然本大國故自爲分壄今去聖久遠周公遺化銷微孔氏庠序衰壞地陿民衆頗有桑麻之業亡林澤之饒俗儉嗇愛財趨商賈好訾毀多巧僞

（師古曰以言相毀曰訾訾音子爾反）喪祭之禮文備實寡然其好學猶愈於它俗（師古曰愈勝也）漢興以來魯東海多至卿相東平須昌壽良皆在濟東屬魯非宋地也當考（師古曰當考者言當更考覈之其事未審）

宋地房心之分壄也今之沛梁楚山陽濟陰東平及東郡之須昌壽張皆宋分也周封微子於宋今之睢陽是也本陶唐氏火正閼伯之虛也濟陰定陶詩風曹國也武王封弟叔振鐸於曹其後稍大得山陽陳留二十餘世爲宋所滅昔堯作游成陽（如淳曰作起也成陽在定陶今有堯冢靈臺師古曰作游者言爲宮室遊止之處也）舜漁靁澤（師古曰漁捕魚也靁古雷字）湯止于亳故其民猶有先王遺風重厚多君子好稼穡惡衣食以致畜藏（師古曰畜讀曰蓄）宋自微子二十餘世至景公滅曹滅曹後五世亦爲齊楚魏所滅參分其地魏得其梁陳留齊得其濟陰東平楚得其沛故今之楚彭城本宋也春秋經曰圍宋彭城宋雖滅本大國故自爲分野沛楚之失急疾顓己地薄民貧（師古曰顓與專同急疾顓己言性褊狹而自用）而山陽好爲姦盜

衞地營室東壁之分壄也今之東郡及魏郡黎陽河內之野王朝歌皆衞分也衞本國既爲狄所滅（師古曰衞懿公爲狄人所滅事在春秋閔公二年）文公徙封楚丘三十餘年子成

公徙於帝丘故春秋經曰衛遷于帝丘（師古曰遷古遷字）今之濮陽是也本顓頊之虛故謂之帝丘夏后之世昆吾氏居之成公後十餘世爲韓魏所侵盡亡其旁邑獨有濮陽後秦滅濮陽置東郡徙之於野王始皇既并天下猶獨置衛君二世時乃廢爲庶人凡四十世九百年最後絕故獨爲分野衛地有桑閒濮上之阻（師古曰阻者言其隱阸得肆淫僻之情也）男女亦亟聚會聲色生焉（師古曰亟屢也音丘吏反）故俗稱鄭衛之音周末有子路夏育民人慕之（師古曰子路孔子弟子仲由也性好勇夏育亦古之壯士皆衛人）故其俗剛武上氣力漢興二千石治者亦以殺戮爲威宣帝時韓延壽爲東郡太守承聖恩崇禮義尊諫爭至今東郡號善爲吏延壽之化也其失頗奢靡嫁取送死過度而野王好氣任俠有濮上風

楚地翼軫之分壄也今之南郡江夏零陵桂陽武陵長沙及漢中汝南郡盡楚分也周成王時封文武先師鬻熊之曾孫熊繹於荊蠻爲楚子居丹陽後十餘世至熊達是爲武王寖以彊大（師古曰寖漸也）後五世至嚴王總帥諸侯觀兵周室并吞江漢之閒內滅陳魯之國後十餘世頃襄王東徙于陳楚有江漢川澤山林之饒江南地廣或火耕水耨民食魚

稻以漁獵山伐爲業（師古曰山伐謂伐山取竹木）果蓏蠃蛤食物常足（師古曰蠃音來戈反蛤音閤似蜯而圓）故呰窳媮生而亡積聚（應劭曰呰弱也言風俗朝夕取給媮生而已無久長之慮也如淳曰呰或作紫音紫窳音庾晉灼曰呰病也窳惰也師古曰諸家之說皆非也呰短也窳弱也言短力弱材不能勤作故朝夕取給而無儲偫也如音是也）飲食還給不憂凍餓（師古曰還及也言常相及而給足也）亦亡千金之家信巫鬼重淫祀而漢中淫失枝柱與巴蜀同俗（師古曰失讀曰泆柱音竹甫反枝柱言意相節卻不順從也）汝南之別皆急疾有氣埶江陵故郢都西通巫巴東有雲夢之饒亦一都會也

吳地斗分壄也今之會稽九江丹楊豫章廬江廣陵六安臨淮郡盡吳分也殷道既衰周大王亶父興郊梁之地長子大伯次曰仲雍少曰公季公季有聖子昌大王欲傳國焉大伯仲雍辭行采藥遂奔荊蠻公季嗣位至昌爲西伯受命而王故孔子美而稱曰大伯可謂至德也已矣三以天下讓民無得而稱焉謂虞仲夷逸隱居放言身中清廢中權（師古曰皆論語載孔子之言也虞仲即仲雍也夷逸言竄於蠻夷而遁逸也隱居而不言故其身清絜所廢中於權道也）大伯初奔荊蠻荊蠻歸之號曰句吳（師古曰句音鉤夷俗語之發聲也亦猶越爲于越也）大伯卒仲雍立至曾孫周章而武王克殷因而封之又封周章弟中於河北是爲北吳（師古曰中讀曰仲）後世謂之虞十二世爲晉所滅後二世而荊

蠻之吳子壽夢盛大稱王其少子則季札有賢材兄弟欲傳國札讓而不受自大伯壽夢稱王六世闔廬舉伍子胥孫武爲將戰勝攻取興伯名於諸侯（師古曰伯讀曰霸）至子夫差誅子胥用宰嚭（師古曰嚭音披美反）爲粵王句踐所滅吳粵之君皆好勇故其民至今好用劒輕死易發粵既并吳後六世爲楚所滅後秦又擊楚徙壽春至子爲秦所滅壽春合肥受南北湖皮革鮑木之輸（師古曰皮革犀兕之屬也鮑鮑魚也木楓柟豫章之屬）亦一都會也始楚賢臣屈原被讒放流作離騷諸賦以自傷悼（師古曰諸賦謂九歌天問九章之屬）後有宋玉唐勒之屬慕而述之皆以

顯名漢興高祖王兄子濞於吳招致天下之娛游子弟枚乘鄒陽嚴夫子之徒興於文景之際而淮南王安亦都壽春招賓客著書而吳有嚴助朱買臣貴顯漢朝文辭並發故世傳楚辭其失巧而少信初淮南王異國中民家有女者（晉灼曰有女者見優異）以待游士而妻之故至今多女而少男（如淳曰得女寵或去男也臣瓚曰周官職方云楊州之民二男而五女此風氣非由淮南王安能使多女也師古曰二說皆非也志亦言土地風氣既足女矣因淮南之化又更聚焉）本吳粵與楚接比數相并兼（師古曰比近也音頻寐反）故民俗略同吳東有海鹽章山之銅三江五湖之利亦江東之一都會也豫章出黃金然菫菫物之所有取之不足以更費（應劭曰菫菫少也更償也言金少耳取不足用顧費用也師古曰應說非也此言所出之金既以少矣自外諸物蓋亦不多故揔言取之不足償功直也菫讀曰僅更音庚）江南卑溼丈夫多夭會稽海外有東鯷人（孟康曰音題晉灼曰音鞮師古曰孟音是也）分爲二十餘國以歲時來獻見云　粵地牽牛婺女之分壄也今之蒼梧鬱林合浦交阯九眞南海日南皆粵分也其君禹後帝少康之庶子云封於會稽（臣瓚曰自交阯至會稽七八千里百越雜處各有種姓不得盡云少康之後也案世本越爲芈姓與楚同祖故國語曰芈姓夔越然則越非禹後明矣又芈姓之越亦句踐之後不謂南越也師古曰越之爲號其來尚矣少康封庶子以主禹祠君於越地耳故此志云其君禹後豈謂百越之人皆禹苗裔瓚說非也）文身斷髮以避蛟龍之害（應劭曰常在水中故斷其髮文其身以象龍子故不見傷害也）後二十世至句踐稱王與吳王闔廬戰

敗之雋李（師古曰雋音醉字本作檇其旁從木）夫差立句踐乘勝復伐吳吳大破之棲會稽（師古曰會稽山名登山而處以避兵難言若鳥之棲）臣服請平後用范蠡大夫種計遂伐滅吳兼并其地度淮與齊晉諸侯會致貢於周周元王使使賜命爲伯諸侯畢賀後五世爲楚所滅子孫分散君服於楚（師古曰君服事楚爲君而服從之）後十世至閩君搖佐諸侯平秦漢興復立搖爲粵王是時秦南海尉趙佗亦自王傳國至武帝時盡滅以爲郡云處近海多犀象毒冒珠璣銀銅果布之湊（韋昭曰果謂龍眼離支之屬布葛布也師古曰毒音代冒音莫內反璣謂珠之不圜者也音祈又音機布謂諸雜細布皆是也）中國往商賈者多取富焉番禺其一都會

也自合浦徐聞南入海得大州東西南北方千里武帝元封元年略以為儋耳珠厓郡民皆服布如單被穿中央為貫頭師古曰著時從頭而貫之男子耕農種禾稻紵麻女子桑蠶織績亡馬與虎民有五畜師古曰牛羊豕雞犬山多麈麖師古曰麈似鹿而大麖似鹿而小麈音主麖音京兵則矛盾刀木弓弩竹矢或骨為鏃師古曰鏃矢鋒音子木反自初為郡縣吏卒中國人多侵陵之故率數歲壹反元帝時遂罷棄之自日南障塞徐聞合浦船行可五月有都元國又船行可四月有邑盧沒國又船行可二十餘日有諶離國師古曰諶音士林反步行可十餘日有夫甘都盧國師古曰都盧國人勁捷善緣高故張衡西京賦云烏獲扛鼎都盧尋橦又曰非都盧之輕趫孰能超而究升也夫音扶自夫甘都盧國船行可二月餘有黃支國民俗略與珠厓相類其州廣大戶口多多異物自武帝以來皆獻見有譯長屬黃門與應募者俱入海市明珠璧流離奇石異物齎黃金雜繒而往所至國皆稟食為耦師古曰稟給也耦媲也給其食而侶媲之相隨行也蠻夷賈船轉送致之亦利交易剽殺人師古曰剽劫也音頻妙反又苦逢風波溺死不者數年來還大珠至圍二寸以下平帝元始中王莽輔政欲燿威德厚遺黃支王令遣使獻生犀牛自黃支船行可八月到皮宗船行可二月到日南象林界

云黃支之南有已程不國漢之譯使自此還矣

地理志卷第八下

溝洫志卷第九應劭曰溝廣四尺深四尺洫廣深倍於溝師古曰洫音許域反　班固　漢書二十九

祕書監上護軍琅邪縣開國子顏　師古　注

夏書禹堙洪水十三年如淳曰堙从也師古曰堙塞也洪水氾溢疏通而止塞之堙音因過

家不入門陸行載車水行乘舟泥行乘毳孟康曰毳形如箕擿行泥上如淳曰毳音茅蕝之蕝謂以板置泥上以通行路也師古曰孟說是也毳讀如本字山行則梮如淳曰梮謂以鐵如錐頭長半寸施之履下以上山不蹉跌也韋昭曰梮木器如今轝牀人轝以行也師古曰如說是也梮音居足反以別九州師古曰分其界隨山浚川師古曰順山之高下而深其流任土作貢師古曰任其土地所有以定貢賦之差也通九道陂九澤度九山師古曰言通九州之道及鄣遏其澤商度其山也度音大各反

然河災之羨溢害中國也尤甚師古曰羨讀與衍同音弋戰反唯是

為務故道河自積石師古曰道治也引也從積石山而治引之令通流也道讀曰導歷龍

門南到華陰東下底柱師古曰底音之履反及盟津雒內至于

大伾鄭氏曰山一成為伾在脩武武德界張晏曰成皋縣山是也臣瓚以為今脩武武德無此山也成皋縣山又不一成也今黎陽山臨河豈是乎師古曰內讀曰汭伾音皮彼反解在地理志於是禹以為河所從來者

高水湍悍難以行平地師古曰急流曰湍悍勇也湍音他端反數為敗迺

釃二渠以引其河孟康曰釃分也分其流泄其怒也二渠其一出貝丘西南南折者也其一則漯川也河自王莽時遂空唯用漯耳師古曰釃音山支反漯音它合反北載之高地過降水至於大

陸播為九河師古曰播布也同為迎河入于勃海臣瓚以為禹貢夾右碣石入于河則河入海乃在碣石也武帝元光二年河移徙東郡更注勃海禹時不注也師古曰解在地理志九川既疏九

澤既陂諸夏乂安師古曰疏分流功施乎三代自是之後滎

陽下引河東南為鴻溝以通宋鄭陳蔡曹衛與

濟汝淮泗會於楚西方則通渠漢川雲夢之際東

方則通溝江淮之間於吳則通渠三江五湖於齊

則通菑濟之間於蜀則蜀守李冰鑿離堆晉灼曰堆古堆字也崖岸也師古曰音丁回反避沫水之害師古曰沫音本末之末沫水出蜀西南徼外東南入江穿二

江成都中此渠皆可行舟有餘則用溉師古曰溉灌也音工代反百

姓饗其利至於它往往引其水用溉田溝渠甚多

然莫足數也魏文侯時西門豹為鄴令有令名師古曰有善政之稱至文侯曾孫襄王時與羣臣飲酒王為羣臣

祝曰令吾臣皆如西門豹之為人臣也史起進曰

魏氏之行田也以百畝師古曰賦田之法一夫百畝也鄴獨二百畝是

田惡也漳水在其旁西門豹不知用是不智也知

而不興是不仁也仁智豹未之盡何足法也於是

以史起為鄴令遂引漳水溉鄴以富魏之河內民

歌之曰鄴有賢令兮為史公決漳水兮灌鄴旁終

古舃鹵兮生稻粱蘇林曰終古猶言久古也爾雅曰鹵鹹苦也師古曰舃即斥鹵也謂鹹鹵之地也其

後韓聞秦之好興事欲罷之無令東伐如淳曰息秦滅韓之計也師古曰罷讀曰疲令其疲勞不能出兵耳迺使水工鄭國閒說秦師古曰閒音居莧反其下亦同令

鑿涇水自中山西邸瓠口為渠師古曰中讀曰仲即今九嵕之東仲山也邸至也

並北山東注洛三百餘里師古曰並音步浪反洛水即馮翊漆沮水欲以溉

田中作而覺師古曰中作謂用功中道事未竟也秦欲殺鄭國鄭國曰始

臣爲間，然渠成亦秦之利也。臣爲韓延數歲之命，
而爲秦建萬世之功。秦以爲然，卒使就渠。渠成，而
用溉注填閼之水，溉舄鹵之地四萬餘頃，收皆畝
一鍾。師古曰：注，引也。閼讀與淤同，音於據反。填淤謂雍泥也。言引淤濁之水灌鹹鹵之田，更令肥美，故一畝之收至六斛四斗。於
是關中爲沃野，無凶年，秦以富彊，卒并諸侯，因名
曰鄭國渠。漢興三十有九年，孝文時河決酸棗，東
潰金隄，師古曰：潰，橫決也。金隄，河隄名也，在東郡白馬界。隄音丁奚反。於是東郡大興卒塞
之。其後三十六歲，孝武元光中，河決於瓠子，東南
注鉅野，師古曰：鉅野，澤名，舊屬兗州界，即今之鄆州鉅野縣。通於淮、泗。上使汲黯、
鄭當時興人徒塞之，輒復壞。是時武安侯田蚡

爲丞相，其奉邑食鄃。鄃居河北，師古曰：奉音扶用反。鄃音輸，清河之縣也。河
決而南則鄃無水災，邑收入多。蚡言於上曰：江河
之決皆天事，未易以人力彊塞，彊塞之未必應天。
而望氣用數者亦以爲然。是以久不復塞也。時鄭
當時爲大司農，言：異時關東漕粟從渭上，師古曰：異時，往時也。
度六月罷，師古曰：計度其功，六月而後可罷也。度音大各反。而渭水道九百餘里，
時有難處。引渭穿渠起長安，旁南山下，師古曰：旁音步浪反。至
河三百餘里，徑易，師古曰：徑，直也。易音弋豉反。漕度可令三月罷；
而渠下民田萬餘頃，又可得以溉。此損漕省卒，而
益肥關中之地，得穀。上以爲然，令齊人水工徐伯

表，師古曰：巡行穿渠之處而表記之，今之豎標是。發卒數萬人穿漕渠，三歲而
通。以漕，大便利。其後漕稍多，而渠下之民頗得以
溉矣。後河東守番係師古曰：姓番，名係也。番音普安反。言：漕從山東
西，歲百餘萬石，師古曰：謂從山東運漕而西入關也。更砥柱之艱，師古曰：更，歷也。更音
庚。敗亡甚多而煩費。穿渠引汾溉皮氏、汾陰下，
引河溉汾陰、蒲坂下，師古曰：引汾水可用溉皮氏及汾陰以下，而引河水可用溉汾陰及蒲坂以下，以形
所宜也。度可得五千頃。故盡河壖棄地，師古曰：謂河岸以下緣河邊地素不
耕墾者也。堧音而緣反。民茭牧其中耳，師古曰：茭，乾草也。謂收茭草及牧畜產於其中。茭音交。今
溉田之，師古曰：溉而種之。度可得穀二百萬石以上。穀從渭
上，與關中無異，師古曰：雖從關外而來，於渭水運上，皆可致之，故曰與關中收穀無異也。而砥柱

之東可毋復漕。上以爲然，發卒數萬人作渠田。數
歲，河移徙，渠不利，田者不能償種。師古曰：言所收之直不足償糧種之費也。種音之
勇反。久之，河東渠田廢，予越人，令少府以爲稍入。
如淳曰：時越人有徙者，以田与之，其租稅入少府也。師古曰：越人習於水田，又新至，未有業，故与之也。稍，漸也。其入未多，故謂之稍也。其
後人有上書欲通襃斜道及漕，師古曰：襃、斜，二谷名。其谷皆各自有水耳。斜音
弋奢反。事下御史大夫張湯。湯問之，言：抵蜀從故
道，故道多阪，回遠。師古曰：抵，至也。故道，屬武都，有蠻夷，故曰道，即今鳳州界也。回音胡內反。今
穿襃斜道，少阪，近四百里；而襃水通沔，斜水通渭，
皆可以行船漕。漕從南陽上沔入襃，襃絕水至斜，
閒百餘里，以車轉，從斜下渭。如此，漢中穀可致，而

山東從沔無限便於底柱之漕且褒斜材木竹箭之饒擬於巴蜀師古曰擬比也上以為然拜湯子卬為漢中守發數萬人作褒斜道五百餘里道果便近而水多湍石不可漕其後嚴熊言臨晉民願穿洛以溉重泉以東萬餘頃故惡地師古曰臨晉重泉皆馮翊之縣也洛即漆沮水誠即得水可令畝十石於是為發卒萬人穿渠自徵引洛水至商顏下應劭曰徵在馮翊商顏山名也師古曰徵音懲即今所謂澄城也商顏商山之顏也謂之顏者譬人之顏額也亦猶山領象人之頸領岸善崩如淳曰洛水岸也師古曰善崩言憙崩也乃鑿井深者四十餘丈往往為井井下相通行水水隤以絕商顏師古曰下流曰隤東至山領十餘里閒井渠之生自

此始穿得龍骨故名曰龍首渠作之十餘歲渠頗通猶未得其饒自河決瓠子後二十餘歲歲因以數不登而梁楚之地尤甚上既封禪巡祭山川其明年乾封少雨師古曰乾音干解在郊祀志上迺使汲仁郭昌發卒數萬人塞瓠子決河於是上以用事萬里沙則還自臨決河湛白馬玉璧師古曰湛讀曰沈沈馬及璧以禮水神也令羣臣從官自將軍以下皆負薪寘決河師古曰寘音大千反是時東郡燒草以故薪柴少而下淇園之竹以為楗晉灼曰淇園衛之苑也如淳曰樹竹塞水決之口稍稍布插接樹之水稍弱補令密謂之楗以草塞其裏乃以土填之有石以石為之師古曰楗音其偃反上既臨河決悼功之不成迺作歌曰瓠子決兮將柰何浩浩洋洋慮殫為河如淳曰殫盡也師古曰浩浩洋洋皆水盛貌慮猶恐也浩音胡老反洋音羊殫為河兮地不得寧功無已時兮吾山平如淳曰恐水漸山使平也韋昭曰鑿山以填河也師古曰韋說是也已止也言用功多不可畢止也吾山平兮鉅野溢如淳曰瓠子決灌鉅野澤使溢也魚弗鬱兮柏冬日孟康曰鉅野滿溢則衆魚弗鬱而滋長迫冬日乃止也師古曰孟說非也弗鬱憂不樂也水長涌溢濁不清故魚不樂又迫於冬日將甚困也柏讀與迫同弗音佛正道弛兮離常流晉灼曰言河道皆弛壞蛟龍騁兮放遠游歸舊川兮神哉沛臣瓚曰水還舊道則羣害消除神祐滂沛也師古曰沛音普大反不封禪兮安知外師古曰言不因巡狩封禪而出則不知關外有此水皇謂河公兮何不仁張晏曰皇武帝也河公河伯也泛濫不止兮愁吾人齧桑浮兮淮泗滿如淳曰齧桑邑名為水所浮漂久不反兮

水維緩師古曰水維水之綱維也一曰河湯湯兮激潺湲師古曰歌有二章自河湯湯以下更是其一故云一曰也湯湯疾貌也潺湲流也湯音傷潺音仕連反湲音于權反北渡回兮迅流難師古曰迅疾也音訊搴長茭兮湛美玉如淳曰搴取也茭草也音郊一曰茭竿也取長竿樹之用著石間以塞決河也臣瓚曰竹葦絙謂之茭也所以引置土石也師古曰瓚說是也搴拔也絙索也湛美玉者以祭河也茭字宜從竹搴音騫茭音交又音爻湛讀曰沈絙音工登反河公許兮薪不屬如淳曰旱燒故薪不足也師古曰沈玉禮神見許福祐但以薪不屬逮故無功也屬音之欲反薪不屬兮衛人罪師古曰東郡本衛地故言此衛人之罪也燒蕭條兮噫乎何以御水師古曰燒草皆盡故野蕭條然也噫乎歎辭也噫音於期反隤林竹兮揵石菑師古曰隤林竹者即上所說下淇園之竹以為楗也石菑者謂臿石立之然後以土就填塞也菑亦臿耳音側其反義與插同宣防塞兮萬福來於是卒塞瓠子築宮其上名曰宣防而

道河北行二渠復禹舊迹師古曰道讀曰導而梁楚之地復寧無水災自是之後用事者爭言水利朔方西河河西酒泉皆引河及川谷以溉田而關中靈軹成國湋渠如淳曰地理志盩厔有靈軹渠成國渠名在陳倉湋音韋水出韋谷引諸川汝南九江引淮東海引鉅定臣瓚曰鉅定澤名也泰山下引汶水師古曰汶音問皆穿渠為溉田各萬餘頃它小渠及陂山通道者不可勝言也師古曰陂山因山之形也道引也陂音彼義反道讀曰導一曰陂山遏山之流以為陂也音彼皮反自鄭國渠起至元鼎六年百三十六歲而兒寬為左內史奏請穿鑿六輔渠師古曰在鄭國渠之裏今尚謂之輔渠亦曰六渠也以益溉鄭國傍高卬之田師古曰素不得鄭國之溉灌者也卬

謂上向也讀曰仰上曰農天下之本也泉流灌寖所以育五穀也師古曰寖古浸字左右內史地名山川原甚眾細民未知其利故為通溝瀆畜陂澤師古曰畜讀曰蓄所以備旱也今內史稻田租挈重不與郡同師古曰租挈收田租之約令也郡謂四方諸郡也挈音苦計反其議減令吏民勉農盡地利平繇行水勿使失時師古曰平繇者均齊渠堰之力役謂俱得水利也繇讀曰傜後十六歲太始二年趙中大夫白公鄭氏曰白姓公爵時人多相謂為公師古曰此時無公爵也蓋相呼尊老之稱耳復奏穿渠引涇水首起谷口尾入櫟陽師古曰谷口即今雲陽縣冶谷是注渭中袤二百里師古曰袤長也音茂溉田四千五百餘頃因名曰白渠民得其饒歌之曰田於何所池陽谷

口鄭國在前白渠起後師古曰鄭國興於秦時故云前舉臿為雲決渠為雨師古曰臿鍬也所以開渠者也涇水一石其泥數斗且溉且糞長我禾黍如淳曰水渟淤泥可以當糞衣食京師億萬之口言此兩渠饒也是時方事匈奴興功利言便宜者甚眾齊人延年上書師古曰史不得其姓言河出昆侖經中國注勃海是其地勢西北高而東南下也可案圖書觀地形令水工準高下開大河上領晉灼曰上領山頭也出之胡中東注之海如此關東長無水災北邊不憂匈奴可以省隄防備塞士卒轉輸胡寇侵盜覆軍殺將暴骨原野之患天下常備匈奴而不憂百越者以其

水絕壤斷也此功壹成萬世大利書奏上壯之報曰延年計議甚深然河乃大禹之所道也師古曰道讀曰導聖人作事為萬世功通於神明恐難改更自塞宣房後河復北決於館陶分為屯氏河師古曰屯音大門反而隋室分析州縣誤以為毛氏河乃置毛州失之甚矣東北經魏郡清河信都勃海入海廣深與大河等故因其自然不隄塞也此開通後館陶東北四五郡雖時小被水害而兗州以南六郡無水憂宣帝地節中光祿大夫郭昌使行河北曲三所水流之勢皆邪直貝丘縣師古曰直當也恐水盛隄防不能禁迺各更穿渠直東經東郡界中不令

北曲渠通利百姓安之元帝永光五年河決清河靈鳴犢口（師古曰清河之靈縣鳴犢河口也）而屯氏河絕成帝初清河都尉馮逡（師古曰逡音七旬反）奏言郡承河下流與兗州東郡分水爲界城郭所居尤卑下土壤輕脆易傷頃所以闊無大害者以屯氏河通兩川分流也（師古曰闊稀也）今屯氏河塞靈鳴犢口又益不利獨一川兼受數河之任雖高增隄防終不能泄如有霖雨旬日不霽必盈溢（師古曰雨止曰霽音子計反又才詣反）靈鳴犢口在清河東界所在處下雖令通利猶不能爲魏郡清河減損水害禹非不愛民力以地形有埶故穿九河今既

滅難明屯氏河不流行七十餘年新絕未久其處易浚（師古曰浚謂治道之令其深也浚音峻）又其口所居高於以分流殺水力道里便宜可復浚以助大河泄暴水備非常又地節時郭昌穿直渠後三歲河水更從故第二曲間北可六里復南合今其曲埶復邪直貝丘百姓寒心宜復穿渠東行不豫修治北決病四五郡南決病十餘郡然後憂之晚矣事下丞相御史白博士許商治尚書善爲算能度功用（師古曰白白於天子也度音大各反）遣行視（師古曰行音下更反）以爲屯氏河盈溢所爲方用度不足（師古曰言國家少財役也）可且勿浚後三歲河果決於館陶及東

郡金隄溢兗豫入平原千乘濟南凡灌四郡三十二縣水居地十五萬餘頃深者三丈壞敗官亭室廬且四萬所御史大夫尹忠對方略疏闊上切責之忠自殺遣大司農非調（師古曰大司農名非調也）調均錢穀河決所灌之郡（師古曰令其調發均平錢穀遭水之郡使存給也調音徒釣反）謁者二人發河南以東漕船五百搜（師古曰一船爲一搜音先勞反其字從木）徙民避水居丘陵九萬七千餘口河隄使者王延世使塞（師古曰命其爲使而塞河也華陽國志云延世字長叔犍爲資中人也）以竹落長四丈大九圍盛以小石兩船夾載而下之三十六日河隄成上曰東郡河決流漂二州校尉延世隄防三旬

立塞其以五年爲河平元年卒治河者爲著外繇六月（如淳曰律說戍邊一歲當罷若有急當留守六月今以卒治河之故復留六月孟康曰外繇戍邊也治水不復戍邊世師古曰如孟二說皆非也以卒治河有勞雖執役日近皆得比繇戍六月也著謂著於簿籍也著音竹助反下云非受平賈爲著外繇其義亦同）惟延世長於計策功費約省用力日寡朕甚嘉之其以延世爲光祿大夫秩中二千石賜爵關內侯黃金百斤後二歲河復決平原流入濟南千乘所壞敗者半建始時復遣王延世治之杜欽說大將軍王鳳以爲前河決丞相史楊焉言延世受焉術以塞之蔽不肯見今獨任延世延世見前塞之易恐其慮害不深又審如焉言延世之巧反

不如焉且水埶各異不博議利害而任一人如使不及今冬成來春桃華水盛必羨溢有填淤反壤之害師古曰月令仲春之月始雨水桃始華蓋桃方華時既有雨水川谷氷泮衆流猥集波瀾盛長故謂之桃華水耳而韓詩傳云三月桃華水反壤者水塞不通故令其土壤反還也羨音弋繕反淤音於庶反如此數郡種不得下師古曰種五穀之子也音之勇反民人流散盜賊將生雖重誅延世無益於事宜遣焉及將作大匠許商諫大夫乘馬延年雜作孟康曰乘馬姓也師古曰乘音食證反延世與焉必相破壞深論便宜以相難極師古曰壞毀也音怪極窮也音居力反商延年皆明計筭能商功利師古曰商度也足以分別是非擇其善而從之必有成功鳳如欽言白遣焉等作治六月迺成復賜延世黃金百斤治河卒非受平賈者為著外繇六月蘇林曰平賈以錢取人作卒顧其時庸之平賈也如淳曰律說平賈一月得錢二千師古曰賈音價後九歲鴻嘉四年楊焉言從河上下患底柱隘可鐫廣之師古曰鐫謂琢鑿之也音子全反上從其言使焉鐫之鐫之裁沒水中不能去而令水益湍怒為害甚於故是歲勃海清河信都河水湓溢灌縣邑三十一師古曰湓踊也音普頓反敗官亭民舍四萬餘所河隄都尉許商與丞相史孫禁共行視圖方略師古曰圖謀也行音下更反禁以為今河溢之害數倍於前決平原時今可決平原金隄間開通大河令入故篤馬河韋昭曰在平原縣至海五百餘里

水道浚利又乾三郡水地得美田且二十餘萬頃足以償所開傷民田廬處又省吏卒治隄救水歲三萬人以上許商以為古說九河之名有徒駭胡蘇鬲津今見在成平東光鬲界中師古曰此九河之三也徒駭在成平胡蘇在東光鬲津在鬲成平東光屬勃海鬲屬平原徒駭者言禹治此河用功極衆故人徒驚駭也胡蘇下流急疾之貌也鬲津言其陿小可鬲以為津而度也鬲與隔同自鬲以北至徒駭間相去二百餘里今河雖數移徙不離此域孫禁所欲開者在九河南篤馬河失水之迹處埶平夷旱則淤絕水則為敗不可許公卿皆從商言先是谷永以為河中國之經瀆師古曰經常也聖王興則出圖書王道廢則竭絕今潰溢橫流漂沒陵阜異之大者也修政以應之災變自除是時李尋解光亦言陰氣盛則水為之長故一日之間晝減夜增江河滿溢所謂水不潤下雖常於卑下之地猶日月變見於朔望明天道有因而作也衆庶見王延世蒙重賞競言便巧不可用議者常欲求索九河故迹而穿之今因其自決可且勿塞以觀水埶河欲居之當稍自成川跳出沙土然後順天心而圖之必有成功而用財力寡於是遂止不塞滿昌師丹等數言百姓可哀上數遣使者處業振贍之師古曰處業謂安處之使得其居業哀帝初

平當使領河隄（師古曰為使而領其事）奏言九河今皆窴滅按經義治水有決河深川（師古曰決分泄也深浚治也）而無隄防雍塞之文（師古曰雍讀曰壅）河從魏郡以東北多溢決水迹難以分明四海之眾不可誣宜博求能浚川疏河者下丞相孔光大司空何武奏請部刺史三輔三河弘農太守舉吏民能者莫有應書待詔賈讓奏言治河有上中下策古者立國居民疆理土地必遺川澤之分度水勢所不及（師古曰遺留也度計也言川澤水所流聚之處皆留而置之不以為居邑而妄墾殖必計水所不及然後居而田之也分音扶問反度音大各反）大川無防小水得入陂障卑下以為汙澤（師古曰停水曰汙音一胡反）使秋水多得有所

休息左右游波寬緩而不迫夫土之有川猶人之有口也治土而防其川猶止兒啼而塞其口豈不遽止然其死可立而待也（師古曰遽速也音其庶反）故曰善為川者決之使道（師古曰道讀曰導導通引也）善為民者宣之使言蓋隄防之作近起戰國雍防百川各以自利（師古曰雍讀曰壅）齊與趙魏以河為竟（師古曰竟讀曰境）趙魏瀕山齊地卑下（師古曰瀕山猶言以山為邊界也瀕音頻又音賓）作隄去河二十五里河水東抵齊隄則西泛趙魏趙魏亦為隄去河二十五里雖非其正水尚有所游盪時至而去則填淤肥美民耕田之或久無害稍築室宅遂成聚落大水時至

漂沒則更起隄防以自救稍去其城郭排水澤而居之湛溺自其宜也（師古曰湛讀曰沈）今隄防陿者去水數百步遠者數里近黎陽南故大金隄從河西西北行至西山南頭迺折東與東山相屬（師古曰屬聯也音之欲反）民居金隄東為廬舍住十餘歲更起隄從東山南頭直南與故大隄會又內黃界中有澤方數十里環之有隄（師古曰環繞也）往十餘歲太守以賦民（師古曰以隄中之地給與民）民今起廬舍其中此臣親所見者也東郡白馬故大隄亦復數重民皆居其間從黎陽北盡魏界故大隄去河遠者數十里內亦數重此皆前世所排

也河從河內北至黎陽為石隄激使東抵東郡平剛（師古曰激者聚石於隄旁衝要之處所以激去其水也激音工歷反）又為石隄使西北抵黎陽觀下（師古曰觀縣名也音工喚反）又為石隄使東北抵東郡津北又為石隄使西北抵魏郡昭陽又為石隄激使東北百餘里間河再西三東迫阸如此不得安息今行上策徙冀州之民當水衝者決黎陽遮害亭放河使北入海河西薄大山東薄金隄勢不能遠泛濫朞月自定難者將曰若如此敗壞城郭田廬冢墓以萬數百姓怨恨昔大禹治水山陵當路者毀之故鑿龍門辟伊闕（師古曰辟讀曰闢闢開也）析底柱破碣

石（師古曰析分也）墮斷天地之性（師古曰墮毀也音火規反）此廼人功所
造何足言也今瀕河十郡治隄歲費且萬萬及
其大決所殘無數如出數年治河之費以業所徙
之民遵古聖之法定山川之位使神人各處其所
而不相奸（師古曰奸音干）且以大漢方制萬里豈其與水爭
咫尺之地哉此功一立河定民安千載無患故謂
之上策若廼多穿漕渠於冀州地使民得以溉田
分殺水怒雖非聖人法然亦救敗術也難者將曰
河水高於平地歲增隄防猶尚決溢不可以開渠
臣竊按視遮害亭西十八里至淇水口廼有金隄

高一丈自是東地稍下隄稍高至遮害亭高四五
丈往五六歲河水大盛增丈七尺壞黎陽南郭門
入至隄下（如淳曰然則隄在郭內也臣瓚曰謂水從郭門入北門出而至隄也師古曰瓚說是也）水未
踰隄二尺所從隄上北望河高出民屋百姓皆走
上山水留十三日隄潰吏民塞之臣循隄上
行視水埶（師古曰行音下更反）南七十餘里至淇口水適至隄
半計出地上五尺所今可從淇口以東為石隄多
張水門初元中遮害亭下河去隄足數十步至今
四十餘歲適至隄足由是言之其地堅矣恐議者
疑河大川難禁制滎陽漕渠足以卜之（如淳曰今礫谿口是也言

作水門通水流不為害也師古曰礫谿谿名即水經所云泲水東過礫谿者）其水門但用木與
土耳今據堅地作石隄埶必完安冀州渠首盡當
卬此水門（師古曰卬音牛向反）治渠非穿地也但為東方一隄
北行三百餘里入漳水中其西因山足高地諸渠
皆往往股引取之（如淳曰股支別也）旱則開東方下水門溉
冀州水則開西方高門分河流通渠有三利不通
有三害民常罷於救水半失作業（師古曰此一害也罷讀曰疲）水
行地上湊潤上徹民則病溼氣木皆立枯鹵不生
穀（師古曰此二害）決溢有敗為魚鼈食此三害也若有渠
溉則鹽鹵下隰填淤加肥（師古曰此一利）故種禾麥更為秔

稻高田五倍下田十倍（師古曰此二利也秔謂稻之不粘者也音庚）轉漕舟
船之便此三利也今瀕河隄吏卒郡數千人伐買
薪石之費歲數千萬足以通渠成水門又民利其
溉灌相率治渠雖勞不罷（師古曰罷讀曰疲）民田適治河隄
亦成此誠富國安民興利除害支數百歲故謂之
中策若廼繕完故隄增卑倍薄勞費無已數逢
其害此最下策也王莽時徵能治河者以百數其
大略異者長水校尉平陵關並（師古曰桓譚新論云並字子陽材智通達也）
言河決率常於平原東郡左右其地形下而土疏
惡聞禹治河時本空此地以為水猥盛則放溢（師古

曰猥多也少稍自索師古曰索盡也音先各反雖時易處猶不能離此上古難識近察秦漢以來河決曹衞之域其南北不過百八十里者可空此地勿以爲官亭民室而已大司馬史長安張戎師古曰新論云字仲功習溉灌事也言水性就下行疾則自刮除成空而稍深河水重濁號爲一石水而六斗泥今西方諸郡以至京師東行民皆引河渭山川水溉田春夏乾燥少水時也故使河流遲貯淤而稍淺雨多水暴至則溢決而國家數隄塞之稍益高於平地猶築垣而居水也可各順從其性毋復灌溉則百川流行水道自利無溢決

之害矣御史臨淮韓牧師古曰新論云字子台善水事以爲可略於禹貢九河處穿之縱不能爲九但爲四五宜有益大司空掾王橫師古曰橫字平中琅邪人見儒林傳中讀曰仲言河入勃海勃海地高於韓牧所欲穿處往者天嘗連雨東北風海水溢西南出浸數百里九河之地已爲海所漸矣師古曰漸浸也讀如本字又音子廉反禹之行河水本隨西山下東北去師古曰行謂通流也周譜云定王五年河徙如淳曰譜音補世統譜諜也則今所行非禹之所穿也又秦攻魏決河灌其都決處遂大不可復補宜卻徙完平處更開空師古曰空猶穿使緣西山足乘高地而東北入海迺無水災沛郡

桓譚爲司空掾典其議爲甄豐言凡此數者必有一是宜詳考驗皆可豫見計定然後舉事費不過數億萬亦可以事諸浮食無產業民師古曰事謂役使也空居與行役同當衣食衣食縣官而爲之作迺兩便師古曰言無產業之人端居無爲及發行力役俱須衣食耳今縣官給其衣食而使修治河水是爲公私兩便也可以上繼禹功下除民疾王莽時但崇空語無施行者

贊曰古人有言微禹之功吾其魚乎師古曰左氏傳載周大夫劉定公之辭也言無禹治水之功則天下之人皆爲魚鼈耳中國川原以百數莫著於四瀆而河爲宗孔子曰多聞而志之知之次也師古曰論語稱孔子之言曰多聞擇其善者而從之多見而志之知之次也志記也字亦作識音式異反國之利害故備論其事

溝洫志卷第九

藝文志卷第十　班固　漢書三十

秘書監上護軍琅邪縣開國子顔師古注

昔仲尼沒而微言絶李奇曰隱微不顯之言也師古曰精微要眇之言耳七十子喪而大義乖師古曰七十子謂弟子達者七十二人舉其成數故言七十故春秋分爲五韋昭曰謂左氏公羊穀梁鄒氏夾氏也詩分爲四韋昭曰謂毛氏齊魯韓易有數家之傳戰國從衡眞僞分爭師古曰從音子容反諸子之言紛然殽亂師古曰殽雜也至秦患之乃燔滅文章以愚黔首師古曰燔燒也秦謂人爲黔首言其頭黑也燔音扶元反黔音其炎反又音琴漢興改秦之敗大收篇籍廣開獻書之路迄孝武世書缺簡脱禮壞樂崩師古曰編絶散落故簡脱脱音吐活反聖上喟然而稱曰師古曰喟歎息貌也音丘位反朕甚

閔焉於是建藏書之策如淳曰劉歆七略曰外則有太常太史博士之藏内則有延閣廣内秘室之府置寫書之官下及諸子傳説皆充祕府至成帝時以書頗散亡使謁者陳農求遺書於天下詔光祿大夫劉向校經傳諸子詩賦步兵校尉任宏校兵書太史令尹咸校數術師古曰占卜之書侍醫李柱國校方技師古曰醫藥之書也每一書已師古曰已畢也向輒條其篇目撮其指意録而奏之師古曰撮總取也音千括反會向卒哀帝復使向子侍中奉車都尉歆卒父業師古曰卒終也歆於是總羣書而奏其七略故有輯略師古曰輯與集同謂諸書之總要有六藝略師古曰六藝六經也有諸子略有詩賦略有兵書略有術數略有方技略今刪其要以備篇籍師古曰刪去浮冗取其指要也其每略所條家及篇數有與總凡不同者轉寫脱誤年代久遠無以詳知

易經十二篇施孟梁丘三家師古曰上下經及十翼故十二篇易傳周氏二篇字王孫也服氏二篇師古曰劉向別録云服氏齊人號服光楊氏二篇名何字叔元菑川人蔡公二篇衛人事周王孫韓氏二篇名嬰王氏二篇名同丁氏八篇名寛字子襄梁人也古五子十八篇自甲子至壬子説易陰陽淮南道訓二篇淮南王安聘明易者九人號九師説古雜八十篇雜災異三十五篇神輸五篇圖一師古曰劉向別録云神輸者王道失則災害生得則四海輸之祥瑞孟氏京房十一篇災異孟氏京房六十六篇五鹿充宗略説三篇京氏段嘉十二篇蘇林曰東海人爲博士晉灼曰儒林不見師古曰蘇説是也嘉即京房所從受易者也見儒林傳及劉向別録

章句施孟梁丘氏各二篇

凡易十三家二百九十四篇

易曰宓戲氏仰觀象於天俯觀法於地觀鳥獸之文與地之宜近取諸身遠取諸物於是始作八卦以通神明之德以類萬物之情師古曰下繫之辭也鳥獸之文謂其迹在地者宓讀與伏同至于殷周之際紂在上位逆天暴物文王以諸侯順命而行道天人之占可得而效於是重易六爻作上下篇孔氏爲之彖象繫辭文言序卦之屬十篇故曰易道深矣人更三聖韋昭曰伏羲文王孔子師古曰更經也音工衡反世歷三古孟康曰易繫辭曰易之興其於中古乎然則伏羲爲上古文王爲中古孔子爲下古及秦燔書而易爲筮卜之

事傳者不絕漢興田何傳之訖于宣元有施孟梁丘京氏列於學官而民閒有費高二家之說 師古曰費音扶未反 劉向以中古文易經校施孟梁丘經 師古曰中者天子之書也言中以別於外耳 或脫去無咎悔亡唯費氏經與古文同

尚書古文經四十六卷 為五十七篇 師古曰孔安國書序云凡五十九篇為四十六卷承詔作傳引序各冠其篇首定五十八篇鄭玄敘贊云後又亡其一篇故五十七

經二十九卷 大小夏侯二家歐陽經三十二卷 師古曰此二十九卷伏生傳授者

傳四十一篇

歐陽章句三十一卷

大小夏侯章句各二十九卷

大小夏侯解故二十九篇

歐陽說義二篇

劉向五行傳記十一卷

許商五行傳記一篇

周書七十一篇 周史記 師古曰劉向云周時誥誓號令也蓋孔子所論百篇之餘也今之存者四十五篇矣

議奏四十二篇 宣帝時石渠論 韋昭曰閣名也於此論書

凡書九家四百一十二篇 入劉向稽疑一篇 師古曰此凡言入者謂七略之外班氏新入之也其云出者與此同

易曰河出圖雒出書聖人則之 師古曰上繫之辭也 故書之所起遠矣至孔子纂焉 孟康曰纂音撰 上斷於堯下訖于秦凡百篇而為之序言其作意秦燔書禁學濟南伏生獨壁藏之漢興亡失求得二十九篇以教齊魯之閒訖孝宣世有歐陽大小夏侯氏立於學官古文尚書者出孔子壁中 師古曰家語云孔騰字子襄畏秦法峻急藏尚書孝經論語於夫子舊堂壁中而漢記尹敏傳云孔鮒所藏二說不同未知孰是 武帝末魯共王壞孔子宅欲以廣其宮而得古文尚書及禮記論語孝經凡數十篇皆古字也共王往入其宅聞鼓琴瑟鐘磬之音於是懼乃止不壞孔安國者孔子後也悉得其書以考二十九篇得多十六篇 師古曰壁中書多以考見行世二十九篇之外更得十六篇 安國獻之遭巫蠱事未列于學官劉向以中古文校歐陽大小夏侯三家經文酒誥脫簡一召誥脫簡二 師古曰召讀曰邵 率簡二十五字者脫亦二十五字簡二十二字者脫亦二十二字文字異者七百有餘脫字數十書者古之號令號令於眾其言不立具則聽受施行者弗曉古文讀應爾雅故解古今語而可知也

詩經二十八卷魯齊韓三家 應劭曰申公作魯詩后蒼作齊詩韓嬰作韓詩

魯故二十五卷 師古曰故者通其指義也它皆類此今流俗毛詩改故訓傳為詁字失真耳

魯說二十八卷

齊后氏故二十卷

齊孫氏故二十七卷

齊后氏傳三十九卷

齊孫氏傳二十八卷

齊雜記十八卷

韓故三十六卷

韓內傳四卷

韓外傳六卷

韓說四十一卷

毛詩二十九卷

毛詩故訓傳三十卷

凡詩六家四百一十六卷

書曰詩言志歌詠言 師古曰虞書舜典之辭也在心為志發言為詩詠者永也永長也歌所以長言之 故哀樂之心感而歌詠之聲發誦其言謂之詩詠其聲謂之歌故古有采詩之官王者所以觀風俗知得失自考

正也孔子純取周詩上采殷下取魯凡三百五篇
遭秦而全者以其諷誦不獨在竹帛故也漢興魯
申公為詩訓故而齊轅固燕韓生皆為之傳或取
春秋采雜說咸非其本義與不得已魯最為近之
師古曰與不得已者言皆不得也三家皆不得其真而魯最近之 三家皆列於學官又有
毛公之學自謂子夏所傳而河閒獻王好之未得立
禮古經五十六卷經七十篇后氏戴氏記百三十一篇
七十子後學者所記也 明堂陰陽三十三篇古明堂之遺事王史氏二十一
篇七十子後學者師古曰劉向別錄云六國時人也曲臺后倉九篇如淳曰行禮射於曲臺后
倉為記故名曰曲臺記漢官曰大射於曲臺晉灼曰天子射宮也西京無大學於此行禮也中庸說二篇師古

曰今禮記有中庸一篇亦非本禮經蓋此之流明堂陰陽說五篇周官經六篇
王莽時劉歆置博士師古曰即今之周官禮也亡其冬官以考工記充之周官傳四篇軍禮司馬
法百五十五篇古封禪羣祀二十二篇封禪議對
十九篇武帝時也漢封禪羣祀三十六篇議奏三十八
篇石渠
凡禮十三家五百五十五篇入司馬法一家百五十五篇易曰有夫
婦父子君臣上下禮義有所錯師古曰序卦之辭也錯置也音千故反而
帝王質文世有損益至周曲為之防事為之制師古
曰委曲防閑每事為制也故曰禮經三百威儀三千韋昭曰周禮三百六十官也三百舉成數
也臣瓚曰禮經三百謂冠婚吉凶周禮三百是官名也師古曰禮經三百韋說是也威儀三千乃謂冠婚吉凶蓋儀禮是及周

之衰諸侯將踰法度惡其害己皆滅去其籍自
孔子時而不具至秦大壞漢興魯高堂生傳士
禮十七篇訖孝宣世后倉最明戴德戴聖慶普
皆其弟子三家立於學官禮古經者出於魯淹中
蘇林曰里名也及孔氏學七十篇文相似多三十九篇及明
堂陰陽王史氏記所見多天子諸侯卿大夫之制
雖不能備猶瘉倉等推士禮而致於天子之說師古
曰瘉與愈同愈勝也 樂記二十三篇王禹記二十四篇雅
歌詩四篇雅琴趙氏七篇名定勃海人宣帝時丞相魏相所奏雅琴師
氏八篇名中東海人傳言師曠後雅琴龍氏九十九篇名德梁人師古曰劉向別

錄云亦魏相所奏也與趙定俱召見待詔後拜為侍郎 凡樂六家百六十五篇
出淮南劉向等琴頌七篇 易曰先王作樂崇德殷薦之上帝以享
祖考師古曰豫卦象辭也殷盛也故自黃帝下至三代樂各有名
孔子曰安上治民莫善於禮移風易俗莫善於樂
師古曰孝經載孔子之言二者相與並行周衰俱壞樂尤微眇以
音律為節師古曰眇細也言其道精微節在音律不可具於書眇亦讀曰妙 又為鄭衛所
亂故無遺法漢興制氏以雅樂聲律世在樂官頗
能紀其鏗鏘鼓舞而不能言其義師古曰鏗音初衡反六國之
君魏文侯最為好古孝文時得其樂人竇公師古曰桓譚新
論云竇公年百八十歲兩目皆盲文帝奇之問曰何因至此對曰臣年十三失明父母哀其不及眾技教鼓琴臣導引無所服餌獻

其書乃周官大宗伯之大司樂章也武帝時河間獻王好儒與毛生等共采周官及諸子言樂事者以作樂記獻八佾之舞與制氏不相遠其內史丞王定傳之以授常山王禹禹成帝時爲謁者數言其義師古曰數音所角反獻二十四卷記劉向校書得樂記二十三篇與禹不同其道寖以益微師古曰寖漸也

春秋古經十二篇經十一卷公羊穀梁二家左氏傳三十卷左丘明魯太史公羊傳十一卷公羊子齊人師古曰名高穀梁傳十一卷穀梁子魯人師古曰名喜鄒氏傳十一卷夾氏傳十一卷有録無書師古曰夾音頰左氏微二篇師古曰微謂釋其微指鐸氏微三篇楚太傅鐸椒也張氏微十篇

虞氏微傳二篇趙相虞卿公羊外傳五十篇穀梁外傳二十篇公羊章句三十八篇穀梁章句三十三篇公羊雜記八十三篇公羊顏氏記十一篇公羊董仲舒治獄十六篇議奏三十九篇石渠論國語二十一篇左丘明著新國語五十四篇劉向分國語世本十五篇古史官記黃帝以來訖春秋時諸侯大夫戰國策三十三篇記春秋後奏事二十篇秦時大臣奏事及刻石名山文也楚漢春秋九篇陸賈所記太史公百三十篇十篇有録無書馮商所續太史公七篇韋昭曰馮商受詔續太史公十餘篇在班彪別録商字子高師古曰七略云商陽陵人治易事五鹿充宗後事劉向能屬書後與孟柳俱待詔頗序列傳未卒病死太古以來年紀二篇漢著記百九十卷師古曰若今之起居注漢大年紀五篇

凡春秋二十三家九百四十八篇省太史公四篇

古之王者世有史官君舉必書所以慎言行昭法式也左史記言右史記事事爲春秋言爲尚書帝王靡不同之周室既微載籍殘缺仲尼思存前聖之業乃稱曰夏禮吾能言之杞不足徵也殷禮吾能言之宋不足徵也文獻不足故也足則吾能徵之矣師古曰論語載孔子之言也徵成也獻賢也孔子自謂能言夏殷之禮而杞宋之君文章賢材不足以成之故我不得成此禮也以魯周公之國禮文備物史官有法故與左丘明觀其史記據行事仍人道師古曰仍亦因也因興以立功就敗以成

罰假日月以定曆數藉朝聘以正禮樂有所褒諱貶損不可書見口授弟子弟子退而異言師古曰謂人執所見各不同也丘明恐弟子各安其意以失其真故論本事而作傳明夫子不以空言說經也春秋所貶損大人當世君臣有威權勢力其事實皆形於傳是以隱其書而不宣所以免時難也及末世口說流行故有公羊穀梁鄒夾之傳四家之中公羊穀梁立於學官鄒氏無師夾氏未有書

論語古二十一篇出孔子壁中兩子張如淳曰分堯曰篇後子張問何如可以從政已下爲篇名曰從政齊二十二篇多問王知道如淳曰問王知道皆篇名也魯二十篇傳十九篇師古曰解釋論語意者齊說二十

九篇魯夏侯說二十一篇魯安昌侯說二十一篇
師古曰張禹也魯王駿說二十篇師古曰王吉子燕傳說三卷議奏
十八篇石渠論孔子家語二十七卷師古曰非今所有家語孔子
三朝七篇師古曰今大戴禮有其一篇蓋孔子對魯哀公語也三朝見公故曰三朝孔子徒人
圖法二卷　凡論語十二家二百二十九篇論
語者孔子應荅弟子時人及弟子相與言而接聞
於夫子之語也當時弟子各有所記夫子既卒門
人相與輯而論篹故謂之論語師古曰輯與集同篹與撰同漢興
有齊魯之說傳齊論者昌邑中尉王吉少府宋
畸師古曰畸音居宜反御史大夫貢禹尚書令五鹿充宗膠東

庸生唯王陽名家師古曰王吉字子陽故謂之王陽傳魯論語者常山
都尉龔奮長信少府夏侯勝丞相韋賢魯扶卿前
將軍蕭望之安昌侯張禹皆名家張氏最後而行
於世　孝經古孔氏一篇二十二章師古曰劉向云古文字也庶人章分為二也曾
子敢問章為三又多一章凡二十二章孝經一篇十八章長孫氏江氏后氏翼氏四家孫氏
說二篇江氏說一篇翼氏說一篇后氏說一篇雜
傳四篇安昌侯說一篇五經雜議十八篇石渠論爾
雅三卷二十篇張晏曰爾近也雅正也小爾雅一篇古今字一
卷弟子職一篇應劭曰管仲所作在管子書說三篇
凡孝經十一家五十九篇孝經者孔子為曾子陳

孝道也夫孝天之經地之義民之行也舉大者言
故曰孝經漢興長孫氏博士江翁少府后倉諫大
夫翼奉安昌侯張禹傳之各自名家經文皆同唯
孔氏壁中古文為異父母生之續莫大焉故親生
之膝下諸家說不安處古文字讀皆異臣瓚曰孝經云續莫大焉
而諸家之說各不安處之也師古曰桓譚新論云古孝經千八百七十二字今異者四百餘字
史籀十五篇周宣王太史作大篆十五篇建武時亡六篇矣師古曰籀音胄八體六技韋昭
曰八體一曰大篆二曰小篆三曰刻符四曰蟲書五曰摹印六曰署書七曰殳書八曰隸書蒼頡一篇上七章秦丞相李斯
作爰歷六章車府令趙高作博學七章太史令胡毋敬作凡將一篇司馬相如作急就一篇元帝
時黃門令史游作元尚一篇成帝時將作大匠李長作訓纂一篇揚雄作別字

十三篇蒼頡傳一篇揚雄蒼頡訓纂一篇杜林蒼頡
訓纂一篇杜林蒼頡故一篇
凡小學十家三十五篇入揚雄杜林二家二篇易曰上古結繩
以治後世聖人易之以書契百官以治萬民以察
蓋取諸史師古曰下繫之辭史揚于王庭師古曰史卦之辭言其宣
揚于王者朝廷其用最大也古者八歲入小學故
周官保氏掌養國子教之六書師古曰保氏地官之屬也保安也謂
象形象事象意象聲轉注假借造字之本也師古曰象
形謂畫成其物隨體詰詘日月是也象事即指事也謂視而可識察而見意上下是也象意即會意也謂比類合誼以見指撝武信是也
象聲即形聲謂以事為名取譬相成江河是也轉注謂建類一首同意相受考老是也假借謂本無其字依聲託事令長是也文字之義

惣歸六書故曰立字之本焉 漢興蕭何草律師古曰草創造之亦著其法曰太史試學童能諷書九千字以上乃得爲史又以六體試之課最者以爲尚書御史史書令史韋昭曰若今尚書蘭臺令史也臣瓚曰史書今之太史書吏民上書字或不正輒舉劾六體者古文奇字篆書隸書繆篆蟲書師古曰古文謂孔子壁中書奇字即古文而異者也篆書謂小篆蓋秦始皇使程邈所作也隸書亦程邈所獻主於徒隸從簡易也繆篆謂其文屈曲纏繞所以摹印章也蟲書謂爲蟲鳥之形所以書幡信也皆所以通知古今文字摹印章書幡信也古制書必同文不知則闕問諸故老至於衰世是非無正人用其私師古曰各任私意而爲字故孔子曰吾猶及史之闕文也今亡矣夫師古曰論語載孔子之言謂文字有疑則當闕而不說孔子自言我初涉學尚見闕文今則皆無任意改作也蓋傷其寖不正師古曰寖漸也史籀篇者周時史官教學童書也與孔氏壁中古文異體蒼頡七章者秦丞相李斯所作也爰歷六章者車府令趙高所作也博學七章者太史令胡毋敬所作也文字多取史籀篇而篆體復頗異所謂秦篆者也是時始造隸書矣起於官獄多事苟趨省易師古曰趨讀曰趣趣謂向之也易音弋豉反施之於徒隸也漢興閭里書師合蒼頡爰歷博學三篇斷六十字以爲一章凡五十五章并爲蒼頡篇師古曰并合也總合以爲蒼頡篇也武帝時司馬相如作凡將篇無復字師古曰復重也音扶目反後皆類此元帝時

黃門令史游作急就篇成帝時將作大匠李長作元尚篇皆蒼頡中正字也凡將則頗有出矣至元始中徵天下通小學者以百數各令記字於庭中揚雄取其有用者以作訓纂篇順續蒼頡又易蒼頡中重復之字凡八十九章臣復續揚雄作十三章韋昭曰臣班固自謂也作十三章後人不別疑在蒼頡下章三十四章中凡一百二章無復字六藝羣書所載略備矣蒼頡多古字俗師失其讀宣帝時徵齊人能正讀者張敞從受之傳至外孫之子杜林爲作訓故并列焉

凡六藝一百三家三千一百二十三篇入三家百五十九篇出重十一篇

六藝之文樂以和神仁之表也詩以正言義之用也禮以明體明者著見故無訓也書以廣聽知之術也春秋以斷事信之符也五者蓋五常之道相須而備而易爲之原故曰易不可見則乾坤或幾乎息矣蘇林曰不能見易意則乾坤近於滅息也師古曰此上繫之辭也幾近也音鉅依反言與天地爲終始也至於五學世有變改猶五行之更用事焉師古曰更互也音工衡反古之學者耕且養三年而通一藝存其大體玩經文而已是故用日少而畜德多師古曰畜讀曰蓄蓄聚也易大畜卦象辭曰君子以多識前言往行以畜其德三十而五經立也後世經傳既已乖離博學者又不思多聞闕疑

之義師古曰論語稱孔子曰多聞闕疑慎言其餘則寡尤言爲學之道務在多聞疑則闕之慎於言語則少過也故志引
之而務碎義逃難便辭巧說破壞形體師古曰苟爲僻碎之
義以避它人之攻難者故爲便辭巧說以析破文字之形體也說五字之文至於二三萬
言師古曰言其煩妄也桓譚新論云秦近君能記堯典篇目兩字之說至十餘萬言但說曰若稽古三萬言後進彌
以馳逐故幼童而守一藝白首而後能言安其所
習毀所不見師古曰已所常習則保安之未嘗所見者則妄毀訿終以自蔽此學
者之大患也　序六藝爲九種
晏子八篇名嬰謚平仲相齊景公孔子稱善與人交有列傳師古曰有列傳者謂太史公書子思二
十三篇名伋孔子孫爲魯繆公師曾子十八篇名參孔子弟子漆雕子十
三篇孔子弟子漆雕啓後宓子十六篇名不齊字子賤孔子弟子師古曰宓讀與伏同景

子三篇說宓子語似其弟子世子二十一篇名碩陳人也七十子之弟子魏文侯
六篇李克七篇子夏弟子爲魏文侯相公孫尼子二十八篇七十
子之弟子孟子十一篇名軻鄒人子思弟子有列傳師古曰聖證論云軻字子車而此志無字未詳其所得
孫卿子三十三篇名況趙人爲齊稷下祭酒有列傳師古曰本曰荀卿避宣帝諱故曰孫芉
子十八篇名嬰齊人七十子之後師古曰芉音弭內業十五篇不知作書者周史
六弢六篇惠襄之閒或曰顯王時或曰孔子問焉師古曰即今之六韜也蓋言取天下及軍旅之事弢字與韜同也
周政六篇周時法度政教周法九篇法天地立百官河閒周制十八
篇似河閒獻王所述也讕言十篇不知作者陳人君法度如淳曰讕音糵爛師古曰說者引孔子家語云孔
穿所造非也功議四篇不知作者論功德事甯越一篇中牟人爲周威王師王孫子
一篇一曰巧心公孫固一篇十八年齊閔王失國問之固因爲陳古今成敗也李氏春

秋二篇羊子四篇百章故秦博士董子一篇名無心難墨子俟子一
篇李奇曰或作俘子徐子四十二篇宋外黃人魯仲連子十四篇
有列平原君七篇朱建也虞氏春秋十五篇虞卿也高
祖傳十三篇高祖與大臣述古語及詔策也陸賈二十三篇劉敬三
篇孝文傳十一篇文帝所稱及詔策賈山八篇太常蓼侯孔
臧十篇父聚高祖時以功臣封臧嗣爵賈誼五十八篇河閒獻王對
上下三雍宮三篇董仲舒百二十三篇兒寬九篇
公孫弘十篇終軍八篇吾丘壽王六篇虞丘說一
篇難孫卿也莊助四篇臣彭四篇鉤盾冗從李步昌八
篇宣帝時數言事儒家言十八篇不知作者桓寬鹽鐵論六十

篇師古曰寬字次公汝南人也孝昭帝時丞相御史與諸賢良文學論鹽鐵事寬撰次之劉向所序六
十七篇新序說苑世說列女傳頌圖也揚雄所序三十八篇太玄十九法言十三
樂四箴二右儒五十三家八百三十六篇入揚雄一家三十八
篇儒家者流蓋出於司徒之官助人君順陰陽
明教化者也游文於六經之中留意於仁義之際
祖述堯舜憲章文武宗師仲尼以重其言師古曰祖始也於道最爲
述修也憲法也章明也宗尊也言以堯舜爲本始而遵修之文王武王爲明法又師尊仲尼之道
高孔子曰如有所譽其有所試師古曰論語載孔子之言也言於人有所
稱譽者輒試以事取其實效也譽音弋於反唐虞之隆殷周之盛仲尼之業
已試之效者也然惑者既失精微而辟者又隨時

抑揚違離道本（師古曰違讀曰僻）苟以譁衆取寵（師古曰譁諠也寵尊也譁音呼華反）後進循之是以五經乖析儒學寖衰此辟儒之患（師古曰寖漸也辟讀曰僻）

伊尹五十一篇（湯相）太公二百三十七篇（呂望為周師尚父本有道者或有近世又以為太公術者所增加也師古曰父讀曰甫也）謀八十一篇言七十一篇兵八十五篇辛甲二十九篇（紂臣七十五諫而去周封之）鬻子二十二篇（名熊為周師自文王以下問焉周封為楚祖）筦子八十六篇（名夷吾相齊桓公九合諸侯不以兵車也有列傳師古曰筦讀與管同）老子鄰氏經傳四篇（姓李名耳鄰氏傳其學）老子傅氏經說三十七篇（述老子學）老子徐氏經說六篇（字少季臨淮人傳老子）劉向說老子四篇文子九

篇（老子弟子與孔子並時而稱周平王問似依託者也）蜎子十三篇（名淵楚人老子弟子師古曰蜎姓也音一元反）關尹子九篇（名喜為關吏老子過關喜去吏而從之）莊子五十二篇（名周宋人）列子八篇（名圄寇先莊子莊子稱之）老成子十八篇長盧子九篇（楚人）王狄子一篇公子牟四篇（魏之公子也先莊子莊子稱之）田子二十五篇（名駢齊人游稷下號天口駢師古曰駢音步田反）老萊子十六篇（楚人與孔子同時）黔婁子四篇（齊隱士守道不詘威王下之師古曰黔音其炎反下音胡稼反）宮孫子二篇（師古曰宮孫姓也不知名）鶡冠子一篇（楚人居深山以鶡為冠師古曰以鶡鳥羽為冠）周訓十四篇（師古曰劉向別錄云人間小書其言俗薄）黃帝四經四篇黃帝銘六篇黃帝君臣十篇（起六國時與老子相似也）雜黃帝五十八篇（六國時賢者所作）力牧二十二篇（六國時所作託之力牧力牧黃帝相）孫子十六篇

（六國時）捷子二篇（齊人武帝時說）曹羽二篇（楚人武帝時說於齊王）郎中嬰齊十二篇（武帝時師古曰劉向云故待詔不知其姓數從游觀名能為文）臣君子二篇（蜀人）鄭長者一篇（六國時先韓子韓子稱之師古曰別錄云鄭人不知姓名）楚子三篇道家言二篇（近世不知作者）右道三十七家九百九十三篇道家者流蓋出於史官歷記成敗存亡禍福古今之道然後知秉要執本清虛以自守卑弱以自持此君人南面之術也合於堯之克攘（師古曰虞書堯典稱堯之德曰允恭克讓言其信恭能讓也故志引之云攘古讓字）易之嗛嗛一謙而四益此其所長也（師古曰四益謂天道虧盈而益謙地道變盈而流謙鬼神害盈而福謙人道惡盈而好謙也此謙卦彖辭嗛字與謙同）及放者為之則欲絕去禮學兼弃仁

義（師古曰放蕩也）曰獨任清虛可以為治

宋司星子韋三篇（景公之史）公檮生終始十四篇（傳鄒奭始終書師古曰檮音疇其字從木）公孫發二十二篇（六國時）鄒子四十九篇（名衍齊人為燕昭王師居稷下號談天衍）鄒子終始五十六篇乘丘子五篇（六國時）杜文公五篇（六國時）黃帝泰素二十篇（六國時韓諸公子所作師古曰劉向別錄云或言韓諸公孫之所作也言陰陽五行以為黃帝之道也故曰泰素）南公三十一篇（六國時）容成子十四篇張蒼十六篇（丞相北平侯）鄒奭子十二篇（齊人號曰雕龍奭師古曰奭音試亦反）閭丘子十三篇（名快魏人在南公前）馮促十三篇（鄭人）將鉅子五篇（六國時先南公南公稱之）五曹官制五篇（漢制似賈誼所條）周伯十一篇（齊人六國時）衛

侯官十二篇（近世不知作者）于長天下忠臣九篇（平陰人近世師古曰劉向別錄云傳天下忠臣）公孫渾邪十五篇（平曲侯）雜陰陽三十八篇（不知作者）

右陰陽二十一家三百六十九篇陰陽家者流蓋出於羲和之官敬順昊天歷象日月星辰敬授民時此其所長也及拘者為之則牽於禁忌泥於小數（師古曰泥滯也音乃計反）舍人事而任鬼神（師古曰舍廢也）

李子三十二篇（名悝相魏文侯富國彊兵）商君二十九篇（名鞅姬姓衛後也相秦孝公有列傳）申子六篇（名不害京人相韓昭侯終其身諸侯不敢侵韓師古曰京河南京縣）處子九篇（師古曰史記云趙有處子）慎子四十二篇（名到先申韓申韓稱之）韓子五十五篇（名非韓諸公子使秦李斯害而殺之）游棣子一篇（師古曰棣音徒計反）鼂錯三十一篇 燕十事十篇（不知作者）法家言二篇（不知作者）

右法十家二百一十七篇法家者流蓋出於理官信賞必罰以輔禮制易曰先王以明罰飭法（師古曰噬嗑之象辭也飭整也讀與敕同）此其所長也及刻者為之則無教化去仁愛專任刑法而欲以致治至於殘害至親傷恩薄厚（師古曰薄厚者變厚為薄）

鄧析二篇（鄭人與子產並時師古曰列子及孫卿並云子產殺鄧析據左傳昭公二十年子產卒定公九年駟歂殺鄧析而用其竹刑則非子產所殺也）尹文子一篇（說齊宣王先公孫龍師古曰劉向云與宋鈃俱游稷下鈃音形）公孫龍子十四篇（趙人師古曰即為堅白之辯者）成公生五篇（與黃公等同時師古曰姓成公劉向云與李斯子由同時由為三川守成公生游談不仕）惠子一篇（名施與莊子並時）黃公四篇（名疵為秦博士作歌詩在秦時歌詩中師古曰疵音才斯反）毛公九篇（趙人與公孫龍等並游平原君趙勝家師古曰劉向別錄云論堅白同異以為可以治天下此蓋史記所云藏於博徒者）

右名七家三十六篇名家者流蓋出於禮官古者名位不同禮亦異數孔子曰必也正名乎名不正則言不順言不順則事不成（師古曰論語載孔子之言也言欲為政必先正其名）此其所長也及警者為之（晉灼曰警訐也師古曰警音工釣反）則苟鉤鈲析亂而已（師古曰鈲破也音普華反又音普狄反）

尹佚二篇（周臣在成康時也）田俅子三篇（先韓子蘇林曰俅音仇）我子一篇（師古曰劉向別錄云為墨子之學）隨巢子六篇（墨翟弟子）胡非子三篇（墨翟弟子）墨子七十一篇（名翟為宋大夫在孔子後）

右墨六家八十六篇墨家者流蓋出於清廟之

守茅屋采椽（師古曰采柞木也字作棌本從木以茅覆屋以棌為椽言其質素也采音千在反）是以貴儉養三老五更是以兼愛選士大射是以上賢宗祀嚴父是以右鬼（如淳曰右鬼謂信鬼神若杜伯射宣王是親鬼而右之師古曰右猶尊尚也）順四時而行是以非命（蘇林曰非有命者言儒者執有命而反勸人修德積善政教與行相反故譏之也如淳曰言無吉凶之命但有賢不肖善惡）以孝視天下是以上同（如淳曰言皆同可以治也師古曰墨子有節用兼愛上賢明鬼神非命上同等諸篇故志歷序其本意也視讀曰示）此其所長也及蔽者為之見儉之利因以非禮推兼愛之意而不知別親疏

蘇子二十一篇（名秦有列傳）張子十篇（名儀有列傳）龐煖二篇（為燕將師古曰煖音許遠反）闕子一篇 國筮子十七篇秦零陵令

信一篇難秦相李斯 蒯子五篇名通 鄒陽七篇 主父偃二
十八篇 徐樂一篇 莊安一篇 待詔金馬聊蒼三篇
趙人武帝時師古曰嚴助傳作膠蒼而此志作聊志傳不同未知孰是 右從橫十二家
百七篇 從橫家者流蓋出於行人之官孔子曰誦
詩三百使於四方不能顓對雖多亦奚以為 師古曰論
語載孔子之言也謂人不達於事誦詩雖多亦無所用 又曰使乎使乎 孔子之言歎使者
之難其人 言其當權事制宜受命而不受辭此其所長
也及邪人為之則上詐諼而弃其信 師古曰諼詐言也音許遠反
孔甲盤盂二十六篇 黃帝之史或曰夏帝孔甲似皆非 大禽二十七
篇 傳言禹所作其文似後世語師古曰禽古禹字 五子胥八篇 名員春秋時為吳將忠直遇讒死

子晚子三十五篇 齊人好議兵與司馬法相似 由余三篇 戎人秦穆公聘以為
大夫 尉繚二十九篇 六國時師古曰尉姓繚名也音了又音聊劉向別錄云繚為商君學 尸子
二十篇 名佼魯人秦相商君師之鞅死佼逃入蜀師古曰佼音絞 呂氏春秋二十六
篇 秦相呂不韋輯智略士作 淮南內二十一篇 王安 淮南外三十
三篇 師古曰內篇論道外篇雜說 東方朔二十篇 伯象先生一篇
應劭曰蓋隱者也故公孫敖難以無益世主之治 荊軻論五篇 軻為燕刺秦王不成而死司馬相如
等論之 吳子一篇 公孫尼一篇 博士臣賢對一篇 漢世
難韓子商君 臣說三篇 武帝時作賦師古曰說者其人名讀曰悅 解子簿書三十
五篇 推雜書八十七篇 雜家言一篇 王伯不知作者師古曰言伯王之道
伯讀曰霸 右雜二十家四百三篇 入兵法 雜家者流

蓋出於議官兼儒墨合名法知國體之有此 師古
曰治國之體亦當有此雜家之說 見王治之無不貫 師古曰王者之治於百家之道無不貫綜 此
其所長也及盪者為之則漫羨而無所歸心 師古曰漫放也
羨音弋戰反
神農二十篇 六國時諸子疾時怠於農業道耕農事託之神農師古曰劉向別錄云疑李悝及商君所說
野老十七篇 六國時在齊楚閒應劭曰年老居田野相民耕種故號野老 宰氏十七
篇 不知何世 董安國十六篇 漢代內史不知何帝時 尹都尉十四篇
不知何世 趙氏五篇 不知何世 氾勝之十八篇 成帝時為議郎師古曰劉
向別錄云使教田三輔有好田者師之徙為御史氾音凡又音敷劍反 王氏六篇 不知何世 蔡癸一
篇 宣帝時以言便宜至弘農太守師古曰劉向別錄云邯鄲人

右農九家百一十四篇 農家者流蓋出於農稷
之官播百穀勸耕桑以足衣食故八政一曰食二
曰貨孔子曰所重民食 師古曰論語載孔子稱殷湯伐桀告天辭也言為君之道所重
者在人之食 此其所長也及鄙者為之以為無所事聖王
師古曰言不須聖王天下自治 欲使君臣並耕誖上下之序 師古曰誖亂也音布
內反
伊尹說二十七篇 其語淺薄似依託也 鬻子說十九
篇 後世所加 周考七十六篇 考周事也 青史子五十七篇 古史
官記事也 師曠六篇 見春秋其言淺薄本與此同似因託之 務成子十一篇
稱堯問非古語 宋子十八篇 孫卿道宋子其言黃老意 天乙三篇 天乙謂湯其言非殷
時皆依託也 黃帝說四十篇 迂誕依託 封禪方說十八篇 武帝

待詔臣饒心術二十五篇 武帝時。師古曰：劉向別錄云饒齊人，不知其姓，武帝時待詔作書名曰心術也。

待詔臣安成未央術一篇 應劭曰：道家也，好養生事，爲未央之術。

臣壽周紀七篇 項國圉人，宣帝時。

虞初周說九百四十三篇 河南人，武帝時以方士侍郎號黃車使者。應劭曰：其說以周書爲本。師古曰：史記云虞初洛陽人，即張衡西京賦「小說九百，本自虞初」者也。

百家百三十九卷

右小說十五家，千三百八十篇。

小說家者流，蓋出於稗官。如淳曰：稗音鍛家排。九章「細米爲稗」。街談巷說，其細碎之言也。王者欲知閭巷風俗，故立稗官使稱說之。今世亦謂偶語爲稗。師古曰：稗音稊稗之稗，不與鍛排同也。稗官，小官。漢名臣奏唐林請省置吏，公卿大夫至都官稗官各減什三，是也。街談巷語，道聽塗說者之所造也。孔子曰：「雖小道，必有可觀者焉，致遠恐泥，是以君子弗爲也。」師古曰：論語載孔子之言。泥，滯也，音乃細反。

然亦弗滅也。閭里小知者之所及，亦使綴而不忘，如或一言可采，此亦芻蕘狂夫之議也。

凡諸子百八十九家，四千三百二十四篇。出蹵鞠一家，二十五篇。

諸子十家，其可觀者九家而已。皆起於王道既微，諸侯力政，時君世主，好惡殊方，師古曰：好音呼到反。惡音一故反。是以九家之術蠭出並作，師古曰：蠭與鋒同。各引一端，崇其所善，以此馳說，取合諸侯。其言雖殊，辟猶水火，相滅亦相生也。師古曰：辟讀曰譬。仁之與義，敬之與和，相反而皆相成也。易曰：「天下同歸而殊塗，一致而百慮。」師古曰：下繫之辭。今異家者各推所長，窮知究慮，以明其指，雖有蔽短，合其要歸，亦六經之支與流裔。師古曰：裔，衣末也。其於六經，如水之下流，衣之末裔。使其人遭明王聖主，得其所折中，皆股肱之材已。師古曰：已，語終辭。仲尼有言：「禮失而求諸野。」師古曰：言都邑失禮，則於外野求之，亦將有獲。方今去聖久遠，道術缺廢，無所更索，師古曰：索，求也。彼九家者，不猶瘉於野乎？師古曰：瘉與愈同。愈，勝也。若能修六藝之術，而觀此九家之言，舍短取長，則可以通萬方之略矣。師古曰：舍，廢也。

屈原賦二十五篇 楚懷王大夫，有列傳。

唐勒賦四篇 楚人。

宋玉賦十六篇 楚人，與唐勒並時，在屈原後也。

趙幽王賦一篇

莊夫子賦二十四篇 名忌，吳人。

賈誼賦七篇

枚乘賦九篇

司馬相如

賦二十九篇

淮南王賦八十二篇

淮南王羣臣賦四十四篇

太常蓼侯孔臧賦二十篇

陽丘侯劉隁賦十九篇 師古曰：隁音偃。

吾丘壽王賦十五篇

蔡甲賦一篇

上所自造賦二篇 師古曰：武帝也。

兒寬賦二篇

光祿大夫張子僑賦三篇 與王褒同時也。

陽成侯劉德賦九篇

劉向賦三十三篇

王褒賦十六篇

右賦二十家，三百六十一篇。

陸賈賦三篇

枚皋賦百二十篇

朱建賦二篇

常侍郎莊怱奇賦十一篇 枚皋同時。師古曰：七略云怱奇者或言莊夫子子，或言族家子，莊助昆弟也。從行至茂陵，詔造賦。

嚴助賦三十五篇 師古曰：上言莊怱奇，下言嚴助，史駮文。

朱買臣賦三篇

宗正劉辟彊賦八篇

司馬遷

賦八篇郎中臣嬰齊賦十篇臣說賦九篇師古曰說名音悅
臣吾賦十八篇遼東太守蘇季賦一篇蕭望之賦
四篇河內太守徐明賦三篇字長君東海人元成世歷五郡太守有能名給事
黃門侍郎李息賦九篇淮陽憲王賦二篇楊雄賦
十二篇待詔馮商賦九篇博士弟子杜參賦二篇師古曰劉向別錄云臣向謹與長社尉杜參校中秘書劉歆又云參杜陵人以陽朔元年病死死時年二十餘車郎張
豐賦三篇張子僑子驃騎將軍朱宇賦三篇師古曰劉向別錄云驃騎將軍史朱宇志以宇在驃騎府故揔言驃騎將軍右賦二十一家二百七十四篇
入揚雄八篇孫卿賦十篇秦時雜賦九篇李思孝景皇
帝頌十五篇廣川惠王越賦五篇長沙王羣臣賦

三篇魏內史賦二篇東暆令延年賦七篇師古曰東暆縣名暆音移
衛士令李忠賦二篇張偃賦二篇賈充賦四篇
張仁賦六篇秦充賦二篇李步昌賦二篇侍郎謝
多賦十篇平陽公主舍人周長孺賦二篇雒陽錡
華賦九篇師古曰錡姓華名錡音魚綺反眭弘賦一篇師古曰即眭孟也眭音元隨反
別栩陽賦五篇服虔曰栩音詡臣昌市賦六篇臣義賦二
篇黃門書者假史王商賦十三篇侍中徐博賦四
篇黃門書者王廣呂嘉賦五篇漢中都尉丞華龍
賦二篇左馮翊史路恭賦八篇右賦二十五家百
三十六篇客主賦十八篇雜行出及頌德賦二十

四篇雜四夷及兵賦二十篇雜中賢失意賦十二
篇雜思慕悲哀死賦十六篇雜鼓琴劍戲賦十三
篇雜山陵水泡雲氣雨旱賦十六篇師古曰泡水上浮漚也泡音普交反漚音一侯反雜禽獸六畜昆蟲賦十八篇雜器械草木賦
三十三篇大雜賦三十四篇成相雜辭十一篇隱
書十八篇師古曰劉向別錄云隱書者疑其言以相問對者以慮思之可以無不諭
右雜賦十二家二百三十三篇
高祖歌詩二篇泰一雜甘泉壽宮歌詩十四篇宗
廟歌詩五篇漢興以來兵所誅滅歌詩十四篇出
行巡狩及游歌詩十篇臨江王及愁思節士歌詩

四篇李夫人及幸貴人歌詩三篇詔賜中山靖王
子噲及孺子妾冰未央材人歌詩四篇師古曰孺子王妾之有品號者也妾王之眾妾也冰其名材人天子內官吳楚汝南歌詩十五篇燕代謳
鴈門雲中隴西歌詩九篇邯鄲河間歌詩四篇齊
鄭歌詩四篇淮南歌詩四篇左馮翊秦歌詩三篇
京兆尹秦歌詩五篇河東蒲反歌詩一篇黃門倡
車忠等歌詩十五篇雜各有主名歌詩十篇雜歌
詩九篇雒陽歌詩四篇河南周歌詩七篇河南周
歌聲曲折七篇周謠歌詩七十五篇周謠歌詩聲
曲折七十五篇諸神歌詩三篇送迎靈頌歌詩三

篇周歌詩二篇南郡歌詩五篇
右歌詩二十八家三百一十四篇凡詩賦百六家
千三百一十八篇入揚雄八篇 傳曰不歌而誦謂之賦登
高能賦可以爲大夫言感物造耑材知深美師古曰耑
古端字也因物動志則造辭義之端緒 可與圖事故可以爲列大夫也古
者諸侯卿大夫交接鄰國以微言相感當揖讓之
時必稱詩以諭其志蓋以别賢不肖而觀盛衰焉
故孔子曰不學詩無以言也師古曰論語載孔子戒伯魚之辭也 春秋之
後周道寖壞師古曰寖漸也 聘問歌詠不行於列國學詩
之士逸在布衣而賢人失志之賦作矣大儒孫卿

及楚臣屈原離讒憂國皆作賦以風師古曰離遭也風讀曰諷次下
亦同 咸有惻隱古詩之義其後宋玉唐勒漢興枚乘
司馬相如下及揚子雲競爲侈麗閎衍之詞没其
風諭之義是以揚子悔之曰詩人之賦麗以則辭
人之賦麗以淫師古曰辭人言後代之爲文辭 如孔氏之門人用賦
也則賈誼登堂相如入室矣如其不用何師古曰言孔氏之門
既不用賦不可如何謂賈誼相如無所施也 自孝武立樂府而采歌謠於是有代
趙之謳秦楚之風皆感於哀樂緣事而發亦可以
觀風俗知薄厚云序詩賦爲五種
吳孫子兵法八十二篇圖九卷師古曰孫武也臣於闔廬 齊孫子八十

九篇圖四卷師古曰孫臏 公孫鞅二十七篇吳起四十八篇有列
傳 范蠡二篇越王句踐臣也 大夫種二篇與范蠡俱事句踐 李子十篇
娷一篇師古曰娷音女瑞反蓋說兵法者人名也 兵春秋三篇龐煖二篇師古
曰煖音許遠反又音許元反 皃良一篇師古曰六國時人也皃音五奚反 廣武君一篇
李左車 韓信三篇師古曰淮陰侯
右兵權謀十三家二百五十九篇省伊尹太公管子孫卿子鶡冠子蘇子蒯通
陸賈淮南王二百五十九種出司馬法入禮也 權謀者以正守國以奇用兵先
計而後戰兼形勢包陰陽用技巧者也楚兵法七
篇圖四卷 蚩尤二篇見呂刑 孫軫五篇圖二卷 繇叙二篇
王孫十六篇圖五卷 尉繚三十一篇 魏公子二十一

篇圖十卷名無忌有列傳 景子十三篇 李良三篇 丁子一篇 項
王一篇名籍 右兵形勢十一家九十二篇圖十八
卷 形勢者雷動風舉後發而先至離合背鄉變
化無常師古曰背音步內反鄉讀曰嚮 以輕疾制敵者也
太壹兵法一篇 天一兵法三十五篇 神農兵法一
篇黃帝十六篇圖三卷 封胡五篇黃帝臣依託也 風后十三
篇圖二卷黃帝臣依託也 力牧十五篇黃帝臣依託也 鵊冶子一篇圖一
卷晉灼曰鵊音夾 鬼容區三篇圖一卷黃帝臣依託師古曰即鬼臾區也 地典六篇
孟子一篇 東父三十一篇 師曠八篇晉平公臣 萇弘十
五篇周史 別成子望軍氣六篇圖三卷 辟兵威勝方

七十篇
右陰陽十六家二百四十九篇圖十卷陰陽者順時
而發推刑德隨斗擊因五勝師古曰五勝五行相勝也假鬼神而
爲助者也
鮑子兵法十篇圖一卷五子胥十篇圖一卷公勝子五篇苗子五篇
圖一卷逢門射法二篇師古曰即逢蒙陰通成射法十一篇李將
軍射法三篇師古曰李廣魏氏射法六篇彊弩將軍
王圍射法五卷師古曰圍郁郅人也見趙充國傳也望遠連弩射法具
十五篇護軍射師王賀射書五篇蒲苴子弋法四
篇師古曰苴音子余反劍道三十八篇手搏六篇雜家兵法五

十七篇蹵鞠二十五篇師古曰鞠以韋爲之實以物蹵蹋之以爲戲也蹵鞠陳力之事故附
於兵法焉蹵音子六反鞠音巨六反
右兵技巧十三家百九十九篇省墨子重入蹵鞠也技巧者
習手足便器械積機關以立攻守之勝者也凡兵書五
十三家七百九十篇圖四十三卷省十家二百七十一篇重入蹵鞠一家
二十五篇出司馬法百五十五篇入禮也兵家者蓋出古司馬之職王官之
武備也洪範八政八曰師孔子曰爲國者足食足
兵師古曰論語載孔子之言無兵與食不可以爲國以不教民戰是謂弃之師古
曰亦論語所載孔子之言非其不素習武備明兵之重也易曰古者弦木爲
弧剡木爲矢弧矢之利以威天下師古曰下繫之辭也弧木弓也剡謂鋭而

利之也音弋冉反其用上矣後世燿金爲刃割革爲甲師古曰燿
讀與鑠同謂銷也器械甚備下及湯武受命以師克亂而濟
百姓動之以仁義行之以禮讓司馬法是其遺事
也自春秋至於戰國出奇設伏變詐之兵並作漢興
張良韓信序次兵法凡百八十二家刪取要用
定著三十五家諸呂用事而盜取之武帝時軍政
楊僕捃摭遺逸紀奏兵録師古曰捃摭謂拾取之捃音九問反摭音之石反猶
未能備至于孝成命任宏論次兵書爲四種
泰壹雜子星二十八卷五殘雜變星二十一卷師古
曰五殘星名也見天文志黄帝雜子氣三十三篇常從日月星氣

二十一卷師古曰常從人姓名也老子師之皇公雜子星二十二卷淮
南雜子星十九卷泰壹雜子雲雨三十四卷國
章觀霓雲雨三十四卷泰階六符一卷李奇曰三台謂之泰階兩
兩成體三台成六觀色以知吉凶故曰六符金度玉衡漢五星客流出入八
篇漢五星彗客行事占驗八卷漢日旁氣行事占
驗三卷漢流星行事占驗八卷漢日旁氣行占驗
十三卷漢日食月暈雜變行事占驗十三卷海
中星占驗十二卷海中五星經雜事二十二卷海
中五星順逆二十八卷海中二十八宿國分二十
八卷海中二十八宿臣分二十八卷海中日月彗

虹雜占十八卷圖書祕記十七篇
右天文二十一家四百四十五卷天文者序二十
八宿步五星日月以紀吉凶之象聖王所以參政
也易曰觀乎天文以察時變師古曰賁卦之彖辭也然星事殹
悍非湛密者弗能由也師古曰殹讀与凶同湛讀曰沈由用也夫觀景以
譴形非明王亦不能服聽也以不能由之臣諫不
能聽之王此所以兩有患也
黃帝五家歷三十三卷顓頊歷二十一卷顓頊五
星歷十四卷日月宿歷十三卷夏殷周魯歷十四
卷天歷大歷十八卷漢元殷周諜歷十七卷耿昌

月行帛圖二百三十二卷耿昌月行度二卷傳周
五星行度三十九卷律歷數法三卷自古五星宿
紀三十卷太歲謀日晷二十九卷帝王諸侯世譜
二十卷古來帝王年譜五卷日晷書三十四卷許
商筭術二十六卷杜忠筭術十六卷
右歷譜十八家六百六卷歷譜者序四時之位正
分至之節會日月五星之辰以考寒暑殺生之實
故聖王必正歷數以定三統服色之制又以探知
五星日月之會凶阨之患吉隆之喜其術皆出焉
此聖人知命之術也非天下之至材其孰與焉師古

曰與讀曰豫道之亂也患出於小人而強欲知天道者壞
大以為小削遠以為近是以道術破碎而難知也
泰一陰陽二十三卷黃帝陰陽二十五卷黃帝諸子
論陰陽二十五卷諸王子論陰陽二十五卷太元陰陽二
十六卷三典陰陽談論二十七卷神農大幽五行二
十七卷四時五行經二十六卷猛子閭昭二十五卷陰陽
五行時令十九卷堪輿金匱十四卷師古曰許慎云堪天道輿地道也務
成子災異應十四卷十二典災異應十二卷鍾律災
應二十六卷鍾律叢辰日苑二十三卷鍾律消息
二十九卷黃鍾七卷天一六卷泰一二十九卷刑

德七卷風鼓六甲二十四卷風后孤虛二十卷六
合隨典二十五卷轉位十二神二十五卷羨門式
法二十卷羨門式二十卷文解六甲十八卷文解
二十八宿二十八卷五音奇胲用兵二十三卷如淳
曰音該師古曰許慎云胲軍中約也五音奇胲刑德二十一卷五音定名
十五卷右五行三十一家六百五十二卷五行者
五常之形氣也書云初一曰五行次二曰羞用五
事師古曰周書洪範之辭也言進用五事以順五行也貌言視聽
思心失而五行之序亂五星之變作皆出於律歷
之數而分為一者也師古曰說皆在五行志也其法亦起五德終

始推其極則無不至而小數家因此以為吉凶而行於世寖以相亂（師古曰寖漸也）

龜書五十二卷 夏龜二十六卷 南龜書二十八卷 巨龜三十六卷 雜龜十六卷 蓍書二十八卷 周易三十八卷 周易明堂二十六卷 周易隨曲射匿五十卷 大筮衍易二十八卷 大次雜易三十卷 鼠序卜黃二十五卷 於陵欽易吉凶二十三卷 任良易旗七十一卷 易卦八具

右蓍龜十五家四百一卷

蓍龜者聖人之所用也書曰女則有大疑謀及卜筮（師古曰周書洪範之辭也言所為之事有疑則以卜筮決之也龜曰卜蓍曰筮）易曰定天下之吉凶成天下之亹亹者莫善於蓍龜是故君子將有為也將有行也問焉而以言其受命也如嚮無有遠近幽深遂知來物非天下之至精其孰能與於此（師古曰皆上繫之辭也亹亹深致也言君子所為行皆以其言問於易受命如嚮者謂示以吉凶其應速疾如嚮之隨聲也遂猶究也來物謂當來之事也嚮與響同與讀曰豫）及至衰世解於齊戒而婁煩卜筮（師古曰解讀曰懈齊讀曰齋婁讀曰屢）神明不應故筮瀆不告易以為忌（師古曰易蒙卦之辭曰初筮告再三瀆瀆則不告言童蒙之來決疑初則以實而告至于再三為其煩瀆乃不告也）龜厭不告詩以為刺（師古曰小雅小旻之詩曰我龜既厭不我告猶言卜問煩數媟嫚於龜龜靈厭之不告以道也）

黃帝長柳占夢十一卷 甘德長柳占夢二十卷 武禁相衣器十四卷 嚏耳

鳴雜占十六卷（師古曰嚏音丁計反）禎祥變怪二十一卷 人鬼精物六畜變怪二十一卷 變怪誥咎十三卷 執不祥劾鬼物八卷 請官除訞祥十九卷（師古曰訞字與妖同）禳祀天文十八卷（師古曰禳除災也音人羊反）請禱致福十九卷 請雨止雨二十六卷 泰壹雜子候歲二十二卷 子贛雜子候歲二十六卷 五法積貯寶臧二十三卷 神農教田相土耕種十四卷 昭明子釣種生魚鼈八卷 種樹臧果相蠶十三卷

右雜占十八家三百一十三卷

雜占者紀百事之象候善惡之徵（師古曰徵證也）易曰占事知來（師古曰下繫之辭也言有事而占則觀方來之驗也）眾占非一而夢為大故周有其官（師古曰謂大卜掌三夢之法又占夢中士二人皆宗伯之屬官）而詩載熊羆虺蛇眾魚旐旟之夢著明大人之占以考吉凶（師古曰小雅斯干之詩曰吉夢維何維熊維羆維虺維蛇大人占之維熊維羆男子之祥維虺維蛇女子之祥無羊之詩曰牧人乃夢眾維魚矣旐維旟矣大人占之眾維魚矣實維豐年旐維旟矣室家溱溱言熊羆虺蛇皆為吉祥之夢而生男女又見眾魚則為豐年之應旐旟則為多盛之象大人占之謂以聖人占夢之法占之也畫龜蛇曰旐鳥隼曰旟）蓋參卜筮春秋之說訞也曰人之所忌其氣炎以取之訞由人興也人失常則訞興人無釁焉訞不自作（師古曰申繻之辭也事見莊公十四年炎謂火之光始欲然也言人之所忌其氣欲引致於災也釁瑕也失常謂反五常之德也炎讀與燄同）故曰德勝不祥義厭不惠（師古曰厭音伊葉反惠順也）桑穀共生大戊以興雊雉登鼎武丁為宗（師古曰說在郊祀五行志）然惑

者不稽諸躬而忌訞之見師古曰稽考也計也是以詩刺召彼故老訊之占夢師古曰小雅正月之詩也故老元老也訊問也言不能修德以禳災但問元老以占夢之吉凶傷其舍本而憂末不能勝凶咎也

山海經十三篇

國朝七卷

宮宅地形二十卷

相人二十四卷

相寶劒刀二十卷

相六畜三十八卷

右形法六家百二十二卷形法者大舉九州之埶以立城郭室舍形人及六畜骨法之度數器物之形容以求其聲氣貴賤吉凶猶律有長短而各徵其聲非有鬼神數自然也然形與氣相首尾亦有其形而無其氣有其氣而無其形此精微之獨異也

凡數術百九十家二千五百二十八卷數術者皆明堂羲和史卜之職也史官之廢久矣其書既不能具雖有其書而無其人易曰苟非其人道不虛行師古曰下繫之辭也言道由人行 春秋時魯有梓慎鄭有裨竈晉有卜偃宋有子韋六國時楚有甘公魏有石申夫漢有唐都庶得麤觕師古曰觕粗略也音才戶反 蓋有因而成易無因而成難故因舊書以序數術爲六種

黃帝內經十八卷

外經三十七卷

扁鵲內經九卷

外經十二卷

白氏內經三十八卷

外經三十六卷

旁篇二十五卷

右醫經七家二百一十六卷醫經者原人血脈經落骨髓陰陽表裏以起百病之本死生之分而用度箴石湯火所施師古曰箴所以刺病也石謂砭石即石箴也古者攻病則有砭今其術絕矣箴音之林反砭音彼廉反 調百藥齊和之所宜師古曰齊音才詣反其下並同和音乎卧反 至齊之得猶慈石取鐵以物相使拙者失理以瘉爲劇以生爲死師古曰瘉讀與愈同愈差也

五藏六府痺十二病方三十卷師古曰痺風溼之病音必二反

五藏六府疝十六病方四十卷師古曰疝心腹氣病音山諫反又音訕

五藏六府癉十二病方四十卷師古曰癉黃病音丁韓反

風寒熱十六病方二十六卷

泰始黃帝扁鵲俞拊方二十三卷應劭曰黃帝時醫也師古曰拊音膚

五藏傷中十一病方三十一卷

客疾五藏狂顛病方十七卷

金創瘲瘛方三十卷服虔曰音掣引之掣師古曰小兒病也瘛音充制反瘲音子用反

婦人嬰兒方十九卷

湯液經法三十二卷

神農黃帝食禁七卷

右經方十一家二百七十四卷經方者本草石之寒溫量疾病之淺深假藥味之滋因氣感之宜辯五苦六辛致水火之齊以通閉解結反之於平及失其宜者以熱益熱以寒增寒精氣內傷不見於外是所獨失也故諺曰有病不治常得中醫

容成陰道二十六卷務成子陰道三十六卷堯舜陰道二十三卷湯盤庚陰道二十卷天老雜子陰道二十五卷天一陰道二十四卷黃帝三王養陽方二十卷三家內房有子方十七卷

右房中八家百八十六卷房中者情性之極至道之際是以聖王制外樂以禁內情而為之節文傳曰先王之作樂所以節百事也樂而有節則和平壽考及迷者弗顧以生疾而隕性命

宓戲雜子道二十篇上聖雜子道二十六卷道要雜子十八卷黃帝雜子步引十二卷黃帝岐伯按

摩十卷黃帝雜子芝菌十八卷師古曰服餌芝菌之法也菌音求閔反黃帝雜子十九家方二十一卷泰壹雜子十五家方二十二卷神農雜子技道二十三卷泰壹雜子黃冶三十一卷師古曰黃冶釋在郊祀志

右神僊十家二百五卷神僊者所以保性命之眞而游求於其外者也聊以盪意平心同死生之域師古曰盪滌一曰盪放也而無怵惕於匈中然而或者專以為務則誕欺怪迂之文彌以益多師古曰誕大言也迂遠也非聖王之所以教也孔子曰索隱行怪後世有述焉吾不為之矣師古曰禮記載孔子之言索隱求索隱暗之事而行怪迂之道妄令後人有所祖述非我本志

凡方技三十六家八百六十八卷方技者皆生生之具王官之一守也太古有岐伯俞拊中世有扁鵲秦和師古曰和秦醫名也蓋論病以及國原診以知政師古曰診視驗謂視其脈及色候也診音軫又丈刃反漢興有倉公今其技術晻昧師古曰晻與暗同故論其書以序方技為四種大凡書六略三十八種五百九十六家萬三千二百六十九卷入三家五十篇省兵十家

藝文志卷第十

志序神僊者內云孔子曰索隱行怪顏師古注云禮記載孔子之言索隱求索隱暗之事臣佖案禮記中庸篇有云子曰素隱行怪後世有述焉吾弗為之矣鄭玄注云素讀如攻城攻其所傃之傃傃猶鄉也言方鄉辟害隱身而行佹譎以作後世名也弗為之矣恥之也大字志作索隱師古從而解之文注即與禮記不同意義亦不相遠故索字不更刋正作素字

陳勝項籍列傳第一 服虔曰傳次其時之先後耳不以賢智功之大小也師古曰雖次時之先後亦以事類相從如江充息夫躬與蒯通同傳賈山與路溫舒同傳嚴助與賈捐之同傳之類是也 班固 漢書三十一

秘書監上護軍琅邪縣開國子顏師古注

陳勝字涉陽城人 師古曰地理志屬汝南郡 吳廣字叔陽夏人也 師古曰地理志屬淮陽夏音工雅反 勝少時嘗與人傭耕 師古曰與人俱也傭耕謂受其雇直而為之耕言賣功傭也 輟耕之壟上 師古曰輟止也之往也壟上謂田中之高處 悵然甚久曰苟富貴無相忘 師古曰但一人富貴不問彼此皆不相忘也 傭者笑而應曰若為傭耕何富貴也勝太息曰嗟乎燕雀安知鴻鵠之志哉 師古曰鴻大鳥也水居鵠黃鵠也一舉千里鵠音胡督反 秦二世元年秋七月發閭左戍漁陽九百人 師古曰閭里門也發閭左之人皆遣戍也解具在食貨志 勝廣

皆為屯長 師古曰人所聚曰屯為其長帥也 行至蘄大澤鄉會天大雨道不通度已失期失期法斬 師古曰度謂量計之音大各反 勝廣乃謀曰今亡亦死舉大計亦死等死死國可乎勝曰天下苦秦久矣吾聞二世少子不當立當立者乃公子扶蘇扶蘇以數諫故不得立上使外將兵 師古曰數音所角反皆類此 今或聞無罪二世殺之百姓多聞其賢未知其死 如淳曰扶蘇自殺故人不知其死或以為不知何坐而死故天下冤二世殺之師古曰如或說皆非也此言我聞二世已殺扶蘇矣而百姓皆未知之故勝廣舉事詐自稱扶蘇耳 項燕為楚將數有功 師古曰燕音一千反 愛士卒楚人憐之或以為在今誠以吾眾為天下倡宜多應者 師古曰倡讀曰唱謂首號令也 廣以為然迺行卜卜者

知其指意曰足下事皆成有功然足下卜之鬼乎 李奇曰卜者誠曰所卜事雖成當死為鬼惡指斥言而勝失其指反依鬼神起怪也蘇林曰狐鳴祠中即是也如淳曰以鬼道惑眾乎但用人事也師古曰李如之說皆非也卜者云事成有功然須假託鬼神乃可興起耳故勝廣曉其此意則為魚書狐鳴以威眾耳 勝廣喜念鬼曰此教我先威眾耳迺丹書帛曰陳勝王置人所罾魚腹中 師古曰罾魚網也形如仰繖蓋四維而舉之音曾 卒買魚亨食得書已怪之矣 師古曰亨音普庚反 又間令廣之次所旁叢祠中夜構火狐鳴呼曰大楚興陳勝王 鄭氏曰間謂竊令人行也張晏曰戍人所止處也叢鬼所憑也師古曰張說非也此言密於廣所次舍處旁側叢祠中為之非戍人所止也叢謂草木岑蔚者也祠神祠也構謂結起也呼音火故反 卒皆夜驚恐旦日卒中往往指目勝廣 師古曰指而私目視之 勝廣素愛人士卒多為用將尉醉 師古曰將尉者其官本尉耳時領戍人故為將尉

廣故數言欲亡忿尉令辱之以激怒其眾尉果笞廣尉劍挺廣起奪而殺尉 師古曰挺拔也尉劍自拔出廣因奪取之 勝佐之并殺兩尉召令徒屬曰公等遇雨皆已失期當斬藉第令毋斬 服虔曰藉猶借也弟使也應劭曰藉吏士名籍也弟次也言今失期當斬就使籍弟幸得不斬戍死者固十六七也蘇林曰藉假弟且也晉灼曰酈食其傳弟言之外戚傳弟一見我蘇說是也師古曰服應說弟義皆非也晉氏意頗近之而猶未得漢書諸言弟者甚眾弟但也語有緩急耳言但令無斬也今俗人語稱但者急言之則音如弟矣酈食其外戚傳所云弟者皆謂但耳義非且也 而戍死者固什六七且壯士不死則已死則舉大名耳侯王將相寧有種乎 師古曰言求之而得不必擧冑 徒屬皆曰敬受令乃詐稱公子扶蘇項燕從民望也袒右稱大楚 師古曰袒右者脫右肩之衣當時取異於凡衆也 為壇而盟祭

以尉首 師古曰以所殺尉之首祭神也 勝自立爲將軍廣爲都尉攻大澤鄉拔之收兵而攻蘄蘄下乃令符離人葛嬰將兵徇蘄以東 李奇曰徇略也師古曰音似峻反 攻銍酇苦柘譙皆下之 師古曰五縣名也銍音竹乙反酇音才多反 行收兵比至陳 師古曰比音必寐反 兵車六七百乘騎千餘卒數萬人攻陳陳守令皆不在 師古曰守郡守也令縣令也 獨守丞與戰譙門中 晉灼曰譙門義闕師古曰守丞謂郡丞之居守者一曰郡守之丞故曰守丞譙門謂門上爲高樓以望耳樓一名譙故謂美麗之樓爲麗譙譙亦呼爲巢所謂巢車者亦於兵車之上爲樓以望敵也譙巢聲相近本一物也今流俗書本譙下有城字非也此自陳耳非譙之城譙城前已下矣 不勝守丞死乃入據陳數日號召三老豪桀會計事 師古曰號令召呼之 皆曰將軍身被堅執銳 師古曰堅堅甲也銳利兵也 伐無道誅暴秦復立楚之社稷功宜爲王勝乃立爲王號張楚 劉德曰若云張大楚國也張晏曰先是楚爲秦滅已弛今立楚爲張也師古曰張說是也 於是諸郡縣苦秦吏暴皆殺其長吏將以應勝迺以廣爲假王監諸將以西擊滎陽令陳人武臣張耳陳餘徇趙汝陰人鄧宗徇九江郡當此時楚兵數千人爲聚者不可勝數 師古曰聚音材喻反 葛嬰至東城立襄彊爲楚王 師古曰東城縣名地理志屬九江郡 後聞勝已立因殺襄彊還報至陳勝殺嬰令魏人周市北徇魏地 師古曰即梁地非河東之魏也 廣圍滎陽李由爲三川守守滎陽廣不能下勝徵國之豪桀與計 師古曰徵召也 以上蔡人房君蔡賜爲上柱國 鄭氏曰房君官號也姓蔡名賜晉灼曰張耳傳言相國房

君是也師古曰房君者封邑之名非官號也 周文陳賢人也嘗爲項燕軍視日 文穎曰周文即周章也服虔曰視日候氣也如淳曰視日時吉凶舉動之占師古曰視日如說是也 事春申君 應劭曰楚相黃歇 自言習兵勝與之將軍印西擊秦行收兵至關車千乘卒十萬至戲軍焉 師古曰戲水名在新豐東音許宜反解具在高紀 秦令少府章邯免驪山徒人奴產子 服虔曰家人之產奴也師古曰奴產子猶今人云家生奴也 悉發以擊楚軍大敗之周文走出關止屯曹陽 晉灼曰亭名也在弘農東十三里魏武改爲好陽師古曰曹水之陽也其水出陝縣西南崤頭山而北流入河今謂之好陽澗在陝縣西四十五里 二月餘章邯追敗之復走黽池 師古曰黽音澠 十餘日章邯擊大破之周文自剄軍遂不戰武臣至邯鄲自立爲趙王陳餘爲大將軍張耳召騷爲左右丞相 師古曰召讀曰邵 勝怒捕繫武臣等家室欲誅之柱國曰秦未亡而誅趙王將相家屬此生一秦 師古曰言爲敵與秦無異 不如因立之勝乃遣使者賀趙而徙繫武臣等家屬宮中 師古曰徙居宮中示優禮也拘而不遣故謂之繫 而封張耳子敖爲成都君趣趙兵亟入關 師古曰趣讀曰促亟急也音居力反 趙王將相相與謀曰王王趙非楚意也楚已誅秦必加兵於趙計莫如毋西兵 師古曰勿令兵西出也 使使北徇燕地以自廣趙南據大河北有燕代楚雖勝秦不敢制趙若不勝秦必重趙 師古曰重尊重也 趙承秦楚之敝可以得志於天下趙王以爲然因不西兵而遣故上谷卒

史韓廣將兵北徇燕張晏曰卒史曹史也燕地貴人豪桀謂韓廣曰楚趙皆已立王燕雖小亦萬乘之國也願將軍立爲王韓廣曰廣母在趙不可燕人曰趙方西憂秦南憂楚其力不能禁我且以楚之彊不敢害趙王將相之家今趙獨安敢害將軍家乎韓廣以爲然乃自立爲燕王居數月趙奉燕王母家屬歸之是時諸將徇地者不可勝數周市北至狄師古曰縣名也後漢安帝時改名臨濟狄人田儋殺狄令自立爲齊王反擊周市市軍散還至魏地立魏後甯陵君咎爲魏王應劭曰魏諸公子名咎欲立六國後以樹黨也咎在勝所不得之魏魏地已定欲立周

市爲王市不肯使者五反師古曰反謂回還也勝乃立甯陵君爲魏王遣之國周市爲相將軍田臧等相與謀曰周章軍已破服虔曰周章即周文秦兵旦至我守滎陽城不能下秦軍至必大敗不如少遺兵足以守滎陽師古曰遺留也悉精兵迎秦軍師古曰悉盡也今假王驕不知兵權不可與計非誅之事恐敗因相與矯陳王令以誅吳廣師古曰矯託也託言受令也獻其首於勝勝使賜田臧楚令尹印使爲上將田臧廼使諸將李歸等守滎陽城自以精兵西迎秦軍於敖倉與戰田臧死軍破章邯進擊李歸等滎陽下破之李歸死陽城人鄧說將兵居

郯師古曰說讀曰悅郯東海縣也音談章邯別將擊破之鄧說走陳銍人五逢將兵居許章邯擊破之五逢亦走陳勝誅鄧說勝初立時陵人秦嘉銍人董緤符離人朱雞石取慮人鄭布徐人丁疾等皆特起張晏曰陵泗水縣也銍符離沛縣也取慮徐臨淮縣也師古曰緤音先列反取音趨又音秋慮音盧將兵圍東海守於郯勝聞廼使武平君畔爲將軍張晏曰畔名也監郯下軍秦嘉自立爲大司馬惡屬人師古曰不欲繞屬於人告軍吏曰武平君年少不知兵事勿聽因矯以王命殺武平君畔章邯已破五逢擊陳柱國房君死章邯又進擊陳西張賀軍勝出臨戰軍破張賀死臘月張晏曰秦之臘月夏之九月臣瓚曰

建丑之月也師古曰史記云胡亥二年十月誅陳葛嬰十一月周文死十二月涉死瓚說是也勝之汝陰還至下城父師古曰下城父地名在城父縣東父音甫其御莊賈殺勝以降秦葬碭諡曰隱王勝故涓人將軍呂臣爲蒼頭軍應劭曰涓人如謁者將軍姓呂名臣也時軍皆著青巾故曰蒼頭服虔曰蒼頭謂士卒青帛巾若赤眉之號以相別也師古曰涓絜也涓人主絜除之人涓音蠲起新陽師古曰縣名也屬汝南郡攻陳下之殺莊賈復以陳爲楚初勝令銍人宋留將兵定南陽入武關留已徇南陽聞勝死南陽復爲秦師古曰爲音于僞反宋留不能入武關廼東至新蔡遇秦軍宋留以軍降秦秦傳留至咸陽車裂留以徇師古曰徇行示也以示衆爲戒徇音辭峻反秦嘉等聞勝軍敗廼立景駒爲楚王引兵之方與師古曰之往也方與縣名也方音房與音

豫欲毄秦軍濟陰下使公孫慶使齊王欲與併力
俱進齊王曰陳王戰敗未知其死生楚安得不請
而立王公孫慶曰齊不請楚而立王楚何故請齊
而立王且楚首事當令於天下師古曰首事謂最先起兵田儋殺
公孫慶秦左右校復攻陳下之呂將軍走徼兵復
聚如淳曰徼要也徼散卒復相聚歛也師古曰徼音工堯反與番盜英布相遇師古曰番
即番陽縣也於番爲盜故曰番盜番音蒲何反其後番字改作鄱攻毄秦左右校破之青波
文穎曰地名也復以陳爲楚會項梁立懷王孫心爲楚王陳
勝王凡六月初爲王其故人嘗與傭耕者聞之乃
之陳叩宮門曰吾欲見涉宮門令欲縛之自辯數

乃置師古曰辯數謂自分別其姓名也并歷道與涉故舊之事故舍而不縛也數音山羽反不肯爲通
勝出遮道而呼涉師古曰呼謂大嘑也音火故反迺召見載與歸入宮
見殿屋帷帳客曰夥涉之爲王沈沈者應劭曰夥音禍沈沈宮室
深邃之貌也沈音長含反楚人謂多爲夥故天下傳之夥涉爲王由
陳涉始客出入愈益發舒言勝故情或言客愚無
知專妄言輕威勝斬之諸故人皆自引去由是無
親勝者以朱防爲中正胡武爲司過主司群臣諸
將徇地至令之不是者毄而罪之以苛察爲忠其
所不善者不下吏輒自治師古曰不以付吏而防武自治之勝信用之
諸將以故不親附此其所以敗也勝雖已死其所

置遣侯王將相竟亡秦高祖時爲勝置守冢于碭
至今血食王莽敗迺絕師古曰至今血食者司馬遷作史記本語也莽敗迺絕者班固之詞也
於文爲衍蓋失不刪耳
項籍字羽下相人也韋昭曰臨淮縣初起年二十四其季父
梁梁父即楚名將項燕者也家世楚將封於項師古
曰即今項城縣故姓項氏籍少時學書不成去學劍又不成
去梁怒之籍曰書足記姓名而已劍一人敵不足
學學萬人敵耳於是梁奇其意乃教以兵法籍大
喜略知其意又不肯竟學梁嘗有櫟陽逮請蘄獄掾
曹咎書抵櫟陽吏司馬欣以故事皆已應劭曰項梁曾坐事傳繫櫟

陽獄從蘄獄掾曹咎取書與司馬欣抵相歸抵也已止也梁嘗殺人與籍避仇吳中吳
中賢士大夫皆出梁下師古曰言皆不及也每有大繇役及喪
梁常主辦陰以兵法部勒賓客子弟以知其能秦
始皇帝東遊會稽度浙江應劭曰浙音折晉灼曰江水至會稽山陰爲浙江梁
與籍觀籍曰彼可取而代也梁掩其口曰無妄言
族矣師古曰凡言族者謂族誅之梁以此奇籍籍長八尺二寸力扛
鼎師古曰扛舉也音江才氣過人吳中子弟皆憚籍秦二世元
年陳勝起九月會稽假守通張晏曰假守兼守也晉灼曰楚漢春秋云姓殷素
賢梁乃召與計事梁曰方今江西皆反秦此亦天
亡秦時也先發制人後發制於人守歎曰聞夫子

楚將世家唯足下耳梁曰吳有奇士桓楚亡在澤中人莫知其處獨籍知之梁乃戒籍持劍居外待梁復入與守語曰請召籍使受令召桓楚籍入梁眴籍曰可矣師古曰眴動目也音舜動目而使之也今書本有作眄字者流俗所改耳籍遂拔劍擊斬守梁持守頭佩其印綬門下驚擾籍所擊殺數十百人師古曰數十百人者八九十乃至百也他皆類此府中皆讋伏莫敢復起師古曰讋失氣也音之涉反梁乃召故人所知豪吏諭以所為師古曰諭曉告之遂舉吳中兵使人收下縣師古曰四面諸縣也非郡所都故謂之下也得精兵八千人部署豪桀為校尉候司馬師古曰分部而署置之有一人不得官自言梁曰某時喪使公主某事不能辦以故不任公眾乃皆服梁為會稽將籍為裨將師古曰裨助也相副助也裨音頻移反他皆類此徇下縣秦二年廣陵人召平為陳勝徇廣陵師古曰召讀曰邵未下聞陳勝敗走秦將章邯且至迺度江矯陳王令拜梁為楚上柱國曰江東已定急引兵西擊秦梁迺以八千人度江而西聞陳嬰已下東陽使使欲與連和俱西陳嬰者故東陽令史蘇林曰曹史也晉灼曰漢儀注令史曰令史丞史曰丞史師古曰晉說是也居縣素信為長者師古曰素立恩信號為長者東陽少年殺其令相聚數千人欲立長無適用師古曰適主也音與的同迺請陳嬰嬰謝不能遂彊立之縣中從之者得二萬人欲立嬰為王異軍倉

頭特起應劭曰言與眾異也嬰母謂嬰曰吾為迺家婦聞先故未曾貴師古曰乃汝也今暴得大名不祥不如有所屬事成猶得封侯事敗易以亡非世所指名也嬰迺不敢為王謂其軍吏曰項氏世世將家有功於楚今欲舉大事將非其人不可師古曰言以不材之人為將不可求勝也我倚名族亡秦必矣師古曰倚依也音於綺反其眾從之迺以其兵屬梁梁度淮英布蒲將軍亦以其兵屬焉服虔曰英布起於蒲地因以為號也如淳曰史記項羽紀言當陽君蒲將軍皆屬項羽自此更有蒲將軍也師古曰此二人也服說失之若是一人不當先言姓名後乃稱將軍也凡六七萬人軍下邳是時秦嘉已立景駒為楚王軍彭城東欲以距梁梁謂軍吏曰陳王首事戰不利未聞所在今秦嘉背陳王立景駒大逆亡道迺引兵擊秦嘉軍敗走追至胡陵嘉還戰師古曰復來戰一日嘉死軍降景駒走死梁地梁已并秦嘉軍軍胡陵將引而西章邯至栗師古曰栗縣名地理志屬沛郡梁使別將朱雞石餘樊君與戰餘樊君死朱雞石敗亡走胡陵梁迺引兵入薛誅朱雞石梁前使羽別攻襄城襄城堅守不下已拔皆阬之師古曰陷之於阬盡殺之還報梁聞陳王定死召諸別將會薛計事時沛公亦從沛往居鄛人范增晉灼曰鄛音勦絕之勦師古曰居鄛縣名也地理志屬廬江郡鄛音巢字亦作巢本春秋時巢國年七十素好奇計往說梁曰陳勝敗固當師古曰言其計畫非是宜應敗也夫秦滅六

國楚最亡罪自懷王入秦不反楚人憐之至今故
南公稱曰楚雖三戶亡秦必楚服虔曰南公南方之老人也蘇林曰但令有三戶在
其怨深足以亡秦令陳勝首事不立楚後其勢不長今君起
江東楚蠭起之將皆爭附君者師古曰蠭古蜂字也蠭起如蠭而起言其衆也一說
蠭與鋒同言鋒銳而起者以君世世楚將爲能復立楚之後也於
是梁乃求楚懷王孫心在民間爲人牧羊立以爲
楚懷王從民望也陳嬰爲上柱國封五縣與懷王
都盱台師古曰盱音許于反台音怡梁自號武信君引兵攻亢父師古
曰亢音抗父音甫初章邯既殺齊王田儋於臨菑師古曰高紀及儋傳竝言
於臨濟此獨言臨菑疑此誤也田假復自立爲齊王儋弟榮走保東阿

章邯追圍之梁引兵救東阿大破秦軍東阿田榮
即引兵歸逐王假假亡走楚相田角亡走趙角弟
閒故將居趙不敢歸田榮立儋子市爲齊王梁已
破東阿下軍遂追秦軍數使使趣齊兵俱西師古曰趣
讀曰促榮曰楚殺田假趙殺田角田閒迺發兵梁曰
田假與國之王張晏曰與黨與也窮來歸我不忍殺趙亦不
殺角閒以市於齊張晏曰若市買相貿易以利也梁救榮難猶不用命梁又忘殺假等榮未必多出兵不如待
以禮又可以貿易他利以除己害遂背德可輔假以伐齊故曰市市貿易也晉灼曰欲令楚殺田假以爲己利而楚保全不殺以買其計師古
曰二說皆非也市者以角閒市取齊兵也直言趙不殺角閒以求齊兵耳齊遂不肯發兵助楚梁
使羽與沛公別攻城陽屠之西破秦軍濮陽東秦

兵收入濮陽沛公羽攻定陶定陶未下去西略地
至雍丘大破秦軍斬李由還攻外黃外黃未下梁
起東阿比至定陶再破秦軍師古曰比音必寐反羽等又殺李
由益輕秦有驕色宋義諫曰戰勝而將驕卒惰者
敗今少惰矣秦兵日益臣爲君畏之梁不聽迺使
宋義於齊道遇齊使者高陵君顯張晏曰名顯封於高陵晉灼曰高陵是琅
邪縣曰公將見武信君乎曰然義曰臣論武信君軍
必敗公徐行則免疾行則及禍秦果悉起兵益章
邯夜銜枚擊楚大破之定陶師古曰銜枚解在高紀梁死沛公
與羽去外黃攻陳留陳留堅守不下沛公羽相與

謀曰今梁軍敗士卒恐乃與呂臣俱引兵而東呂
臣軍彭城東羽軍彭城西沛公軍碭章邯已破梁
軍則以爲楚地兵不足憂迺度河北擊趙大破之
當此之時趙歇爲王陳餘爲將張耳爲相走入鉅
鹿城師古曰趙歇張耳共入鉅鹿也秦將王離涉閒圍鉅鹿張晏曰秦二將也王離王
翦孫涉姓閒名也章邯軍其南築甬道而輸之粟師古曰章邯爲甬道而運
粟以饟王離涉閒之軍陳餘將卒數萬人軍鉅鹿北所謂河北
軍也宋義所遇齊使者高陵君顯見楚懷王曰宋
義論武信君必敗數日果敗軍未戰先見敗徵師古
曰徵證也可謂知兵矣王召宋義與計事而說之師古曰說讀曰悅

因以為上將軍羽為魯公為次將范增為末將諸別將皆屬號卿子冠軍師古曰冠軍言其在諸軍之上北救趙至安陽留不進師古曰今相州安陽縣秦三年羽謂宋義曰今秦軍圍鉅鹿疾引兵渡河楚擊其外趙應其內破秦軍必矣宋義曰不然夫搏牛之蝱不可以破蟣蝨張晏曰搏音博蘇林曰蝱喻秦蟣蝨喻章邯等言小大不同勢欲滅秦當寬邯等也如淳曰猶言本欲以大力伐秦而不可以救趙也師古曰搏擊也言以手擊牛之背可以殺其上蝱而不能破蟣蝨喻今將兵方欲滅秦不可盡力與章邯即戰或未能禽徒費力也如說近也今秦攻趙戰勝則兵罷我承其敝師古曰罷讀曰疲不勝則我引兵鼓行而西必舉秦矣師古曰鼓行謂擊鼓而行無所畏懼也故不如先鬭秦趙夫擊輕銳我不如公坐運籌策公不如我因下令軍中曰猛如虎很如羊貪如狼強不可令者皆斬遣其子襄相齊身送之無鹽師古曰縣名飲酒高會師古曰高會大會也天寒大雨士卒凍飢羽曰將戮力而攻秦久留不行今歲飢民貧卒食半菽孟康曰半五升器名也臣瓚曰士卒食蔬菜以菽雜半之師古曰瓚說是也菽謂豆也軍無見糧師古曰無見在之糧迺飲酒高會不引兵渡河因趙食與并力擊秦迺曰承其敝夫以秦之強攻新造之趙其勢必舉趙舉秦強何敝之承且國兵新破王坐不安席埽境內而屬將軍師古曰屬委也音之欲反國家安危在此一舉今不卹士卒而徇私非社稷之臣也羽晨朝上將軍宋義即其帳中斬

義頭師古曰即就也出令軍中曰宋義與齊謀反楚楚王陰令籍誅之諸將讋服師古曰讋失氣也音之涉反莫敢枝梧如淳曰梧音悟枝梧猶枝扞也臣瓚曰小柱為枝邪柱為梧今屋梧邪柱是也皆曰首立楚者將軍家也今將軍誅亂迺相與共立羽為假上將軍師古曰未得懷王之命故且為假也使人追宋義子及之齊殺之使桓楚報命於懷王王因使使立羽為上將軍羽已殺卿子冠軍威震楚國名聞諸侯乃遣當陽君蒲將軍將卒二萬人度河救鉅鹿戰少利陳餘復請兵羽迺悉引兵渡河已渡皆湛舡師古曰湛讀曰沈謂沈沒其舡於水中破釜甑燒廬舍持三日糧視士必死無還心師古曰視讀曰示於是至則圍王離與秦軍遇九戰絕甬道大破之殺蘇角文穎曰秦將虜王離涉閒不降自燒殺當是時楚兵冠諸侯師古曰言最為上也諸侯軍救鉅鹿者十餘壁莫敢縱兵及楚擊秦諸侯皆從壁上觀楚戰士無不一當十呼聲動天地師古曰呼音火故反諸侯軍人人惴恐服虔曰惴音章瑞反於是楚已破秦軍羽見諸侯將入轅門張晏曰軍行以車為陳轅相向為門故曰轅門師古曰周禮掌舍王行則設車宮轅門也膝行而前莫敢仰視羽繇是始為諸侯上師古曰繇讀與由同將軍兵皆屬焉章邯軍棘原晉灼曰地名在鉅鹿南羽軍漳南相持未戰秦軍數卻師古曰卻退也音丘略反二世使人讓章邯師古曰讓謂責也章邯恐使長史欣請事至咸陽

留司馬門三日師古曰凡言司馬門者宮垣之內兵衞所在四面皆有司馬司馬主武事故總謂宮之外門為司
馬門趙高不見有不信之心長史欣恐還走不敢出
故道趙高果使人追之不及欣至軍報曰事亡可
為者師古曰言不可復為軍旅之事相國趙高顓國主斷師古曰顓与專同也今戰
而勝高嫉吾功不勝不免於死願將軍孰計之陳
餘亦遺章邯書曰白起為秦將南并鄢郢北阬馬
服服虔曰馬服趙括也父奢為趙將有功賜號馬服猶服馬也故世稱之師古曰鄢郢皆楚邑也鄢音偃郢音弋井反攻
城略地不可勝計而卒賜死師古曰卒終也蒙恬為秦將北
逐戎人開榆中地數千里服虔曰金城縣所治也蘇林曰在上郡師古曰即今之榆林古
者上郡界蘇說是也竟斬陽周孟康曰縣名也屬上郡晉灼曰恬賜死死於此縣何者功多

秦不能封因以法誅之今將軍為秦將三歲矣所
亡失已十萬數而諸侯並起茲益多彼趙高素諛
日久師古曰諛諂也今事急亦恐二世誅之故欲以法誅將
軍以塞責師古曰塞當也使人更代以脫其禍師古曰脫免也將軍居
外久多內隙有功亦誅亡功亦誅且天之亡秦無
愚智皆知之今將軍內不能直諫外為亡國將孤
立而欲長存豈不哀哉將軍何不還兵與諸侯為
從文穎曰關東為從關西為橫孟康曰南北為從東西為橫師古曰言欲如六国時共敵秦二說皆是也还兵謂迴兵內嚮以攻
秦也從音子容反南面稱孤孰與身伏斧質妻子為戮乎師古
曰質謂鍖也古者斬人加於鍖上而斫之也鍖音竹林反章邯狐疑陰使候始成使羽

欲約鄭氏曰候軍候也始姓成名也約未成羽使蒲將軍引兵度三戶
服虔曰漳水津也孟康曰在鄴西三十里軍漳南與秦戰再破之羽悉引兵
擊秦軍汙水上師古曰汙水在鄴西南音于大破之邯使使見羽欲
約羽召軍吏謀曰糧少欲聽其約軍吏皆曰善羽
乃與盟洹水南殷虛上應劭曰洹水在湯陰界殷虛故殷都也師古曰洹水出林慮縣東北至長樂
入清水洹音桓俗音袁非也虛讀曰墟已盟章邯見羽流涕為言趙高羽
迺立章邯為雍王置軍中使長史欣為上將將秦
軍行前師古曰行前謂居前而行漢元年羽將諸侯兵三十餘萬
行略地至河南遂西到新安師古曰今穀州新安城是異時諸侯
吏卒繇使屯戍過秦中師古曰異時猶言先時也秦中關中秦地也秦中遇

之多亡狀師古曰無善形狀也及秦軍降諸侯諸侯吏卒乘勝
奴虜使之輕重折辱秦吏卒吏卒多竊言曰章將軍
等詐吾屬降諸侯今能入關破秦大善即不能
諸侯虜吾屬而東秦又盡誅吾父母妻子諸將微
聞其計以告羽羽迺召英布蒲將軍計曰秦吏卒
尚眾其心不服至關不聽事必危不如擊之獨與
章邯長史欣都尉翳入秦於是夜擊阬秦軍二十
餘萬人至函谷關有兵守不得入聞沛公已屠咸
陽羽大怒使當陽君擊關羽遂入至戲西鴻門聞
沛公欲王關中獨有秦府庫珍寶亞父范增亦大

怒歡羽擊沛公饗士旦日合戰羽季父項伯素善張良良時從沛公項伯夜以語良良與俱見沛公因伯自解於羽師古曰自解猶今言分疏明日沛公從百餘騎至鴻門謝羽自陳封秦府庫還軍霸上以待大王閉關以備他盜不敢背德羽意旣解范增欲害沛公賴張良樊噲得免語在高紀後數日羽遂屠咸陽殺秦降王子嬰燒其宮室火三月不滅收其寶貨略婦女而東秦民失望師古曰沛公入關除約法三章反秦之政而項羽屠殺焚燒恣其殘酷故關中之人失所望也於是韓生說羽曰關中阻山帶河四塞之地肥饒可都以伯師古曰伯讀曰霸羽見秦皆已燒殘又懷思東歸曰富貴不歸故鄉如衣錦夜行師古曰言無人見之不榮顯矣韓生曰人謂楚人沐猴而冠果然張晏曰沐猴獼猴也師古曰言雖著人衣冠其心不類人也果然如人之言也羽聞之斬韓生初懷王與諸將約先入關者王其地羽旣背約使人致命於懷王懷王曰如約羽迺曰懷王者吾家武信君所立耳非有功伐張晏曰積功曰伐何以得顓主約師古曰顓與專同天下初發難服虔曰兵初起時也假立諸侯後以伐秦然身被堅執銳首事暴露於野三年滅秦定天下者皆將相諸君與籍力也懷王亡功固當分其地王之諸將皆曰善羽迺陽尊懷王為義帝曰古之王者地方千里必

居上游文穎曰居水之上流也游或作流師古曰游即流也徙之長沙都郴師古曰郴音丑林反迺分天下以王諸侯羽與范增疑沛公業已講解蘇林曰講和也又惡背約恐諸侯叛之陰謀曰巴蜀道險秦之遷民皆居之乃曰巴蜀亦關中地故立沛公為漢王王巴蜀漢中而參分關中王秦降將以距塞漢道乃立章邯為雍王王咸陽以西長史司馬欣故櫟陽獄吏嘗有德於梁都尉董翳本勸章邯降故立欣為塞王王咸陽以東至河立翳為翟王王上郡徙魏王豹為西魏王王河東瑕丘公申陽者孟康曰瑕丘縣之老人也姓申名陽張耳嬖臣也師古曰嬖謂愛幸也先下河南迎楚河上立陽為河南王趙將司馬卬定河內數有功立卬為殷王王河內徙趙王歇王代趙相張耳素賢又從入關立為常山王王趙地當陽君英布為楚將常冠軍立布為九江王番君吳芮師古曰番音蒲河反帥百粵佐諸侯從入關立芮為衡山王義帝柱國共敖師古曰共讀曰龔將兵擊南郡功多因立為臨江王徙燕王韓廣為遼東王燕將臧荼師古曰荼音塗從楚救趙因從入關立荼為燕王徙齊王田市為膠東王齊將田都從共救趙入關立都為齊王故秦所滅齊王建孫田安羽方渡河救趙安下濟北數城引

兵降羽立安爲濟北王田榮者背梁不肯助楚擊秦以故不得封陳餘棄將印去不從入關然素聞其賢有功於趙聞其在南皮故因環封之三縣 孟康曰繞南皮三縣以封之師古曰環音宦 番君將梅鋗 師古曰鋗音火玄反 功多故封十萬戶侯羽自立爲西楚伯王 師古曰伯讀曰霸 王梁楚地九郡都彭城諸侯各就國田榮聞羽徙齊王市膠東而立田都爲齊王大怒不肯遣市之膠東因以齊反迎擊都都走楚市畏羽迺亡之膠東就國榮怒追殺之即墨自立爲齊王予彭越將軍印令反梁地越迺擊殺濟北王田安田榮遂并王三齊之地時

漢王還定三秦羽聞漢并關中且東 師古曰言欲出關而擊楚也 齊梁畔之大怒迺以故吳令鄭昌爲韓王以距漢令蕭公角等擊彭越越敗蕭公角等時張良徇韓遺項王書曰漢王失職欲得關中如約即止不敢東 師古曰如本要約也 又以齊梁反書遺羽羽以此故無西意而北擊齊徵兵九江王布稱疾不行使將將數千人往 二年羽陰使九江王布殺義帝陳餘使張同夏說說齊王榮 師古曰夏說讀曰悅下說齊王說音式芮反 曰項王爲天下宰不平今盡王故王於醜地 師古曰醜惡也 而王羣臣諸將善地逐其故主趙王迺北居代餘以爲不可 師古曰於義不當然

聞大王起兵且不聽不義 師古曰凡不義之事皆不聽順 願大王資餘兵 師古曰資給也 使擊常山以復趙王請以國爲扞蔽 師古曰猶爲齊之藩屏 齊王許之因遣兵往陳餘悉三縣兵 師古曰悉盡也 與齊并力擊常山大破之張耳走歸漢陳餘迎故趙王歇反之趙趙王因立餘爲代王羽至城陽田榮亦將兵會戰榮不勝走至平原平原民殺之羽遂北燒夷齊城郭室屋 師古曰夷平也 皆阬降卒係虜老弱婦女徇齊至北海所過殘滅齊人相聚而畔之於是田榮弟橫收得亡卒數萬人反城陽羽因留連戰未能下漢王劫五諸侯兵 服虔曰時有十八諸侯漢得其五師古曰常山河南魏韓殷也

解在高紀十八諸侯漢時又先已得塞翟矣服說非也 凡五十六萬人東伐楚羽聞之即令諸將擊齊而自以精兵三萬人南從魯出胡陵漢王皆已破彭城收其貨賂美人日置酒高會羽迺從蕭晨擊漢軍而東至彭城日中大破漢軍 張晏曰一日之中或曰早擊之至日中大破師古曰或說是也 漢軍皆走迫之穀泗水 臣瓚曰二水皆在沛郡彭城 漢軍皆南走山 師古曰走趣也音奏 楚又追擊至靈辟東睢水上 師古曰睢音雖 漢軍卻爲楚所擠 臣瓚曰擠排也師古曰音子詣反又音子奚反 多殺漢卒十餘萬皆入睢水睢水爲不流 師古曰言殺人多填於水中 漢王乃與數十騎遁去語在高紀太公呂后閒求漢王 師古曰閒行而求之 反遇楚軍楚軍與歸羽常

置軍中漢王稍收散卒蕭何發關中卒悉詣滎陽戰京索閒師古曰索音山客反敗楚楚以故不能過滎陽而西漢軍滎陽築通道取敖倉食三年羽數擊絕漢甬道漢王食乏請和割滎陽以西爲漢羽欲聽之歷陽侯范增曰漢易與耳今不取後必悔之羽乃急圍滎陽漢王患之乃與陳平金四萬斤以閒楚君臣師古曰閒音居莧反語在陳平傳項羽以故疑范增稍奪之權范增怒曰天下事大定矣君王自爲之願賜骸骨歸行未至彭城疽發背死師古曰疽癰創也音千餘反於是漢將紀信詐爲漢王出降以誑狂楚軍故漢王得

與數十騎從西門出令周苛樅公魏豹守滎陽師古曰苛音何樅音千容反漢王西入關收兵還出宛葉閒師古曰葉音式涉反與九江王黥布行收兵羽聞之即引兵南漢王堅壁不與戰是時彭越渡睢與項聲薛公戰下邳殺薛公羽乃東擊彭越漢王亦引兵北軍成皋羽已破走彭越師古曰擊破之令其走引兵西下滎陽城亨周苛殺樅公虜韓王信進圍成皋漢王跳師古曰輕身而忽出之跳音徒彫反獨與滕公得出北渡河至脩武從張耳韓信楚遂拔成皋漢王得韓信軍留止使盧綰劉賈度白馬津入楚地佐彭越共擊破楚軍燕郭西師古曰燕縣故南燕國也屬東郡燒其積聚攻下梁地十餘城羽聞之謂海春侯大司馬曹咎曰謹守成皋即漢欲挑戰愼毋與戰勿令得東而已我十五日必定梁地復從將軍於是引兵東四年羽擊陳留外黃不下數日降羽悉令男子年十五以上詣城東欲阬之外黃令舍人兒年十二蘇林曰令之舍人兒也臣瓚曰稱兒者以其幼弱故係其父往說羽曰彭越強劫外黃師古曰強音其兩反外黃恐故且降待大王大王至又皆阬之百姓豈有所歸心哉從此以東梁地十餘城皆恐莫肯下矣羽然其言乃赦外黃當阬者而東至睢陽聞之皆爭下漢果數挑楚軍戰楚軍

不出使人辱之五六日大司馬怒度兵氾水師古曰氾音凡解在高紀卒半度漢擊大破之盡得楚國金玉貨賂大司馬咎長史欣皆自剄氾水上咎故蘄獄掾欣故塞王羽信任之羽至睢陽聞咎等破則引兵還漢軍方圍鍾離眛於滎陽東師古曰眛音莫葛反羽軍至漢軍畏楚盡走險阻師古曰走音奏羽亦軍廣武相守乃爲高俎置太公其上如淳曰高俎几之上也李奇曰軍中巢櫓謂之俎師古曰俎者所以薦肉示欲亨之故置俎上如說是也告漢王曰今不急下吾亨太公漢王曰吾與若俱北面受命懷王師古曰若汝也約爲兄弟吾翁即汝翁師古曰翁謂父也必欲亨廼翁幸分我一杯羹師古曰廼亦汝也古者以杯盛羹今之側杯有兩耳者是也

羽怒欲殺之項伯曰天下事未可知且爲天下者不顧家雖殺之無益但益怨耳羽從之廼使人謂漢王曰天下匈匈徒以吾兩人（師古曰匈匈讙擾之意也他皆類此）願與王挑戰決雌雄毋徒罷天下父子爲也（師古曰罷讀曰疲）漢王笑謝曰吾寧鬬智不能鬬力羽令壯士出挑戰漢有善騎射曰樓煩（應劭曰樓煩胡人也李奇曰後爲縣屬鴈門此縣人善騎射謂上爲樓煩取其稱耳未必樓煩人也師古曰李說是也）楚挑戰三合樓煩輒射殺之羽大怒自被甲持戟挑戰樓煩欲射羽瞋目叱之（師古曰瞋目張目也音充人反）樓煩目不能視手不能發走還入壁不敢復出漢王使閒問之廼羽也（師古曰閒微閒之也）漢王大驚於是羽與漢王相與臨廣武閒而語漢王數羽十罪（師古曰數責也音所具反）語在高紀羽怒伏弩射傷漢王漢王入成皐時彭越數反梁地絕楚糧食又韓信破齊且欲擊楚羽使從兄子項它爲大將龍且爲裨將（師古曰它音徒河反且音子余反高紀云項聲此傳云項它紀傳不同未知孰是）救齊韓信破殺龍且追至成陽虜齊王廣信遂自立爲齊王羽聞之恐使武涉往說信語在信傳時漢關中兵益出食多羽兵食少漢王使侯公說羽羽廼與漢王約中分天下割鴻溝而西者爲漢東者爲楚歸漢王父母妻子已約羽解而東五年漢王進兵追羽至故陵

復爲羽所敗漢王用張良計致齊王信建成侯彭越兵及劉賈入楚地圍壽春大司馬周殷叛楚舉九江兵隨劉賈迎黥布與齊梁諸侯皆大會羽壁垓下軍少食盡漢帥諸侯兵圍之數重羽夜聞漢軍四面皆楚歌廼驚曰漢皆已得楚乎是何楚人多也起飲帳中有美人姓虞氏常幸從駿馬名騅常騎（師古曰蒼白雜毛曰騅蓋以其色名之）廼悲歌忼慨自爲歌詩曰力拔山兮氣蓋世時不利兮騅不逝騅不逝兮可柰何虞兮虞兮柰若何（師古曰若汝也）歌數曲美人和之羽泣下數行左右皆泣莫能仰視於是羽遂上馬戲下騎從者八百餘人（師古曰戲大將之旗也音許宜反又音許爲反漢書通以戲爲旌麾及指麾字）夜直潰圍南出馳平明漢軍廼覺之令騎將灌嬰以五千騎追羽羽渡淮騎能屬者百餘人（師古曰屬聯及也音之欲反）羽至陰陵迷失道（孟康曰縣名屬九江郡）問一田父田父紿曰左（文穎曰紿欺也欺令左也）左乃陷大澤中以故漢追及之羽復引而東至東城廼有二十八騎追者數千羽自度不得脫（師古曰脫免也音士活反）謂其騎曰吾起兵至今八歲矣身七十餘戰所當者破所擊者服未嘗敗北遂伯有天下（師古曰伯讀曰霸）然今卒困於此（師古曰卒終也）此天亡我非戰之罪也今日固決死願爲諸軍快戰必三勝斬將艾旗

迺後死(師古曰女音汝)使諸君知吾非用兵罪天亡我也於是引其騎因四隤山(孟康曰四下阪陁也 師古曰隤音徒回反)而為圜陳外嚮(師古曰圜陳四周為之也外嚮謂兵刃皆在外也)漢騎圍之數重羽謂其騎曰吾為公取彼一將令四面騎馳下期山東為三處於是羽大呼馳下(師古曰呼叫也音火故反)漢軍皆披靡(師古曰披音普彼反)遂殺漢一將是時楊喜為郎騎追羽羽還叱之(師古曰還謂迴面也)喜人馬俱驚辟易數里(師古曰辟易謂開張而易其本處辟音頻亦反)與其騎會三處漢軍不知羽所居分軍為三復圍之羽迺馳復斬漢一都尉殺數十百人復聚其騎亡兩騎迺謂騎曰何如騎皆服曰如大王言於是羽遂引東欲度烏江(臣瓚曰在牛渚)烏江亭長檥船待(服虔曰檥音蟻 如淳曰南方人謂整船向岸曰檥)謂羽曰江東雖小地方千里眾數十萬亦足王也願大王急度今獨臣有船漢軍至亡以度羽笑曰迺天亡我何度為且籍與江東子弟八千人度而西今亡一人還縱江東父兄憐而王我我何面目見之哉縱彼不言籍獨不愧於心乎謂亭長曰吾知公長者也吾騎此馬五歲所當亡敵嘗一日千里吾不忍殺以賜公迺令騎皆去馬步持短兵接戰羽獨所殺漢軍數百人羽亦被十餘創顧見漢騎司馬呂馬童曰若非吾故人乎(師古曰若汝也)馬童

面之(張晏曰以故人難親所之故背之也 如淳曰面謂不正視也 師古曰如說非也面謂背之不面向也面縛亦謂反背而縛之杜元凱以為但見其面非也)指王翳曰(如淳曰指示王翳)此項王也羽迺曰吾聞漢購我頭千金邑萬戶(師古曰購以財設賞音工豆反)吾為公得(鄧展曰令公得我為功也 晉灼曰字或作德)迺自剄王翳取其頭亂相輮蹈(師古曰輮踐也音人九反)爭羽相殺者數十人最後楊喜呂馬童郎中呂勝楊武各得其一體故分其地以封五人皆為列侯漢王迺以魯公號葬羽於穀城諸項支屬皆不誅封項伯等四人為列侯賜姓劉氏

贊曰昔賈生之過秦曰(應劭曰賈生書有過秦二篇言秦之過此第一篇也司馬遷取以為贊班固因之)秦孝公據殽函之固擁雍州之地(師古曰殽謂殽山今陝縣東二殽是也函謂函谷今桃林縣南洪溜澗是也)君臣固守而闚周室有席卷天下包舉宇內囊括四海并吞八荒之心(張晏曰括結囊也言其能包含天下 師古曰八荒八方荒忽極遠之地也)當是時也商君佐之(師古曰衛鞅也封於商)內立法度務耕織脩守戰之備外連衡而鬭諸侯於是秦人拱手而取西河之外(師古曰言其不費功力也)孝公既沒惠文武昭襄(師古曰惠文王孝公之子武王惠文王之子昭襄王武王之弟)蒙故業因遺策南取漢中西舉巴蜀東割膏腴之地收要害之郡諸侯恐懼會盟而謀弱秦不愛珍器重寶肥饒之地以致天下之士合從締交(師古曰締結也從音子容反締音大系反)相與為一當此之時齊有孟嘗(師古曰孟嘗君田文)趙有平原(師古曰平原君趙勝)

楚有春申師古曰春申君黃歇魏有信陵師古曰公子無忌爲信陵君此四賢者皆明智而忠信寬厚而愛人尊賢重士約從離橫師古曰約從言爲從欲以分離爲橫橫謂秦也從音子容反其下亦同兼韓魏燕趙宋衛中山之衆於是六國之士有甯越徐尚蘇秦杜赫之屬爲之謀齊明周最陳軫召滑樓緩翟景蘇厲樂毅之徒通其意師古曰召讀曰邵吳起孫臏帶佗兒良王廖田忌廉頗趙奢之朋制其兵師古曰臏音頻忍反佗音徒何反兒音五奚反廖音聊常以十倍之地百萬之軍仰關而攻秦師古曰秦之地形高而諸侯之兵欲攻關中者皆仰嚮故云仰關也今流俗書本仰字作叩非也秦人開關延敵九國之師遁巡而不敢進師古曰遁巡謂疑懼而卻退也遁音千旬反流俗書本巡字誤作逃讀者因之而爲遁逃之義潘岳西征賦云遁逃以奔竄斯亦誤矣秦無亡矢遺鏃之費而天下已困矣師古曰鏃矢鋒也音子木反於是從散約敗爭割地而賂秦秦有餘力而制其弊追亡逐北伏尸百萬流血漂鹵師古曰漂浮也鹵盾也言其血可以浮盾言殺人多也漂音匹遙反因利乘便宰割天下分裂山河強國請服弱國入朝施及孝文莊襄王師古曰施延也孝文王昭襄王之子也莊襄王孝文王之子即始皇父也施音弋豉反享國之日淺國家亡事及至始皇奮六世之餘烈師古曰孝公惠文王武王昭襄王孝文王莊襄王凡六君也烈業也吞二周而亡諸侯振長策而馭宇內師古曰以乘馬爲喻也策所以撾馬也履至尊而制六合執敲扑以鞭笞天下鄧展曰敲短杖也扑捶也師古曰敲音苦交反扑音普木反威震四海南取百粵之地以爲桂林象郡百粵之

君頫首係頸鄧展曰頫音俯師古曰古俯字委命下吏迺使蒙恬北築長城而守藩籬師古曰言以長城扞蔽胡寇如人家之有藩籬卻匈奴七百餘里師古曰卻音丘略反胡人不敢南下而牧馬士不敢彎弓而報怨於是廢先王之道焚百家之言以愚黔首墮名城殺豪俊師古曰墮毀也音火規反收天下之兵聚之咸陽銷鋒鍉如淳曰鍉音嫡箭鏃也師古曰鋒戈戟刃也鍉與鏑同即箭鏃也如音是也鑄以爲金人十二師古曰所謂公仲者也三輔黃圖云坐高三丈其銘曰皇帝二十六年初兼天下改諸侯爲郡縣一法律同度量大人來見臨洮其長五丈足跡六尺以弱天下之民然後踐華爲城服虔曰斷華山爲城晉灼曰踐登也師古曰晉說是也因河爲池據億丈之城臨不測之川以爲固良將勁弩守要害之處信臣精卒陳利兵而誰何師古曰問之爲誰又云何人其義一也天下已定始皇之心自以爲關中之固金城千里子孫帝王萬世之業也始皇既沒餘威震于殊俗然而陳涉甕牖繩樞之子服虔曰以繩係戶樞孟康曰瓦甕爲窗也甿隸之人如淳曰甿古文萌字萌民也遷徙之徒也材能不及中庸非有仲尼墨翟之知文穎曰墨翟宋人爲墨家也陶朱猗頓之富師古曰越人范蠡逃越止於陶自謂陶朱公猗頓本魯人大畜牛羊於猗氏之南貲擬王公馳名天下躡足行伍之間如淳曰躡音疊師古曰躡音女涉反而免起阡陌之中如淳曰時皆辟屈在阡陌之中也師古曰俛者言免脫徭役也免字或作俛讀與俯同帥罷散之卒將數百之衆師古曰罷讀曰疲轉而攻秦斬木爲兵揭竿爲旗師古曰揭音竭謂舉之也今讀之者爲負揭之揭非也天下雲合嚮應師古曰嚮讀曰響言如響之應聲

羸糧而景從（師古曰羸擔也景從言如影之隨形也）山東豪俊遂並起而亡秦族矣且天下非小弱也雍州之地殽函之固自若也（師古曰自若猶言如故也）陳涉之位不齒於齊楚燕趙韓魏宋衛中山之君（師古曰齒謂齊列如齒）鉏櫌棘矜不敵於鉤戟長鎩（服虔曰以鉏柄及棘作矛槿也晉灼曰櫌椎塊椎也師古曰服說非也櫌摩田器也棘戟也矜與槿同謂矛鋋之把也鉤戟戟刃鉤曲者也鎩鈹也言往者秦銷兵刃陳涉起時但用鉏櫌及戈戟之槿以相攻戰也櫌音憂矜音其巾反鎩音山列反）適戍之衆不亢於九國之師（師古曰適讀曰謫謫謂罪罰而行也亢當也讀與抗同）深謀遠慮行軍用兵之道非及曩時之士也（師古曰曩昔也音乃朗反）然而成敗異變功業相反何也試使山東之國與陳涉度長絜大（師古曰絜謂圍束之也度音大各反絜音下結反）比權量力

不可同年而語矣然秦以區區之地致萬乘之權（師古曰區區小貌也）招八州而朝同列（鄧展曰招舉也蘇林曰招音翹）百有餘年然后以六合爲家（師古曰后與後同古通用字也）殽函爲宮一夫作難而七廟墮（師古曰墮毀也音火規反）身死人手爲天下笑者何也仁誼不施而攻守之勢異也周生亦有言（鄭氏曰周時賢人也師古曰史記稱太史公曰余聞之周生則知非周時人蓋姓周耳）舜蓋重童子項羽又重童子（師古曰童子目之眸子）豈其苗裔邪何其興之暴也夫秦失其政陳涉首難豪傑蜂起相與並爭不可勝數然羽非有尺寸乘勢拔起隴畝之中（晉灼曰拔音卒拔之拔鄧展曰猋起也師古曰音步末反）三年遂將五諸侯兵滅秦分裂天下而威海內封立王侯政繇羽出（師古曰繇與由同）號爲伯王（師古曰伯讀曰霸）位雖不終近古以來未嘗有也（師古曰近古猶末代）及羽背關懷楚放逐義帝（師古曰背關謂背約不王高祖於關中懷楚謂思東歸而都彭城）而怨王侯畔己難矣自矜功伐奮其私智而不師古始霸王之國欲以力征經營天下五年卒亡其國身死東城尚不覺寤不自責過失廼引天亡我非用兵之罪豈不謬哉

陳勝項籍列傳第一

張耳陳餘列傳第二　班固　漢書三十二

秘書監上護軍琅邪縣開國子顏　師古　注

張耳大梁人也（臣瓚曰今陳留大梁城也）少時及魏公子毋忌爲客（師古曰毋忌六國時信陵君也言其尚及見毋忌爲之賓客）嘗亡命遊外黃（師古曰命者名也凡言亡命謂脫其名籍而逃亡）外黃富人女甚美庸奴其夫（師古曰言不恃賴其夫視之若庸奴）亡邸父客（如淳曰父時故賓客也師古曰邸歸也音丁禮反）父客謂曰必欲求賢夫從張耳女聽爲請決嫁之（師古曰請使絕於前夫而嫁於耳）女家厚奉給耳耳以故致千里客宦爲外黃令陳餘亦大梁人好儒術遊趙苦陘（張晏曰苦陘章帝醜其名改曰漢昌師古曰陘音刑）富人公乘氏以其女妻之餘年少父事耳相與爲刎頸交（師古曰刎斷也刎頸交者言託契深重雖斷頸絕頭無所顧也刎音舞粉反）高祖爲布衣時嘗從耳遊秦滅魏購求耳千金餘五百金兩人變名姓俱之陳爲里監門（師古曰監門卒之賤者故爲卑職以自隱）吏嘗以過笞餘餘欲起耳攝使受笞（師古曰攝謂引持之）吏去耳數之曰（師古曰數責也音所具反）始吾與公言何如今見小辱而欲死一吏乎餘謝罪陳涉起蘄至陳耳餘上謁涉（師古曰上謁若今之通名）涉及左右生平數聞耳餘賢見大喜陳豪桀說涉曰將軍被堅執銳帥士卒以誅暴秦復立楚社稷功德宜爲王陳涉問兩人兩人對曰將軍瞋目張膽（師古曰張膽言勇之甚）出萬死不顧之計爲天下除殘今

始至陳而王之視天下私（師古曰視讀曰示）願將軍毋王急引兵而西遣人立六國後自爲樹黨（師古曰樹立也）如此野無交兵誅暴秦據咸陽以令諸侯則帝業成矣今獨王陳恐天下解也（師古曰解謂離散其心也）涉不聽遂立爲王耳餘復說陳王曰大王興梁楚務在入關未及收河北也臣嘗遊趙知其豪桀（師古曰與相知）願請奇兵略趙地於是陳王許之以所善陳人武臣爲將軍耳餘爲左右校尉與卒三千人從白馬度河（師古曰津名即今滑州白馬縣界也）至諸縣說其豪桀（鄧展曰至河北縣說之）曰秦爲亂政虐刑殘滅天下北爲長城之役南有五領之戍（服虔曰山領有五因以爲名交趾合浦界有此領師古曰服說非也領者西自衡山之南東窮于海一山之限耳而別標名則有五焉裴氏廣州記云大庾始安臨賀桂陽揭陽是爲五領鄧德明南康記曰大庾領一也桂陽騎田領二也九眞都龐領三也臨賀萌渚領四也始安越城領五也師古曰裴說是也）外內騷動百姓罷敝（師古曰罷讀曰疲）頭會箕斂（服虔曰吏到其家人頭數出穀以箕斂之）以供軍費財匱力盡（師古曰匱竭也）重以苛法（師古曰重音直用反）使天下父子不相聊（師古曰言無聊賴以相保養）今陳王奮臂爲天下倡始（師古曰倡讀曰唱）莫不嚮應（師古曰嚮讀曰響）家自爲怒各報其怨（師古曰爲音于僞反）縣殺其令丞郡殺其守尉今以張大楚王陳（師古曰言張建大楚之國而王於陳地）使吳廣周文將卒百萬西擊秦於此時而不成封侯之業者非人豪也夫因天下之力而攻無道之君報父兄之怨而成

割地之業此一時也豪桀皆然其言迺行收兵得數萬人號武信君師古曰武臣自號也下趙十餘城餘皆城守莫肯下乃引兵東北擊范陽范陽人蒯通說其令徐公降武信君又說武信君以侯印封范陽令語在通傳趙地聞之不戰下者三十餘城至邯鄲耳餘聞周章軍入關至戲卻蘇林曰至戲地而卻兵又聞諸將爲陳王徇地多以讒毀得罪誅怨陳王不以爲將軍而以爲校尉迺說武臣曰陳王非必立六國後師古曰非不也今將軍下趙數十城獨介居河北晉灼曰介音戛臣瓚曰介特也師古曰二說並非也介隔也讀如本字不王無以塡之師古曰塡音竹刃反且陳王聽讒還報恐不得脫於禍師古曰脫免也音土活反願將軍毋失時武臣乃聽遂立爲趙王以餘爲大將軍耳爲丞相使人報陳王陳王大怒欲盡族武臣等家而發兵擊趙相國房君諫曰秦未亡今又誅武臣等家此生一秦也不如因而賀之使急引兵西擊秦陳王從其計徙繫武臣等家宮中封耳子敖爲成都君使使者賀趙趣兵西入關師古曰趣讀曰促耳餘說武臣曰王王趙非楚意特以計賀王師古曰言力不能制且安撫爲權宜之計耳楚已滅秦必加兵於趙願王毋西兵北徇燕代南收河內以自廣趙南據大河北有燕代楚雖勝秦必不

敢制趙趙王以爲然因不西兵而使韓廣略燕李良略常山張黶略上黨師古曰黶音烏點反韓廣至燕燕人因立廣爲燕王趙王乃與耳餘北略地燕界趙王閒出爲燕軍所得師古曰閒出謂投閒隙而微出也燕囚之欲分地師古曰要劫之令割趙地輸燕以和解也使者往燕輒殺之以固求地耳餘患之有廝養卒謝其舍曰蘇林曰廝取薪者也養養人者也舍謂所舍宿主人也晉灼曰以辭相告曰謝師古曰謝謂告其舍中人也故下言舍中人皆笑今流俗書本於此舍下輒加人字非也廝音斯吾爲二公說燕與趙王載歸師古曰二公張耳陳餘舍中人皆笑曰使者往十輩皆死若何以能得王師古曰若汝也次下亦同乃走燕壁師古曰走趣也音奏燕將見之問曰知臣何欲燕將曰若欲得王耳曰君知張耳陳餘何如人也燕將曰賢人也曰其志何欲燕將曰欲得其王耳趙卒笑曰君未知兩人所欲也夫武臣張耳陳餘杖馬箠下趙數十城張晏曰言其不用兵革也師古曰箠謂馬撾也音止蘂反亦各欲南面而王夫臣之與主豈可同日道哉顧其勢初定師古曰顧思念也且以長少先立武臣以持趙心今趙地已服兩人亦欲分趙而王時未可耳今君因趙王念此兩人名爲求王實欲燕殺之此兩人分趙而王夫以一趙尚易燕師古曰易輕也音弋豉反況以兩賢王左提右挈而責殺王滅燕易矣師古曰提挈言相扶持也燕以爲然乃歸趙王養卒

爲御而歸李良已定常山還報趙王趙王復使良
略太原至石邑秦兵塞井陘未能前秦將詐稱二
世使使遺良書不封（張晏曰欲其漏泄君臣相疑也）曰良嘗事我得顯
幸誠能反趙爲秦赦良罪貴良良得書疑不信之
邯鄲益請兵（師古曰之往也）未至道逢趙王姊從百餘騎良
望見以爲王伏謁道旁王姊醉不知其將使騎謝
良良素貴起慙其從官從官有一人曰天下叛秦
能者先立且趙王素出將軍下今兒女乃不爲將
軍下車請追殺之良以得秦書欲反趙未決因此
怒遣人追殺王姊遂襲邯鄲邯鄲不知竟殺武臣

趙人多爲耳餘耳目者故得脫出收兵得數萬人
客有說耳餘曰兩君羈旅（張晏曰羈寄旅客也）而欲附趙難可
獨立立趙後輔以誼（師古曰謂求取六國時趙王後而立之以名義自輔助也）可就功
（師古曰就成也）乃求得趙歇立爲趙王居信都（張晏曰歇趙之苗裔也信都襄國也）
李良進兵擊餘餘敗良良走歸章邯章邯引兵至
邯鄲皆徙其民河内夷其城郭（師古曰夷平也）耳與趙王歇
走入鉅鹿城王離圍之餘北收常山兵得數萬人
軍鉅鹿北章邯軍鉅鹿南棘原築甬道屬河（師古曰屬
聯及也音之欲反）饟王離（師古曰饟古餉字謂饋運其軍糧也）王離兵食多急攻
鉅鹿鉅鹿城中食盡耳數使人召餘餘自度兵少

不能敵秦不敢前數月耳大怒怨餘使張黶陳釋
往讓餘（師古曰讓責也）曰始吾與公爲刎頸交今王與耳旦
暮死而公擁兵數萬不肯相救胡不赴秦俱死（師古曰胡何也）
且什有一二相全（師古曰十中尚冀得一二勝秦）餘曰所以不俱死
欲爲趙王張君報秦今俱死如以肉餧虎何益（師古曰餧飤也音於僞反）
張黶陳釋曰事以急要以俱死立信安知
後慮餘曰吾顧以無益（師古曰顧思念也）迺使五千人令張
黶陳釋先嘗秦軍（師古曰嘗試也言若嘗食也）至皆没當是時燕
齊楚聞趙急皆來救張敖亦北收代得萬餘人來
皆壁餘旁項羽兵數絕章邯甬道王離軍乏食項
羽悉引兵度河破章邯軍諸侯軍乃敢擊秦軍遂
虜王離於是趙王歇張耳得出鉅鹿與餘相見責
讓餘問張黶陳釋所在餘曰黶釋以必死責臣臣
使將五千人先嘗秦軍皆没耳不信以爲殺之數
問餘餘怒曰不意君之望臣深也（師古曰望怨望也次下亦同）豈以
臣重去將哉（師古曰重難也）迺脫解印綬與耳耳不敢受餘
起如廁客有說耳曰天子不取反受其咎今陳將
軍與君印綬不受反天不祥急取之耳乃佩其印
收其麾下餘還亦望耳不讓趨出耳遂收其兵餘
獨與麾下數百人之河上澤中漁獵由此有隙趙

王歇復居信都耳從項羽入關項羽立諸侯耳雅
游多為人所稱師古曰雅故也言其久故倦游交結英傑是以多為人所稱譽言也項羽素
亦聞耳賢迺分趙立耳為常山王治信都師古曰治為治處也
音文吏反信都更名襄國餘客多說項羽陳餘張耳一
體有功於趙羽以餘不從入關聞其在南皮即以
南皮旁三縣封之而徙趙王歇王代耳之國餘愈
怒曰耳與餘功等也今耳王餘獨侯及齊王田榮
叛楚餘乃使夏說說田榮師古曰夏說讀曰悅說田榮音式芮反曰項羽
為天下宰不平盡王諸將善地徙故王王惡地今
趙王乃居代願王假臣兵請以南皮為扞蔽師古曰扞蔽猶

言藩屏也田榮欲樹黨乃遣兵從餘餘悉三縣兵師古曰悉盡也
襲常山王耳耳敗走曰漢王與我有故張晏曰漢王布衣時常從
耳遊也而項王彊立我我欲之楚師古曰羽既彊盛又為所立是以狐疑莫知所往
甘公曰文穎曰善說星於甘氏也晉灼曰齊人漢王之入關五星聚東井
東井者秦分也師古曰分音扶問反先至必王楚雖彊後必屬
漢耳走漢漢亦還定三秦方圍章邯廢丘耳謁漢
王漢王厚遇之師古曰高紀云元年五月漢王定雍地東如咸陽引兵圍雍王廢丘而遣諸將略地八月塞王
欣翟王翳皆降漢二年十月陳餘擊常山王張耳耳敗走降漢而此傳乃言方圍廢丘時耳謁漢王隔以他事於後始云漢二年東擊楚則與
帝紀前後參錯不同疑傳誤也餘已敗耳皆收趙地迎趙王於代復為
趙王趙王德餘師古曰懷其德立以為代王餘為趙王弱國

初定留傳趙王而使夏說以相國守代師古曰為代相國而居守
漢二年東擊楚使告趙欲與俱餘曰漢殺張耳乃
從於是漢求人類耳者斬其頭遺餘餘乃遣兵助
漢漢敗於彭城西餘亦聞耳詐死即背漢漢遣耳
與韓信擊破趙井陘斬餘泜水上蘇林曰泜音祗也晉灼曰問其方人音柢師古
曰蘇晉二說皆是也蘇音祗敬之祗音執夷反古音如是晉音根柢之柢音丁計反今其土俗呼水則然四年夏立
耳為趙王五年秋耳薨謚曰景王子敖嗣立為王
尚高祖長女魯元公主為王后七年高祖從平城
過趙趙王且暮自上食體甚卑有子壻禮高祖箕
踞罵詈甚慢之師古曰箕踞者謂申兩腳其形如箕趙相貫高趙午年六

十餘故耳客也怒曰吾王孱王也孟康曰冀州人謂懦弱為孱師古曰音士
連反說敖曰天下豪桀並起能者先立今王事皇帝
甚恭皇帝遇王無禮請為王殺之敖齧其指出血
師古曰自齧其指出血以表至誠而為誓約不背漢也曰君何言之誤且先王亡國
賴皇帝得復國師古曰復音房目反德流子孫秋豪皆帝力也
願君無復出口貫高等十餘人相謂曰吾等非也
吾王長者不背德且吾等義不辱今帝辱我王故
欲殺之何迺汙王為師古曰言何為乃汙辱王事成歸王事敗獨
身坐耳八年上從東垣過師古曰擊韓王信餘寇於東垣還而過趙貫高
等乃壁人柏人要之置廁文穎曰置人廁壁中以伺高祖上過欲宿心

動問曰縣名爲何曰柏人柏人者迫於人不宿去

九年貫高怨家知其謀告之於是上逮捕趙王諸反者趙午等十餘人皆爭自剄貫高獨怒罵曰誰令公等爲之今王實無謀而幷捕王公等死誰當白王不反者（師古曰白明也）乃檻車與王詣長安（師古曰檻車者車而爲檻形謂以板四周之無所通見）高對獄曰獨吾屬爲之王不知也吏榜笞數千（師古曰榜謂捶擊之也音彭他皆類此）刺爇身無完者（應劭曰以鐵刺之又燒灼之師古曰爇音而悅反）終不復言呂后數言張王以魯元故不宜有此上怒曰使張敖據天下豈少廼女虖（師古曰廼汝也）廷尉以貫高辭聞上曰壯士誰知者以私問之（張晏曰以和悅

問之臣瓚曰字多作私謂以私情相問也師古曰瓚說是也）中大夫泄公曰臣素知之（師古曰泄音薛）此固趙國立義不侵爲然諾者也（師古曰侵猶犯負也）上使泄公持節問之箯輿前仰視泄公（師古曰箯輿者編竹木以爲輿形如今之食輿矣高時榜笞刺爇委困故以箯輿輿之也箯音鞭卬讀曰仰）勞苦如平生驩（師古曰勞苦相勞問其勤苦也）與語問張王果有謀不（師古曰果猶決也）高曰人情豈不各愛其父母妻子哉今吾三族皆以論死豈以王易吾親哉（師古曰易代也）顧爲王實不反（師古曰顧思念也）獨吾等爲之具道本根所以王不知狀於是泄公具以報上上廼赦趙王上賢高能自立然諾使泄公赦之告曰張王已出上多足下（師古曰多猶重也）故赦足下高曰所

以不死白張王不反耳今王已出吾責塞矣（師古曰塞當也滿也）且人臣有篡弒之名豈有面目復事上哉乃仰絶亢而死（蘇林曰亢頸大脈也俗所謂胡脈也師古曰亢者總謂頸耳爾雅云亢鳥嚨即喉嚨也音下郎反又音工郎反）敖已出尚魯元公主如故（師古曰尚猶配也易泰卦九二爻辭曰得尚于中行王弼亦以爲配也諸言尚公主者其義皆然而說者乃云尚公主與尚書尚食同意訓尚爲主言主掌之失其理矣公主既尊又非物類不得以主掌爲辭貢禹又云諸侯則國人承公主益知主不得言主掌也）封爲宣平侯於是上賢張王諸客皆以爲諸侯相郡守語在田叔傳及孝惠高后文景時張王客子孫皆爲二千石初孝惠時齊悼惠王獻城陽郡尊魯元公主爲太后（師古曰爲齊太后以母禮事之）高后元年魯元太后薨後六年宣平侯敖復薨呂太

后立敖子偃爲魯王以母爲太后故也（師古曰以公主爲齊王太后故立其子爲王）又憐其年少孤弱乃封敖前婦子二人壽爲樂昌侯侈爲信都侯高后崩大臣誅諸呂廢魯王及二侯孝文即位復封故魯王偃爲南宮侯薨子生嗣武帝時生有罪免國除元光中復封偃孫廣國爲睢陵侯（師古曰睢音雖）薨子昌嗣太初中昌坐不敬免國除孝平元始二年繼絶世封敖玄孫慶忌爲宣平侯食千戸

贊曰張耳陳餘世所稱賢其賓客廝役皆天下俊桀所居國無不取卿相者然耳餘始居約時（晉灼曰始在貧

賤儉約之時相然信死豈顧問哉及據國爭權卒相滅亡何鄉者慕用之誠師古曰鄉讀曰嚮嚮謂曩昔也後相背之盭也師古曰盭古戾字戾違也勢利之交古人羞之蓋謂是矣

張耳陳餘列傳第二

魏豹田儋韓信傳第三　班固　漢書三十三

秘書監上護軍琅邪縣開國子顏　師古　注

魏豹，故魏諸公子也（師古曰：六國時魏也）。其兄魏咎，故魏時封為甯陵君，秦滅魏（文穎曰：魏，大梁也），為庶人。陳勝之王也，咎往從之。勝使魏人周市徇魏地（師古曰：徇，略也。音辭峻反），魏地已下，欲立周市為魏王。市曰：「天下昏亂，忠臣乃見（師古曰：言當昏亂之時，忠臣乃得顯其節義也。老子道經曰「國家昏亂有忠臣」）。今天下共畔秦，其誼必立魏王後乃可。」齊、趙使車各五十乘，立市為王。市不受，迎魏咎於陳，五反（師古曰：反謂回還也），陳王迺遣立咎為魏王。章邯已破陳王，進兵擊魏王於臨濟。魏王使周市請救齊、楚。齊、楚遣項它、田巴將兵隨市救魏（師古曰：楚遣項它，齊遣田巴）。章邯遂擊破殺周市等軍，圍臨濟。咎為其民約降（師古曰：與章邯約降，為書而約降）。約降定，咎自殺（師古曰：但欲全其人，而身自不降）。魏豹亡走楚，楚懷王予豹數千人，復徇魏地。項羽已破秦兵，降章邯，豹下魏二十餘城，立為魏王（師古曰：項羽立之）。豹引精兵從項羽入關。羽封諸侯，欲有梁地（師古曰：羽欲自取梁地），迺徙豹於河東，都平陽，為西魏王。漢王還定三秦，度臨晉，豹以國屬焉，遂從擊楚於彭城。漢王敗，還至滎陽，豹請視親病（師古曰：親謂母也），至國，則絕河津畔漢。漢王謂酈生曰：「緩頰往說之。」酈生往，豹謝

曰：「人生一世間，如白駒過隙（師古曰：言其速疾也。白駒謂日景也。隙，壁際也）。今漢王嫚侮人，罵詈諸侯羣臣如奴耳，非有上下禮節，吾不忍復見也。」漢王遣韓信擊豹，遂虜之，傳豹詣滎陽，以其地為河東、太原、上黨郡。漢王令豹守滎陽。楚圍之急，周苛曰：「反國之王，難與共守。」遂殺豹（師古曰：反國，言其嘗叛也）。

田儋，狄人也（師古曰：狄，縣名也，地理志屬千乘），故齊王田氏之族也（師古曰：亦六國時齊也）。儋從弟榮，榮弟橫，皆豪桀，宗彊，能得人。陳涉使周市略地，北至狄，狄城守。儋陽為縛其奴，從少年之廷，欲謁殺奴（服虔曰：古殺奴婢皆當告官，儋欲殺令，故詐縛奴以謁也。師古曰：陽縛其奴，為殺奴之狀。廷，縣之中也。音定。今流俗書本為字作僞，非也。陽即為耳，不當重言之）。見狄令，因擊殺令，而召豪吏子弟曰：「諸侯皆反秦自立，齊，古之建國，儋，田氏，當王。」遂自立為齊王，發兵擊周市。市軍還去，儋因率兵東略定齊地。秦將章邯圍魏王咎於臨濟，急。魏王請救於齊，儋將兵救魏。章邯夜銜枚擊，大破齊、楚軍，殺儋於臨濟下。儋從弟榮收儋餘兵東走東阿。齊人聞儋死，乃立故齊王建之弟田假為王，田角為相，田間為將，以距諸侯。榮之走東阿，章邯追圍之。項梁聞榮急，迺引兵擊破章邯東阿下。章邯走而西，項梁因追之。而榮怒齊之立假，迺引兵

歸擊逐假假亡走楚相角亡走趙角弟閒前救趙
因不敢歸榮迺立儋子市為王榮相之橫為將平
齊地項梁既追章邯章邯兵益盛項梁使使趣齊
兵共擊章邯師古曰趣讀曰促榮曰楚殺田假趙殺角閒迺
出兵楚懷王曰田假與國之王窮而歸我殺之不
誼趙亦不殺田角田閒以市於齊齊王曰蝮蠚手
則斬手蠚足則斬足應劭曰蝮一名虺蠚螫也螫人手足則割去其肉不然則死師古曰爾雅及說
文皆以為蝮即虺也博三寸首大如擘而郭璞云各自一種蛇其蝮蛇細頸大頭焦尾色如綬文文間有毛似豬鬣鼻上有鍼大者長七八尺
一名反鼻非虺之類也以今俗名證之郭說得矣虺若土色所在有之俗呼土虺其蝮唯出南方蝮音芳六反蠚音火各反螫音式亦反
虺音許偉反擘者人手大指也音步歷反何者為害於身也田假田角田閒

於楚趙非手足戚文穎曰言將亡身非手足憂也臣瓚曰田假於楚非手足之親也師古曰瓚說是也
何故不殺且秦復得志於天下則齮齕首用事者
墳墓矣如淳曰齮側齧齒也齕齩也師古曰首用事謂起兵而立號者也齮音螘齕音紇齩音五絞反楚趙
不聽齊齊亦怒終不肯出兵章邯果敗殺項梁師古
曰擊敗而殺之破楚兵楚兵東走而章邯度河圍趙於鉅鹿
項羽由此怨榮羽既存趙降章邯西滅秦立諸侯
王迺徙齊王市更王膠東治即墨師古曰治謂都之也音丈吏反下皆類此
齊將田都從共救趙因入關故立都為齊王治臨
菑故齊王建孫田安項羽方度河救趙安下濟北
數城引兵降項羽羽立安為濟北王治博陽榮以

負項梁不肯助楚攻秦故不得王趙將陳餘亦失
職不得王二人俱怨項羽榮使人將兵助陳餘令
反趙地而榮亦發兵以距擊田都都亡走楚榮留
齊王市毋之膠東市左右曰項王彊暴王不就國
必危市懼迺亡就國榮怒追擊殺市於即墨還攻
殺濟北王安自立為王盡并三齊之地師古曰三齊齊及濟北膠東
項王聞之大怒乃北伐齊榮發兵距之城陽榮兵
敗走平原平原民殺榮項羽遂燒夷齊城郭師古曰夷平也
所過盡屠破齊人相聚畔之榮弟橫收齊散兵得
數萬人反擊項羽於城陽而漢王帥諸侯敗楚入

彭城項羽聞之迺釋齊師古曰釋解也而歸擊漢於彭城因
連與漢戰相距滎陽以故橫復收齊城邑立榮子
廣為王而橫相之政事無巨細皆斷於橫定齊三
年聞漢將韓信引兵且東擊齊齊使華毋傷田解
師古曰二人也華音戶化反軍歷下以距漢張晏曰濟南歷山之下會漢使酈食
其往說王廣及相橫與連和橫然之迺罷歷下守
備縱酒師古曰縱放也放意而飲酒且遣使與漢平師古曰方欲遣使韓信迺
度平原襲破齊歷下軍因入臨菑王廣相橫以酈
生為賣己而亨之師古曰謂其與韓信合謀廣東走高密橫走博
陽蘇林曰泰山博縣守相田光走城陽師古曰守相者言為相而專主居守之事將軍田

既軍於膠東楚使龍且救齊師古曰且音子閭反齊王與合軍
高密漢將韓信曹參破殺龍且虜齊王廣漢將灌
嬰追得守相光至博而橫聞王死自立爲王還擊
嬰嬰敗橫軍於嬴下晉灼曰泰山嬴縣也師古曰音弋成反橫亡走梁歸
彭越越時居梁地中立且爲漢且爲楚師古曰言在楚漢之間居中自
立而兩助之也中音竹仲反韓信已殺龍且因進兵破殺田既於膠
東灌嬰破殺齊將田吸於千乘師古曰吸音許及反遂平齊地
漢滅項籍漢王立爲皇帝彭越爲梁王橫懼誅而
與其徒屬五百餘人入海居隝中韋昭曰海中山曰隝師古曰音丁老反
高帝聞之以橫兄弟本定齊齊人賢者多附焉今

在海中不收後恐有亂迺使使赦橫罪而召之橫
謝曰臣亨陛下之使酈食其今聞其弟商爲漢將
而賢臣恐懼不敢奉詔請爲庶人守海隝中使還
報高帝迺詔衛尉酈商曰齊王橫即至人馬從者
敢動搖者致族夷師古曰族夷言平除其族迺復使使持節具告
以詔意曰橫來大者王小者乃侯耳師古曰大者謂橫身小者其徒屬
不來且發兵加誅橫迺與其客二人乘傳詣雒陽
師古曰傳音張戀反至尸鄉廄置應劭曰尸鄉在偃師城西臣瓚曰案廄置謂置馬以傳驛者橫謝
使者曰人臣見天子當洗沐止留謂其客曰橫始
與漢王俱南面稱孤師古曰王者自稱曰孤蓋爲謙也老子道德經曰貴以賤爲本高以下爲基是以

侯王自謂孤寡不穀今漢王爲天子而橫迺爲亡虜北面事之
其媿固已甚矣又吾亨人之兄與其弟併肩而事
主師古曰併音步鼎反縱彼畏天子之詔不敢動搖我獨不媿
於心乎且陛下所以欲見我不過欲壹見我面貌
耳陛下在雒陽今斬吾頭馳三十里閒形容尚未
能敗猶可知也遂自剄令客奉其頭從使者馳奏
之高帝高帝曰嗟乎有以起布衣兄弟三人更王
師古曰更音工衡反豈非賢哉爲之流涕而拜其二客爲都尉
發卒二千以王者禮葬橫既葬二客穿其冢旁皆
自剄從之高帝聞而大驚以橫之客皆賢者吾聞

其餘尚五百人在海中使使召至聞橫死亦皆自
殺於是乃知田橫兄弟能得士也
韓王信故韓襄王孽孫也張晏曰孺子爲孽師古曰孽謂庶耳張說非也長八
尺五寸項梁立楚懷王燕齊趙魏皆已前王唯韓
無有後故立韓公子橫陽君成爲韓王欲以撫定
韓地項梁死定陶成犇懷王師古曰犇古奔字沛公引兵擊
陽城使張良以韓司徒徇韓地得信以爲韓將將
其兵從入武關沛公爲漢王信從入漢中乃說漢
王曰項王王諸將王獨居此遷也士卒皆山東人
竦而望歸及其蠭東鄉可以爭天下鄭氏曰及軍中將士氣鋒也師古曰

高紀及韓彭英盧傳皆稱斯說是楚王韓信之辭而此傳復云韓王信之語豈史家謬錯乎將二人所勸大指實同也跂謂引領舉足也逢讀與鋒同鄉讀曰嚮漢王還定三秦乃許王信先拜爲韓太尉將兵略韓地項籍之封諸王皆就國韓王成以不從無功不遣之國更封爲穰侯文穎曰穰南陽縣也臣瓚曰穰縣屬江夏師古曰文說是也後又殺之聞漢遣信略韓地乃令故籍游吳時令鄭昌爲韓王孟康曰項籍在吳時昌爲吳縣令距漢漢二年信略定韓地十餘城漢王至河南信急擊韓王昌昌降漢乃立信爲韓王常將韓兵從漢王使信與周苛等守滎陽楚拔之信降楚已得亡歸漢師古曰降楚之後復得歸漢漢復以爲韓王竟從擊破項籍五年春與信剖符王穎川師古曰剖分也爲合符而分之六年春上以爲信壯武北近鞏雒師古曰鞏即今鞏縣南迫宛葉師古曰南陽之二縣也宛音於元反葉音式涉反東有淮陽皆天下勁兵處也乃更以太原郡爲韓國徙信以備胡都晉陽信上書曰國被邊李奇曰被音被馬之被師古曰被猶帶也匈奴數入晉陽去塞遠請治馬邑上許之秋匈奴冒頓大入圍信信數使使胡求和解漢發兵救之疑信數間使有二心師古曰間私也上賜信書責讓之曰專死不勇專生不任李奇曰言爲將軍齎必死之意不得爲勇齎必生之心不任軍事傳曰期死非勇也必生非任也寇攻馬邑君王力不足以堅守乎安危存亡之地此二者朕所以責於君王師古曰言雖處危亡之地執忠履信可以死存背其有二心

信得書恐誅因與匈奴約共攻漢以馬邑降胡擊太原七年冬上自往擊破信軍銅鞮師古曰上黨之縣也鞮音丁奚反斬其將王喜信亡走匈奴與其將白土人曼丘臣王黃張晏曰白土縣名也屬上郡立趙苗裔趙利爲王師古曰六國時趙後復收信散兵而與信及冒頓謀攻漢匈奴使左右賢王將萬餘騎與王黃等屯廣武以南至晉陽師古曰廣武亦太原之縣與漢兵戰漢兵大破之追至于離石師古曰離石西河之縣復破之匈奴復聚兵樓煩西北漢令車騎擊匈奴常敗走漢乘勝追北聞冒頓居代谷上居晉陽使人視冒頓還報曰可擊上遂至平城上白登服虔曰臺名去平城七里如淳曰平城旁之高地若丘陵也師古曰在平城東山上去平城十餘里今其處猶存服虔說非也匈奴騎圍上上乃使人厚遺閼氏師古曰閼氏匈奴單于之妻也閼音於連反氏音支閼氏說冒頓曰今得漢地猶不能居且兩主不相戹居七日胡騎稍稍引去天霧漢使人往來胡不覺護軍中尉陳平言上曰胡者全兵李奇曰言唯弓矛無雜仗也請令彊弩傅兩矢外鄉師古曰傅讀曰附每一弩而加兩矢外鄉者以禦敵也鄉讀曰嚮徐行出圍入平城漢救兵亦至胡騎遂解去漢亦罷兵歸信爲匈奴將兵往來擊邊令王黃等說誤陳豨十一年春信復與胡騎入居參合師古曰代郡之縣漢使柴將軍擊之鄧展曰柴奇也應劭曰柴武也晉灼曰奇武之子師

古曰應說是也遺信書曰陛下寬仁諸侯雖有叛亡而後歸
輒復故位號不誅也師古曰復音扶目反大王所知今王以敗
亡走胡非有大罪急自歸信報曰陛下擢僕閭巷
南面稱孤此僕之幸也滎陽之事僕不能死囚於
項籍此一罪也寇攻馬邑僕不能堅守以城降之
此二罪也今為反寇將兵與將軍爭一旦之命此
三罪也夫種蠡無一罪身死亡文穎曰大夫種范蠡也師古曰二人皆越王句踐
之臣也大夫種位為大夫名種也有功於越而句踐逼令自死范蠡即陶朱公也浮海而逃之齊又居陶自號朱公竟以壽終信引之以自喻
者蓋言種不去則見殺蠡逃亡則獲免蠡音禮僕有三罪而欲求活此伍子胥
所以僨於吳世也蘇林曰僨音奮孟康曰僨猶斃也言子胥得罪於夫差而不知去所以斃於世也師古

曰僨謂僵仆而倒也音方問反今僕亡匿山谷間旦暮乞貸蠻夷師古
曰音吐得反僕之思歸如痿人不忘起盲者不忘視師古曰痿風痺
病也音人佳反勢不可耳遂戰柴將軍屠參合斬信信之入
匈奴與太子俱及至穨當城生子因名曰穨當韓
太子亦生子嬰至孝文時穨當及嬰率其眾降漢
封穨當為弓高侯晉灼曰功臣表屬營陵嬰為襄城侯晉灼曰功臣表屬魏
郡吳楚反時弓高侯功冠諸將傳子至孫孫無子
國絕嬰孫以不敬失侯穨當孽孫嫣鄭氏音嫣陵之嫣師古曰鄭音
是也音偃貴幸名顯當世嫣弟說師古曰說讀曰悅以校尉擊匈奴
封龍頟侯師古曰字或作雒後坐酎金失侯復以待詔為橫

海將軍擊破東越封按道侯師古曰史記年表并衛青傳載韓說初封龍頟侯後為按
道侯皆與此傳同而漢書功臣侯表乃云龍頟侯名說按道侯名說列為二人與此不同疑表誤太初中為游
擊將軍屯五原外列城還為光祿勳掘蠱太子宮
為太子所殺師古曰掘音其勿反子興嗣坐巫蠱誅上曰游擊
將軍死事無論坐者服虔曰時無故見殺而無為之論坐伏辜者也臣瓚曰按說無故見殺而子復
為巫蠱見誅皆為怨枉故上曰毋有應論坐者也師古曰二說皆非言韓說以掘蠱為太子所殺死於國事忠誠可閔今興雖以巫蠱見誅
其昆弟宗族應從者可勿論之所以追寵說乃復封興弟增為龍頟侯增少
為郎諸曹侍中光祿大夫昭帝時至前將軍與大
將軍霍光定策立宣帝益封千戶本始二年五將
征匈奴增將三萬騎出雲中斬首百餘級至期而

還神爵元年代張安世為大司馬車騎將軍領尚
書事增世貴幼為忠臣事三主重於朝廷為人寬
和自守以溫顏遜辭承上接下無所失意保身固
寵不能有所建明五鳳二年薨謚曰安侯子寶嗣
亡子國除成帝時繼功臣後封增兄子岑為龍頟
侯薨子持弓嗣王莽敗乃絕
贊曰周室既壞至春秋末諸侯耗盡師古曰耗減也言漸少而盡也音呼
到反而炎黃唐虞之苗裔尚猶頗有存者師古曰謂神農黃帝堯舜
之後秦滅六國而上古遺烈埽地盡矣師古曰烈業也楚漢之
際豪桀相王唯魏豹韓信田儋兄弟為舊國之後

然皆及身而絕橫之志節賓客慕義猶不能自立豈非天虖韓氏自弓高後貴顯蓋周烈近與晉灼曰韓先與周同姓其後苗裔事晉封於韓原姓韓氏韓厥其後也故曰周烈臣瓚曰案武王之子方於三代世爲最近也師古曰左氏傳云邘晉應韓武之穆也據如此贊所云則韓嫣先祖武王之裔而杜預等以爲出自曲沃成師未詳其說與讀曰歟

魏豹田儋韓信傳第三

韓彭英盧吳傳第四　班固　漢書三十四

秘書監上護軍琅邪縣開國子顔師古注

韓信淮陰人也家貧無行不得推擇爲吏李奇曰無善行可推舉選擇也又不能治生爲商賈師古曰行賣曰商坐販曰賈常從人寄食其母死無以葬迺行營高燥地令傍可置萬家者師古曰言其有大志也行音下更反燥音先老反信從下鄉南昌亭長食張晏曰下鄉屬淮陰亭長妻苦之師古曰苦厭也迺晨炊蓐食張晏曰未起而牀蓐中食食時信往不爲具食信亦知其意自絕去至城下釣有一漂母哀之飯信韋昭曰以水擊絮曰漂師古曰哀憐而飯之漂音匹妙反飯音扶晚反竟漂數十日信謂漂母曰吾必重報母母怒曰大丈夫

不能自食吾哀王孫而進食蘇林曰王孫如言公子也豈望報乎淮陰少年又侮信曰雖長大好帶刀劒怯耳衆辱信曰能死刺我不能出跨下師古曰衆辱於衆中辱之跨下兩股之閒也於是信孰視俛出跨下師古曰俛亦俯字一市皆笑信以爲怯及項梁度淮信乃杖劒從之師古曰言自帶一劒更無餘資居戲下無所知名師古曰戲在旗戲之下也戲讀曰麾又音許宜反梁敗又屬項羽爲郎中信數以策干項羽羽弗用漢王之入蜀信亡楚歸漢未得知名爲連敖李奇曰楚官名坐法當斬其疇十三人皆已斬師古曰疇類也信乃仰視適見滕公師古曰夏侯嬰曰上不欲就天下乎而斬壯士滕公奇其言壯其貌釋

弗斬師古曰釋放也置也與語大說之言於漢王漢王以爲治粟都尉上未奇之也數與蕭何語何奇之至南鄭諸將道亡者數十人信度何等已數言師古曰度計量也音大各反上不我用即亡何聞信亡不及以聞自追之人有言上曰丞相何亡上怒如失左右手居一二日何來謁上且怒且喜罵何曰若亡何也師古曰若汝也何曰臣非敢亡追亡者耳上曰所追者誰也曰韓信上復罵曰諸將亡者以十數公無所追追信詐也何曰諸將易得至如信國士無雙師古曰爲國家之奇士王必欲長王漢中無所事信張晏曰無事用信必欲爭天下非信無可

與計事者顧王策安決師古曰顧思念也王曰吾亦欲東耳安能鬱鬱久居此乎何曰王計必東能用信信即留不能用信信終亡耳王曰吾爲公以爲將何曰雖爲將信不留王曰以爲大將何曰幸甚於是王欲召信拜之何曰王素嫚無禮師古曰嫚與慢同今拜大將如召小兒此乃信所以去也王必欲拜之擇日齋戒設壇場具禮乃可王許之諸將皆喜人人各自以爲得大將至拜乃韓信也一軍皆驚信已拜上坐王曰丞相數言將軍將軍何以教寡人計策信謝因問王曰今東鄉爭權天下豈非項王邪師古曰鄉讀曰

嚮上曰然信曰大王自料勇悍仁彊孰與項王師古
曰料量也與如也漢王默然良久曰弗如也信再拜賀曰唯
師古曰唯應辭音弋癸反信亦以爲大王弗如也然臣嘗事項王
請言項王爲人也項王意烏猝嗟千人皆廢李奇曰猝嗟猶
咄嗟也言羽一咄嗟千人皆失氣也晉灼曰意烏恚怒聲也猝嗟發動也廢不收也師古曰意烏晉說是也猝嗟暴猝嗟歎也猝音千忽反
然不能任屬賢將師古曰屬委也音之欲反此特匹夫之勇也師古
曰特但也項王見人恭謹言語姁姁師古曰姁姁和好皃也音許于反人有病
疾涕泣分食飲至使人有功當封爵刻印刓忍不
能予蘇林曰刓音刓角之刓刓與摶同手弄角訛不忍授也師古曰刓音五丸反摶音大官反又音專此所謂婦
人之仁也項王雖霸天下而臣諸侯不居關中而

都彭城又背義帝約而以親愛王諸侯不平諸侯
之見項王逐義帝江南亦皆歸逐其主自王善地
項王所過亡不殘滅多怨百姓師古曰結怨於百姓百姓不附
特劫於威彊服耳師古曰彊音其兩反其下強以威王亦同名雖爲霸實失
天下心師古曰羽自號西楚霸王故云名爲霸也故曰其彊易弱師古曰易使弱也今
大王誠能反其道任天下武勇何不誅師古曰言何所不誅也下皆類
此以天下城邑封功臣何不服以義兵從思東歸
之士何不散師古曰散謂四散而立功且三秦王爲秦將師古曰章
邯司馬欣董翳將秦子弟數歲而所殺亡不可勝計又欺其衆
降諸侯至新安項王詐阬秦降卒二十餘萬人唯

獨邯欣翳脫師古曰脫免也音土活反秦父兄怨此三人痛於骨
髓今楚強以威王此三人秦民莫愛也大王之入
武關秋豪亡所害師古曰秋豪喻微細之物除秦苛法與民約法
三章耳秦民亡不欲得大王王秦者於諸侯之約
大王當王關中關中民戶知之師古曰言家家皆知王失職之
蜀民亡不恨者師古曰之往也今王舉而東三秦可傳檄而
定也師古曰檄謂檄書也傳檄可定言不足用兵也檄解在高紀於是漢王大喜自以
爲得信晚遂聽信計部署諸將所擊師古曰部分而署置之漢
王舉兵東出陳倉定三秦二年出關收魏河南韓
殷王皆降令齊趙共擊楚彭城漢兵敗散而還信

復發兵與漢王會滎陽復擊破楚京索閒師古曰索音山
客反以故楚兵不能西漢之敗卻彭城師古曰兵敗於彭城而卻退也卻音
丘略反塞王欣翟王翳亡漢降楚齊趙魏亦皆反與楚
和漢王使酈生往說魏王豹豹不聽乃以信爲左
丞相擊魏信問酈生魏得毋用周叔爲大將軍乎
曰柏直也信曰豎子耳遂進兵擊魏魏盛兵蒲反
塞臨晉信迺益爲疑兵師古曰多張兵形令敵人疑也陳船欲度臨晉
而復兵從夏陽以木罌缶度軍襲安邑服虔曰以木柙縛罌缶以度也
韋昭曰以木爲器如罌缶也師古曰服說是也罌缶謂瓶之大腹小口者也音一政反臨晉在今同州朝邑縣界夏陽在韓城縣界魏
王豹驚引兵迎信信遂虜豹定河東使人請漢王

願益兵三萬人臣請以北舉燕趙東擊齊南絕楚之糧道西與大王會於滎陽漢王與兵三萬人遣張耳與俱進擊趙代破代禽夏說閼與李奇曰夏說代相也孟康曰閼與是邑名也在上黨涅縣師古曰說讀曰悅閼音一曷反與音豫信之下魏代漢輒使人收其精兵詣滎陽以距楚信耳以兵數萬欲東下井陘擊趙趙王成安君陳餘聞漢且襲之聚兵井陘口號稱二十萬廣武君李左車說成安君曰聞漢將韓信涉西河虜魏王禽夏說新喋血閼與師古曰喋音牒喋血解在文紀今乃輔以張耳議欲以下趙師古曰言其並計議如此此乘勝而去國遠鬭其鋒不可當臣聞千里餽糧

士有飢色師古曰言難繼也餽字與饋同樵蘇後爨師不宿飽師古曰樵取薪也蘇取草也小雅白華之詩云樵彼桑薪樵音在消反今井陘之道車不得方軌騎不得成列師古曰方軌謂并行也列行列行數百里其勢糧食必在後願足下假臣奇兵三萬人從閒路絕其輜重師古曰閒路微路也重音直用反足下深溝高壘勿與戰彼前不得鬭退不得還吾奇兵絕其後野無所掠鹵不至十日兩將之頭可致戲下師古曰戲讀曰麾又音許宜反願君留意臣之計必不爲二子所禽矣成安君儒者常稱義兵不用詐謀奇計謂曰吾聞兵法什則圍之倍則戰師古曰言多十倍者可以圍敵多一倍者戰則可勝今韓信兵號數萬其實不能千里襲

我亦以罷矣師古曰罷讀曰疲今如此避弗擊後有大者何以距之諸侯謂吾怯而輕來伐我不聽廣武君策信使閒人窺知其不用師古曰閒人微伺之也還報則大喜乃敢引兵遂下未至井陘口三十里止舍師古曰舍息也夜半傳發選輕騎二千人孟康曰傳令軍中使發也人持一赤幟師古曰幟旌旗之屬也音式志反從閒道萆山而望趙軍如淳曰萆音蔽依山自覆蔽也師古曰蔽隱於山閒使趙不見戒曰趙見我走必空壁逐我若疾入拔趙幟立漢幟師古曰若汝也令其裨將傳餐服虔曰立駐傳餐食也如淳曰小飯曰餐破趙後乃當共飽食也師古曰餐古湌字音千安反曰今日破趙會食諸將皆嘸然陽應曰諾孟康曰嘸音撫不精明也劉德曰音憮師古曰劉音是也音文甫反信謂軍吏曰趙已

先據便地壁且彼未見大將旗鼓未肯擊前行師古曰行音胡郎反恐吾阻險而還乃使萬人先行出背水陳趙兵望見大笑平旦信建大將旗鼓鼓行出井陘口師古曰聲鼓而行趙開壁擊之大戰良久於是信張耳弃鼓旗走水上軍師古曰走趣也音奏復疾戰趙空壁爭漢鼓旗逐信耳信耳已入水上軍軍皆殊死戰不可敗師古曰殊絕也謂決意必死信所出奇兵二千騎者候趙空壁逐利即馳入趙壁皆拔趙旗幟立漢赤幟二千趙軍已不能得信耳等欲還歸壁壁皆漢赤幟大驚以漢爲皆已破趙王將矣遂亂遁走趙將雖斬之弗能禁於

是漢兵夾擊破虜趙軍斬成安君泜水上師古曰泜音祗又音
丁計反禽趙王歇信乃令軍毋斬廣武君有生得之
者購千金頃之有縛而至戲下者信解其縛東鄉
坐西鄉對而師事之師古曰鄉皆讀曰嚮諸校効首虜休皆賀
師古曰諸校諸部也猶今言諸營也効致也謂各致其所獲因問信曰兵法有右背山
陵前左水澤今者將軍令臣等反背水陳曰破趙
會食臣等不服然竟以勝此何術也信曰此在兵
法顧諸君弗察耳師古曰顧念也兵法不曰陷之死地而後
生投之亡地而後存乎且信非得素拊循士大夫
經所謂敺市人而戰之也師古曰經亦謂兵法也敺與驅同也忽入市鄽而敺取其人令
戰言非素所練習其埶非置死地人人自為戰今即予生地
皆走寧尚得而用之乎諸將皆服曰非所及也於
是問廣武君曰僕欲北攻燕東伐齊何若有功師古
曰何若猶言何如也廣武君辭曰臣聞亡國之大夫不可以圖
存師古曰圖謀也敗軍之將不可以語勇若臣者何足以權
大事乎信曰僕聞之百里奚居虞而虞亡之秦而
秦伯師古曰百里奚本虞臣也後仕於秦遂為大夫穆公用其言以取霸伯讀曰霸非愚於虞而智
於秦也用與不用聽與不聽耳向使成安君聽子
計僕亦禽矣僕委心歸計願子勿辭廣武君曰臣
聞智者千慮必有一失愚者千慮亦有一得故曰

狂夫之言聖人擇焉顧恐臣計未足用師古曰顧念也願効
愚忠故成安君有百戰百勝之計一日而失之軍
敗鄗下李奇曰鄗音羹臛之臛常山縣也光武即位於此故改曰高邑身死泜水上今足
下虜魏王禽夏說不旬朝破趙二十萬衆誅成安
君名聞海內威震諸侯衆庶莫不輟作怠惰靡衣
婾食傾耳以待命者師古曰輟止也靡輕也麗也婾與偷字同偷苟且也言為靡麗之衣苟且而食恐
懼之甚不為久計也然而衆勞卒罷師古曰罷讀曰疲其實難用也今足
下舉勌敝之兵頓之燕堅城之下情見力屈師古曰見顯露
也屈盡也見音胡電反屈音其勿反欲戰不拔曠日持久糧食單竭師古曰單
亦盡若燕不破齊必距境而以自彊二國相持則劉
項之權未有所分也臣愚竊以為過矣信曰然則
何由師古曰由從也言當從何計也廣武君對曰當今之計不如按甲
休兵百里之內牛酒日至以饗士大夫北首燕路
師古曰首謂趣向也音式究反然後發一乘之使奉咫尺之書師古曰八寸曰咫咫
尺者言其簡牘或長咫或長尺喻輕率也今俗言尺書或言尺牘蓋其遺語耳以使燕燕必不敢不
聽從燕而東臨齊雖有智者亦不知為齊計矣如
是則天下事可圖也兵故有先聲而後實者此之
謂也信曰善敬奉教於是用廣武君策發使燕燕
從風而靡乃遣使報漢因請立張耳王趙以撫其
國漢王許之楚數使奇兵度河擊趙王耳信往來

救趙因行定趙城邑發卒佐漢楚方急圍漢王滎陽漢王出南之宛葉師古曰之往也宛葉二縣名得九江王布入成皋楚復急圍之四年漢王出成皋度河獨與滕公從張耳軍脩武至宿傳舍晨自稱漢使馳入壁張耳韓信未起即其卧奪其印符師古曰就其卧處麾召諸將易置之信耳起乃知獨漢王來大驚漢王奪兩人軍即令張耳備守趙地拜信為相國發趙兵未發者擊齊文穎曰謂趙人未嘗見發者信引兵東未度平原聞漢王使酈食其已說下齊信欲止蒯通說信令擊齊語在通傳信然其計遂度河襲歷下軍

至臨菑齊王走高密使使於楚請救信已定臨菑東追至高密西楚使龍且將號稱二十萬師古曰且音子余反救齊齊王龍且并軍與信戰未合師古曰欲戰而未交兵也或說龍且曰漢兵遠鬬窮寇久戰鋒不可當也齊楚自居其地戰兵易敗散師古曰近其室家懷顧望也不如深壁令齊王使其信臣招所亡城師古曰信臣謂所親信之臣亡城聞王在楚來救必反漢漢二千里客居齊齊城皆反之其勢無所得食可毋戰而降也龍且曰吾平生知韓信為人易與耳寄食於漂母無資身之策受辱於跨下無兼人之勇不足畏也且救齊而降之吾何功今戰

而勝之齊半可得師古曰自謂當得封齊之半地何為而止遂戰與信夾濰水陳師古曰濰音維濰水出琅邪北箕縣東北經臺昌入濟即禹貢所云濰淄其道者也信乃夜令人為萬餘囊盛沙以壅水上流引兵半度擊龍且陽不勝還走龍且果喜曰固知信怯遂追度水信使人決壅囊水大至龍且軍大半不得度即急擊殺龍且龍且水東軍散走齊王廣亡去信追北至城陽虜廣楚卒皆降遂平齊使人言漢王曰齊夸詐多變反覆之國南邊楚師古曰邊近也不為假王以填之其埶不定師古曰填音竹刃反今權輕不足以安之臣請自立為假王當是時楚方急圍漢王於滎陽使者至發

書張晏曰發信使者所齎書也漢王大怒罵曰吾困於此旦暮望而來佐我師古曰而汝也乃欲自立為王張良陳平伏後躡漢王足因附耳語曰漢方不利寧能禁信之自王乎不如因立善遇之使自為守不然變生漢王亦寤因復罵曰大丈夫定諸侯即為真王耳何以假為遣張良立信為齊王徵其兵使擊楚楚以亡龍且項王恐使盱台人武涉往說信曰足下何不反漢與楚楚王與足下有舊故且漢王不可必師古曰必謂必信之身居項王掌握中數矣師古曰數音山角反然得脫背約復擊項王其不可親信如此今足下雖自以為與漢王

爲金石交(師古曰稱金石者取其堅固)然終爲漢王所禽矣足下所
以得須臾至今者以項王在項王即亡次取足下
何不與楚連和三分天下而王齊今釋此時自必
於漢王以擊楚且爲智者固若此邪信謝曰臣得
事項王數年官不過郎中位不過執戟(張晏曰郎中宿衛執戟)
言不聽畫策不用故背楚歸漢漢王授我上將軍
印數萬之衆解衣衣我推食食我(師古曰下衣音於記反下食讀曰飤也)
言聽計用吾得至於此夫人深親信我背之不祥
幸爲信謝項王武涉已去蒯通知天下權在於信
深說以三分天下鼎足而王語在通傳信不忍背

漢又自以功大漢王不奪我齊遂不聽漢王之敗
固陵用張良計徵信將兵會垓下項羽死高祖襲
奪信軍徙信爲楚王都下邳信至國召所從食漂
母賜千金及下鄉亭長錢百(師古曰以恥辱之)曰公小人爲
德不竟(師古曰言晨炊蓐食)召辱己少年令出跨下者以爲中
尉告諸將相曰此壯士也方辱我時寧不能死死
之無名故忍而就此(師古曰就成也成今日之功)項王亡將鍾離眛
(師古曰眛音莫葛反)家在伊廬(劉德曰東海朐南有此邑韋昭曰今中廬縣也師古曰韋說非也中廬在襄陽之南)
素與信善項王敗眛亡歸信漢怨眛聞在楚詔楚
捕之信初之國行縣邑陳兵出入(師古曰行音下更反)有變告

信欲反(師古曰凡言變告者謂告非常之事)書聞(師古曰聞於天子)上患之用陳平
謀僞游於雲夢者實欲襲信信弗知高祖且至楚
信欲發兵自度無罪(師古曰度音大各反)欲謁上恐見禽人或
說信曰斬眛謁上上必喜亡患信見眛計事眛曰
漢所以不擊取楚以眛在公若欲捕我自媚漢吾
今死公隨手亡矣乃罵信曰公非長者卒自剄信
持其首謁於陳高祖令武士縛信載後車信曰果
若人言狡兔死良狗亨(張晏曰狡猶猾也師古曰此黃石公三略之言)上曰人告
公反遂械信至雒陽赦以爲淮陰侯信知漢王畏
惡其能稱疾不朝從(師古曰朝朝見也從從行也)由此日怨望居常

鞅鞅(師古曰鞅鞅志不滿也音於兩反)羞與絳灌等列嘗過樊將軍噲
噲趨拜送迎言稱臣曰大王乃肯臨臣信出門笑
曰生乃與噲等爲伍(師古曰言俱爲列侯)上嘗從容與信言諸
將(師古曰從音千容反)能各有差上問曰如我能將幾何信曰
陛下不過能將十萬上曰如公何如曰如臣多多
益辦耳上笑曰多多益辦何爲爲我禽信曰陛下
不能將兵而善將將此乃信之爲陛下禽也且陛
下所謂天授非人力也後陳豨爲代相監邊辭信
信挈其手(師古曰挈謂執提之)與步於庭數匝仰天而歎曰子
可與言乎吾欲與子有言豨因曰唯將軍命信曰

公之所居天下精兵處也而公陛下之信幸臣也人言公反陛下必不信再至陛下乃疑三至必怒而自將吾爲公從中起天下可圖也陳豨素知其能信之曰謹奉教漢十年豨果反高帝自將而往信稱病不從陰使人之豨所而與家臣謀夜詐赦諸官徒奴欲發兵襲呂后太子部署已定待豨報其舍人得罪信信囚欲殺之（晉灼曰楚漢春秋云謝公也）舍人弟上書變告信欲反狀於呂后呂后欲召恐其黨不就（師古曰黨音他朗反）乃與蕭相國謀詐令人從帝所來稱豨已破群臣皆賀相國紿信曰雖病強入賀（師古曰紿誑也）信

入呂后使武士縛信斬之長樂鍾室（師古曰鍾室謂懸鍾之室）信方斬曰吾不用蒯通計反爲女子所詐豈非天哉遂夷信三族高祖已破豨歸至聞信死且喜且哀之問曰信死亦何言呂后道其語高祖曰此齊辯士蒯通也召欲亨之通至自說釋弗誅（師古曰自說謂自解說也釋放也置也）語在通傳

彭越字仲昌邑人也常漁鉅野澤中爲盜（師古曰漁捕魚也鉅野即今鄆州鉅野縣）陳勝起或謂越曰豪桀相立畔秦仲可効之越曰兩龍方鬬且待之（師古曰兩龍謂秦與陳勝）居歲餘澤間少年相聚百餘人往從越請仲爲長越謝不願也少年強請乃許與期旦日日出時後會者斬旦日日出十餘人後後者至日中於是越謝曰臣老諸君強以爲長今期而多後不可盡誅誅最後者一人令校長斬之（師古曰一校之長也校音下教反）皆笑曰何至是請後不敢於是越乃引一人斬之設壇祭令徒屬徒屬皆驚畏越不敢仰視乃行略地收諸侯散卒得千餘人沛公之從碭北擊昌邑越助之昌邑未下沛公引兵西越亦將其衆居鉅野澤中收魏敗散卒項籍入關王諸侯還歸越衆萬餘人無所屬齊王田榮叛項王漢乃使人賜越將軍印使下濟陰以

擊楚楚令蕭公角將兵擊越越大破楚軍漢二年春與魏豹及諸侯東擊楚越將其兵三萬餘人歸漢外黃（師古曰於外黃來歸漢）漢王曰彭將軍收魏地得十餘城欲急立魏後今西魏王豹魏咎從弟眞魏後也（鄭氏曰豹眞魏後也）迺拜越爲魏相國擅將兵略定梁地（師古曰擅專也使專爲此事）漢王之敗彭城解而西也越皆亡其所下城獨將其兵北居河上漢三年越常往來爲漢游兵擊楚絕其糧於梁地項王與漢王相距滎陽越攻下睢陽外黃十七城項王聞之乃使曹咎守成皐自東收越所下城邑皆復爲楚越將其兵北走穀城

項王南走陽夏（師古曰走並音奏夏音攻雅反）越復下昌邑旁二十餘城得粟十餘萬斛以給漢食漢王敗使使召越并力擊楚越曰魏地初定尚畏楚未可去漢王追楚爲籍所敗固陵乃謂留侯曰諸侯兵不從爲之柰何留侯曰彭越本定梁地功多始君王以魏豹故拜越爲相國今豹死亡後且越亦欲王而君王不蚤定（師古曰蚤古早字）今取睢陽以北至穀城皆許以王彭越又言所以許韓信語在高紀於是漢王發使使越如留侯筴使者至越乃引兵會垓下項籍死立越爲梁王都定陶六年朝陳九年十年皆來朝長

安陳豨反代地高帝自往擊之至邯鄲徵兵梁梁王稱病使使將兵詣邯鄲高帝怒使人讓梁王（師古曰讓責也）梁王恐欲自往謝其將扈輒曰王始不往見讓而往往即爲禽不如遂發兵反梁王不聽稱病梁大僕有罪亡走漢告梁王與扈輒謀反於是上使使掩捕梁王囚之雒陽有司治反形已具（張晏曰扈輒勸越反越不聽而云反形已具有司非也臣瓚曰扈輒勸越反而越不誅輒是反形已具也師古曰瓚說是也）請論如法上赦以爲庶人徙蜀青衣（文穎曰青衣縣名）西至鄭（師古曰即今華州鄭縣是也）逢呂后從長安東欲之雒陽道見越越爲呂后泣涕自言亡罪願處故昌邑呂后許諾與俱東至雒陽呂后言上曰彭越壯士也今徙之蜀此自遺患不如遂誅之妾謹與俱來於是呂后令其舍人告越復謀反廷尉奏請遂夷越宗族

黥布六人也（師古曰六縣名也解在高紀）姓英氏少時客相之當刑而王及壯坐法黥布欣然笑曰人相我當刑而王幾是乎（臣瓚曰幾近也師古曰幾音鉅依反）人有聞者共戲笑之布以論輸驪山（師古曰布雖論決而輸作於驪山）驪山之徒數十萬人布皆與其徒長豪桀交通乃率其曹耦亡之江中爲群盜（師古曰曹輩也）陳勝之起也布乃見番君（師古曰番音蒲何反）其衆數千人番君以女妻之章邯之滅陳勝破呂臣軍布引

兵北擊秦左右校破之青波（師古曰地名也）引兵而東聞項梁定會稽西度淮布以兵屬梁梁西擊景駒秦嘉等布常冠軍（師古曰言其驍勇爲衆軍之最）項梁聞陳涉死立楚懷王以布爲當陽君項梁敗死懷王與布及諸侯將皆軍彭城當是時秦急圍趙趙數使人請救懷王懷王使宋義爲上將軍項籍與布皆屬之北救趙及籍殺宋義河上自立爲上將軍使布先涉河（師古曰涉謂無舟檝而渡也）擊秦軍數有利籍乃悉引兵從之遂破秦軍降章邯等楚兵常勝功冠諸侯諸侯兵皆服屬楚者以布數以少敗衆也項籍之引兵西至新安又

使布等夜擊阬章邯秦卒二十餘萬人至關不得入又使布等先從間道破關下軍師古曰間道微道也遂得入至咸陽布爲前鋒項王封諸將立布爲九江王都六尊懷王爲義帝徙都長沙迺陰令布擊之布使將追殺之郴齊王田榮叛楚項王往擊齊徵兵九江布稱病不往遣將將數千人行漢之敗楚彭城布又稱病不佐楚項王由此怨布數使使者誚讓召布師古曰誚讓責之也誚音在笑反布愈恐不敢往項王方北憂齊趙西患漢所與者獨布又多其材師古曰多猶重也欲親用之以故未擊漢王與楚大戰彭城不利出梁地至

虞師古曰即今宋州虞城縣是也謂左右曰如彼等者無足與計天下事者謁者隨何進曰不審陛下所謂漢王曰孰能爲我使淮南師古曰孰誰也使之發兵背楚留項王於齊數月我之取天下可以萬全隨何曰臣請使之乃與二十人俱使淮南至太宰主之服虔曰淮南太宰作內主三日不得見隨何因說太宰曰王之不見何必以楚爲彊以漢爲弱此臣之所爲使師古曰此事正是臣所爲來欲言之使何得見言之而是邪是大王所欲聞也言之而非邪使何等二十人伏斧質淮南市師古曰質鍖也言伏於鍖上而斧斬之鍖音竹林反以明背漢而與楚也太宰迺言之王王見之隨何曰漢王使使臣敬進書大王御者竊怪大王與楚何親也淮南王曰寡人北鄉而臣事之師古曰鄉讀曰嚮次下亦同隨何曰大王與項王俱列爲諸侯北鄉而臣事之必以楚爲彊可以託國也項王伐齊身負版築李奇曰版牆版也築杵也以爲士卒先大王宜悉淮南之衆師古曰悉盡也身自將之爲楚軍前鋒今乃發四千人以助楚夫北面而臣事人者固若是乎夫漢王戰於彭城項王未出齊也大王宜埽淮南之衆日夜會戰彭城下師古曰埽者謂盡舉之如埽地之爲今撫萬人之衆無一人度淮者陰拱而觀其孰勝師古曰斂手曰拱孰誰也言不動搖坐觀成敗也夫託國於人者固若是乎

大王提空名以鄉楚師古曰提舉也鄉讀曰嚮而欲厚自託臣竊爲大王不取也然大王不背楚者以漢爲弱也大楚兵雖彊天下負之以不義之名師古曰負加也加於身上若言被也以其背明約而殺義帝也然而楚王特以戰勝自彊漢王收諸侯還守成皋滎陽下蜀漢之粟深溝壁壘分卒守徼乘塞楚人還兵間以梁地服虔曰梁在楚漢之中央師古曰間音居莧反深入敵國八九百里張晏曰羽從齊還當經梁地八九百里乃得羽地也欲戰則不得攻城則力不能老弱轉糧千里之外楚兵至滎陽成皋漢堅守而不動進則不得攻退則不能解故楚兵不足罷也師古曰不足者言易也罷讀曰疲使楚兵勝漢則

諸侯自危懼而相救夫楚之彊適足以致天下之兵耳故楚不如漢其勢易見也今大王不與萬全之漢而自託於危亡之楚臣竊為大王惑之臣非以淮南之兵足以亡楚也夫大王發兵而背楚項王必留留數月漢之取天下可以萬全臣請與大王杖劍而歸漢王漢王必裂地而分大王又況淮南必大王有也故漢王敬使使臣進愚計願大王之留意也淮南王曰請奉命陰許叛楚與漢未敢泄楚使者在文穎曰在淮南王所也方急責布發兵隨何直入曰九江王以歸漢楚何以得發兵布愕然楚使者起何因說布曰事已構師古曰構結也言楚之事以結成也獨可遂殺楚使毋使歸而疾走漢并力師古曰走音奏次下亦同布曰如使者教因起兵而攻楚楚使項聲龍且攻淮南項王留而攻下邑師古曰縣名也在梁地數月龍且攻淮南破布軍布欲引兵走漢恐項王擊之故間行與隨何俱歸漢至漢王方踞牀洗師古曰洗濯足也音先典反而召布入見布大怒悔來欲自殺出就舍張御食飲從官如漢王居布又大喜過望師古曰高祖以布先久為王恐其意自尊大故嫚其禮令布折服已而美其帷帳厚其飲食多其從官以悅其心此權道也張音竹亮反若今言張設於是乃使人之九江楚已使項伯收九江兵盡殺布妻子布使者頗得故人幸臣

將眾數千人歸漢漢益分布兵而與俱北收兵至成皋四年秋七月立布為淮南王與擊項籍布使人之九江得數縣五年布與劉賈入九江誘大司馬周殷殷反楚遂舉九江兵與漢擊楚破垓下項籍死上置酒對眾折隨何曰腐儒師古曰腐者爛敗言無所堪任為天下安用腐儒哉師古曰高祖意欲褒賞隨何恐群臣不服故對眾折辱令其自數功勞也隨何跪曰夫陛下引兵攻彭城楚王未去齊也陛下發步卒五萬人騎五千能以取淮南乎曰不能隨何曰陛下使何與二十人使淮南如陛下之意是何之功賢於步卒數萬騎五千也然陛下謂何腐儒為天下安用腐儒何也上曰吾方圖子之功師古曰圖謀也乃以隨何為護軍中尉布遂剖符為淮南王都六九江廬江衡山豫章郡皆屬焉六年朝陳七年朝雒陽九年朝長安十一年高后誅淮陰侯布因心恐夏漢誅梁王彭越盛其醢以徧賜諸侯師古曰反者被誅皆以為醢即刑法志所云葅其骨肉是也至淮南淮南王方獵見醢因大恐陰令人部聚兵候伺旁郡警急師古曰恐被收捕即欲發兵反布有所幸姬病就醫醫家與中大夫賁赫對門師古曰賁音肥姓賁名赫赫乃厚餽遺從姬飲醫家姬侍王從容語次譽赫長者也師古曰從音千容反王怒曰女安從知之師古曰安從何由者也具道王

疑與亂赫恐稱病王愈怒欲捕赫赫上變事乘傳
詣長安（師古曰傳音張戀反）布使人追不及赫至上變言布謀
反有端可先未發誅也（師古曰及其未發兵先謀伐之）上以其書語蕭
相國蕭相國曰布不宜有此（師古曰不應有反謀）恐仇怨妄誣
之（師古曰怨音於元反）請繫赫微驗淮南（師古曰微驗不顯言其事）布見赫以
罪亡上變已疑其言國陰事漢使又來頗有所驗
遂族赫家發兵反反書聞上方赦赫以為將軍召
諸侯問布反為之柰何皆曰發兵阬豎子耳何能
為汝陰侯滕公以問其客薛公薛公曰是固當反
滕公曰上裂地而封之疏爵而貴之（張晏曰疏分也）南面而

立萬乘之主其反何也薛公曰前年殺彭越往年
殺韓信（張晏曰往年與前年同耳文相避也）三人皆同功一體之人也自
疑禍及身故反耳滕公言之上曰臣客故楚令尹
薛公其人有籌策可問上乃見問薛公對曰布反
不足怪也使布出於上計山東非漢之有也出於
中計勝負之數未可知也出於下計陛下安枕而
卧矣上曰何謂上計薛公對曰東取吳西取楚并
齊取魯傳檄燕趙固守其所山東非漢之有也何
謂中計東取吳西取楚并韓取魏據敖倉之粟塞
成皋之險勝敗之數未可知也何謂下計東取吳

西取下蔡歸重於越身歸長沙（師古曰重輜重也音直用反）陛下安
枕而卧漢無事矣上曰是計將安出（師古曰是者謂布也）薛公
曰出下計上曰胡為廢上計而出下計（師古曰胡何也）薛公
曰布故驪山之徒也致萬乘之主此皆為身不顧
後為百姓萬世慮者也故出下計上曰善封薛公
千戶遂發兵自將東擊布布之初反謂其將曰上
老矣厭兵必不能來使諸將諸將獨患淮陰彭越
今已死餘不足畏故遂反果如薛公揣之（文穎曰揣度也音初委反）
東擊荊荊王劉賈走死富陵（師古曰縣名屬臨淮郡）盡劫其兵
度淮擊楚楚發兵與戰徐僮閒（師古曰二縣之間也）為三軍欲

以相救為奇（師古曰不聚一處分而為三欲互相救出奇譎）或說楚將曰布善用
兵民素畏之且兵法諸侯自戰其地為散地（師古曰謂在其
本地戀土懷安故易逃散）今別為三彼敗吾一餘皆走安能相救
不聽布果破其一軍二軍散走遂西與上兵遇蘄
西會甀（師古曰會音古外反甀音大瑞反解在高紀）布兵精甚上乃壁庸城（鄧展
曰地名也）望布軍置陳如項籍軍上惡之與布相望見隃
謂布何苦而反（師古曰隃讀曰遙）布曰欲為帝耳上怒罵之
遂戰破布軍布走度淮數止戰不利與百餘人走
江南布舊與番君婚故長沙哀王使人誘布（晉灼曰芮之孫
回也師古曰據表云惠帝二年哀王回始立今此是芮之子成王臣耳傳既不同晉說亦誤也）僞與俱亡走越

師古曰僞謂詐爲此計布信而隨至番陽番陽人殺布兹鄉師古
曰鄡陽縣之鄉也鄡音口堯反遂滅之封賁赫爲列侯將率封者六人
盧綰豐人也與高祖同里綰親與高祖太上皇相
愛晉灼曰親父也綰之父與高祖父太上皇相愛及生男高祖綰同日生里中持
羊酒賀兩家及高祖綰壯學書又相愛也里中嘉
兩家親相愛生子同日壯又相愛復賀羊酒高祖
爲布衣時有吏事避宅綰常隨上下師古曰避宅謂不居其家潛匿東西
及高祖初起沛綰以客從入漢爲將軍常侍中從
東擊項籍以太尉常從出入卧內衣被食飲賞賜
羣臣莫敢望雖蕭曹等特以事見禮至其親幸莫
及綰者封爲長安侯故咸陽也項籍死使綰別將
與劉賈擊臨江王共尉李奇曰共敖子也師古曰共讀曰龔還從擊燕
王臧荼皆破平時諸侯非劉氏而王者七人上欲
王綰爲群臣觖望師古曰觖謂相觖也望怨望也觖音決及虜臧荼乃下
詔詔諸將相列侯擇群臣有功者以爲燕王羣臣
知上欲王綰皆曰太尉長安侯盧綰常從平定天
下功最多可王上乃立綰爲燕王諸侯得幸莫如
燕王者綰立六年以陳豨事見疑而敗豨者宛句
人也師古曰宛句縣名也地理志屬濟陰宛音於元反句音劬不知始所以得從及韓王
信反入匈奴上至平城還豨以郎中封爲列侯以

趙相國將監趙代邊邊兵皆屬焉豨少時常稱慕
魏公子師古曰謂信陵君無忌及將守邊招致賓客常告過趙
師古曰因休告之假而過趙賓客隨之者千餘乘邯鄲官舍皆滿豨
所以待客如布衣交皆出客下師古曰言屈己禮之不以富貴自尊大趙
相周昌乃求入見上具言豨賓客盛擅兵於外恐
有變上令人覆案豨客居代者諸爲不法事多連
引豨豨恐陰令客通使王黃曼丘臣所師古曰二人皆韓王信將漢
十年秋太上皇崩上因是召豨豨稱病遂與王黃
等反自立爲代王劫略趙代上聞乃赦吏民爲豨
所詿誤劫略者上自擊豨破之語在高紀初上如
邯鄲擊豨師古曰如往也燕王綰亦擊其東北豨使王黃求
救匈奴綰亦使其臣張勝使匈奴言豨等軍破勝
與胡故燕王臧荼子衍亡在胡見勝曰公所以重
於燕者以習胡事也燕所以久存者以諸侯數反
兵連不決也今公爲燕欲急滅豨等豨等已盡次
亦至燕公等亦且爲虜矣公何不令燕且緩豨而
至胡連和事寬得長王燕即有漢急可以安國勝
以爲然迺私令匈奴兵擊燕綰疑勝與胡反上書
請族勝勝還報具道所以爲者綰寤乃詐論他人
以脫勝家屬使得爲匈奴間師古曰間音居莧反而陰使范齊

之豨所欲令久連兵毋決(晉灼曰使豨久亡畔)漢既斬豨其裨將降言燕王綰使范齊通計謀豨所上使使召綰綰稱病又使辟陽侯審食其御史大夫趙堯往迎綰因驗問其左右綰愈恐閟匿(師古曰閟閉也閉其蹤蹟藏匿其人也閟音祕)謂其幸臣曰非劉氏而王者獨我與長沙耳往年漢族淮陰誅彭越皆呂后計今上病屬任呂后(師古曰屬音之欲反)呂后婦人專欲以事誅異姓王者及大功臣迺稱病不行其左右皆亡匿語頗泄辟陽侯聞之歸具報上益怒又得匈奴降者言張勝在匈奴爲燕使於是上曰綰果反使樊噲擊綰綰悉將其宮人

家屬騎數千居長城下侯伺幸上病瘉自入謝(師古曰瘉與愈同)高祖崩綰遂將其衆亡入匈奴匈奴以爲東胡盧王爲蠻夷所侵奪常思復歸居歲餘死胡中高后時綰妻與其子亡降會高后病不能見舍燕邸(師古曰舍止也諸侯王及諸郡朝宿之館在京師者謂之邸)爲欲置酒見之高后竟崩綰妻亦病死孝景帝時綰孫它人以東胡王降(如淳曰爲東胡王而來降也東胡烏丸也)封爲惡谷侯傳至曾孫有罪國除

吳芮秦時番陽令也(師古曰番音蒲何反)甚得江湖閒心號曰番君天下之初叛秦也黥布歸芮芮妻之(師古曰嫁女與之也妻音千計反他皆類此)因率越人舉兵以應諸侯沛公攻南陽迺遇芮之將梅鋗(師古曰鋗音呼玄反)與偕攻析酈(師古曰二縣也並屬南陽酈音郎益反)降之及項羽相王(李奇曰自相尊王也)以芮率百越佐諸侯從入關故立芮爲衡山王都邾(師古曰邾音朱又音株)其將梅鋗功多封十萬戶爲列侯項籍死上以鋗有功從入武關故德芮徙爲長沙王都臨湘一年薨謚曰文王子成王臣嗣薨子哀王回嗣薨子共王右嗣薨(師古曰共讀曰恭)子靖王差嗣孝文後七年薨無子國除初文王芮高祖賢之制詔御史長沙王忠其定著令(鄧展曰漢約非劉氏不王而芮王故著令使特王也或曰以芮至忠故著令也師古曰尋後贊文或說是也)至孝惠高后時封芮庶子二人爲列侯傳國數世絕

贊曰昔高祖定天下功臣異姓而王者八國張耳吳芮彭越黥布臧荼盧綰與兩韓信皆徼一時之權變以詐力成功(師古曰徼要也音工堯反)咸得裂土南面稱孤見疑強大懷不自安事窮勢迫卒謀叛逆終於滅亡張耳以智全至子亦失國唯吳芮之起不失正道故能傳號五世以無嗣絕慶流支庶有以矣夫(師古曰以其不用詐力也)著于甲令而稱忠也(師古曰甲者令篇之次也)

韓彭英盧吳傳第四

荆燕吳傳第五　班固　漢書三十五

秘書監上護軍琅邪縣開國子顔師古注

荆王劉賈高帝從父兄也 師古曰父之兄弟之子為從父兄弟也言本同祖從父而别 不
知其初起時漢元年還定三秦賈為將軍定塞地 師古曰司馬欣之國也塞音先代反 從東擊項籍漢王敗成皋北度河得
張耳韓信軍軍脩武深溝高壘使賈將二萬人騎
數百擊楚度白馬津 師古曰即今滑州白馬縣河津也 入楚地燒其積
聚 師古曰倉廩芻稾之屬 以破其業無以給項王軍食已而楚
兵擊之賈輒避不肯與戰而與彭越相保 師古曰保謂依恃以自安固 漢王追項籍至固陵使賈南度淮圍壽春還至使
人閒招楚大司馬周殷 師古曰閒謂私求閒隙而招之 周殷反楚佐賈
舉九江迎英布兵皆會垓下誅項籍漢王因使賈
將九江兵與太尉盧綰西南擊臨江王共尉 師古曰共敖之子也共讀曰龔 尉死以臨江為南郡賈既有功而高祖子弱
昆弟少又不賢欲王同姓以塡天下 師古曰塡音竹刃反 乃下
詔曰將軍劉賈有功及擇子弟可以為王者羣臣
皆曰立劉賈為荆王王淮東立六年而淮南王黥
布反東擊荆賈與戰弗勝走富陵 師古曰縣名地理志屬臨淮郡 為
布軍所殺
燕王劉澤高祖從昆弟也 師古曰言同曾祖從祖而別也 高祖三年澤

為郎中十一年以將軍擊陳豨將王黄封為營陵
侯高后時齊人田生 晉灼曰楚漢春秋云字子春 游乏資以畫奸澤 服虔曰以計畫干之文穎曰以工畫得寵也師古曰共為計策欲以求王服說是也畫音獲 澤大說之 師古曰說讀曰悅
用金二百斤為田生壽 師古曰因飲酒獻壽而與之金 田生已得金即
歸齊二歲澤使人謂田生曰弗與矣 孟康曰與黨與也言不復與我為與也文穎曰不復與汝相知也師古曰孟說是 田生如長安不見澤而假大宅令
其子求事呂后所幸大謁者張卿 如淳曰奄人也 居數月田
生子請張卿臨親脩具 師古曰親父也具供具也 張卿往見田生
帷帳具置如列侯張卿驚酒酣延屛人說張卿曰
臣觀諸侯邸第百餘皆高帝一切功臣今呂氏雅
故本推轂高帝就天下 如淳曰呂公知高祖貴以女妻之推轂使為長者也師古曰謂翼戴崇獎以成帝業若車之行助推其轂故得引重而致遠也 功至大又有親戚太后之重太
后春秋長 師古曰言年老 諸呂弱太后欲立呂產為呂王王
代呂后又重發之 鄧展曰重難發其事 恐大臣不聽今卿最幸
大臣所敬何不風大臣以聞太后 師古曰風讀曰諷其下亦同 太后
必喜諸呂以王萬戶侯亦卿之有太后心欲之而
卿為内臣不急發恐禍及身矣張卿大然之乃風
大臣語太后太后朝因問大臣大臣請立呂產為
呂王太后賜張卿千金 師古曰千斤之金 張卿以其半進田
生田生弗受因說之曰呂產王也諸大臣未大服

孫安

今營陵侯澤諸劉長為大將軍獨此尚觖望（師古曰觖音決）今卿言太后列侯十餘縣王之彼得王喜於諸呂王益固矣張卿入言之又太后女弟呂須女亦為營陵侯妻故遂立營陵侯澤為琅邪王琅邪王與田生之國急行毋留（師古曰田生勸之）出關太后果使人追之已出即還澤王琅邪二年而太后崩澤乃曰帝少諸呂用事諸劉孤弱引兵與齊王合謀西欲誅諸呂至梁聞漢灌將軍屯滎陽澤還兵備西界遂跳驅至長安（師古曰齊王傳云使祝午紿琅邪王琅邪王馳見齊王齊王因留琅邪王而使祝午盡發琅邪國而并將其兵琅邪王既見欺不得反國乃說齊王求入關計事齊王以為然乃益具車送琅邪王與此傳不同疑此傳誤也）代王亦從代至

諸將相與琅邪王共立代王是為孝文帝文帝元年徙澤為燕王而復以琅邪歸齊（李奇曰本齊地前分以王澤今復與齊也）澤王燕二年薨謚曰敬王子康王嘉嗣九年薨子定國嗣定國與父康王姬姦生子男一人奪弟妻為姬與子女三人姦定國有所欲誅殺臣肥如令郢人郢人等告定國（如淳曰定國自欲有所殺餘臣肥如知今郢人以告之也師古曰此說非也肥如燕之屬縣也郢人者縣令之名也定國別欲誅其臣又欲誅肥如令郢人郢人等所以告之）定國使謁者以它法劾捕格殺郢人滅口至元朔中郢人昆弟復上書具言定國事下公卿皆議曰定國禽獸行亂人倫逆天道當誅上許之定國自殺立四十二年國除

哀帝時繼絕世乃封敬王澤玄孫之孫無終公士歸生為營陵侯（師古曰無終其所屬縣也公士第一爵歸生名也）更始中為兵所殺（師古曰更始劉聖公之年號也）

吳王濞高帝兄仲之子也高帝立仲為代王匈奴攻代仲不能堅守棄國閒行走雒陽自歸天子不忍致法廢為合陽侯子濞封為沛侯黥布反高祖自將往誅之濞年二十以騎將從破布軍荆王劉賈為布殺無後上患吳會稽輕悍無壯王填之（師古曰悍勇也填音竹刃反）諸子少（師古曰少幼也）乃立濞於沛為吳王（師古曰行至沛而封拜濞也）王三郡五十三城已拜受印高祖召濞相之

曰若狀有反相（師古曰若汝也此下亦同）獨悔業已拜（師古曰獨悔者心自懷悔不以語人也既以封拜為事臣下皆知之故不改）因拊其背（師古曰拊謂撫循之也一曰拊輕擊之音芳羽反）曰漢後五十年東南有亂豈若邪然天下同姓一家慎無反濞頓首曰不敢會孝惠高后時天下初定郡國諸侯各務自拊循其民吳有豫章郡銅山（韋昭曰此有豫字誤也但當言章郡今故章也）即招致天下亡命者盜鑄錢東煮海水為鹽以故無賦國用饒足（如淳曰鑄錢煮海收其利以足國用故無賦於民也）孝文時吳太子入見得侍皇太子飲博吳太子師傅皆楚人輕悍又素驕博爭道不恭皇太子引博局提吳太子殺之（師古曰提擲也音徒計反）於是遣其喪歸葬吳吳

王愠師古曰愠怒也音於問反曰天下一宗師古曰猶言同姓共爲一家死長安即葬長安何必來葬復遣喪之長安葬吳王由是怨望稍失藩臣禮稱疾不朝京師知其以子故驗問實不病諸吳使來輒繫責治之吳王恐所謀滋甚師古曰滋益也及後使人爲秋請孟康曰律春曰朝秋曰請如古諸侯朝聘也如淳曰濞不自行也使人代己致請禮師古曰二說皆是也請音材姓反上復責問吳使者使者曰察見淵中魚不祥服虔曰言天子察見下之私則不祥也今吳王始詐疾及覺見責急愈益閉恐上誅之計乃無聊唯上與更始師古曰言赦其已往之事於是天子皆赦吳使者歸之而賜吳王几杖老不朝吳得釋其謀亦益解然其居國以銅鹽故百姓無賦卒踐更輒予平賈服虔曰以當爲更卒出錢三百謂之過更自行爲卒謂之踐更吳王欲得民心爲卒者顧其庸隨時月與平賈也晉灼曰謂借人自代爲卒者官爲出錢顧其時庸平賈也師古曰晉說是也賈讀曰價謂庸直也

歲時存問茂材賞賜閭里師古曰茂美也茂材者有美材之人也它郡國吏欲來捕亡人者頌共禁不與如淳曰頌猶公也師古曰頌讀曰容如此者三十餘年以故能使其衆朝錯爲太子家令得幸皇太子數從容言吳過可削師古曰從音千容反數上書說之文帝寬不忍罰以此吳王日益橫師古曰橫音胡孟反及景帝即位錯爲御史大夫說上曰昔高帝初定天下昆弟少諸子弱大封同姓故孼子悼惠王王齊七十二城師古曰孼亦庶也庶弟元王王楚四十城兄子王吳

五十餘城封三庶孼分天下半今吳王前有太子之隙詐稱病不朝於古法當誅文帝不忍因賜几杖德至厚也不改過自新廼益驕恣公即山鑄錢煮海爲鹽師古曰公謂顯然爲之也即就也誘天下亡人謀作亂逆今削之亦反不削亦反削之其反亟禍小不削之其反遲禍大師古曰亟急也音居力反三年冬楚王來朝錯因言楚王戊往年爲薄太后服私姦服舍服虔曰服在喪次而私姦宮中也師古曰言於服舍爲姦非宮中也服舍居喪之次堊室之屬也請誅之詔赦削東海郡及前二年趙王有罪削其常山郡膠西王卬以賣爵事有姦削其六縣漢廷臣方議削吳吳王恐削地無已

因欲發謀舉事念諸侯無足與計者聞膠西王勇好兵諸侯皆畏憚之於是廼使中大夫應高口說膠西王曰吳王不肖有夙夜之憂師古曰凡言不肖者謂其鄙陋無所象似也解在刑法志不敢自外使使臣諭其愚心王曰何以教之高曰今者主上任用邪臣聽信讒賊變更律令師古曰更改也侵削諸侯徵求滋多誅罰良重師古曰滋亦益也良實也信也日以益甚語有之曰狧穅及米師古曰狧古舓字舓用舌食也蓋以犬爲喻也言初舓穅遂至食米也舓音食尒反吳與膠西知名諸侯也一時見察不得安肆矣師古曰肆縱也吳王身有內疾不能朝請二十餘年師古曰內疾謂在身中不顯於外請音材姓反常患見疑無以自白師古曰白明也脅肩絫

足猶懼不見釋（師古曰脅翕也謂斂之也絫古累字也累足重足也並謂懼耳釋解也放也）竊聞大王以爵事有過所聞諸侯削地罪不至此（師古曰言其本罪皆不合削地也）此恐不止地而已王曰有之子將柰何高曰同惡相助同好相留同情相求同欲相趨同利相死今吳王自以與大王同憂願因時循理弃軀以除患於天下（師古曰循順也）意亦可乎膠西王瞿然駭曰（師古曰瞿然無守之皃音居具反）寡人何敢如是主上雖急固有死耳安得不事（師古曰事安焉也）高曰御史大夫朝錯營或天子侵奪諸侯（師古曰營謂回繞之也）蔽忠塞賢朝廷疾怨諸侯皆有背叛之意人事極矣彗星出蝗蟲起此萬世一時而愁

勞聖人所以起也吳王內以朝錯爲誅外從大王後車方洋天下（師古曰方洋猶翱翔也方音房又音旁洋音羊）所向者降所指者下莫敢不服大王誠幸而許之一言則吳王率楚王略函谷關守滎陽敖倉之粟距漢兵治次舍須大王（師古曰次舍息止之處也須待也）大王幸而臨之則天下可并兩主分割不亦可乎王曰善歸報吳王猶恐其不果迺身自爲使者（師古曰潛行而去也）至膠西面約之膠西群臣或聞王謀諫曰諸侯地不能爲漢十二（師古曰不當漢十分之二）爲叛逆以憂太后非計也（文穎曰王之太后也）今承一帝尚云不易假令事成兩主分爭患迺益生王不聽遂發使

約齊菑川膠東濟南皆許諾諸侯既新削罰震恐多怨錯及削吳會稽豫章郡書至則吳王先起兵誅漢吏二千石以下膠西膠東菑川濟南楚趙亦皆反發兵西齊王後悔背約城守濟北王城壞未完其郎中令劫守王不得發兵膠西王膠東王爲渠率（師古曰渠大也）與菑川濟南共攻圍臨菑趙王遂亦陰使匈奴與連兵七國之發也吳王悉其士卒（師古曰悉盡也盡發使行）下令國中曰寡人年六十二身自將少子年十四亦爲士卒先諸年上與寡人同下與少子等皆發二十餘萬人南使閩東越閩東越亦發兵從孝

景前三年正月甲子初起兵於廣陵西涉淮因并楚兵發使遺諸侯書曰吳王劉濞敬問膠西王膠東王菑川王濟南王趙王楚王淮南王衡山王盧江王故長沙王子（如淳曰吳芮後四世無嗣國除庶子二人爲列侯不得嗣王志將不滿故誘與之反也）幸敎以漢有賊臣錯無功天下侵奪諸侯之地使吏劾繫訊治以侵辱之爲故（孟康曰故事也師古曰言專以侵辱諸侯爲事業）不以諸侯人君禮遇劉氏骨肉（師古曰人君者言諸王各自君其國）絕先帝功臣進任姦人誑亂天下欲危社稷陛下多病志逸不能省察（師古曰逸放也）欲舉兵誅之謹聞敎敝國雖狹地方三千里（師古曰狹音胡夾反）人民雖少精兵可具五十萬寡人

素事南越三十餘年其王諸君皆不辭分其兵以隨寡人（師古曰諸君謂其酋豪）又可得三十萬寡人雖不肖願以身從諸王南越直長沙者因王子定長沙以北（如淳曰南越直長沙者因王子定之師古曰直當也言越地之北當長沙者也）西走蜀漢中告越（如淳曰告東越使越定之也師古曰此說非也言王子定長沙以北而西趣蜀及漢中平定以訖使報南越也走音奏）楚王淮南三王與寡人西面（師古曰淮南三王謂厲王三子爲王者淮南衡山濟北也）齊諸王與趙王定河間河內或入臨晉關或與寡人會雒陽（師古曰臨晉關即今之蒲津關）燕王趙王故與胡王有約燕王北定代雲中轉胡衆入蕭關走長安（師古曰走音奏）匡正天下以安高廟願王勉之楚元王子淮南三王或不沐洗十餘年怨入骨髓（師古曰言心有所懷志不在洗沐也）欲壹有所出久矣（師古曰謂發兵）寡人未得諸王之意未敢聽今諸王苟能存亡繼絕振弱伐暴以安劉氏社稷所願也吳國雖貧寡人節衣食用積金錢脩兵革聚糧食夜以繼日三十餘年矣凡皆爲此（師古曰爲此謂欲反也爲音于僞反）願諸王勉之能斬捕大將者賜金五千斤封萬戶列將三千斤封五千戶裨將二千斤封二千戶二千石千斤封千戶皆爲列侯其以軍若城邑降者卒萬人邑萬戶如得大將（師古曰以卒萬人或邑萬戶來降附者其封賞則與大將同下皆類此）人戶五千如得列將人戶三千如得裨將人戶千如得二千石其小

吏皆以差次受爵金它封賜皆倍軍法（服虔曰封賜倍漢之常法）其有故爵邑者更益勿因（師古曰於舊爵之外特更與之）願諸王明以令士大夫不敢欺也寡人金錢在天下者往往而有非必取於吳（師古曰言處處郡國皆有之）諸王日夜用之不能盡有當賜者告寡人寡人且往遺之敬以聞七國反書聞天子迺遣太尉條侯周亞夫將三十六將軍往擊吳楚遣曲周侯酈寄擊趙將軍欒布擊齊大將軍竇嬰屯滎陽監齊趙兵初吳楚反書聞兵未發竇嬰言故吳相爰盎召入見上問以吳楚之計盎對曰吳楚相遺書曰賊臣朝錯擅適諸侯削奪之地（師古曰適讀曰讁）以故反名爲西共誅錯復故地而罷（師古曰復音扶目反次下亦同）方今計獨斬錯發使赦七國復其故地則兵可毋血刃而俱罷（師古曰血刃謂殺傷人而刃著血也）上從其議遂斬錯語具在盎傳以盎爲泰常奉宗廟使吳王（師古曰奉宗廟之指意也）吳王弟子德爲宗正輔親戚使至吳（師古曰以親戚之意諭說也）吳楚兵已攻梁壁矣宗正以親故先入見諭吳王拜受詔吳王聞盎來亦知其欲說笑而應曰我已爲東帝尚誰拜不肯見盎而留軍中欲劫使將盎不肯使人圍守且殺之盎得夜亡走梁（服虔曰梁王與吳戰盎得亡奔梁）遂歸報條侯將乘六乘傳會兵滎陽（師古曰會兵謂集大兵傳音張戀反）至雒陽見劇孟喜曰七國反吾乘傳至此不自

意全(師古曰意不自言得安全至雒陽也)又以爲諸侯已得劇孟孟今無動吾據滎陽(師古曰言劇孟既不動搖吾又得據滎陽也)滎陽以東無足憂者至雒陽問故父絳侯客鄧都尉曰吴楚兵銳甚難與爭鋒楚兵輕不能久方今爲將軍計莫若引兵東北壁昌邑以梁委吴吴必盡銳攻之將軍深溝高壘使輕兵絕淮泗口塞吴饟道(師古曰饟古餉字)使吴梁相敝而糧食竭乃以全制其極破吴必矣條侯曰善從其策遂堅壁昌邑南輕兵絕吴饟道吴王之初發也吴臣田祿伯爲大將軍田祿伯曰兵屯聚而西無它奇道難以立功臣願得五

萬人別循江淮而上收淮南長沙入武關與大王會此亦一奇也吴王太子諫曰王以反爲名此兵難以藉人(師古曰藉假也)藉人亦且反王柰何且擅兵而別多它利害(蘇林曰祿伯儻將兵降漢自爲已利於吴爲生患害師古曰蘇說非也上言難以藉人人亦且反王是則已疑祿伯矣下乃云多他利害謂分兵而去前事不測或有利害難可決機耳非重云畏其降漢者)徒自損耳吴王即不許田祿伯吴少將桓將軍說王曰吴多步兵步兵利險漢多車騎車騎利平地願大王所過城不下直去疾西據雒陽武庫食敖倉粟阻山河之險以令諸侯雖無入關天下固已定矣大王徐行留下城邑漢軍車騎至馳入梁楚之郊事敗矣吴王問吴

老將老將曰此年少推鋒可耳安知大慮於是王不用桓將軍計王專并將其兵未度淮諸賓客皆得爲將校尉行間候司馬(孟康曰行伍間候也師古曰在行伍間或爲候或爲司馬也)獨周丘不用周丘者下邳人亡命吴酤酒無行王薄之不任周丘乃上謁說王曰臣以無能不得待罪行間臣非敢求有所將也願請王一漢節必有以報王迺子之周丘得節夜馳入下邳下邳時聞吴反皆城守至傳舍召令入戶使從者以罪斬令遂召昆弟所善豪吏告曰吴反兵且至屠下邳不過食頃今先下家室必完能者封侯至矣出乃相告

下邳皆下周丘一夜得三萬人使人報吴王遂將其兵北略城邑比至城陽兵十餘萬(師古曰比音必寐反)破城陽中尉軍聞吴王敗走自度無與共成功(師古曰度音大各反)即引兵歸下邳未至癰發背死二月吴王兵既破敗走於是天子制詔將軍蓋聞爲善者天報以福爲非者天報以殃高皇帝親垂功德建立諸侯幽王悼惠王絕無後孝文皇帝哀憐加惠(師古曰憐其國絕故加恩惠而更封)王幽王子遂悼惠王子卬等令奉其先王宗廟爲漢藩國德配天地明並日月而吴王濞背德反義誘受天下亡命罪人亂天下幣(如淳曰幣帛也錢也以私錢殽亂天下錢)稱

疾不朝二十餘年有司數請濞罪孝文皇帝寬之
欲其改行爲善今乃與楚王戊趙王遂膠西王卬
濟南王辟光甾川王賢膠東王雄渠約從謀反師古
曰從音子容反爲逆無道起兵以危宗廟賊殺大臣及漢使
者迫劫萬民伐殺無罪燒殘民家掘其丘壠甚爲
虐暴而卬等又重逆無道師古曰重音直用反燒宗廟鹵御物
如淳曰鹵抄掠也師古曰御物供宗廟之服器也朕甚痛之朕素服避正殿將軍
其勸士大夫擊反虜擊反虜者深入多殺爲功斬
首捕虜比三百石以上皆殺無有所置師古曰置放釋也敢
有議詔及不如詔者皆要斬初吳王之度淮與楚

王遂西敗棘壁乘勝而前銳甚梁孝王恐遣將軍
擊之又敗梁兩軍士卒皆還走梁數使使條侯求
救條侯不許又使使愬條侯於上上使告條侯救
梁又守便宜不行梁使韓安國及楚死事相弟張
羽爲將軍李奇曰相即張尚也乃得頗敗吳兵吳兵欲西梁城
守不敢西即走條侯軍師古曰走音奏會下邑欲戰師古曰下邑梁之縣
條侯辟不肯戰吳糧絕卒飢數挑戰遂夜奔條侯
辟驚東南條侯使備西北果從西北不得入吳大
敗士卒多飢死叛散於是吳王迺與其戲下壯士
千人夜亡去師古曰戲讀曰麾又音許宜反度淮走丹徒保東越東越

兵可萬餘人使人收聚亡卒漢使人以利啗東越
師古曰啗音徒濫反解在高紀東越即紿吳王師古曰紿誑也吳王出勞軍使人
鏦殺吳王孟康曰方言戟謂之鏦蘇林曰鏦音從容之從師古曰鏦謂以矛戟撞之音楚江反盛其頭馳
傳以聞師古曰傳音張戀反吳王太子駒亡走閩越吳王之棄
軍亡也軍遂潰往往稍降太尉條侯及梁軍楚王
戊軍敗自殺三王之圍齊臨甾也三月不能下漢
兵至膠西膠東甾川王各引兵歸國膠西王徒跣
席稾飲水謝太后王太子德曰漢兵還臣觀之已
罷師古曰罷讀曰疲可襲願收王餘兵擊之不勝而逃入海
未晚也王曰吾士卒皆已壞不可用之不聽漢將

弓高侯穨當遺王書師古曰韓穨當曰奉詔誅不義降者赦
除其罪復故不降者滅之王何處須以從事師古曰言王欲
以何理自安處吾待以行事也處音昌汝反王肉袒叩頭漢軍壁謁曰臣卬奉
法不謹驚駭百姓迺苦將軍遠道至于窮國敢請
菹醢之罪弓高侯執金鼓見之曰王苦軍事願聞
王發兵狀王頓首厀行對曰今者朝錯天子用事
臣變更高皇帝法令侵奪諸侯地卬等以爲不義
恐其敗亂天下七國發兵且誅錯今聞錯已誅卬
等謹已罷兵歸將軍曰王苟以錯爲不善何不以
聞及未有詔虎符擅發兵擊義國以此觀之意非

徒欲誅錯也乃出詔書爲王讀之曰王其自圖師古曰圖謀也王曰如卬等死有餘罪遂自殺太后太子皆死膠東菑川濟南王皆伏誅酈將軍攻趙十月而下之趙王自殺濟北王以刼故不誅初吳王首反并將楚兵連齊趙正月起三月皆破滅

贊曰荊王王也由漢初定天下未集師古曰集和也故雖跦屬以策爲王鎭江淮之間劉澤發於田生權激呂氏晉灼曰田生欲王劉澤先使張卿說封呂產恐其大臣畝望澤卒得王故云以權激呂氏也然卒南面稱孤者三世事發相重豈不危哉晉灼曰劉澤以金與田生以事張卿言之呂后而劉澤得王故曰事發相重也師古曰重猶累也言澤得王本由田生行說若其事發覺則相隨入罪事相累謀累音力瑞反吳王擅山海

之利能薄斂以使其衆逆亂之萌自其子興師古曰萌謂始生也古者諸侯不過百里山海不以封蓋防此矣朝錯爲國遠慮禍反及身毋爲權首將受其咎豈謂錯哉師古曰此逸周書之言贊引之者謂錯適當此言耳

荊燕吳傳第五

楚元王傳第六　班固　漢書三十六

秘書監上護軍琅邪縣開國子顏師古注

楚元王交字游，高祖同父少弟也。師古曰言同父知其異母 好書多材藝少時嘗與魯穆生白生申公俱受詩於浮丘伯 服虔曰白生魯國奄里人浮丘伯秦時儒生 伯者孫卿門人也 師古曰孫卿姓荀名況為楚蘭陵令漢以避宣帝諱改之曰孫 及秦焚書各別去高祖兄弟四人長兄伯次仲伯蚤卒 師古曰蚤古早字也 高祖既爲沛公景駒自立爲楚王高祖使仲與審食其留侍太上皇 師古曰食音異其音基 交與蕭曹等俱從高祖見景駒遇項梁共立楚懷王因西攻南陽入武關與秦戰於藍田至霸上封交爲文信君從入蜀漢還定三秦誅項籍即帝位交與盧綰常侍上出入卧內傳言語諸內事隱謀而上從父兄劉賈數別將漢六年既廢楚王信分其地爲二國立賈爲荊王交爲楚王王薛郡東海彭城三十六縣先有功也後封次兄仲爲代王長子肥爲齊王初高祖微時常避事時時與賓客過其丘嫂食 應劭曰丘姓也孟康曰西方謂亡女壻爲丘壻丘空也兄亡空有嫂也張晏曰丘大也長嫂稱也晉灼曰禮謂大婦爲冢婦師古曰史記丘字作巨丘巨皆大也張晉二說其義得之 嫂厭叔與客來陽爲羹盡轑釜 服虔曰音勞轑轑也師古曰以勺轑釜令爲聲也轑音洛又音歷 客以故去已而視釜中有羹繇是怨嫂 師古曰繇與由同 及立齊代

王而伯子獨不得侯太上皇以爲言高祖曰某非敢忘封之也爲其母不長者七年十月封其子信爲羹頡侯 師古曰頡音戛言其母戛羹釜也 元王既至楚以穆生白生申公爲中大夫高后時浮丘伯在長安元王遣子郢客與申公俱卒業 師古曰卒終也 文帝時聞申公爲詩最精以爲博士元王好詩諸子皆讀詩申公始爲詩傳號魯詩 師古曰凡言傳者謂爲之解說若今詩毛氏傳也 元王亦次之詩傳號曰元王詩 師古曰次謂綴集之 世或有之高后時以元王子郢客爲宗正封上邳侯元王立二十三年薨太子辟非先卒 師古曰辟非者猶辟邪辟兵之類也先卒者元王未薨之時已卒也辟音壁 文帝乃以宗正上邳侯郢客嗣是爲夷王申公爲博士失官隨郢客歸復以爲中大夫立四年薨子戊嗣文帝尊寵元王子生爵比皇子 師古曰元王生子封爵皆與皇子同所以尊寵元王也 景帝即位以親親封元王寵子五人子禮爲平陸侯富爲休侯歲爲沈猶侯 晉灼曰沈音審王子侯表屬千乘高宛 埶爲宛朐侯 師古曰埶古藝字 調爲棘樂侯初元王敬禮申公等穆生不耆酒 師古曰耆讀曰嗜 元王每置酒常爲穆生設醴 師古曰醴甘酒也少麴多米一宿而孰不齊之 及王戊即位常設後忘設焉穆生退曰可以逝矣醴酒不設王之意怠不去楚人將鉗我於市 師古曰鉗以鐵束頸也音其炎反 稱疾卧申公白生強起之

曰獨不念先王之德與師古曰與讀曰歟今王一旦失小禮
何足至此穆生曰易稱知幾其神乎師古曰下繫之辭也幾者
動之微吉凶之先見者也師古曰見晉胡電反若子見幾而作
不俟終日先王之所以禮吾三人者爲道之存故
也今而忽之是忘道也師古曰忽怠也忘道之人胡可與久
處豈爲區區之禮哉師古曰區區謂小也遂謝病去申公白生
獨留王戊稍淫暴二十年爲薄太后服私姦削東
海薛郡乃與吳通謀二人諫不聽胥靡之應劭曰詩云若此無
罪淪胥以鋪胥靡刑名也晉灼曰胥相也靡隨也古者相隨坐輕刑之
名師古曰聯繫使相隨而服役之故謂之胥靡猶今之役囚徒以鎖聯
綴耳晉說近之而云隨坐輕刑非也衣之赭衣使杵臼雅舂於市晉灼曰高肱舉杵正

身而舂之師古曰爲木杵而手舂
即今所謂步臼者耳非碓舂也休侯使人諫王王曰季父
不吾與我起先取季父矣師古曰不吾與言不與我同心休侯懼乃與
母太夫人奔京師臣瓚曰侯母號太夫人二十一年春景帝之三
年也削書到遂應吳王反其相張尚太傅趙夷吾
諫不聽遂殺尚夷吾起兵會吳西攻梁破棘壁至
昌邑南與漢將周亞夫戰漢絕吳楚糧道士飢吳
王走戊自殺軍遂降漢漢已平吳楚景帝乃立宗
正平陸侯禮爲楚王奉元王後是爲文王三年薨
子安王道嗣二十二年薨子襄王注嗣十四年薨
子節王純嗣十六年薨子延壽嗣宣帝即位延壽

以爲廣陵王胥武帝子天下有變必得立陰欲
附倚輔助之師古曰倚依也音於綺反故爲其後母弟趙何齊取
廣陵王女爲妻與何齊謀曰我與廣陵王相結天
下不安發兵助之使廣陵王立何齊尚公主列侯
可得也因使何齊奉書遺廣陵王曰願長耳目師古曰言常伺聽勿失機也毋後人有天下師古曰方爭天下勿使在人後何齊父長年
上書告之事下有司考驗辭服延壽自殺立三十
二年國除初休侯富既奔京師而王戊反富等皆
坐免侯削屬籍後聞其數諫戊乃更封爲紅侯太
夫人與竇太后有親懲山東之寇師古曰懲創也求留京師

詔許之富子辟彊等四人師古曰辟音必亦反彊音居良反又辟讀曰闢彊讀曰疆解在文紀
共養仕於朝師古曰四子以在京師供養其祖母故仕於漢朝也太夫人薨賜塋師古曰塋冢地謂爲界域塋音營葬靈戶師古曰地名也富傳國至曾孫無子絕
辟彊字少卿亦好讀詩能屬文師古曰屬文謂會綴文辭也音之欲反後皆類此
武帝時以宗室子隨二千石論議冠諸宗室師古曰論議每出宗室之上也清靜少欲常以書自娛不肯仕昭帝即位或
說大將軍霍光曰將軍不見諸呂之事乎處伊
尹周公之位攝政擅權而背宗室不與共職是
以天下不信卒至於滅亡今將軍當盛位帝春秋
富宜納宗室又多與大臣共事服虔曰共議事也師古曰每事皆與參共知之反

諸呂道如是則可以免患 師古曰言諸呂專權所以滅亡今納宗室是反其道乃可免患也
光然之廼擇宗室可用者辟彊子德待詔丞相府 師古曰於丞相府聽詔命也
年三十餘欲用之或言父見在亦先帝
之所寵也遂拜辟彊爲光祿大夫守長樂衛尉時
年已八十矣徙爲宗正數月卒德字路少修黃老
術有智略少時數言事召見甘泉宮武帝謂之千
里駒 師古曰言若駿馬可致千里也年齒幼少故謂之駒 昭帝初爲宗正丞雜治劉
澤詔獄 師古曰雜謂以他官共治之也劉澤齊孝王之孫謀反欲殺青州刺史者 父爲宗正徙大
鴻臚丞遷太中大夫後復爲宗正雜案上官氏蓋
主事德常持老子知足之計 師古曰老子德經云知足不辱 妻死大將

軍光欲以女妻之德不敢取畏盛滿也蓋長公主
孫譚遮德自言 師古曰公主之孫名譚自言者申理公主所坐 德數責以公主起
居無狀 師古曰無狀無善狀也數音所具反 侍御史以爲光望不受女 師古
曰望怨望也 承指劾德誹謗詔獄 師古曰承指謂取霍光之意指德實責數公主而御史乃以爲受譚
寃訴故云誹謗詔獄 免爲庶人屏居山田光聞而恨之 師古曰以御史不知己意
復白召德守青州刺史歲餘復爲宗正與立宣帝
師古曰與讀曰豫豫其謀議也 以定策賜爵關內侯地節中以親親行
謹厚封爲陽城侯子安民爲郎中右曹宗家以德
得官宿衛者二十餘人德寬厚好施生 師古曰言好施恩惠於人而生
全之 毋行京兆尹事多所平反罪人 蘇林曰反音幡幡罪人辭使從輕也 家

產過百萬則以振昆弟 師古曰振舉救之 賓客食飲 師古曰既以救貧民
弟又散供食飲之費 曰富民之怨也立十一年子向坐鑄僞黃
金當伏法 如淳曰律鑄僞黃金棄市也 德上書訟罪會薨大鴻臚
奏德訟子罪失大臣體不宜賜謚置嗣制曰賜謚
繆侯 師古曰繆惡謚也以其妄訟子 爲置嗣傳至孫慶忌復爲宗正太
常薨子岑嗣爲諸曹中郎將列校尉至太常薨傳
子至王莽敗乃絕
向字子政 師古曰名向字子政義則相配而近代學者讀向音餉既無別釋靡所據憑當依本字爲勝 本
名更生年十二以父德任爲輦郎 服虔曰父保任其子爲郎也輦郎如今引御輦
郎也 既冠以行修飭擢爲諫大夫 師古曰飭整也讀與敕同其字從力 是時

宣帝循武帝故事招選名儒俊材置左右更生以
通達能屬文辭與王襃張子僑等並進對 師古曰子僑官至光
祿大夫見藝文志進對謂進見而對詔命也僑字或作蟜或作喬皆音鉅驕反 獻賦頌凡數十篇上
復興神僊方術之事而淮南有枕中鴻寶苑祕書
師古曰鴻寶苑祕書並道術篇名藏在枕中言常存錄之不漏泄也 書言神僊使鬼物爲金
之術及鄒衍重道延命方世人莫見而更生父德武
帝時治淮南獄得其書更生幼而讀誦以爲奇獻
之言黃金可成上令典尚方鑄作事 師古曰尚方主巧作金銀之所若今
之中尚署 費甚多方不驗上乃下更生吏吏劾更生鑄
僞黃金繫當死更生兄陽城侯安民上書入國戶

半贖更生罪上亦奇其材得踰冬減死論服虔曰踰冬至春行寬大而減死罪如淳曰獄冬盡當決竟而得踰冬復至後冬故或逢赦或得減死也師古曰服說是也會初立穀梁春秋徵更生受穀梁講論五經於石渠師古曰三輔舊事云石渠閣在未央大殿北以藏秘書復拜爲郎中給事黃門遷散騎諫大夫給事中元帝初即位太傅蕭望之爲前將軍少傅周堪爲諸吏光祿大夫師古曰加官也百官公卿表云諸吏所加或列侯將軍卿大夫得舉不法也皆領尚書事甚見尊任更生年少於望之堪然二人重之薦更生宗室忠直明經有行擢爲散騎宗正給事中與侍中金敞拾遺於左右四人同心輔政患苦外戚許史在位放縱而中書宦官弘恭

石顯弄權望之堪更生議欲白罷退之未白而語泄遂爲許史及恭顯所譖愬堪更生下獄及望之皆免官語在望之傳其春地震夏客星見昴卷舌間師古曰見於昴與卷舌之間也卷音俱免反上感悟下詔賜望之爵關內侯奉朝請秋徵堪向欲以爲諫大夫恭顯白皆爲中郎冬地復震時恭顯許史子弟侍中諸曹皆側目於望之等更生懼焉乃使其外親上變事師古曰非常之事故謂之變也言竊聞故前將軍蕭望之等皆忠正無私欲致大治忤於貴戚尚書師古曰忤猶逆也音五故反他皆類此今道路人聞望之等復進以爲且復見毀讒必曰嘗有過之

臣不宜復用是大不然師古曰言不宜用有過之臣者此議非也臣聞春秋地震爲在位執政太盛也不爲三獨夫動亦已明矣應劭曰謂蕭望之周堪及向師古曰獨夫猶言匹夫也且往者高皇帝時季布有罪至於夷滅後赦以爲將軍高后孝文之間卒爲名臣師古曰卒終也孝武帝時兒寬有重罪繫按道侯韓說諫曰師古曰說讀曰悅前吾丘壽王死陛下至今恨之師古曰恨悔也今殺寬後將復大恨矣上感其言遂貰寬師古曰貰謂緩恕其罪也復用之位至御史大夫御史大夫未有及寬者也又董仲舒坐私爲災異書主父偃取奏之下吏罪至不道幸蒙不誅復爲太中大夫膠西相以老

病免歸漢有所欲興常有詔問師古曰興謂改作憲章仲舒爲世儒宗定議有益天下孝宣皇帝時夏侯勝坐誹謗繫獄三年免爲庶人宣帝復用勝至長信少府太子太傅名敢直言天下美之若乃群臣多此比類難一二記師古曰比音必寐反有過之臣無負國家有益天下此四臣者足以觀矣前弘恭奏望之等獄決三月地大震恭移病出師古曰移病者移書言病也一曰言以病移出不居官府後復視事天陰雨雪師古曰雨音于具反由是言之地動殆爲恭等師古曰殆近也臣愚以爲宜退恭顯以章蔽善之罰師古曰章明也進望之等以通賢者之路如此太平之門開災異之

原塞矣書奏恭顯疑其更生所爲白請考姦詐辭果服遂逮更生繫獄下太傅韋玄成諫大夫貢禹與廷尉雜考劾更生前爲九卿坐與望之堪謀排車騎將軍高許史氏侍中者毀離親戚欲退去之而獨專權爲臣不忠幸不伏誅復蒙恩徵用不悔前過而教令人言變事誣罔不道更生坐免爲庶人而望之亦坐使子上書自寃前事恭顯白令詣獄置對（師古曰置對者立其罪辭）望之自殺天子甚悼恨之乃擢周堪爲光祿勳堪弟子張猛光祿大夫給事中大見信任恭顯憚之數譖毀焉更生見堪猛在位幾已

得復進（師古曰幾讀曰冀）懼其傾危乃上封事諫曰臣前幸得以骨肉備九卿奉法不謹乃復蒙恩竊見災異並起天地失常徵表爲國（師古曰徵證也）欲終不言念忠臣雖在甽畝猶不忘君惓惓之義也（師古曰甽者田中之溝也田溝之法耜廣五寸二耜爲耦一耦之伐廣尺深尺謂之甽六甽而爲一畝甽音工犬反字或作畎其音同耳惓惓忠謹之意惓讀與拳同音其專反禮記曰得一善則拳拳服膺弗失之矣）況重以骨肉之親（師古曰重音直用反）又加以舊恩未報乎欲竭愚誠又恐越職然惟二恩未報（師古曰惟思也）忠臣之義一杼愚意退就農畝死無所恨（師古曰杼謂引而泄之也音食汝反）臣聞舜命九官（師古曰尚書禹作司空棄后稷契司徒咎繇作士垂共工益朕虞伯夷秩宗夔典樂龍納言凡九官也）濟濟相讓和之至也衆賢和於朝則萬物和於野故簫韶九成而鳳皇來儀擊石拊石百獸率舞（師古曰韶舜樂名畢簫管之屬示其備也於韶樂九奏則鳳皇見其容儀擊鍾鳴磬而百獸相率來舞言感至和也）四海之內靡不和寧及至周文開基西郊（師古曰言文王始受命作周也）雜遝衆賢罔不肅和（師古曰雜遝聚積之皃遝音大合反）崇推讓之風以銷分爭之訟文王既沒周公思慕歌詠文王之德其詩曰於穆清廟肅雍顯相濟濟多士秉文之德（師古曰此周頌祀文王清廟之詩也於歎辭也穆美也肅敬也雍和也顯明也相助也濟濟盛也言文王有清淨之化敬而且和光明著見故濟濟之衆士皆執行文王之德也於讀曰烏）當此之時武王周公繼政朝臣和於內萬國驩於外故盡得其驩心以事其先祖其詩曰有來雍雍至止肅肅相維辟公天子

穆穆（師古曰此周頌禘大祖之雍詩也相助也辟百辟也公諸侯也言有此賓客以和而來至也而敬者乃助王祭之人百辟與諸侯耳於是時天子則穆穆然禮記曰天子穆穆諸侯皇皇辟音璧）言四方皆以和來也諸侯和於下天應報於上故周頌曰降福穰穰（師古曰此執競之篇祀武王之詩也穰穰多也音人羊反）又曰飴我釐麰（師古曰此思文之篇以后稷配天之詩也飴遺也言天遺此物也飴讀與貽同也釐音力之反又讀與來同麰音牟）釐麰麥也始自天降此皆以和致和獲天助也下至幽厲之際朝廷不和轉相非怨（師古曰厲王夷王之子厲王生宣王宣王生幽王）詩人疾而憂之曰民之無良相怨一方（師古曰此小雅角弓之篇刺幽王之詩也良善也言人各爲不善其意乖離而相怨也一方謂自守一方所嚮異之）衆小在位而從邪議歙歙相是而背君子故其詩曰歙歙訿訿亦孔之哀謀之其臧則具是違

謀之不臧則具是依師古曰此小雅小旻篇刺幽王之詩也言在位卿士歙歙然患其上訿訿然不供職各失臣節其可哀痛而謀之善者則背違之不善之謀依而施用所以爲刺也歙音翕訿音紫君子獨處守正不橈衆枉師古曰橈屈也不爲衆曲而自屈也橈音女教反勉彊以從王事則反見憎毒讒愬故其詩曰密勿從事不敢告勞無罪無辜讒口嗸嗸師古曰此小雅十月之交篇刺幽王之詩也密勿猶黽勉從事也嗸嗸衆聲也言己黽勉行事不敢自陳勞苦實無罪辜而被讒愬嗷嗷然也嗸音敖當是之時日月薄蝕而無光師古曰薄迫也謂被掩迫也其詩曰朔月辛卯日有蝕之亦孔之醜師古曰自此已下至百川沸騰皆十月之交詩也孔甚也醜惡也周之十月夏之八月朔日有辛卯日月交會而日見蝕陰侵於陽辛金日也卯木辰也以卯侵金則臣侵君故甚惡之又曰彼月而微此日而微今此下民亦孔之哀師古曰微虧微也言彼月者當有虧耳而今此日乃復微也言君臣失道是爲災異故令人甚哀也又曰日月鞠凶不用其行四國無政不用其良師古曰鞠告也言日月不用其常行之道以告凶災者由四方之國無政理不能用善人也天變見於上地變動於下水泉沸騰山谷易處其詩曰百川沸騰山冢卒崩高岸爲谷深谷爲陵哀今之人胡憯莫懲師古曰沸涌出也騰乘也冢山頂也卒盡也胡何也憯曾也懲乂也言百川沸涌而相乘陵山頂隆高而盡崩壞陵谷易處尊卑失序咎異大矣誠可畏懼哀哉今之人何爲曾莫創乂也憯音千感反霜降失節不以其時其詩曰正月繁霜我心憂傷民之訛言亦孔之將言民以是爲非甚衆大也張晏曰正月夏之四月也純陽用事而反多霜急恒寒若之災也師古曰此小雅正月之篇刺幽王之詩也四月正陽之月故謂之正月繁多也訛僞也孔甚也將大也此言王政乖舛陽月多霜害於生物故己心爲憂傷而衆庶之人共爲僞言以是爲非排斥賢儁禍甚大也此皆不和賢不肖易位之所致

也師古曰賢人在下不肖居上故云易位自此之後天下大亂篡殺殃禍並作厲王奔彘師古曰厲王無道下不堪命乃相與畔襲厲王厲王出奔于彘彘晉地今晉州北永安縣是也幽王見殺師古曰爲犬戎所攻殺幽王于驪山下虜褒姒盡取周賂而去至乎平王末年魯隱之始即位也師古曰平王幽王之子周大夫祭伯乖離不和出奔於魯張晏曰隱元年祭伯來穀梁傳曰奔也師古曰祭音側介反而春秋爲諱不言來奔傷其禍殃自此始也是後尹氏世卿而專恣師古曰春秋公羊經隱公三年夏四月尹氏卒傳曰尹氏者何天子之大夫也其稱尹氏何貶也曷爲貶譏世卿世卿非禮也又詩小雅節南山云尹氏大師赫赫師尹不平謂何刺之也諸侯背畔而不朝周室卑微二百四十二年之間師古曰謂從隱公元年至哀公十四年獲麟也隱公十一年桓公十八年莊公三十二年閔公二年僖公三十三年文公十八年宣公十八年成公十八年襄公三十一年昭公三十二年定公十五年哀公十四年凡二百四十二年也日食三十六師古曰謂隱三年二月己巳桓三年七月壬辰朔十七年十月朔莊十八年三月二十五年六月辛未朔二十六年十二月癸亥朔三十年九月庚午朔僖五年九月戊申朔十二年三月庚午十五年五月文元年二月癸亥朔十五年六月辛丑朔宣八年七月甲子十年四月丙辰十七年六月癸卯成十六年六月丙寅朔十七年十二月丁巳朔襄十四年二月乙未朔十五年秋八月丁巳二十年冬十月丙辰朔二十一年九月庚戌朔冬十月庚辰朔二十三年二月癸酉朔二十四年秋七月甲子朔八月癸巳朔二十七年冬十二月乙亥朔昭七年夏四月甲辰朔十五年六月丁巳朔十七年夏六月甲戌朔二十一年秋七月壬午朔二十二年十二月癸酉朔二十四年夏五月乙未朔三十一年十二月辛亥朔定五年正月辛亥朔十二年十一月丙寅朔十五年八月庚辰朔凡三十六也地震五師古曰謂文九年九月癸酉襄十六年五月甲子昭十九年五月己卯二十三年八月乙未哀三年四月甲午凡五也山陵崩阤二師古曰謂僖十四年八月辛卯沙鹿崩成五年夏梁山崩凡二也阤下頽也音丈爾反彗星三見師古曰謂文十四年秋七月有星孛入于北斗昭十七年冬有星孛于大辰哀十三年冬十一月有星孛于東方夜常星不見夜中星隕如雨一師古曰事在莊七年夏四月辛卯火

災十四師古曰桓十四年秋八月壬申御廩災莊二十年夏齊大災僖二十年五月乙巳西宮災成三年二月甲子新宮災
襄九年春宋火三十年五月甲午宋災昭九年夏四月陳火十八年夏五月壬午宋衛陳鄭災定二年夏五月壬辰雉門及兩觀災哀三年五
月辛卯桓宮僖宮災四年六月辛丑亳社災凡十四也長狄入三國師古曰謂春秋文十一年經書冬十月甲午叔
孫得臣敗狄于鹹公羊傳曰狄者何長狄也兄弟三人一者之齊一者之魯一者之晉之齊榮如之魯喬如之晉焚如長狄鄋瞞之種鄋音搜
瞞音末安反五石隕墜六鶂退飛多麋有蜮蜚鸜鵒來巢
者皆一見師古曰謂僖十六年正月戊申朔隕石于宋五是月六鶂退飛過宋都莊十七年冬多麋十八年秋有蜮二十
九年秋有蜚昭二十五年夏有鸜鵒來巢蜮短尾狐也鶂水鳥也蜚負蠜也鶂音五歷反蜮音域蜚音扶味反鸜音劬鵒音欲晝冥
晦師古曰僖十五年九月己卯晦震夷伯之廟穀梁傳曰晦冥也雨木冰師古曰事在成十六年正月雨木冰者氣
著樹木結爲冰也今俗呼爲閒樹雨音于具反李梅冬實七月霜降草木不死師古
曰僖三十三年經書冬隕霜不殺草李梅實未知在何月也而此言李梅冬實又云七月霜降草木不死與今春秋不同未見義所出八

月殺菽師古曰謂定公元年十月隕霜殺菽周之十月夏之八月菽謂豆也大雨雹師古曰事在僖二十九年
秋及昭三年冬四年正月雨音于具反雨雪靁霆失序相乘師古曰隱九年三月癸酉大雨震電
庚辰大雨雪桓八年冬十月雨雪僖十年冬大雨雪皆是也靁古雷字也霆雷之急者也音大丁反水旱饑蝝螽
螟蠭午並起如淳曰蠭午猶雜沓也師古曰謂桓元年秋大水十三年夏大水莊七年秋大水十一年秋宋大水
二十四年秋大水二十五年秋大水宣十年秋大水成五年秋大水襄二十四年秋七月大水僖二十一年夏大旱宣七年秋大旱宣十年冬
饑十五年冬蝝生饑襄二十四年冬大饑桓五年秋螽僖十五年八月螽文三年秋雨螽於宋八年冬螽宣六年八月螽十三年秋十五年秋
螽襄七年八月螽哀十二年十二月螽十三年九月螽十二月螽隱五年九月螟八年九月螟莊六年秋螟皆是也螽即螟也螟蟲之食苗心
者也螽音終螟音冥當是時禍亂輒應弒君三十六師古曰謂隱公四年衛州
吁弒其君完十一年羽父使賊弒公于寪氏桓二年宋督弒其君與夷七年曲沃伯誘晉小子侯殺之十七年鄭高渠彌弒昭公莊八年齊無
知弒其君諸兒十二年宋萬弒其君捷十四年傅瑕弒其君鄭子三十二年共仲使圉人犖賊子般閔二年共仲使卜齮賊公于武闈僖十年

晉里克弒其君卓二十四年晉弒懷公于高梁文元年楚太子商臣弒其君頵十四年齊公子商人弒其君舍十六年宋人弒其君杵臼十八
年齊人弒其君商人魯襄仲殺子惡莒弒其君庶其宣二年晉趙盾弒其君夷皐四年鄭公子歸生弒其君夷十年陳夏徵舒弒其君平國成
十八年晉弒其君州蒲襄七年鄭子駟使賊夜弒僖公二十五年齊崔杼弒其君光二十六年衛甯喜弒其君剽二十九年閽弒吳子餘祭三
十年蔡太子般弒其君固三十一年莒人弒其君密州昭元年楚公子圍問王疾縊而弒之十三年楚公子比弒其君虔于乾谿十九年許太
子止弒其君買二十七年吳弒其君僚定十三年薛弒其君比哀四年盜殺蔡侯申六年齊陳乞弒其君荼十年齊人弒悼公凡三十六亡
國五十二師古曰謂桓五年州公如曹莊四年紀侯大去其國十年齊師滅譚十三年齊人滅遂十四年楚子滅息十六
年楚滅鄧閔元年晉滅耿滅霍滅魏僖五年楚滅弦晉滅虢滅虞十二年楚人滅黃十七年魯滅項十九年秦人取梁二十五年衛侯燬滅邢
二十六年楚人滅夔三十三年秦滅滑文四年楚滅江五年楚人滅六滅蓼十六年楚人秦人巴人滅庸宣八年楚人滅舒蓼九年取根牟十
二年楚子滅蕭十五年晉師滅赤狄潞氏成六年取鄟十七年楚滅舒庸襄六年莒人滅鄫齊侯滅萊十年諸侯滅偪陽十三年取邿二十五
年楚滅舒鳩昭四年楚子滅賴十二年晉滅肥十六年楚子取戎蠻氏十七年晉滅陸渾戎二十二年晉滅鼓三十年吳滅徐定四年蔡滅沈

五年楚滅唐六年鄭滅許十四年楚人滅頓十五年楚子滅胡哀八年宋公滅曹又邾滅須句楚滅權晉滅焦揚楚滅道房申凡五十二諸
侯奔走不得保其社稷者不可勝數也師古曰謂桓十五年鄭伯
突出奔蔡襄十四年衛侯出奔齊昭三年北燕伯款出奔齊二十三年莒子庚輿來奔之類是也周室多禍晉敗
其師於貿戎師古曰貿戎地名也春秋公羊經成元年秋王師敗績于貿戎傳曰孰敗之蓋晉敗之也貿音莫侯
反伐其郊師古曰郊周邑也昭二十三年正月經書晉人圍郊也鄭傷桓王應劭曰王以諸侯伐
鄭鄭伯禦之射王中肩師古曰事在桓五年秋戎執其使師古曰隱七年冬經書天王使凡伯來聘戎伐凡伯于楚
丘以歸衛侯朔召不往齊逆命而助朔師古曰春秋桓十六年經書衛侯朔出奔
齊穀梁傳曰天子召而不往也五大夫爭權三君更立莫能正理應劭曰周景王
崩單穆公劉文公鞏簡公甘平公召莊公此五大夫相與爭奪更立王子猛子朝及敬王是爲三君也更音工衡反遂至陵夷
不能復興師古曰陵夷謂弛替也解在戎紀及異姓諸侯王表也由此觀之和氣致

祥乖氣致異祥多者其國安異衆者其國危天地之常經古今之通義也今陛下開三代之業招文學之士優游寬容使得並進今賢不肖渾殽師古曰言雜亂也渾音胡本反其下亦同白黑不分邪正雜糅忠讒並進師古曰糅和也音汝救反章交公車人滿北軍如淳曰漢儀注中壘校尉主北軍壘門內尉一人主上書者獄上章於公車有不如法者以付北軍尉北軍尉以法治之揚惲上書遂幽北闕公車所在朝臣舛午膠戾乖剌師古曰言志意不和各相違背午音五故反剌音來曷反更相讒愬轉相是非師古曰更音工行反傳授增加文書紛糾前後錯謬毀譽渾亂師古曰言各任私情不得其實所以營或耳目感移心意不可勝載師古曰言其誣罔天子也營謂回繞之分曹為黨往往群朋師古曰曹輩也將同心以陷正

臣正臣進者治之表也正臣陷者亂之機也乘治亂之機未知孰任而災異數見此臣所以寒心者也夫乘權藉勢之人子弟鱗集於朝師古曰言其相次如魚鱗羽翼陰附者衆輻湊於前師古曰輻湊言如車輻之歸於轂也毀譽將必用以終乖離之咎師古曰言讒佞之人毀譽得進則忠賢被斥日以乖離也是以日月無光雪霜夏隕海水沸出陵谷易處列星失行皆怨氣之所致也夫遵衰周之軌迹循詩人之所刺而欲以成太平致雅頌猶卻行而求及前人也師古曰卻音丘略反初元以來六年矣案春秋六年之中災異未有稠如今者也師古曰稠多也音直流反夫有春秋之異無孔子之救猶不能解紛師古曰紛紛亂也況甚於春秋乎原其所以然者讒邪並進也讒邪之所以並進者由上多疑心既已用賢人而行善政如或譖之則賢人退而善政還師古曰還謂收還也夫執狐疑之心者來讒賊之口持不斷之意者開群枉之門師古曰枉曲也讒邪進則衆賢退群枉盛則正士消故易有否泰師古曰否音皮鄙反小人道長君子道消君子道消則政日亂故為否否者閉而亂也君子道長小人道消小人道消則政日治故為泰泰者通而治也詩又云雨雪麃麃見晛聿消師古曰此小雅角弓篇刺幽王好讒佞之詩也麃麃盛也見無雲也晛日氣也聿辭也言雨雪之盛麃麃然至於無雲日氣始出而雨雪皆消釋矣

喻小人雖多王若欲興善政則賢者升用而小人誅滅矣麃音彼驕反晛音乃見反與易同義昔者鯀共工驩兜與舜禹雜處堯朝師古曰鯀崇伯之名即檮杌也共工少皞氏之後即窮奇也驩兜帝鴻氏之後即渾敦也鯀音工本反驩音火官反檮音徒高反杌音兀渾音胡本反敦音徒本反周公與管蔡並居周位當是時迭進相毀師古曰迭互也音大結反流言相謗豈可勝道哉帝堯成王能賢舜禹周公而消共工管蔡故以大治榮華至今孔子與季孟偕仕於魯師古曰季孟謂季孫孟孫皆桓公之後代執國權而卑公室也李斯與叔孫俱宦於秦師古曰叔孫者叔孫通也定公始皇賢季孟李斯而消孔子叔孫故以大亂汙辱至今故治亂榮辱之端在所信任信任既賢在於堅固而不移詩云我心匪石不可轉也

師古曰此邶柏舟之詩也言石性雖堅尚可移轉己貞確執德不傾過於石也言守善篤也易曰渙汗
其大號師古曰此易渙卦九五爻辭也言王者渙然大發號令如汗之出也言號令如汗汗出
而不反者也今出善令未能踰時而反是反汗也
師古曰時三月也用賢未能三旬而退是轉石也論語曰見
不善如探湯師古曰論語載孔子之言探湯言其除難無所避也今二府奏佞讇不
當在位歷年而不去如淳曰二府丞相御史也師古曰讇古諂字故出令則
如反汗用賢則如轉石去佞則如拔山如此望陰
陽之調不亦難乎是以群小窺見間隙緣飾文字
巧言醜詆師古曰詆毀也音丁禮反流言飛文譁於民間師古曰譁讙也譁音
火瓜反故詩云憂心悄悄慍于群小師古曰此邶柏舟言仁而不遇之詩也悄悄憂

貌慍怒也悄音千小反小人成群誠足慍也昔孔子與顏淵子
貢更相稱譽不為朋黨師古曰事具見論語更音工衡反禹稷與皐
陶傳相汲引不為比周師古曰事見尚書舜典比音頻寐反何則忠於
為國無邪心也故賢人在上位則引其類而聚之
於朝易曰飛龍在天大人聚也師古曰此乾卦九五爻辭也言聖王正位臨馭
萬方則賢人君子皆來見也在下位則思與其類俱進易曰拔茅茹
以其彙征吉鄭氏曰彙音謂彙類也茹牽引也茅喻君有絜白之德臣下引其類而仕之師古曰此泰卦初九爻辭征
行也茹音汝據反在上則引其類在下則推其類故湯用伊
尹不仁者遠而衆賢至類相致也今佞邪與賢臣
並交戟之內師古曰交戟謂宿衛者合黨共謀違善依惡歙歙

訿訿數設危險之言欲以傾移主上如忽然用之
此天地之所以先戒災異之所以重至者也師古曰重音直
用反自古明聖未有無誅而治者也故舜有四放之
罰師古曰謂流共工于幽州放驩兜于崇山竄三苗於三危殛鯀于羽山也而孔子有兩觀之誅
應劭曰少正卯魯人之雄故孔子攝司寇七日誅之於兩觀之下師古曰兩觀謂闕也然後聖化可得而
行也今以陛下明知誠深思天地之心迹察兩觀
之誅師古曰尋其餘迹而察之覽否泰之卦觀雨雪之詩歷周唐
之所進以為法原秦魯之所消以為戒師古曰歷謂歷觀之原謂
思其本也考祥應之福省災異之禍以揆當世之變師古
曰省視也揆度也放遠佞邪之黨壞散險詖之聚師古曰險言曰詖音彼義

反杜閉群枉之門廣開衆正之路師古曰杜塞也決斷狐疑
分别猶豫使是非炳然可知則百異消滅而衆祥
並至太平之基萬世之利也臣幸得託肺附師古曰舊解云
肺附謂肝肺相附著也一說肺謂斫木之肺札也自言於帝室猶肺札附於大材木也誠見陰陽不調
不敢不通所聞竊推春秋災異以救今事一二條
其所以師古曰以由也不宜宣泄臣謹重封昧死上恭顯見
其書愈與許史比而怨更生等師古曰比音頻寐反堪性公方
自見孤立遂直道而不曲是歲夏寒日青無光恭
顯及許史皆言堪猛用事之咎上内重堪又患衆
口之寖潤無所取信時長安令楊興以材能幸常

稱譽堪上欲以爲助乃見問興朝臣斷斷不可光祿勳何邪 師古曰斷斷忿嫉之意也斷音牛斤反 興者傾巧士謂上疑堪因順指曰堪非獨不可於朝廷自州里亦不可也臣見衆人聞堪前與劉更生等謀毁骨肉以爲當誅故臣前言堪不可誅傷爲國養恩也上曰然此何罪而誅今宜柰何興曰臣愚以爲可賜爵關内侯食邑三百戶勿令典事明主不失師傅之恩此最策之得者也上於是疑會城門校尉諸葛豐亦言堪猛短上因發怒免豐語在其傳又曰豐言堪猛貞信不立朕閔而不治又惜其材能未有所効其左遷堪爲河東太守猛槐里令顯等專權日甚後三歲餘孝宣廟闕災其晦日有蝕之於是上召諸前言日變在堪猛者責問皆稽首謝乃因下詔曰河東太守堪先帝賢之命而傅朕資質淑茂道術通明 師古曰淑善也茂美也 論議正直秉心有常發憤悃愊 張晏曰悃誠也愊緻密也師古曰悃愊至誠也悃音口本反愊音平力反 信有憂國之心以不能阿尊事貴孤特寡助抑厭遂退 師古曰厭音一甲反謂不伸也 卒不克明 師古曰卒終也克能也 往者衆臣見異 師古曰異災異也 不務自修深惟其故而反晻昧說天託咎此人 師古曰晻不明也讀與暗同又音烏感反 朕不得已 師古曰已止也 出而試之以彰其材堪出之後大變

仍臻衆亦嘿然堪治未期年而三老官屬有識之士詠頌其美使者過郡靡人不稱 師古曰靡無也 此固足以彰先帝之知人而朕有以自明也俗人乃造端作基非議詆欺 師古曰詆毁也音丁禮反 或引幽隱非所宜明意疑以類欲以陷之朕亦不取也朕迫于俗不得專心乃者天著大異朕甚懼焉今堪年衰歲暮恐不得自信 師古曰信讀曰伸 排於異人將安究之哉 師古曰究竟也明也 其徵堪詣行在所拜爲光祿大夫秩中二千石領尚書事猛復爲太中大夫給事中顯幹尚書 師古曰幹與管同言管主其事 尚書五人皆其黨也堪希得見常因顯白事事決顯口會堪疾瘖不能言而卒 師古曰瘖音於今反 顯誣譖猛令自殺於公車更生傷之乃著疾讒擿要救危及世頌凡八篇 師古曰擿謂指發之也音吐歷反 依興古事悼己及同類也 師古曰興謂比喻也音許證反 遂廢十餘年成帝即位顯等伏辜更生乃復進用更名向向以故九卿召拜爲中郎使領護三輔都水 蘇林曰三輔多溉灌渠悉主之故言都水 數奏封事遷光祿大夫是時帝元舅陽平侯王鳳爲大將軍秉政倚太后專國權 師古曰倚音於綺反 兄弟七人皆封爲列侯時數有大異向以爲外戚貴盛鳳兄弟用事之咎而上方精於詩書觀古文詔向領校中五經祕書 師古曰言中者以別

於外 向見尚書洪範箕子爲武王陳五行陰陽休咎之應 師古曰休美也咎音許求反它皆類此 向乃集合上古以來歷春秋六國至秦漢符瑞災異之記推迹行事連傳禍福著其占驗比類相從各有條目凡十一篇號曰洪範五行傳論奏之天子心知向忠精故爲鳳兄弟起此論也然終不能奪王氏權久之營起昌陵數年不成復還歸延陵制度泰奢向上疏諫曰臣聞易曰安不忘危存不忘亡是以身安而國家可保也 師古曰易下繫之辭 故賢聖之君博觀終始窮極事情而是非分明王者必通三統 應劭曰二王之後與己爲三統也孟康曰天地人之始也張晏曰一曰天統謂周十一月建子爲正天始施之端也二曰地統謂殷以十二月建丑爲正地始化之端也三曰人統謂夏以十三月建寅爲正人始成之端也師古曰諸家之說皆不備也言王者象天地人之三統故存三代也 明天命所授者博非獨一姓也孔子論詩至於殷士膚敏祼將于京 師古曰此大雅文王之篇殷士殷之卿士也膚美也敏疾也祼灌鬯也將行也京周京也言殷之臣有美德而敏疾乃來助祭于周行祼鬯之事是天命無常歸於有德 喟然歎曰 師古曰喟然歎息皃音丘位反 大哉天命善不可不傳于子孫是以富貴無常不如是則王公其何以戒慎民萌何以勸勉 師古曰萌與甿同無知之皃 蓋傷微子之事周而痛殷之亡也雖有堯舜之聖不能化丹朱之子雖有禹湯之德不能訓末孫之桀紂自古及今未有不亡之國也昔高皇帝既滅秦將都雒陽感寤劉敬之

言自以德不及周而賢於秦遂徙都關中依周之德因秦之阻世之長短以德爲效 師古曰效謂徵驗也 故常戰栗不敢諱亡孔子所謂富貴無常蓋謂此也孝文皇帝居霸陵北臨廁 服虔曰廁側近水也李奇曰霸陵山北頭廁近霸水帝登其上以遠望也 意悽愴悲懷顧謂群臣曰嗟乎以北山石爲槨用紵絮斮陳漆其間 應劭曰斮斲也陳施也孟康曰斮絮以漆著其間也師古曰美石出京師北山今宜州石是也故云以北山石爲槨紵絮者可以紵衣之絮也斮而陳其間又從而漆之也紵音張呂反斮音側略反 豈可動哉張釋之進曰使其中有可欲雖錮南山猶有隙使其中無可欲雖無石槨又何慼焉 師古曰有可欲謂多臧金玉而厚葬之人皆欲發取之是有間隙也無可欲謂不寘器備而薄葬人無欲攻掘取之故無憂慼也錮謂鑄塞也云錮南山者取其深大假爲喻也錮音固

夫死者無終極而國家有廢興故釋之之言爲無窮計也孝文寤焉遂薄葬不起山墳易曰古之葬者厚衣之以薪臧之中野不封不樹 師古曰厚衣之以薪言積薪以覆之也不封謂不聚土爲墳也不樹謂不種樹也衣音於既反 後世聖人易之以棺槨棺槨之作自黃帝始黃帝葬於橋山 師古曰在上郡陽周縣 堯葬濟陰丘壠皆小葬具甚微 晉灼曰丘壠冢墳也 舜葬蒼梧二妃不從 師古曰二妃堯之二女 禹葬會稽不改其列 鄭氏曰不改樹木百物之列也如淳曰列躐也墨子曰禹葬會稽之山既葬收餘壤其上壟若參耕之畝則止矣晉灼曰列肆也淮南子云舜葬蒼梧不變其肆言不煩於民也師古曰鄭說是也淮南所云不變其肆肆者故也言山川田畝皆如故耳非列義也晉氏失之 殷湯無葬處 師古曰謂不見傳記也 文武周公葬於畢 李奇曰在岐州之間臣瓚曰汲郡古文畢西於豐三十里師古曰二說皆

非也畢陌在長安西北四十里也秦穆公葬於雍橐泉宮祈年館下樗里子葬於武庫文穎曰秦惠王異母弟也師古曰樗里子且死曰葬我必於渭南章臺東後百年當有天子宮夾我墓及漢興長樂宮在其東未央宮在其西武庫正直其上也皆無丘隴之處此聖帝明王賢君智士遠覽獨慮無窮之計也其賢臣孝子亦承命順意而薄葬之此誠奉安君父忠孝之至也夫周公武王弟也葬兄甚微孔子葬母於防師古曰防魯邑名也音扶方反稱古墓而不墳師古曰墓謂壙穴也墳謂積土也曰丘東西南北之人也不可不識也師古曰東西南北言周遊以行其道不得專在本邦故墓須表識音式志反為四尺墳遇雨而崩弟子修之以告孔子孔子流涕曰吾聞之古者不修墓蓋非之也師古曰事見禮記延

陵季子適齊而反其子死於嬴博之間師古曰二邑並在泰山其子死於其間穿不及泉斂以時服封墳掩坎其高可隱孟康曰隱蔽之肘可見而已臣瓚曰謂人立可隱肘也師古曰瓚說是也隱音於靳反而號曰師古曰號謂哭而且言也骨肉歸復於土命也魂氣則無不之也夫嬴博去吳千有餘里季子不歸葬孔子往觀曰延陵季子於禮合矣師古曰事亦見禮記故仲尼孝子而延陵慈父舜禹忠臣周公弟弟師古曰弟弟者言弟能順理也上弟音徒計反其葬君親骨肉皆微薄矣非苟為儉誠便於體也宋桓司馬為石槨仲尼曰不如速朽李奇曰非桓魋為石槨奢泰故激以此言秦相呂不韋集知略之士而造春秋亦言薄葬之義皆明於事者也

逮至吳王闔閭違禮厚葬十有餘年越人發之及秦惠文武昭嚴襄五王師古曰嚴襄者謂莊襄則始皇父也皆大作丘隴多其瘞臧師古曰瘞埋也音于例反咸盡發掘暴露甚足悲也秦始皇帝葬於驪山之阿師古曰阿謂山曲也下錮三泉上崇山墳其高五十餘丈周回五里有餘石槨為游館李奇曰壙中為遊戲之觀也師古曰多累石作槨於壙中以為離宮別館也人膏為燈燭水銀為江海黃金為鳧鴈珍寶之臧機械之變孟康曰作機發木人之屬盡其巧變也晉灼曰始皇本紀令匠作機弩矢有所穿近輒射之又言工匠為機臧皆知之已下閉羨門皆殺工匠也師古曰晉說是也棺槨之麗宮館之盛不可勝原師古曰言不能盡其本數又多殺宮人生薶工匠計以萬數天下苦其役而反之驪山之

作未成而周章百萬之師至其下矣師古曰周章陳勝之將項籍燔其宮室營宇往者咸見發掘師古曰言至其墓所者發掘之而求財物也其後牧兒亡羊羊入其鑿師古曰鑿謂所穿冢臧者音在到反牧者持火照求羊失火燒其臧槨自古至今葬未有盛如始皇者也數年之間外被項籍之災內離牧豎之禍師古曰離遭也豈不哀哉是故德彌厚者葬彌薄知愈深者葬愈微無德寡知其葬愈厚丘隴彌高宮廟甚麗發掘必速由是觀之明暗之效葬之吉凶昭然可見矣周德既衰而奢侈宣王賢而中興更為儉宮室小寢廟詩人美之斯干之詩是也師古曰小雅篇名美

宣王考室其首章曰秩秩斯干秩秩流行出澗也喻宣王之德如澗水源秩秩流出無極已也上章道宮室之
如制下章言子孫之衆多也師古曰宮室如制謂殖殖其廷有覺其楹君子攸寧也子
孫衆多謂維熊維羆男子之之祥維虺維蛇女子之祥也及魯嚴公師古曰即莊公也刻飾宗廟
多築臺囿師古曰解在五行志後嗣再絕孟康曰謂子般閔公皆殺死也春秋刺
焉周宣如彼而昌魯秦如此而絕是則奢儉之得
失也陛下即位躬親節儉始營初陵其制約小天
下莫不稱賢明及徙昌陵增埤爲高師古曰埤下也音婢積土
爲山發民墳墓積以萬數營起邑居期日迫卒師古
曰卒讀曰猝功費大萬百餘應劭曰大萬億也大巨也死者恨於下生者
愁於上怨氣感動陰陽因之以饑饉物故流離以

十萬數師古曰物故謂死也流離謂亡其居處也臣甚惽焉師古曰惽謂不了言惑於此事也惽音昏
一曰惽古悶字憂病也以死者爲有知發人之墓其害多矣若
其無知又安用大師古曰安焉也謀之賢知則不說以示衆
庶則苦之師古曰說讀曰悅其下亦同若苟以說愚夫淫侈之人
又何爲哉陛下慈仁篤美甚厚聰明踈達蓋世宜
弘漢家之德崇劉氏之美光昭五帝三王而顧與
暴秦亂君競爲奢侈比方丘壠師古曰顧猶反也說愚夫之
目隆一時之觀違賢知之心亡萬世之安臣竊爲
陛下羞之唯陛下上覽明聖黃帝堯舜禹湯文武
周公仲尼之制下觀賢知穆公延陵樗里張釋之

之意孝文皇帝去墳薄葬以儉安神可以爲則秦
昭始皇增山厚臧以侈生害足以爲戒初陵之橅
宜從公卿大臣之議應劭曰橅音規摹之摹師古曰謂規度墓地應音是也韋玄成傳及蕭望之傳
規橅音義皆同其字從木以息衆庶書奏上甚感向言而不能從
其計向睹俗彌奢淫而趙衛之屬起微賤踰禮制
師古曰趙皇后昭儀衛婕妤也向以爲王教由內及外自近者始故採
取詩書所載賢妃貞婦興國顯家可法則及孽嬖
亂亡者師古曰孽庶也嬖愛也嬖音必計反序次爲列女傳凡八篇以戒
天子及采傳記行事著新序說苑凡五十篇奏之
數上疏言得失陳法戒書數十上以助觀覽補遺

闕上雖不能盡用然內嘉其言常嗟歎之時上
無繼嗣政由王氏出災異浸甚師古曰浸漸也向雅奇陳湯
智謀與相親友獨謂湯曰災異如此而外家日盛
其漸必危劉氏吾幸得同姓末屬絫世蒙漢厚恩
師古曰絫古累字身爲宗室遺老歷事三主上以我先帝舊
臣每進見常加優禮吾而不言孰當言者師古曰孰誰也向
遂上封事極諫曰臣聞人君莫不欲安然而常危
莫不欲存然而常亡失御臣之術也夫大臣操權
柄持國政師古曰操執也音千高反未有不爲害者也昔晉有六
卿應劭曰智伯范中行韓魏趙也齊有田崔衛有孫甯魯有季孟常

掌國事世執朝柄終後田氏取齊六卿分晉崔杼
弑其君光孫林父甯殖出其君衎弑其君剽師古曰衎音口旦反剽音匹照反解在五行志
季氏八佾舞於庭三家者以雍徹師古曰佾列也謂舞者之行列也八人一佾八佾六十四人也雍樂詩名徹饌奏之皆僭王者之禮並專國政卒逐昭公
周大夫尹氏筦朝事師古曰筦與管同濁亂王室子朝子猛
更立連年乃定師古曰更音工衡反解並在五行志故經曰王室亂又曰
尹氏殺王子克甚之也師古曰言其惡大甚也春秋舉成敗錄
禍福如此類甚衆皆陰盛而陽微下失臣道之所
致也故書曰臣之有作威作福害于而家凶于而
國師古曰周書洪範也而汝也言唯君得作威作福臣下爲之則致凶害也孔子曰祿去公室政

逮大夫危亡之兆李奇曰卿當爲政而反大夫爲政也臣瓚曰政不由君下及大夫也上大夫即卿也師古曰瓚說是也論語孔子曰祿去公室五君矣政逮於大夫四君矣故三桓之子孫微矣秦昭王舅穰侯及
涇陽葉陽君鄭氏曰皆昭王母之弟也師古曰穰侯魏冉也涇陽葉陽皆其弟也葉音式涉反專國
擅執上假太后之威三人者權重於昭王家富於
秦國國甚危殆賴寤范雎之言而秦復存二世委
任趙高專權自恣壅蔽大臣終有閻樂望夷之禍鄭氏曰望夷秦宮名也應劭曰秦二世齋於望夷之宮閻樂以兵殺二世也師古曰博物志云宮在長陵西北長平觀道東臨涇水作之以望北夷此說非也胡亥葬於宜春苑死不在渭北也秦遂以亡近事不遠即漢所代
也漢興諸呂無道擅相尊王呂產呂祿席太后之
寵據將相之位師古曰席猶因也言若人之坐於席也兼南北軍之衆擁

梁趙王之尊驕盈無厭欲危劉氏賴忠正大臣絳
侯朱虛侯等竭誠盡節以誅滅之然後劉氏復安
今王氏一姓乘朱輪華轂者二十三人青紫貂蟬
充盈幄內魚鱗左右師古曰言在帝之左右相次若魚鱗也大將軍秉事
用權五侯驕奢僭盛並作威福擊斷自恣行汙而
寄治身私而託公師古曰寄託也內爲汙私之行而外託治公之道也依東宮之尊
假甥舅之親以爲威重師古曰東宮太后所居也尚書九卿州牧
郡守皆出其門師古曰言爲其僚吏者皆居顯要之職筦執樞機朋黨比
周稱譽者登進忤恨者誅傷游談者助之說執政
者爲之言排擯宗室孤弱公族其有智能者尤非

毀而不進遠絕宗室之任不令得給事朝省恐其
與己分權數稱燕王蓋主以疑上心師古曰示宗室親近而反逆也避
諱呂霍而弗肯稱師古曰呂后霍后二家皆坐僭擅誅滅故爲王氏諱而不言也內有管
蔡之萌外假周公之論兄弟據重宗族磐互師古曰磐結而交互也字或作牙謂若犬牙相交入之意也歷上古至秦漢外戚僭貴未有如
王氏者也雖周皇甫秦穰侯漢武安呂霍上官
之屬皆不及也師古曰皇甫周卿士字也周后寵之故處於盛位權黨於朝詩人刺之事見小雅十月之交篇武安侯田蚡也物盛必有非常之變先見爲其人微象孝昭
帝時冠石立於泰山晉灼曰漢注冠石山名臣瓚曰冠石山下有石自立三石爲足一石在上故曰冠石也師古曰事具在眭孟傳仆柳起於上林師古曰其樹已死僵仆於地而更起生事亦具在眭孟傳而

孝宣帝即位今王氏先祖墳墓在濟南者其梓柱生枝葉扶疏上出屋根垂地中雖立石起柳無以過此之明也事埶不兩大王氏與劉氏亦且不並立如下有泰山之安則上有累卵之危陛下爲人子孫守持宗廟而令國祚移於外親降爲皁隷師古曰皁隷賤之人也春秋左氏傳曰大夫臣士士臣皁皁臣輿輿臣隷也縱不爲身柰宗廟何婦人內夫家外父母家此亦非皇太后之福也如淳曰內稱親也而皇太后反外夫家也孝宣皇帝不與舅平昌侯權所以全安之也夫明者起福於無形銷患於未然宜發明詔吐德音援近宗室親而納信師古曰援引也謂升引而附近之也援音爰黜

遠外戚毋授以政師古曰遠謂疏而離之也音于萬反皆罷令就弟以則效先帝之所行厚安外戚全其宗族誠東宮之意外家之福也王氏永存保其爵祿劉氏長安不失社稷所以褒睦外內之姓子子孫孫無疆之計也如不行此策田氏復見於今六卿必起於漢師古曰如若也爲後嗣憂昭昭甚明不可不深圖不可不蚤慮師古曰蚤古早字易曰君不密則失臣臣不密則失身幾事不密則害成師古曰上繫之辭也唯陛下深留聖思審固幾密覽往事之戒以折中取信居萬安之實用保宗廟久承皇太后師古曰言社稷不安則帝身亦不得久事皇太后也天下幸甚書奏天子

召見向歎息悲傷其意謂曰君且休矣吾將思之師古曰且令出外休息以向爲中壘校尉向爲人簡易無威儀廉靖樂道不交接世俗專積思於經術晝誦書傳夜觀星宿或不寐達旦元延中星孛東井蜀郡岷山崩雍江師古曰雍讀作壅向惡此異語在五行志懷不能已復上奏其辭曰臣聞帝舜戒伯禹毋若丹朱敖師古曰事見虞書益稷篇丹朱堯子也敖讀曰傲周公戒成王毋若殷王紂師古曰事見周書亡逸篇詩曰殷監不遠在夏后之世師古曰大雅蕩之詩亦言湯以桀爲戒也聖帝明王常以敗亂自戒不諱廢興故臣敢極陳其愚唯陛下留神察焉謹案春秋二

百四十二年日蝕三十六襄公尤數率三歲五月有奇而壹食師古曰奇謂成數之餘不滿者也音居宜反漢興訖竟寧孝景帝尤數率三歲一月而一食臣向前數言日當食今連三年比食師古曰比頻也自建始以來二十歲間而八食率二歲六月而一發古今罕有異有小大希稠占有舒疾緩急而聖人所以斷疑也易曰觀乎天文以察時變師古曰賁彖之辭也昔孔子對魯哀公並言夏桀殷紂暴虐天下故歷失則攝提失方孟陬無紀孟康曰攝提星名也隨斗杓建十二月歷不正則天失其所建首時爲孟正月爲陬師古曰陬音子侯反又音鄒此皆易姓之變也秦始皇之末至二世時日月薄食山陵淪

亡辰星出於四孟[師古曰四時之孟月也當見四仲也]太白經天而行[孟康曰謂出東入西出西入東也大白陰星出東當伏東出西當伏西過午爲經天也]無雲而雷[張晏曰雷當託雲猶君之託臣也二世不恤天下人有畔心象獨號令而無臣也]枉矢夜光[應劭曰流星也其射如矢蚰行不正故曰枉矢流以亂伐亂蘇林曰有聲爲天狗無聲爲枉矢也]熒惑襲月[應劭曰熒惑主內亂月主刑故趙高殺二世也]孽火燒宮[師古曰孽災也]野禽戲廷[張晏曰野鳥入廷處主人將去]都門內崩[師古曰內嚮而壞]長人見臨洮石隕于東郡星孛大角大角以亡[應劭曰天王坐席也流星茀大角大角因伏不見也]觀孔子之言考暴秦之異天命信可畏也及項籍之敗亦孛大角漢之入秦五星聚于東井得天下之象也孝惠時有雨血日食於衝滅光星見之異[孟康曰日月行交道之衝也相薄而既也京房所謂陰氣盛薄奪日光者也]孝

昭時有泰山卧石自立上林僵柳復起大星如月西行衆星隨之此爲特異孝宣興起之表天狗夾漢而西[李奇曰流星也下墮地爲天狗皆祆星]久陰不雨者二十餘日昌邑不終之異也皆著於漢紀觀秦漢之易世覽惠昭之無後察昌邑之不終視孝宣之紹起天之去就豈不昭昭然哉高宗成王亦有雊雉拔木之變能思其故故高宗有百年之福成王有復風之報[師古曰復反也事並見尚書高宗肜日及金縢篇解在五行志]神明之應應若景嚮[師古曰嚮讀曰響]世所同聞也臣幸得託末屬誠見陛下寬明之德冀銷大異而興高宗成王之聲以崇劉氏故豤

豤數奸死亡之誅[師古曰豤豤欵誠之意也奸犯也豤音懇奸音干]今日食尤屢星孛東井攝提炎及紫宮[師古曰炎音弋贍反]有識長老莫不震動此變之大者也其事難一二記故易曰書不盡言言不盡意[師古曰上繫之辭]是以設卦指爻而復說義書曰伻來以圖[孟康曰伻使也使人以圖來示成王明口說不了指圖乃了也師古曰周書洛誥之辭]天文難以相曉臣雖圖上猶須口說然後可知願賜清燕之閒指圖陳狀[師古曰閒讀曰閑]上輒入之[師古曰謂召入也]然終不能用也向每召見數言公族者國之枝葉枝葉落則本根無所庇廕[師古曰庇音必寐反廕音於禁反]方今同姓跡遠毋黨專政祿去公室權在外家非所以彊漢

宗卑私門保守社稷安固後嗣也向自見得信於上故常顯訟宗室譏刺王氏及在位大臣其言多痛切發於至誠上數欲用向爲九卿輒不爲王氏居位者及丞相御史所持故終不遷[師古曰持謂扶持佐助也]居列大夫官前後三十餘年年七十二卒卒後十三歲而王氏代漢向三子皆好學長子伋[師古曰伋音汲]以易教授官至郡守中子賜九卿丞蚤卒少子歆最知名歆字子駿少以通詩書能屬文召見成帝待詔宦者署爲黃門郎河平中受詔與父向領校祕書講六藝傳記諸子詩賦數術方技無所不究向死後

歆復爲中壘校尉哀帝初即位大司馬王莽舉歆宗室有材行爲侍中太中大夫遷騎都尉奉車光祿大夫貴幸復領五經卒父前業歆乃集六藝群書種別爲七略語在藝文志歆及向始皆治易宣帝時詔向受穀梁春秋十餘年大明習及歆校祕書見古文春秋左氏傳歆大好之時丞相史尹咸以能治左氏與歆共校經傳歆略從咸及丞相翟方進受質問大義(師古曰質正也)初左氏傳多古字古言學者傳訓故而已(師古曰故謂指趣也)及歆治左氏引傳文以解經轉相發明由是章句義理備焉歆亦湛靖有謀

(師古曰湛讀曰沈)父子俱好古博見彊志(師古曰志記也)過絕於人歆以爲左丘明好惡與聖人同(師古曰論語載孔子曰巧言令色足恭左丘明恥之丘亦恥之匿怨而友其人左丘明恥之丘亦恥之)親見夫子而公羊穀梁在七十子後(師古曰七十子是孔子弟子也實七十二人指其言成數也)傳聞之與親見之其詳略不同歆數以難向向不能非間也(師古曰間音居莧反)然猶自持其穀梁義及歆親近欲建立左氏春秋及毛詩逸禮古文尚書皆列於學官哀帝令歆與五經博士講論其義諸博士或不肯置對(師古曰非不與歆意同故不肯立其學也置對置辭以對也)歆因移書太常博士讓之曰昔唐虞既衰而三代迭興(師古曰迭互也音大結反)聖帝明王累起相襲其道甚著周室既微而禮樂不正道之難全也如此是故孔子憂道之不行歷國應聘自衛反魯然後樂正雅頌乃得其所修易序書制作春秋以紀帝王之道及夫子沒而微言絕七十子終而大義乖重遭戰國棄籩豆之禮理軍旅之陳(師古曰籩豆禮食之器也以竹曰籩以木曰豆籩音邊)孔氏之道抑而孫吳之術興陵夷至于暴秦燔經書殺儒士設挾書之法行是古之罪(師古曰以古事爲是者即罪之)道術由是遂滅漢興去聖帝明王遐遠仲尼之道又絕法度無所因襲時獨有一叔孫通略定禮儀天下唯有易卜未有它書至孝惠之世乃除

挾書之律然公卿大臣絳灌之屬咸介冑武夫莫以爲意至孝文皇帝始使掌故朝錯(李奇曰掌故官名也)從伏生受尚書尚書初出于屋壁朽折散絕今其書見在時師傳讀而已詩始萌牙(師古曰言若草木之初生)天下衆書往往頗出皆諸子傳說猶廣立於學官爲置博士在漢朝之儒唯賈生而已(師古曰謂賈誼)至孝武皇帝然後鄒魯梁趙頗有詩禮春秋先師(師古曰前學之師也)皆起於建元之間當此之時一人不能獨盡其經或爲雅或爲頌相合而成泰誓後得博士集而讀之故詔書稱曰禮壞樂崩書缺簡脫朕甚閔焉時漢興已

七八十年離於全經固已遠矣師古曰言廢絕以久不可得其眞也及魯恭王壞孔子宅欲以爲宮而得古文於壞壁之中逸禮有三十九書十六篇天漢之後孔安國獻之遭巫蠱倉卒之難未及施行及春秋左氏丘明所修皆古文舊書多者二十餘通臧於祕府伏而未發孝成皇帝閔學殘文缺稍離其眞乃陳發祕臧校理舊文得此三事以考學官所傳經或脫簡傳或間編師古曰脫簡謂簡編闕絕也間編謂舊編爛絕就更次之前後錯亂也間音古莧反傳問民間則有魯國柏公趙國貫公膠東庸生之遺學與此同抑而未施此乃有識者之所惜閔士君子之所嗟痛也往者綴學之士不思廢絕之闕苟因陋就寡分文析字煩言碎辭學者罷老且不能究其一藝師古曰罷讀曰疲究竟也信口說而背傳記是末師而非往古至於國家將有大事若立辟雍封禪巡狩之儀則幽冥而莫知其原師古曰幽冥猶暗昧也猶欲保殘守缺挾恐見破之私意而無從善服義之公心或懷妒嫉不考情實雷同相從隨聲是非抑此三學以尚書爲備蘇林曰備之而已臣瓚曰當時學者謂尚書唯有二十八篇不知本有百篇也師古曰瓚說是也謂左氏爲不傳春秋豈不哀哉今聖上德通神明繼統揚業亦閔文學錯亂學士若茲雖昭其情猶依違謙讓師古

曰依違言不專決也樂與士君子同之故下明詔試左氏可立不遣近臣奉指銜命將以輔弱扶微與二三君子比意同力冀得廢遺師古曰比合也冀有廢遺者冀得興立之也比音頻寐反今則不然深閉固距而不肯試猥以不誦絕之師古曰猥苟也苟不誦習之而欲絕去此學欲以杜塞餘道絕滅微學夫可與樂成難與慮始此乃衆庶之所爲耳非所望士君子也且此數家之事皆先帝所親論今上所考視其古文舊書皆有徵驗外內相應豈苟而已哉夫禮失求之於野古文不猶愈於野乎師古曰愈勝也往者博士書有歐陽春秋公羊易則施孟然孝宣皇帝猶廣立穀梁春秋梁丘易大小夏侯尚書義雖相反猶並置之何則與其過而廢之也寧過而立之師古曰過猶誤傳曰文武之道未墜於地在人賢者志其大者不賢者志其小者師古曰論語孔子弟子子貢之言也志識也一曰記今此數家之言所以兼包大小之義豈可偏絕哉若必專己守殘師古曰專執己所偏見苟守殘缺之文也黨同門妒道眞師古曰黨同師之學妒道之眞也違明詔失聖意以陷於文吏之議甚爲二三君子不取也其言甚切諸儒皆怨恨是時名儒光祿大夫龔勝以歆移書上疏深自罪責願乞骸骨罷及儒者師丹爲大司空亦大怒奏歆改亂舊章非毀先帝所立上

曰歆欲廣道術亦何以為非毀哉歆由是忤執政大臣為衆儒所訕（師古曰訕謗也音所諫反）懼誅求出補吏為河内太守以宗室不宜典三河徙守五原後復轉在涿郡歷三郡守數年以病免官起家復為安定屬國都尉會哀帝崩王莽持政莽少與歆俱為黄門郎重之白太后太后留歆為右曹太中大夫遷中壘校尉羲和京兆尹使治明堂辟雍封紅休侯典儒林史卜之官考定律歷著三統歷譜初歆以建平元年改名秀字穎叔云（應劭曰河圖赤伏符云劉秀發兵捕不道四夷雲集龍鬬野四七之際火為主故改名幾以趣也）及王莽篡位歆為國師後事皆在莽傳

贊曰仲尼稱材難不其然與（師古曰論語載孔子之言也賢材難得與讀曰歟）自孔子後綴文之士衆矣唯孟軻孫況董仲舒司馬遷劉向揚雄（師古曰孫況即荀卿也）此數公者皆博物洽聞通達古今其言有補於世傳曰聖人不出其間必有命世者焉豈近是乎（師古曰近音其靳反）劉氏鴻範論發明大傳著天人之應七略剖判藝文揔百家之緒三統歷譜考步日月五星之度有意其推本之也（師古曰言其究極根本深有意也）嗚虖向言山陵之戒于今察之（師古曰虖讀曰呼）哀哉指明梓柱以推廢興昭矣（師古曰昭然明白）豈非直諒多聞古之益友與（師古曰諒信也論語稱孔子曰益者三友友直友諒友多聞益矣贊言向直諒多聞可謂益也與讀曰歟）

楚元王傳第六

季布欒布田叔傳第七　班固　漢書三十七

秘書監上護軍琅邪縣開國子顏師古注

季布楚人也為任俠有名　應劭曰任謂有堅完可任託以事也如淳曰相與信為任同是非為俠師古曰謂任使其氣力俠之言挾也以權力俠輔人也任音人禁反俠音下頰反　項籍使將兵數窘漢王　如淳曰窘困也師古曰窘音求隕反　項籍滅高祖購求布千金敢有舍匿罪三族　師古曰舍止匿隱也　布匿濮陽周氏周氏曰漢求將軍急迹且至臣家　師古曰迹謂尋其蹤迹也　能聽臣臣敢進計即否願先自剄布許之迺髡鉗布衣褐　師古曰衣著之也褐毛布之衣也　置廣柳車中　服虔曰東郡謂廣轍車為廣柳車鄧氏曰作大柳衣車若周禮喪車也李奇曰廣柳大隆穹也晉灼曰周禮說衣翣柳柳聚也衆飾之所聚也此為載以喪車欲人不知也師古曰晉鄭二說是也隆穹所謂車弓者耳非此之謂也　鬻音扶晚反　并與其家僮數十人之魯朱家所賣之　師古曰朱家魯人見游俠傳　朱家心知其季布也買置田舍乃之雒陽見汝陰侯滕公　師古曰夏侯嬰也本為滕令遂號為滕公　說曰季布何罪臣各為其主用職耳　師古曰職常也言此乃常道也一曰職主掌其事也　項氏臣豈可盡誅邪今上始得天下而以私怨求一人何示不廣也且以季布之賢漢求之急如此此不北走胡南走越耳夫忌壯士以資敵國此伍子胥所以鞭荊平之墓也　師古曰子胥伍員也荊即楚也子胥之父伍奢為平王所殺子胥奔吳教吳伐楚平王已卒其後吳師入郢子胥掘平王之墓取屍鞭之三百也　君何不從容為上言之　師古曰從音千容反　滕公心知朱家大俠意布匿其所乃許諾侍閒果言如朱家指　師古曰侍侍於天子閒謂事務之隙　上乃赦布當是時諸公皆多布能摧剛為柔　師古曰多猶重也　朱家亦以此名聞當世布召見謝拜郎中孝惠時為中郎將單于嘗為書嫚呂太后　師古曰嫚謂辭語褻汚也嫚讀與慢同　太后怒召諸將議之上將軍樊噲曰臣願得十萬衆橫行匈奴中諸將皆阿呂太后　師古曰阿曲也曲從其意　以噲為然布曰樊噲可斬也夫以高帝兵三十餘萬困於平城噲時亦在其中今噲柰何以十萬衆橫行匈奴中面謾　師古曰謾欺誑也音嫚又音莫連反　且秦以事胡陳勝等起今創痍未瘳　師古曰痍傷也瘳差也痍音夷瘳音丑留反　噲又面諛欲搖動天下是時殿上皆恐太后罷朝遂不復議擊匈奴事布為河東守孝文時人有言其賢召欲以為御史大夫人又言其勇使酒難近　應劭曰使酒酗酒也師古曰言因酒霑洽而使氣也近謂附近天子為大臣也　至留邸一月　師古曰邸諸郡朝宿之舍在京師也　見罷　師古曰既引見而罷令還郡也　布進曰臣待罪河東陛下無故召臣此人必有以臣欺陛下者　師古曰謂妄言其賢故云欺也　今臣至無所受事罷去此人必有毀臣者夫陛下以一人譽召臣一人毀去臣臣恐天下有識者聞之有以窺陛下　師古曰窺見陛下淺深也　上默然慙曰河東吾股肱郡故特召君耳布之官辯士曹丘生數招權顧金錢　孟康曰招來也以金錢事權貴而求得其形勢以自炫燿也李奇曰持權屬請人顧以金錢

也師古曰二家之說皆非也言招求貴人威權因以請託故得他人顧金錢也事貴人趙同等李奇曰宦者趙談也與竇長君善服虔曰景帝舅布聞寄書諫長君曰吾聞曹丘生非長者勿與通及曹丘生歸欲得書請布師古曰欲得竇長君書與布為己紹介也竇長君曰季將軍不說足下師古曰說讀曰悅也足下無往固請書遂行使人先發書師古曰使人先致書於布發視也布果大怒待曹丘曹丘至則揖布曰楚人諺曰得黃金百不如得季布諾師古曰諺傳也足下何以得此聲梁楚之間哉且僕與足下俱楚人使僕游揚足下名於天下顧不美乎師古曰顧念也何足下距僕深也布乃大說師古曰說讀曰悅引入留數月為上客厚送之

布名所以益聞者曹丘揚之也布弟季心氣蓋關中遇人恭謹為任俠方數千里士爭為死嘗殺人亡吳從爰絲匿長事爰絲師古曰絲爰盎字言以兄長之禮事也弟畜灌夫籍福之屬嘗為中司馬如淳曰中尉之司馬中尉郅都不敢加少年多時時竊借其名以行師古曰詐自稱為心之賓客徒黨也當是時季心以勇布以諾聞關中布母弟丁公晉灼曰楚漢春秋云薛人名固師古曰此母弟為同母異父之弟為項羽將逐窘高祖彭城西短兵接漢王急顧謂丁公曰兩賢豈相戹哉孟康曰丁公及彭城賴齮追上故曰兩賢也師古曰孟說非也兩賢高祖自謂幷謂固耳言吾與固俱是賢豈相戹困也故固感此言而止也雖與賴齮俱追而高祖獨與固言耳丁公引兵而還及項王滅丁公謁見高祖以

丁公徇軍中師古曰徇行示也音辭俊反曰丁公為項王臣不忠使項王失天下者也遂斬之曰使後為人臣無傚丁公也

欒布梁人也彭越為家人時嘗與布游師古曰家人猶言編戶之人也窮困賣庸於齊為酒家保孟康曰酒家作保保庸也可保信故謂之保師古曰謂庸作受顧也為保謂保可任使數歲別去而布為人所略賣為奴於燕為其主家報仇服虔曰為買者報仇也燕將臧荼舉以為都尉荼為燕王布為將及荼反漢擊燕虜布梁王彭越聞乃言上請贖布為梁大夫使於齊未反師古曰反還也漢召彭越責以謀反夷三族梟首雒陽下詔有收視者輒捕之布還奏事彭越頭下祠而哭之吏捕以聞上召罵布曰若與彭越反邪吾禁人勿收若獨祠而哭之與反明矣師古曰若汝也趣亨之師古曰趣讀曰促促急也方提趣湯師古曰提舉也舉而欲投之於湯也趣讀曰趨趨嚮也顧曰願一言而死上曰何言布曰方上之困彭城敗滎陽成皐間項王所以不能遂西徒以彭王居梁地師古曰徒但也與漢合從苦楚也師古曰從音子容反當是之時彭王壹顧與楚則漢破與漢則楚破且垓下之會微彭王項氏不亡師古曰微無也天下已定彭王剖符受封欲傳之萬世今帝徵兵於梁彭王病不行而疑以為反反形未見以苛細誅之

臣恐功臣人人自危今彭王已死臣生不如死請就亨上乃釋布拜爲都尉孝文時爲燕相至將軍布稱曰窮困不能辱身非人也富貴不能快意非賢也於是嘗有德厚報之有怨必以法滅之吴楚反時以功封爲鄃侯[蘇林曰鄃音輸清河縣也]復爲燕相燕齊之閒皆爲立社號曰欒公社布薨子賁嗣侯[師古曰賁音奔]孝武時坐爲太常犧牲不如令國除

田叔趙陘城人也[蘇林曰陘音刑]其先齊田氏也叔好劒學黃老術於樂鉅公[師古曰姓樂名鉅也公者老人之稱也]爲人廉直喜任俠[師古曰喜好也音許吏反]游諸公[師古曰諸公皆長者也]趙人廉之趙相趙午言之趙王張敖以爲郎中數歲趙王賢之未及遷會趙午貫高等謀弑上事發覺漢下詔捕趙王及羣臣反者趙有敢隨王罪三族唯田叔孟舒等十餘人赭衣自髡鉗隨王至長安趙敖事白得出[師古曰白明也]廢爲宣平侯乃進言叔等十人上召見與語漢廷臣無能出其右者[師古曰材不勝]上說[師古曰說讀曰悅也]盡拜爲郡守諸侯相叔爲漢中守十餘年孝文帝初立召叔問曰公知天下長者乎對曰臣何足以知之上曰公長者宜知之叔頓首曰故雲中守孟舒長者也是時孟舒坐虜大入雲中免上曰先帝置

孟舒雲中十餘年矣虜常一入孟舒不能堅守無故士卒戰死者數百人長者固殺人乎叔叩頭曰夫貫高等謀反天子下明詔趙有敢隨張王者罪三族然孟舒自髡鉗隨張王以身死之豈自知爲雲中守哉漢與楚相距士卒罷敝[師古曰罷讀爲疲下亦同]而匈奴冒頓新服北夷來爲邊寇孟舒知士卒罷敝不忍出言士爭臨城死敵如子爲父以故死者數百人孟舒豈毆之哉[師古曰毆與驅同言不毆之令戰也毆字從攴攴音普木反]是乃孟舒所以爲長者於是上曰賢哉孟舒復召以爲雲中守後數歲叔坐法失官梁孝王使人殺漢議臣爰盎景帝召叔案梁具得其事還報上曰梁有之乎對曰有之事安在[師古曰索其狀也]叔曰上無以梁事爲問也[師古曰言不須更論之也]今梁王不伏誅是廢漢法也如其伏誅太后食不甘味卧不安席此憂在陛下於是上大賢之以爲魯相相初至官民以王取其財物自言者百餘人叔取其渠率二十人笞怒之[師古曰渠大也]曰王非汝主邪何敢自言主魯王聞之大慙發中府錢使相償之[師古曰中府王之財物藏也]相曰王自使人償之不爾是王爲惡而相爲善也[師古曰不爾是則王爲惡]魯王好獵相常從入苑中王輒休相就館相常暴坐苑外[師古

（曰於外自暴露而坐）終不休曰吾王暴露獨何爲舍王以故不

泰出遊數年以官卒魯以百金祠少子仁不受曰

義不傷先人名仁以壯勇爲衛將軍舍人（張晏曰衛青也）

數從擊匈奴衛將軍進言仁爲郎至二千石丞相

長史失官後使刺三河還（如淳曰爲刺史於三河郡三河謂河南河內河東也）奏

事稱意拜爲京輔都尉月餘遷司直數歲戾太子

舉兵仁部閉城門令太子得亡坐縱反者族（師古曰遣仁掌閉城門乃令太子得出故云縱反也）

贊曰以項羽之氣而季布以勇顯名楚身履軍搴

旗者數矣（鄧展曰履軍戰勝蹈履之李奇曰搴拔也孟康曰搴斬取也師古曰謂勝敵拔取旗也鄧李二說皆是搴音騫）

（今流俗書本改履謂屢而加典字云身屢典軍非也）可謂壯士及至困戹奴僇苟活

而不變何也（師古曰僇古戮字也奴僇謂髡鉗爲奴而賣之也）彼自負其材受辱

不羞欲有所用其未足也故終爲漢名將賢者誠

重其死夫婢妾賤人感槩而自殺非能勇也（師古曰感槩謂感念局狹爲小節槩音工代反）其畫無俚之至耳（張晏曰言其計畫道理無所至故自殺耳蘇林曰俚賴也言其計畫無所成賴晉灼曰楊雄方言曰俚聊也許慎曰賴也此爲其計畫無所聊賴至於自殺耳師古曰晉說是也）欒布哭

彭越田叔隨張敖赴死如歸彼誠知所處（如淳曰太史公曰非死者難處死者難也）雖古烈士何以加哉

季布欒布田叔傳第七

高五王傳第八　班固　漢書三十八

秘書監上護軍琅邪縣開國子顏師古注

高皇帝八男呂后生孝惠帝曹夫人生齊悼惠肥薄姬生孝文帝戚夫人生趙隱王如意趙姬生淮南厲王長諸姬生趙幽王友趙共王恢燕靈王建 鄭氏曰諸姬姓也張晏曰非一之稱也師古曰諸姬揔言在姬妾之列者耳其知姓位者史各具言之不知氏族及秩次者則云諸姬也而趙幽以下三王非必同母蓋以皆不知其所生之姬姓故揔言之文三王傳云諸姬生代孝王參梁懷王揖景十三王傳云諸姬子於栗姬此意皆同張云非一近得之矣春秋左氏傳曰諸子仲子戎子諸子鬻姒此其例也豈以諸爲姓乎鄭說非矣共讀曰恭其下類此 淮南厲王長自有傳

齊悼惠王肥其母高祖微時外婦也 師古曰謂與旁通者 高祖六年立食七十餘城諸民能齊言者皆與齊 孟康曰此時流移故使齊言者還齊也師古曰欲其國大故多封之 孝惠二年入朝帝與齊王燕飲太后前置齊王上坐如家人禮 師古曰以兄弟齒列不從君臣之禮故曰家人也坐音材卧反 太后怒迺令人酌兩卮鴆酒置前 應劭曰鴆鳥黑身赤目食蝮蛇野葛以其羽畫酒中飲之立死 令齊王爲壽齊王起帝亦起欲俱爲壽太后恐自起反卮 師古曰反音幡 齊王怪之因不敢飲陽醉去問知其鴆迺憂自以爲不得脫長安 師古曰脫免也言死於長安不得更至齊國也脫音吐活反 內史士曰 師古曰內史王官士者其名也 太后獨有帝與魯元公主今王有七十餘城而公主迺食數城王誠以一郡上太后爲公主湯沐邑太后必喜王無患矣於是齊王獻

城陽郡以尊公主爲王太后 師古曰爲齊王太后也言以母禮事之所以自媚也解具在惠紀 呂太后喜而許之迺置酒齊邸樂飲遣王歸國後十三年薨子襄嗣

趙隱王如意九年立 師古曰高祖之九年也他皆類此 四年高祖崩 師古曰趙王之四年 呂太后徵王到長安鴆殺之無子絕

趙幽王友十一年立爲淮陽王趙隱王如意死孝惠元年徙友王趙凡立十年友以諸呂女爲后不愛愛它姬諸呂女怒去讒之於太后曰王曰呂氏安得王 師古曰安猶焉也 太后百歲後吾必擊之太后怒以故召趙王趙王至置邸不見令衛圍守之不得食其群臣或竊饋之輒捕論之趙王餓乃歌曰諸呂用事兮劉氏微迫脅王侯兮彊授我妃我妃既妒兮誣我以惡 師古曰惡讒也音一故反 讒女亂國兮上曾不寤我無忠臣兮何故 師古曰謂不能明白之也 棄國快中野兮蒼天與直 師古曰天色蒼蒼故曰蒼天言己之理直與天臨監之 于嗟不可悔兮寧早自賊 師古曰賊害也悔不早棄趙國而快意自殺於田野之中今乃被幽餓也 爲王餓死兮誰者憐之呂氏絕理兮託天報仇遂幽死以民禮葬之長安高后崩孝文即位立幽王子遂爲趙王二年有司請立皇子爲王上曰趙幽王幽死朕甚憐之已立其長子遂爲趙王遂弟辟彊及齊悼惠王子朱虛侯章東牟侯興居有功皆可王於是

取趙之河閒立辟彊是為河閒文王文王立十三年薨子哀王福嗣一年薨無子國除趙王遂立二十六年孝景時鼂錯以過削趙常山郡諸侯怨吳楚反遂與合謀起兵其相建德內史王悍諫不聽遂燒殺德悍師古曰上云其相建德內史王悍下云燒殺德悍是為相姓建名德也而景武功臣侯表云遽侯橫父建德以趙相死事子侯則是不知其姓表傳不同疑後人轉寫此傳誤脫去一建字也發兵住其西界欲待吳楚俱進北使匈奴與連和漢使曲周侯酈寄擊之趙王城守邯鄲相距七月吳楚敗匈奴聞之亦不肯入邊欒布自破齊還并兵引水灌趙城城壞王遂自殺國除景帝憐趙相內史守正死皆封其子為列侯

趙共王恢十一年梁王彭越誅立恢為梁王十六年趙幽王死呂后徙恢王趙恢心不樂太后以呂產女為趙王后王后從官皆諸呂也內擅權微司趙王王不得自恣王有愛姬王后鴆殺之王乃為歌詩四章令樂人歌之王悲思六月自殺太后聞之以為用婦人故自殺無思奉宗廟禮廢其嗣

燕靈王建十一年燕王盧綰亡入匈奴明年立建為燕王十五年薨有美人子師古曰王之美人生子也太后使人殺之絕後

齊悼惠王子前後凡九人為王太子襄為齊哀王次子章為城陽景王興居為濟北王將閭為齊王志為濟北王辟光為濟南王師古曰辟音璧又讀曰闢賢為菑川王卬為膠西王雄渠為膠東王齊哀王襄孝惠六年嗣立明年惠帝崩呂太后稱制元年以其兄子酈侯呂台為呂王師古曰酈音數割齊之濟南郡為呂王奉邑師古曰奉音扶用反他皆類此明年哀王弟章入宿衛於漢高后封為朱虛侯以呂祿女妻之後四年封章弟興居為東牟侯皆宿衛長安高后七年割齊琅邪郡立營陵侯劉澤為琅邪王是歲趙王友幽死于邸三趙王既廢高后立諸呂為三王擅權用事章年二十有氣力忿劉氏不得職

嘗入侍燕飲高后令章為酒吏章自請曰臣將種也請得以軍法行酒高后曰可酒酣章進歌舞已而曰請為太后言耕田師古曰欲申諷諭也高后兒子畜之師古曰比之於子也笑曰顧乃父知田耳師古曰顧念也乃汝也汝父謂高帝也若生而為王子安知田乎師古曰若亦汝也章曰臣知之太后曰試為我言田意章曰深耕穊種立苗欲疏師古曰穊稠也穊種者言多生子孫也疏立者四散置之令為藩輔也穊音冀非其種者鉏而去之師古曰以斥諸呂也太后默然頃之諸呂有一人醉亡酒師古曰避酒而逃章追拔劍斬之而還報曰有亡酒一人臣謹行軍法斬之太后左右大驚業已許其軍法亡以罪也因罷酒

自是後諸呂憚章雖大臣皆依朱虛侯劉氏爲彊師古曰爲音于僞反其明年高后崩趙王呂禄爲上將軍呂王産爲相國皆居長安中聚兵以威大臣欲爲亂章以呂禄女爲婦知其謀乃使人陰出告其兄齊王欲令發兵西師古曰西謂京師朱虛侯東牟侯欲從中與大臣爲內應以誅諸呂因立齊王爲帝齊王聞此計與其舅駟鈞郎中令祝午中尉魏勃陰謀發兵齊相召平聞之師古曰召讀曰邵乃發兵入衛王宮魏勃紿召平曰師古曰紿誑也王欲發兵非有漢虎符驗也而相君圍王固善勃請爲君將兵衛衛王師古曰謂將兵及衛守之具以禁衛王令不得發也召平信之乃使魏勃將兵以兵圍相府召平曰嗟乎道家之言當斷不斷反受其亂遂自殺於是齊王以駟鈞爲相魏勃爲將軍祝午爲內史悉發國中兵使祝午紿琅邪王曰呂氏爲亂齊王發兵欲西誅之齊王自以兒子年少不習兵革之事願舉國委大王大王自高帝將也師古曰言自高帝之時已爲將也習戰事齊王不敢離兵服虔曰不敢離其兵而到琅邪使臣請大王幸之臨菑見齊王計事幷將齊兵以西平關中之亂琅邪王信之以爲然迺馳見齊王齊王與魏勃等因留琅邪王而使祝午盡發琅邪國而幷將其兵

琅邪王劉澤既欺不得反國乃說齊王曰齊悼惠王高皇帝長子也推本言之大王高皇帝適長孫也師古曰適讀曰嫡當立今諸大臣狐疑未有所定而澤於劉氏最爲長年大臣固待澤決計今大王留臣無爲也不如使我入關計事齊王以爲然乃益具車送琅邪王琅邪王既行齊遂舉兵西攻呂國之濟南於是齊王遺諸侯王書曰高帝平定天下王諸子弟悼惠王薨惠帝使留侯張良立臣爲齊王惠帝崩高后用事春秋高聽諸呂擅廢帝更立又殺三趙王滅梁趙燕以王諸呂分齊國爲四師古曰本自齊國更分爲濟南琅邪城陽凡爲四也忠臣進諫上惑亂不聽今高后崩皇帝春秋富師古曰言年幼也比之於財方未匱竭故謂之富未能治天下固待大臣諸侯今諸呂又擅自尊官聚兵嚴威劫列侯忠臣撟制以令天下師古曰撟託也託天子之制詔也撟音矯宗廟以危寡人帥兵入誅不當爲王者漢聞之相國呂産等遣大將軍穎陰侯灌嬰將兵擊之嬰至滎陽乃謀曰諸呂舉兵關中欲危劉氏而自立今我破齊還報是益呂氏資也乃留兵屯滎陽使人諭齊王及諸侯與連和師古曰諭謂曉告也以待呂氏之變而共誅之齊王聞之乃屯兵西界待約呂禄呂産欲作亂朱虛侯

章與太尉勃丞相平等誅之章首先斬呂產太尉勃等乃盡誅諸呂而琅邪王亦從齊至長安大臣議欲立齊王皆曰母家駟鈞惡戾虎而冠者也張晏曰言鈞惡戾如虎著冠訪以呂氏故幾亂天下如淳曰訪猶方也師古曰幾音鉅依反今又立齊王是欲復爲呂氏也代王母家薄氏君子長者且代王高帝子於今見在最爲長以子則順以善人則大臣安於是大臣乃謀迎代王而遣章以誅呂氏事告齊王令罷兵灌嬰在滎陽聞魏勃本敎齊王反既誅呂氏罷齊兵使使召責問魏勃勃曰失火之家豈暇先言丈人後救火乎師古曰言以社

稷將危故舉兵以匡之不暇待有詔命也因退立股戰而栗師古曰股脚也戰者懼之甚也恐不能言者終無他語灌將軍孰視笑曰人謂魏勃勇妄庸人耳何能爲乎乃罷勃師古曰勃放令去勃父以善鼓琴見秦皇帝及勃少時欲求見齊相曹參家貧無以自通乃常獨早埽齊相舍人門外舍人怪之以爲物而司之得勃師古曰物謂鬼神司者察視之勃曰願見相君無因故爲子埽欲以求見於是舍人見勃曹參因以爲舍人壹爲參御言事以爲賢言之悼惠王王召見拜爲內史始悼惠王得自置二千石及悼惠王薨哀王嗣勃用事重於相齊王既罷兵歸而代王

立是爲孝文帝文帝元年盡以高后時所割齊之城陽琅邪濟南郡復予齊而徙琅邪王王燕益封朱虛侯東牟侯各二千戶黃金千斤是歲齊哀王薨子文王則嗣十四年薨無子國除城陽景王章孝文二年以朱虛侯與東牟侯興居俱立二年薨子共王喜嗣孝文十二年徙王淮南五年復還王城陽凡立三十四年薨子頃王延嗣二十六年薨子敬王義嗣九年薨子惠王武嗣十年薨子荒王順嗣三十六年薨子戴王恢嗣八年薨子孝王景嗣二十四年薨子哀王雲嗣一年薨無子國絕成

帝復立雲兄俚爲城陽王師古曰俚音里王莽時絕

濟北王興居初以東牟侯與大臣共立文帝於代邸曰誅呂氏臣無功請與大僕滕公俱入淸宮師古曰滕夏侯嬰也遂將少帝出迎皇帝入宮始誅諸呂時朱虛侯章功尤大大臣許盡以趙地王章盡以梁地王興居及文帝立聞朱虛東牟之初欲立齊王故黜其功師古曰不賞之二年王諸子乃割齊二郡以王章興居章興居意自以失職奪功歲餘章薨而匈奴大入邊漢多發兵丞相灌嬰將擊之文帝親幸太原興居以爲天子自擊胡遂發兵反上聞之罷兵歸長安使

棘蒲侯柴將軍張晏曰柴武擊破虜濟北王王自殺國除文帝憫濟北王逆亂以自滅明年盡封悼惠王諸子罷軍等七人爲列侯師古曰罷音皮彼反又讀曰疲至十五年齊文王又薨無子時悼惠王後尚有城陽王在文帝憐悼惠王適嗣之絕師古曰適讀曰嫡於是乃分齊爲六國盡立前所封悼惠王子列侯見在者六人爲王齊孝王將閭以楊虛侯立濟北王志以安都侯立菑川王賢以武成侯立膠東王雄渠以白石侯立膠西王卬以平昌侯立濟南王辟光以扐侯立服虔曰扐音勒扐平原縣也孝文十六年六王同日俱立立十一年孝景三年吳楚反膠東膠西菑

川濟南王皆發兵應吳楚欲與齊師古曰與之同反齊孝王狐疑城守不聽三國兵共圍齊張晏曰膠西菑川濟南也齊王使路中大夫告於天子張晏曰姓路爲中大夫天子復令路中大夫還報告齊王堅守漢兵今破吳楚矣路中大夫至三國兵圍臨菑數重無從入三國將與路中大夫盟曰若反言漢已破矣師古曰若汝也反謂反易其辭也齊趣下三國不且見屠張晏曰趣讀曰促路中大夫既許至城下望見齊王曰漢已發兵百萬使太尉亞夫擊破吳楚方引兵救齊齊必堅守無下三國將誅路中大夫齊初圍急陰與三國通謀約未定會路中大夫從漢來其大臣乃復勸王無

下三國會漢將欒布平陽侯等兵至齊師古曰平陽侯曹襄擊破三國兵解圍已後聞齊初與三國有謀將欲移兵伐齊齊孝王懼飲藥自殺而膠東膠西濟南菑川王皆伏誅國除獨濟北王在齊孝王之自殺也景帝聞之以爲齊首善師古曰言其初首無逆亂之心以迫劫有謀非其罪也召立孝王太子壽是爲懿王二十三年薨子厲王次昌嗣其母曰紀太后太后取其弟紀氏女爲王后王不愛紀太后欲其家重寵師古曰重音直用反令其長女紀翁主入王宮師古曰諸王女曰翁主而紀氏所生故謂之紀翁主正其後宮無令得近王欲令愛紀氏女王因與其姊翁主

姦齊有宦者徐甲師古曰宦者奄人入事漢皇太后張晏曰皇太后武帝之母皇太后有愛女曰脩成君脩成君非劉氏子蘇林曰皇太后前嫁金氏所生太后憐之脩成君有女娥太后欲嫁之於諸侯宦者甲乃請使齊必令王上書請娥皇太后大喜使甲之齊時主父偃知甲之使齊以取后事亦因謂甲即事成幸言偃女願得充王後宮甲至齊風以此事師古曰風讀曰諷紀太后怒曰王有后後宮備具且甲齊貧人及爲宦者入事漢初無補益乃欲亂吾王家且主父偃何爲者乃欲以女充後宮甲大窮還報皇太后曰王已願尚娥師古曰尚配也然事有

所害恐如燕王燕王者與其子昆弟姦坐死師古曰燕王定國傳云與其子女三人姦子昆弟者言是其子女又長幼非一故云子昆弟也一曰子昆弟者定國之姊妹也言定國姦其子女及其姊妹故以燕感太后師古曰言齊王與其姊妹姦終當坐之致死不足嫁女與之太后曰毋復言嫁女齊事事寖淫聞於上師古曰寖古浸字也寖淫猶言漸染也主父偃由此與齊有隙偃方幸用事因言齊臨菑十萬戶市租千金師古曰收一市之租直千金也人衆殷富鉅於長安師古曰鉅大也非天子親弟愛子不得王此今齊王於親屬益疏乃從容言呂太后時齊欲反師古曰從音千容反及吳楚時孝王幾為亂師古曰幾音鉅依反今聞齊王與其姊亂於是武帝拜偃為齊相且正其事偃至齊急治王後宮宦者為王通於姊

翁主所者辭及王王年少懼大罪為吏所執誅乃飲藥自殺是時趙王懼主父偃壹出敗齊恐其漸疏骨肉乃上書言偃受金及輕重之短師古曰輕重謂用心不平天子亦因囚偃公孫弘曰齊王以憂死無後非誅偃無以塞天下之望師古曰塞滿也偃遂坐誅厲王立四年國除濟北王志吳楚反時初亦與通謀後堅守不發兵故得不誅徙王菑川元朔中齊國絕悼惠王後唯有二國城陽菑川菑川地比齊師古曰比近也音頻二反武帝為悼惠王冢園在齊迺割臨菑東圜悼惠王冢園邑盡以予菑川師古曰圜謂周繞之令奉祭祀志立三十六年薨是

為懿王子靖王建嗣二十年薨子頃王遺嗣三十五年薨子思王終古嗣五鳳中青州刺史奏終古使所愛奴與八子及諸御婢姦如淳曰八子妾號終古或參與被席師古曰與讀曰豫或白晝使贏伏犬馬交接師古曰贏者露形體也音郎果反終古親臨觀產子輒曰亂不可知使去其子師古曰去除也音丘呂反事下丞相御史奏終古位諸侯王以令置八子秩比六百石所以廣嗣重祖也而終古禽獸行亂君臣夫婦之別悖逆人倫師古曰悖乖也音步內反請逮捕有詔削四縣二十八年薨子考王尚嗣五年薨子孝王橫嗣三十一年薨子懷王交嗣六年薨子

永嗣王莽時絕

贊曰悼惠之王齊最為大國以海內初定子弟少激秦孤立亡藩輔師古曰激感發也音工歷反故大封同姓以填天下師古曰填音竹刃反時諸侯得自除御史大夫群卿以下衆官如漢朝漢獨為置丞相自吳楚誅後稍奪諸侯權左官附益阿黨之法設張晏曰諸侯有罪傅相不舉奏為阿黨師古曰皆新制律令之條也左官解在諸侯王表附益言欲增益諸侯王也其後諸侯唯得衣食租稅貧者或乘牛車

高五王傳第八

蕭何曹參傳第九　班固　漢書三十九

秘書監上護軍琅邪縣開國子顏師古注

蕭何沛人也以文毋害為沛主吏掾服虔曰為人解通無嫉害也應劭曰雖為文吏而不刻害也蘇林曰無害若言無比也一曰害勝也無能勝害之者晉灼曰酷吏傳趙禹為丞相亞夫吏府中皆稱其廉然亞夫不任曰極知禹無害然文深不可以居大府蘇說是也師古曰害傷也無人能傷害之者蘇晉兩說皆得其意服應非也高祖為布衣時數以吏事護高祖高祖為亭長常佑之師古曰佑助也言居家時為何所護及為亭長何又擁助也高祖以吏繇咸陽師古曰繇讀曰徭徭役也吏皆送奉錢三何獨以五師古曰出錢以資行他人皆三百何獨五百奉音扶用反秦御史監郡者與從事辨之張晏曰何與共事備辨明何素有方略也蘇林曰辟何與從事也秦時無刺史以御史監郡師古曰二說皆同何迺給泗水卒史師古曰泗水郡沛所屬也何為郡卒史

事第一師古曰課最上秦御史欲入言徵何何固請得毋行孟康曰當還入相秦事故召何也師古曰此說非也御史以何明辨欲因入奏事之次言於朝廷徵何用之何心不願以情固請而御史止故得不行也及高祖起為沛公何嘗為丞督事師古曰督謂監視之也何為沛丞專督眾事沛公至咸陽諸將皆爭走金帛財物之府分之師古曰走謂趣向之走音奏何獨先入收秦丞相御史律令圖書藏之沛公具知天下阨塞戶口多少彊弱處民所疾苦者以何得秦圖書也初諸侯相與約先入關破秦者王其地沛公既先定秦項羽後至欲攻沛公沛公謝之得解羽遂屠燒咸陽與范增謀曰巴蜀道險秦之遷民皆居蜀迺曰蜀漢亦關中地

也故立沛公為漢王而三分關中地王秦降將以距漢王漢王怒欲謀攻項羽周勃灌嬰樊噲皆勸之何諫之曰雖王漢中之惡不猶愈於死乎師古曰愈勝也漢王曰何為乃死也何曰今眾弗如百戰百敗不死何為周書曰天予不取反受其咎師古曰周書者本與尚書同類蓋孔子所刪百篇之外劉向所奏有七十一篇語曰天漢其稱甚美孟康曰語古語也言地之有漢若天之有河漢名號休美臣瓚曰流俗語云天漢其言常以漢配天此美名也師古曰瓚說是也天漢河漢也夫能詘於一人之下而信於萬乘之上者湯武是也師古曰信讀曰伸古通用字臣願大王王漢中養其民以致賢人收用巴蜀還定三秦天下可圖也漢王曰善乃遂就國以何為

丞相何進韓信漢王以為大將軍說漢令引兵東定三秦語在信傳何以丞相留收巴蜀塡撫諭告師古曰塡音竹刃反使給軍食漢二年漢王與諸侯擊楚何守關中侍太子治櫟陽為令約束立宗廟社稷宮室縣邑輒奏上可許以從事師古曰可其所奏許其所請依以行事即不及奏輒以便宜施行上來以聞應劭曰上來還乃以所為聞也計戶轉漕給軍漢王數失軍遯去何常興關中卒輒補缺上以此剸屬任何關中事師古曰剸讀與專同又音章阮反此即言專聲之急上者也又俗語猶然他皆類此屬音之欲反漢三年與項羽相距京索閒師古曰索音山客反上數使使勞苦丞相師古曰勞音來到反次下亦同鮑生謂何曰師古曰鮑生當時有

識之士姓鮑而爲諸生也今王暴衣露蓋數勞苦君者有疑君心
爲君計莫若遣君子孫昆弟能勝兵者悉詣軍所
上益信君於是何從其計漢王大說師古曰說讀曰悅漢五
年已殺項羽即皇帝位論功行封群臣爭功歲餘
不決上以何功最盛先封爲酇侯文穎曰音贊師古曰先封何者謂諸功臣
舊未爵者何最在前封也酇屬南陽解在高紀食邑八千戶功臣皆曰臣等身
被堅執兵多者百餘戰少者數十合攻城略地大
小各有差今蕭何未有汗馬之勞徒持文墨議論
不戰顧居臣等上何也師古曰顧猶反也上曰諸君知獵乎
曰知之知獵狗乎曰知之上曰夫獵追殺獸者狗

也而發蹤指示獸處者人也師古曰發蹤謂解紲而放之也指示者以手指示之今俗
言放狗縱音子用反而讀者乃爲蹤蹟之蹤非也書本皆不爲蹤字自有逐蹤之狗不待人發也今諸君徒能走
得獸耳功狗也至如蕭何發蹤指示功人也且諸
君獨以身從我多者三兩人蕭何舉宗數十人皆
隨我功不可忘也群臣後皆莫敢言列侯畢已受
封奏位次皆曰平陽侯曹參身被七十創攻城略地
功最多宜第一上已橈功臣多封何應劭曰橈屈也師古曰音女教反
至位次未有以復難之然心欲何第一關內侯鄂
秋時爲謁者進曰群臣議皆誤夫曹參雖有野戰
略地之功此特一時之事夫上與楚相距五歲失

軍亡衆跳身遯者數矣師古曰跳身謂輕身走出也然蕭何常從
關中遣軍補其處非上所詔令召而數萬衆會上
乏絕者數矣夫漢與楚相守滎陽數年軍無見糧
師古曰無見在之糧蕭何轉漕關中給食不乏陛下雖數亡山
東蕭何常全關中待陛下此萬世功也今雖無曹
參等百數何缺於漢師古曰數音所具反漢得之不必待以全
奈何欲以一旦之功加萬世之功哉蕭何當第一
曹參次之上曰善於是乃令何賜帶劍履上殿入
朝不趨上曰吾聞進賢受上賞蕭何功雖高待鄂
君迺得明於是因鄂秋故所食關內侯邑二千戶

封爲安平侯是日悉封何父母兄弟十餘人皆食
邑乃益封何二千戶以嘗繇咸陽時何送我獨贏
錢二也師古曰贏餘也二謂二百也衆人送皆三百何獨五百故云贏二也陳豨反上自將
至邯鄲而韓信謀反關中呂后用何計誅信語在
信傳上已聞誅信使使拜丞相爲相國益封五千
戶令卒五百人一都尉爲相國衛諸君皆賀召平
獨弔師古曰召讀曰邵召平者故秦東陵侯秦破爲布衣貧
種瓜長安城東瓜美故世謂東陵瓜從召平始也
平謂何曰禍自此始矣上暴露於外而君守於內
非被矢石之難而益君封置衛者以今者淮陰新

反於中有疑君心夫置衛衛君非以寵君師古曰恐其爲變故守衛之願君讓封勿受悉以家私財佐軍何從其計上說師古曰說讀曰悅其秋黥布反上自將軍擊之數使使問相國何爲師古曰問其居守何所營爲曰爲上在軍拊循勉百姓悉所有佐軍如陳豨時師古曰悉盡也盡所有糧食資用出以佐軍也客又說何曰君滅族不久矣夫君位爲相國功第一不可復加然君初入關本得百姓心十餘年矣皆附君尚復孳孳得民和師古曰孳字與孜同孜孜言不怠也上所謂數問君畏君傾動關中今君胡不多買田地賤貰貣以自汙上心必安師古曰貰賖也貣音土得反於是何從其計上乃大說師古曰說讀曰悅上罷布軍歸民道遮行師古曰在道上遮天子行上書言相國彊賤買民田宅數千人上至何謁上笑曰今相國迺利民民所上書皆以與何曰君自謝民後何爲民請曰長安地陿上林中多空地棄願令民得入田毋收槀爲獸食師古曰槀禾稈也言恣人田之不收其槀稅也槀音工老反稈音工旱反上大怒曰相國多受賈人財物爲請吾苑乃下何廷尉械繫之數日王衛尉侍如淳曰百官公卿表衞尉王氏無名字師古曰史失之也侍謂侍天子也前問曰相國胡大罪陛下繫之暴也師古曰前問謂進而請也胡何也上曰吾聞李斯相秦皇帝有善歸主有惡自予今相國多受賈豎金爲請吾苑以自媚

於民師古曰媚愛也求愛於民故繫治之王衛尉曰夫職事苟有便於民而請之眞宰相事也陛下柰何乃疑相國受賈人錢乎且陛下距楚數歲陳豨黥布反時陛下自將往當是時相國守關中關中搖足則關西非陛下有也相國不以此時爲利乃利賈人之金乎且秦以不聞其過亡天下夫李斯之分過又何足法哉陛下何疑宰相之淺也上不懌師古曰懌悅也感衞尉之言故歎悔而不悅也是日使使持節赦出何何年老素恭謹徒跣入謝上曰相國休矣師古曰令出外自休息相國爲民請吾苑不許我不過爲桀紂主而相國爲賢相吾故繫相國欲令百姓聞吾過高祖崩何事惠帝何病上親自臨視何疾因問曰君即百歲後誰可代君對曰知臣莫若主帝曰曹參何如何頓首曰帝得之矣何死不恨矣何買田宅必居窮辟處師古曰辟讀曰僻僻隱也爲家不治垣屋師古曰垣牆也曰令後世賢師吾儉不賢毋爲勢家所奪孝惠二年何薨諡曰文終侯子祿嗣薨無子高后迺封何夫人同爲酇侯小子延爲筑陽侯師古曰酇及筑陽皆南陽縣也今其地並屬襄州筑音逐孝文元年罷同更封延爲酇侯薨子遺嗣薨無子文帝復以遺弟則嗣有罪免景帝二年制詔御史故相國蕭何高皇

帝大功臣所與爲天下也（師古曰爲治也一曰共造其功業）今其祀絕朕甚憐之其以武陽縣戶二千封何孫嘉爲列侯嘉則弟也薨子勝嗣後有罪免武帝元狩中復下詔御史以酇戶二千四百封何曾孫慶爲酇侯布告天下令明知朕報蕭相國德也慶則子也薨子壽成嗣坐爲太常犧牲瘦免宣帝時詔丞相御史求問蕭相國後在者得玄孫建世等十一人復下詔以酇戶二千封建世爲酇侯傳子至孫獲坐使奴殺人減死論成帝時復封何玄孫之子南䜌長喜爲酇侯（蘇林曰䜌音人足攣躄之攣鉅鹿縣名也師古曰喜爲此縣之長）傳子至曾孫

王莽敗乃絕

曹參沛人也秦時爲獄掾而蕭何爲主吏居縣爲豪吏矣（師古曰言參及蕭何並爲吏之豪長也）高祖爲沛公也參以中涓從（如淳曰中涓如中謁者也師古曰涓絜也言其在中主知絜清灑埽之事蓋親近左右也）擊胡陵方與（師古曰方音房與音豫）攻秦監公軍大破之（孟康曰監御史監郡者公名也晉灼曰案高紀名平也秦一郡置守尉監三人師古曰公者時人尊稱之耳晉說是也）東下薛擊泗水守軍薛郭西復攻胡陵取之徙守方與方與反爲魏擊之豐反爲魏攻之賜爵七大夫北擊司馬欣軍碭東取狐父祁善置（文穎曰善置置名也晉灼曰祁音坻師古曰狐父祁二縣名也祁音鉅夷反又音十夷反父音甫置若今之驛也）又攻下邑以西至虞擊秦將章邯車騎攻轅戚及亢父（師古曰亢音抗父音甫）先登遷爲五大夫北救東阿擊章邯軍陷陳追至濮陽攻定陶取臨濟南救雍丘擊李由軍破之殺李由虜秦候一人章邯破殺項梁也沛公與項羽引兵而東楚懷王以沛公爲碭郡長將碭郡兵於是乃封參執帛（鄭氏曰楚爵張晏曰孤卿）號曰建成君遷爲戚公屬碭郡（師古曰爲戚縣之令）其後從攻東郡尉軍破之成武南擊王離軍成陽南又攻杠里大破之追北西至開封擊趙賁軍破之（師古曰賁音奔）圍趙賁開封城中西擊秦將楊熊軍於曲遇（師古曰曲音丘羽反遇音顒）破之虜秦司馬及御史各一人遷爲執珪（張晏曰侯伯執珪以朝位比之如淳曰呂氏春秋得五員者位執珪古爵名也）從西攻陽武下轘

轅緱氏絕河津擊趙賁軍尸北破之（孟康曰尸鄉之北）從南攻犨與南陽守齮戰陽城郭東（應劭曰今堵陽）陷陳取宛虜齮定南陽郡（師古曰高紀言南陽守齮降封爲殷侯而此傳言虜齮紀傳不同疑傳誤）從西攻武關嶢關取之（師古曰嶢音堯）前攻秦軍藍田南又夜擊其北軍大破之遂至咸陽破秦項羽至以沛公爲漢王漢王封參爲建成侯從至漢中遷爲將軍從還定三秦攻下辨故道（鄧展曰武都二縣也）雍斄（蘇林曰右扶風二縣也斄音胎）擊章平軍於好時南破之圍好時取壤鄉（文穎曰壤地名也）擊三秦軍壤東及高櫟破之（師古曰櫟音歷）復圍章平平出好時走因擊趙賁內史保軍破之東取咸陽更名

曰新城參將兵守景陵二十三日孟康曰縣名也三秦使章
平等攻參出擊大破之賜食邑於寧秦蘇林曰今華陰以將
軍引兵圍章邯廢丘以中尉從漢王出臨晉關至
河內下脩武度圍津師古曰在東郡東擊龍且項佗定陶
破之師古曰且音子餘反佗音徒何反東取碭蕭彭城擊項籍軍漢軍
大敗走參以中尉圍取雍丘王武反於外黃程處
反於燕服虔曰皆漢將師古曰燕東郡之縣故南燕國音一千反往擊盡破之柱天侯
反於衍氏進破取衍氏擊羽嬰於昆陽追至葉師古
曰葉南陽縣也音式涉反還攻武彊師古曰武彊城在陽武因至滎陽參自漢
中為將軍中尉從擊諸侯及項王敗還至滎陽師古
曰敗謂戰彭城而敗漢二年拜為假左丞相入屯兵關中月餘

魏王豹反以假丞相別與韓信東攻魏將孫遬東
張蘇林曰東張屬河東師古曰遬古速字大破之因攻安邑得魏將王襄
擊魏王於曲陽追至東垣生獲魏王豹取平陽得
豹母妻子盡定魏地凡五十二縣賜食邑平陽因
從韓信擊趙相國夏說軍於鄔東蘇林曰鄔太原縣也師古曰說讀曰悅鄔
音一戶反又音乙據反大破之斬夏說韓信與故常山王張耳引
兵下井陘擊成安君陳餘而令參還圍趙別將戚
公於鄔城中戚公出走追斬之迺引兵詣漢王在
所韓信已破趙為相國東擊齊參以左丞相屬焉

攻破齊歷下軍遂取臨淄還定濟北郡收著漯陰
平原鬲盧師古曰五縣名也時未有濟北郡史追書之耳著音竹庶反又音直庶反漯音它合反鬲與隔同已而
從韓信擊龍且軍於上假密文穎曰或以為高密大破之斬龍
且虜亞將周蘭師古曰亞將次將也定齊郡凡得七十縣得故
齊王田廣相田光其守相許章及故將軍田既師古
曰守相為相居守者韓信立為齊王引兵東詣陳與漢王共破
項羽而參留平齊未服者漢王即皇帝位韓信徙
為楚王參歸相印焉高祖以長子肥為齊王而以
參為相國高祖六年與諸侯剖符賜參爵列侯食
邑平陽萬六百三十戶世世勿絕參以齊相國擊

陳豨將張春破之黥布反參從悼惠王將車騎十
二萬與高祖會擊黥布軍大破之南至蘄還定竹
邑相蕭留師古曰四縣名參功凡下二國縣百二十二得王
二人相三人將軍六人大莫敖郡守司馬候御史
各一人如淳曰囂音敖張晏曰莫敖楚卿號也時近六國故有令尹莫敖之官孝惠元年除諸
侯相國法更以參為齊丞相參之相齊齊七十城
天下初定悼惠王富於春秋參盡召長老諸先生
問所以安集百姓而齊故諸儒以百數師古曰數音所具反言
人人殊參未知所定聞膠西有蓋公師古曰蓋音古盍反善治
黃老言張晏曰黃帝老子之書使人厚幣請之既見蓋公蓋公

爲言治道貴清靜而民自定推此類具言之參於是避正堂舍蓋公焉(師古曰舍止也)其治要用黃老術故相齊九年齊國安集大稱賢相蕭何薨參聞之告舍人趣治行(師古曰舍人猶家人也一說私屬官主家事者也趣讀曰促謂速也治行謂脩行治裝也)吾且入相居無何使者果召參參去屬其後相曰(師古曰屬音之欲反)以齊獄市爲寄慎勿擾也後相曰治無大於此者乎參曰不然夫獄市者所以并容也今君擾之姦人安所容乎吾是以先之(孟康曰夫獄市者兼受善惡若窮極姦人姦人無所容竄久且爲亂秦人極刑而天下畔孝武峻法而獄繁此其効也師古曰老子云我無爲民自化我好靜民自正參欲以道化爲本不欲擾其末也)始參微時與蕭何善及爲宰相有隙(師古曰參自以戰鬭功多而封賞毋在何

後故怨何也)至何且死所推賢唯參參代何爲相國舉事無所變更壹遵何之約束(師古曰舉皆也言凡事皆無變改)擇郡國吏長大(孟康曰取年長大者)訥於文辭謹厚長者即召除爲丞相史吏言文刻深欲務聲名輒斥去之(師古曰斥卻也)日夜飲酒卿大夫以下吏及賓客見參不事事(如淳曰不事丞相之事)來者皆欲有言至者參輒飲以醇酒(師古曰醇酒不澆謂厚酒也)度之欲有言復飲酒醉而後去(師古曰度音大各反飲音於禁反)終莫得開說(如淳曰開謂有所啓白)以爲常相舍後園近吏舍吏舍日飲歌呼(師古曰呼音火故反其下同也)從吏患之無如何(師古曰從吏吏之常從相者也從音材用反)迺請參遊後園聞吏醉歌呼從吏幸相國

召按之乃反取酒張坐飲(師古曰張設坐席而飲也坐音才卧反)大歌呼與相和參見人之有細過掩匿覆蓋之府中無事參子窋爲中大夫(師古曰窋音張律反)惠帝怪相國不治事以爲豈少朕與(師古曰言豈以我爲年少故也與讀曰歟)迺謂窋曰女歸試私從容問乃父(師古曰乃汝也)曰高帝新棄群臣帝富於春秋君爲相國日飲無所請事何以憂天下然無言吾告女也窋既洗沐歸時閒自從其所諫參(師古曰閒謂空隟也自從其所猶言自出其意也)參怒而笞之二百曰趣入侍(師古曰趣讀曰促)天下事非乃所當言也至朝時帝讓參(師古曰讓責也)曰與窋胡治乎(師古曰胡何也言共窋爲何治也治音丈吏反)乃者我使諫君也(師古曰乃

者猶言曩者)參免冠謝曰陛下自察聖武孰與高皇帝上曰朕乃安敢望先帝參曰陛下觀參孰與蕭何賢上曰君似不及也參曰陛下言之是也且高皇帝與蕭何定天下法令既明具陛下垂拱參等守職遵而勿失不亦可乎惠帝曰善君休矣(師古曰且令出休息)參爲相國三年薨謚曰懿侯百姓歌之曰蕭何爲法講若畫一(文穎曰講或作較師古曰講和也畫一言整齊也)曹參代之守而勿失載其清靖民以寧壹(師古曰載猶乘也)窋嗣侯高后時至御史大夫傳國至曾孫襄武帝時爲將軍擊匈奴薨子宗嗣有罪完爲城旦至哀帝時乃封參玄孫

之孫本始爲平陽侯二千戶王莽時薨子宏嗣建武中先降河北封平陽侯至今八侯

贊曰蕭何曹參皆起秦刀筆吏師古曰刀所以削書也古者用簡牒故吏皆以刀筆自隨也當時錄錄未有奇節師古曰錄錄猶鹿鹿言在凡庶之中也漢興依日月之末光師古曰易文言云聖人作而萬物覩又曰見龍在田天下文明贊言何參值漢初興故以日月爲喻何以信謹守管籥參與韓信俱征伐師古曰高祖出征何每居守故言守管籥天下既定因民之疾秦法順流與之更始二人同心遂安海內淮陰黥布等已滅唯何參擅功名位冠羣臣聲施後世師古曰冠謂居其首爲一代之宗臣師古曰言爲後世之所尊仰故曰宗臣也慶流苗裔盛矣哉

蕭何曹參傳卷第九

張陳王周傳第十　班固　漢書四十

秘書監上護軍琅邪縣開國子顏師古注

張良字子房其先韓人也大父開地應劭曰大父祖父開地名也相韓昭侯宣惠王襄哀王父平相釐王師古曰釐讀曰僖悼惠王悼惠王二十三年平卒卒二十歲秦滅韓良少未宦事韓韓破良家僮三百人弟死不葬悉以家財求客刺秦王爲韓報仇以五世相韓故師古曰從昭侯至悼惠王凡五君良嘗學禮淮陽東見倉海君晉灼曰海神也如淳曰東夷君長也師古曰二說並非蓋當時賢者之號也良既見之因而求得力士得力士爲鐵椎重百二十斤秦皇帝東游至博狼沙中服虔曰河南陽武南地名也今有亭師古曰狼音浪良與客狙擊秦皇帝師古曰狙謂密伺之音千豫反字本作覰誤中副車師古曰副謂後乘也秦皇帝大怒大索天下師古曰索搜也索音山客反求賊急甚良乃更名姓亡匿下邳師古曰更改也良嘗閒從容步游下邳圯上服虔曰圯音頤楚人謂橋曰圯應劭曰汜水之上也文穎曰沂水上橋也師古曰下邳之水非汜水也又非沂水服說是矣有一老父衣褐至良所師古曰褐制若裘衣今道士所服者是直墮其履圯下師古曰直猶故也顧謂良曰孺子下取履師古曰孺幼也良愕然欲歐之師古曰愕驚貌也歐擊也音一口反爲其老迺彊忍下取履因跪進父以足受之笑去良殊大驚父去里所復還師古曰行一里許而還來曰孺子可教矣後五日平明與我期此良因怪跪曰諾五日平明良往父已先在怒曰與老人期後何也

去後五日蚤會師古曰放良今去戒以後會也其下亦同蚤音早五日雞鳴往父又先在復怒曰後何也去後五日復蚤來五日良夜半往有頃父亦來喜曰當如是出一編書師古曰編謂聯次之也聯簡牘以爲書故云一編編音鞭曰讀是則爲王者師後十年興十三年孺子見我濟北穀城山下黃石即我已師古曰已語終之辭遂去不見旦日視其書迺太公兵法良因異之常習讀誦居下邳爲任俠項伯嘗殺人從良匿後十年陳涉等起良亦聚少年百餘人景駒自立爲楚假王在留良欲往從之行道遇沛公沛公將數千人略地下邳遂屬焉沛公拜良爲廄將服虔曰官名也良數以太公兵法說沛公沛公喜常用其策爲它人言皆不省師古曰省視也良曰沛公殆天授師古曰殆近也故遂從不去沛公之薛見項梁共立楚懷王良乃說項梁曰君已立楚後韓諸公子橫陽君成賢可立爲王益樹黨師古曰黨立六國之後共攻秦也項梁使良求韓成立爲韓王以良爲韓司徒與韓王將千餘人西略韓地得數城秦輒復取之往來爲游兵潁川沛公之從雒陽南出轘轅良引兵從沛公下韓十餘城擊楊熊軍沛公迺令韓王成留守陽翟與良俱南攻下宛西入武關沛公欲以二萬人擊秦嶢關下軍師古曰嶢音堯良曰秦兵尚彊未可輕臣聞其將屠者子賈豎易動以利師古曰商賈之人志無遠大譬猶僮豎故云賈豎願沛

公且留壁使人先行爲五萬人具食益張旗幟諸山上爲疑兵（師古曰皆所以表己軍之多詐示敵之幟音式志反）今酈食其持重寶啗秦將（師古曰啗音徒濫反解在高紀）秦將果欲連和俱西襲咸陽（師古曰欲與漢王和而隨漢兵襲咸陽）沛公欲聽之良曰此獨其將欲叛士卒恐不從不從必危不如因其解擊之（師古曰解讀曰懈）沛公迺引兵擊秦軍大破之逐北至藍田再戰秦兵竟敗遂至咸陽秦王子嬰降沛公沛公入秦宮室帷帳狗馬重寶婦女以千數意欲留居之樊噲諫沛公不聽良曰夫秦爲無道故沛公得至此爲天下除殘去賊宜縞素爲資（晉灼曰資質也欲令沛公反秦奢泰服儉素以爲質師古曰縞白素也音工老反）今始入秦即安其樂此所謂助桀爲虐且忠言逆耳利於行毒藥苦口利於病願沛公聽樊噲言沛公迺還軍霸上項羽至鴻門欲擊沛公項伯夜馳至沛公軍私見良欲與俱去良曰臣爲韓王送沛公今事有急亡去不義迺具語沛公沛公大驚曰爲之柰何良曰沛公誠欲背項王邪沛公曰鯫生說我距關毋內諸侯（服虔曰鯫音七垢反鯫小人也臣瓚曰楚漢春秋鯫姓師古曰服說是也音才垢反）秦地可王也故聽之良曰沛公自度能卻項王乎（師古曰卻音丘略反）沛公默然曰今爲柰何良因要項伯見沛公沛公與伯飲爲壽結婚令伯具言沛公

不敢背項王所以距關者備它盜也項羽後解語在羽傳漢元年沛公爲漢王王巴蜀賜良金百溢（服虔曰二十兩曰溢師古曰秦以溢名金若漢之論斤也）珠二斗良具以獻項伯漢王亦因令良厚遺項伯使請漢中地（服虔曰本不盡與漢中故請求之）項王許之漢王之國良送至褒中遣良歸韓良因說漢王燒絕棧道（師古曰棧道閣道也）示天下無還心以固項王意迺使良還行燒絕棧道（師古曰還謂歸還韓且行且燒所過之處皆燒之也）良歸至韓聞項羽以良從漢王故不遣韓王成之國與俱東至彭城殺之時漢王還定三秦良乃遺項羽書曰漢王失職欲得關中如約即止不敢東又以齊反書遺羽曰齊與趙欲并滅楚項羽以故北擊齊良迺閒行歸漢漢王以良爲成信侯從東擊楚至彭城漢王兵敗而還至下邑（師古曰梁地之縣也今屬宋州）漢王下馬踞鞍而問曰吾欲捐關以東等棄之誰可與共功者（師古曰捐關以東謂不自有其地將以與人令其立功共破楚也）良曰九江王布楚梟將（師古曰梟謂最勇健也）與項王有隙彭越與齊王反梁地此兩人可急使而漢王之將獨韓信可屬大事當一面（師古曰屬委也音之欲反）即欲捐之捐之此三人楚可破也漢王乃遣隨何說九江王布而使人連彭越（師古曰與相連結也）及魏王豹反使韓信特將北擊之（師古曰特獨也專任之使將也）因舉燕

伐齊趙然卒破楚者此三人力也良多病未嘗特將兵常爲畫策臣時時從漢三年項羽急圍漢王於滎陽漢王憂恐與酈食其謀橈楚權師古曰橈弱也音女教反其字從木酈生曰昔湯伐桀封其後杞武王誅紂封其後宋今秦無德伐滅六國無立錐之地陛下誠復立六國後此皆爭戴陛下德義願爲臣妾德義已行南面稱伯師古曰伯讀曰霸楚必斂衽而朝師古曰衽衣襟也漢王曰善趣刻印先生因行佩之師古曰趣讀曰促佩謂授與六國使帶也酈生未行良從外來謁漢王漢王方食曰客有爲我計橈楚權者具以酈生計告良曰於子房如何良曰

誰爲陛下畫此計者陛下事去矣漢王曰何哉良曰臣請借前箸以籌之張晏曰求借所食之箸用指畫也或曰前出湯武箸明之事以籌度今時之不若也師古曰或說非也箸音直庶反昔湯武伐桀紂封其後者度能制其死命也師古曰度音大各反今陛下能制項籍死命乎其不可一矣武王入殷表商容閭師古曰商容殷賢人也里門曰閭表謂顯異之式箕子門師古曰式亦表也一說至其門而撫車式所以敬之封比干墓今陛下能乎其不可二矣發鉅橋之粟服虔曰鉅橋倉名也師古曰許慎云鉅鹿之大橋有漕粟也散鹿臺之財臣瓚曰鹿臺臺名今在朝歌城中師古曰劉向云鹿臺大三里高千尺也以賜貧窮今陛下能乎其不可三矣殷事以畢偃革爲軒蘇林曰革者兵車革輅軒者朱軒也如淳曰偃武備而治禮樂也倒載干戈示不復用今陛

下能乎其不可四矣休馬華山之陽示無所爲今陛下能乎其不可五矣息牛桃林之壄晉灼曰在弘農閿鄉南谷中師古曰山海經云夸父之山北有林焉名曰桃林廣圓三百里即謂此也其山谷今在閿鄉縣東南湖城縣西南去湖城三十五里天下不復輸積今陛下能乎其不可六矣且夫天下游士離親戚棄墳墓師古曰離者言其乖違而委離之以從漢也去故舊從陛下者但日夜望咫尺之地今乃立六國後唯無復立者師古曰既立六國後土地皆盡無以封功勞之人故云無復立者唯發語之辭游士各歸事其主從親戚反故舊陛下誰與取天下乎其不可七矣且楚唯毋彊六國復橈而從之服虔曰唯當使楚無彊彊則六國弱而從之晉灼曰當今唯楚大無有彊之者若復立六國國皆橈而從之陛下焉得而臣之乎師古曰服說是也陛下焉得而

臣之其不可八矣誠用此謀陛下事去矣漢王輟食吐哺罵曰豎儒幾敗迺公事師古曰輟止也哺食在口中者也幾近也哺音捕幾音鉅依反今趣銷印師古曰趣讀曰促後韓信破齊欲自立爲齊王漢王怒良說漢王漢王使良授齊王信印語在信傳五年冬漢王追楚至陽夏南師古曰夏音工雅反戰不利壁固陵諸侯期不至良說漢王漢王用其計諸侯皆至語在高紀漢六年封功臣良未嘗有戰鬭功高帝曰運籌策帷幄中決勝千里外子房功也自擇齊三萬戶良曰始臣起下邳與上會留此天以臣授陛下陛下用臣計幸而時中臣願封留足矣

不敢當三萬戶迺封良爲留侯與蕭何等俱封上已封大功臣二十餘人其餘日夜爭功而不決未得行封上居雒陽南宮從復道望見諸將 師古曰復讀曰複 往往數人偶語上曰此何語良曰陛下不知乎此謀反耳上曰天下屬安定何故而反 師古曰屬近也言近始安屬音之欲反 良曰陛下起布衣與此屬取天下今陛下已爲天子而所封皆蕭曹故人所親愛而所誅者皆平生仇怨今軍吏計功天下不足以徧封此屬畏陛下不能盡封又恐見疑過失及誅故相聚謀反耳上迺憂曰爲將柰何良曰上平生所憎群臣所

共知誰最甚者上曰雍齒與我有故怨數窘辱我 服虔曰未起之時與我有故怨也師古曰每以勇力困辱高祖 我欲殺之爲功多不忍良曰今急先封雍齒以示群臣群臣見雍齒先封則人人自堅矣於是上置酒封雍齒爲什方侯 蘇林曰漢中縣也師古曰地理志屬廣漢非漢中也今則屬益州什音十 而急趣丞相御史定功行封 師古曰趣音促 群臣罷酒皆喜曰雍齒且侯我屬無患矣劉敬說上都關中上疑之左右大臣皆山東人多勸上都雒陽雒陽東有成皋西有殽黽 師古曰殽山也黽黽池音沔 背河鄉雒其固亦足恃 師古曰鄉讀曰嚮 良曰雒陽雖有此固其中小不過數百里地薄四面受敵此非用武

之國夫關中左殽函右隴蜀沃野千里 師古曰沃者溉灌也言其土地皆有溉灌之利故云沃野 南有巴蜀之饒北有胡苑之利 師古曰謂安定北地上郡之北與胡相接之地可以畜牧者也養禽獸謂之苑 阻三面而固守獨以一面東制諸侯諸侯安定河渭漕輓天下西給京師 師古曰輓引也輓音晚 諸侯有變順流而下足以委輸此所謂金城千里天府之國 師古曰財物所聚謂之府言關中之地物産饒多可備贍給故稱天府也 劉敬說是也於是上即日駕西都關中良從入關性多疾即道引不食穀 孟康曰服辟穀藥而靜居行氣師古曰道讀曰導 閉門不出歲餘上欲廢太子立戚夫人子趙王如意大臣多爭未能得堅決也呂后恐不知所爲或謂呂后曰留

侯善畫計上信用之呂后乃使建成侯呂澤劫良曰君常爲上謀臣今上日欲易太子 師古曰言日日欲易之 君安得高枕而卧 師古曰安焉也 良曰始上數在急困之中幸用臣策今天下安定以愛欲易太子骨肉之間雖臣等百人何益呂澤彊要曰爲我畫計良曰此難以口舌爭也顧上有所不能致者四人 師古曰顧念也 四人謂園公綺里季夏黃公用里先生所謂四皓也 四人年老皆以上嫚娒士 師古曰嫚與慢同娒古侮字 故逃匿山中義不爲漢臣然上高此四人今公誠能毋愛金玉璧帛令太子爲書卑辭安車因使辯士固請宜來 師古曰宜應得其來 來以爲客時從入朝令

上見之則一助也於是呂后令呂澤使人奉太子書卑辭厚禮迎此四人四人至客建成侯所漢十一年黥布反上疾欲使太子往擊之四人相謂曰凡來者將以存太子太子將兵事危矣迺說建成侯曰太子將兵有功即位不益師古曰太子嗣君貴已極矣雖更立功位無加益矣無功則從此受禍且太子所與俱諸將皆與上定天下梟將也今迺使太子將之此無異使羊將狼皆不肯為用其無功必矣臣聞母愛者子抱今戚夫人日夜侍御趙王常居前上曰終不使不肖子居愛子上明其代太子位必矣君何不急請呂

后承間為上泣師古曰因空隙之時言黥布天下猛將善用兵今諸將皆陛下故等夷師古曰夷平也言故時皆齊等迺令太子將此屬莫肯為用且布聞之鼓行而西耳師古曰擊鼓而行言無所畏上雖疾彊載輜車臥而護之師古曰輜車衣車也護謂監領諸將諸將不敢不盡力上雖苦彊為妻子計於是呂澤夜見呂后呂后承間為上泣而言如四人意上曰吾惟之豎子固不足遣師古曰惟思也迺公自行耳師古曰乃公汝父也於是上自將而東群臣居守皆送至霸上良疾強起至曲郵師古曰在新豐西今俗謂之郵頭見上曰臣宜從疾甚楚人剽疾願上慎毋與楚爭鋒師古曰剽音匹妙反因說上令太子

為將軍監關中兵上謂子房雖疾彊臥傅太子是時叔孫通已為太傅良行少傅事漢十二年上從破布歸疾益甚愈欲易太子良諫不聽因疾不視事叔孫太傅稱說引古以死爭太子上陽許之猶欲易之及宴置酒太子侍四人者從太子年皆八十有餘須眉皓白衣冠甚偉師古曰所以謂之四皓上怪問曰何為者四人前對各言其姓名上迺驚曰吾求公避逃我今公何自從吾兒游乎四人曰陛下輕士善罵臣等義不辱故恐而亡匿今聞太子仁孝恭敬愛士天下莫不延頸願為太子死者故臣等來

上曰煩公幸卒調護太子師古曰調謂和平之護謂保之四人為壽已畢趨去上目送之師古曰以目瞻之說其出也召戚夫人指視曰師古曰視讀曰示我欲易之彼四人為之輔羽翼已成難動矣呂氏真迺主矣師古曰迺汝也戚夫人泣涕上曰為我楚舞吾為若楚歌師古曰若亦汝歌曰鴻鵠高飛一舉千里師古曰鵠音胡督反羽翼以就橫絕四海師古曰就成也絕橫謂飛而直度也橫絕四海又可柰何雖有矰繳尚安所施師古曰繳弋射也其矢為矰矰音增繳音之若反歌數闋師古曰闋盡也曲終為闋音曰穴反戚夫人歔欷流涕師古曰歔音虛欷音稀又音許氣反上起去罷酒竟不易太子者良本招此四人之力也良從上擊代出奇計下馬邑

及立蕭相國（服虔曰何時未爲相國良勸高祖立之）所與從容言天下事甚衆（師古曰從音千容反）非天下所以存亡故不著（師古曰著謂書之於史著音竹助反）良迺稱曰家世相韓及韓滅不愛萬金之資爲韓報仇彊秦天下震動今以三寸舌爲帝者師封萬戶位列侯此布衣之極於良足矣願棄人間事欲從赤松子游耳（師古曰赤松子仙人號也神農時爲雨師服水玉教神農能入火自燒至昆山上常止西王母石室隨風雨上下炎帝少女追之亦得仙俱去）迺學道欲輕舉（師古曰道謂仙道）高帝崩呂后德良迺彊食之（師古曰食讀曰飤）曰人生一世間如白駒之過隙（師古曰解在魏豹傳）何自苦如此良不得已彊聽食後六歲薨謚曰文成侯良始所見下邳圯上

老父與書者後十三歲從高帝過濟北果得穀城山下黃石取而寶祠之及良死并葬黃石每上冢伏臘祠黃石子不疑嗣侯孝文三年坐不敬國除

陳平陽武戶牖人也（師古曰陽武縣名屬陳留戶牖者其鄉名）少時家貧好讀書治黃帝老子之術有田三十畝與兄伯居伯常耕田縱平使游學平爲人長大美色人或謂平貧何食而肥若是其嫂疾平之不親家生產曰亦食糠覈耳（孟康曰覈麥糠中不破者也晉灼曰覈音紇京師人謂麤屑爲紇頭）有叔如此不如無有伯聞之逐其婦棄之及平長可取婦富人莫與者貧者平亦媿之久之戶牖富人張負有女孫五嫁夫輒死人莫敢取平欲得之邑中有大喪平家貧侍喪以先往後罷爲助張負既見之喪所獨視偉平（師古曰視而悅其奇偉）平亦以故後去負隨平至其家家迺負郭窮巷（師古曰負謂倚也）以席爲門然門外多長者車轍張負歸謂其子仲曰吾欲以女陳平仲曰平貧不事事（師古曰不事產業之事）一縣中盡笑其所爲獨柰何予之女負曰固有美如陳平長貧者乎卒與女爲平貧迺假貸幣以聘（師古曰貸音土戴反）予酒肉之資以內婦負戒其孫曰毋以貧故事人不謹事兄伯如事迺父嫂如事迺母（師古曰迺汝也）平既取張氏女資用益饒

游道日廣里中社平爲宰（師古曰主切割肉也）分肉甚均里父老曰善陳孺子之爲宰平曰嗟乎使平得宰天下亦如此肉矣陳涉起王使周市略地立魏咎爲魏王與秦軍相攻於臨濟平已前謝兄伯（服虔曰謝語其兄伯往事魏也）從少年往事魏王咎爲大僕說魏王王不聽人或讒之平亡去項羽略地至河上平往歸之從入破秦賜爵卿（張晏曰禮秩如卿不治事）項羽之東王彭城也漢王還定三秦而東殷王反楚項羽迺以平爲信武君將魏王客在楚者往擊殷降而還項王使項悍拜平爲都尉（師古曰稈音下旦反）賜金二十溢居無何（師古曰無何猶言無幾時）漢

攻下殷項王怒將誅定殷者平懼誅迺封其金與印使使歸項王而平身閒行杖劒亡度河船人見其美丈夫獨行疑其亡將要下當有寶器金玉目之欲殺平平心恐迺解衣贏而佐刺船師古曰自露其形示無所懷挾船人知其無有迺止平遂至脩武降漢因魏無知求見漢王漢王召入是時萬石君石奮為中涓受平謁平等十人俱進賜食王曰罷就舍矣平曰臣為事來所言不可以過今日於是漢王與語而説之師古曰説讀曰悅問曰子居楚何官平曰為都尉是日拜平為都尉使參乘典護軍諸將盡讙師古曰讙囂而議也曰大

王一日得楚之亡卒未知高下而即與共載使監護長者漢王聞之愈益幸平遂與東伐項王至彭城為楚所敗引師而還收散兵至滎陽以平為亞將屬韓王信軍廣武絳灌等或讒平曰師古曰舊說云絳絳侯周勃也灌灌嬰也而楚漢春秋高祖之臣別有絳灌疑昧之文不可據也平雖美丈夫如冠玉耳其中未必有也孟康曰飾冠以玉光好外見中非所有也聞平居家時盜其嫂師古曰盜猶私也事魏王不容亡而歸楚歸楚不中又亡歸漢師古曰中音竹仲反今大王尊官之令護軍臣聞平使諸將金多者得善處金少者得惡處平反覆亂臣也願王察之漢王疑之以讓無知問曰有之乎無知

曰有漢王曰公言其賢人何也對曰臣之所言者能也陛下所問者行也今有尾生孝己之行如淳曰孝己高宗之子有孝行師古曰尾生古之信士一說即微生高而無益於勝敗之數陛下何暇用之乎今楚漢相距臣進奇謀之士顧其計誠足以利國家耳師古曰顧念也盜嫂受金又安足疑乎漢王召平而問曰吾聞先生事魏不遂事楚而去師古曰遂猶竟今又從吾遊信者固多心乎平曰臣事魏王魏王不能用臣說故去事項王項王不信人其所任愛非諸項即妻之昆弟雖有奇士不能用臣居楚聞漢王之能用人故歸大王贏身來不受金無

以為資誠臣計畫有可采者願大王用之使無可用者大王所賜金具在請封輸官得請骸骨漢王迺謝厚賜拜以為護軍中尉盡護諸將諸將迺不敢復言其後楚急擊絕漢甬道圍漢王於滎陽城漢王患之請割滎陽以西和項王弗聽漢王謂平曰天下紛紛何時定乎平曰項王為人恭敬愛人士之廉節好禮者多歸之至於行功賞爵邑重之師古曰言愛惜之士亦以此不附今大王嫚而少禮士之廉節者不來然大王能饒人以爵邑士之頑頓耆利無恥者亦多歸漢如淳曰頑頓謂無廉隅也師古曰頓讀曰鈍耆讀曰嗜誠各去兩

短集兩長天下指麾即定矣大王資侮人師古曰資謂天性也侮古侮字不能得廉節之士顧楚有可亂者師古曰顧念也彼項王骨鯁之臣亞父鍾離眜龍且周殷之屬師古曰眜音秣且音子閭反不過數人耳大王能出捐數萬斤金行反間間其君臣以疑其心師古曰間音居莧反項王爲人意忌信讒必內相誅漢因舉兵而攻之破楚必矣漢王以爲然乃出黃金四萬斤予平恣所爲不問出入平既多以金縱反間於楚軍宣言諸將鍾離眜等爲項王將功多矣然終不得列地而王欲與漢爲一以滅項氏分王其地項王果疑之使使至漢漢爲太

牢之具舉進見楚使師古曰舉鼎俎而來即陽驚曰以爲亞父使乃項王使也復持去以惡草具進楚使服虔曰去肴肉更以惡草之具使歸具以報項王果大疑亞父亞父欲急擊下滎陽城項王不信不肯聽亞父亞父聞項王疑之乃大怒曰天下事大定矣君王自爲之願乞骸骨歸歸未至彭城疽發背而死師古曰疽癰瘡也音千余反平乃夜出女子二千人滎陽東門楚因擊之平乃與漢王從城西門出去遂入關收聚兵而復東明年淮陰侯信破齊自立爲假齊王使使言之漢王漢王怒而罵平躡漢王孟康曰躡謂躡漢王足漢王寤乃厚遇齊使

使張良往立信爲齊王於是封平以戶牖鄉用其計策卒滅楚漢六年人有上書告楚王韓信反高帝問諸將諸將曰亟發兵阬豎子耳師古曰亟急也音居力反高帝默然以問平平固辭謝曰諸將云何上具告之平曰人之上書言信反人有聞知者乎曰未有曰信知之乎曰弗知平曰陛下兵精孰與楚師古曰與如也上曰不能過也平曰陛下將用兵有能敵韓信者乎上曰莫及也平曰今兵不如楚精將弗及而舉兵擊之是趣之戰也師古曰趣讀曰促竊爲陛下危之上曰爲之柰何平曰古者天子巡狩會諸侯南方有雲夢

師古曰楚澤名夢音莫鳳反又讀如本字陛下弟出僞游雲夢師古曰弟但也語急也它皆類此會諸侯於陳陳楚之西界信聞天子以好出游其勢必郊迎謁師古曰出其郊遠迎謁也而陛下因禽之特一力士之事耳高帝以爲然乃發使告諸侯會陳吾將南游雲夢上因隨以行行至陳楚王信果郊迎道中高帝豫具武士見信即執縛之語在信傳遂會諸侯於陳還至雒陽與功臣剖符定封封平爲戶牖侯世世勿絕平辭曰此非臣之功也上曰吾用先生計謀戰勝克敵非功而何平曰非魏無知臣安得進上曰若子可謂不背本矣師古曰若如也乃復賞魏無

知其明年平從擊韓王信於代至平城爲匈奴圍七日不得食高帝用平奇計使單于閼氏解圍以得開〔師古曰閼氏音焉支〕高帝既出其計秘世莫得聞高帝南過曲逆〔孟康曰中山蒲陰縣〕上其城望室屋甚大曰壯哉縣吾行天下獨見雒陽與是耳顧問御史曲逆戶口幾何對曰始秦時三萬餘戶間者兵數起多亡匿今見五千餘戶於是詔御史更封平爲曲逆侯盡食之除前所食戶牖平自初從至天下定後常以護軍中尉從擊臧荼陳豨黥布凡六出奇計輒益邑封奇計或頗秘世莫得聞也高帝從擊布軍還病創徐行至長安燕王盧綰反上使樊噲以相國將兵擊之既行人有短惡噲者〔師古曰陳其短失過惡於上譖毁之它皆類此〕高帝怒曰噲見吾病迺幾我死也〔孟康曰幾幸我死也幾音冀〕用平計召絳侯周勃受詔牀下曰陳平乘馳傳載勃代噲將〔師古曰傳音張戀反〕平至軍中即斬噲頭二人既受詔馳傳未至軍行計曰樊噲帝之故人功多〔師古曰行計謂於道中且計也〕又呂后弟呂須夫有親且貴帝以忿怒故欲斬之即恐後悔寧囚而致上令上自誅之未至軍爲壇以節召樊噲噲受詔即反接〔師古曰反接謂反縛兩手也〕載檻車詣長安而令周勃代將兵定燕平行聞高帝崩〔師古曰未至京師於道中聞高帝崩〕

平恐呂后及呂須怒迺馳傳先去逢使者詔平與灌嬰屯於滎陽平受詔立復馳至宮哭殊悲因奏事喪前呂后哀之曰君出休矣平畏讒之就〔師古曰就成也言畏讒毒己者得其成計〕因固請之得宿衛中太后迺以爲郎中令曰傅教帝〔如淳曰傅相之〕是後呂須讒迺不得行樊噲至即赦復爵邑惠帝六年相國曹參薨安國侯王陵爲右丞相平爲左丞相

王陵沛人也始爲縣豪高祖微時兄事陵及高祖起沛入咸陽陵亦聚黨數千人居南陽不肯從沛公及漢王之還擊項籍陵迺以兵屬漢項羽取陵母置軍中陵使至則東鄉坐陵母欲以招陵〔師古曰鄉讀曰嚮〕陵母既私送使者泣曰願爲老妾語陵善事漢王漢王長者毋以老妾故持二心妾以死送使者遂伏劒而死項王怒亨陵母陵卒從漢王定天下以善雍齒雍齒高祖之仇陵又本無從漢之意以故後封陵爲安國侯陵爲人少文任氣好直言爲右丞相二歲惠帝崩高后欲立諸呂爲王問陵陵曰高皇帝刑白馬而盟曰非劉氏而王者天下共擊之今王呂氏非約也太后不說〔師古曰說讀曰悅〕問左丞相平及絳侯周勃等皆曰高帝定天下王子弟今

太后稱制欲王昆弟諸呂無所不可太后喜罷朝
陵讓平勃曰始與高帝啑血盟諸君不在邪師古曰啑小歠
也音所甲反今高帝崩太后女主欲王呂氏諸君縱欲阿
意背約何面目見高帝於地下乎平曰於面折廷
爭臣不如君師古曰廷爭謂當朝廷而諫爭全社稷定劉氏後君亦
不如臣陵無以應之於是呂太后欲廢陵迺陽遷
陵為帝太傅實奪之相權陵怒謝病免杜門竟不
朝請師古曰杜塞也閉塞其門也請音才性反杜字本作𢾊音同十年而薨陵之免呂
太后徙平為右丞相以辟陽侯審食其為左丞相
師古曰食其音異基食其亦沛人也漢王之敗彭城西楚取太

上皇呂后為質食其以舍人侍呂后其後從破項
籍為侯幸於呂太后及為相不治鄭氏曰不立治處使止宮中也李奇曰不
治丞相職事也師古曰李說是也監宮中如郎中令公卿百官皆因決
事呂須常以平前為高帝謀執樊噲數讒平曰為
丞相不治事日飲醇酒戲婦人平聞日益甚呂太
后聞之私喜面質呂須於平前師古曰質對也曰鄙語曰
兒婦人口不可用顧君與我何如耳無畏呂須之
譖師古曰顧念也呂太后多立諸呂為王平偽聽之師古曰謂且順從之
不乖牾也及呂太后崩平與太尉勃合謀卒誅諸呂立
文帝平本謀也審食其免相文帝立舉以為相如淳

曰舉猶皆也衆人之議皆以為勃平功多矣師古曰言文帝以平勃俱舊臣有功皆欲以為相太尉勃親以兵
誅呂氏功多平欲讓勃位迺謝病文帝初立怪平
病問之平曰高帝時勃功不如臣及誅諸呂臣功
亦不如勃願以相讓勃於是迺以太尉勃為右丞
相位第一平徙為左丞相位第二賜平金千斤益
封三千戶居頃之上益明習國家事朝而問右丞
相勃曰天下一歲決獄幾何師古曰臨朝問也幾音居豈反勃謝不
知問天下錢穀一歲出入幾何勃又謝不知汗出
洽背師古曰洽霑也媿不能對上亦問左丞相平平曰有
主者上曰主者為誰乎平曰陛下即問決獄責

廷尉問錢穀責治粟內史上曰苟各有主者而
君所主何事也平謝曰主臣文穎曰惶恐之辭也猶今言死罪也孟康曰主
臣主羣臣也若今言人主晉灼曰主擊也臣服也言其擊服惶恐之辭師古曰文晉二說是也陛下不知其駑
下使待罪宰相師古曰駑凡馬之稱非駿者也故以自喻駑音奴宰相者上佐
天子理陰陽順四時下遂萬物之宜師古曰遂申也外填撫
四夷諸侯內親附百姓使卿大夫各得任其職也
上稱善勃大慙出而讓平曰君獨不素教我乎平
笑曰君居其位獨不知其任邪且陛下即問長安
盜賊數又欲強對邪於是絳侯自知其能弗如平
遠矣居頃之勃謝免相而平顓為丞相師古曰顓與專同孝

文二年平薨謚曰獻侯傳子至曾孫何坐略人妻棄市王陵亦至玄孫坐酎金國除辟陽侯食其兒三歲而爲淮南王所殺文帝令其子平嗣侯淄川王反辟陽近淄川平降之國除始平曰我多陰謀道家之所禁（師古曰此平謂陳平）吾世即廢亦已矣不能復起以吾多陰禍也其後曾孫陳掌以衞氏親貴（師古曰掌妻衞子夫之姊）願得續封之然終不得也

周勃沛人也其先卷人也（師古曰卷縣名也地理志屬河南音丘權反其下亦同）徙沛勃以織薄曲爲生（蘇林曰薄一名曲月令曰具曲植師古曰許愼云葦薄爲曲也）常以吹簫給喪事（師古曰吹簫以樂喪賓若樂人也）材官引強（服虔曰能引強弓弩官也孟康曰如今挽強司馬也師古曰強音其兩反）高祖爲沛公初起勃以中涓從攻胡陵下方與（師古曰音房豫）方與反與戰卻敵攻豐擊秦軍碭東還軍留及蕭復攻碭破之下下邑先登賜爵五大夫攻蘭虞取之擊章邯車騎殿（師古曰殿之言塡也謂鎭軍後以扞敵勃擊破章邯之殿兵也殿音丁見反）略定魏地攻轅戚東緡以往至栗（師古曰緡音昏）取之攻齧桑先登擊秦軍阿下破之追至濮陽下鄄城攻都關定陶襲取宛朐得單父令（師古曰音善甫）夜襲取臨濟攻壽張以前至卷破李由雍丘下攻開封先至城下爲多（文穎曰勃士卒至者多也如淳曰周禮戰功曰多師古曰多謂功多也）後章邯破項梁沛公與項羽引兵東如碭自初起沛還至碭一歲二月楚懷王封沛公號武安侯爲碭郡長沛公拜勃爲襄賁令（師古曰賁音肥）從沛公定魏地攻東郡尉於成武破之攻長社先登攻潁陽緱氏絕河津擊趙賁軍尸北（師古曰賁音奔尸即尸鄉）南攻南陽守齮破武關嶢關攻秦軍於藍田至咸陽滅秦項羽至以沛公爲漢王漢王賜勃爵爲威武侯從入漢中拜爲將軍還定三秦賜食邑懷德攻槐里好時最（如淳曰於將率之中功爲最也）北擊趙賁內史保於咸陽最北救漆（師古曰漆扶風縣）擊章平姚卬軍西定汧（師古曰汧亦扶風縣音口肩反）還下郿頻陽（師古曰郿即岐州郿縣也頻陽在櫟陽東北郿音媚）圍章邯廢丘破之西擊益已軍破之（如淳曰章邯將也）攻上邽（師古曰邽音圭）東守嶢關擊項籍攻曲遇最（師古曰曲音丘禹反遇音顒）還守敖倉追籍籍已死因東定楚地泗水東海郡凡得二十二縣還守雒陽櫟陽賜與潁陰侯共食鍾離以將軍從高祖擊燕王臧荼破之易下所將卒當馳道爲多（師古曰當高祖所行之前）賜爵列侯剖符世世不絕食絳八千一百八十戶以將軍從高帝擊韓王信於代降下霍人以前至武泉（孟康曰縣屬雲中也）擊胡騎破之武泉北轉攻韓信軍銅鞮破之還降太原六城擊韓信胡騎晉陽下破之下晉陽後擊韓信軍於硰石（應劭曰硰音沙孟康曰地名也春秋

曰沙音赤生反師古曰齊音是也破之追北八十里還攻樓煩三城因
擊胡騎平城下所將卒當馳道爲多勃遷爲太尉
擊陳豨屠馬邑所將卒斬豨將軍乘馬降師古曰姓乘馬名降
也乘音食孕反轉擊韓信陳豨趙利軍於樓煩破之得豨
將宋最鴈門守圂師古曰圂者鴈門守之名音下頓反因轉攻得雲中
守遫丞相箕肆將軍博師古曰遫古速字也肆音弋二反博者亦豨將之名也定鴈門
郡十七縣雲中郡十二縣因復擊豨靈丘破之斬
豨丞相程縱將軍陳武都尉高肆定代郡九縣燕
王盧綰反勃以相國代樊噲將擊下薊師古曰即幽州薊縣也音
計得綰大將抵丞相偃守陘張晏曰盧綰郡守陘其名也師古曰陘音刑太

尉弱御史大夫施屠渾都師古曰姓施屠名渾都渾音胡昆反破綰軍
上蘭後擊綰軍沮陽服虔曰沮音阻師古曰縣名屬上谷追至長城定
上谷十二縣右北平十六縣遼東二十九縣漁陽
二十二縣最從高帝得相國一人師古曰最者凡也摠言其攻戰克獲之數
丞相二人將軍二千石各三人別破軍二下城三
定郡五縣七十九得丞相大將各一人勃爲人木
強敦厚師古曰木謂質樸強音其兩反高帝以爲可屬大事師古曰屬委也音之
欲反勃不好文學每召諸生說士東鄉坐責之如淳曰勃自東
向責諸生說士不以賓主之禮也師古曰鄉讀曰嚮趣爲我語蘇林曰音趣舍臣瓚曰今直言物播經也師古曰二說皆
非也趣讀曰促謂令速言也其椎少文如此服虔曰謂訥鈍也應劭曰今俗名拙語爲椎儲師古曰椎謂樸

鈍如椎也音直推反勃既定燕而歸高帝已崩矣以列侯事惠
帝惠帝六年置太尉官以勃爲太尉十年高后崩
呂祿以趙王爲漢上將軍呂產以呂王爲相國秉
權欲危劉氏勃與丞相平朱虛侯章共誅諸呂語
在高后紀於是陰謀以爲少帝及濟川淮陽恒山
王皆非惠帝子呂太后以計詐名它人子殺其母
養之後宮令孝惠子之立以爲後用彊呂氏今已
滅諸呂少帝即長用事吾屬無類矣師古曰云被誅滅無遺種
不如視諸侯賢者立之遂迎立代王是爲孝文皇
帝東牟侯興居朱虛侯章弟也曰誅諸呂臣無功

請得除宮廼與太僕汝陰滕公入宮滕公前謂少
帝曰足下非劉氏不當立廼顧麾左右執戟皆仆
兵罷師古曰仆頓也仆音赴有數人不肯去宦者令張釋諭告
亦去師古曰荊燕吳傳云張擇今此作釋參錯不同未知孰是也滕公召乘輿車載少
帝出少帝曰欲持我安之乎師古曰言往何所也滕公曰就舍
舍少府廼奉天子法駕迎皇帝代邸報曰宮謹除
皇帝入未央宮有謁者十人持戟衛端門師古曰端門殿之正
門曰天子在也足下何爲者不得入太尉往諭廼
引兵去皇帝遂入是夜有司分部誅濟川淮陽常
山王及少帝於邸文帝即位以勃爲右丞相賜金

五千斤邑萬戸居十餘月人或說勃曰君既誅諸呂立代王威震天下而君受厚賞處尊位以厭之則禍及身矣師古曰厭謂當之也言既有大功又受厚賞而居尊位以久當之不去即禍及矣厭音一涉反又音烏狎反勃懼亦自危迺謝請歸相印上許之歲餘陳丞相平卒上復用勃爲相十餘月上曰前日吾詔列侯就國或頗未能行丞相朕所重其爲朕率列侯之國迺免相就國歲餘毎河東守尉行縣至絳絳侯勃自畏恐誅常被甲令家人持兵以見其後人有上書告勃欲反下廷尉逮捕勃治之勃恐不知置辭師古曰置立也辭對獄之辭吏稍侵辱之勃以千金與獄吏獄吏迺書牘背示之李奇曰吏所執簿也師古曰牘木簡以書辭也音讀曰以公主爲證公主者孝文帝女也勃太子勝之尚之師古曰尚配也解在張耳傳故獄吏敎引爲證初勃之益封盡以予薄昭及繫急薄昭爲言薄太后太后亦以爲無反事文帝朝太后以冒絮提文帝應劭曰陌頟絮也晉灼曰巴蜀異志謂頭上巾爲冒絮師古曰冒覆也老人所以覆其頭提擲也提音徒計反曰絳侯綰皇帝璽將兵於北軍應劭曰言勃誅諸呂廢少帝手賷國璽時尚不反況今吏有異乎師古曰綰謂引其組音烏版反不以此時反今居一小縣顧欲反邪師古曰顧猶倒也文帝既見勃獄辭迺謝曰吏方驗而出之於是使持節赦勃復爵邑勃既出曰吾嘗將百萬軍安知獄吏之貴

也勃復就國孝文十一年薨謚曰武侯子勝之嗣尚公主不相中如淳曰猶言不相合當也師古曰意不相可也中音竹仲反坐殺人死國絶一年文帝乃擇勃子賢者河内太守亞夫復爲侯亞夫爲河内守時許負相之應劭曰許負河内溫人老嫗也君後三歲而侯侯八歲爲將相持國秉師古曰秉音彼命反貴重矣於人臣無二後九年而餓死亞夫笑曰臣之兄以代父侯矣有如卒子當代我何說侯乎然既以貴如負言又何說餓死指視我師古曰視讀曰示負指其口曰從理入口此餓死法也師古曰從豎也音子容反居三歲兄絳侯勝之有罪文帝擇勃子賢者皆推亞夫迺封爲條侯師古曰縣在勃海地理志作脩字其音同耳文帝六年匈奴大入邊以宗正劉禮爲將軍軍霸上祝兹侯徐厲爲將軍軍棘門以河内守亞夫爲將軍軍細柳以備胡上自勞軍至霸上及棘門軍直馳入將以下騎出入送迎已而之細柳軍軍士吏被甲鋭兵刃彀弓弩持滿師古曰彀張也音工豆反天子先驅至不得入師古曰先驅導駕者也若今之武候隊矣先驅曰天子且至軍門都尉曰軍中聞將軍之令不聞天子之詔有頃上至又不得入於是上使使持節詔將軍曰吾欲勞軍亞夫迺傳言開壁門壁門士請車騎曰將軍約軍中不得驅馳於是天子迺按轡

徐行至中營將軍亞夫揖曰介胄之士不拜請以軍禮見（應劭曰禮介者不拜）天子爲動改容式車（師古曰古者立乘凡言式車者謂俛身撫式以禮敬人式車前橫木也）使人稱謝（師古曰謝告也）皇帝敬勞將軍成禮而去既出軍門羣臣皆驚文帝曰嗟乎此眞將軍矣鄉者霸上棘門如兒戲耳（師古曰鄉讀曰嚮）其將固可襲而虜也至於亞夫可得而犯邪稱善者久之月餘三軍皆罷迺拜亞夫爲中尉文帝且崩時戒太子曰即有緩急周亞夫眞可任將兵文帝崩亞夫爲車騎將軍孝景帝三年吳楚反亞夫以中尉爲太尉東擊吳楚因自請上曰楚兵剽輕難與爭鋒（師古曰剽音匹妙反）願以梁委之絕其食道迺可制也上許之（師古曰吳王傳云亞夫至淮陽問鄧都尉爲畫此計亞夫乃從之今此云自請而後行二傳不同未知孰是）亞夫既發至霸上趙涉遮說亞夫曰將軍東誅吳楚勝則宗廟安不勝則天下危能用臣之言乎亞夫下車禮而問之涉曰吳王素富懷輯死士久矣（師古曰輯與集同）此知將軍且行必置閒人於殽黽阸陿之閒且兵事上神密將軍何不從此右去走藍田（師古曰右謂少西去也走音奏）出武關抵雒陽（師古曰抵至也）閒不過差一二日（師古曰謂右去行遲止一二日也）直入武庫擊鳴鼓諸侯聞之以爲將軍從天而下也（師古曰不意其猝至）太尉如其計至雒陽使吏搜殽黽閒果得

吳伏兵迺請涉爲護軍亞夫至會兵滎陽（師古曰會集也）吳方攻梁梁急請救亞夫引兵東北走昌邑（師古曰走音奏）深壁而守梁王使使請亞夫亞夫守便宜不往梁上書言景帝景帝詔使救梁亞夫不奉詔堅壁不出而使輕騎兵弓高侯等絕吳楚兵後食道吳楚兵乏糧飢欲退數挑戰終不出夜軍中驚內相攻擊擾亂至於帳下亞夫堅卧不起頃之復定吳奔壁東南陬（如淳曰陬隅也師古曰音子侯反又音鄒）亞夫使備西北已而其精兵果奔西北不得入吳楚既餓迺引而去亞夫出精兵追擊大破吳王濞吳王濞棄其軍與壯士數千人亡走保於江南丹徒漢兵因乘勝遂盡虜之降其縣購吳王千金月餘越人斬吳王頭以告凡相守攻三月而吳楚破平於是諸將迺以太尉計謀爲是由此梁孝王與亞夫有隙歸復置太尉官五歲迺爲丞相景帝甚重之上廢栗太子亞夫固爭之不得上由此踈之而梁孝王每朝常與太后言亞夫之短竇太后曰皇后兄王信可侯也上讓曰始南皮及章武先帝不侯（師古曰南皮竇彭祖太后弟長君之子章武太后母弟廣國）及臣即位迺侯之信未得封也竇太后曰人生各以時行耳（師古曰言富貴當及己身也）竇長君在時竟不得侯死後迺其

子彭祖顧得侯(師古曰顧反也)吾甚恨之帝趣侯信也(師古曰趣讀曰促)上曰請得與丞相計之與丞相計之亞夫曰高帝約非劉氏不得王非有功不得侯不如約天下共擊之今信雖皇后兄無功侯之非約也上默然而沮(師古曰沮者止壞之意也音才與反)其後匈奴王徐盧等五人降漢(師古曰功臣表云唯徐盧)上欲侯之以勸後亞夫曰彼背其主降陛下陛下侯之即何以責人臣不守節者乎上曰丞相議不可用迺悉封徐盧等爲列侯亞夫因謝病免相頃之上居禁中召亞夫賜食獨置大胾(師古曰胾大臠音側吏反)無切肉又不置箸亞夫心不平顧謂尚席

取箸(應劭曰尚席主席者也)上視而笑曰此非不足君所乎(孟康曰設胾無箸者此非不足滿於君所乎嫌恨之也如淳曰非故不足君之食具偶失之也師古曰孟說近之帝言賜君食而不設箸此由我意於君有不足乎)亞夫免冠謝上上曰起亞夫因趨出上目送之曰此鞅鞅非少主臣也居無何亞夫子爲父買工官尚方甲楯五百被可以葬者(如淳曰工官官名也張晏曰被具也五百具甲楯也師古曰被音皮義反)取庸苦之不與錢(師古曰庸謂賃也苦謂極苦使也)庸知其盜買縣官器怨而上變告子事連汙亞夫書既聞上下吏吏簿責亞夫(如淳曰簿音主簿之簿簿問其辭情師古曰簿問者書之於簿一一問之也)亞夫不對上罵之曰吾不用也(孟康曰言不用汝對欲殺之也如淳曰恐獄吏畏其復用事不敢折辱也師古曰孟說是也一云帝責此吏云不勝其任吾不用汝故召亞夫令詣廷尉也)召詣廷尉

廷尉責問曰君侯欲反何亞夫曰臣所買器迺葬器也何謂反乎吏曰君縱不欲反地上即欲反地下耳吏侵之益急初吏捕亞夫亞夫欲自殺其夫人止之以故不得死遂入廷尉因不食五日歐血而死國絕一歲上迺更封絳侯勃它子堅爲平曲侯續絳侯後傳子建德爲太子太傅坐酎金免官後有罪國除亞夫果餓死死後上迺封王信爲蓋侯至平帝元始二年繼絕世復封勃玄孫之子恭爲絳侯千戶

贊曰聞張良之智勇以爲其貌魁梧奇偉(應劭曰魁梧丘虛壯大之意也蘇林曰梧音悟師古曰魁大貌也梧者言其可驚悟今人讀爲吾非也)

反若婦人女子故孔子稱以貌取人失之子羽(師古曰子羽孔子弟子澹臺滅明字貌惡而行善故云然也)學者多疑於鬼神(師古曰謂無鬼神之事也)如良受書老父亦異矣高祖數離困阸良常有力(師古曰離遭也)豈可謂非天乎陳平之志見於社下傾側擾攘楚魏之閒卒歸於漢而爲謀臣及呂后時事多故矣(師古曰故謂中屯難也)乎竟自免以智終王陵廷爭杜門自絕亦各其志也周勃爲布衣時鄙樸庸人至登輔佐匡國家難誅諸呂立孝文爲漢伊周(師古曰比伊尹周公之任)何其盛也始呂后問宰相高祖曰陳平智有餘王陵少戇可以

佐之師古曰戇愚也舊音下紺反今讀音竹巷反安劉氏者必勃也又問其次云過此以後非廼所及師古曰乃汝也言汝亦不及見也終皆如言聖矣夫

張陳王周傳第十

張良傳云良嘗從容步游下邳圯上服虔曰圯音頤楚人謂橋曰圯應劭曰圯水之上也文穎曰沂水上橋也顏師古曰下邳之水非圯水也又非沂水服說是㨿按從水乃詩云江有汜及今有汜水縣字音詳里切據許愼說文云東楚謂橋爲圯在土部本從土傳寫蓋誤從氵合從土作頤音下文直墮其履圯下竝作圯字校定

樊酈滕灌傅靳周傳第十一　班固　漢書四十一

秘書監上護軍琅邪縣開國子顏師古

樊噲沛人也以屠狗爲事師古曰時人食狗亦與羊豕同故噲專屠以賣後與高祖俱隱於芒碭山澤閒陳勝初起蕭何曹參使噲求迎高祖立爲沛公師古曰高祖時亡在外故求而迎之噲以舍人從攻胡陵方與師古曰皆縣名方音房與音豫還守豐擊泗水監豐下破之師古曰泗水郡名監謂御史監郡者也破之於豐縣下復東定沛破泗水守薛西師古曰破郡守於薛縣之西與司馬𡰥戰碭東師古曰秦將章邯之司馬也𡰥讀與夷同卻敵斬首十五級賜爵國大夫文穎曰即官大夫也爵第六級常從沛公擊章邯軍濮陽攻城先登斬首二十三級賜爵列大夫文穎曰即公大夫也爵第七級從攻陽城先登下戶牖師古曰陽武縣之鄉破李由軍斬首十六級賜上閒爵張晏曰得徑上聞也如淳曰呂氏春秋曰魏文侯東勝齊於長城天子賞文侯以上聞晉灼曰名通於天子也後攻圉都尉東郡守尉於成武師古曰圉即陳留圉縣卻敵斬首十四級捕虜十六人師古曰生獲曰虜賜爵五大夫從攻秦軍出亳南鄭氏曰亳成湯封邑今河南偃師湯亭是河閒守軍於杠里破之師古曰杠音江擊破趙賁軍開封北師古曰賁音奔以卻敵先登斬候一人首六十八級捕虜二十六人師古曰既斬候一人又更斬它首六十八賜爵卿從攻破揚熊於曲遇師古曰曲音丘羽反遇音顒攻宛陵先登斬首八級捕虜四十四人賜爵封號賢成君張晏曰食祿比封君而無邑也臣瓚曰秦制列侯乃有封爵師古曰瓚說非也楚漢之際權設寵榮假其

位號或得邑地或空受爵此例多矣約以秦制於義不通從攻長社轘轅絕河津東攻秦軍尸鄉南攻秦軍於犨破南陽守齮於陽城東攻宛城先登西至酈師古曰南陽之縣也犨音直益反以卻敵斬首十四級捕虜四十人賜重封張晏曰益祿也如淳曰正爵名也臣瓚曰增封也師古曰諸家之說皆非也重封者加二號耳攻武關至霸上斬都尉一人首十級捕虜百四十六人降卒二千九百人項羽在戲下欲攻沛公沛公從百餘騎因項伯面見項羽謝無有閉關事項羽既饗軍士中酒張晏曰酒酣也師古曰飲酒之中也不醉不醒故謂之中中音竹仲反亞父謀欲殺沛公令項莊拔劒舞坐中欲擊沛公項伯常屏蔽之時獨沛公與張良得入坐樊噲居營外聞事急迺持盾入初入營營衞止噲師古曰營衞謂營壘之守衞者噲直撞入立帳下師古曰謂以盾撞擊人撞音丈江反項羽目之問爲誰張良曰沛公參乘樊噲也項羽曰壯士賜之巵酒彘肩噲既飲酒拔劒切肉食之項羽曰能復飲乎噲曰臣死且不辭豈特巵酒乎且沛公先入定咸陽暴師霸上以待大王師古曰時項羽未爲王故高紀云以待將軍此言大王史追書耳大王今日至聽小人之言與沛公有隙臣恐天下解心疑大王也項羽默然沛公如廁麾噲既出沛公留車騎師古曰沛公所乘之車及從者之騎獨騎馬噲等四人步從從山下走歸霸上軍而使張良謝項羽羽亦因遂

巳(師古曰巳止也)無誅沛公之心是日微樊噲犇入營譙讓項羽沛公幾殆(師古曰微無也譙責也殆危也譙音才笑反幾音鉅依反)後數日項羽入屠咸陽立沛公爲漢王漢王賜噲爵爲列侯號臨武侯遷爲郎中從入漢中還定三秦別擊西丞白水北(服虔曰西丞縣名也晉灼曰白水今廣魏縣也地理志無西丞以秦將名也師古曰二說並非也西謂隴西郡西縣也白水水名經西縣東南流而過言擊西縣之丞於白水之北)雍輕車騎雍南破之從攻雍斄城先登(師古曰斄讀與邰同縣名即后稷所封今武功故城是音胎)擊章平軍好畤攻城先登陷陣斬縣令丞各一人首十一級虜二十人遷爲郎中騎將從擊秦車騎壤東(師古曰地名也)卻敵遷爲將軍攻趙賁下郿槐里柳中咸陽(師古曰柳中即細柳地也在長安西)灌

廢丘最(李奇曰以水灌廢丘也張晏曰最功第一也晉灼曰京輔治華陰灌北也師古曰高紀言引水灌廢丘李說是也或者云漢王自彭城敗還始灌廢丘此時未也此說非矣彭城還更灌廢丘始平定之無廢丘此時已當灌矣)至櫟陽賜食邑杜之樊鄉(師古曰杜縣之樊鄉也今曰樊川)從攻項籍屠煮棗(晉灼曰地理志無也清河有煮棗城功臣表有煮棗侯師古曰既云攻項籍屠煮棗則其地當在大河之南非清河之城明矣但未詳其處耳)擊破王武程處軍於外黃攻鄒魯瑕丘薛項羽敗漢王於彭城盡復取魯梁地噲還至滎陽益食平陰二千戶以將軍守廣武一歲(師古曰即滎陽之廣武)項羽引東從高祖擊項籍下陽夏(師古曰夏音工雅反)虜楚周將軍卒四十人(師古曰周將)圍項籍陳大破之(師古曰於陳縣圍之)屠胡陵項籍死漢王即皇帝位以噲有功益食邑八百戶其秋燕

王臧荼反噲從攻虜荼定燕地楚王韓信反噲從至陳取信定楚更賜爵列侯與剖符世世勿絕食舞陽號爲舞陽侯除前所食以將軍從攻反者韓王信於代自霍人以往至雲中與絳侯等共定之益食千五百戶因擊陳豨與曼丘臣軍戰襄國破柏人先登降之定清河常山凡二十七縣殘東垣(張晏曰殘有所毀也臣瓚曰殘謂多所殺傷也師古曰瓚說是)遷爲左丞相破得綦毋卬尹潘軍於無終廣昌(師古曰姓綦毋名卬也綦音其)破豨別將胡人王黃軍代南因擊韓信軍參合軍所將卒斬韓信擊豨胡騎橫谷斬將軍趙既虜代丞相馮梁守孫奮大將

王黃將軍大將一人太僕解福等十人與諸將共定代鄉邑七十三後燕王盧綰反噲以相國擊綰破其丞相抵薊南(師古曰抵至也一說抵者其丞相之名也音丁禮反)定燕縣十八鄉邑五十一益食千三百戶定食舞陽五千四百戶從斬首百七十六級虜二百八十七人別破軍七下城五定郡六縣五十二得丞相一人將軍十三人二千石以下至三百石十二人噲以呂后弟呂須爲婦生子伉(師古曰伉音抗又音剛)故其比諸將最親先黥布反時高帝嘗病(師古曰黥布未反之前)惡見人臥禁中詔戶者無得入羣臣羣臣絳灌等莫敢入十餘日噲

迺排闥直入（師古曰闥宮中小門也一曰門屏也音土曷反）大臣隨之上獨枕一宦者卧噲等見上流涕曰始陛下與臣等起豐沛定天下何其壯也今天下已定又何憊也（師古曰憊力極也音蒲拜反）且陛下病甚大臣震恐不見臣等計事顧獨與一宦者絕乎（師古曰顧猶反也）且陛下獨不見趙高之事乎（師古曰謂始皇崩趙高矯爲詔命殺扶蘇而立胡亥）高帝笑而起其後盧綰反高帝使噲以相國擊燕是時高帝病甚人有惡噲黨於呂氏（師古曰惡謂毀譖言其罪惡也）即上一日宮車晏駕則噲欲以兵盡誅戚氏趙王如意之屬高帝大怒迺使陳平載絳侯代將而即軍中斬噲（師古曰即就也）陳平畏呂后執噲詣長安至則高帝已崩呂后釋噲（師古曰釋解也解免其罪）得復爵邑孝惠六年噲薨謚曰武侯子伉嗣而伉母呂須亦爲臨光侯高后時用事顓權（師古曰顓與專同）大臣盡畏之高后崩大臣誅呂須等因誅伉舞陽侯中絕數月孝文帝立迺復封噲庶子市人爲侯復故邑薨謚曰荒侯子佗廣嗣六歲其舍人上書言荒侯市人病不能爲人（師古曰言無人道也）令其夫人與其弟亂而生佗廣佗廣實非荒侯子下吏免平帝元始二年繼絕世封噲玄孫之子章爲舞陽侯邑千戶

酈商高陽人也（師古曰酈音歷）陳勝起商聚少年得數千人沛公略地六月餘商以所將四千人屬沛公於岐從攻長社先登賜爵封信成君從攻緱氏絕河津破秦軍雒陽東從下宛穰定十七縣別將攻旬關（師古曰漢中旬水上之關也今在洵陽縣）西定漢中（師古曰先言攻旬關定漢中然後云沛公爲漢王是則沛公從武關藍田而來商時別從西道平定漢中）沛公爲漢王賜商爵信成君以將軍爲隴西都尉別定北地郡破章邯別將於烏氏栒邑泥陽（師古曰烏氏安定縣也栒邑今在豳州泥陽北地縣氏音支栒音荀）賜食邑武城六千戶從擊項籍軍與鍾離眛戰受梁相國印（師古曰漢以梁相國印授之）益食四千戶從擊項羽二歲攻胡陵漢王即帝位燕王臧荼反商以將軍從擊荼戰龍脫（孟康曰地名也）先登陷陳破荼軍易下（師古曰今易縣）卻敵遷爲右丞相賜爵列侯與剖符世世勿絕食邑涿郡五千戶別定上谷因攻代受趙相國印（師古曰初受梁相國印今又受趙相國印）與絳侯等定代郡鴈門得代丞相程縱守相郭同（師古曰守相謂將爲相而居守者）將軍以下至六百石十九人還以將軍將太上皇衛一歲十月以右丞相擊陳豨殘東垣又從擊黥布攻其前垣（李奇曰前鋒堅蔽若垣牆也或曰軍前以大車自障若垣也師古曰二說皆非也謂攻其壁壘之前垣）陷兩陳得以破布軍更封爲曲周侯食邑五千一百戶除前所食凡別破軍三降定郡六縣七十三得丞相守相大將各一人小將二人二千石以下至

六百石十九人商事孝惠帝呂后呂后崩商疾不治事(文穎曰商有疾病不能治官事)其子寄字況與呂祿善及高后崩大臣欲誅諸呂呂祿爲將軍軍於北軍太尉勃不得入北軍於是迺使人劫商令其子寄紿呂祿呂祿信之與出游而太尉勃迺得入據北軍遂以誅諸呂商是歲薨諡曰景侯子寄嗣天下稱酈況賣友孝景時吳楚齊趙反上以寄爲將軍圍趙城七月不能下欒布自平齊來迺滅趙孝景中二年寄欲取平原君爲夫人(蘇林曰景帝王皇后母臧兒也)景帝怒下寄吏免上迺封商它子堅爲繆侯(師古曰繆所封邑名)奉商後傳至玄孫終根武帝時爲太常坐巫蠱誅國除元始中賜高祖時功臣自酈商以下子孫爵皆關內侯食邑凡百餘人

夏侯嬰沛人也爲沛廄司御每送使客還過泗上亭與高祖語未嘗不移日也嬰已而試補縣吏與高祖相愛高祖戲而傷嬰人有告高祖高祖時爲亭長重坐傷人(如淳曰爲吏傷人其罪重)告故不傷嬰(蘇林曰自告情故不傷嬰也)嬰證之移獄覆嬰坐高祖繫歲餘掠笞數百終脫高祖高祖之初與徒屬欲攻沛也(師古曰謂始亡在外未被樊噲召時)嬰時以縣令史爲高祖使上降沛一日(師古曰謂父老開城門迎高祖時也)

高祖爲沛公賜爵七大夫以嬰爲太僕常奉車(師古曰爲沛公御車)從攻胡陵嬰與蕭何降泗水監平(張晏曰胡陵平所止縣何嘗給之故與降)平以胡陵降賜嬰爵五大夫從擊秦軍碭東攻濟陽下戶牖破李由軍雍丘以兵車趣攻戰疾破之(師古曰趣讀曰促謂急速也次下亦同)賜爵執帛從擊章邯軍東阿濮陽下以兵車趣攻戰疾破之賜爵執圭從擊趙賁軍開封楊熊軍曲遇嬰從捕虜六十八人降卒八百五十人得印一匱(師古曰時自相署置官之印)又擊秦軍雒陽東以兵車趣攻戰疾賜爵封轉爲滕令(鄧展曰今沛郡公丘縣)因奉車(師古曰因此又每奉車從攻戰以至霸上)從攻定南陽戰於藍田芷陽(師古曰芷陽後爲霸陵縣)至霸上沛公爲漢王賜嬰爵列侯號昭平侯復爲太僕從入蜀漢還定三秦從擊項籍至彭城項羽大破漢軍漢王不利馳去見孝惠魯元載之漢王急馬罷虜在後(師古曰罷讀曰疲)常蹶兩兒棄之(服虔曰蹶音撥晉灼曰音足蹶物之蹶師古曰服音是)嬰常收載行面雍樹馳(服虔曰高祖欲斬之故嬰圍樹走面向樹也應劭曰古者立乘嬰恐小兒墮墜各置一面擁持之樹也蘇林曰南方謂抱小兒爲雍樹面者以首向臨之也師古曰面猶背也雍抱持之言取兩兒令面背己而抱持之以馳故云面雍樹馳服說圍樹而走義尤疏越雍讀曰擁)漢王怒欲斬嬰者十餘卒得脫而致孝惠魯元於豐漢王既至滎陽收散兵復振賜嬰食邑沂陽(師古曰沂音魚衣反)擊項籍下邑追至陳卒定楚至魯益食茲氏(師古

目茲氏縣名地理志屬太原漢王即帝位燕王臧荼反嬰從擊荼明年從至陳取楚王信更食汝陰剖符世世勿絕從擊代至武泉雲中益食千戶因從擊韓信軍胡騎晉陽旁大破之追北至平城為胡所圍七日不得通高帝使使厚遺閼氏冒頓乃開其圍一角高帝出欲馳嬰固徐行弩皆持滿外鄉師古曰故示閒暇所以固士卒心而令敵不測也鄉讀曰嚮卒以得脫師古曰卒終也益食嬰細陽千戶師古曰益其邑使食之從擊胡騎句注北大破之擊胡騎平城南三陷陳功為多賜所奪邑五百戶孟康曰時有罪過奪邑者以賜之從擊陳豨黥布軍陷陳卻敵益千戶定食汝陰六千九百戶除前所食嬰自上初起沛常為太僕竟高祖以太僕事惠帝惠帝及高后德嬰之脫孝惠魯元於下邑閒也乃賜嬰北第第一師古曰北第者近北闕之第嬰最第一也故張衡西京賦云北闕甲第當道直啓曰近我以尊異之惠帝崩以太僕事高后高后崩代王之來嬰以太僕與東牟侯入清宮廢少帝以天子法駕迎代王代邸與大臣共立文帝復為太僕八歲薨諡曰文侯傳至曾孫頗師古曰頗音普河反尚平陽公主坐與父御婢姦自殺國除初嬰為滕令奉車故號滕公及曾孫頗尚主主隨外家姓號孫公主故滕公子孫更為孫氏

灌嬰睢陽販繒者也師古曰繒者帛之總名高祖為沛公略地至雍丘章邯殺項梁而沛公還軍於碭嬰以中涓從擊破東郡尉於成武及秦軍於杠里疾鬭賜爵七大夫又從攻秦軍亳南開封曲遇戰疾力孟康曰攻戰速疾也師古曰疾急速也力強力也賜爵執帛號宣陵君從攻陽武以西至雒陽破秦軍尸北北絕河津南破南陽守齮陽城東遂定南陽郡西入武關戰於藍田疾力至霸上賜爵執圭號昌文君沛公為漢王拜嬰為郎中從入漢中十月拜為中謁者從還定三秦下櫟陽降塞王還圍章邯廢丘未拔從東出臨晉關擊降殷王定其地擊項羽將龍且魏相項佗軍定陶南疾戰破之賜嬰爵列侯號昌文侯食杜平鄉師古曰杜縣之平鄉復以中謁者從降下碭以至彭城項羽擊破漢王漢王遁而西嬰從還軍於雍丘王武魏公申徒反張晏曰故秦將降為公今反從擊破之攻下外黃西收軍於滎陽楚騎來眾漢王迺擇軍中可為騎將者皆推故秦騎士重泉人李必駱甲師古曰重泉縣名也地理志屬左馮翊習騎兵今為校尉可為騎將漢王欲拜之必甲曰臣故秦民恐軍不信臣臣願得大王左右善騎者傅之如淳曰傅音附猶言隨從者嬰雖少然數力戰迺拜嬰為中大夫令李必

騎甲爲左右校尉將郎中騎兵擊楚騎於滎陽東
大破之受詔別擊楚軍後絕其饟道師古曰饟古餉字起陽
武至襄邑擊項羽之將項冠於魯下破之所將卒
斬右司馬騎將各一人張晏曰王右方之馬左亦如之晉灼曰下所謂左右千人之騎擊破
柘公王武軍燕西師古曰柘縣名公者柘之令也王武其人姓名也燕亦縣名古南燕國也音一千反所
將卒斬樓煩將五人李奇曰樓煩縣名其人善騎射故名射士爲樓煩取其稱也師古曰解在項羽傳
連尹一人蘇林曰楚官也擊王武別將桓嬰白馬下破之所
將卒斬都尉一人以騎度河南送漢王到雒陽從
北迎相國韓信軍於邯鄲還至敖倉嬰遷爲御史
大夫三年以列侯食邑杜平鄉受詔將郎中騎兵

東屬相國韓信擊破齊軍於歷下所將卒虜車騎
將華毋傷師古曰華音下化反及將吏四十六人降下臨淄得
相田光追齊相田橫至嬴博師古曰二縣名擊破其騎所將
卒斬騎將一人生得騎將四人攻下嬴博破齊將
軍田吸於千乘斬之東從韓信攻龍且留公於假
密師古曰留縣名公留令也攻龍且及留令於假密卒斬龍且師古曰嬰所將之卒也其下亦同生得
右司馬連尹各一人樓煩將十人身生得亞將周
蘭師古曰亞次也齊地已定韓信自立爲齊王使嬰別將擊
楚將公杲於魯北破之轉南破薛郡長師古曰長亦如郡守也時每郡置長身虜騎將入攻博陽前至下相以東南僮取

慮徐師古曰僮及取慮及徐三縣名也取音趨又音秋慮音盧度淮盡降其城邑至廣
陵蘇林曰別將兵屯廣陵也師古曰此說非也謂從下相以東南盡降城邑乃至廣陵皆平定項羽使項聲
薛公郯公復定淮北嬰度淮擊破項聲郯公下邳
斬薛公下下邳壽春擊破楚騎平陽師古曰此平陽在東郡遂降
彭城虜柱國項佗師古曰佗音徒何反降留薛沛酇蕭相師古曰凡六縣也酇音才何反
攻苦譙師古曰二縣也復得亞將與漢王會頤鄉從擊
項籍軍陳下破之所將卒斬樓煩將二人虜將八
人賜益食邑二千五百戶項籍敗垓下去也嬰以
御史大夫將車騎別追項籍至東城破之所將卒
五人共斬項籍皆賜爵列侯降左右司馬各一人

卒萬二千人盡得其軍將吏下東城歷陽度江破
吳郡長吳下如淳曰雄長之長也師古曰此說非也吳郡長當時爲吳郡長嬰破之於吳下得吳守
遂定吳豫章會稽郡還定淮北凡五十二縣漢王
即帝位賜益嬰邑三千戶以車騎將軍從擊燕王
荼明年從至陳取楚王信還剖符世世勿絕食潁
陰二千五百戶從擊韓王信於代至馬邑別降樓
煩以北六縣斬代左將破胡騎將於武泉北復從
擊信胡騎晉陽下所將卒斬胡白題將一人服虔曰胡名也
又受詔并將燕趙齊梁楚車騎擊破胡騎於硰石
師古曰硰音千坐反至平城爲胡所困從擊陳豨別攻豨丞相

侯敞軍曲逆下破之卒斬敞及特將五人師古曰卒謂所將之卒也特謂獨也各獨爲將降曲逆盧奴上曲陽安國安平攻下東垣黥布反以車騎將軍先出攻布別將於相破之斬亞將樓煩將三人又進擊破布上柱國及大司馬軍又進破布別將肥銖嬰身生得左司馬一人所將卒斬其小將十人追北至淮上益邑二千五百戶布已破高帝歸定令嬰食潁陰五千戶除前所食邑凡從所得二千石二人別破軍十六降城四十六定國一郡二縣五十二得將軍二人柱國相各一人二千石十人嬰自破布歸高帝崩以列侯

事惠帝及呂后呂后崩呂祿等欲爲亂齊哀王聞之舉兵西呂祿等以嬰爲大將軍往擊之嬰至滎陽乃與絳侯等謀因屯兵滎陽風齊王以誅呂氏事師古曰風讀曰諷齊兵止不前絳侯等旣誅諸呂齊王罷兵歸嬰自滎陽還與絳侯陳平共立文帝於是益封嬰三千戶賜金千斤爲太尉三歲絳侯勃免相嬰爲丞相罷太尉官是歲匈奴大入北地上令丞相嬰將騎八萬五千擊匈奴匈奴去濟北王反詔罷嬰兵後歲餘以丞相薨諡曰懿侯傳至孫彊有罪絕武帝復封嬰孫賢爲臨汝侯奉嬰後後有罪國

除

傅寬以魏五大夫騎將從爲舍人起橫陽從攻安陽杠里趙賁軍於開封及擊楊熊曲遇陽武斬首十二級賜爵卿從至霸上沛公爲漢王賜寬封號共德君師古曰共讀曰恭從入漢中爲右騎將定三秦賜食邑雕陰孟康曰縣名屬上郡從擊項籍待懷服虔曰待高帝於懷懷縣名也師古曰地理志屬河內即今之懷州賜爵通德侯從擊項冠周蘭龍且所將卒斬騎將一人敖下師古曰敖地名敖倉蓋取此名也左氏傳曰敖鄗之閒益食邑屬淮陰張晏曰韓信也信時爲相國云淮陰者終言之也擊破齊歷下軍擊田解屬相國參殘博師古曰參曹參也博太山縣也益食邑因定齊地剖符世世勿絕封陽陵侯二千六百戶除前所食爲齊

右丞相備齊張晏曰時田橫未降故設屯備五歲爲齊相國四月擊陳豨屬太尉勃以相國代丞相噲擊豨一月徙爲代相國將屯如淳曰旣爲相國有警則將卒而屯守也師古曰此說非也時代國常有屯兵以備邊寇寬爲代相兼將此屯兵也二歲爲丞相將屯孝惠五年薨諡曰景侯傳至曾孫偃謀反誅國除

靳歙以中涓從起宛朐師古曰歙音翕宛音於元反朐音其于反攻濟陽破李由軍擊秦軍開封東斬騎千人將一人如淳曰騎將率號爲千人漢儀注邊郡置部都尉千人司馬候也首五十七級捕虜七十三人賜爵封臨平君又戰藍田北斬車司馬二人張晏曰主甲也騎長一人張晏曰騎之長首二十八級捕虜五十七人至霸上沛

公爲漢王賜爵建武侯遷騎都尉從定三秦別西擊章平軍於隴西破之定隴西六縣所將卒斬車司馬候各四人騎長十二人從東擊楚至彭城漢軍敗還保雍丘擊反者王武等略梁地別西擊邢說軍菑南破之師古曰菑縣名也後爲考城說讀曰悅身得說都尉二人司馬候十二人降吏卒四千六百八十人破楚軍滎陽東食邑四千二百戶別之河內擊趙賁軍朝歌破之所將卒得騎將二人車馬二百五十匹從攻安陽以東至棘蒲下十縣別攻破趙軍得其將司馬二人候四人降吏卒二千四百人從降下

邯鄲別下平陽身斬守相所將卒斬兵守郡一人李奇曰或以爲郡守也字反耳晉灼曰將兵郡守也師古曰當言兵郡守一人也降鄴從攻朝歌邯鄲及別擊破趙軍降邯鄲郡六縣還軍敖倉破項籍軍成皋南擊絕楚饟道起滎陽至襄邑破項冠魯下略地東至鄫郯下邳南至蘄竹邑擊項悍濟陽下還擊項籍軍陳下破之別定江陵降柱國大司馬以下八人身得江陵王致雒陽師古曰江陵王謂共敖之子共尉也得而送致於雒陽因定南郡從至陳取楚王信剖符世世勿絕定食四千六百戶爲信武侯以騎都尉從擊代攻韓信平城下還軍東垣有功遷爲車騎將軍并將

梁趙齊燕楚車騎別擊陳豨丞相敞破之師古曰侯敞因降曲逆從擊黥布有功益封定食邑五千三百戶凡斬首九十級虜百四十二人別破軍十四降城五十九定郡國各一縣二十三得王柱國各一人二千石以下至五百石三十九人高后五年薨諡曰肅侯子亭嗣有罪國除

周緤沛人也師古曰緤音息列反以舍人從高祖起沛至霸上西入蜀漢還定三秦常爲參乘賜食邑池陽師古曰即馮翊池陽縣從東擊項羽滎陽絕甬道從出度平陰遇韓信軍襄國戰有利不利終亡離上心上以緤爲信

武侯師古曰以其忠信故加此號食邑三千三百戶上欲自擊陳豨緤泣曰始秦攻破天下未曾自行今上常自行是亡人可使者乎上以爲愛我賜入殿門不趨十二年更封緤爲蒯城侯服虔曰音菅蒯之蒯蘇林曰音簿催反晉灼曰功臣表屬長沙師古曰此字從崩從邑音蒯非也呂忱音陪而楚漢春秋作憑城侯陪憑聲相近此其實也又音普肯反孝文五年薨諡曰貞侯子昌嗣有罪國除景帝復封緤子應爲鄲侯蘇林曰音多屬沛國薨諡曰康侯子仲居嗣坐爲太常有罪國除

贊曰仲尼稱犂牛之子騂且角雖欲勿用山川其舍諸師古曰論語載孔子爲弟子仲弓發此言也犂雜色騂赤色也舍置也言牛色純而角美堪爲犧牲雖以其母犂色而欲不用山川寧肯置之哉父雖不材不害子之美言士不繫於世類也語曰雖有茲

基不如逢時張晏曰鎡基鉏也言雖有田具值時乃獲信矣樊噲夏侯嬰灌嬰之徒方其鼓刀僕御販繒之時師古曰鼓刀謂屠狗豈自知附驥之尾師古曰蓋以蚊䖟為喻言託驥之尾則涉千里勤功帝籍慶流子孫哉當孝文時天下以酈寄為賣友夫賣友者謂見利而忘義也若寄父為功臣而又執劫師古曰周勃等劫其父而令寄行說雖摧呂祿以安社稷誼存君親可也

樊酈滕灌傅靳周傳第十一

張周趙任申屠傳第十二　班固　漢書四十二

祕書監上護軍琅邪縣開國子顏　師古　注

張蒼陽武人也好書律歷秦時爲御史主柱下方書 如淳曰方板也謂事在板上者也秦置柱下史蒼爲御史主其事或曰主四方文書也師古曰下云蒼自秦時爲柱下御史明習天下圖書計籍則主四方文書是也柱下居殿柱之下若今侍立御史矣 有罪亡歸及沛公略地過陽武蒼以客從攻南陽蒼當斬解衣伏質 師古曰質鍖也 身長大肥白如瓠時王陵見而怪其美士乃言沛公赦勿斬遂西入武關至咸陽沛公立爲漢王入漢中還定三秦陳餘擊走常山王張耳耳歸漢漢以蒼爲常山守從韓信擊趙蒼得陳餘趙地已平漢王以蒼爲代相備邊寇已而徙爲趙相相趙王耳耳卒相其子敖復徙相代王燕王臧荼反蒼以代相從攻荼有功封爲北平侯食邑千二百戶遷爲計相 文穎曰以能計故号曰計相師古曰專主計籍故号計相 一月更以列侯爲主計四歲 張晏曰以列侯典校郡國簿書如淳曰以其所主因以爲官号與計相同時所卒立非久施也師古曰去計相之名更號主計 是時蕭何爲相國而蒼乃自秦時爲柱下御史明習天下圖書計籍又善用筭律歷故令蒼以列侯居相府領主郡國上計者黥布反漢立皇子長爲淮南王而蒼相之十四年遷爲御史大夫

周昌者沛人也其從兄苛 師古曰苛音何 秦時皆爲泗水卒史及高祖起沛擊破泗水守監於是苛昌以卒史從沛公沛公以昌爲職志 應劭曰掌主職也鄭氏曰主旗志也師古曰志與幟同音式異反 苛爲客 張晏曰爲帳下賓客不掌官也 從入關破秦沛公立爲漢王以苛爲御史大夫昌爲中尉漢三年楚圍漢王滎陽急漢王出去而使苛守滎陽城楚破滎陽城欲令苛將苛罵曰若趣降漢王不然今爲虜矣 師古曰若汝也趣讀曰促 項羽怒亨苛漢王於是拜昌爲御史大夫常從擊破項籍六年與蕭曹等俱封爲汾陰侯苛子成以父死事封爲高景侯昌爲人強力敢直言自蕭曹等皆卑下之 師古曰下音胡稼反 昌嘗燕入奏事 孟康曰以上宴時入奏事師古曰燕謂安閑之居也 高帝方擁戚姬 師古曰擁抱也 昌還走 師古曰還謂却退也 高帝逐得騎昌項上問曰我何如主也昌仰曰陛下即桀紂之主也於是上笑之然尤憚昌及高帝欲廢太子而立戚姬子如意爲太子大臣固爭莫能得上以留侯策止而昌庭爭之強上問其說昌爲人吃 師古曰吃言之難也音訖 又盛怒曰臣口不能言然臣期期知其不可陛下欲廢太子臣期期不奉詔 師古曰以吃故重言期期 上欣然而笑即罷呂后側耳於東箱聽 師古曰正寢之東西室皆曰箱言似箱篋之形 見昌爲跪謝曰微君太子幾廢 師古曰微無也幾音鉅依反 是後戚姬子如意爲趙王年十歲高祖憂萬歲

之後不全也趙堯爲符璽御史趙人方與公（孟康曰方與縣名公其號也師古曰音房豫）謂御史大夫周昌曰君之史趙堯年雖少然奇士君必異之是且代君之位昌笑曰堯年少刀筆吏耳何至是乎居頃之堯侍高祖高祖獨心不樂悲歌羣臣不知上所以然堯進請問曰陛下所爲不樂非以趙王年少而戚夫人與呂后有隙備萬歲之後而趙王不能自全乎高祖曰我私憂之不知所出（師古曰不知計所出）堯曰陛下獨爲趙王置貴彊相及呂后太子羣臣素所敬憚者乃可高祖曰然吾念之欲如是而羣臣誰可者堯曰御史大夫

昌其人堅忍伉直自呂后太子及大臣皆素嚴憚之獨昌可高祖曰善於是召昌謂曰吾固欲煩公（師古曰固必也言必欲勞煩公）公彊爲我相趙（師古曰彊音其兩反次下亦同）昌泣曰臣初起從陛下陛下獨柰何中道而棄之於諸侯乎高祖曰吾極知其左遷（師古曰是時尊右而卑左故謂貶秩位爲左遷他皆類此）然吾私憂趙念非公無可者公不得已彊行（師古曰已止也）於是從御史大夫昌爲趙相既行久之高祖持御史大夫印弄之曰誰可以爲御史大夫者孰視堯曰無以易堯（師古曰言堯可爲之餘人不能勝也易代也）遂拜堯爲御史大夫堯亦前有軍功食邑及以御史大夫從擊陳豨有功

封爲江邑侯高祖崩太后使使召趙王其相昌令王稱疾不行使者三反昌曰高帝屬臣趙王（師古曰屬委也音之欲反）王年少竊聞太后怨戚夫人欲召趙王幷誅之臣不敢遣王王且亦疾不能奉詔太后怒迺使使召趙相相至謁太后太后罵昌曰爾不知我之怨戚氏乎而不遣趙王昌既徵高后使使召趙王王果來至長安月餘見鴆殺昌謝病不朝見三歲而薨謚曰悼侯傳子至孫意有罪國除景帝復封昌孫左車爲安陽侯有罪國除初趙堯既代周昌爲御史大夫高祖崩事惠帝終世高后元年怨堯前

定趙王如意之畫（師古曰畫謂畫策令周昌爲相）乃抵堯罪以廣阿侯任敖爲御史大夫任敖沛人也少爲獄吏高祖嘗避吏吏繫呂后遇之不謹任敖素善高祖怒擊傷主呂后吏及高祖初起敖以客從爲御史守豐二歲高祖立爲漢王東擊項羽敖遷爲上黨守陳豨反敖堅守封爲廣阿侯食邑千八百戶高后時爲御史大夫三歲免孝文元年薨謚曰懿侯傳子至曾孫越人坐爲太常廟酒酸不敬國除初任敖免平陽侯曹窋代敖爲御史大夫（師古曰窋音竹律反）高后崩與大臣共誅諸呂後坐事免以淮南相張蒼爲御史大夫蒼與

絳侯等尊立孝文皇帝四年代灌嬰爲丞相漢興二十餘年天下初定公卿皆軍吏蒼爲計相時緒正律曆(文穎曰緒尋也謂本其統緒而正之)以高祖十月始至霸上故因秦時本十月爲歲首不革(師古曰革改也)推五德之運以爲漢當水德之時上黑如故吹律調樂入之音聲及以比定律令(如淳曰比音比次之比謂五音清濁各有所比不相錯入以定十二律之法令於樂官使長行之或曰比謂比方之比音必寐反臣瓚曰謂以比故取類以定法律與條令也師古曰依如氏之說比音頻二反)若百工天下作程品(如淳曰若順也百工爲器物皆有尺寸斤兩斛斗輕重之宜使得其法此之謂順晉灼曰若豫及之辭師古曰言吹律調音以定法令及百工程品皆取則也若晉說是)至於爲丞相卒就之(師古曰卒終也就成也)故漢家言律曆者本張蒼蒼凡好書無所不觀無所不通而尤邃律曆(師古曰邃深也音先遂反)蒼德安國侯王陵(師古曰以救其死刑故也)及貴父事陵陵死後蒼爲丞相洗沐常先朝陵夫人上食然後敢歸家蒼爲丞相十餘年魯人公孫臣上書陳終始五德傳(師古曰傳謂次也音直戀反)言漢土德時其符黃龍見當改正朔易服色事下蒼蒼以爲非是罷之其後黃龍見成紀於是文帝召公孫臣以爲博士草立土德時歷制度(張晏曰以秦水德漢土勝之晉灼曰草創始也)更元年蒼由此自絀謝病稱老蒼任人爲中候(張晏曰所選舉保任也按中候官名師古曰蒼有所保舉而其人爲中候之官)大爲姦利上以爲讓(師古曰用此事責蒼)蒼遂病免孝景五年薨謚曰文侯傳子至孫類有罪國除初蒼父長不滿五尺蒼長八尺餘蒼子復長八尺及孫類長六尺餘蒼免相後口中無齒食乳女子爲乳母(師古曰言每就飲之)妻妾以百數嘗孕者不復幸年百餘歲迺卒著書十八篇言陰陽律歷事

申屠嘉梁人也以材官蹶張(如淳曰材官之多力能腳踏彊弩張之故曰蹶張律有蹶張士師古曰今之弩以手張者曰擘張以足蹋者曰蹶張蹶音厥擘音布麥反)從高帝擊項籍遷爲隊率(師古曰一隊之率也音所類反)從擊黥布爲都尉孝惠時爲淮陽守孝文元年舉故以二千石從高祖者悉以爲關內侯食邑二十四人而嘉食邑五百戶十六年遷爲御史大夫張蒼免相文帝以皇后弟竇廣國賢有行欲相之曰恐天下以吾私廣國久念不可而高帝時大臣餘見無可者(師古曰見謂見在之人)乃以御史大夫嘉爲丞相因故邑封爲故安侯嘉爲人廉直門不受私謁是時太中大夫鄧通方愛幸賞賜累鉅萬文帝常燕飲通家其寵如是是時嘉入朝而通居上旁有怠慢之禮嘉奏事畢因言曰陛下幸愛羣臣則富貴之至於朝廷之禮不可以不肅(師古曰肅敬也)上曰君勿言吾私之(師古曰言欲私戒敕之)罷朝坐府中嘉爲檄召通詣丞相府(師古曰檄木書也長二尺)不來且斬通通恐入

言上上曰汝弟往師古曰弟但也吾今使人召若師古曰若亦汝也通
至詣丞相府免冠徒跣頓首謝嘉嘉坐自如師古曰如其故
弗爲禮責曰夫朝廷者高皇帝之朝廷也通小臣
戲殿上大不敬當斬史今行斬之如淳曰嘉語其史曰今便行斬之通
頓首首盡出血不解上度丞相已困通師古曰度音徒各反使
使持節召通而謝丞相此吾弄臣君釋之鄧通既
至爲上泣曰丞相幾殺臣師古曰幾音巨依反嘉爲丞相五歲
文帝崩孝景即位二年鼂錯爲內史貴幸用事諸
法令多所請變更議以適罰侵削諸侯師古曰適讀曰謫而
丞相嘉自絀師古曰絀絀退也所言不用疾錯錯爲內史門東

出不便更穿一門南出南出者太上皇廟堧垣也
服虔曰宮外垣餘地也如淳曰堧音畏懦之懦師古曰堧音而緣反解在食貨志嘉聞錯穿宗廟垣
爲奏請誅錯客有語錯錯恐夜入宮上謁自歸上
師古曰歸首於天子至朝嘉請誅內史錯上曰錯所穿非眞廟
垣乃外堧垣故冗官居其中師古曰冗謂散輩也如今之散官音如勇反且
又我使爲之錯無罪罷朝嘉謂長史曰吾悔不先
斬錯乃請之師古曰言先斬而後奏爲錯所賣至舍因歐血而
死謚曰節侯傳子至孫臾有罪國除自嘉死後開
封侯陶青桃侯劉舍及武帝時柏至侯許昌平棘
侯薛澤武彊侯莊青翟商陵侯趙周皆以列侯繼

踵齱齱廉謹師古曰齱齱持整之貌也齱音初角反爲丞相備員而已無
所能發明功名著於世者
贊曰張蒼文好律歷爲漢名相師古曰文好律歷猶言名爲好律歷也而
專遵用秦之顓頊歷何哉張晏曰不考經典專用顓頊歷何哉師古曰何哉何爲其然哉
周昌木强人也師古曰言其強質如木石然強音其兩反任敖以舊德用張晏曰謂傷廢呂后吏申屠嘉可謂剛毅守節然無術學殆與蕭
曹陳平異矣師古曰殆近也言其識見不如蕭曹等也

張周趙任申屠傳第十二

酈陸朱劉叔孫傳第十三　班固　漢書四十三

秘書監上護軍琅邪縣開國子顏　師古　注

酈食其陳留高陽人也（師古曰食音異其音基）好讀書家貧落魄無衣食業（鄭氏曰魄音薄應劭曰志行衰惡之貌也師古曰落魄失業無次也鄭音是）爲里監門然吏縣中賢豪不敢役（師古曰吏及賢者豪者皆不敢使役食其）皆謂之狂生及陳勝項梁等起諸將徇地過高陽者數十人（師古曰徇亦略也音辭峻反）食其聞其將皆握齱好苛禮（應劭曰握齱急促之貌師古曰苛細也齱音初角反）自用不能聽大度之言食其迺自匿後聞沛公略地陳留郊沛公麾下騎士適食其里中子（服虔曰食其里中子適會作沛公騎士）沛公時時問邑中賢豪騎士歸食其見謂曰吾聞沛公嫚易人有大略此眞吾所願從游莫爲我先（師古曰先謂紹介也）若見沛公謂（師古曰謂告語也）曰臣里中有酈生年六十餘長八尺人皆謂之狂生自謂我非狂騎士曰沛公不喜儒（師古曰喜好也音許吏反）諸客冠儒冠來者沛公輒解其冠溺其中（師古曰溺讀曰尿音乃釣反）與人言常大罵未可以儒生說也食其曰第言之（師古曰第但也）騎士從容言食其所戒者（師古曰從音子容反）沛公至高陽傳舍（師古曰傳舍者人所止息前人已去後人復來轉相傳也一音張戀反謂傳置之舍也其義兩通它皆類此）使人召食其食其至入謁沛公方踞牀令兩女子洗（師古曰洗足也音先典反）而見食其食其入即長揖不拜曰足

下欲助秦攻諸侯乎欲率諸侯破秦乎沛公罵曰豎儒（師古曰言其賤劣如僮豎）夫天下同苦秦久矣故諸侯相率攻秦何謂助秦食其曰必欲聚徒合義兵誅無道秦不宜踞見長者於是沛公輟洗起衣（師古曰輟止也起衣著衣也）延食其上坐謝之食其因言六國從衡時（師古曰從音子容反衡橫也）沛公喜賜食其食問曰計安出食其曰足下起亾合之卒（師古曰亾合謂如破亾之相合雖曰聚合而不齊同）收散亂之兵不滿萬人欲以徑入彊秦此所謂探虎口者也夫陳留天下之衝四通五達之郊也（如淳曰四面往來通之并數中央凡五達也臣瓚曰四通五達言無險阻也）今其城中又多積粟臣知其令（師古曰素與其縣令相知）今請使令下足下（師古曰下降也）即不聽足下舉兵攻之臣爲內應於是遣食其往沛公引兵隨之遂下陳留號食其爲廣野君食其言弟商使將數千人從沛公西南略地食其常爲說客馳使諸侯漢三年秋項羽擊漢拔滎陽漢兵遁保鞏楚人聞韓信破趙彭越數反梁地則分兵救之（師古曰救趙及梁）韓信方東擊齊漢王數困滎陽成皐計欲捐成皐以東屯鞏雒以距楚食其因曰臣聞之知天之天者王事可成不知天之天者王事不可成王者以民爲天而民以食爲天夫敖倉天下轉輸久矣臣聞其下乃有

藏粟甚多楚人拔滎陽不堅守敖倉迺引而東令適卒分守成皋師古曰適讀曰謫謫卒謂卒之有罪謫者即所謂謫戍此乃天所以資漢方今楚易取而漢反郤自奪便師古曰不圖進取是爲自奪便利也郤音丘略反臣竊以爲過矣且兩雄不俱立楚漢久相持不決百姓騷動海內搖蕩農夫釋耒紅女下機師古曰耒手耕曲木也音盧對反紅讀曰工天下之心未有所定也願足下急復進兵收取滎陽據敖庾之粟師古曰敖庾即敖倉塞成皋之險杜太行之道師古曰太行山名在河內野王之北上黨之南行音胡剛反距飛狐之口如淳曰上黨壺關也臣瓚曰飛狐在代郡西南師古曰瓚說是壺關無飛狐之名守白馬之津以示諸侯形制之勢師古曰以地形而制服則天下知所歸矣方今燕趙以定唯齊未下今田廣據千里之齊田間將二十萬之衆軍於歷城諸田宗彊負海岱阻河濟師古曰負背也岱泰山也南近楚齊人多變詐足下雖遣數十萬師未可以歲月破也臣請得奉明詔說齊王使爲漢而稱東藩上曰善迺從其畫復守敖倉而使食其說齊王曰王知天下之所歸乎曰不知也曰知天下之所歸則齊國可得而有也若不知天下之所歸即齊國未可保也齊王曰天下何歸食其曰天下歸漢齊王曰先生何以言之曰漢王與項王戮力西面擊秦約先入咸陽者王之項王背約不與而

王之漢中項王遷殺義帝漢王起蜀漢之兵擊三秦出關而責義帝之負處收天下之兵立諸侯之後降城即以侯其將得賂則以分其士與天下同其利豪英賢材皆樂爲之用諸侯之兵四面而至蜀漢之粟方船而下師古曰方併也項王有背約之名殺義帝之負於人之功無所記於人之罪無所忘師古曰言項羽念舊惡戰勝而不得其賞拔城而不得其封非項氏莫得用事師古曰言唯任同姓之親爲人刻印玩而不能授孟康曰刻斷無復廉鍔也臣瓚曰項羽吝於爵賞玩惜侯印不能以封人師古曰韓信傳作刓此作玩其義各通孟說非也攻城得賂積財而不能賞天下畔之賢材怨之而莫爲之用故天下之士歸於漢王可坐而策也夫漢王發蜀漢定三秦涉西河之外援上黨之兵師古曰援引也音爰下井陘誅成安君破北魏師古曰謂魏豹也梁地既有魏名故謂此爲北舉三十二城此黃帝之兵非人之力天之福也今已據敖庾之粟塞成皋之險守白馬之津杜太行之阪距飛狐之口天下後服者先亡矣王疾下漢王齊國社稷可得而保也不下漢王危亡可立而待也田廣以爲然迺聽食其罷歷下兵守戰備與食其日縱酒師古曰日日縱意而飲酒韓信聞食其馮軾下齊七十餘城師古曰馮讀曰憑憑據也軾車前橫板隆起者也云憑軾者言但安坐乘車而游說不用兵衆迺夜度兵平原襲齊

齊王田廣聞漢兵至以爲食其賣己（師古曰言其與韓信通謀）迺亨食其引兵走漢十二年曲周侯酈商以丞相將兵擊黥布有功高祖舉功臣思食其食其子疥（師古曰疥音介）數將兵上以其父故封疥爲髙梁侯後更食武陽卒子遂嗣三世侯平有罪國除

陸賈楚人也以客從高祖定天下名有口辯（師古曰時人皆謂其口辯）居左右常使諸侯時中國初定尉佗平南越因王之（師古曰佗音徒河反）高祖使賈賜佗印爲南越王賈至尉佗魋結箕踞見賈（服虔曰魋音椎今兵士椎頭髻也師古曰結讀曰髻椎髻者一撮之髻其形如椎箕踞謂伸其兩脚而坐亦曰箕踞其形似箕）賈因說佗曰足下中國人親戚昆弟墳

墓在眞定今足下反天性棄冠帶（師古曰偝父母之國無骨肉之恩是反天性也）欲以區區之越與天子抗衡爲敵國（師古曰區區小貌）禍且及身矣夫秦失其正諸侯豪桀並起（師古曰正亦政也）唯漢王先入關據咸陽項籍背約自立爲西楚霸王諸侯皆屬可謂至彊矣然漢王起巴蜀鞭笞天下劫諸侯遂誅項羽五年之間海內平定此非人力天之所建也天子聞君王王南越而不助天下誅暴逆將相欲移兵而誅王天子憐百姓新勞苦且休之遣臣授君王印剖符通使君王宜郊迎北面稱臣（師古曰郊迎謂出郊而迎）乃欲以新造未集之越（師古曰集猶成也）屈彊於此（師古曰屈音其勿反屈彊謂不柔服也）漢誠聞之掘燒君王先人冢墓夷種宗族（師古曰夷平也謂平除其種族）使一偏將將十萬衆臨越即越殺王降漢如反覆手耳（師古曰言其易）於是佗迺蹶然起坐（師古曰蹶然驚起之貌也音厥）謝賈曰居蠻夷中久殊失禮義因問賈曰我孰與蕭何曹參韓信賢（師古曰與如也）賈曰王似賢也復問曰我孰與皇帝賢賈曰皇帝起豐沛討暴秦誅彊楚爲天下興利除害繼五帝三王之業統天下理中國中國之人以億計地方萬里居天下之膏腴人衆車轝萬物殷富政由一家自天地剖判未始有也（師古曰言自開闢以來未嘗有也）今王衆不過數萬

皆蠻夷崎嶇山海閒（師古曰崎音丘宜反嶇音區）譬若漢一郡王何乃比於漢佗大笑曰吾不起中國故王此使我居中國何遽不若漢（師古曰言有何迫促而不如漢也遽音其庶反）迺大說賈（師古曰說讀曰悅謂愛悅之）留與飲數月曰越中無足與語至生來令我日聞所不聞（師古曰言素所不聞者日聞之）賜賈橐中裝直千金（張晏曰珠玉之寶也裝裹也如淳曰明月珠之屬也師古曰有底曰囊無底曰橐言其寶物質輕而價重可入囊橐以齎行故曰橐中裝也）它送亦千金（蘇林曰非橐中物故曰它送也師古曰它猶餘也）賈卒拜佗爲南越王令稱臣奉漢約歸報高帝大說（師古曰說讀曰悅）拜賈爲太中大夫賈時時前說稱詩書高帝罵之曰乃公居馬上得之安事詩書賈曰馬上得之寧可以馬

上治乎且湯武逆取而以順守之文武並用長久之術也昔者吳王夫差智伯極武而亡師古曰夫差吳王闔閭子也好用兵卒爲越所滅智伯晉卿荀瑶也貪而好勝率韓魏共攻趙襄子襄子與韓魏約反而滅之夫音扶差音楚宜反秦任刑法不變卒滅趙氏鄭氏曰秦之先造父封於趙城其後以爲姓張晏曰莊襄王爲質於趙還爲太子遂稱趙氏師古曰據秦本紀鄭說是鄉使秦以并天下行仁義法先聖陛下安得而有之師古曰鄉讀曰嚮嚮安焉也高帝不懌師古曰懌和樂也有慙色謂賈曰試爲我著秦所以失天下吾所以得之者師古曰著明也謂作書明言之及古成敗之國賈凡著十二篇每奏一篇高帝未嘗不稱善左右呼萬歲稱其書曰新語師古曰其書今見存孝惠時呂太后用事欲王諸呂畏大臣及有口者師古曰有口謂辯士賈自度不能爭之師古曰度音徒各反迺病免以好畤田地善往家焉師古曰好畤即今雍州好畤縣有五男乃出所使越橐中裝賣千金分其子子二百金令爲生產賈常乘安車駟馬從歌鼓瑟侍者十人寶劒直百金謂其子曰與女約過女女給人馬酒食極欲十日而更師古曰又改向一子處所死家得寶劒車騎侍從者一歲中以往來過它客率不過再過師古曰非徒至諸子所又往來經過佗處爲賓客率計一歲之中每子不過再過至也上過音工禾反數擊鮮毋久溷女爲也服虔曰溷辱也吾常行數擊新美食不久辱汝也師古曰鮮謂新殺之肉也溷亂也言我至之時汝宜數數擊殺牲牢與我鮮食我不久住亂累汝也數音所角反溷音下困反呂太后時王諸呂諸呂擅權欲劫少主

危劉氏右丞相陳平患之力不能爭恐禍及己平嘗燕居深念師古曰念思也以國家不安故靜居獨處思其方策賈往不請直入坐師古曰言不因門人將命而徑入自坐陳平方念不見賈師古曰思慮之際故不覺賈至賈曰何念深也平曰生揣我何念孟康曰揣度也韋昭曰揣音初委反賈曰足下位爲上相食三萬戶侯可謂極富貴無欲矣然有憂念不過患諸呂少主耳陳平曰然爲之柰何賈曰天下安注意相天下危注意將將相和則士豫附師古曰豫素也士豫附天下雖有變則權不分權不分爲社稷計在兩君掌握耳臣常欲謂太尉絳侯師古曰謂者與之言絳侯與我戲易吾言師古曰言絳侯與我相戲狎輕易其言耳君何不交驩太尉深相結爲陳平畫呂氏數事平用其計乃以五百金爲絳侯壽厚具樂飲太尉師古曰厚爲共具而與太尉樂飲太尉亦報如之兩人深相結呂氏謀益壞陳平乃以奴婢百人車馬五十乘錢五百萬遺賈爲食飲費賈以此游漢廷公卿閒師古曰廷謂朝廷名聲籍甚孟康曰言狼籍甚盛及誅呂氏立孝文賈頗有力孝文即位欲使人之南越丞相平乃言賈爲太中大夫往使尉佗去黃屋稱制師古曰黃屋謂車上之蓋也黃屋及稱制皆天子之儀故令去之令比諸侯皆如意指語在南越傳陸生竟以壽終

朱建楚人也故嘗爲淮南王黥布相有罪去後復

事布布欲反時問建建諫止之布不聽聽梁父侯遂反如淳曰遂者布臣也臣瓚曰布用梁甫侯之計而遂反師古曰瓚說是也漢既誅布聞建諫之高祖賜建號平原君家徙長安爲人辯有口刻廉剛直行不苟合義不取容辟陽侯行不正得幸呂太后師古曰審食其欲知建師古曰欲與相知建不肯見及建母死貧未有以發喪方假貣服具師古曰貣音土得反陸賈素與建善乃見辟陽侯賀曰平原君母死辟陽侯曰平原君母死何乃賀我陸生曰前日君侯欲知平原君平原君義不知君以其母故張晏曰相知當同恤災危以母在故義不知君也今其母死君誠厚送喪則彼爲君死矣辟陽侯迺奉

百金稅師古曰贈終者之衣被曰稅言以百金爲衣被之具稅音式芮反其字從衣列侯貴人以辟陽侯故往賻凡五百金師古曰布帛曰賻久之人或毀辟陽侯惠帝大怒下吏欲誅之太后慙不可言師古曰不可自言之大臣多害辟陽侯行欲遂誅之辟陽侯困急使人欲見建建辭曰獄急不敢見君建乃求見孝惠幸臣閎籍孺師古曰佞幸傳云高祖時則有籍孺孝惠有閎孺斯則二人皆名爲孺而姓各別今此云閎籍孺誤剩籍字後人所妄加耳說曰君所以得幸帝天下莫不聞師古曰言不以材德進今辟陽侯幸太后而下吏師古曰下音胡嫁反他皆類此道路皆言君讒欲殺之今日辟陽侯誅且日太后含怒亦誅君君何不肉袒爲辟陽侯言帝師古曰肉袒謂脫其衣袖而見肉肉袒者自挫辱之甚冀見哀憐帝聽

君出辟陽侯太后大驩兩主俱幸君君富貴益倍矣於是閎籍孺大恐從其計言帝帝果出辟陽侯辟陽侯之囚欲見建建不見辟陽侯以爲背之大怒及其成功出之大驚呂太后崩大臣誅諸呂辟陽侯於諸呂至深如淳曰辟陽侯與諸呂相親信爲罪宜誅者至深也師古曰直言辟陽侯與諸呂相知情義至深重耳如說非也卒不誅計畫所以全者皆陸生平原君之力也孝文時淮南厲王殺辟陽侯以黨諸呂故孝文聞其客朱建爲其策使吏捕欲治聞吏至門建欲自殺諸子及吏皆曰事未可知何自殺爲建曰我死禍絕不及乃身矣師古曰乃汝也遂自剄文帝聞

而惜之曰吾無殺建意也迺召其子拜爲中大夫使匈奴單于無禮罵單于遂死匈奴中

婁敬齊人也漢五年戍隴西過雒陽高帝在焉敬脫輓輅蘇林曰輅音凍洛之洛一木橫遮車前二人挽之一人推之孟康曰輅音胡格反師古曰二音同聲也見齊人虞將軍曰臣願見上言便宜虞將軍欲與鮮衣敬曰臣衣帛衣帛見師古曰衣著也帛謂繒也衣褐衣褐見師古曰此褐謂織毛布之衣不敢易衣虞將軍入言上上召見賜食已而問敬敬說曰陛下都雒陽豈欲與周室比隆哉上曰然敬曰陛下取天下與周異周之先自后稷堯封之邰師古曰邰邑名也即今武功故城是其處音吐材反積德絫善十餘世師古曰絫古累字公劉避桀居豳

大王以狄伐故去豳杖馬箠去居岐師古曰箠馬策也杖謂柱之也一云杖馬箠
者以示無所攜持也箠音止蘂反國人爭歸之及文王爲西伯斷虞芮
訟文穎曰二國爭田見文王之德而自和也師古曰虞今虞州是也芮今芮城縣是也始受命呂望伯夷自
海濱來歸之師古曰濵涯也音賓又音頻武王伐紂不期會孟津上
八百諸侯遂滅殷成王即位周公之屬傅相焉迺
營成周都雒以爲此天下中師古曰中音竹仲反諸侯四方納
貢職道里鈞矣有德則易以王無德則易以亡凡
居此者欲令務以德致人不欲阻險令後世驕奢
以虐民也及周之衰分而爲二師古曰謂東周君西周君天下莫
朝周周不能制非德薄形勢弱也今陛下起豐沛

收卒三千人以之徑往卷蜀漢定三秦與項籍戰
滎陽大戰七十小戰四十使天下之民肝腦塗地
父子暴骸中野不可勝數哭泣之聲不絕傷夷者
未起師古曰夷創也音痍而欲比隆成康之時臣竊以爲不侔
矣師古曰侔等也且夫秦地被山帶河四塞以爲固卒然有
急百萬之衆可具師古曰卒讀曰猝因秦之故資甚美膏腴
之地此所謂天府師古曰府聚也萬物所聚陛下入關而都之山
東雖亂秦故地可全而有也夫與人鬭不搤其亢
拊其背未能全勝張晏曰亢喉嚨也師古曰搤與扼同謂捉持之也亢音岡又音下郎反今陛
下入關而都按秦之故此亦搤天下之亢而拊其

背也高帝問羣臣羣臣皆山東人爭言周王數百
年秦二世則亡不如都周上疑未能決及留侯明
言入關便即日駕西都關中於是上曰本言都秦
地者婁敬婁者劉也賜姓劉氏拜爲郎中號曰奉
春君張晏曰春歲之始以其首勸都關中漢七年韓王信反高帝自往
擊至晉陽聞信與匈奴欲擊漢上大怒使人使匈
奴匈奴匿其壯士肥牛馬師古曰匿藏也徒見其老弱及羸
畜使者十輩來皆言匈奴易擊上使劉敬復往使
匈奴還報曰兩國相擊此宜夸矜見所長師古曰見示也今
臣往徒見羸胔老弱師古曰胔音漬謂死者之肉也一說胔讀曰瘠瘠瘦也此必欲

見短伏奇兵以爭利愚以爲匈奴不可擊也是時
漢兵以踰句注三十餘萬衆師古曰句注山名在鴈門兵已業行
上怒罵敬曰齊虜以舌得官迺今妄言沮吾軍師古
曰沮謂止壞也音材汝反械繫敬廣武師古曰械謂桎梏也廣武縣名屬鴈門遂往至平城
匈奴果出奇兵圍高帝白登七日然後得解高帝
至廣武赦敬曰吾不用公言以困平城吾已斬先
使十輩言可擊者矣迺封敬二千戶爲關內侯號
建信侯高帝罷平城歸韓王信亡入胡當是時冒
頓單于兵彊控弦四十萬騎師古曰控引也謂引弓也音口弄反數苦
北邊上患之問敬敬曰天下初定士卒罷於兵革

師古曰罷讀曰疲 未可以武服也冒頓殺父代立妻羣母以力爲威未可以仁義說也獨可以計久遠子孫爲臣耳然陛下恐不能爲上曰誠可何爲不能顧爲柰何 師古曰顧思念也 敬曰陛下誠能以適長公主妻單于 師古曰適讀曰嫡謂皇后所生 厚奉遺之彼知漢女送厚蠻夷必慕以爲閼氏生子必爲太子代單于何者貪漢重幣陛下以歲時漢所餘彼所鮮數問遺 師古曰鮮少也問遺謂餉饋之也鮮音息善反遺音弋季反 使辯士風諭以禮節 師古曰風讀曰諷 冒頓在固爲子壻死外孫爲單于豈曾聞孫敢與大父亢禮哉可毋戰以漸臣也若陛下不能遣長公主而令宗

室及後宮詐稱公主彼亦知不肯貴近無益也 師古曰近音其靳反 高帝曰善欲遣長公主呂后泣曰妾唯以一太子一女 師古曰言唯以此自慰 柰何棄之匈奴上竟不能遣長公主而取家人子爲公主妻單于 師古曰於外庶人之家取女而名之爲公主 使敬往結和親約敬從匈奴來因言匈奴河南白羊樓煩王 張晏曰白羊匈奴國名也 去長安近者七百里輕騎一日一夕可以至 師古曰言匈奴欲來爲寇者 秦中新破 師古曰秦中謂關中故秦地也新破謂經兵革之後未殷實 少民地肥饒可益實夫諸侯初起時非齊諸田楚昭屈景莫與 師古曰皆二國之王族 今陛下雖都關中實少人北近胡寇東有六國彊族一日有變陛下亦未得安枕而臥也臣願陛下徙齊諸田楚昭屈景燕趙韓魏後及豪桀名家且實關中無事可以備胡諸侯有變亦足率以東伐此彊本弱末之術也上曰善乃使劉敬徙所言關中十餘萬口 師古曰今高陵櫟陽諸田華陰好時諸景及三輔諸屈諸懷尚多皆此時所徙

叔孫通薛人也 晉灼曰楚漢春秋名何 師古曰薛縣名屬魯國 秦時以文學徵待詔博士 師古曰於博士中待詔 數歲陳勝起二世召博士諸儒生問曰楚戍卒攻蘄入陳於公何如博士諸生三十餘人前曰人臣無將將則反罪死無赦 臣瓚曰將謂爲逆亂也 師古曰將有其意 願陛下急發兵擊之二世怒作色 師古

曰不許其言陳勝爲反作色謂變動其色 通前曰諸生言皆非夫天下爲一家毀郡縣城鑠其兵視天下弗復用 師古曰鑠銷也視讀曰示 且明主在上法令具於下吏人人奉職四方輻輳 師古曰輳聚也言如車輻之聚於轂也字或作湊並音千豆反 安有反者此特羣盜鼠竊狗盜 師古曰如鼠之竊如狗之盜 何足置齒牙閒哉郡守尉今捕誅何足憂二世喜盡問諸生諸生或言反或言盜於是二世令御史按諸生言反者下吏非所宜言諸生言盜者皆罷之乃賜通帛二十疋衣一襲 師古曰一襲上下皆具也今人呼爲一副也 拜爲博士通已出反舍 師古曰還其所居也 諸生曰生何言之諛也通曰公不知我幾不免虎口 師古曰幾音鉅依反

迺亡去之薛薛已降楚矣及項梁之薛通從之敗定陶從懷王懷王為義帝徙長沙留事項王漢二年漢王從五諸侯入彭城通降漢王通儒服漢王憎之迺變其服服短衣楚製師古曰製謂裁衣之形製漢王喜通之降漢從弟子百餘人然無所進剸言諸故羣盜壯士進之師古曰剸與專同又音之兗反此則言專擅之急上者耳弟子皆曰事先生數年幸得從降漢今不進臣等剸言大猾何也師古曰狡猾之人通迺謂曰漢王方蒙矢石爭天下師古曰蒙猶被也冒也諸生寧能鬬乎故先言斬將搴旗之士師古曰搴拔取音騫諸生且待我我不忘矣漢王拜通為博士号稷嗣君張晏曰后稷佐唐欲令復如之

漢王已并天下諸侯共尊為皇帝於定陶通就其儀號師古曰就成也高帝悉去秦儀法為簡易羣臣飲爭功醉或妄呼師古曰呼音火故反拔劍擊柱上患之通知上益饜之說上曰夫儒者難與進取可與守成臣願徵魯諸生與臣弟子共起朝儀高帝曰得無難乎通曰五帝異樂三王不同禮禮者因時世人情為之節文者也故夏殷周禮所因損益可知者謂不相復也師古曰復重也因也音扶目反臣願頗采古禮與秦儀雜就之上曰可試為之令易知度吾所能行為之師古曰度音徒各反於是通使徵魯諸生三十餘人師古曰通為使者而徵諸生魯有兩生不肯行曰公所事者且十主皆面諛親貴今天下初定死者未葬傷者未起又欲起禮樂禮樂所由起百年積德而後可興也師古曰言行德教百年然後可定禮樂也吾不忍為公所為公所為不合古吾不行公往矣毋汙我通笑曰若真鄙儒不知時變師古曰若汝也鄙言不通遂與所徵三十人西師古曰西入關及上左右為學者師古曰左右謂近臣也為學謂素有學術與其弟子百餘人為緜蕞野外應劭曰立竹及茅索營之習禮儀其中也如淳曰謂以茅翦樹地為纂位尊卑之次也春秋傳曰置茅蕝師古曰蕞與蕝同並子悅反如說是習之月餘通曰上可試觀上使行禮曰吾能為此迺令羣臣習肄師古曰肄亦習也音弋二反會十月漢七年長樂宮成諸侯羣臣

朝十月師古曰適會七年十月而長樂宮新成也漢時尚以十月為正月故行朝歲之禮史家追書十月儀師古曰欲叙其下儀法先言儀如此也先平明師古曰未平明之前謁者治禮引以次入殿門廷中陳車騎戍卒衛官設兵張旗志師古曰志與幟同音式餌反傳曰趨師古曰傳聲教入者皆令趨謂疾行為敬也殿下郎中俠陛陛數百人師古曰俠與挾同挾其兩旁每陛皆數百人也功臣列侯諸將軍軍吏以次陳西方東鄉文官丞相以下陳東方西鄉師古曰鄉讀曰嚮大行設九賓臚句傳蘇林曰上傳語告下為臚下告上為句也韋昭曰大行掌賓客之禮今之鴻臚也九賓則周禮九儀也謂公侯伯子男孤卿大夫士也師古曰臚音廬於是皇帝輦出房百官執戟傳警師古曰傳聲而唱警引諸侯王以下至吏六百石以次奉賀自諸侯王以下莫不震恐肅敬至禮畢盡伏置

法酒師古曰法酒者猶言禮酌謂不飲之至醉諸侍坐殿上皆伏抑首師古曰抑屈也謂依禮法不敢平坐而視以尊卑次起上壽觴九行謁者言罷酒御史執法舉不如儀者輒引去竟朝置酒無敢讙譁失禮者於是高帝曰吾迺今日知爲皇帝之貴也拜通爲奉常師古曰解在百官公卿表後改爲太常也賜金五百斤通因進曰諸弟子儒生隨臣久矣與共爲儀願陛下官之高帝悉以爲郎通出皆以五百金賜諸生諸生迺喜曰叔孫生聖人知當世務九年高帝徙通爲太子太傅十二年高帝欲以趙王如意易太子通諫曰昔者晉獻公以驪姬故廢太子立奚齊晉國

亂者數十年爲天下笑秦以不早定扶蘇胡亥詐立自使滅祀此陛下所親見今太子仁孝天下皆聞之呂后與陛下攻苦食啖如淳曰食無菜茹爲啖師古曰啖當作淡淡謂無味之食也言共攻擊勤苦之事而食無味之食也淡音大敢反其可背哉陛下必欲廢適而立少師古曰適讀曰嫡臣願先伏誅以頸血汙地高帝曰公罷矣吾特戲耳師古曰特但也通曰太子天下本本壹搖天下震動柰何以天下戲高帝曰吾聽公及上置酒見留侯所招客從太子入見上遂無易太子志矣高帝崩孝惠即位迺謂通曰先帝園陵寢廟羣臣莫習從通爲奉常師古曰又重爲之也定宗廟儀法及稍定漢諸

儀法皆通所論著也惠帝爲東朝長樂宮孟康曰朝太后於長樂宮及閒往師古曰非大朝時中閒小謁見數蹕煩民師古曰妨其往來也作復道方築武庫南如淳曰作復道方始築武庫南也師古曰復音方目反通奏事因請閒師古曰請空隙之時不欲對衆言之曰陛下何自築復道高帝寢衣冠月出游高廟服虔曰持高廟中衣月旦以游於衆廟已而復之應劭曰月旦出高帝衣冠備法駕名曰游衣冠如淳曰高祖之衣冠藏在宮中之寢三月出游其道正值今之所作復道下故言乘宗廟道上行也晉灼曰黃圖高廟在長安城門街東寢在桂宮北服言衣藏於廟中如言宮中皆非也師古曰諸家之說皆未允也謂從高帝陵寢出衣冠游於高廟每月一爲之漢制則然而後之學者不曉其意謂以月出之時而夜游衣冠失之遠也子孫柰何乘宗廟道上行哉惠帝懼曰急壞之通曰人主無過舉師古曰舉事不當有過失今已作百姓皆知之矣願陛下爲原廟師古曰原重也先以有廟今更立之故云重也渭北

衣冠月出游之益廣宗廟大孝之本上乃詔有司立原廟惠帝常出游離宮通曰古者有春嘗菓方今櫻桃孰可獻師古曰禮記曰仲夏之月羞以含桃先薦寢廟即此櫻桃也今所謂朱櫻者是也櫻音於耕反願陛下出因取櫻桃獻宗廟上許之諸菓獻由此興

贊曰高祖以征伐定天下而縉紳之徒騁其知辯師古曰縉紳儒者之服也解在郊祀志並成大業語曰廊廟之材非一木之枝帝王之功非一士之略師古曰此語本出慎子信哉劉敬脫輓輅而建金城之安叔孫通舍枹鼓而立一王之儀師古曰枹者鼓椎所以擊鼓也舍枹鼓者言新罷戰陣之事別創漢代之禮故云一王之儀也枹音桴其字從木遇其時也酈生自匿監門待主然後出猶不免鼎鑊

師古曰鼎大而無足曰鑊音胡郭反朱建始名廉直既距辟陽不終其節亦以喪身陸賈位止大夫致仕諸呂師古曰以諸呂僭差託病歸家不受憂責從容平勃之間師古曰謂和輯陳平周勃以安漢朝也從音七容反附會將相以彊社稷身名俱榮其最優乎

酈陸朱劉叔孫傳第十三

淮南衡山濟北傳第十四　班固　漢書四十四

秘書監上護軍琅邪縣開國子顔　師古　注

淮南厲王長高帝少子也其母故趙王張敖美人高帝八年從東垣過趙趙王獻美人厲王母也幸有身趙王不敢内宮（師古曰不敢更内之於宮中）爲築外宮舍之（師古曰舍止也）及貫高等謀反事覺并逮治王盡捕王母兄弟美人繫之河内厲王母亦繫告吏曰日得幸上有子（師古曰日謂往日）吏以聞上方怒趙未及理厲王母厲王母弟趙兼因辟陽侯言呂后呂后妒不肯白辟陽侯不强爭厲王母已生厲王恚即自殺吏奉厲王

詣上上悔（師古曰悔不理其母）令呂后母之而葬其母眞定眞定厲王母家縣也十一年淮南王布反上自將擊滅布即立子長爲淮南王王早失母常附呂后孝惠呂后時以故得幸無患然常心怨辟陽侯不敢發及孝文初即位自以爲最親（師古曰時高帝子唯二人在）驕蹇數不奉法（師古曰蹇謂不順也）上寬赦之三年入朝甚橫（師古曰橫音胡孟反）從上入苑獵與上同輦常謂上大兄厲王有材力力扛鼎（師古曰扛舉也音江）乃往請辟陽侯辟陽侯出見之即自褏金椎椎之（師古曰褏古袖字也謂以金椎藏置褏中出而椎之）命從者刑之（如淳曰刻其形體備五刑也師古曰直斷其首非五刑也事見史記）馳詣闕下肉袒而謝曰臣

母不當坐趙時辟陽侯力能得之呂后不爭罪一也趙王如意子母無罪呂后殺之辟陽侯不爭罪二也呂后王諸呂欲以危劉氏辟陽侯不爭罪三也臣謹爲天下誅賊報母之仇伏闕下請罪文帝傷其志爲親故不治赦之當是時自薄太后及太子諸大臣皆憚厲王厲王以此歸國益恣不用漢法出入警蹕稱制自作法令數上書不遜順（師古曰數音所角反）文帝重自切責之（如淳曰重難也）時帝舅薄昭爲將軍尊重上令昭予厲王書諫數之曰（師古曰數音所具反）竊聞大王剛直而勇慈惠而厚貞信多斷是天以聖人之資

奉大王也甚盛不可不察今大王所行不稱天資皇帝初即位易侯邑在淮南者（晉灼曰侯邑在淮南者更易以它郡地封之不欲使錯在王國）大王不肯皇帝卒易之（師古曰卒終也）使大王得三縣之實甚厚大王以未嘗與皇帝相見求入朝見未畢昆弟之歡（師古曰畢盡也）而殺列侯以自爲名皇帝不使吏與其間（師古曰與讀曰豫謂不令吏干豫治其事）赦大王甚厚漢法二千石缺輒言漢補大王逐漢所置而請自置相二千石皇帝歠天下正法而許大王甚厚（蘇林曰不從正法聽王自置二千石師古曰歠古委字歠謂曲也）大王欲屬國爲布衣守冢眞定（師古曰屬謂委棄之也音之欲反）皇帝不許使王母失南面之尊甚厚（師古曰毋失不失也南面

之尊（謂王位也）大王宜日夜奉法度修貢職以稱皇帝之厚德今迺輕言恣行以負謗於天下甚非計也夫大王以千里爲宅居以萬民爲臣妾此高皇帝之厚德也高帝蒙霜露沬風雨（師古曰沬亦頮字也蒙冒也沬洗面也音胡內反字從午末之末）赴矢石野戰攻城身被創痍（師古曰痍音夷）以爲子孫成萬世之業艱難危苦甚矣大王不思先帝之艱苦日夜怵惕脩身正行養犧牲豐粢盛奉祭祀以無忘先帝之功德而欲屬國爲布衣甚過且夫貪讓國土之名輕廢先帝之業不可以言孝父爲之基而不能守不賢不求守長陵而求之眞定先母後父不誼數逆天子之令不順言節行以高兄無禮（鄭氏曰淮南王呼帝爲大兄也師古曰鄭說非也謂請守母冢自爲名節而表異行用此矜高於兄耳）幸臣有罪大者立斷小者肉刑不仁（師古曰斷謂斬也）貴布衣一劍之任賤王侯之位不知不學問大道觸情妄行不祥（師古曰任情意所欲則行之妄行行音下更反）此八者危亡之路也而大王行之棄南面之位奮諸賁之勇（應劭曰吳專諸衛孟賁也師古曰賁音奔）常出入危亡之路臣之所見高皇帝之神必不廟食於大王之手明白昔者周公誅管叔放蔡叔以安周齊桓殺其弟以反國（韋昭曰子糾兄也言弟者諱也）秦始皇殺兩弟遷其母以安秦（應劭曰始皇母與嫪毐私通生二子事覺誅毐并殺二弟遷其母於咸陽宮也）頃王亡代高帝奪

之國以便事（應劭曰頃王高帝兄仲也匈奴入代不能守走歸京師高帝奪其國退爲郃陽侯以便國法也師古曰便音頻面反）濟北舉兵皇帝誅之以安漢（應劭曰濟北王興居與大臣共誅諸呂自以功大怨其賞薄故反）故周齊行之於古秦漢用之於今大王不察古今之所以安國便事而欲以親戚之意望於大上不可得也（如淳曰大上天子也）亡之諸侯游宦事人及舍匿者論皆有法（師古曰舍匿謂容止而藏隱也）其在王所吏主者坐（師古曰言各有所主而坐其罪）今諸侯子爲吏者御史主（如淳曰主御史也自此以下至縣令主皆謂王官屬）爲軍吏者中尉主客出入殿門者衛尉大行主諸從蠻夷來歸誼及以亡名數自占者內史縣令主相欲委下吏無與其禍不可得也（師古曰言諸侯王之相欲委罪於在下小吏而身不干豫之不可得也與讀曰豫）王若不改漢繫大王邸論相以下爲之奈何夫墮父大業退爲布衣所哀（師古曰墮毀也布衣貧賤之人王既伏法則貧賤之人反哀憐之墮音火規反）幸臣皆伏法而誅爲天下笑以羞先帝之德（師古曰羞辱也）甚爲大王不取也宜急改操易行上書謝罪曰臣不幸早失先帝少孤呂氏之世未嘗忘死（服虔曰常恐畏死也）陛下即位臣怙恩德驕盈行多不軌（師古曰軌法也）追念辠過恐懼伏地待誅不敢起皇帝聞之必喜大王昆弟歡欣於上羣臣皆得延壽於下上下得宜海內常安願孰計而疾行之行之有疑禍如發矢不可追已（師古曰發矢喻速也已語終辭）王得書不

說師古曰說讀曰悅六年令男子但等七十人與棘蒲侯柴
武太子奇謀以輂車四十乘反谷口孟康曰谷口在長安北故縣也劇多
喻阻師古曰輂車人輓行以載兵器也令人使閩越匈奴事覺治之迺使
使召淮南王王至長安丞相張蒼典客馮敬行御
史大夫事與宗正廷尉雜奏長廢先帝法不聽天
子詔居處無度為黃屋蓋擬天子師古曰擬比也擅為法令
不用漢法及所置吏以其郎中春為丞相收聚漢
諸侯人及有罪亡者匿與居為治家室賜與財物
爵祿田宅爵或至關內侯奉以二千石所當得如淳
曰賜亡畔來者如賜其國二千石也臣瓚曰奉畔者以二千石之秩祿也師古曰瓚說是也奉音扶用反大夫但張晏曰大夫姓

也上云男子但明其本姓大夫也如淳曰但大夫名也師古曰既曰大夫但又士伍開章明其為大夫也上言男子但等者摠謂反人耳不妨
但為大夫也士伍開章等七十人如淳曰律有罪失官爵稱士伍也開章名與棘蒲
侯太子奇謀反欲以危宗廟社稷謀使閩越及匈
奴發其兵事覺長安尉奇等往捕開章長匿不予
與故中尉蕑忌謀殺以閉口師古曰姓蕑名忌蕑音姦嚴助傳作閒字音同耳今流俗
書本此蕑字或有作簡者非也蓋後人所改既殺開章所有口語皆無端緒故云閉口為棺槨衣衾葬之
肥陵師古曰肥陵地名在肥水之上謾吏曰不知安在師古曰謾誑也實葬肥陵誑云不知處謾音慢
又音莫連反次下亦同又陽聚土樹表其上曰開章死葬此下師古
曰表者豎木為之若柱形也及長身自賊殺無罪者一人令吏論殺
無罪者六人為亡命棄市詐捕命者以除罪晉灼

曰亡命者當棄市而王藏之詐捕不命者而言命以脫命者之罪師古曰為音于偽反擅罪人無告劾繫
治城旦以上十四人赦免罪人死罪十八人城旦
舂以下五十八人賜人爵關內侯以下九十四人
前日長病陛下心憂之使使者賜棗脯長不肯見
拜使者南海民處廬江界中者反淮南吏卒擊之
陛下遣使者齎帛五十匹以賜吏卒勞苦者長不
欲受賜謾曰無勞苦者南海王織上書獻璧帛皇
帝忌擅燔其書不以聞文穎曰忌蕑忌也吏請召治忌長不
遣謾曰忌病長所犯不軌當棄市臣請論如法制
曰朕不忍置法於王其與列侯吏二千石議列侯

吏二千石臣嬰等四十三人議皆曰宜論如法制
曰其赦長死罪廢勿王有司奏請處蜀嚴道邛郵
張晏曰嚴道蜀郡縣也邛郵置名也師古曰郵行書之舍音尤遣其子子母從居師古曰子母者所生
子之姬妾縣為築蓋家室皆日三食給薪菜鹽炊食器
席蓐師古曰炊器釜甑之屬食器盂椀之屬制曰食長給肉日五斤師古曰食音飤
酒二斗令故美人材人得幸者十人從居師古曰上言子母則
有子者令從之今此云美人材人則無子者則亦令從之於是盡誅所與謀者迺遣長
載以輜車師古曰輜衣車也音甾令縣次傳爰盎諫曰上素驕
淮南王不為置嚴相傅以故至此且淮南王為人
剛今暴摧折之臣恐其逢霧露病死陛下有殺弟

之名桼何上曰吾特苦之耳令復之師古曰暫困苦之令其自悔卽追還也復音扶目反淮南王謂侍者曰誰謂乃公勇者吾以驕不聞過故至此迺不食而死縣傳者不敢發車封孟康曰檻車有封也至雍師古曰雍扶風雍縣雍令發之以死聞上悲哭謂爰盎曰吾不從公言卒亡淮南王盎曰淮南王不可柰何願陛下自寬上曰爲之柰何曰獨斬丞相御史以謝天下迺可上卽令丞相御史逮諸縣傳淮南王不發封餽侍者師古曰逮追捕之也餽亦饋字耳皆棄市迺以列侯葬淮南王于雍置守冢三十家孝文八年憐淮南王王有子四人年皆七八歲迺封子安爲阜陵

侯子勃爲安陽侯子賜爲陽周侯子良爲東城侯十二年民有作歌歌淮南王曰一尺布尚可縫一斗粟尚可舂兄弟二人不相容孟康曰尺帛斗粟猶尚不弃況於兄弟而更相逐乎臣瓚曰一尺帛可縫而共衣一斗粟可舂而共食況以天下之廣而不相容也師古曰瓚說是上聞之曰昔堯舜放逐骨肉周公殺管蔡師古曰鯀及共工皆堯舜之同姓故云骨肉天下稱聖不以私害公天下豈以爲我貪淮南地邪迺徙城陽王王淮南故地而追尊淮南王爲厲王置園如諸侯儀十六年上憐淮南王廢法不軌自使失國早夭迺徙淮南王喜復王故城陽而立厲王三子王淮南故地三分之阜陵侯安爲淮南王安

陽侯勃爲衡山王陽周侯賜爲廬江王東城侯良前薨無後孝景三年吳楚七國反吳使者至淮南王欲發兵應之其相曰王必欲應吳臣願爲將王迺屬之師古曰屬謂以兵委之也屬音之欲反相已將兵因城守不聽王而爲漢漢亦使曲城侯將兵救淮南晉灼曰功臣表蟲達也師古曰晉說非此蟲達之子耳名捷蟲已先薨也淮南以故得完吳使者至廬江廬江王不應而往來使越至衡山衡山王堅守無二心孝景四年吳楚已破衡山王朝上以爲貞信迺勞苦之師古曰勞音來到反曰南方卑溼徙王王於濟北以褒之及薨遂賜謚爲貞王廬江王以邊越數使使相交

師古曰邊越者邊界與越相接徙爲衡山王王江北淮南王安爲人好書鼓琴不喜弋獵狗馬馳騁師古曰喜音許吏反亦欲以行陰德拊循百姓流名譽招致賓客方術之士數千人作爲內書二十一篇外書甚衆又有中篇八卷言神仙黃白之術張晏曰黃黃金白白銀也亦二十餘萬言時武帝方好藝文以安屬爲諸父師古曰安於天子服屬爲從父叔父辯博善爲文辭甚尊重之每爲報書及賜師古曰賜賜書問也常召司馬相如等視草迺遣師古曰草謂爲文之藁草初安入朝獻所作內篇新出上愛祕之使爲離騷傳師古曰傳謂解說之若毛詩傳旦受詔日食時上又獻頌德及長安

都國頌每宴見談說得失及方技賦頌昏暮然後罷安初入朝雅善太尉武安侯師古曰田蚡武安侯迎之霸上與語曰方今上無太子王親高皇帝孫行仁義天下莫不聞宮車一日晏駕非王尚誰立者淮南王大喜厚遺武安侯寶賂其羣臣賓客江淮閒多輕薄以厲王遷死感激安建元六年彗星見淮南王心怪之或說王曰先吳軍時彗星出長數尺然尚流血千里今彗星竟天天下兵當大起王心以爲上無太子天下有變諸侯並爭愈益治攻戰具積金錢賂遺郡國游士妄作妖言阿諛王王喜

多賜予之王有女陵慧有口師古曰性慧了而口辯王愛陵多予金錢爲中詗長安孟康曰詗音偵西方人以反閒爲詗王使其女爲偵於中也如淳曰詗音朽政反師古曰詗有所候伺也如音是矣偵者義與詗同然音則異音五政反約結上左右元朔二年上賜淮南王几杖不朝后荼愛幸師古曰荼者后名也音塗生子遷遷爲太子取皇太后外孫脩成君女爲太子妃服虔曰武帝異姓姊之女也應劭曰脩成君王太后先適金氏女也王謀爲反具畏太子妃知而內泄事迺與太子謀令詐不愛三月不同席王陽怒太子閉使與妃同內終不近妃妃求去王迺上書謝歸之后荼太子遷及女陵擅國權奪民田宅妄致繫人師古曰致至也牽引而致之太子學用劒自以爲人莫及

聞郎中雷被巧師古曰被音皮義反巧者言用劒也召與戲被壹再辭讓誤中太子師古曰中音竹仲反太子怒被恐此時有欲從軍者輒詣長安被即願奮擊匈奴太子數惡被師古曰謂譖毀之於王也王使郎中令斥免欲以禁後師古曰令後人更不敢效之元朔五年被遂亡之長安上書自明事下廷尉河南河南治師古曰章下廷尉及河南令於河南雜治其事逮淮南太子師古曰追赴河南也王王后計欲毋遣太子師古曰王與王后共計也遂發兵計未定猶與十餘日師古曰與讀曰豫會有詔即訊太子師古曰即就也訊問也就淮南問之不逮詣河南淮南相怒壽春丞留太子逮不遣如淳曰丞順王意不遣太子應逮書劾不敬王請相相不聽王使人上書告相事下廷尉治

從迹連王師古曰從讀曰蹤王使人候司師古曰入京師候司其事漢公卿請逮捕治王王恐欲發兵太子遷謀曰漢使即逮王令人衣衞士衣持戟居王旁有非是者即刺殺之臣亦使人刺殺淮南中尉迺舉兵未晚也是時上不許公卿而遣漢中尉宏即訊驗王師古曰即亦就也王視漢中尉顏色和問斥雷被事耳自度無何師古曰自討度更無罪度音徒各反不發中尉還以聞公卿治者曰淮南王安雍閼奮擊匈奴者雷被等格明詔師古曰雍讀曰壅格音閣謂攱閣不行之當弃市詔不許請廢勿王上不許請削五縣可二縣使中尉宏赦其罪罰以削地中尉入淮南界宜

言赦王王初聞公卿請誅之未知得削地聞漢使來恐其捕之迺與太子謀如前計中尉至即賀王王以故不發其後自傷曰吾行仁義見削地寡人甚恥之為反謀益甚諸使者道長安來師古曰道從也為妄言言上無男即喜言漢廷治有男即怒師古曰漢廷治者朝廷皆治理也治音丈吏反以為妄言非也師古曰云治及有男皆妄言耳非真實也日夜與左吳等按輿地圖蘇林曰輿猶盡載之意部署兵所從入王曰上無太子宮車即晏駕大臣必徵膠東王不即常山王諸侯並爭吾可以無備乎且吾高帝孫親行仁義陛下遇我厚吾能忍之萬世之後吾寧能北面事

豎子乎王有孽子不害最長師古曰孽庶也王不愛后太子皆不以為子兄數如淳曰后不以為子太子不以為兄秩數不害子建材高有氣常怨望太子不省其父服虔曰不省錄著兄弟數中也時諸侯皆得分子弟為侯師古曰分國邑以封之淮南王有兩子一子為太子而建父不得為侯陰結交師古曰與外人交通為援欲害太子以其父代之太子知之數捕繫笞建建具知太子之欲謀殺漢中尉即使所善壽春嚴正上書天子曰毒藥苦口利病忠言逆耳利行今淮南王孫建材能高淮南王后荼荼子遷常疾害建建父不害無罪擅數繫欲殺之今建在可徵問具知淮南王陰

事書既聞上以其事下廷尉河南治是歲元朔六年也故辟陽侯孫審卿善丞相公孫弘怨淮南厲王殺其大父陰求淮南事而搆之於弘弘迺疑淮南有畔逆計深探其獄張晏曰探窮其根原河南治建辭引太子及黨與初王數以舉兵謀問伍被被常諫之以吳楚七國為效師古曰言反事不成王引陳勝吳廣被復言形勢不同必敗亡及建見治王恐國陰事泄欲發復問被被為言發兵權變語在被傳於是王銳欲發師古曰王意欲發兵如鋒刃之銳利故云銳也乃令官奴入宮中作皇帝璽丞相御史大夫將軍吏中二千石都官令丞印及旁近

郡太守都尉印漢使節法冠師古曰法冠御史冠也本楚王冠秦滅楚以其君冠賜御史欲如伍被計使人為得罪而西蘇林曰詐作得罪人而西也師古曰為得罪之狀而去也西謂如京師也事大將軍丞相一日發兵即刺大將軍衛青師古曰發兵謂王發兵反而說丞相弘下之如發蒙耳如淳曰以物蒙覆其頭而為發去之則其人欲之耳晉灼曰如發去物上之蒙直取其易也師古曰晉說是欲發國中兵恐相二千石不聽王迺與伍被謀為失火宮中相二千石救火因殺之又欲令人衣求盜衣師古曰求盜卒之掌逐捕賊盜者持羽檄從南方來師古曰羽檄徵兵之書也解在高紀呼言曰南越兵入師古曰呼音火故反欲因以發兵迺使人之廬江會稽為求盜未決廷尉以建辭連太子遷聞上遣廷尉監與淮南

中尉逮捕太子至淮南王聞與太子謀召相二千石欲殺而發兵召相相至內史以出爲解師古曰不應召而云已出也解者解說也若今言分疏矣中尉曰臣受詔使不得見王王念獨殺相而內史中尉不來無益也卽罷相師古曰遣出去計猶與未決師古曰與讀曰豫太子念所坐者謀殺漢中尉所與謀殺者已死以爲口絕乃謂王曰羣臣可用者皆前繫今無足與舉事者王以非時發恐無功臣願會逮師古曰會謂應逮書而往也王亦偷欲休卽許太子太子自刑不殊晉灼曰不殊不死也師古曰殊絕也雖自刑殺而身首不絕也伍被自詣吏具告與淮南王謀反吏因捕太子王后圍王宮盡捕王賓客在國中者索得反具以聞師古曰索搜也音山客反上下公卿治所連引與淮南王謀反列侯二千石豪桀數千人皆以罪輕重受誅衡山王賜淮南王弟當坐收有司請逮捕衡山王上曰諸侯各以其國爲本不當相坐與諸侯王列侯議趙王彭祖列侯讓等四十三人皆曰淮南王安大逆無道謀反明白當伏誅膠西王端議曰安廢法度行邪辟師古曰辟讀曰僻下皆類此有詐僞心以亂天下營惑百姓師古曰營謂回繞之背畔宗廟妄作妖言春秋曰臣毋將將而誅安罪重於將謀反形已定臣端所見其書印圖及它逆亡道事驗明

白當伏法論國吏二百石以上及比者師古曰謂眞二百石及秩比二百石以上宗室近幸臣不在法中者不能相教當免師古曰若今有重罪自從其法縱無反狀者亦皆免削爵爲士伍毋得官爲吏者其非吏它贖死金二斤八兩蘇林曰非吏故曰它師古曰爲近幸之人非吏人者以章安之罪師古曰章明也使天下明知臣子之道毋敢復有邪僻背畔之意丞相弘廷尉湯等以聞上使宗正以符節治王未至安自刑殺后太子諸所與謀皆收夷國除爲九江郡師古曰夷謂誅滅之

衡山王賜后乘舒生子三人長男爽爲太子次女無采少男孝姬徐來生子男女四人美人厥姬生子二人淮南衡山相責望禮節閒不相能師古曰兄弟相責故有嫌衡山王聞淮南王作爲畔逆具亦心結賓客以應之恐爲所并元光六年入朝謁者衛慶有方術欲上書事天子王怒故劾慶死罪彊榜服之師古曰榜擊也擊笞之令其自服死罪也榜音彭內史以爲非是卻其獄師古曰卻退也音丘略反王使人上書告內史內史治言王不直師古曰內史被治而具言王之意狀又數侵奪人田壞人冢以爲田有司請逮治衡山王上不許爲置吏二百石以上如淳曰漢儀注吏四百石已下自除國中今以王之惡天子皆爲置衡山王以此恚與奚慈張廣昌謀求能爲兵法候星氣者日夜縱臾王謀反事如淳曰臾讀曰勇縱臾猶言勉強也師古

曰縱音子勇反縱臾謂奬勸也后乘舒死立徐來爲后厥姬俱幸兩人相妬厥姬乃惡徐來於太子師古曰惡謂讒毀之也下皆類此曰徐來使婢蠱殺太子母太子心怨徐來徐來兄至衡山太子與飲以刃刑傷之后以此怨太子數惡之於王女弟無采嫁弃歸師古曰爲夫所弃而歸也與客姦太子數以數讓之師古曰上數音所角反下數音所具反無采怒不與太子通后聞之即善遇無采及孝孝少失母附后后以計愛之師古曰非心實慈念但以事計須擁之與共毀太子王以故數繫笞太子元朔四年中人有賊傷后假母者師古曰繼母也一曰父之旁妻王疑太子使人傷之笞太子後王病太子時稱病不侍孝

無采惡太子實不病自言有喜色王於是大怒欲廢太子而立弟孝后知王決廢太子又欲并廢孝后有侍者善舞王幸之后欲令與孝亂以汚之欲并廢二子而以己子廣代之太子知之念后數惡己無已時師古曰已止也數見讒譖無休止欲與亂以止其口后飲太子太子前爲壽因據后股求與卧后怒以告王王迺召欲縛笞之太子知王常欲廢己而立孝迺謂王曰孝與王御者姦無采與奴姦王強食請上書即背王去王使人止之莫能禁王迺自追捕太子太子妄惡言王械繫宮中孝日益以親幸王奇

孝材能迺佩之王印號曰將軍令居外家多給金錢招致賓客賓客來者微知淮南衡山有逆計皆將養勸之師古曰將讀曰奬王迺使孝客江都人枚赫陳喜作輣車鍛矢刻天子璽將相軍吏印王日夜求壯士如周丘等師古曰下邳人吳王反時請得漢節下下邳者數稱引吳楚反時計畫約束衡山王非敢效淮南王求即天子位畏淮南起并其國以爲淮南已西發兵定江淮閒而有之望如是元朔五年秋當朝六年過淮南淮南王迺昆弟語師古曰爲相親愛之言除前隙約束反具師古曰共契約爲反具衡山王即上書謝病上賜不朝迺使人上書請廢太

子爽立孝爲太子爽聞即使所善白嬴之長安上書言衡山王與子謀逆言孝作兵車鍛矢與王御者姦至長安未及上書即吏捕嬴以淮南事繫師古曰漢有司捕繫之王聞之恐其言國陰事即上書告太子以爲不道事下沛郡治元狩元年冬有司求捕與淮南王謀反者得陳喜於孝家吏劾孝首匿喜師古曰爲頭首而藏匿之孝以爲陳喜雅數與王計反師古曰數音所角反恐其發之聞律先自告除其罪又疑太子使白嬴上書發其事即先自告所與謀反者枚赫陳喜等廷尉治事驗請逮捕衡山王治上曰勿捕遣中尉安大行

息即問王師古曰就問之王具以情實對吏皆圍王宮守之
中尉大行還以聞公卿請遣宗正大行與沛郡雜
治王王聞即自殺孝先自告反告除其罪師古曰先告有反謀
又告人與己反而自得除反罪孝坐與王御婢姦及后徐來坐蠱前后
乘舒及太子爽坐告王父不孝皆棄市諸坐與王
謀反者皆誅國除為郡
濟北貞王勃者景帝四年徙徙二年因前王衡山
凡十四年薨子式王胡嗣五十四年薨子寬嗣十
二年寬坐與父式王后光姬孝兒姦詩人倫師古曰詩亂也
音布內反又祠祭祝詛上有司請誅上遣大鴻臚利召

王王以刃自剄死國除為北安縣屬泰山郡
贊曰詩云戎狄是膺荊舒是懲師古曰此魯頌閟宮之章也膺當也懲艾也荊楚也
舒羣舒也言北有戎狄南有荊舒土俗彊獷好為寇亂常須以兵膺當而懲艾也信哉是言也淮南衡
山親為骨肉疆土千里列在諸侯不務遵蕃臣職
以丞輔天子而剸懷邪辟之計師古曰剸與專同音之兗反謀為畔
逆仍父子再亡國師古曰仍頻也各不終其身此非獨王也
亦其俗薄臣下漸靡使然師古曰靡謂相隨從夫荊楚剽輕好
作亂迺自古記之矣師古曰剽音匹妙反

淮南衡山濟北王傳第十四

蒯伍江息夫傳第十五　班固　漢書四十五

秘書監上護軍琅邪縣開國子顔　師古　注

蒯通范陽人也師古曰涿郡之縣也舊屬燕通本燕人後游於齊故高祖云齊辯士蒯通本與武帝同諱師古曰本名徹其後史家追書爲通楚漢初起武臣略定趙地號武信君通說范陽令徐公曰臣范陽百姓蒯通也竊閔公之將死故弔之雖然賀公得通而生也徐公再拜曰何以弔之通曰足下爲令十餘年矣殺人之父孤人之子斷人之足黥人之首甚衆慈父孝子所以不敢事刃於公之腹者畏秦法也李奇曰東方人以物臿地中爲事師古曰事音側吏反字本作傳周官考工記又作菑音皆同耳今天下大亂秦

政不施師古曰施設也立也然則慈父孝子將爭接刃於公之腹以復其怨而成其名師古曰復猶報也音扶目反此通之所以弔者也曰何以賀得子而生也曰趙武信君不知通不肖使人候問其死生通且見武信君而說之師古曰今將欲見之曰必將戰勝而後略地攻得而後下城臣竊以爲殆矣師古曰殆危也用臣之計毋戰而略地不攻而下城傳檄而千里定可乎彼將曰何謂也師古曰彼謂武信君也臣因對曰范陽令宜整頓其士卒以守戰者也怯而畏死貪而好富貴故欲以其城先下君先下君而君不利之則邊地之城皆將相告曰范陽令先

降而身死必將嬰城固守孟康曰嬰以城自繞皆爲金城湯池不可攻也師古曰金以喻堅湯喻沸熱不可近爲君計者莫若以黃屋朱輪迎范陽令使馳騖於燕趙之郊師古曰令衆皆見則邊城皆將相告曰范陽令先下而身富貴必相率而降猶如阪上走丸也師古曰言乘勢便易此臣所謂傳檄而千里定者也徐公再拜具車馬遣通通遂以此說武臣武臣以車百乘騎二百侯印迎徐公燕趙聞之降者三十餘城如通策焉後漢將韓信虜魏王破趙代降燕定三國引兵將東擊齊未度平原聞漢王使酈食其說下齊信欲止通說信曰將軍受詔擊

齊而漢獨發閒使下齊寧有詔止將軍乎師古曰閒使謂使人伺閒隙而單行何以得無行且酈生一士伏軾掉三寸舌下齊七十餘城師古曰掉搖也音徒釣反將軍將數萬之衆迺下趙五十餘城爲將數歲反不如一豎儒之功乎於是信然之從其計遂度河齊已聽酈生即留之縱酒罷備漢守禦信因襲歷下軍遂至臨菑齊王以酈生爲欺己而亨之因敗走信遂定齊地自立爲齊假王漢方困於滎陽遣張良即立信爲齊王以安固之項王亦遣武涉說信欲與連和蒯通知天下權在信欲說信令背漢乃先微感信曰僕嘗受相

人之術相君之面不過封侯又危而不安相君之背貴而不可言（張晏曰言背者云背畔則大貴）信曰何謂也通因請閒（師古曰不欲顯言故請閒隙而私說）曰天下初作難也俊雄豪桀建號壹呼（師古曰建號者自立為侯王呼音火故反）天下之士雲合霧集魚鱗雜遝（師古曰雜遝猶雜沓言相雜而累積）飄至風起（師古曰飄讀曰猋謂疾風音必遥反）當此之時憂在亡秦而已（師古曰志滅秦所憂者唯此）今劉項分爭使人肝腦塗地流離中野不可勝數漢王將數十萬衆距鞏雒岨山河一日數戰亡尺寸之功折北不救（師古曰折挫也北奔也不救謂無援助也）敗滎陽傷成皋（張晏曰於成皋戰傷胷也）還走宛葉之閒此所謂智勇俱困者也楚人起彭城轉鬬逐北至滎陽

乘利席勝威震天下（師古曰席因也若人之在席上）然兵困於京索之閒（師古曰索音山客反）迫西山而不能進三年於此矣（師古曰至今已三年）銳氣挫於險塞粮食盡於內藏百姓罷極無所歸命（師古曰罷讀曰疲）以臣料之（師古曰料量也）非天下賢聖其埶固不能息天下之禍當今之時兩主縣命足下足下為漢則漢勝與楚則楚勝臣願披心腹墮肝膽（師古曰墮毀也音火規反）效愚忠恐足下不能用也方今為足下計莫若兩利而俱存之參分天下鼎足而立其埶莫敢先動夫以足下之賢聖有甲兵之衆據彊齊從燕趙出空虛之地以制其後因民之欲西鄉為百姓請

命（師古曰鄉讀曰嚮西嚮齊國在東故曰西嚮止楚漢之戰鬬士卒不死亡故云請命）天下孰敢不聽足下按齊國之故有淮泗之地懷諸侯以德深拱揖讓（師古曰深拱猶高拱）則天下君王相率而朝齊矣蓋聞天與弗取反受其咎時至弗行反受其殃願足下孰圖之信曰漢遇我厚吾豈可見利而背恩乎通曰始常山王成安君故相與為刎頸之交及爭張黶陳釋之事（師古曰黶音一點反）常山王奉頭鼠竄以歸漢王（師古曰言其迫窘逃亡如鼠之藏竄）借兵東下戰於鄗北成安君死於泜水之南（師古曰鄗音呼各反泜音祗又音丁計反）頭足異處此二人相與天下之至驩也而卒相滅亡者何也患生於多欲而人心

難測也今足下行忠信以交於漢王必不能固於二君之相與也而事多大於張黶陳釋之事者故臣以為足下必漢王之不危足下過矣（師古曰過猶誤也）大夫種存亡越伯句踐（師古曰令句踐致霸功也伯讀曰霸）立功名而身死語曰野禽殫走犬亨（師古曰殫盡也音單）敵國破謀臣亡故以交友言之則不過張王與成安君以忠臣言之則不過大夫種此二者宜足以觀矣願足下深慮之且臣聞之勇略震主者身危功蓋天下者不賞足下涉西河虜魏王禽夏說（師古曰說讀曰悅）下井陘誅成安君之罪以令於趙脅燕定齊南摧楚人之兵數十

萬衆遂斬龍且西鄉以報師古曰且音子餘反鄉讀曰嚮此所謂功無二於天下略不世出者也師古曰言其計略奇異世所希有今足下挾不賞之功戴震主之威歸楚楚人不信歸漢漢人震恐足下欲持是安歸乎師古曰安焉也此下亦同夫執在人臣之位而有高天下之名切爲足下危之信曰生且休矣吾將念之師古曰念猶思也數日通復說曰聽者事之候也師古曰謂能聽善謀也計者存亡之機也夫隨厮養之役者失萬乘之權守儋石之祿者闕卿相之位應劭曰齊人名小甖爲儋受二斛晉灼曰石斗石也師古曰儋音都濫反或曰儋者一人之所負擔也計誠知之而決弗敢行者百事之禍也故猛虎之猶與不如蠭蠆之致螫師古曰與讀曰預蠭蠆蝎也螫毒也蠆音丑界反螫音呼各反孟賁之狐疑不如童子之必至師古曰孟賁古之勇力士賁音奔此言貴能行之也夫功者難成而易敗時者難值而易失時乎時不再來師古曰此古語歎時之不可失願足下無疑臣之計信猶與不忍背漢又自以功多漢不奪我齊遂謝通師古曰謝告令罷去通說不聽惶恐乃陽狂爲巫天下既定後信以罪廢爲淮陰侯謀反被誅臨死歎曰悔不用蒯通之言死於女子之手高帝曰是齊辯士蒯通通迺詔齊召蒯通通至上欲亨之曰若教韓信反何也師古曰若汝也通曰狗各吠非其主當彼時臣獨知齊王韓信非知陛下也

且秦失其鹿張晏曰以鹿喻帝位天下共逐之高材者先得天下匈匈爭欲爲陛下所爲顧力不能師古曰顧念也可殫誅邪師古曰殫盡也上迺赦之至齊悼惠王時曹參爲相禮下賢人請通爲客初齊王田榮怨項羽謀舉兵畔之劫齊士不與者死師古曰劫而取之不從則殺也齊處士東郭先生梁石君在劫中强從及田榮敗二人醜之師古曰自恥從亂以爲醜惡也相與入深山隱居客謂通曰先生之於曹相國拾遺舉過顯賢進能齊國莫若先生者先生知梁石君東郭先生世俗所不及何不進之於相國乎通曰諾臣之里婦與里之諸母相善也里婦夜亡肉姑以爲盜怒而逐之婦晨去過所善諸母語以事而謝之師古曰謝謂告辭也里母曰女安行師古曰安徐也我今令而家追女矣師古曰而亦汝即束緼請火於亡肉家師古曰緼亂麻音於粉反曰昨莫夜犬得肉爭鬭相殺請火治之師古曰治謂燖治死犬燖音似廉反亡肉家遽追呼其婦師古曰遽速也故里母非談說之士也束緼乞火非還婦之道也然物有相感事有適可臣請乞火於曹相國迺見相國曰婦人有夫死三日而嫁者有幽居守寡不出門者足下即欲求婦何取曰取不嫁者通曰然則求臣亦猶是也彼東郭先生梁石君齊之俊士也隱居不嫁未嘗卑節

下意以求仕也願足下使人禮之曹相國曰敬受
命皆以爲上賓通論戰國時說士權變亦自序其
說凡八十一首號曰雋永師古曰雋音字兖反雋肥肉也永長也言其所論甘美而義㴱長也
初通善齊人安其生安其生嘗干項羽羽不能
用其策而項羽欲封此兩人兩人卒不肯受
伍被楚人也師古曰被音皮義反或言其先伍子胥後也被以
材能稱爲淮南中郎是時淮南王安好術學折節
下士招致英雋以百數被爲冠首師古曰冣居其上也久之淮
南王陰有邪謀被數微諫師古曰私諫之後王坐東宮召被
欲與計事呼之曰將軍上被曰王安得亡國之言

乎昔子胥諫吳王吳王不用迺曰臣今見麋鹿游
姑蘇之臺也張晏曰吳臺名也師古曰吳地記云因山爲名西南去國三十五里今臣亦將見
宮中生荆棘露霑衣也於是王怒繫被父母囚之
三月王復召被曰將軍許寡人乎被曰不臣將爲
大王畫計耳臣聞聰者聽於無聲明者見於未形
師古曰言智慮通達事未形兆皆豫見故聖人萬舉而萬全文王壹動而
功顯萬世列爲三王所謂因天心以動作者也王
曰方今漢庭治乎亂乎被曰天下治王不說師古曰說讀曰悅
曰公何以言治也被對曰被竊觀朝廷君臣父
子夫婦長幼之序也皆得其理上之舉錯遵古之

道師古曰錯音千故反風俗紀綱未有所缺重裝富賈周流天
下道無不通交易之道行南越賓服羌僰貢獻東
甌入朝師古曰僰西南夷也音蒲北反廣長榆如淳曰廣謂斥大之也長榆塞名王恢所謂樹榆以爲塞者也師古曰長榆在朔方即衞青傳所云榆谿舊塞是也或謂之榆中開朔方匈奴折傷雖未及古
太平時然猶爲治王怒被謝死罪王又曰山東即
有變漢必使大將軍將而制山東公以爲大將軍
何如人也被曰臣所善黃義從大將軍擊匈奴言
大將軍遇士大夫以禮與士卒有恩衆皆樂爲用
騎上下山如飛材力絕人如此數將習兵未易當
也及謁者曹梁使長安來言大將軍號令明當敵

勇常爲士卒先須士卒休乃舍穿井得水迺敢飲
軍罷士卒已踰河迺度皇太后所賜金錢盡以賞
賜雖古名將不過也王曰夫蓼太子服虔曰淮南太子也文穎曰食菜於此或言外家姓也師古曰蓼自地名而王之太子豈以食地爲號文言外家姓近爲得之亦猶漢之栗太子也知略不世
出非常人也以爲漢廷公卿列侯皆如沐猴而冠
耳被曰獨先刺大將軍迺可舉事王復問被曰公
以爲吳舉兵非邪被曰非也夫吳王賜號爲劉氏
祭酒應劭曰禮飲酒必祭示有先也故稱祭酒尊之也如淳曰祭祠時唯尊長者以酒沃酹師古曰如說是也受几杖
而不朝王四郡之衆地方數千里采山銅以爲錢
煑海水以爲鹽伐江陵之木以爲船國富民衆行

珍寶賂諸侯與七國合從舉兵而西破大梁敗狐父師古曰在梁碭之間也父音甫奔走而還爲越所禽死於丹徒師古曰即今潤州丹徒縣也頭足異處身滅祀絕爲天下戮師古曰天下之人皆共戮之一曰天下之大戮也夫以吳衆不能成功者何也誠逆天違衆而不見時也王曰男子之所死者一言耳張晏曰不成即死一計耳臣瓚曰或有一言云以死報也師古曰二說並非也言男子感氣相許一言不顧其死或曰一言之恨不顧危亡以此致死也且吳何知反漢將一日過成皋者四十餘人師古曰言不知塞成皋口而令漢將得出之是不知反計也今我令緩先要成皋之口韋昭曰淮南臣名也師古曰緩者名也不言其姓今流俗書本於緩上妄加樓字非也周被下潁川兵塞轘轅伊闕之道陳定發南陽兵守武關河南太守獨有雒陽耳師古曰如此計則漢河南郡唯有雒陽在耳餘皆不屬何足憂然此北尚有臨晉關河東上黨與河內趙國界者通谷數行如淳曰言此北尚險阻其谿谷可得通行者有數處人言絕成皋之道天下不通據三川之險招天下之兵公以爲何如被曰臣見其禍未見其福也後漢逮淮南王孫建繫治之王恐陰事泄謂被曰事至吾欲遂發天下勞苦有閒矣如淳曰言天下勞苦人心有閒隙易動亂師古曰此說非也有閒者猶言中閒已有也故謂此者乃爲閒也諸侯頗有失行皆自疑我舉兵西鄉必有應者師古曰鄉讀曰嚮無應即還略衡山勢不得不發被曰略衡山以擊廬江有尋陽之船守下雉之城孟康曰下雉江夏縣名師古曰雉音羊氏反結九江之浦

絕豫章之口強弩臨江而守以禁南郡之下東保會稽南通勁越屈強江淮閒師古曰屈音具勿反可以延歲月之壽耳未見其福也王曰左吳趙賢朱驕如皆以爲什八九成師古曰吳賢驕如王之三臣也公獨以爲無福何被曰大王之羣臣近幸素能使衆者皆前繫詔獄餘無可用者王曰陳勝吳廣無立錐之地百人之聚起于大澤奮臂大呼天下響應師古曰呼音火故反響讀曰嚮西至於戲而兵百二十萬今吾國雖小勝兵可得二十萬公何以言有禍無福被曰臣不敢避子胥之誅願大王無爲吳王之聽往者秦爲無道殘賊天下殺術士燔詩書滅聖跡棄禮義任刑法轉海瀕之粟致于西河師古曰瀕涯也海瀕謂緣海涯之地瀕音頻又音賓當是之時男子疾耕不足於糧餽師古曰餽亦饋字也女子紡績不足於蓋形遣蒙恬築長城東西數千里暴兵露師常數十萬死者不可勝數僵尸滿野流血千里於是百姓力屈師古曰屈盡也音其勿反欲爲亂者十室而五又使徐福入海求仙藥多齎珍寶童男女三千人五種百工而行師古曰五種五穀之種也徐福得平原大澤止王不來於是百姓悲痛愁思欲爲亂者十室而六又使尉佗踰五嶺攻百越師古曰五嶺解在張耳傳尉佗知中國勞極止王南越師古曰南越傳云南海尉任囂謂趙

佗曰聞陳勝等作亂豪桀叛秦相立即被佗書行南海尉事囂死後佗始自爲王今此乃言尉佗先王陳勝乃反此蓋伍被一時對辭不究其實也行者不還往者莫返於是百姓離心瓦解欲爲亂者十室而七興萬乘之駕作阿房之宮收大半之賦發閭左之戍師古曰閭左解在食貨志父不寧子兄不安弟師古曰言不能相保政苛刑慘民皆引領而望傾耳而聽悲號仰天叩心怨上師古曰叩擊也欲爲亂者十室而八客謂高皇帝曰時可矣高帝曰待之聖人當起東南閒不一歲陳吳大呼師古曰中間不經歲也呼音火故反劉項並和天下嚮應師古曰和音胡卧反嚮讀曰響所謂蹈瑕釁因秦之亡時而動百姓願之若枯旱之望雨故起於行陳之中以成帝王之功今大王見高祖得天下之易也獨不觀近世之吳楚乎當今陛下臨制天下壹齊海內汎愛蒸庶師古曰汎普也蒸亦衆也汎音敷劒反布德施惠口雖未言聲疾雷震令雖未出化馳如神心有所懷威動千里下之應上猶景嚮也師古曰言如影之隨形嚮之應聲嚮讀曰響而大將軍材能非直章邯楊熊也王以陳勝吳廣論之被以爲過矣師古曰過誤也且大王之兵衆不能什分吳楚之一天下安寧又萬倍於秦時願王用臣之計臣聞箕子過故國而悲作麥秀之歌張晏曰箕子將朝周過殷故都見麥及禾黍心悲乃作歌曰麥秀之漸漸兮禾黍苗之繩繩兮彼狡童兮不與我好兮狡童謂紂也痛紂之不用王子比干之言也

故孟子曰紂貴爲天子死曾不如匹夫是紂先自絕久矣非死之日天去之也今臣亦竊悲大王棄千乘之君將賜絕命之書爲羣臣先師古曰在羣臣先死身死于東宮也如淳曰王時所居也被因流涕而起後王復召問被苟如公言不可以徼幸邪師古曰徼要也幸非望之福也被曰必不得已被有愚計王曰柰何被曰當今諸侯無異心百姓無怨氣朔方之郡土地廣美民徙者不足以實其地可爲丞相御史請書師古曰謂詐爲此文書令徙人也徙郡國豪桀及耐罪已上以赦令除家產五十萬以上者皆徙其家屬朔方之郡師古曰以赦令除謂遇赦免罪者益發甲卒急其會日師古曰促其期日又爲左右都司空上林中都官詔獄書晉灼曰百官表宗正有左右都司空上林有水司空皆主囚徒官也師古曰中都官京師諸官府逮諸侯太子及幸臣師古曰逮對獄如此則民怨諸侯懼即使辯士隨而說之黨可以徼幸師古曰黨讀曰儻王曰此可也雖然吾以不至若此專發而已師古曰言不須爲此詐直自發兵而已後事發覺被詣吏自告與淮南王謀反蹤跡如此天子以伍被雅辭多引漢美欲勿誅張湯進曰被首爲王畫反計罪無赦遂誅被

江充字次倩趙國邯鄲人也師古曰倩音千見反充本名齊有女弟善鼓琴歌舞嫁之趙太子丹齊得幸於敬肅

王爲上客久之太子疑齊以己陰私告王與齊忤師古曰言相乖使吏逐捕齊不得收繫其父兄按驗皆弃市齊遂絕迹亡西入關更名充詣闕告太子丹與同產姊及王後宮姦亂交通郡國豪猾攻剽爲姦師古曰剽劫也音頻妙反吏不能禁書奏天子怒遣使者詔郡發吏卒圍趙王宮收捕太子丹移繫魏郡詔獄與廷尉雜治法至死趙王彭祖帝異母兄也上書訟太子皐言充逋逃小臣苟爲姦譌激怒聖朝師古曰譌古訛字也欲取必於萬乘以復私怨師古曰取必謂必取勝也復報也音扶目反後雖亨醢計猶不悔臣願選從趙國勇敢士師古曰選取勇敢之士以自隨從

軍擊匈奴極盡死力以贖丹罪上不許竟敗趙太子張晏曰雖遇赦終見廢也初充召見犬臺宮晉灼曰黃圖上林有犬臺宮外有走狗觀也師古曰今書本犬臺有作大臺字者誤也漢無大臺宮也自請願以所常被服冠見上師古曰被音皮義反上許之充衣紗縠襌衣師古曰紗縠紡絲而織之也輕者爲紗縐者爲縠襌衣制若今之朝服中襌也漢官儀曰武賁中郎將衣紗縠襌衣襌音單字從衣次下亦同曲裾後垂交輸如淳曰交輸割正幅使一頭狹若燕尾垂之兩旁見於後是禮深衣續衽鉤邊賈逵謂之衣圭蘇林曰交輸如今新婦袍上挂全幅繒角割名曰交輸裁也師古曰如蘇二說皆是也冠襌纚步搖冠飛翮之纓服虔曰冠襌纚故行步則搖以鳥羽作纓也蘇林曰析翠鳥羽以作蕤也臣瓚曰飛翮之纓謂如蟬翼者也師古曰服說是也纚織絲爲之即今方目紗是也纚音山爾反搖音弋招反充爲人魁岸容貌甚壯師古曰魁大也岸者有廉稜如崖岸之形帝望見而異之謂左右曰燕趙固多奇士

既至前問以當世政事上說之充因自請願使匈奴詔問其狀充對曰因變制宜以敵爲師事不可豫圖上以充爲謁者使匈奴還拜爲直指繡衣使者督三輔盜賊禁察踰侈貴戚近臣多奢僭充皆舉劾奏請沒入車馬令身待北軍擊匈奴文穎曰令貴戚身待於北軍也奏可充即移書光祿勳中黃門逮名近臣侍中諸當詣北軍者移劾門衛禁止無令得出入宮殿於是貴戚子弟惶恐皆見上叩頭求哀願得入錢贖罪上許之令各以秩次輸錢北軍凡數千萬上以充忠直奉法不阿所言中意師古曰中當也充出逢館

陶長公主行馳道中師古曰武帝之姑即陳皇后母也充呵問之公主曰有太后詔充曰獨公主得行車騎皆不得師古曰從公主之車騎也盡劾沒入官如淳曰令乙騎乘車馬行馳道中已論者沒入車馬被具後充從上甘泉師古曰甘泉在北山故言上也他皆類此逢太子家使師古曰太子遣人之甘泉請問者也使音山吏反乘車馬行馳道中充以屬吏師古曰屬音之欲反太子聞之使人謝充曰非愛車馬誠不欲令上聞之以教敕亡素者師古曰言素不敎敕左右唯江君寬之充不聽遂白奏上曰人臣當如是矣大見信用威震京師遷爲水衡都尉宗族知友多得其力者久之坐法免會陽陵朱安世告丞相公孫賀子太僕敬聲爲巫蠱事

連及陽石諸邑公主賀父子皆坐誅語在賀傳後
上幸甘泉疾病充見上年老恐晏駕後爲太子所
誅因是爲姦奏言上疾祟在巫蠱師古曰祟謂禍咎之徵也音息遂反故其字從出從示示者鬼神所以示人也於是上以充爲使者治巫蠱充將胡
巫掘地求偶人張晏曰胡者言不與華同故充任使之捕蠱及夜祠視鬼
染汙令有處張晏曰充捕巫蠱及夜祭祠祝詛者令胡巫視鬼詐以酒醊地令有處也師古曰捕夜祠及視鬼之人而充遣巫汙染地上爲祠祭之處以誣其人也輒收捕驗治燒鐵鉗灼強服之師古曰以燒鐵或鉗之或灼之鉗鑷也灼炙也鉗音其炎反民轉相誣以巫蠱吏輒劾以
大逆亡道坐而死者前後數萬人是時上春秋高
疑左右皆爲蠱祝詛有與亡莫敢訟其冤者充既

知上意因言宮中有蠱氣先治後宮希幸夫人以
次及皇后遂掘蠱於太子宮得桐木人師古曰三輔舊事云充使胡巫作而薶之太子懼不能自明收充自臨斬之罵曰趙虜
前亂乃國王父子不足邪師古曰乃汝也迺復亂吾父子也
太子繇是遂敗師古曰繇讀與由同語在戾園傳師古曰即武五子傳也其中敘戾太子後加諡置園邑故云戾園後武帝知充有詐夷充三族
息夫躬字子微河內河陽人也少爲博士弟子受
春秋通覽記書師古曰傳記及諸家之書容貌壯麗爲眾所異哀
帝初即位皇后父特進孔鄉侯傅晏與躬同郡相
友善躬繇是以爲援交游日廣師古曰繇讀與由同先是長安

孫寵亦以游說顯名免汝南太守師古曰爲太守免而歸也與躬
相結俱上書召待詔是時哀帝被疾始即位而人
有告中山孝王太后祝詛上太后及弟宜鄉侯馮
參皆自殺其罪不明是後無鹽危山有石自立開
道服虔曰山開自成道也張晏曰從石立之下道徑自通也躬與寵謀曰上亡繼嗣體
久不平關東諸侯心爭陰謀今無鹽有大石自立
聞邪臣託往事以爲大山石立而先帝龍興師古曰言邪人有此私議東平王雲以故與其后日夜祠祭祝詛上欲
求非望師古曰言求帝位也而后舅伍宏反因方術以醫技得
幸出入禁門霍顯之謀將行於杯杓師古曰杓所以抒挹也字與勺同音上灼反

荆軻之變必起於帷幄事勢若此告之必成察
國姦誅主讎取封侯之計也躬寵迺與中郎右師
譚張晏曰右師姓譚名也共因中常侍宋弘上變事告焉上惡
之下有司案驗東平王雲雲后謁及伍宏等皆坐
誅師古曰謁者后之名也上擢寵爲南陽太守譚潁川都尉弘
躬皆光祿大夫左曹給事中是時侍中董賢愛幸
上欲侯之遂下詔云躬寵因賢以聞封賢爲高安
侯寵爲方陽侯躬爲宜陵侯食邑各千戶賜譚爵
關內侯食邑丞相王嘉內疑東平獄事師古曰疑不實也爭
不欲侯賢等語在嘉傳嘉固言董賢泰盛寵躬

皆傾覆有佞邪材恐必撓亂國家師古曰撓擾也撓音呼高反不可任用嘉以此得罪矣躬既親近數進見言事論議亡所避衆畏其口見之仄目師古曰仄古側字也躬上疏歷詆公卿大臣師古曰詆謂毀訾也音丁禮反曰方今丞相王嘉健而蓄縮不可用師古曰蓄縮謂恐於事也御史大夫賈延墮弱不任職左將軍公孫祿司隸鮑宣皆外有直項之名內實騃不曉政事師古曰騃愚也音五駭反諸曹以下僕遬不足數師古曰僕遬凡短之貌也僕音步木反遬古速字卒有彊弩圍城長戟指闕師古曰卒讀曰猝陛下誰與備之如使狂夫嘄謼於東崖師古曰東崖謂東海之邊也嘄古叫字謼音火故反匈奴飲馬於渭水邊竟雷動四野風起師古曰竟讀曰境京師雖有武蠭精兵未有能窺左足而先應者也蘇林曰窺音跬 師古曰跬半步也言一舉足也音口婢反軍書交馳而輻湊羽檄重迹而押至文穎曰押音狎習之狎 師古曰押至言相因而至也羽檄之插羽者也解在高紀小夫懦臣之徒憒眊不知所為師古曰憒心亂也眊目闇也憒音工內反眊音莫報反其有犬馬之決者仰藥而伏刃師古曰仰藥仰首而飲藥雖加夷滅之誅何益禍敗之至哉躬又言秦開鄭國渠以富國彊兵今為京師土地肥饒可度地埶水泉廣溉灌之利師古曰度音徒各反天子使躬持節領護三輔都水躬立表欲穿長安城引漕注太倉下以省轉輸議不可成迺止董賢貴幸日盛丁傅害其寵孔鄉侯晏與躬謀

欲求居位輔政會單于當來朝遣使言病願朝明年躬因是而上奏以為單于當以十一月入塞後以病為解師古曰自解說云病疑有他變烏孫兩昆彌弱卑爰疐彊盛蘇林曰疐音致嚏之嚏 晉灼曰音詩載疐其尾之疐 師古曰以字言之晉音是音竹二反而匈奴傳服虔乃音獻捷之捷既已失之末俗學者又改疐字為建以應服氏之音尤離眞矣居彊煌之地臣瓚曰是其國所都地名擁十萬之衆東結單于遣子往侍如因素彊之威循烏孫就屠之迹孟康曰烏孫先王也舉兵南伐并烏孫之埶也烏孫并則匈奴盛而西域危矣可令降胡詐為卑爰疐使者來上書曰所以遣子侍單于者非親信之也實畏之耳唯天子哀師古曰謂閔念之告單于歸臣侍子願助戊己校尉保惡都奴之界因下其章諸將軍令匈奴客聞焉則是所謂上兵伐謀服虔曰謀者舉兵伐解之也 師古曰此說非也言知敵有謀者則以事而應之沮其所為不用兵革所以為貴耳其次伐交者也師古曰知敵有外交連結相援者則間諜之令其解散也書奏上引見躬召公卿將軍大議左將軍公孫祿以為中國常以威信懷伏夷狄躬欲逆詐造不信之謀不可許且匈奴賴先帝之德保塞稱蕃今單于以疾病不任奉朝賀遣使自陳不失臣子之禮臣祿自保沒身不見匈奴為邊竟憂也師古曰竟讀曰境躬掎祿曰師古曰掎從後引之也謂引躡其言也音居綺反臣為國家計幾先謀將然張晏曰幾音冀 師古曰先謀將然者謂彼欲有其事則為謀策以懷之豫圖

未形師古曰圖謀也未有形兆而謀之爲萬世慮而左將軍公孫祿欲
以其犬馬齒保目所見臣與祿異議未可同日語
也上曰善乃罷羣臣獨與躬議因建言往年熒惑
守心太白高而芒光又角星茀於河鼓師古曰茀讀與孛同其
法爲有兵亂是後訛言行詔籌經歷郡國天下騷
動恐必有非常之變可遣大將軍行邊兵敕武備
師古曰敕整也行音下更反斬一郡守以立威震四夷因以厭應變
異師古曰厭音一涉反上然之以問丞相丞相嘉對曰臣聞動
民以行不以言應天以實不以文下民微細猶不
可詐況於上天神明而可欺哉天之見異所以敕

戒人君師古曰見謂顯示也欲令覺悟反正推誠行善民心説
而天意得矣師古曰説讀曰悅辯士見一端或妄以意傅著
星歷師古曰傅讀曰附著音治略反虛造匈奴烏孫西羌之難謀動干
戈設爲權變非應天之道也守相有皐鄧展曰郡守諸侯相車
馳詣闕交臂就死恐懼如此而談説者云動安之
危師古曰之往也言搖動安全之計往就危殆也辯口快耳師古曰苟快聽者之耳其實未可
從夫議政者苦其讇諛傾險辯慧深刻也師古曰讇古諂字
讇諛則主惠毀傾險則下怨恨辯慧則破正道深
刻則傷恩惠昔秦繆公不從百里奚蹇叔之言師古
曰繆讀曰穆以敗其師師古曰謂敗於殽悔過自責疾詿誤之臣思

黃髮之言師古曰語在秦誓名垂於後世唯陛下觀覽古戒
反覆參考無以先入之語爲主師古曰先入謂躬先爲此計入於帝耳上不
聽遂下詔曰間者灾變不息盜賊衆多兵革之徵
或頗著見師古曰謂妄象未聞將軍惻然深以爲意簡練戎
士繕脩干戈師古曰繕補也器用鹽惡鄧展曰鹽不堅牢也師古曰音公戶反孰當
督之師古曰督視察也天下雖安忘戰必危將軍與中二千
石舉明習兵法有大慮者各一人將軍二人詣公
車師古曰堪爲將軍者凡舉二人就拜孔鄉侯傅晏爲大司馬衛將軍
陽安侯丁明又爲大司馬票騎將軍是日日有食
之董賢因此沮躬晏之策後數日收晏衛將軍印

綬而丞相御史奏躬皐過上縣是惡躬等師古曰縣讀與由同
下詔曰南陽太守方陽侯寵素亡廉聲有酷惡之
資毒流百姓左曹光祿大夫宜陵侯躬虛造詐諼
之策師古曰諼詐辭也音虛遠反欲以詿誤朝廷皆交遊貴戚趨權
門爲名其免躬寵官遣就國躬歸國未有第宅寄
居丘亭張晏曰丘亭野亭名師古曰此說非也丘空也姦人以爲侯家富常夜守
之師古曰謂欲盜之伺其便躬邑人河內掾賈惠往過躬教以祝盜
方以桑東南指枝爲匕師古曰桑東南出之枝畫北斗七星其
上躬夜自被髮立中庭向北斗師古曰被音皮義反持匕招指
祝盜師古曰或招或指所以求福排禍也人有上書言躬懷怨恨非笑朝

廷所進候星宿視天子吉凶與巫同祝詛上遣侍御史廷尉監逮躬繫雒陽詔獄欲掠問躬仰天大謼師古曰謼古呼字音火故反因僵仆吏就問云咽已絕師古曰咽喉嚨音一千反血從鼻耳出食頃死黨友謀議相連下獄百餘人師古曰親黨及朋友躬母聖坐祠竈祝詛上大逆不道聖弃市妻充漢與家屬徙合浦躬同族親屬素所厚者皆免廢錮師古曰終身不得仕哀帝崩有司奏方陽侯寵及右師譚等皆造作姦謀罪及王者骨肉雖蒙赦令不宜處爵位在中土皆免寵等徙合浦郡初躬待詔數危言高論自恐遭害著絕命辭曰

玄雲泱鬱將安歸兮師古曰泱鬱盛皃泱音烏朗反鷹隼橫厲鸞徘佪兮師古曰厲疾飛也鸞神鳥也赤靈之精赤色五采雞形鳴中五音徘佪謂不得其所也矰若浮猋動則機兮師古曰矰弋射矢也猋疾風也言矰弋張設其疾若風動則機發猋音必遙反藂棘棧棧曷可棲兮師古曰棧棧衆盛皃音仕巾反發忠忘身自繞罔兮寃頸折翼庸得往兮應劭曰雖寃頸折翼庸得不往也張晏曰陷於讒人之網何用得去也師古曰寃屈也張說是涕泣流兮萑蘭張晏曰萑蘭草名也蔓延於地有所依憑則起躬怨哀帝不用己爲大臣以罝治也臣瓚曰萑蘭泣涕闌干也師古曰瓚說是萑音桓心結愲兮傷肝師古曰結愲亂也孟康曰愲音骨虹蜺曜兮日微張晏曰虹蜺邪陰之氣而有照曜以蔽日月云讒言流行忠良浸微也孼杳冥兮未開如淳曰虹蜺覆日光明謂之孼師古曰孼邪氣也音牛列反痛入天兮鳴謼寃際絕兮誰語張晏曰躬自以被讒枉而與君絕也師古曰鳴謼者以鳥自喻也誰語言無所告語也謼音火故反語音牛助反仰天光兮自列招上帝兮我察張晏曰上帝天也招呼也師古曰列謂陳列其本心秋風爲我唫浮雲爲我陰師古曰唫古吟字嗟若是兮欲何留師古曰言變故如是何用久留而生撫神龍兮攬其須師古曰攬與擥同謂執持之游曠迥兮反亡期師古曰言一死不可復生雄失據兮世我思師古曰雄謂君上也據謂尊位也言上失所據乃思我耳後數年乃死如其文

贊曰仲尼惡利口之覆邦家師古曰事見論語蒯通一說而喪三儁應劭曰耳酈食其敗田橫驕韓信也其得不亨者幸也伍被安於危國身爲謀主忠不終而詐讎李奇曰詐爲王書策而讎見納也師古曰讎讀曰售謂被初忠於漢而不能終爲王畫詐僞之策而見納用也誅夷不亦宜乎書放四罪師古曰謂流共工放驩兜竄三苗殛鯀也事見虞書詩歌青蠅師古曰小雅青蠅之詩也其首章曰營營青蠅止於樊

愷悌君子無信讒言蓋蠅之爲蟲毀汙白黑以喻佞人變亂善惡春秋以來禍敗多矣昔子翬謀桓而魯隱危應劭曰公子翬謂隱公曰吾將爲君殺桓公以我爲太宰公曰爲其少故今將授之矣翬懼反譖隱公而殺之欒書構郤而晉厲弑應劭曰欒書使楚公子茷語厲公曰鄢陵之戰郤至以爲必敗欲奉孫周以代君也公信之而滅三郤欒書因是反弑厲公豎牛奔仲叔孫卒張晏曰牛叔孫穆子之孽子也仲正妻子也牛讒仲叔孫怒而逐之奔齊叔孫病牛餓殺之郈伯毀季昭公逐張晏曰郈昭伯毀季平子於昭公昭公伐平子不勝因出奔齊費忌納女楚建走應劭曰楚平王爲大子建娶於秦無忌曰秦女美甚勸王自納之因而構焉云其怨望今將畔令王殺之宰嚭譖胥夫差喪應劭曰吳將伐齊子胥諫之宰嚭曰伍子胥自以先王謀臣心常鞅鞅臨事沮大衆與國之敗夫差大怒賜之屬鏤之劒其明年越滅吳李園進妹春申斃張晏曰李園春申君之舍人也進其妹於春申君已有身使妹謂春申君曰楚王無子百年之後將立兄弟君用事日久多失禮於王之兄弟兄弟誠立禍將及身今妾有子人莫知若進妾於王後若生男則君之子爲王也春申君乃言之王召入之遂

生男立為太子後孝烈王薨李園害春申君之寵乃刺殺之上官訴屈懷王執張晏曰屈平忠而有謀為上官子蘭所譖見放逐後秦昭誘懷王會於武關遂執以歸卒死於秦趙高敗斯二世縊張晏曰趙高譖殺李斯而代其位乃使其壻閻樂攻二世於望夷宮乞為黔首不聽乃縊而死伊戾坎盟宋痤死李奇曰伊戾為太子傅無寵欲敗太子言與楚客盟謀宋詐歃血加盟書以證之公以故殺痤師古曰痤音在戈反江充造蠱太子殺息夫作姦東平誅皆自小覆大繇疏陷親可不懼哉可不懼哉師古曰覆音芳福反繇與由同

蒯伍江息夫傳第十五

萬石衛直周張傳第十六　班固　漢書四十六

秘書監上護軍琅邪縣開國子顏師古注

萬石君石奮其父趙人也趙亡徙溫 師古曰溫河内之縣 高祖東擊項籍過河内時奮年十五為小吏侍高祖高祖與語愛其恭敬問曰若何有 師古曰若汝也有何親屬 對曰有母不幸失明家貧有姊能鼓瑟高祖曰若能從我乎曰願盡力於是高祖召其姊為美人以奮為中涓受書謁 師古曰中涓官名主居中而涓絜者也外有書謁令奮受之也涓音蠲 徙其家長安中戚里 師古曰於上有姻戚者則皆居之故名其里為戚里 以姊為美人故也奮積功勞孝文時官至太中大夫無文學恭謹舉無與比 張晏曰舉朝無比也師古曰舉皆也 東陽侯張相如為太子太傅免選可為傅者皆推奮奮為太子太傅及孝景即位以奮為九卿迫近憚之 張晏曰以其恭敬履度故難之 徙奮為諸侯相奮長子建次甲次乙次慶 師古曰史失其名故云甲乙耳非其名 皆以馴行孝謹 師古曰馴順也音巡 官至二千石於是景帝曰石君及四子皆二千石人臣尊寵迺舉集其門凡號奮為萬石君 師古曰集合也凡最計也總合其一門之計五人為二千石故號萬石君 孝景季年萬石君以上大夫祿歸老于家以歲時為朝臣 師古曰預朝請 過宮門闕必下車趨見路馬必軾焉 師古曰路馬天子路車之馬軾謂撫軾蓋為敬也 子孫為小吏來歸謁萬石君必朝服見之不名子孫有

過失不譙讓為便坐 師古曰便坐於便側之處非正室也 對案不食然後諸子相責因長老肉袒固謝罪改之迺許子孫勝冠者在側雖燕必冠申申如也 師古曰申申整勅之皃 僮僕訢訢如也 晉灼曰許慎云古欣字也師古曰晉說非也此訢讀與誾誾同謹敬之貌也音牛巾反 唯謹 師古曰唯以謹敬為先 上時賜食於家必稽首俯伏而食如在上前其執喪哀戚甚 師古曰執喪猶言持喪服也禮記曰執親之喪 子孫遵教亦如之萬石君家以孝謹聞乎郡國雖齊魯諸儒質行皆自以為不及也 師古曰質樸重也 建元二年郎中令王臧以文學獲罪皇太后 張晏曰竇太后 太后以為儒者文多質少今萬石君家不言而躬行迺以長子建為郎中令少子慶為内史建老白首萬石君尚無恙 師古曰恙憂病 每五日洗沐歸謁親 文穎曰郎官五日一下 入子舍 師古曰入諸子之舍自其所居也若今言諸房矣 竊問侍者取親中帬廁牏身自澣洒 服虔曰親身之衣也蘇林曰牏牏音投賈逵解周官云牏牏行清也孟康曰廁行清牏中受糞函者也東南人謂鑿木空中如曹謂之牏晉灼曰今世謂反門小袖衫為侯牏師古曰親謂父也中帬若今言中衣也廁牏者近身之小衫若今汗衫也蘇音晉說是矣洒音先禮反 復與侍者不敢令萬石君知之以為常建奏事於上前即有可言屏人乃言極切 師古曰有可言謂有事當奏諫 至廷見如不能言者 師古曰廷見謂當朝而見時 上以是親而禮之萬石君徙居陵里 師古曰茂陵邑中之里 内史慶醉歸入外門不下車萬石君聞之不食慶恐肉袒謝請罪不許舉宗及兄建肉

袒萬石君讓曰（師古曰讓責也）内史貴人入閭里里中長老皆走匿而内史坐車中自如固當（師古曰此深責之也言内史貴人正固當尒）廼謝罷慶（師古曰告令去）慶及諸子入里門趨至家萬石君元朔五年卒建哭泣哀思扶杖廼能行歲餘建亦死諸子孫咸孝然建最甚甚於萬石君建爲郎中令奏事下（師古曰建有所奏上而被報下也下音胡亞反）建讀之驚恐曰書馬者與尾而五（服虔曰作馬字下曲者而五建時上書誤作四 師古曰馬字下曲者爲尾幷四點爲四足凡五）今廼四不足一獲譴死矣其爲謹愼雖他皆如是慶爲太僕御出（師古曰爲上御車而出）上問車中幾馬慶以策數馬畢舉手曰六馬慶於兄弟最爲簡易矣然猶如此

出爲齊相齊國慕其家行不治而齊國大治（師古曰不治言無所治罰）爲立石相祠元狩元年上立太子選羣臣可傅者慶自沛守爲太子太傅七歲遷御史大夫元鼎五年丞相趙周坐酎金免制詔御史萬石君先帝尊之子孫至孝其以御史大夫慶爲丞相封牧丘侯是時漢方南誅兩越東擊朝鮮北逐匈奴西伐大宛中國多事天子巡狩海内脩古神祠封禪興禮樂公家用少桑弘羊等致利王温舒之屬峻法兒寬等推文學九卿更進用事（師古曰更互也音工衡反）事不關決於慶慶醇謹而已（師古曰醇專厚也音純）在位九歲無能有

所匡言嘗欲請治上近臣所忠九卿咸宣（服虔曰咸音減損之減 師古曰治所忠及咸宣二人）不能服反受其過贖罪元封四年關東流民二百萬口無名數者四十萬（師古曰名數若今戸籍）公卿議欲請徙流民於邊以適之（師古曰適讀曰謫）上以爲慶老謹不能與其議（師古曰與讀曰豫）乃賜丞相告歸而案御史大夫以下議爲請者慶慙不任職上書曰臣幸得待罪丞相疲駑無以輔治城郭倉廩空虚民多流亡罪當伏斧質上不忍致法願歸丞相侯印乞骸骨歸避賢者路上報曰間者河水滔陸（晉灼曰滔漫也 師古曰高平曰陸漫音莫干反）泛濫十餘郡隄防勤勞弗能陻塞（師古曰陻塞也陻音因）

朕甚憂之是故巡方州（張晏曰四方之州也 師古曰東方諸州）禮嵩嶽通八神以合宣房（孟康曰八神郊祀志八神也於宣房宮合祀之 師古曰此說非也自言致禮中岳通八神耳合宣房者於宣房塞決河也事見溝洫志）濟淮江歷山濱海（師古曰濱海者循海涯而行也濱音賓又音頻）問百年民所疾苦惟吏多私徵求無已（師古曰惟思也已止也）去者便居者擾故爲流民法以禁重賦（師古曰言百姓去其本土者則免於吏之徵求在舊居者則見煩擾故朝廷特爲流人設法又禁吏之重賦也一曰去者謂吏出使而侵擾居人以自便也）乃者封泰山皇天嘉況神物並見（師古曰況賜也見顯示也）朕方荅氣應未能承意（師古曰言自脩整以報瑞應恐未承順上天之意）是以切比閭里知吏姦邪（師古曰比校考也音頻寐反）委任有司然則官曠民愁盜賊公行（師古曰曠空也人不舉職是空其官）往年覲明堂赦殊死無禁錮

咸自新與更始今流民愈多計文不改蘇林曰校戶口文書不改
誠也如淳曰郡上計文書自文飾不改正也師古曰如說是君不繩責長吏而請以興
徙四十萬口搖蕩百姓師古曰搖蕩動也孤兒幼年未滿十歲
無罪而坐率服虔曰率坐刑法也如淳曰率家長也師古曰幼年無罪坐爲父兄所率而并徙如說近之朕
失望焉今君上書言倉庫城郭不充實民多貧盜
賊衆請入粟爲庶人服虔曰慶自以居相位不能理請入粟贖己罪退爲庶人夫懷知
民貧而請益賦師古曰懷此心動危之而辭位師古曰搖動百姓使其危急而
自欲去位欲安歸難乎師古曰以此危難之事欲歸之於何人君其反室師古曰若此自
謂理當然者可還家慶素質見詔報反室自以爲得許欲上印
綬掾史以爲見責甚深而終以反室者醜惡之辭
也或勸慶宜引決師古曰令自殺慶甚懼不知所出遂復起
視事慶爲丞相文深審謹無他大略後三歲餘薨
謚曰恬侯中子德慶愛之上以德嗣後爲太常坐
法免國除慶方爲丞相時諸子孫爲小吏至二千
石者十三人及慶死後稍以罪去孝謹衰矣
衛綰代大陵人也以戲車爲郎事文帝服虔曰力士能扶戲車也應劭曰能左右超乘
師古曰二說皆非也戲車若今之弄車之技功次遷中郎將醇謹無它師古曰無它餘志念也
孝景爲太子時召上左右飲而綰稱病不行張晏曰恐文帝
謂豫有二心事太子文帝且崩時屬孝景曰綰長者善遇之及
景帝立歲餘不孰何綰服虔曰不問也李奇曰孰誰也何呵也師古曰何即問也不誰何者猶言不借問耳

綰日以謹力師古曰自勉力爲謹慎日日益甚景帝幸上林詔中郎將
參乘還而問曰君知所以得驂乘乎師古曰言何以得參乘綰
曰臣代戲車士幸得功次遷待罪中郎將不知也
上問曰吾爲太子時召君君不肯來何也師古曰言以此特識之
對曰死罪病上賜之劒綰曰先帝賜臣劒凡六不
敢奉詔上曰劒人之所施易獨至今乎如淳曰施讀曰移言劒者人所
好故多數移易貿換之也師古曰施讀曰弛弛延也音弋豉反綰曰具在上使取六劒劒
常盛未嘗服也師古曰盛謂在削室之中也盛音成削音先召反郎官有譴常蒙
其罪師古曰蒙謂覆蔽之不與它將爭有功常讓它將上以爲
廉忠實無它腸師古曰心腸之內無他惡乃拜綰爲河閒王太傅
吳楚反詔綰爲將將河閒兵擊吳楚有功拜爲中
尉三歲以軍功封綰爲建陵侯明年上廢太子誅
栗卿之屬師古曰太子廢爲臨江王故誅其外家親屬上以綰爲長者不忍
乃賜綰告歸而使郅都治捕栗氏既已上立膠東
王爲太子召綰拜爲太子太傅遷爲御史大夫
五歲代桃侯舍爲丞相師古曰劉舍朝奏事如職所奏師古
曰言守職分而已然自初官以至相終無可言師古曰不能有所興建及廢罷上
以爲敦厚可相少主尊寵之賞賜甚多爲丞相三
歲景帝崩武帝立建元中丞相以景帝病時諸官
囚多坐不辜者而君不任職師古曰天子不親政則丞相當理之而綰不中其寃免

之後薨謚曰哀侯子信嗣坐酎金國除

直不疑南陽人也爲郎事文帝其同舍有告歸誤持其同舍郎金去已而同舍郎覺亡意不疑師古曰疑其盜取不疑謝有之師古曰告云實取買金償後告歸者至而歸金亡金郎大慙以此稱爲長者稍遷至中大夫朝廷見人或毀不疑師古曰當於朝廷大朝見之時而人毀之曰不疑狀貌甚美然特毋柰其善盜嫂何也師古曰盜謂私之不疑聞曰我乃無兄然終不自明也吳楚反時不疑以二千石將擊之景帝後元年拜爲御史大夫天子脩吳楚時功封不疑爲塞侯師古曰塞音先代反武帝即位與丞相綰俱以過免不疑學老子言其所臨爲官如故唯恐人之知其爲吏迹也不好立名稱爲長者薨謚曰信侯傳子至孫彭祖坐酎金國除

周仁其先任城人也以醫見師古曰見於天子景帝爲太子時爲舍人積功遷至太中大夫景帝初立拜仁爲郎中令仁爲人陰重不泄服虔曰質重不泄人之陰謀也張晏曰陰重不泄下漏故溺袴是以得比宦者得入後宮也仁有子孫先未得此疾時所生也師古曰張服二說皆非也陰密也爲性密重不泄人言也霍去病少言不泄亦其類也常衣弊補衣溺袴期爲不絜清師古曰故爲不絜清之事而弊敗其衣服也溺讀曰尿尿袴者爲小袴以藉其尿以是得幸入卧内於後宮祕戲仁常在旁終無所言師古曰是不泄也上時問人師古曰問以他人之善惡仁曰上自察之然亦無所毀如此師古曰雖知其惡不欲言毀之故云上自察之景帝再自幸其家家徙陽陵上所賜甚多然終常讓不敢受也諸侯羣臣賂遺終無所受武帝立爲先帝臣重之師古曰重謂敬難之仁乃病免以二千石祿歸老子孫咸至大官

張歐字叔孟康曰歐音驅高祖功臣安丘侯說少子也師古曰說讀曰悅歐孝文時以治刑名侍太子師古曰劉向別錄云申子學號曰刑名刑名者循名以責實其尊君卑臣崇上抑下合於六經說者云刑家名家也即太史公所論六家之二也此說非然其人長者景帝時尊重常爲九卿至武帝元朔中代韓安國爲御史大夫歐爲吏未嘗言按人剸以誠長者處官師古曰剸與專同又音之兗反官屬以爲長者亦不敢大欺上具獄事有可卻卻之師古曰退令更平處之不可者不得已爲涕泣面而封之如淳曰不正視若不見者也晉灼曰面對因讀而封之使其聞見死而無恨也師古曰二說皆非也面謂偝之也言不忍視之與呂馬童面之同義其愛人如此老篤請免天子亦寵以上大夫祿歸老于家家陽陵子孫咸至大官

贊曰仲尼有言君子欲訥於言而敏於行師古曰論語載孔子之言也訥遲也敏疾也其萬石君建陵侯塞侯張叔之謂與師古曰與讀曰歟是以其教不肅而成不嚴而治至石建之澣衣周仁爲垢汙君子譏之

萬石衞直周張傳第十六

文三王傳第十七　班固　漢書四十七

秘書監上護軍琅邪縣開國子顏師古注

孝文皇帝四男竇皇后生孝景帝梁孝王武諸姬生代孝王參梁懷王揖（師古曰不得其姓氏故曰諸姬言在諸姬之列者也解在高五王傳）

梁孝王武以孝文二年與太原王參梁王揖同日立武爲代王四年徙爲淮陽王十二年徙梁自初王通歷已十一年矣（師古曰惣數其爲王之年）孝王十四年入朝十七年十八年比年入朝留（師古曰比頻也留謂留在京師）其明年乃之國二十一年入朝二十二年文帝崩二十四年入朝二十五年復入朝是時上未置太子與孝王宴飲從容言曰（師古曰從音千容反）千秋萬歲後傳於王王辭謝雖知非至言然心内喜太后亦然其春吳楚齊趙七國反先擊梁棘壁（文穎曰地名）殺數萬人梁王城守睢陽（師古曰據睢陽城而自守）而使韓安國張羽等爲將軍以距吳楚吳楚以梁爲限不敢過而西與太尉亞夫等相距三月吳楚破而梁所殺虜略與漢中分（孟康曰梁所虜吳楚之捷略與漢同）明年漢立太子梁最親有功又爲大國居天下膏腴地北界泰山西至高陽（蘇林曰陳留北縣）四十餘城多大縣孝王太后少子愛之賞賜不可勝道（師古曰道謂言）於是孝王築東苑方三百餘里廣睢陽城七十里（師古曰更廣大之也晉太康地記云城方十三里梁孝王築之鼓倡節杵而後下和之者稱睢陽曲今踵以爲故今之樂家睢陽曲是其遺音）大治宮室爲復道自宮連屬於平臺三十餘里（如淳曰平臺在大梁東北離宮所在也晉灼曰或說在城中東北角師古曰今其城東二十里所有故臺基其處寬博土俗云平臺也復音方目反）得賜天子旌旗從千乘萬騎出稱警入言蹕（師古曰警者戒肅也蹕止行人也言出入者互文耳出亦有蹕漢儀注皇帝輦動左右侍帷幄者稱警出殿則傳蹕止人清道也）儗於天子（師古曰儗比也音擬）招延四方豪桀自山東游士莫不至齊人羊勝公孫詭鄒陽之屬（師古曰言皆游梁）公孫詭多奇邪計初見曰王賜千金官至中尉號曰公孫將軍多作兵弩弓數十萬而府庫金錢且百鉅萬（師古曰鉅萬百萬也有百萬者言凡百也）珠玉寶器多於京師二十九年十月孝王入朝景帝使使持乘輿駟迎梁王於關下（鄧展曰但持駟馬往也臣瓚曰稱乘輿駟則車馬皆往言四不駕六馬耳天子副車駕四馬師古曰輿即車也瓚說是）既朝上䟽因留以太后故入則侍帝同輦出則同車游獵上林中梁之侍中郎謁者著引籍出入天子殿門（師古曰著音竹略反）與漢宦官亡異十一月上廢栗太子太后心欲以梁王爲嗣大臣及爰盎等有所關說於帝太后議格（服虔曰格音格閣張晏曰止也蘇林曰格音閣師古曰蘇音張說是）孝王不敢復言太后以嗣事（師古曰不敢更以此事言於太后）祕世莫知廼辭歸國其夏上立膠東王爲太子梁王怨爰盎及議臣廼與羊勝公孫詭之屬謀陰使人刺殺爰盎及他議臣

十餘人賊未得也於是天子意梁(師古曰意疑也)逐賊果梁使之遣使冠蓋相望於道覆案梁事捕公孫詭羊勝皆匿王後宮使者責二千石急梁相軒丘豹(師古曰姓軒丘名豹)及內史安國(師古曰即韓安國)皆泣諫王王迺令勝詭皆自殺出之上由此怨望於梁王(師古曰望謂責而怨之)梁王恐迺使韓安國因長公主謝罪太后然後得釋上怒稍解因上書請朝既至關茅蘭說王(服虔曰茅蘭孝王大夫也)使乘布車(張晏曰布車降服自比喪人也)從兩騎入匿於長公主園漢使迎王王巳入關車騎盡居外外不知王處太后泣曰帝殺吾子帝憂恐於是梁王

伏斧質之闕下謝罪然後太后帝皆大喜相與泣復如故悉召王從官入關然帝益䟽王不與同車輦矣三十五年冬復入朝上䟽欲留上弗許歸國意忽忽不樂北獵梁山有獻牛足上出背上孝王惡之六月中病熱六日薨(張晏曰足當處下所以輔身也今出背上象孝王背朝而于上也北者陰也又在梁山明爲梁也牛者丑之畜衝在六月北方數六故六月六日王薨也)孝王慈孝每聞太后病口不能食常欲留長安侍太后太后亦愛之及聞孝王死竇太后泣極哀不食曰帝果殺吾子帝哀懼不知所爲與長公主計之迺分梁爲五國盡立孝王男五人爲王女五人皆令食湯沐邑奏之太后太后迺說爲帝壹餐(師古曰說讀曰悅餐古飧字)孝王未死時財以鉅萬計不可勝數及死藏府餘黃金尚四十餘萬斤他財物稱是

代孝王參初立爲太原王四年代王武徙爲淮陽王而參徙爲代王復并得太原都晉陽如故(師古曰如文帝在代時)五年一朝凡三朝十七年薨子共王登嗣(師古曰共讀曰恭)二十九年薨子義嗣元鼎中漢廣關以常山爲阻(師古曰依山以爲關)徙代王於淸河是爲剛王并前在代凡立四十年薨子頃王湯嗣二十四年薨子年嗣地節中冀州刺史林奏年爲太子時與女弟則私通及

年立爲王後則懷年子其壻使勿舉(師古曰不養也)則曰自來殺之壻恐曰爲王生子自令王家養之則送兒頃太后所(師古曰頃王之后年之太后故曰頃太后)相聞知禁止則令不得入宮(師古曰相者王之相)年使從季父往來送迎則(師古曰宗室諸從也)連年不絕有司奏年淫亂年坐發爲庶人徙房陵與湯沐邑百戶立三年國除元始二年新都侯王莽興滅繼絕白太皇太后立年弟子如意爲廣宗王奉代孝王後莽篡位國絕

梁懷王揖文帝少子也好詩書帝愛之異於他子五年一朝凡再入朝因墮馬死立十年薨無子國

除明年梁孝王武徙王梁
梁孝王子五人爲王太子買爲梁共王（師古曰共讀曰恭）次
子明爲濟川王彭離爲濟東王定爲山陽王不識
爲濟陰王皆以孝景中六年同日立
梁共王買立七年薨子平王襄嗣濟川王明以垣
邑侯立七年坐射殺其中尉有司請誅武帝弗忍
廢爲庶人遷房陵國除濟東王彭離立二十九年
彭離驕悍（師古曰悍勇也）昏暮私與其奴亡命少年數十人
行剽（師古曰剽刼也音頻妙反）殺人取財物以爲好（如淳曰以是爲好喜之事也師古曰好音呼到反）
所殺發覺者百餘人國皆知之莫敢夜行所
殺者子上書告言有司請誅武帝弗忍廢爲庶人
徙上庸國除爲大河郡山陽哀王定立九年薨亡
子國除濟陰哀王不識立一年薨亡子國除孝王
支子四王皆絕於身（師古曰支子謂非正嫡也）
梁平王襄母曰陳太后共王母曰李太后李太后
親平王之大母也（師古曰大母祖母也恭王即李太后所生故云親祖母也）而平王之后
曰任后任后甚有寵於襄初孝王有罍尊（應劭曰詩云酌彼金
罍罍畫雲雷之象以金飾之也鄭氏曰上蓋刻爲山雲雷之象師古曰鄭說是也罍古雷字）直千金戒後世善
寶之毋得以與人（師古曰寶謂愛守也）任后聞而欲得之李太
后曰先王有命毋得以尊與人他物雖百鉅萬猶

自恣任后絕欲得之王襄直使人開府取尊賜任
后又王及母陳太后事李太后多不順有漢使者
來李太后欲自言王使謁者中郎胡等遮止閉門
李太后與爭門措指（晉灼曰許慎云措置字借以爲笮耳師古曰音壯客反謂爲門扉所笮）太
后啼謼（師古曰謼音火故反）不得見漢使者李太后亦私與食
官長及郎尹霸等姦亂王與任后以此使人風止
李太后（師古曰風讀曰諷止者止其自言也）李太后亦已（師古曰已止也）後病薨病
時任后未嘗請疾（張晏曰請問也）薨又不侍喪元朔中睢陽
人犴反（師古曰犴姓反名也犴音岸）人辱其父而與睢陽太守客俱
出同車犴反殺其仇車上亡去睢陽太守怒以讓
梁二千石二千石以下求反急執反親戚反知國
陰事迺上變告梁王與大母爭尊狀時相以下具
知之欲以傷梁長史書聞天子下吏驗問有之公
卿治奏以爲不孝請誅王及太后（師古曰陳太后）天子曰首
惡失道任后也朕置相吏不逮（師古曰逮及也言其材知不及）無以
輔王故陷不誼不忍致法削梁王五縣奪王太后
湯沐成陽邑梟任后首于市中郎胡等皆伏誅梁
餘尚有八城襄立四十年薨子頃王無傷嗣十一
年薨子敬王定國嗣四十年薨子夷王遂嗣六年
薨子荒王嘉嗣十五年薨子立嗣鴻嘉中太傅輔

奏立一日至十一犯法臣下愁苦莫敢親近不可諫止願令王非耕祠法駕毋得出宮盡出馬置外苑收兵杖藏私府毋得以金錢財物假賜人事下丞相御史請許（師古曰許太傅所奏）奏可後數復敺傷郎（師古曰敺擊也音一口反）夜私出宮傅相連奏坐削或千戶或五百戶如是者數焉荒王女弟園子爲立舅任寶妻寶兄子昭爲立后數過寶飲食報寶曰我好翁主（師古曰諸王女皆稱翁主言其父自主婚也）欲得之寶曰翁主姑也法重立曰何能爲（師古曰言罪不能至重也）遂與園子姦積數歲永始中相禹奏立對外家怨望有惡言有司案驗因發淫亂事奏立禽獸行請誅太中大夫谷永上疏曰臣聞禮天子外屏不欲見外也（師古曰屏謂當門之牆以屏蔽者也外屏於門外爲之）是故帝王之意不窺人閨門之私聽聞中冓之言（應劭曰中冓材構在堂之中也晉灼曰魯詩以爲夜也師古曰冓謂舍之交積材木也應說近之冓音工豆反）春秋爲親者諱詩云戚戚兄弟莫遠具爾（師古曰小雅行葦之詩也戚戚內相親也爾近也言王之族親情無疏遠皆昵近也）今梁王年少頗有狂病始以惡言按驗既亡事實而發閨門之私非本章所指王辭又不服猥彊劾立傅致難明之事（師古曰傅讀曰附）獨以偏辭成辠斷獄亡益於治道汙蔑宗室（孟康曰蔑音漫師古曰蔑音秣謂塗染也）以內亂之惡披布宣揚於天下非所以爲公族隱諱增朝廷之

榮華昭聖德之風化也臣愚以爲王少而父同產長年齒不倫梁國之富足以厚聘美女招致妖麗父同產亦有恥辱之心（師古曰言其姑亦當自恥必不與姦）案事者迺驗問惡言（師古曰本所問者怨望朝廷之言耳）何故猥自發舒（師古曰猥曲也）以三者揆之殆非人情疑有所迫切過誤失言文吏躡尋不得轉移萌牙之時加恩勿治上也（如淳曰恩覆蓋之則計之上）既已案驗宜及王辭不服詔廷尉選上德通理之吏更審考清問著不然之效定失誤之法（師古曰著明也）而反命於下吏（師古曰使者還反以清白之狀付有司也）以廣公族附疏之德爲宗室刷汙亂之恥（師古曰刷謂拭刷除之也音所劣反）甚得治親之誼天子由是寖而不治居數歲元延中立復以公事怨相掾及睢陽丞使奴殺之殺奴以滅口凡殺三人傷五人手敺郎吏二十餘人上書不拜奏謀篡死罪囚（師古曰逆取曰篡）有司請誅上不忍削立五縣哀帝建平中立復殺人天子遣廷尉賞大鴻臚由持節即訊（師古曰就問也）至移書傅相中尉曰王背策戒（師古曰初封時策書有戒勑之言）誖暴妄行（師古曰誖乖也音布內反）連犯大辟毒流吏民比比蒙恩不伏重誅（師古曰比猶頻也）不思改過復賊殺人幸得蒙恩丞相長史大鴻臚丞即問王陽病抵讕置辭（師古曰抵距也讕誣讕也抵音丁礼反讕音來曺反）驕嫚不首主令與背畔亡異

師古曰不首謂不伏其罪也言今者於法令之條與背畔無異也首音失救反次下亦同丞相御史請收王璽綬送陳留獄明詔加恩復遣廷尉大鴻臚雜問今王當受詔置辭恐復不首實對書曰至于再三有不用我降爾命師古曰此周書多方篇之辭也言我教汝至于再三汝不能用則我下罰黜汝命也傅相中尉皆以輔正爲職虎兕出於匣龜玉毀於匵中是誰之過也師古曰此論語孔子責冉有季路之辭也言虎兕出於檻龜玉毀於櫝匵皆非典守者之過邪喻輔相人者當能持危扶顚也書到明以誼曉王敢復懷詐罪過益深傅相以下不能輔導有正法立惶恐免冠對曰立少失父母孤弱處深宮中獨與宦者婢妾居漸漬小國之俗加以質性下愚有不可移之姿師古曰言不從化也論語稱孔子曰唯上智與下愚不移往者傅相亦不純以仁誼輔翼立大臣皆尚苛刻刺求微密讒臣在其間左右弄口積使上下不和更相眄伺師古曰更音工衡反宮殿之裏毛氂過失亡不暴陳當伏重誅以視海内師古曰視讀曰示數蒙聖恩得見貰赦師古曰貰謂寬其罪今立自知賊殺中郎曹將冬月迫促貪生畏死即詐僵仆陽病師古曰僵仆倒地也僵音薑仆音赴徼幸得踰於須臾師古曰冀得踰冬月而減罪也謹以實對伏須重誅師古曰須待也時冬月盡其春大赦不治元始中立坐與平帝外家中山衛氏交通新都侯王莽奏廢立爲庶人徙漢中立自殺二十七年國除後二歲

莽白太皇太后立孝王玄孫之曾孫沛郡卒史音爲梁王奉孝王後莽篡國絶

賛曰梁孝王雖以愛親故王膏腴之地師古曰太后愛子而帝親弟故曰愛親然會漢家隆盛百姓殷富故能殖其貨財廣其宮室車服然亦僭矣怙親亡厭牛禍告罰卒用憂死悲夫

文三王傳第十七

賈誼傳第十八　班固　漢書四十八

秘書監上護軍琅邪縣開國子顏師古注

賈誼雒陽人也年十八以能誦詩書屬文稱於郡中(師古曰屬謂綴輯之也言其能爲文也屬音之欲反)河南守吳公聞其秀材召置門下(師古曰秀美也)甚幸愛文帝初立聞河南守吳公治平爲天下第一(師古曰治平言其政治和平也)故與李斯同邑而嘗學事焉(師古曰事之而從其學也)徵以爲廷尉廷尉廼言誼年少頗通諸家之書文帝召以爲博士是時誼年二十餘最爲少每詔令議下(師古曰謂有詔令出下及遣議事)諸老先生未能言誼盡爲之對人人各如其意所出諸生於是以爲能文帝說之(師古曰說讀曰悅)超遷歲中至太中大夫誼以爲漢興二十餘年天下和洽宜當改正朔服色制度定官名興禮樂廼草具其儀法(師古曰草謂創造之)色上黃數用五爲官名悉更奏之(師古曰更改也)文帝謙讓未皇也(師古曰皇暇也自以爲不當改制)然諸法令所更定及列侯就國其說皆誼發之於是天子議以誼任公卿之位絳灌東陽侯馮敬之屬盡害之(師古曰絳絳侯周勃也灌灌嬰也東陽侯張相如也馮敬時爲御史大夫)廼毀誼曰雒陽之人年少初學專欲擅權紛亂諸事於是天子後亦疏之不用其議以誼爲長沙王太傅誼既以適去(師古曰適讀曰謫其下亦同)意不自得及度湘

水(師古曰湘水出零陵陽海山北流入江也)爲賦以弔屈原屈原楚賢臣也被讒放逐作離騷賦(師古曰離遭也憂動曰騷遭憂而作此辭)其終篇曰已矣國亡人莫我知也遂自投江而死誼追傷之因以自諭(師古曰諭譬也)其辭曰恭承嘉惠兮(師古曰恭敬也嘉惠謂詔命也)竢罪長沙(師古曰竢古俟字俟待也)仄聞屈原兮自湛汨羅(師古曰仄古側字汨水名在長沙羅縣故曰汨羅湛讀曰沉汨音莫歷反)造託湘流兮敬弔先生(師古曰造至也言至湘水而因託其流也造音千到反)遭世罔極兮廼隕厥身(張晏曰讒言罔極師古曰罔無也極中也無中正之道曰極止也)烏虖哀哉兮逢時不祥(師古曰虖讀曰呼)鸞鳳伏竄兮鴟鴞翱翔(師古曰鴟鴟鵂怪鳥也鴞惡聲之鳥也鴟音尺夷反鴞音于驕反鵂音休)闒茸尊顯兮讒諛得志(師古曰闒茸下材不肖之人也闒音吐盍反茸音人勇反)賢聖逆曳兮方正倒植(師古曰植立也音值)謂隨夷溷兮(應劭曰隨卞隨湯時廉士湯以天下讓而不受夷伯夷也不食周粟餓于首陽之下師古曰溷濁也音胡困反)謂跖蹻廉(李奇曰跖秦大盜也楚之大盜爲莊蹻師古曰跖音之石反蹻音居略反莊周曰盜跖柳下惠之弟蓋寓言也)莫邪爲鈍兮(應劭曰莫邪吳大夫也作寶劍因以冠名)鉛刀爲銛(晉灼曰世俗謂利爲銛徹師古曰音弋占反)于嗟默默生之亡故兮(應劭曰默默不得意也鄧展曰言屈原無故遇此禍也師古曰生先生也)斡棄周鼎(師古曰斡轉也斡音管)寶康瓠兮(鄭氏曰康瓠瓦盆底也爾雅曰康瓠謂之甈師古曰甈音五列反)騰駕罷牛驂蹇驢兮(師古曰罷讀曰疲蹇跛也)驥垂兩耳服鹽車兮(師古曰駕鹽車也)章父薦屨漸不可久兮(師古曰章父殷冠名也言冠乃居下屨反在上也父讀曰甫)嗟若先生獨離此咎兮(應劭曰嗟咨嗟也勞苦屈原遇此難也師古曰離遭也)誶曰(李奇曰誶告也張晏曰誶離騷下章亂也師古曰誶音碎)已矣國其莫吾知兮(師古曰一國之人不知我也)

子獨壹鬱其誰語師古曰壹鬱猶怫鬱也鳳縹縹其高逝兮夫
固自引而遠去師古曰縹縹輕舉皃音匹遙反襲九淵之神龍兮鄧展曰襲重也
師古曰九淵九旋之川言至深也沕深潛以自珍鄧展曰沕音昧張晏曰潛藏也偭蟂獺以隱
處兮服虔曰蟂音梟應劭曰蟂獺水虫害魚者也偭背也欲舍蟂獺從神龍遊也師古曰偭音面夫豈從蝦與蛭
螾服虔曰蛭水虫螾今之蛭螾也孟康曰言龍自絕於蟂獺況從蝦與蛭螾也師古曰蝦亦水虫也音遐蛭音質螾字與蚓同音引今合韻當音弋人反螼音
丘謹反所貴聖之神德兮遠濁世而自藏使騏驥可係而
羈兮豈云異夫犬羊般紛紛其離此郵兮蘇林曰般音槃孟康曰般音班
般反也紛紛擾讓意也師古曰般孟音是也字從丹青之丹離遭也郵過也亦夫子之故也李奇曰亦夫子不如麟鳳之故離此咎
也師古曰此說非也賈誼自言今之離郵亦猶屈原耳歷九州而相其君兮何必懷此都
也師古曰言往長沙為傅不足哀傷何用苟懷此之都邑蓋亦誼自寬廣之言鳳皇翔于千仞兮覽
德煇而下之師古曰八尺曰仞千仞言其極高見細德之險微兮遙增擊
而去之師古曰增重也言見苛細之人險阨之證故重擊其羽而高去彼尋常之汙瀆兮豈
容吞舟之魚應劭曰八尺曰尋倍尋曰常師古曰水不泄為汙音一胡反又音一故反橫江湖之鱣
鯨兮固將制於螻螘如淳曰鱣鯨皆大魚也臣瓚曰鱣魚無鱗口在腹下鯨魚長者長數里晉灼曰小水不容大魚
而橫鱣鯨於汙瀆必為螻螘所制以況小朝主闇不容受忠逆之言亦為讒賊小臣所害師古曰鱣音竹連反字或作鱏鱏亦大魚也音淫又音尋
螻音樓謂螻蛄也誼為長沙傅三年有服飛入誼舍止於坐
隅師古曰坐音才臥反服似鴞晉灼曰異物志曰有鳥小如雞體有文色土俗因形名之曰服不能遠飛行不出域也不祥鳥
也誼既以適居長沙長沙卑濕誼自傷悼以為壽不
得長迺為賦以自廣其辭曰單閼之歲四月孟夏應劭
曰太歲在卯為單閼師古曰閼音一曷反庚子日斜服集余舍孟康曰日斜曰昳時止于

坐隅貌甚閒暇師古曰閒讀曰閑異物來崪私怪其故
孟康曰崪音萃萃聚也發書占之讖言其度師古曰讖驗也有徵驗之書也讖音初禁反
曰野鳥入室主人將去問於子服余去何之師古曰子服者
言加其美稱也吉虖告我凶言其災淹速之度語余其
期師古曰淹遲也服迺太息舉首奮翼口不能言請對
以意師古曰意字合韻宜音億萬物變化固亡休息斡流而遷
或推而還師古曰斡音管斡轉也還讀曰旋形氣轉續變化而嬗
服虔曰嬗音如蟬謂變蛻也蘇林曰相傳與也師古曰此即禪代字合韻故音蟬耳蘇說是也沕穆亡閒胡可
勝言師古曰沕穆深微貌胡何也言其理深微不可盡言沕音勿禍兮福所倚福兮
禍所伏師古曰此老子德經之言也倚音於綺反憂喜聚門吉凶同域師古
曰言禍福相因吉凶不定彼吳彊大夫差以敗粵棲會稽句踐
伯世師古曰會稽山名也句踐避吳之難保於此山故曰棲也句音鉤伯讀曰霸斯遊遂成卒被
五刑應劭曰李斯西遊於秦身登相位二世時為趙高所譖身伏五刑傅說胥靡迺相武
丁張晏曰胥靡刑名也傅說被刑築於傅巖武丁以為己相師古曰胥靡相隨之刑也解在楚元王傳夫
禍之與福何異糾纆應劭曰禍福相為表裏如糾纆索相附會也臣瓚曰糾絞也纆
索也師古曰纆音墨命不可說孰知其極師古曰極止也水激則旱
矢激則遠師古曰言水之激疾則去盡不能浸潤矢之激發則去遠萬物回薄震
盪相轉雲烝雨降糾錯相紛大鈞播物坱圠
無垠如淳曰陶者作器於鈞上此以造化為大鈞也應劭曰其氣坱圠非有限齊也師古曰今造瓦者謂所轉者
為鈞言造化為人亦猶陶之造瓦耳坱音烏朗反圠音於黠反天不可與慮道不

可與謀遲速有命烏識其時師古曰烏猶何也且夫天地爲
鑪造化爲工陰陽爲炭萬物爲銅師古曰以冶鑄爲喻合散消
息安有常則千變萬化未始有極忽然爲人何足
控揣孟康曰控引也揣持也言人生忽然何足引持自貴惜也如淳曰控引也揣音團控摶玩弄愛生之意也師古曰如說是
化爲異物又何足患師古曰患合韻音環小智自私賤彼貴我
達人大觀物亡不可貪夫徇財列士徇名臣瓚曰以身從物曰
徇夸者死權品庶每生臣瓚曰謂夸泰也莊子曰權勢不尤則夸者悲孟康曰每貪也師古曰品
庶猶庶品也怵迫之徒或趨西東孟康曰怵爲利所誘訹也迫迫貧賤東西趨利也師古曰誘訹
之訹則音戌或曰怵怵陽也音丑出反其義兩通而說者欲改字爲訹蓋穿鑿耳大人不曲意變齊同
愚士繫俗僒若囚拘李奇曰僒音塊蘇林曰音人肩傴僒爾音欺全反師古曰蘇音是至人

遺物獨與道俱衆人惑惑好惡積意李奇曰惑惑東西也所好所惡積之
萬億也臣瓚曰言衆懷好惡積之心意也師古曰瓚說是也意合韻音於力反眞人恬漠獨與道息
師古曰恬安也漠靜也釋智遺形超然自喪服虔曰絕聖弃智而亡其身也師古曰喪合韻
音先郎反寥廓忽荒與道翺翔師古曰荒音呼廣反乘流則逝得
坻則止孟康曰易坎爲險遇險難而止也張晏曰謂夷易則仕險難則隱也縱軀委命不私
與己其生兮若浮其死兮若休師古曰休息也澹虖若深
淵之靚氾虖若不繫之舟師古曰澹安也音徒濫反靚與靜同氾音敷劍反不
以生故自保養空而浮服虔曰道家養空虛若浮舟也德人無累知
命不憂細故蔕芥何足以疑師古曰蔕芥小鯁也蔕音丑芥反後歲餘
文帝思誼徵之至入見上方受釐坐宣室蘇林曰宣室未央前

正室也應劭曰釐祭餘肉也漢儀注祭天地五時皇帝不自行祠還致福釐音禧師古曰禧福也借釐字爲之耳言受神之福也上因
感鬼神事而問鬼神之本誼具道所以然之故至
夜半文帝前席師古曰漸促近誼聽說其言也既罷曰吾久不見賈
生自以爲過之今不及也廼拜誼爲梁懷王太傅
懷王上少子愛而好書故令誼傅之數問以得失
師古曰漢朝問以國家之事是時匈奴彊侵邊天下初定制度疏
闊諸侯王僭儗地過古制師古曰儗比也上比於天子儗音擬淮南濟北
王皆爲逆誅誼數上疏陳政事多所欲匡建師古曰匡正也
正其失也建立也立制節也其大略曰臣竊惟事勢可爲痛哭者一
可爲流涕者二可爲長太息者六若其它背理而

傷道者難徧以疏舉師古曰言不可盡條記也進言者皆曰天下
已安已治矣師古曰進言者謂陳說於天子前者也治音直吏反此下並同臣獨以爲未
也曰安且治者非愚則諛師古曰實謂治安則是愚也知其不爾而假言之是諂諛也
皆非事實知治亂之體者也夫抱火厝之積薪之下而
寢其上師古曰厝置也音千故反火未及燃因謂之安方今之勢何
以異此本末舛逆首尾衡決國制搶攘蘇林曰搶音濟濟搶搶不
安皃也晉灼曰搶音傖吳人罵楚人曰傖傖攘亂皃也師古曰晉音是傖音仕庚反攘音女庚反非甚有紀師古
曰紀理也胡可謂治陛下何不壹令臣得孰數之於前
因陳治安之策試詳擇焉夫射獵之娛與安危之
機孰急師古曰言二事之中何者爲急使爲治勞智慮苦身體乏

鍾鼓之樂勿爲可也樂與今同而加之諸侯軌道兵革不動 師古曰軌道言遵法制也 民保首領匈奴賓服四荒鄉風 師古曰鄉讀曰嚮也 百姓素朴獄訟衰息大數既得則天下順治海內之氣淸和咸理生爲明帝沒爲明神名譽之美垂於無窮禮祖有功而宗有德使顧成之廟稱爲太宗上配太祖與漢亡極建久安之勢成長治之業以承祖廟以奉六親至孝也 應劭曰六親父母兄弟妻子也 以幸天下以育羣生至仁也立經陳紀輕重同得後可以爲萬世法程 師古曰程式也 雖有愚幼不肖之嗣猶得蒙業而安至明也以陛下之明達因使少知治體者得佐下風致此非難也 師古曰少知治體者謂自謂也 其具可素陳於前願幸無忽 師古曰忽怠忘也 臣謹稽之天地 師古曰稽考也 驗之往古按之當今之務日夜念此至孰也雖使禹舜復生爲陛下計亡以易此 師古曰易改也 夫樹國固必相疑之勢 鄭氏曰今建立國泰大其勢必固相疑也臣瓚曰樹國於險固諸侯強大則必與天子有相疑之勢也師古曰鄭說是也 下數被其殃上數爽其憂 如淳曰爽忒也 甚非所以安上而全下也今或親弟謀爲東帝 應劭曰淮南厲王長 親兄之子西鄉而擊 如淳曰謂齊悼惠王子興居而爲濟北王反欲擊取滎陽也師古曰鄉讀曰嚮 今吳又見告矣 如淳曰時吳王又不循漢法有告之者 天子春秋鼎盛 應劭曰鼎方也 行義未過 師古曰行音下更反 德澤有加焉猶尚如是況

莫大諸侯 師古曰莫大謂無有大於其國者言最大也 權力且十此者虖 師古曰十倍於此 然而天下少安何也大國之王幼弱未壯漢之所置傅相方握其事數年之後諸侯之王大抵皆冠 師古曰大抵猶言大略也音丁禮反其下亦同 血氣方剛漢之傅相稱病而賜罷彼自丞尉以上偏置私人如此有異淮南濟北之爲邪此時而欲爲治安雖堯舜不治黃帝曰日中必熭操刀必割 孟康曰熭音衛日中盛者必暴熭也臣瓚曰太公曰日中不熭是謂失時操刀不割失利之期言當及時也師古曰此語見六韜熭謂暴曬之也曬音所智反又音所懈反 今令此道順而全安甚易不肯早爲已廼墮骨肉之屬而抗剄之 應劭曰抗其頭而剄之也師古曰墮毀也抗舉也剄割頸也墮音火規反剄音工鼎反 豈有異秦之季世虖夫以天子之位乘今之時因天之助尚憚以危爲安以亂爲治假設陛下居齊桓之處將不合諸侯而匡天下乎臣又知陛下有所必不能矣假設天下如曩時 師古曰曩久也謂昔時 淮陰侯尚王楚黥布王淮南彭越王梁韓信王韓張敖王趙貫高爲相盧綰王燕陳豨在代令此六七公皆亡恙 師古曰無恙言無憂病也 當是時而陛下即天子位能自安乎臣有以知陛下之不能也天下殽亂高皇帝與諸公併起 師古曰殽雜也併音步鼎反 非有仄室之勢以豫席之也 應劭曰禮卿大夫之支子爲側室席大也臣瓚曰席藉也言非有側室之勢爲之資藉也師古曰瓚說是也 諸公幸者廼爲中涓其

次雚得舍人師古曰雚與雚同雚劣也言纔得舍人材之不逮至遠也高皇帝以明聖威武即天子位割膏腴之地以王諸公多者百餘城少者乃三四十縣悳至渥也師古曰悳古德字渥厚也音握然其後十年之閒反者九起陛下之與諸公非親角材而臣之也師古曰角校也競也又非身封王之也自高皇帝不能以是一歲爲安故臣知陛下之不能也然尚有可諉者曰跡孟康曰諉累也以跡爲累言不以國也蔡謨曰諉者託也尚可託言信越等以跡故反故其下句曰臣請試言其親者親者亦恃彊爲亂明信等不以跡也師古曰蔡說是矣諉音女瑞反臣請試言其親者假令悼惠王王齊元王王楚中子王趙幽王王淮陽共王王梁師古曰共讀曰恭靈王王燕厲王

王淮南六七貴人皆亡恙當是時陛下即位能爲治虖臣又知陛下之不能也若此諸王雖名爲臣實皆有布衣昆弟之心師古曰自以爲於天子爲昆弟而不論君臣之義慮亡不帝制而天子自爲者師古曰慮大計也言諸侯皆欲同皇帝之制度而爲天子之事擅爵人赦死辠師古曰擅專也甚者或戴黃屋師古曰天子車蓋之制漢法令非行也雖行不軌如厲王者令之不肯聽召之安可致乎師古曰不軌謂不修法制也致至也幸而來至法安可得加動一親戚天下圜視而起應劭曰圜精正視也師古曰言驚愕也陛下之臣雖有悍如馮敬者如淳曰馮無擇子名忠直爲御史大夫奏淮南厲王誅之師古曰悍勇也適啓其口匕首已陷其匈矣師古曰始欲發言節制諸侯王則爲刺客所殺陛下雖賢

誰與領此師古曰領理也故跡者必危親者必亂已然之效也其異姓負彊而動者漢已幸勝之矣又不易其所以然同姓襲是跡而動師古曰易其所以然改其法制使不然既有徵矣師古曰徵證驗也其埶盡又復然殃旤之變未知所移師古曰旤古禍字明帝處之尚不能以安後世將如之何屠牛坦一朝解十二牛蘇林曰孔子時人也師古曰坦屠牛者之名也事見管子而芒刃不頓者師古曰芒刃謂刃之利如豪芒也頓讀曰鈍所排擊剝割皆衆理解也師古曰解支節也音胡懈反至於髖髀之所非斤則斧師古曰髀股骨也髖髀上也言其骨大故須斤斧也髖音寬髀音陛又音必爾反夫仁義恩厚人主之芒刃也權埶法制人主之斤斧也今諸侯王皆衆髖髀

也釋斤斧之用而欲嬰以芒刃師古曰嬰繞也臣以爲不缺則折胡不用之淮南濟北埶不可也晉灼曰二國皆反誅何不施之仁恩埶不可故也臣竊跡前事師古曰尋前事之蹤跡大抵彊者先反淮陰王楚最彊則最先反韓信倚胡則又反師古曰倚依也音於綺反貫高因趙資則又反陳豨兵精則又反彭越用梁則又反晉灼曰用役用之也黥布用淮南則又反盧綰最弱最後反長沙迺在二萬五千戶耳功少而最完埶跡而最忠非獨性異人也亦形埶然也曩令樊酈絳灌據數十城而王今雖以殘亡可也晉灼曰事勢可亡也師古曰曩亦謂曩時也令信越之倫列爲徹侯而居雖至今存可也晉灼曰事

執可存然則天下之大計可知已師古曰已語終辭欲諸王之皆忠附則莫若令如長沙王欲臣子勿菹醢則莫若令如樊酈等欲天下之治安莫若眾建諸侯而少其力力少則易使以義國小則亡邪心師古曰使以義使之適禮義也令海內之執如身之使臂臂之使指莫不制從諸侯之君不敢有異心輻湊並進而歸命天子雖有細民且知其安故天下咸知陛下之明割地定制令齊趙楚各若干國師古曰若干豫設數也解在食貨志使悼惠王幽王元王之子孫畢以次各受祖之分地師古曰分音扶問反次下亦同地盡而止及燕梁它國皆然其分地眾而子

孫少者建以為國空而置之須其子孫生者舉使君之師古曰須待也諸侯之地其削頗入漢者為徙其侯國及封其子孫也師古曰徙其侯國在諸侯王封內而犬牙相入者則正其疆界令其隔絕也封其子孫者分諸侯王之國邑各自封其子孫而受封之人若有罪黜其地皆入於漢故云頗入也所以數償之一寸之地一人之眾天子亡所利焉師古曰償者謂所正列侯疆界有侵諸侯王者則漢償之誠以定治而已故天下咸知陛下之廉地制壹定宗室子孫莫慮不王師古曰慮計也下無倍畔之心上無誅伐之志師古曰倍讀曰背故天下咸知陛下之仁法立而不犯令行而不逆貫高利幾之謀不生柴奇開章之計不萌應劭曰柴奇開章皆與淮南王謀反者也細民鄉善大臣

致順師古曰鄉讀曰嚮故天下咸知陛下之義臥赤子天下之上而安植遺腹朝委裘而天下不亂服虔曰言天下安雖赤子遺腹在位猶不危也應劭曰置遺腹朝委裘皆未有所知也孟康曰委裘若容衣天子未坐朝事先帝裘衣也師古曰應孟二說皆是當時大治後世誦聖師古曰稱誦其聖明壹動而五業附陛下誰憚而久不為此師古曰憚畏難也音徒旦反天下之執方病大瘇如淳曰腫足曰瘇師古曰音上勇反一脛之大幾如要一指之大幾如股師古曰幾音巨依反平居不可屈信師古曰信讀曰伸一二指搐身慮亡聊師古曰搐謂動而痛也聊賴也搐音丑六反失今不治必為錮疾師古曰錮堅久之疾後雖有扁鵲不能為已師古曰扁鵲良醫也為治也已語終辭病非徒瘇也又苦𨈒盭師古曰𨈒古蹠字也音之石反足下曰蹠今所呼腳掌是也盭古戾字言足蹠反

戾不可行也元王之子帝之從弟也師古曰楚元王高帝之弟其子於文帝為從弟今之王者從弟之子也惠王親兄子也今之王者兄子之子也師古曰惠王齊悼惠王親者或亡分地以安天下師古曰廣立蕃屏則天下安故曰以安天下疏者或制大權以偪天子師古曰偪古逼字臣故曰非徒病瘇也又苦𨈒盭可痛哭者此病是也天下之執方倒縣凡天子者天下之首何也上也蠻夷者天下之足何也下也今匈奴嫚侮侵掠至不敬也師古曰嫚古慢字為天下患至亡已也師古曰亡已言不可止也而漢歲致金絮采繒以奉之夷狄徵令是主上之操也師古曰徵召也令號令也操謂主上之所操持也操音千高反天子共貢是臣下之禮也師古

曰共讀曰恭足反居上首顧居下師古曰顧亦反也言如人反顧然倒縣如
此莫之能解猶爲國有人乎師古曰顚倒如此而不能解救豈謂國有明智之人乎
非亶倒縣而已師古曰亶讀曰但又類辟且病痱服虔曰病癖不能行也師古曰
辟足病痱風病辟音擘痱音肥夫辟者一面病痱者一方痛今西邊
北邊之郡雖有長爵不輕得復張晏曰長爵高爵也雖受高爵之賞猶將禦寇
不得復除逸豫也蘇林曰輕易也不易得復除言難也師古曰復音方目反五尺以上不輕得息
如淳曰五尺謂小兒也言無小大皆當自爲戰備斥候望烽燧不得臥文穎曰邊方備胡寇作高
土櫓櫓上作桔皐桔皐頭兜零以薪草置其中常低之有寇即火然擧之以相告曰烽又多積薪寇至即然之以望其煙曰燧張晏曰晝
擧烽夜燔燧也師古曰張說誤也晝則燔燧夜則擧烽將吏被介冑而睡師古曰被音皮義反臣
故曰一方病矣醫能治之而上不使師古曰醫者誼自謂可爲

流涕者此也陛下何忍以帝皇之號爲戎人諸侯
埶既卑辱而旣不息長此安窮師古曰言長養此患將何所窮極也進
謀者率以爲是固不可解也亡具甚矣師古曰無治安之具臣
竊料匈奴之衆師古曰料量也音聊不過漢一大縣以天下之
大困於一縣之衆甚爲執事者羞之陛下何不
試以臣爲屬國之官以主匈奴行臣之計請必係
單于之頸而制其命伏中行説而笞其背鄭氏曰説奄人也漢
使送公主妻匈奴説不肯行強之因以漢事告匈奴也師古曰中行姓也説名也行音胡郎反説讀曰悅中行説事具在匈奴傳擧
匈奴之衆唯上之令師古曰聽天子之命今不獵猛敵而獵田
彘不搏反寇而搏畜菟翫細娛而不圖大患非所

以爲安也德可遠施威可遠加而直數百里外威
令不信師古曰信讀曰伸可爲流涕者此也今民賣僮者如淳
曰僮謂隷妾也爲之繡衣絲履偏諸緣服虔曰如牙條以作履緣師古曰偏諸若今之織成
以爲要襻及褾領者也古謂之車馬裘其上爲乘車及騎從之象也內之閑中服虔曰閑賣奴婢闌是古
天子后服所以廟而不宴者也師古曰入廟則服之宴處則不著蓋貴之也而
庶人得以衣婢妾白縠之表薄紈之裏緁以偏諸
晉灼曰以偏諸緁著衣也師古曰緁音妾謂以偏諸緶著之也緶音步千反美者黼繡師古曰黼者織爲斧形繡
者刺爲衆文是古天子之服今富人大賈嘉會召客者以
被牆師古曰被音皮義反古者以奉一帝一后而節適師古曰得其節
宜今庶人屋壁得爲帝服倡優下賤得爲后飾然

而天下不屈者殆未有也師古曰屈謂財力盡也音其勿反且帝之身自
衣皁綈師古曰綈厚繒也音徒奚反而富民牆屋被文繡天子
之后以緣其領庶人孽妾緣其履師古曰孽庶賤者此臣
所謂舛也夫百人作之不能衣一人師古曰衣音於既反欲天
下亡寒胡可得也一人耕之十人聚而食之欲天
下亡飢不可得也飢寒切於民之肌膚欲其亡爲
姦邪不可得也國已屈矣師古曰屈音其勿反盜賊直須時
耳師古曰言待時而發然而獻計者曰毋動師古曰言安不可動搖爲大
耳如淳曰好爲大語者夫俗至大不敬也至亡等也師古曰無尊卑之差至
冒上也師古曰冒犯也進計者猶曰毋爲可爲長太息者

者此也商君遺禮義棄仁恩師古曰謂商鞅并心於進取行之二歲秦俗日敗故秦人家富子壯則出分家貧子壯則出贅應劭曰出作贅壻也師古曰謂之贅壻者言其不當出妻家亦猶人身體之有肬贅非應所有也一說贅質也家貧無有聘財以身為質也贅音之銳反分音扶問反借父耰鉏慮有德色師古曰耰摩田器也言以耰及鉏借與其父而容色自矜為恩德也耰音憂母取箕帚立而誶語服虔曰誶猶罵也張晏曰誶責讓也師古曰張說是也誶音碎抱哺其子與公併倨師古曰哺飤也言婦抱子而哺之乃與其舅併倨無禮之甚也哺音步併音步鼎反婦姑不相說則反脣而相稽應劭曰稽計也相與計校也師古曰說讀曰悅稽音工奚反其慈子耆利不同禽獸者亡幾耳師古曰唯有慈愛其子而貪嗜財利小異於禽獸也無幾言不多也幾音居豈反然并心而赴時猶曰蹷六國兼天下蘇林曰蹷音厥師古曰蹷謂拔而取之功

成求得矣師古曰求得所求者得也終不知反廉愧之節仁義之厚師古曰反還也信并兼之法遂進取之業師古曰信讀曰伸一曰信任天下大敗眾掩寡智欺愚勇威怯壯陵衰其亂至矣是以大賢起之威震海內德從天下師古曰大賢謂高祖也德從天下天下從其德曩之為秦者今轉而為漢矣然其遺風餘俗猶尚未改今世以侈靡相競而上亡制度棄禮誼捐廉恥日甚可謂月異而歲不同矣逐利不耳慮非顧行也師古曰言其所追赴唯計利與不可念慮之中非顧行之善惡今其甚者殺父兄矣盜者劉寢戶之簾師古曰劉謂割取之也室有東西箱曰廟無東西箱曰寢蓋謂陵上之寢劉音輟搴兩廟之器如淳曰搴取也兩廟高祖惠帝廟也師古曰搴拔也音騫又音蹇白

晝大都之中剽吏而奪之金師古曰白晝晝日也言白者謂不陰晦也剽劫也音頻妙反矯偽者出幾十萬石粟服虔曰吏矯偽徵發盜出十萬石粟師古曰服說非也幾近也言詐為文書以出倉粟近十萬石耳非謂徵發於下也幾音鉅依反賦六百餘萬錢乘傳而行郡國如淳曰此言富者出錢穀得高爵或乃為使者乘傳車循行郡國以為榮也師古曰如說亦非也此又言矯偽之人詐為詔令妄作賦斂其數甚多又詐乘傳而行郡國也行音下更反此其亡行義之先至者也而大臣特以簿書不報期會之間以為大故師古曰特徒也言公卿大臣徒以簿書期會為急不知正風俗厲行義也至於俗流失世壞敗因恬而不知怪師古曰恬安也音徒兼反慮不動於耳目以為是適然耳師古曰適當也謂事理當然夫移風易俗使天下回心而鄉道類非俗吏之所能為也師古曰鄉讀曰嚮俗吏之所務在於刀筆

筐篋師古曰刀所以削書札筐篋所以盛書而不知大體陛下又不自憂竊為陛下惜之夫立君臣等上下使父子有禮六親有紀師古曰紀理也此非天之所為人之所設也夫人之所設不為不立不植則僵不脩則壞師古曰植建也僵偃也音薑筦子曰師古曰筦與管同管子管仲也禮義廉恥是謂四維四維不張國乃滅亡使筦子愚人也則可筦子而少知治體則是豈可不為寒心哉師古曰若以管子為愚人其言不實則無禮義廉恥可也若以管子為微識治體則當寒心而憂之秦滅四維而不張故君臣乖亂六親殃戮姦人並起萬民離叛凡十三歲而社稷為虛師古曰虛讀曰墟謂丘墟今四維猶未備也故姦人幾幸而眾心疑

惑師古曰幾讀曰冀次下亦同 豈如今定經制師古曰經常也 令君君臣臣師古曰君爲君臣爲臣道 上下有差父子六親各得其宜姦人亡所幾幸而羣臣衆信上不疑惑師古曰衆信謂共爲忠信也 此業壹定世世常安而後有所持循矣師古曰執持而順行之 若夫經制不定是猶度江河亡維楫師古曰維所以繫船楫所以刺船也詩云緜緜維之楫音集又音接 中流而遇風波船必覆矣師古曰覆音芳目反 可爲長太息者此也夏爲天子十有餘世而殷受之殷爲天子二十餘世而周受之周爲天子三十餘世而秦受之秦爲天子二世而亡人性不甚相遠也師古曰遠音于萬反 何三代之君有道之長而秦無道之暴也其故可知也古之王者太子廼生固舉以禮師古曰廼始也 使士負之有司齊肅端冕師古曰齊讀曰齋 見之南郊見于天也師古曰見音胡電反 過闕則下過廟則趨孝子之道也故自爲赤子而教固已行矣師古曰赤子言其新生未有眉髮其色赤 昔者成王幼在繈抱之中召公爲太保周公爲太傅太公爲太師保保其身體傅傅之德義師道之教訓師古曰保安也傅輔也道讀曰導其下亦同 此三公之職也於是爲置三少皆上大夫也曰少保少傅少師是與太子宴者也師古曰宴謂安居 故廼孩提有識三公三少固明孝仁禮義以道習之師古曰孩小兒也提謂提撕之 逐去邪人不使見惡行於是皆選天下之端士師古曰端正也直也 孝悌博聞有道術者以衛翼之師古曰悌音徒繼反 使與太子居處出入故太子廼生而見正事聞正言行正道

前漢傳十八　廿七

左右前後皆正人也夫習與正人居之不能毋正猶生長於齊不能不齊言也習與不正人居之不能毋不正猶生長於楚之地不能不楚言也故擇其所耆必先受業廼得嘗之師古曰耆讀曰嗜 擇其所樂必先有習廼得爲之孔子曰少成若天性習貫如自然師古曰貫亦習也音工官反 及太子少長知妃色師古曰妃色妃匹之色 則入于學學者所學之官也師古曰官謂官舍 學禮曰帝入東學上親而貴仁則親疏有序而恩相及矣帝入南學上齒而貴信則長幼有差而民不誣矣帝入西學上賢而貴德則聖智在位而功不遺

前漢傳十八　廿八　王寅

矣帝入北學上貴而尊爵則貴賤有等而下不隃矣師古曰隃與踰同謂越制 帝入大學承師問道退習而考於太傅太傅罰其不則而匡其不及師古曰則法也匡正也 則德智長而治道得矣此五學者既成於上則百姓黎民化輯於下矣師古曰輯與集同輯和也 及太子既冠成人免於保傅之嚴則有記過之史師古曰有過則記 徹膳之宰師古曰有闕則諫 進善之旌師古曰進善言者立於旌下 誹謗之木師古曰識惡事者書言之於木 敢諫之鼓師古曰欲顯諫者則擊鼓 瞽史誦詩工誦箴諫師古曰瞽無目者也工習樂者也 大夫進謀士傳民語習與智長故切而不媿師古曰每被切磋故無大過可恥媿之事 化與心成故中道若性三代之禮

春朝朝日秋暮夕月所以明有敬也（師古曰朝日以朝夕月以暮皆迎其初出也下朝音直遥反）春秋入學坐國老執醬而親餽之（師古曰餽字與饋同）所以明有孝也行以鸞和（師古曰鸞和車上鈴也解在禮樂志）步中采齊（師古曰采齊詩名也字或作薺並音才私反）趣中肆夏（師古曰亦樂詩名趣讀曰趨趨疾步也凡此中者謂與其節相應也並音竹仲反）所以明有度也其於禽獸見其生不食其死聞其聲不食其肉故遠庖廚所以長恩且明有仁也（師古曰遠音于萬反長音竹兩反）夫三代之所以長久者以其輔翼太子有此具也及秦而不然其俗固非貴辭讓也所上者告訐也（師古曰訐謂面相斥罪也音居謁反）固非貴禮義也所上者刑罰也使趙高傅胡亥而教之獄所習者非斬劓人則夷人之三族也故胡亥今日即位而明日射人忠諫者謂之誹謗深計者謂之妖言其視殺人若艾草菅然（師古曰艾讀曰刈菅茅也音姦）豈惟胡亥之性惡哉彼其所以道之者非其理故也（師古曰道讀曰導）鄙諺曰不習為吏視已成事又曰前車覆後車誡夫三代之所以長久者其已事可知也（師古曰已事已往之事）然而不能從者是不法聖智也（師古曰法謂則而效之）秦世之所以亟絕者其轍跡可見也（師古曰亟急也音居力反車迹曰轍）然而不避是後車又將覆也夫存亡之變治亂之機其要在是矣天下之命縣於太子太子之善在

於早諭教與選左右（師古曰諭曉告也與猶及也）夫心未濫而先諭教則化易成也開於道術智誼之指則教之力也若其服習積貫則左右而已（師古曰貫音工官反）夫胡粵之人生而同聲耆欲不異（師古曰耆讀曰嗜）及其長而成俗累數譯而不能相通行者有雖死而不相為者（蘇林曰言其人之行不能易事相為變）則教習然也臣故曰選左右早諭教最急夫教得而左右正則太子正矣太子正而天下定矣書曰一人有慶兆民賴之（師古曰周書呂刑之辭也一人天子也言天子有善則兆庶獲其利）此時務也凡人之智能見已然不能見將然（師古曰將然謂欲有其事）夫禮者禁於將然之前而法者禁於已然之後是故法之所用易見而禮之所為生難知也若夫慶賞以勸善刑罰以懲惡先王執此之政堅如金石行此之令信如四時據此之公無私如天地耳豈顧不用哉（師古曰顧猶反也）然而曰禮云禮云者貴絕惡於未萌而起教於微眇（師古曰眇細小也）使民日遷善遠辠而不自知也（師古曰見善則遷畏辠而離）孔子曰聽訟吾猶人也必也使毋訟乎（師古曰論語載孔子之言也言使吾聽訟與衆人齊等然能先以德義化之使其無訟）為人主計者莫如先審取舍（師古曰取謂所擇用也舍謂所弃置也）取舍之極定於內而安危之萌應於外矣（師古曰極中也萌始生也）安者非一日而安也危者非一日而危也皆以

積漸然不可不察也人主之所積在其取舍以禮義治之者積禮義以刑罰治之者積刑罰刑罰積而民怨背禮義積而民和親故世主欲民之善同而所以使民善者或異或道之以德教或敺之以法令師古曰道讀曰導敺與驅同下皆類此道之以德教者德教洽而民氣樂敺之以法令者法令極而民風哀哀樂之感禍福之應也秦王之欲尊宗廟而安子孫與湯武同然而湯武廣大其德行六七百歲而弗失秦王治天下十餘歲則大敗此亡它故矣湯武之定取舍審而秦王之定取舍不審矣夫天下大器也今

人之置器置諸安處則安置諸危處則危天下之情與器亡以異在天子之所置之湯武置天下於仁義禮樂而德澤洽禽獸草木廣裕師古曰裕饒也德被蠻貊四夷累子孫數十世此天下所共聞也秦王置天下於法令刑罰德澤亡一有而怨毒盈於世下憎惡之如仇讎既幾及身子孫誅絕師古曰幾音鉅依反此天下之所共見也是非其明效大驗邪人之言曰聽言之道必以其事觀之則言者莫敢妄言今或言禮誼之不如法令教化之不如刑罰人主胡不引殷周秦事以觀之也師古曰胡何也人主之尊譬如堂群

臣如陛衆庶如地故陛九級上廉遠地則堂高師古曰級等也廉側隅也陛亡級廉近地則堂卑高者難攀卑者易陵師古曰陵乘也理勢然也故古者聖王制為等列內有公卿大夫士外有公侯伯子男然後有官師小吏師古曰官師一官之長延及庶人等級分明而天子加焉故其尊不可及也里諺曰欲投鼠而忌器此善諭也鼠近於器尚憚不投恐傷其器況於貴臣之近主乎師古曰近音其靳反廉恥節禮以治君子故有賜死而亡戮辱是以黥劓之辠不及大夫以其離主上不遠也禮不敢齒君之路馬蹵其芻者有罰師古曰齒謂審其齒歲也芻所食之草也蹵音

千六反見君之几杖則起遭君之乘車則下入正門則趨君之寵臣雖或有過刑戮之辠不加其身者尊君之故也此所以為主上豫遠不敬也師古曰遠辟也所以體貌大臣而厲其節也師古曰體貌謂加禮容而敬之今自王侯三公之貴皆天子之所改容而禮之也古天子之所謂伯父伯舅也師古曰天子呼諸侯長者同姓則曰伯父異姓則曰伯舅伯長也而令與衆庶同黥劓髡刖笞傌棄市之法蘇林曰傌音罵然則堂不亡陛虖被戮辱者不泰迫虖師古曰迫天子也廉恥不行大臣無迺握重權大官而有徒隸亡恥之心虖夫望夷之事二世見當以重法者如淳曰決罪曰當閻樂殺二世於望夷宮本由

秦制無忌上之風也投鼠而不忌器之習也臣聞之履雖鮮不加於枕冠雖敝不以苴履師古曰苴者履中之藉也音子余反夫嘗已在貴寵之位天子改容而體貌之矣吏民嘗俯伏以敬畏之矣今而有過帝令廢之可也退之可也賜之死可也滅之可也若夫束縛之係緤之師古曰緤謂以長繩係之也緤音先列反輸之司寇編之徒官師古曰司寇主刑罰之官編次列也司寇小吏詈罵而榜笞之師古曰榜音彭殆非所以令衆庶見也夫卑賤者習知尊貴者之一旦吾亦迺可以加此也蘇林曰知其有一旦之刑非所以習天下也非尊尊貴貴之化也夫天子之所嘗敬衆庶之所嘗寵死而死耳賤人安宜得如此而頓辱之哉豫讓事中行之君智伯伐而滅之師古曰行音胡剛反移事智伯及趙滅智伯豫讓釁面吞炭鄭氏曰釁漆面以易貌吞炭以變聲也師古曰釁熏也以毒藥熏之必報襄子五起而不中人問豫子豫子曰中行衆人畜我我故衆人事之智伯國士遇我我故國士報之故此一豫讓也反君事讎行若狗彘已而抗節致忠行出乎列士人主使然也故主上遇其大臣如遇犬馬彼將犬馬自為也如遇官徒彼將官徒自為也頑頓亡恥師古曰頓讀曰鈍奊詬亡節師古曰奊詬謂無志分也奊音胡結反詬音后廉恥不立且不自好師古曰自好猶言自喜也好音呼倒反苟若而可師古曰若猶然故見

利則逝見便則奪師古曰逝往也主上有敗則因而挻之矣服虔曰音挻起師古曰挻音式延反主上有患則吾苟免而已立而觀之耳有便吾身者則欺賣而利之耳人主將何便於此師古曰此於人主為不便也便音頻面反羣下至衆而主上至少也所託財器職業者粹於羣下也蘇林曰粹純也言其埶悉在羣下俱亡恥俱苟妄則主上最病故古者禮不及庶人刑不至大夫所以厲寵臣之節也古者大臣有坐不廉而廢者不謂不廉曰簠簋不飾師古曰簠簋所以盛飯也方曰簠圓曰簋簠音甫又音扶簋音軌坐汙穢淫亂男女亡別者不曰汙穢曰帷薄不脩坐罷軟不勝任者不謂罷軟曰下官不職師古曰罷廢於事也軟弱也罷讀曰疲軟音人兗反故貴大臣定有其辠矣猶未斥然正以謼之也師古曰謼古呼字尚遷就而為之諱也故其在大譴大何之域者師古曰譴責也何問也域界局也聞譴何則白冠氂纓鄭氏曰以毛作纓白冠喪服也盤水加劒造請室而請辠耳應劭曰請室請罪之室蘇林曰音絜清胡公漢官車駕出有請室令在前先驅此官有別獄也如淳曰水性平若已有正罪君以平法治之也加劒當以自刎也或曰殺牲者以盤水取頸血故示若此也師古曰應如二說皆是上不執縛係引而行也其有中罪者聞命而自弛師古曰中罪非大非小也弛廢也自廢而死弛音式尒反上不使人頸盭而加也蘇林曰不戾其頸而親加刀鋸也師古曰盭古戾字音盧結反其有大辠者聞命則北面再拜跪而自裁師古曰裁謂自刑殺也上不使捽抑而刑之也師古曰捽持頭髮也抑謂按之也捽音才兀反曰子大夫自有過耳服虔曰子者男子美號

吾遇子有禮矣遇之有禮故羣臣自憙師古曰憙讀曰喜音許吏反憙好也好爲志氣也嬰以廉恥故人矜節行師古曰嬰加也矜尚也上設
廉恥禮義以遇其臣而臣不以節行報其上者則
非人類也故化成俗定則爲人臣者主耳忘身孟康曰唯爲主耳不念其身國耳忘家公耳忘私利不苟就害不苟去唯義
所在上之化也故父兄之臣誠死宗廟法度之臣誠死社
稷輔翼之臣誠死君上守圄扞敵之臣誠死城郭封疆
故曰聖人有金城者比物此志也李奇曰志記也凡此上陳廉恥之事皆古記也如淳曰比謂比方也使忠臣以死社稷之志比於金城也師古曰二家之說皆非也此言聖人厲此節行以御羣下則人皆懷德勠力同心國家安固不可毀狀若金城也尋其下文義可曉矣彼且爲我死故吾得與之俱生彼且爲我
亡故吾得與之俱存夫將爲我危故吾得與之皆
安師古曰夫夫人也亦猶彼人耳夫音扶顧行而忘利守節而伏義故可
以託不御之權可以寄六尺之孤應劭曰言念主忘身憂國忘家如此可託權柄不須復制御也六尺之孤未能自立者也此厲廉恥行禮誼之所致也主上
何喪焉師古曰如此則於主上無所失此之不爲而顧彼之久行服虔曰彼謂亡國也師古曰顧反也久謂久行之也言何不爲投鼠忌器之法而反久行無陛級之事故曰可爲長大息
者此也師古曰誼上疏言可爲長大息者六今此至三而止蓋史家直取其要切者耳故下贊云掇其切於世事者著于傳是
時丞相絳侯周勃免就國人有告勃謀反逮繫長
安獄治卒亡事復爵邑故賈誼以此譏上上深納
其言養臣下有節是後大臣有罪皆自殺不受刑

至武帝時稍復入獄自甯成始初文帝以代王入
即位後分代爲兩國立皇子武爲代王參爲太原
王小子勝則梁王矣後又徙代王武爲淮陽王而
太原王參爲代王盡得故地居數年梁王勝死亡
子誼復上疏曰陛下即不定制如今之勢不過一
傳再傳服虔曰一二傳世也諸侯猶且人恣而不制豪植而大
強師古曰植立也漢法不得行矣陛下所以爲藩扞及皇太
子之所恃者唯淮陽代二國耳師古曰藩翰得宜則嗣主安固故云皇太子之所恃也代北邊匈奴與強敵爲鄰能自完則足矣而淮
陽之比大諸侯廑如黑子之著面師古曰黑子今所謂黶子也著音直略反
適足以餌大國耳師古曰餌謂爲其所吞食不足以有所禁禦方
今制在陛下制國而令子適足以爲餌豈可謂工
哉人主之行異布衣布衣者飾小行競小廉以自
託於鄉黨人主唯天下安社稷固不耳高皇帝瓜
分天下以王功臣反者如蝟毛而起師古曰蝟蟲名也其毛爲刺音謂
以爲不可故蔪去不義諸侯而虛其國如淳曰不誼諸侯彭越黥布等師古曰蔪讀與芟同謂芟刈之擇良日立諸子雒陽上東門之外師古曰諸侯國皆在關東故於東門外立之也東面最北出門曰上東門畢以爲王師古曰畢猶盡而天下安故
大人者不牽小行以成大功今淮南地遠者或數
千里越兩諸侯師古曰越過也兩諸侯梁及淮陽而縣屬於漢師古曰爲縣而屬漢

其吏民繇役往來長安者自悉而補中道衣敝應劭曰自悉其家資財補縫作衣師古曰悉盡也錢用諸費稱此師古曰稱音尺孕反其苦屬漢而欲得王至甚逋逃而歸諸侯者已不少矣其埶不可久臣之愚計願舉淮南地以益淮陽而爲梁王立後割淮陽北邊二三列城孟康曰列城縣與東郡以益梁不可者可徙代王而都睢陽梁起於新郪以北著之河師古曰新郪潁川縣也郪音千移反著音直略反淮陽包陳以南揵之江晉灼曰包取也如淳曰揵謂立封界也或曰揵接也師古曰揵音鉅偃反則大諸侯之有異心者破膽而不敢謀梁足以扞齊趙淮陽足以禁吳楚陛下高枕終亡山東之憂矣此二世之利也如淳曰從誼言可二世安耳師古曰言帝身及太子嗣位之時當今恬然適遇諸侯之皆少師古曰恬安也少謂年少數歲之後陛下且見之矣夫秦日夜苦心勞力以除六國之旤今陛下力制天下頤指如意如淳曰但動頤指麾則所欲皆如意高拱以成六國之旤難以言智苟身亡事畜亂宿旤孰視而不定師古曰畜讀曰蓄萬年之後傳之老母弱子將使不寧不可謂仁臣聞聖主言問其臣而不自造事師古曰欲發言則問其臣故使人臣得畢其愚忠唯陛下財幸師古曰財與裁同裁擇而幸從其言文帝於是從誼計徙淮陽王武爲梁王北界泰山西至高陽得大縣四十餘城徙城陽王喜爲淮南王撫其民時

又封淮南厲王四子皆爲列侯誼知上必將復王之也上疏諫曰竊恐陛下接王淮南諸子孟康曰接音挾挾持欲王淮南諸子也臣瓚曰謂以恩接待而王之師古曰二說皆非也謂接今時當即王之言不久也接猶續也猶今人言續復爾曾不與如臣者孰計之也淮南王之悖逆亡道天下孰不知其辠師古曰悖惑也音布内反陛下幸而赦遷之自疾而死天下孰以王死之不當今奉尊罪人之子適足以負謗於天下耳師古曰言若尊王其子則是厲王無罪漢枉殺之此人少壯豈能忘其父哉師古曰少壯猶言稍長大白公勝所爲父報仇者大父與伯父叔父也師古曰白公楚平王之孫太子建之子也大父即祖謂平王也伯父叔父平王諸子也事見春秋傳白公爲亂非欲取國代主發忿快志剡手以衝仇人之匈師古曰剡利也音弋冉反固爲俱靡而已師古曰言與仇人俱滅斃也靡碎也音武皮反淮南雖小黥布嘗用之矣漢存特幸耳師古曰言漢之勝布得存此直天幸耳夫擅仇人足以危漢之資於策不便師古曰言假四子以資權則當危漢雖割而爲四四子一心也予之衆積之財此非有子胥白公報於廣都之中即疑有剸諸荊軻起於兩柱之閒師古曰剸諸刺吳王荊軻刺秦皇事見春秋傳及燕丹子也所謂假賊兵爲虎翼者也應劭曰周書云無爲虎傅翼將飛入邑擇人而食之願陛下少留計梁王勝墜馬死李奇曰文三王傳言揖此言勝爲有兩名誼自傷爲傅無狀師古曰無善狀常哭泣後歲餘亦死賈生之死年三十三矣後四歲齊文王薨亡子文帝思賈生之言迺分齊爲

六國盡立悼惠王子六人爲王又遷淮南王喜於
城陽而分淮南爲三國盡立厲王三子以王之後
十年文帝崩景帝立三年而吳楚趙與四齊王合
從舉兵 韋昭曰四齊王膠東膠西菑川濟南也師古曰從音子容反 西鄉京師 師古曰鄉讀曰嚮
梁王扞之卒破七國至武帝時淮南厲王子爲王
者兩國亦反誅孝武初立舉賈生之孫二人至郡
守賈嘉最好學世其家 師古曰言繼其家業
贊曰劉向稱賈誼言三代與秦治亂之意其論甚
美通達國體雖古之伊管未能遠過也 師古曰伊伊尹管管仲
使時見用功化必盛爲庸臣所害甚可悼痛追觀

孝文玄默躬行以移風俗 師古曰躬行謂身親儉約之行也自追觀以下並史家之詞
誼之所陳略施行矣及欲改定制度以漢爲土德
色上黃數用五及欲試屬國施五餌三表以係單
于 師古曰賈誼書謂愛人之狀好人之技仁道也信爲大操常義也愛好有實已諾可期十死一生彼將必至此三表也賜之盛服車乘以壞其目賜之盛食珍味以壞其口賜之音樂婦人以壞其耳賜之高堂邃宇倉庫奴婢以壞其腹於來降者上以召幸之相娛樂親酌而手食之以壞其心此五餌也 其術固以疏矣誼亦天年早終雖不至
公卿未爲不遇也凡所著述五十八篇掇其切於
世事者著于傳云 師古曰掇拾也音丁活反

賈誼傳第十八

賈誼服賦僒若囚拘李奇注僒音塊蘇林音人肴
偃僒尓音欺全反師古曰蘇音是臣佖按說文窘
音渠隕反迫也文選李善注窘因拘之皃五臣注
窘困也愚者繫縛俗累困如囚人拘束其字並不
從人唯孫強新加字玉篇及開元文字有作僒字
並音窘疑蘇林音誤今宜定從說文音渠隕切

爰盎鼂錯傳第十九（師古曰鼂古朝字其下作朝者通用耳）　班固　漢書四十九

祕書監上護軍琅邪縣開國子顏師古注

爰盎字絲其父楚人也（師古曰盎音一浪反）故為羣盜徙安陵（師古曰羣盜者羣衆相隨而為盜也）高后時盎為呂祿舍人孝文即位盎兄噲任盎為郎中（如淳曰盎為兄所保任故得為郎中也）絳侯為丞相朝罷趨出意得甚（師古曰意甚自得也）上禮之恭常目送之盎進曰丞相何如人也上曰社稷臣盎曰絳侯所謂功臣非社稷臣社稷臣主在與在主亡與亡（如淳曰人主在時與共治在時之事人主雖亡其法度存當奉行之高祖誓非劉氏不王而勃等聽王諸呂是從生主之欲不與亡者也）方呂后時諸呂用事擅相王劉氏不絕如帶（師古曰言微細也）是時絳

侯為太尉本兵柄（師古曰執兵權之本）弗能正呂后崩大臣相與共誅諸呂太尉主兵適會其成功所謂功臣非社稷臣丞相如有驕主色陛下謙讓（師古曰如似也）臣主失禮竊為陛下弗取也後朝上益莊丞相益畏（師古曰莊嚴也）已而絳侯望盎曰吾與汝兄善今兒廷毀我（師古曰望責怨之也）盎遂不謝及絳侯就國人上書告以為反徵繫請室（師古曰請室獄也解在賈誼傳）諸公莫敢為言唯盎明絳侯無罪絳侯得釋盎頗有力絳侯廼大與盎結交淮南厲王朝殺辟陽侯（師古曰自國入朝而殺之）居處驕甚盎諫曰諸侯太驕必生患可適削地（師古曰適讀曰謫）上弗許淮南王益

橫（師古曰橫音胡孟反）謀反發覺上徵淮南王遷之蜀檻車傳送盎時為中郎將諫曰陛下素驕之弗稍禁以至此今又暴摧折之淮南王為人剛有如遇霜露行道死陛下竟為以天下大弗能容有殺弟名奈何上不聽行之淮南王至雍病死聞（師古曰雍是扶風雍縣也聞聞於天子也）上輟食哭甚哀（師古曰輟止也）盎入頓首請辠（師古曰自責以不強諫也）上曰以不用公言至此盎曰上自寬此往事豈可悔哉且陛下有高世行三此不足以毀名上曰吾高世三者何事盎曰陛下居代時太后嘗病三年陛下不交睫解衣（師古曰睫目旁毛也交睫謂睡寐也睫音接）湯藥非陛下口

所嘗弗進夫曾參以布衣猶難之今陛下親以王者脩之過曾參遠矣諸呂用事大臣顓制（師古曰顓與專同）然陛下從代乘六乘傳馳不測淵（鄭氏曰大臣亂乘傳而赴之故曰不測淵）雖賁育之勇不及陛下（孟康曰孟賁夏育皆古勇士也）陛下至代邸西鄉讓天子者三南鄉讓天子者再（師古曰鄉讀曰嚮）夫許由一讓（師古曰許由古高士也堯讓天下於由由不受也）陛下五以天下讓過許由四矣且陛下遷淮南王欲以苦其志使改過有司宿衛不謹故病死於是上廼解盎繇此名重朝廷（師古曰繇讀與由同）盎常引大體忼慨宦者趙談以數幸常害盎盎患之盎兄子種為常侍騎諫盎曰君衆辱

之後雖惡君上不復信（師古曰惡謂譖毀之言其過惡）於是上朝東宮趙談驂乘盎伏車前曰臣聞天子所與共六尺輿者皆天下豪英今漢雖乏人陛下獨奈何與刀鋸之餘共載於是上笑下趙談談泣下車上從霸陵上欲西馳下峻阪盎攬轡（師古曰攬與擥同）上曰將軍怯邪盎言曰臣聞千金之子不垂堂（師古曰言富人之子則自愛也垂堂謂坐堂外邊恐墜墮也）百金之子不騎衡（如淳曰騎倚也衡樓殿邊欄楯也師古曰騎謂跨之耳非倚也）聖主不乘危不徼幸今陛下騁六飛（如淳曰六馬之疾若飛也）馳不測山有如馬驚車敗陛下縱自輕奈高廟太后何上乃止上幸上林皇后慎夫人從其在禁中常同

坐（師古曰同坐謂所坐之處高下齊同無差等也）及坐郎署盎引卻慎夫人坐（蘇林曰郎署上林中直衛之署也如淳曰盎時為中郎將天子幸署豫設供帳待之故得卻慎夫人坐也師古曰卻謂退而卑之也坐音材卧反）慎夫人怒不肯坐上亦怒起盎因前說曰臣聞尊卑有序則上下和今陛下既以立后慎夫人迺妾妾主豈可以同坐哉且陛下幸之則厚賜之陛下所以為慎夫人適所以禍之也獨不見人豕乎（張晏曰戚夫人也）於是上迺說（師古曰說讀曰悅）入語慎夫人慎夫人賜盎金五十斤然盎亦以數直諫不得久居中調為隴西都尉（師古曰調選也音徒釣反）仁愛士卒士卒皆爭為死遷齊相徙為吳相辭行種謂盎曰吳王驕日久國多姦

今絲欲刻治（如淳曰種稱叔父字曰絲）彼不上書告君則利劍刺君矣南方卑溼絲能日飲亡何說王毋反而已（師古曰無何言更無餘事）如此幸得脫盎用種之計吳王厚遇盎盎告歸道逢丞相申屠嘉下車拜謁丞相從車上謝盎還媿其吏（師古曰慙不見禮也）乃之丞相舍上謁（師古曰上謁若今通名也）求見丞相丞相良久乃見因跪曰願請閒（師古曰欲因閒隙私有所白也）丞相曰使君所言公事之曹與長史掾議之吾且奏之則私吾不受私語盎即起說曰君為相自度孰與陳平絳侯（師古曰度計也與猶如也）丞相曰不如盎曰善君自謂弗如夫陳平絳侯輔翼高帝定天

下為將相而誅諸呂存劉氏君迺為材官蹶張遷為隊帥（如淳曰隊帥軍中小官師古曰帥音所類反）積功至淮陽守非有奇計攻城野戰之功且陛下從代來每朝郎官者上書疏未嘗不止輦受其言言不可用置之言可采未嘗不稱善何也欲以致天下賢英士日聞所不聞（師古曰日日得聞異言也）以益聖而君自閉箝天下之口（師古曰箝籋也音其炎反）而日益愚夫以聖主責愚相君受禍不久矣丞相乃再拜曰嘉鄙人迺不知將軍幸教引與入坐為上客盎素不好鼂錯錯所居坐盎輒避盎所居坐錯亦避兩人未嘗同堂語及孝景即位鼂錯為御史

大夫使吏案盎受吳王財物抵辠詔赦以爲庶人吳楚反聞（師古曰聞聞於天子）錯謂丞史曰（如淳曰百官表御史大夫有兩丞丞史丞及史也）爰盎多受吳王金錢專爲蔽匿言不反今果反欲請治盎宜知其計謀丞史曰事未發治之有絕（如淳曰事未發之時治之乃有所絕也）今兵西向治之何益且盎不宜有謀（如淳曰盎大臣不宜有姦謀）錯猶與未決（師古曰與讀曰豫）人有告盎盎恐夜見竇嬰爲言吳所以反願至前口對狀（師古曰至天子之前也）嬰入言上迺召盎盎入見竟言吳所以反獨急斬錯以謝吳可罷上拜盎爲泰常竇嬰爲大將軍兩人素相善是時諸陵長安中賢大夫爭附兩人車

騎隨者日數百乘及鼂錯已誅盎以泰常使吳吳王欲使將不肯欲殺之使一都尉以五百人圍守盎軍中初盎爲吳相時從史盜私盎侍兒（文穎曰婢也）盎知之弗泄遇之如故人有告從史君知女與侍者通迺亡去盎驅自追之（師古曰驅馳而追言疾速）遂以侍者賜之復爲從史及盎使吳見守從史適在守盎校爲司馬（師古曰爲校中之司馬所領士卒正當守盎）迺悉以其裝齎買二石醇醪（師古曰裝齎謂所齎衣物自隨者也醇者不雜言其醇也醪汁滓合之酒也音牢）會天寒士卒飢渴飲醉西南陬卒卒皆卧（師古曰陬隅也飲音於禁反陬音子侯反又音鄒）司馬夜引盎起曰君可以去矣吳王期旦日斬君盎弗信曰何

爲者司馬曰臣故爲君從史盜侍兒者也盎乃驚謝曰公幸有親（文穎曰言汝有親老）吾不足累公（師古曰累古累字也音力瑞反）司馬曰君弟去（師古曰弟但也）臣亦且亡辟吾親（如淳曰藏匿吾親不使遇害也晉灼曰辟音避）君何患迺以刀決帳道從醉卒直出（師古曰於醉卒之處決帳而開令通道得亡也）司馬與分背（師古曰一時各去也）盎解節旄懷之（如淳曰不欲令人見）屐步行七十里（如淳曰著屐步行而逃亡）明見梁騎馳去遂歸報（文穎曰梁騎將擊吳楚者也師古曰遇梁軍之騎遂因得脫歸報天子）吳楚已破上更以元王子平陸侯禮爲楚王以盎爲楚相嘗上書不用盎病免家居與閭里浮湛相隨行（師古曰湛讀曰沉）鬭雞走狗雒陽劇孟嘗過盎盎善待之安陵富人有謂盎曰

吾聞劇孟博徒（服虔曰博戲之徒也）將軍何自通之盎曰劇孟雖博徒然母死客送喪車千餘乘此亦有過人者且緩急人所有（師古曰凡人在生不能無緩急之事）夫一旦叩門不以親爲解（張晏曰不語云親不聽也臣瓚曰凡人之於赴難濟厄多以有父母爲解而孟兼行之師古曰瓚說是也解者若今言分疏矣）不以在亡爲辭（師古曰或實在家而辭云不在）天下所望者獨季心劇孟（文穎曰心季布弟也）今公陽從數騎（鄧展曰陽外也晉灼曰陽猶常也師古曰鄧說是也）一旦有緩急寧足恃乎遂罵富人弗與通諸公聞之皆多盎（師古曰多猶重也）盎雖居家景帝時時使人問籌策梁王欲求爲嗣盎進說其後語塞（師古曰塞不行也）梁王以此怨盎使人刺盎刺者至關中問盎稱之皆不容口（師古

曰稱美其德口不能容也迺見盎曰臣受梁王金刺君君長者不
忍刺君然後刺者十餘曹如淳曰曹輩也備之盎心不樂家
多怪迺之棓生所問占蘇林曰音倍文穎曰音陪秦時賢士善術者也師古曰蘇音文說是
還梁刺客後曹果遮刺殺盎安陵郭門外
鼂錯潁川人也晉灼曰音厝置之厝師古曰據申屠嘉傳序云責通請錯匪躬之故以韻而言晉音是也潘岳西征賦乃讀爲錯雜之錯不可依也學申商刑名於軹張恢生所師古曰軹縣之儒生姓張名恢錯從之受申商法也與雒陽宋孟及劉帶同師以文學爲太
常掌故應劭曰掌故六百石吏主故事錯爲人陗直刻深師古曰陗字與峭同峭謂
峻陿也音千笑反孝文時天下亡治尚書者獨聞齊有伏生
故秦博士治尚書年九十餘老不可徵迺詔太常
使人受之太常遣錯受尚書伏生所還因上書稱
說師古曰稱師法而說其義詔以爲太子舍人門大夫師古曰初爲舍人又爲門大夫
遷博士又上書言人主所以尊顯功名揚於萬世
之後者以知術數也張晏曰術數刑名之書也臣瓚曰術數謂法制治國之術也師古曰瓚說是也公孫弘云擅殺生之力通壅塞之途權輕重之數論得失之道使遠近情僞必見於上謂之術此與錯所言同耳故人主知
所以臨制臣下而治其衆則羣臣畏服矣知所以
聽言受事則不欺蔽矣知所以安利萬民則海內
必從矣知所以忠孝事上則臣子之行備矣此四
者臣竊爲皇太子急之人臣之議或曰皇太子亡
以知事爲也師古曰言何用知事臣之愚誠以爲不然竊觀上

世之君不能奉其宗廟而劫殺於其臣者皆不知
術數者也皇太子所讀書多矣而未深知術數者
不問書說也師古曰說謂所說之義也夫多誦而不知其說所謂
勞苦而不爲功臣竊觀皇太子材智高奇馭射伎
蓺過人絕遠然於術數未有所守者以陛下爲心
也張晏曰若伯魚須仲尼敎乃讀詩書也竊願陛下幸擇聖人之術可用
今世者以賜皇太子因時使太子陳明於前唯陛
下裁察上善之於是拜錯爲太子家令臣瓚曰茂陵中書太子家令秩八百石
以其辯得幸太子太子家號曰智囊師古曰言其一身所有皆是智筭若囊橐之盛物也
是時匈奴彊數寇邊上發兵以禦之錯上
言兵事曰臣聞漢興以來胡虜數入邊地小入則
小利大入則大利高后時再入隴西攻城屠邑敺
略畜產師古曰敺與驅同其後復入隴西殺吏卒大寇盜竊
聞戰勝之威民氣百倍師古曰益奮厲也敗兵之卒沒世不
復師古曰永挫折也自高后以來隴西三困於匈奴矣民氣
破傷亡有勝意今茲隴西之吏賴社稷之神靈奉
陛下之明詔和輯士卒底厲其節師古曰輯與集同底與砥同起
破傷之民以當乘勝之匈奴用少擊衆殺一王敗
其衆而法曰大有利非隴西之民有勇怯迺將吏
之制巧拙異也故兵法曰有必勝之將無必勝之

民繇此觀之師古曰繇讀與由同安邊境立功名在於良將不可不擇也臣又聞用兵臨戰合刃之急者三師古曰合刃謂交兵一曰得地形二曰卒服習三曰器用利兵法曰丈五之溝漸車之水師古曰漸讀曰瀸謂浸也音子廉反山林積石經川丘阜師古曰經川常流之水也大陸曰阜屮木所在師古曰屮古草字此步兵之地也車騎二不當一土山丘陵曼衍相屬師古曰曼衍猶聯延也屬續也衍音弋戰反屬音之欲反平原廣野此車騎之地步兵十不當一平陵相遠川谷居閒師古曰遠離也仰高臨下此弓弩之地也短兵百不當一兩陳相近平地淺屮可前可後此長戟之地也劒楯三不當一萑葦竹蕭師古曰萑薍也葦葭也蕭蒿也萑音桓屮木蒙蘢支葉茂接師古曰蒙蘢覆蔽之貌也蘢音來東反此矛鋋之地也師古曰鋋鐵把短矛也音上延反長戟二不當一曲道相伏險阸相薄此劒楯之地也弓弩三不當一士不選練卒不服習起居不精動靜不集師古曰集齊也趨利弗及避難不畢前擊後解與金鼓之指相失師古曰金金鉦也鼓所以進衆金所以止衆也此不習勒卒之過也百不當十兵不完利與空手同甲不堅密與袒裼同應劭曰袒裼肉袒也師古曰裼音錫弩不可以及遠與短兵同射不能中與亡矢同中不能入與亡鏃同師古曰鏃矢鋒也音子木反此將不省兵之禍也師古曰省視也五不當一故兵法曰器械不利以其卒予敵也卒

不可用以其將予敵也將不知兵以其主予敵也君不擇將以其國予敵也四者兵之至要也臣又聞小大異形彊弱異埶險易異備師古曰易平也音弋豉反夫卑身以事彊小國之形也合小以攻大敵國之形也師古曰彼我力均不能相勝則須連結外援共制之也以蠻夷攻蠻夷中國之形也師古曰不煩華夏之兵使其同類自相攻擊也今匈奴地形技藝與中國異上下山阪出入溪澗中國之馬弗與也師古曰與猶如也險道傾仄且馳且射師古曰仄古側字中國之騎弗與也風雨罷勞飢渴不困師古曰罷讀曰疲中國之人弗與也此匈奴之長技也若夫平原易地輕車突騎師古曰易亦平也突騎言其驍銳可用衝突敵人也則匈奴之衆易撓亂也師古曰撓攪也音火高反其字從手一曰撓曲也弱也音女教反其字從木勁弩長戟射疏及遠師古曰疏亦闊遠也則匈奴之弓弗能格也堅甲利刃長短相雜游弩往來什伍俱前師古曰伍人爲伍二伍爲什則匈奴之兵弗能當也材官騶發矢道同的蘇林曰騶音馬騶之騶如淳曰騶矢也與平易之地可以矢相射也臣瓚曰材官騶射之官也射者騶發其用矢者同中一的言其工妙也師古曰騶謂矢之善者也春秋左氏傳作菆字其音同耳材官有材力者騶發發騶矢以射也手工矢善故中則同的的謂所射之準臬也蘇音失之矣臬音牛列反卽謂槷也則匈奴之革笥木薦弗能支也孟康曰革笥以皮作如鎧者被之木薦以木板作如楯一曰革笥若楯木薦之以當人心也師古曰一說非也笥音息嗣反下馬地鬬劒戟相接去就相薄師古曰薄迫也則匈奴之足弗能給也師古曰給謂相連及此中國之長技也以此

觀之匈奴之長技三中國之長技五陛下又興數十萬之衆以誅數萬之匈奴衆寡之計以一擊十之術也雖然兵凶器戰危事也以大爲小以彊爲弱在俛卬之間耳師古曰言不知其術則雖大必小雖彊必弱也俛亦俯字卬讀曰仰夫以人之死爭勝跌而不振服虔曰蹉跌不可復起也師古曰跌足失據也跌音徒結反則悔之亡及也帝王之道出於萬全今降胡義渠蠻夷之屬來歸誼者其衆數千飲食長技與匈奴同可賜之堅甲絮衣勁弓利矢益以邊郡之良騎令明將能知其習俗和輯其心者師古曰輯與集同也以陛下之明約將之即有險阻以此當之平地通道則以輕車材官制之兩軍相當表裏各用其長技衡加之以衆張晏曰衡音横師古曰衡即横耳無勢借音此萬全之術也傳曰狂夫之言而明主擇焉臣錯愚陋昧死上狂言唯陛下財擇師古曰財與裁同也文帝嘉之乃賜錯璽書寵荅焉曰皇帝問太子家令上書言兵體三章聞之李奇曰三者得地形卒服習器用利書言狂夫之言而明主擇焉今則不然言者不狂而擇者不明國之大患故在於此使夫不明擇於不狂是以萬聽而萬不當也錯復言守邊備塞勸農力本當世急務二事曰臣聞秦時北攻胡貉築塞河上師古曰貉音莫客反南攻楊粵張晏曰揚州之南越也置戍卒焉其起兵

而攻胡粵者非以衛邊地而救民死也貪戾而欲廣大也故功未立而天下亂且夫起兵而不知其埶戰則爲人禽屯則卒積死夫胡貉之地積陰之處也木皮三寸冰厚六尺文穎曰土地寒故也食肉而飲酪其人密理鳥獸毳毛師古曰密理謂其肌肉也毳細毛也其性能寒師古曰能讀曰耐此下能暑亦同楊粵之地少陰多陽其人疏理鳥獸希毛其性能暑秦之戍卒不能其水土戍者死於邊輸者僨於道服虔曰僨仆也師古曰僨音奮秦民見行如往棄市因以讁發之名曰讁戍先發吏有讁及贅壻賈人後以嘗有市籍者又後以大父母父母嘗有市籍者後入閭取其左孟康曰秦時復除者居閭之左後發役不供復役之也或云直先發取其左也師古曰閭里門也居閭之左者一切皆發之非謂復除也解在食貨志發之不順行者深怨有背畔之心凡民守戰至死而不降北者以計爲之也師古曰北謂敗退故戰勝守固則有拜爵之賞攻城屠邑則得其財鹵以富家室故能使其衆蒙矢石赴湯火師古曰蒙冒犯也視死如生今秦之發卒也有萬死之害而亡銖兩之報死事之後不得一筭之復師古曰復除也音方目反天下明知禍烈及己也師古曰猛火曰烈取以諭耳陳勝行戍至於大澤爲天下先倡師古曰倡讀曰唱也天下從之如流水者秦以威劫而行之之敝也胡人衣食之業不著於地師古曰著音直略反其埶

易以擾亂邊竟師古曰竟讀曰境何以明之胡人食肉飲酪衣皮毛非有城郭田宅之歸居如飛鳥走獸於廣壄師古曰壄古野字美草甘水則止草盡水竭則移以是觀之往來轉徙時至時去此胡人之生業而中國之所以離南晦也師古曰晦古畝字也南畝耕種之處也今使胡人數處轉牧行獵於塞下或當燕代或當上郡北地隴西以候備塞之卒卒少則入陛下不救則邊民絕望而有降敵之心救之少發則不足多發遠縣纔至則胡又已去李奇曰纔音裁師古曰纔淺也猶言僅至也他皆類此聚而不罷為費甚大罷之則胡復入如此連年則中國貧苦而民不

安矣陛下幸憂邊境遣將吏發卒以治塞甚大惠也然令遠方之卒守塞一歲而更師古曰更謂易代也音庚又讀如本字不知胡人之能不如選常居者家室田作且以備之以便為之高城深塹具藺石布渠荅服虔曰藺石可投人石也蘇林曰渠荅鐵疾藜也如淳曰藺石城上雷石也墨子曰城上二步一渠立程長三尺冠長十尺臂長六尺二步一荅荅廣九尺袤十二尺師古曰藺石如說是也渠荅蘇說是也雷音來內反復為一城其內城間百五十步要害之處通川之道調立城邑毋下千家師古曰調謂筭度之也惣計城邑之中令有千家以上也調音徒釣反為中周虎落鄭氏曰虎落者外蕃也若今時竹虎落也蘇林曰作虎落於塞要下以沙布其表旦視其跡以知匈奴來入一名天田師古曰蘇說非也虎落者以竹篾相連遮落之也先為室屋具田器迺募辠人及免徒復作令居之張晏曰募民有罪自首除罪定輸作者也復作如徒也臣瓚曰募有罪者及罪人遇赦復作竟其日月者今皆除其罰令居之也師古曰瓚說是也復音扶目反不足募以丁奴婢贖辠及輸奴婢欲以拜爵者不足迺募民之欲往者皆賜高爵復其家師古曰復音方目反予冬夏衣廩食能自給而止師古曰初徙之時縣官且廩給其衣食於後能自供贍乃止也郡縣之民得買其爵以自增至卿孟康曰食貨志所謂樂卿者也朝位從卿而無職也師古曰孟說非也樂卿武帝所置耳錯之上書未得豫言之也然二十等爵內無有卿名蓋謂其等級同列卿者也其亡夫若妻者縣官買予之人情非有匹敵不能久安其處塞下之民祿利不厚不可使久居危難之地胡人入驅而能止其所驅者以其半予之孟康曰謂胡人入為寇驅收中國能奪得之者以半與之師古曰孟說非也言胡人入為寇驅略漢人及畜產而宅人能止得其所驅者令其本主以半賞之縣官為贖張晏曰得漢人官為贖也師古曰此承上句之言謂官為備價贖之耳張說非也其民如是

則邑里相救助赴胡不避死非以德上也師古曰言非以此事欲立德義於主上也欲全親戚而利其財也此與東方之戍卒不習地埶而心畏胡者功相萬也如淳曰東方諸郡民不習戰鬬當戍邊者也以陛下之時徙民實邊使遠方亡屯戍之事塞下之民父子相保亡係虜之患利施後世名稱聖明其與秦之行怨民相去遠矣師古曰言發怨恨之人使行戍役也上從其言募民徙塞下錯復言陛下幸募民相徙以實塞下使屯戍之事益省輸將之費益寡如淳曰將送也或曰將資也甚大惠也下吏誠能稱厚惠奉明法師古曰稱副也存卹所

從之老弱善遇其壯士和輯其心而勿侵刻師古曰輯與集同使先至者安樂而不思故鄉則貧民相募而勸往矣臣聞古之徙遠方以實廣虛也師古曰所以充實寬廣空虛之地相其陰陽之和嘗其水泉之味審其土地之宜觀其屮木之饒然後營邑立城製里割宅通田作之道正阡陌之界先爲築室家有一堂二內門戶之閉張晏曰一內二房也置器物焉民至有所居作有所用此民所以輕去故鄉而勸之新邑也師古曰之往也爲置醫巫以救疾病以脩祭祀男女有昏師古曰昏謂昏姻配合也生死相卹墳墓相從種樹畜長張晏曰畜長六畜也師古曰種樹謂桑果之屬長音竹兩反

室屋完安此所以使民樂其處而有長居之心也臣又聞古之制邊縣以備敵也使五家爲伍伍有長十長一里里有假士四里一連連有假五百服虔曰假音假借之假五百帥名也師古曰假大也音工雅反十連一邑邑有假候皆擇其邑之賢材有護師古曰有保護之能者也今流俗書本護字作讓妄改之耳習地形知民心者居則習民於射法出則教民於應敵故卒伍成於內則軍正定於外服習以成勿令遷徙師古曰各守其業也幼則同遊長則共事夜戰聲相知則足以相救晝戰目相見則足以相識驩愛之心足以相死如此而勸以厚賞威以重罰則前死不還踵矣師古

曰還讀曰旋旋踵回旋其足也所徙之民非壯有材力但費衣糧不可用也雖有材力不得良吏猶亡功也陛下絕匈奴不與和親臣竊意其冬來南也師古曰意疑之也壹大治則終身創矣師古曰創懲艾也音初亮反欲立威者始於折膠蘇林曰秋氣至膠可折弓弩可用匈奴常以爲候而出軍來而不能困使得氣去師古曰使其得勝逞志氣而去後未易服也愚臣亡識唯陛下財察後詔有司舉賢良文學士錯在選中上親策詔之曰惟十有五年九月壬子皇帝曰昔者大禹勤求賢士施及方外師古曰施延也音弋豉反四極之內舟車所至人迹所及靡不聞命以輔其不逮師古曰意所不及者取其言以自輔也近者獻其明遠

者通厥聰比善勠力以翼天子師古曰比和也翼助也比音頻寐反是以大禹能亡失德夏以長楙師古曰楙美也高皇帝親除大害去亂從師古曰從音子容反亂從謂禍亂之蹤跡也一曰亂謂作亂者從謂合從者若六國時爲從者也今書本從下或有順字或有治字者皆非也後人妄加之也並建豪英以爲官師師古曰師長也各爲一官之長也字或作帥音所類反爲諫爭輔天子之闕而翼戴漢宗也賴天之靈宗廟之福方內以安澤及四夷今朕獲執天下之正以承宗廟之祀朕既不德又不敏明弗能燭而智不能治此大夫之所著聞也故詔有司諸侯王三公九卿及主郡吏師古曰主郡吏謂郡守也各帥其志以選賢良明於國家之大體通於人事之終始及

能直言極諫者各有人數將以匡朕之不逮二三大夫之行當此三道張晏曰三道國體人事直言也師古曰二三大夫總謂當時受策者非止錯一人焉朕甚嘉之故登大夫于朝親諭朕志師古曰諭告也大夫其上三道之要及永惟朕之不德吏之不平政之不宣民之不寧師古曰永猶深也惟思也四者之闕悉陳其志毋有所隱上以薦先帝之宗廟下以興愚民之休利著之于篇師古曰休美也篇謂簡也朕親覽焉觀大夫所以佐朕至與不至書之周之密之重之閉之師古曰重音直龍反興自朕躬師古曰言朕自發視之大夫其正論毋枉執事張晏曰毋為有司枉撓也烏虖戒之師古曰虖讀曰呼二三大夫其師志毋怠錯對曰平

陽侯臣窋孟康曰曹窋參子也汝陰侯臣竈如淳曰夏侯嬰子也潁陰侯臣何文穎曰灌嬰子廷尉臣宜昌隴西太守臣昆邪服虔曰公孫昆邪也師古曰昆讀曰混音下昆反所選賢良太子家令臣錯師古曰詔列侯九卿及郡守舉賢良故錯為窋等所舉昧死再拜言臣竊聞古之賢主莫不求賢以為輔翼故黃帝得力牧而為五帝先服虔曰力牧黃帝之佐也大禹得咎繇而為三王祖齊桓得筦子而為五伯長師古曰筦古字與管同伯讀曰霸今陛下講于大禹及高皇帝之建豪英也臣瓚曰講謂講議也退託於不明以求賢良師古曰自託不明是謙退讓之至也臣竊觀上世之傳師古曰謂史傳若高皇帝之建功業陛下之德厚而得賢佐皆有司之所臨覽刻於玉版藏於金

匱歷之春秋紀之後世為帝者祖宗與天地相終今臣窋等迺以臣錯充賦如淳曰猶言備數也臣瓚曰充賦此錯之謙也云如賦調也甚不稱明詔求賢之意臣錯屮茅臣亡識知昧死上愚對曰詔策曰明於國家大體愚臣竊以古之五帝明之臣聞五帝神聖其臣莫能及故自親事師古曰親理萬機之勞處于法宮之中明堂之上如淳曰法宮路寢正殿也動靜上配天下順地中得人故衆生之類亡不覆也根著之徒亡不載也師古曰有根著地者皆載之也著音直略反燭以光明亡偏異也師古曰燭照也德上及飛鳥下至水蟲草木諸產皆被其澤師古曰被音皮義反然後陰陽調四時節日月光風雨

時膏露降師古曰甘露凝如膏五穀孰袄孽滅賊氣息民不疾疫河出圖洛出書神龍至鳳鳥翔德澤滿天下靈光施四海此謂配天地治國大體之功也詔策曰通於人事終始愚臣竊以古之三王明之臣聞三王臣主俱賢故合謀相輔計安天下莫不本於人情人情莫不欲壽三王生而不傷也人情莫不欲富三王厚而不困也人情莫不欲安三王扶而不危也人情莫不欲逸三王節其力而不盡也其為法令也合於人情而後行之其動衆使民也本於人事然後為之取人以己

內恕及人（師古曰以己之心揆之於人也）情之所
欲不以禁民是以天下樂其政歸其德望之若父
母從之若流水百姓和親國家安寧名位不失施
及後世（師古曰施延也音弋豉反）此明於人情終始之功也詔策
曰直言極諫愚臣竊以五伯之臣明之（師古曰伯讀曰霸）臣
聞五伯不及其臣故屬之以國任之以事（師古曰屬委也音之欲反）
五伯之佐之為人臣也察身而不敢誣（師古曰各察己之材用不敢踰越而誣上）奉法令不容私盡心力不敢矜（師古曰矜謂自伐也）遭
患難不避死見賢不居其上受祿不過其量不以
亡能居尊顯之位自行若此可謂方正之士矣其

立法也非以苦民傷衆而為之機陷也（孟康曰機發也陷穽也）
以之興利除害尊主安民而救暴亂也其行賞也
非虛取民財妄予人也以勸天下之忠孝而明
其功也故功多者賞厚功少者賞薄如此斂民
財以顧其功（師古曰顧讎也若今言雇賃也）而民不恨者知與而安己
也其行罰也非以忿怒妄誅而從暴心也（師古曰從讀曰縱）
以禁天下不忠不孝而害國者也故罪大者罰重
罪小者罰輕如此民雖伏罪至死而不怨者知罪
罰之至自取之也立法若此可謂平正之吏矣法
之逆者請而更之不以傷民（師古曰更改也）主行之暴者逆

而復之不以傷國（師古曰謂逆主意而反還之不令施行致傷國也復音扶目反）救主之
失補主之過揚主之美明主之功使主內亡邪辟
之行外亡騫汙之名（師古曰辟讀曰僻騫損也汙辱也）事君若此可謂
直言極諫之士矣此五伯之所以德匡天下威正
諸侯功業甚美名聲章明舉天下之賢主五伯
與焉（師古曰與讀曰豫）此身不及其臣而使得直言極諫
補其不逮之功也今陛下人民之衆威武之重德
惠之厚令行禁止之埶萬萬於五伯而賜愚臣策
曰臣朕之不逮愚臣何足以識陛下之高明而奉
承之詔策曰吏之不平政之不宣民之不寧愚臣

竊以秦事明之臣聞秦始并天下之時其主不及
三王而臣不及其佐（師古曰臣亦不及三王之佐）然功力不遲者
何也地形便山川利財用足民利戰其所與並者
六國六國者臣主皆不肖謀不輯（師古曰輯與集同輯和也）民不
用故當此之時秦最富彊夫國富彊而鄰國亂
者帝王之資也故秦能兼六國立為天子當此之
時三王之功不能進焉（師古曰進前也言不在秦前也）及其末塗之
衰也任不肖而信讒賊宮室過度耆欲亡極（師古曰耆讀曰嗜）
民力罷盡賦斂不節（師古曰罷讀曰疲）矜奮自賢群臣
恐諛（張晏曰恐機發陷禍而為諂諛以求自全也師古曰此說非也直為恐懼而為諂諛也恐音丘勇反）驕溢縱

恣不顧患禍妄賞以隨喜意妄誅以快怒心法令
煩憯（師古曰憯痛也言痛害於下憯音千感反）刑罰暴酷輕絕人命身自射
殺天下寒心莫安其處姦邪之吏乘其亂法以成
其威獄官主斷生殺自恣上下乖解各自爲制秦
始亂之時吏之所先侵者貧人賤民也至其中節
所侵者富人吏家也及其末塗所侵者宗室大臣
也是故親疏皆危外內咸怨離散逋逃人有走心
陳勝先倡天下大潰（師古曰倡讀曰唱）絕祀亡世爲異姓福
此吏不平政不宣民不寧之禍也今陛下配天象
地覆露萬民（如淳曰覆蔭也露膏澤也）絕秦之迹除其亂法躬親

本事廢去淫末除苛解嬈（文穎曰嬈煩嬈也師古曰音如紹反）寬大愛
人肉刑不用辠人亡帑（師古曰謂除收帑相坐律亡讀曰無帑讀曰孥）非謗不
治鑄錢者除（張晏曰除鑄錢之律聽民得自鑄也師古曰非讀曰誹）通關去塞（張晏
曰文帝十二年除關不用傳）不孼諸侯（應劭曰接之以禮不以庶孼畜之如淳曰孼疑也去關禁明無疑於諸侯
師古曰應說是）賓禮長老愛卹少孤辠人有期（張晏曰早決之也晉灼曰刑法志云
罪人各以輕重不亡逃有年而免滿其年免爲庶人也師古曰晉說是也）後宮出嫁尊賜孝悌農
民不租（張晏曰足用則除租也）明詔軍師愛士大夫求進方正
廢退姦邪除去陰刑（張晏曰宮刑也）害民者誅憂勞百姓
列侯就都（師古曰各就其國也）親耕節用視民不奢（師古曰視讀曰示）所
爲天下興利除害變法易故以安海內者大功

數十皆上世之所難及陛下行之道純德厚元元
之民幸矣詔策曰永惟朕之不德愚臣不足以當
之詔策曰悉陳其志毋有所隱愚臣竊以五帝之
賢臣明之臣聞五帝其臣莫能及則自親之三王
臣主俱賢則共憂之五伯不及其臣則任使之此
所以神明不遺而賢聖不廢也（師古曰遺弃也不弃神明之德不廢賢聖之名）
故各當其世而立功德焉傳曰往者不可及來者
猶可待（師古曰言各當其時務立功也）能明其世者謂之天子此之
謂也竊聞戰不勝者易其地民貧窮者變其業今
以陛下神明德厚資財不下五帝（師古曰資質也謂天子之財質）臨

制天下至今十有六年民不益富盜賊不衰邊竟
未安（師古曰竟讀曰境）其所以然意者陛下未之躬親而待
羣臣也今執事之臣皆天下之選已（師古曰已語終之辭）然莫
能望陛下清光（晉灼曰今之臣不能望見陛下之光景所及）譬之猶五帝之
佐也陛下不自躬親而待不望清光之臣臣竊恐
神明之遺也（師古曰言天子虛弃神明之德）日損一日歲亡一歲日月
益暮盛德不及究於天下（師古曰究竟也）以傳萬世愚臣不
自度量竊爲陛下惜之昧死上狂惑屮茅之愚臣
言唯陛下財擇時賈誼已死對策者百餘人唯錯
爲高第繇是遷中大夫（師古曰繇讀與由同）錯又言宜削諸

侯事及法令可更定者書凡三十篇孝文雖不盡聽然奇其材當是時太子善錯計策爰盎諸大功臣多不好錯景帝即位以錯爲內史錯數請閒言事輒聽幸傾九卿法令多所更定丞相申屠嘉心弗便力未有以傷內史府居太上廟堧中（師古曰堧者內垣之外游地也音人緣反）門東出不便錯迺穿門南出鑿廟堧垣丞相大怒欲因此過爲奏請誅錯錯聞之即請閒爲上言之丞相奏因言錯擅鑿廟垣爲門請下廷尉誅上曰此非廟垣迺堧中垣不致於法丞相謝（師古曰以所奏不當天子意故謝）罷朝因怒謂長史曰吾當先斬以聞

迺先請固誤丞相遂發病死錯以此愈貴遷爲御史大夫請諸侯之罪過削其支郡（師古曰支郡在國之四邊者也）奏上上令公卿列侯宗室雜議莫敢難獨竇嬰爭之繇此與錯有隙（師古曰繇讀與由同）錯所更令三十章（師古曰更改也）諸侯讙譁錯父聞之從潁川來謂錯曰上初即位公爲政用事（如淳曰錯爲御史大夫位三公也）侵削諸侯疏人骨肉口讓多怨公何爲也（師古曰讓責也）錯曰固也（師古曰言固當如此）不如此天子不尊宗廟不安父曰劉氏安矣而鼂氏危吾去公歸矣遂飲藥死曰吾不忍見禍逮身後十餘日吳楚七國俱反以誅錯爲名上與錯議出軍

事錯欲令上自將兵而身居守會竇嬰言爰盎詔召入見上方與錯調兵食（師古曰調謂計發之也音徒釣反）上問盎曰君嘗爲吳相知吳臣田祿伯爲人虖今吳楚反於公意何如對曰不足憂也今破矣上曰吳王即山鑄錢煑海爲鹽（師古曰即就也）誘天下豪桀白頭舉事此其計不百全豈發虖何以言其無能爲也盎對曰吳銅鹽之利則有之安得豪桀而誘之誠令吳得豪桀亦且輔而爲誼不反矣吳所誘皆亡賴子弟亡命鑄錢姦人故相誘以亂錯曰盎策之善上問曰計安出盎對曰願屏左右上屏人獨錯在盎曰臣所言人臣不得知迺屏錯錯趨避東箱甚恨上卒問盎（師古曰卒竟也）對曰吳楚相遺書言高皇帝王子弟各有分地（師古曰分音扶問反）今賊臣鼂錯擅適諸侯削奪之地（師古曰適讀曰讁）以故反名爲西共誅錯復故地而罷方今計獨有斬錯發使赦吳楚七國復其故地則兵可毋血刃而俱罷於是上默然良久曰顧誠何如吾不愛一人謝天下（師古曰顧念也誠實也）盎曰愚計出此唯上孰計之迺拜盎爲泰常密裝治行後十餘日丞相青翟中尉嘉廷尉歐（師古曰張歐也音區）劾奏錯曰吳王反逆亡道欲危宗廟天下所當共誅今御史大

夫錯議曰兵數百萬獨屬羣臣不可信師古曰屬委也音之欲反陛下不如自出臨兵使錯居守徐僮之旁吴所未下者可以予吴鄧展曰徐僮臨淮二縣也錯不稱陛下德信欲疏羣臣百姓又欲以城邑予吴亡臣子禮大逆無道錯當要斬父母妻子同產無少長皆棄市臣請論如法制曰可錯殊不知迺使中尉召錯紿載行市師古曰誑云乘車案行市中也行音下更反錯衣朝衣斬東市師古曰朝衣朝服也錯已死謁者僕射鄧公爲校尉擊吴楚爲將還上書言軍事見上上問曰道軍所來如淳曰道路從吴軍所來也師古曰道軍所來即是從軍所來耳無煩更說道路也聞鼂錯死吴楚罷不鄧公曰吴爲反數十歲矣發怒削地以誅錯爲名其意不在錯也且臣恐天下之士拑口不敢復言矣師古曰拑音其炎反上曰何哉鄧公曰夫鼂錯患諸侯彊大不可制故請削之以尊京師萬世之利也計畫始行卒受大戮師古曰卒竟也內杜忠臣之口外爲諸侯報仇師古曰杜塞也臣竊爲陛下不取也於是景帝喟然長息曰公言善吾亦恨之迺拜鄧公爲城陽中尉鄧公成固人也師古曰漢中之縣多奇計建元年中上招賢良公卿言鄧先師古曰鄧先猶云鄧先生也一曰先者其名也鄧先時免起家爲九卿一年復謝病免歸其子章以脩黃老言顯諸公閒

贊曰爰盎雖不好學亦善傅會張晏曰因宜附著合會之仁心爲質引義忼慨遭孝文初立資適逢世張晏曰資財也適值其世得騁其才時已變易張晏曰謂景帝及吴壹說果於用辯師古曰謂殺鼂錯也身亦不遂鼂錯銳於爲國遠慮而不見身害其父睹之經於溝瀆師古曰論語稱孔子曰豈若匹夫匹婦之爲諒也自經於溝瀆人莫之知故贊引之云亡益救敗不如趙母指括以全其宗張晏曰趙奢卒趙使趙括爲將其母言之趙王曰願王易括王不許毋要王括有罪願不坐王許之後括果敗於長平以毋前約故卒得不坐悲夫錯雖不終世哀其忠故論其施行之語著于篇

爰盎鼂錯傳第十九

張馮汲鄭第二十　班固　漢書五十

秘書監上護軍琅邪縣開國子顏師古注

張釋之字季南陽堵陽人也(師古曰堵音者)與兄仲同居以貲為騎郎(蘇林曰雇錢若出穀也如淳曰漢注貲五百萬得為常侍郎師古曰如說是也)事文帝十年不得調(師古曰調選也音徒釣反)亡所知名釋之曰久宦減仲之產不遂(師古曰遂猶達)欲免歸中郎將爰盎知其賢惜其去乃請徙釋之補謁者釋之既朝畢因前言便宜事文帝曰卑之毋甚高論(師古曰令其議論依附時事也)令今可行也於是釋之言秦漢之間事秦所以失漢所以興者文帝稱善拜釋之為謁者

僕射從行上登虎圈(師古曰圈養獸之所也音求遠反)問上林尉禽獸簿(師古曰簿謂簿書也音步戶反)十餘問尉左右視盡不能對(師古曰視其屬官皆不能對也)虎圈嗇夫從旁代尉對上所問禽獸簿甚悉(師古曰悉謂詳盡也)欲以觀其能口對響應亡窮者(師古曰觀猶示也響讀曰響如響應聲言其疾也)文帝曰吏不當如此邪尉亡賴(張晏曰材藝可恃也)詔釋之拜嗇夫為上林令釋之前曰陛下以絳侯周勃何如人也上曰長者又復問東陽侯張相如何如人也上復曰長者釋之曰夫絳侯東陽侯稱為長者此兩人言事曾不能出口豈效此嗇夫喋喋利口捷給哉(晉灼曰喋音牒)且秦以任刀筆之吏爭以亟疾苛察相高(師古[illegible])

(急也音居力反)其敝徒文具亡惻隱之實(師古曰文具謂具文而已)以故不聞其過陵夷至於二世天下土崩(師古曰陵夷頹替也解在成紀)今陛下以嗇夫口辯而超遷之臣恐天下隨風靡靡爭口辯亡其實且下之化上疾於景響舉錯不可不察也(師古曰響讀曰響錯音千故反)文帝曰善迺止不拜嗇夫就車召釋之驂乘徐行行問釋之秦之敝(師古曰行問且行且問也)具以質言(如淳曰質誠也)至宮上拜釋之為公車令頃之太子與梁王共車入朝不下司馬門(如淳曰宮衛令諸出入殿門公車司馬門者皆下不如令罰金四兩)於是釋之追止太子梁王毋入殿門遂劾不下公門不敬奏之薄太后聞之文帝免冠謝曰

教兒子不謹薄太后使使承詔赦太子梁王然後得入文帝繇是奇釋之(師古曰繇讀與由同)拜為中大夫頃之至中郎將從行至霸陵上居外臨廁(師古曰廁岸之邊側也解在劉向傳)時慎夫人從上指視慎夫人新豐道曰此走邯鄲道也(張晏曰慎夫人邯鄲人也如淳曰走音奏奏趣也師古曰視讀曰示)使慎夫人鼓瑟上自倚瑟而歌(李奇曰以聲氣依倚瑟也師古曰倚瑟即今之以歌合曲也倚音於綺反)意悽愴悲懷顧謂群臣曰嗟乎以北山石為椁用紵絮斮陳漆其間豈可動哉(師古曰紵音竹呂反斮音側略反)左右皆曰善釋之前曰使其中有可欲雖錮南山猶有隙使其中亡可欲雖亡石椁又何戚焉(師古曰解在劉向傳)文帝稱善

其後拜釋之爲廷尉頃之上行出中渭橋張晏曰在渭橋中路
有一人從橋下走乘輿馬驚於是使騎捕之屬廷
尉師古曰屬委也音之欲反次下亦同釋之治問曰縣人來如淳曰長安縣人也聞
蹕匿橋下久以爲行過師古曰言天子已過既出見車騎即走
耳釋之奏當此人犯蹕如淳曰乙令蹕先至而犯者罰金四兩師古曰當謂處其罪也當
罰金上怒曰此人親驚吾馬馬賴和柔令它馬固
不敗傷我乎而廷尉迺當之罰金釋之曰法者天
子所與天下公共也師古曰公謂不私也今法如是更重之是
法不信於民也且方其時上使使誅之則已師古曰言初執
獲此人天子即令誅之其事則畢今已下廷尉廷尉天下之平也壹傾

天下用法皆爲之輕重民安所錯其手足師古曰錯置也音千故反
唯陛下察之上良久曰廷尉當是也其後人
有盜高廟坐前玉環得師古曰得者盜環之人爲吏所捕得也文帝怒下
廷尉治案盜宗廟服御物者爲奏當棄市上大怒
曰人亡道迺盜先帝器吾屬廷尉者欲致之族而
君以法奏之師古曰法謂常法非吾所以共承宗廟意也師古
曰共讀曰恭釋之免冠頓首謝曰法如是足也且罪等如淳
曰俱死罪也盜玉環不若盜長陵土之逆然以逆順爲基今盜宗廟器而族之
有如萬分一假令愚民取長陵一抔土張晏曰不欲指言故以取
土喻也師古曰抔音步侯反謂手掬之也其字從手不忍言毀徹故止云取土耳今學者讀抔爲抔勺之抔非也抔非應盛土之物也

陛下且何以加其法乎文帝與太后言之乃許廷
尉當是時中尉條侯周亞夫與梁相山都侯王恬
啟見釋之持議平迺結爲親友張廷尉繇此天下
稱之師古曰繇讀與由同文帝崩景帝立釋之恐師古曰以嘗劾帝不下司馬門
稱疾欲免去懼大誅至欲見則未知何如用王生
計卒見謝景帝不過也王生者善爲黃老言處士
嘗召居廷中公卿盡會立王生老人曰吾韤解師古
曰韤音武伐反顧謂釋之爲我結韤釋之跪而結之師古曰結讀曰係
既已人或讓王生獨奈何廷辱張廷尉如此王生
曰吾老且賤自度終亡益於張廷尉廷尉方天下

名臣吾故聊使結韤欲以重之諸公聞之賢王生
而重釋之釋之事景帝歲餘爲淮南相猶尚以前
過也年老病卒其子摯字長公官至大夫免以不
能取容當世故終身不仕
馮唐祖父趙人也父徙代漢興徙安陵唐以孝著
爲郎中署長鄭氏曰以至孝聞也師古曰以孝得爲郎中而爲郎署之長也署音竹助反事文帝
帝輦過問唐曰父老何自爲郎家安在師古曰言年已老矣何乃自爲郎也崔浩以爲自從何爲郎此說非也具以實言文帝曰吾居代時吾
尚食監高祛數爲我言趙將李齊之賢戰於鉅鹿
下吾每飲食意未嘗不在鉅鹿也張晏曰每食念監所說李齊在鉅鹿時也

父老知之乎唐對曰齊尚不如廉頗李牧之爲將也上曰何已（師古曰已猶耳）唐曰臣大父在趙時爲官帥將（師古曰大父祖父也帥音所類反將音子亮反）善李牧臣父故爲代相善李齊知其爲人也上旣聞廉頗李牧爲人良說（如淳曰良善也師古曰說讀曰悅聞頗牧之善帝意大說）迺拊髀曰（師古曰髀音陛）嗟乎吾獨不得廉頗李牧爲將吾豈憂匈奴哉唐曰主臣（師古曰恐懼之言解在陳平傳）陛下雖有廉頗李牧不能用也上怒起入禁中良久召唐讓曰公衆辱我獨亡間處虖（師古曰何不閒處言之而衆辱我）唐謝曰鄙人不知忌諱當是時匈奴新大入朝那殺北地都尉卬上以胡寇爲意迺卒復問唐曰公何以言吾不能用頗牧也唐對曰臣聞上古王者遣將也跪而推轂曰閫以內寡人制之閫以外將軍制之（韋昭曰閫門中橜也師古曰音牛列反）軍功爵賞皆決於外歸而奏之此非空言也臣大父言李牧之爲趙將居邊軍市之租皆自用饗士賞賜決於外不從中覆也（師古曰覆謂覆白之也音芳目反）委任而責成功故李牧乃得盡其知能選車千三百乘彀騎萬三千匹（師古曰彀張弩也音遘）百金之士十萬（服虔曰良士直百金也如淳曰黃金一斤直萬言富家子弟可任使也師古曰百金喻其貴重耳服說是也）是以北逐單于破東胡滅澹林（鄭氏曰澹音擔石之擔如淳曰胡也晉灼曰匈奴傳曰北有澹林之胡樓煩之戎也師古曰澹音都甘反又音談）西抑彊秦南支韓魏當是時趙

幾伯（師古曰幾致於霸也幾音鉅依反伯讀曰霸）後會趙王遷立（蘇林曰趙幽王）其母倡也（師古曰倡樂家之女）用郭開讒而誅李牧令顏聚代之是以爲秦所滅今臣竊聞魏尚爲雲中守軍市租盡以給士卒出私養錢五日壹殺牛（服虔曰私假錢也）以饗賓客軍吏舍人是以匈奴遠避不近雲中之塞虜嘗一入尚帥車騎擊之所殺甚衆夫士卒盡家人子起田中從軍安知尺籍伍符（李奇曰尺籍所以書軍令伍符軍士五五相保之符信也如淳曰漢軍法曰吏卒斬首以尺籍書下縣移郡令人故行不行奪勞二歲伍符亦什伍之符要節度也師古曰家人子謂庶人之家子也）終日力戰斬首捕虜上功莫府一言不相應文吏以法繩之其賞不行而吏奉法必用愚以爲陛下法太明賞太輕罰太重且雲中守尚坐上功首虜差六級陛下下之吏削其爵罰作之繇此言之（師古曰繇讀與由同）陛下雖得李牧不能用也臣誠愚觸忌諱死罪文帝說（師古曰說讀曰悅）是日令唐持節赦魏尚復以爲雲中守而拜唐爲車騎都尉主中尉及郡國車士（服虔曰車戰之士也）十年景帝立以唐爲楚相武帝即位求賢良舉唐唐時年九十餘不能爲官迺以子遂爲郎遂字王孫亦奇士魏尚槐里人也

汲黯字長孺濮陽人也其先有寵於古之衞君也（文穎曰六國時衞但稱君也）至黯十世世爲卿大夫以父任孝景時爲太子洗馬（孟康

日大臣任舉其子弟爲官 以嚴見憚武帝即位黯爲謁者東粵相攻上使黯往視之至吳而還報曰粵人相攻固其俗不足以辱天子使者河内失火燒千餘家上使黯往視之還報曰家人失火屋比延燒 師古曰比近也言屋相近故延延而燒也比音頻寐反 不足憂臣過河内河内貧人傷水旱萬餘家或父子相食臣謹以便宜持節發河内倉粟以振貧民請歸節伏矯制辠 師古曰矯託也託奉制詔而行之 上賢而釋之遷爲滎陽令黯恥爲令稱疾歸田里上聞迺召爲中大夫以數切諫不得久留内遷爲東海太守黯學黃老言治官民好清靜擇丞史任之 如淳曰擇郡丞及史

任之也鄭當時爲大司農官屬丞史亦是也 責大指而已不細苛黯多病臥閤内不出歲餘東海大治稱之上聞召爲主爵都尉列於九卿治務在無爲而已引大體不拘文法爲人性倨少禮 師古曰倨簡傲也音居庶反 面折不能容人之過合己者善待之不合者弗能忍見士亦以此不附焉然好游俠任氣節行脩絜其諫犯主之顏色常慕傅伯爰盎之爲人 應劭曰傅伯梁人爲孝王將素抗直也 善灌夫鄭當時及宗正劉棄疾亦以數直諫不得久居位是時太后弟武安侯田蚡爲丞相中二千石拜謁蚡弗爲禮黯見蚡未嘗拜揖之上方招文學儒者上曰吾欲云云 張晏曰所言欲施仁義也師古曰云云猶言如此如此也史略其辭耳 黯對曰陛下内多欲而外施仁義奈何欲效唐虞之治乎上怒變色而罷朝公卿皆爲黯懼上退謂人曰甚矣汲黯之戇也羣臣或數黯 師古曰數責之音所具反 黯曰天子置公卿輔弼之臣寧令從諛承意陷主於不誼乎且已在其位縱愛身奈辱朝廷何黯多病病且滿三月上常賜告者數終不瘉 如淳曰杜欽所謂病滿賜告詔恩也數者非一也師古曰數音所角反瘉與愈同 最後嚴助爲請告上曰汲黯何如人也曰使黯任職居官亡以瘉人 師古曰瘉勝也讀與愈同 然至其輔少主守成雖自謂賁育弗能奪也 師古曰孟賁夏育皆古之勇士也賁音奔 上曰然

古有社稷之臣至如汲黯近之矣大將軍青侍中上踞廁視之 如淳曰廁溷也孟康曰廁牀邊側也師古曰如說是也 丞相弘宴見上或時不冠至如見黯不冠不見也上嘗坐武帳 應劭曰武帳織成帳爲武士象也孟康曰今御武帳置兵闌五兵於帳中也師古曰孟說是也 黯前奏事上不冠望見黯避帷中使人可其奏其見敬禮如此張湯以更定律令爲廷尉 師古曰更改也 黯質責湯於上前 師古曰質[illegible]也 曰公爲正卿上不能褒先帝之功業下不能化天下之邪心安國富民使囹圄空虛何空取高皇帝約束紛更之爲 師古曰言何爲乃紛亂而改更也 而公以此無種矣 師古曰言當誅及子孫也 黯時與湯論議湯辯常在文深小苛

黯憤發罵曰天下謂刀筆吏不可為公卿果然必湯也令天下重足而立仄目而視矣師古曰重累其足言懼甚也仄古側字也是時漢方征匈奴招懷四夷黯務少事閒常言與胡和親毋起兵師古曰毋因閒隙而言也上方鄉儒術師古曰鄉讀曰嚮尊公孫弘及事益多吏民巧上分別文法湯等數奏決讞以幸而黯常毀儒面觸弘等徒懷詐飾智以阿人主取容而刀筆之吏專深文巧詆師古曰詆毀辱也音丁禮反陷人於罔以自為功上愈益貴弘湯弘湯心疾黯雖上亦不說也師古曰說讀曰悅欲誅之以事師古曰以事事致其罪而誅也弘為丞相廼言上曰右內史界部中多貴人

宗室難治非素重臣弗能任請徙黯為右內史數歲官事不廢大將軍青既益尊姊為皇后然黯與亢禮或說黯曰自天子欲令羣臣下大將軍師古曰下音胡稼反大將軍尊貴誠重君不可以不拜黯曰夫以大將軍有揖客反不重邪師古曰言能降貴以禮士最為重也大將軍聞愈賢黯數請問以朝廷所疑遇黯加於平日淮南王謀反憚黯曰黯好直諫守節死義至說公孫弘等如發蒙耳師古曰說音式銳反上既數征匈奴有功黯言益不用始黯列九卿矣而公孫弘張湯為小吏及弘湯稍貴與黯同位黯又非毀弘湯已而弘至丞相

封侯湯御史大夫黯時丞史皆與同列或尊用過之黯褊心不能無少望師古曰褊陿也望怨也見上言曰陛下用羣臣如積薪耳後來者居上黯罷上曰人果不可以無學觀汲黯之言日益甚矣師古曰言其鄙俚也或曰積薪之言出曾子故云不可無學也居無何匈奴渾邪王帥眾來降師古曰渾音胡昆反漢發車二萬乘縣官亡錢從民貰馬師古曰貰賒買也民或匿馬馬不具上怒欲斬長安令黯曰長安令亡罪獨斬臣黯民廼肯出馬且匈奴畔其主而降漢徐以縣次傳之何至令天下騷動罷中國甘心夷狄之人乎師古曰罷讀曰疲上默然後渾邪王至賈人與市者坐當

死五百餘人黯入請閒見高門晉灼曰三輔黃圖未央宮中有高門殿也曰夫匈奴攻當路塞絕和親中國舉兵誅之死傷不可勝計而費以鉅萬百數師古曰即數百鉅萬也臣愚以為陛下得胡人皆以為奴婢賜從軍死者家鹵獲因與之以謝天下塞百姓之心師古曰塞滿也今縱不能渾邪帥數萬之眾來虛府庫賞賜發良民侍養若奉驕子愚民安知市買長安中而文吏繩以為闌出財物如邊關乎應劭曰闌妄也律胡市吏民不得持兵器及鐵出關雖於京師市買其法一也臣瓚曰無符傳出入為闌也陛下縱不能得匈奴之贏以謝天下師古曰贏餘也音弋成反又以微文殺無知者五百餘人臣竊為陛下弗取也

上弗許曰吾久不聞汲黯之言今又復妄發矣後數月黯坐小法會赦免官於是黯隱於田園者數年會更立五銖錢民多盜鑄錢者楚地尤甚上以爲淮陽楚地之郊也師古曰郊謂交道衝要之處也召黯拜爲淮陽太守黯伏謝不受印綬詔數強予然後奉詔召上殿黯泣曰臣自以爲塡溝壑不復見陛下師古曰塡音大賢反不意陛下復收之臣常有狗馬之心師古曰思報效今病力師古曰力謂甚也不能任郡事臣願爲中郎出入禁闥補過拾遺臣之願也上曰君薄淮陽邪吾今召君矣師古曰言後即召也顧淮陽吏民不相得師古曰顧謂思念也吾徒得君重師古曰徒但也重威重也臥而治之黯既辭過大行李息曰黯棄逐

居郡不得與朝廷議矣師古曰與讀曰豫然御史大夫湯智足以距諫詐足以飾非非肯正爲天下言專阿主意主意所不欲因而毀之主意所欲因而譽之好興事舞文法如淳曰舞猶弄也內懷詐以御主心外挾賊吏以爲重公列九卿不早言之何師古曰言何不早言也公與之俱受其戮矣息畏湯終不敢言黯居郡如其故治淮陽政淸後張湯敗上聞黯與息言抵息罪令黯以諸侯相秩居淮陽如淳曰諸侯王相在郡守上秩眞二千石律眞二千石月得百五十斛歲凡得千八百石耳二千石月得百二十斛歲凡得一千四百四十石耳居淮陽十歲而卒卒後上以黯故官其弟仁至九卿子偃至諸侯相黯姊子司馬安亦少與黯爲太子洗馬安文深巧善宦四至九卿以河南太守卒昆弟以安故同時至二千石十人濮陽段宏始事蓋侯信服虔曰景帝王皇后兄也信任宏蘇林曰任保舉官亦再至九卿然衛人仕者皆嚴憚汲黯出其下

鄭當時字莊陳人也其先鄭君嘗事項籍籍死而屬漢高祖令諸故項籍臣名籍鄭君獨不奉詔詔盡拜名籍者爲大夫而逐鄭君鄭君死孝文時當時以任俠自喜脫張羽於阸服虔曰梁孝王將楚相之弟也師古曰喜音許吏反

脫音佗活反聲聞梁楚閒孝景時爲太子舍人每五日洗沐常置驛馬長安諸郊如淳曰郊交道四通處也以請賓客便臣瓚曰長安四面郊祀之處閑靜可以請賓客也師古曰二說皆非也此謂長安城外四面之郊耳邑外謂之郊近郊二十里請謝賓客夜以繼日至明旦常恐不徧當時好黃老言其慕長者如恐不稱師古曰恐不稱其意自見年少官薄然其知友皆大父行天下有名之士也師古曰大父謂祖父行音胡浪反武帝即位當時稍遷爲魯中尉濟南太守江都相至九卿爲右內史以武安魏其時議師古曰議田蚡及竇嬰事貶秩爲詹事遷爲大司農當時爲大吏戒門下客至亡貴賤亡留門者執賓主之禮以其貴下人性廉又不治產

卬奉賜給諸公 師古曰卬音五剛反奉音扶用反 然其餽遺人不過具器食 師古曰猶今言一盤食也 每朝候上閒說未嘗不言天下長者 師古曰候天子閒隙之時其所稱說皆言長者也 其推轂士及官屬丞史誠有味其言也 師古曰推轂言薦舉人如車轂之運轉也有味者其言甚美也 常引以為賢於己未嘗名吏與官屬言若恐傷之聞人之善言進之上唯恐後山東諸公以此翕然稱鄭莊使視決河自請治行五日 如淳曰治行謂莊嚴 上曰吾聞鄭莊行千里不齎糧治行者何也然當時在朝常趨和承意 師古曰趨讀曰趣趣向也和音胡卧反 不敢甚斥臧否漢征匈奴招四夷天下費多財用益屈 師古曰屈盡也音其勿反 當時為大司農任人賓客僦 晉灼曰當時為大司農而任使其賓客辜較作僦也師古曰僦謂受顧賃而載運也言當時保任其賓客於司農載運也僦音子就反 入多逋負司馬安為淮陽太守發其事當時以此陷罪贖為庶人頃之守長史 如淳曰丞相長史也 遷汝南太守數歲以官卒昆弟以當時故至二千石者六七人當時始與汲黯列為九卿內行修兩人中廢賓客益落 師古曰落散也 當時死家亡餘財先是下邽翟公為廷尉 蘇林曰邽音圭京兆縣名也 賓客亦填門 師古曰填滿也音田 及廢門外可設爵羅 師古曰言其寂靜無人行也 後復為廷尉客欲往翟公大署其門 師古曰署謂書之 曰一死一生迺知交情一貧一富迺知交態一貴一賤交情迺見 師古曰見音胡電反

贊曰張釋之之守法馮唐之論將汲黯之正直鄭當時之推士不如是亦何以成名哉揚子以為孝文親詘帝尊以信亞夫之軍 師古曰揚子謂揚雄也信讀曰伸 曷為不能用頗牧彼將有激云爾 師古曰謂馮唐欲理魏尚故以此言激文帝也

張馮汲鄭傳第二十

賈鄒枚路傳第二十一　班固　漢書五十一

祕書監上護軍琅邪縣開國子顏師古注

賈山潁川人也祖父祛故魏王時博士弟子也師古曰六國時魏也山受學祛所言涉獵書記不能為醇儒師古曰涉若涉水獵若獵獸言歷覽之不專精也醇者不雜也嘗給事潁陰侯為騎師古曰為騎者常騎爲而從也孝文時言治亂之道借秦為諭名曰至言其辭曰臣聞為人臣者盡忠竭愚以直諫主不避死亡之誅者臣山是也臣不敢以久遠諭願借秦以為諭唯陛下少加意焉夫布衣韋帶之士師古曰言貧賤之人也韋帶以單韋為帶無飾也脩身於內成名於外而使後世不絕

息至秦則不然貴為天子富有天下賦斂重數百姓任罷師古曰數屢也任謂役事也罷讀曰疲任疲言疲於役使也赭衣半道群盜滿山師古曰犯罪者則衣赭衣行道之人半著赭衣言被罪者衆也盜賊皆依山為阻故云滿山也使天下之人戴目而視傾耳而聽師古曰戴目者言常遠視有異志也傾耳而聽言樂禍亂也一夫大謼天下嚮應者陳勝是也師古曰謼字與呼同謼叫也音火故反嚮讀曰響秦非徒如此也起咸陽而西至雍離宮三百師古曰凡言離宮者皆謂於別處置之非常所居也鍾鼓帷帳不移而具又為阿房之殿殿高數十仞師古曰阿房者言殿之四阿皆為房也一說大陵曰阿言其殿高若於阿上為房也房字或作旁說云始皇作此殿未有名以其去咸陽近且號阿旁阿近也八尺曰仞東西五里南北千步從車羅騎四馬騖馳旌旗不橈師古曰橈屈也言庭之廣大殿之高敞衆騎馳鶩無所迫觸建立旌旗不屈橈橈音女孝反為宮室之麗至於此使其後世曾不得聚廬而託處焉為馳道於天下東窮燕齊南極吳楚江湖之上瀕海之觀畢至師古曰瀕水涯也瀕海謂緣海之邊也畢盡也瀕音頻又音賓字或作濱音義同道廣五十步三丈而樹厚築其外隱以金椎服虔曰作壁如甬道隱築也以鐵椎築之師古曰築令堅實而使隆高耳不為甬壁也隱音於靳反樹以青松為馳道之麗至於此使其後世曾不得邪徑而託足焉死葬乎驪山吏徒數十萬人師古曰吏以督領徒以役作也曠日十年師古曰曠空也發也言為重役空發時日積年歲也下徹三泉師古曰三重之泉言其深也合采金石冶銅錮其內桼塗其外師古曰錮謂鑄而合之也音固被以珠玉飾以翡翠應劭曰雄曰翡雌曰翠臣瓚曰異物志云翡色赤而大於翠師古曰

鳥各別類非雄雌之異名也被音皮義反中成觀游上成山林為葬薶之侈至於此使其後世曾不得蓬顆蔽冢而託葬焉服虔曰謂堁壇作冢喻小也臣瓚曰蓬顆猶裸顆小冢也晉灼曰東北人名土塊為蓬顆師古曰諸家之說皆非顆謂土塊蓬顆言塊上生蓬者耳舉此以對冢上山林故言蓬顆蔽冢也顆音口果反秦以能蠶食諸侯并吞海內而不篤禮義師古曰篤厚也故天殃已加矣臣昧死以聞願陛下少留意而詳擇其中師古曰中音竹仲反臣聞忠臣之事君也言切直則不用而身危不切直則不可以明道故切直之言明主所欲急聞忠臣之所以蒙死而竭知也師古曰蒙冒犯也地之磽者雖有善種不能生焉師古曰磽墝瘠薄也磽音口交反江皋河瀕雖

有惡種無不猥大李奇曰皐木邊淤地也師古曰猥盛也昔者夏商之季
世雖關龍逢箕子比干之賢身死亡而道不用服虔
曰關龍逢桀之忠臣也師古曰比干諫紂而紂殺之論語曰微子去之箕子爲之奴比干諫而死文王之時豪
俊之士皆得竭其智芻蕘採薪之人皆得盡其力
師古曰芻刈草也蕘草薪也言執賤役者也大雅板之詩曰詢于芻蕘此周之所以興也故地之
美者善養禾君之仁者善養士雷霆之所擊無不
摧折者師古曰霆疾雷也音廷萬鈞之所壓無不糜滅者今人
主之威非特雷霆也師古曰特獨也埶重非特萬鈞也開道
而求諫和顏色而受之用其言而顯其身士猶恐
懼而不敢自盡又廼況於縱欲恣行暴虐惡聞其

過乎震之以威壓之以重師古曰震動也則雖有堯舜之智
孟賁之勇豈有不摧折者哉師古曰孟賁古之勇士賁音奔如此則
人主不得聞其過失矣弗聞則社稷危矣古者聖
王之制史在前書過失工誦箴諫李奇曰古有誦詩之工記過之史常在君
側也師古曰箴戒也音之林反瞽誦詩諫師古曰瞽無目之人公卿比諫李奇曰相親比而諫
也或曰比方事類以諫也師古曰比方是也士傳言諫過庶人謗於道商旅
議於市師古曰旅衆也然後君得聞其過失也聞其過失
而改之見義而從之所以永有天下也天子之尊
四海之內其義莫不爲臣然而養三老於大學親
執醬而餽執爵而酳師古曰餽字與饋同進食曰餽酳者少少飲酒謂食已而蕩口也音胤祝

鶻在前祝鯁在後師古曰鶻古饐字謂食不下也以老人好饐鯁故爲備祝以祝之公卿奉
杖大夫進履舉賢以自輔弼求脩正之士使直諫
師古曰脩正謂脩身正行者故以天子之尊尊養三老視孝也師古
曰視讀曰示立輔弼之臣者恐驕也置直諫之士者恐不
得聞其過也學問至於芻蕘者求善無饜也商
人庶人誹謗已而改之從善無不聽也昔者秦政
力并萬國富有天下破六國以爲郡縣築長城以
爲關塞秦地之固大小之埶輕重之權其與一
家之富一夫之彊胡可勝計也師古曰胡何也勝盡也然而兵
破於陳涉地奪於劉氏者何也秦王貪狼暴虐殘

賊天下窮困萬民以適其欲也師古曰適快也昔者周蓋千
八百國以九州之民養千八百國之君用民之力
不過歲三日什一而籍師古曰什一謂十分之中公取一也籍借也謂借人力也一曰爲籍
籍而稅之君有餘財民有餘力而頌聲作師古曰頌者六詩之一美盛德之形
容蓋帝王之嘉致秦皇帝以千八百國之民自養力罷不能
勝其役財盡不能勝其求師古曰勝堪也罷讀曰疲次下亦同一君之身
耳所以自養者馳騁弋獵之娛天下弗能供也師古
曰弋繳射也勞罷者不得休息飢寒者不得衣食亡罪而
死刑者無所告訴人與之爲怨家與之爲讎師古曰言人人爲怨家家爲讎
故天下壞也秦皇帝身在之時天下已壞矣

而弗自知也秦皇帝東巡狩至會稽琅邪刻石著其功自以為過堯舜統如淳曰統繼也堯舜子不才不能長世而秦自以過堯舜可至萬世也師古曰此說非也統治也言自美功德治理天下過於堯舜也其下乃言以一至萬之事縣石鑄鍾虡服虔曰縣石以為磬也蘇林曰秦欲平天下法使輕重如石之在稱也師古曰二說皆非也縣稱也石百二十斤稱銅鐵之斤石以鑄鍾虡言其奢泰也虡猛獸之名謂鍾鼓之柎飾為此獸虡音巨篩土築阿房之宮師古曰篩以竹簁為之篩音師簁音山爾反自以為萬世有天下也古者聖王作謚三四十世耳雖堯舜禹湯文武絫世廣德師古曰絫古累字以為子孫基業無過二三十世者也張晏曰夏十七世殷三十一世周三十六世秦皇帝曰死而以謚法是父子名號有時相襲也以一至萬則世世不相復也師古曰復重也音扶目反故死而號曰始皇帝其次曰二世皇帝者欲以一至萬也秦皇帝計其功德度其後嗣世世無窮師古曰度音大各反然身死纔數月耳師古曰纔音財暫也淺也天下四面而攻之宗廟滅絕矣秦皇帝居滅絕之中而自不知者何也天下莫敢告也其所以莫敢告者何也亡養老之義亡輔弼之臣亡進諫之士縱恣行誅退誹謗之人殺直諫之士是以道諛媮合苟容師古曰道讀曰導導引主意於邪也媮與偷同比其德則賢於堯舜課其功則賢於湯武天下已潰而莫之告也師古曰水旁決曰潰言天下之壞如水潰詩曰匪言不能胡此畏忌聽言則對譖言則退此之謂也師古曰此大雅桑柔之篇也言賢者見事之是非非不能分別言之而不言者何也此但畏忌犯顏得罪罰也又言言而見聽則盡意荅對不見信受則屏退也今詩本云聽言則對誦言如醉說者又別為義與此不同又曰濟濟多士文王以寧師古曰此大雅文王之篇也濟濟多威儀也此言文王以多士之故能安天下也天下未嘗亡士也然而文王獨言以寧者何也文王好仁則仁興得士而敬之則士用用之有禮義故不致其愛敬則不能盡其心不能盡其心則不能盡其力不能盡其力則不能成其功故古之賢君於其臣也尊其爵祿而親之疾則臨視之亡數師古曰言心實憂念之不為禮飾也死則往弔哭之臨其小斂大斂已棺塗而後為之服錫衰麻絰師古曰已棺謂已大斂也塗謂塗殯也錫衰十五升布無事其縷者也棺音工喚反而三臨其喪未斂

不飲酒食肉未葬不舉樂當宗廟之祭而死為之廢樂故古之君人者於其臣也可謂盡禮矣服法服端容貌正顏色然後見之故臣下莫敢不竭力盡死以報其上功德立於後世而令聞不忘也師古曰令善也聞謂聲之聞也今陛下念思祖考術追厥功師古曰術亦作述圖所以昭光洪業休德師古曰圖謀也休美也使天下舉賢良方正之士天下皆訢訢焉師古曰訢讀與欣同曰將興堯舜之道三王之功矣天下之士莫不精白以承休德師古曰精精而為絜白也今方正之士皆在朝廷矣又選其賢者使為常侍諸吏與之馳敺射獵師古曰敺與驅同一日再三出臣恐

朝廷之解弛師古曰解讀曰懈弛放也音式爾反百官之墮於事也諸侯聞之又必怠於政矣陛下即位親自勉以厚天下損食膳不聽樂減外徭衛卒止歲貢省廄馬以賦縣傳師古曰賦給與也傳音張戀反去諸苑以賦農夫出帛十萬餘匹以振貧民禮高年九十者一子不事八十者二筭不事師古曰一子不事蠲其賦役二筭不事免二口之筭賦也賜天下男子爵大臣皆至公卿發御府金賜大臣宗族亡不被澤者赦罪人憐其亡髮賜之巾憐其衣赭書其背父子兄弟相見也師古曰衣音於既反而賜之衣平獄緩刑天下莫不說喜師古曰說讀曰悅是以元年膏雨降五穀登此天之所

以相陛下也師古曰相助也刑輕於它時而犯法者寡衣食多於前年而盜賊少此天下之所以順陛下也師古曰天下之人也臣聞山東吏布詔令民雖老羸癃疾扶杖而往聽之願少須臾毋死思見德化之成也今功業方就名聞方昭四方鄉風師古曰鄉讀曰嚮今從豪俊之臣方正之士直與之日日獵射擊兔伐狐以傷大業絕天下之望臣竊悼之詩曰靡不有初鮮克有終師古曰此大雅蕩之詩也言人初始皆庶幾於善道而少有能終之者臣不勝大願願少衰射獵以夏歲二月師古曰時以十月為歲首則謂夏正之二月為五月今欲定制度循於古法故特云用夏歲二月也夏音胡雅反定明堂造太學脩先王之道風行俗成萬

世之基定然後唯陛下所幸耳師古曰言乃可恣意也古者大臣不媟師古曰媟狎也音息列反故君子不常見其齊嚴之色肅敬之容師古曰見顯示也音胡電反大臣不得與宴游師古曰安息曰宴與讀曰豫方正脩絜之士不得從射獵使皆務其方以高其節師古曰方道也一曰方謂廉隅也則羣臣莫敢不正身脩行盡心以稱大禮師古曰稱副也如此則陛下之道尊敬功業施於四海垂於萬世子孫矣誠不如此則行日壞而榮日滅矣夫士脩之於家而壞之於天子之廷臣竊愍之陛下與眾臣宴遊與大臣方正朝廷論議夫遊不失樂朝不失禮議不失計軌事之大者也師古曰軌謂法度也

其後文帝除鑄錢令山復上書諫以為變先帝法非是又訟淮南王無大罪宜急令反國又言柴唐子為不善足以戒鄧展曰淮南傳棘蒲侯柴武大子柴奇與士伍開章謀反章下詰責師古曰以其所上之章令有司詰問對以為錢者亡用器也而可以易富貴富貴者人主之操柄也師古曰操持也音千高反令民為之是與人主共操柄不可長也師古曰長謂畜養也言此事宜速禁絕不可畜養其言多激切善指事意然終不加罰所以廣諫爭之路也其後復禁鑄錢云鄒陽齊人也漢興諸侯王皆自治民聘賢吳王濞招致四方游士陽與吳嚴忌枚乘等俱仕吳皆以文辯著名久之吳王以

太子事怨望稱疾不朝陰有邪謀陽奏書諫爲其事尚隱惡指斥言故先引秦爲諭因道胡越齊趙淮南之難然後迺致其意其辭曰臣聞秦倚曲臺之宮應劭曰始皇帝所治處也若漢家未央宮師古曰倚恃也音於綺反懸衡天下服虔曰關西爲衡應劭曰衡平也如淳曰衡猶稱之衡也言其懸法度於其上也師古曰此說秦自以爲威力彊固非論平法也下又言陳勝連從兵之據則是說從橫之事耳服釋是也畫地而不犯兵加胡越師古曰畫地不犯者法制之行也至其晚節末路張耳陳勝連從兵之據師古曰從音子容反以叩函谷咸陽遂危師古曰叩擊也何則列郡不相親萬室不相救也今胡數涉北河之外上覆飛鳥下不見伏菟蘇林曰言胡來人馬之盛揚塵上覆飛鳥下不見伏菟也一曰覆盡也言上射飛鳥下盡伏菟也師古曰覆盡是也音方目反

闘城不休救兵不止死者相隨輂車相屬師古曰屬連也音之欲反轉粟流輸千里不絕何則彊趙責於河間六應劭曰趙幽王爲呂后所幽死文帝立其長子遂爲趙王取趙之河間立遂弟辟彊爲河間王至子哀王無嗣國除遂欲復還得河間齊望於惠后孟康曰高后割齊濟南郡爲呂台奉邑又割琅邪郡封營陵侯劉澤爲琅邪王文帝乃立悼惠王六子爲王言六齊不保今日之恩而追怨惠帝與呂后也一說惠帝二年悼惠王入朝呂后欲鴆殺之獻城陽郡尊魯元公主得免六子以此怨之城陽顧於盧博孟康曰城陽王喜也喜父章與弟興居討諸呂有功本當盡以趙地王章梁地王興居文帝聞其欲立齊王更以二郡王之章失職歲餘薨興居誅死盧博濟北王治處喜顧念而怨也三淮南之心思墳墓張晏曰淮南厲王三子爲三王念其父見遷殺思墓欲報怨也師古曰三子爲王謂淮南衡山濟北也大王不憂臣恐救兵之不專孟康曰不專救漢也如淳曰皆自私怨宿忿不能爲吳也若吳舉兵反天子來討謂四國但有意不敢相救也師古曰二說皆非也言諸國各有私怨欲申其志不肯專爲吳非不敢相救也胡馬遂進窺於

邯鄲越水長沙還舟青陽張晏曰青陽地名還舟聚舟船也言胡爲趙難越爲吳難不可恃也雖使梁并淮陽之兵下淮東越廣陵以遏越人之粮漢亦折西河而下北守漳水以輔大國胡亦益進越亦益深此臣之所爲大王患也應劭曰時趙王遂北連匈奴吳王濞素事三越故鄒陽微言胡越亦自受敵救兵之不專也胡馬故曰進越水故曰深蘇林曰折截也陽知吳王陰連結齊趙淮南胡越欲諫不敢指斥言故陳胡越之難齊趙之怨微言梁并淮陽絕越人之粮漢折西河以輔大國以破難其計欲隱其辭故謬言胡益進越益深爲大王患之以錯亂其語若吳爲憂助漢者也自此以下乃致其意焉師古曰蘇說是也臣聞交龍襄首奮翼則浮雲出流霧雨咸集師古曰襄舉也聖王厎節脩德則游談之士歸義思名師古曰厎厲也音指今臣盡智畢議易精極慮如淳曰改易精思以極盡謀慮也則無國不可奸師古曰奸音干飾固陋之

心則何王之門不可曳長裾乎然臣所以歷數王之朝背淮千里而自致者非惡臣國而樂吳民也竊高下風之行尤說大王之義師古曰言在下風側聽高尚美悅大王之行義也說讀曰悅故願大王之無忽察聽其志臣聞鷙鳥絫百不如一鶚孟康曰鶚大鵰也如淳曰鷙鳥比諸侯鶚比天子師古曰鷙擊之鳥鷹鸇之屬也鶚自大鳥而鷙者耳非鵰也絫古累字鶚音愕夫全趙之時服虔曰全趙趙未分之時武力鼎士袨服叢臺之下者一旦成市師古曰袨服盛服也鼎士舉鼎之士也叢臺趙王之臺也在邯鄲袨音州縣之縣而不能止幽王之湛患師古曰幽王謂趙幽王友也湛讀曰沈沈患言幽王爲呂后所幽死淮南連山東之俠死士盈朝不能還厲王之西也師古曰厲王淮南厲王長也西謂發遷嚴道而死於雍也然而計議不得雖諸賁不能

安其位亦明矣師古曰諸謂尊諸賁謂孟賁皆古勇士也故願大王審畫而
已師古曰畫計也音獲始孝文皇帝據關入立寒心銷志不明
求衣張晏曰據函谷關立爲天子諸國聞文帝入關爲之寒心散志也求衣夜索衣著不及待明意不安也臣瓚曰文帝入關而立
以天下多難故乃寒心戰慄未明而起師古曰瓚說是也自立天子之後使東牟朱虛
東褒義父之後應劭曰天下已定文帝遣朱虛侯章東諭齊王嘉其首舉兵欲誅諸呂猶春秋褒邾儀父也
師古曰立天子謂立爲天子也義讀曰儀父讀曰甫深割嬰兒王之應劭曰封齊王六子爲王其中有小小嬰
兒者文帝於骨肉厚也或曰皇子武爲代王參爲太原王揖爲梁王師古曰或說是也壤子王梁代如淳曰文帝之
二子晉灼曰揚雄方言梁益之間所愛謂其肥盛曰壤或曰言深割嬰兒王之壤壤土也壤字當上屬也師古曰或說非也益以
淮陽卒仆濟北囚弟於雍者豈非象新垣平等哉
應劭曰仆僵仆也濟北王興居反見誅囚弟於雍者淮南王長有罪見徙死於雍所以然者坐二國有姦臣如新垣平等勸王共反師古曰仆

前漢傳二十一　十一　楊琪

音赴今天子新據先帝之遺業左規山東右制關中
變權易勢大臣難知大王弗察臣恐周鼎復起於
漢新垣過計於朝如淳曰新垣平詐言鼎在泗水中臣望東北汾陰有金寶氣鼎其在乎弗迎則不至爲吳
計者猶新垣平之言周鼎然不可得也服虔曰過誤也則我吳遺嗣不可期於世矣
師古曰言吳當絕滅無遺嗣也高皇帝燒棧道水章邯應劭曰章邯爲雍王高祖以水灌其
城破之也兵不留行師古曰言無所稽留不廢於行收弊民之倦東馳函谷
西楚大破張晏曰項羽自號西楚霸王水攻則章邯以亡其城陸擊
則荊王以失其地如淳曰荊亦楚也謂項羽敗走此皆國家之不幾
者也應劭曰言不可庶幾也李奇曰不但幾微乃著見也或曰幾危也此數事於國家皆無危險之慮也師古曰言漢朝之安諸侯
不當妄起邪意應說是也願大王孰察之吳王不內其言是時景帝

少弟梁孝王貴盛亦待士於是鄒陽枚乘嚴忌知
吳不可說皆去之梁從孝王游陽爲人有智略忼
慨不苟合師古曰忼音口朗反介於羊勝公孫詭之間師古曰介謂間廁也
勝等疾陽惡之孝王師古曰惡謂讒毀也其下亦同孝王怒下陽吏
將殺之陽客游以讒見禽恐死而負絫師古曰絫音力瑞反廼
從獄中上書曰臣聞忠無不報信不見疑臣常以
爲然徒虛語耳昔荊軻慕燕丹之義白虹貫日太
子畏之應劭曰燕太子丹質於秦始皇遇之無禮丹亡去厚養荊軻令西刺秦王精誠感天白虹爲之貫日也如淳曰白虹
兵象日爲君爲燕丹表可克之兆師古曰精誠若斯太子尚畏而不信也太白食昴義亦如之衛先生爲秦畫
長平之事太白食昴昭王疑之蘇林曰白起爲秦伐趙破長平軍欲遂滅趙遣衛先

前漢傳二十一　十二　詹秉

生說昭王益兵糧爲應侯所害事用不成其精誠上達於天故太白爲之食昴昴趙分也將有兵故太白食昴食干歷之也如淳曰太白天
之將軍夫精變天地而信不諭兩主豈不哀哉今臣盡
忠竭誠畢議願知張晏曰盡其計議願王知之左右不明卒從吏
訊爲世所疑師古曰言左右不明者不欲令王也訊謂鞫問也音信是使荊軻衛先
生復起而燕秦不寤也願大王孰察之昔玉人獻
寶楚王誅之應劭曰卞和得玉璞獻之武王王示玉人曰石也刖其右足武王歿復獻文王玉人復曰石也刖其左足
至成王時抱其璞哭於郊乃使玉人攻之果得寶玉也李斯竭忠胡亥極刑張晏曰李斯諫二世
以正而二世殺之具五刑是以箕子陽狂接輿避世張晏曰接輿楚賢人陽狂避世師古曰輿
音弋於反恐遭此患也願大王察玉人李斯之意而後
楚王胡亥之聽師古曰以謬聽爲後後猶下也毋使臣爲箕子接輿

所笑臣聞比干剖心子胥鴟夷應劭曰吳王取馬革爲鴟夷受子胥沈之江鴟夷榼形師古曰鴟夷即今之盛酒鴟夷幐臣始不信迺今知之願大王孰察少加憐焉語曰有白頭如新師古曰初相識至白頭不相知傾蓋如故文穎曰傾蓋猶交蓋駐車也何則知與不知也故樊於期逃秦之燕藉荊軻首以奉丹事張晏曰於期爲秦將被讒走之燕始皇滅其家又重購之燕遣荊軻欲刺秦王於期自刎首令軻齎往師古曰之往也藉假也王奢去齊之魏臨城自剄以卻齊而存魏孟康曰王奢者齊臣也亡至魏其後齊伐魏奢登城謂齊將曰今君之來不過以奢故也義不苟生以爲魏累遂自剄也夫王奢樊於期非新於齊秦而故於燕魏也所以去二國死兩君者行合於志慕義無窮也是以蘇秦不信於天下爲燕尾生服虔曰蘇秦於秦不出其信於燕則出尾生之信也晉灼曰說齊宣王使還燕十城又令閔王厚葬以弊齊終死爲燕也師古曰尾生古之信士守志亡軀故以爲喻白圭戰亡六城爲魏取中山張晏曰白圭爲中山將亡六城君欲殺之亡入魏文侯厚遇之還拔中山何則誠有以相知也蘇秦相燕人惡之燕王燕王按劍而怒食以駃騠孟康曰駃騠駿馬也生七日而超其母敬重蘇秦雖有讒謗而更食以珍奇之味師古曰食讀曰飤駃音決騠音題白圭顯於中山師古曰以拔中山之功而尊顯也人惡之魏文侯文侯賜以夜光之璧何則兩主二臣剖心析肝相信師古曰析分也豈移於浮辭哉師古曰不以浮說而移心故女無美惡入宮見妒士無賢不肖入朝見嫉昔司馬喜臏腳於宋卒相中山蘇林曰六國時人也被此刑也范雎拉脅折齒於魏卒爲應侯應劭曰魏人也魏相魏齊疑其以國陰事告齊乃掠笞數百拉脅折齒師古曰後入秦爲相封

爲應侯拉摧也音盧合反此二人者皆信必然之畫捐朋黨之私挾孤獨之交故不能自免於嫉妒之人也師古曰言直道而行不求朋黨之助謂忠信必可恃也畫計也音獲是以申徒狄蹈雍之河服虔曰殷之末世介士也雍之河雍州之河也師古曰雍者河水溢出爲小流也言狄初因蹈雍遂入大河也爾雅曰水自河出爲雍又曰江有沱河有雍雍音於龍反服云雍州之河非也徐衍負石入海服虔曰周之末人也師古曰負石者欲速沈也不容於世義不苟取比周於朝以移主上之心師古曰比音頻寐反故百里奚乞食於道路繆公委之以政應劭曰虞人也聞秦繆公賢欲往干之乏資乞食以自致也甯戚飯牛車下桓公任之以國應劭曰齊桓公夜出迎客甯戚疾擊其牛角高歌曰南山矸白石爛生不遭堯與舜禪短布單衣適至骭從昏飯牛薄夜半長夜曼曼何時旦桓公召與語說之以爲大夫師古曰矸字與岸同骭脛也薄止也骭音下諫反曼音莫幹反此二人者豈素宦於朝借譽於左右然後二主用之哉感於心合於行堅如膠桼昆弟不能離豈惑於衆口哉故偏聽生姦獨任成亂昔魯聽季孫之說逐孔子師古曰季孫魯大夫季桓子也名斯論語云齊人歸女樂季桓子受之三日不朝孔子行蓋桓子使定公受齊之女樂欲令去孔子也宋任子冉之計囚墨翟文穎曰子冉子罕也夫以孔墨之辯不能自免於讒諛而二國以危何則衆口鑠金積毀銷骨也師古曰美金見毀衆共疑之數被燒鍊以至銷鑠讒說侵之人肆其詐巧離散骨肉而不覺知秦用戎人由余而伯中國師古曰伯讀曰霸齊用越人子臧而彊威宣師古曰齊之二王謚也此二國豈係於俗牽於世繫奇偏之辭哉公聽並觀垂明當世師古曰公聽言不私也並觀所見齊同也故意合則胡越爲兄弟由余子臧是

矣不合則骨肉爲讎敵朱象管蔡是矣師古曰朱丹朱堯子象舜弟管蔡周之二叔也今人主誠能用齊秦之明後宋魯之聽則五伯不足侔而三王易爲也師古曰侔等也伯讀曰霸是以聖王覺寤捐子之之心而不說田常之賢應劭曰燕王噲賢其相子之欲禪以燕國國乃大亂田常陳恒也齊簡公悅之而殺簡公今使人君去此心則國家安全也師古曰說讀曰悅封比干之後脩孕婦之墓應劭曰紂刳妊者觀其胎產師古曰武王克商反其故政乃封脩之故功業覆於天下師古曰覆猶被也何則欲善亡猒也夫晉文親其讎彊伯諸侯齊桓用其仇而一匡天下張晏曰寺人勃鞮爲晉獻公逐文公斬其袪及文公即位用其言以免呂郤之難管仲射中桓公帶鉤而用爲相師古曰伯讀曰霸下皆類此何則慈仁殷勤誠加於心不可以虛辭借也至夫秦用

商鞅之法東弱韓魏立彊天下卒車裂之師古曰卒終也越用大夫種之謀禽勁吳而伯中國遂誅其身是以孫叔敖三去相而不悔師古曰叔敖三爲楚相而三去之繼丘之封人謂之曰吾聞處官久者士妬之祿厚者衆怨之位尊者君恨之今相國有此三者而不得罪於楚之士衆何也叔敖曰吾三相楚而身愈卑每益祿而施愈博位滋尊而禮愈恭是以不得罪於楚人也於陵子仲辭三公爲人灌園師古曰於陵地名也子仲陳仲子也其先與齊同族兄戴爲齊相仲子以爲不義乃將妻子適楚居于於陵自謂於陵子仲楚王聞其賢使使者持金百溢聘之欲以爲相仲子不許遂夫妻相與逃而爲人灌園終身不屈其節今人主誠能去驕傲之心懷可報之意披心腹見情素師古曰見顯示之也素謂心所向也墮肝膽施德厚師古曰墮毀也音火規反終與之窮達無愛於士師古曰無所吝惜也則桀之犬可使吠堯跖之客可使刺由應劭曰盜跖之客爲其人使刺由由許由也師古曰此言被之以恩則用命也何況因萬乘之權假聖王之資乎然則荆軻湛七族要離燔妻子豈足爲大王道哉應劭曰荆軻爲燕刺秦始皇不成而死其族坐之湛沒也吳王闔閭欲殺王子慶忌要離詐以罪亡令吳王燔其妻子要離走見慶忌以劍刺之張晏曰七族上至曾祖下至曾孫師古曰此說云湛七族無荆字也尋諸史籍荆軻無湛族之事不知陽所云者定何人也湛讀曰沈臣聞明月之珠夜光之璧以闇投人於道衆莫不按劍相眄者何則無因而至前也蟠木根柢輪囷離奇蘇林曰柢音帶張晏曰柢根下本也輪囷離奇委曲盤戾也師古曰蟠木屈曲之木也囷音去輪反離音力爾反奇音於綺反一曰離奇各讀如本字而爲萬乘器者以左右先爲之容也師古曰萬乘器天子車輿之屬也容謂彫刻加飾故無因而至前雖出隨珠和璧秖怨結而不見德師古曰隨國之侯見大蛇傷者療而愈之蛇銜明珠以報其德故稱隨珠和氏之璧即卞和所獻之玉耳秖適也音支

有人先游則枯木朽株樹功而不忘師古曰先游謂進納之也樹立也今夫天下布衣窮居之士身在貧羸師古曰衣食不充故羸瘦也一曰羸謂無威力雖蒙堯舜之術挾伊管之辯師古曰伊伊尹管管仲懷龍逢比干之意而素無根柢之容雖竭精神欲開忠於當世之君師古曰開謂陳說也則人主必襲按劍相眄之迹矣師古曰襲重也言躡其故跡也是使布衣之士不得爲枯木朽株之資也是以聖王制世御俗獨化於陶鈞之上張晏曰陶家名模下圓轉者爲鈞以其制器爲大小比之於天也師古曰此說非也陶家名轉者爲鈞蓋取周回調鈞耳言聖王制馭天下亦猶陶人轉鈞非陶家轉象天也而不牽乎卑辭之語不奪乎衆多之口師古曰奪者言欲行善道而爲佞人奪其計也故秦皇帝任中庶子蒙之言師古

曰蒙者庬子名也今流俗書本蒙下輒加恬字非也以信荆軻而匕首竊發師古曰匕首短劒也其首類匕便於用也周文王獵涇渭載呂尚歸以王天下應劭曰西伯出遇呂尚於渭之陽與語大悅因載歸秦信左右而亡周用烏集而王師古曰言文王之得太公非因舊故若烏鳥之暴集何則以其能越攣拘之語馳域外之議師古曰攣音力全反獨觀乎昭曠之道也師古曰昭明也曠廣也今人主沈諂諛之辭牽帷廧之制孟康曰言爲左右便僻帷廧臣妾所見牽制矣使不羈之士與牛驥同皁師古曰不羈言才識高遠不可羈係也皁歷也揚雄方言云梁宋齊楚燕之閒謂歷曰皁皁音在早反此鮑焦所以憤於世也孟康曰周之介士也師古曰鮑焦死時之不用已采蔬於道子貢難曰非其時而採其蔬此焦之有哉棄其蔬乃立枯於洛水之上蔬謂菜也臣聞盛飾入朝者不以私汙義底厲名號者不以利傷行師古曰底厲言其自脩礪

隅若磨厲於石也故里名勝母曾子不入師古曰曾子至孝以勝母之名不順故不入也邑號朝歌墨子回車晉灼曰紂作朝歌之音朝歌者不時也師古曰朝歌殷之邑名也淮南子云墨子非樂不入朝歌今欲使天下寥廓之士籠於威重之權脅於位勢之貴師古曰寥廓遠大之度也脅迫也寥音聊回面汙行以事諂諛之人師古曰回邪也汙不絜也音一故反或曰汙曲也音一胡反而求親近於左右則士有伏死堀穴巖藪之中耳師古曰堀與窟同澤無水曰藪安有盡忠信而趨闕下者哉書奏孝王孝王立出之卒爲上客初勝詭欲使王求爲漢嗣王又嘗上書願賜容車之地徑至長樂宮自使梁國士衆築作甬道朝太后爰盎等皆建以爲不可師古曰建謂立議天子不許梁王怒

令人刺殺盎上疑梁殺之使者冠蓋相望責梁王梁王始與勝詭有謀陽爭以爲不可故見讒枚先生嚴夫子皆不敢諫師古曰先生枚乘夫子嚴忌及梁事敗勝詭死孝王恐誅迺思陽言深辭謝之齎以千金令求方略解罪於上者陽素知齊人王先生師古曰素與相知也年八十餘多奇計即往見語以其事王先生曰難哉人主有私怨深怒欲施必行之誅誠難解也以太后之尊骨肉之親猶不能止況臣下乎昔秦始皇有伏怒於太后羣臣諫而死者以十數得茅焦爲廓大義鄭氏曰齊人也應劭曰茅焦諫云陛下車裂假父有嫉妬之心囊撲兩弟有不慈之名遷母咸陽有不孝之行臣竊爲陛下

危之臣所言畢乃解衣趨鑊始皇下殿左手接之曰先生起矣即迎太后遂爲母子如初始皇非能說其言也迺自彊從之耳師古曰說讀曰悅也茅焦亦廑脫死如毛氂耳師古曰廑少也言纔免於死也廑音巨刃反故事所以難者也今子欲安之乎師古曰安焉也之往也陽曰鄒魯守經學齊楚多辯知韓魏時有奇節吾將歷問之王先生曰子行矣還過我而西鄒陽行月餘莫能爲謀還過王先生曰臣將西矣爲如何王先生曰吾先日欲獻愚計以爲衆不可蓋師古曰蓋覆蔽也竊自薄陋不敢道也若子行必往見王長君士無過此者矣鄒陽發寤於心曰敬諾辭去不過梁徑至長安因客見王長君長君者王

美人兄也後封爲蓋侯鄒陽留數日乘閒而請曰師古曰間謂空隙無事之時也臣非爲長君無使令於前故來侍也師古曰使令謂役使之人也令音力成反愚戇竊不自料願有謁也師古曰料量也謁告也長君跪曰幸甚陽曰竊聞長君弟得幸後宮天下無有師古曰言獨一耳無所比類也而長君行迹多不循道理者今爰盎事即窮竟梁王恐誅如此則太后怫鬱泣血無所發怒師古曰怫鬱蘊積也怫音佛切齒側目於貴臣矣臣恐長君危於絫卵師古曰絫卵者言其將墳而破碎也竊爲足下憂之長君懼然曰將爲之柰何師古曰懼讀曰矍音居具反矍然無守之皃陽曰長君誠能精爲上言之得毋竟梁事長君必固自結於太后太后厚德長君入於骨髓而長君之弟幸於兩宮如淳曰太后宮及帝宮也金城之固也師古曰言其榮寵無極不可壞故取喻於金城也又有存亡繼絕之功德布天下名施無窮願長君深自計之昔者舜之弟象日以殺舜爲事師古曰言日日欲殺也及舜立爲天子封之於有卑服虔曰音界予之畀也師古曰地名也音鼻今鼻亭是也在零陵夫仁人之於兄弟無臧怒無宿怨厚親愛而已是以後世稱之魯公子慶父使僕人殺子般師古曰慶父莊公弟也子般莊公太子也僕人卽鄧扈樂也父讀曰甫般字與班同獄有所歸師古曰歸罪於鄧扈樂也季友不探其情而誅焉師古曰季友慶父之弟不探慶父本情而誅扈樂慶父親殺閔公季子緩追免賊師古曰慶父出奔季友緩而不追免其賊亂之罪也春秋以爲

親親之道也師古曰公羊之說也言季友親其兄也魯哀姜薨于夷孔子曰齊桓公法而不譎以爲過也師古曰哀姜莊公夫人也淫於二叔而豫殺閔公齊人殺之于夷夷齊地也法而不譎者言守法而行不能用權以免其親也以是說天子徼幸梁事不奏長君曰諾乘閒入而言之及韓安國亦見長公主事果得不治初吳王濞與七國謀反及發齊濟北兩國城守不行漢既破吳齊王自殺不得立嗣濟北王亦欲自殺幸全其妻子齊人公孫玃謂濟北王曰師古曰玃音俱碧反臣請試爲大王明說梁王通意天子說而不用死未晚也公孫玃遂見梁王曰夫濟北之地東接彊齊南牽吳越北脅燕趙此四分五裂之國張晏曰四方受敵濟北居中央爲五晉灼曰四分即交五而裂如田字也權不足以自守勁不足以扞寇師古曰扞禦也音胡旦反又非有奇怪云以待難也如淳曰非有奇材異計欲以爲亂逆也但假權詐矣以避其禍耳晉灼曰非有以怪異之心而城守須待變難而應吳也師古曰二說皆非也此言權謀勁力既不能扞守又無奇怪神靈可以禦難恐不自全故墜言於吳也雖墜言於吳非其正計也蘇林曰墜猶失也昔者鄭祭仲許宋人立公子突以活其君非義也春秋記之爲其以生易死以存易亡師古曰祭仲鄭大夫祭足也事鄭莊公爲公娶鄧曼生昭公故祭仲立之而宋大夫雍氏以女妻莊公而生突昭公既立宋人誘祭仲而執之曰不立突將死祭仲與宋人盟以厲公歸而立之昭公奔衞言足脅於大國苟順其心欲以全昭公也祭音側界反鄉使濟北見情實示不從之端師古曰鄉讀曰嚮見謂顯也則吳必先歷齊畢濟北張晏曰歷過畢盡收濟北之地招燕趙而總之如此則

山東之從結而無隙矣師古曰從音子容反今吳楚之王練諸侯之兵敺白徒之衆師古曰練選也敺與驅同白徒言素非軍旅之人若今言白丁矣西與天子爭衡濟北獨底節堅守不下使吳失與而無助跬步獨進師古曰半步曰跬音空蘂反瓦解土崩破敗而不救者未必非濟北之力也夫以區區之濟北而與諸侯爭彊師古曰區區小貌也是以羔犢之弱而扞虎狼之敵也守職不橈可謂誠一矣師古曰橈曲也音女教反功義如此尚見疑於上脅肩低首絫足撫衿師古曰脅翕也謂斂也使有自悔不前之心張晏曰悔不與吳西也非社稷之利也臣恐藩臣守職者疑之臣竊料之師古曰料量也能歷西山徑長樂抵未央攘袂而正議者獨大王耳師古曰西山謂崤及華山也抵至也攘卻也袂衣袖也攘袂猶今人云捋臂耳上有全亡之功下有安百姓之名德淪於骨髓恩加於無窮師古曰淪入也願大王留意詳惟之師古曰惟思也孝王大說師古曰說讀曰悅使人馳以聞濟北王得不坐徙封於菑川

枚乘字叔淮陰人也為吳王濞郎中吳王之初怨望謀為逆也乘奏書諫曰臣聞得全者全昌失全者全亡舜無立錐之地以有天下禹無十戶之聚以王諸侯師古曰聚聚邑也音才喻反湯武之土不過百里上不絕三光之明下不傷百姓之心者有王術也師古曰德政和平上感天象則日月星辰無有錯謬故言不絕三光之明也故父子之道天性也忠臣不避重誅以直諫師古曰言父子君臣其義一也則事無遺策功流萬世臣乘願披腹心而効愚忠唯大王少加意念惻怛之心於臣乘言夫以一縷之任係千鈞之重上縣無極之高下垂不測之淵雖甚愚之人猶知哀其將絕也馬方駭鼓而驚之師古曰駭亦驚也鼓擊鼓也係方絕又重鎮之係絕於天不可復結隊入深淵難以復出其出不出間不容髮蘇林曰改計取福正在今日言其激切甚急也能聽忠臣之言百舉必脫師古曰脫者免於禍也音土活反必若所欲為危於絫卵難於上天變所欲為易於反掌安於太山今欲極天命之壽敝無窮之樂究萬乘之埶師古曰敝盡也究竟也不出反掌之易以居泰山之安而欲乘絫卵之危走上天之難師古曰走趨向之也音奏此愚臣之所大惑也人性有畏其景而惡其跡者卻背而走迹愈多景愈疾師古曰背音步內反不知就陰而止景滅迹絕欲人勿聞莫若勿言欲人勿知莫若勿為欲湯之滄鄭氏曰音愴愴之滄寒也一人炊之百人揚之無益也師古曰炊謂爨火也不如絕薪止火而已不絕之於彼而救之於此譬猶抱薪而救火也養由基楚之善射者也去楊葉百步百發百中楊葉之大加百中焉可謂善射矣然其所止迺百

步之內耳比於臣乘未知操弓持矢也師古曰乘自言所知者遠非止
見百步之中故謂由基爲不曉射也福生有基禍生有胎服虔曰基胎皆始也納其基
絕其胎禍何自來師古曰納猶藏也何自來言無所從來也泰山之霤穿石
單極之統斷幹孟康曰西方人名屋梁爲極單一也一說幹謂井鹿盧也言鹿盧爲綆索久鍥斷井幹也晉灼曰統古綆字
也單盡也盡極之綆斷幹幹井上四交之幹常爲汲索所契傷也師古曰晉說近之幹者文木井上以爲欄者也孟云鹿盧失其義矣統綆皆音
鯁鍥契皆刻也音口計反水非石之鑽索非木之鋸漸靡使之然
也師古曰靡盡也夫銖銖而稱之至石必差寸寸而度之至
丈必過鄭氏曰石百二十斤張晏曰乘所轉四萬六千八十銖而至於石合而稱之必有盈縮也師古曰言自小小以至於
大數則有輕重不同也度音徒各反石稱丈量徑而寡失師古曰徑直也夫十圍之
木始生如蘖足可搔而絕手可擢而拔師古曰如蘖言若蘖之生

芽也搔謂抓也搔音索高反抓音壯交反據其未生先其未形也磨礱
底厲不見其損有時而盡師古曰礱亦磨也底悍石也厲柔石也皆可以
磨者礱音聾種樹畜養不見其益有時而大積德
絫行不知其善有時而用棄義背理不知其
惡有時而亡臣願大王孰計而身行之此百
世不易之道也吳王不納乘等去而之梁從孝
王游景帝即位御史大夫鼂錯爲漢定制度損削
諸侯吳王遂與六國謀反舉兵西鄉師古曰鄉讀曰嚮以誅
錯爲名漢聞之斬錯以謝諸侯枚乘復說吳王曰
昔者秦西舉胡戎之難北備榆中之關師古曰即今所謂榆關也

南距羌筰之塞師古曰筰西南夷也音才各反東當六國之從師古曰從音子容
反六國乘信陵之籍孟康曰魏公子无忌號信陵君無忌嘗揔五國却秦有地資也明蘇
秦之約厲荆軻之威并力一心以備秦然秦卒禽
六國滅其社稷而并天下是何也則地利不同而
民輕重不等也今漢據全秦之地兼六國之衆脩
戎狄之義師古曰脩恩義以撫戎狄而南朝羌筰此其與秦地相
什而民相百大王之所明知也師古曰地十倍於秦衆百倍於秦今夫
讒諛之臣爲大王計者不論骨肉之義民之輕重
國之大小以爲吳禍師古曰言勸王之反則於吳爲禍也此臣所以爲
大王患也夫舉吳兵以訾於漢李奇曰訾量也師古曰音子私反辟

猶蠅蚋之附羣牛腐肉之齒利劍鋒接必無事矣
師古曰蚋蚊屬也齒謂當之也蚋音芮又音人悅反天子聞吳率失職諸侯願責先
帝之遺約師古曰失職謂被削黜失其常分今漢親誅其三公以謝
前過是大王之威加於天下而功越於湯武也夫
吳有諸侯之位而實富於天子有隱匿之名而居
過於中國師古曰隱匿謂僻在東南夫漢并二十四郡十七諸侯
方輸錯出運行數千里不絕於道其珍怪不如東
山之府張晏曰漢時有二十四郡十七諸侯王也四方更輸錯互更出戍也如淳曰東方諸郡以封王侯不以封者二十四耳時
七國謀反其餘不反者十七也東山吳王之府藏也師古曰二說皆非也言漢此時有二十四郡十七諸侯方軌而輸雜出貢賦入於天子猶
不如吳之富也轉粟西鄉陸行不絕水行滿河不如海陵之

倉（如淳曰言漢京師仰須山東漕運以自給也晉灼曰海陵海中山為倉也臣瓚曰海陵縣名也有吳大倉師古曰瓚說是也鄉讀曰
嚮）脩治上林雜以離宮積聚玩好圈守禽獸不如
長洲之苑（服虔曰吳苑孟康曰以江水洲為苑也韋昭曰長洲在吳東）游曲臺臨上路不
如朝夕之池（張晏曰曲臺長安臺臨道上蘇林曰吳以海水朝夕為池也師古曰三輔黃圖未央宮有曲臺殿）深
壁高壘副以關城不如江淮之險此臣之所為大
王樂也（師古曰言其富饒及游宴之樂踰天子也）今大王還兵疾歸尚得十
半（師古曰十分之中可冀五分無患故云尚得十半）不然漢知吳之有吞天下之
心也赫然加怒遣羽林黃頭循江而下（蘇林曰羽林黃頭郎習水戰者
也張晏曰天子舟立黃旄於其端也師古曰鄧通以櫂船為黃頭郎蘇說是也）襲大王之都魯東海
絕吳之饟道（師古曰饟古餉字）梁王飭車騎習戰射（師古曰飭與勑同
整也）積粟固守以備滎陽待吳之飢大王雖欲反都
亦不得已（師古曰已語終之辭）夫三淮南之計不負其約（晉灼曰吳楚反皆守約不從也）
齊王殺身以滅其跡（晉灼曰齊孝王將閭也吳楚反堅守距三國後欒布聞齊初與
三國有謀欲伐之王懼自殺師古曰齊王傳云吳楚已平齊王乃自殺今此枚乘諫書即已稱之二傳不同當有誤者）四國不
得出兵其郡（晉灼曰膠東膠西濟南菑川王也發兵應吳楚皆見誅）趙囚邯鄲（應劭曰漢將酈
寄圍趙王於邯鄲與囚無異）此不可掩亦已明矣（師古曰言事已彰著）大王已去
千里之國而制於十里之內矣（師古曰梁下也兵方十里也）張韓將
北地（如淳曰張張羽韓韓安國也時皆仕梁北地良家子善騎射者也師古曰將北地者言將軍而處吳軍之北以距吳非北地良家
子也張羽韓安國不將兵如說非也）弓高宿左右（服虔曰韓頹當也如淳曰宿軍左右也後弓高侯竟將輕騎
絕吳糧道師古曰宿止也言弓高所將之兵屯止於吳軍左右也）兵不得下壁軍不得大息

臣竊哀之願大王孰察焉吳王不用乘策卒見禽
滅漢既平七國乘由是知名景帝召拜乘為弘農
都尉乘久為大國上賓與英俊並游得其所好不
樂郡吏以病去官復游梁梁客皆善屬辭賦乘
尤高孝王薨乘歸淮陰武帝自為太子聞乘名及
即位乘年老迺以安車蒲輪徵乘（師古曰蒲輪以蒲裹輪）道死
（師古曰在道病死也）詔問乘子無能為文者後迺得其孽子皐
（師古曰孽庶也）皐字少孺乘在梁時取皐母為小妻乘之東
歸也皐母不肯隨乘乘怒分皐數千錢留與母居
年十七上書梁共王（師古曰共王名買孝王之子也）得召為郎三年

為王使與冗從爭（師古曰冗從散職之從王者也冗音人勇反）見讒惡遇罪
（師古曰惡謂冗從言其短惡之事）家室沒入皐亡至長安會赦上書北
闕自陳枚乘之子上得大喜召入見待詔皐因賦
殿中詔使賦平樂館善之拜為郎使匈奴皐不通
經術詼笑類俳倡（李奇曰詼嘲也師古曰俳雜戲也倡樂人也詼音恢俳音排嘲音竹交反）為賦
頌好嫚戲（師古曰嫚褻汙也音慢）以故得媟黷貴幸（師古曰媟狎也黷垢濁也音讀）
比東方朔郭舍人等而不得比嚴助等得尊官（師古
曰尊高也）武帝春秋二十九迺得皇子羣臣喜故皐與
東方朔作皇太子生賦及立皇子禖祝（師古曰禮月令祀於高禖高禖求子之神也武帝晚得太子喜而立此禖祠而令皐作祭祀之文也）
受詔所為皆不從故事

重皇子也初衛皇后立章皐奏賦以戒終 師古曰令愼終如始也
皐爲賦善於朔也從行至甘泉雍河東東巡狩封
泰山塞決河宣房游觀三輔離宮館臨山澤弋獵
射馭狗馬蹵鞠刻鏤 師古曰蹵足蹵之也鞠以韋爲之中實以物蹵蹋爲戲樂也蹵音千六反鞠音巨六反
上有所感輒使賦之爲文疾受詔輒成故所賦
者多司馬相如善爲文而遲故所作少而善於皐
皐賦辭中自言爲賦不如相如又言爲賦廼俳見
視如倡自悔類倡也故其賦有詆娸東方朔 如淳曰娸音欺
詆猶刑辟也師古曰詆毀也娸醜也詆音丁禮反 又自詆娸其文骫骳曲隨其事
皆得其意 師古曰骫古委字也骳音被骫骳猶言屈曲也 頗詼笑不甚閑靡凡

可讀者百二十篇其尤嫚戲不可讀者尚數十篇
路温舒字長君鉅鹿東里人也父爲里監門使温
舒牧羊温舒取澤中蒲截以爲牒編用寫書 師古曰小
簡曰牒編聯次之 稍習善求爲獄小吏因學律令轉爲獄史
縣中疑事皆問焉太守行縣見而異之署決曹史
又受春秋通大義舉孝廉爲山邑丞 蘇林曰縣名在常山晉灼曰地理志
常山有石邑無山邑師古曰山邑不知其處今流俗書本云常山石邑丞後人妄加石字耳 坐法免復爲郡
吏元鳳中廷尉光以治詔獄請温舒署奏曹掾 張晏
曰光解光 守廷尉史會昭帝崩昌邑王賀廢宣帝初即位
温舒上書言宜尚德緩刑其辭曰臣聞齊有無知

之禍而桓公以興晉有驪姬之難而文公用伯 師古曰伯讀曰霸
近世趙王不終諸呂作亂而孝文爲大宗 師古曰繇讀與由同
繇是觀之禍亂之作將以開聖人也故桓文
扶微興壞尊文武之業澤加百姓功潤諸侯雖不
及三王天下歸仁焉文帝永思至德以承天心崇
仁義省刑罰通關梁一遠近敬賢如大賓愛民如
赤子內恕情之所安而施之於海內是以囹圄空
虛天下太平夫繼變化之後必有異舊之恩此賢
聖所以昭天命也往者昭帝即世而無嗣大臣憂
戚焦心合謀皆以昌邑尊親援而立之 師古曰援引也音爰 然

天不授命淫亂其心遂以自亡深察禍變之故廼
皇天之所以開至聖也故大將軍受命武帝股肱
漢國 師古曰謂霍光 披肝膽決大計黜亡義立有德輔天
而行然後宗廟以安天下咸寧臣聞春秋正即位
大一統而愼始也陛下初登至尊與天合符宜改
前世之失正始受命之統滌煩文除民疾存亡繼
絕以應天意臣聞秦有十失其一尚存治獄之吏
是也秦之時羞文學好武勇賤仁義之士貴治獄
之吏正言者謂之誹謗遏過者謂之妖言 師古曰遏止也音一
曷反 故盛服先生不用於世忠良切言皆鬱於胷 師古

曰鬱積也譽諛之聲日滿於耳虛美熏心實禍蔽塞師古曰熏氣烝也音勳此乃秦之所以亡天下也方今天下賴陛下恩厚亡金革之危飢寒之患父子夫妻勠力安家然太平未洽者獄亂之也夫獄者天下之大命也死者不可復生絕者不可復屬師古曰絕古絕字屬連也音之欲反書曰與其殺不辜寧失不經師古曰虞書大禹謨載咎繇之言辜罪也經常也言人命至重治獄宜慎寧失不常之過不濫無罪之人所以崇寬恕也今治獄吏則不然上下相敺以刻為明師古曰敺與驅同深者獲公名平者多後患故治獄之吏皆欲人死非憎人也自安之道在人之死是以死人之血流離於市被刑之徒比肩而立大

辟之計歲以萬數此仁聖之所以傷也太平之未洽凡以此也夫人情安則樂生痛則思死棰楚之下何求而不得故囚人不勝痛則飾辭以視之師古曰視讀曰示吏治者利其然則指道以明之上奏畏卻則鍛練而周內之晉灼曰精孰周悉致之法中也師古曰卻退也畏為上所卻退卻音丘略反蓋奏當之成師古曰當謂處其罪也雖咎繇聽之猶以為死有餘辜師古曰咎繇作士善聽獄訟故以為喻也何則成練者衆文致之罪明也是以獄吏專為深刻殘賊而亡極媮為一切如淳曰媮苟且也一切權時也不顧國患此世之大賊也故俗語曰畫地為獄議不入刻木為吏期不對師古曰畫獄木吏尚不入對況真實乎期猶必也議必不入對此皆疾吏之風悲痛之辭也故天下之患莫深於獄敗法亂正離親塞道莫甚乎治獄之吏此所謂一尚存者也臣聞烏鳶之卵不毀而後鳳皇集師古曰鳶鴟也音弋全反誹謗之罪不誅而後良言進故古人有言山藪藏疾川澤納汙瑾瑜匿惡國君含詬師古曰春秋左氏傳載晉大夫伯宗之辭詬恥也言山藪之有草木則毒害者居之川澤之形廣大則能受於汙濁人君之善御下亦當忍恥病也詬音垢唯陛下除誹謗以招切言開天下之口廣箴諫之路掃亡秦之失尊文武之德省法制寬刑罰以廢治獄則太平之風可興於世永履和樂與天亡極天下幸甚師古曰與天長久無窮極也上善其言遷廣陽私府

長師古曰藏錢之府天子曰少府諸侯曰私府長者其官之長也內史舉溫舒文學高第遷右扶風丞時詔書令公卿選可使匈奴者溫舒上書願給廝養暴骨方外師古曰求為卒而隨使至匈奴也以盡臣節事下度遼將軍范明友太僕杜延年問狀罷歸故官師古曰以其言無可取故罷而遣歸故官久之遷臨淮太守治有異迹卒於官溫舒從祖父受歷數天文以為漢厄三七之閒張晏曰三七二百一十歲也自漢初至哀帝元年二百一年也至平帝崩二百十一年上封事以豫戒成帝時谷永亦言如此師古曰永上書所謂陽三六之節絕者也及王莽篡位欲章代漢之符著其語焉溫舒子及孫皆至牧守大官

贊曰春秋魯臧孫達以禮諫君君子以爲有後師古曰臧孫達魯大夫臧哀伯也桓公取郜大鼎於宋哀伯諫之周內史聞之曰臧孫達其有後於魯乎君違不忘諫之以德也賈山自下劘上孟康曰劘謂劘切之也蘇林曰劘音寧厲也師古曰劘音工來反鄒陽枚乘游於危國然卒免刑戮者以其言正也路溫舒辭順而意篤遂爲世家宜哉師古曰謂子孫爲大官不絕

賈鄒枚路傳第二十一